U0906621

2007
中国风险投资年鉴
China Venture Capital Yearbook

中国风险投资研究院
香港理工大学公共政策研究所 联合编著

民主与建设出版社

图书在版编目（CIP）数据

中国风险投资年鉴.2007/中国风险投资研究院、香港理工大学公共政策研究所 联合编著.

-北京：民主与建设出版社，2007

ISBN 978-7-80112-765-5

Ⅰ. 中… Ⅱ. ①中… ②香… Ⅲ. 风险投资-中国-2007-年鉴 Ⅳ. F832.48-54

中国版本图书馆CIP数据核字（2007）第015207号

责任编辑	赵振兰 高志敏
出版发行	民主与建设出版社
电　　话	（010）85698040
社　　址	北京市朝外大街吉祥里208号
邮　　编	100020
印　　刷	深圳市彩帝印刷实业有限公司
开　　本	889×1194　1/16
印　　张	63
字　　数	1600千字
版　　次	2007年4月第1版 2007年4月第1次印刷
书　　号	ISBN 978-7-80112-765-5/F·350
定　　价	800.00元

注：如有印、装质量问题，请与出版社联系。

《中国风险投资年鉴（2007）》编委会

《2007中国风险投资年鉴》组织机构

主办单位及理事长单位：

中国风险投资研究院

副理事长单位（按起首汉字拼音顺序排序）：

广东省风险投资集团

深圳市创新投资集团有限公司

中科招商投资（基金）管理公司

常务理事单位（按起首汉字拼音顺序排序）：

第一东方投资集团

武汉华工创业投资有限责任公司

KPMG

Microsoft Corp.

理事单位（按起首汉字拼音顺序排序）：

高能资本有限公司

河南联创投资股份有限公司

南京市高新技术风险投资股份有限公司

天津新技术产业园区海泰科技投资管理有限公司

Capital today

DFJ Dragon Fund China

H&Q Asia Pacific

Morgan Lewis & Bockius LLP

Ochic Asia Group Management C, Ltd.

承办单位：

深圳中投风险投资研究发展有限公司

支持单位：

科学技术部火炬高技术产业开发中心

广东省风险投资促进会

深圳市创业投资同业公会

上海市创业投资行业协会

天津市创业投资协会

湖北省创业投资同业公会

陕西省创业投资协会

浙江省风险创业投资协会

风险投资是在市场经济相当发达的情况下产生的一种投资方式，它是一种高风险的、组合的、长期的、权益性的、专业的投资，在支持创新者创业、促进科技成果转化为生产力、推动高新技术产业化等方面具有重要的作用。

我国的风险投资事业是从1985年开始起步的，但由于种种原因，发展比较缓慢。在1998年3月全国政协九届一次会议将民建中央《关于加快发展我国风险投资事业的几点意见》的提案列为会议的“一号提案”后，在各方面的大力支持和推动下，我国风险投资事业得到了比较迅速的发展。

但是，我们也应清醒地看到，在我国这样一个正处在从传统的计划经济向社会主义市场经济转变过程中的发展中国家，引入风险投资这种先进的投资方式是一项十分艰巨的任务。为此，我们既要研究发达国家发展风险投资的经验和教训，深入了解风险投资的特点和发展规律，又要结合我国的实际情况，从战略、制度和实务等各个方面探索我国风险投资的发展道路。

2006年1月召开的全国科学技术大会部署实施了《国家中长期科学和技术发展规划纲要（2006-2020年）》，动员全党全社会坚持走中国特色的自主创新道路、大力扶持创业风险投资的发展。当今世界，人类正在经历一场全球性的科学技术革命，科技竞争日趋激烈，对此我们别无选择，必须大力提高科技自主创新能力，必须提升我国在国际经济发展中的科技竞争力。**胡锦涛总书记曾指出，提高自主创新能力，是保持经济长期平稳较快发展的重要支撑，是调整经济结构、转变经济增长方式的重要支撑，是建设资源节约型、环境友好型社会的重要支撑，也是提高我国经济的国际竞争力和抗风险能力的重要支撑。**国内外的经验已经证明，风险投资是提高创新能力的加速器。因此，要发展我国自主知识产权的创新技术，就要发展风险投资。风险投资的作用就在于利用实际资本和知识资本相结合，促进高新技术产业的发展。

我深切地希望我国风险投资事业中的有志之士，不但要认真学习和理解国家自主创新发展战略的重要意义和指导思想，还要切实把握我国风险投资市场发展的特点和独有的规律，并用这些理念和知识来为建设国家与造福人民而努力奋斗。

《中国风险投资年鉴》的编辑出版对于中国风险投资业界和学界具有重要的价值和作用，年鉴不但可以为中央及地方政府有关科技与经济管理部门提供决策参考，而且可以为各类风险投资企业、投资基金、金融中介机构、创业者等提供系统、准确、广泛的资讯，同时也可为有关研究中国风险投资的专家学者提供重要的参考工具。

《中国风险投资年鉴》从2002年开始首次编撰，2002年的年鉴重点介绍了风险投资的有关理论、专业及业务方面的基础知识，对于普及风险投资知识、推动风险投资教育、加强人们的风险投资意识等发挥了积极作用。2003、2005、2006年鉴分别重点反映中国风险投资业在当年或上一年发生的重要事实，具有史料性、学术性和工具性的特点。

《中国风险投资年鉴（2007）》继续沿用前几年年鉴的风格，以2006年的客观事实为核心，全景式介绍了中国风险投资业界的重要观点、政策法规、研究报告、调查数据和行业动态；收录了近一年来风险投资领域的重要讲话和重大事件；记载了著名风险投资案例和热点行业投资分析报告；综述了国内外有关风险投资的最新理论和实务研究成果；并收录更新了国内外风险投资协会、中国风险投资机构、相关中介机构、高新技术园区以及主管风险投资和高科技的政府部门的名录。全书按内容分类编排，由特载篇、发展篇、统计篇、研究篇、案例篇、行业篇和附录等七个部分组成。

《中国风险投资年鉴（2007）》的具体编撰工作继续由中国风险投资研究院承担，承担这样一项既需要学术研究功底又需要深入细致精神和复杂组织工作的工程，实在不容易。经过半年多的努力工作，这本既有学术价值又有史料性的工具书终于与大家见面了，我感到十分欣慰。同时，《中国风险投资年鉴（2007）》的编撰工作是一项系统工程，牵涉到中国风险投资及相关领域的学术界、实务界和政府管理部门，从中央及地方政府有关科技管理部门到各风险投资协会、公司、研究机构及有关企业人员等都给予了大力支持和积极配合。可以说，年鉴编撰工作是在大家的共同努力下完成的。在此，我向参与年鉴编撰工作的全体编委、编撰人员及有关支持单位表示感谢！希望《中国风险投资年鉴》这一全面反映中国风险投资发展历程的大型史书能够年复一年持续地编撰下去，并在促进中国风险投资研究和发展方面发挥越来越重要的作用！

成思危

2007年2月13日于北京

前言

《中国风险投资年鉴》是反映中国风险投资业发展历程的大型史料性工具书。该年鉴的编辑出版对于中国风险投资实务界和学术界具有重要的参考价值和借鉴作用，不但可以为中央及地方政府科技与经济管理相关部门提供决策参考，为有关专家学者研究中国风险投资业的发展提供事实依据，也为各类风险投资企业、投资基金、金融中介机构等提供了系统、准确、广泛的资讯，可以作为各图书馆、研究机构以及风险投资业界人士重要的参考工具书。

年鉴编撰工作是一项牵涉面广、头绪繁多而庞杂的文化工程。在编撰《中国风险投资年鉴（2007）》的过程中，编撰人员首先进行了合理分工：主编成思危确定编撰原则、内容大纲和总体思路，并在总体上对年鉴编撰工作进行了质量把关；常务副主编陈工孟负责年鉴编撰工作的具体规划、组织与实施；7位副主编（张景安、刘应力、何国杰、靳海涛、刘曼红、孙昌群、谈毅）分别从政策、实务和学术三个方面进行了指导与把关；常务编委会对年鉴的编撰工作从不同角度提供了专业的意见和建议，并为年鉴提供了部分稿源；编委会委员全面参与了编撰年鉴的具体工作，包括问卷调查、联系约稿、收集整理资料、编撰与修改文稿等。

在主编确定编撰原则、思路和大纲后，2006年6月中国风险投资研究院成立了年鉴编撰工作组，制定了详细的工作计划和工作指引。2006年6月初至9月上旬的3个多月时间，年鉴编撰工作组组织了6个人的资料搜集小组，负责收集、整理国内外风险投资协会、公司、基金、科技园区和创业服务机构等风险投资及相关机构的更新信息资料；向全国重点大学相关领域专家学者和一些成功创业企业约稿；通过报刊、杂志和网站，收集整理风险投资相关的分析研究文章和典型案例。与此同时，年鉴编撰工作组设计了“2006年度中国风险投资行业调查问卷”，并在11月初寄出了大批问卷进行调研。

从2006年10月中旬到2007年1月，年鉴编撰工作组共组织了20多人全力投入编撰和修改工作中，直到2007年1月底，年鉴文稿的编撰工作才基本完成。年鉴编撰工作组以陈工孟教授为组长、孙昌群博士和谈毅博士为副组长，根据年鉴内容分为7个工作小组，分别由孙昌群、谈毅、林良镱、蔡新颖4人担任组长。其中，特载篇由蔡新颖和林良镱负责，编撰成员包括郑圆员、邓琛琛、徐涛、于海燕、毛诗莉等；发展篇由林良镱负责，编撰成员包括蔡秋萍、施瑾、陈明星等；统计篇的统计分析由林良镱负责撰写，杨逸君协助；统计篇的分析数据由“问卷调查小组”负责提供，此小组由陈工孟教授担任组长、谈毅博士担任副组长，问卷调查小组分为北京、上海和深圳3个片区，分别由郑强、林良镱和蔡新颖负责，成员包括鲜于钧、寇祥河、王琦、邓琛琛、毛诗莉、柳敏、杨玲、杨逸君、黄忆雯等；研究篇由谈毅博士负责，林良镱和罗国锋协助；案例篇由孙昌群博士负责，编撰成员包括张飞、李智慧、邓琛琛等。行业篇由孙昌群博士和蔡新颖负责，编撰成员包括朱冬元、秦旭、寇祥河、王琦、郑强、陈明、黄一格、黎一阳、叶志强、王创、邓斌等；附录篇由蔡新颖负责，由郑圆员、邓琛琛、毛诗莉、于海燕等人协助。

为提高年鉴的编撰质量，在编撰期间，年鉴编撰工作组每周都要召开一到两次沟通协调会议，同时工作组还专门组织专家对各章文稿进行审阅，对有关文稿进行了反复的核对和修改，并于2007年2月初完成了全部约100万字的文稿编撰任务。2007年2月5日～3月15日，研究院的编撰人员在深圳完成了年鉴最后的文字编辑与校稿工作。最后，民主与建设出版社完成了全部文稿的三审三校。

年鉴的编撰工作是在中国风险投资及相关领域的学术界、实务界和政府管理部门的大力支持和积极参与下，由众多编撰人员共同努力完成的。除了具体参与年鉴各部分编撰工作的人员之外，还有参与年鉴审稿和编辑工作的人员包括：谈毅、孙昌群、朱冬元、林良镱、蔡新颖、李智慧、邓琛琛、郑圆员、刘慧等。在此，我们向所有参与年鉴编撰工作的全体人员表示感谢！在年鉴的编撰过程中，我们同时也得到了有关政府部门、各风险投资协会和有关媒体机构的大力支持和配合，在此也一并表示感谢！

为尊重知识产权，我们严格要求所有编撰人员在撰写文稿时必须注明所参考和引用文献资料的出处和来源；在每次年鉴编撰工作会议中，常务副主编陈工孟教授都反复强调尊重知识产权的重要性。尽管如此，由于编撰工作的复杂性，在搜集资料和编撰过程中依然可能存在一些疏漏，敬请海内外的有关专家学者、风险投资业界人士对年鉴中存在的疏漏给予谅解，我们将争取在编撰《中国风险投资年鉴（2008）》时加以改进，并进一步提高年鉴的编撰质量。

由于时间关系，本年鉴中难免存在不妥和疏漏之处，敬请广大读者给予批评指正。

《中国风险投资年鉴（2007）》编委会

2007年3月

目 录

特载篇

发展篇

统计篇

研究篇

案例篇

行业篇

附录篇

特载篇

发展篇

统计篇

研究篇

案例篇

行业篇

附录篇

深圳市創新投資集團有限公司
SHENZHEN CAPITAL GROUP CO.,LTD

地址：深圳市福田中心区深南大道4009
投资大厦11层
电话：86-755-82912888
传真：86-755-82912880
网址：www.szvc.com.cn
邮编：518026

Add: 11/F, Investment Building, 4009
Shennan Road Futian District
Shenzhen
Tel: 86-755-82912888
Fax: 86-755-82912880
Http: //www.szvc.com.cn
P.C.: 518026

战略目标：Strategic Objective

成为以创业投资为主的具有国际竞争力的综合性投资集团，跻身国际知名投资机构行列

Making a stronger Venture Capital firm with international competitiveness

创业投资　Venture Capital Investment

股权投资与增值服务

Equity investment & value-added services

创投衍生业务　VC Related Businesses

并购、财务顾问、融资服务、金融担保、产权交易、不良资产处理、资产重组等

M&A, Financial Consulting, Financing Service, Loan Guarantee, Equity Transaction, NPA Handling and Asset Restructuring

基金管理　Fund Management

现管理基金总规模40亿人民币（含美元）以上，正在筹建的基金总规模超过5亿美元。

Funds under management exceeds 4 billion RMB (USD included). Funds establishing will exceed 500 million USD

全国网络　Nation-wide Business Network

总部设在中国创投活动最活跃的城市深圳，在经济、科技和教育最发达的北京、上海、香港、西安、成都、武汉、苏州、合肥、威海和淄博等地设有分支机构，率先成立并管理区域政府引导性创投基金

Headquartered in Shenzhen and has established branch offices in China's major cities including Beijing, Shanghai, Hong Kong, Xi'an, Chengdu, Wuhan, Suzhou, Hefei, Weihai and Zibo. The leading domestic VC firm to co-establish and manage government-financed mother funds in different areas in China.

全球合作　Global Partnership

已经或正在与美国、德国、加拿大、澳大利亚、新加坡、日本、以色列，以及中国香港、台湾地区的知名机构合作设立创投基金

Having established/establishing joint VC funds with partners from the U.S, Canada, Australia, Singapore, Japan, Israel, Hong Kong and Taiwan area, china.

经典案例　Successful investments

潍柴动力
Weichai Power

同洲电子
Coship Electronics

中材科技
Sinoma Science & Technology

科陆电子
Clou Electronics

东方纪元
Oriental Century

珠海炬力
Actions Semiconductor

德信无线通讯
Tech Faith Wireless

慧视通讯
Arasor International

金证科技
Kingdom

中芯国际
SMIC

九城数码
Ninerowns Digital

上海微创
MicroPort Medical

朗科技术
Netac Technology

华泰轮毂
China Wheel

中科招商作为中国领先的直接投资基金专业管理机构，坚持以“谨慎、忠诚、专业、勤勉”为职业操守，竭诚为基金投资者提供丰厚回报；为项目方提供强大资本支持、资源支持和增值服务。

——董事长 单祥双

CSM Group, as the leader in China private equity market, adheres to the professional ethics of being "cautious, loyal, professional, and diligent". We are dedicated to bring phenomenal return to the investors, and to provide strong capital support as well as resources support and value-added services to investees.

—— Chairman David Shan

公司简介
Company Summary

高能资本（POWER CAPITAL），是由高能资本（开曼）有限公司、高能资本（BVI）有限公司、高能金融集团（香港）有限公司、厦门高能投资咨询有限公司、厦门高能投资有限公司以及厦门企业改革策划服务中心共同组成的，专业从事国际业务的综合性投资银行机构。核心业务是为国内外各类企业提供投资、融资以及资本运营一揽子解决方案，内容包括对拟上市公司的PRE-IPO策略投资、境内外IPO上市、并购重组、国际投资、私募融资、股份改制等财务顾问和投资顾问服务。

其中，厦门高能投资咨询有限公司是中国证监会批准的证券投资咨询从业机构，服务于中国证券市场，为上市公司、拟上市公司和投资机构提供独立财务顾问和投资咨询服务。

高能资本作为拟上市中国企业的财务顾问及上市总协调人，具有国际资本市场的丰富实践经验。高素质的专业人员、不断创新的金融产品、遍布全球的战略伙伴、丰富的市场资源，使我们能为企业提供迅速且专业的服务，帮助企业在国内及境外证券市场上市融资，构筑企业与境内外资本市场之间的桥梁。

高能资本的使命是成为中国企业优秀的国际融资财务顾问，作为企业身边的财务顾问，在协助客户取得卓越成就的同时，与客户共同成长。

Power Capital comprises of Power Capital Corp. (Cayman Islands), Power Capital (BVI) Ltd., Power Finance Group (HK) Ltd., Xiamen Power Capital Consulting Co.,Ltd, Xiamen Power Investment Co.,Ltd. and Xiamen Service Center of Economy Reformation. With specialty in international business, Power Capital Corp. is a boutique investment banking firm focusing on providing domestic and international enterprises with financial advice and solutions on investment, financing and capital management. Our businesses include Pre-IPO strategic investments, domestic and international IPO listing, merger & acquisition, international investment, private placement, shares restructuring, financial counseling, and investment advisory etc.

Xiamen Power Investment Consulting Co., Ltd. is a securities investment consultancy company licensed by China Securities Regulatory Commission. The company specializes in China's securities markets, providing independent financial and investment consultancy services for listed companies, to-be-listed companies, and investment institutions.

Power Capital is a superior financial advisor for China's enterprises and a general coordinator for listing. With rich experience in international capital market, competent professionals, continuously innovating financial products, worldwide strategic partners and abundant market resources, we are able to offer professional and prompt services on listing and financing in domestic and overseas markets, building a bridge between enterprises and capital markets at home and abroad.

Power Capital 's mission is to become a superior financial advisor for China Enterprise's Global Financing! As a financial advisor for enterprises, we assist our clients to succeed and we grow together with our clients.

南京市高新技术风险投资股份有限公司简介

公司投资的“红宝丽项目”

公司遵循科学发展观，坚持“稳健、创新、高效、发展”的经营方针，按照市场经济规律及国际惯例进行风险投资运作，不断探索科技进步、科技成果产业化的新途径，致力于推动高新技术企业的发展，为促进企业经济结构的优化与产品升级作出了应有的贡献。

几年来，公司牢牢把握市政府投资政策导向和投资热点，投资项目涵盖电子信息、通讯、生物医药、新材料、环境保护等高新技术领域，先后投资了大贺传媒、南京消防、红宝丽、楝树及生物农药、天印科技等十几个优质项目，累计投资总额达 7000 多万元，带动社会投资近 6 亿元。取得了良好的经济和社会效益。

公司有一支既有专业知识和管理经验，又具备创新意识和工作热情的专业人才队伍，构建了严谨的投资决策程序，拥有覆盖多行业和领域的专家知识体系，从而保证了所有的投资项目都需经过严格的分析论证和评价。

公司投资的“天印汽车项目”

公司充分发掘项目价值，帮助投资企业提高市场竞争力和盈利水平，是我们投资后管理的重要内容。我们以股权为纽带，以企业经营计划和目标为依据，重点对投资企业实行以成本核算和财务监督为核心的管理。

此外，公司还通过资本经营、金融创新和信息渠道，为高新技术企业及所投资的项目企业提供资本运作的咨询和增值服务。

我们期望不断扩大与风险投资同行、高新技术产品、专利产品及专有技术持有人的交流与合作，建立合作伙伴关系和投资联盟，共享高新技术产业带来的丰硕成果。

公司地址：南京市汉中路 268 号汉中华厦 7 楼

公司电话：025-86579659

公司传真：025-86579660

公司邮编：210029

公司网页：http://www.nj-vc.com

CAPITAL TODAY

今日资本－成就中国企业

CAPITAL TODAY 今日资本 是一家专注于投资中国成长型企业的国际投资基金，我们目前管理的一期资金超过23亿元人民币。

CAPITAL TODAY 今日资本 宗旨是投资行业、投资企业家，帮助中国广大企业家打造行业第一品牌，成就更多百亿级基业常青的企业！

CAPITAL TODAY 今日资本 着眼于当今中产阶级消费升级过程中所产生的巨大“商机”，投资这类具有可持续发展潜力的行业，包括：零售、消费品、教育、医药、互联网、制造业、物流等，单个项目的投资规模为8000万元～4亿元人民币。

CAPITAL TODAY 今日资本 作为国内最早独立运作、独立决策的国际投资基金之一，投资团队深刻了解国内企业的运作模式，曾成功打造食品饮料、快餐、互联网行业的领先品牌；反应迅速，成功率高！

今日资本助力企业发展

强化经营团队，提升管理能力
完善公司治理，加强财务管理
强大资金实力，有效资本运作
打造中国品牌，迈向国际市场

CAPITAL TODAY
今日资本

H&Q ASIA PACIFIC
漢鼎亞太

德丰杰
+
德丰杰龙脉

德丰杰龙脉

- 使命：投资有智慧，有社会责任，讲究创新，重视品牌的卓越创业者，并在投资后尽力协助他们得到成功
- 2006年，德丰杰与龙脉联手成立，资金规模上亿美元
- 专注于中国初创期高科技企业的风险投资基金
- 德丰杰在中国的独家关联基金
- 在北京，上海和硅谷都设有管理机构
- 扎根本土：深厚的本土人脉关系，把握国内产业发展和市场需求

德丰杰

- 使命：发掘全球有志于推动世界前进的卓越创业者，并为他们提供资金和协助
- 成立于1985年，总管理基金规模超过35亿美元
- 专注于初创期、成长期高科技企业的风险投资基金
- 唯一有遍布全球关联基金网络的风险投资基金
- 总部设在美国加州，并在全球30多个城市设立管理机构
- 卓越的人脉网络：21年的人脉积累，超过300位的有限合伙人，超过500家的投资企业

海纳百川——德丰杰/龙脉的优势所在

- 全球化的平台：广泛的项目源，对国际和本土市场的理解，全方位的尽职调查，深入的专业知识，联合投资的可能，为创业者们带来更多的价值
- 盛名远播：业内久负盛名的德丰杰能够为改变世界的创业者们提供独一无二的资源
- 成功的案例：有着广泛的海内外科技企业的投资经验，成功的案例包括Omnivision，Dvix，百度，Skype，Hotmail，珠海矩力等

创业 权威
品牌 周刊
全年定价：人民币 96元
中国证监会指定披露上市公司信息报纸
中国保监会指定披露保险信息报纸
中国银监会指定披露信托信息报纸
证券日报
SECURITIES DAILY
经济日报报业集团主办
国内统一刊号：CN11-0235 邮发代号：81-286
网站：www.zqrb.com.cn
创业周刊
ENTREPRENEURIAL WEEKLY
服务投资的平台桥梁 权威务实的资本媒体
北京市宣武区广安门南街36号天缘公寓B座20层
邮编：100054
电话：010-83524728-2002
传真：010-83510042
邮箱：zqrbcyzk@sina.com

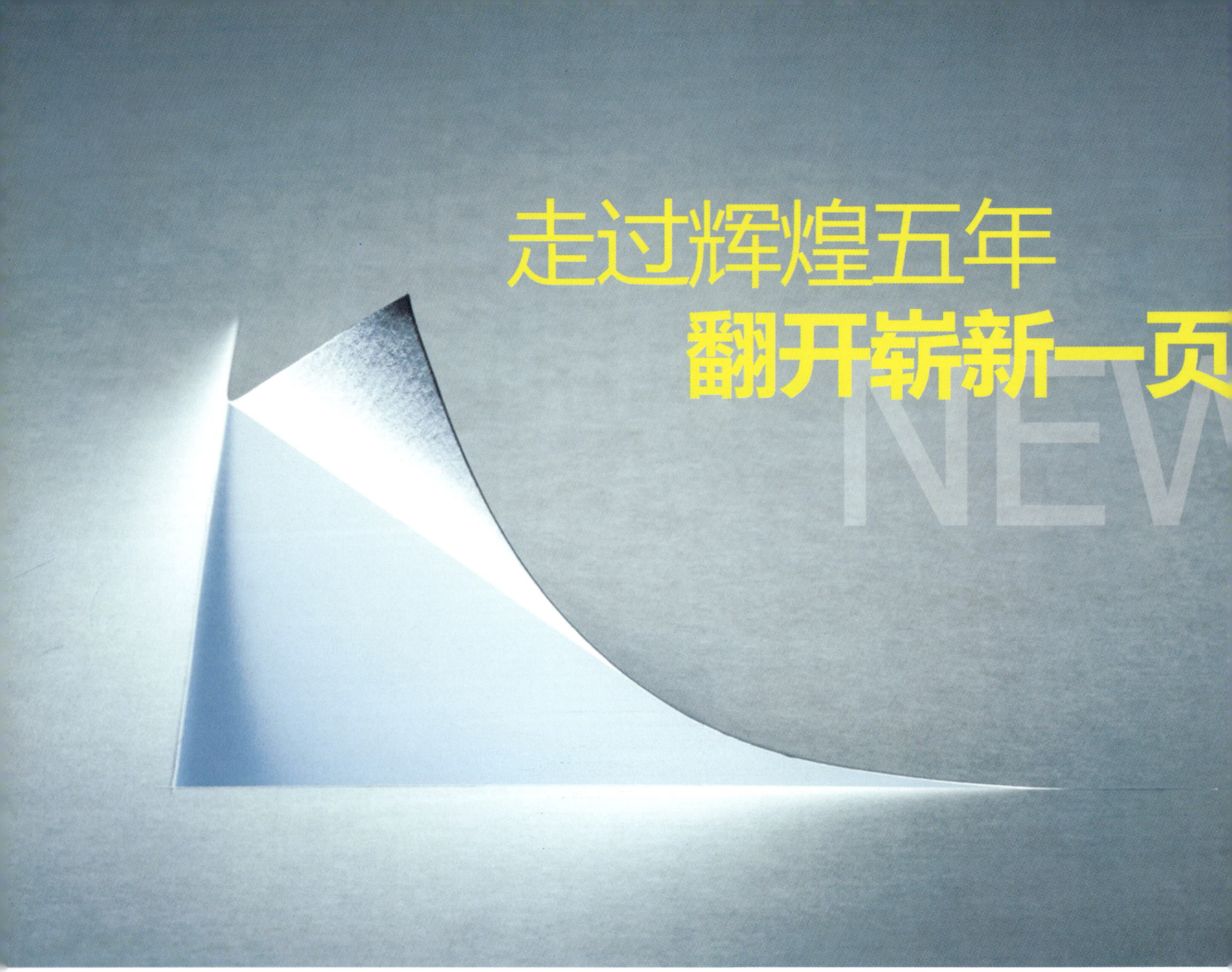

特载篇

第一章 风险投资及相关重要观点集粹

2006年，中国风险投资业面临着诸多利好。“十一五规划”将自主创新提升为国家基本国策，为我国风险投资业铺就快速发展的基石；全流通条件下带有风险投资背景的同洲电子的上市反映了我国风险投资退出渠道的进一步通畅；中关村推出代办股份转让试点表明我国建设多层次资本市场的步伐加快；而以《创业投资企业管理暂行办法》、《合伙企业法》为标志的一大批优惠政策和有利于风险投资发展的法规已经或正在出台，折射出政府希望尽快完善我国风险投资制度的决心。

为对2006年的风险投资、自主创新领域有一个整体的认识，本文辑录了25位政策制定者、实务界人士、专家学者在2006年的精彩观点。他们从宏观层面到微观层面；从推动自主创新、拓宽中小企业融资渠道，到促进风险投资业发展、完善多层次资本市场建设；从壮大内资机构到引入外资机构，都发表了自己的独特见解。可以看出，中国风险投资业的发展、中国的自主创新能力建设已经进入了全民总动员的时代，相信由此会推动新一轮经济增长的高潮。

一、坚持走中国特色自主创新道路 为建设创新型国家而努力奋斗

——在全国科学技术大会上的致辞

中共中央总书记 胡锦涛

（2006年1月9日，中国北京）

同志们：

这次会议是党中央、国务院在新世纪召开的第一次全国科学技术大会。首先，我代表党中央、国务院，向2005年度国家科学技术奖获奖者表示热烈的祝贺，向为我国科技事业发展作出突出贡献的广大科技工作者表示诚挚的问候和崇高的敬意！

这次会议的主要任务是：分析形势、统一思想、总结经验、明确任务，部署实施《国家中长期科学和技术发展规划纲要（2006－2020年）》，动员全党全社会坚持走中国特色自主创新道路，为建设创新型国家而努力奋斗，进一步开创全面建设小康社会、加快推进社会主义现代化的新局面。

（一）深刻认识世界新科技革命带来的机遇和挑战

党的十六届五中全会提出了我国“十一五”时期发展的主要目标、指导原则和重大部署，强调本世纪头20年是我国发展的重要战略机遇期，“十一五”时期尤为关键；要求我们一定要有高度的历史责任感、强烈的忧患意识和宽广的世界眼光，紧紧抓住机遇，应对各种挑战，奋力把中国特色社会主义事业推向前进。科学技术是第一生产力，是推动人类文明进步的革命力量。要实现党的十六届五中全会确定的发展目标，必须坚持以邓小平理论和“三个代表”重要思想为指导，全面贯彻落实科学发展观，大力实施科教兴国战略和人才强国战略，进一步发挥科技进步和创新的重大作用，切实把经济社会发展转入以人为本、全面协调可持续发展的轨道。

当今时代，人类社会步入了一个科技创新不断涌现的重要时期，也步入了一个经济结构加快调整的重要时期。发源于上个世纪中叶的新科技革命及其带来的科学技术的重大发现、发明和广泛应用，推动世界范围内生产力、生产方式、生活方式和经济社会发展观发生了前所未有的深刻变革，也引起全球生产要素流动和产业转移的加快，经济格局、利益格局和安全格局发生了前所未有的重大变化。进入21世纪，世界新科技革命发展的势头更加迅猛，正孕育着新的重大突破。信息科技将进一步成为推动经济增长和知识传播应用进程的重要引擎，生命科学和生物技术将进一步对改善和提高人类生活质量发挥关键作用，能源科技将进一步为化解世界性能源和环境问题开辟途径，纳米科技将进一步带来深刻的技术变革，空间科技将进一步促进人类对太空资源的开发和利用，基础研究的重大突破将进一步为人类认知客观规律、推动技术和经济发展展现新的前景。

在世界新科技革命的推动下，知识在经济社会发展中的作用日益突出，国民财富的增长和人类生活的改善越来越有赖于知识的积累和创新。科技竞争成为国际综合国力竞争的焦点。当今时代，谁在知识和科技创新方面占据优势，谁就能够在发展上掌握主动。世界各国尤其是发达国家纷纷把推动科技进步和创新作为国家战略，大幅度提高科技投入，加快科技事业发展，重视基础研究，重点发展战略高技术及其产业，加快科技成果向现实生产力转化，以利于为经济社会发展提供持久动力，在国际经济、科技竞争中争取主动权。

面对世界科技发展的趋势，面对日趋激烈的国际竞争，我们只有把科学技术真正置于优先发展的战略地位，真抓实干，急起直追，才能把握先机，赢得发展的主动权。

大量国际经验表明，一个国家的现代化，关键是科学技术的现代化。党和国家历来高度重视科学技术发展。新中国成立以来特别是改革开放以来，党和国家采取了一系列加快我国科技事业发展的重大战略举措，经过广大科技人员顽强拼搏，我们取得了一批以“两弹一星”、载人航天、杂交水稻、陆相成油理论和应用、高性能计算机、人工合成牛胰岛素、基因组研究等为标志的重大科技成就，拥有了一批在农业、工业领域具有重要作用的自主知识产权，促进了一批高新技术产业群的迅速崛起，造就了一批拥有自主知名品牌的优秀企业，全社会科技水平显著提高。这些科技成就，为推动经济社会发展和改善人民生活提供了有力的支撑，显著增强了我国的综合国力和国际竞争力。

同时，我们也必须清醒地看到，我国正处于社会主义初级阶段，经济社会发展水平不高，人均资源相对不足，进一步发展还面临着一些突出的问题和矛盾。从我国发展的战略全局看，走新型工业化道路，调整经济结构，转变经济增长方式，缓解能源资源和环境的瓶颈制约，加快产业优化升级，促进人口健康和保障公共安全，维护国家安全和战略利益，我们比以往任何时候都更加迫切地需要坚实的科学基础和有力的技术支撑。

目前，我国科技的总体水平同世界先进水平相比仍有较大差距，同我国经济社会发展的要求还有许多不相适应的地方，主要是：关键技术自给率低，自主创新能力不强，特别是企业核心竞争力不强；农业和农村经济的科技水平还比较低，高新技术产业在整个经济中所占的比例还不高，产业技术的一些关键领域存在着较大的对外技术依赖，不少高技术含量和高附加值产品主要依赖进口；科学研究实力不强，优秀拔尖人才比较匮乏；科技投入不足，体制机制还存在不少弊端。总之，我国科技事业发展的状况，与完成调整经济结构、转变经济增长方式的迫切要求还不相适应，与把经济社会发展切实转入以人为本、全面协调可持续的轨道的迫切要求还不相适应，与实现全面建设小康社会、不断提高人民生活水平的迫切要求还不相适应。我们必须下更大的气力、做更大的努力，进一步深化科技改革，大力推进科技进步和创新，带动生产力质的飞跃，推动我国经济增长从资源依赖型转向创新驱动型，推动经济社会发展切实转入科学发展的轨道。这是摆在我们面前的一项刻不容缓的重大使命。

总之，贯彻落实科学发展观，推动社会主义经济建设、政治建设、文化建设、社会建设全面发展，维护国家安全，实现好、维护好、发展好最广大人民的根本利益，实现全面建设小康社会的宏伟目标、开创中国特色社会主义事业新局面，需要大力发展我国科技事业。为适应我国经济社会发展和人民生活改善对科技进步和创新提出的迫切要求，在党中央正确领导下，国务院成立了领导小组，组织科技界、教育界、经济界、企业界2000多名专家，在充分调查研究的基础上，制定了《国家中长期科学和技术发展规划纲要（2006－2020年）》。为了动员全党全社会积极行动起来，认真贯彻实施规划纲要，党中央、国务院将专门作出关于实施科技规划纲要、增强自主创新能力的决定。我们必须从新世纪新阶段我国经济社会发展的战略全局出发，深刻认识加快我国科技事业发展的重大意义，切实贯彻落实好规划纲要和中央决定。

（二）扎实完成建设创新型国家的重大战略任务

本世纪头20年，是我国经济社会发展的重要战略机遇期，也是我国科技事业发展的重要战略机遇期。面对汹涌澎湃的世界新科技革命浪潮，我们必须认清形势、坚定信心、抢抓机遇、奋起直追。总体目标是：到2020年，使我国的自主创新能力显著增强，科技促进经济社会发展和保障国家安全的能力显著增强，基础科学和前沿技术研究综合实力显著增强，取得一批在世界具有重大影响的科学技术成果，进入创新型国家行列，为全面建设小康社会提供强有力的支撑。

党中央、国务院作出的建设创新型国家的决策，是事关社会主义现代化建设全局的重大战略决策。建设创新型国家，核心就是把增强自主创新能力作为发展科学技术的战略基点，走出中国特色自主创新道路，推动科学技术的跨越式发展；就是把增强自主创新能力作为调整产业结构、转变增长方式的中心环节，建设资源节约型、环境友好型社会，推动国民经济又快又好的发展；就是把增强自主创新能力作为国家战略，贯穿到现代化建设各个方面，激发全民族创新精神，培养高水平创新人才，形成有利于自主创新的体制机制，大力推进理论创新、制度创新、科技创新，不断巩固和发展中国特色社会主义伟大事业。

中央提出这项重大战略任务，是建立在科学分析我国基本国情和全面判断我国战略需求的基础之上的，也是建立在充分发挥我国社会主义制度的政治优势和充分发挥我国已经拥有的经济科技实力的基础之上的。经过新中国成立以来特别是改革开放以来的不懈努力，我国社会主义市场经济体制初步建立，经济社会持续快速发展，科技人力资源总量和研发人员总数位居世界前列，建立了比较完整的学科体系，部分重要领域的研究开发能力已跻身世界先进行列。我们已经具备了建设创新型国家的重要基础和良好条件。

为了实现进入创新型国家行列的奋斗目标，我们要突出抓好以下几个方面的工作：

1. 实施正确的指导方针，努力走中国特色自主创新道路

我国科技事业的发展，特别是在科技发展的结构布局、战略重点和政策举措等方面，既要顺应世界科技发展的潮流，遵循科技规律，又要紧密结合国情和国家战略需求，选择顺应时代要求、符合我国实际的发展道路。

走中国特色自主创新道路，核心就是要坚持自主创新、重点跨越、支撑发展、引领未来的指导方针。自主创新，就是从增强国家创新能力出发，加强原始创新、集成创新和引进消化吸收再创新。重点跨越，就是坚持有所为有所不为，选择具有一定基础和优势、关系国计民生和国家安全的关键领域，集中力量、重点突破，实现跨越式发展。支撑发展，就是从现实的紧迫需求出发，着力突破重大关键技术和共性技术，支撑经济社会持续协调发展。引领未来，就是着眼长远，超前部署前沿技术和基础研究，创造新的市场需求，培育新兴产业，引领未来经济社会发展。这一方针，是我国半个多世纪科技事业发展实践经验的概括总结，是面向未来、实现中华民族伟大复兴的重要抉择，必须贯穿于我国科技事业发展的全过程。

要根据全面建设小康社会的紧迫需求、世界科技发展趋势和我国国力，对我国科技发展作出总体部署，统筹当前和长远，把握科技发展的战略重点，确定若干重点领域，抓住一批重大关键技术，实施若干重大专项，建设一批创新基地，培育大批创新企业，扎实提高持续创新能力，不断为建设创新型国家奠定坚实基础。

2. 坚持把提高自主创新能力摆在突出位置，大幅度提高国家竞争力

自主创新能力是国家竞争力的核心，是我国应对未来挑战的重大选择，是统领我国未来科技发展的战略主线，是实现建设创新型国家目标的根本途径。世界科技发展的实践告诉我们：一个国家只有拥有强大的自主创新能力，才能在激烈的国际竞争中把握先机、赢得主动。特别是在关系国民经济命脉和国家安全的关键领域，真正的核心技术、关键技术是买不来的，必须依靠自主创新。要把提高自主创新能力摆在全部科技工作的首位，在若干重要领域掌握一批核心技术，拥有一批自主知识产权，造就一批具有国际竞争力的企业，大幅度提高国家竞争力。

提高自主创新能力，要紧紧扭住为经济社会发展服务这一中心任务，把握科技发展的战略重点，着力解决制约经济社会发展的重大科技问题。要把发展能源、水资源和环境保护技术放在优先位置，下决心解决制约经济社会发展的重大瓶颈问题；抓住信息科技更新换代和新材料科技迅猛发展的难得机遇，把掌握装备制造业和信息产业核心技术的自主知识产权作为提高我国产业竞争力的突破口；把生物科技作为未来高技术产业迎头赶上的重点，加强生物科技在农业、工业、人口和健康等领域的应用；加快发展空天和海洋科技，和平利用太空和海洋资源；加强基础科学和前沿技术研究，特别是交叉学科的研究，加强我国科技创新的基础和后劲。

要在统筹安排、整体推进的基础上，把在国民经济、社会发展和国防安全中重点发展、亟待科技提供支撑的产业和行业作为重点领域，把在重点领域中急需发展、任务明确、技术基础较好、近期能够突破的技术群作为优先主题，加快突破瓶颈制约，掌握关键技术和共性技术，解决重大公益性科技问题，提高国家安全保障能力。要努力实现以下目标：一是掌握一批事关国家竞争力的装备制造业和信息产业核心技术，使制造业和信息产业技术水平进入世界先进行列。二是农业科技整体实力进入世界前列，促进农业综合生产能力的提高，有效保障国家食物安全。三是能源开发、节能技术和清洁能源技术取得突破，促进能源结构优化，主要工业产品单位能耗指标达到或接近世界先进水平。四是在重点行业和重点城市建立循环经济的技术发展模式，为建设资源节约型、环境友好型社会提供科技支持。五是重大疾病防治水平显著提高，新药创制和关键医疗器械研制取得突破，具备产业发展的技术能力。六是国防科技基本满足现代武器装备自主研制和信息化建设的需要，为维护国家安全提供保障。七是涌现出一批具有世界水平的科学家和研究团队，在科学发展的主流方向上取得一批具有重大影响的创新成果，信息、生物、材料和航天等领域的前沿技术达到世界先进水平。八是建成若干世界一流的科研院所和大学以及具有国际竞争力的企业研究开发机构，形成比较完善的中国特色国家创新体系。

3. 深化体制改革，加快推进国家创新体系建设

深化科技体制改革，进一步优化科技结构布局，充分激发全社会的创新活力，加快科技成果向现实生产力转化，是建设创新型国家的一项重要任务。要继续推进科技体制改革，充分发挥政府的主导作用，充分发挥市场在科技资源配置中的基础性作用，充分发挥企业在技术创新中的主体作用，充分发挥国家科研机构的骨干和引领作用，充分发挥大学的基础和生力军作用，进一步形成科技创新的整体合力，为建设创新型国家提供良好的制度保障。

加强国家创新体系建设，要重点加强以下工作。一是要建设以企业为主体、市场为导向、产学研相结合的技术创新体系，使企业真正成为研究开发投入的主体、技术创新活动的主体和创新成果应用的主体，全面提升企业的自主创新能力。二是要建设科学研究与高等教育有机结合的知识创新体系，以建立开放、流动、竞争、协作的运行机制为中心，高效利用科研机构和高等院校的科技资源，稳定支持从事基础研究、前沿高技术研究和社会公益研究的科研机构，集中力量形成若干优势学科领域、研究基地和人才队伍。三是要建设军民结合、寓军于民的国防科技创新体系，加强军民科技资源的集成，实现从基础研究、应用研究开发、产品设计制造到技术和产品采购的有机结合，形成军民高技术的共享和相互转移的良好格局。四是要建设各具特色和优势的区域创新体系，促进中央与地方的科技力量有机结合，发挥高等院校、科研机构和国家高新技术产业开发区的重要作用，增强科技创新对区域经济社会发展的支撑力度。五是要建设社会化、网络化的科技中介服务体系，大力培育和发展各类科技中介服务机构，引导科技中介服务机构向专业化、规模化和规范化方向发展。

要进一步完善适应社会主义市场经济发展要求的政府管理科技事业的体制机制，建立健全有关法律法规，完善科技开发计划，促进科技创新要素和其他社会生产要素有机结合，形成科技不断促进经济社会发展、社会不断增加科技投入的良好机制。要完善科技资源配置方式，优化科技资源配置，促进科技资源开放和共享，形成广泛的多层次的创新合作机制，建立健全绩效优先、鼓励创新、竞争向上、协同发展、创新增值的资源分配机制和评价机制。要建立竞争机制，坚持国家科技计划对全社会开放，支持和鼓励国内有条件的各类机构平等参与承担国家重大计划和项目，为全社会积极创新创造良好条件。要加强科技基础条件平台建设，加强对重要技术标准制定的指导协调。在社会主义市场经济条件下，企业是市场竞争的主体，也是技术创新的主体。我们必须培育一大批具有自主创新能力、拥有自主知识产权的企业。要抓紧制定切实有效的改革举措、激励政策和法律法规，完善鼓励自主创新的金融财税政策，改善对高新技术企业特别是科技型中小企业的信贷服务和融资环境，加快发展创业风险投资，积极为企业技术创新服务，为不同类型、不同所有制企业提供公平的竞争环境。我国广大企业家应该增强民族自信，树立世界眼光，坚韧不拔，百折不挠，为建设创新型国家贡献自己的聪明才智。

4. 创造良好环境，培养造就富有创新精神的人才队伍

科技创新，关键在人才。杰出科学家和科学技术人才群体，是国家科技事业发展的决定性因素。当前，人才竞争正成为国际竞争的一个焦点。无论是发达国家还是发展中大国，都把科技人力资源视为战略资源和提升国家竞争力的核心因素，大力加强科技人力资源能力建设。源源不断地培养造就大批高素质的具有蓬勃创新精神的科技人才，直接关系到我国科技事业的前途，直接关系到国家和民族的未来。

培养大批具有创新精神的优秀人才，造就有利于人才辈出的良好环境，充分发挥科技人才的积极性、主动性、创造性，是建设创新型国家的战略举措。要坚持贯彻尊重劳动、尊重知识、尊重人才、尊重创造的方针，全面实施人才强国战略，牢固树立人才资源是第一资源的观念，完善适合我国科技发展需要的人才结构，不断发展壮大我国科技人才队伍。要坚持在创新实践中发现人才、在创新活动中培育人才、在创新事业中凝聚人才。要依托国家重大人才培养计划、重大科研和重大工程项目、重点学科和重点科研基地、国际学术交流和合作项目，积极推进创新团队建设，努力培养一批德才兼备、国际一流的科技尖子人才、国际级科学大师和科技领军人物，特别是要抓紧培养造就一批中青年高级专家。要努力营造鼓励人才干事业、支持人才干成事业、帮助人才干好事业的社会环境，形成有利于优秀人才脱颖而出的体制机制，最大限度地激发科技人员的创新激情和活力，提高创新效率，特别是要为年轻人才施展才干提供更多的机会和更大的舞台。要加大引进人才、引进智力工作的力度，尤其是要积极引进海外高层次人才，吸引广大出国留学人员回国创业。

建设创新型国家的伟大事业，离不开广大科技工作者的艰苦劳动和创造性实践。我国科技界素有心系祖国、自觉奉献的爱国精神，求真务实、勇于创新的科学精神，不畏艰险、勇攀高峰的探索精神，团结协作、淡泊名利的团队精神。在建设创新型国家的伟大实践中，广大科技工作者应该做自主创新的先锋，做拼搏奉献的楷模，努力创造无愧于时代、无愧于人民的光辉业绩。

5. 发展创新文化，努力培育全社会的创新精神

一个国家的文化，同科技创新有着相互促进、相互激荡的密切关系。创新文化孕育创新事业，创新事业激励创新文化。中华文化历来包含鼓励创新的丰富内涵，强调推陈出新、革故鼎新，强调“天行健，君子以自强不息”。建设创新型国家，必须大力发扬中华文化的优良传统，大力增强全民族的自强自尊精神，大力增强全社会的创造活力。要坚持解放思想、实事求是、与时俱进，通过理论创新不断推进制度创新、文化创新，为科技创新提供科学的理论指导、有力的制度保障和良好的文化氛围。要大力弘扬以爱国主义为核心的民族精神和以改革创新为核心的时代精神，增强民族自信心和自豪感，增强不懈奋斗、勇于攀登世界科技高峰的信心和勇气。要在全社会培育创新意识，倡导创新精神，完善创新机制，大力提倡敢为人先、敢冒风险的精神，大力倡导敢于创新、勇于竞争和宽容失败的精神，努力营造鼓励科技人员创新、支持科技人员实现创新的有利条件。要注重从青少年入手培养创新意识和实践能力，积极改革教育体制和改进教学方法，大力推进素质教育，鼓励青少年参加丰富多彩的科普活动和社会实践。要大力繁荣发展哲学社会科学，促进哲学社会科学与自然科学相互渗透，为建设创新型国家提供更好的理论指导。要在全社会广为传播科学知识、科学方法、科学思想、科学精神，使广大人民群众更好地接受科学技术的武装，进一步形成讲科学、爱科学、学科学、用科学的社会风尚。

发展创新文化，既要大力继承和弘扬中华文化的优良传统，又要充分吸收国外文化的有益成果。要坚持对外开放的基本国策，扩大多种形式的国际和地区科技交流合作，有效利用全球科技资源。要鼓励科研院所、高等院校与海外研究开发机构建立联合实验室或研究开发中心，支持在双边、多边科技合作协议框架下实施国际合作项目，支持我国企业扩大高新技术及其产品的出口和在海外设立研究开发机构或产业化基地，鼓励跨国公司在华设立研究开发机构。要积极主动参与国际大科学工程和国际学术组织，支持我国科学家和科研机构参与或牵头组织国际和区域性大科学工程。

（三）动员全党全社会力量，为建设创新型国家而奋斗

用15年的时间使我国进入创新型国家行列，是一项极其繁重而艰巨的任务，也是一项极其广泛而深刻的社会变革。全党同志特别是各级领导干部务必深刻认识完成这项任务的极端重要性和紧迫性，加强领导，狠抓落实。

1. 加强组织领导，切实把提高自主创新能力作为关系全局的大事抓紧抓好

各级党委和政府要从贯彻落实科学发展观、实施好科教兴国战略和人才强国战略的高度出发，加强和改善对科技工作的领导，切实把科技工作摆上重要议事日程，立足当前，着眼长远，结合实际研究和提出本地区本部门的科技发展规划，制定和实施正确有效的促进科技发展的政策措施，扎扎实实推进科技工作。各级领导干部要带头学科学、用科学，各级党政主要负责同志要高度重视科技工作，并把提高自主创新能力的成效作为落实科学发展观和正确政绩观的重要内容。要实施激励自主创新的各项政策措施，及时研究和解决科技工作和科技发展中的困难和问题，努力创造有利于提高自主创新能力的法制环境、市场环境和各方面条件。要加大对知识产权保护的力度，完善国家知识产权制度，健全知识产权保护的法律体系，加强知识产权保护的司法和执法工作，依法严厉打击侵犯知识产权的各种行为。要做好人力资源开发的政策制定、协调服务工作，关心和爱护广大科技人员，充分发挥他们的作用，努力改善他们的工作生活条件。

2. 加强协调配合，加大对自主创新的支持力度

中央各有关部门和各级管理部门要紧密配合，加强对规划纲要落实工作的具体指导，加强统筹协调，强化政策支持，及时研究、解决重大专项和其他重点任务实施过程中遇到的困难和问题。要把对科技事业发展特别是提高自主创新能力的投入作为战略性投资，加大财政科技投入的力度，调整和优化投入结构，增强政府投入调动全社会科技资源配置的能力，形成多元化、多渠道、高效率的科技投入体系，提高科技资源共享利用的效益，为提高自主创新能力提供坚实保障。要根据国内外形势和任务的发展变化，对规划纲要确定的发展目标和重点任务进行必要的动态调整，使其不断适应经济社会发展的实际需要。

3. 坚持以人为本，让科技发展成果惠及全体人民

这是我国科技事业发展的根本出发点和落脚点。建设创新型国家是惠及广大人民群众的伟大事业，同时也需要广大人民群众积极参与。要坚持科技为经济社会发展服务、为人民群众服务的方向，把科技创新与提高人民生活水平和质量紧密结合起来，与提高人民科学文化素质和健康素质紧密结合起来，使科技创新的成果惠及广大人民群众。要充分尊重群众的首创精神，广泛开展群众性技术革新活动，发挥工会、共青团、妇联和科协等人民团体的积极作用，动员广大人民群众投身到自主创新的伟大事业中来。

同志们，建设创新型国家是时代赋予我们的光荣使命，是我们这一代人必须承担的历史责任。几千年来，中华民族创造了灿烂辉煌的优秀文化，以众多的创新成就为人类文明进步作出了巨大贡献。回顾历史，展望未来，我们完全有信心、有能力为人类文明进步作出新的更大的贡献。全党全国各族人民要统一思想、坚定信心、奋发努力、扎实苦干，坚持走中国特色自主创新道路，以只争朝夕的精神为建设创新型国家而努力奋斗！

二、推进中国风险投资发展的若干重要问题

——在第八届中国风险投资论坛上的主题演讲

全国人大常委会副委员长、民建中央主席　成思危

（2006年4月7日，中国深圳）

女士们、先生们、朋友们、同事们，这是我第八次登上中国风险投资论坛的讲台作主题演讲。

众所周知，从1985年开始中国就有了风险投资事业。九届一次政协会议以来的这八年，总体上看风险投资事业是发展比较快的。今年我们面临着新的机遇和挑战，需要认真研究和应对。

（一）三个机遇

1. 中国近年来快速的经济发展引起了世界各国的瞩目

2005年，我国的GDP达到22 300亿美元，进出口总值达到14 221亿美元。2006年2月，我国的外汇储备已达8536亿美元，超过了日本，成为世界第一。中国经济的快速增长，已经引起了世界各国的瞩目，也引起了世界各国风险投资家的瞩目。近几年来，美国网络股神话破灭，全世界的风险投资进入低潮，但中国的风险投资还是在稳步地发展。据了解，今年还有一些外国风险投资继续进入中国，这对我们是一个很大的机遇。

2. 全国科技大会提出建设创新型国家的宏伟战略目标

2006年年初中央召开的全国科技大会，提出了建设创新型国家这样一个宏伟的战略目标。要建设创新型国家，一个关键的问题就是要支持创新者进行创新，并将创新的成果转化为产品，转化为生产力，最终形成创新产业。在这一方面，风险投资起着不可替代的作用。要支持众多创新成果的转化，单靠政府的力量是不够的，必须要动员民间的力量，必须要有一种机制来引导民间资金支持创新事业。风险投资正是这样一种新型的投资工具，通过组合投资，其成功项目的巨大收益不仅可弥补失败项目的损失，还能给投资者带来比较丰厚的回报，这已经被世界各国的风险投资实践所证实。所以，在第四次全国科技大会的文件里也特别提出了风险投资发展的相关问题。

3. 全国人大通过了“十一五”发展规划

“十一五”发展规划是我国在全面建设小康社会过程中一个非常重要的“五年规划”。这个“五年规划”的精神可以用四句话概括：立足科学发展，着力自主创新，完善体制机制，促进社会和谐。“五年规划”把自主创新放在非常重要的地位，也明确提出关于风险投资的内容。

（二）三大挑战

面临三个大好的机遇，中国的风险投资事业是有可能加速发展的。但是从另一方面来看，我们也面临着挑战。

第一，缺乏专业的风险投资人才。不管是中资的还是外资的风险投资机构，从总体上看人才还是一个大问题。如何能够进一步培养优秀的风险投资人才，这是我们面临的一个非常重大的挑战。俗话说“兵熊熊一个，将熊熊一窝”。如果风险投资行业能拥有更多的将才，就会更好地促进风险投资的发展，尤其是在风险投资公司的总经理、项目经理这个层次上更是亟需优秀的人才。

第二，缺乏风险投资的实践经验。因为风险投资在中国毕竟是一个新的事物，在我们发展风

险投资的过程中也产生了不少争论。由于这些争论，也由于缺乏经验，有时就会影响风险投资事业的发展。我认为争论是正常的，争论可以进一步促进大家取得共识，但遗憾的是有的争论一直没能取得共识，这样就会影响我国风险投资事业的发展。实践是检验真理唯一的、最高的标准，我们还是应该大胆试，允许看，但不需要争论，最后还是要服从真理。实践成功的东西要大胆地应用，实践证明不符合中国国情的东西就要大胆地扬弃。

第三，风险投资的退出渠道还比较狭窄。这个问题我会在后面提到。

（三）推进中国风险投资的三个关键问题

我今天就推进中国风险投资的几个关键问题给大家作一个简要的介绍，主要讲三个问题。

1. 近两年来中国风险投资事业的发展情况[①]

主要是三个方面：第一，中国风险投资近三年来是在稳步增长的。第二，比较一下在中国的外资风险投资和本土风险投资的区别。第三，外资风险投资的地区选择还是一直以北京、上海、深圳三地为主。

（1）稳定增长。目前国家统计局没有对中国风险投资做专门统计，相关情况只有通过问卷调查的方式了解。问卷调查的回收情况大概是2003年180家，2004年141家，2005年150家。风险投资资金总额在2003年为325.3亿元人民币，2004年为438.7亿元人民币，2005年为464.5亿元人民币；投资的项目数在2003年为315项，2004年325项，2005年307项。当年的实际投资数额为2003年37.1亿元人民币，2004年37.8亿元人民币，2005年54.7亿元人民币。其中外资所占比重的增长很快，2003年占5%，2004年占15%，2005年占33.9%。由此可知，无论是风险投资资金总额，还是风险投资实际投入数额，都在稳步增长。但是从这个稳步增长中还可以看到一个问题，即实际上本土风险投资的比重在下降。这是由于整个全球风险投资行业近年来一直处于低潮，有些本土的风险投资企业在风险投资热潮的时候兴起，但在比较低潮的时候就坚持不下去了；再加上政策没有完全配套，出路比较狭窄，所以有的风险投资公司退出了风险投资领域（见表1.1）。

表1.1　2003年～2005年中国风险投资行业几个调查数据

年度	接受调查的风险投资机构数（家）	风险投资资金总额（亿元人民币）	投资项目数（个）	实际投资金额（亿元人民币）	外资在风险投资资金来源中的比重（%）
2003	180	325.3	335	37.1	5.0
2004	141	438.7	325	37.8	15.0
2005	150	464.5	358	54.7	33.9

数据来源：中国风险投资研究院，《中国风险投资年鉴》（2004、2005、2006），民主与建设出版社

但是为什么中国的风险投资还能增长呢？这是因为国外的风险投资看好中国的发展，不断地进入。此消彼长的结果造成持续的增长，特别是2005年比2004年有大幅度的增长。国外风险投资机构融资的数额比投出的数额大得多，其积累下来的资金很多，这些资金总要投出去。从这点来看说明他们看好中国，所以投资也比较多。

① 中国风险投资研究院，《中国风险投资年鉴》（2004、2005、2006），民主与建设出版社。

（2）本土和外资在中国风险投资中的行为差异。如果分析一下本土和外资在中国风险投资中的行为，我们可以看到以下四点差异：

第一，资金实力的差异。2005年所调查的150家风险投资企业中，36家是外资，有114家内资。其中，平均每家外资机构可投入中国内地的风险资本量为5.25亿元人民币，平均每家内资机构可投入中国内地的风险资本量为2.42亿元人民币。所以相对外资来看，本土风险投资机构的资金实力还是比较差的。当然我们也有一些实力很强的风险投资企业，但总体的平均值是较低的。

第二，投资强度的差异。本土风险投资对每个项目的投资平均为1097万元人民币，而外资对项目的投资平均是2175万元人民币，二者相差大概一倍。

第三，人才的差距。一般外资企业的平均风险投资经理的人数高于内资企业。

第四，投资重点的差别。本土风险投资重点在于医药、医疗服务、生物技术等行业，而外资投资排名前几位的行业主要还是半导体、信息技术。虽然这些行业都是风险投资的重要领域，但相比较来看，内外资风险投资企业投入的热点还是不尽相同的。

（3）外资资本投入的地域主要是北京、上海、深圳。根据调查，83%的外国风险资本集中在北京、上海、深圳三个城市。我几年前讲过，中国风险投资最有希望发展的就是这三个城市，因为这三个城市有较好的基础。而外资剩余17%资本的投入集中在江苏、浙江等省。由此可见，外资对投资地区的选择是比较明确的。

国外的风险资本在当地总的风险资本中所占的比重，北京最高，为71.2%；上海为63.6%；深圳为25.4%。可见深圳本土风险投资力量相对来说占的比重较大。

总体上看，全国风险投资资金也主要投在北京、上海、深圳三个地方，大概占总投资额的50%～60%，2005年是59.9%。由此可见，这三个城市目前确实在我国风险投资发展中起着举足轻重的作用。尽管在2006年年初中央提出建设创新型国家目标后，各地政府都积极响应，辽宁、陕西等省也都在积极发展风险投资，但目前，京、沪、深这三个城市还是风险投资比较集中的地方。

2. 风险投资资本的退出问题

调查统计显示，2005年度全国风险投资累计退出项目总数为553个。在给出详细退出方式的项目中，通过并购退出的项目占总数的55.9%，通过上市退出的项目占总数的33.1%，通过清算、破产、失败退出的项目占总数的11%。这和国外的情形大体相近。美国多年来通过上市退出的项目平均约占总数的30%。其余的是通过并购退出。而欧洲通过上市退出的项目较少，近年来平均为10%左右。

通过并购退出的项目中，内资通过并购退出的项目是69%，通过上市退出的项目是17%，通过清算退出的项目是14%。外资风险投资支持的项目通过并购退出的是35%，通过境内外上市退出的项目是58%，通过清算退出的项目是7%。我们可以看到一个很大的特点，外资风险投资项目主要是通过上市退出的。

在通过IPO退出的项目中，有76%是通过境外资本市场退出的，只有24%是通过境内资本市场退出的。主要原因是近几年我国资本市场处于低潮期，扩容也比较慢，这样就有不少风险投资支持的创新企业选择了境外上市这条道路。境外上市可供选择的途径较多，包括在纳斯达克、香港创业板、新加坡等地上市。根据4月6日的最新数据，在纳斯达克上市的中国企业一共是25家，已经形成了一个中国板块。这25家总体表现是不错的。例如百度、盛大一上市的时候股价都是迅速飚升。而最早在纳斯达克上市的新浪、网易、搜狐等企业的股价也还在适当的价位上。

在此，我想简单谈一谈深圳中小企业板块的问题。中小企业板块到目前为止[①]有50家中小型企业，其中民营的有38家，高技术企业有33家，平均每个企业的融资量是2.4亿元人民币。从整个板块的管理及其业绩情况来看，我认为发展是不错的。众所周知，我国创业板的发展也是一波三折，所以我提出了分三步走的做法：第一，先不降低条件，选择高技术为主的企业在深圳上市；第二，逐步降低门槛，扩大企业的进入；第三，条件成熟的时候，成立一个独立的二板市场。以后可逐步形成跟纳斯达克类似的，由一、二、三板组成的一个多层次的资本市场。我也希望深交所能建成中国的纳斯达克。现在第一步是走出来了，第二步还需要抓紧去实现。

2006年两会期间，我说过中国股市目前主要在进行股权分置改革，而目前深圳中小企业板股改已经全部完成，如果要扩容的话，我建议从深圳中小企业板块开始。原因主要有两点：第一，它的扩容对整个市场影响不大。如果中小企业上市，每一家融资规模不过2亿元～3亿元人民币，扩容50家也仅有100多亿元，对整个股市的影响会比较小。第二，扩容很重要的作用就是支持创新企业的发展，也是为了实现创新型国家这样一个目标。中小企业的上市可以说是风险投资的结束，但是对中小企业来说还是第一步。它们在中小企业板上市后，再经过不断的成长，还可以通过杠杆收购等方式再到主板上市。纳斯达克有很多这样的实践经验，很多创新型企业都是从二板发展到主板。我们要支持中小企业的发展，就需要扩大中小企业板块。由于中小企业特别是创新型企业的注册资金比较低，也很难要求它有三年盈利的业绩，因为它正处在创新发展和增长的过程中，它的现金流可能是负的。但是只要它前景良好，投资者还是愿意投资于它的价值，而不是炒它的股价。所以我觉得三步走的战略，从当时我国情况看来是符合实际的。否则恐怕中小企业板块到现在也出不来。但现在的关键是不能停滞，要稳步向前推进，实现我们的最终目标。

3. 风险投资中政府的作用

1998年我就讲过，政府对风险投资应该是“支持而不控制，引导而不干涉”。政府应该支持风险投资发展，主要是要在政策各个方面予以支持，而不是由政府包办风险投资事业。我们要鼓励民间的资金进入到风险投资领域。我国现在银行中的民间存款有15万亿元人民币，只要其中的1%进入到这个行业中就是一个很大的数字了。另外，政府要起到引导作用，就是要投入一部分资金。当然用什么方式投入，各地的方法可能不尽相同，但关键是这个资金主要应进入风险投资的前期，即高风险的时期。因为前期对创业来说是最关键的，这个时候企业的技术不成熟，市场也还不明确，发展前景有很多不确定性。这个时期风险投资承担着比较大的风险，很多风险投资企业都不敢进行投资，所以希望政府能够着重投资于这个时期，分担一点这方面的风险。

大家应该注意到，最近对风险投资的提法有了一点变化，就是要发展创业风险投资。在研究“十一五”规划时我跟一些领导同志交换意见，认为我们应该把风险投资的重点放在种子期和企业初创期，这是为企业雪中送炭。我们首先要解决雪中送炭的问题，政府就要做这方面的工作。

应该说，我国过去一年来在有关风险投资的立法方面有不少推进，修改了《公司法》、《证券法》。这些修改都是从有利于创新、有利于风险投资发展的角度进行的，经过了充分的思考、讨论。而且这次修改我们也尽量吸收了一些国外成熟的经验。

目前来看，中国政府还应该进一步加强对中国风险投资事业的支持。这在国外有很多成熟的经验，除了政府提供很多引导、匹配的资金以外，还有税收方面的优惠，以及有关的担保、补贴等等方面的政策优惠。

---

① 截至2006年4月初。

风险投资是有风险的投资，如果政府不给予一定的支持，那我想很少有人敢冒这个风险。从这一点来看，我们还是需要进一步出台一些支持中国风险投资事业发展的有关政策。

最后我讲一讲风险投资基金的问题。1998年我曾经提出过中国风险投资的三步走战略。第一，在现有法律框架下，按照公司制的方式运行，因为当时我国还没有基金法。第二，建立风险投资基金，因为风险投资基金最大的作用是可以大大提高融资功能。如果按公司制运行的话，只能靠公司自身的资金来投入，资金量十分有限，而建立风险投资基金，普通合伙人（General partner）的投资只占基金总量的1%～2%，其他98%～99%都是募集的，资金量就大多了。另外，风险投资基金往往实行的是有限合伙制，管理人要负无限责任，而一般投资者只负有限责任，这样就把公司制的优点和合伙制的优点结合起来了，使得基金管理人的责任和权力更相对称。现在全国人大正在修订《合伙企业法》，在这个过程中，也在考虑有限合伙制的问题。全国人大曾专门派团到国外，还邀请了国外有关专家参加研讨会，并作了一些调研。

其实风险投资基金的问题在1999年起草《投资基金法》的时候就已经考虑了，最初考虑包括证券投资基金、产业投资基金和风险投资基金等三类基金。但是当时正好是东亚金融危机时期，大家都比较小心谨慎，认为产业投资基金和风险投资基金都是私募基金，最好不要沾边。所以最后投资基金法就变成了《证券投资基金法》，其他两类都没有考虑。但是经过十多年的发展，人们的认识不断提高。现在来看，建立私募基金的条件正在逐步成熟。我也正在和一些对这方面比较感兴趣的专家、企业家共同研讨、推进这件事情。

我们组织了一个闭门论坛，我是论坛的主席，已经召开过一次会议研讨私募基金在中国的建立问题。有关方面如政府部门、金融机构也都参加了，当然这只是学者之间的交流。我对中国进一步推进风险投资基金发展抱着积极的态度，如果单靠风险投资基金公司的自有资金，现在全国才200多亿元，对支持创新所能起到的作用确实太小了。如果都能变成基金，就应该能达到2万多亿元。那就不一样了。我希望大家在这方面继续努力，当然是首先要从建立法规开始，再上升到法律。

（四）结论

尽管中国的风险投资事业任重道远，但是我认为经过这些年的发展，我们是走在一条正确的道路上。我们在探索有中国特色的风险投资事业方面取得了一定的经验，只要我们坚持走下去，我们是可以发挥风险投资在支持创新型国家建设中的作用的。我是一个审慎的乐观主义者，我相信机遇大于挑战，希望大于困难。在这方面，我希望政府应当起到更大的作用，也希望大家共同通过艰苦的工作推进中国风险投资事业的发展，来实现中央提出的建设创新型国家这一宏伟目标。

这次会议是第八次，“八”在中国是一个吉利的数字。这次会议也是我们规模最大的一次，参加人数已经超过1000人。我希望通过这次会议后，中国风险投资事业能够得到更快、更好的发展。我也预祝大家通过这次会议能够有所收获，并在你们各自的岗位上取得更多的进步。

三、发展具有中国特色的风险投资和资本市场　促进自主创新战略实施

——在第八届中国风险投资论坛上的专题讲话

科学技术部部长　徐冠华

（2006年4月7日，中国深圳）

尊敬的成思危副委员长，女士们、先生们：

我十分高兴参加第八届中国风险投资论坛，并对成思危副委员长对论坛长期的支持和指导表示衷心的感谢！本届论坛以“落实自主创新战略，开创中国特色风险投资新局面”为主题，必将对发展具有中国特色的风险投资和资本市场，对促进自主创新战略的实施产生重要而深远的影响。下面，我就这个问题谈几点意见和想法，不妥之处，请大家指正。

（一）风险投资和资本市场是促进企业自主创新的基本要素

今年1月，党中央和国务院召开了全国科学技术大会，提出了提高自主创新能力，建立创新型国家的战略目标。我们认为，健全的风险投资体系和完善的资本市场是企业自主创新的基本要素。

1. 企业是自主创新的主体，而创新型小企业是其中极为活跃的力量

目前，许多国家都十分重视小企业特别是创新型小企业的发展，将他们视为技术创新的主要载体。在美国，70%以上的专利是由小企业创造的，小企业平均的创新能力是大企业的两倍以上。在我国，小企业提供了全国约66%的发明专利、74%以上的技术创新、82%以上的新产品开发，已经成为技术创新的重要力量和源泉。

创新型小企业具有两个特点：不确定性和信息不对称。这与商业银行的集中资金管理模式和审慎经营原则不相符合，使得他们难以获得商业银行的贷款支持。科技开发周期较长、风险较大，也使政府难以承受。而风险投资与新兴资本市场独特的资本性融资，既可以满足这些小企业的直接融资需求，又可以达到风险共担、收益共享的目标。这一点，已经被世界各国风险投资的实践和新兴资本市场的发展所证实。美国纳斯达克市场、英国AIM市场、韩国科斯达克市场以及日本几个新市场已经成为全球支持创新型小企业融资的重要平台。

2. 实施自主创新战略，需要更大程度地发挥风险投资和资本市场对创新型小企业的支撑功能和作用

发挥风险投资和资本市场对创新型小企业发展所具有的引导、示范和带动作用。通过资本市场功能的发挥，带动、牵引整个科技投融资体制改革和科技创新激励机制的实现，并取得实质性突破。

发挥资本市场推动风险投资发展的决定性作用。整个风险投资行业的兴起必须首先解决退出机制的问题，而只有借助资本市场才能建立起市场化的退出渠道，并促进风险投资不断循环增值。

发挥资本市场促进创新型小企业做优做强的作用。资本市场可以向创新型小企业提供充足的资本支持，推动创新型小企业强化规范运作和基础管理，促进创新型小企业通过并购等方式迅速成长壮大，加快科技成果的转化与产业化。

（二）当前风险投资和资本市场的制度性缺陷制约了其支持企业自主创新作用的发挥

改革开放以来，我国风险投资和资本市场从无到有，取得了巨大的成绩。同时也应看到，我国风险投资和资本市场还不够强大，发展速度落后于国民经济增长的步伐，甚至出现了边缘化趋势，不能满足高新技术企业高速发展所面临的旺盛的融资需求。

1. 我国风险投资还存在制度性缺陷

第一，我国风险投资明显出现外强于内的局面。目前，境外风险投资机构在国内非常活跃，内资风险投资却呈现低迷态势。造成以上现状的主要原因，除管理机制方面的缺陷外，很重要的一点是外资的运作方式大多采取投资于成长期或成熟期的企业，而后快速在境外上市，达到股本退出获得收益的目的。而内资风险投资机构由于我国资本市场的缺陷，没有建立起适合不同企业融资的多层次资本市场，不能为风险投资的退出提供多渠道、高效率的股权交易平台，造成其投入的资金无法及时变现退出，使境内风险投资机构的资本流动性严重下降，从而产生行业萎缩。

第二，风险投资机构的组织形态单一，影响风险投资的发展。由于没有有限合伙制的法律制度安排，我国风险投资机构的组织形态只能以公司的方式出现，单一的组织形态对风险投资的资金进入以及决策效率和激励约束机制等都产生了较大的影响。

第三，风险投资资金来源不足。由于我国风险投资的发展环境和制度存在缺陷，大量民间资本不愿意进入风险投资行业，致使国内风险投资的资金来源严重不足，过多依靠政府的资金投入。

第四，缺乏有力的引导政策，尚未形成对风险投资的政策支持环境。2005年国家十部委出台的《创业投资企业管理暂行办法》对促进和规范风险投资机构的发展具有积极意义。但有关支持风险投资发展的税收政策、引导基金政策以及证券、保险资金参与风险投资的政策等，仍然在制定之中。

2. 我国资本市场存在的主要问题

一是国内直接融资比例持续下降，境外上市蔚然成风。从境外成熟市场的数据来看，发达国家的社会总融资额中，直接融资比例通常在60%左右。中国资本市场直接融资额比例最高的是在1998年，一度达到社会总融资额的15%；2002年，直接融资占社会总融资额的比例跌到4%；2003年和2004年进一步下降跌至3%；2005年直接融资不超过500亿元，比例更跌到1.5%左右。同期大量优质企业赴境外上市，到2004年底，深沪两市上市公司共1376家，净资产总额共19 259亿元，净利润总额1734亿元，而境外上市公司中仅前10家公司净资产总额就达到11 433亿元，净利润总额达到2354亿元，比深沪两市公司的利润多36%。香港特区、美国、新加坡三个主要境外上市地共有296家中国企业挂牌上市，总市值达3492.04亿美元。相比国内深沪上市公司的流通市值11 688.64万元（折合1413.38亿美元），境外上市规模已经大大超过了国内市场。从可流通市值上比较，境外市场已经是国内市场的2.47倍。

二是国内发行与上市的暂停，影响了国内资本市场的正常发展与国内拟上市企业的上市需求。股权分置改革以来，中国证券市场暂停了国内市场的发行与上市工作，这种暂停主要是为了保障股权分置改革的顺利进行，是正确的。但由于暂停时间较长，且无明确的启动时间表，已经影响很多拟上市企业正常发展的需求与合理预期，促使部分优秀企业更多地谋划境外上市， 如2005年在境外上市的百度、无锡尚德、奥瑞金种业、神华煤业、中星微等。近期，一些省市政府部门也在组织部分优秀的高新技术企业赴境外上市融资。

三是资本市场现有的制度安排还不适应科技型中小企业的发展需要，主要表现在：A）现行发行审核制度不便于科技型中小企业进入资本市场。企业上市周期长、成本高、程序复杂。IPO一般需要2年～3年的时间，期间还充满了很多不确定因素。而且，企业上市后再融资必须间隔1年，再融资的发行审核基本等同于IPO，同样无法适应高技术产品生命周期短、技术更新快的特点，不能满足科技型中小企业实施科技创新、技术更新、产品升级换代对资金的急切需求。B）现行发审标准不利于创新型企业进入资本市场。现行发审标准强调企业过去的经营业绩和盈利能力等硬性指标，较少注重企业的研究开发能力、科技含量和成长潜力等软性指标，较适用于成熟型企业，不适用于创新型企业。按照现行发审标准，当年的新浪和现在的百度都无法达到我国的发行标准。C）中小企业板块规模有限，资本市场层次单一。中小企业板块设立已有一年多时间，上市公司仅有50家，融资额仅120亿元，相当于宝钢一次增发的融资额，与我国15万多家科技型中小企业总规模极不相称，也与近年来赴境外上市的科技型中小企业数量不相称。中小企业板发展速度和市场规模非常有限，无法满足中小企业的融资需求。

3. 我国资本市场存在的制度性缺陷，影响了企业自主创新能力的提高，影响了我国创新型中小企业的生存和发展，成为我国科技与资本结合的最大瓶颈

一方面，众多具有自主创新能力的科技型中小企业无法进入资本市场。在国内资本市场无法满足需要的情况下，大量企业只能选择境外上市。2004年共有84家内地企业到香港、新加坡和纳斯达克等交易所上市，境外IPO融资额是内地市场IPO融资额的3倍。境外上市在一定程度上满足了我国科技型中小企业的融资需求，比如三大门户网站新浪、搜狐和网易以及百度，如果不能在纳斯达克上市，就不可能持续经营下去。我国大量优秀企业到境外上市，反映了国内资本市场的制度缺陷，影响了我国企业特别是高新技术企业的进一步发展壮大。日本有2700家上市公司，但只有13家公司在纽约证券交易所上市，17家公司在纳斯达克上市，仅占本国上市公司总数的1.1%。作为发展中国家的印度也正在采取各种措施，鼓励本国企业在本国上市。

另一方面，资本市场缺少风险投资退出的制度安排，导致我国本土风险投资总体上处于相对萎缩状态，风险投资规模、项目与目标均不能满足科技创业企业发展的需要。自2002年以来，我国风险投资的发展开始减缓，2003年～2004年连续两年呈现投资总额绝对量下降的趋势。而且风险投资出现主要投向处于相对成熟阶段企业的趋势，对处于种子期的科技企业的投资不足。

（三）加大风险投资和资本市场对创新型中小企业支持与服务力度的几点思考

不久前公布的国务院关于《实施〈国家中长期科技发展规划纲要（2006－2020）〉的若干配套政策》中，对发展促进自主创新的风险投资和资本市场提出了明确的政策要求。中国人民银行、证监会、银监会、国家发改委、财政部、科技部等部门正在国务院的领导和统筹协调下，加快研究提出发展我国风险投资和资本市场的具体政策措施。从科技工作考虑，对风险投资和资本市场的需求重点有以下几个方面：

1. 大力推进多层次资本市场体系建设

首先，积极推出创业板。当前中小企业板仍是主板市场的组成部分，离真正意义上的创业板市场还有很大差距，中小企业板不能代替创业板。当前，设立创业板的环境已有了明显的改善：《公司法》、《证券法》的修改完善以及股权分置改革的深入，我国证券市场的监管能力、措施和专业人才队伍的逐步加强，都为创业板的推出创造了极为有利的条件。去年科技部火炬中心与深圳证券交易所开展了科技型中小企业和高新技术企业上市资源的调查工作，根据对全国高新区5万多家重点企业近3年的数据进行统计，有2197家科技型中小企业主要财务指标基本符合上市条件，其中有700多家已经被深交所列为重点培育对象。积极推动创业板，培育更多的有活力、有发展前途的创新型小企业上市，将有助于投资者树立对我国证券市场的信心。我们应根据不同类型、不同成长阶段的创新型企业的不同特点和风险特性，结合新《公司法》和《证券法》制定相应的发行上市条件，早日进行创业板试点，满足不同类型、不同成长阶段的创新型企业多样化的融资需求。

其次，深化“三板”试点，完善代办股份转让系统。科技部将会同证监会、北京市政府一起继续推进中关村科技园区未上市高新技术企业进入代办股份转让系统的试点工作，积极动员更多的高新技术企业和合格投资者进入代办系统，进一步活跃市场交易，提高交易效率，完善各项制度建设。在此基础上，将其逐步覆盖到具备条件的其他国家高新技术产业开发区内的未上市高新技术企业。代办股份转让系统将会成为未来“三板”建设的核心，对于大量暂时达不到上市门槛的高新技术企业，可以先进入代办系统进行股份转让交易，待条件成熟完善后通过转板机制进入中小企业板或未来的创业板，代办股份转让系统应该成为创业板的“孵化器”。同时应研究将产权交易中心纳入多层次资本市场体系。

再次，大力推进中小企业板创新。目前中小企业融资需求旺盛，应尽快重启中小企业板的新股发行。考虑到中小企业板股权分置改革已经完成，主板市场的改革也在顺利推进，建议在中小企业板率先进行“新老划段”，既可以为股权分置改革营造良好的市场环境，探索全流通条件下的新股发行机制，也可以对科技型中小企业群体和创业投资机构形成积极的影响。

加快中小企业板制度创新的步伐。根据新《公司法》和《证券法》，在总结创新型中小企业发展规律和特点的基础上，制定不同于传统企业的发行审核标准，重点关注创新型小企业的研究开发能力、自主知识产权情况和成长潜力。充分发挥保荐机构和证券交易所的作用，逐步提高发行审核的市场化程度。抓紧建立适应中小企业板上市公司“优胜劣汰”的退市机制、股权激励机制和小额融资机制，推进全流通机制下的交易与监管制度创新，构筑中小企业板的强大生命力。

改革发审制度，提高发审效率，设立面向具有自主创新能力的科技型中小企业发行上市的“绿色通道”。在现有法律法规框架下，对具有较强自主创新能力和自主知识产权、较好的盈利能力和高成长性、并符合发行上市条件的科技型中小企业，建立高效快捷的融资机制，尽可能简化审核程序，提高发审效率，提供更快捷的融资便利。建议取消首次公开发行前为期一年的辅导期；适当放宽保荐机构推荐企业家数的限制；快速审核，证监会自受理企业发行申请之日起在2个月内做出核准决定；过发审会后由企业、保荐机构和交易所协商发行时间等。

2. 尽快制定出台有限合伙制的法律

目前，《合伙企业法》正在修订中，其中特别提出了有限合伙方面的条款。有限合伙制是国外风险投资机构普遍采用的组织方式，能够有效吸引社会资金流入风险投资行业。有限合伙制在我国的应用将会使我国风险投资的资金规模迅速扩大，运行效率大大提高，为做大做强我国风险投资起到积极的推动作用。

3. 加强风险投资发展的引导力度，设立国家风险投资引导基金，即“母基金”

科技部对设立国家风险投资引导基金进行了深入研究，并一直在推动这方面的工作。其意义主要有两个方面：一是可以在风险投资的资金供给方面，以政府示范性引导资金拉动全社会各类资金投资设立风险投资机构，扩大风险投资的资金来源，增强国内风险投资机构的资金实力；二是可以通过引导资金的影响，引导风险投资机构加大对种子期和初创期科技型中小企业（尤其是自主创新能力强的企业）的投资，以提升我国企业的自主创新能力。

4. 制定对风险投资的税收优惠政策

对风险投资从高科技企业所获得的股权转让中的增值部分给予必要的税收优惠，鼓励个人参与风险投资。

5. 积极引导风险投资参与自主创新战略的实施

我们一直非常重视推动全国风险投资事业的发展和促进自主创新的多层次资本市场的形成，将进一步集成资源，按照“加强引导、密切合作、完善基础、积极服务”的指导思想，出台相关措施，引导风险投资参与自主创新战略的实施，鼓励和支持风险投资机构参与国家科技计划项目的产业化，帮助和推动具有较强自主创新能力的高新技术企业上市融资。

风险投资和资本市场在当今经济、科技发展中，正发挥着越来越重要的作用。随着我国自主创新能力的提高，科技对经济社会发展的贡献将会日益增加，我们每一个人都可以更加直接地感受到科技进步带来的变化。同时，大量创新型企业的发展壮大也为风险投资和资本市场提供了投资资源，使投资者可以分享中国科技发展的成果。《国家中长期科学和技术发展规划纲要（2006－2020）》的颁布实施，使我们迎来了又一个科学的春天，我们相信这股春风也能给我国风险投资和资本市场的发展带来春天的气息。科技部愿与海内外金融界的各位朋友携起手来，共同推动中国科技事业的发展！

最后，作为本届论坛的主席，我代表论坛主办单位民建中央、科学技术部、广东省人民政府、深圳市人民政府向与会的各位来宾表示欢迎，感谢你们对中国风险投资事业的关心与支持！

四、发展多层次资本市场　推动自主创新与和谐社会建设

——在第五届中小企业融资论坛上的讲话

中国证监会主席　尚福林

（2006年12月1日，中国深圳）

各位来宾，女士们、先生们：

大家好！很高兴参加第五届中小企业融资论坛，与大家一起探讨落实自主创新战略、建设和谐社会与资本市场发展的关系问题。借此机会，我想就发展多层次资本市场，推动自主创新与和谐社会建设谈几点看法。

（一）资本市场面临转折性变化，处于重要的发展机遇期

近年来，在党中央、国务院的领导下，证券期货监管系统坚持以邓小平理论、“三个代表”重要思想为指导，以科学发展观统领资本市场的改革和发展全局，根据“国九条”的要求，按照“标本兼治、远近结合、内外并重”的原则，积极稳妥地推动解决市场长期存在的深层次矛盾和结构性问题，资本市场正面临着崭新的历史发展机遇。

1. 资本市场五项改革取得突破性进展

股权分置改革到今年底可以基本完成，提高上市公司质量工作全面起步，证券公司综合治理取得显著成效，机构投资者积极发展壮大，资本市场法制建设不断完善。

2. 证券市场信心得到恢复，市场结构开始发生变化

今年以来，市场指数涨幅创近年来新高；总市值达7.1万亿元，比上年增加103%，相当于2005年

GDP的39%；股票成交总金额为7.5万亿元，同比增加155%；股票筹资功能稳步增强，累计筹资金额为1579亿元，比上年增加1252亿元。尤其重要的是，自今年5月初市场恢复融资功能以来，中国银行、大秦铁路、中国国航、工商银行等一批大公司成功登陆A股市场，市场结构发生了变化。

3. 积极推动产品创新，投资品种日益丰富

在股票市场方面，除恢复IPO发行外，还在再融资领域推动定向增发、鼓励引入战略投资者、并购重组、发行可转换公司债等创新形式；在债券市场方面，上市公司债券、可转换公司债券的分拆，以及附认股权证公司债券等一系列固定收益类产品也开始启动；在资产证券化产品领域，为鼓励创新类证券公司开展创新业务，以券商理财方式发行的资产证券化产品得到较大发展，截至2006年11月底，资产证券化产品共计9只，融资规模为262亿元，开辟了企业融资和投资者投资的新渠道；在金融衍生产品方面，今年9月，经过认真筹备，中国金融期货交易所已经设立，股指期货等金融衍生产品也即将推出。

4. 资本市场基础性制度建设得以强化，夯实了市场发展的基础

一是发布了《首次公开发行股票并上市管理办法》、《上市公司证券发行管理办法》、《发行审核委员会办法》和《证券发行与承销管理办法》；正在修订《保荐制度管理办法》以落实《证券法》和《公司法》，致力于完善市场定价机制、保荐制度、股票发行审核与询价制度，新的发行和融资制度体系已经基本形成。二是颁布了《融资融券交易试点实施细则》，明确了审核程序，相关各方正在积极开展融资融券业务试点前的准备工作，证券金融公司的筹备也在紧张进行中。三是以强化投资者保护为核心，不断健全投资者民事诉讼、司法救济及补偿的相关制度，推动相关部门通过取消前置程序、引入集团诉讼等方式完善投资者诉权，并成立了中国投资者保护基金公司，初步建立起市场化的证券市场风险处置和应急机制。四是继2005年底全部证券公司实现客户交易资金独立存管之后，现正大力推进客户保证金第三方存管制度，并把第三方存管的实施情况作为证券公司监管的重要指标，要求全行业必须在2007年8月底前全面实施。五是从今年5月8日开始实施了新的国债回购制度，针对原有制度中的漏洞，通过交易所前端控制、回购登记到投资者账户、建立质押库和投资者查询系统等措施，强化了风险控制。

5. 多层次资本市场建设积极稳步地向前推进

中小企业板自2004年5月设立以来，稳步发展，对中小企业的培育、规范、引导和示范作用日益显现，影响力不断增强，投资者的认同度不断提高。截至今日，中小企业板已有100家公司发行。其中，89家已经挂牌上市，首发总融资额247亿元，总市值突破1600亿元。今年1月，中关村科技园区非上市公司股份报价转让试点工作适时启动，这是中国资本市场落实国家自主创新战略的重大举措。目前试点工作取得了积极进展，截至11月底，股份报价转让的挂牌公司有9家。

上述种种变化都表明，中国的资本市场正面临历史性的转折。随着我国经济的持续健康发展，客观上要求进一步发挥资本市场的资源配置作用，要求通过扩大直接融资比重来优化金融体制，增强我国金融体系的弹性，要求资本市场为增强自主创新能力和科技进步提供有效支持，要求资本市场能够更好地满足全社会日益增长的投融资需求。同时，我们也要清醒地看到，我国资本市场仍处于发展的初期，仍然是新兴加转轨的市场，市场的深层次体制性、机制性问题和结构性问题仍然存在。我们要始终保持头脑清醒，不断深化市场改革，加强监管，促进市场健康稳定发展。

（二）大力发展资本市场，服务自主创新战略与和谐社会建设

全国科技大会和“十一五规划纲要”，把增强自主创新能力作为科学技术发展的战略基点和

调整产业结构、转变增长方式的中心环节。党的十六届六中全会通过的《中共中央关于构建社会主义和谐社会若干重大问题的决定》，提出了构建社会主义和谐社会的战略目标。增强自主创新能力，需要建立以企业为主体的国家创新体系；建设社会主义和谐社会，需要促进经济与社会、人与自然的协调发展。无论是促进国民经济持续健康发展，还是提高对创新型企业的支持，资本市场都将在其中发挥不可替代的作用。

1. 资本市场对支持国民经济持续增长的重要性不断增加

随着我国经济规模的日益扩大和居民储蓄的不断增加，实现我国经济较快平稳发展，需要进一步扩大支撑经济增长的资本规模。在现代市场经济条件下，直接融资是将社会储蓄资金有效转化成长期投资，促进企业资本形成和资本扩张的便捷、高效方式。目前，我国企业直接融资占企业通过金融市场融资总额的比例不到3%，远低于英美等发达市场超过80%和印度、韩国等新兴市场超过50%的比例，与我国国民经济发展和经济结构调整的要求也极不相称。

2. 资本市场是支持自主创新的重要平台

为鼓励社会资金投资创业型企业，增强企业自主创新能力，健全的资本市场可以为创业投资提供风险共担、利益共享的支持机制，促进科技成果的产业化进程，实现我国国民经济在较短时间内向创新型经济的转型。从发达国家的经验来看，资本市场、风险投资和科技产业的相互联动，形成了一整套独特的发现和筛选机制，不断发现并推动了新科技和经济增长点，成为经济可持续发展的动力机制。

3. 强化我国的经济和金融安全需要进一步扩大直接融资比重

目前我国金融市场间接融资比例过高，金融体系缺乏弹性，不利于金融安全和经济安全。运用资本市场分散风险和风险补偿机制，可以有效地在市场基础的层面上降低金融风险，增强我国金融体系的弹性和活力，使金融资源配置更富有效率，维护金融安全，促进我国经济长期稳定发展。

4. 社会发展要求资本市场提供更为完善的投融资渠道

国有企业改革、社会保障制度改革不断深化，居民收入的不断增加和全社会投资意识的不断增强，也需要进一步壮大资本市场规模。为满足相关市场主体的投融资需求提供更加便捷有效的渠道，改革开放以来，多元化投融资需求日益显现，一方面，不同形式、处于不同发展阶段的企业蓬勃发展，客观上提出了不同的融资要求；另一方面，广大居民财富的迅速增长，也提出了多样化的投资需求。

大力发展资本市场是党中央、国务院从经济和金融发展全局作出的重大战略部署。我们要从构建社会主义和谐社会和建设创新型国家的全局出发，增强对大力发展资本市场重要性和紧迫性的认识，继续完善有利于促进资本市场发展的政策措施，不断完善市场机制，健全市场功能，进一步发挥资本市场在资源配置中的基础性作用，实现我国资本市场更高水平的发展。目前我国资本市场正处在一个关键时期，推进资本市场的改革和发展任重道远。证监会下一步将着重做好以下几方面工作：

一是加强基础性制度建设，进一步强化市场监管工作。要尽快颁布《上市公司监管条例》、《独立董事条例》、《证券公司监管条例》、《证券公司风险处置条例》及《证券投资者保护基金管理条例》，进一步健全交易制度、信息披露制度、并购重组制度，强化对市场行为的监管。

二是加强机制性建设，促进市场可持续发展。要深入研究后股权分置时代资本市场发展的新特点和运行规律，消除影响市场机制有效发挥作用的体制性、制度性障碍，推动上市公司提升公司治理水平，完善激励约束机制、信息披露机制及风险控制机制，健全资本市场自我稳定机制，逐步形成市场持续健康发展的内在机制。

三是加强市场体系建设，拓展资本市场的深度与宽度。满足企业多元化的融资需求和投资者对金融产品的需要，是资本市场赖以生存和发展的基础。要积极推进股票、国债、公司债券和资产证券化证券的发展；要研究发展场外交易市场，拓展金融衍生品市场；要深化交易制度变革，增加多样性和差异性，使市场能够容纳大宗金融交易。

四是增强服务意识，切实提高市场效率。要健全市场功能，逐步推进产品的市场化创新，不断提高证券机构、中介机构的服务水平，继续深化股票发行机构改革，提高审核效率，培育和强化股票发行的市场化约束和自我调节功能。

（三）大力推动多层次资本市场建设是当前我国资本市场的重要任务

建设多层次资本市场，更为有效地满足多元化的投融资需求，是当前资本市场的一项重要任务。对于如何进一步完善服务于和谐社会建设的多层次资本市场体系，我提出几点对策。

一是积极培育蓝筹股市场。继续推动大型优质企业上市，让广大人民群众分享经济增长的成果，要以股权分置问题的解决为契机，鼓励现有主板公司利用各种方式做优做强。

二是大力发展中小企业板。目前，中小企业板市场规模较小，市场影响力和吸引力还不够，要采取措施，积极推进制度创新，扩大中小企业板市场规模，支持更多中小企业进入资本市场发展壮大。针对中小企业，特别是科技型中小企业的资金需求特点，加大中小企业板制度创新力度，提高中小企业板上市公司的整体质量。总结中小企业板启动两年多来的监管经验，适应全流通的市场环境和全新的运行机制给证券期货监管工作带来的新挑战，坚持从严监管理念，切实保护投资者合法权益，增强投资者信心。

三是积极研究，适时推出创业板市场。自2000年以来，深交所一直没有停止创业板市场的准备工作。根据《国家中长期科学和技术发展规划纲要》及其配套政策的要求，依照《公司法》、《证券法》的规定，在中小企业板实践积累和参考海外市场经验的基础上，颁布创业板建设规章，制定创业板制度框架，创新创业板的发审、交易、监察等设计，适时推出创业板市场。

四是整合代办股份转让系统，探索和完善统一监管下的股份转让制度。进一步明确代办系统的功能定位，将代办系统建设成为全国性的、统一监管下的非上市公众公司和高科技公司股份报价转让平台。研究建立合格投资者与私募发行之间对接机制，形成与公开发行市场互为补充的私募发行市场。

此外，要积极推动发展公司债券、资产证券化证券等固定收益类产品，稳步扩大基础证券；要积极稳妥地推进金融衍生产品的研究与开发，丰富市场的风险管理工具；继续发展各种类型的基金产品，促进基金业的健康发展。

各位来宾，女士们、先生们，党中央关于构建社会主义和谐社会的战略目标是从中国特色社会主义事业总体布局和全面建设小康社会全局出发提出的重大战略任务，反映了建设富强、民主、文明、和谐的社会主义现代化国家的内在要求，体现了全党全国各族人民的共同愿望。自主创新是我国“十一五”时期经济社会发展新的着力点，构建和谐社会、推动自主创新是全社会的共同任务与目标。中国证监会将在党中央、国务院的正确领导下，认真贯彻落实十六届六中全会精神，积极稳妥推进资本市场的进一步改革开放和稳定发展，为建设社会主义和谐社会作出应有贡献。

谢谢大家！

五、企业家的职责就是组织和实施创新

——在中国高新企业发展国际论坛的讲话

科技部副部长　马颂德

（2006年5月23日，中国北京）

各位来宾、女士们、先生们：

很高兴有机会在这里给大家谈一谈我作为科技部或者个人对企业家和国家创新能力的看法。

（一）对“创新”的诠释

当前，科技界在谈企业和企业的创新能力，企业界在谈科技创新和国家创新能力，这是非常好的现象。现在报纸上出现最多的也是增强自主创新能力、国家创新能力、建设创新型国家等等。但是我也表示忧虑：可能大家谈的语言和语境并不太一样，对“创新”这个名词来说，企业家的语言环境、经济学家的语言环境、科技工作者的语言环境都不完全一样。英文里面的“创新”和中文里面的“创新”的含义也很不一样，当然也有的理解是一样的，所以，我今天主要讲一下关于对“创新”的理解，对“国家创新”的理解。这对我们认识、建设创新型国家有很大的好处。其次，我将介绍有关中国科技部在建设未来高新技术产业的发展，或者是创新企业的发展正在做的工作。著名经济学家熊彼特最早提出“创新”的概念，他认为，“创新”就是生产要素的重新组合，就是要把一种生产要素和生产条件的新组合引进到生产体系中去，而经济发展就是不断地实现这种新组合，以最大限度地获取超额利润。这是经济学家严格定义的“创新”。

这种“创新”包含很多方面，包括发明一种新的产品，包含商业模式的转变，也包含形成一种新的市场环境，所以当时熊彼特就分为产品创新、技术创新、市场创新、资源配置创新、组织创新等等。国内现在也在讲自主创新。

下面，我要给大家明确一个概念——发明创造。为什么发明创造和创新是两个词？发明和创造是科学技术的概念，而创新是经济学的概念。蒸汽机、电动机、计算机、半导体集成电路、移动通信、互联网都是科学技术伟大发明，上述发明在各行各业中被大量采用并产生出大量的产业，是创新的成果。而大规模生产流水线在汽车等行业的采用是工业时代最伟大的创新之一。从这个角度来说，企业家是干什么的呢？企业家的职责就是组织和实施创新。这个是经济学学术意义上“创新”的概念。企业的核心职能不是经营或管理，而是看是否能够发现与实现这种“新组合”，而且每个企业家只有当真正实现了某种新组合时才是一个名副其实的企业家。随着经济的全球化和知识经济的出现，使得人们更加重视对创新的研究，从而使创新理论研究又进入了一个新的发展时期，出现了国家创新系统理论研究。

（二）中国各界在创新方面开展的有益探索及存在的不足

20世纪90年代开始的对国家创新体系的研究与讨论，突出了为使企业提高创新能力而进行的社会体系建设。最后提出了大学、研究所、金融机构、社会中介机构、高新技术产业开发区、技术市场、孵化器、大学科技园、政府基金、风险基金都要为提高国家创新能力服务，都是企业家实现新的要素组合时的资源，都是建立以企业为主体的创新体系的资源。从这个角度来说，“创新”

实际上是企业家的职责。中国经济社会的进一步发展，必须大力提高国家创新能力，政府与全社会必须为构筑国家创新体系做贡献。政府主要是构筑这个环境，企业家面临的则是挑战与巨大的机遇。

当前中国正处于三大转型期，中国正经历农业社会向工业社会的转变，中国的人均GDP已经超过1400美元，按照PPP计算的话，已经跨过4000美元，正在向必须依靠高附加值、低能耗、低成本的高新技术产业才能进一步发展的阶段过渡。

中国虽然确定了社会主义市场经济的经济体制原则，但仍然处于转型期。中国的制造业的产业增加值在发展中国家中排第一位，在全世界排第四位。中国低技术制造业的出口量已经占全世界第一，中国生产了世界上70%的鞋子，60%的组装计算机、复印机、微波炉等等，但是中国高新技术产业占GDP不到10%，而且中国高技术产品出口的88%来自外资或者中外合资企业。

当前世界高技术产业基本上被发达国家和极少数跨国公司垄断，即使是传统产业，也大量使用被发达国家垄断的高技术或高技术设备。高技术及其产业成为发达国家占据战略制高点，实现高国民收入的基础。我国每年消耗的水泥占全世界的40%，但是GDP只占全世界的4%。比较一下世界上主要国家在2001年的R&D（Research and Development）经费支出，美国用43.8%的R&D来支持他们的GDP发展，中国只有2%的R&D来支持不到4%的GDP。大家可以看到，在专利机构，根据2002年的统计，外国企业在中国申请的发明专利中，信息技术领域占90%，计算机领域占70%。

刚才成思危副委员长讲到，中国高新技术企业对外依赖度超过80%。这就是我们的现状，中国还处于另外一种转型期，即人均GDP超过了1400美元。通过世界发达国家的发展经验可知，当人均GDP超过1000美元以后，经济将进入一个新的发展时期。这个发展时期，就是人均GDP在1000美元以上，研究开发比例大概在1%左右。这个时候R&D由于受到需求的大量牵引，会快速增长到2%，此阶段将持续10年～15年，我们正处于此阶段的初期。以韩国为例，韩国在80年代初期进入了这样的时期，随后进入研究开发期，即快速增长期。中国这几年研究开发经费也在快速增长，研究开发经费占GDP的比重已经达到了1.3%，随后将快速增长到2%左右。但我们的科研人员、企业家能不能实现这个增长，现在还是一个问号。

（三）中国高新技术产业发展的路径

目前，中国高新技术产业发展的路径有三种：

第一是计划经济模式，政府投入，大量地买进技术。这是很好的路径之一，但是一些特别高端的技术，包括国防安全技术等，不可能完全靠政府的全部投入。所以，此路径现在大概占30%左右的份额。

第二条路径是外资和合资企业的技术引进，也占30%左右。

第三条路径是最有希望之路，就是民营企业通过大学科研院所来自主创新。

中国新兴产业发展的三条路径，与发达的市场经济国家一样，通过民间资本的投入，企业从小到大，政府主要做的是能力建设。这个能力包括，国家科研计划和以企业为主体的创新，包括创新孵化器的建设、高技术企业集群基地、投融资体系、政策等。

在中国高技术研究开发计划（863计划）中企业的参与度已经达到60%以上。我们支持了一些研究开发，但是我们只能支持研究开发、产品定型，后面必须要依靠大学科研院、高新技术开发区。

2003年，中国设立了500个高新技术产业开发区，其中，中关村是一个典型，也是做的最好的开发区之一。中国高新技术产业的一半企业集中在53个高新产业开发区，这些高新产业开发区绝大部分是民营企业。高新产业开发区建立了政府、大学、企业共同管理与投资的共性平台。

1999年，科技部批准设立了科技型中小企业创新基金，为了今后能更多的得到VC的支持，我们政府建立了创业投资机构。今后的政策会有所变化，我们要建设创业投资基金，给予其一定的政策或者投资支持。当然这也是因为民营的自主投资办的并不好，所以目前在中国的创业投资方面，外资也看到了这个机会，大量地涌进中国。

企业家都知道，当其实现了某种新组合或者说创新的时候才是一个名副其实的企业家，所以建立以企业为主体的国家创新体系，从理论上和实践上都不应该成为问题。另外，政府与社会各界要在构建国家创新体系中为企业家建立良好的创新环境。

最后，中国企业要充分认识当前的历史机遇，主动整合社会资源，创业者的任务并不是完全把眼光放在自己的企业，而是要整合社会资源，实现以企业为主体的创新。谢谢大家！

六、鼓励阳光并购 提升中国企业全球竞争力

——在2006中国并购年会上的演讲

中国人民银行副行长 吴晓灵

（2006年4月15日，中国北京）

女士们、先生们，早上好！我今天演讲的题目是鼓励阳光并购，改善资源配置效率，提升中国企业的全球竞争力。

（一）并购重组的积极作用以及存在的问题

并购是市场经济中优化要素配置，增强企业竞争力，提升企业价值的有效途径。但是，当前中国尚未给并购创造出良好的制度环境，从而影响其效率的发挥。通过并购重组，可以实现产权结构的调整，改变企业的控制权，实现治理结构和管理层的重组，让更有效率的机制和更有能力的人来控制企业。通过并购重组，能够实现产业的整合、企业的重组、市场布局的调整，提高企业的核心竞争力，提升企业盈利能力和市场价值。通过并购重组，可以促进中国企业股权结构的变革和产业结构的调整。因此，并购重组在世界企业资源的重整方面发挥了很大的效益，取得了很多的成绩。中国也不乏成功的案例，例如海尔对宏星和爱博的并购，伊利和蒙牛在奶制品产业的并购，都实现了企业竞争中的规模经济与范围经济。

但是，中国并购市场中还存在很多问题：

第一，近年来，中国出现了企业并购重组的浪潮，但是行政主导的倾向大于市场主导。由于我们国家的很多行业是国有企业作为主体的，国有企业在运作主体、所有者到位等方面做得还不够，因而谁是并购重组的决策主体，谁来决定可以参加并购，或者是被并购，在很大程度上，权限并不是非常清楚。所以，很多并购是由政府的主管机关进行决策，会产生上述现象，即政府主导的成分多于市场主体自主运作的成分。

第二，一些并购重组的失误，导致企业经营失败，影响了社会的稳定。今天，我非常遗憾地提到德隆系，应该说从2004年到2005年，我本人参与了德隆系的风险处置全过程，不管当初唐万新是怎么看待民营企业扩张的，在他的实业范围之内运作还是比较成功的。但由于收购兼并后没有

很好地进行产业整合，在利用金融机构融资的时候，没有很好地遵守金融法规，而最终酿成了严重的金融风险，给社会带来不稳定因素，这不能不是民营企业走向并购重组当中的遗憾。

第三，并购中的不规范运作侵犯了利益相关者的权益，产生了国有资产流失的议论和逃避银行债务的现象，给并购重组蒙上了阴影。现在社会上对并购重组有各种各样的议论，其实就是这些不规范行为带来的副作用，例如在并购中出现的低价转让土地问题，把债权人的债务悬空、逃避债务的问题。

另外，在国际上，种子企业海外并购受阻。在国内，外资并购了很多企业，其中不乏有实力的中资企业，比如说西北轴承、锦西化工机械等等。国外在并购当中，都有很多的法规，中海油到海外收购，还有其他企业到海外收购，都会受到当地一些法规方面的限制。我国在并购方面还没有完整的法规，这些都是并购当中所存在的问题。

（二）中国并购市场失灵的原因剖析

中国并购市场运行不规范，有五方面的原因致使其不能充分发挥效应。

1. 产权界定不到位和非公经济政策落实不到位

产权界定不到位和非公经济政策落实不到位，使并购主体自主性受到限制，加大了并购的风险，降低了并购的效益。

在很多并购工作中，最后通常会说此并购不行，说这个人、这层机构、这个企业没有权利做并购，特别是国有企业。国有企业的并购到底是谁最后说了算，谁是集体企业的最终代表呢？还有非公企业有没有权利、有没有资格介入某些行业呢？这些政策的界定，并不是非常清晰，因此运作了很长时间的并购，最后不得不中途夭折。

要想形成一个以企业为市场并购主体的格局，企业的产权必须是清晰的，我们应该格外关注当前《物权法》的设立。《物权法》实际上是对宪法当中平等保护各类产权的规定的具体落实，只有清晰地界定了产权，才能界定每一个市场主体的行为边界、权利边界。

有些同志担心，《物权法》当中明晰了对个人产权的保护，就会伤害公共财产神圣不可侵犯的原则。我认为这里有一个误会，即在法律上公与私的界限。我个人认为，应该是政府公权力与不管是什么所有制企业的权力相对应。应该说公和私是以公权力和社会其他的权利为划分标准，这是法律上的界限。

但是在日常中，公也有大公和小公，当立法的时候，应该以政府公权力为一级。剩下所有的市场参与者无论是国有的、集体的还是私营的，都应该作为法律规范的另一级，应该在私法的调整范围之内。如果我们明确了这样的界限，实际上在市场的运行主体中，大家按照平等的规则来进行运作，就不会产生侵蚀国有资产的问题。

2. 没有形成有效的企业经营者激励约束机制

郎咸平先生批评了我们的收购，即有一些企业的经营者，也是企业的创业者，把濒临破产的企业变成了对国家有几百亿贡献的企业，但是最后没有得到应得的一份。有些人觉悟比较高，但是有些人心理不太平衡，总要想各种办法，把他认为应该得的那一份通过复杂的并购和产权结构给固定下来，于是就产生了一些有意模糊的问题，不管是在产权上，还是在控制权上。

3. 资本市场发育不够

资本市场发育不够，缺乏除了上市交易之外的合法交易渠道，不能形成有效的价格发现机制，使并购价值失去公允的参照系，并购价格合理性的判断标准难以掌握。是不是在防范国有资产流失方面，我们应该有一个价格的参照系，才不至于使国有资产流失呢？这个价格靠什么形成呢？我们现在唯一形成价格的是上市企业，由于资本市场的不健全，上市企业的价格也未必是公允的价格。

我们在1997年对资本市场进行了整顿，取消了柜台交易、场外交易，在当时经济混乱的情况下，这是正常的。但是股份制企业的最大特点，就在于其股东以自己出资的有限份额承担责任，而且股权必须有流动性，这样才可以使看好企业的投资人进入企业，当不看好的时候，可以退出来，让另外看好的人进去。股权的流动是股份制企业生存的生命力所在，但是中国的企业目前没有合法的股权流动渠道，只能在上交所和深交所这样一个很窄小的渠道中上市，通常会导致资产价格的扭曲。

另外，国内存在着很多的产权交易市场，为了避免使产权交易市场变成场外交易市场，因而不允许产权交易市场把一个股权进行分割转让，必须整体转让，这些都使股权失去了正常流动的渠道，因而不可能形成一个合理的价格。如果没有一个市场上合理的价格，也就谈不上存在国有资产是否流失的标准。只有存在一个公允的市场转让价格，才可以判断国有资产是否流失了。

4. 并购主体融资渠道不畅

有些企业为达到目的，出现了不规范的融资行为。银行是吸收公众存款的经营企业，银行的特性决定了它必须稳健经营，必须保守经营，银行不可以冒险，要对所有的存款人负责。并购是一个高风险的行业，会有很多的失败，毫不夸张地说，70％～80%的并购是要失败的。这样一个高风险的行业，是不能够由信贷资金介入的。但是我国除了信贷市场以外，资本市场、债券市场都极其的落后。在某种程度上，中国存在着金融压力的现象，就是没有放开投资人和筹资人的自主权，如果并购企业没有融资的渠道，那么看到再好的项目，也只能拱手让与他人。

5. 企业经营管理理念不成熟

有些企业经营主导思想不稳健，对多元化经营和产业整合认识有偏差，盲目扩张，形成了高负债经营的局面，经营失败后，累及银行及其他相关企业。对于多元化经营，有些企业认识不太正确，为了做大、做强，不顾产业整合的客观规律，盲目地深入到自己不了解的行业去经营，以为可以东方不亮西方亮。实际上，当你不了解这个行业的时候，轻易涉足这个行业就会注定在这个行业的失败。而且由于企业直接融资的渠道不畅，很多企业盲目扩张的时候，都想尽一切办法来套取银行的信贷资金，当并购失败的时候，就会累及银行，使银行产生巨额的不良资产，企业也会采取拖欠其他企业资金的方式来融通资金，最后也会累及其他的企业，因而给并购市场带来不良的影响。

（三）鼓励阳光并购，提升中国企业全球竞争力

针对这些问题，应该创造阳光并购的制度环境，提升中国企业的竞争力。

阳光并购是指并购过程的合规透明和并购结果的公开透明，这需要从制度环境和并购主体约束两方面创造条件。

1. 完善法律法规，为阳光并购创造制度环境

不断完善国有资产经营管理体制，完善集体企业经营管理体制，建立各类产权登记制度，在明晰产权的基础上，保证并购主体的自主权和决策权，促进产权结构改组的明晰和透明。

2. 建立规范的企业者经营激励约束机制

尊重创业者的劳动，给他们股权激励，改进、完善企业人事制度；尊重股东的用人自主权，让并购真正成为淘汰落后管理者的有效机制，促进企业并购后控制权的公开透明；建立多层次资本

市场体系，完善上市公司的并购规则；建立场外交易制度，为非上市股权和大额股权交易提供合法的交易平台，为股权价格的形成提供制度安排，给市场主体以更多的自主权，为合规并购提供正常的融资渠道。中国不乏有战略眼光和经营管理能力的企业家，中国不乏有风险识别能力的投资人，但是中国缺少把他们撮合起来的平台机制，我们应该建立合格投资人制度，在这个范围内，应该允许发行国际上所有成熟的金融工具，给私募基金以合法的地位，让金融成为中资企业战略并购和参与国际并购的助动力。

3. 建立并购主体的约束激励机制

全国工商联并购公会要发挥市场自律组织的作用，在成员企业和并购市场的参与者中促进新会计准则的运用。并购市场的参与者，无论是并购方和被并购方，应加强诚信建设，在并购中进行阳光操作，保护债权人的权益，才能够更有效地推动企业并购。

并购主体要不断完善自身治理结构，增强企业经营的社会责任感。企业作为社会经济组织的主要组织形式，是最大限度降低交易成本，实现社会效益最大化的组织。妥善处理出资人、代理人及利益相关者的关系是实现企业目标的重要保证。

要加强对企业董事会和高管层的教育、培训，不断明确自己的职责、责任和法律义务。在为社会增进财富中实现自身的价值。

谢谢大家！

七、金融业要坚决支持高新技术企业自主创新

——在中国高新企业发展国际论坛上的讲话

中国人民银行副行长　苏宁

（2006年5月23日，中国北京）

尊敬的各位来宾、女士们、先生们，早上好！很高兴参加第九届中国北京国际科技产业博览会中国高新企业发展国际论坛。

提高科技自主创新能力，加快发展高新技术产业是增强我国竞争力的重要手段，是党中央、国务院作出的重要战略决策。近些年来，为改善高新技术企业发展环境，促进科技产业的发展，国家出台了一系列金融政策。1998年，人民银行发布《关于改进金融服务，支持国民经济发展的指导意见》，明确提出要加大科技贷款投入总量；同年，人民银行发布《关于进一步改善对中小企业金融服务的意见》，进一步要求各商业银行和信用社扶植潜力大的中小企业，鼓励中小企业的技术创新；1999年，原国家经贸委发布《关于建立中小企业信用担保体系试点的指导意见》；1999年，国务院颁布《关于加强技术创新，发展高科技，实现产业化的决定》，要求金融机构充分发挥信贷的作用，改进对科技型企业的信贷服务；2002年，中国人民银行《关于进一步加强对有市场、有效益、有信用中小企业信贷支持的指导意见》；2005年，银监会颁布《银行开展小企业贷款业务指导意见》，对科技型中小企业发展具有很大的促进作用，国家出台了一系列支持科技创新的政策。这些政策对促进我们科技型企业的发展都起到了重要的作用。

但是，我国处于转轨时期，投融资渠道狭窄，主要是银行贷款和上市，金融产品少，不能满足投资主体的需要。在过去相当长的时间内，我国的金融系统主要是为国有大企业服务，没有很好地支持中小企业，特别是科技型中小企业的发展。高新技术企业的发展和企业自主创新能力还受

到不少制约，这种情况必须尽快加以改变。金融业要坚决贯彻落实胡锦涛主席在全国科技大会上提出的支持高新技术企业自主创新的精神。利用政策性金融政策、资本市场政策、保险政策、外汇政策等共同促进科技产业的发展。具体措施如下：

（1）政策型银行要加大对科技创新的支持力度。

（2）加强政府资金与金融资金的相互配合，主要通过基金、贴息等手段引导更多的资金进入科技产业。

（3）通过有利的金融政策，促进商业银行对中小型企业的服务。

（4）发挥创业风险投资，制订有效措施，加快发展创业风险投资事业。

（5）建立支持自主创新的多层次的资本市场，扩大自主创新的融资渠道。

以国际化的视野促进我国高新企业的发展。要更好地发挥金融对高新技术产业自主创新的作用，还必须通过金融改革和金融创新来促进科技创新，实现金融改革与科技创新的良性互动，因此要注意以下几点：

（1）加大企业改革，提高金融机构的风险管理能力、盈利能力和服务水平，增强对高新技术产业发展的能力。通过发展不同层次的市场功能，满足不同投融资主体的需要。

（2）通过基金的运作，推动高新技术产业的发展与成长。加大对金融机构技术创新的支持和投入，加强金融机构自身的自主创新，实现金融创新与科技创新的互动。

（3）通过不断地完善金融机制和金融政策，有效引导金融机制，提高金融效率。

谢谢大家！

八、宣传贯彻《合伙企业法》　促进风险投资事业发展

——在中国风险投资论坛—振兴东北投资高峰会上的讲话

民建中央副主席　路 明

（2006年10月20日，中国沈阳）

女士们、先生们，上午好！我向大家报告的主题为“宣传贯彻《合伙企业法》，促进风险投资事业发展”。十届全国人大常委会第二十三次常委会议于8月27日通过了新修订的《中华人民共和国合伙企业法》（以下简称“新《合伙企业法》”），我主要对这个法案进行一个简要的概括。

合伙企业是一种古老的企业组织形式，它已经有上千年的历史，是按照合约方式和投资者对企业的债务承担责任的形式形成的一种企业组织形式，与公司、个人投资并列为市场经济体制下的企业组织形式。所谓合伙企业，是指两个或两个以上的合伙人订立合伙协议，共同投资、合伙经营、共享收益，至少有一个以上的合伙人对企业的债务承担无限责任的赢利性组织。这种企业的特点：一是必须有两个以上的投资者共同投资；二是必须有投资者对企业债务承担无限连带责任；三是对合伙企业经营中承担无限责任的合伙人，要负责企业的经营、执行企业的业务、对外代表企业；四是合伙人可以按照各自对企业的贡献通过协议的约定来分配利润。

1997年2月，我国的《合伙企业法》刚出台的时候，囿于当时条件，人们的认识受到很大局限，此法还不够成熟，规定所有投资者对企业都承担无限连带责任。尽管如此，《合伙企业法》的实施对确认合伙企业的地位、确保其规范经营、维护合伙企业及投资者的合法权益、鼓励民间投资和促进经济发展都发挥着重要的作用。该法实施以来，新设的合伙企业达6万多家，与之前的

12万家企业共同解决了200多万人的就业。随着社会主义市场经济的不断发展，特别是民间投资、专业合作机构对《合伙企业法》逐渐有不同的需求。因此，修改《合伙企业法》成为必要。

全国人大常委会经过两年多的努力，将修订后的新《合伙企业法》公布出台。新《合伙企业法》在原有《合伙企业法》的基础上新增26条（法规）、删除2条、合并4条，最终由原来的9章78条，增加到现在的11章100条。新法规主要进行了三个方面的修改：

第一，增加有限合伙制。有限合伙制是由合伙人共同设立，但在至少有一名合伙人承担无限责任的基础上，允许其他合伙人承担有限责任。它将具有投资管理经验和技术开发能力的机构和个人与具有资金实力的投资者进行有效整合，提高了投资效益。有限合伙企业主要适用于风险投资，由承担无限连带责任的合伙人在企业中行使事务执行权，负责企业的经营管理。而有限合伙人则依据合伙协议对企业的债务承担有限责任，但既不能对外代表合伙企业，也不能直接参与经营管理。依据我国建设创新型国家的要求，为鼓励、推动风险投资事业发展，新《合伙企业法》增加了有限合伙制的特殊规定，即对有限合伙人的权利、义务以及有限合伙制的特殊规定。

第二，增加有限责任合作制。有限责任合伙是普通合伙的一种特殊形式。在这种合伙企业中，各合伙人对合伙企业的债务承担无限连带责任，但这种责任仅局限于合伙人本人业务范围的过错，即对企业形成的债务处于本人职权范围内，由本人过错所导致的损失承担无限责任，对其他合伙人的过错所导致的债务无需承担连带责任。这种制度主要是针对专业服务机构而设，避免其合伙人承担过度的风险，有利于企业的发展壮大和异地业务的开展。根据有关专业机构的发展和国外相关机构进入我国开展业务的情况，新《合伙企业法》增加了有限责任合伙的特殊规定，就有限责任合伙人的定义和责任作了规定。

第三，明确法人可以参加合伙企业，法人机构可以参与合伙投资，成为有限或者无限合伙人。原有的《合伙企业法》对法人合伙的规定不够明确。根据原法案中第八章第一项规定："必须是无限责任者"的要求，在现实生活中，并无法人参加合伙企业。因为合伙企业是一个比较方便的投资形式，法人参与合伙企业可使公司制企业采取合伙企业这种更加灵活的组织形式，有利于大型企业开发新产品、技术创新型中小企业和大型企业的合作。因此，新《合伙企业法》第三章规定："本法所称合伙人包括自然人、法人和其他的组织"，明确了对合伙人的规定。这也符合《公司法》第十五条要求，即"公司可以向其他企业投资；但是，除法律另有规定外，不得成为对所投资企业的债务承担连带责任的出资人。"同时，为了消除部分人的担心，防止国有企业和上市公司参与合伙，进而使其全部财产面临承担连带责任的危险。新《合伙企业法》第三条进行了必要的限制，即要求："国有独资企业、上市公司参加合伙应通过其子公司或其他控股机构进行。"这样就建立了必要的防火墙。

另外，按照国务院在2000年的规定，停止对合伙企业和个人独资企业征收企业所得税。对这类企业不征收企业所得税也是国际通行的做法，为此，新《合伙企业法》将这一内容收录进来。新《合伙企业法》是风险投资业发展的一个法律保证。在前几次的风险投资论坛中，很多的代表和专家都呼吁全国人大尽快出台新《合伙企业法》。2006年8月27日，这个法规终于出台了。希望各位能够找到该法律文本，认真对照风险投资的有关运作过程，利用好这部法规来促进风险投资业的健康发展！谢谢！

九、依靠资本市场　推动自主创新战略

——在第八届中国风险投资论坛上的讲话

深交所理事长　陈东征

（2006年4月7日，中国深圳）

女士们、先生们，早上好！

很高兴有机会出席第八届中国风险投资论坛。这次论坛的主题是“落实自主创新战略，开创中国特色风险投资新局面”，涵义非常深刻。“十一五”规划将自主创新提升到了战略高度，这是全面落实科学发展观、实现全面建设小康社会战略目标和建设社会主义和谐社会的必然选择，也是今后相当长时期内社会各界的共同使命。刚才聆听了成思危副委员长、徐冠华部长的演讲，深深地感到责任重大，同时也对未来充满信心和希望。实施自主创新战略，迫切需要丰富和完善资本市场功能；而资本市场的规范发展，同样需要借助风险投资，构建一个把自主创新战略落到实处的多层次市场体系。下面我就本届论坛的主题谈几点具体想法，不当之处，请大家批评指正。

（一）自主创新战略拓展了资本市场的发展空间

实践已经充分证明，资本市场不仅是推动高新技术产业创新和发展的源动力，而且是提高企业自主创新能力的基础保障，是发展风险投资事业最有效的途径。落实自主创新战略，需要一个强大而稳定的资本市场。同时，自主创新战略的实施，也必将拓展资本市场的发展空间。

1. 自主创新战略的实施，为资本市场的发展营造了良好的经济环境

人均GDP达到1000～3000美元，是经济发展的黄金时期，“十一五”规划的适时出台，勾画了我国经济社会发展的美好蓝图。按照GDP年均增长7.5%计算，2010年底我国GDP将达到26万亿人民币，成为世界三大经济实体之一。同时，循环经济与资源节约型、环境友好型社会的建设，必然要求经济增长方式的根本转变、产业结构的调整与升级以及资源配置效率的全面提高。由此，社会主义市场经济体制将日益完善，国民经济将步入持续、稳定、健康发展的快车道，资本市场的规范发展将进一步具备扎实、牢固的经济基础。

2. 自主创新战略的实施，为资本市场的发展提供了可靠的政策支持和制度保障

国家已经和正在抓紧制定一系列法律法规、激励政策和改革措施，改善高新技术企业特别是科技型中小企业的融资环境。《创业投资企业管理暂行办法》、《国家中长期科技发展规划若干配套政策》先后出台，《企业会计准则》也做出了相应调整。这些法规、政策的落实，将为资本市场的持续发展提供强有力的保障。

3. 自主创新战略的实施，有利于优化资本市场结构，并进一步保证国家金融安全

美国等发达国家股票市场直接融资占全部融资通常在60%左右，而我国这一比例一直非常低，2005年仅为4%。间接融资比重过大，不仅使企业保持了较高的负债率，阻碍了企业创新的积极性，而且大大增加了我国金融体系的系统风险。间接融资由于其依赖国家配置资源、“短存长贷”等特点，存在着风险由企业向银行和国家积聚的过程，一旦外部形势发生改变，就可能以金融危机的形式出现风险的集中爆发。而直接融资建立在风险甄别和风险分担的基础上，能够比较有效地将风险向社会、市场和企业转移。企业创新活动具有高风险性和高收益的不确定性，更加决定了直接融资是更为适宜的融资方式。实施自主创新战略，以风险投资为代表的股权融资和以中小企业板为核心的多层次资本市场，将迎来新的发展机遇期，也将改变我国经济过于依赖间接融资的局面。

4. 实施自主创新战略，有利于夯实上市公司这一资本市场的基石

自主创新的着力点是大力提高企业原始创新、集成创新和消化吸收再创新的能力。按照走新型工业化道路的要求，国家在“十一五”期间将大力发展以电子信息制造、生物医药、航空航天、新材料等为代表的高科技产业，培育一大批具有自主知识产权和核心竞争力的企业，这些企业将构成我国资本市场未来的中坚力量。

（二）大力发展中小企业是落实自主创新战略的根本途径

1. 大力发展中小企业是全面建设小康社会的必由之路

通过认真反复学习十六大精神，深交所认为，大力发展中小企业是全面建设小康社会的必由之路。之所以这样讲，主要是基于以下三点考虑：其一，中小企业作为促进我国生产力发展的重要支撑，已经成为中国经济社会发展不可或缺的重要力量。其二，大力发展中小企业是化解当前发展中各种突出矛盾的最有效途径，比如就业问题、区域发展不平衡问题、城乡一体化问题、社会主义新农村建设等一系列问题，都将在大力发展中小企业中得到有效缓解或逐步解决。其三，中小企业的发展与我国社会的进步互相交融，是建设社会主义物质文明、政治文明和精神文明，构建和谐社会的基础和必然要求。

2. 中小企业是落实自主创新的重要主体

胡锦涛总书记在全国科学技术大会上指出，“要建设以企业为主体、市场为导向、产学研相结合的技术创新体系，使企业真正成为研究开发投入的主体、技术创新活动的主体和创新成果应用的主体，全面提升企业的自主创新能力”。中小企业以其独特的优势，无疑将是落实自主创新的重要主体。

第一，中小企业易于创新、善于创新、敢于创新。中小企业管理集中、组织精干，可以根据外部市场情况的变化迅速做出决策，出奇制胜；中小企业往往都是以服务地区经济为主，与当地市场联系密切，熟悉需求；中小企业规模适中，进行新技术、新产品科技成果转换投入少、成本低、见效快。

第二，中小企业是自主创新的生力军。综合国力的竞争反映在微观层面上就是企业之间的竞争。中小企业作为一个高效率的经济群体，在研发投入、技术创新和成果应用等方面正在显现着越来越重要的作用。据统计，20世纪的主要发明中，大到飞机、集成电路，小到心脏起搏器、安全剃须刀，60% 与中小企业有关。欧盟中小企业人均创新成果是大企业的两倍，单位研发投入产生的新成果是大企业的3～5倍。美国70% 以上的专利由中小企业创造。在我国，中小企业提供了约66% 的专利发明、74% 以上的技术创新、82% 以上的新产品开发。

第三，中小企业是实现科技与资本结合的重要载体。中小企业与风险投资有着天然的联系。根据有关方面统计，美国风险投资总额中有30％用于支持中小企业的开拓阶段，59％用于中小企业的成长阶段。从世界范围看，中小企业 IPO 远比大企业活跃。中小企业的上市，不仅为风险投资提供了退出渠道，也使初出茅庐的企业家经受资本市场的洗礼，提高其公司治理水平，为实现科技与资本的联姻打下坚实基础。

第四，中小企业构成未来经济的中坚。科技型中小企业中最优秀的一部分将会成长为大型企业，历史的发展已在西方并将在东方的中国得到进一步证明。美国道 · 琼斯指数、英国金融时报指数的成分股大浪淘沙、几经变迁，现在其构成中的大公司许多是由原来的中小企业发展起来的。20世纪80年代，微软、戴尔、英特尔等高科技公司，借助于资本市场平台迅速壮大，成为美国引领世界新经济浪潮的旗舰。微软公司在1986年上市时，总收入不超过2亿美元，每股收益不过1美分。到2005年，微软公司总收入已达到398亿美元，每股收益超过1美元。在中国，同样也有中兴通讯、中集集团、苏宁电器这样的典型例子。

最后，中小企业应该是政府鼓励创新的主要扶植对象。《欧洲小企业宪章》确立中小企业“优先考虑”原则；美国《小企业法》明确规定：“确保政府采购、工程、建筑或服务分包中，小企业能够获得公平的比例。”实践中美国、欧盟、日本绝大部分的政府科技引导资金和产业基金都是投向中小企业的；大企业每年用于创新的开发费用，也必须按政府相关法规，拿出一定比例给中小企业用于配套。我国在1999年设立科技型中小企业技术创新基金，在其资助的5000多个项目中，共获得专利2489项，其中发明专利占35%。在国务院《关于实施 < 国家中长期科学和技术发展规划纲要 > 若干配套政策的通知》中也对此专门作了规定。

（三）加快多层次资本市场体系建设，服务自主创新国家战略

《国家中长期科学和技术发展规划纲要》中要求：“积极推进创业板市场建设，建立加速科技产业化的多层次资本市场体系。鼓励有条件的高科技企业在国内主板和中小企业板上市。”中小企业板的设立，为科技含量高、创新能力强、主业突出的中小企业开辟了直接融资渠道。目前，中小板50家上市公司中，拥有自主专利技术的接近90%，具有创业投资背景的占30%。中关村园区代办股份报价转让系统的试点工作已经正式启动，为探索科技型未上市企业股份转让，鼓励风险投资进入科技型公司，迈出了实质性的一步。

但是应该看到，由于历史的原因，我国资本市场的发展远远落后于国民经济增长的步伐，还不能满足实施自主创新和发展高新技术产业的需求。落实“十一五”规划、完善资本市场功能任重而道远。当前，资本市场正处于转折的关键时期，我们要抓住“两法”实施和股权分置改革的有利时机，增强使命感和责任感，加快以中小企业板为核心的多层次资本市场体系建设，加快适应自主创新战略需求的资本市场制度创新。具体而言，深交所今年将围绕以下四个方面开展工作，以加快落实国务院配套政策。

一是推动适合中小企业特点的融资制度改革，加快发展中小企业板。要根据《公司法》、《证券法》和适应自主创新的要求，推动简化发审程序，提高发审效率，探索建立自主创新型上市公司再融资绿色通道，推进中小企业板制度创新，强化监管，充分发挥中小企业板在推动科技企业群体成长壮大中的作用。

二是拓展代办股份转让系统服务于科技型企业的功能。在中关村园区企业进入代办系统取得一定规模和成效后，可以考虑进一步改进报价系统的交易、结算制度，提高转让系统的流动性；进一步梳理报价系统的信息披露流程和方式，提高挂牌公司的透明度；进一步探索挂牌公司到中小企业板上市的转板机制，提高报价系统的吸引力。同时，要通过让代办系统挂牌企业参照上市公司标准披露信息，发挥市场检验机制的作用，进而探索出一条由审批制向市场化核准制顺利过渡的有效途径。

三是与发改委、科技部、各地方政府紧密协作，继续推进中小企业培育工程。要深入研究科技型中小企业的成长性、竞争力和风险特点，开展有针对性、系统化、专业化和个性化的培训，共

同建立起科技型中小企业培育的长效机制，促进中小企业的规范发展。

四是深入研究我国多层次资本市场的基本特征与实现形式，做好整体规划。要注意借鉴海外多层次资本市场的经验和教训，注意信息技术充分发达的时代背景，要考虑到私募发行与公募发行的衔接，实现与风险投资的良性互动，为积极推进创业板市场的建设不断创造条件，充分发挥交易所在多层次资本市场建设中的核心作用。

各位来宾，女生们、先生们，处于创业初期的中小企业有着极其旺盛的生命力和一往无前的创新精神，也惟有自强不息、艰苦奋斗、开拓进取，才能不断成长壮大。这种精神是我们民族昌盛的重要力量，也是创新型国家的真谛。支持中小企业发展，更深层的意义在于激发民族创造力，增强民族自信心。深交所将在证监会的领导下，在广东省委、省政府、深圳市委、市政府和国家各有关部门的大力支持下，与社会各界携手努力，认真贯彻落实“十一五”规划纲要和全国科技大会精神，积极推进资本市场规范发展，为中小企业成长和国家自主创新战略的实施提供更优质的服务，让创新之花结出更多、更丰硕的果实。

十、构建和完善我国多层次资本市场

——在第五届中小企业融资论坛上的讲话

中国人大常委会财经委员会副主任委员　周正庆

（2006年12月1日，中国深圳）

各位来宾，女士们、先生们：

大家好！很高兴参加第五届中小企业融资论坛。今天，我想就实施自主创新战略与资本市场的关系、实施自主创新战略背景下我国多层次资本市场法律框架的构建与完善谈几点看法。

（一）资本市场是实施自主创新战略的重要渠道

“十一五”规划纲要中，党中央、国务院把增强科技自主创新能力、建设创新型国家作为一项国家战略。科技创新是下一步经济社会发展新的着力点，关系到我国经济增长方式的转变，关系到全面建设小康社会和和谐社会的伟大进程。

如何构建支撑自主创新的金融体系，我认为资本市场是实施自主创新战略的重要渠道。从发达国家经济发展的历史来看，几乎每一次大规模的技术创新都是依托资本市场发展起来的。从19世纪初钢铁和化工行业的兴起到20世纪末计算机、生物工程成为经济发展的龙头，在起飞过程中的每一个阶段都与资本市场密切相关。同为发展中国家的印度也是如此，其软件业正是借助资本市场才在世界范围内占据优势地位。概括起来，资本市场对带动高科技产业发展和引导经济转型发挥着三大积极作用：一是资本市场与风险投资相互联动的市场选拔机制，为高科技产业的创新和发展提供了动力；二是资本市场通过股权激励机制，充分调动了科技人员的积极性；三是资本市场为创新企业提供了资金和相关的社会资源，使其迅速形成竞争优势。

持续健康发展的资本市场是推动高新技术产业创新和发展的重要动力和保障。高新技术、创业投资利用资本市场这个载体可以实现良性互动。因此，在实施自主创新战略中，需要更大程度地发挥资本市场的功能和作用，而我国经过股权分置改革的资本市场，在消除重大制度性障碍之后，也有能力担负起这一历史使命。

当然，我们也要看到，目前我国资本市场仍旧存在着不少的困难和问题。特别是直接融资比重仍然偏低，严重制约了资本市场在资源配置中基础性作用的发挥；多层次的资本市场体系尚未形成，还难以有效满足自主创新型企业的融资需求。因此，大力发展直接融资，建设多层次资本市场，已经成为我国现阶段经济发展和贯彻实施自主创新战略最为重要和紧迫的任务之一。

（二）我国多层次资本市场的法律框架已经基本成型

在党中央、全国人大、国务院的正确领导下，以及中国证监会等部委的积极推动下，经过多年的努力，当前我国多层次资本市场的法律框架已经基本成型，主要表现在以下几方面：

1. 法律方面

2006年1月1日起实施的新的《公司法》和《证券法》，改革了公司资本制度、提高了知识产权在公司资本构成中的地位，确定了多层次资本市场建设的法律架构，适度降低了股份发行、上市的条件，并取消了连续3年盈利的要求，缩短了发起人和管理层持股的限制流通时间。上述规定为多层次资本市场建设提供了直接的法律依据。此外，2002年6月29日通过的《中小企业促进法》第十六条规定："国家采取措施拓宽中小企业的直接融资渠道，积极引导中小企业创造条件，通过法律、行政法规允许的各种方式直接融资"，将多层次资本市场建设与中小企业发展的迫切需求相联系，确立了现阶段多层次资本市场建设所承担的重要使命和职责。

2. 法规性文件与国家政策方面

2003年10月14日，党的十六届三中全会通过《关于完善社会主义市场经济体制若干问题的决定》，明确提出"建立多层次资本市场体系，完善资本市场结构，丰富资本市场产品。规范和发展主板市场，推进风险投资和创业板市场建设"，将多层次资本市场与全面建设小康社会和完善社会主义市场经济体制的战略目标紧密结合。2004年1月31日，国务院发布《关于推进资本市场改革开放和稳定发展的若干意见》，规定"建立多层次股票市场体系"，"继续规范和发展主板市场，逐步改善主板市场上市公司结构。分步推进创业板市场建设，完善风险投资机制，拓展中小企业融资渠道"。党中央、国务院的上述文件为我国多层次资本市场建设提供了充分的法律依据和政策支持。

3. 部门规章方面

2005年11月15日，国家发改委、科技部、中国证监会等10部委联合发布了《创业投资企业管理暂行办法》，规定"创业投资企业可以通过股权上市转让、股权协议转让、被投资企业回购等途径，实现投资退出。国家有关部门应当积极推进多层次资本市场体系建设，完善创业投资企业的投资退出机制"，为资本市场、风险投资和科技产业的相互联动提供了依据。今年5月以来，中国证监会制定了《首次公开发行股票并上市管理办法》、《上市公司证券发行管理办法》、《证券发行与承销管理办法》等一系列部门规章，为推进我国主板市场和中小企业板建设提供了强有力的法律支持。

（三）进一步完善我国多层次资本市场的法律框架

建立支持自主创新的多层次资本市场，是党中央、国务院给资本市场提出的新要求。由于诸多方面的原因，当前我国多层次资本市场的法律框架虽然已基本成型，但还存在一些问题，亟待进一步完善。为此，我提出以下几点建议：

1. 抓紧贯彻落实现有法律、法规、规章和政策的规定

当前，我国多层次资本市场建设的关键在于落实相关的法律法规。各有关部门都要从构建社会主义和谐社会和建设创新型国家的全局出发，统一思想、提高认识、尽快行动起来，扎扎实实贯彻落实现有法律、法规、规章和政策的规定。同时，相关部委要积极做好知识产权、金融、财政、税收、外汇管理等配套法规规章和具体政策措施的制订和实施，以促使我国多层次资本市场建设快速、有序推进。

2. 为主板市场做优做强营造良好的法律政策环境

A＋H发行方式的确立及海外上市国有企业的回归、股权分置改革的基本完成、上市公司“清欠解保”工作的顺利推进，为提高主板上市公司的质量奠定了基础。要以此为契机，多管齐下，为主板市场做优做强营造良好的法律政策环境。一是要积极推动上市公司通过定向增发、整体上市、并购重组等方式做大做强；二是要鼓励上市公司依法推行规范化、市场化、动态、长期的股权激励措施，以提高上市公司经营业绩，促进上市公司规范运作与可持续发展。三是要推动上市公司按照《公司法》、《证券法》的要求，建立健全公司内部控制制度，提高公司运营的透明度，完善法人治理结构，提高治理水平；四是要贯彻落实《刑法修正案（六）》的规定，严禁侵占上市公司资金，坚决遏制违规对外担保，严厉打击证券违法犯罪行为，以充分维护上市公司和投资者的合法权益。

3. 进一步完善中小企业板的有关法律制度

以设立中小企业板为突破口，推进创业板市场建设，是我国从单一层次市场向多层次市场体系迈出的第一步，也是关键的一步。目前，中小企业板市场规模过小，难以形成市场影响力和吸引力；发行上市和再融资速度较慢，难以及时满足中小企业融资需求。因此，要进一步完善中小企业板发行上市等有关法律法规。一是要根据修订后的《公司法》和《证券法》，在总结科技型中小企业发展规律和特点的基础上，制定不同于传统企业的发行审核标准，重点关注科技型中小企业的研究开发能力、科技含量、获利能力和成长潜力，简化核准程序，加快科技型中小企业上市进程；二是要推动建立中小企业板公司小额再融资机制，提供更快捷的再融资渠道；三是要尽快颁布实施《中小企业板上市公司暂停上市、终止上市特别规定》，建立适应中小企业板上市公司“优胜劣汰”的退市机制；四是要推进全流通机制下的交易与监管制度创新，不断增强中小企业板的生命力和吸引力。

4. 尽快构建创业板市场的具体法律制度

新《公司法》、《证券法》的实施、股权分置改革的基本完成，使得推出创业板的条件和时机逐渐成熟。因此，我们要尽快构建创业板市场的具体法律制度，做好创业板市场推出的充分准备。首先，中国证监会要根据《证券法》的授权，按照不同类型、不同成长阶段的科技型、创新型企业的不同特点和风险特性，制定相应的发行上市条件，并尽快出台《创业板公司发行上市管理办法》，争取早日推出创业板市场。此外，深交所要切实做好创业板公司上市、交易、监察、信息披露等业务规则的拟订和修改，构建适应自主创新需要的完善的创业板规则体系。

5. 逐步完善代办股份转让系统的法律架构

一是要进一步明确代办系统的法律定位，将代办系统建设成为全国性的统一监管的非上市公众公司和高科技股份公司股份报价转让平台；二是要进一步改进代办系统的交易、结算制度，提高代办系统的流动性；三是要进一步梳理代办系统的信息披露流程和方式，提高挂牌公司的透明度；四是要建立挂牌公司再融资制度，进一步探索挂牌公司到中小企业板上市的转板机制，提高代办系统的吸引力。

各位来宾，女士们、先生们，近年来，在党中央、国务院的正确领导下，在中国证监会等有关政府部门和证券交易所的共同努力下，我国资本市场内外发展环境已经发生深刻变化，一个有利于企业自主创新、高新技术企业快速成长的大环境和多层次资本市场正在形成。我相信在自主创新战略指引下，中国资本市场必将迎来又一个科技的春天！

谢谢大家！

十一、风险投资与商业银行

——在中国风险投资论坛—振兴东北投资高峰会上的讲话

中国人民银行研究局局长　唐　旭

（2006年10月20日，中国沈阳）

大家好！今天在座几位嘉宾都是风险投资界的精英，我是做宏观研究的，所以今天演讲的题目可能比较宏观一点。

（一）商业银行资金充足，存贷款额快速增长

宏观上讲，中国内地不缺资金，中国的商业银行有强大的资金实力。2006年8月份，金融机构的贷款有23万多亿元，存款有33万多亿元，两者之间大概有10万亿元左右的差额，资金相当充裕。可以从下图更清楚地看到这样的一个发展趋势（见图1.1）。

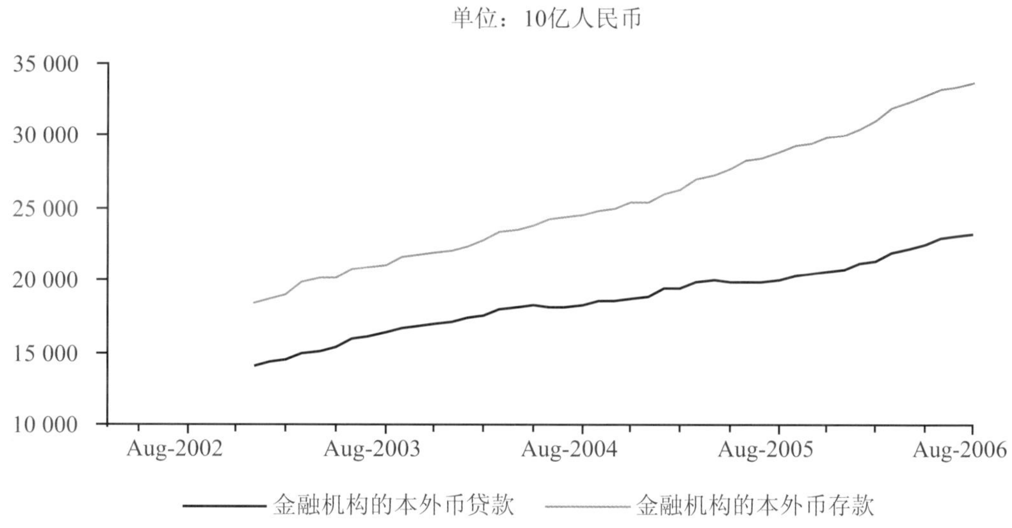

图1.1　中国的存款与贷款额

商业银行的存贷款额增长速度很快，同时，贷款期限也在不断地长期化。商业银行愿意发放中长期的贷款而不愿意发放短期的贷款。图1.2中灰色线是商业银行的中长期贷款，黑色线是商业银行的短期贷款，可见，商业银行中长期贷款发展得比较快。贷款的这种长期化的发展趋势给我国银行的发展和投资带来了深远的影响（见图1.2）。

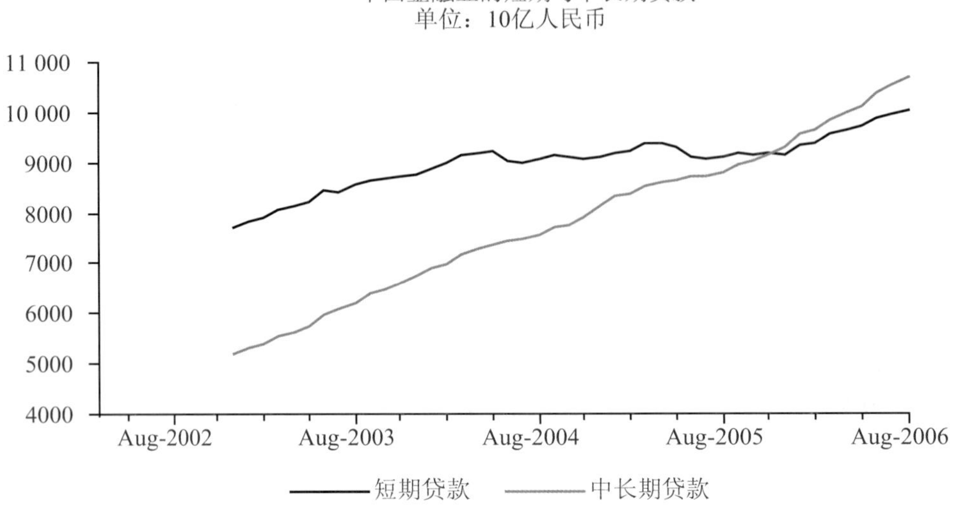

图1.2　中国金融业的短期与中长期贷款

（二）商业银行贷款具有的特征

（1）银行贷款希望风险小、收益的方差小。

（2）银行贷款利率的特点：当利率管制时，银行收益不能随贷款风险的增大而提高，因为银行不具有定价权。

（3）当利率放开时，由于信贷市场利率有一个相对稳定的参考系，银行不能过度高于这个隐性的标准收取利率。

（4）银行贷款利率的提高是有限的，它不能完全随风险的提高而同步提高。

（5）商业银行不能以股权形式持有企业资产，不能获得股权溢价带来的好处。

（三）风险投资的特征

风险投资与商业银行贷款是不一样的。风险投资的收益呈正态分布，方差大。股权溢价是风险投资的重要特征，在风险投资中往往是一些项目的亏损被另外一些项目的风险溢价所弥补。我们用一个图来进行比较（见图1.3）。

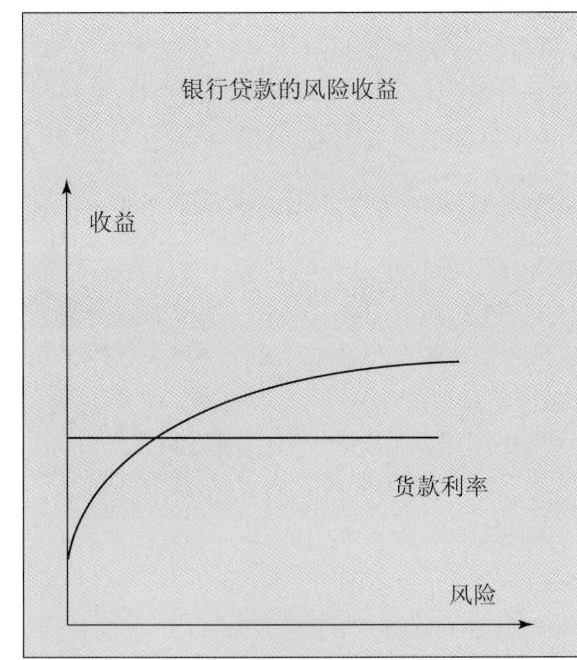

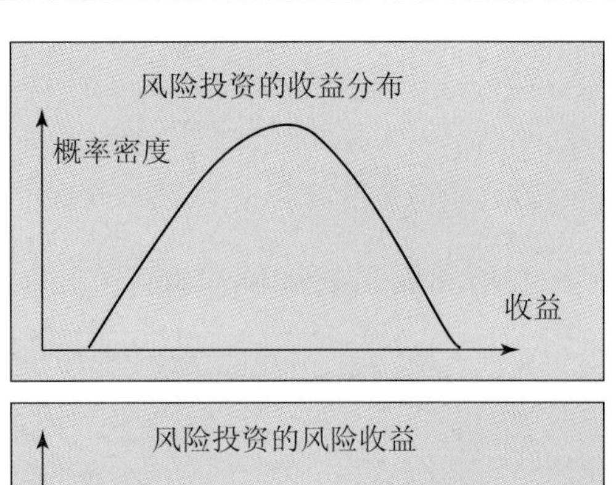

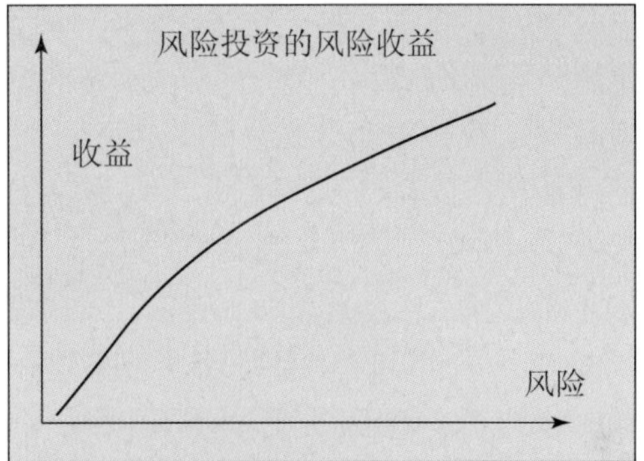

图 1.3　银行贷款收益与风险投资收益的比较

其中，左图是商业银行贷款风险的特征图，右上图是风险投资收益的概率分布图。从右下图中可以看到，风险投资收益随着风险的增大而递增的，与银行的贷款特征比较，风险投资收益的变化非常大。

风险投资的收益和交易也可用一个期权模型来解释。风险投资可以看成是投资者在购买一个间接的期权，买方付出的价格就是其最大损失，而收益则是不确定的，它处于付出价格与无限收益之间的某个点；卖方的收益刚好相反，他的收益是卖出价格，而损失则是不确定的，趋于无限。因此，这里的协议价格相当于期权费，对于协议价格的确定，则还需要进一步的技术支撑。

从风险投资收益的特性来看，解决所谓高新技术企业创业的难题恰好是需要用风险投资的方法，而不是银行贷款的方法。

与风险投资不同，用商业银行的贷款对高风险的创新企业进行投资，银行的损失可能是无限的（变成银行的坏账），而收益则是固定的（因为利息收入是相对固定的）。因此，商业银行很难对高风险的创新企业进行贷款。

要鼓励风险投资基金投资于高新技术产业，然而现在对这方面的重视程度还远远不够，对风险投资基金的管制还相当多。基金包括产业投资基金和证券投资基金两种类型，两者都可以对高新技术企业进行投资。无论是对公募的基金还是私募的基金，都要不断地、逐步地放开，使之成为技术创新和企业发展甚至解决就业的重要资金来源。同时，还可以通过国家税收鼓励的方式来推动风险投资基金的发展。

（四）对商业银行投资高新技术企业的建议

在对高新技术企业的扶持方面，商业银行并非无所作为。一方面是在有担保的情况下，对收购、兼并行为的限制要逐步放开，商业银行对“软贷款”也要适当地放开。另一方面，当风险投资基金在获得一系列资产以后，就等于获得了一系列可以担保、可以抵押的资产。这些资产可以用来向商业银行获得新的贷款，进行新的投资或兼并，这也是商业银行可以发挥作用的地方。商业银行要不断地开发风险估计的模型和完善风险估计的测量手段。对于风险相对比较小，收益流或者现金流比较稳定的高新技术企业，商业银行也可以提供信贷上的支持。

（五）东北振兴发展的思路

东北地区土地辽阔、资源丰富、人口的密度比较低，而且重工业的基础比较好，农民的收入也比全国农民的平均收入水平要高，还有就是东北有大量的熟练工人，这是一笔很大的财富。

在振兴东北的这几年来，国有商业银行对东北的发展作了很大的贡献。从2003年～2006年，四大国有商业银行对东北地区不良资产的冲销和处理超过了2600亿元人民币。其他任何一个部门都不可能拿出2600亿元对东北振兴作出支持，因此在东北振兴过程中，国有商业银行作出了很大的贡献。

东北要寻找适合自己的发展模式，加大对高科技研究的投入和对市场的争取。东北有很多的企业（技术水平也很高），总是想着中央给派任务、分计划，但是在市场经济条件下已经不可能再有这样的事情了。企业必须主动寻找客户，不仅在中国寻找客户，还要到全世界寻找客户，这就是市场机制转变之后经营方式的转变。

风险投资家应该与东北较好的市场资源和人力资源结合起来。他们会带来新的管理思想和市场渠道，对振兴东北是一个极大的机遇。希望东北抓住这样的机遇来发展自己！

十二、吸收外资与中国经济发展

——在2006中国并购年会上的演讲

商务部前外国投资管理司司长　胡景岩

（2006年4月15日，中国北京）

大家下午好！我想讲的主题是吸收外资与中国经济增长的关系。现在国内出现了一批规模较大、影响力较大的并购主体，但实际上，国内的并购发展离不开外资的进入。最近这两年外资进入中国比较多，当然会产生各种各样的看法和议论，我今天谈点自己的想法。

（一）继续吸引外资进入我国的必要性

首先，我国吸收外商投资已有27年的历史，刚才看到一本《国际融资》杂志[①]的封面文章就是《中国巨额外汇干什么最划算？》。正如大家所知，我国银行有10多万亿的储蓄，每年以3万亿～4万亿的幅度增长，而且我们的外汇储备已经达到了8000多亿美元。在这种情况下，我们是否还需大量的吸收外商投资？我想搞金融投资的人都知道，外汇储备的钱，要得到最好的投资回报，但是这种想法最终变为现实是有一个过程的、受实际条件的约束。如果外汇资金都能得到最有效的投资回报，所需外资就会减少很多，但现在还无法实现，需要一定时间。

根据“十一五”规划，我国要继续向外资扩大开放，否则达不到中央国务院确定的目标。所

① 《国际融资》，2006年第4期，总第66期。

以，对于利用外资，国务院在“十一五”规划中表达非常明确，即继续积极有效地吸收外商投资。因此，在这个前提下大家所需讨论的是，我国还要吸收多少外资。

按国际上的标准衡量，无论是现存的外资占GDP的比例还是外资占固定资产投资的比重、人均吸收外国投资的数量以及其他国际上投资的专业指标，我国吸收外商投资的绝对量在全球位居前列。但是，以人均指标来看，我国是排在后面的。所以，现在还不能确认吸收外商投资已经到了饱和的状态。据全球经济发展的普遍规律，经济越发达、市场开放度越大，吸引外商投资和向海外投资的数量越大。当然，外资在一个国家的经济成分中所占的比重也不能无限制地上升，因为外资在发展，内资本身也在发展。如果一个国家的开放只有外资发展，内资不发展，那这个开放也是失败的。

实际上，外资进入我国取得了很好的效益，目前已经开业投产的28万家外资投资企业，仅占全国企业总数的3%，但这些企业产生的工业增加值占全国工业总增加值的比重为27.8%，出口额占57%，税收占20%，城市就业人口数占10%。由此可知，外商投资对我国经济发展起到了巨大的推动作用。当然，外商投资在进入中国过程中也带来这样那样的问题，但是从发展的角度看，对于我国经济发展的影响绝对是利大于弊。

那么，外资进入中国，是否在中国形成了垄断？实际上，无论是进入到我国竞争性行业，还是关系到国民经济命脉的产业的外资，其数量是有限的，即竞争性行业中所占比例是30%，关系国计民生的领域所占比例低于10%。即使在一些发展比较快的行业，如汽车行业、小轿车行业，外资也基本上是以合资企业的形式进入的，占有合资企业的股份不超过50%，这也是我国汽车产业政策所限。当然，在IT产业，如计算机产业等新兴的领域外资进入较多，原因是此行业原来国内的发展是空白的或较差的，外资占有的市场份额就比较大。

目前，从我国总体上看，没有哪个国家的外商投资，或哪家跨国公司对于我国的某个行业形成了实质性的垄断控制。对于一些学者提出的“要注意一些苗头，注意这样的倾向”，虽然这些提醒很必要，但我们要依据现实来判断是否出现了这样的情况。在加入WTO之后，我国参与经济全球化的程度及主动性很高。以服务贸易领域来看，与其他发展中国家相比，我国承诺的市场开放度是走在前列的，但是与发达国家比还有很大的差距，西方发达国家服务业占GDP的比重达到了60%～70%，而我们国家仅仅是30%。依据经济发展普遍规律，经济越发达，服务业占GDP的比重越高。因此，从我国今后的发展来看，无论是工业领域还是服务贸易领域，随着经济发展的需要，还会不断地扩大开放。对于此，比照近年的实践可知，无论是香港CEPA协议的具体内容，还是最近股权分置引入战略投资者的操作，我国的开放进程是不断前行的。

吸收外商投资这些年内，我国给予了外国投资者一定的优惠。那么，今后是不是还要继续给予优惠？至于是否对外国投资者给予优惠，是根据国家自身的经济发展情况来定的。世界上发达国家很少给外资以优惠，但发展中国家都不同程度地给外国投资者一定的优惠。作为一个发展中国家，在今后的开放当中，我国还要继续吸收外商投资，所以到目前为止还不能把外商投资的优惠统统取消，时机还未到。

再者，在区域经济发展中外资如何定位？这在我国的区域协调发展、“十一五”规划中是一项重要的内容。在区域经济发展当中，要作好开放、吸收外商投资这篇文章。哪一个地区做得好，它的经济发展主动性就强，老百姓的生活水平就会提高，这是我国经济发展的一个规律。

另外，如何看待市场换技术？过去我们坚持市场换技术的方针，开放市场中引入了很多的外国投资者、跨国公司。有人认为，市场开放了、跨国公司进来了，但是想换的技术没有换到，即市场换技术是失败的。我反对这种观点，实际上，外资进入的很多行业都是我国发展相对较快的一些行业。外资进入后，尽管进入的技术还掌握在外商投资企业手中，甚至在独资企业手中，但从国际贸易角度来讲，这些技术已经进入了中国市场。而且在中国市场开放度如此之大的今天，外商如果不拿好的技术进入中国市场，也很难与其他企业竞争。外商投资企业生产的46%的产品都要出口到国际市场上去，如果进入国际市场，没有好的技术支撑是很难竞争的。即使在中国市场上，没有好的技术，其产品也无法销售。

当然，我们要加强这方面的产业引导，使跨国公司先进的技术进入中国，不断地发展技术溢出效应。实际上我们每年引进的100多亿美元的技术中，通过外商引入的占50%左右。

（二）外资并购

在中国，外资并购一直是近几年比较热门的话题，但在五六年前，中国还很少谈论外资并购。因为那时受体制、机制以及法规的限制，尽管国际上并购已经成为国际投资的主流方式，但在中国主要采取异地投资的形式。近两年，我国的情况发生了很大的变化，特别是在2003年实施了《利用外资改组国有企业的暂行规定》，国有企业的改制也不断地加快，现在外资并购的形式也是不断地变化。可以说，外资进入中国市场，并购是一个有效的也是必然选择的方式。这种国际上普遍实行的投资形式，为什么在中国不能实行呢？我国实行的也是市场经济，要和国际接轨，这是符合国际投资的潮流。

外国投资进入到中国，中国能不能有效控制其进入的领域？我想我们国家在政府管理上、在法律法规上对此有很明确的规定，早在1995年政府就发布了《外商投资指导目录》，外国投资者进入中国必须遵循《产业指导目录》，目录中列入禁止的，外资不允许进入。并购是作为外国投资进入中国的一种形式，进入中国市场，同样必须遵守《外商投资产业指导目录》。并且，此指导目录是根据国民经济发展的需要，不断进行修正、调整的，从1995年发布以后，经过多次的修改和调整，现在执行的是2004年底修正2005年1月1号开始实行的指导目录。随着中国经济的发展，政府就要实行宏观调控，相应的产业目录都要发生变化、进行调整。

如果外资并购的国有企业的经营范围超出了外商投资的指导目录范围，是不允许外资进行投资的，其经营范围必须进行修订。

另外，我国的并购与其他国家不同，即内资企业的设立和并购是不需要政府审批的，但是外国投资者进入中国投资都必须经过中国政府的审批。而且对于外国投资者的并购，政府的审批更加严格，只有省一级的政府和中央部门，才有权批准一些并购项目，其他地方政府是无权进行审批的。涉及到国有企业的并购，还要征得国有资产管理部门的同意，征求行业部门、行业协会的意见。而且我们国家对企业的审批是有不同权限的，目前，只有5000万美元～1亿美元以下的项目可以由地方政府审批，其他都要中央政府审批。如果涉及到行业垄断行为，政府审批是非常严格的。

关于投资者是否会形成垄断，垄断方面的法规是否健全，在2003年颁布的《外国投资者并购境内企业暂行规定》中，对于垄断的问题有专门的条款。比如，投资者要达到一定的数量，并购一方当事人当年在中国市场的营业额要超过15亿元人民币。一年内并购国内的企业超过10个以上、被并购企业在中国的市场占有率达到20%的、导致并购一方当事人在中国的市场占有达到25%以上等并购行为都要向政府进行报告，政府要进行严格的审查。在一定情况下，政府还要召开听证会来进行论证。2003年颁布这个法规以后，凡是有这样的情况、有这样苗头的，政府都在严格地把关。

可以说，外资并购并没有形成实质性的垄断。当然，国家的法律要不断地进行完善，大家都期望《反垄断法》的尽快出台，政府也在紧锣密鼓地研究制定。学者和媒体提请政府注意一些跨国公司进入的苗头等都是善意的，政府也应该注意防止跨国公司对我们某些行业形成的垄断，在此基础上具体问题具体分析。

最后，对于外资的管理，还应该按照市场经济的规律来吸引外商投资。我国政府近几年无论是在改善投资环境方面，还是在简化审批程序方面都进行了很多改善。商务部2006年年初以来，对分销行业、货贷行业都已经授权地方来进行操作，审批权不断地下放。中国的投资环境不断完善、法律法规日益健全，在中国进行并购的投资者其前景还是很广阔的。只要投资者按照中国的法律法规进入中国市场，中国的合作伙伴和各级政府严格按照法律法规来进行操作，那么，外国投资者进入中国的市场，通过并购的方式进入是安全的。我今天就说到这里，谢谢大家。

十三、看国外中小企业如何融资：建担保体系　扶创业投资①

中国银行业监督管理委员会办公厅主任、研究员　赖小民

（2006年7月5日）

小企业融资问题一直是社会关注的焦点。如何正确看待当前小企业信贷融资问题，如何摆正监管位置，合理引导商业银行为小企业服务以及如何创新商业银行信贷管理机制，是银行业监管机构需要认真思考的问题。

（一）小企业融资难的三大原因

小企业由于先天缺陷，普遍缺乏良好的公司治理结构、财务管理较为混乱、经营活动缺乏透明度，致使银行贷款面临较大的不确定性、信贷风险难以控制，因此银行不愿为小企业贷款。

小企业融资担保缺失。在银企信息不对称的情况下，融资担保可以降低银行信贷风险，让银行乐于放贷。而小企业固定资产少，缺乏足够的抵押品，往往需要向外寻求担保。在担保机构的参与下，银企之间的信息不对称问题得到缓解，银行所承担的信贷风险也大大降低。但是，目前国内的担保公司或担保基金存在诸多问题。调查显示，北京辖区内目前只有少数几家大型担保公司能够获得银行认可。北京等地平均有76%的企业没有和任何担保机构建立过信用担保关系，而在获得信用担保的小企业中，担保贷款余额仅占到全部贷款余额的6%，担保机构基本上没有发挥实质性作用。

小企业贷款还存在金额小、期限短、笔数多、时间性强等问题，管理成本很大。据统计，国内银行对小企业平均每笔贷款的金额仅为大企业的1/20，北京市中资银行对小企业平均每笔贷款的金额约为大企业的1/7。在现行贷款管理体制下，每笔贷款流程类似、固定成本大致相当，相比之下，银行对小企业贷款的单位成本远高于大企业。在市场原则驱动下，银行理所当然地愿意向大企业而不是小企业贷款。

① 摘自《人民日报海外版》，2006年7月5日，第05版。

（二）国外政府解决小企业融资难题的四大举措

由于存在以上三方面原因，小企业融资在国外也一直是理论上和实务中的难题。为此，许多发达国家采取各种金融支持政策和手段来帮助小企业解决资金来源问题，并收到了良好效果。

1. 设专门的政府部门和政策性金融机构

在美国，小企业管理局作为一个永久性的联邦政府机构，其主要任务是帮助小企业发展，尤其是帮助小企业解决资金不足的问题。大多数发达国家除专设政府主管部门外，还设有专门的小企业金融机构。如日本政府成立的3家由其直接控制和出资的小企业金融机构，德国成立的合作银行、储蓄银行和国民银行等小企业银行，专门向缺乏资金但有市场、有前途的小企业提供低息融资，保证企业的正常运转。

2. 建立和健全对小企业融资的信用担保体系，帮助小企业获得商业性融资

发达国家的政府部门虽然也为中小企业提供资金，但最主要的形式还是提供担保支持。美国小企业管理局对小企业最主要的帮助就是担保贷款；日本官方设立有专门为中小企业提供融资担保的中小企业信用保险公库，民间设有52个信贷担保公司，它们共同致力于为小企业提供信贷担保服务。

3. 鼓励创业投资和风险资本对高新技术小企业进行培育

发达国家的实践证明，创业投资是小企业尤其是高新技术企业发展的孵化器和催化剂。美国官方的小企业投资公司和民间的风险投资公司是小企业筹资的重要来源之一。英国则成立了由100多家从事小企业风险投资的小型金融公司组成的“风险资本协会”，为高科技“风险企业”提供大量的资金援助。

4. 鼓励小企业到资本市场直接融资，积极拓展小企业直接融资渠道，以促进筹资来源的多元化

小企业规模较小，其股票难以到一般的股票交易市场上与众多的大企业竞争。为解决中小企业的直接融资问题，一些发达国家探索开辟“第二板块”，为小企业特别是科技型小企业提供直接融资渠道。直接融资渠道的开辟与拓展，在一定程度上促进了发达国家小企业筹资来源的多元化。

银行作为国家金融体系的重要组成部分，应该承担相应的社会责任，但不是行使政府职能。要特别防止商业银行简单理解对小企业改进服务就是增加或减少贷款，而不从机制、体制创新和防风险方面去研究问题，否则银行可能面临层出不穷的坏账而有悖监管当局初衷，社会资金配置效率也将大大降低。

十四、解读《创业投资企业管理暂行办法》

郭向军　刘健钧①

国家发展和改革委员会等十部委联合起草的《创业投资企业管理暂行办法》（以下简称《办法》）经国务院批准后，于2005年11月15日发布，2006年3月1日实施。于2月14日发布的《国务院关于实施〈国家中长期科学和技术发展规划纲要〉若干配套政策的通知》，进一步明确“制定《创业投资企业管理暂行办法》配套政策”，支持保险公司投资创业投资企业，允许证券公司开

① 郭向军，经济学硕士，国家发展和改革委员会财政金融司副司长；刘健钧，法学硕士、经济学博士、管理学博士后，国家发展和改革委员会财政金融司副处长。

展创业投资业务。为便于创业投资界、科技创业界、企业界、保险界、证券界等社会各界全面而深入地理解《创业投资企业管理暂行办法》（以下简称《办法》），特就其五个方面的要义作个简单解读。

（一）以扶持创业投资发展并引导其投资方向作为立法宗旨

创业投资者作为投资者的本质特征是风险规避者，或者至少是风险中立者，趋利避险同样是创业投资运作的基本原则。尽管与银行相比创业投资能够承担更高的风险，但其所承担的风险也通常是凭借创业投资家的慧眼能够加以评估和可望能被控制的风险。因此，显然不能寄希望于创业投资者像赌徒那样主动地为风险而冒险（按照投资经济学的区分，赌徒的本质特征是爱好风险本身，并指望在小概率事件上中大彩的运气）。创业企业相对于成熟企业的显著特征，是产品、市场营销模式或企业组织管理体系还不够成熟，存在着较大的产品风险、市场风险和管理风险，在创业环境欠佳的国家和地区还要面临政策风险。尤其是对中小创业企业特别是中小高新技术创业企业进行投资时，还必然要面临投资的规模效益低、技术风险大等问题。因此，要使社会资本转化为创业投资，光凭一句口号是不现实的。要鼓励创业资本投资中小创业企业特别是中小高新技术创业企业，必须拿出实实在在的政策扶持措施来。

正是由于较好地理解了创业投资“趋利避险”的市场化运作原则，《办法》注重通过实质性政策扶持创业投资发展，并引导其投资方向。《办法》所规定的扶持政策主要有三个方面。一是运用税收政策扶持创业投资企业发展并引导其增加对中小企业尤其是中小高新技术企业的投资。二是国家和与地方政府可以设立政策性创业投资引导基金，通过参股和提供融资担保方式，促进民间资金设立创业投资基金。三是积极推进多层次资本市场发展，包括通过扶持发展产权交易市场等措施，拓宽创业投资退出渠道。

考虑到有关部门对创业投资体制建设的认识都有个过程，《办法》对创业投资的扶持政策没有采取毕其功于一役的做法，而是先将已经达成共识的三个方面扶持政策明确规定于《办法》中，待出台《办法》后再争取其他扶持政策。由于《办法》的出台为研究制定其他方面配套政策提供了较好的法律基础，国家发展改革委后来很快就“支持保险公司投资创业投资企业”和“允许证券公司开展创业投资业务”问题，与中国保监会、中国证监会达成了共识，并在2006年2月14日发布的《国务院关于实施<国家中长期科学和技术发展规划纲要>若干配套政策的通知》中予以明确。

（二）遵循可操作性原则，仅调整政策扶持的创业投资企业

在过去20多年里，我国在创业投资立法方面走了弯路。不少同仁一想到要发展创业投资，就要立个《创业投资法》或是《风险投资法》。其愿望是好的，但是，针对一般性创业投资行为立法，既不可行也没有必要。因为，一方面一般性创业投资行为涉及资本来源、投资过程、资本退出和收益分配等多个环节，需要一个完整的法律法规体系来为之提供法律保障。例如，组建创业投资机构涉及《公司法》、《合伙企业法》等法律；投资过程涉及《合同法》、所投资企业所适用的《企业组织法》；资本退出则涉及《证券法》等法律；收益分配还要涉及《税法》、有关会计准则，等等。可见，要制定一个包罗万象的《创业投资法》显然不是一件易事。另一方面，如果包括《公司法》、《合伙企业法》、《合同法》、《证券法》在内的法律体系完备以后，就没必要再针对一般性创业投资行为制定单行的《创业投资法》。

与针对一般性的创业投资行为进行立法既不可行也没有必要不同的是，通过立法规定创业投资享受政策扶持的条件和程序却是完全必要的。否则，就必然出现一些并非真正从事创业投资的行为主体也打着“创业投资”的旗号来骗取政策扶持的问题，从而导致扶持政策被滥用，不利于扶持政策目标的实现。但是，如果对各种创业投资行为都给予政策扶持，同样会遇到实施政策扶持的可操作性问题。因为，创业投资种类繁多、形态各异，按组织化程度的不同可分为两大类别：一是由个人和非专业机构分散从事非组织化的创业投资；二是由两个以上个人与非专业机构把资金集合在一起形成专业性创业投资基金，再通过专业性创业投资基金从事组织化的创业投资。从鼓励各种形态的创业投资发展角度看，《办法》似应将各种形态的创业投资行为都包括其中。但是，一般性创业投资行为具有变动不定的特点，对其实施政策扶持不仅要面临不确定性的问题，而且还要面临效率低下的问题。与之不同的是，通过专业性创业投资基金从事组织化创业投资则较易于通过法律程序加以准确界定，对其实施政策扶持的可操作性也较强。所以，《办法》将调整对象仅限于专业性创业投资基金。这样，不仅有利于政府对创业投资进行集中扶持，也有利于鼓励投资者通过专业性创业投资基金从事创业投资，以提高投资运作的效率。从国外经验看，在绝大多数创业投资发达国家和地区，都仅仅针对专业性创业投资基金所从事的组织化创业投资进行立法。尽管英国等少数国家还针对非组织化创业投资进行立法，但实践表明，对非组织化创业投资实施政策扶持的成本非常高，而效果却不尽人意。

需要进一步指出的是，投资基金的组织形式有公司、合伙和信托三种，但由于信托型投资基金的本质特点是基金财产的所有权必须转移到受托人，由受托人以委托人的名义行使基金财产所有权并对基金承担责任，较难适应创业投资通常要求投资主体对所投资企业行使股东权益并承担股东责任的特点，所以信托方式较难适用于创业投资基金。事实上，国外的创业投资基金通常只按公司和合伙形式设立。虽然英国存在所谓的“创业投资信托”，但这里的“投资信托”完全是由于英国人的称谓习惯。英国是投资基金的发源地，而投资基金最早又起源于信托，所以英国人很自然地将投资基金都归于“信托”。当后来出现公司型投资基金时，为了与真正意义上的信托型投资基金相区别，公司型投资基金便被称为“投资信托”，真正意义上的信托型投资基金则被称为“单位信托”。可见，英国所谓的“创业投资信托”并不是真正意义上的信托型投资基金，而是公司型创业投资基金。从我国实际看，目前以公司形式运作创业投资基金已经不存在根本性的法律障碍，在《合伙企业法》被修改完善后，以有限合伙形式运作创业投资基金也将是不错的选择。因此，从适应创业投资的特点考虑，我国的创业投资基金仍以按公司和合伙形式设立更为适当。由于公司型创业投资基金和合伙型创业投资基金都是企业，故《办法》将它们统称为“创业投资企业”。

（三）在不违背现行法律的前提下为创业投资企业提供特别法律保护

为给今后创业投资基金可以按有限合伙形式设立提供法律空间，《办法》第六条明确规定：“创业投资企业可以以有限责任公司、股份有限公司或法律规定的其他企业组织形式设立。”虽然目前以公司形式运作创业投资基金不存在根本性的法律障碍，但《公司法》、《证券法》毕竟还不能完全照顾公司型创业投资基金募集与运作的特点，所以《办法》在不违背现行法律的前提下，主要为公司型创业投资基金的九大制度创新提供了特别法律保护。尽管这九个方面的特别法律保护条款在《公司法》、《证券法》还没有修订以前就已经草拟好，并于2005年9月7日得到国务院批准，但相对于2005年10月27日才颁布的《公司法》、《证券法》修订本而言，《办法》仍然能够显示出前瞻性。

1. 关于创业投资企业的资本私募问题

修订前的《公司法》和《证券法》都对私募采取了回避态度。修订后的《公司法》和《证券法》虽然不再回避私募，但就私募对象和具体方式所作的规定仍比较原则化。为确保创业投资企业在资本私募过程中仅涉及具有高风险鉴别能力和高风险承受能力的投资者，《办法》在规定创业投资企业的投资者人数不超过200人（以有限责任公司形式设立创业投资企业的，投资者人数不得超过50人）的同时，还特别规定“单个投资者对创业投资企业的投资金额不得低于100万元”。有了这一限制性规定后，创业投资企业在资本私募过程中就较难涉及向小投资者募集资金了，因而大大增强了可操作性。虽然从逻辑上可能出现多个小投资者将钱凑够100万元，然后再以其中的某个人的名义投资创业投资基金的现象，但在现实生活中这种现象较难出现。一是创业投资作为一种参与决策型的投资方式，投资者如果不能参与到创业投资基金的设立与运作过程中，就很难对其投资。二是即使众多投资者愿意以别的某个人的名义参与到创业投资基金的投资中去，其间也必须经历一个通过多方磋商对风险进行充分评估的漫长过程，才可能最终确定一个值得大家信赖的投资者充当代理人。而就创业投资基金的募集而言，这个过程所花费的成本实在是高的难以成为现实。

2. 关于实行委托管理问题

随着创业投资家队伍的发育成熟，一些规模较小的创业投资企业委托创业投资管理顾问企业或其他创业投资企业代为管理资产，不仅可以解决因为自身资本规模小难以请到一流管理团队的问题，还可提高创业投资管理的规模效应。对这种委托管理方式，《民法通则》和《合同法》等法律虽然提供了基本的法律基础，但《公司法》却仅仅规定“公司设经理”。因此，《办法》通过将《公司法》中的“经理”理解为“既可以是自然人，也可以是机构”，从而规定公司型创业投资基金可以委托管理顾问机构作为“经理”负责其投资管理业务。

3. 关于最低资本规模和出资制度问题

创业投资企业区别于加工贸易类企业的特点之一，是必须具备较大资本规模才具有抗风险能力。而且，创业投资企业无法像加工贸易类企业那样事先确定好投资计划，而只能在设立后对拟投资企业逐个进行谨慎调查，然后再决定是否投资。因此，只有实行承诺出资制，将投资者在设立之初承诺的出资分期到位，方可避免资本闲置。修订前的《公司法》要求公司实行法定资本制度，因而资本闲置问题不可避免。新《公司法》对原来的法定资本制虽然有所改进，使得有限责任公司和以发起方式设立的股份公司的注册资本在首期只需要到位20%，但这仍然是一种折衷的法定资本制，对公司型创业投资基金仍然不够适应。例如，对设立一个10亿元规模的创业投资基金而言，首期到位资本必须达2亿元，这仍然会导致资本闲置。尤其是由于新《公司法》对以募集方式设立的股份公司仍实行法定资本制，因而使得主要以私募方式设立（属募集设立范畴）的创业投资基金更无法解决资本闲置问题。为此，《办法》遵循“既不违背《公司法》，又适应创业投资基金特点”的原则，对创业投资企业的出资制度作出了创新性规定，即“实收资本不低于3000万元人民币，或者首期实收资本不低于1000万元人民币且全体投资者承诺在注册后的5年内补足不低于3000万元人民币实收资本”。这样，创业投资企业就可以以较大规模承诺资本和一定规模实收资本先期成立，待成立后再根据承诺协议和投资需要，逐步追加资本。由于每追加一次资本就相应地更改一次注册资本额，因此并不与《公司法》相抵触。按照这一规定，同样是设立一个10亿元规模的创业投资基金，首期到位资本只需1000万元，其余的9.9亿元可以按《承诺出资协议》，在注册后的5年内逐步补足。

4. 关于以全额资产对外投资限制豁免问题

修订前的《公司法》的第十二条第二款规定公司对其他公司的累计投资不得超过净资产的50%，同时又规定“国务院规定的投资公司和控股公司除外”。但由于在过去的十多年里，国务院并没有对投资公司和控股公司的对外投资限制豁免问题作过任何规定，所以，公司型创业投资基金以全额资产对外投资在过去一直存在法律障碍。新《公司法》虽然规定公司可以向其他企业投资，具体比例由章程规定，但并没有明示创业投资公司就一定可以以全额资产对外投资。为此，《办法》明确规定：“创业投资企业可以以全额资产对外投资。”这样，创业投资基金就没有必要经历发起人与投资者通过艰难谈判制定章程的过程，就可以自不待言地以全额资产对外投资。

5. 关于以特别股权方式进行投资问题

创业投资区别于银行贷款的典型特征是必须以股权方式对创业企业进行长期投资，这样才能真正与创业企业共担风险。但由于创业投资是一种权利义务高度不对称的投资方式，在无法对所投资企业形成控制力的创业初期，常常需要以可转换优先股和可转换债券方式等特别股权方式进行投资。但新老《公司法》均只为公司发行普通股提供法律保护，对公司发行普通股以外的其他种类的股票则仅仅指出可以由国务院另行规定。为此，《办法》作为经国务院批准的特别规定，只好特别允许创业投资基金所投资的创业公司可以向创业投资基金发行优先股、可转换优先股等特别股权凭证。根据《办法》所明确的“经与被投资企业签订投资协议，创业投资企业可以以股权和优先股、可转换优先股等准股权方式对未上市企业进行投资”规定，创业投资企业终于可以以特别股权方式进行投资。

6. 关于建立对管理人的成本约束机制问题

加工贸易类企业的管理运营费用因企业性质和发育阶段不同而有很大的差异，无法进行事先的估计。创业投资企业的管理运营费用则仅仅涉及办公用房租金、办公设备的购置、差旅费、调研费以及管理人员的工资支出等，事先确定其管理运营费用不仅可行，而且必要。为此，《办法》规定创业投资企业应当通过章程、委托管理协议等法律文件，事先约定管理运营费用或管理顾问费用的计提方式。这样，就可望建立起对管理人的成本约束机制，避免管理人任意挥霍投资者资金的现象。

7. 关于建立对管理人的激励机制问题

由于创业投资区别于证券投资的一大特点是创业投资是一种长期投资，因此，通过业绩报酬建立起对管理人的激励机制尤其重要。所以，《办法》从提供特别法律依据角度考虑，规定“创业投资企业可以从已实现投资收益中提取一定比例作为对管理人员或管理顾问机构的业绩报酬”。这样，过去不少国有独资或国有控股的创业投资公司，由于国有股东不理解通过业绩报酬建立激励机制的必要性而使得激励机制较难建立起来的问题，就比较好解决了。

8. 关于建立对管理人的风险约束机制问题

由于创业投资区别于证券投资的另一大特点是创业投资所形成的资产难以进行充分的信息披露，容易潜伏着较大的道德风险，因此，建立起对管理人的风险约束机制也十分重要。为此，《办法》借鉴国际惯例，规定“创业投资企业可以事先设立有限的存续期”。这样，存续期一到，即可清盘，有利于强化对创业投资企业的风险约束。

9. 关于通过债权融资提高创业投资企业投资能力问题

在国外，普遍允许创业投资企业通过适度负债提高投资能力。美国甚至通过政府担保“小企业投资公司”公开发行10年期企业债券的方式，来扶持创业投资业的发展。但是在我国，由于《贷款通则》规定贷款资金不得用作对企业的股权投资，因而使得创业投资即使向银行借到了贷款，也无法用作创业投资。为此，《办法》依据《贷款通则》中的“国家规定的除外”条款，作出了“创业投资企业可以在法律规定的范围内通过债权融资方式增强投资能力”的规定。

（四）尊重创业投资企业自主设立与运作，仅实行备案监管

在美国、英国和我国台湾地区，对给予政策扶持的创业投资企业一律实行前置审批和严格的事后监管。其目的，一是为了防止那些不具备起码资质的发起人一哄而起地设立旨在享受政策扶持的创业投资基金，从而损害创业投资行业的形象；二是确保创业投资基金真正投资于政策扶持目标所鼓励的创业企业，并防范出现行业性风险。但考虑到我国目前创业投资事业的主要问题是“发展不足”，为鼓励更多的投资者自主设立创业投资企业，《办法》没有采用前置审批制度，而仅仅实行事后备案管理。备案管理的内容也仅仅限于三个方面：

1. 审查备案条件

一是审查创业投资企业的经营范围。要求其仅限于以自有资本从事创业投资业务、代理其他创业投资企业等机构或个人的创业投资业务、从事创业投资咨询业务、为创业企业提供创业管理服务业务以及参与设立其他创业投资企业与创业投资管理顾问机构。二是审查创业投资企业是否具有起码的最低资本额。要求实收资本不低于3000万元人民币，或者首期实收资本不低于1000万元人民币且全体投资者承诺在注册后的5年内补足不低于3000万元人民币的实收资本。三是审查创业投资企业的管理团队资质。要求必须有至少3名具备两年以上创业投资或相关业务经验的高级管理人员承担投资管理责任。对委托其他创业投资企业、创业投资管理顾问企业作为管理顾问机构负责其投资管理业务的，也相应地要求管理顾问机构必须有至少3名具备两年以上创业投资或相关业务经验的高级管理人员对其承担投资管理责任，从而体现出与自我管理型创业投资基金在管理资质上的公平对待。需要指出的是，以上有关管理团队资质的备案条件是针对享受普惠性税收政策的创业投资企业而言的，所规定的条件相对较低有利于照顾西部地区。对于希望进一步获得政策性创业投资引导基金参股扶持的创业投资企业而言，则会在今后制定配套规章时提出相对较高的要求。

2. 依据投资限制条款，对投资运作进行检查

投资限制条款包括：不得从事担保业务和房地产买卖业务，但是购买自用房地产除外；对企业的投资，仅限于未上市企业，但是所投资的未上市企业上市后，创业投资企业所持股份的未转让部分及其配售部分不在此限，其他资金只能存放银行、购买国债或其他固定收益类的证券；对单个企业的投资不得超过创业投资企业总资产的20%。从所有这些投资限制看，都不会导致对创业投资企业自主从事创业投资的干预，而仅仅是为了避免创业投资企业超范围经营非创业投资，并与投资控股公司区别开来。

3. 对违规行为适当处罚

对未按《办法》规定进行投资运作的，责令其在30个工作日内改正；未改正的，应当取消备案，并在自取消备案之日起的3年内不予受理其重新备案申请。对已经享受税收优惠政策的，应补缴应缴税额。对已经享受政策性创业投资引导基金参股支持的，应退还政策性创业投资引导基金的出资。

为降低备案成本、提高备案效率，《办法》对创业投资企业实行国家和省（含副省级城市）

两级备案管理。国家备案管理部门为国家发展改革委，省级备案管理部门原则上为省级发展改革部门。但考虑到在有些省级行政区，已经通过地方立法授予科技部门对创业投资企业的管理职能，《办法》规定“省级管理部门由同级人民政府确定，报国务院管理部门备案后履行相应的备案管理职责，并在创业投资企业备案管理业务上接受国家发展和改革委员会的指导。为便于国家备案管理部门及时了解全国创业投资企业发展情况，并随时对省级备案管理部门的有关工作进行监督检查”，《办法》同时规定“省级管理部门应当及时向国务院管理部门报告所辖地区创业投资企业的备案情况，并于每个会计年度结束后的6个月内报告已纳入备案管理范围的创业投资企业的投资运作情况。”

（五）力求通过制定配套规章逐步完善创业投资体制

由于法律只能调整可以准确界定的对象而且要求在执法过程中具有可操作性，因此任何一部法律都是有局限性的。尤其是对于涉及到资本募集、投资运作和退出等多个环节的创业投资基金的运作而言，仅仅靠一部单行的《创业投资企业管理暂行办法》来调整更不具有现实可行性。正是由于充分认识到单行法律法规规章的局限性，《办法》力求通过制定一系列配套规章与政策，来逐步完善创业投资体制。

这些配套规章与政策包括：制定创业投资企业税收扶持政策，切实扶持创业投资企业发展并引导其增加对中小企业特别是中小高新技术企业的投资；制定《创业投资引导基金管理规定》，鼓励有关部门和地方政府设立创业投资引导基金；制定创业投资企业通过债权融资方式增强投资能力的有关规定；研究尽快推动创业板市场建设的具体方案和促进区域性产权交易市场规范发展的政策，以拓宽创业投资的退出渠道；制定《保险公司投资创业投资企业规定》，以支持保险公司在法律规定的范围内投资设立创业投资基金；制定《证券公司开展创业投资业务规定》，以允许证券公司在法律规定的范围内，通过参股设立创业投资基金和创业投资管理公司，开展创业投资业务；研究成立中国创业投资协会的具体方案，以便通过行业协会对创业投资企业进行自律管理，并维护本行业的自身权益。

参 考 文 献

[1]《创业投资企业管理暂行办法》，国家发展和改革委员会等十部委，2005年9月7日经国务院批准，2005年11月15日发布

[2] 刘健钧：《创业投资原理与方略》，中国经济出版社，2003年4月

[3] 刘健钧：《创业投资制度创新论》，经济科学出版社，2004年6月

十五、发挥火炬基地作用　推动软件外包产业发展

——在第三届国际投资促进论坛上的讲话

科技部火炬中心副主任　马彦民

（2006年7月26日，中国成都）

（一）火炬软件基地是我国软件产业化和国际化发展的主力军

1. 政府的政策推动，促进了软件产业的快速发展

在我国政府积极的引导与助推下，我国软件产业经过二十年的发展，在税收、产业技术、出口、人才培养、政府采购、知识产权保护等各方面的环境得到了明显改善。特别是以国务院2000年18号文件《鼓励软件产业和集成电路产业发展的若干政策》、《振兴软件产业行动纲要》及配套文件为核心，构建了振兴软件产业的一整套政策体系。由此推动软件产业发展取得了显著成效，软件产业呈高速增长态势，软件市场持续扩大，软件产业从总体规模上已经有了很大的发展。截至2005年底，我国软件产业销售规模和软件出口总额分别从2001年的796亿元人民币和7.3亿美元发展到2005年的3900亿元人民币和35.9亿美元。据美国调查机构IDC预测，我国软件市场规模未来五年的年均复合增长率为18.7%，2009年将达到60亿美元以上。2006年市场营业额超亿元的企业达到257家，从业人员已达90万人，国内软件人才培养规模也不断扩大，每年已能供给38万软件人才。

作为“十一五”规划开局的第一年，2006年我国软件产业进入了新的发展阶段。软件产业基地、软件出口基地及国家骨干和重点软件企业作为龙头和骨干，形成我国软件业生态链条，以优良的投资环境、广阔的内需市场、本地化特色和人才优势与跨国公司共同参与国际化合作与竞争。

2. 火炬软件基地是推动我国软件产业化的重要力量和主力军

软件产业作为基础性、战略性产业，是提高国家整体科技竞争力的重要支撑，是信息化建设的关键环节和21世纪国际竞争的制高点。国家火炬计划软件产业基地（简称火炬软件基地）工作于1995年开始启动，这是科技部从我国现实国情出发，推动软件产业发展的一项战略举措。在国务院各部委、各地方政府的积极支持和参与下，火炬软件基地依托政策、设施等优势，充分整合各类科技创新资源，吸引了大量软件企业和各方资金与人才汇集，为软件产业发展提供了优良的环境。火炬软件基地在推进软件企业技术创新，促进软件企业服务体系建设，提高软件在国家信息化建设中的应用水平，调整产业结构，带动当地及周边地区软件产业快速发展和促进区域经济增长中发挥了重要作用。特别是近几年来，火炬软件基地以促进软件企业迅速成长为核心，一方面大力加强软件产业化公共服务平台建设，支持软件企业创新创业及产业化发展；另一方面切实推进软件产业国际化进程，积极帮助软件企业进入国际软件外包和软件产品市场，为软件企业的迅速发展开拓了更为广阔的市场空间。

截至2005年底，科技部已认定32家国家火炬计划软件产业基地，入园企业16 000多家，软件销售总额1872亿元，占我国软件产业总收入约50%；软件出口收入达22.2亿美元，占全国软件出口总额的62%，软件从业人员约47万人，占全国软件行业从业人数的52%（见表1.2和图1.4～图1.6）。

根据2004年的统计资料显示，火炬软件基地的软件收入占当地软件产业总额的平均比例在

75%以上，有的基地所占比例达到了100%，由此可见，火炬软件基地在区域软件产业发展中的地位突出、作用巨大（见图1.7）。

表1.2　　火炬软件基地总体发展情况

指标	2001年	2005年	“十五”年均增长%
总销售收入（亿元）	640.7	3375	39.4
软件收入（亿元）	441.5	1872	33.5
软件出口（亿美元）	2.02	22.2	61.5
入园企业总数	3621	16 160	34.9
千人以上软件企业总数	3	70	87.8
软件收入过5亿元企业总数	23（2003年）	60	37.7
软件从业人员	130 400	469 065	29.2

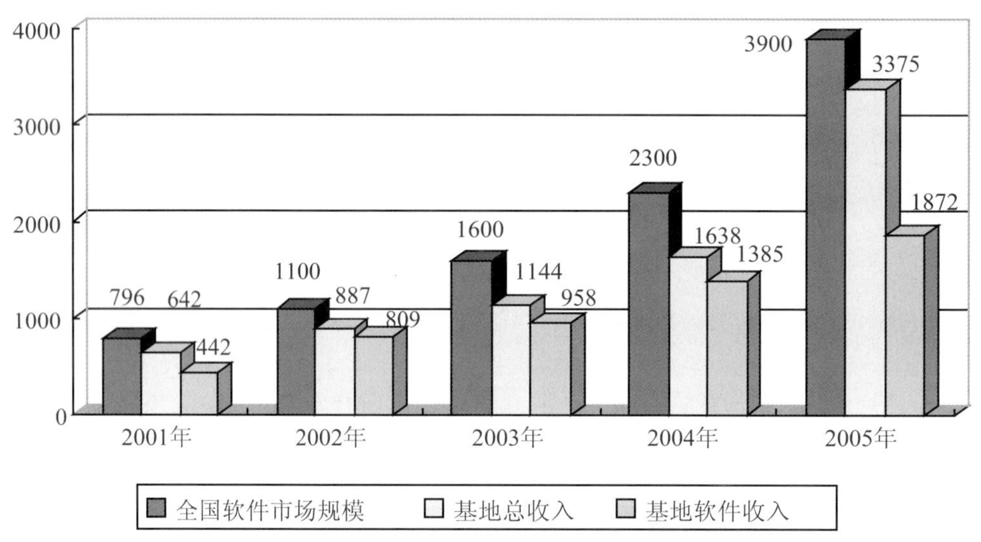

图1.4　“十五”火炬软件基地收入与全国软件市场规模比较（单位：亿元人民币）

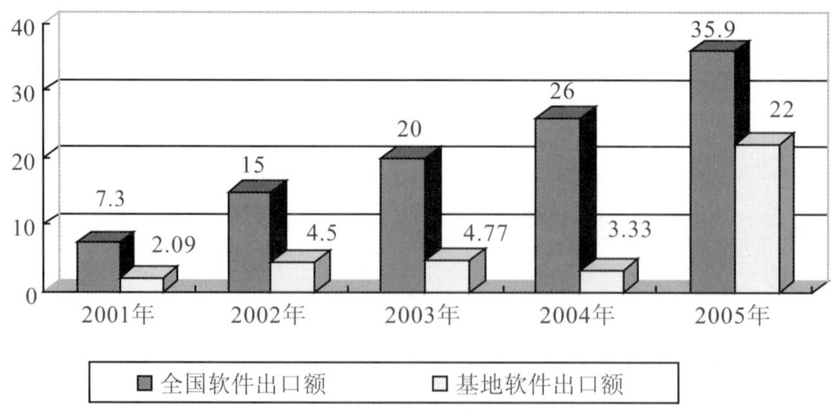

图1.5　“十五”火炬软件基地软件出口与全国软件出口比较（单位：亿美元）

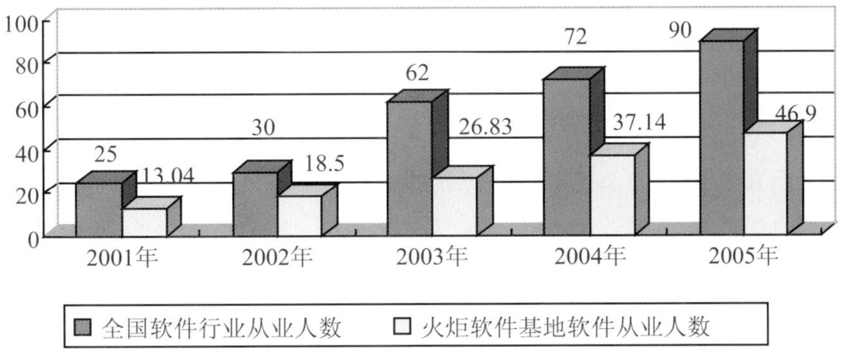

图 1.6　火炬软件基地软件从业人数占全国软件行业从业人数的比例（单位：万人）

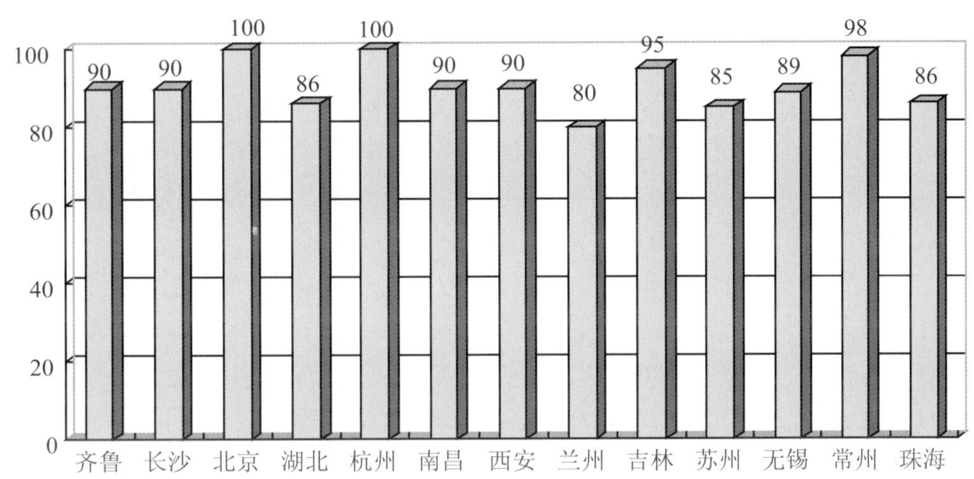

图 1.7　2004 年部分火炬软件基地软件收入在其城市软件行业总收入的比重（单位：%）

火炬软件基地有效集成了软件产业发展的政策、技术、人力、资金、服务等资源，营造了良好的创新创业环境，使企业的知识产权保护和创新能力迅速提升，成为自主创新的有效载体（见表 1.3）。

表 1.3　火炬软件基地已成为自主创新的有效载体

主要指标	2001 年	2005 年	"十五"年均增长
软件研发经费支出（亿元）	42.56	97.47	18.1
国家级科研和产业化项目（项）	451	646	7.5
其中：国家火炬计划项目	145	217	8.4
省部级科技和产业化项目	436	1069	29.8
获得技术发明专利（件）	364	3839	60.2
软件著作权登记（个）	1577	2825	12.4
软件产品登记（个）	4497（2003 年）	9466	28.2
硕博士学历软件从业人员	17 114	74 698	34.3

上述几方面表明，火炬软件基地发展迅速，成效显著。充分起到了软件产业化发展的孵化、示范、带头作用，已成为引领我国软件产业化与国际化发展的一面旗帜和主力军。

（二）软件外包是推动我国软件产业国际化的有效途径

1. 软件外包是产业发展趋势

早在1989年，著名管理学家彼得·德鲁克曾指出，“任何企业中仅做后台支持而不创造营业额的工作都应该外包出去，任何不提供高级发展机会的活动及业务也应该采取外包形式”。这种理念已被众多行业的企业所接受，当前全球软件产业的发展趋势也正体现着这一理念。

由于软件和信息服务业在全球范围内迅速发展，导致发达国家必须利用发展中国家的人力资源优势，降低成本，集中重点发展核心业务。通过把非核心业务转移到发展中国家来实现利益最大化，从而形成和发展了软件外包产业。据美国《商业周刊》统计，目前全球软件产值的1/3需要通过对外发包来完成，软件外包已成为世界软件产业发展的重要趋势。

2. 抓住机遇、提升能力、竞争突破

软件外包近年来已为我国软件企业所关注并成为软件产业发展的热点和方向。全球软件外包市场规模呈膨胀式增长，据麦肯锡预测，到2009年，全球软件外包市场规模将达到800亿美元。软件产业是高度国际化的产业，国际化已成为我国软件产业生存与发展的现实选择和内在需求，以软件外包作为突破口是实现我国软件产业国际化发展的机遇。

国务院适时颁布了《鼓励软件和集成电路产业发展的若干政策》（简称18号文）和《振兴软件产业行动纲要》（简称47号文），极大地推动了我国软件产业国际化的迅速发展。我国软件出口额从2001年的7.3亿美元上升到2005年的35.9亿美元。我国软件外包业务主要来自日本和欧美，对日本的外包占了主导，达到60%，另外15%来自美国，10%来自欧洲。软件接包主要集中在大连、北京、上海、杭州、西安、成都等地。据预测，2006年～2009年这5年内，我国软件外包服务市场将以48.4%的年均复合增长率高速增长。到2009年，我国软件外包服务市场规模将达到45.60亿美元。预计到2010年，我国凭借着广大的内需市场和人力资源成本优势，将成为世界除印度和爱尔兰之外最大的软件外包和信息服务中心。

尽管我国软件外包产业前景广阔、发展迅速，但存在较大的隐忧。目前，我国软件外包企业面临的问题主要体现在如下几方面：

（1）人才短缺问题是制约我国软件外包产业发展的瓶颈。从初级软件工程师、高级软件工程师到高级管理人员等各阶段人才均出现了大量的短缺，一方面是国际客户准备将大量的软件订单投放到中国来，而另一方面却是国内的软件外包企业难以找到有效的人力资源团队来承接项目。根据海关出口额的统计和行业增长速度的推算，未来几年内软件外包行业至少存在40万的人才缺口。

（2）我国软件外包企业规模小，限制了发展。2005年我国约有8000多家软件外包服务提供商，但是只有5家公司的员工数超过2000名，缺少龙头企业，没有形成“以大带小，以小养大”的生态链。而印度仅有3000家软件服务公司，其中至少有15家的员工人数超过2000，且在全球建立了业务委托网。我国软件外包与国际市场的需求差距很大，目前所占的份额很小。2004年，印度软件外包服务总收入达到173亿美元，外包从业人员超过100万。我国软件出口总额2005年仅为35.9亿美元，全国软件从业人员总数为90万，而软件外包业务只占全行业总收入的10%，可见差异巨大。

（3）缺少品牌企业。品牌是巨大的无形资产，软件外包业务提供的是服务，而服务的基础是

技术，持续的服务是企业品牌塑造的生命线。我国国际知名品牌的软件外包企业少，业务渠道有限，吸收大项目和顶端国际客户的能力弱，致使承接的外包业务处于业务链的底端，利润率低。

（4）企业的国际认证率低，缺乏完善的质量保障和规范化的管理。截至2005年底，我国软件企业通过CMM5级认证的企业10家左右，得到国际认可的软件企业少，承接的软件外包业务主要还是编码外包、本地化类型的低端服务，加工利润低，不利于总体外包服务能力的培养和流程管理能力的提高。印度一共有85家软件企业通过了软件CMM5级的评估认证，使得他们有很高的资质来承担外包业务。

（5）软件企业核心竞争能力不足。我国软件服务企业的成本虽然较低，但平均利润率只有7%，低于全球同类企业11%的平均水平，原因就在于软件企业的组织管理和开发能力不足、缺少核心产品、市场开拓能力弱、外包项目低于最优规模。

（6）知识产权保护意识有待强化。由于国内盗版现象严重，知识产权保护意识不强，影响了我国软件企业的声誉。另外，认真履行商业合同，替客户保守商业机密，注重诚信，争取长期客户也是我国软件外包企业有待强化的方面。

（7）缺少有效的投融资渠道支持。由于软件外包企业提供的是服务，最大的资产就是人才，企业规模小、风险高，缺少固定资产抵押，很难得到贷款、社会资金和风险资本的支持，缺少“投资－回报－投资”的良性循环体系，从而影响了企业的快速成长。

随着软件外包行业的膨胀式增长，市场规模的扩大，我们的软件企业有着极好的发展机遇和优势，但又面临着严峻的挑战。一方面，我们有广阔的内需市场，人才资源成本优势显著，软件企业成长迅速，创业队伍不断扩大，跨国公司的进入带来了大量国际业务、引入了国际化的管理理念和模式；另一方面，国际软件巨头如SAP、ORACLE等大举进入，内需市场不再是国内软件企业得天独厚的资源，企业面临着巨大的生存危机。在众多的巨头中间如何成长壮大、如何提升能力与之合作、如何寻求突破超越自己进入国际产业链的高端是我国软件企业面临的挑战。而软件外包是提升企业实力、建立国际合作渠道、参与国际竞争的一条有效途径。作为推动我国软件产业国际化的主力军，在帮助软件企业抓住机遇、迎接挑战，在国际竞争与合作中提升能力，突破企业面临的软件外包瓶颈，培育企业自身的核心竞争力和塑造品牌等方面，火炬软件基地具有义不容辞的责任和优势。

（三）实施COSEP，发挥主力军作用，促进软件外包产业发展

1. 中国软件欧美出口工程（COSEP）

COSEP（China Offshore Software Engineering Project）是科技部为贯彻国家振兴软件产业行动纲要，推进我国软件产业国际化而组织发起的一项系统工程。这项工程的目的是依托国家火炬计划软件产业基地，重点扶植和培育龙头软件企业，拓展出口渠道，提高竞争力，实现软件出口欧美市场。

火炬软件基地经过十年的发展已成为引领我国软件产业发展的主力军。为有效发挥火炬软件基地主力军作用，增强软件企业的创新与服务能力和国际竞争力，帮助软件外包企业突破发展的瓶颈，促进产业发展，2003年科技部正式启动COSEP试点工作。该项工作通过搭建培训工程、渠道工程、平台工程和金融工程为一体的综合性支撑平台，有效集成海内外优势资源，力求帮助企业解决软件外包中所面临的语言、管理、市场、人才、规模、资金等问题，全面提高软件企业承接欧美软件外包项目能力，逐步形成具国际竞争力的软件出口队伍和品牌。

2. 实施COSEP的意义

（1）组织软件出口的“国家队”，打造软件出口的国家品牌

COSEP试点工作的组织方式是从全国32个国家火炬软件基地内的16 000多家软件企业中，通过自愿报名和软件基地推荐，并聘请国际知名跨国公司专家，如Microsoft、IBM、HP、Motorola、GE、Sybase、Ford等公司的专家对申报企业进行评审，优选出条件较好并有志于软件出口的企业进行试点，组建软件出口国家队。其优势在于：

将申报的软件企业直接推荐给国际知名跨国公司，增加了申报企业被了解的渠道和深度，增加了试点企业与国际知名跨国公司合作的可能；

申报企业被认定为试点企业后，体现了国家品牌，增加了企业的可信度和美誉度；

可以从国家层面对试点企业进行整体包装和宣传，扩大海外市场对试点企业的认知；

便于集中各种资源优先强化试点企业的国际竞争能力。有利于提高出口企业的商誉，从而打造中国软件出口的国家品牌。

（2）促进国内外各种资源的优化配置，帮助试点企业提高国际竞争能力

以欧美软件外包市场为牵引和突破口，通过建设企业培训平台、市场拓展平台、技术支撑平台和金融服务平台将海内外分散的、有限的资源集中起来，帮助企业提高国际竞争能力。四个平台的主要功能为：

A）培训平台：在资源整合、市场开拓、过程管理、业务流程、质量控制等方面对企业进行整体培训，包括CMM/CMMI的培训和评估，重点提高企业的营销能力和工程能力；

B）市场拓展平台：利用国内外的各种展会、中介咨询服务机构、软件出口联盟、政府合作关系、门户网站以及海外科技园等帮助企业建立市场渠道，重点提高企业的市场拓展能力；

C）技术支撑平台：要求各软件园建设与软件出口有关的技术支撑体系和商务服务环境，帮助企业降低外包的成本，重点提高企业的技术创新能力和市场竞争能力；

D）金融服务平台：联合地方金融担保机构、创业基金、创新基金，并加强与国内外风险投资机构合作为企业提供金融服务，协助企业推进海外融资计划和海外上市。

（3）充分发挥地方科技部门、火炬软件基地的作用，加强与国家有关部门的联合和通力合作

要在地方科技部门的支持下建立和认定一批出口试点示范基地，鼓励软件园建立软件出口商务交流平台和人力资源平台，并进行有效集成，共同构成比较完整的技术支撑和服务体系。科技部门、软件园要在当地政府的支持下，为试点企业进行CMM/CMMI培训和评估、出国参会参展、设立海外机构、出口补贴、软件出口海关通关、建立软件出口联盟、引进人才等方面继续提供政策和资金支持。与国家有关机构建立有效合作机制，共同加强对软件出口的战略研究，为有关决策部门提供政策、市场、境外资讯等相关信息，形成时效性强、有针对性的政策措施，特别是在软件人才的培养和引进、参加国际交流活动等具体环节上和有关部门加强合作，营造一个有利于软件出口的优化环境。

3. 实施COSEP的成效

2004年科技部认定了11个COSEP试点基地、99家COSEP试点企业、8家COSEP咨询服务机构，经过两年多的实践，COSEP试点工作受到多方关注和积极响应，成效显著，具体体现在如下几方面：

（1）初步树立了国家软件外包的国家品牌。COSEP为国际知名公司了解中国的软件外包供应商提供了有效途径，同时为中国有实力的企业打造了品牌，创造了发展的环境。

（2）服务体系建设初具规模。形成了科技部牵头、火炬中心具体实施、地方政府积极配合、依托火炬软件基地、联合跨国公司和中介服务机构等有效资源集合的服务体系。

（3）试点企业获得了更多有效资源，提高了效率，促进了软件出口；提升了中国软件外包的知名度；促进了软件外包试点企业的交流和沟通，目前已经有近10家软件外包企业之间进行了兼并和重组，使软件外包企业规模迅速扩大；吸引了国内外风险投资的关注，目前已经有十几家试点企业得到了国际风险公司的投资；引起了国际软件外包界的关注，试点企业已成为国外企业寻找软件外包合作的首选伙伴，像美国GE、NCR、CITIBANK、法国电信等公司都选择试点企业作为研发中心或项目开发合作伙伴；强化了火炬软件基地的引导作用，促进了地区和特色行业软件企业联盟的建立，增强了企业外包能力，带动了地方经济的增长；极大地调动了地方政府的积极性。通过COSEP试点工作，促进北京、天津、大连、青岛等地方政府将软件外包作为推进地方软件产业发展的一个重要举措。如北京市科委已将未来的主攻方向转移到欧美软件外包市场，去年组织企业参加了两次国际软件相关会议和展览，2006年4月份组织软件外包企业参加了GARTNER在美国召开的国际软件外包大会，获得了良好的效果。另外，此项目有针对性地培训了人才。COSEP试点工作开展以来，共有46家试点企业和207家非试点的软件企业进行了相关培训，共培训了2254名人员。经过对26家企业进行统计，在COSEP培训过程中签约的外包合同数42项、金额427万美元，在培训后签约的外包合同数70项、金额898万美元。因此可见，COSEP试点工作的效果很明显。

4.COSEP下一步工作目标

对COSEP试点机构进行动态调整，加强与国际知名跨国企业和国际咨询公司的合作；深化平台功能，加强宣传，扩大影响；继续发挥火炬软件产业基地作用，强化服务功能，促进特色发展；扶植龙头企业，培育品牌，鼓励行业联盟和地区联盟的建立，加强软件外包生态环境建设；发挥科技部海外科技园的孵化作用，加强出口渠道建设，协助企业开展欧美在岸和离岸外包，吸引留学人才回国创业，提高软件队伍整体能力；加强与地方政府、行业主管部门和国际组织的协调和沟通，协助我国软件外包企业参与国际竞争和合作，促进我国软件产业的国际化进程。

我们将总结经验，不断完善，通过实施COSEP充分发挥火炬软件基地的主力军作用，推动我国软件外包产业健康发展，早日实现我国软件产业的国际化目标。

十六、充分利用风险投资与资本市场　发展创新经济

——在2006中国中部科技创新与风险投资高层发展论坛上的专题讲话

中国风险投资研究院院长　陈工孟

（2006年10月28日，中国合肥）

各位来宾，女士们、先生们，大家下午好！

今天，我荣幸地就“充分利用风险投资与资本市场发展创新经济”与大家谈谈我的看法与建议，我讲三个方面：当前我国风险投资业的发展形势，风险投资在自主创新战略中的作用，对发展安徽和中部地区风险投资的几点建议。

（一）当前我国风险投资行业的发展形势

今年年初以来，伴随着新修订的《公司法》和《证券法》的正式实施，以及今年3月1日起正式生效的《创业投资企业管理暂行办法》等，中国风险投资政策环境日趋完善。

今年3月，十届全国人大四次会议表决通过的《“十一五”规划纲要》强调了“风险投资”对“自主创新战略”成功实施的关键作用。发展风险投资，做好产业投资基金试点工作。

力促本土风险投资发展的《创业投资企业管理暂行办法》从三个方面明确了对风险投资企业的政策扶持措施。一是确定国家或地方政府可以设立风险投资引导基金，通过参股和提供融资担保等方式扶持风险投资企业的设立与发展，正是在这个政策指引下，中关村和上海浦东目前正在开展相关的引导基金试点活动；二是明确了对风险投资企业的税收扶持，加强对风险投资公司和中小高科技企业的扶持；三是提出推进多层次资本市场体系建设，完善风险投资的退出机制。这些政策扶持信息对于低迷已久的本土风险投资业来说无疑是一场“及时雨”，将激活本土风险投资的发展。

此外，据悉，目前国家七部委正在研制相关的配套措施，将于近期出台扶持措施的具体细则和规定。

2006年8月27日，全国人大常委会通过修订的《中华人民共和国合伙企业法》，在新的《合伙企业法》中增加了有限责任合伙规定，《合伙企业法》这次修改增加了一章有限合伙的内容，增加了有限合伙制度和规定了有限责任合伙制度，并且明确法人可以参与合伙。新法规的出台对于我国投融资渠道、方式、规模甚或行业竞争力的意义不言而喻，将极大促进中国风险投资业的发展。

但是，当前我国风险投资行业的发展有一个显著特征，就是“外热内冷”，即外资风险投资机构越来越多地进入到中国，而内资机构相对萎缩。中国风险投资研究院近期完成的《2006中国风险投资中期调研报告》显示，2006年上半年新募集的风险资本中，有73.81%的资本为海外资本，中国内地资本仅占26.19%。而中国风险投资业归根结底要靠本土VC的发展壮大。

外热的原因在于，中国经过20多年的发展，现在正处于转型阶段。转型经济非常需要创新的概念，尤其是国家“十一五”规划把自主创新放在了相当重要的地位。风险投资正是和创新紧密相连的，同时，中国的政局越来越稳定，政策越来越透明，让海外投资者更加充满信心。过去七八年海外风险投资在中国的成功实践证明，中国适合他们的发展。

内冷的主要原因在于“机制”问题，即本土风险投资机构的“国有性质”无法适应风险投资业高度市场化、高度竞争性、高智力、快速反应的行业特征。

目前，我国近90%的本土风险投资机构具有政府或国有企业背景，大多数是以各地区科技部门为主体出资成立的，具有准政府部门特征的投资机构。实践证明，这种机构的市场化程度更弱于国有上市公司，而国有上市公司经过15年的挣扎最终还是走向股权市场化改革，即当前的“股权分置改革”。国有企业，包括国有风险投资机构发展动力不足的根本原因在于，缺乏与市场相适应的用人机制、激励机制、监督机制和制约机制。从这个角度来看，如果不对制约中国本土风险投资机构发展的机制进行彻底市场化与国际化改革，那么即使解决了退出机制，进行税收优惠改革，也只是提供一种临时的强心剂，难以实现本土风险投资业长期的内在发展。

所以，促进本土风险投资机构前进的必要条件是“机制”改革，提供良好的政府与社会环境是充分条件。改革本土风险投资机构的体制，并与国际风险投资机构体制接轨，这最有利于本土风险投资业的发展。

（二）风险投资在自主创新战略中的作用

1. 为什么要实施“自主创新战略”

先看看几十年来中国经济增长的成就：GDP从1978年的3624亿元人民币增长到2005年的

18.23万亿元，年增长率大多保持在9%以上，有些甚至超过10%。据国家统计局初步核算结果显示，2006年前三季度GDP是14.15万亿元，同比增长率为10.7%。

人均国内生产总值在2005年达到1700美元左右。2006年前三季度，城镇居民人均可支配收入为8799元，扣除价格因素，实际增长10%，增速比上年同期增加0.2个百分点。

但是，在经济高速增长的背后，我们是依靠拼资源、拼消耗，"以资源换增长"，相应地，我们付出了资源、环境和社会诚信基础等多方面的惨重代价，这种高投入、高消耗、低效率的粗放经济增长方式是不可持续的。

中国的经济增长模式必须从粗放型向集约型转变，要建立新的经济增长模式。在此背景下，中央提出了"十一五"规划，确定以自主创新战略为着力点是完全正确的。

创新包括：技术创新、管理创新、机制创新与商业模式创新。

（1）技术创新是要改善产品和服务的功能、降低生产成本和提高生产率。

（2）管理创新就是要提升整个企业的运作效率。

（3）机制创新是通过建立比较好的激励机制、所有权机制，调动、提升企业员工创新的积极性。

（4）商业模式创新就是改变传统经营模式，寻找新兴的市场机遇，创造全新的盈利模式和价值链。

推进自主技术创新，就是要在关键领域和若干技术发展前沿掌握核心技术，拥有一批自主知识产权。

我们必须正确理解新形势下自主技术创新的内涵：一是加强原始性创新，努力获得更多的科学发现和技术发明；二是加强集成创新，使各种相关技术有机融合，形成具有市场竞争力的产品和产业；三是在引进国外先进技术的基础上，积极促进消化吸收和再创新。

诚然，自主技术创新本身不是目的，而是使国家经济结构和企业经营模式转变的手段，其终极目标是形成一批拥有自主知识产权和知名品牌、国际竞争力较强的优势企业，形成产业与创新经济，从而实现国民经济持续快速协调健康发展和社会全面进步。实现"创新经济"才是自主创新的终极目标。

从创新技术转化为创新型企业，形成产业群市场和创新经济要依靠风险投资。美国、欧洲、以色列等近十年创新经济的迅猛发展已经证明，风险投资是提高创新能力的加速器。近十年来，风险投资在我国亦得到了长足发展，对推动我国创新经济，尤其是科技型创新经济的发展发挥了极大作用。

2. 发达国家经验表明：风险投资是创新的催化剂和平台

（1）风险投资能够改善和提高创新的环境，增加创新的效率。

（2）美国、以色列和我国台湾地区过去20年的创新经济发展是风险投资与创新活动结合的结果。

（3）1992年，以色列推出"YOZMA"计划，政府拿出1亿美元建立启动资金，鼓励风险投资企业发展。正因为"YOZMA"计划，以色列在1998年～2003年之间，在风险投资领域共吸引外资达82亿美元。许多新的技术如IP电话、电脑防火墙、互联网即时通讯ICQ等均由以色列企业发明。

（4）美国的硅谷无疑是世界上最具创新活力的地区，它的成功不得不归功于大批以顾问、董事身份活跃于科技企业中的风险资本家群体。他们促进了知识、创意、人员、资本的必要流动，使得硅谷成为一个支持持续创新与创业精神的充满活力的栖息地。

（三）发展安徽及中部地区风险投资行业的几点建议

第一，体制因素是制约本土风险投资业发展的一个重要因素。80%～90%的本土风险投资机构还是国家控股，这类似于上市公司的“一股独大”。在经历10年痛苦之后，2005年启动的股权分置改革，对上市公司的股权结构进行了调整。在风险投资的体制方面，地方政府能不能有所作为？能不能与国际接轨？

第二，完善政策环境，设立区域引导基金。例如设立安徽省及中部地区风险投资引导基金；建立健全风险基金对本土风险投资的补偿机制，包括提供税收优惠政策。

第三，疏通风险投资退出通道。以中关村非上市股份公司进入“代办股份转让系统市场”为契机和经验，积极探索和争取中部地区中小高科技企业进入三板市场挂牌交易；与深圳中小企业板协调并建立中部地区上市绿色通道机制；与国际资本市场，例如美国纳斯达克、英国AIM、香港地区创业板、新加坡市场等，建立紧密的合作关系，使中部的创新企业能够在高效的国际资本上获得融资发展。

第四，人才建设。当前本地区最重要、也最缺乏的是创业家型人才，如何在中部地区建设一支强大的创业型人才队伍是振兴中部经济的关键。首先，在安徽乃至中部地区建立形成“创业光荣”的氛围尤其是为年轻人提供创业环境与条件，鼓励科研所、高校、国企中的技术、管理人才出来创业，且保留他们在原单位的职务若干年，即使他们创业失败，也可回原单位，最大限度地激励有为青年在尽可能低成本下进行创业；其次，为青年创业家提供实用且高质量的培训课程，政府给予一定补贴和补助；最后，积极创造条件，鼓励全国各地以及海外中部优秀创业技术人才回到中部地区进行创业。

第五，技术方面。首先，充分利用本地区高校科研所的技术成果，有效地实现技术与资金、创业家、风险投资基金的融合，加速技术的市场化，在资金税收政策上支持本地区包括科研院所、高校的技术创新；其次，积极引进其他地区（如北京、上海等）适合中部地区发展的技术到中部城市落户；最后引进、消化欧盟中小企业的新技术落户中部省市，通过有效的激励，实现风险资本与引进技术的紧密结合。

第六，资金方面。首先，政府提供资金建立风险投资引导基金，尤其是改变以往政府资金直接投资中小企业的做法，而将政府原3～5亿元的各类科技基金作为政府引导早期投资基金，并由国际化、市场化、专业化人士投资、管理，通过杠杆效应能够将规模放大至10亿乃至20亿元的资金量，一方面可使更多创业企业受益，另一方面，又避免过去各类政府扶持基金直接资助企业所带来的不良效果。其次，制定优惠政策，鼓励引导本地民间资金投资参与风险投资业。最后，创造条件积极吸引国际风险资本投资中部区域的创新企业。

谢谢大家！

十七、投资IP 振兴东北

——在中国风险投资论坛－振兴东北投资高峰会上的讲话

清华大学中国经济研究中心主任、高盛集团董事总经理　胡祖六

（2006年10月20日，中国沈阳）

大家早晨好，非常高兴参加这次论坛。我的演讲题目是“投资IP 振兴东北”。IP指的是知识产权（Intellectual Property），即通常所说的专利、商标、品牌等。为什么要投资IP？因为它是振兴东北、振兴沈阳老工业基地乃至于中国的一个很重要的战略。中国经济的高速增长使之在全球的地位、作用日益上升，尤其在制造业上的飞速发展举世瞩目。

“中国制造”已经成为国际市场上司空见惯的标签。中国的市场地位已经初步确立，中国已经进入全面工业化的时代。中国制造业的进步激发了我们的自信，但在国际上引起了许多恐慌。事实上，中国的制造业已经开始面临着日益艰巨的挑战，至今仍以低端的劳工密集型生产为主，其产品主要是处于全球供应链的低附加值部分，技术水平和边际利用率都比较低，其中，中、高等技术产品只占出口总额的40%，占工艺总产值的30%左右。作为堂堂的制造业大国，中国在国际市场上有一定知名度的品牌实在是少之又少。我国对国际材料的需求，使中国的贸易条件急剧恶化。大量制成品尤其是纺织品的出口刺激了欧美保护主义的高涨，使中国成为欧美反倾销的首当其冲的对象。中国的空气和水资源严重污染，在全世界污染最严重的20个城市中，中国的城市独占15个，我国面临着严重的环境危机。我们的邻居——印度，无论是成本、市场还是接收容纳生产外包的能力（是中国制造业崛起的很重要的因素）都与中国不相伯仲。印度具备中国过去20年发展制造业的所有优势，甚至在西方人看来，印度还具有中国所没有的优势，如某些法制和自由媒体方面。可以说，印度对中国的制造业构成了最大的威胁，这意味着在未来20年，中国低成本的制造业模式已经出现危机。如果中国制造业不能够尽快地转型，将会面临很大的阻碍。

因此，我们要投资知识产权。实际上，IP的拥有量是制造业发达程度的主要标志。一个国家或地区拥有的IP过少，其产业和企业在国际分工中就只能扮演一个小角色。这种加工制造的做法在经济发展初期是具有积极意义的，因为它至少提供了劳工密集型工作的就业机会，减少了贫困人口。但从长远来看，这种模式是不可持续的，国际竞争的压力将或迟或早地促使中国制造业的转型。

无论是欧洲、美国，还是我国台湾地区和韩国都经历过中国经济的发展历程。这些国家和地区转型的过程其实都是历经痛苦的，但最终的结果也比较成功。我特别想与大家分享的是美国的经验，因为它是最有借鉴性的。

美国完成工业革命后取代英国成为了世界上最大最强的制造业中心，从男人的“刮胡刀”到汽车、飞机，几乎所有的机器加工制成品无不是在美国制造的。这一趋势持续了半个世纪，直到20世纪50年代中期达到了顶峰。但是随着日本、韩国以及台湾地区的工业化，在纺织、钢铁、家电等美国首次开创的消费品、机械设备等领域，美国制造的标签逐年减少，美国的风光不在了。于是80年代，美国的经济静悄悄地发生了一场革命，以电脑、软件、互联网为基础的技术日趋突起。1986年，高盛集团上市的时候还是非常小的公司，现在已经成为非常大的集团。Google以前是非常小的公司，现在已经不同了，发展得非常好。

美国经济的演变就是从制造到不能制造的故事，或者说是破坏性的制造，如软件、医药、飞机

与好莱坞的电影。今天，人们已经看到太多中国制造的产品。但没有人想过，在带有“中国制造”或者是“墨西哥制造”的产品中，中国的工人、墨西哥的工人靠的是体力，而美国人靠的是脑力。中国和墨西哥的工人贡献的是汗水，而美国人贡献的是灵感。所以，虽然制造和创造在中文中只有一字之差，但其内涵和效果可谓天壤之别。

我国“十一五”规划认识到中国要走均衡、可持续的科学发展道路就要自主创新，这就要求中国经历从有形的“中国制造”到无形的“中国创造”的根本性的演变。为实现这一转型，中国要做到三个方面：

第一，发展教育、人力资本。在普及中等义务教育的基础上，重点发展理工科的世界级研究型大学。中国每年培养理工大学的研究生60万人，数量虽多但质量还有待提高，也缺乏创新。

第二，鼓励研发（R&D）。目前，中国政府和企业的研发投资还不够。中国虽然是投资大国，每年投资金额很多，但真正的研发性投资还是很少。全国的研发资金总额不足GDP总额的2%。没有持续的投资，中国研发的增长就会很慢。

第三，保护IP，发展资本市场。教育和研发固然重要，但是它不能自动地转化为科技创新。在前苏联的苏共中央常委里，几乎每一个成员都是高级工程师和教授，其教育是非常发达的。但是，为什么前苏联的创新就远低于美国？究其原因，是教育和经济的回报不足以形成持续有效的创新激励制度。

数百年来的世界经济发展史，尤其是美国的经验表明，市场自由竞争所带来的利润和财富是刺激人类冒险和创新活动最强大、最持久的因素。推动创新的市场竞争机制，必须要有附加的保障条件。第一，建立保护知识产权的体系；第二，能够为企业家提供创新、创业的风险资本，并支持其不断成长而提供后续融资；第三，良好运作的资本市场。

中国的制造业已经面临挑战，低成本、低毛利的成本制造业模式难以为继。要实现由制造到创造的转型、振兴东北经济，IP是关键。中国要依靠自由竞争，以及全球化带来的有利机遇（比如，台湾地区的企业家就拥有很多其他发展中国家的企业所没有的发展机遇），大力发展教育，增加研发投入，完善知识产权保护体系，发展资本市场，刺激创新和创业，不断提高我国的生产力和国际竞争力，实现跳跃式发展。

中国不应当只满足于“制造业大国”的称号。中国有条件、有潜力，也一定能够成为与美国并驾齐驱的、掌握巨大IP资产的、富有强大持续创新能力的国家！谢谢！

十八、政府设立创业风险投资引导基金的模式探讨

何国杰　吴　菡　张　静[①]

中国的创业风险投资业从20世纪80年代中期起步至今，虽取得了长足的发展，但现实发展状况与风险投资较为发达的美国、英国、日本、新加坡、以色列等国家以及我国台湾地区相比，仍有很大的差距。其中最主要的问题之一就是风险投资扶持政策的缺失严重地阻碍了本土创业风险投资业迅速发展的进程，一是创业风险投资资金来源渠道狭窄，投资主体单一；二是资本有效供给不足，创业风险投资规模偏小；三是筹资难度大，所能筹到的资金总量较小。

---

① 何国杰为广东风险投资集团董事长、广东风险投资促进会理事长，吴菡和张静均为广东风险投资集团研究员。本文摘录自作者发表在《中国风险投资》杂志第5卷第3期（2006年9月）上的文章。

因此，要改变我国创业风险投资的融资现状，促进我国创业风险投资业与科技产业的发展，设立和发展创业风险投资基金就成为一个重要的途径。其有利之处主要表现在：

（1）发展创业风险投资基金，有利于促进高科技成果产业化，推动高新技术产业发展，从而促进经济增长方式的转变。

（2）发展创业风险投资基金，可以使未上市企业尤其是新兴高科技企业有机会获取直接投资，并由有经验的创业风险投资机构对其进行培育和支持，有望在较短的时间内实现超常发展。

（3）发展创业风险投资基金，有利于带动民间投资，支持创新小企业发展，为我国的创新科技产业提供种子和基础。还可以促进社会闲置资金的聚集，有利于引导其直接投资于创业企业，促使民间储蓄顺利转向参与直接投资，提高民间资金的配置效率和运作效率。

（4）发展创业风险投资基金，有利于扭转我国目前不少创新中小企业高负债运行的不利局面。创业风险投资基金可为创业企业提供多种增值服务，还可以协助创业企业完善公司治理结构，促进经营业绩提高，策划未来上市。

但发展创业风险投资基金首先要由国家有关部门和地方政府设立创业风险投资引导基金，引导社会资金流向创业风险投资基金，引导创业风险投资基金投资不同发展阶段的创业企业，尤其鼓励其将一定比例的资金投向种子期和较早期的创业企业。政府参与创业风险投资基金组建，可以有效放大创业风险投资资金的规模。

当前，中国政府正日益重视科技创新与创业风险投资发展的内在联系，致力于改善创业风险投资发展的政策环境。在2005年11月由国家发展改革委员会、科技部、财政部等十部委联合颁发的《创业投资企业管理暂行办法》中明确指出要扶持创业投资企业加快发展；明确中央和地方政府要设立创业风险投资引导基金，引导社会资金流向创业风险投资企业。

为此，我们将政府出资设立创业风险投资引导基金作为分析和探讨的对象，力求探索其适合国情的、科学高效的运行模式。

（一）政府设立创业风险投资引导基金的基本框架

1. 发起人

政府出资主导设立的创业风险投资引导基金，应以政府相关机构如国家发改委、国家财政部、国家科技部等作为主发起人，以政府财政拨款为主，本着有利于筹资与有利于基金良好机制的形成和运作这二者兼顾的原则，有目的地选取本地区有实力的创业风险投资公司、金融机构以及其他一些实业企业等参与发起。由于发起人的信誉、能力和资本实力对基金的投资运作有重大的影响，所以对首批参与发起人的资格应有较高的要求。

2. 基金类别

按组织形态的不同，投资基金可分为公司型和契约型两种。其基本区别有以下几方面：第一，法律地位不同。公司型投资基金依据《公司法》成立，具有法人资格；契约型投资基金是依据信托投资契约组建的，因而不具有法人资格。第二，资金运用的方式不同。公司型投资基金依据公司章程运用资金，契约型投资基金则凭借信托契约运用资金。第三，投资者地位不同。公司型投资基金的投资者是公司股东，对公司的重大事项进行审议决策；契约型投资基金的投资者则是信托契约的当事人，对有关基金运用的重大投资决策通常不具有发言权，但有监督和检查的权利。第四，投资者身份不同。公司型投资基金的财产是通过发行普通股股票筹集起来的，普通股的持有人即为公司股东；契约型投资基金的财产是通过发行收益凭证筹集起来的，收益凭证的持有人为收益人。

由于公司型基金运作中投资人参与的程度较高，同时根据我国契约型基金的实践很少这一实际情况，为便于操作，政府设立的创业风险投资引导基金应采用规范的公司型组织形式。

3. 基金规模

不同类型的创新中小企业对资金需求差异很大。随着我国经济的快速发展，有时单个投资项目的规模也会越来越大，而基金参与单个项目的投资比例尽管较小，但一般也需要几百万元乃至几千万元。如果基金规模过小，就不符合基金用不同的投资组合来分散风险的要求。鉴于创业风险投资的投资周期长、单个项目投资数额较大、资本流动性差的特点，建议国家级的创业风险投资引导基金的规模应不低于10亿元人民币，省级的创业风险投资引导基金的规模应不低于5亿元人民币，且其中至少有70%应由财政拨款，其余部分由创业风险投资机构及其他投资者参股出资。如其他股东募集资本困难时，也可由政府单一出资设立该基金。

4. 存续年限

根据《创业投资企业管理暂行办法》的有关规定，创业投资企业可以事先确定有限的存续期限，建议最短不低于8年期。因为创业风险投资公司对创业企业的培育，没有约3年时间是看不出效果的，而基金投资于某一项目一般参股时间为5年左右，个别可能长达7～8年之久。特别是投资于种子阶段的企业，它的投资期会更长。为了发挥投资基金分散投资的特点，分散投资不仅指投资项目要分散，投资时间也应分散，如果时间过短，就根本体现不出创业风险投资基金的优越性。因此，政府创业风险投资引导基金的存续期限应在8年左右为宜，存续期延长时间应以两年为宜。

5. 资金运用

政府创业风险投资引导基金应主要用于投资科技创新型中小企业，重点投资领域为电子信息、新材料、新能源与环保产业、生物医药和机电一体化等国家重点扶持的相关行业；要坚持“阶段性持股”的理念，以“投资－培植－退出增值－再委托管理”为资金运用模式，实现滚动发展。

（二）政府创业风险投资引导基金的管理与监督

1. 组织架构

创业风险投资是富于创新意识的一种投资活动，在经营过程中涉及技术、金融、管理等专业领域，尤其投资决策需要具有高度的职业化能力。出资人往往不具备全面的业务知识，因而必须委托专业的创业风险投资机构来负责资金的具体运作。这些专业创业风险投资机构是创业风险投资资金的具体管理与运作者，是联系创业风险投资资金与被投资企业的纽带，对整个创业风险投资活动的顺畅运转起着至关重要的作用，其设置与组织形式将是整个创业风险投资基金管理体系的基础。

现阶段，为商业注册便利，建议政府主导设立的创业风险投资引导基金采用公司制（可与《创业投资企业管理暂行办法》要求相衔接，下同），应设立董事会或基金管理委员会（由基金的股东委派），参与基金的重大决策活动。董事会或基金管理委员会是创业风险投资基金股东大会的执行机构。创业风险投资基金的董事会或基金管理委员会的成员主要由基金的股东委派，但可聘请其他有专业能力的人士担任，本质上它是基金的实际权力机构。政府参与出资设立的创业风险投资基金，要建立出资人制度，由政府指派所有者代表参加基金管理委员会或董事会，但不参与创业风险投资管理公司的直接投资管理运作。

创业风险投资引导基金董事会或基金管理委员会的主要职责：一是确定创业风险投资基金经营方针、发展规划和投资政策；二是筛选、确认和监督风险投资基金委托的管理公司；三是审议创业风险投资基金的年度经营计划和工作报告；四是审议批准创业风险投资基金的收益分配方案；

五是审议批准创业风险投资基金管理的其他重要事项。

2. 管理模式

我们认为对政府创业风险投资引导基金采用委托专业的创业风险投资管理公司进行管理运作的形式，实行创业风险投资基金（履行出资者权益）与创业风险投资管理公司（履行管理者责任）分离的方式，是较为有效的一种运作机制。对于专业创业风险投资管理公司的选择要兼顾资本、人才、经验和技术的优势结合，有利于基金形成良好的运行机制，有利于基金设立后真正支持创业风险投资行业的拓展，有利于所投入的创业风险投资资本切实能够支持创新企业的发展，有利于探索较为理想的退出路径。

3. 激励机制

发达国家为鼓励民间投资基金对创业企业的投资，通常采用杠杆激励计划给予这些投资基金的民间投资者较高的投资增值收益。在杠杆激励计划中政府向股权投资基金提供一部分资本，但只收取一小部分收益，额外的收益流向股权基金的其他非政府投资者，增加他们的收益分配率。其中最常用的一种就是股权杠杆激励方法，即政府投资作为基金的股东，但只收取小部分利润。这种方式容易理解、便于操作，对民间投资者极具吸引力。

以政府为主设立的创业风险投资基金，投资者完全按照出资比例分享收益，直至投资各方全部收回投资的本金和按国债利率计算的利息。创业风险投资基金在收回投资本金和按国债利率计算的利息后，则不再参与利润分配，股权投资增值退出的全部收益由其他的投资者和经理人分享。若股权投资基金将70%以上的资产投资于创新型中小企业，创业风险投资基金在回收成本时计算利息的利率为同期国债利率的50%，以此来增加民间投资者的潜在收益率，吸引大量的民间资金进入创业风险投资行业。

例如，以色列YOZMA计划是一项直接股权参与计划，政府出资40%，其他投资人出资60%，允许其他投资者在5年内以成本加国债利息购买政府的股份。由于其他投资者实际得到了投资基金的全部利润，而只承担了60%的投资风险，所以以色列在吸引非政府投资者参与创业风险投资业方面极其成功。

在澳大利亚政府推行的创新投资计划中，政府在股权投资基金中每投入2元，就要求其他投资者投入1元，而政府只收取10%的利润。这项计划在吸引私人资本参与创新投资方面也获得了非常成功的效果。

美国小企业管理局（SBA）推行的小企业投资公司计划为股权基金提供贷款，SBA只收取贷款利息。美国小企业投资公司还通过一项“参与债券计划”投资股权基金，政府收取利息加10%的总体股权增值退出的利润。在这些计划中，美国政府通过提供担保在公开市场为股权投资基金筹集股权或债务资金。

因此，基于以上这种杠杆激励计划，政府创业风险投资引导基金要强化激励原则，可以考虑由政府为该基金提供70%的资金，其他投资者出资30%。而政府只收取按照国债利率计算的利息，直至收回投资本金，其余产生的全部投资收益由其他投资者和基金管理公司分享，以便实现政府政策性创业风险投资基金的杠杆激励和资金放大的作用。

4. 风险控制

由于创业风险投资基金涉及投资者、创业风险投资管理公司和被投资企业等多方参与主体，存在着投资者与创业风险投资管理公司、创业风险投资管理公司和被投资企业双重的委托－代理关系，而无论是在何种企业代理理论模型中，投资者和管理者存在的信息不对称都是关键因素。所以必须吸取我国在证券投资基金管理实践中的经验、教训，对创业风险投资基金的治理结构进行设计，在董事会组成和决策程序、管理者权力、内部控制、监督审计、信息披露等问题上作出严格规定。这样，一方面能保证基金的投资者及时有效地监控和参与基金的管理，保护基金投资者的利益；另一方面也使得创业风险投资基金在设立初期就得到规范有序的发展，维护市场参与者的信心。

由于创业风险投资在运行过程中面临着极大的风险，因此，如没有适当的风险规避机制，创业风险投资基金的经营将受到严重的威胁。政府创业风险投资引导基金在实际运作中应采取以下措施来规避和减小风险：第一，加强对拟委托的创业风险投资管理公司，尤其是管理团队的资格、能力和经验的考察和评估；第二，根据选定的投资项目的实际情况分批投放委托资金；第三，经常巡查和适时评估创业风险投资管理公司所投资和管理项目的实际运作情况等。

为了做好政府创业风险投资引导基金的设立和运作工作，国家和各级地方政府还要在以下几个方面发挥作用：一是确定政府主导、企业法人和私人投资者共同参与的创业风险投资引导基金的设立与管理的模式，政府和财政应该成为目前创业投资基金的主要运作主体，即建议由中央和地方两级财政共同出资设立基金，适当吸收部分企业法人和私人投资者出资；二是要建立创业风险投资引导基金有效的资金补充渠道和损失认定以及补偿机制，实现创业风险投资引导基金的可持续运行；三是制定和完善有利于促进创业风险投资引导基金发展的相关优惠政策，应主要体现在税收和便于融资等方面；四是规范创业风险投资基金的公司治理机制；五是各级政府要注意根据本地经济发展、创业项目资源、人才和环境依托等方面的条件，合理做好大力发展创业风险投资的布局与规划，充分发挥政府创业风险投资引导基金对地方经济的推动作用与杠杆作用。

借鉴西方发达国家设立创业风险投资引导基金的经验和通行做法，逐步建立起既适合中国国情又符合市场经济一般规律要求的投融资体制和目标模式，从根本上解决创业风险投资业在融资领域存在的突出问题，是我国理论界和政府都在研究和探索的一个重大课题。我国政府资金将采用设立创业风险投资引导基金方式支持科技创新，无疑是一个信号，表明我国政府投资方式已经出现重大变革。以往的政府投资，直接支持具体项目，缺乏有效的监督和制约，不仅容易造成惊人的损失和浪费，而且本身存在的漏洞也容易滋生腐败。政府设立引导基金这种方式，有效解决了过去长期困扰我们的政府投资难题，不仅政府资金的风险被大幅度稀释，而且有力拉动了非政府投资，政府资金的引导作用得到了很好的体现。相信不久这一新的政府投资方式将会全面推开。

参 考 文 献

[1] 何国杰主编：《风险投资实务与探索》，广东人民出版社，2005年

[2] 张建平：《中国创业投资发展道路的抉择》，中国金融出版社，2003年

[3] 谢科范、杨青：《风险投资管理》，中央编译出版社，2004年

[4] 辜胜阻、徐绪松主编：《中国风险投资实务丛书》之《政府与风险投资》，民主与建设出版社，2001年

[5] 陆世敏主编：《中小企业与风险投资》，上海财经大学出版社，2001年

[6] 王立国：《创业投资的发展研究》，东北财经大学出版社，2004年

[7] 苏启林：《创业投资政府支持政策设计——国际经验与中国选择》，经济科学出版社，2004年

[8] 陈燕等编著：《风险投资理论与实践》，华南理工大学出版社，2000年

[9] 李夫、刘文海：《中国风险投资战略与制度》，中国财政经济出版社，2003年

[10] 安实、王健、赵泽斌：《风险投资理论与方法》，科学出版社，2005年

十九、建设北京风险资本市场　促进北京风险投资业发展

——在2006中国金融高峰会上的讲话

北京产权交易所总裁　熊焰

（2006年5月23日，中国北京）

尊敬的主持人，先生们、女士们，大家上午好！我演讲的主题是“努力建设北京风险资本市场”。2006年1月15日，王岐山市长在北京市第十二届第四次全体会议上，就《北京市国民经济和社会发展第十一个五年规划纲要》做报告时讲到这样一句话：“着力推动产权交易和风险资本市场发展。”这是国内第一次正式提出关于风险资本市场这样的概念，也可以称为北京区域资本市场建设的转折点。

（一）建立北京风险资本市场的必要性

所谓北京的风险资本市场，就是在北京打造一个为风险投资相关各方，即融资方、投资方、中介方，提供交易的平台。其必要之处在于，首先它是发展首都服务业的需要。作为首都经济，其最核心的或者最具竞争力的特征就是金融服务业和高科技产业，北京恰好是这两个产业的交汇点。北京有非常丰富的金融资源和资本资源，但是缺少一个交易平台，这就是北京市政府和有识之士一直致力于发展北京区域资本市场的原因所在。

第二个必要性，即建立北京的风险资本市场是中关村上一个台阶的需要。作为中国高科技产业最高点，中关村园区聚集了17 000多家高科技企业。但在这些高科技企业跃上一个新的发展阶段时，遇到了非常重要的关口。中关村号称中国的硅谷，美国硅谷最核心的成功经验就是原创技术加资本市场，中关村地区应该说不缺乏技术供给，但是资本市场很脆弱。

第三个必要性，资本市场也应该有它的区域性市场，区域市场是中国整体资本市场的子系统。北京风险资本市场实际上就是北京区域资本市场特殊的市场，这是中国发展风险投资行业的需要。据调研，中国有60%的中外资风险投资机构聚集在北京，要在北京打造一个风险资本市场，天时、地利、人和都具备了。首先，北京是中国高科技资源和金融资本资源高度密集的区域，其投资资源是国内首屈一指的。其次，北京企业的融资需求，尤其是高科技企业的融资需求在目前的国内高科技开发区中也是首屈一指的。高科技企业对资金的需求已经呈现强烈饥渴的状态。据调研，60%的中关村高科技企业资金不足，资金缺口在1000亿元人民币左右，现在这种资金缺口多靠间接融资来完成，间接融资的比例达80%左右。还有相当一批高科技企业特别是中小型高科技企业，由于成长历史过短，由于没有信用记录和担保资源，而无法实现间接融资。因此，间接融资也满足不了相当多数高科技中小企业的融资需求。另外，北京的中介资源也是国内最密集的。

第四，在高科技风险投资的相关政策法规方面，近年来出现了非常大的好转。首先，国家科技大会明确提出创新型国家的理念，我们将集全国之力推动中国高科技产业的发展。新的《公司法》、《证券法》对中小企业投融资，对科技企业的直接融资也给出了比较宽松的法律定位。国家十部委于2005年底颁布的《创业投资企业管理暂行办法》也为创业投资的发展营造出非常宽松的政策环境，应该说以北京为代表的中国创业投资的发展将呈现出爆炸性增长。

（二）建立北京资本市场的可行性

在投资资源具备、融资需求具备、政策条件逐步具备的情况下，北京产权交易所可以提供完成此平台的条件。北京产权交易所在北京市委市政府的领导下，由中关村技术产权交易所与北京产权交易中心整合完成后，近两年来其业务呈爆炸性增长。2004年交易宗数为1788项，交易额为214亿元，是北京产权市场前10年业务量的总和；2005年交易宗数上升到2909宗，交易额达到409亿元。北交所以其现代经济代理交易体系、强大的信息系统以及全国产权市场网络的支持，已经成为中国产权市场中的佼佼者。

北京市关于北京风险资本市场的基本架构是，基于目前受中关村管委会委托的中关村园区投资服务为基础业务，以达到汇聚投资人、建立海量投融资需求的信息库、大力推动高科技企业的股份制改造的目的。众所周知，股份制公司是较有限责任公司更为先进的企业组织形式，其最大的好处在于资产的性质和权益的流动性。因此，我们将积极与政府相关部门配合，推动中关村园区高科技企业的股份制改造。假如经过一段时间的工作与努力，10%的高科技企业可以转变为股份制公司，那么，北京中关村地区就有1700家～2000家高科技股份公司。我们要加强股份公司的股权管理，建立北京股权托管登记中心，同时提高未上市公司股权的流动性。其中，最核心的问题就是所谓的私募融资，要促进私募市场，即向定向投资人发行的市场。

北京风险资本市场核心模块是类似美国1441的市场模式——封闭的向特定合格投资者服务的市场。在这个市场中，所有的参与人都应该有相应的识别项目和规避风险的能力，自然人是不被接受的，法人也要有相应的财政实力、经济实力以及识别项目、规避风险的能力。这是一个封闭的投资者俱乐部，在这个俱乐部内，依靠先进的电子化的信息系统支持进行高效率的交易。

当然，北京风险资本市场也应该与高端的资本市场进行对接与联络，它应该是一个开放的市场体系，与我们国内的主板市场、中小企业板市场和股份代办转让系统都应该有对接通道，甚至和境外的股票交易所也有相应的对接通道。北交所在相关部门支持下正在进行北京风险资本市场的规划工作，我们认为这是北京发展资本市场一个历史性的机遇，也是北京产权交易所义不容辞的责任。我们希望能够引起相关各方的重视，希望得到政府相关方面的支持，当然这种支持包括对机构、对政策、对监管、对资源的支持。我们希望大家瞩目于这样一个可能出现的市场。谢谢大家！

二十、创业风险投资发展中的政府责任

——在中国风险投资论坛—振兴东北投资高峰会上的讲话

中国科技促进发展研究中心创投部部长　房汉廷

（2006年10月20日，中国沈阳）

非常感谢主持人给我演讲的机会。

据2005年统计，全国注册的创业风险投资机构共有319家，管理的风险投资资本达631亿元人民币，其中有67家是外资机构，这些外资机构在中国本土都设有代表处。在资金的来源方面，30%左右的资金来自政府，30%左右的资金来自其他的公司，8%左右的资金来自于开发银行的贷款。这是一个比较特殊的现象。我认为今年是创业风险投资发展非常好的机遇窗口期。下面我介

绍一下有关机遇窗口期的三个方面。

（一）资金来源的拓宽

在国家中长期发展规划的拓宽方面，除一般投资外，保险资金、证券资金、银行资金都可以参与风险投资基金的设立。这在很大程度上拓宽了资金的来源，使创业投资有可能形成一个新的资金汇聚的渠道。从政府角度来讲，现在正在酝酿并且很快会形成创业风险投资引导基金。政府不直接投资项目，而是政府设立基金，此基金再选择一些优秀的基金管理团队，共同成立基金，称为“基金的基金”。如国家开发银行和苏州高技术园区已经设立了一个达20亿元人民币的政府引导基金，在此基础上，可以投资设立10～20个新的子基金。现在，天津、上海等地区也在进行类似的尝试。这种方式在美国、以色列、澳大利亚和新加坡都有非常成功的模式。设立政府引导基金的主要原因是政府要释放风险，释放投资中可能出现的不确定性，使投资人可以把资金更多地投入到企业的初创期和成长期。政府在设立引导基金时可以设定一定的条件，比如政府前3年不寻求任何回报，从第4年起，回报仅仅是同期中国人民银行的基准利率。在合适的时候，例如在第5年，若觉得不存在风险，可以按照本金实行退出。

我认为，在东北老工业基地的转型过程中，创业风险投资引导基金可能会发挥很大的作用。当然，这片土壤本身还不一定非常适宜于基金的发展，政府还要发挥很大的作用，创业风险投资引导基金不失为一个选择。

（二）制定税收优惠政策

新修改的《合伙企业法》里确立了3种合伙的形式：自然人与自然人的合伙、自然人与法人的合伙和法人与法人的合伙。其中最大的突破是法人与法人的合伙，过去一直讨论的对风险投资机构双重征税的问题，由此可以划上一个句号了。另外，如果投资机构有50%以上的投资项目或投资金额属于高新技术领域，将可以其投资额的70%享受税前抵免的优惠。

（三）建立多层次资本市场，疏通退出渠道

2006年1月23日，北京中关村高技术园区成立了非上市公司股权代办转让系统，现在已经有8家企业在此挂牌交易，到年底可能会增加到20多家。这个针对未上市公司产权交易的平台，在不远的将来还要扩展到更多的高新科技园区，使更多的创业投资机构在转让平台中进行退出。同时，此平台还将与深圳中小企业板有转板的链接，这样就真正形成了风险投资的IPO效应。

有人置疑中国拥有好的项目。2004年，我们曾经进行过一个调查，对火炬项目、科学基金项目等5万多个项目进行调查后发现，有7000个项目所在的公司与中小企业板上市公司的条件基本相当。再进一步筛选到2000家公司的时候发现，这些公司达到中小企业板70家公司中排名前30位的水平。

经过调查，我认为中国创业风险投资公司存在的最大问题是，海外的风险资本者是由两种人组成的——“财务人”和“产业人”，而中国的风险资本管理者基本都是“财务人”，即证券公司、投资银行或政府官员，他们对产业发展敏感性不强，导致盲目投资。经过调查，内资的投资人总是询问国家的政策优惠，境外的投资人觉得现在的政策已经很优惠了。这说明面对同样的市场，不同的人对同一件事情有着千差万别的态度。希望有更多的产业资本以及成功的企业家投入到风险投资这个行业来，这是中国创业投资发展的新机遇，也是中国创业投资发展的保障。

二十一、深圳中小企业板的特点和优势

——在中国风险投资论坛—振兴东北投资高峰会上的讲话

深圳交易所副主任　孔翔

（2006年10月21日，中国沈阳）

各位领导、各位来宾，大家早上好！

首先介绍一下中小企业板的基本情况和特点。中小企业板是于2004年5月经国务院同意，中国证监会批准在深交所设立的一个板块，主要是为主业突出、具有成长型和科技含量的中小企业提供直接融资的平台。这是我国解决中小企业发展瓶颈的一个重要探索，也是我国多层次资本市场建设迈出的重要一步。图1.8是截至2006年9月29日，中小板的一些主要数据。

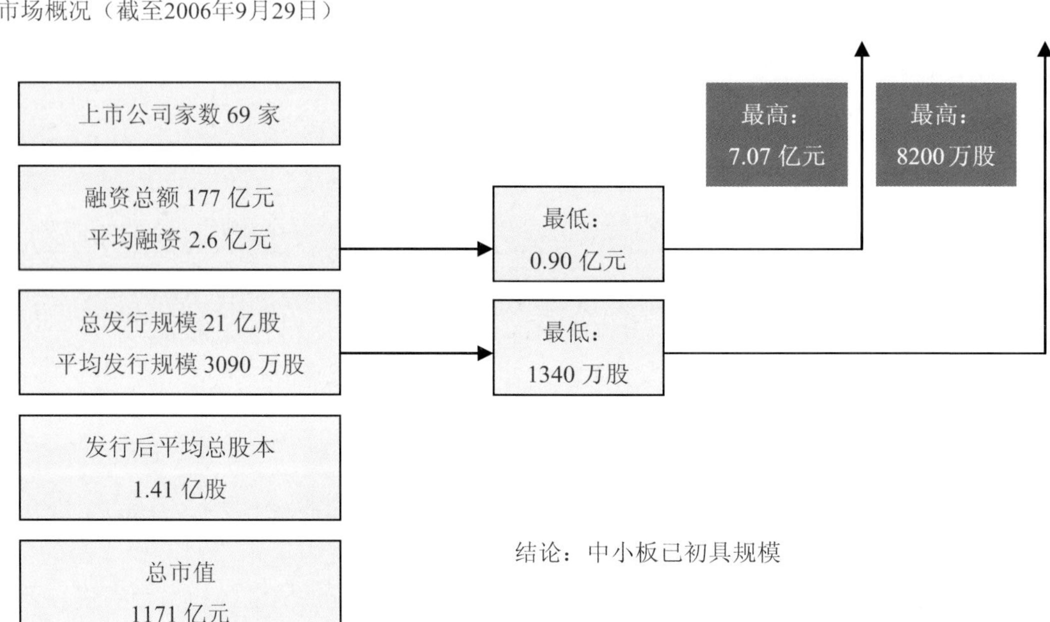

图1.8　中小板市场概况

截至2006年9月底，中小企业板上市公司达69家，融资总额达177亿元，平均融资2.6亿元，总发行规模21亿股，平均发行规模3090万股，发行后平均总股本1.41亿股，总市值达1171亿元，中小企业板已经初具规模（见表1.4）。

表 1.4　　深圳中小企业板交易情况

项目	中小板	主板	比较
指数涨幅	122.5%	69.98%	高出75%
平均股价	12.04元	5.88元	高出1.05倍以上
平均市盈率	36.48倍	26.28倍	高出38.8%
日均换手率	4.61%	2.23%	高出1.07倍

从交易的情况来看，中小板“三高”的特征很明显，即“高股价、高市盈率和高换手率”，中小板公司的股价比主板高1倍以上，市盈率高40%，换手率也高出一倍。从最新发行的19家全流通公司的情况来看，具有以下几个特点：

第一，19家公司累计发行7.57亿股，平均每家4000万股，募集资金总额达57亿元人民币，平均每家3亿元。发行股价和发行市盈率较高，平均发行股价8.4元，平均发行市盈率为23倍；投资者认购踊跃，平均中签率为0.16%。其中，德美化工的中签率最低，为0.048%；发行费率较低，平均发行费率7.42%；上市首日交易活跃，18家公司上市首日平均收盘价15.68元，市盈率47倍，首日平均交易换手率76%，平均涨幅101%。

中小企业板设立以来，涌现出一批业绩优良、高增长的公司，表1.5反映了2005年与2004年相比，公司的一些财务指标的变化情况。

表 1.5　　中小企业板上市公司平均财务指标

指标	2005年平均数据	与上年相比的增长情况
主营业务收入	8.27亿元	37.71%
主营业务利润	1.54亿元	24.51%
净利润	4532.65万元	13.54%

从表1.5中也可以看出，2005年的主营业务收入和2004年相比增加了37.71%，主营业务利润增加了24.51%，净利润增加了13.54%。中小板上市公司的盈利能力也是显著的，高于深沪市场的平均水平。

从上市公司的结构来看，高科技企业在中小企业板中占较大比重，69家公司中，47家属于高科技企业，占68%，25家公司拥有国家火炬计划项目，占36%。

中小企业板中，民营企业48家，占70.58%；国有、国有控股及集体控股企业20家，占29.42%；浙江、广东、江苏三省共41家，占59%，湖北、福建、四川、重庆、河北、江西、辽宁各1家，其他省（直辖市、自治区）尚未实现零的突破（见表1.6）。

表 1.6　　中小企业板上市公司的地区分布

地区	浙江	广东	江苏	安徽、北京	上海、贵州、云南、	山东、河南、	其他
数量	20	15	6	各4	各3	各2	7

辽宁省的獐子岛发行价是25元，上市首日收盘价格高达62元。獐子岛是大连海边的一个小岛，主营业务是鲍鱼和海参的养殖，公司业绩非常好，去年的利润达1.5亿元。这个公司以前是集

体企业，2002年进行改制。当时，当地政府派獐子岛镇的镇长担当公司的董事长，但是他非常不愿意。为了吸引他加入，还给他10%的股份。上市之后，按照2006年9月28日当天的收盘价62元计算，4年间其投资价值增长了100倍，创造了非常惊人的财富神话。这种强烈的财富效应必将极大地鼓舞东北地区的创业热情。

另一个典型的例子是苏宁电器。这是一个非常典型的利用资本市场、利用在中小企业板上市做大做强的例子。苏宁电器上市两年就实现了跨越性的发展，表1.7的数据说明了苏宁电器上市两年以后财务指标增加的情况。

表1.7　　苏宁电器的财务数据

	2003年	2005年	增长倍数
总资产	7.5亿	43.27亿	增长5.7倍
主营业务收入	60亿	159亿元	增长2.65倍
净利润	0.98亿	3.5亿	增长3.57倍
连锁门店数量	43家	300家	增长5.98倍
营业面积	19.14万平方米	120万平方米	增长5.27倍

上市以后，苏宁电器面临各种融资的机会。上市两年后的收盘价为51.75元，根据历次送配情况进行复权，其实际价格应为230元，比发行价上涨了14倍，截至2006年9月29日，其股价比上市首日收盘价上涨了7倍。

第二，中小企业与创业投资的互动双赢。表1.8反映了创投机构投资中小企业板上市公司的概况。

表1.8　　具有创投背景的中小企业板上市公司

公司名称	创投机构	初始投资额（万元）	平均回报（倍）
传化股份	浙江大学创业投资公司	360	23.9
	浙江省科技风险投资公司	90	
大族激光	红塔创新投资股份公司	69	30
	深圳高新技术投资担保公司	43	
	深圳东盛创业投资公司	69	
天奇股份	银通创业投资有限公司		6
凯恩股份	浙江金科创业投资公司	900	11.2
威尔科技	广东省科技创业投资公司	300	3.5
	中国中小企业投资公司	100	
华星化工	安徽省科技创业投资公司	351	6.2
	江苏省高科技产业投资公司	234	
京新药业	浙江立丰投资有限公司	365	9.9
思源电气	上海创联创业投资公司	261	33

公司名称	创投机构	初始投资额（万元）	平均回报（倍）
达安基因	红塔创新投资股份公司	321	13.2
	深圳东盛创业投资公司	250	
达安基因	深圳同创伟业创业投资公司	97	
登海种业	莱州市高新投资公司	165	34
	红塔创新投资股份公司	27.4	
轴研科技	深圳同创伟业创业投资公司	261	2
	洛阳高新技术创业服务中心	71	
	洛阳润鑫科技发展公司	700	
华翔电子	上海汽车创业投资公司	500	3.9
同洲电子	深圳达晨创业投资公司	960	16.5
	深圳创新投资集团公司	384	
	深港产学研创业投资公司	40	
	深圳高新技术投资担保公司	192	
瑞太科技	浙江省创业投资集团公司	433	3.8

据不完全统计，截至2006年8月底，中小企业板66家上市公司中14家有创投背景，这14家公司共通过创投机构融资7400万，上市及股改后，为创投机构平均贡献了21.4倍的回报（按2006年9月29日股价计算）。

2001年，达晨创投、深圳创新投、深圳高新投和深港产学研四家组成的“联合投资联盟”，对同洲电子投资2000万元，取得同洲电子1620多万股股权。按照2006年7月21日收盘价37元计算，四家创投机构5年的投资增值达30倍以上。深圳高新投持有的大族激光公司529.25万股份市值达7848万元，而该股权的投资成本仅为43万元，增值183倍。

中小企业板还是一个主要为传统企业服务的市场，目前还需要探索和研究中小企业板如何适应互联网和信息产业的新变化，以及具有新经济特征的商业模式和需求，使中小企业板在更广阔的领域里为国家的自主创新战略服务。同时，本土的创投机构培养优质成长型企业的能力还需提升，创投机构的内控机制、治理结构、较量能力、培育企业的能力还需要进一步加强（见表1.9）。

表1.9　　中小板上市公司的行业分布

	制造业（54家）										非制造业（15家）							
行业	食品饮料	纺织服装	木材家具	造纸印刷	石化塑胶	电子	金属非金属	机械设备	医药生物	其他制造业	建筑业	农林牧渔	水电煤气	运输仓储	信息技术	批发零售	社会服务	合计
数量	1	6	1	2	11	7	5	13	6	2	2	2	1	2	4	1	3	69

第三，中小企业发行上市需要关注的几个问题：一是认为公开发行上市的标准高不可攀。实

际上新出台的IPO标准对于成长性企业而言，并非高不可攀。新标准采用“或”的标准，有利于适应不同类型的企业发行上市；二是上市时间过长的问题。新的IPO办法取消辅导期，发行时间取决于企业质地，如进展顺利可能只需半年左右的时间。如四川海特高新、深圳得润电子，从向证监会报材料到最后的上市仅用了4个月时间。IPO重启以来的3个多月中，累计审核29家企业，其中有23家过会，平均每4天就有一家企业过会。“100家企业上市排队”是误传；三是公开发行上市的成本很高。中小企业板69家上市公司发行费用平均为1874万元，占融资额的加权平均比例仅为7.42%，远低于各主要市场；四是发审报批成功率低。2004年，一次通过发审会的比例为67%，2006年新老划断恢复首发后，29家企业申请IPO，过会23家，通过率达79%；如果发行申请未获得核准，在证监会做出不予核准决定之日起6个月后，企业可再次提出股票发行申请。最后，我要呼吁一下东北地区，以“时不我待”的精神加快优质中小企业上市进程。

江苏省江阴市目前有16家上市公司。这个地级市以全国万分之一的土地，千分之一的人口，创造出全国三百分之一的GDP，全国百分之一的上市公司数；浙江杨汛桥镇面积不足38平方公里，人口不足3.2万人，却拥有8家上市公司：其中两家在香港主板上市，3家在香港创业板上市，3家在内地A股市场上市。这8家上市公司筹集资金达30亿元。山东淄博市有14家上市公司，山东烟台牟平有4家上市公司（见表1.10）。

表1.10　　利用资本市场比较好的地区

地市	面积	人口	GDP	上市家数	募资
江苏江阴市	983KM^2	114万	500亿	16	100亿
浙江台州市		549万	990亿	8	30亿
浙江绍兴市	8256KM^2	433万	1088亿	23	
浙江杨汛桥镇	38KM^2	3.2万	21亿	8	30亿
山东淄博市	5900KM^2	412万	1000亿	14	
山东烟台牟平	1588KM^2	48万	80亿	4	8亿

为了协助中小企业的发行上市，深交所建立了一整套培育与服务的体系，力求打造“中小企业之家”，为中小企业通过资本市场融资、发行上市、进入资本市场提供“一条龙”的服务，即“挖掘、筛选、培训、咨询、报审、上市，一条龙”，帮助企业协调解决疑难问题。深交所还设立上市推广部、北京服务中心、上海服务中心，全国各片区设立定点联络人提供深度和专业服务；设立创业企业培训中心的改制上市培训班、董秘等高管人员系列培训班；与各地政府部门、中介机构构建培育、服务网络及长效合作机制；在全国召开重点企业座谈会、现场诊断会，邀请企业访问深交所与优秀上市公司。通过这样一系列的活动，力求为发行上市的中小企业提供精细化的服务。

二十二、发挥创业投资金融功能 增强科技企业创新优势

——在石家庄市首届世界500强国际论坛的演讲（节录）

深圳市中安信业创业投资有限公司董事、总经理 张凤岗

（2005年11月，中国石家庄）

今天，我将着重介绍创业投资与科技企业在贯彻国家自主创新战略中的各自角色定位、相互关系及携手合作的基本原则等问题。党中央、国务院提出自主创新的发展战略，加快建设创新型国家。自主创新是我国的建设之本、发展之源，也是基本国策和战略方针。历史经验告诉我们，只有勇于创新、善于创新的民族，才能真正在世界上居于领先地位，并能屹立于世界民族之林。科技企业是自主创新的主体和主力军，创业投资是自主创新的投资主体和助推器。目前，贯彻中央自主创新的发展战略，要通过在信贷资金、税赋政策和退出机制等方面给予创业投资更多的优惠政策扶持，进而让创投企业有能力直接投资，支持科技企业的发展成长，从而促进我国经济增长方式转变，变“中国加工制造”为“中国发明创造”，变经济大国为科技大国和经济强国。

为了实现上述任务，我们一定要努力促使“创业投资”与“科技企业”联姻，实行战略合作，发挥各自优势，合力做优做强，共同走向成功。只有大力发展创业投资事业，才能有效地支持高新技术产业发展，才能推动科技企业较快提高技术创新能力和国际竞争力，把自主创新战略和建设创新型国家的目标落到实处。

（一）创业投资将为支持科技企业的创新与发展，发挥金融的动力功能和助推器作用

2005年11月国家发改委等十部委联合颁发了《创业投资企业管理暂行办法》（以下简称《办法》），标志着我国创业投资发展的制度环境基本建立，使得经历过大起大落的本土化创业投资，迎来了一个难得的最佳发展机遇期。随着国家相关配套规章与政策的陆续出台，必将使我国创投发展的制度环境和扶持政策更加优化。解读该《办法》和相关配套政策，使我们认识到，我国政府制定促进创投发展扶持政策的着力点，是培育引导创业资本市场、培育创业投资市场主体、建立健全创投法律法规体系、逐步完善创业投资环境。来自美国、中国台北等境外同行看过《办法》和配套政策后，惊呼中国支持创投的政策力度竟有如此之大。此举已经吸引国际上几十家知名风险投资机构抢滩中国，寻找拟投资企业，分享改革开放的成果。国内的多数创投企业也趁此大好形势，正在秣马厉兵，扩大规模，准备大干一番。一大批受到政策激励的民企、国企和个人，也紧紧抓住难得的机遇，纷纷注册设立新的创投公司。一个前所未有的“创投热”正在中国大地上涌动。

中国现在为什么掀起了比几年前温度更高的新一轮“创投热”呢？主要是因为，人们被当前的创投法律环境及优惠政策所吸引，理解创业投资的性质和任务等基本面较为深刻，因此，这一次涌现的“创投热”更为理智和自觉。根据《办法》对创投基本面的有关界定，创业投资实际上从事的是一种对未上市创业企业的权益投资、组合投资、流动性较小的中长期投资，金融与科技、资金与管理相结合的专业性投资、提供辅助管理和增值服务的投资、兼具高风险和高收益的投资、需要适时退出和套现的投资，是一种政策性很强和竞争性激烈并面向特定对象的特殊资本运作方式。它区别于一般的实业投资、产业投资、证券投资、期货投资、信托投资和债权投资。

决定创业投资无法被其他投资方式所替代的独特而重要的地位和作用，在于它是自主创新的投

资主体和生力军，是科技成果转化为产品的催化剂，是高新技术产业发展的助推器，是国家经济增长和科技进步的推动力。创业投资是一种既不同于银行间接融资、也不同于金融市场直接融资的新型投融资模式，它不是以长期持股及获利为目的，而是以培育创新企业实现资本增值及退出为目标。它弥补了政府无法投资、银行无法贷款支持高科技企业的功能缺失，是科技与金融密切结合的产物。

创业投资具有金融资本和产业资本的两种特征，兼备投资银行和商业银行的两大业务功能。因此，可以说创业投资含有金融资本的特性，具有金融的主要功能和作用，创业投资本质上是一种创新的金融工具。按照《办法》和配套政策所讲，创投可以通过向国家各主流银行进行债权融资增强自身的投资能力，并鼓励保险和证券机构投资支持创投企业，即国家的大多数银行和非银行金融机构，都将向创业投资提供政策性贷款或投资扶持。从这个意义上说，创投企业的全身流淌着金融的血液，血脉中储存着金融的DNA，创业投资含有金融资本的基本属性和特征。从《办法》所赋予创投的经营任务来看，允许创投私募基金、融通资金和全额投资等，这几乎与国际上的投资银行主体业务的投、融资功能完全一样，只是在资本规模和不做上市业务等方面区别于投资银行。确切地说，创业投资是一种小型化的投资银行。另外，《办法》还赋予创业投资以商业银行中间业务的功能，允许它受托或代为管理他人的资金、代客理财和投融资咨询等。国家最新政策规定允许创投公司为主要发起人设立小额信贷公司，合法地向城乡个人和小企业主发放商业贷款，以间接方式从事商业银行的信贷等业务。

综上所述，创业投资集投资银行和商业银行的主要功能和作用于一身，是我国经济和科技发展不可或缺的、深受中小企业喜爱的投资机构。为了给创投一个宽松的生存环境和良好的发展空间，国家在现阶段暂不将其确定为银行和非银行金融机构，因而也不列入银行业监管对象。

与《办法》相呼应，国家开发银行于2005年发布了117号文件[①]，专门为创投公司搭建统贷统还的贷款专项平台，通过提供信贷直接支持创投公司，以达到间接支持科技型中小企业成长发展的目的。创投公司利用开发行融来的雄厚资金去投资科技企业，既支持了科技企业的发展，又确保了银行资金的安全，使其获取应得的盈利，是一件让多方受益的好事。开发行的成功经验将推广到所有商业银行，国家科技部也将与有关机构合作于2006年设立国家创业投资引导基金，即“母基金”，专门向创投提供资助性支持。相信创业投资在国家各有关部委和金融机构的大力支持下，一定会得到茁壮成长和迅速发展。

（二）创业投资必须从多方面倾力支持科技创业企业，才能使创投和科技企业互利双赢，均获成功

创业投资和科技企业是利益相关、命运相依的共同体，是合力推进科技发展大业的战略伙伴。创业投资作为自主创新的投资主体和助推器，是以资本投资和增值服务来支持高新技术产业化和推动科技企业做大做强为己任的。它是把企业和资产作为商品进行买卖，追求的是企业的价值，进行的是资本经营。科技企业作为自主创新的主体和生力军，是以高新技术成果的产业化和市场化为己任的，以自制产品作为商品买卖，追求的是产品的价值，进行的是产品经营。创业投资与科技企业双方同时肩负着自主创新、发展高科技、建设科技和经济强国的战略重任，任何一方单打独干都难获成功。特别是创业投资自身并不能创造巨额财富，只有依托科技企业并与其捆绑合

① 2005年4月3日，国家开发银行与科学技术部联合颁布了《关于推动科技型中小企业融资工作有关问题的通知》。

作，才能创造最高价值。科技企业没有创投的支持，如同神六飞船没有火箭助推难以升空上天。两方好比是孪生兄弟，生命相依、血肉相连、难分难离。

因此，创业投资要发挥金融的资本动力功能和增值服务的作用，全力支持科技企业的发展，努力把我国的科技型中小企业做大做强。之所以对创投联姻科技企业有如此高的评价，是因为在今天的知识经济时代，一个国家科技水平的高低最能反映其综合国力的强弱。国民经济增长点在很大程度上也将取决于高新技术产业的发展及整个产业结构的变革状况。目前，我国高科技创新对经济增长的贡献率仅为20%左右，大大逊色于发达国家，也不及亚洲四小龙和印度。我国科技成果向实际生产力的转化效率低（仅为5%），而转化率的瓶颈又在于资金短缺。改变这一状况的有效途径之一，就是要大力推进我国创业风险投资事业的发展，使创业投资真正成为科技企业进行投资和融资的有效平台，成为支持科技企业发展创新的坚实后盾和助推器。

世界科技发展的历史经验证明，风险投资对20世纪三大科学发现（可编程序计算机、晶体管和DNA）的最终商业化发展，起了至关重要的作用。风险投资这一关键因素，促进了新兴产业的出现，并导致社会变革。全球许多创造巨大财富的著名科技企业的发展与成功，无不与风险投资的支持相关。美国在二战后的经济大萧条时代，首创并发展了这种风险投资行业，专门运用雄厚资金和优化管理来支持并救活了一大批濒临倒闭的科技型中小企业，后来又设立了“硅谷”及其他科技园区，并创建了专为科技企业上市融资服务的“纳斯达克”创业板，加速造就了IBM、英特尔、思科和微软等众多世界顶尖级科技企业，使美国成为全球科技和经济强国。在这方面我们要向美国学习。风险投资源于美国，在移植到英国、以色列后发展的很成功。在亚洲的韩国、新加坡、日本及我国台湾、香港地区也很成功。中国结合国情学习借鉴外国风投经验，坚持本土化与国际化接轨与融合，这样做就比较实际也比较好，特别是近两年做得就更扎实更有起色。

创业投资如果看中并投资科技企业后，究竟能为科技企业提供哪些有益的帮助与支持？大致有三点好处：一是创业投资能向科技企业提供一定数额的所需资金。让企业首先得到一笔资金，使企业能做很多急需做的事。创投的优势在于有较强的融资能力，也有私募基金的功能，可以根据企业需要帮助其进行持续融资，推动企业加快发展。二是创业投资有能力向科技企业提供规范化的辅助管理和系列增值服务。这实际上做的是免费的财务顾问工作，企业需要什么，创投就尽量帮助做什么，这是创投的强项。创投大都有一批金融、财务、法律、工商管理及科技专家，可根据企业需要，以其拥有的人力、智力、客户和网络等特有的资源优势，提供从公司管理到市场运作等多方面的增值服务，帮助企业逐一处理和解决存在的问题。这些咨询服务，可能比投资资金更为重要。三是创投公司可以向科技企业提供策划上市及成功融资的智力资源支持。对于创新型企业来说，能在国际资本市场成功上市并融资，是做大做强的标志。世界500强，都是清一色的国际上市公司。企业上市不仅能获得足够的资金，还能加快企业的国际化进程，把规范化的管理和市场化的拓展更上一层楼，以获得更快更好的发展。而且创业投资公司具有帮助企业成功上市及融资的功能优势和人才优势，以其丰富的专业经验，为企业及时做出上市的评估，推荐出色的中介机构，选择合适的地点及时机，保驾企业成功上市。

有人戏称“优秀的创业投资是制造富翁的机器”，这话虽有点偏颇，但也从某种意义上点出了创投的本能。创投企业全国已有400多家，管理的资金约有600亿元左右。但是，400多家创投公司也不是都可以给企业投资、助企业管理、帮企业上市的。真正有专业能力、有经验成就的优秀创投公司只是少数。如果创业企业想与创投公司合作，一定要像婚前恋爱那样精心地挑选，务必仔细考察和认真选择合作对象。

（三）创业投资将精心选觅志同道合的满意对象投资合作，共同打造科技企业成为国内和国际名企

近两年，我在出席一些论坛和会议时与许多企业家交流，发现他们最为关注的是创投如何选择投资企业、入门的具体条件和标准等问题。对于这些问题，不同的创投会有不同的要求。由于众多创投公司成立的时间有早有晚，资金实力有大有小，身份有本土也有境外，特别是企业的文化背景、投向定位、投资经验和人才专业特点都存在着差异性，因而对选择企业的基准条件、行业选择和进入时段等方面的认知程度也有所不同。比如摩根士丹利、鼎辉和英联等，更喜好对日用消费品和轻工制造企业的投资；而高盛、软银亚洲、集富和兰馨亚洲等，则更喜好对互联网、软件类高科技的投资；汉鼎在投资生物医药领域上很专业；IDG 和智基投资 IT 和通信最专心；华平既投 IT 又投生物技术领域；凯雷既投高科技、金融服务、媒体又投制造业、零售业，呈现多元化投资方向；而深圳创新投、广东风科投等，选投行业不限，更趋向市场化。

创业投资究竟最喜欢什么样的企业、选择什么样的企业去投资？有三点体会可供借鉴：第一，选择优秀的创新型企业。往往选准了一个理想的创新型企业，就等于选择了成功。这个理想企业一定要有追求自主创新的能力，而且技术创新要有所超前，技术水平居于领先地位。它的创新包括技术创新、品牌创新、商业模式创新、机制创新、组织与管理创新等，并且这个创新能力已经转化为商业化和产业化的生产力，较好地体现在盈利能力上。好的创新型企业，才是创投最希望投资的理想企业。从某种意义上讲，创业投资与其说是投资一个企业，不如说是在投资一个企业的创新能力。第二，选择由优秀团队掌管的企业。选准了一个出色的管理团队，就意味着选择了成功。在一定意义上讲，创业投资与其说是投资一个好的企业，不如说是在投资一个好的团队，特别是好团队的优秀领头人。对这个团队综合素质要求是，一定要懂专业、会管理、市场开拓能力强、善于团结和使用人，并且有很强的责任心和执行力，有为股东创造最高价值的能力。尤其是其团队领头人，必须是在该企业打拼多年成长起来的、令员工佩服的领袖式的人物，道德操守要好，有诚信，决策与领导能力强，能引领企业实现高增长，打造行业领先地位。有好的领头人才有好的团队，有好的团队才有好的企业。选准了领头人，搞好企业就有了把握。对创投来说，选错了团队才是最大的风险。第三，选择有优质产品的企业。实践证明，选准了一个企业的优质产品，也意味着选择了成功。与其说投资一个优良企业，不如说是在投资一个优质产品。产品一定要拥有高附加值和较强的市场竞争力，不仅看现状，还要看日后发展，考察其市场的潜力。比如奔驰、宝马、可口可乐、柯达等名企，他们各自的主导产品持续了几十年或上百年，铸造了一个品牌帝国，至今长盛不衰。这充分说明，选择到一个优质产品对创投成功的至关重要性。比尔·盖茨当初只有一个软件的概念设计，找谁都不给他钱，最后有一家风投公司充当伯乐，把钱给了这个大学还没毕业的穷小子。结果微软产品几年以后问世，推动了整个社会变革和技术进步，一下子财源滚滚、名利双收，微软创始人比尔·盖茨也成为全球首富。

以上主要介绍风险投资选择拟投资企业最看好的三个条件。但这并不是说，具备这三条就万事大吉。实际上，一个优秀的拟投企业，除了必须具备以上三条外，还要看其资产、财务、技术研发、治理结构、经营管理、市场份额、现金流及盈利等诸多基础条件。这些条件都要合规合理，一个也不能少，一个也不能差。总而言之，创投公司的选项主要是考察拟投资对象的综合素质，即相对全面的基础条件，但更突出对上述三个条件的考察。

二十三、技术转移是我国创新体系中最薄弱的环节[1]

李国杰

（一）为什么要高度重视技术转移

技术转移的必要性似乎不言自明，但在中国，特别是大家都在讲自主创新的今天，要不要强调技术转移，特别是要不要强调大学或科研机构对企业的技术转移[2]，已成为一个必须澄清的问题。有些人认为，现在强调企业是技术创新的主体，就是纠正过去以大学和科研机构为主体的错误，闭口不再谈技术转移，以为这是全国科技大会的主要精神。最近中央电视台宣传企业的科研成果，往往要突出企业有"完全自主的知识产权"，似乎用了一点别人转移的技术就不那么自主了。在某报的一篇文章中，把科研院所比喻成主力部队（企业）的"侦察连"和"兵工厂"，并称这是最佳组合。我认为这种比喻不十分恰当，不能深刻地阐述技术转移的本质内涵。以上这些看法可能没有全面理解全国科技大会的精神，也不符合自主创新的内在规律。

从宏观上讲，自主创新应包含知识创新（或者称为科学创新）和技术创新两大部分。大学与科研单位是知识创新的主体，企业是技术创新的主体。我国的企业过去对研发的投入较少，自主创新能力较弱，中央强调企业是技术创新的主体，一方面是激励企业重视研发，要求企业在技术创新中发挥其应有的主体作用，另一方面也是希望大学和科研单位选择好自己的定位，不要越俎代庖，做一些自己并不很擅长而企业更适合做的开发工作。中央明确要求国家科研机构要起到骨干和引领作用，要求科学院成为科技事业的"国家队"和"火车头"，要求大学发挥"基础"与"生力军"的作用。所谓的"侦察连"、"兵工厂"显然起不到"骨干"、"引领"、"火车头"和"生力军"的作用。对技术创新而言，了解市场信息、确定主攻方向的所谓"侦察连"的工作应该是企业的任务。大学和科研机构在技术创新中的主要作用之一是"技术转移"。我国企业成为技术创新主体还需要若干年的发展过程，目前大学和科研机构不但不能退出技术创新，还应要求大学和科研机构加强核心技术和竞争前的共性关键技术研究，帮助企业尽快成为技术创新的主体。

国家创新体系就是科学知识与技术知识的生产者、传播者、使用者以及政府之间的相互作用，实现科学技术知识在整个社会范围内的循环流转。科学技术知识流动的效率和方向直接影响一国的经济增长速度和质量。除了管理要素之外，当代高技术企业的生产要素主要是技术知识和资金，技术知识应当像资金一样流动起来。实际上整个创新链本质上是实现资金和知识的转换。大学与科研机构是"Make Knowledge"的地方，主要实现将资金变成新知识的科学创新（知识创新）；企业是"Make Money"的地方，主要实现把知识变成钱的技术创新。如果割裂了知识创新和技术创新，一个企业或一个大学试图自给自足包打天下，整个创新链就断了，企业的技术创新必定不会有很高的水平，大学和政府科研机构也不可能做出有市场竞争力的新产品。

分工与交换是人类社会进步的动力，理解技术转移的必要性要从理解分工和交换的意义开始，因为技术转移就是把知识当成一种商品进行交易和经营。几千年来，中华文明是一种自给自

① 李国杰，中国工程院院士、中国科学院计算技术研究所所长，此文发表在2006年8月21日的《科学时报》上。

② 本文重点讨论创新价值链上不同环节之间的技术转移，不讨论企业之间的技术转移。

足的农耕文明，国人的思维至今还受小农经济的束缚，习惯于自己从头做起和一竿子做到底，习惯于万事不求人。我们在宣传贯彻自主创新精神时，一定要同时宣传贯彻开放合作的精神，宣传贯彻技术知识要流动、创新才有活力的科学发展观。

我国中长期科学和技术发展规划要求，到2020年我国对外技术依存度要从目前的50%降到30%以下。请注意，这一要求不能反过来理解成企业的技术自给率要达到70%以上，因为这里面还包含国内企业之间以及企业与国内大学、科研机构之间的技术转移。事实上，我国国内企业之间的技术转移规模已相当大。2001年，在国内技术市场上企业已超过科研院所，成为最大的技术供给者。2003年国内共签订技术合同26.8万项，成交额1049亿元；2004年成交额为1334亿元。如果此统计数据准确，我国企业购买国内技术的支出已超过企业自己研究开发的支出。但上述统计数据也表明，平均每一项技术合同只有40万元左右，远低于同年对外引进技术的合同平均值1558万元（2004年共签引进技术合同7139项，金额134.5亿美元，合人民币1112亿元）。这说明我国企业之间的技术转移主要是一些价值不大的小技术。这也从一个侧面说明我国企业技术知识的产出水平还不高。

强调企业之间、企业和大学及科研机构之间要加强技术转移的一个重要理由是，近几年来高技术产品（特别是信息、生物、纳米、航空航天等领域）的技术复杂性明显增加，产品的技术突破需要不同学科、不同方向的技术集成，一个企业已很难独立完成。全球竞争的加剧和技术的变化，已迫使企业从内部的垂直集成转变为横向集成，一方面要增强自身某一方面的核心优势，另一方面要加强外部资源的利用。以几家大的跨国公司为例，IBM公司每年的技术转让收入高达11亿美元，朗讯公司5亿美元，PHILIPS公司4亿美元；相反，微软公司每年购买技术支出15亿美元，惠普公司支出4亿美元，SONY公司支出3亿美元。这说明各大公司都在做技术的大量买入和卖出。

比较美日两国的高技术企业发展，可以发现技术转移的巨大作用。由于“二战”中日本大企业与军方联系密切，陷得很深，战后日本大学纷纷远离企业，大学一般也不设技术转移办公室。因此，日本只能从美国大学和企业获取技术，一定程度上影响了日本企业的发展。相反，美国企业和大学、政府科研机构之间有密切合作，美国的研究型大学几乎都设立了技术转移办公室，大大提升了美国企业的竞争力。在促进国内技术转移方面，美国近几届政府都采取了旨在促进国内技术转移的技术政策。联邦政府设立了许多机构以促进科学技术知识的流动，如联邦技术转移公司（FLC）、全国制造科学中心（NCMS）、半导体研究组合（SEMATECH），以及NSF资助的工程研究中心ERC等。经济学家的研究结果表明：从总体上看，20世纪80年代以来美国国家创新体系结构调整的主要方向不是促进科学技术知识的创造，而是科学技术知识的扩散和应用，因而国家创新能力的加强主要是知识扩散能力和知识应用能力而不是知识创造能力。

需要指出的是，科学创新和技术创新不是上游连接下游的简单线性关系。创新活动有点像足球赛一样动态变化，每一个运动员都可能进球。企业的技术创新活动也会提炼出科学问题，促进基础研究的发展，科学有时就在技术旁边。从统计上看，科学研究成果的产业化周期在缩短，但就信息领域而言，真正对一个行业有重大影响的颠覆性技术一般需要10年以上的研究，只做短平快的开发研究很难成为行业的领头羊。由于30多年的计划经济影响，我国数十万高素质的研究人员主要分布在大学和国家科研机构，这是我国的一笔宝贵财富，应当充分发挥他们的作用，让他们为企业提供更多的核心技术，通过高效率的技术转移机制，使企业尽快具有领导技术潮流的竞争力。

（二）技术转移是我国创新体系中最薄弱的环节

国家创新体系包括许多方面的工作，从科技发展战略到政策法规等等，但核心是三件事：一是提高企业技术创新能力；二是提高大学和科研机构的知识创新能力（若干年内还要加强核心技术和共性关键技术研发能力）；三是有效的技术转移。尽管我国企业、大学、科研机构的创新能力都很弱，但我国创新体系最薄弱的环节是技术转移。下这样的结论不是主观臆断，多少有一些根据。根据之一是国外对中国的评价。根据瑞士洛桑国际管理学院的排名，我国企业获得大学和科研机构技术的机会与能力在所评国家中一直排在最后几名。根据之二是我国至今没有一部技术转移法，从事技术转移的专利分析师极少，事业单位成立非营利的技术转移服务机构还受到现行法律的限制，国家预算也几乎没有考虑技术转移的大量开支。根据之三是我自己做曙光计算机和龙芯CPU产业化的深刻体会。不管曙光机还是龙芯芯片，要把一项核心技术变成占有较大市场份额的产品，除了科研单位自己去实现产业化外，似乎找不到别的技术转移途径，而且产业化道路上的每一步都十分艰难。相对于大家公认十分困难的龙芯CPU研制，我们感到它的技术转移和产业化更加困难。通过20年的科研与产业化探索，我深深感受到我国的技术转移确实是最薄弱的环节。

所谓加强自主创新是指提高自主创新的能力，同样，所谓技术转移本质上是转移掌握某种过去未知技术的能力，使企业能自主地实现其商品化。这里特别要强调能力的重要性，而不仅仅是简单地传授知识。我国过去引进过不少技术，但引进生产线的企业往往知其然而不知其所以然，实际上掌握该技术的能力没有转移。真正的技术转移是提高企业自主创新能力的捷径，我国吉利汽车公司自主创新能力的迅速提高，就是得益于在与国外公司合作中通过自觉学习所实现的技术转移。我们不能指望仅仅通过国家多拨科研经费给企业自己做开发，原来不重视研发的企业就会很快地提高自主创新能力。

讲到自主创新和技术转移，人们首先就想到大型骨干企业，似乎只有大企业才有能力有动力做成技术转移。而事实上，国际上技术转移的惯用模式是先将技术转移到创新型的小企业或中型企业。据统计，我国65%的专利、80%的新产品来自科技型中小企业。在风险投资支持下，一小部分创业企业（start-up）可能通过IPO上市，走上良性发展轨道；更多的小企业可能被大企业兼并，大企业往往是技术转移的最后归宿。大企业对初始的技术转移兴趣不大，一方面是因为营业额几百亿元的企业犯不着为几千万元以下的小业务操心，另一方面是因为大企业是现有技术的既得利益者，如果创新的技术可能影响甚至颠覆其主营业务，大企业一般会首先维持其现有业务。所以大学和科研机构要转移技术、start-up公司要发展，只能寄希望于风险投资。但我国的863计划等科研计划产出的技术绝大多数还不在风险投资公司的视线之内，因为风险超过它们的预期。这就造成所谓科研成果和投资者支持之间的“死亡之谷”（Valley of Death）。为了躲开“死亡之谷”，有些人建议大学与科研机构做更靠近市场的研究开发，这种急功近利的思路已对我国创新体系建设造成极大危害。正确的途径应该是在国家的引导与支持下，加大对技术转移的投入。政府应承担比风险投资商更大的风险，加大对种子基金的投入，为风险投资培育和提供更多的可选项目，这正是技术转移的关键和难点，也是它的魅力和威力。

（三）技术转移的关键是人的合作交流

由于技术知识存于人的脑子里，特别是一些隐性知识（know how），不能用文字或编码表达，只能通过人的交流才能转移。因此，技术转移的核心是科技人员面对面的沟通交流，也包括按合理程序进行的人才转移。英国知识产权协会主席、以技术转移为主业的国际知名企业——英国技术集团（BTG）前 CEO Lan Harvey 最近来华访问时，我曾当面问过他做技术转移的主要经验，他强调了两个95%：95% 的技术转移发生在大学 / 科研机构与企业的直接合作研究开发过程中，只有5% 的技术转移通过技术许可或创办新企业实现；更进一步，在这后一种5% 的技术转移中，其中95% 是技术许可（主要是专利许可，即 License），只有5% 是创办新企业（start up company）。也就是说，通过创办新企业实现技术转移只占0.25%。由此可见，大学 / 科研机构与企业合作办联合实验室、工程中心或其他形式的技术转移模式是多么重要。

最近媒体上有一种观点：产学研合作会导致学科堕落，只有远离市场才能使学术独立发展。这可能是对前一段时期国内科研工作急功近利的矫枉过正的看法。对纯数学、理论物理等基础研究，也许不要强调产学研合作，应更多强调发现本学科的新知识和科研人员的好奇心，但对于应用研究和工程性较强的学科，应当重视产学研合作。产学研合作不等于急功近利，而是技术转移的主要形式。

我国技术转移十分薄弱还表现在缺乏促进技术转移良性发展的环境，特别是人员正常交流的环境。企业中技术人员不讲知识产权规矩的“跳槽”或自立门户，企业之间采取不正当手段互相“挖人”，已成为我国发展高技术产业的重要障碍。简单地采取“挖人”战略，从长远来讲有损于技术转移，也对企业不利。必须通过有关立法和对科研人员的道德教育形成有利于技术转移的正常环境。华为公司是我国最有代表性的高技术公司。10多年来，华为公司并没有从大学、科研机构购买多少技术，但华为公司的1万多名研究开发人员来自国内高校，其中相当多的研究生从事过“863”项目研究。这是我国技术转移的成功范例。但华为公司在维护技术转移正常秩序，特别是技术人员招聘和骨干员工另立门户方面也值得总结教训。如何加强和规范大学、科研机构与企业之间的人员交流，是技术转移工作中必须考虑的大事。

（四）技术转移中应高度重视专利许可

联合国将技术转移定义为“系统知识的转移”，即从知识的生产者转移到知识的使用者。一般而言，知识可区分为两种，一种是没有产权的公共知识，如科学知识，另一种是有产权归属的技术知识。公共知识的传播属于教育和科普的范围，本文讨论的技术转移主要是指能产生经济效益的专利、know how 和信息的转让行为。有些技术知识也属于公共知识，如开源软件等，但开源软件的使用也有一定的规矩，不同于使用教科书的知识。

我国的官方文件和媒体宣传经常讲“成果转化”，而较少采用国际上惯用的“技术转移”，这一用词的差异可能反映了国人对技术创新过程的理解有误区。大学和科研单位承担国家科研项目，做出来的某种器件、设备或软件原型（称为成果）其实并不重要，重要的是研制过程中获得的新知识。所谓技术转移，就是把研制者头脑中关于如何做这种器件、设备或软件的知识（特别是过去无人知道的新知识）告诉想生产这种产品的企业。技术转移的关键在于“技术能力”的获得，即技术转移的接受方能够独立掌握转移的技术并形成相关的知识体系。如果这种所谓“成果”都是基于公共知识做出来的，这样的成果别人也很容易做出来，对企业来讲就没有多大价值。这就是说，光靠公共知识的扩散不能使我国信息产业由大变强。我国每年有成千上万的科研“成果”，但真正转化成有竞争力的市场产品并不多，其主要原因在于这些成果中包含的独创性的知识不多。其实，企业基于大学或科研单位的科研成果开发一个新产品，还要做大量集成创新，除了用到此“成果”中与众不同的新知识外，可能还要用到企业自己掌握的特殊知识，当然还要用到大量公共知识。因此，一个科研成果往往转化不出新产品，我们也不要指望科研“成果”能轻易转化成有竞争力的产品。

科研成果中最有价值的知识是专利，专利也是新产品的结晶。一个企业的技术实力某种程度上可以通过其拥有的发明专利的质量与数量反映出来。IBM是世界上拥有专利最多的公司之一，2005年获得发明专利2941项，全球排名第一。我国专利申请这两年突飞猛进，2005年专利申请总数达476 000件，居世界首位，但发明专利只有15.5万件，国内申请的发明专利只占国内专利24.38%。国内信息领域研发投入最多的华为公司2005年已申请249件PCT专利，超过其对手CISCO公司，居发展中国家企业的第三位，全球37位。长期以来我国大学和科研单位重评奖而不重专利，其实获奖的成果并不受法律保护。当然，专利的价值主要看质量，最有价值的专利是具有“必经之路”性质的专利，特别是通过多年基础研究获得的有巨大产业化前景的专利，这种专利有望纳入未来的技术标准。计算所有20多项专利经评选纳入AVS标准的专利池（还要最后确认），专利池授权给整机企业使用，每台终端只收1元人民币，大大降低DVD等企业的专利壁垒，这是我国技术转移的一个成功范例。专利许可和专利授权是技术转移的重要内容，因此有些美国大学（如MIT）的技术转移办公室直接叫技术许可办公室（Technology License Office）。

（五）通过产学研合作抢占新产业的上游是我们的明智选择

企业管理学认为，产品和企业发展一般要经过“幼童”－“明星”－“金牛”－“瘦狗”四个阶段。所谓“幼童”是指新产品刚上市，市场占有率低，但市场增值率较快；而“金牛”阶段刚好相反，其产品的市场占有率高而增长率低。技术转移一般发生在幼童和明星阶段，到了金牛阶段，产品已成为企业主要收入来源，反而很少再投入研发经费或购买技术，如IBM的Z系列主机系统现在是公司的摇钱树，但投入的研发费远小于其他系列产品。

其实从某种意义上讲，有些产业的发展也大致经过“幼童”－“明星”－“金牛”－“瘦狗”四个阶段。总的来讲，信息产业目前处在“明星”到“金牛”的转换时期。发达国家对生物研究的科研经费投入已大大超过对信息技术的投入。信息产业中PC等产品已属于金牛产品，而网上搜索、智能信息处理等业务等还处于“幼童”阶段。我们的技术转移方向应当与时俱进，不能死盯住设备制造业。人们常说要改变中国的信息产业居于价值链下游的被动局面，但PC等产业的核心技术和事实标准已掌握在别人手里，我们想冲到现有“金牛”产品的上游相当困难。信息产业做强的战略应当是抢占“幼童”产品的上游。三星公司做液晶显示、诺基亚做第二代手机都是采取这一战略获得成功的案例。我国的企业自主创新能力较弱，目前还难以独立承担突破“幼童”产品核心技术的重任，唯一的出路是产学研结合，通过技术转移方式抢占未来主流产品的上游。问题是我们有没有信心、有没有决心组织全国产学研力量来做颠覆性创新（disruptive innovation）。在制定信息领域知识产权发展战略时，有些领导和专家提出要以引进、消化、再创新和集成创新为主，这可能是甘居下游的老思路，难以摆脱困境。今天的时代已与20世纪60年代日本打翻身仗时的形势不同，再走引进核心技术后在外围申请许多专利技术，把核心技术包起来的老路可能走不通了。我们除了依靠自己的科研力量，走自主创新之路外，别无选择。

（六）几点建议

第一，把建立三级科研体系作为科技发展战略的重要组成部分，提升技术转移的地位，使之成为我国科技工作的重点之一，弥补我国科技工作长期被忽视的重要环节。这方面内容我过去已写过文章，此处不再赘述。

第二，尽快制定非营利机构法，取消对事业单位成立致力于技术转移（孵化）的非营利机构的限制，动员各方面力量做技术转移工作。

第三，要求研究型大学和国家科研机构成立技术转移办公室。建议大学和国家科研机构多做技术许可，少办公司。根据美国大学的经验，技术转移收入不是大学产生大量收入的渠道（MIT技术许可收入只占研究经费的3%）。美国大学技术转移的目的是增进公共利益，不太在乎学校卖技术的收入。

第四，加大技术转移人才培养力度，重点培养专利分析师和专利律师。

第五，国家设立证明概念基金，用来证明一项新技术是否商业上可行，使风险投资商有更多的可选项目。

第六，制定有利于技术转移的知识产权管理法规，建立一组简单的IP所有权的基础框架。公共资金支持的项目成果应主要致力于促进公共利益，而不是为了提高事业单位的收入，也不应重点支持某个企业独占使用。知识产权政策应满足以下两个条件：大学和科研单位在未来的研究中不受限制；企业应有放心的权利对IP进行商业化。

第七，在不涉及国家安全利益的前提下，国家要鼓励国内企业和事业单位与外国大公司交换专利许可（cross license），把取得可以与国外大公司平等交换的技术作为国家科研项目的考核指标，真正在国际竞争环境下锻炼我们的科研队伍。

二十四、技术创新对我们企业家的挑战是什么

——在2006创业中国高峰论坛的致辞

北京大学民营经济研究院常务院长　单忠东

（2006年5月20日，中国北京）

作为联合主办方之一，我对大家的光临表示欢迎，在全球化的大背景下举办这届论坛是很有意义的事情。厉以宁教授十分关心民营企业的发展，也提出了很多卓有建设性的建议，厉教授认为民营企业对中国经济的贡献有三条，其中之一就是民营企业在创新方面的作用。我将与大家探讨一下，在全球化浪潮下，技术创新对我们企业家的挑战是什么。

（一）全球化浪潮给我们企业家创新的环境以及技术创新的背景所带来的变化

目前，国外先进的企业和先进的产品纷纷涌入中国，竞争十分激烈。2007年是中国加入WTO的最后一年过渡期。随着过渡期的结束，外国的竞争越来越激烈，这种竞争对我们企业的创新提出了要求。第二，信息等各种要素，在全球范围内的流通速度越来越快，信息的更新速度也越来越快，因此市场的形势变化很快，信息的加快和信息的形成对我们企业的创新提出挑战。第三，全球化浪潮让我们进入了知识经济时代，主要表现在以下方面：知识的半衰期缩短，技术创新到生产力的周期缩短，产品成品的周期缩短，企业组织变革的速度缩短，与之相符的企业文化制度的建设周期也缩短了。因此从这些角度来看，对我们企业家技术创新的要求也越来越高了。还有人民币升值的问题，由此而带来的国家市场机制的改变以及人民币汇率机制的全方位改革，也为我们企业家带来了很大的挑战。前几天人民币兑美元的中间价第一次突破8元大关，人民币升值是一个必然的趋势。

可以想像对于很多出口型的民营企业，人民币升值带来的挑战是非常巨大的。我们在调研的时候发现，很多企业由于人民币三个点的升值就会缩水几千万。国家央行的副行长曾经在媒体疾呼，我们的企业家对由人民币升值带来的市场经济的改革和变化做好准备了吗？在这样的大背景下，我想讲的是全球化浪潮下，我们的企业家技术创新面临的形势变化，或者说是一个挑战。

（二）创新是一个全方位的概念

所谓创新，不仅是技术的创新，也是品牌的创新、组织制度和其他方面的创新，包括企业文化的创新。技术创新是一个综合的概念。

（三）全球化浪潮下企业家应该做什么

本人到一些企业做调研的过程中发现企业家确实需要观念的创新。我到泉州做调查的时候，很多企业家表示不愿意搞联合，肥水不流外人田。前段时间举办的论坛讨论国企和民营企业怎么联合，民营企业认为和国企没有办法打交道，但这方面也有成功的案例。因此我们要改变一下，肥水也可以流向外人田，这个肥水也可以流回到你这里的，即技术创新之前首先要有一个观念的创新。

在浙江绍兴作调研的时候，我们发现民营企业的产权制度改革问题，其产权制度的改革，往往是创业家族是大股东，不愿意走资本化市场的道路，不愿意联合，不愿意作产权制度的改革，表现了强烈的单一性和封闭性。当然不是所有的民营企业都适合作产权制度的改革。这种形式可以再探讨，但是树立这种联合理念是很重要的。

俗话说四两拨千斤，在某种程度上，搞资本化的道路是有其成功经验的，四两的确可以拨千斤，关键要从小业主的意识向现代企业家的管理观念转变。第二是要有学习的能力。希望各位企业家多学习，多看看别人怎么做，多看看外国人怎么做，多看看我们自己的民营企业怎么做。在学习的过程中，切记不要走老路，要学会甄别。有的企业认为自己有不良资产，当其向专家咨询不良资产的处理时，外国专家却告知，他们的不良资产只有3%左右，没有处理不良资产方面的经验。所以，向国外学习是非常重要的，但要看学习什么。现在，有很多的民营企业家学习的能力和态度都跟过去有很大的转变了。

（四）自主创新的途径

这个途径有很多种，“养鸡生蛋”这个途径是对的，经过多少年的努力，辛辛苦苦实现了这个结果。虽然每年有样板可学，由于人家的知识拿不到，或者是其他的原因，所以你必须要养鸡生蛋。第二，在条件允许的情况下，我们完全可以“买鸡生蛋”，通过控股外资企业的形式来实现。比如广州有一个企业，生产汽车轮毂，有好几项专利，另外一个企业可以通过控股的形式把这个技术拿到，这就是一个捷径了。我们还可以“借鸡生蛋”，也可以“租鸡生蛋”。技术创新的途径是很多的，不完全是“养鸡生蛋”一种途径。

民营企业已经上了一个新的台阶，我坚信在党中央的方针政策指引下，用科学的发展观改变经济增长模式，从事自主创新，我们企业的发展一定会越来越好。中华民族一定会屹立于世界民族之林，谢谢大家。

二十五、我国风险投资业的法律风险防范与律师业务

吕良彪[①]

风险投资作为一种新兴的、高风险高回报的投资方式和高新技术公司的融资手段，已经成为高新技术产业化的桥梁，成为科学技术转化为现实生产力的催化剂，成为一个民族创新的重要因素。中国现阶段社会诚信的普遍缺失、风险投资法律体系的不完备以及风险投资实践的匮乏，导致风险投资领域公共救济严重不足，使风险投资业在中国的法律风险更为突出。本文拟对当前我国风险投资领域的法律风险进行分析，并从实务上探讨律师对于防范法律风险的针对性措施。

（一）我国风险投资业面临的十大法律风险及其防范策略

1. 风险投资主体信息不对称的法律风险

一是风险资本募集过程中风险投资家与风险投资人之间的信息不对称的法律风险，包括事前的信息不对称（即投资者无法在事前准确地知道风险投资家的真实能力）和事后的信息不对称（即风险投资家是否善尽职责，投资人难以获悉）。此类风险又称为隐藏的行为，将导致道德风险。

二是项目投资过程中风险投资家与创业企业家之间的信息不对称导致的法律风险，既包括客观方面存在的外生性非对称信息（即因所投资领域高度专业性而客观存在的信息不对称），也包括主观方面双方都可能有意隐瞒信息和提供虚假信息导致的信息不对称。

基本防范策略：其一，相关投融资合同中明确权利义务，防范风险。在风险投资过程中有两类合同，即风险投资家与投资者之间的投融资合同和风险投资家与企业家之间的投融资合同，它们是风险投资各方主体用以避免信息不对称所带来的逆向选择和道德风险等难题的重要工具。如投资者为避免风险投资家的机会主义行为，在合同中合理安排薪酬激励条款和约束条款；在风险投资家与风险企业家之间，投资工具的选择、投资阶段的安排、投资企业董事会席位的分配等内容的约定等等。

其二，完善立法，确立风险投资机构有限合伙的组织形式。国外的风险投资机构多采取有限合伙的方式，出资仅占1%的风险投资家可以享受20%左右的项目收益，但同时要对风险投资承担无限连带责任。而我国的《公司法》、《民法通则》等法律尚无有限合伙这一法定形式，这就制约了风险投资的发展，需要在未来的合伙法中予以明确。

2. 技术开发缺乏市场前景的法律风险

在种子资金投入阶段，实际上是风险投资机构与技术开发方共同开发技术，技术开发不能是这一阶段的主要风险；而在导入资金投入阶段，技术缺乏市场前景则成为主要的法律风险。

基本防范策略：其一，加强前期科学的可行性调查论证，加强投资的审慎性，降低投资风险；其二，加强合同的技术性，以合同的明确性、周密性防范法律风险；其三，加强资金的监管。

3. 风险企业知识产权合法性的法律风险

风险企业在对核心技术的所有权上存有瑕疵（如该技术系创业人员原所在单位的职务发明）显然会影响风险资本的进入，因为在很大程度上，风险资本看重的可能就是该项技术。此外，创

① 吕良彪，北京市大成律师事务所律师、投资并购部主任。此文来源于他的个人主页：llb.66law.cn。

业者与原单位的劳动关系问题、原单位的专有技术和商业秘密的保密问题以及遵守同业竞争禁止的约定等，都有可能引发纠纷，不利于风险资本的引进。

基本防范策略：其一，审查创业人员或主要技术人员与原单位的劳动合同；其二，审查核心技术权利的法律归属，确认相关知识产权的合法性；其三，妥善解决创业人员与原单位的劳动纠纷与同业竞争禁止的矛盾。

4. 风险投资协议缔约不能、缔约不当与商业秘密保护的法律风险

风险投资机构与风险企业谈判的核心成果是《风险投资协议》的订立，这是确定风险投资资金方向与双方权利义务的基本法律文件。在此过程中可能涉及三方面的风险：一是缔约不能的法律风险；二是谈判过程中所涉及技术成果等商业秘密保密的法律风险；三是缔约不当的法律风险，如以简单的未来股权转让协议替代风险投资协议，以致未能准确界定双方权利义务。

基本防范策略：其一，对于缔约不能的，双方可事先约定缔约成本的承担；如一方存在严重过错的，可以按照《合同法》第42条关于缔约责任的有关规定处理；其二，对于谈判过程中所涉及技术成果等商业秘密的保密，《合同法》第43条有原则性的规定，双方可于谈判前具体约定相关的保密条款及违约责任；其三，对于缔约不当的，可由双方就相关内容进行补充和修正，协商不成的可依照合同纠纷的解决方式解决。

5. 尽职调查不实及法律意见书失误的法律风险

这一风险是作为中介的律师事务所等机构与风险投资机构及创业企业共同面对的法律风险。尽职调查不实，中介机构将承担相应法律责任；风险投资机构可能蒙受相应损失；而创业企业则可能因其提供资料的不实承担相应的法律责任。

基本防范策略：其一，建立各方基本的诚信基础与工作机制，投资企业和风险投资机构如实出具相关真实法律文件，协助进行调查；其二，严格按照科学的操作规程进行尽职调查，明确各方法律责任；其三，法律意见书中如实陈述和理性分析相关法律风险，明确法律意见书出具的基础及制定科学的免责条款。

6. 风险投资协议履行过程中的法律风险

风险投资协议履行过程中可能涉及两方面的法律风险：一是关于风险企业法人治理结构；二是关于股东权益保护。

基本防范策略：其一，完善企业法人治理结构，特别是加强风险投资机构对企业的参与和监管权利；其二，以合同形式完善股东权益保护机制。

7. 风险资本流转不能的风险

由于股份有限公司设立的高门槛及风险企业创业的特征，在我国现行公司法体制下，吸收风险资本的企业大多数情形下是有限责任公司的形式。所以，风险资本投入后换取的通常是单一的有限责任公司的普通股权。这就是风险投资资金在投入后缺乏在证券资本市场上的可流动性（一般在资金投入后都会规定一个最低的资金滞留期，往往都约定三年内风险投资人股权不得转让）。

基本应对策略：资金在企业里相当时期的滞留，是风险投资区别于其他投资的重要特征。但在未来的发展时期，我们可以借鉴像美国那样包括普通股以及可转换优先股、可转换债券等在内的多种资产证券化选择。

8.IPO 不能的法律风险

风险企业股票发行上市通常是风险资本家们所追求的最高目标。股票上市后，风险投资商作为发起人在经过一段禁期之后即可售出其持有的风险企业股票或者是按比例逐步售出持有的股

票，从而获取巨额增值，实现成功退出。理论上说，部分规模较大的企业也可选择进军我国的主板。但目前而言，风险企业IPO尚存在相当的难度，由此引发的法律风险不言而喻。

基本防范策略：其一，加大中国风险投资企业在美国纳斯达克、香港创业板等海外证券市场的上市；其二，尽快建立和完善我国自己的创业板市场。

9. 股权转让不能（原股东或管理层回购不能）的法律风险

在我国的风险投资实践中，回购退出方式主要是指原股东回购或管理层回购。风险企业原股东回购风险投资方的股权实际上是股权转让的一种特殊形式，即受让方是风险企业的原股东。有的时候是由风险企业管理层来受让风险投资方的股权，这时则称为“风险企业家回购”或“管理层回购”。以原股东或管理层回购的方式退出，对风险投资方来说是一种投资保障，也使得风险投资在股权投资的同时也融合了债权投资的特点，即风险投资方投资后对风险企业享有股权，同时又在企业原股东或管理层方面获得实现债权的保障。回购不能也是风险投资退出的主要风险。

基本防范策略：其一，原股东回购在操作程序与股权转让基本相同，通常依赖于风险资本投入时签署的投资协议中的有关回购的条款；其二，原股东或管理层回购不可错误地表述为“企业回购”，要防止企业为回购主体引发的违反公司法要求的法律风险。

10. 清算不能的法律风险

对于失败的风险投资项目来说，清算是风险资本退出的唯一途径，及早进行清算有助于风险投资方收回全部或部份投资本金。依据《公司法》的规定，清算包括非破产清算和破产清算两类。非破产清算是指因企业营业期满解散、股东会决议解散或者企业违法被责令关闭解散等情形下的清算；破产清算则是指企业因资不抵债、不能清偿到期债务而被依法宣告破产后的清算。在破产清算中的法律风险在于，由于企业已资不抵债，风险投资方作为股东投入的风险资本也就血本无归；非破产清算的难点在于形成公司僵局后的顺利解决，虽然新的《公司法》在第一百八十三条对此作出了原则规定，但由于缺乏操作性的具体司法解释，相关的法律规定在司法实践中还很难得以实施。

基本防范策略：其一，在双方投资协议中约定可供操作的具体清算条款；其二，在实践中不断完善公司僵局的司法和经济解决模式。

（二）风险投资法律风险防范的律师实务

风险投资法律服务对律师提出了更高要求，也为律师提供了广阔的法律服务市场空间。主导风险投资业务的律师，不仅应该精通法律，还要对投资、证券乃至会计、管理和经济学有相当了解；不仅要有娴熟的司法技巧，还要有足够的社会影响力，有足够的能力解决企业投融资过程中的综合问题。风险资本的运营可以划分为以下四个阶段：资金募集阶段；项目筛选、审查、评价、谈判阶段；管理投资项目阶段；退出投资项目阶段。律师为风险投资公司提供法律服务也主要是围绕这四个阶段展开。下面将对律师在各个阶段所做的主要工作做一介绍，其中的重点是第二和第四阶段。

1. 资金募集阶段

根据国外经验，风险资本的来源相当广泛，包括政府财政、养老基金、捐赠基金、银行及保险公司等金融机构、企业、个人资本等等。但我国当前则以政府财政为风险资本的主要来源，辅之以部分商业银行和大型企业集团的出资，个人资本则基本被排斥在外。

目前，世界各国的风险投资基金主要采用两种组织结构：

一是有限合伙制。这是由投资者（有限合伙人）和基金管理人（普通合伙人）合伙组成一个有限合伙企业。投资者出资并对合伙企业负有限责任，管理人在董事会的监督下负责风险资本的具体运作，并对合伙企业负无限责任。这是风险资本最具活力的组织结构，但我国《公司法》中尚没有该种组织结构的设定，需要在即将出台的《合伙企业法》中予以明确。

二是公司制。即指风险资本以股份有限公司或有限责任公司的形式设立。这是我国目前风险投资公司存在的唯一合法形式。

鉴于有限合伙制尚未得到我国立法的认可，故律师在资金募集阶段主要涉及公司设立方面的法律业务。如帮助风险投资公司的发起人起草合作协议、拟定公司章程、办理公司的审批和注册登记等等。随着未来有限合伙法律制度的确立，律师在风险投资公司成立时的业务将大大增加。如草拟、修改和完成合伙协议，并对有限合伙人和普通合伙人的利益关系从法律上加以界定。

2. 项目筛选、审查、评价、谈判阶段

投资准备阶段。律师在一个具体风险投资项目中介入的最早时间是投资准备阶段。在这个阶段律师的主要任务是帮助风险投资人寻找合适的投资项目，并从法律上进行论证。其工作内容主要包括：

（1）为投资者提供高科技项目和投资机会；

（2）代为进行项目考察；

（3）对被投资者进行资信调查；

（4）对企业提交的商业计划书进行法律评价。

一般来说，风险投资人只有在得到律师对投资计划的法律可行性认可之后，才会进入到下一阶段。

洽谈阶段。当风险投资商决定与投资对象进行面谈时，律师就要介入并提供法律服务。这是律师通常情况下介入风险项目的时间。律师的工作主要有以下五个方面：

第一，审阅各种法律文件，包括风险投资公司方面的和风险企业递交的材料，主要内容有风险企业的章程、股东协议等，重点在于对被投资公司的股权结构及有关知识产权及专有技术的合法有效性的审查。

第二，参与商业计划的制定，起草各种法律文件，主要是股权架构方案及投资协议的制定。为风险投资人设计出最佳、最经济的方案是律师在此阶段工作的重中之重。

A）股权架构方案的设计。股权架构方案包括财务结构安排和治理结构安排两部分。其中财务结构安排又包含金融工具设计和股权安排两项。

金融工具设计。根据风险投资的特点，风险投资人一般要采用多种金融工具。金融工具选择的关键问题是要确保投资的变现、对投资人利益的保护和对企业的适度控制。在风险投资中比较常见的金融工具有普通股、优先股、可转换优先股、可转换债、附购股权债、纯债权等。根据我国《公司法》的规定，目前优先股没有法律地位，故缺少一定的可操作性。对于其它几种金融工具，可以根据实际情况进行选择。

股权安排。所谓股权安排是指确定风险投资人在被投资企业全部股权中所占的份额。这里涉及三方面内容：确定风险投资额；确定被投资企业的股份分配；确定资金分期到位和对企业发展情况的检查标准。风险投资人在风险企业中所占的股份比例，往往是以未来企业的现金流量来进行计算的。一个简单的估算公式如下：

风险投资人所占股份比例＝投资额 × 预期回报倍数 /（回收期末盈利 × 市盈率）

根据被投资企业所处的不同阶段，风险投资人对投资回报的要求也不同，如对种子期企业要求有10～15倍的回报，成长期企业要求为6～8倍等。回报倍数也反映了风险投资人的预期收益率。

试举一例如下：某网络公司制订了一份商业计划书，按此商业计划，如果风险资本家投入1000万元的资金，在4年后可盈利2400万元。假设企业所在行业的平均市盈率为10，风险资本家根据企业发展阶段要求4年预期回报为6倍，则风险投资人在企业中所占的股份比例应该是：1000×6/（2400×10）＝25%。剩下的股份归创业家或风险企业。

在上面提到的公式中，盈利预测是相对主观的，投资方与企业通常有争论，因为这关系到二者在企业中所拥有的股份的分配。为解决这个冲突问题，一般采取设置股票期权的办法，即允许企业家在未来按照事先约定的较低的价格来增加股权，但这种期权只有在企业家达到原来计划的经营业绩目标时才能执行。当然实际的操作可能更复杂，因为还会涉及分段投资和股权重新分配等问题。

治理结构安排。治理结构安排所要解决的主要问题是在信息不对称的情况下，通过一定的制度安排来协调风险投资人和被投资企业管理层之间的关系，以防止管理层以风险投资人的损失为代价来谋求自身利益的最大化。治理结构安排主要依赖于两种机制：激励机制和约束机制。

激励机制包括：给予管理层一定的股权安排，这样使得管理层的利益同企业的利益相一致，继而也实现了同风险投资人的利益相一致；将风险投资人的股权安排为一定数量的可转股权债，这样可以减少投资人的投资风险；给予管理层期权安排，允许管理层在实现未来管理目标时可按事先约定的较低价格或无偿增持股份。

约束机制包括：制定管理层雇佣条款用以惩罚业绩较差的管理者。该条款通常包括解雇、撤换管理层并回购管理者持有的股份的种种情况；通过占有董事会席位来对管理层进行监督；风险投资商可以同企业签订一份投票权协议来给予风险资本家在一些重大问题上以特别投票权；投资人可以使用分段追加投资的方式来增强对企业的控制能力。

B）在股权架构方案完成之后，律师还应为当事人起草风险投资协议作为谈判的框架。

风险投资协议的主要条款包括：项目的股权分配与投资总额；投资所使用的金融工具的类型和构成；风险资本到位的时间安排和对企业的验收标准；被投资企业治理结构安排；管理层的有关声明和保证、承诺条款，违约及其补救措施；企业的信息披露程序；管理层和员工的聘用条款和持股计划；投资期限和风险投资退出机制包括股权回购、IPO 等情形下的处理办法。

第三，风险企业自身的重组。有时因为原风险企业产权混乱或拥有不良资产和债务，则需对原企业进行重组或组建新的公司来避免风险投资商的投资风险。

第四，技术入股和管理干股的产权安排。在风险投资中经常会出现诸如技术入股，甚至是管理干股的问题。律师对此应考虑如下问题：

（1）技术入股和管理干股的对象和范围；

（2）合同产品的技术性能指标；

（3）合作方在技术上的权利和义务；

（4）经济内容；

（5）法律法规对技术入股或管理干股的比例限制。

新《公司法》规定技术入股不得超过70%。对于管理干股一般可通过期权方式来解决。

第五，参与谈判协商，确定和保障风险投资商的投资权益。此阶段的工作重点是帮助风险投资商把握如下几个关键问题：

（1）谈判对象的主体合法性（包括主体资格、知识产权状况等）；

（2）解决财务架构问题，即金融工具安排和股权安排；

（3）解决公司治理结构的两个问题，即对企业管理层的激励和对企业的控制程度。

上面提到的五类业务都应通过律师的调查取证和起草的法律文件来完成，必要时律师应同会计师一起进行工作。

注册登记阶段。一旦双方投融资条件谈妥，律师的作用就在于审查投资协议草案，并定稿投资协议和其它重要的法律文件，并可代企业办理各种登记手续。

3. 管理投资项目阶段

作为风险投资公司方的律师，在风险企业获得风险投资并正常运营后，可以代表投资方行使投资权益，对高科技企业的资产，尤其是高科技企业重中之重的无形资产（专利、专有技术、著作权、商标）等进行监督，协调投资各方在项目运作中的关系。另外作为风险投资人提供给风险企业的一种增值服务，律师还可以为风险企业提供其他一系列的法律服务。

4. 退出阶段

在投资项目运作成功后，律师将为风险资本的退出提供法律服务，参与项目上市、收购兼并等整个过程，协助投资者最大程度地收回投资。这里相关的工作和法律程序十分复杂，包括谈判协商，起草审阅各种交易文件，同证券管理部门及相关政府机构接触，出具法律意见书等。

风险资本的退出主要包括首次公开上市（IPO）、收购和兼并（协议转让）、执行偿付协议等几种方式。这些均需要律师协助准备各项法律文件。该阶段是律师工作的一个重点。

（1）公开上市。当企业符合上市标准时，公开上市是风险投资人得以退出的最佳方式。律师在风险企业公开上市中所做的工作绝大多数属于证券律师业务范畴，这里不再详细论述。目前，高新技术企业有在世界各地二板市场上市的趋向，作为风险投资人的律师，应该熟悉各地二板市场，如美国 NASDAQ 市场、香港创业板市场的有关规定，并同当地律师进行紧密配合。

（2）兼并收购（协议转让）一般是指由另一家企业收购被投资企业的一定股权，使得风险投资人得以撤出投资的方式。其交易方式通常有三种：现金收购、股票收购、现金和股票混合收购。这里的律师业务主要体现在产权交易和企业兼并方面。

（3）偿付协议是一种用以帮助投资人把他对风险企业的投资变现的一项合约保证，通常事先要签订强制性的回购条款和确定股权价值的计算方法。

（4）破产清算。这是风险投资失败后的处理方法。

在风险资本退出过程中，律师工作的另一个重点为：

（1）产权的确定和评估。包括土地使用权和房屋所有权、经营中的各项权利（如各类许可证、配额和限额、知识产权）；

（2）拟定整个退出程序方案，制作所涉及的法律文书，并保证该程序的合法实施；

（3）进行各项商业谈判；

（4）代理当事人办理各项登记手续。

由于风险投资这一新生事物在我国出现仅有短短数年时间，国家尚无相关的法律和法规，《公司法》、《证券法》并不完全适合于风险投资的特点，甚至还有重大的冲突。因此我们在从事具体风险投资的法律业务时，除了借鉴国外的成功操作模式外，还应注意到在中国的可行性以及是否有变异的必要和可能，并根据现有的法律法规，以个案中成熟的法律实务防范法律风险，只有这样才能充分保护当事人的合法权益，并使风险投资事业能够得以健康成长。

第二章　政策法律法规综述

2006年，是我国“十一五”规划的开局年，围绕《中华人民共和国国民经济和社会发展第十一个五年规划纲要》制定的自主创新战略，国家和地方政府制定了一系列优惠政策、法律法规，如，全国人大通过《中华人民共和国合伙企业法》（新修订版），商务部、国资委、税务总局、工商总局、证监会、外汇管理局六部委联合发布部门规章《关于外国投资者并购境内企业的规定》，江苏省制定地方法规《江苏省中小企业促进条例》，山东省出台政府规章《山东省科学技术奖励办法》，广东省委省政府发布《关于加强科技创业孵化体系建设支持中小科技企业创新创业的意见》等。这些政策、法律法规对中国风险投资行业发展已经或即将产生重大影响，本篇对此将进行综合分析。

一、2006年国家法律环境分析

法律制度是风险投资业得以顺利、规范化发展的基本保障，要进一步促进中国风险投资业的发展，就必须实现在动态的发展中不断地优化政策环境、完善法律制度，实现风险投资行业健康、有序发展。2006年，政府在围绕《中华人民共和国国民经济和社会发展第十一个五年规划纲要》（以下简称《“十一五”规划纲要》）制定的自主创新战略，颁发了多部对风险投资行业发展具有较大影响的法律法规和政策文件，进一步完善了中国风险投资行业的法律法规体系。

（一）《“十一五”规划纲要》为风险投资带来了良好的发展环境

面对我国现阶段生产力还不发达、城乡区域发展不平衡、粗放型经济增长方式没有根本转变、经济结构不够合理、自主创新能力不强、经济社会发展与资源环境的矛盾日益突出等难题，国家适时推出了《“十一五”规划纲要》。2006年3月14日，十届全国人大四次会议表决通过《中华人民共和国国民经济和社会发展第十一个五年规划纲要》的决议，明确以“自主创新”作为发展助推器的作用和意义，将“自主创新”作为调整经济结构、转变增长方式的支撑点；同时，要大力发展高科技企业，拓宽资金入市渠道，提高直接融资比重；发展创业投资，做好产业投资基金试点工作。

《“十一五”规划纲要》中强调要加强自主创新能力建设，强化企业技术创新主体地位；加快建立以企业为主体、市场为导向、产学研相结合的技术创新体系，形成自主创新的基本体制架构；实行支持自主创新的财税、金融和政府采购政策，引导企业增加研发投入；发挥各类企业特别是中小企业的创新活力，鼓励技术革新和发明创造。同时，《“十一五”规划纲要》还强调要加大知识产权保护力度，加强公民知识产权意识，健全知识产权保护体系，建立知识产权预警机制，依法严厉打击侵犯知识产权行为；深化科技体制改革、整合科技资源，合理配置基础研究、前沿技术研究和社会公益性研究力量，促进科研机构、大学、企业间科研人员的合理流动与合作，构建科技资源共享机制；不断建立多元化、多渠道的科技投入体系，保证科技经费的增长幅度高于财政经常性收入的增长幅度，逐步提高国家财政性科技投入占国内生产总值的比例。

在发展科技企业方面，《“十一五”规划纲要》倡导大力拓宽资金入市渠道，提高直接融资比重，发展创业投资，做好产业投资基金试点工作，通过实行支持自主创新的财税、金融和政府采购政策，加强技术咨询、技术转让等中介服务措施，完善自主创新的激励机制。

《“十一五”规划纲要》的出台，无疑给风险投资的发展产生了潜在的推动力，在拓宽风险资本的来源，加大对科技型中小企业的扶持力度，以及对知识产权保护、深化科技体制改革方面都做了细致的安排，并在政策层面上直接对风险投资给予大力支持，开设了“绿色通道”，这都大大增强了国内外风险投资机构对风险投资业的信心，对风险投资业的下一步发展有着重要的现实意义。

（二）2006年对中国风险投资业影响较大的政策法规

于2006年3月1日起正式实施的《创业投资企业管理暂行办法》为拓宽风险资本来源等推动措施提供了法规依据，虽然尚存在后续配套措施缺位的遗憾，但是其激活本土风险投资机构发展的思路无疑将掀起本土风险投资发展的新一轮浪潮。

2006年8月27日，经过多次的论证修改，中华人民共和国第十届全国人大常委会第二十三次会议通过修订的《中华人民共和国合伙企业法》。此法以单独章节形式增加了有限合伙制和有限责任合伙制的规定，明确法人可以参与合伙，为有限合伙机制在中国的实施提供了准绳和高层次的法律依据。新法规的出台丰富了风险投资的组织模式，有效地引入国际先进操作机制，最终会有效地降低部分投资者的投资风险，减少他们的后顾之忧，这对于中国风险投资发展的促进意义不言而喻。

为进一步规范外国投资者在国内的投资行为，2006年8月8日，商务部、国务院国有资产监督管理委员会、国家税务总局、国家工商行政管理总局、中国证券监督管理委员会、国家外汇管理局六部委联合发布《关于外国投资者并购境内企业的规定》，在进一步填补我国外资并购乃至整个企业产权市场发展中的漏洞的基础上，强化了操作的程序化，并且对外资并购操作程序做出了新的规范，使得外资并购乃至整个产权交易市场在公开的、可持续发展的道路上迈出重要步伐。在另一方面，此规定也试图对外资并购的操作环节，特别是对SPV（特殊目的公司）的设立、跨境换股等技术细节，进行了更为细致的规定，使得大部分的并购案有规可依，体现了发展与规范并举的原则，也充分表明了我国的外资并购法规在总结经验教训的基础上正在趋于完善，可操作性更强。

二、重点法律政策评述

（一）新修订的《中华人民共和国合伙企业法》

2006年8月27日，中华人民共和国第十届全国人大常委会于第二十三次会议通过新修订的《中华人民共和国合伙企业法》（以下简称新《合伙企业法》），自2007年6月1日起施行。新《合伙企业法》在现行法律的基础上，拓展和丰富了合伙企业的组织形式，进一步明确了合伙企业的相关规范，这对于引导和鼓励社会资源更多地流向创新企业、倡导支持全社会的创新、创业风尚，都具有积极意义。

1. 新《合伙企业法》的创新①

自1997年8月1日施行的《合伙企业法》，曾对于确立合伙企业的法律地位，规范合伙企业设立与经营，保护合伙企业及其合伙人的合法权益，鼓励民间投资，促进经济发展，发挥了积极作用。但随着社会主义市场经济体制的逐步完善，经济社会生活中出现了一些新的情况和问题，原《合伙企业法》的有些规定已不适应现实要求。该法将调整对象主要限定为规模较小的私营企业。但是这样规定，一是限制了愿意参与合伙，但不愿承担无限连带责任的投资者的投资选择；二是限制了公司等法人组织利用合伙方式投资经营，特别是直接影响大企业与具有特定优势的中小企业通过设立合伙企业进行合作。

（1）增加有限合伙制度

发展风险投资迫切需要在法律中规定有限合伙制度。这种投资常用的组织形式是有限合伙，即在至少有一名合伙人承担无限责任的基础上，允许其他合伙人承担有限责任，从而将具有投资管理经验或技术研发能力的机构或个人，与具有资金实力的投资机构有效结合起来。由于现行《合伙企业法》没有规定有限合伙制度，而且有的条文对设立有限合伙形成直接限制，使我国风险投资难以采用这一制度。

为此，新《合伙企业法》增加了有限合伙制度。有限合伙是对合伙企业债务承担无限责任的普通合伙人与承担有限责任的有限合伙人共同组成的合伙企业。这种组织形式由具有良好投资意识的专业管理机构或个人作为普通合伙人，承担无限连带责任，行使合伙事务执行权，负责企业的经营管理；由作为资金投入者的有限合伙人依据合伙协议享受合伙收益，对企业债务只承担有限责任，不对外代表合伙，也不直接参与企业经营管理。

根据我国建设创新型社会的需要，为鼓励推动风险投资事业发展，新《合伙企业法》增加的“有限合伙企业”一章，主要规定了有限合伙人的权利与义务，有限合伙的事务执行，以及有限合伙不同于普通合伙的特殊规定等内容。考虑到有限合伙人以其认缴的出资额为限对合伙企业债务承担责任，本法特别规定对有限合伙人的出资包括货币、实物、知识产权、土地使用权或者其他财产权利应作价，并在企业登记事项中予以载明。这样规定的目的是起到公示作用，保护债权人的利益。

（2）增加特殊普通合伙制

特殊普通合伙又被称为有限责任合伙，是各合伙人在对合伙债务承担无限责任的基本前提下，对因其他合伙人过错造成的合伙债务不负无限连带责任。许多国际专业服务机构，如普华永道、德勤、安永、毕马威4家国际最大的会计师事务所，都采用了有限责任合伙形式。

由于原《合伙企业法》没有规定特殊普通合伙，只规定了全体合伙人承担无限连带责任的普通合伙，因此，会计师事务所等专业服务机构的发展受到很大限制，规模普遍偏小，难以与国外的专业服务机构展开竞争。这就迫切需要在合伙企业法中明确规定这一合伙的组织形式，以利于这类机构发展壮大以及与国际专业服务机构竞争。

新《合伙企业法》在“普通合伙企业”一章中，增加了“特殊的普通合伙企业”一节，就特殊普通合伙的定义、企业名称、责任承担等内容作了规定。同时，新《合伙企业法》严格限定了特殊普通合伙人免除连带责任的范围，将其仅限于其他合伙人本人执业行为中因故意或重大过失引起的合伙企业债务这种情形。具体规定为：一个合伙人或者数个合伙人在执业活动中因故意或

① 《法制日报》，2006年9月6日。

者重大过失造成合伙企业债务的，应当承担无限责任或者无限连带责任，其他合伙人以其在合伙企业中的财产份额为限承担责任。合伙人在执业活动中非因故意或者重大过失造成的合伙企业债务以及合伙企业其他债务，由全体合伙人承担无限连带责任。由于特殊普通合伙限定了合伙人对合伙企业债务承担无限责任的范围，客观上需要增加对客户和第三人的补充保护制度。为此，新《合伙企业法》规定，特殊普通合伙企业应当建立执业风险基金、办理职业保险制度，用于偿付由合伙人执业活动造成的债务[①]。

（3）明确法人可以参与合伙

原《合伙企业法》对法人合伙的规定不够明确。法人参与合伙可以使公司等企业法人利用合伙企业的形式灵活、合作简便、成本较低等优势，实现其特定目的事业，也有利于大型企业在开发新产品、新技术中与创新型中小企业进行合作。

因此，新《合伙企业法》明确规定："本法所称合伙企业，是指自然人、法人和其他组织依照本法在中国境内设立的普通合伙企业和有限合伙企业"。同时，为防止国有企业和上市公司等因参加合伙可能使企业全部财产面临承担无限连带责任的风险，保护国家利益和公共利益，维护股东利益，新《合伙企业法》规定："国有独资企业、国有企业、上市公司以及公益性的事业单位、社会团体不得成为普通合伙人。

（4）新《合伙企业法》的其他规定

考虑到合伙企业按照企业破产处理，有一些有利之处：一是可以使所有债权人按比例受偿，有利于兼顾各债权人的利益；二是可以对企业宣告破产前一年内违法转移财产的行为予以撤销，追回所转移的财产，增加破产财产，有利于保护债权人利益。因此，新《合伙企业法》允许合伙企业的债权人根据不同情况做出选择，可以依法向法院提出破产申请，也可以直接向合伙人追债。合伙企业被依法宣告破产的，普通合伙人对合伙企业债务仍应承担无限连带责任。

按照现行税收规定，合伙企业不缴纳企业所得税。为了防止合伙人故意不分配企业利润而逃避纳税义务，新《合伙企业法》规定："合伙企业的生产经营所得和其他所得，按照国家有关税收规定，由合伙人分别缴纳所得税。"

为了防止有人利用有限合伙形式进行非法集资活动，对有限合伙企业合伙的人数做出了必要的限制。这一限制既要体现有限合伙企业的人合性，又要防止有人利用这种形式从事非法集资活动，还要考虑为今后的实践留有必要的空间。为此，新《合伙企业法》参照《公司法》有关有限责任公司股东人数的规定，并借鉴有些国家的法律规定，规定有限合伙企业由两个以上50个以下合伙人设立；但是，法律另有规定的除外。

2. 新《合伙企业法》对中国风险投资业的意义

新《合伙企业法》对中国风险投资业最重大的意义就是通过立法明确了有限合伙制度，实现了和国际风险投资机构组织形式的接轨，在政策面上给予有限合伙制以法律支持。更多的企业组织形式将给规模巨大的民间资本带来更多的选择，对于我国风险投资资本的来源渠道、组织方式、资金规模甚至行业竞争力的意义不言而喻[②]。

风险投资在我国出现已经快20年了，但目前还处于瓶颈期。目前我国约有300多家风险投资企业，500多亿风险投资资金，投资了3000～4000个项目，但投资额只有资本总额的1/3左右。主

① "合伙企业法修订的理由"，中顾网，2006年9月1日。

②《中国经济周刊》，2006年5月。

要原因就是“进口不畅，出口不顺”。所谓“出口不顺”是指风险投资退出机制尚不完善；而“进口不畅”则是指风险投资可供选择的组织形式太少，目前只能采用公司形式。

有限合伙是由普通合伙人和有限合伙人共同组成的合伙组织。其中，普通合伙人负责合伙企业的经营管理，并承担无限责任；而有限合伙人通常不参与经营活动，对合伙企业的债务仅以其出资额为限承担有限责任。有限合伙制的特点可以有效的解决我国目前风险投资“进口不畅”的难题。

首先是“资本放大效应”和企业激励约束机制的形成。如果风险投资机构采用有限合伙制的组织形式，只由一个承担无限连带责任的普通合伙人来负责经营管理，这意味着，普通合伙人以承担无限责任为代价，只需投入很少的资金就能管理一笔庞大的资本，有着极大的资本扩大效应。

在有限合伙组织中，有限合伙人作为风险资本的投入者而非经营者，仅以他们出资额为限，对有限合伙组织的亏损和债务承担有限责任，即有限合伙组织在制度上为投资者承担的风险设置了上限。而风险投资家作为普通合伙人是风险资本的经营者和管理者，要对风险投资机构的亏损和债务承担无限连带责任，从而把普通合伙人的责任与风险投资的成败紧密结合在一起，这就使得有限合伙制在组织制度上能够保证普通合伙人努力地工作。

其次，有效降低企业的运营成本。有限合伙制风险投资组织的管理费用是通过协议事先规定，每年从基金中提取的1%～3%的金额。这样可以规避风险资本家利用信息资源的优势无限度地扩大管理费的风险，同时也促进风险资本家最大限度地发挥专业管理优势，实现最大化收益。同时，有限合伙制风险投资组织作为非独立主体资格的企业，不用缴纳公司税，而是由有限合伙人根据其投资收益缴纳个人所得税。这样，有限合伙制风险投资组织就有效地规避了双重税收的问题，通过降低税务成本，极大地降低了风险投资的运营成本。在新《合伙企业法》中明确规定，“合伙企业的生产经营所得和其他所得，按照国家有关税收规定，由合伙人分别缴纳所得税”[①]。

最后，有利于将具有投资经验和技术研发能力的机构或个人与具有资金实力的投资机构有效地结合起来。

（二）《关于外国投资者并购境内企业的规定》

2006年8月8日，商务部、国务院国有资产监督管理委员会、国家税务总局、国家工商行政管理总局、中国证券监督管理委员会、国家外汇管理局六部委联合发布《关于外国投资者并购境内企业的规定》（以下简称《规定》），自2006年9月8日实施。《规定》是在2003年《外国投资者并购境内企业暂行规定》（以下简称《暂行规定》）的基础上进行丰富而成的，《规定》在进一步填补我国外资并购乃至整个企业产权市场发展漏洞的同时，强化了可操作性，对新的并购程序做出了明确的规范。但是，《规定》中对企业海外“红筹上市”采取了更为严格的审批程序，将加大对于在中国从事风险投资的外资基金所经常采用的“红筹上市”的实施难度，势必引起外资风险投资基金的广泛关注。

1. 从《暂行规定》到《规定》的完善与创新[②]

外资并购进入中国的时间不长，但是发展相当迅速，从中暴露出了很多的问题。在这种情况下，《规定》的出台，一方面通过强化操作性来规范市场秩序，对外资企业境内并购的范围进行了

---

① 对我国发展“有限合伙制”的分析，《安徽建筑工业学院学报》，2005年4月。

② “六部门联合发文规范外资并购”，国家知识产权局，2006年8月29日。

更为严格的约束，强化了审批环节和反垄断审查；另一方面也试图对外资并购的操作环节，特别是对SPV（特殊目的公司）的设立、跨境换股等技术细节，进行了更为细致的规定，使得大部分的并购案有规可依，体现了发展与规范并举的原则，也充分表明了我国的外资并购法规在总结经验教训的基础上正在趋于完善，可操作性更强。

（1）换股并购方式的提出①。《规定》中，首次明确提出换股并购，并且将离岸公司纳入监管范围。《规定》对外国投资者以股权作为支付手段并购境内公司的条件和申报程序做了较大篇幅的规定说明。首次在法规中允许境外公司的股东以其持有的境外公司的股权或者增发股份作为支付手段，购买境内公司股东的股权或境内公司增发的股份。换股并购在国际企业并购中非常常见，在国内通过离岸公司的方式进行的操作也不少，但在国内的法规中一直是空白。此次，从法规和审批程序上加以规范，使换股并购尤其是离岸公司被纳入监管，对资产流失、假外资等问题可以通过正规渠道进行管理，同时通过离岸公司方式进行并购行为也可以得到法律的保护。

（2）加大外资并购限制。值得一提的是，《规定》首次涉及外资并购中此前备受争议的“国家经济安全”问题。对可能影响国家经济安全，造成过度集中、排除或限制竞争的行为，设置了事先防护的措施和事后的监管办法。依据《规定》内容，外国投资者并购境内企业并取得实际控制权，涉及重点行业、存在影响或可能影响国家经济安全因素或者导致拥有驰名商标或中华老字号的境内企业实际控制权转移的，当事人应就此向商务部进行申报。

同时，《规定》中首次引入了尽职调查制度，要求“外国投资者以股权并购境内公司，境内公司或其股东应当聘请在中国注册登记的中介机构担任顾问”。这将在一定程度上保证并购市场的健康发展，通过独立第三方的并购顾问的方式来保护被收购公司的权益。另外，在《规定》中将反垄断审查作为一章，专门提出对于外国投资者并购涉及市场份额巨大，或存在严重影响市场竞争等重要因素的，应就所涉及情形向商务部和国家工商行政管理总局报告，由上述机构决定是否批准并购。

《规定》的出台，在促进和规范外国投资者来华投资，引进国外的先进技术和管理经验，提高利用外资的水平，实现资源的合理配置，保证就业、维护公平竞争和国家经济安全等方面起到了很好的规范指导作用，能够为我国企业在外资并购的浪潮中披荆斩棘提供有力的法律支持。

2. 加大“红筹上市”的实施难度②

在这次修改中，最引起风险投资业界瞩目的当属《规定》加大对企业海外上市的监管力度。《规定》新增了第四章的内容，在此章中，一是明确规定了外国投资者可以以股权作为支付手段并购境内公司，并规定了以股权并购的条件；二是在第三节对“特殊目的公司”进行了特殊的规定。这两点把我国现阶段中小企业海外上市的两种主要方式：买壳上市和造壳上市，分别进行了限制。

第一，对买壳上市的限制。在买壳上市实务中，境内企业购买壳资源主要是到OTCBB（Over the Count Bulletin Board）市场。我国内地中小企业限于资产规模和竞争力，很难直接打入美国主板市场，主要是通过反向收购的方式进入OTCBB，之后再谋求转板。

《规定》加大对这种间接海外上市的限制。《规定》在第二十九条规定了作为支付手段的股权的条件，其中第三个条件就是“境外公司的股权应在境外公开合法证券交易市场（柜台交易市场除外）挂牌交易”，而OTCBB是场外证券交易行情招示板市场，是美国证券商协会管理的柜台证

① “《关于外国投资者并购境内企业的规定》短评”，申银万国证券有限公司，2006年8月15日。

② “解读《关于外国投资者并购境内企业的规定》”，安徽律师网，2006年9月10日。

券交易实时报价服务系统，此市场上的股权交易被《规定》明确排除在外。这就意味着，如果中小企业再去OTCBB购买目标壳公司，在壳公司的反向收购中，将不能再使用股权交易的方式，只能使用现金这一种方式支付并购对价。而且，当收购金额达到一定数额的时候（鼓励类、允许类的行业为1亿美元以上，限制类的为5000万美元以上），要由商务部进行审批，低于这一数额的，由省级商务主管部门审批。这就增加大了中小企业海外上市的难度和成本，买壳上市模式的低成本和间接的优势无法体现。所以《规定》给买壳上市加上了一个“紧箍咒”。

第二，对造壳上市的限制。造壳上市，也称“红筹上市”，是近年来国内企业寻求海外上市的主要方式。在《规定》出台之前，“红筹上市”只是需要申请办理境外投资外汇登记手续和后续涉及的外汇登记变更手续。而在《规定》出台后，对“红筹上市”的审批则要严格很多。

《规定》第四章第三节专门针对“特殊目的公司”作了规定。根据《规定》第四十二条，境内公司在境外设立特殊目的公司，应向商务部申请办理核准手续，而且须报送特殊目的公司最终控制人的身份证明文件和境外上市商业计划书，之后才能办理外汇登记。根据第四十四条，特殊目的公司并购境内公司时也要报商务部批准。商务部对报批材料初审同意后，出具原则批复函，境内公司可凭批复函向国务院证券监督管理机构报送申请上市的文件。国务院证券监督管理机构于20个工作日内决定是否核准。境内公司获得核准后，向商务部申领批准证书。商务部向其颁发加注“境外特殊目的公司持股，自营业执照颁发之日起1年内有效”字样的批准证书。境内公司应自收到加注的批准证书之日起30日内，向登记管理机关、外汇管理机关办理变更登记，由登记管理机关、外汇管理机关分别向其颁发加注“自颁发之日起14个月内有效”字样的外商投资企业营业执照和外汇登记证。境内公司应自特殊目的公司或与特殊目的公司有关联关系的境外公司完成境外上市之日起30日内，向商务部报告境外上市情况和融资收入调回计划，并申请换发无加注的外商投资企业批准证书。如果境内公司在前述期限内未向商务部报告，境内公司加注的批准证书自动失效，境内公司股权结构恢复到股权并购之前的状态。

从上面条款可以看出，两次的商务部审批实质上是控制了“红筹上市”的两个关键环节，对于本来想借外汇管理局“75号文（《国家外汇管理局关于境内居民通过境外特殊目的公司融资及返程投资外汇管理有关问题的通知》）”的东风到境外上市的中小企业无疑再次受到政策障碍。另外，更加复杂的审批程序和批准证书“1年内有效”的期限，也是对“红筹上市”模式更加严格的限制。

《规定》对买壳上市和“红筹上市”所进行的限制，可能出于以下几方面考虑：一是产业政策引导。在自主创新的科技政策下，政府将扶持相关领域的优质企业登陆国内资本市场，同时，防止境内企业借路将国有资产转移出境并为个人所侵吞。二是避免上市资源流失。近两年的海外上市导致国内优质上市资源流失，政府将加大对“红筹上市”的管制。三是维护外汇收支平衡。目前，国外设立的壳公司收购境内资产时一般以外汇兑换成人民币后进行收购，收紧“红筹上市”，对缓解外汇流入有一定作用。

在《规定》实施后，本来应该变得越来越活跃的中小企业境外上市活动，又会进入一个“沉闷期”，进而中小企业可能会逐渐把目光投向深圳中小企业板。

3.《规定》的不足和展望[①]

从仅仅26条的《暂行规定》发展到如今的6章共61条的《规定》，这本身就是一大进步，表

① “外资并购新规喜与忧——评《关于外国投资者并购境内企业的规定》”，《商务评论》，2006年8月11日。

明我国的外资并购法规在总结经验教训的基础上正在趋于完善，可操作性更强。但《规定》在一些方面还存在着不完善的地方，需要在具体实施过程中立足实践，进一步加以改进。

（1）特殊目的公司的含义还存在缺漏。首先，《规定》中第四十二条规定，“境内公司在境外设立特殊目的公司，应向商务部申请办理核准手续”。如果境内的自然人到境外设立特殊目的公司，是否应向商务部申请核准？《规定》没有对此种情况进行规定。另外，在特殊目的公司的含义中，《规定》将其功能仅仅定为“在境外上市”，而外汇管理局的“75号”文件中规定的“特殊目的”公司还包括为达到其他目的而设立的公司。如果实务中，特殊目的公司确是为其他目的而设立时，是适用《规定》还是“75号”文件？《规定》实施后，“75号”文件中与《规定》内容相互补充的规定的效力如何确定？《规定》并没有就此说明；最后，对于在《规定》实施前，境内公司已经在境外设立特殊目的公司，而在《规定》实施后，特殊目的公司要对境内企业进行收购的，对于报批的材料和程序等实务操作上的衔接，《规定》也没有进行说明。

（2）限制外资具体条款不明确。在《规定》中，“商务部有权利会同相关部门要求当事人终止交易或采取转让相关股权、资产或其他有效措施，以消除并购行为对国家经济安全的影响”。但是在实施过程中，对于重点保护行业，和可能影响国家经济安全的企业并购行为，还没有一个明确的衡量标准。这给国内企业和国外投资者都带来了困惑。另外，资产评估机构和并购顾问能力的认定等问题，仍需要进一步明确。

在反垄断审查方面，《规定》与先前的《暂行规定》相比，并没有太大变化，其中对于相关市场的认定、市场占有率的统计者以及统计标准等问题均没有明确。

三、地方政策法规综述

各地方政府也在国家法律精神的指引下，结合本地区经济发展水平和风险投资发展的状况和特征，相继出台了多部适用于本地区风险投资发展的地方性法律文件。这些法规主要侧重于对政府引导资金管理运作、顺畅风险投资退出渠道、促进中小企业的发展、推动高科技企业和高新园区的发展等方面的扶持和规定，这些法规共同构成中国风险投资政策法规体系的基础。

（一）政府引导基金设立和管理的地方法规

根据国家有关规定，北京中关村科技园区进一步调整和完善了风险投资引导资金工作方案，加大扶持力度。从2005年开始，将创业投资引导资金规模分5年逐步扩大至5亿元，进一步拓宽资金使用方式。为了进一步引导和促进中关村科技园区创业投资的发展，根据《北京市关于进一步做强中关村科技园区的若干意见》及《中关村创业投资引导资金设立方案》，并总结和借鉴已有实践经验，中关村创业投资发展中心于2005年11月28日制定了《中关村创业投资发展中心跟进投资管理办法》。此办法规定，当经认定并签订合作协议的创业投资企业在园区内选定投资项目后，创投发展中心按创业投资企业实际投资额的一定比例提供配套股权投资，以同等条件对项目进行联合投资。同时，中关村又出台《中关村创业投资发展中心种子资金投资管理办法》，设置种子基金，采取“孵化加创投”的投资方式，即创投发展中心联合园区内经认定的科技企业孵化器，以同等条件，对入驻孵化器内处于初创期的园区高新技术企业进行共同投资。另外，还通过2005年11月出台的《中关村科技园区创业投资企业风险补贴暂行办法》，对风险投资给予专项补贴。通过配套投资、种子基金等方式，进一步扩大风险资本的来源，吸引更多社会资本参与风险投资。

2006年8月28日，宁波市政府颁布《宁波市科技创业投资补助资金管理暂行办法》，进一步发挥财政科技资金的导向作用，规范科技创业投资补助资金的管理。上海浦东新区也在2006年10月21日启动全国首只由地方政府倡导设立的风险投资引导基金——浦东新区创业风险投资引导基金，引导基金可以不高于1:3的比例与海内外专业机构合作，并通过优先受偿、优先退出、让利于民等方式，把项目快速增长的政府收益部分奖励给合作方，引导更多的民间资金进入并关注高新技术产业发展。据了解，浦东设立创业风险投资引导基金短短数月来，已达成募集2亿多美元资金的合作意向，吸引约1.9亿美元的创业风险投资资金。

（二）服务创新型高新技术中小企业的地方法规

1. 力促中小企业发展的规定

中小企业在整个国民经济中占有十分重要的地位，已经成为国民经济发展中最迅速、最有活力的一支力量，也是科技创新的有生力量。但是，制约我国中小企业发展的瓶颈依然存在：财政支持力度不够、融资渠道窄、信用担保体系不完善等等，这些因素仍将长期阻碍我国中小企业的健康发展。为了正确的引导中小企业的发展，各省市都纷纷出台了有利于本地中小企业发展的政策措施。

江苏省已于2006年3月1日正式实施的《江苏省中小企业促进条例》，提出对中小企业进行创业扶持，对符合条件的企业进行资金支持，推动企业进行创新。广东省也为了加强全省科技创业服务平台建设，大力支持中小科技企业创新创业，促进科技成果产业化，于2006年7月27日出台《关于加强科技创业孵化体系建设支持中小科技企业创新创业的意见》。山西省也于2006年7月出台政策促进和引导银行业金融机构对中小企业的金融服务，努力解决中小企业“融资难、贷款难”的问题。2006年10月20日，上海浦东新区颁发《中小企业发展基金管理办法》，成立了中小企业发展基金以及专为中小企业和各类中介机构提供各项服务的浦东中小企业推进服务中心。这些政策为中小企业的发展提供了良好的“温室”环境。

2. 推动高新区园和高新技术产业发展的政策

高新技术开发区对促进科技成果转化、培育创新型高科技企业和企业家、孕育新的技术革命和新兴产业、加速新经济的发展进程，发挥了根本性的推动作用，也逐渐成为促进地方经济增长和社会持续发展的有效方式和重要手段。地方政府为了发展当地高新技术产业，都积极制定了促进本地区高新技术产业和开发区的行政规章。

河南郑州明确提出了“加快50家成长型高新技术企业发展的通知”，以文件形式明确了对成长型高新技术企业发展的扶持措施。江西省通过《江西省政府关于进一步发展资本市场的实施意见》（2006年1月20日），鼓励外商设立创业投资企业和投资性公司，推动创业投资，拓宽中小企业，特别是中小高新技术企业的融资渠道，促进高新技术企业发展壮大。山东省政府在2006年6月12日《山东省科学技术奖励办法》，通过制定政府参股、融资担保、税收扶持、投资退出等各项优惠扶持政策，培育有利于高新技术成果转化的风险投资资本市场，并通过建立合理的激励制度，促进地方高新科技的发展。《天津经济技术开发区促进高新技术产业发展的规定》（2006年8月1日）在将开发区建成高新技术产业研发和生产基地的战略目标的指引下，对给予高新技术企业的优惠政策进行了详细的论述。上海市也在2006年先后发布《上海中长期科学和技术发展规划纲要（2006－2020）》、《上海市高新技术成果转化项目认定程序》和《上海市科技企业孵化器孵化企业（项目）入驻管理办法》等，明确“以应用为导向的自主创新”的科技发展基本思路，加快上海市高新技术成果转化，进一步规范科技企业孵化器及孵化企业的管理，统一在孵企业入驻标准，促进科技企业孵化器的健康发展，同时为风险投资提供了潜在的高质量投资项目。

（三）风险投资退出的政策法规

风险投资退出是整个风险投资过程链中最重要的环节之一，是关系风险投资成功与否的关键因素。然而，由于我国资本市场的不完善，导致风险投资退出渠道狭窄，如何扩大退出渠道，有效增进退出方式的多元化，越来越受到各方的关注。

中关村科技园在这方面的探索走在了前列，科技园区设立的非上市股份有限公司股份报价转让系统的试点工作已于2006年1月正式启动，并在探索逐步实现和资本市场中其他板块的对接。这是落实国家科学技术大会精神、实施《国家中长期科学和技术发展规划纲要（2006－2020年）》的第一项重大创新举措。虽然该股份转让系统更多的起到了信息系统作用，而不具备融资功能，但是作为我国多层次资本市场建设的重要一极，对促进以自主创新为核心的高新技术产业发展着具有重要的实践意义和作用。

江西省于2006年1月20日出台《江西省政府关于进一步发展资本市场的实施意见》，也要求进一步规范发展全省统一的产权交易市场；于2006年9月1日开始实施的《上海市产权转让信息公开发布活动管理规则》，在进一步规范本市产权转让信息的公开发布行为，维护各方合法权益方面作出了详细规定。2006年11月，河南省技术产权交易所承建的河南股权交易市场正式开盘。股份转让系统和产权交易市场为风险投资的退出提供了可选渠道。

（四）知识产权保护法规

技术储备不足是导致我国目前风险投资发展速度缓慢的一个重要原因，而技术创新又与知识产权互为一体，如何保障创新技术权益成了企业必须面对的问题。而风险资本主要投资于高新技术与知识产权领域，是促进科学技术成果转化和推动知识产权保护的催化剂，一个良好的知识产权保护体系对于促进科学技术成果转化和风险投资的发展都是影响至深的。各地方政府加强知识产权保护的立法力度的同时，积极探索完善知识产权保护体系。

湖北市政府在2006年3月16日出台了《湖北省人民政府关于进一步加强知识产权工作的若干意见》，力促提升自主创新能力，充分发挥知识产权制度在促进技术创新和智力创作中的重要作用，并通过完善激励机制，强化知识产权导向作用、健全服务体系，拓展知识产权服务市场和严格行政执法，加大知识产权保护力度等措施，规范市场秩序。江西省也在2006年3月24日出台了《江西省人民政府办公厅关于进一步加强知识产权工作的通知》，进一步推动保护知识产权专项行动的深入开展，并在多个关键部门的配合下组成督查组，围绕打击商标侵权、侵权盗版和网络侵权盗版、专利侵权等保护知识产权专项行动的内容，进行严格审查。上海市在2006年7月20日出台《保护知识产权行动工作方案（2006－2007年）》，也对知识产权保护工作提出新的要求，努力促进知识产权保护的长效机制。

（五）吸引高科技人才创业的政策法规

为鼓励和吸引优秀海外留学人员国内创业，各地政府及高科技园区纷纷出台优惠政策。对海外留学人员到中关村科技园区创办高新技术企业，中关村管委会出台了《中关村科技园区留学人员创业企业资助资金管理办法》，设立专项资金采取无偿拨付的形式资助留学人员企业。通过资金管理小组对留学人员资质和企业情况审查后，对具有良好发展前景的留学人员创办的企业，给予创业资金支持，最高额度为10万元人民币。西安高新区在2003年起实施“百名院士创新创业工程”后，于2006年5月18日又出台了《“百名院士创新创业工程”实施办法》。温州市也在2006年5月29日出台了《温州市留学人员创业资金使用管理办法》，规范创业资金的使用和管理，更好地为留学人员的创业服务。

总之，在各地方政府相继出台促进风险投资相关法规后，伴随着这些法规的落实，各地区风险投资也将迎来一个良好的发展环境，这将有力支持并推动中国风险投资业的发展。

发展篇

第一章　2006年中国风险投资业发展概况

本章首先介绍中国风险投资的发展历程，接着结合中国风险投资研究院于2006年11月～2007年1月的中国风险投资年度调查，分析2006年度中国风险投资发展的进程与特征，有助于读者整体把握中国风险投资发展的历史、现状和趋势。

从发展历程可以看出，中国风险投资始于20世纪80年代，兴起于世纪之交，走过2002年～2004年的调整期，迎来了2005年以来的全面复苏和发展期；在发展的过程中，伴随着风险投资政策体系的日趋完善。

2006年度，中国风险投资业呈现如下几个特点：资本与投资总量齐创新高，增速创下历史纪录；海外风险资本与投资占据半壁江山，本土边缘化趋势未改；传统行业强势分解IT行业，已成为风险投资的宠儿，亦喜亦忧；北京和上海引领中国风险投资发展的趋势持续巩固；种子期项目融资水平依旧不足；资本市场在风险投资中的重要性日益展现等。此外，本章对2006年度风险企业IPO的基本情况进行了简析，并对中国风险投资的发展趋势进行了简要展望。

本章数据来源于中国风险投资研究院于2006年11月～2007年1月开展的中国风险投资行业调查活动及《中国风险投资年鉴》(2003～2006)，详细数据资料参考“统计篇”。

第一节　中国风险投资发展历程

我国的风险投资业始于20世纪80年代，1985年1月1日，中共中央发布了《关于科学技术体制改革的决定》的文件，指出：“对于变化迅速、风险较大的高技术开发工作，可以设立创业投资给以支持。”根据这一决定，当年成立了我国第一家股份制的、以从事风险投资事业为目的的风险投资公司“中国新技术创业投资公司”，这是中国在探索风险投资事业过程中一次有益的尝试，为后来的风险投资实践提供了重要的借鉴。但是风险投资在我国真正引起重视，还是在1998年民建中央向全国政协提交“尽快发展我国风险投资事业”的提案，即“一号提案”之后。1999年8月中共中央作出了《关于加强技术创新，发展高科技，实现产业化的决定》和当年12月国务院办公厅转发了科技部等七部委提出的《关于建立我国风险投资机制的若干意见》之后，中国风险投资事业才真正作为新投融资制度创新被系统地提出和广泛地推进，中国的风险投资事业才开始蓬勃发展起来。

纵观我国风险投资事业的发展，大致经历如下几个阶段：

第一个时期是酝酿期（1985年～1996年）。以中共中央1985年3月公布的《关于科学技术体制改革的决定》为开端。此后国务院陆续发布了一些建立风险投资基金和风险投资公司的政策和规定，但是由于观念上及体制上的障碍，科技改革与经济改革未能保持同步以及融资渠道不通畅、资本市场欠发育、契约关系不健全、分配制度不合理、知识产权不明确等原因，致使我国的风险投资事业举步维艰，发展极为缓慢。从1990年初开始，境外投资者设立的一些中国投资基金开始投向中国境内。虽然这些基金的不少管理者有丰富的风险投资经验，但他们多半认为在中国发展风险投资的市场还不成熟，因此绝大多数还是投向已有企业的扩大再生产，真正从事风险投资的为数不多。

第二个时期是兴起时期（1997年～2001年）。随着改革开放的推进，中国风险投资事业兴起的条件也在逐渐成熟，而且我国社会主义市场经济的发展也形成了对风险投资的客观需求。在国务院于1996年发布的《关于“九五”期间科技体制改革的决定》中再次强调要发展风险投资，一些部门和地区也在积极探索和推进。在此情况下，民建中央在1998年3月全国政协九届一次会议上提出《关于加快我国风险投资事业的几点意见》的“一号”议案，受到政府有关部门的支持和各界人士的关注，掀起了我国风险投资事业发展的热潮。尽管还存在一些观念、制度、法律等方面的障碍，也出现了一些问题和失误，但这个时期内中国风险投资事业确实得到了迅猛发展。

第三个时期为调整期（2002年～2003年）。从2001年开始，在世界经济发展减缓及国际风险投资退潮的影响下，中国风险投资事业的发展遇到了不少困难，进入了一个相对的低潮调整期。

第四个时期为回缓发展期（2004年以来）。经过了两年多的蛰伏期，中国风险投资低迷的趋势开始逆转，虽然经历了一些政策法规上的波折，但是演绎了诸如盛大网络、百度和无锡尚德等经典案例。在这一系列经典案例以及“十一五”规划、《创业投资企业管理暂行办法》、《公司法》和《证券法》的修订并施行以及新《合伙企业法》等利好政策的刺激下，风险投资在中国的发展迎来了一个崭新的机遇。

第二节　2006年中国风险投资发展概况与特征

一、2006年中国风险投资发展概况

2006年，在落实国家“十一五”规划纲要提出的自主创新战略中，中国风险投资业诸多利好政策不断：《创业投资企业管理暂行办法》的正式实施掀起政府引导基金的创立浪潮；新《合伙企业法》的修订完毕，为有限合伙制等创新性机制的实施提供了法律保障，有利于实现中国风险投资行业与国际的接轨；中小企业板实现全流通后的IPO“开闸”，拓宽了我国风险投资退出渠道。在中国风险投资整体政策环境日趋完善的背景下，海内外风险投资机构在实际运作中仍然感觉到一些困惑。虽然外管局“75号文件”扭转了“11号文件”和“29号文件”对“红筹上市”的消极影响，然而2006年8月份的外资并购新政出台却使得“红筹上市”再度受挫。

回顾过去的一年，在中国宏观经济迅猛增长以及政策层面的强力推动下，2006年的中国风险投资业仍然延续了自2004年以来全面复苏的态势，并且随着2006年中国证券市场的强劲复苏以及多层次资本市场体系的完善，中国风险投资业已经步入高速发展的阶段。

2006年调查的风险投资项目数达到371个，其中，有349个项目提供投资金额信息，总投资额超过143.64亿元人民币[①]，比2005年调查的117.57亿元投资额增加22.17%（见表1.1和图1.1）。

---

① 除特别声明外，本章所用货币单位均为人民币。

表1.1　2003年～2006年调查机构投资规模情况

投资规模	2003年	2004年	2005年	2006年
投资项目数（个）	335	325	434	371
投资金额（亿元）	37.15	37.83	117.57	143.64

注：2006年该项调查的有效样本数为117家；2003年和2004年仅为问卷调查数据

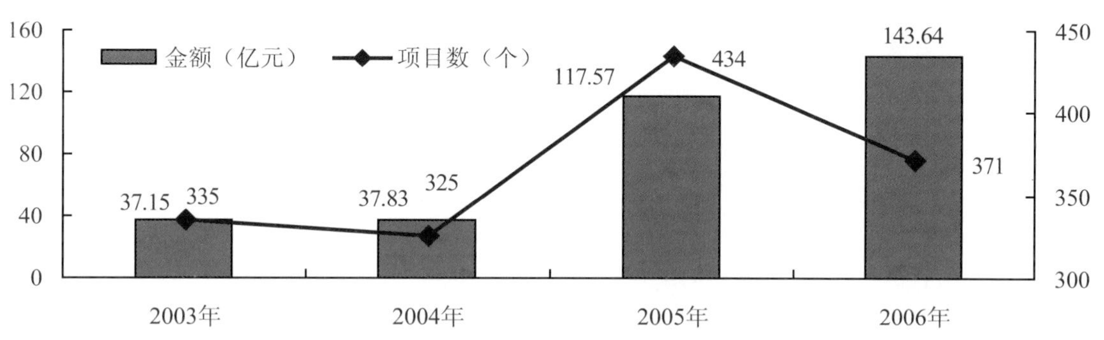

图1.1　2003年～2006年风险投资规模变化趋势

二、2006年中国风险投资发展特征

中国风险投资研究院于2006年11月～2007年1月开展年度风险投资行业调查活动，通过问卷调查和公开渠道等方式获得相关信息。在进行严格筛选后，实际有效调查样本数为153家，在对这些资料进行筛选、统计和研究分析之后，归纳出2006年度中国风险投资行业发展的新特点：

第一，中国风险资本与投资总量齐创新高，增速创下历史纪录。

本次调研结果显示，截至2006年底，中国风险资本总量超过583.85亿元，比2005年底的464.5亿元高出25.69%（见图1.2）；2006年高达240.85亿元的新筹资风险资本规模，比2005年对应的195.71亿元增加了23.06%（见图1.3）。

2006年度中国风险投资总量再创历史新高，143.64亿元的投资总额，比2005年增加22.17%（见表1.1和图1.1）。2006年风险资本与投资总量的增长率均超过20%。

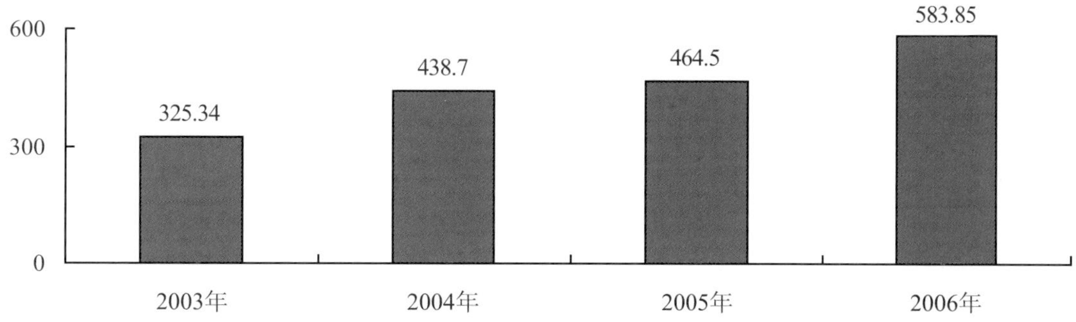

图1.2　风险资本总量的变化趋势

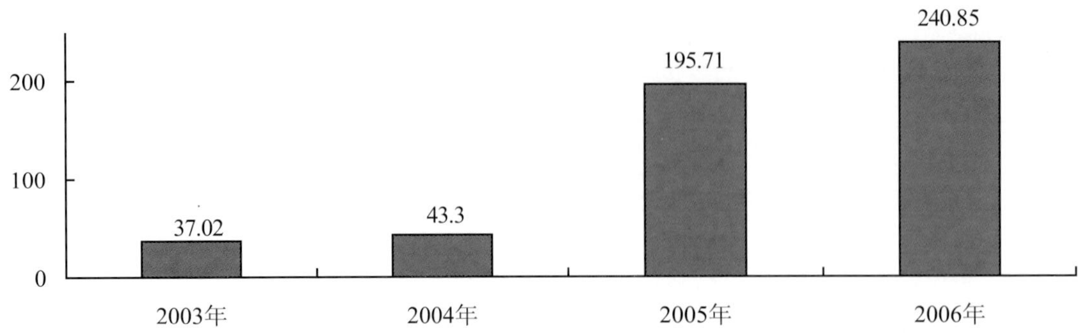

注：2003年～2004年仅为问卷调查数据

图1.3　新募集风险资本总量的变化趋势（单位：亿元）

第二，海外风险资本与投资占据半壁江山，本土边缘化趋势未改。

从调研结果看，虽然制约“红筹上市”路径的政策不稳定因素依然存在，但其并未动摇海外风险资本坚定的中国战略。在2006年新筹集的风险资本中，超过一半的风险资本来源于海外，所占比例高达65.1%，正是由于近年来大量海外风险资本的涌入，使得风险资本管理规模中，海外资本所占比例从2003年的5%，激增至2005年的33.9%，2006年更是接近50%（达到43.73%），海外资本占据中国风险资本半壁江山的局面日益显现（见表1.2）。

表1.2　　2003年～2006年风险资本来源分布

		中国内地	海外资本	合计
2006年	金额（亿元）	228.39	177.52	405.91
	比例	56.27%	43.73%	100%
2005年比例		66.1%	33.9%	100%
2003年比例		95%	5%	100%

注：2006年该项调查的有效样本数为122家

对调研投资总量的分析可以看出，由外资机构主导的投资额超过109.3亿元，占总投资额的76.1%，本土机构主导的投资总量仅为34.3亿元，占23.9%，前者是后者的3倍多；而2005年本土和外资机构主导的投资额比例分别为43.1%和56.9%，中外投资总量差异纵向深入（见表1.3）。

表1.3　　2005年～2006年调查机构投资规模情况

投资规模		本土机构	外资机构	合计
2006年	投资额（亿元）	34.3	109.3	143.6
	金额比例	23.9%	76.1%	100%
2005年投资金额比例		43.1%	56.9%	100%

注：2006年该项调查的有效样本数为117家

第三，传统行业强势分解IT行业，已成为风险投资的宠儿，亦喜亦忧！

与往年形成鲜明对比的是，2006年传统行业实现了对以互联网、软件为代表的高科技产业的强势冲击，一举成为风险资本的宠儿。调查显示，2006年度有16.39%的风险投资项目属于传统行业，该行业吸收了20.57亿元的风险资本，所占比例为14.32%，仅次于IT行业（见表1.4）。而本年度22个实现IPO的风险投资企业中，就有6个属于传统行业，也仅次于IT行业的IPO案例数。传统行业不仅在风险资本融资额还是在IPO方面都与IT行业形成抗衡，对其进行强势分解。

表1.4 2006年风险投资行业分布

行业	狭义IT	传统产业	能源环保	IC	通讯	其他	医药保健	生物技术	金融服务	合计
项目数	120	60	55	30	28	25	22	16	10	366
项目数比例	32.79%	16.39%	15.03%	8.20%	7.65%	6.83%	6.01%	4.37%	2.73%	100%
金额（亿元）	63.01	20.57	17.84	7.85	8.97	8.82	1.67	8.79	6.09	143.61
金额比例	43.88%	14.32%	12.42%	5.47%	6.25%	6.14%	1.16%	6.12%	4.24%	100%

注：2006年该项调查的有效样本数为117家

传统行业成为风险投资的宠儿，可谓喜忧参半。一方面，传统行业成为备受关注的投资领域，反映出越来越多的风险投资者正在突破以往风险投资理念的局限，不再唯互联网和软件等高科技是论，投资领域的多元化能够在一定程度上缓解IT行业风险投资的部分“风投热”。另一方面，风险投资是随高科技创新发展应运而生，与高科技创新行业天然交织在一起的，其使命就是作为高科技企业发展的助推器，而现在中国风投“转向”的行为值得忧虑，需要审慎对待其已蔚然成风的苗头。

第四，北京和上海引领中国风险投资发展的趋势持续巩固。

从调研的投资总量看，2006年投资于北京的风险金额最多，所占比例达到34.76%，并且逐年增加；上海的投资金额比例为24.8%，紧随北京，列全国第二（见表1.5）。

北京地区风险资本总量继续保持领先地位，占全国风险资本总量的比例逐年增加，从2003年的15%上升到2004年的23%、2005年的33%以及2006年的48.14%。上海地区2006年的风险资本量仅次于北京，占全国资本总量的16.47%（见表1.6）。

京沪两地不仅在资本额合计比例还是投资额合计比例，均占全国的60%以上。

表1.5 2006年投资金额的地区分布

类型	北京	上海	深圳	东北	华北	华东	中南	西部	合计
投资额（亿元）	49.87	35.59	6.66	10.20	2.09	19.30	10.20	9.58	143.49
比例	34.76%	24.80%	4.64%	7.11%	1.46%	13.45%	7.11%	6.68%	100%

注：2006年该项调查的有效样本数为117家

表 1.6　　2006年风险资本总量的地区分布

类型	北京	上海	深圳	东北	华北	华东	中南	西部	合计
资本总量（亿元）	265.92	90.98	33.72	20.40	11.65	61.92	47.22	20.58	552.39
比例	48.14%	16.47%	6.10%	3.69%	2.11%	11.21%	8.55%	3.73%	100%

注：2006年该项调查的有效样本数为122家

第五，种子期项目融资水平依旧不足。

从调研结果看，有69%的投资项目数处于扩张期和成长期，且成长期的项目数比例延续2005年的增长趋势，比例值升至49%。种子期项目数比例与2005年保持一致，仍然没有扭转前3年调研结果中出现的逐年下降的态势。虽然《创业投资企业管理暂行办法》的正式实施已经掀起设立政府引导基金扶持种子期项目的浪潮，但是从目前的调研结果看，效果还没显现出来，种子期项目融资水平依旧不足（见表1.7）。

表 1.7　　2006年投资阶段分布

行业	种子期	成长期	扩张期	成熟期	上市筹备期	合计
项目数	57	136	57	24	5	279
项目数比例	20.43%	48.75%	20.43%	8.60%	1.79%	100%
金额（亿元）	7.49	22.93	19.78	5.64	0.33	56.17
金额比例	13.33%	40.82%	35.22%	10.04%	0.59%	100%

注：2006年该项调查的有效样本数为110家

第六，资本市场在风险投资中的重要性日益展现。

调研结果显示，有62.07%的项目退出方式为股权/股份转让，低于2005年的七成，通过资本市场实现退出已升至31.90%。资本市场在风险投资中的重要性日益展现（见表1.8）。

表 1.8　　2006年风险资本退出总量分布概况

退出方式	股权转让	上市交易	清算	合计
项目数（个）	72	37	7	116
项目数比例	62.07%	31.90%	6.03%	100%
退出金额（亿元）	74.73	73.50	0.07	148.3
金额比例	50.39%	49.56%	0.05%	100%

注：2006年该项调查的有效样本数为62家

随着2006年6月份深圳中小企业板实现全流通后的上市“开闸”，以深圳同洲电子登陆中小企业板并融资3.5亿元为标志，拉开风险投资国内资本市场退出的序幕。截至2006年底，已经有5家风险投资企业在深圳中小企业板实现IPO，占本年度22个风险投资企业IPO案例数的27.73%。

调研中，有50%风险投资经理认为中小企业板的“开闸”将极大推动风险投资资金通过国内上市实现退出。而已经生效的美国萨班斯—奥克斯利法案，也将助推风险投资企业选择国内资本市场作为风险投资退出渠道。

此外，2006年度，包括北京和天津在内的多个产权交易市场都为构建多层次资本市场制度建设作出了积极的探索，天津已于2006年11月提出设立柜台交易市场（OTC）的申请，正在等待主管部门的审批，这些都将为风险资本的退出提供更多的便利。

三、2006年中国风险企业首次公开上市（IPO）简析

（一）总量分析

随着中国资本市场股权分置改革的推进及深圳中小企业板块率先实现全流通后的首次公开上市（IPO）开闸，国内资本市场环境的日益完善，极大推动风险企业的IPO，2006年全年就有22家风险投资企业在国内外资本市场上实现IPO，融资额高达115.04亿元。其中，下半年IPO家数为13家，融资额为84.85亿元，超过上半年的9家以及30.19亿元的融资额（见图1.4）。

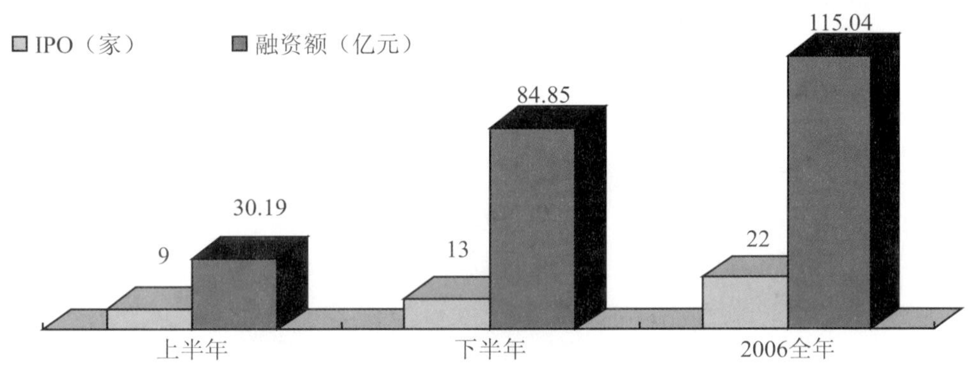

图1.4 2006年风险投资企业IPO概况

（二）IPO市场分布

在22家IPO企业中，有17家在海外市场上市，仅有5家在国内资本市场上市融资。虽然萨班斯—奥克斯利法案（Sarbanes-Oxley Act）于2006年7月起生效，该法案因要求对在美国资本市场上市公司实施包括内控等方面的严厉监管措施而著称，但实际表现显示其并未使得中国风险企业赴美上市出现萎缩。在上市的22家企业中，就有6家（占27.26%）在美国纳斯达克市场上市融资42.05亿元，平均融资额达到7.01亿元，还有其他两家在美国纽交所和OTC市场上市融资；在深圳中小企业板和新加坡主板上市的企业均为5家（占22.73%），融资额分别为10.98亿元和13.65亿元（见图1.5）。

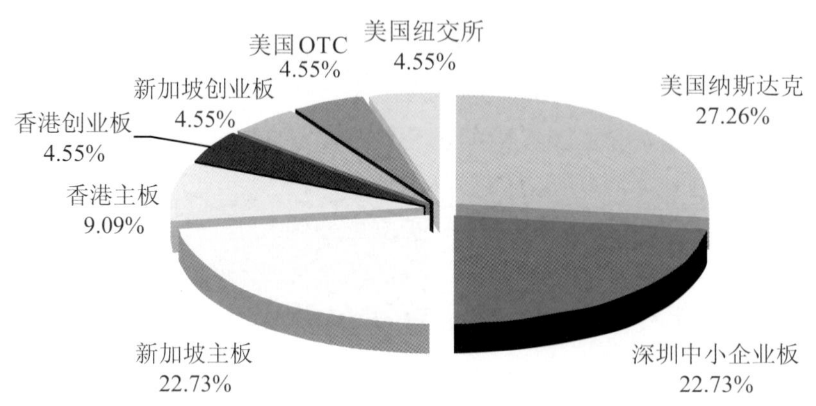

图1.5　2006年风险投资企业IPO市场分布

（三）IPO企业的行业分布

在22家IPO企业中，能源环保类企业最多，有7家（占总数的31.8%），融资额达到42.36亿元，平均融资额6.05亿元。传统产业以6家紧随其后（占总数的27.3%），融资额为27.52亿元。通讯行业的IPO企业虽仅有2家，但其融资额高达37.04亿元，平均融资额最高达18.52亿元（见图1.6）。

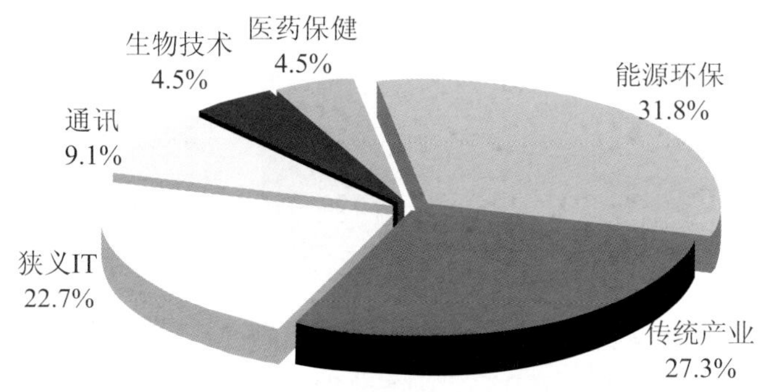

图1.6　2006年风险投资IPO企业的行业分布

第三节　展望中国风险投资发展

2006年延续了2004年以来中国风险投资复苏后高速发展的趋势，而且伴随着中国经济持续又好又快的发展前景，可以看出中国风险投资业将迎来高速发展的机遇，风险投资政策环境的完善步伐正稳步推进。

一、宏观经济高速增长为风险投资在中国的发展提供保障和机遇

2006年是国家“十一五规划”的开局年，宏观经济持续了稳步增长的良好态势，根据国家统计局初步核算的结果显示，2006年第一季度经济增长速度为10.4%，第二季度高达11.5%，第三和

第四季度分别为10.6%和10.4%，全年实现10.7%的经济增长速度，比2005年的10.4%高出0.3个百分点。可以预计，2007年的经济增长仍然会保持一个增长速度比较快，经济运行比较平稳的良好势头。

稳步经济增长的态势，为风险投资发展提供了良好的经济环境，也为风险投资带来了发展机遇，尤其随着消费服务市场的逐步释放所带动的消费服务产业的升温，势必形成投资的热点。此外，在落实国家自主创新战略过程中，TMT（电信、媒体和科技）和其他高新技术产业以及由此所导向的相关行业都将持续保持升温的势头，丰富了投资资源。

二、海外风险资本持续升温　本土风险资本面临的挑战有增无减

中国经济高速发展所带来的商机，吸引了众多海外风险资本的广泛关注，特别是最近两三年，海外风险资本进入中国的步伐逐渐加速，越来越多的国际风险投资机构专门设立中国的投资基金或加大在中国的投资金额。虽然在政策层面曾出现过一些波折，制约“红筹上市”路径的政策不稳定因素依然存在，但其并未动摇海外风险资本坚定的中国战略。随着海外风险资本的急剧涌入，海外资本占据中国风险资本半壁江山的局面日益显现，在投资金额上的主导地位持续巩固，相信在中国5年WTO过渡期之后，这些趋势将得到加强。

海外风险资本的持续涌入，加之其在资本量、国际化视野、操作经验以及机制安排等方面的绝对优势，使得本土风险投资机构面临强势挑战。本土风险投资应积极化挑战为发展的动力，充分利用本土优势，引进国际先进经验，以求逐步缩短与外资风险投资机构的差距。

三、风险投资政策环境的完善稳步推进

近年来，中国风险投资相关法律法规、政策建议体系不断完善，以“自主创新”为核心的“十一五”规划从战略高度上为拓展风险投资的发展提供了参考，将极大推动风险资本与自主创新企业的互动发展。中小企业板块于2006年6月实现全流通后的“开闸”，实现了风险企业的IPO退出；2006年5月资本市场IPO新规也缩短了上市准备期；此外，多个产权交易市场都为构建多层次资本市场制度建设作出了积极的探索，天津在2006年11月申请柜台交易市场（OTC）的建立，目前正在等待有关部门的审批；可以看出多层次资本市场体系正在完善和充实，势将拓宽风险投资退出渠道。

虽然有关配套措施尚未出台，但是2006年3月1日起《创业投资企业管理暂行办法》的正式实施对本土风险投资无疑是一个极大的推动；可以预计，随着包括政府引导基金和税收优惠政策等配套措施的陆续出台，本土风险投资的发展将更加显现。

2006年8月新《合伙企业法》的修订完毕，为有限合伙制等创新型机制的实施提供了法律保障，有利于推动实现中国风险投资行业与国际的接轨。而企业所得税的“两税合并法案”已于2006年12月29日获得全国人大常委会的首次审议，并提请全国人大审议，一旦人大通过审议，有望于2008年实施。

总之，随着强劲的宏观经济以及制度政策环境方面的稳步推进，风险投资在中国的发展已经步入高速发展期，新一轮的发展高潮正在兴起。

第二章 中国内地热点区域风险投资发展报告

长期以来，中国内地风险投资业存在着区域发展不平衡的特征。风险投资主要集中于四大区域：以北京和天津为中心的环渤海地区，以沪、浙、苏为中心的长三角区域，以深圳为中心的珠三角地区以及以西安为中心的陕西省地区。本章首先简要概括这几个区域风险投资的发展及政策环境，最后重点介绍各区域中心风险投资发展概况。

第一节 环渤海地区风险投资发展概况

以北京、天津和山东为主的环渤海地区作为国内整体经济实力和投资环境最具竞争力的地区之一，一直都是风险投资的热点地区。区域内自然资源丰富，各项基础设施齐备，便利的交通网络、强大的科技人才优势营造出了良好的投资环境。

环渤海地区风险投资业发展具有区域性特征，大量的风险投资机构和创业企业都集中于北京、天津以及山东半岛地区。凭借着独特的区位优势、良好的产业布局、强大的科技优势以及各地政府的大力支持，环渤海地区风险投资业必将获得进一步的发展。

一、环渤海地区风险投资现状

环渤海地区的北京、天津以及山东凭借着各自的优势发展较为迅速。北京依靠得天独厚的区位、人才、市场和媒介资源，风险投资业发展体系已经较为完善，风险投资公司、创业服务机构及创新企业的活动比较活跃。据中国风险投资研究院2006年底的调查显示，北京的风险资本总量超过265.92亿元人民币[①]，占全国风险资本总量的48.14%。

天津地区围绕机制创新，重点放在建立风险投资组织推动体系、政策制度体系、国际合作体系、专业队伍体系及骨干投资机构体系上，初步形成了一个国际化、市场化、民营化、专业化的具有天津特色的风险投资体系。

山东省风险投资业起步于2000年，5年来山东省风险投资事业不断加快制度创新和业务创新的步伐，努力推进高新技术成果的产业化，积极培育高新技术产业，整体上呈现出良好的发展态势。目前，山东风险投资机构近20家，管理风险资本50余亿元。

① 除特别说明外，本章所用货币单位均为人民币。

二、环渤海地区重点城市——北京风险投资业发展概况

（一）北京地区风险投资现状

北京地区风险投资行业发展始于1985年，经过近20年的发展，取得了不俗的成绩。中国风险投资研究院2006年度调查显示，在全国608.25亿元注册资本中，北京地区占了其中的70.96%；在全国366个风险投资项目中，有25.96%的项目属于于北京地区，融资金额比例为34.76%；2006年全年北京地区有3家风险企业分别在香港、深圳中小企业板和纳斯达克IPO，融资额近9亿元人民币。

目前北京已形成了中关村科技园区、北京技术开发区、北京天竺出口加工区、北京中央商务区、金融街和工业开发区协调发展的格局。同时，北京的人才优势和科研开发能力是当地风险投资业发展的重要区位优势。随着中国国内市场开放度的不断提高，投资环境的不断优化，未来还将吸引更多的跨国公司在北京设立研发机构，北京已经逐渐成为跨国公司在中国和全球重要的研发基地之一。

北京的风险投资机构中，本土机构很多源于政府的科技部门，而海外机构多数来源于资金实力雄厚且在国际上久负盛名的风险投资集团。目前，越来越多的海外知名投资机构在北京设立办公室，北京风险投资业将具有更为广阔的发展空间。

2006年1月，经过中国证监会、中国证券业协会、科技部和北京市相关部门和单位的积极组织实施，中关村科技园区非上市股份公司进入证券公司代办转让系统进行股份报价转让试点（以下简称股份报价转让试点）正式启动，为中关村科技园区非上市股份有限公司提供了有序的股份转让平台，拓宽了风险投资的退出渠道。

（二）北京地区风险投资发展特点[①]

中国风险投资研究院2006年的调查显示，在调查的25家北京投资机构中，外资机构数量虽然仅占36%，但是管理资本额比例却高达78.28%，为208.16亿元；在投资强度方面，北京地区平均单项投资额为2135.2万元，大大高于全国1456.5万元的平均值。

从投资地域上看：北京风险投资机构的投资区域分布相当广泛，包括环渤海地区、长江三角洲地区、珠江三角洲地区以及陕西、安徽等其他地区和省份。但其中，本土风险投资机构的投资首选主要是环渤海地区甚至是北京地区的项目。

近年来，外资风险投资机构投资项目数量在迅速上升，外资和内资风险投资机构联合投资项目的数量也有所上升，外资风险投资机构投资或联合投资的资金规模都远大于本土风险投资机构的投资规模。

从投资项目数上看，电信、软件、半导体及IT服务、生物医药是风险投资机构投资最多的4个行业；而从投资金额上看，电信、半导体、服务行业和互联网行业是获得风险投资机构投资最多的4个行业[②]。

---

① 参考任雪丹、谢建华："北京创投业步入发展期"，《投资北京》，2005年6月。

② 参考任雪丹、谢建华："北京创投业步入发展期"，《投资北京》，2005年6月。

（三）北京地区创业与政策环境

目前，北京已经初步形成中关村科技区、北京技术开发区等多家经济技术开发区，为广大科技型中小企业提供完善的孵化基地；同时，在高新技术产业带聚集的数万家企业，为风险投资提供了丰富的项目资源，为风险投资的未来发展提供了巨大的潜在市场；另外，北京市政府及高新区管委会等有关部门在政策制定上广开优惠条件，注重通过加强高新技术产业开发区建设来不断地为风险投资机构提供良好的环境支持。

中关村科技园区是中国最早成立的国家级高新技术产业园区，园内设有大量的高新技术企业、研发中心、孵化器和中介机构，成为科技创新和成果转化基地。截至2006年6月底，累计入园企业已达1024家，投资总额41.1亿美元，其中世界500强中有38家在这里落户；开发区初步形成了电子信息、光机电一体化、生物技术与新医药、新材料与新能源、软件制造5个主导产业，其中前3个产业已经具有一定规模，形成了“中国最大的移动通信产业基地”、“北京最大的电子信息产业基地”和代表生物工程与新医药产业国际、国内领先水平的“北京药谷”①。

另外，众多的海外归国学子已经成为北京创新、创业的重要力量。据统计，在进行创业的留学人员中，57%的人拥有个人科技成果，其中44%的科技成果获得了专利，专利的所属国主要在中国。截至2006年3月底，中关村科技园区共有留学人员创业园19家，其中11家为中关村管委会与园区知名大学和中科院联合共建的大学留学人员创业园。19家留学人员创业园累计孵化面积40万平方米，吸引入驻留学人员企业1600余家，留学人员2300余人。高素质的留学人员已经成为北京高新技术发展不可或缺的力量②。

北京在多层次资本市场建设中走在全国前列，2006年1月，经过中国证监会、中国证券业协会、科技部和北京市等相关部门和单位的积极组织实施，中关村科技园区非上市股份公司进入证券公司代办转让系统进行股份报价转让试点（以下简称“股份报价转让试点”）正式启动，是我国多层次资本市场建设的一个重要里程碑，对促进以自主创新为核心的高新技术产业发展具有重要的意义和作用。其为中关村科技园区非上市股份有限公司提供了有序的股份转让平台，拓宽了投资退出渠道，有利于提高股份的流动性，完善企业的资本结构，增强企业的发展后劲，代办股份转让系统将成为高新技术企业的孵化器。

（四）北京中关村风险投资发展概况③

中关村科技园区起源于20世纪80年代初的“中关村电子一条街”，作为我国第一个国家级高新技术产业开发区，中关村科技园区覆盖了北京市科技、智力、人才和信息资源最密集的区域。近年来，以IDG技术创业投资基金、联想投资和英特尔投资等为代表的一批国内外顶级投资机构加大了在中关村的投资力度。2001年～2004年，园区内风险投资趋于活跃，总共投资了118个项目，投资总额达到3.45亿美元，其中本土风险投资机构是投资的主力军。2005年，园区内72家企业获得的海外风险投资逾3.2亿美元，占当年全国风险投资总额的36%，遥遥领先于国内其他高新区。2006年上半年，风险投资机构在北京投资近50个项目，投资额达到3.9亿美元，超过了2005年

① 北京经济技术开发区网站，开发区新闻，2006年9月22日。

② 中关村科技园区网站，人力资源配置。

③ 中关村科技园区网站等资料整理。

3.2亿美元的投资额（72个项目）。据不完全统计，目前中关村科技园区内共有各类风险投资机构30多家，管理的可投资中国内地的资本总量为7亿美元左右。

据不完全统计，2003年～2004年，园区共有大唐微电子、港湾网络、中星微等40多家企业获得境内外风险投资机构超过5亿美元的投资。在投资退出方面，园区企业也有不俗表现。截至2006年2月底，中关村科技园区企业在境内外证券市场上市79家，总融资约528亿元人民币；其中，赴美国纳斯达克和纽约交易所上市的14家，融资13.45亿美元。园区上市公司数量占北京地区的55%，居全国53家高新区之首。

通过多年的实践，中关村已初步形成了与风险投资发展配套的、特色的中关村投融资模式：主要是通过规划指导、投资引导和政府增信等方式和手段，以市场化的金融资源配置机制为基础，按照公共财政的原则，建立投融资的引导放大机制，搭建各种投融资促进平台和工作体系，以整合投融资资源，提高投融资效率，扩大投融资规模，促进以自主创新为核心的高新技术产业发展。

为活跃园区的风险投资机构，中关村还设立了“中关村科技园区创业投资引导资金”，对经认定的机构投资于园区企业，给予一定比例的跟进投资资金支持，不参与投资决策和股权管理，依据“政策引导，市场化、专业化运作，向国际惯例靠拢”的原则运作。截至2006年8月底，引导资金总计投资3000万元，帮助18家园区企业引进创业投资资金近1.5亿元，投资引导放大比率为1:5。于2005年11月研究制定的《中关村科技园区创业投资企业风险补贴办法》从2006年1月1日开始实施，至2006年8月底，共补贴投资项目11项，涉及金额800多万元。有效地引导了对园区内初创企业的扶持。

三、环渤海地区重点城市——天津风险投资业发展概况

（一）天津地区风险投资概况

近年来，天津市风险投资取得了较大发展，国际著名风险投资基金也加大了在天津的合作力度。2005年1月，由天津创业投资有限公司与软银亚洲信息基础投资基金合资创立的赛富成长基金(天津)创业投资企业在天津成立，赛富成长基金是我国第一家“非法人制”组织形式的中外合资创业投资基金；同月，由天津创业投资有限公司、泰达科技风险投资股份有限公司与国际著名的生命科技领域风险投资企业美国博乐公司合作，建立了国内首只生命科技创业投资基金——博乐（中国）生命科技创业投资基金①。据中国风险投资研究院2006年调查显示，调查的11家风险投资机构的注册资本额为4.38亿元，管理资本额达到9.77亿元。

天津市已经构建了由风险投资工作联合会、天津市风险投资发展中心、天津风险投资有限公司、天津市风险投资协会、天津市高新技术成果转化中心为骨干的工作体系。这些机构各司其职、协调配合，共同推进风险投资工作。目前，天津已经形成科技服务门类齐全、公共机构与民间机构互补、协同发展的格局，初步形成了一批科技服务骨干企业，天津新技术开发区和天津经济技术开发区成为科技服务业发展最活跃的两大发展基地②。

在风险投资退出方面，天津积极推动多层次资本市场体系的建设，已于2006年9月向国家争

---

①《中国证券报》，2005年1月27日。

②《科技日报》，2004年2月27日。

取以产权交易所为基础推进柜台交易市场（OTC）落户天津，并于2006年11月又专门就此向国务院递交申请，目前正在等待管理部门的审批。另外，据中国风险投资研究院2006年调查统计，有一家天津市风险企业在2006年5月份赴香港证券交易所融资近1.4亿美元。

（二）天津地区风险投资发展特点[①]

近年来，天津市在发展风险投资业方面实事求是、勇于探索，开辟出了以“民营化、市场化、国际化、专业化”为突出特点的发展道路。

一是民营化。在国有资本占较大比重的风险投资业中，通过引入民间资本和境外资本或国有股转让，逐步降低国有资本比重，提高民间资本和境外资本比重；在新设立的风险投资机构中，坚持以民间资本和境外资本为主；在政府专项资金的使用中，充分发挥其引导、扶持的作用，通过“以小引大”的方式，吸引民间、境外机构和个人在天津创办风险投资机构，实现各类资金进入天津风险投资资本市场。以上三种途径改变了国有资本“一股独大”的状况，在资本结构上保证了风险投资机构的民营化运作，最大限度地赋予管理人经营自主权，从而使大部分风险投资机构具有完善的法人治理机制、积极的进取意识和较强的运作能力。

二是市场化。政府的主要职能是制定政策、进行宏观调控，不参与具体的投资活动。在政府资金的使用上，重在培育环境，建设风险投资资本市场；在投资决策中，充分评估被投机构的投资能力和专业水平；在投资管理中，企业自主决策，投资范围可以突破地域限制。通过资本、技术、人才市场的互动式运作，以市场机制推动风险投资业快速发展。

三是国际化。一是推动风险投资业全面对外开放。采取合资、合作等方式，引入国际先进的风险投资理念和有效的管理模式，创造学习和积累经验的机会，尽量缩短同先进地区和企业之间的差距，争取获得“后发”优势，实现风险投资业的跨越式发展。二是着眼于国际大市场，突破地域限制，促进资金、人才、项目资源的双向流动，在国际化进程中，努力突出天津的比较优势，吸引尽可能多的境外资金进入天津。

四是专业化。一是资金管理的专业化。借鉴国际惯例，鼓励风险投资公司和风险投资管理公司分业经营，以管理的专业化规避所有者与管理者的治理结构风险，避免目前存在的所有者与管理者“双向易位”的倾向。二是风险投资机构投资领域的专业化。鼓励设立专业突出的风险投资机构、风险投资基金以及风险投资管理公司。这样，既有利于中小型风险投资机构的起步，简化管理层次，提高投资决策效率，又能够合理利用各类资源，减少投资风险。

第二节　长三角地区风险投资发展概况

长江三角洲作为长江流域经济带的核心区，是我国目前经济增长最快、发展最好的地区之一。该地区依靠重要的战略区位、雄厚的科技实力、人力资本以及优惠的投资政策体系，吸引了大量的风险资本，成为支持中小企业发展的重要力量。其中，沪、浙、苏地区的风险投资业已经成为国内风险投资业的核心组成部分。

---

① 天津市创业投资协会网站整理，2003年。

一、长三角地区风险投资现状

长江三角洲地处我国的“黄金水道”和“黄金海岸”的结合部，是长江经济带和沿海经济带的集合体，是我国经济最为发达的区域之一，2005年长三角地区GDP达到3.4万亿元，占全国GDP总量的18.58%。优越的投资环境以及浓厚的创业意识，使该地区成为中国风险投资最活跃的地区之一。

作为区域内的龙头城市，上海一直都是风险投资的热点地区，目前，上海共有各类风险投资机构百余家。在风险资本的投入机制和运作方式上，上海已经产生以政府引导资金作引导、广泛吸纳海内外资金的效应。江苏省作为长三角地区的另一经济发达区域，近年来风险投资也得到了快速的发展，许多城市和高新技术开发区都设立了风险投资基金，有效地促进了当地高科技产业的发展，江苏省已经成为外国和港、澳、台地区对中国内地投资最集中的地区之一。此外，截至2004年底，浙江省从事风险投资业务的风险投资公司和风险投资管理公司有30家，其中有4家为风险投资管理机构①。为推进高新技术产业的发展，浙江省风险投资机构积极为高新技术产业化提供资金支持，有力地促进了高新技术企业的发展。

（一）科技成果高速转化

近年来，长三角地区高新技术产业在科技成果快速转化的带动下获得了迅速发展，极大地推动了本地区的经济增长。早在1998年，长三角地区的上海市在全国率先推出了促进科技成果转化的首部地方政府政策性文件——《上海市促进高新技术成果转化的若干规定》，此优惠政策覆盖了成果转化的全过程；浙江省为推动科技成果快速转化，开办了国内首创的中国浙江网上技术市场，以其“浙江的钱全国用，全国智力浙江用”的独特魅力，吸引了来自全国各地的大量科技成果，已成为我国目前规模最大的网上技术交易市场。2004年8月5日，由上海市高新技术成果转化服务中心、杭州生产力促进中心、无锡生产力促进中心等单位正式组建了长三角科技成果转化平台，此平台旨在加快长三角地区科研成果走出科研院所的步伐，早日转化为具有市场竞争力的产品。目前，已有上海、南京、杭州、常州、台州等10多个城市的成果转化部门参与此平台的转化服务，主要为长三角地区科研院所主办成果推介洽谈会、展览会，为成果受让单位融资和引进人才，提供产业化所需的其他咨询服务。

长三角地区科技成果的高速转化促进了高新技术企业不断涌现，高新技术企业的蓬勃发展无疑又会给风险投资机构带来高质量的投资机会，进而为风险投资提供了丰富的项目资源，为地区风险投资的未来发展提供了潜在的巨大市场。

（二）完善的多层次资本市场

除了上海证券交易所外，长三角地区的产权交易市场也比较活跃。作为企业资本运营的平台，产权市场是实现生产要素加快流动、资源有效合理配置的重要手段。目前长江三角洲的产权市场呈现出良好的发展势头，形成上海产权交易所、浙江（杭州）产权交易市场和江苏（南京）产权交易市场三足鼎立的格局，成交活跃。以上海产权交易所为中心、以浙江（杭州）产权交易市场和

① “浙江风险投资发展透视”，浙江创业投资协会，2005年4月。

江苏（南京）产权交易市场为依托，向地（市）级城市发展的一体化产权交易市场，并向外围城市及其他地区辐射的产权市场结构正在形成[①]。

发达的产权市场为风险投资的退出提供了便利的渠道。长期以来，退出渠道不畅一直是制约国内风险投资发展的重要原因之一。长三角地区依据其特有的资本市场优势、比较完善的产权市场和便利的风险资本的退出渠道势必将会进一步的吸引更多的风险投资机构的目光。

二、长三角地区重点城市——上海风险投资业发展概况

上海作为长三角地区的龙头，国内整体实力和投资环境最具竞争力的地区之一，一直都是国内外风险投资的热点区域。上海强大的经济实力、完善的配套设施、便利的交通环境、不断优化的投资环境使上海地区风险投资业走上快速发展之路。

（一）上海风险投资发展现状

无论是机构数量还是风险资本量，上海的风险投资都走在全国的前列。据中国风险投资研究院2006年调查显示，调查的20家上海风险投资机构的管理资本额达到90.98亿元，占全国总风险资本额的16.47%；投资于上海的风险企业有67家，占全国的18.31%；同时，2006年就有两家风险投资企业赴纳斯达克和新加坡资本市场融资。

在风险投资的运作机制和运作方式上，上海转变了单纯依靠政府投入的做法，为了更大限度地吸引外来资本投资于科技中小型企业，地方政府通过设立种子引导基金，通过种子引导基金广泛吸引各路投资者，这一模式的实施带动了社会资金的积极参与，为上海市高新技术成果转化提供了重要财源。上海先后成立了上海科技投资公司、上海创业投资公司等风险投资机构，累计投入资金12亿元，带动了近60亿元的社会资本。上海创业投资公司与上海、北京和海外13家投资机构以及管理公司合作，建立了张江、交大、复旦、清华、中科生命孵化、漕河泾等风险基金，带动的社会资金达31.24亿元，其中包括2.3亿美元资本，其总投资规模已达37亿美元[②]。由此可见，上海通过设立种子引导基金发挥其引导作用的政策收效显著。

目前，上海市以“政府引导、民间主体”为特点的风险资本形成机制，已初步形成了以政府投资为导向，带动社会资金积极参与、境内外投资相结合的多元化的风险资本来源体系。

（二）上海投资环境与政策

上海完善的基础设施、便利的交通环境以及在法律环境、知识产权保护、科技成果转换、人才、信息沟通等软指标上的明显优势。

1. 投资环境

上海拥有配套设施齐全，交通便利的投资场所——开发区，已经成为承接投资的主体。在“聚焦张江”的战略决策下，张江已经构筑了生物医药创新链和集成电路产业链的框架。目前，园区建有国家上海生物医药科技产业基地、国家信息产业基地、国家集成电路产业基地等多个国家级基地。在科技创新方面，园区拥有多模式、多类型的孵化器，建有国家火炬创业园、国家留学人员

① 涂琳琳、万迈：“多层次资本市场的效率研究——以长三角多层次资本市场构建为例”，2006年3月。

② 转引自温州产权交易所新闻中心。

创业园，一批新经济企业实现了大踏步的飞跃[1]。其他开发区也各具特色，如陆家嘴金融贸易区是上海目前金融机构、要素市场最集中的开发区；虹桥经济技术开发区是以对外贸易为主要特征的国家级开发区，区内国际贸易中心、国际展览中心和世贸商城早已启用；漕河泾新兴经济技术开发区已形成了以电脑、电子、大规模集成电路等高新技术为主的工业园区。众多先进的高科技园区、完善的孵化基地以及科技成果的高转化率带动了上海科技型中小企业的蓬勃发展。

作为全国金融中心的上海具备完善的金融体系以及发达的资本市场，为风险投资提供了较完善的配套服务。2006年8月底公布的资料显示，截至2005年底，上海金融市场交易规模总计达到35万亿元；上海还是我国内外资金融机构集聚程度最高的城市，汇聚了众多门类金融机构的地区总部或分支机构。2003年底成立的上海联合产权交易所通过产权交易的“快速通道”，为投资者发挥了独特的“交易平台”作用，在为科技企业提供融资服务的同时，也使风险投资在获得成功后能及时退出，实现资本增值。资本渠道的流畅运作，有力地推动了上海市风险投资更好的发展。

2. 政策体系

本着优化投资环境、完善现有政策体系，进一步为引进资本、技术、人才提供畅通环境的目标，上海市政府及各部门在科技成果转化、税收优惠、吸引外资等方面制定了针对性较强的法规体系。

2000年出台的《上海市促进高新技术成果转化的若干规定》（简称《规定》），极大地促进了高技术企业的发展。通过在财税上的让利，使一批民营企业通过实施成果转化成长为“小巨人”。《规定》从三个方面鼓励风险投资投向成果转化项目：一是风险投资可以以全部资本金进行投资；二是对主要投资于成果转化项目的风险投资公司、投资管理公司投资于成果转化项目所取得的收益给予财政专项资金扶持；三是设立投资风险准备金，对发生的投资损失给予一定的救助。

为了贯彻落实“科技兴市”战略，2004年8月，上海市政府修改了有关促进高技术转化的“18条”政策中的某些条款，删除了不符合WTO的有关规则、不适合政府职能转变或难以实际操作的条款，突出优化投资的投融资体制改革，加强了对科技型中小企业的关注，把对一些科技型小企业的资金支持同现有的孵化器结合起来；同时设立区县科技资金，准备市区联手加大对科技型企业创业的支持[2]。

为了使产权市场更加完善，上海发改委和国资委在2005年分别出台《关于进一步规范本市中外合资、合作企业国有产权交易有关问题的通知》、《上海市产权交易市场管理办法实施细则》，进一步规范企业国有产权转让行为，推动国有产权的有序流动，为风险资本的退出创造了更加有序的通道。

除了国家规定的优惠政策外，政府有针对性地开展多项财税优惠政策，并具有一定的审批权。同时，在各高新科技园区为了进一步发展高新技术企业、更大程度地引进外资，也都纷纷出台相应的优惠政策。

（三）浦东新区发展概况

依托上海的资源和浦东改革开放的良好环境，浦东在产业与技术条件、资本资源与金融环境、专业服务与人才资源、政府扶持与政策环境等方面都有着很多的优势。

---

① 转引自上海张江高科技园区。

② “上海科技‘十八条’助推科技企业成果转化”，《科技政策解读》，2005年10月。

浦东有着适宜风险投资发展的高速发展的高科技产业形态，已经成为世界高科技产业发展最有潜力的品牌基地之一，区内张江园区已经成为上海市风险投资最为活跃的地区。浦东高科技产业发展迅速，尤其在微电子制造与设计、生物医药、软件等高科技领域已经初具规模，并形成了较为完整的、以若干骨干企业为龙头、一大批中小创新型高科技企业共同高速发展的产业链结构。以张江高科技园区为例，园区已集中了占全上海市1/4的IC设计公司，形成了国内规模最大的软件产业园。同时，浦东自身也集聚了一大批科研开发机构，为浦东风险投资的成长提供了肥沃的土壤和众多的好项目源。

浦东在发展风险投资业上具有得天独厚的资本与金融优势，具体而言，主要表现在依托上海证券交易所和陆家嘴金融贸易区的金融优势。在浦东各类投资公司及投资咨询等中介机构中，蕴藏着数以千亿计的投资资金，是浦东风险投资业天然的蓄水池，将能为其发展提供充足的资本支持。浦东作为中国改革开放的标志，具有先试先行的条件和优势，在其他法律法规尚不完善的条件下，有可能在金融领域率先实现质的突破，为风险投资的发展提供先人一步的投融资环境，在风险投资基金、风险投资机构融资、中小型高科技企业融资、贷款担保、兼并与重组相关金融操作等方面树立先行优势，极大地推进浦东风险投资业的快速发展①。

上海市和浦东新区出台了一系列鼓励高新技术和风险投资发展的优惠政策和规范风险投资业的地方法规，例如，风险投资公司投资于高新技术项目的投资额，超过其全部已投资额的70%的，经认定可享受高新技术企业待遇。另外，在2006年10月21日，浦东新区启动全国首只由地方政府倡导设立的创业风险投资引导基金——浦东新区创业风险投资引导基金，引导基金可以不高于1:3的比例与海内外专业机构合作，并通过优先受偿、优先退出、让利于民等方式，把项目快速增长的政府受益部分奖励给合作方，引导更多的民间资金进入并关注高新技术产业发展。据了解，自浦东设立创业风险投资引导资金短短数月来，已达成募集2亿多美元基金的合作意向，2006年以来已吸引约1.9亿美元的创业风险投资。这些政策也为风险投资的发展营造了良好的环境。

近年来，浦东吸纳的风险投资量庞大，外来的风险投资已经逐步构成了浦东风险投资业发展的主流。浦东已经成为国际风险投资关注的重要区域，其吸纳的风险投资已经成为浦东高科技产业增长极。

三、江苏省风险投资发展概况

江苏省在1992年注入1.5亿元设立高新技术风险投资基金作为启动资金，拉开了江苏省风险投资发展的序幕。据中国风险投资研究院2006年调查显示，调查的8家投资机构的管理资本额超过45.94亿元，位居全国前列；另外，还有6家风险企业分别在纳斯达克、纽交所和深圳中小企业板上市融资274亿元，居全国首位。

经过多年积极的探索，江苏风险投资的运作模式和投资理念在不同的层面上得到了理解和实践，主要表现为，采取政府出资建立基金，通过风险投资公司来招募基金管理人或管理团队；在资金合作形式上，采取股份合作制或模拟有限合伙制；在项目选择上，严格规范项目标准和投资管理程序，并在投资经理人激励和约束机制等方面做了积极的探索，初步形成了各具特色的内部管理制度和运作机制。

---

①“浦东正在成为风险投资的‘伊甸园’”，《高科新苑》，2003年5月。

江苏科技创新得益于其丰富的资源。先进的科技成果是发展风险投资的前提，区域创新能力是影响风险投资发展的关键性因素。江苏是一个具有明显优势的科技大省，仅2005全年实现高新技术产业产值7928.17亿元，比上年增长34.4%。江苏具有较强的经济综合实力，风险资本的供给潜力巨大，风险基金的设立、各种公益基金、保险基金沉积的大量资金、国外风险基金的进入和城乡居民储蓄，为江苏发展风险投资提供了坚实的资本基础[①]。

江苏风险投资虽然已经初具规模，但是在发展过程中还有不完善的地方。风险投资机构的资金来源主要是政府财政拨款，民间资本在风险投资领域中的主体地位远未确立。由于资金来源渠道的狭窄，导致风险投资的规模比较小，进而造成投资风险难以分散，削弱了风险投资机构进行投资的积极性；同时风险资本投资阶段集中在后期，弱化了风险投资促进科技创新的作用，降低了风险投资成为高新技术助推器的功能。

为了优化投资环境，进一步推动江苏省风险投资的发展，江苏省委、省政府先后出台了《关于进一步推进科技成果转化和高新技术产业化的若干规定》、《江苏省科技发展风险投资基金管理办法》等一系列政策。为了给风险投资者搭建投资平台，2004年5月江苏省发展和改革委员会与南京财经大学联合设立了“江苏创业发展中心”，开展创业方面的政策研究，举办各种有利于掀起创业热潮的重大活动。同时，总投资3亿元的江苏省科技成果转化专项资金也正式启动实施，此举旨在进一步提升江苏省科技成果转化能力，为具有自主知识产权的高新技术产业提供支撑。

四、浙江省风险投资发展概况

浙江作为中国沿海地区经济发达的省份，为了实现最优的经济规模，通过加快风险投资的发展加强中小企业与风险投资的互动，以促进经济结构的调整、优化以及经济增长模式的转变，实现在知识经济背景下的新飞跃。

中国风险投资研究院2006年调查显示，5家调查机构的管理资本额达到8.82亿元。随着全省投资环境的改善，风险投资机制也在逐步完善。为了推进高新技术产业的发展，浙江省风险投资机构积极为高新技术产业化提供风险资本，有力地支持了高新技术企业的发展。

据浙江风险投资创业协会资料显示，截至2004年底，浙江省风险投资机构累计共投资493个项目，累计投资总额达21.07亿元人民币，其中投资高新技术项目的投资金额为12.64亿元，超过总投资金额的60%以上。在投资项目中，已上市20项，占总投资项目数的4.06%；准备上市的有19项，占总投资项目数的3.86%；被原股东、管理层回购和被其他机构收购的有162项，占总投资项目数的32.86%；继续运行的有266项，占总投资项目数的53.95%；而清算所占的比例仅为5.27%，只有26项（见图2.1）。这表明风险投资机构投资的项目（企业）的运作情况良好，其经营业绩远好于同期其他类型的企业[②]。

---

① “发展江苏风险投资的对策研究”，《现代管理科学》，2006年8月。

② “浙江风险投资发展透视”，浙江风险投资创业协会，2005年4月。

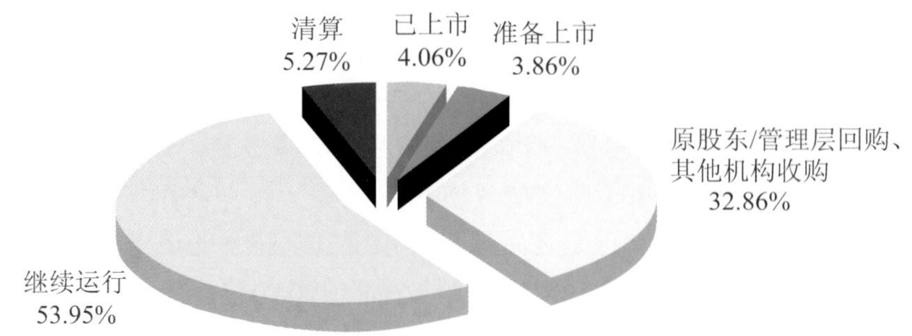

数据来源：摘自“浙江风险投资发展透视”，浙江风险投资创业协会，2005年4月

图2.1 浙江省风险投资项目运作情况分布(截至2004年底)

第三节 珠三角(广东省)风险投资发展概况

作为中国改革开放的先行者，珠三角地区创业意识浓厚，汇集了大量的中小企业群。该地区的风险投资业也发展较早，见证了中国风险投资的萌芽与兴起、外资风险投资基金的进入以及国内本土风险投资发展的整个历程。珠三角地区风险投资的发展可以从广东省及其重点地区深圳市、广州市的发展情况中得到体现。

一、广东省风险投资发展概况

(一)广东省风险投资业的发展现状

广东风险投资事业是国内风险投资行业发展较早、最为迅速和最为活跃的地区之一，可以追溯到20世纪八九十年代。自1988年以来，在广东省政府关于“科技兴粤”的战略方针指引下，广东省科技水平和高新技术产业取得显著提高和发展。为了扩大高科技产业的发展成果，1992年成立了广东省科技创业投资公司，这是广东省第一家风险投资公司，也是广东省风险投资发展的起点。2000年9月，又成立了全国第一家由省政府授权经营的风险投资集团公司——广东省风险投资集团。截至2004年底，广东省风险投资公司和相关中介机构逾150家，风险资金超过20多亿美元，累计投资项目超过600个，累计投资额11亿美元以上[①]。这些风险投资机构主要集中于深圳、广州两地。

在风险投资的大力促进下，广东电子信息、机电一体化、新材料等高新技术领域取得了显著的成就，已经培育出风华高科、广东荣太等一大批创新型高技术企业。2005年全省高新技术产品产值突破1万亿元，约占全省工业总产值的25%，继续稳居全国各省市首位；高新技术产品出口额达800亿元，占全国的40%左右。

另外，广东风险投资机构还与境外同行开展了广泛的交流与合作。自2001年以来，省内风险

① 《2005年广东省风险投资行业调查报告》，广东省风险投资促进会研究中心，2005年。

投资机构先后与新加坡大华银行、美国梧桐基金、香港创业基金、台湾创投国际集团等境外机构成立了合资风险投资管理机构，有力地推进了广东风险投资业的发展。

（二）广东省风险投资业的发展特点①

经过数年的努力，广东省已经初步形成了以政府主办及机构合办为主体，以境外风险投资机构为重要补充，以民营风险投资机构为生力军、高新技术融资担保公司和投资顾问公司为中介配套服务，以深圳主板、中小企业板及技术产权交易所为媒介的风险投资体系。

1. 广东省风险投资机构主要设立方式

第一，政府授权经营集团。如广东省风险投资集团，由地方政府组建及授权经营。

第二，国有独资公司。如广州市科技风险投资公司等。

第三，股份公司／有限责任公司。如深圳创新科技投资公司等，是国有企业、高新科技开发区企业、上市公司、民营企业等筹组的公司，其特点是共同筹组资金、共担风险。

第四，中外合作风险投资机构。例如，深圳创新投资集团与软库合作成立的深圳创新软库创业投资管理公司和广东省风险投资集团与台湾和通创投公司合资成立的广州市冠通创业投资管理公司。

第五，大学发起设立。如清华科技创业投资有限公司和北大招商创投管理有限公司等。

2. 广东风险投资特征分析

（1）风险资本来源

根据《2005年广东省风险投资行业调查报告》显示②，内资风险投资有限责任公司、国有独资、非上市股份有限公司占投资机构资本来源的55%，而其中来自政府部门的资金为16%，外资风险投资机构约占11%的比例（见图2.2）。可以发现，外资风险资本已经在广东省风险投资业站稳脚跟，并发展迅速。

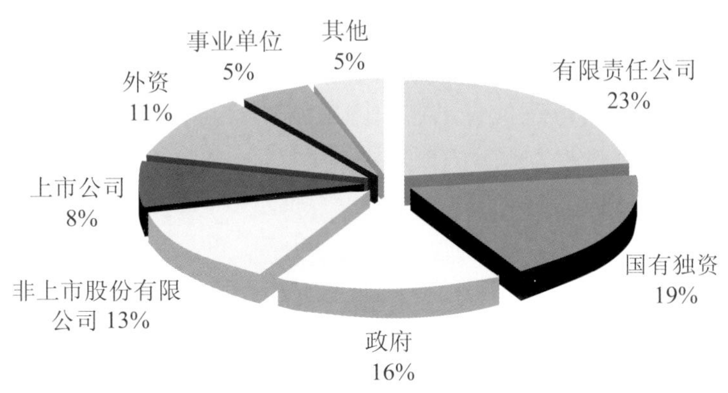

数据来源：《2005年广东省风险投资行业调查报告》

图2.2　2005年广东省风险资本来源分布

① 《2005年广东省风险投资行业调查报告》，广东省风险投资促进会研究中心，2005年。

② 以下数据如无特别说明，均来自于广东省风险投资促进会研究中心编写的《2005年广东省风险投资行业调查报告》。

（2）风险投资行业分析

风险投资主要投资于高科技领域，从投资数量来看，网络、通讯、医药、IT服务、科技服务、光机电、新材料和传统制造业都是投资的重点行业。

（3）风险投资阶段分析

从风险投资项目所处阶段看，主要集中在成长（扩张）阶段，而种子阶段所占比例最少，这种情况的出现，一是反映了在企业早期盈利预期不确定性很高、退出渠道又不通畅的条件下，风险投资非常谨慎；二是说明了在目前的投资环境下，投资机构更加倾向于获取企业规模经济的收益。因此在制度安排上，应尽快采取有力的政策导向和相应的措施，鼓励风险投资真正成为小企业发展的助推器。

（三）广东地区风险投资政策环境

广东省各级政府对风险投资业和高新技术产业的发展十分重视，通过培育有利于风险投资业发展的软环境；加快建立健全为风险投资业提供社会化服务的机构；加大对科技型中小企业创业和发展的支持力度等措施，为风险投资健康发展提供了强有力的外部保障。

从1991年开始，广东省先后五次颁发了相关文件，从政策、资金、人才等方面给予大力支持。特别是近年来，省委、省政府按照“科教兴粤”和鼓励高新技术产业和民营企业发展的战略要求，相继颁发了《关于依靠科技进步推动产业结构升级的决定》（1998年11月）、《广东高新区管理办法》（2002年6月）、《广东省促进创业投资发展暂行规定》（2003年2月）、《广东省人民政府关于加快民营经济发展的决定》（2003年3月），并在2006年7月27日出台了《关于加强科技创业孵化体系建设支持中小科技企业创新创业的意见》，进一步加强科技创业服务平台建设，大力支持中小科技企业创新创业，促进科技成果产业化，这些都为广东省风险投资业的持续发展提供了保证。

二、珠三角地区重点城市——深圳风险投资业发展概况

深圳经济特区风险投资业发展迅速，是全国风险投资业最活跃的地区之一。作为中国第一个风险投资试点城市，深圳早在20世纪90年代初已经开始进行风险投资机制的建立工作，经过十几年的发展，已经形成了配套服务较为完善的风险投资体系。

（一）深圳市风险投资发展概况

1. 简要发展历程

风险投资在深圳的发展较早，在1994年，深圳便成立了注册资本1亿元、实收资本4亿元的深圳市高新技术产业投资服务公司，主要从事高新技术贷款担保和项目投资。1997年，深圳市组成了“创建科技风险投资市场体系课题组”，就风险投资体系进行了系统、深入的研究；同年，成立了以市长为组长的“深圳市科技风险投资领导小组”，并成功争取国家批准深圳成为全国科技风险投资试点城市之一。为了配合风险投资的健康发展，深圳市成立了中科融投资顾问有限公司，主要从事高新技术投资咨询和服务。

1999年，深圳市政府发起设立了深圳市创新科技投资有限公司和中国高新技术产业投资管理公司，这标志着规范运作风险投资主体的确立；同年，第一届中国国际高新技术成果交易会在深

圳召开，成交额64亿美元，成功搭建了高新技术产业与风险资本之间的桥梁。此后，深圳市国际高新技术产权交易所股份有限公司（2000年）的设立、深圳中小企业板块（2004年）的成功推出，为风险资本的退出开辟了一个重要的渠道，为风险投资在深圳的长远发展奠定了坚实的基础。

2. 发展现状

据深圳创业投资同业公会资料显示，截至2005年底，深圳已设立风险投资机构193家，占全国的1/3、占广东的4/5。注册及管理的创业资本已达200多亿元，占全国的2/5、占广东的4/5。2006年上半年，深圳仍成为风险投资的热点区域之一，深圳地区企业融资的金额居全国第三位。深圳的风险投资对推动深圳高新技术产业的发展，促进传统优势产业的技术改造及产业升级作出了重大的贡献。近年来，风险投资已经投资超过30亿元支持300多家高新技术企业的发展。据中国风险投资研究院2006年调查显示，调查的12家深圳风险投资机构管理的风险资本达33.72亿元；在调查的366个投资项目中，有23个项目属于深圳；2006年深圳市就有3个风险企业分别在深圳中小企业板、纳斯达克和新加坡资本市场上市融资12.74亿元。

深圳活跃的风险投资有效地促进了深圳乃至广东、全国高新技术产业的发展。2006年1月～9月，深圳实现高新技术产品产值为4092.73亿元，比上年同期增长22.06%；其中，深圳电子信息高新技术产品产值3767.11亿元，光机电一体化高新技术产品产值142.17亿元，生物技术及医药高新技术产品产值21.44亿元，新材料及新能源高新技术产品产值146.94亿元，其他15.28亿元，全市高新技术产品增加值1190.98亿元①，这些成就的背后，蕴含着风险投资的巨大贡献。

（二）深圳市风险投资机构运作特点

深圳的风险资本主要来自大企业、上市公司、民营企业及个人的民间资本，政府投资比较少，而且这批专业性风险投资已经走向成熟，形成了各自的投资风格。如深圳市创新投资集团、深圳市高新技术投资担保有限公司等政府背景的投资机构风格严谨，偏好于投资内部治理机构健全、管理规范的企业；深圳市国成科技投资有限公司、深圳清华力合创业投资有限公司等投资机构由于拥有较强的技术、管理背景，偏好于投资早期的企业；而深圳招商局科技集团、深圳中海创业投资有限公司等拥有产业集团背景的风险投资机构，主要针对集团产业链中的企业进行投资；深圳高特佳投资集团、深圳大鹏创业投资有限公司等风险投资机构则偏好于投资相对成熟的企业。

随着中小企业板的推出，深圳风险投资业也在积极尝试多样化的投资退出方式。一些风险投资机构与具有产业集团背景的风险投资机构联合投资，然后将股权转让给合作者，从而最终实现双赢。还有一些深圳的风险投资机构涉足并购国内多家主板上市公司，通过其控制的上市公司配股和增发资金转让所投项目，如舟仁创投控股亚华种业，清华创投受让粤华电股权等；海外上市和大股东回购的退出方式也在积极推进。

深圳市副市长刘应力认为，深圳的风险投资行业经过这些年的发展已经形成了六大突出特点：其一，风险投资已经具备相当规模；其二，投资机构实现多元化，在深圳诸多的风险投资机构中，政府的投资不到6%，其他绝大部分是个人投资和外企投资；其三，运行模式逐步实现市场化；其四，投资领域专业化趋势明显；其五，创业环境逐步走向国际化；其六，政府扶持逐步实现法制化②。

---

① “深圳高新技术产业发展快”，《深圳特区报》，2006年10月25日。

② 深圳市副市长刘应力在“2004年深圳风险投资论坛”上的发言。

（三）深圳市风险投资政策环境

为了更好地促进深圳地区风险投资的蓬勃发展，进一步优化特区的投资环境，深圳市委、市政府提出了实施自主创新战略，把深圳建设成为国家创新型城市，将在科技创新中完善风险投资体系，积极营造有利于国际国内风险投资机构大显身手的投融资环境。

深圳在制度上相比较全国其他地区有相对优势，主要体现在两方面：一是深圳存在制度创新的“溢价”。深圳作为中国改革开放的“试验田”，为中国的经济发展作出了巨大的贡献。二是制度创新“溢价”的量很大。深圳后方是偌大一个需要整体改革与转轨的中国经济腹地，前方是通过香港连接的国际大市场，两个巨大经济体的接轨所产生的制度创新“溢价”在量上必将是无限的。这种溢价必将提高风险资本投资的总收益。

早在2000年，深圳市政府便颁布了《深圳市创业资本投资高新技术产业暂行规定》，这是全国首部关于风险投资机构设立的地方性法规；同年，深圳市政府还发布了《关于进一步扶持高新技术产业发展的若干规定》（新22条）等等，这些措施的落实为深圳风险投资的行业化、规范化发展提供了坚实的基础。

2006年7月13日，深圳市政府出台了《深圳市创新型企业成长路线图计划资助方案》，在提供资金及政策资助方面为中小企业创业创造条件，对处在改制、上市辅导或在深交所中小企业板上市等不同阶段的创新型企业都将给予一定额度的资金资助。同时，深圳市政府专门成立了领导小组并提出“2110工程”：从2006年开始，今后3年内实现每年重点组织中小企业2000家以上进入普及培训期，100家以上基本具备条件的优质企业进入上市推荐培育期，10家以上优质企业进入上市辅导培育期，形成“培育一批、改制一批、辅导一批、申报一批、核准发行一批”的上市梯次推进格局。

深圳还将引导创业风险投资扶持民营科技企业发展，探索建立民营中小企业公开发债融资新机制。支持鼓励海内外具有一定实力的风险投资机构，对初创期民营科技企业进行股权投资，扶持拥有自主知识产权且产业发展前景好的民营科技企业发展；筛选一批持续盈利能力、风险控制能力、偿债能力较强的民营领军骨干中小企业联合公开发行企业债券。多种金融手段的运用将加大对民营企业融资的支持力度，更重要的是，通过鼓励和支持民营企业上市融资，将使其通过资本市场做大做强。

第四节　陕西省风险投资发展概况

陕西省风险投资起步于20世纪90年代中后期，以西安高新技术产业创业投资有限责任公司的成立为代表。近10年来，陕西省风险投资事业不断加快制度创新和业务创新的步伐，努力推进高新技术成果的产业化，积极培育高新技术产业，整体上呈现出良好的发展态势。

一、陕西省风险投资现状[1]

陕西省高科技产业基础好，科技项目资源丰富，发展风险投资市场潜力巨大。作为我国重要

①“陕西省创业投资发展现状及对策研究”，陕西省发展改革委财政金融处，2005年第5期。

的科研、高等教育、高科技产业和国防工业基地，拥有众多的科研院所、高等院校和科技人员，每年产生大量的科技成果，其中不少具有很好的产业化前景；关中高技术产业带聚集了数万家企业，为风险投资提供了丰富的项目资源。

为了进一步支持风险投资事业的发展，在政府资金的带动下，陕西省吸引了广大境外资金、民间资本和政策性金融资本投入到本省的高新技术产业中。另外，陕西省各级政府为解决科技企业创新以及中小企业发展存在的难题，通过培育有利于中小企业发展的软环境，强化对中小企业的金融支持，加快建立健全为中小企业提供社会化服务的机构，深化和规范公有制中小企业的改革和转制，加大对科技型中小企业创业和发展的支持力度等办法，为科技企业特别是中小企业的健康发展提供了强有力的外部保障。

（一）高科技产业与资本市场体系

陕西省中小型企业数量达20多万家，形成一定规模的近3万家，科技资源丰富，创新潜力巨大，其中有一批企业具有做强、做大的成长性，为风险投资企业进行重点投资提供了可选对象。

强大的科研实力也为引进更多的风险资本提供了保障。陕西是中国重要的科研教育园区，在空间技术、生物技术、电子信息、机电一体化、新材料和高效节能等高新技术领域具有较突出的实力，其综合科技开发能力居全国前列。全省共有各类科研机构逾千所，各类专业技术人员近百万人。全省民营科技企业发展已经初具规模，高新技术产业带聚集了数万家企业，为风险投资提供了丰富的项目资源，为风险投资的未来发展提供潜在的巨大市场。

陕西省风险投资体系日渐完善，比较发达的产权市场也为风险投资的退出提供了便捷之路，有效地促进了风险投资业的不断发展。在不断完善社会科技服务体系的建设中，陕西省各地市已经建立了主要为中小企业提供各种技术服务的非营利性的生产力促进中心46家，大学科技园4个，企业孵化机构达30多家；另外，由陕西省人民政府批准设立的西部产权交易所，为企业和社会各类产权（包括物权、债权、股权和知识产权等各类财产权）的交易提供了“公开、公平、公正”的市场交易平台，同时也为风险资本的退出建立了便利的通道。同时，与上海联合产权交易所建立了战略合作关系，实现了东西联合、优势互补，逐步形成覆盖中西部地区的技术交易市场①。

（二）政策环境

为了更好地吸引风险资本以解决中小企业融资难的问题，陕西省政府不断完善在产业投资政策、风险投资环境等方面的法律法规，不断扩大中小科技型企业的融资渠道。2003年出台的《陕西省促进关中高新技术产业带创业投资业发展暂行规定》对风险投资业的市场准入和组织形式、风险投资的退出机制、风险投资机构的经营和可享受的优惠政策等进行了规范。2006年《西安高新区管委会关于建立贷款担保风险补偿机制的决定》等政策的出台，优化了风险投资政策环境，势将带动高新技术产业风险投资的发展。

二、重点地区——西安地区风险投资发展现状

西安，虽然位于我国并不发达的西部地区，但由于当地政府有关部门十分重视高新技术产业

① 西部产权交易所，www.xbcq.com

的发展，并注重通过加强高新技术产业开发区建设来不断地为风险投资机构提供良好的环境支持，同时依靠强大的科研实力获取更多风险投资机构的注意。因而在风险投资机构的分布上，西安比其他省会城市要集中得多，风险投资的发展已经走在了全国的前列。

（一）西安地区风险投资现状[①]

据中国风险投资研究院2006年调查显示，西安市的5家被调查机构管理资本额达到14.36亿元，已有新加坡祥峰公司、香港软风公司等数十家国内外风险投资公司在西安市高新区设立了办事机构。同时，西安地区还建立了两家技术产权交易中心，探索形成产权、股权的进出渠道。

西安地区依据自有的科研优势和良好的发展环境已经成为国内风险投资最活跃和集中的地域之一。科技成果的转化和科技企业的孵化，是西安高新区的一大特色和优势。代表西安与西部高新科技产业前沿的西安高新区，以其众多的“第一”成为陕西省和西安市最强劲的经济增长点和对外开放的窗口。另外，1993年成立的西安市创业园发展中心，是中国规模最大的国家级科技企业孵化器和国际企业孵化器。高新区良好的发展环境，吸引来美国英特尔、日本富士通和NEC、NTS和东软、用友软件等国内外知名企业的进入，推动了西安高新区产业的迅速成长。

（二）西安风险投资发展特点[②]

1. 西安风险资本构成分析

西安地区风险投资机构的资本来源主要仍是政府的投资，企业对风险投资机构的投资比重有了一定程度的增加，但风险投资机构的融资渠道仍旧太窄，很少有保险基金、养老基金和个人投资者投资于风险投资机构。所以，投资者的缺乏限制了西安地区风险投资机构的规模，不利于分散投资风险。

2. 西安风险投资阶段分析

风险投资机构一般将所投资企业划分为种子阶段、起步阶段、成长阶段、扩张阶段以及成熟阶段，通常越属于早期阶段的企业，投资的风险越大，但投资报酬也越高。因此，西安风险投资机构会基于投资策略与分散风险的观点，投资不同数量资金比例于各个阶段，形成最佳投资组合。从西安地区风险投资的阶段来分析，主要集中于扩张阶段。与全国的风险投资阶段分布相比，西安地区的风险投资机构所投资的项目偏重于比较成熟的企业，这是由于专业风险投资人才的缺乏与专业的风险投资经验的匮乏所造成的。为了降低投资风险，风险投资机构就会选择一些相对成熟的企业作为投资的对象。

（三）发展环境分析[③]

陕西省发展的中心集中在西安地区，西安地区政府也根据自身的优势，在人才引进、科研创新、产业政策制定、投融资体系建设、投资环境等方面广开优惠条件，同时积极为引进风险资本创造条件，通过吸引大量的风险投资机构促进本地科技中小企业发展。

---

① 西安高新技术开发区，www.xaportal.xdz.com.cn

② “西安地区创业投资机构运作中存在的问题和对策研究”，《当代财经》，2004年3月。

③景俊海：“风险投资与科技工业园的发展”，《经典讲座回眸》。

1. 科研技术与人才资源

西安风险投资业的发展很大程度上受益于其强大的科研实力。据权威数据统计，西安是中国重要的科研、高等教育、国防科技工业和高新技术产业基地，综合科技实力仅次于北京、上海，居中国城市第三位。

同样，人才资源也是西安高新区发展的一大资源。西安高新区把2005年定为“人才年”，出台了一系列吸引高端人才的优惠政策，着力实施“西部人才高地”战略。进一步加大对高端人才的吸引力度，着力营造人才服务和收入分配市场化、劳动保障社会化、创业平台最佳化、事业平台最大化、人居条件最优化的环境，特别是要优先为高端人才提供全国最好的工作、生活和事业发展环境。

2. 政策环境

为加大鼓励吸引风险资本投资的力度，西安市政府和高新区管委会在产业政策制定、投融资体系建设、投资环境等方面广开优惠条件，出台了一系列市场准入、税收减免、风险补偿等政策，尽全力支持科技中小型企业与风险资本的结合发展。在不断的摸索中，建立了以市场融资为主体，政府支持和企业自筹为两翼的风险投资体系，形成了资金来源社会化、风险投资主体多元化、投资行为市场化、投资环境宽松化的机制；同时，成立了产权交易中心，拓宽吸引民间资本渠道，为风险投资退出建立了一个平台；建立了以高新区财政投入为主体的种子基金，每年出资1000万元，由创业中心运作，重点支持优秀青年科技人才创业。

2006年西安市出台的《“百名院士创新创业工程”实施办法》、《西安高新区管委会关于建立贷款担保风险补偿机制的决定》等法律法规，进一步从细节上提高西安高新区的科技创新能力和解决西安高新区长期以来中小科技企业贷款难的问题，给众多中小科技企业的发展带来更为广阔的空间。

另外，高新区政府计划将2007年作为“科学发展年”，强调高新区要用科学发展观统领经济社会发展全局，实施国际化、市场化、特色化、集群化的发展战略，以自主创新为根本，以体制创新为动力，在保持原有产业快速发展的前提下，以创意产业和服务外包产业为突破，努力达到世界一流科技区的目标①。

---

① 摘自西安高新区管委会2007年工作规划。

第三章 中国私有权益投资发展报告

在高速增长的经济和广阔的市场商机驱动下，近年来，私有权益投资在中国快速发展。本章首先简要介绍了私有权益投资的内涵和特征，并对全球、亚太地区以及中国私有权益投资的发展现状和特征进行简要分析，最后解析中国私有权益投资的政策环境，力图把握中国私有权益投资的发展趋势。

第一节 私有权益投资的内涵

一、私有权益投资的定义

Private Equity，简称“PE”，在中国通常译为“私有权益投资”或者“私募股权投资”“私人权益资本”等，本章沿用“私有权益投资”的译法。在综合多家国外相关研究机构①的定义之后，我们大致可以这样来确定私有权益投资的定义：

PE 一般是指通过定向私募的方式从机构投资者或富裕个人投资者手中筹集资本，将其主要用于对非上市企业进行的权益性投资，并在整个交易的实施过程中，充分考虑到未来资本的退出方式，即可以通过公开上市、企业间并购或管理层回购等方式，出售所持资产或股份以获取利润的行为。

相关的研究机构②按照投资阶段的不同，将 PE 分成广义和狭义两种，其中广义上的 PE 是指涵盖企业首次公开发行前各阶段的权益投资，包括风险投资、发展资本、并购基金、夹层资本、重组资本、Pre-IPO 和其他基金等，它们的内容分别是：

风险投资（Venture Capital），主要投入风险企业的种子期、初创期；

发展资本（Development Capital）主要提供企业扩大及发展的资金；

并购基金（Buyout Fund）主要提供企业进入扩展期后进行对外收购、兼并所需资金；

夹层资本（Mezzanine Capital）主要提供企业稳定发展之后，进一步扩张所需资金；

重组资本（Turnaround）主要提供企业改制、金融改革时所需资金；

Pre-IPO 资本（如 Bridge Finance）提供正式公开上市之前所需资金；

其他基金，如公开权益的私有投资（Private Investment in Public Equity，即 PIPE）、廉价债务（Distressed debt）和不动产投资（Deal Estate）等等。其中，部分资本也存在着相互交叉重叠的部分。

狭义的 PE 主要指对已经形成一定规模的，并产生稳定现金流的成熟企业的私有权益资本投

① 包括 Venture Economics、Walling Ford Capital、Oakridge Financial Group 等研究机构。

② 搜狐网财经频道《首席财务官》杂志，2005年10月。

资，以并购基金和夹层资本为主。

PE在中国的定义多以狭义的为主，主要用于区别于风险投资（Venture Capital）。PE与VC都是以非上市企业为投资对象，虽然两者在投资阶段分布、投资规模、投资理念以及投资特征等方面有很大的差异，但是两者在实际业务中的界限越来越模糊，更多地体现在概念上的区别。

二、私有权益投资的特征

从各研究机构的定义和划分来看，PE具有以下这些特点[①]：

（1）在资金募集上，主要通过非公开方式面向少数机构投资者或个人募集，它的销售和赎回都是基金管理人通过私下与投资者协商进行的。另外在投资方式上也是以私募形式进行，绝少涉及公开市场的操作，一般无需披露交易细节。在此过程中，可以对竞争者保密，而不必像进行公开资本市场那样的信息披露。

（2）投资方式多采取权益型，绝少涉及债权投资。PE投资机构也因此对被投资企业的决策管理享有一定的表决权。反映在投资工具上，多采用普通股或者可转让优先股以及可转债的工具形式。

（3）一般投资于非上市企业，绝少投资公开发行股份公司，也很少涉足要约收购。

（4）比较偏向于已有一定规模和产生稳定现金流的企业，这一点与风险投资有明显区别。

（5）投资期限较长，一般可达3～5年或更长，属于中长期投资，同时要求高于公开资本市场的投资回报。对于波动大、难以预测的公开市场而言，股权投资资本市场是更稳定的融资来源。

（6）投资渠道多依靠人脉关系等定向方式。

（7）资金来源多来自于富有的个人及家族、风险基金、养老基金、保险公司等。

（8）投资机构组织形式一般采取有限合伙制（Limited Partners），具有很高的投资管理效率，并可以避免双重征税。

（9）投资退出渠道多样化，有公开发行上市（IPO）、交易出售（Trade Sale）、兼并收购（M&A）、标的公司管理层回购等等。

总的说来，对引资企业来说，PE不仅有投资期长、增加资本金等好处，还可能给企业带来管理、技术、市场和其他方面的专业服务。如果投资者是大型知名企业或著名金融机构，他们的名望和资源在企业未来上市时还有利于提高上市的股价、改善二级市场的表现。

第二节　全球与亚洲私有权益投资的发展

一、全球私有权益投资概况

据估计，目前全球私有权益资本超过8000亿美元[②]，每年募集到的资本数也是以千亿美元

① 搜狐网财经频道，《首席财务官》杂志，2005年10月；华欧国际证券，2005年1月。

② “规模迅速扩大 全球私募股权投资日渐繁荣”，《经济参考报》，2006年12月15日。

计，相应地，已有数千家私有权益投资公司，KKR 公司、凯雷投资集团和黑石集团等是其中的佼佼者。

2006年是全球私有权益并购史上重要的一年，据道琼斯公司2006年11月初公布的资料显示，全球私有权益投资并购史上最大的5起并购案中，有4件就发生在2006年。黑石集团以360亿美元收购美国 Equity Office Properties Trust，成为迄今世界最大的私有权益交易案。而据 Dealogic 公司2006年12月初公布的数据显示，2006年前9个月全球由私有权益资本支持的并购金额达到5700亿美元，比2005年同期增加了51%，占总并购规模的比例从2005年同期的18% 上升到2006年的22%。

在过去的十几年间，美国和欧洲新增私有股权投资的总体水平从1990年的170亿美元增长到2000年创记录的2400亿美元，年均增长31%[①]。以2000年全球私有股权投资的分配情况为例，其中20% 投向创业公司，41% 投向扩张阶段的公司，33% 用于收购，6% 投向成熟公司。20世纪90年代，美国的私有股权投资收益率高达20.3%，欧洲达15%，远远高于同期股票和债券的投资收益率。

根据普华永道《Global Private Equity Report 2005》显示，1998年～2004年间，全球私有权益投资机构累计融资超过1.04万亿美元，累积投资额仅为8000亿美元左右，还有2000多亿美元在寻找出路，激烈争夺着投资机会或项目。

如表3.1所示，全球私有权益筹资额在2000年达到顶峰，筹资额达到2620亿美元，2001年后筹资额急剧下降，在2003年仅筹资870亿美元，2004年有所回转，上升到1310亿美元，与1998年大致持平，私有权益筹资额的年复合平均增长率为 -0.18%。私有权益投资额从1998年的700亿美元，增加到2004年的1100亿美元，年复合增长率为7.74%。除了投资总量大幅上升外，单项投资规模也迅速增加，10亿美元以上的单笔投资也逐渐增多，2003年10亿美元以上的投资为42笔，而2004年达到79笔[②]。

表3.1　　1998年～2004年全球私有权益投资规模　　单位：10亿美元

时间	1998年	1999年	2000年	2001年	2002年	2003年	2004年
筹资额	133	154	262	177	93	87	131
投资额	70	124	192	103	86	115	110
并购基金投资	30	41	40	32	45	73	67
并购投资所占比例	42.86%	33.06%	20.83%	31.07%	52.33%	63.48%	60.91%

数据来源：《Global Private Equity Report 2005》，普华永道

并购基金投资额的复合年平均增长率为13.92%，从并购基金投资占总投资额的比例变化可以看出，2000年该比例处于历史最低水平，仅占20.83%；从2001年以来，并购基金投资的比例逐步上升，在总投资额中占统治地位，2004年，该比例值达到了60.91%。据英国行业研究机构 Almeida Capital 研究[③]，在2004年度全球私有权益投资基金募集的1290亿美元资本中，约71.86%，也就是

① http://finance.ce.cn/insurance/school/200606/20/t20060620_7445015.shtml

② http://tech.blogchina.com/96/2005-02-03/29913.html

③ http://caijing.hexun.com/text.aspx?sl=2775&id=1317686

927亿美元流向美国，其中又有约510亿美元是流入美国的收购投资基金。这一数字比流入风险投资基金的资金多出一倍以上。在欧洲，流向收购基金的资金比例更高，2004年收购基金募集了145亿欧元，占私有权益投资基金募资总额的58%。

巨量资本募集为私有权益投资或者收购基金提供了空前繁荣的资金支持，同时，也给基金管理人带来巨大的压力。收购基金绩效的主要考核指标是内部收益率（IRR），据悉，这个行业通常希望达到的收益率是20%～25%。业绩优劣不仅与基金管理费息息相关，还将直接影响到下一轮融资的前景。

全球的私有权益投资主要集中在北美、欧洲和亚太地区，特别是北美地区；1998年～2004年的全球累计私有权益筹资额中，超过97.74%的私有权益资本集中在这三个地区中，其中北美地区占据66.63%。从投资额角度来看，北美、欧洲和亚太地区所占比例分别为41%、39%和16%，北美和欧洲占有主导地位（见表3.2和图3.1）。

表3.2 1998年～2004年全球累计投资额/筹资额及地区分布 单位：10亿美元

地区	全球	北美	欧洲	亚太	中东&非洲	中南美洲
筹资额	1037.79	691.52	253.98	68.84	12.95	10.5
投资额	800.27	457	226.33	81.84	16.06	19.04

数据来源：《Global Private Equity Report 2005》，普华永道

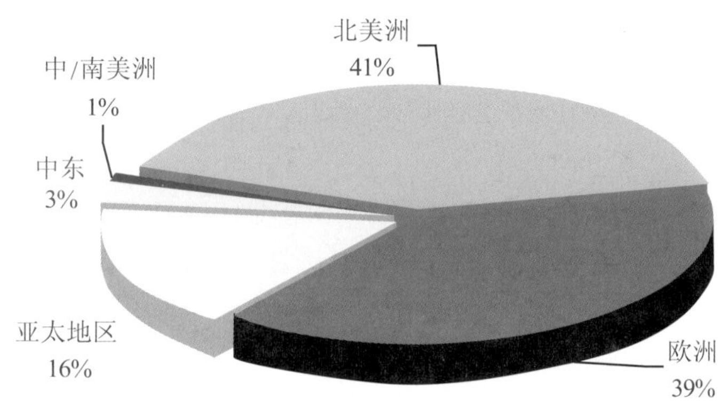

数据来源：《Global Private Equity Report 2005》，普华永道

图3.1 全球私有权益投资额的地区分布(2004年)

二、亚太地区私有权益投资概况

20世纪60年代初，亚洲一些比较发达的地区开始萌芽私有权益投资，经过70年代至80年代的培育，至90年代已经有较大的发展。然而，受到1997年亚洲金融危机的影响，此后亚洲私有权益投资市场进入了调整期，这期间，促进了收购基金（Buyout Fund）的出现与发展，新兴市场开始受到重视并快速发展。随后的2001年，在全球科技泡沫的影响下，亚洲私有权益投资市场再次出现萎缩。2003年以来，亚洲私有权益投资开始上升，重新走向增长的轨道。根据美林公司的研

究报告，2006年流入亚洲的私有权益资本达到250亿美元，发展中的亚洲私有权益市场受到越来越多国际资本的关注。

根据《亚洲创投基金期刊》的统计[①]，亚太地区2006年前5个月的私有权益投资额达到191亿美元，是2005年同期57亿美元的3.35倍；交易项目数从2005年同期的182项猛增至344项，增长89%。

从表3.3可以看出，亚太地区筹资额在2000年达到最高记录，为179亿美元，而在2002年，筹资规模仅为30亿美元；近年来，筹资额有所回升，2004年的筹资额为107亿美元。在投资额方面，随着亚太新兴市场所孕育的商机逐步受到关注，2003年和2004年均保持176亿美元的投资额，超过2000年的123亿美元。此外，筹资额和投资额的年平均复合增长率分别达到6.27%和23.70%。

表3.3　　1998年～2004年亚太地区私有权益投资概况　　单位：10亿美元

时间	1998年	1999年	2000年	2001年	2002年	2003年	2004年
筹资额	7.4	16.6	17.9	9.9	3	3.3	10.7
投资额	4.9	9.1	12.3	11.2	9.1	17.6	17.6
Buyout	0.4	0.8	1	2	4.9	8.5	11.2
Expansion	2.4	4.1	6	4.6	1.9	2.5	2.1

数据来源：《Global Private Equity Report 2005》，普华永道

KPMG和路透社联合展开的调查显示，亚洲市场的私有权益投资基金从2003年的151个增加到2005年的173个，筹集的资金在2005年达到206亿美元新高，并且都投向亚太地区的企业，2006年继续延续增长趋势，在2006年上半年，亚太私有权益投资基金更是筹集140亿美元，占2005年全年筹资额的75%左右。2005年CVC亚太公司属下的“CVC资本伙伴亚太基金Ⅱ”为筹资额最多的基金，筹资19.75亿美元；2006年上半年，凯雷集团管理的“凯雷日本伙伴基金Ⅱ”以19亿美元荣登最大筹资金额基金。不过基金业内普遍认为，亚洲市场私有权益投资基金的投资回报有下跌趋势[②]。

从2003年亚洲私有权益资本的使用情况看，其投向主要包括收购、公司扩张、技术投入、债务和基础设施建设。收购是非常大的部分，特别是在亚洲金融危机之后，投资于收购方面的资本在整个亚洲私有权益资本当中占有相当大的比例（2003年占49%）[③]。

扩张期和并购基金是亚洲私有权益投资的重心，两者的投资额超过全部投资额的一半，甚至在2004年，这个比例超过75%（见图3.2）。2002年以前，投资于扩张期的金额超过了并购基金的投资额，而从2002年开始，并购基金的投资额却反转并大大超过扩张期的投资额，并购基金的投资成为整个投资的核心，其年平均复合增长率为74.75%，而自2000年以来，对扩张期的投资额逐年下滑，其年平均复合增长率为 -2.19%（如表3.3所示）。

① 《联合早报》，2006年6月30日。

② http://www.zaobao.com/cj/cj061020_509.html

③ Cheah Hanson：“对亚洲私人权益资本发展的回顾与展望”，《创新经济引擎 全球风险投资与中国》，2005年。

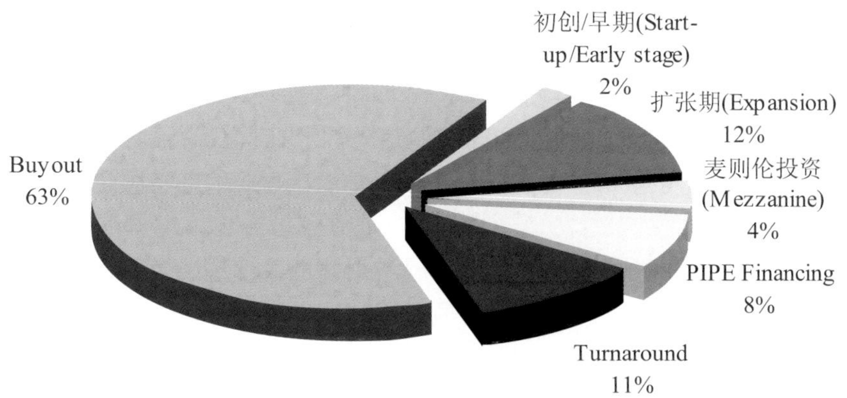

数据来源：《Global Private Equity Report 2005》，普华永道

图3.2　2004年亚洲私有权益投资额的阶段分布

图3.3显示了2004年亚太地区私有权益投资额最多的5个国家及其投资额占各自GDP的比例。日本、澳大利亚、中国、韩国和印度为获得的私有权益投资额最多的国家，澳大利亚的私有权益投资额占该国GDP的比例最大，为0.42%，中国私有权益投资额占GDP的比例值与日本差不多，分别为0.16%和0.15%。

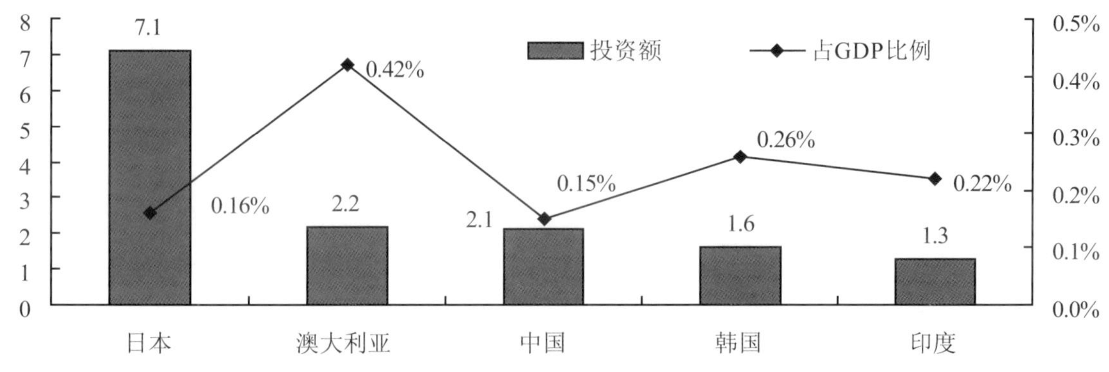

数据来源：《Global Private Equity Report 2005》，普华永道

图3.3　2004年亚太地区部分国家的私有权益投资额及其占该国GDP比例分布

第三节　中国私有权益投资的发展历程与现状

一、中国私有权益投资发展概况

（一）发展历程

从狭义私有权益投资的范畴看，在中国出现真正私有权益投资也就是在最近两三年时间内。

2002年蒙牛乳业牵手海外战略投资者，2004年6月美国新桥资本（New bridge Capital）收购深圳发展银行而产生了第一家被国际并购基金控制的中国商业银行，这些国际化的资本运作掀起了私有权益投资在中国发展的帷幕。

虽然风险投资是私有权益投资的组成部分，但是人们对私有权益投资的认识和了解却晚于风险投资，直到2004年以来的几起大型私有权益投资案例的出现，私有权益在中国的发展才逐渐受到关注。

2004年以来，随着海外私有权益投资巨头提高对中国的关注度，又相继产生了几个较为大型的投资和退出案例，如美国华平投资集团携其他多家机构，对哈药集团55%股权的收购；美国凯雷集团斥资4亿美元对中国太平洋人寿保险有限公司24.9%股权的收购，其收购徐工的历程更是在2006年引发极大关注和讨论。2006年中国银行和中国工商银行在成功引入国际著名私有权益基金等战略投资者后，分别同时在香港和上海证券交易所上市募资；而2006年9月，由老虎环球基金等私有权益投资基金投资的新东方成功登陆纽交所，等等。这些投资和上市案例，大大加深了国人对私有权益投资的认识。

（二）发展现状

1. 投资规模

清科集团资料显示，截至2006年11月底（下同），有不低于68家私有权益投资机构对111家内地及相关企业进行投资，投资规模达到117.73亿美元（见图3.4）。

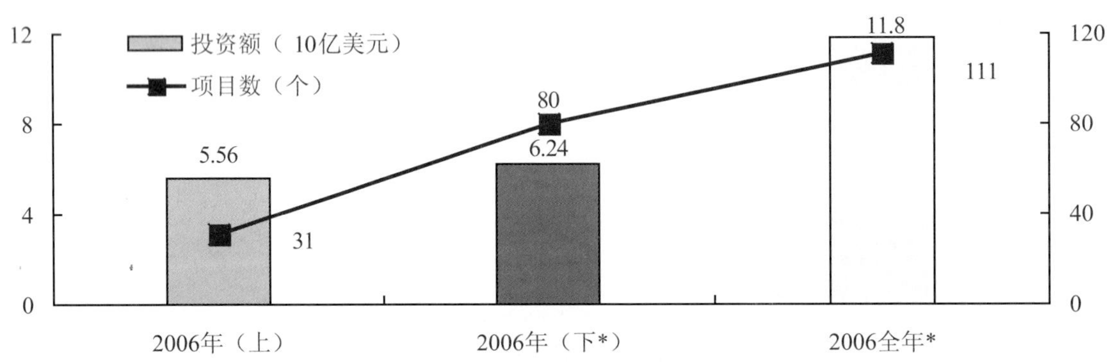

数据来源：清科集团，“中国私有权益市场（1月~11月，2006)”，2006年12月（*截至11月）

图3.4 2006年中国私有权益投资趋势图

另根据亚洲私有权益评论数据显示，2004年中国的私有权益投资达到13.89亿美元，在亚洲地区仅次于日本。

2. 筹资规模

清科集团发布的资料显示，2006年前三季度共有27只私有权益投资基金募集了资本，资金额达到了97.61亿美元，平均单只基金筹集3.62亿美元；2006年1月～11月份，中国新募集的私有权益资本规模逾121.61亿美元，涉及35家私有权益投资基金（见图3.5）。

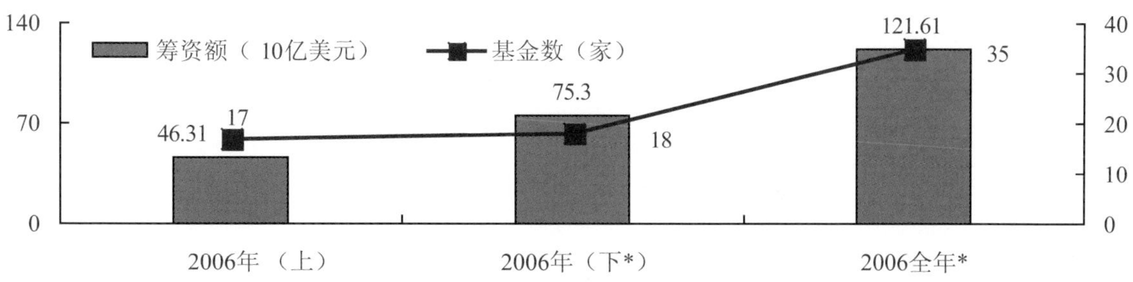

数据来源：清科集团，"中国私有权益市场（1月~11月，2006）"，2006年12月（*截至11月）

图3.5　2006年中国私有权益筹资规模趋势图

巨大的市场商机，加上丰厚的投资回报，吸引着越来越多的国际私有权益投资基金加大对中国的投资力度，纷纷来华考察，或在华建立办事处、或与中国投资方合作设立投资于中国的专项基金。国际私有权益资本逐步渗透到中国市场中，甚至主导着当前中国私有权益投资和风险投资市场的大半江山。2006年11月14日，璞玉投资宣布正式发起中国内地第一只私有权益基金之基金——璞玉价值基金，其目标规模为1.5亿美元，专注中国内地投资于成长期和扩张期的私有权益投资基金和共同投资基金。而在2006年岁末，作为国内探索私有权益投资的中国首个产业投资基金——环渤海产业投资基金于12月30日在天津正式设立，首期募集的60.8亿元人民币产业基金正式投入运作，极大丰富了中国内地私有权益投资业的发展。

二、中国私有权益投资的发展特征

当前，基于中国新兴市场特征，私有权益资本在中国更多是作为增长资本。资料显示，作为增长资本而投资的项目数超过一半，但是相应的投资额仅占到两三成（见图3.6和图3.7）。

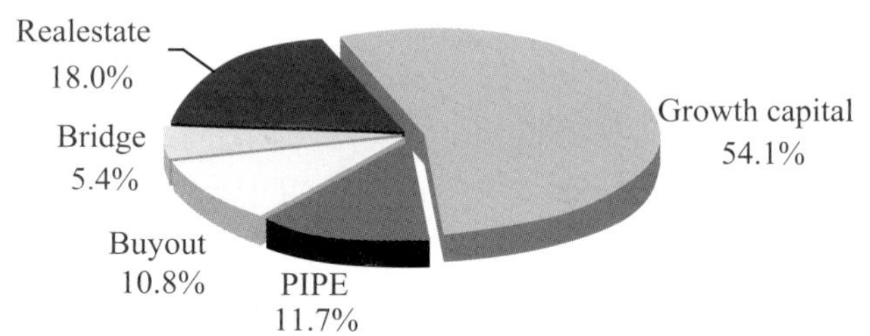

数据来源：《China Private Equity Report Q3 2006》，Zero2IPO，2006年

图3.6　2006年第三季度中国私有权益投资分布（投资案例数比例）

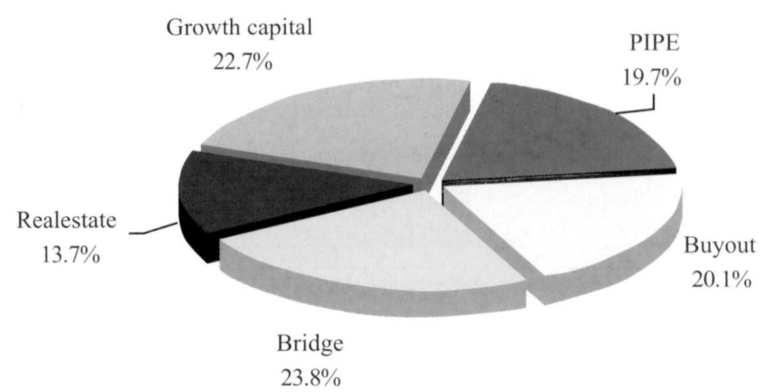

数据来源：《China Private Equity Report Q3 2006》，Zero2IPO，2006年

图3.7　2006年第三季度中国私有权益投资分布（投资额比例）

由于中国地域广阔，东部地区比较发达，创业意识相对浓厚，蕴涵的投资相对丰富，特别是长三角、环渤海地区以及珠三角区域，更是受到众多私有权益投资家的青睐。在投资行业方面，传统行业的项目仍然占主导地位，在总投资项目数中，传统产业项目约占一半左右的比例，相应的投资额却占到六成多。其他行业，如IT行业、消费服务领域以及生物科技也是私有权益投资关注的重点领域。

总体来看，国内私有权益投资具有如下突出特点：

（一）金融业投资案例活跃

按照中国加入WTO的承诺，在2006年底之后，中国金融行业全面对外开放，为了在未来竞争中占得先机，国际私有权益投资加快速度并购或参股中国的金融行业企业，包括银行和保险等领域。然而，由于中国金融行业所固有的弊端，例如不良贷款、治理结构以及管理机制等方面存在较多不足，不利于适应激烈竞争的市场格局。因此，国有商业银行内部进行了一系列资产重组和改制，在这一过程中，引入外部战略投资者成为必然选择，这便为PE的介入提供了良好的契机。那些发展较早、较好、较成熟的企业，如深发展、太平洋保险以及中国交通银行、建设银行、中国银行、中国工商银行的重组改制并实现海外上市的过程中，都活跃着私有权益投资家的身影。

国际PE机构投资中国金融业的目的和策略，将决定其与中方合作的方式。对于那些资金实力雄厚、进入中国市场较早、并在国内已经开展一定业务的机构，会倾向于收购并控股中小商业银行等金融机构，整合企业的市场网络，并利用自身的管理理念和经营机制抢占市场份额、开拓中国市场，并将这些业务作为其全球战略的一部分。例如，新桥投资收购深发展的模式。

另外一些PE机构与投资银行由于进军中国市场的时间较短，对于本土的情况相对陌生，为寻求较快开展业务、迅速占领市场，则主要倾向于参股国有大型商业银行及类似的金融企业，以期利用现有资源获取较高回报。例如，交通银行、建设银行、中国银行和工商银行引入战略投资者进行重组并上市的模式。

（二）行业龙头企业备受青睐

PE在介入一个行业之后，往往青睐于该行业内处于领先地位、具有相当影响力的龙头企业。这些企业在市场中所占的份额一般处于领先，例如前三甲。通过投资这些龙头企业，一方面有利于PE回收投资，另一方面有利于PE发挥其在管理、经营、资本市场等方面的增值服务优势，推动被投资企业快速增值，从而获得更丰厚的回报。

但是，由于一些龙头企业往往关系到国计民生、关系到市场结构和垄断资源的控制，甚至关系到国家经济安全问题。因此，PE的介入一般需要国家的严密审核。所以，PE在选择投资项目时需要重点评估，例如，凯雷对徐工收购的搁浅。鉴于政策上的限制，部分行业的龙头企业不能实现被并购，甚至可能会对投资增加不确定性变数。另外，一些地区性龙头企业和行业追随者企业，也成为PE的重点对象。随着资本以及其他诸如管理和机制的介入，通过整合各类资源，龙头企业地位得到巩固和加强，有些原本还不是行业领导者的企业被重新注入活力，正在逐渐做大做强，成为或即将成为行业的领头羊。

（三）业绩良好企业更受关注

成熟行业中的高收益、良好业绩的企业，在随着网络经济热潮的消退或理性化的过程中，逐渐成为PE猎取的目标。由于私有权益资本对投资收益的要求较高，因此在选择企业的时候，较为看重其现有的业绩以及未来业绩成长的潜力。那些业绩良好，市场份额处于稳步增长态势的企业最受投资家的关注。就近几年的重大案例来看，除一些国有龙头企业外，PE所专注的企业一般有着不错的业绩。

三、中国私有权益投资政策环境

在中国私有权益投资发展的过程中，相应法律法规政策环境的变化与发展至关重要。始于2005年4月，中国资本市场股权分置改革序幕正式拉开。在一系列指引和指导意见文件的规范下，股权分置改革进展顺利，中小企业板已于2005年底率先实现全流通，而主板市场的股权分置改革也即将完成。全流通后的中国资本市场为PE的发展提供了良好的市场环境。

但中国转型经济发展过程中所表现出来的政策不稳定性依然经常考验着私有权益投资家们的神经。如，国家外汇管理局曾分别在2005年初出台《国家外汇管理局关于完善外资并购外汇管理有关问题的通知》（11号文）和《国家外汇管理局关于境内居民个人境外投资登记及外资并购外汇登记有关问题的通知》（29号文），一度将“红筹上市”的各个环节——注册境外企业、资本注入、并购境内资产等纳入严格监管范围，导致“红筹上市”的审批程序复杂化。由于审批标准的模糊，许多私有权益投资机构被迫暂停项目运作，贻误了投资和退出时机。

经历了半年的考验，外管局于2005年10月23日发布《关于境内居民通过境外特殊目的公司境外融资及返程投资外汇管理有关问题的通知》（75号文），明确废止11号和29文，重启封闭半年之久的红筹通道，并给予清晰的审批和登记程序。尽管如此，业界专家依然认为75号文存在诸多不足，包括：文件规定的对外汇资金来源证明举证存在困难、对解决内地企业融资的跨境换股并没有明确解决以及对红筹程序中的许多地方没有明确等。因此，专家们指出，政策风险依然存在。

这种“惊呼”到“惊喜”背后所体现的政策不稳定性以及2006年备受关注的凯雷收购徐工案的搁置，这些对具有战略意义行业的投资而衍生出的对国家经济安全问题的热烈讨论，均折射出在中国这种新兴市场中，私有权益投资机构对政策评估的重要性。

2006年1月，商务部等五部委联合发布《外国投资者对上市公司战略投资管理办法》，放宽了外资在华业务经营范围，明确外资可通过一定规模的中长期战略性并购，投资已完成股权分置改革的上市公司和股改后新上市公司的A股股份。但首次取得的股份比例不低于该公司已发行股份的10%，且取得的A股在3年内不得转让。只有“依法设立、经营的外国法人或其他组织”才有资格投资A股市场。欲投资境内上市公司，外国投资者“境外实有资产总额必须不低于1亿美元或管理的境外实有资产总额不低于5亿美元，或者其母公司境外实有资产总额不低于1亿美元或管理的境外实有资产总额不低于5亿美元”。同时，商务部在2006年6月于《关于外商投资举办投资性公司的补充规定》中也明确表示，“允许投资性公司根据国家有关规定对上市公司进行战略投资，投资性公司应视为股份有限公司境外股东。”《规定》同时大幅放宽了投资性公司申请被认定为地区总部的条件，并在注册资本要求上实现更加宽松的政策。

为解决外资并购中暴露出的问题，商务部、国务院国有资产监督管理委员会等六部委于2006年8月8日联合发布《关于外国投资者并购境内企业的规定》，一方面通过填补漏洞、强化操作性来规范市场秩序，对外资企业境内并购的范围进行了更为严格的约束，强化了审批环节和反垄断审查；另一方面也试图对外资并购的操作环节，特别是对SPV(特殊目的公司)的设立、跨境换股等技术细节，进行了更为细致的规定，使得大部分的并购案有规可依，体现了发展与规范并举的原则，也充分表明了我国的外资并购法规在总结经验教训的基础上正在趋于完善，可操作性更强。

另外，《产业投资基金法》也在征询各方意见并完善制订中，相信不久便可通过审议实施。这将激活国内私有权益投资市场，国内私有权益市场也将迎来规范化发展的上升空间。总之，随着政策环境的日趋完善，市场规范化程度的不断提升，并在宏观强劲经济增长环境的刺激下，中国私有权益投资将迎来快速发展的机遇。

第四章　全球风险投资发展概况

本章对全球风险投资业的发展进行总体概述，对全球风险投资业的投资特征进行分类分析，有助于了解全球风险投资业的发展脉络与趋势。

本章采用的数据主要来源于“VentureOne”、“安永”、“Thomson Financial”、“NVCA”、“IVA”、“亚洲风险投资杂志（CVCJ）”等著名风险投资研究机构的相关报告资料。

第一节　全球风险投资概况

风险投资最早出现于19世纪末，从最初私人直接投资企业的形式发展到现今风险投资基金的形式。近几十年来，全球风险投资规模得到了长足发展，相关的体制也趋于完善，最重要的是，风险投资业对世界经济的引擎作用日益凸显。

在过去的20年中，全球风险投资业的发展非常迅速，无论是风险投资基金的管理资本额还是投资金额，都有大幅度的增加。风险投资也越来越成为初创企业融资的重要渠道，并成为世界经济中的一个越来越引人注目的领域。

一、全球风险投资规模

道琼斯Ventureone和安永联合发布的2006年末全球风险投资研究报告显示，2006年前三季度，美国、欧洲、中国和以色列的风险投资金额已达到253.9亿美元，预计全年相应的投资金额将突破320亿美元，有望成为近4年来投资金额最高的年份，为2001年512.2亿美元投资额的62.48%，比2005年增加3.56%（见表4.1和图4.1）。

表4.1　　2001年～2006年全球风险投资额变化趋势　　单位：亿美元

时间	2001年	2002年	2003年	2004年	2005年	2006年
投资金额	512.2	286	270	290	309	320*
增长率	-	-44.16%	-5.59%	7.41%	6.55%	3.56%*

注：*为预计值

数据来源：Ventureone / 安永报告，摘自http://gjss.ndrc.gov.cn/xxcy/cyfz/t20061226_102974.htm

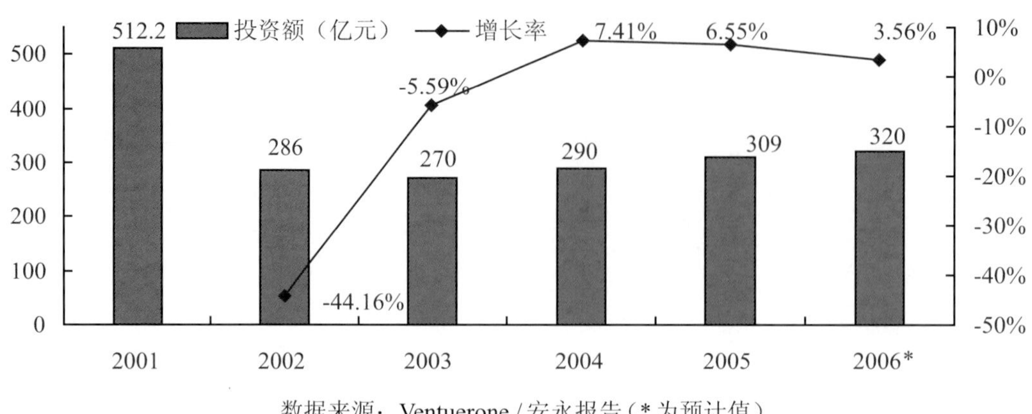

数据来源：Venturerone / 安永报告（* 为预计值）

图4.1　2001年～2006年全球风险投资额及增长率趋势

二、全球风险投资筹资规模

表4.2和图4.2反映了全球筹资规模趋势。2006年第一季度全球筹资规模达到94.22亿美元，2006前三季度仅美国、以色列和中国就筹集了295.35亿美元的风险资本，为2005全年388.93亿美元的75.94%。

表4.2　　2002年～2006年全球风险投资筹资额趋势①　　单位：亿美元

时间	2002年	2003年	2004年	2005年	2006年第一季度	2006年前三季度
筹资金额	158.69	187.21	340.65	390.51	93.81	295.35

数据来源：ThomsonFinancial/NVCA/ThomsonMacdonald /VentureOne/ErnstYoung /IVA/CVCJ/Zero2IPO/AVCA

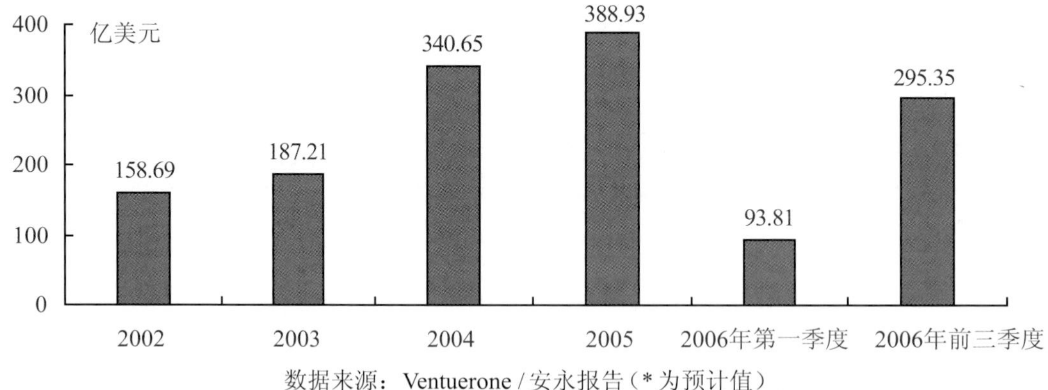

数据来源：Venturerone / 安永报告（* 为预计值）

图4.2　2002年～2006年全球风险资本筹资额趋势

① 数据为各个地区资料的汇总。具体如下：2002年～2004年包括美国、加拿大、欧洲和亚太地区，2005年包括美国、加拿大、欧洲、以色列、中国和澳大利亚，2006年第一季度包括美国、加拿大、欧洲、以色列和中国，2006年前三季度包括美国、以色列和中国。

第二节　全球风险投资业发展特征

一、全球风险资本市场的地区分布

根据《全球风险投资趋势调研报告2006》（德勤和NVCA等，2006年7月）调查显示，美国以45%的比例独占鳌头，欧洲以24%的比例位居第二，亚太地区、美洲（美国除外）和中东/非洲地区所占比例依次为17%、10%和4%（见图4.3）。

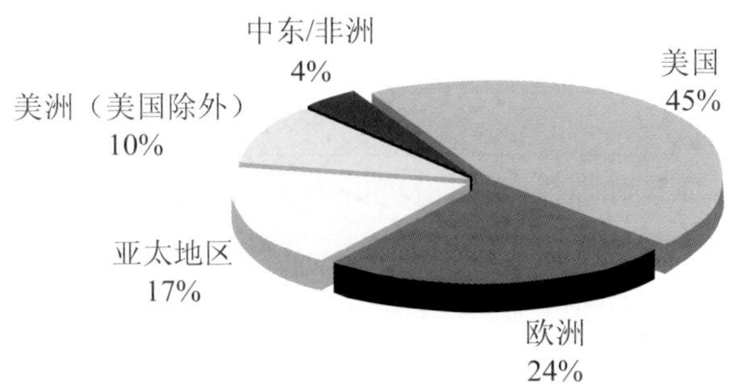

数据来源：《全球风险投资趋势调查报告2006》，德勤和NVCA等，2006年7月

图4.3　2006年全球风险资本市场的地区分布

无论是美国还是非美国的风险投资基金，最关注的都是美国市场。在美国风险投资基金中，有88%的基金关注美国市场，而有32%的非美国风险投资基金关注美国地区。中国分别受到7%的美国基金和5%的非美国基金的关注，而印度所对应的比例分别为4%和5%（见图4.4）。

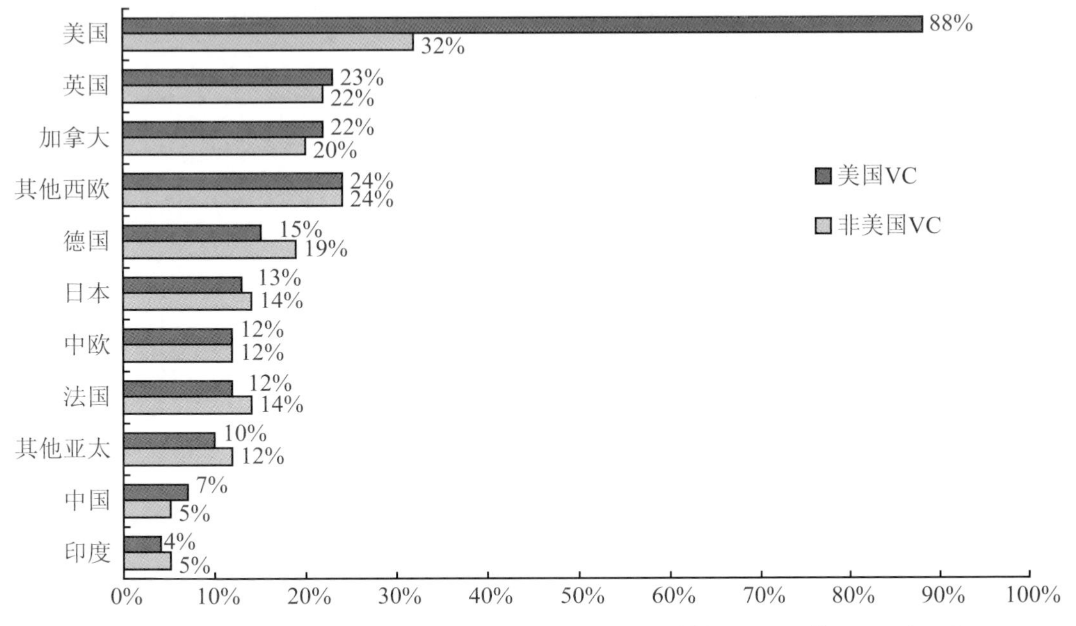

数据来源：《全球风险投资趋势调查报告2006》，德勤和NVCA等，2006年7月

图4.4　2006年全球各主要地区受风险资本关注一览

二、全球风险投资的行业分布

道琼斯Ventureone和安永在2006年末的全球风险投资研究报告中认为，2006年风险资本市场上最具有积极意义的现象之一，就是“绿色科技”领域和Web2.0等新兴行业受到风险资本的极大关注。报告将“绿色科技”公司定义为：直接有效利用自然资源并降低生产对生态环境影响的公司，主要领域包括能源、自来水、农业、运输和制造业等。

该报告指出，2006年前三季度，全球投向“绿色科技”领域的资金已达7.614亿美元，较2005年前三季度的5.041亿美元增长50%。单就美国而言，2006年已经有5.856亿美元投向60家“绿色科技”类企业，较2005年全年投资额高出30%；2006年的投资规模中值达到750万美元，高于上一年的450万美元。欧洲对“绿色科技”领域的投资额比上一年高出26%，为1.024亿美元。报告同时显示，中国的风险投资中也有7400万美元投向该领域，交易数为9宗，交易金额中值达到630万美元，远高于上一年的130万美元。

另据2006年7月发布的《全球风险投资趋势调查报告2006》显示，有61%的美国风险投资基金和60%的非美国投资基金投资于软件行业；其次为通讯与网络行业，在美国风险投资基金中占53%，在非美国风险投资基金中占54%。医药设备、半导体、生物制药、信息服务和电子及硬件等行业也是投资的重要领域（见图4.5）。

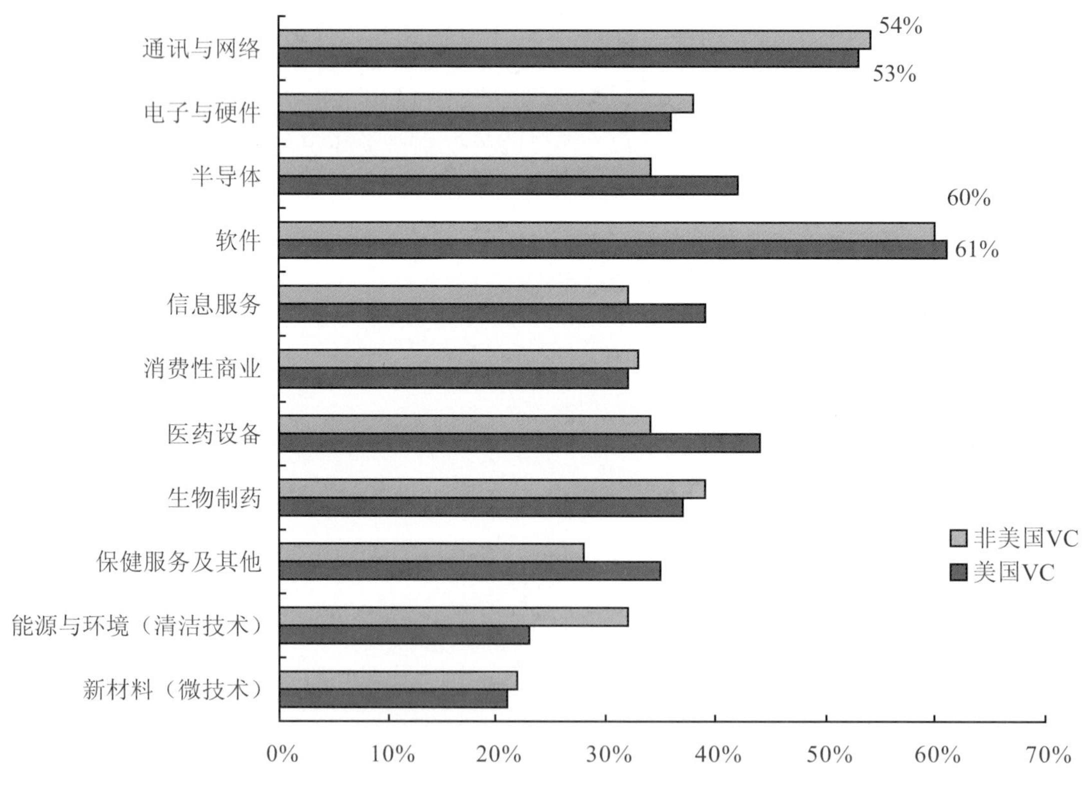

数据来源：《全球风险投资趋势调查报告2006》，德勤和NVCA等，2006年7月

图4.5　2006年全球风险资本的投资行业分布

第三节　北美风险投资业

一、北美风险投资发展概况

（一）北美风险投资规模

2006年上半年，美国和加拿大的总投资额达到137.52亿美元，占2005年总投资额的57.08%；2006年前三季度总投资额为202.83亿美元，占2005年全年的84.19%（见图4.6）。

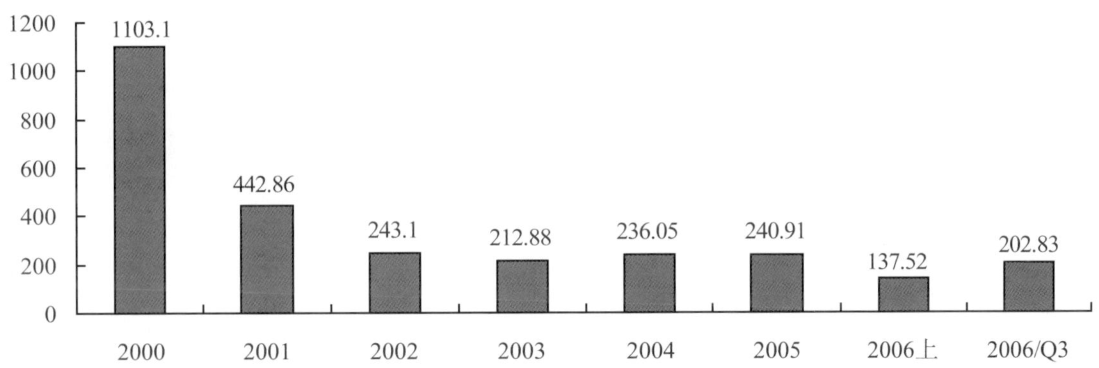

数据来源：Thomson Financial/ PricewaterhouseCoopers/NVCA/Thomson Macdonald/CAVA

图4.6　2000年～2006年北美风险投资总额和受投资公司的变动趋势

（二）北美风险投资筹资规模

2006年第一季度，美国和加拿大的融资总额为75.52亿美元，占2005年全年的25.84%，比上一季度减少了8.17亿美元（见图4.7）。

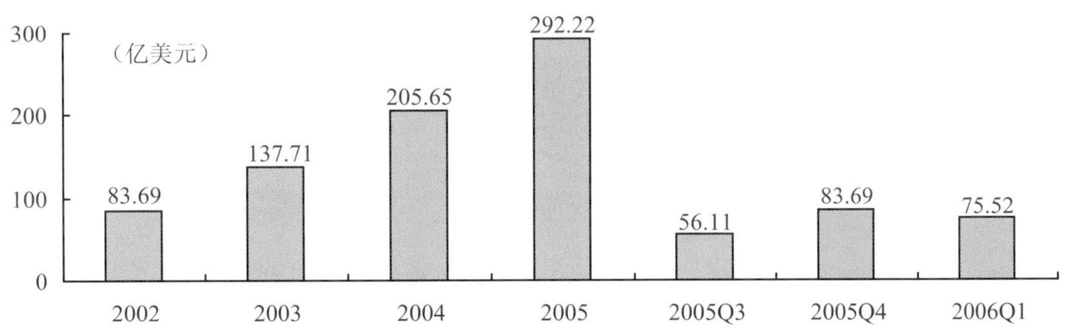

数据来源：Thomson Financial/ PricewaterhouseCoopers/NVCA/Thomson Macdonald/CAVA

图4.7　2002年～2006年北美风险筹资额的变动趋势

（三）北美风险投资的退出情况

北美地区中美国和加拿大风险投资支持的IPO和M&A变动趋势如图4.8所示。

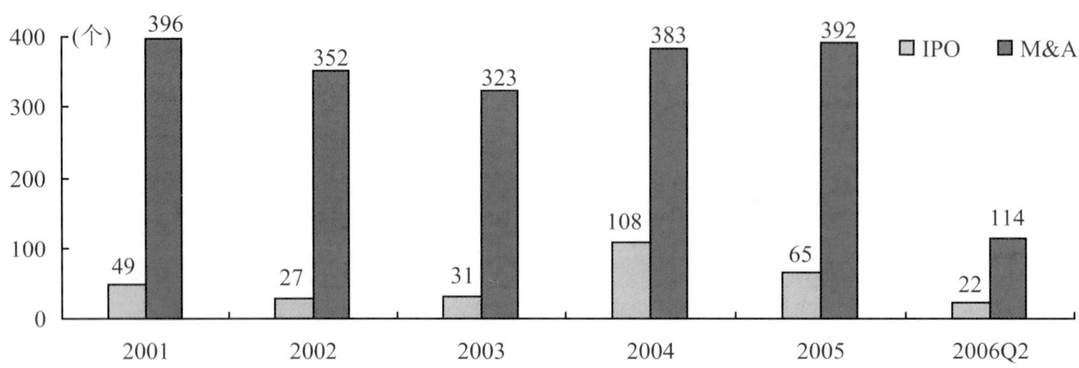

数据来源：Thomson Financial/ PricewaterhouseCoopers/NVCA/Thomson Macdonald/CAVA

图4.8　2001年～2003年北美风险投资退出情况的变动趋势

二、北美重点地区——美国风险投资行业发展概况

（一）美国风险投资发展现状

1. 投资规模

（1）年度投资规模

2006年前三季度，美国风险投资额达到190.85亿美元，为2005年全年的85.73%；投资案例数为2510项，占2005年全年的82.92%（见图4.9）。

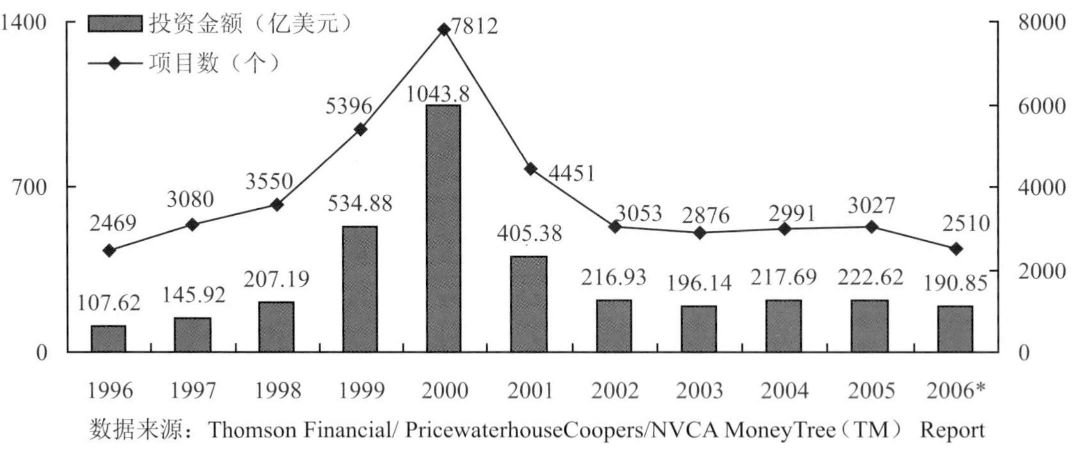

数据来源：Thomson Financial/ PricewaterhouseCoopers/NVCA MoneyTree（TM） Report

注：2006年为前三个季度的数值

图4.9　1996年～2006年美国风险投资总规模的变动趋势

从平均投资规模看，2006年上半年的平均投资规模延续2003年以来的增长趋势，平均投资额达到7520万美元（见图4.10）。

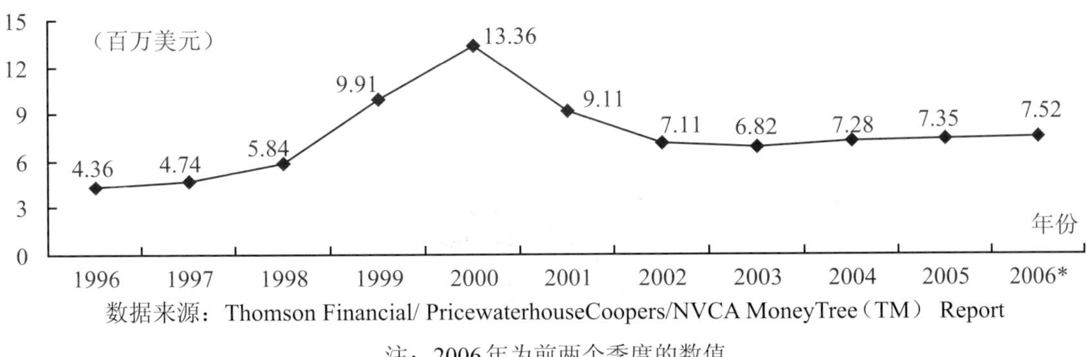

数据来源：Thomson Financial/ PricewaterhouseCoopers/NVCA MoneyTree（TM） Report

注：2006年为前两个季度的数值

图4.10　1996年～2005年度美国风险投资行业平均投资规模的变动趋势

（2）各季度投资规模

2006年第一、二季度风险投资金额的增长率分别达到了8.49%和8.70%，特别是2006年第二季度，风险投资项目892个，投资金额67.11亿美元，为自2004年第一季度以来投资规模最高的季度。但是第三季度的投资额有所下降，仅为62亿美元（见图4.11）。

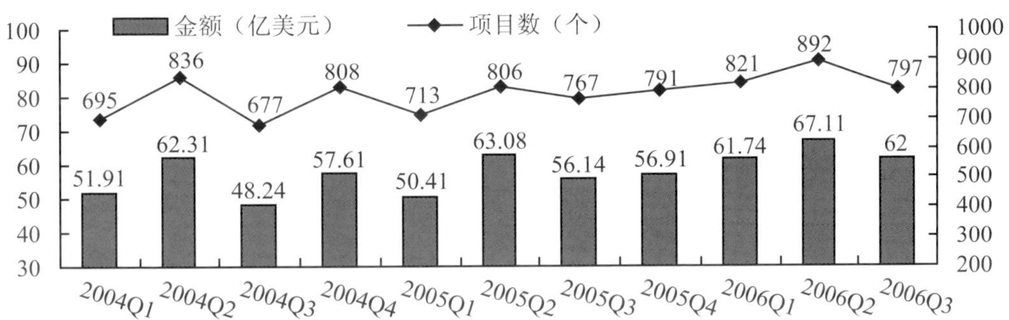

数据来源：PricewaterhouseCoopers/National Venture Capital Association MoneyTree（TM） Report；Thomson Financial - Updated 6/30/2006

图4.11　2004年～2006年各季度美国风险投资规模的变动趋势

2006年前两个季度的平均投资规模均保持了752万美元的水平（见图4.12）。

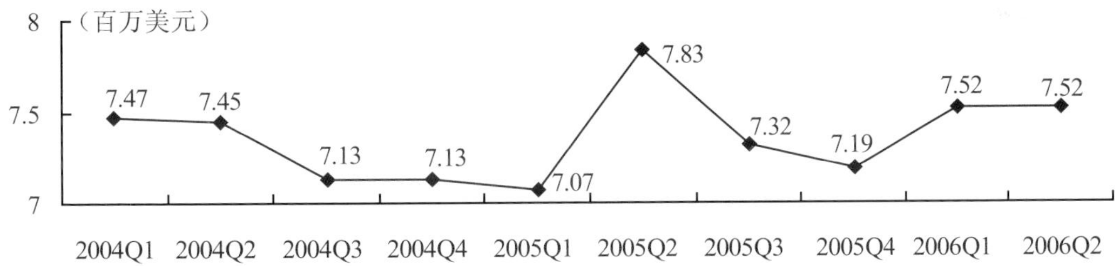

数据来源：PricewaterhouseCoopers/National Venture Capital Association MoneyTree（TM） Report；Thomson Financial - Updated 6/30/2006

图4.12　2004年～2006年度各季度美国风险投资行业平均投资规模的变动趋势

2. 筹资规模

2006年前三季度新筹集的风险投资基金有158只，占2005年全年207只的76.33%，比2005年同期的133只增加了18.8%。

2006年前三季度筹集的资金规模已经达到254.19亿美元，为2005全年的94.1%，比2005年同期的186.44亿美元增加了36.34%（见表4.3）。

表4.3　　2002年～2006年风险投资基金筹资规模趋势

年度/季度	基金数目（个）			筹资总规模（百万美元）
	新基金（New）	规模扩大的基金（Follow-on）	合计	
2002年	56	115	171	3821.2
2003年	50	95	145	10 683.5
2004年	56	147	203	18 601.6
2005年	51	156	207	27 012.4
2006前三季度	29	129	158	25 419.0
各季度筹资规模趋势				
2005年第三季度	14	48	62	5611.1
2005年第四季度	22	52	74	8368.9
2006年第一季度	11	54	65	7098.5
2006年第二季度	12	50	62	13 420.5
2006年第三季度	9	43	52	4900.0

注：数字考虑了基金规模减小的负效应

数据来源：Thomson Financial & National Venture Capital Association，2006年10月

3. 退出规模

（1）M&A 规模

2006年前三季度，有269个 M&A 案例，占2005年全年的77.75%，对应的平均交易规模接近1亿美元，仅次于2001年的1.018亿美元（见表4.4）。

表4.4　　2001年～2006年美国风险投资 M&A 规模趋势

年份	M&A 案例数（个）	有公开金额的项目数（个）	交易金额（百万美元）	平均规模（百万美元）
2001年	353	165	16 798.9	101.8
2003年	293	123	7726.1	62.8
2004年	340	186	15 440.6	83
2005年	346	168	16 094.4	95.8
2006前三季度	269	119	11 890.6	99.9

数据来源：Thomson Financial & National Venture Capital Association

2006年第一季度为2004年第一季度以来M&A案例个数最多的季度，达到104项，而2006年第三季度最少，只有74项。2006年第一季度的平均交易规模为1.12亿美元，比2005年同期增长36.83%，但是2006年第二、三季度的平均交易规模却分别比2005年同期下降了23.89%和12.89%（见表4.5和图4.13）。

表4.5　　2004年～2006年各季度美国风险投资M&A规模趋势

年份	M&A案例数（个）	有公开金额的项目数（个）	金额（百万美元）	平均规模（百万美元）
2004年第一季度	80	45	3921	87.1
2004年第二季度	89	48	4514.6	94.1
2004年第三季度	87	47	4142.8	88.1
2004年第四季度	84	46	2862.2	62.2
2005年第一季度	82	46	4364.9	94.9
2005年第二季度	80	36	4791	133.1
2005年第三季度	98	47	4374.8	93.1
2005年第四季度	86	39	2563.7	65.7
2006年第一季度	104	48	5384.4	112.2
2006年第二季度	91	37	3747.6	101.3
2006年第三季度	74	34	2758.6	81.1

数据来源：Thomson Financial & National Venture Capital Association

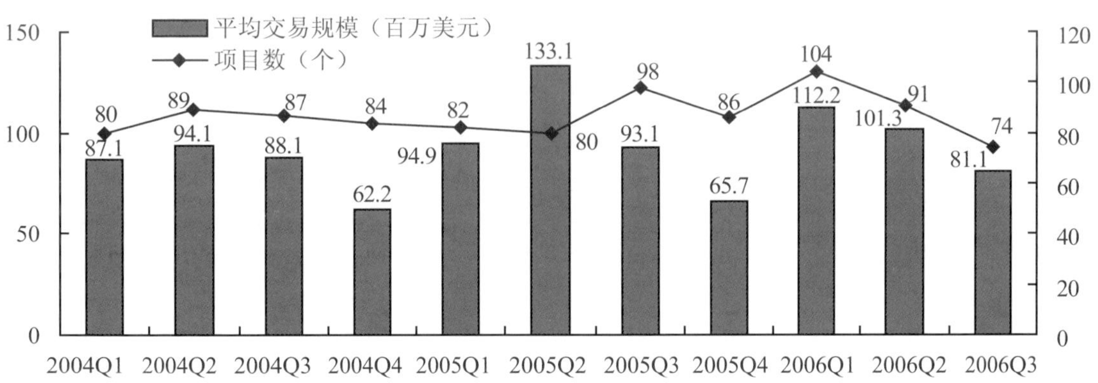

数据来源：Thomson Financial & National Venture Capital Association

图4.13　2004年～2006年各季度M&A案例数与平均交易规模趋势

（2）IPO规模

2006年前三季度有37个风险投资支持的IPO案例，占2005年的66.07%，与2005年同期大致持平；2006年前三季度融资34.86亿美元，比2005年同期增加20.5%。2006年前三季度平均融资水平为9220万美元，高于2005年的7970万美元（见表4.6）。

表4.6　　2001年～2006年美国风险投资首次公开上市（IPO）规模趋势

年份	IPO项目数（个）	融资金额（百万美元）	平均融资规模（百万美元）
2001年	41	3489.9	85.1
2002年	24	2473.5	103.1
2003年	29	2022.7	69.7
2004年	93	11 014.9	118.4
2005年	56	4461	79.7
2006前三季度	37	3486	92.2

数据来源：Thomson Financial & National Venture Capital Association

2006年第三季度，仅有8个IPO项目，是2006年前三季度最少IPO案例数的季度，但是当季平均融资规模却高达1.17亿美元（见表4.7和图4.14）。

表4.7　　2004年～2006年各季度美国风险投资首次公开上市（IPO）规模趋势

年份	IPO项目数（个）	融资金额（百万美元）	平均融资规模（百万美元）
2004年第一季度	13	2721.1	209.3
2004年第二季度	29	2077.8	71.6
2004年第三季度	24	3225.6	134.4
2004年第四季度	27	2990.4	110.8
2005年第一季度	10	720.7	72.1
2005年第二季度	10	714.1	71.5
2005年第三季度	19	1458.1	76.7
2005年第四季度	17	1568.1	92.2
2006年第一季度	10	540.8	54.1
2006年第二季度	19	2011	105.8
2006年第三季度	8	934.2	116.8

数据来源：Thomson Financial & National Venture Capital Association

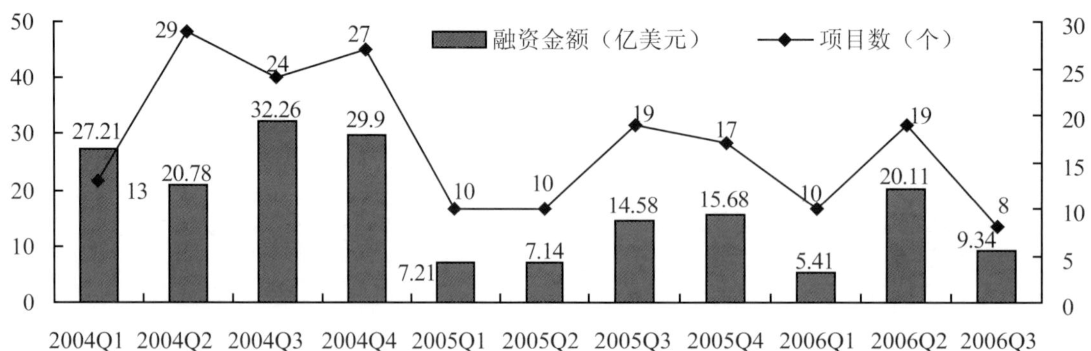

数据来源：Thomson Financial & National Venture Capital Association

图4.14　2004年～2006年各季度IPO案例数与融资金额趋势

（3）M&A 与 IPO 规模比较

从表4.8和图4.15可以看出，2006年前三季度 M&A 项目数是对应 IPO 项目数的7.27倍，高于2005年的6.18倍。

表4.8　2001年～2006年美国风险投资 M&A 与 IPO 规模对比（项目数）

年份	M&A 案例数（个）	IPO 项目数（个）
2001年	353	41
2002年	318	24
2003年	293	29
2004年	340	93
2005年	346	56
2006年前三季度	269	37

数据来源：Thomson Financial & National Venture Capital Association

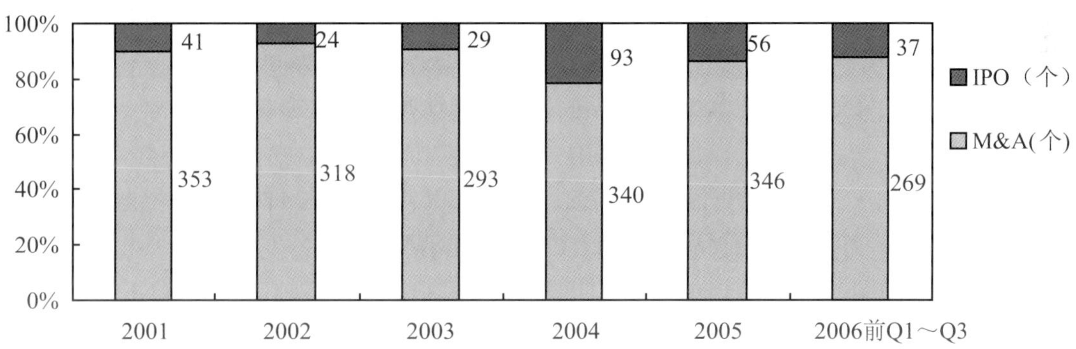

数据来源：Thomson Financial & National Venture Capital Association

图4.15　2001年～2006年美国风险投资 M&A 与 IPO 规模对比（项目数）

从表4.9可知各季度的对比情况，2006年第一季度 M&A 项目数是 IPO 项目数的10.4倍，为2004年以来两者悬殊最大的季度。

表4.9　2004年～2006年各季度美国风险投资 M&A 与 IPO 规模对比（项目数）

年份	M&A 案例数（个）	IPO 项目数（个）
2004年第一季度	80	13
2004年第二季度	89	29
2004年第三季度	87	24
2004年第四季度	84	27
2005年第一季度	82	10
2005年第二季度	80	10
2005年第三季度	98	19

年份	M&A案例数（个）	IPO项目数（个）
2005年第四季度	86	17
2006年第一季度	104	10
2006年第二季度	91	19
2006年第三季度	74	8

数据来源：Thomson Financial & National Venture Capital Association

4. 风险投资基金绩效情况

对于美国风险投资基金的绩效，从表4.10可以看出，截至2006年第二季度，1年期、10年期和20年期风险投资基金平均收益率分别为16.20%、20.8%和16.5%，大大超过同期Nasdaq或标准普尔500指数的收益率；而对应的3年期和5年期的风险投资基金平均收益率分别为9%和-3.5%，低于同期Nasdaq或标准普尔500指数收益率。

从表4.10和表4.11可以看出，虽然Nasdaq或标准普尔500指数收益率有所下降，但是早期/种子期风险投资基金中，短期（1年期、3年期和5年期）的报酬率却有所上升，特别是1年期基金的报酬率从2006年第一季度的9.7%上升到第二季度的11.20%；而长期（10年期和20年期）的报酬率有所下降，但下降的幅度小于Nasdaq或标准普尔500指数收益率下降幅度，例如，10年期的收益率下降了10.87%，相应的Nasdaq收益率下降幅度为20.51%（见表4.10和表4.11）。

表4.10　　美国风险投资基金绩效（截至2006年6月30日）　　收益率单位：%

期限 基金类型	1年	3年	5年	10年	20年
早期/种子期VC	11.20	5.40	-7.60	36.90	20.50
平衡类VC	20.50	12.50	-0.20	17.00	14.50
后期类VC	16.40	9.40	-1.10	9.50	13.70
所有风险投资基金	16.20	9.00	-3.50	20.80	16.50
Nasdaq	5.6	10.2	0.0	6.2	11.7
S&P 500	6.6	9.2	0.7	6.6	9.79

数据来源：Thomson Financial / National Venture Capital Association

表4.11　　美国风险投资基金绩效（截至2006年3月31日）　　收益率单位：%

期限 基金类型	1年	3年	5年	10年	20年
早期/种子期VC	9.7	5.0	-8.6	41.4	20.5
平衡类VC	31.0	13.5	-1.0	18.0	14.6
后期类VC	17.4	10.7	-1.8	10.7	13.8
所有风险投资基金	19.8	9.4	-4.4	22.7	16.5
Nasdaq	17.0	20.4	4.9	7.8	10.1
S&P 500	9.7	15.1	2.2	7.2	12.1

数据来源：Thomson Financial / National Venture Capital Association

（二）美国风险投资发展特征

1. 行业分布

（1）行业分布

从项目数分布可以看出，2006年前三季度投资信息技术行业的案例数最多，有719项，占全部的59.27%；医药保健行业、商业 / 消费 / 零售行业分别以298项（占24.57%）和144项（占11.87%）紧随其后（见表4.12）。

表4.12　　2000年～2006年美国风险投资的行业分布（项目数）　单位：个，括号内为比例值

行业分布	2000年	2001年	2002年	2003年	2004年	2005年	2006前三季度
商业 / 消费 / 零售行业	1712（27.03%）	606（18.48%）	317（13.20%）	247（11.26%）	248（10.82%）	265（11.27%）	144（11.87%）
医药保健行业	834（13.17%）	630（19.21%）	566（23.56%）	527（24.03%）	551（24.03%）	579（24.63%）	298（24.57%）
信息技术行业	3741（59.07%）	1990（60.67%）	1464（60.95%）	1363（62.15%）	1436（62.63%）	1427（60.70%）	719（59.27%）
其他行业	46（0.73%）	54（1.65%）	55（2.29%）	56（2.55%）	58（2.53%）	80（3.40%）	52（4.29%）
总和	6333	3280	2402	2193	2293	2351	1213

数据来源：Ernst & Young / VentureOne，“Venture Capital Report”，2006Q2

从投资金额来看，信息技术行业获得投资过半，2006前三季度，该行业获得的投资额71.5亿美元，占总投资额的55.12%。医药保健行业获得38.5亿美元的投资金额，仅次于信息技术行业；投资于商业 / 消费 / 零售行业的金额比例仅为10.76%（见表4.13）。

表4.13　　2000年～2006年美国风险投资的行业分布（投资额）　单位：百万美元

行业分布	2000年	2001年	2002年	2003年	2004年	2005年	2006前三季度
商业 / 消费 / 零售行业	23 264.43（24.55%）	5205.81（14.31%）	1894.22（8.58%）	1680.40（8.61%）	1844.15（8.33%）	2416.52（10.35%）	1395.75（10.76%）
医药保健行业	9458.00（9.98%）	6782.24（18.64%）	5922.36（26.81%）	6206.64（31.78%）	7240.81（32.69%）	7156.70（30.65%）	3847.57（29.66%）
信息技术行业	61 583.81（64.99%）	24 039.31（66.08%）	13 895.18（62.91%）	11 343.02（58.09%）	12 705.06（57.36%）	13 186.57（56.47%）	7150.48（55.12%）
其他行业	445.97（0.47%）	350.49（0.96%）	374.55（1.70%）	297.97（1.53%）	359.98（1.63%）	591.34（2.53%）	577.61（4.45%）
总和	94 752.20	36 377.84	22 086.32	19 528.03	22 150.00	23 351.14	12 971.41

数据来源：Ernst & Young / VentureOne，“Venture Capital Report”，2006Q2

2006年第一季度投资于医药保健行业的项目数比2005年同期增加了22.12%，2006年第二季

度投资于医药保健行业的项目数分别比2005年同期和2006年第一期增加10.34%和15.94%。2006年第一季度投资于商业/消费/零售行业的项目数比2005年同期增加36.21%。在投资金额方面，2006年第一季度，各行业的投资金额均有大幅度的增加，商业/消费/零售行业、医药保健行业以及信息技术行业的投资金额分别为2005年同期的5.9倍、5.68倍和4.15倍。但是，2006年第二季度，除了信息技术行业的投资金额高于2005年同期金额外，其他两个行业的金额均少于2005年同期（见表4.14和表4.15）。

表4.14　　2005年～2006年各季度美国风险投资的行业分布（项目数）　　单位：个

行业分布	2005年				2006年	
	第一季度	第二季度	第三季度	第四季度	第一季度	第二季度
商业/消费/零售行业	58	71	75	61	79	65
医药保健行业	113	145	149	172	138	160
信息技术行业	340	364	347	376	356	363
其他行业	20	20	16	24	21	31
总和	531	600	587	633	594	619

数据来源：Ernst & Young / VentureOne，“Venture Capital Report”，2006Q2

表4.15　　2005年～2006年各季度美国风险投资的行业分布（投资额）　　单位：百万美元

行业分布	2005年				2006年	
	第一季度	第二季度	第三季度	第四季度	第一季度	第二季度
商业/消费/零售行业	409.47	1035.95	639.61	331.49	2416.52	808.82
医药保健行业	1260.76	1789.24	1947.67	2159.03	7156.70	1605.77
信息技术行业	3180.94	3444.43	3396.86	3164.33	13 186.57	3639.41
其他行业	197.54	158.91	93.10	141.80	591.34	182.64
总和	5048.71	6428.53	6077.24	5796.66	23 351.14	6236.64

数据来源：Ernst & Young / VentureOne，“Venture Capital Report”，2006Q2

（2）重点领域——Web2.0

通常而言，Web2.0代表了2000年全球网络泡沫后所出现的新型网络领域行业，相应地，泡沫之前的网络行业称为Web1.0。经历网络泡沫后，互联网企业走向了在模式上有别于以往单纯模式的体系，以此为新方向标的Web2.0也逐渐显示生机，受到越来越多投资家和创业企业家的推崇，Web2.0领域深受风险投资的青睐。

2006年前三季度，投资于Web2.0领域的风险资本继续增长，项目数和投资金额分别为79项和4.55亿美元，分依次是2005年全年的1.33倍和1.79倍（见表4.16和图4.16）。

表4.16 2001年～2006年美国风险资本投资于Web2.0领域的规模

	2001年	2002年	2003年	2004年	2005年	2006前三季度
项目数（个）	8	5	14	25	59	79
投资金额（百万美元）	37.5	21.25	71.3	204.65	254.67	455.47

数据来源：Dow Jones VentureOne和Ernst & Young

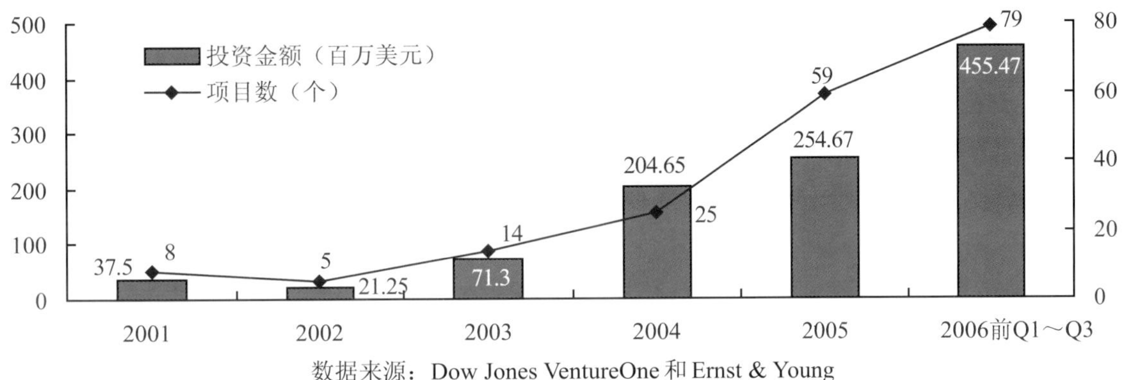

数据来源：Dow Jones VentureOne和Ernst & Young

图4.16 2001年～2006年美国风险资本投资于Web2.0领域的规模趋势

对于Web2.0的细分行业，从表4.17可以看出，2006年前三季度有43家IT消费服务企业获得逾2.66亿美元的风险投资，占Web2.0投资总量的58.39%。

表4.17 2001年～2006年美国Web2.0各行业的融资情况（项目数） 单位：个

细分行业	2001年	2002年	2003年	2004年	2005年	2006前三季度
Broadcasting（广播）				1（10.00）	1（12.00）	
Business Applications Software（商业应用软件）	5（28.50）	1（5.00）	2（24.75）	2（7.80）	6（25.35）	3（2.57）
Business Services （Not Financial）商业服务（不包括融资）					1（3.50）	2（1.83）
Computer Systems（计算机系统）						1
Connectivity & Communications Software（通信软件）			1（5.00）	1（2.00）	5（30.50）	6（37.45）
Consumer Services（消费性服务）					1（0.30）	
Graphics & Publishing Software（制图与出版软件）	1（2.00）		1（1.80）	2（11.00）	1（9.00）	1（12.00）

细分行业	2001年	2002年	2003年	2004年	2005年	2006前三季度
IT Business Services （IT商业服务）			1 （4.70）	2 （11.20）	4 （16.97）	8 （42.70）
IT Consumer Services （IT消费服务）		1 （1.00）	7 （31.05）	15 （146.40）	30 （121.34）	43 （265.95）
Media， Content & Information （媒体、内容和信息）					3 （17.25）	6 （28.93）
Multimedia Networking Software （多媒体网络软件）	1 （5.70）	1 （5.00）	2 （4.00）	1 （10.00）	4 （11.86）	5 （41.75）
Recreational & Home Software （娱乐&家用软件）					1 （1.35）	1 （2.30）
Software Development Tools （软件开发工具）	1 （1.30）	1 （9.00）		1 （6.25）	1 （3.20）	2 （8.00）
Vertical Market Applications Software （直销应用软件）		1 （1.25）			1 （2.05）	1 （12.00）
Grand Total （总和）	8 （37.50）	5 （21.25）	14 （71.30）	25 （204.65）	59 （254.67）	79 （455.47）

注：括号内为金额数，单位为百万美元

数据来源：Dow Jones VentureOne and Ernst & Young

2. 投资阶段分布

2006上半年，投资于扩张期和后期企业的风险资本额继续保持增长的态势，分别比上一年同期增长约15%和14%。相反，种子期和早期创业企业获得的风险资本额却比2005年同期有所下降，分别下降了约10%和5%（见图4.17和图4.18）。

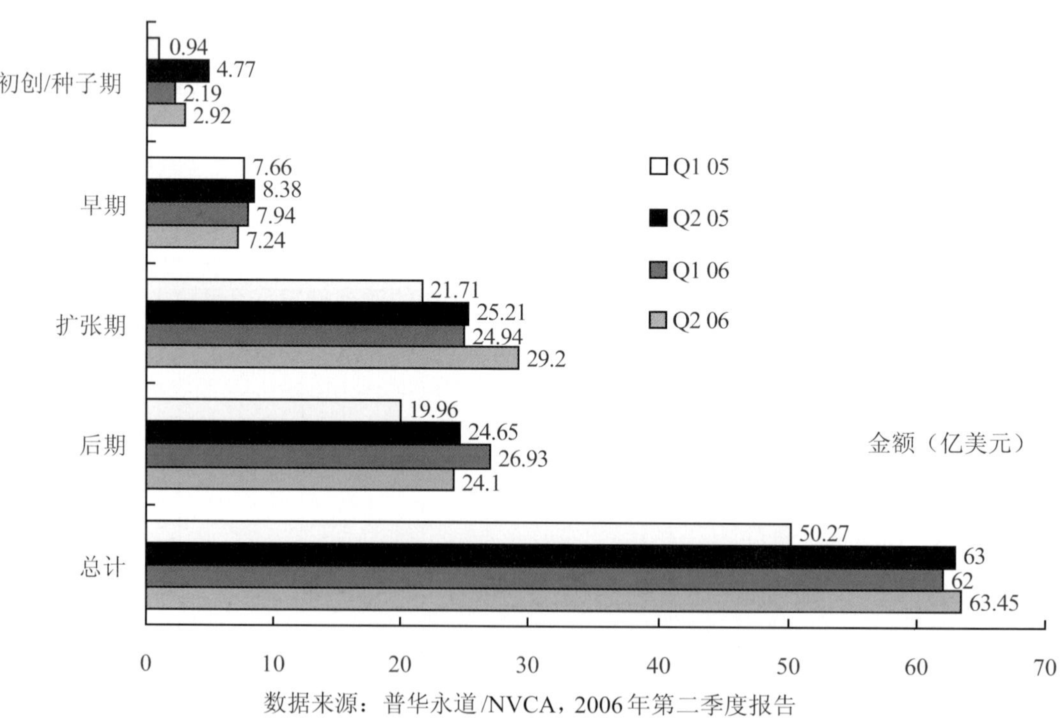

数据来源：普华永道/NVCA，2006年第二季度报告

图4.17 2005Q1和Q2、2006Q1和Q2美国风险投资额的阶段分布

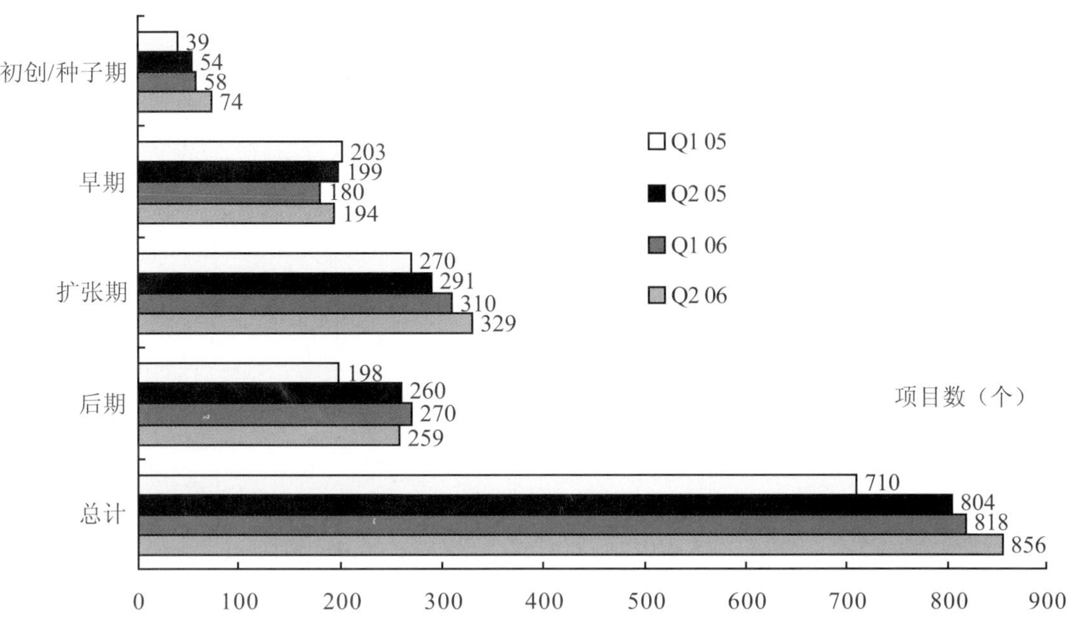

数据来源：普华永道/NVCA，2006年第二季度报告

图4.18　2005年Q1和Q2～2006年Q1和Q2美国风险投资项目数的阶段分布

3. 地区分布

2006年第二季度，美国风险投资地区中，排在前3名的地区是硅谷、新英格兰和纽约地区；其中硅谷和新英格兰地区获得的风险资本额比上一年同期分别增长约9%和7%，但是纽约地区的风险资本额却有减少的趋势，第二季度比上一年同期减少约40%。在风险投资项目数方面，2006年第二季度，硅谷仍然独占鳌头，比上一年同期增加约20%；新英格兰地区的风险投资项目数略有增加；虽然位列第三名的纽约地区的风险投资项目数只占硅谷的1/5，但是仍然保持着稳步增长的趋势，比上一年同期增加约20%（见图4.19和图4.20）。

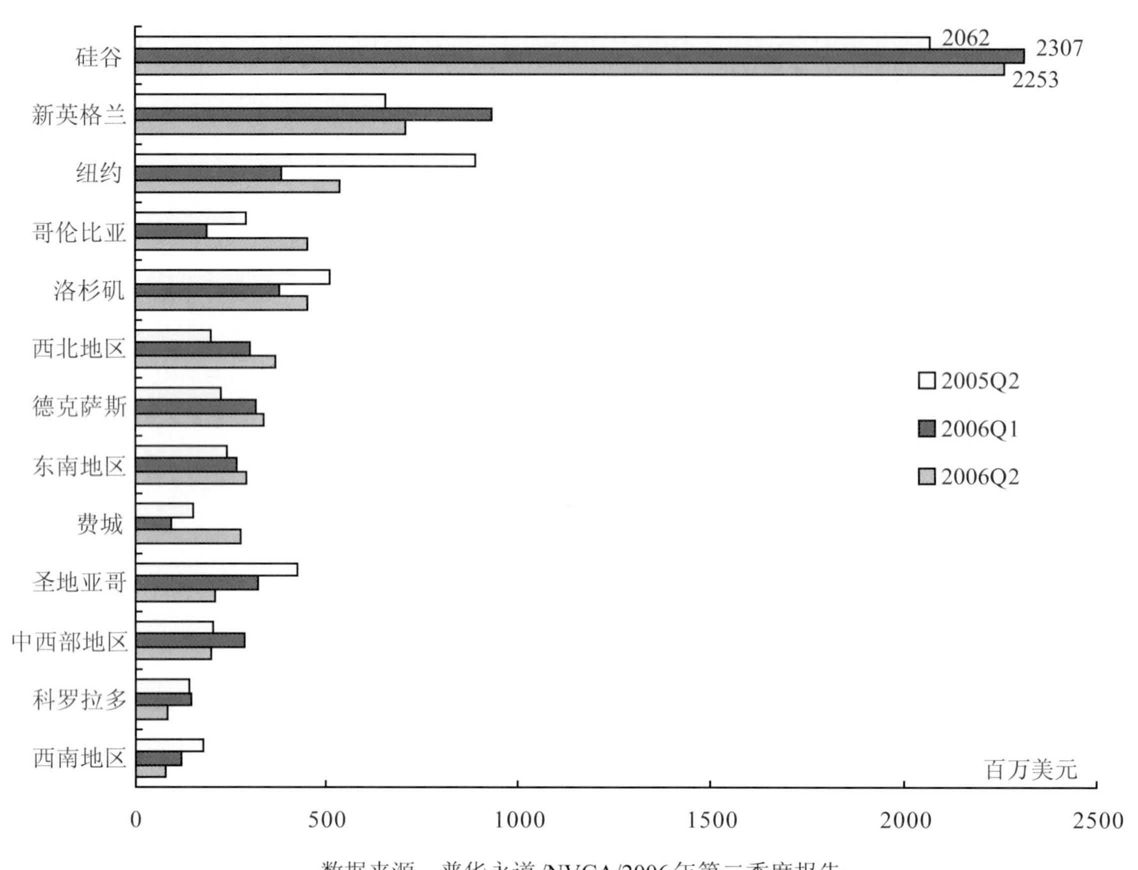

数据来源：普华永道/NVCA/2006年第二季度报告

图4.19 2005Q2、2006Q1和Q2美国风险投资额的地区分布

《全球风险投资趋势调查报告2006》[①]显示，与2005年的调查一致，中国和印度仍然是美国风险投资家最感兴趣、今后5年内最希望投资的市场，而且看好这两个市场的投资家比例分别比上一年增加了10%和7%。除了这两个亚洲市场外，其它看好的市场比较均衡分布于英国和加拿大等地区（见图4.21）。

① 德勤和NVCA等，2006年7月。

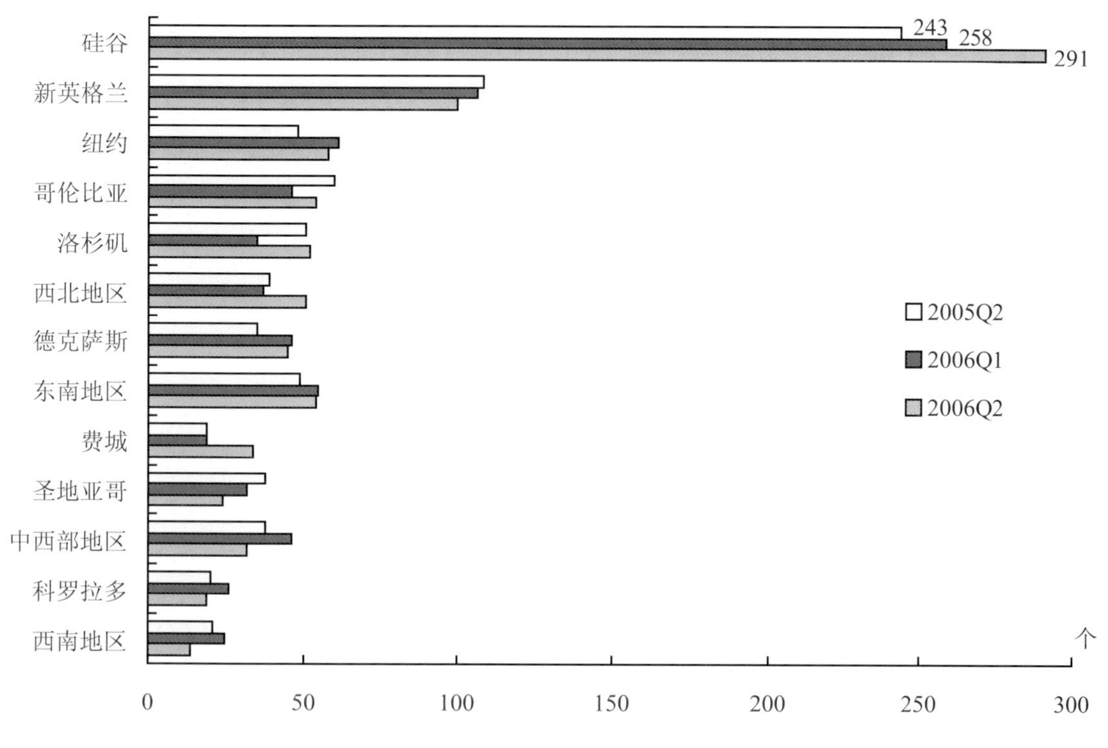

数据来源：普华永道/NVCA，“2006年第二季度报告”

图4.20　2005年Q2、2006年Q1和Q2美国风险投资项目数的地区分布

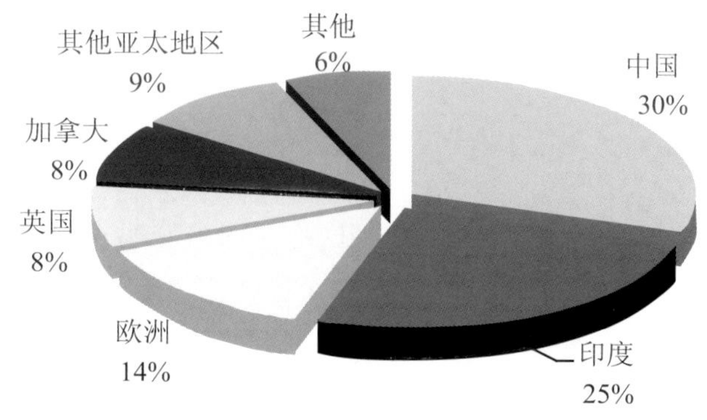

数据来源：《全球风险投资趋势调查报告2006》，德勤和NVCA等，2006年7月

图4.21　2006年美国风险投资家最感兴趣、今后5年最希望投资的市场

4. 退出分析

（1）IPO分析

2006年前三季度，在37个风险投资支持的IPO退出项目中，第二季度IPO退出的项目最多，共有16个，约占全年的一半，仅有8个于2006年第三季度退出。从退出项目的行业分布看，主要集中于医药保健行业和信息技术行业；有风险投资支持的20家医药保健行业企业实现IPO，占总IPO项目数的54.05%，独占鳌头；信息技术行业企业IPO数量紧随其后，占35.14%（见表4.18）。

表4.18　2006年前三季度美国各行业风险投资项目IPO情况（项目数）　单位：个

行业	第一季度	第二季度	第三季度	前三季度之和
商业/消费/零售行业	2			2
医药保健行业	8	10	2	20
信息技术行业	2	6	5	13
其他行业	1		1	2
总和	13	16	8	37

数据来源：Dowjones Ventureone，2006

在IPO退出项目的融资方面，2006年第二季度总共融资了12.50亿美元，占2006年前三季度24.73亿美元总融资额的50.56%。在各行业的融资中，信息技术企业的融资额最多，2006年前三季度共融资逾13.98亿美元，占24.73亿美元总融资额的56.55%。医药保健行业的融资额为9.36亿美元，占总融资额的37.88%（见表4.19）。

表4.19　2006年前三季度美国各行业风险投资项目IPO情况（融资额）　单位：百万美元

行业	第一季度	第二季度	第三季度	前三季度之和
商业/消费/零售行业	104.00			104.00
医药保健行业	342.93	534.05	59.50	936.48
信息技术行业	134.60	715.98	547.63	1398.22
其他行业	17.65		16.20	33.85
总和	599.18	1250.04	623.33	2472.55

数据来源：Dowjones Ventureone，2006

2）M&A收益分析

在2004年～2005年的美国风险投资M&A项目中，M&A交易金额是投资额5倍以上的项目居多，分别有123项和106项，所占比例分别为67.21%和68.83%。2004年有33.88%的项目回报倍数介于5倍～10倍，2005年回报在10倍以上的最多，占37.67%（见图4.22）。

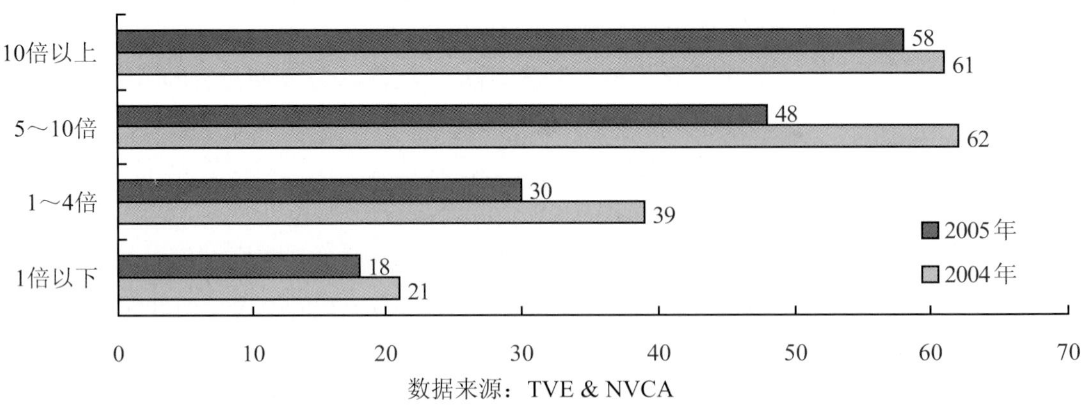

数据来源：TVE & NVCA

图4.22　2004年～2005年美国M&A交易金额与投资额的倍数

三、北美重点地区——加拿大风险投资行业发展概况

（一）风险投资发展现状

1. 投资规模

2006年前三季度加拿大风险投资额为11.98亿美元，仅占2005年全年投资额的65.5%（见图4.23）。

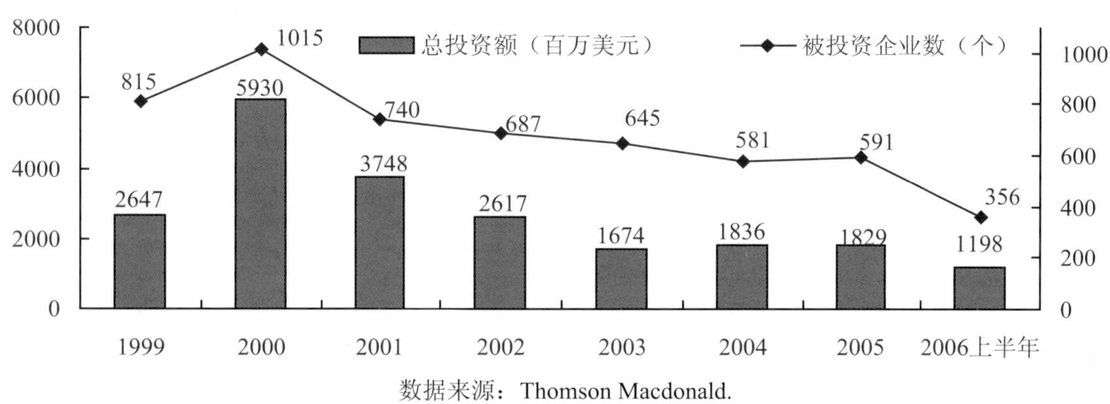

数据来源：Thomson Macdonald.

图4.23　1999年～2006年加拿大年度风险投资规模的变动趋势

2006年第三季度的投资额为3.31亿美元，比第二季度下降了33.27%，但与2005年同期相比，增加13.36%（见图4.24）。

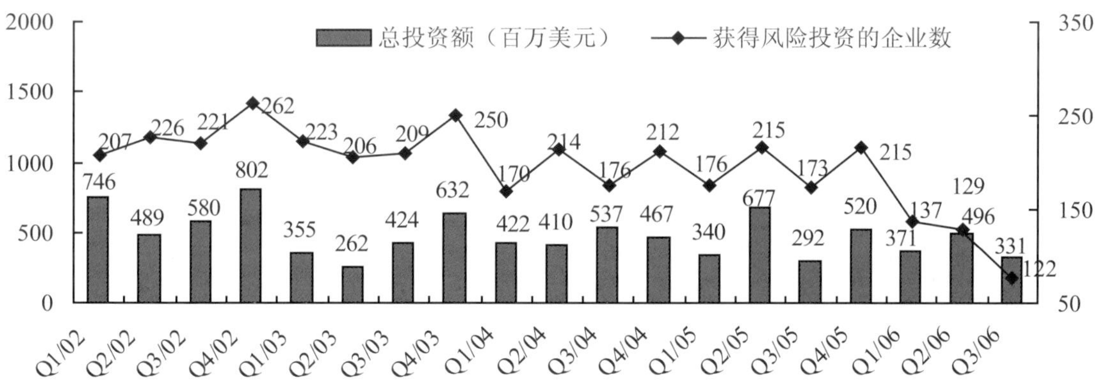

数据来源：Thomson Macdonald

图4.24　2002年Q1～2006年Q3加拿大各季度风险投资规模的变动趋势

2. 筹资规模

2006年第一季度的筹资额为4.53亿美元，占2005全年22.10亿美元筹资额的20.50%；其中，零售基金筹资额达到私有独立基金筹资额的5.2倍（见图4.25）。

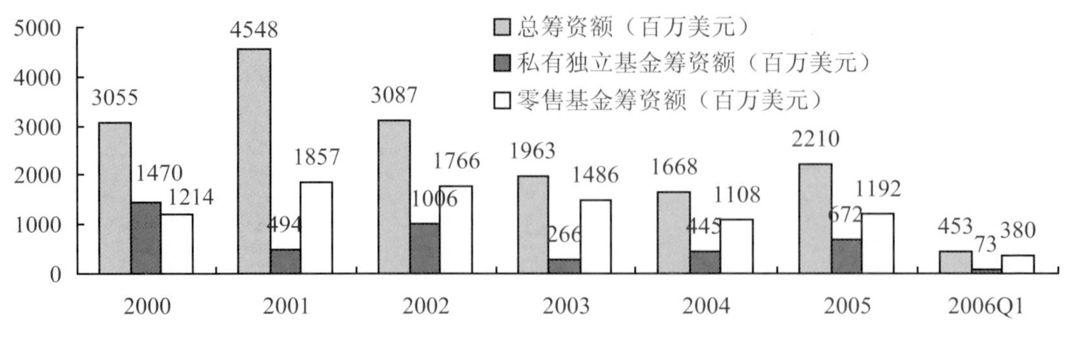

数据来源：Thomson Macdonald

图4.25　2000年～2006年Q1加拿大筹集的风险资本额变动趋势

3. 退出情况

2006年第二季度M&A项目数和IPO项目数分别为23项和3项，分别占2005年相应项目数的1/3和1/2（见图4.26）。

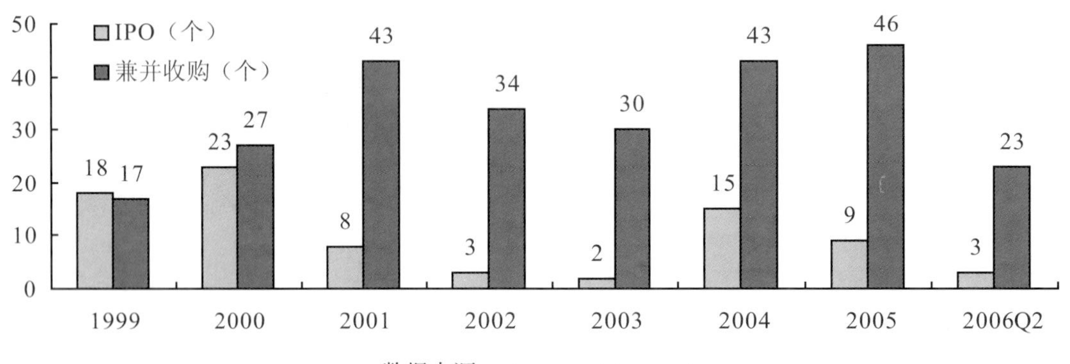

数据来源：Thomson Macdonald

图4.26　1999年～2006年Q2加拿大IPO和M&A方式的风险投资退出项目数比较

从平均筹资额或者平均交易额来看，2006年第二季度风险投资支持的IPO平均筹资额达到2400万美元，而M&A的平均交易额达到了5200万美元（见图4.27）。

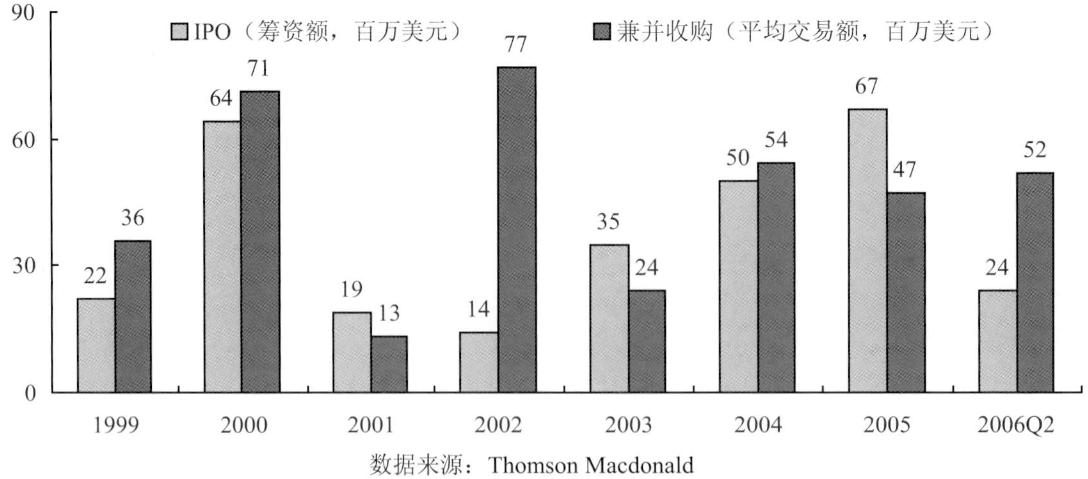

数据来源：Thomson Macdonald

图4.27　1999年～2006年Q2加拿大IPO和M&A方式的风险投资退出平均交易额

（二）风险投资发展特征

1. 行业分布

在加拿大风险投资的行业中，信息科技行业（IT，包括通讯和网络行业、电子和计算机行业、互联网行业、其他IT服务行业、半导体行业和软件行业）和生命科学行业（包括生物医药行业、医疗卫生行业、医疗设备行业和医疗／生物技术）是最重要的组成部分。但是随着近年来行业的逐步成熟以及生命科学行业的发展，两者获得的风险投资变化趋势有所不同，IT行业的风险投资逐步减少，最高时所占比达到72%，但到2006年第一季度已经减少至40%；相反生命科学行业获得的风险投资却在稳步增加，2006年第一季度已经达到36%，接近IT行业的水平（见图4.28）。

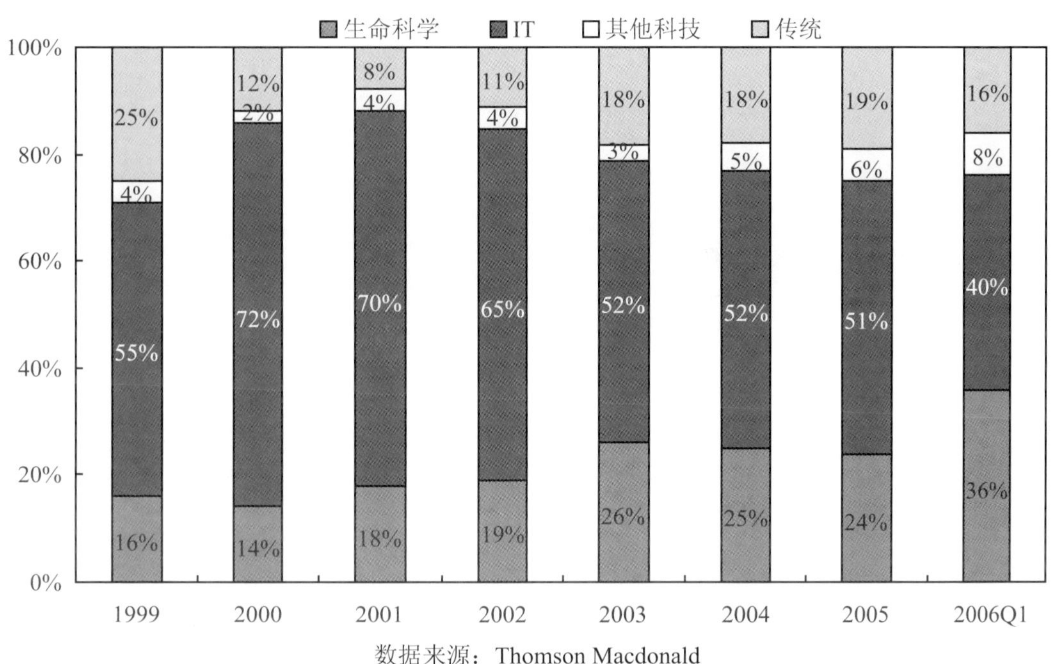

数据来源：Thomson Macdonald

图4.28　1999年～2006年Q1加拿大风险投资额的行业分布

2. 地区分布

安大略省和魁北克省一直是加拿大风险投资最关注的区域，这两个地区所获得的风险资本占全国的七八成。2005年第四季度，投资于安大略省和魁北克省的金额分别达到1.96亿美元和2.05亿美元（见图4.29）。

2006年第二季度，安大略省和魁北克省依然是风险投资活动最活跃的地区，分别占全加拿大风险投资额的43%和27%，比2005年同期略有增长；投资于不列颠哥伦比亚省的风险投资额增长迅猛，比2005年同期增长15%（见图4.30和图4.31）。

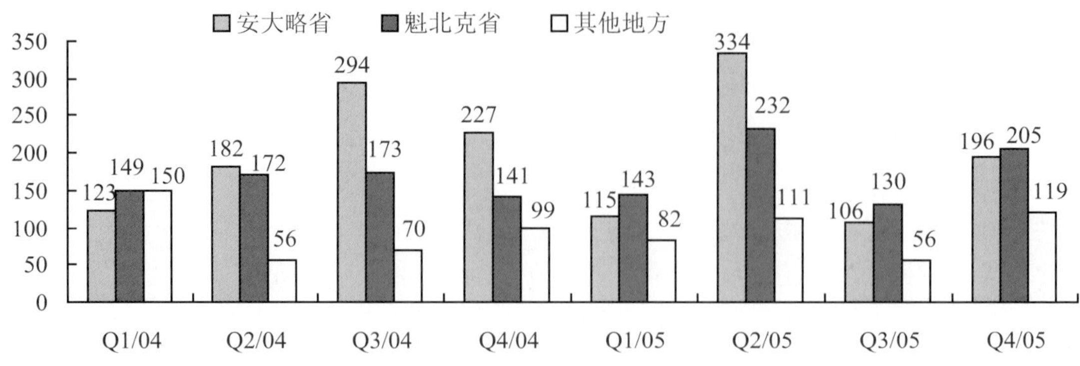

数据来源：Thomson Macdonald（单位：万美元）

图4.29　2004年～2005年加拿大风险投资金额的地区分布

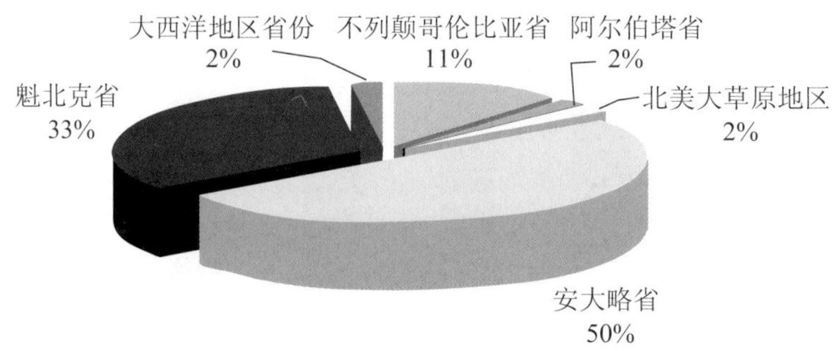

数据来源：Thomson Macdonald

图4.30　2005年第二季度加拿大风险投资金额的地区分布（总投资额6.63亿美元）

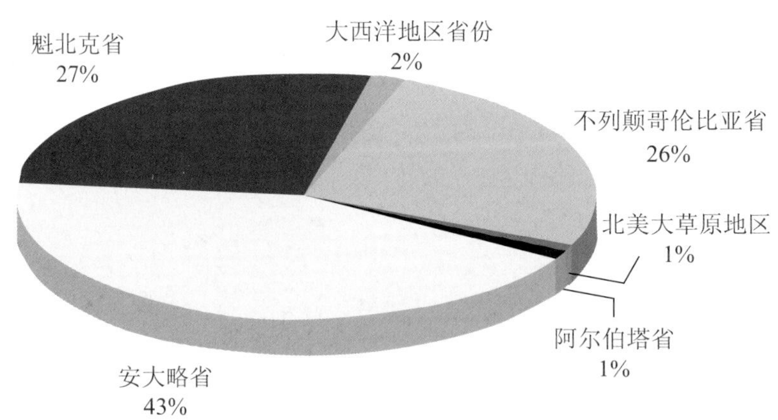

数据来源：Thomson Macdonald

图4.31　2006年第二季度加拿大风险投资金额的地区分布（总投资额4.96亿美元）

3. 投资回报分析

截至2005年底，加拿大风险投资业1～10年累计的内部收益率值，分别代表了短期至长期的投资收益情况。从短期、中长期以及长期来看，投资于平衡期企业所获得的收益率是最高的。2005年，加拿大风险投资基金的年投资收益率平均为-2.6%，而10年累计内部收益率却是2.6%。平衡期的风险投资基金收益率优于整体风险投资基金的收益，早期风险投资基金的收益效果不太理想，不论是短期还是长期，内部收益率均出现负值；而后期风险投资基金的收益不一定都高于早期风险投资基金（见表4.20）。

表4.20　截至2005年底，加拿大风险投资净收益表

基金类型	风险投资内部收益率			
	1年	3年	5年	10年
早期风险投资基金	-1.2	-3.4	-12.3	-0.7
平衡期风险投资基金	4.5	-1.2	-5.2	4.2
后期风险投资基金	-1.9	-2.7	-6.5	-1.0
所有风险投资基金	-2.6	-1.8	-7.2	2.6
并购和夹层基金	17.8	21.4	19.3	20.0
所有风险投资和私有权益	8.3	6.1	0.7	8.6

数据来源：Thomson Financial/NVCA

第四节　欧洲风险投资业

一、欧洲风险投资发展概况

（一）投资规模

2006年第一季度，欧洲风险投资金额为10亿欧元，为2005年全年36亿欧元的28%；有200个投资项目，是2005全年投资项目数的19.6%（见图4.32）。

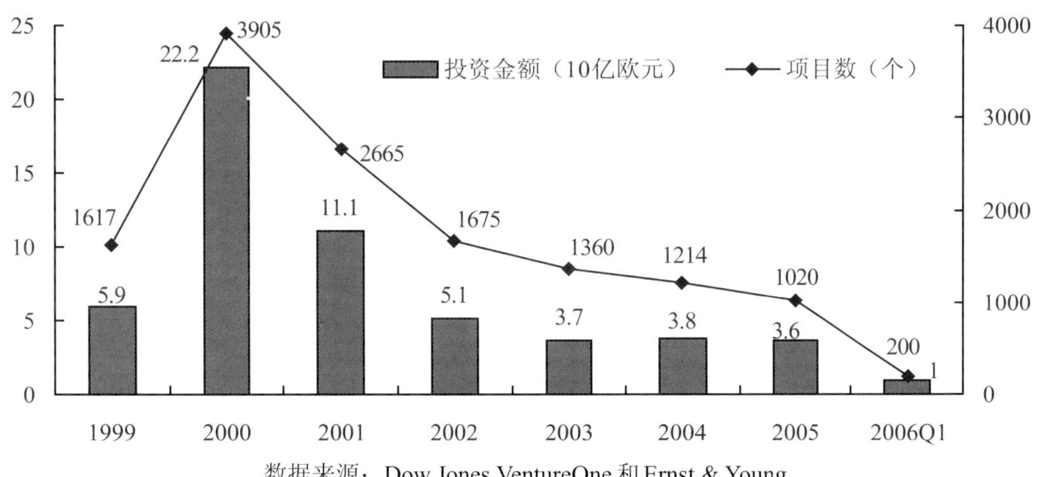

数据来源：Dow Jones VentureOne和Ernst & Young

图4.32　1999年～2006年Q1欧洲风险投资规模的变动趋势

从各年的季度数据来看，2006年第一季度，欧洲风险投资总额虽高为10亿欧元，但创下了自1999年以来的仅有200个投资项目的历史新低（见图4.33）。

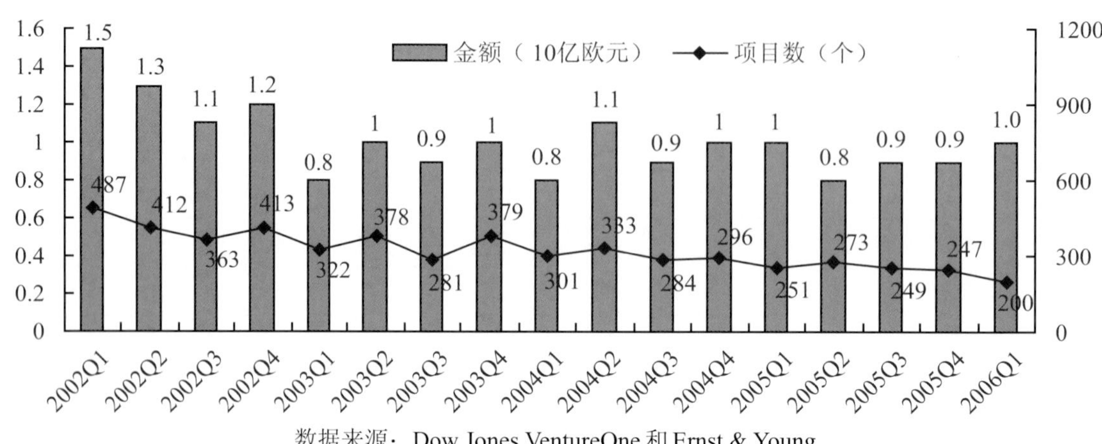

数据来源：Dow Jones VentureOne和Ernst & Young

图4.33　2002年Q1～2006年Q1欧洲风险投资规模的变动趋势

（二）筹资规模

2005年欧洲筹资规模达到了36亿欧元的水平，但是2005年风险投资基金筹资额占并购基金筹资额的比例仅为12.37%（见图4.34）。

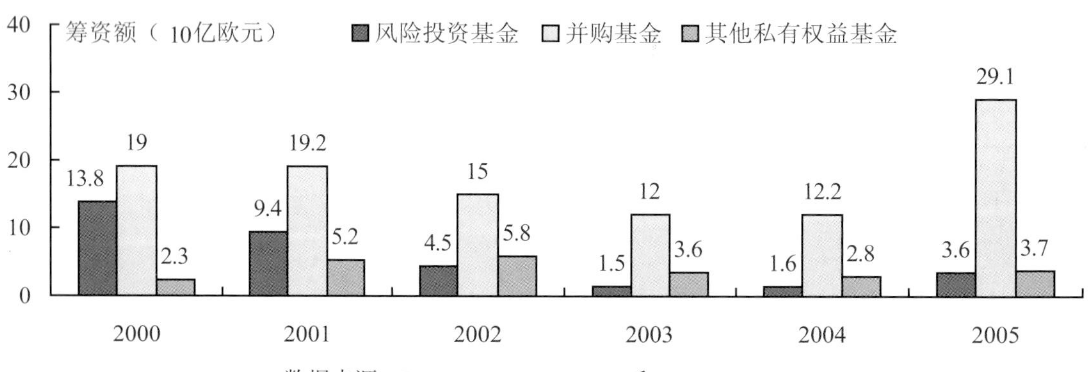

数据来源：Dow Jones VentureOne和Ernst & Young

图4.34　2000年～2005年欧洲风险投资基金、并购基金和其他私有权益基金筹资额变动

从季度数据来看，2006年第一季度延续2005年第三季度以来的下降趋势，当季度仅筹集4.71亿欧元的风险资本，为2005年第一季度筹资规模的51.59%（见图4.35）。

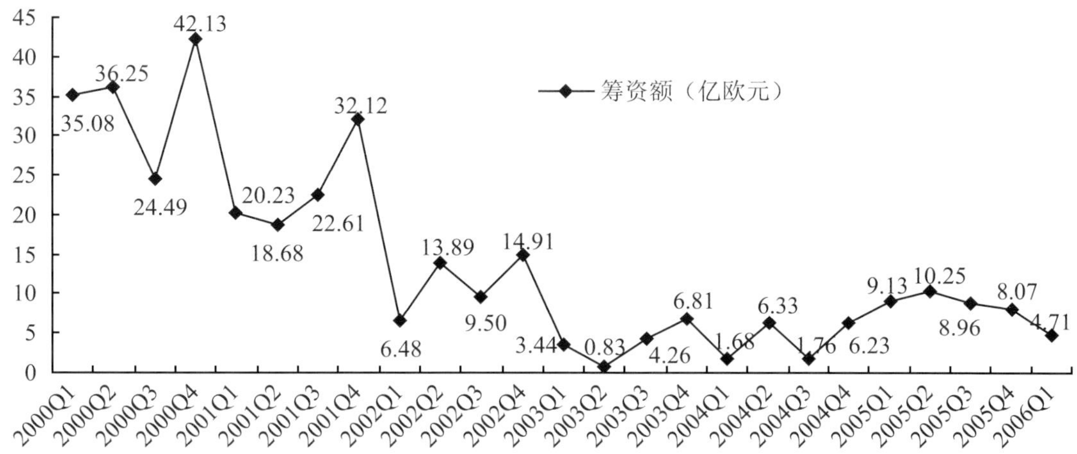

数据来源：Dow Jones VentureOne和Ernst & Young

图4.35　2000年Q1～2006年Q1欧洲风险投资筹资额的变动趋势

（三）风险投资退出情况

欧洲风险投资以首次公开上市（IPO）方式实现的退出资金规模的变动趋势如图4.36所示，可以看出，2006年前三季度IPO筹资9.76亿欧元，56个IPO退出项目数，分别为2005年全年的45.8%和82.35%。

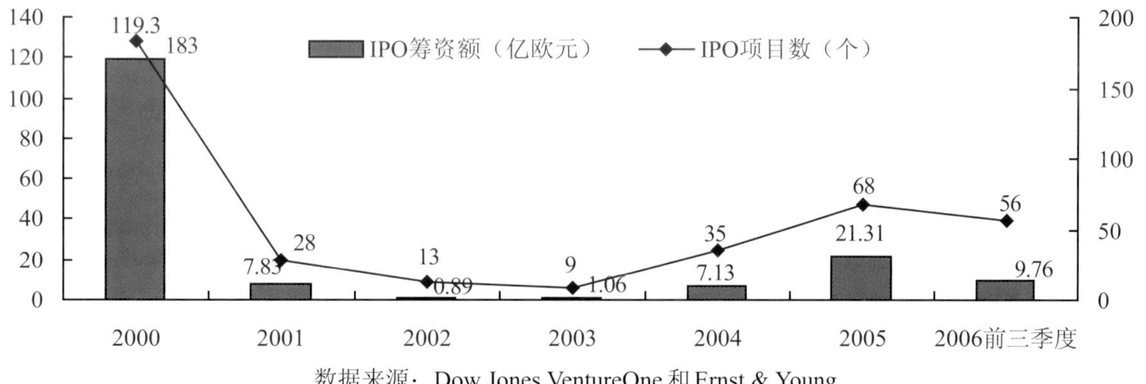

数据来源：Dow Jones VentureOne和Ernst & Young

图4.36　2000年～2006Q1欧洲风险投资IPO方式退出规模变动趋势

图4.37为2000年以来欧洲风险投资IPO筹资规模的季度变化趋势图。2006年第一季度，共有8个IPO项目，筹资1.8亿欧元，略低于2005年同期水平。

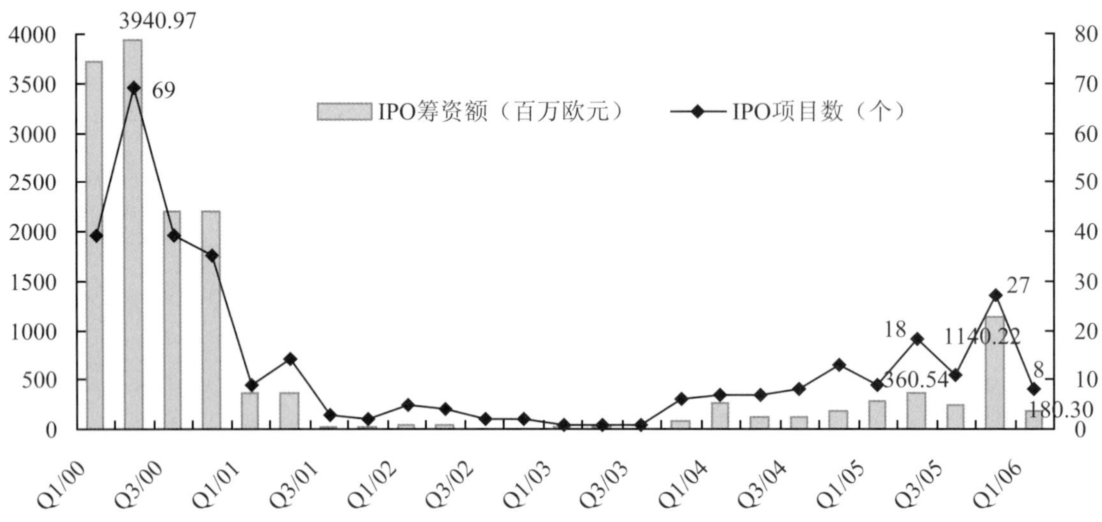

数据来源：Dow Jones VentureOne and Ernst & Young

图4.37　2000年Q1～2006年Q1欧洲风险投资IPO方式退出规模变动趋势

（四）各国投资规模比较

英国和法国的风险投资项目数或投资金额之和占整个欧洲的一半的比例。2006年前三季度，英、法两国的风险投资项目数占整个欧洲的比例分别为28.37%和20.60%，投资金额所占比例分别为32.59%和21.05%（见图4.38和图4.39）。

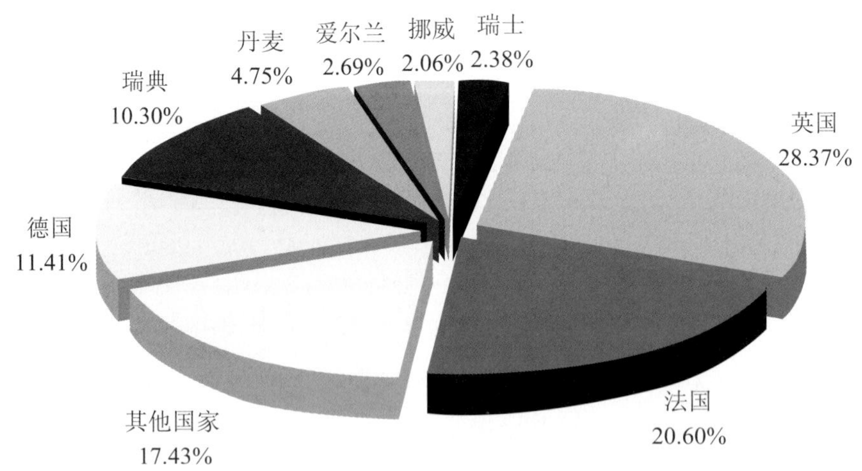

数据来源：Dow Jones VentureOne and Ernst & Young

图4.38　2006年前三季度欧洲各国风险投资项目数比较

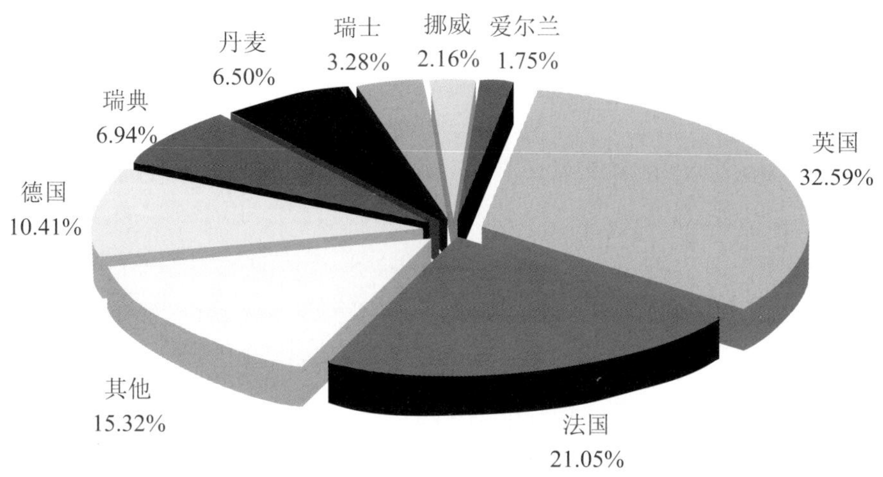

数据来源：Dow Jones VentureOne 和 Ernst & Young

图4.39　2006年前三季度欧洲各国风险投资金额比较

从各国历年的风险投资额比较来看，自2001年以来，各国投资额之间的差距逐步缩小，并趋于稳定（见图4.40）。

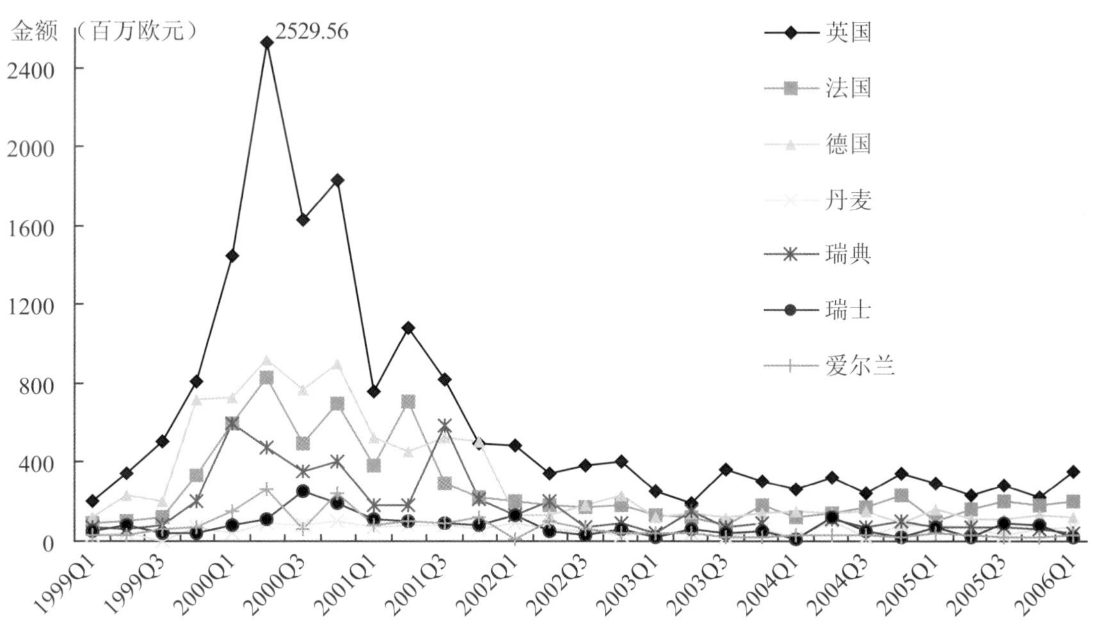

数据来源：Dow Jones VentureOne 和 Ernst & Young

图4.40　1999年Q1～2006年Q1欧洲主要7国风险投资额的变动趋势

二、欧洲风险投资业发展特征

（一）风险资本来源分布

从2005年欧洲风险资本来源分布可以看出，退休基金、银行、基金的基金以及保险公司是欧洲风险资本的主要来源，分别占总风险资本额的24.8%、17.6%、13.1%和11.1%，这4个来源占总资本额的66%。来源于政府机构、私人投资者以及企业的风险资本紧随其后，分别占总资本额的9.9%、6%和5.1%（见图4.41）。

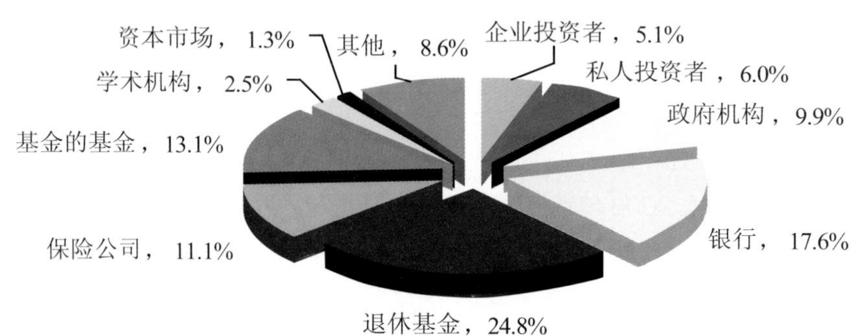

数据来源：《2005EVCA年报》

图4.41　2005年欧洲风险资本的来源分布

（二）投资行业分布

生物制药、软件和医疗设备成为2005年欧洲风险投资最多的3个行业，这3个行业共获得22.34亿欧元的风险资本，占总投资额的62%。其中，生物制药行业因获得11.56亿欧元而独占鳌头，占总投资的32.10%；软件行业紧随其后，获得7.67亿欧元的风险资本，占总投资额的21.30%（见图4.42）。

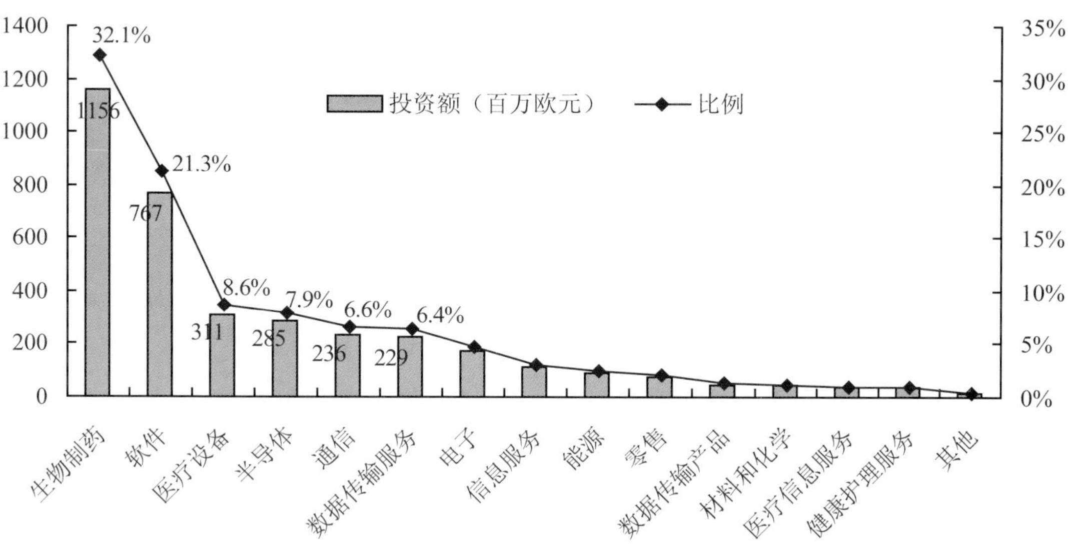

数据来源：Dow Jones VentureOne and Ernst & Young

图4.42　2005年欧洲风险投资规模的变动趋势

从2006年前三季度风险投资各行业的项目数分布看，投资于信息技术行业的项目数占绝大部分，占总项目数的55%，投资于保健行业的项目数紧随其后，所占比例为27%，有11%的投资项目属于商业/消费/零售行业（见图4.43）。

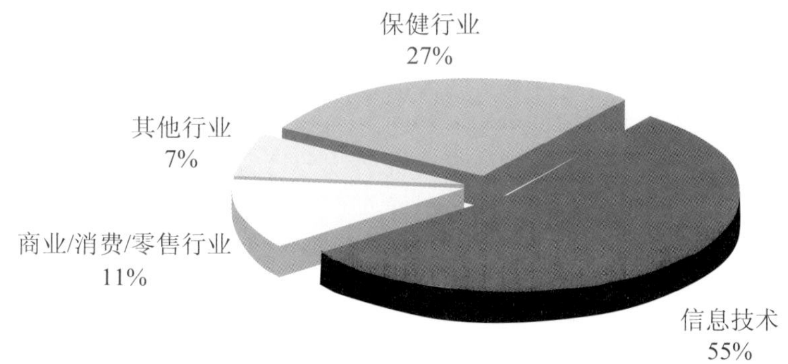

数据来源：Dow Jones VentureOne和Ernst & Young

图4.43　2006年前三季度行业分布趋势(投资项目数)

2006年前三季度，有51%的风险资本投资于信息技术行业，保健行业获得36%的风险资本额而居第二位，投资于商业/消费品/零售行业的风险资本占总投资额的9%（见图4.44）。

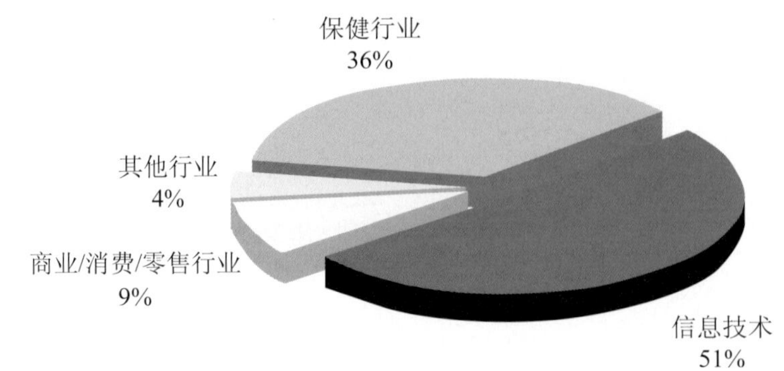

数据来源：Dow Jones VentureOne 和 Ernst & Young

图4.44　2006年前三季度行业分布趋势（投资金额）

从信息技术行业的细分行业看，2006年前三季度软件行业获得风险资本占投资于信息行业风险资本的32%，独占鳌头。通讯/网络、半导体和信息服务领域紧随其后，相应的比例分别为22%、20%和18%（见图4.45）。

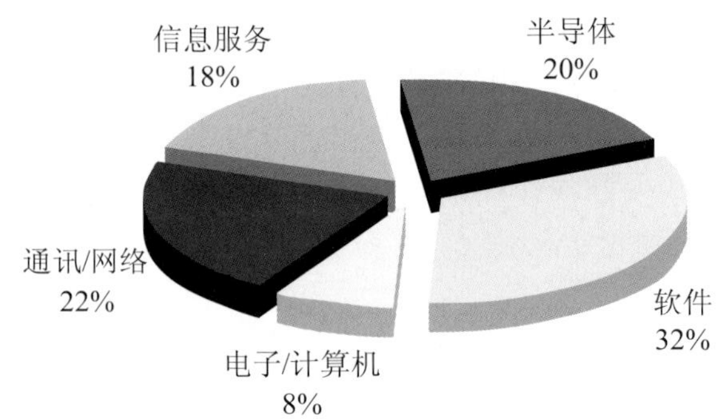

数据来源：Dow Jones VentureOne 和 Ernst & Young

图4.45　2006年前三季度信息技术行业各细分行业的分布情况（投资金额）

（三）IPO情况

2006年前三季度有56个IPO项目，融资9.76亿欧元；项目数比2005年同期增加了43.59%，而融资却比2005年同期下降了3.46%（见表4.21）。

表4.21　　2004年～2006年各季度IPO情况（项目数）　　单位：个

年份	第一季度	第二季度	第三季度	第四季度	合计
2006年	9（1.80）	33（6.79）	14（1.17）		56（9.76）
2005年	9（2.79）	18（3.72）	12（3.61）	29（11.20）	68（21.31）
2004年	7（2.64）	7（1.31）	8（1.28）	13（1.90）	35（7.13）

注：括号内为融资额，单位为亿欧元

数据来源：Dow Jones VentureOne 和 Ernst & Young

2006年前三季度信息技术行业的IPO数量和融资额分别为25个和4.41亿欧元，分别占全部IPO项目数和融资额的比例为44.64%和45.18%，比2005全年的相应比例分别增加了5个百分点和16个百分点（见表4.22）。

表4.22　　2004年～2006年各行业IPO情况(项目数)　　单位：个

年份	商业/消费/零售	保健	信息技术	其他	合计
2006年	6（48.06）	18（396.75）	25（440.87）	7（90.21）	56（975.90）
2005年	12（430.56）	22（573.86）	27（627.25）	7（499.47）	68（2131.15）
2004年	5（49.65）	10（224.72）	18（367.74）	2（70.43）	35（712.54）

注：括号内为融资额，单位为百万欧元

数据来源：Dow Jones VentureOne and Ernst & Young

（四）投资收益分析

从表4.23中可以看出，截至2005年底，所有风险投资基金中，1年期基金的内部收益率达到了36.5%，其收益表现大大优于其他期间的基金；3年期基金的收益较低，仅为1.7%，10年期和20年期的基金收益率均为6.4%。

1年期的风险投资基金中，发展期类型的基金收益最高，达到91.4%，平衡期和早期的风险投资基金的收益分别为30.7%和22.5%。不管是短期还是长期，发展期风险投资基金的收益都优于早期和平衡期类别的基金收益。

表4.23　　欧洲风险投资基金的内部收益率(截至2005年12月31日)

类型	1年	3年	5年	10年	20年
早期	22.5	-2.1	-7.5	-0.4	0.2
发展期	91.4	5.5	1.3	10.3	9.3
平衡期	30.7	2.4	-3	10.0	8.5
所有风险投资基金	36.5	1.7		6.4	6.4
并购基金	31.7	9.1	6.1	14.3	13.7
所有私有权益基金	33.8	6.3	2.0	11.4	10.4

数据来源：Thomson/EVCA报告，基金成立于1980年～2005年

三、欧洲重点地区——法国风险投资业发展概况

（一）发展历程

法国风险投资业始于20世纪70年代，最初仅由几家技术创新风险投资公司和地区股份协会组成。虽然1979年政府组建了“地球科学工艺技术开发风险投资公司”，但是整个行业的发展还是

比较缓慢。20世纪80年代中后期，政府相继制定一系列优惠政策，扩大风险资本的来源渠道并给予减免税，刺激了法国风险投资的大力发展。1990年，法国风险投资协会（AFIC）成立，更加推动了法国风险投资行业的发展，当年就实现了对731家高新技术企业的35亿法郎的风险投资①。

随着1994年法国首家公司成功登陆纳斯达克市场以及1996年法国创业板——法国新市场的成功推出，海内外资本市场丰富了法国风险资本的退出渠道，同时也吸引了更多资本的参与，繁荣了风险投资行业的发展。

为了进一步刺激法国风险投资的发展，政府建立了创新企业基金（FCPI），主要目的是鼓励个人投资高新企业，例如1997年成立的创新企业基金，鼓励以个人名义通过信托投资公司购买创新公司的股票。创新企业基金的推出是非常成功的。到2001年，FCPI的数量达到了30个，募集的资金高达5.67亿欧元，分别是1997年成立之初的6倍和8.5倍。此外，政府还设有国家资金管理局，专门管理公益拨款的政府财政机构。

2000年以来，法国风险投资的增长非常迅速，发展迈向了一个新台阶。截至2001年底，法国风险投资项目达到1926个，金额逾32.87亿欧元，新增的风险资本达到54.92亿欧元②。2003年，法国研技部和工业部又共同出台《国家创新计划》，旨在增加企业的研发能力和鼓励创建高新技术企业、促进产研结合。计划中对单人风险投资公司给予特别的免税优惠，免交企业税，其投资者获得的股息和增值免纳所得税；通过减免税以及财政补贴等方式对创新企业的发展进行扶持。这些措施推动了科研成果产业化，激活了更多的创新企业的高速发展，为风险投资行业的发展创造了良好资源环境。

目前，在欧盟国家中，法国的风险投资规模仅次于英国（见图4.46和图4.47）。

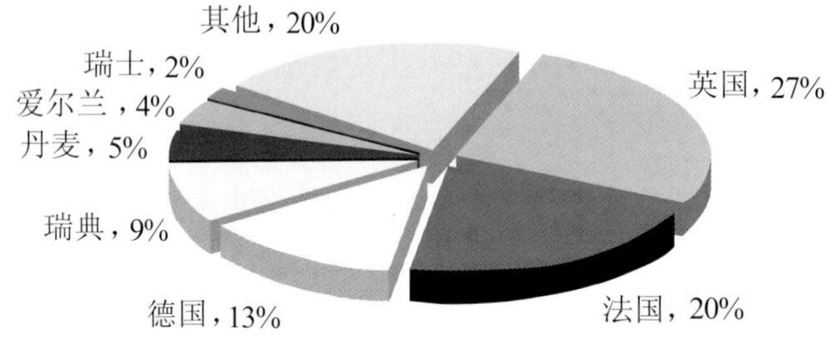

数据来源：Dow Jones VentureOne/Ernst &Young，2006

图4.46　2006年第一季度欧洲各国风险投资案例数分布

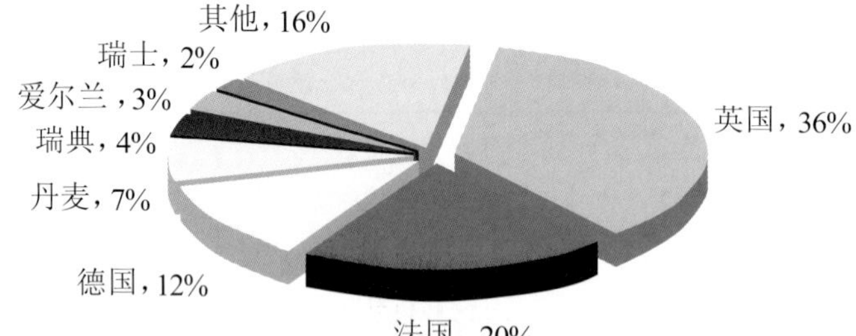

数据来源：Dow Jones VentureOne/Ernst &Young，2006

图4.47　2006年第一季度欧洲各国风险投资额分布

① 张新立，杨德礼："法国风险投资业的发展、成因和启示"，《科研管理》，2006年3月。

② 同上。

（二）投资规模

2005年法国风险投资项目和金额分别为213个和6.5亿欧元，均低于2004年的水平（见图4.48）。

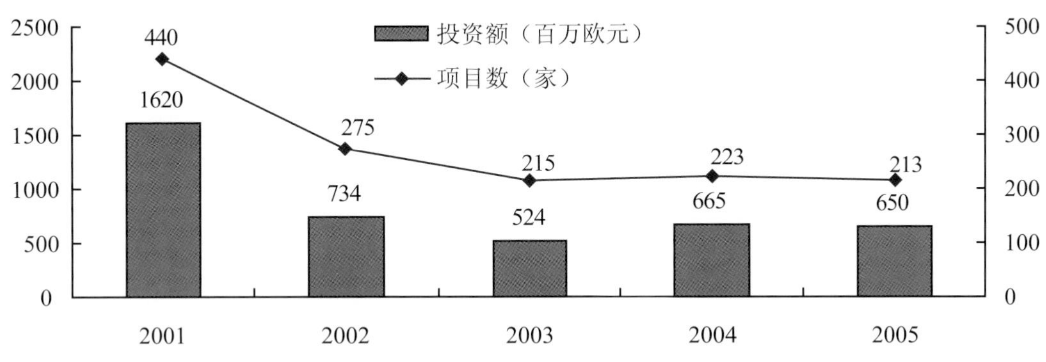

数据来源：Ernst & Young/ VentureOne，2006

图4.48　2001年～2005年法国风险投资规模趋势

从各季度投资规模变化看，2006年第一季度的投资项目数比2005年第四季度下降了38.24%，但是投资金额却增加了5百万欧元（见图4.49）。

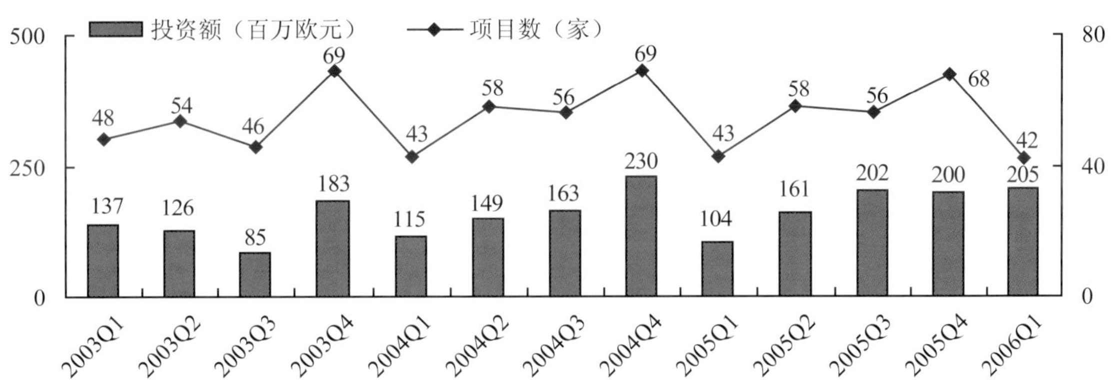

数据来源：Dow Jones VentureOne和Ernst &Young，2006

图4.49　2003年～2006年各季度法国风险投资规模变动

（三）风险资本来源分布

从1999年～2001年间法国筹集的风险资本的来源分布看，来源于银行的资本独占鳌头，占总资本的39.04%；来源于养老基金和保险公司的资本紧随其后，所占比例分别为12.35%和12.1%。有9%的资本来自于基金的基金，仅有2.99%的资金来自政府机构（见图4.50）。

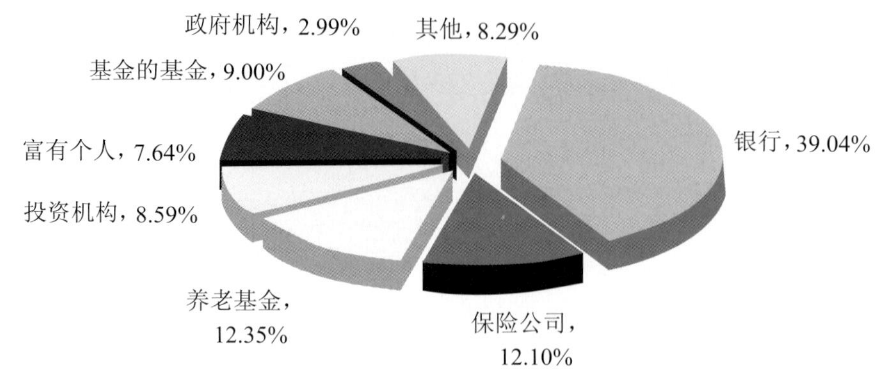

数据来源：根据AFIC（2001）资料整理

图4.50 1999年～2001年间法国筹集的总风险资金的来源分布

（四）投资行业分布

2005年，软件行业获得风险投资的青睐最多，涉及75个项目和1.71亿欧元，生物医药获得的风险资本也达到1.23亿欧元（见表4.24）。

表4.24 2005年法国风险投资行业分布

序号	行业	投资额（百万欧元）	项目数（个）
1	软件（Software）	171	75
2	生物医药（Biopharmaceuticals）	123	28
3	商业消费服务（Cons/Bus Services）	84	20
4	医疗设备（Medical Devices）	84	20
5	半导体（Semiconductors）	62	14
6	通讯（Communications）	51	14
7	电子（Electronics）	27	11
8	信息服务（Information Services）	16	14
9	医疗保险（Medical IS）	8	1
10	商业/消费品（Cons/Bus Products）	7	3

数据来源：Ernst &Young / VentureOne，2006

四、欧洲其他重点地区风险投资发展概况

（一）英国风险投资业

1. 投资规模

英国的风险投资规模列居欧洲首位，2006年第一季度，英国风险投资金额比上一季度增加44.72%，比2005年同期增加了2.59%；但是投资的项目数比上一季度和2005年同期均下降了

32.53%（见图4.51）。

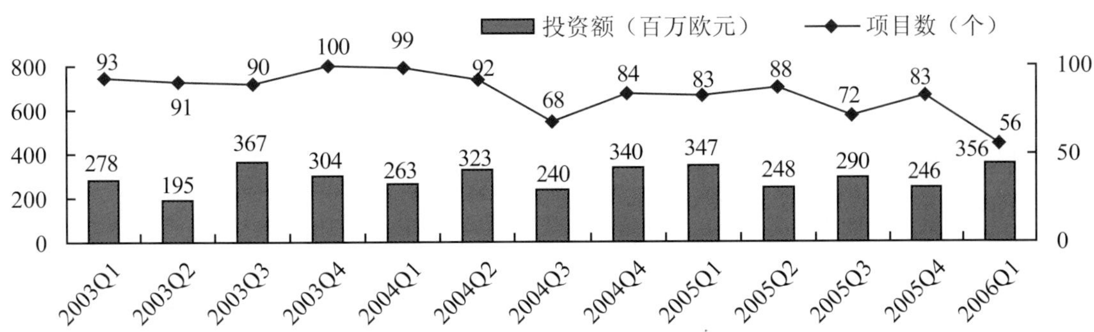

数据来源：Dow Jones VentureOne/Ernst &Young，2006

图4.51 2003年～2006年各季度英国风险投资规模变动趋势

2. 行业投资分布

2005年，生物制药行业和软件行业为英国风险投资最多的行业领域，分别获得2.74亿欧元和2.6亿欧元；半导体和商业服务行业分别获得9700万欧元和8000万欧元（见表4.25）。

表4.25 2005年英国风险投资行业分布

序号	行业	投资额（百万欧元）	项目数（个）
1	生物制药（Biopharmaceuticals）	274	39
2	软件（Software）	260	97
3	半导体（Semiconductors）	97	10
4	消费/商业服务（Cons/Bus Services）	80	37
5	通讯行业（Communications）	59	23
6	零售行业（Retailers）	58	8
7	医疗设备（Medical Devices）	54	24
8	信息服务（Information Services）	52	11
9	电子行业（Electronics）	44	18
10	精密材料与化工（Adv Spec Mat & Chem）	23	13

数据来源：Ernst &Young / VentureOne，2006

（二）德国风险投资业

1. 投资规模

2006年第一季度，德国风险投资金额分别比上一季度和2005年同期下降了16.22%和21.52%（见图4.52）。

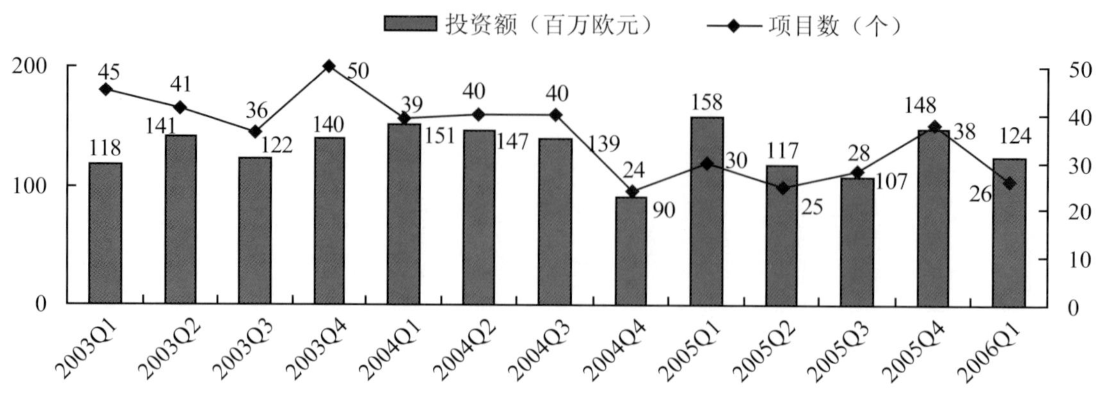

数据来源：Dow Jones VentureOne和Ernst &Young，2006

图4.52　2003年～2006年各季度德国风险投资规模变动趋势

2. 行业投资分布

在2005年德国风险投资行业分布中，生物医药行业获得的投资额独占鳌头，涉及金额2.37亿美元；软件、能源和电子行业等获得风险投资额依次为8700万欧元、4600万欧元和3800万欧元（见表4.26）。

表4.26　2005年德国风险投资行业分布

序号	行业	投资额（百万欧元）	项目数（个）
1	生物制药（Biopharmaceuticals）	237	32
2	软件（Software）	87	27
3	能源（Energy）	46	3
4	电子行业（Electronics）	38	9
5	通讯行业（Communications）	30	5
6	医疗设备（Medical Devices）	23	8
7	消费/商业产品（Cons/Bus Products）	17	3
8	医疗保险（Medical IS）	8	3
9	信息服务（Information Services）	8	5
10	消费/商业服务（Cons/Bus Services）	8	4

数据来源：Ernst &Young / VentureOne，2006

（三）瑞典风险投资业

1. 投资规模

2006第一季度瑞典风险投资额仅为3700万美元，仅为上一季度的44%，比2005年同期下降了51.32%（见图4.53）。

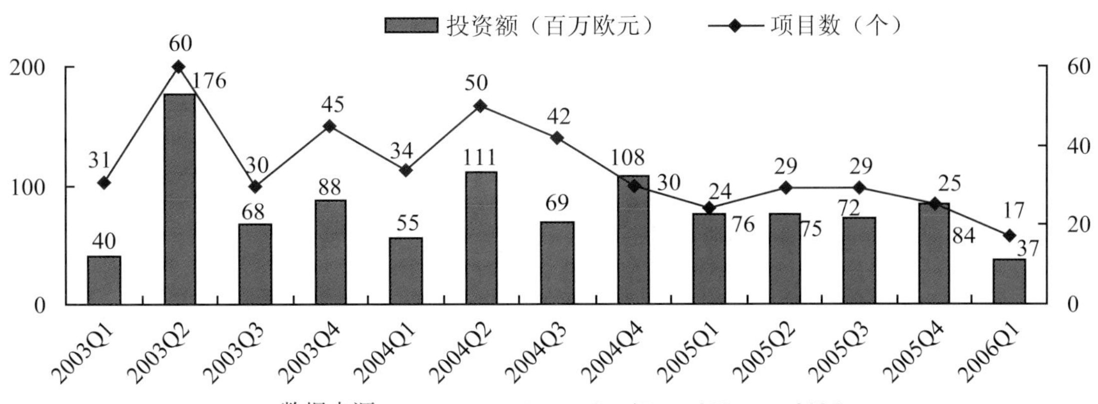

数据来源：Dow Jones VentureOne/Ernst &Young，2006

图4.53　2003年～2006年各季度瑞典风险投资规模变动趋势

2. 行业投资分布

生物制药、软件和医疗设备行业是2005年瑞典接受风险投资额最多的行业领域，获得的风险投资额分别为7200万欧元、5500万欧元和4400万欧元（见表4.27）。

表4.27　2005年瑞典风险投资行业分布

序号	行业	投资额（百万欧元）	项目数（个）
1	生物制药（Biopharmaceuticals）	72	13
2	软件（Software）	55	24
3	医疗设备（Medical Devices）	44	17
4	半导体（Semiconductors）	36	7
5	通讯行业（Communications）	23	10
6	信息服务（Information Services）	12	3
7	电子行业（Electronics）	6	6
8	消费/商业产品（Cons/Bus Products）	6	5
9	消费/商业服务（Cons/Bus Services）	3	3
10	医疗保险（Medical IS）	3	1

数据来源：Ernst &Young / VentureOne，2006

第五节 亚太地区风险投资业

一、亚太地区风险投资发展概况

（一）投资规模

2006年上半年，以色列、澳大利亚和中国内地的风险投资总额约为32.74亿美元，为2005年的88.77%（见图4.54）。

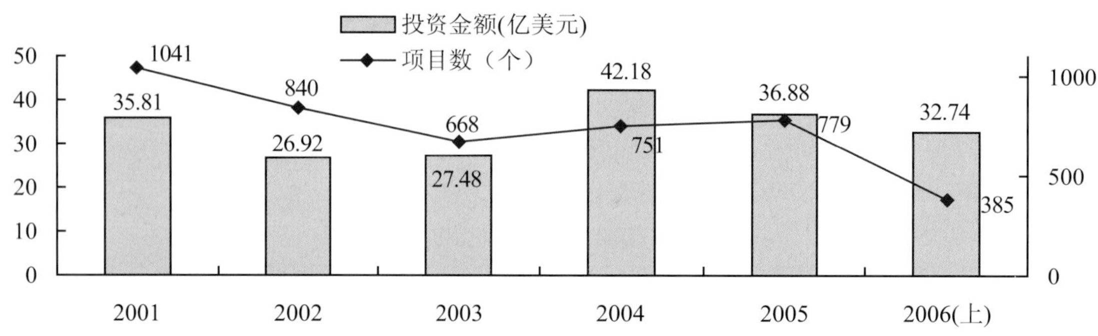

数据来源：IVC、Thomson Financial &/AVCA 和 Zero2IPO（单位：亿美元）

图4.54 2001年～2006年上半年亚太部分国家风险投资总额的变动趋势

（二）风险资本规模

1. 管理资本额的地区分布[①]

2005年，日本以303.17亿美元的管理资本额居亚太地区第一位，占亚太管理资本总额的27.23%；香港以微弱的差距列第二位，其管理的风险资本额为300.14亿美元（见图4.55）。

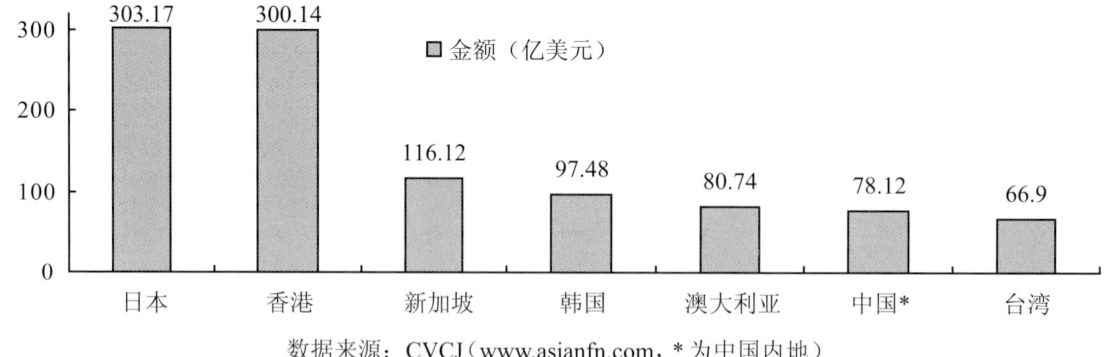

数据来源：CVCJ（www.asianfn.com，* 为中国内地）

图4.55 2005上半年亚太各地区管理的风险资本额分布

① 本部分的统计数据不包括以色列。

2. 筹资规模

2006上半年仅以色列、澳大利亚和中国内地就筹集约26.35亿美元的风险资本（见图4.56）。

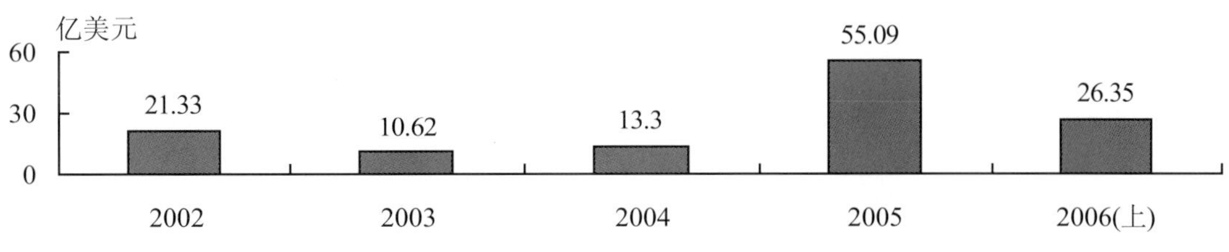

数据来源：IVC、Thomson Financial &/AVCA和Zero2IPO

图4.56　1998年～2006年上半年亚太地区新筹集风险资本额的变动趋势

（三）投资行业分布

2004年，亚太地区风险投资的行业中（不包括以色列），投资额最多的前十个行业共得到586.68亿美元，占所调查754.34亿美元的77.77%。电讯/通讯、金融服务、计算机相关和信息技术行业获得的风险资本最多，获得的投资额分别为104.65亿美元、92.9亿美元、76.28亿美元和68.78亿美元（见图4.57）。

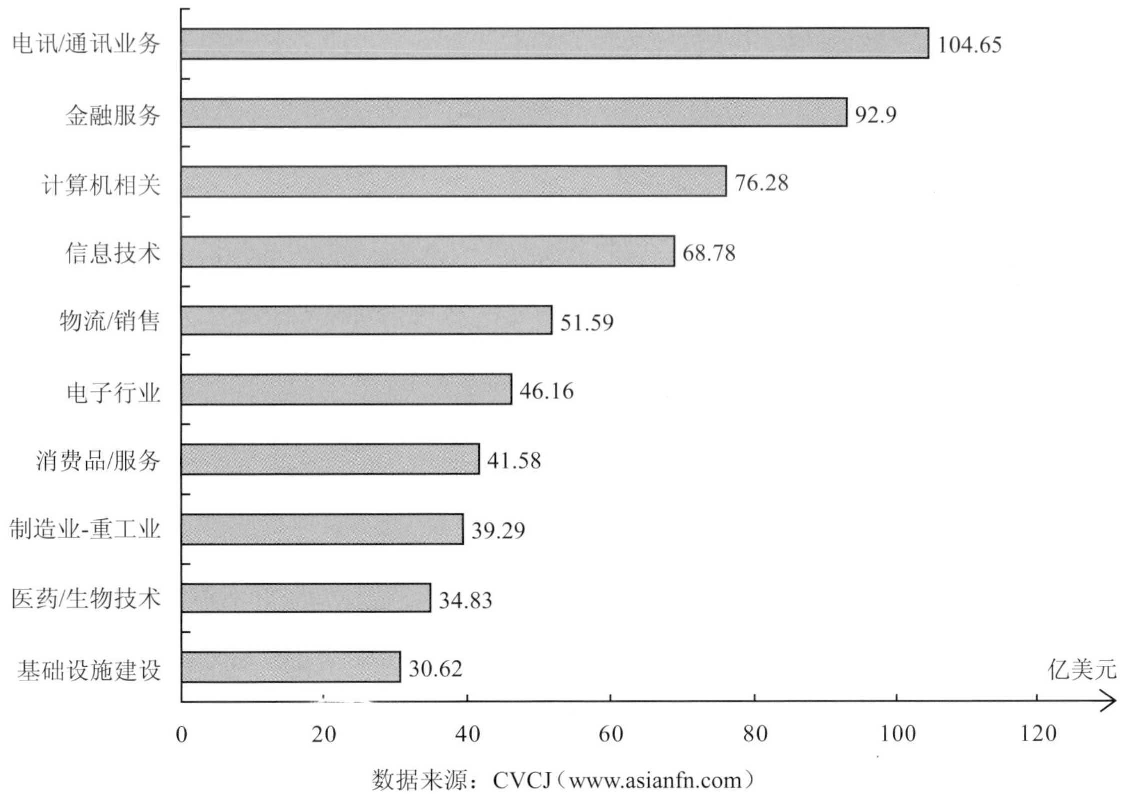

数据来源：CVCJ（www.asianfn.com）

图4.57　2004年亚太风险投资投资额的行业分布

（四）投资地区分布

资料显示（不包括以色列），2004年～2006年亚太风险投资项目中，日本、中国、印度和澳大利亚的投资项目居多，分别有559个、557个、443个和377个。投资项目最多的10个地区包含了2332个项目，占所调查的2419个项目的96.4%（见图4.58）。

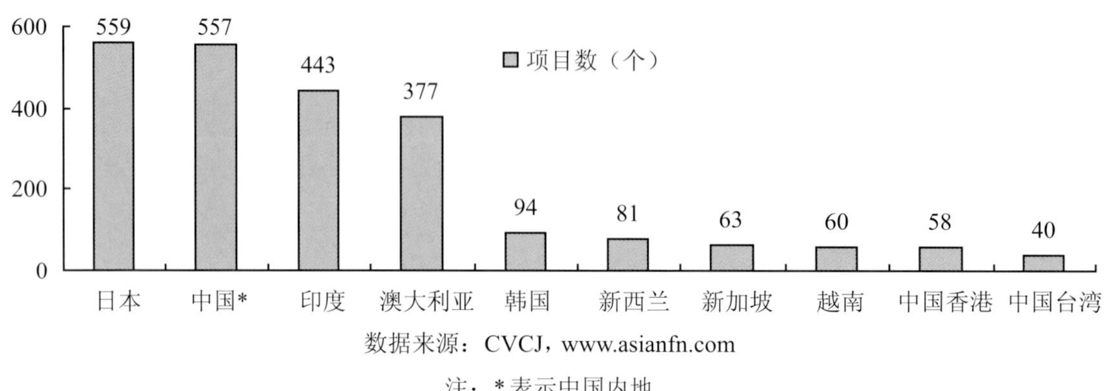

数据来源：CVCJ，www.asianfn.com

注：* 表示中国内地

图4.58　2004年～2006年亚太风险投资的地区分布（案例数）

在所调查的1035.83亿美元投资额中（不包括以色列），日本以250.48亿美元独占鳌头，澳大利亚以199.31亿美元紧随其后，中国内地和印度分别以180.14亿美元和102.6亿美元列第三和第四位；投资金额最多的前十名国家的总投资额占调查投资额的97.02%（见图4.59）。

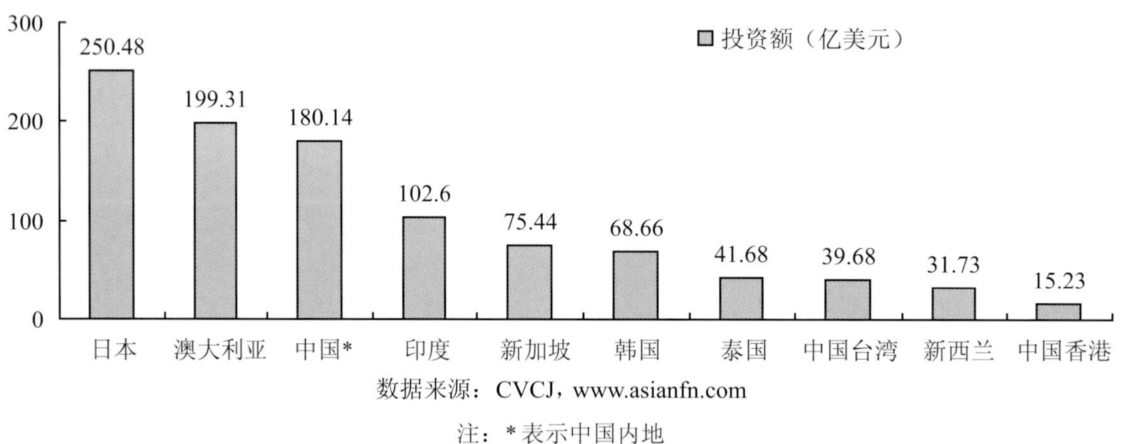

数据来源：CVCJ，www.asianfn.com

注：* 表示中国内地

图4.59　2004年～2006年亚太风险投资的地区分布（投资额）

二、亚太重点地区——以色列风险投资业发展概况

（一）发展概况

虽然以色列地小人少，但是其人均GDP近2万美元，国内民间研发支出占GDP的比例是全

球最高的，大约占3.5%；在每1万人中从事高科技研发的科学家或工程师数量也是世界最高的，高科技产品的使用率非常高，电脑使用率达到43%左右，互联网使用率也达到42%左右，这些都为以色列风险投资的发展提供了很好的支持。

以色列风险投资的发展离不开政府的大力扶持。为了推动本国高科技产业的发展，政府专门设立以色列首席科学家办公室，该办公室每年拥有4亿美元的投资基金，直接投资一些小公司，让他们从事研发活动，还帮助企业培育技术孵化器。

1992年之前，以色列风险投资的发展非常缓慢。认识到风险投资的重要性，并受到美国经验的影响，以色列政府在1993年开始YOZMA计划，构建以色列风险投资市场的基础设施。YOZMA设立10个风险投资基金，每个基金都有私人投资，YOZMA向风险投资基金注资，同时按一定比例配比私人资本，吸引更多资本参与风险投资，并给予极大的优惠和激励政策，有力地促进和推动以色列风险投资业的发展。目前，YOZMA基金已经拓展到80个基金，拥有近50家组合投资公司，基金资本主要来源于美国和欧洲等地区。

当前，以色列大约有50家活跃的风险投资机构，从1992年以来，筹集了100亿美元的风险资本。以色列风险投资相关行业的发展情况如表4.28所示。

表4.28　以色列风险投资相关行业的发展情况

	高科技公司	核心管理人员	风险投资基金	法人VC公司	孵化器	中介服务商
数量（家）	4868	17 929	174	7	36	496

数据来源：IVC研究中心网站，2006年12月

（二）风险投资发展现状

1. 投资规模

2006年第一季度，以色列风险投资3.18亿美元，结合IVC的数据，2006年前三季度，以色列投资10.58亿美元，为2005全年的95.32%（见图4.60）。

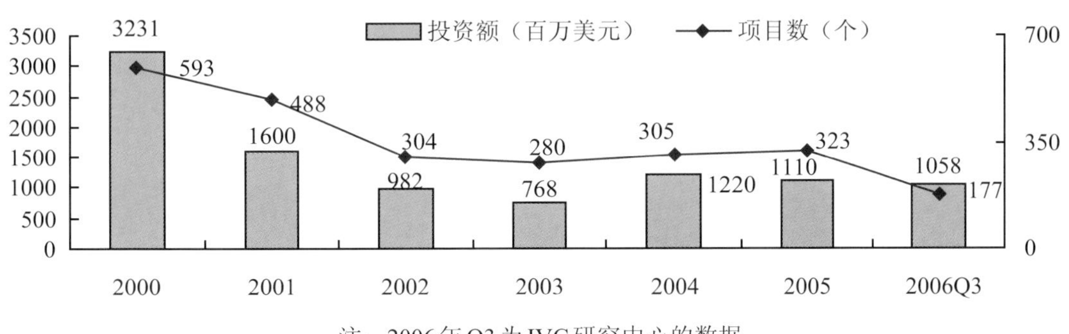

注：2006年Q3为IVC研究中心的数据

数据来源：普华永道2006年第二季度报告

图4.60　2000年～2006年Q3以色列风险投资规模的变动趋势

根据以色列IVC研究中心资料显示，2006年第三季度，以色列风险投资87家企业，投资额达

到3.81亿美元，比第二季度的4.04亿美元降低了5.69%，但分别比第一季度的3.18亿美元和2005年同期的3.36亿美元增加了19.81%和13.39%（见图4.61）。

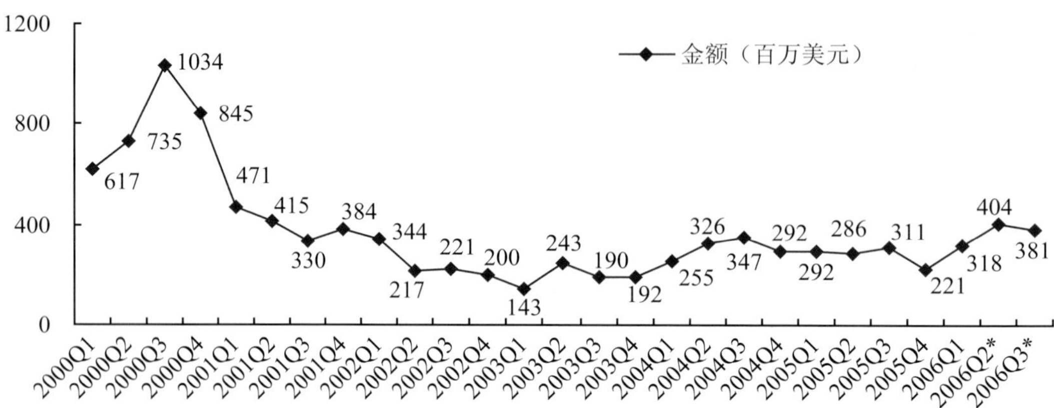

数据来源：普华永道2006年第二季度报告（2006年Q2～Q3为IVC研究中心的数据）

图4.61 2000年Q1～2006年Q3以色列风险投资总额的变动趋势

2. 筹资规模

2006年前三季度达到了11.45亿美元，比2005年同期的10.73亿美元增加了7%，IVC预计2006年将实现15亿美元的资本规模（见图4.62）。

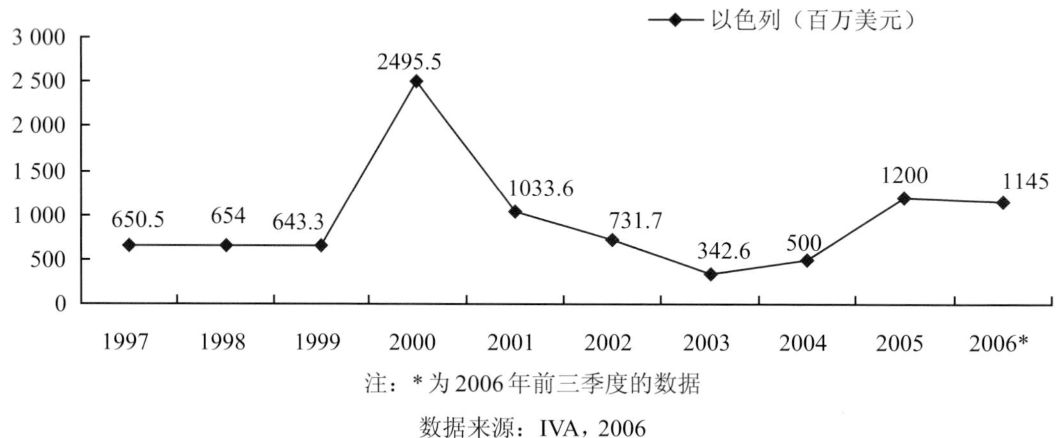

注：*为2006年前三季度的数据

数据来源：IVA，2006

图4.62 1997年～2006年以色列筹集的风险资本趋势图

据IVC估计，以色列可供投资的风险资本达到23亿美元，其中，有14亿美元将首次投资高科技企业；2006年第一季度，以色列风险投资基金公司筹资约3.6亿美元，是2001年以来同季度的最好水平，预计2006年全年以色列风险投资公司将新筹资10亿美元风险资本（见图4.63）。

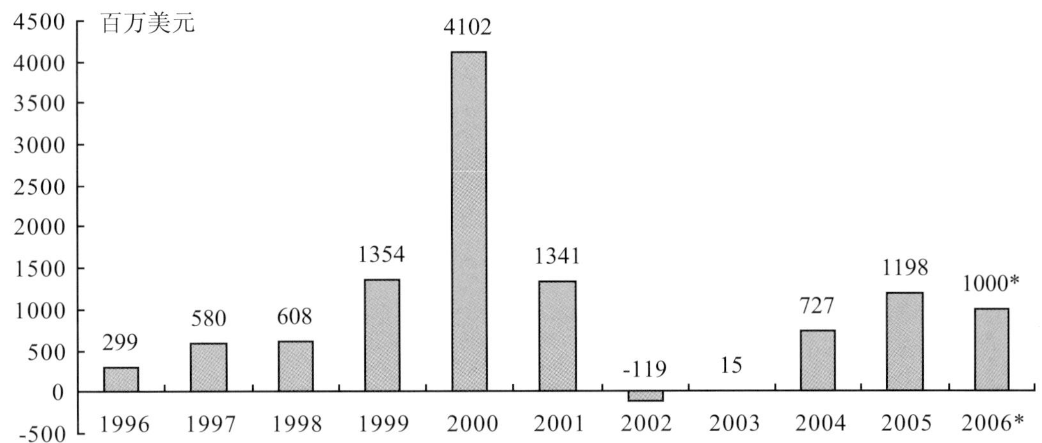

数据来源：IVC2006年报-IVC研究中心

注：带"*"为预测值

图4.63　1996年～2006年以色列风险投资公司净筹资额的变动趋势

3. 退出情况

2005年，风险投资支持的IPO案例规模继续增大，达到20家，为上一年度的5倍；筹资规模达到了6.47亿美元，比2004年增加了56.66%（见图4.64）。

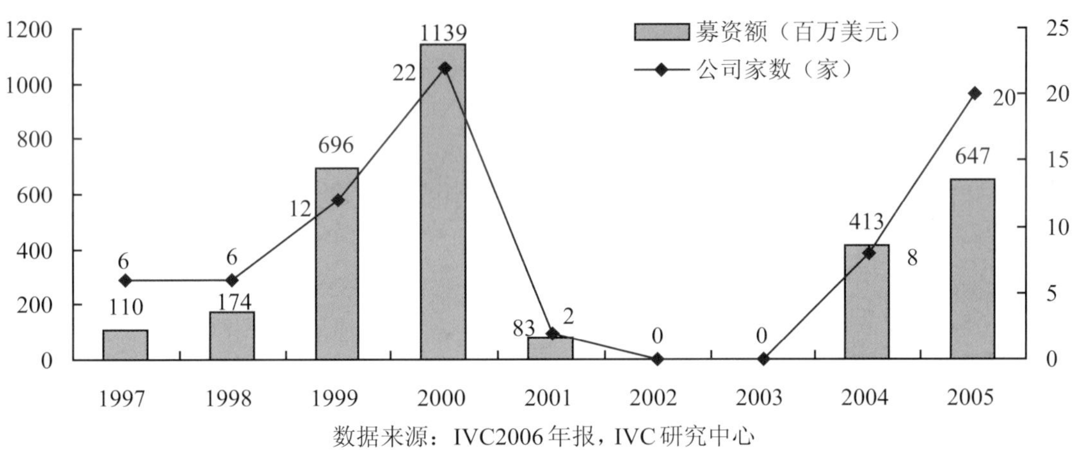

数据来源：IVC2006年报，IVC研究中心

图4.64　1997年～2005年以色列风险投资IPO退出情况的变动趋势

2005年，以M&A方式募资额达到24.75亿美元，是2001年以来相应募资金额最多的年份，比上一年增加34.95%（见图4.65）。

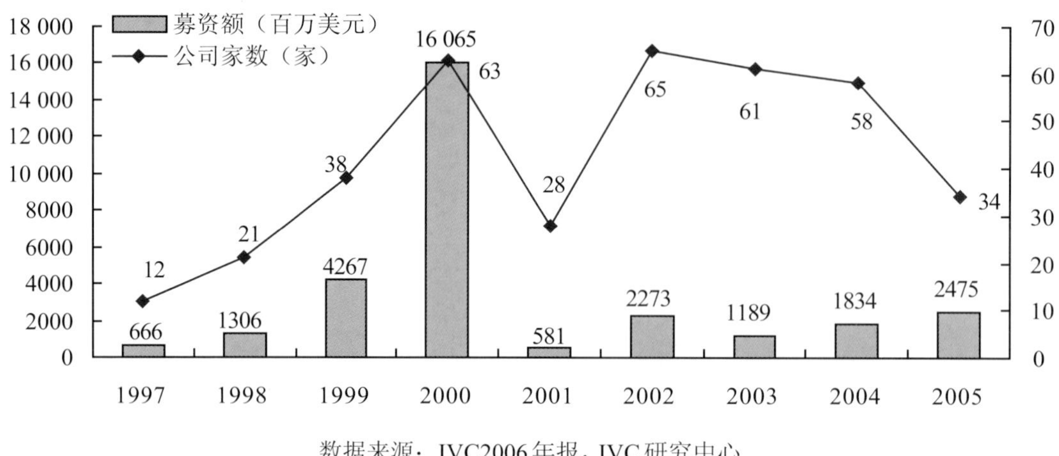

数据来源：IVC2006年报，IVC研究中心

图4.65　1997年～2005年以色列风险投资M&A退出情况的变动趋势

（三）风险投资发展特征

1. 风险投资来源分布

以色列风险投资规模中，有很大一部分是来自海外的投资额，甚至在一些季度里，海外资本的投资额大大超过以色列本土风险投资基金的投资额。2006年第一季度，海外风险投资额略少于本土风险投资的规模，海外风险投资额分别比上一季度和2005年同期增加68.82%和18.05%，而本土风险投资对应的增长率分别仅为25.78%和1.26%（见图4.66）。

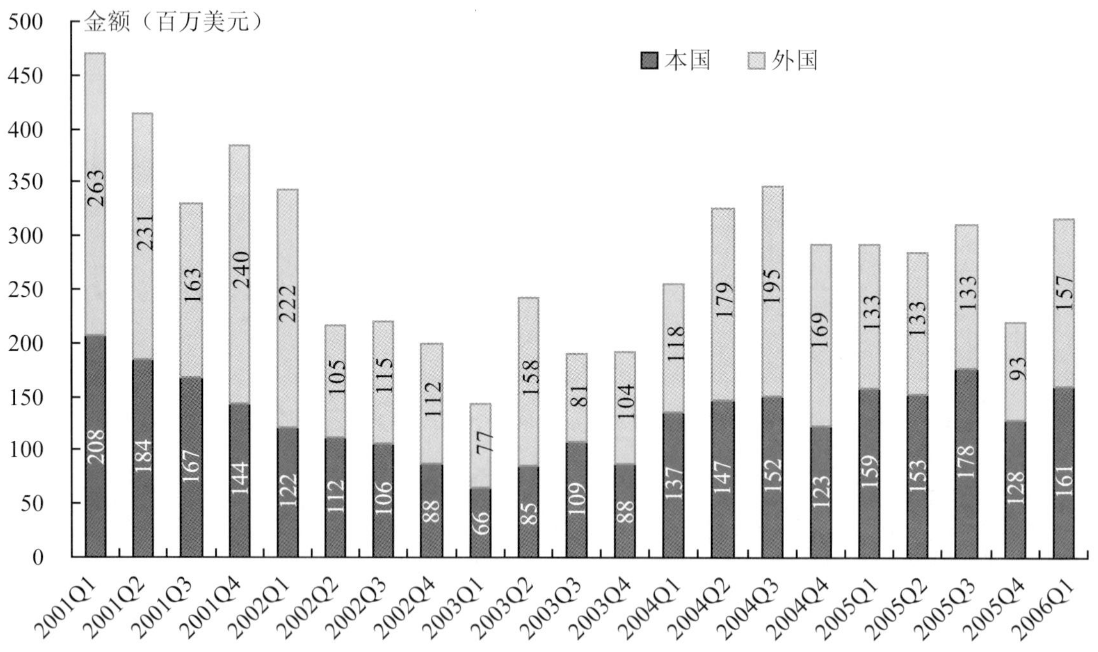

数据来源：普华永道2006年第二季度报告

图4.66　2001年Q1～2006年Q1以色列风险投资来源本国与外国分布

2. 平均投资规模趋势

2006年第一季度，平均投资额为350万美元，分别比上一季度和2005年同期增长了16.67%和6.1%（见图4.67）。

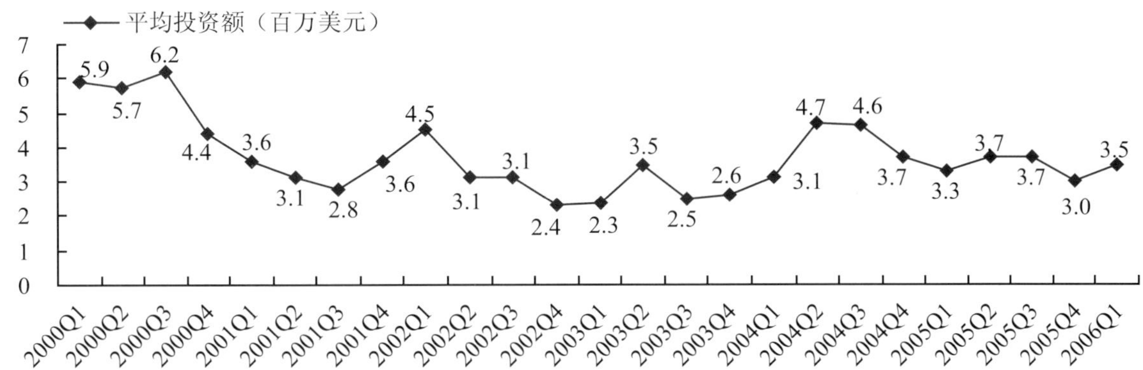

数据来源：普华永道2006年第二季度报告

图4.67　2000年Q1～2006年Q1以色列平均风险投资规模变化趋势

3. 行业投资分布

从2005年第三季度至2006年第一季度，通信和网络行业获得的风险投资额逐季下降，从2005年第三季度的9700万美元下降到2006年第一季度的7000万美元，投资项目数也下降至2006年第一季度的25个。2006年第一季度有8300万美元风险资本投资于软件行业，超过同期投资于通信和网络行业的7000万美元。医药设备行业的风险投资额逐季增加，2006年第一季度达到3900万美元的投资额。虽然投资于半导体行业的项目数较低，每个季度仅为5～7个，但是其投资额却在2006年第一季度达到5800万美元（见图4.68和图4.69）。

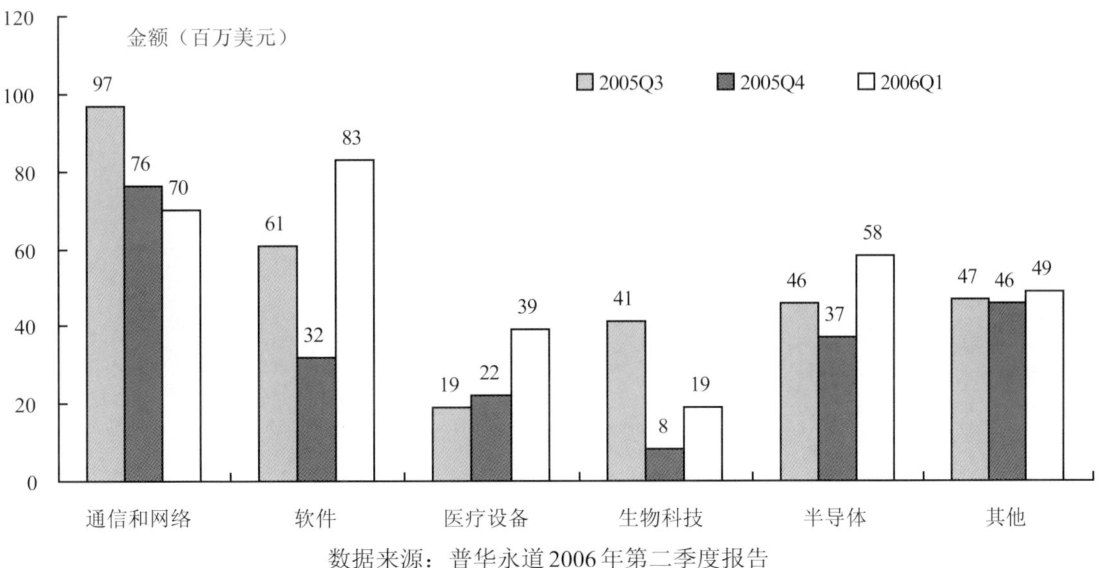

数据来源：普华永道2006年第二季度报告

图4.68　2005年Q3～2006年Q1以色列风险投资额的行业分布（投资额）

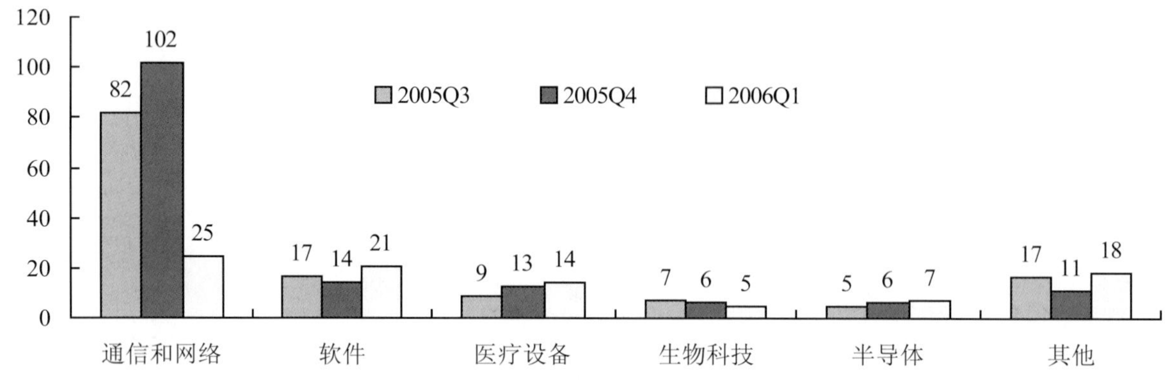

数据来源：普华永道2006年第二季度报告

图4.69　2005年Q3～2006年Q1以色列风险投资交易数的行业分布（项目数）

（1）投资于高科技企业概况

以色列高科技企业是风险投资基金的重点投资领域，受到风险资本的极大关注，2006年前三季度对应的风险资本额为11.45亿美元，占2005年全年水平的85.64%。

在投资的资本来源中，2006前三季度来自以色列风险基金的资本为6.72亿美元，与2005年全年水平相当（见图4.70）。

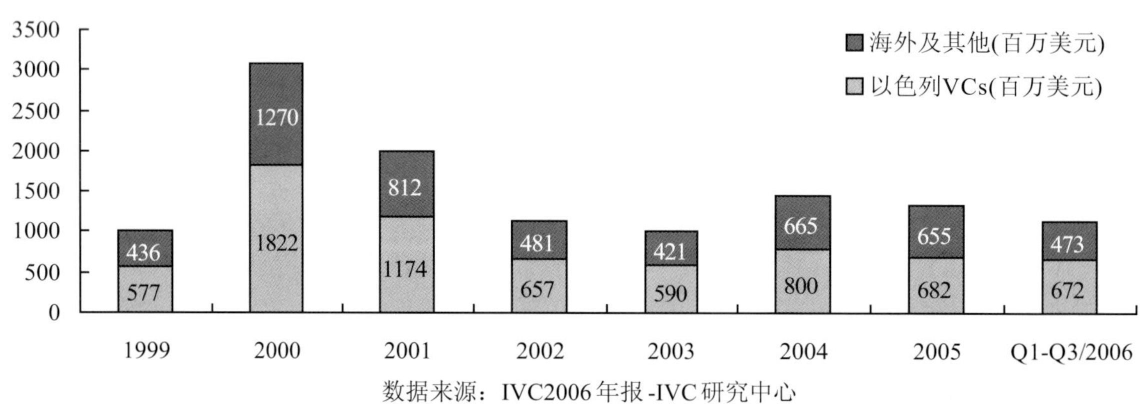

数据来源：IVC2006年报-IVC研究中心

图4.70　1999年～2006年投资于高科技企业的风险资本额变动趋势

（2）投资于生命科学领域情况

2006年第三季度，有1.15亿美元的资金投资于生命科学领域，投资额分别比上一季度增长69.12%，是2005年同期的1.17倍（见图4.71）。

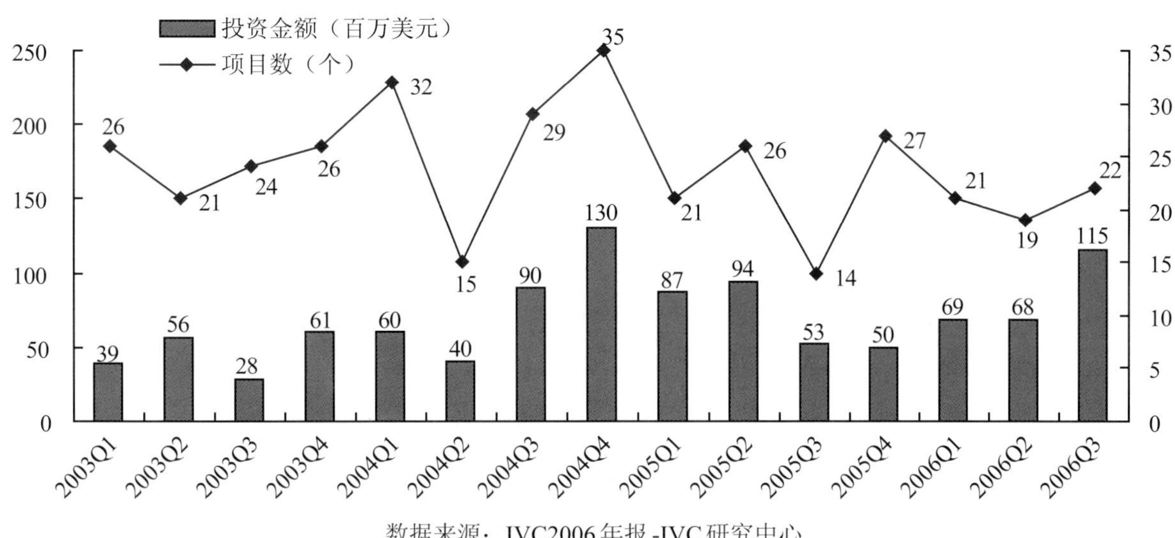

数据来源：IVC2006年报-IVC研究中心

图4.71　2003年～2006年各季度投资于生命科学领域的风险资本额变动趋势

（3）投资于网络领域情况

2006年第一季度，投资网络领域的投资额占总投资的8%，是2000年以来各年第一季度相应比例最高的（见图4.72）。

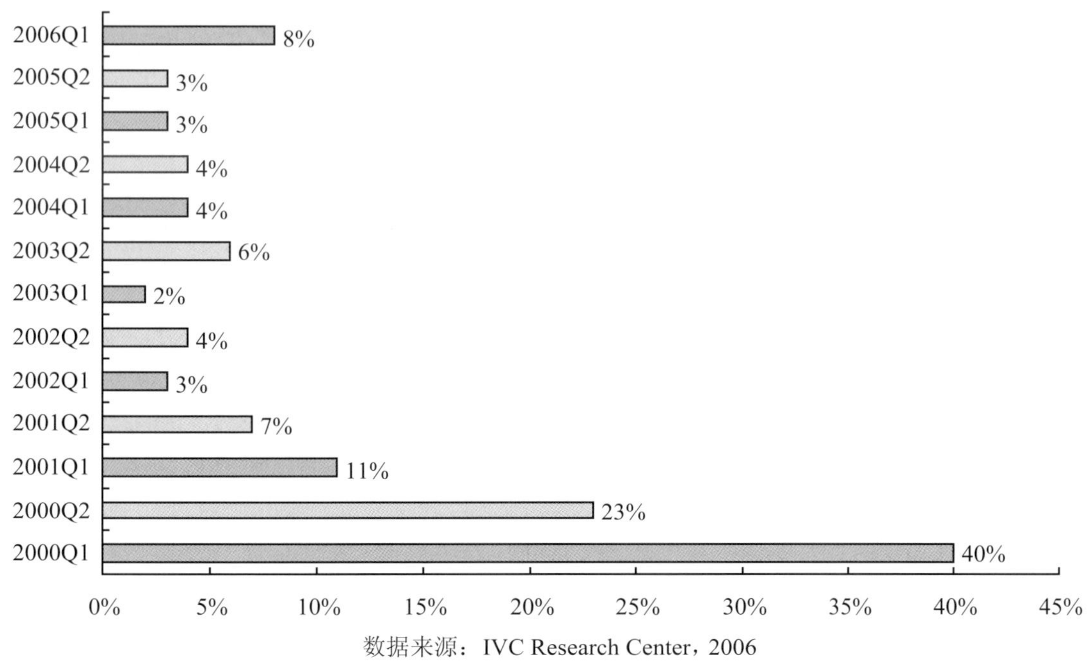

数据来源：IVC Research Center，2006

图4.72　2000年～2006年第一/二季度投资于网络领域的风险资本比例

4. 投资阶段分布

以色列风险投资较多关注于中期企业，获得风险资本投资的中期企业从2003年的49家（所占比例49%）上升到2005年的53家（所占比例53%，见图4.73）。

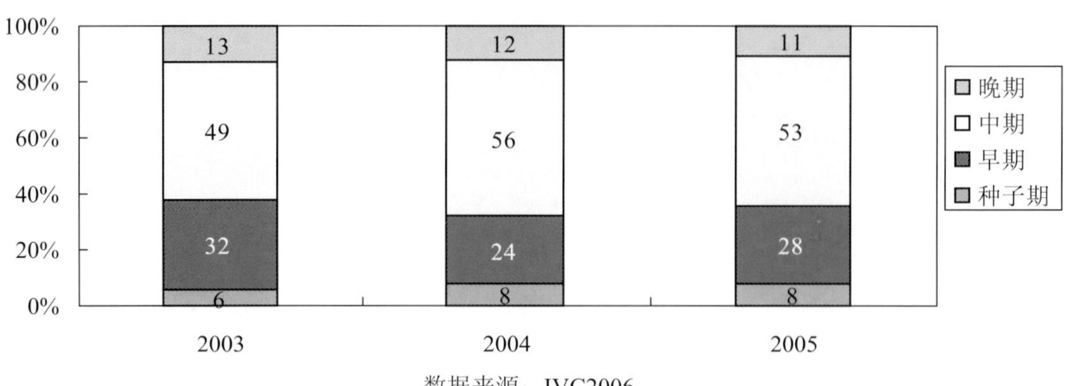

数据来源：IVC2006

图4.73　以色列风险投资阶段分布

根据以色列风险投资研究中心的数据显示，2006年第一季度，是自2001年以来各季度融资规模最大的季度，有22家早期企业融资5000万美元风险资本，融资金额是上一季度的2.3倍，比2005年同期增加了56.25%。

2006年第三季度，有14个种子期项目融资2000万美元，占总投资额的5%；这14个早期投资项目中，有三个是通讯行业，吸收了58%的投资额；六个为软件行业，吸收了22%的投资额。2006年第二季度，早期企业的融资额为1400万美元，占当季度总风险投资额的3%。2005年第三季度融资3400万美元，占当期总风险投资额的10%。在2006年前三季度中，种子期项目吸收了总投资的7%，2005年同期的比例为8%（见图4.74）。

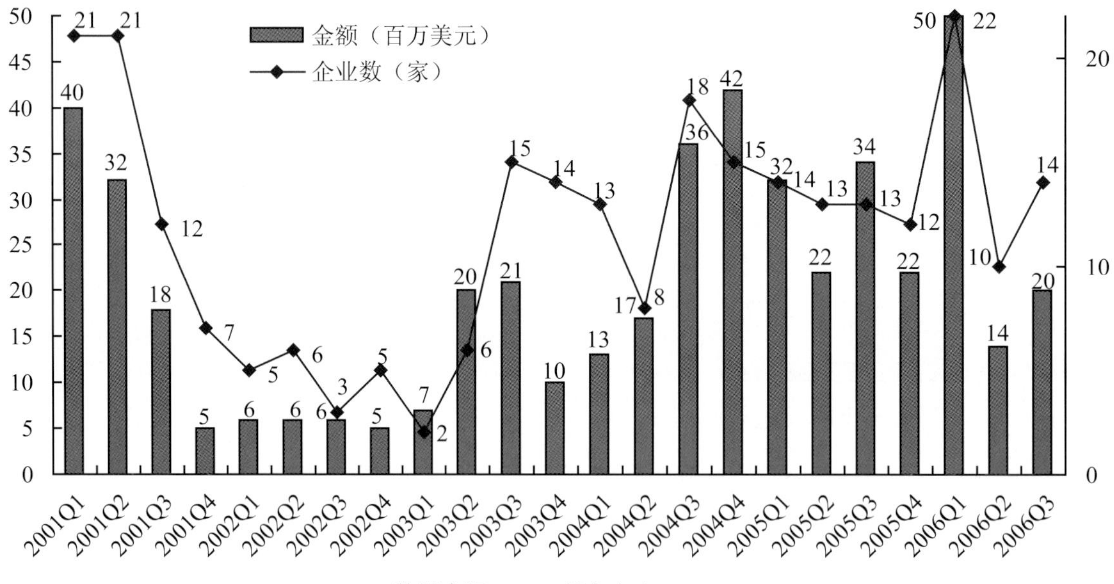

数据来源：IVC研究中心，2006

图4.74　2001年～2006年各季度以色列风险投资对种子期企业的投资趋势

三、亚太重点地区——澳大利亚风险投资业发展概况

（一）投资规模

2006年上半年，虽然澳大利亚投资项目数较低，仅为174项，但是投资额达到22.53亿澳元，仅略低于2001全年24.38亿澳元的历史最高年度投资额，超过2005全年3.73亿澳元的投资额（见图4.75）。

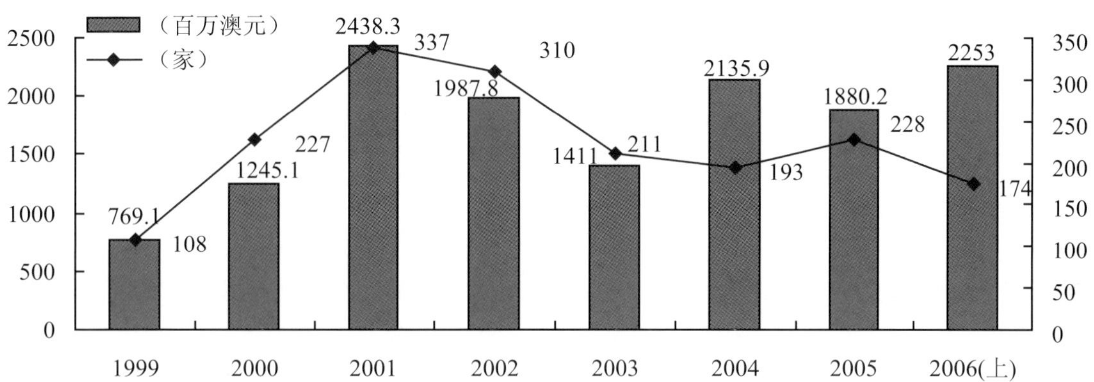

数据来源：Thomson Financial & Australian Private Equity / Venture Capital Association Limited，2006。

注：此为Private Equity的数据，即将VC定义为早期、种子期和起步期，而将PE定义为扩张期和后期等

图4.75　1999年～2006上半年澳大利亚筹集的风险资本规模变化趋势

（二）筹资规模

2006年上半年，澳大利亚筹集的风险资本仅为3500万澳元，只占2005全年筹资额的10.87%（见图4.76）。

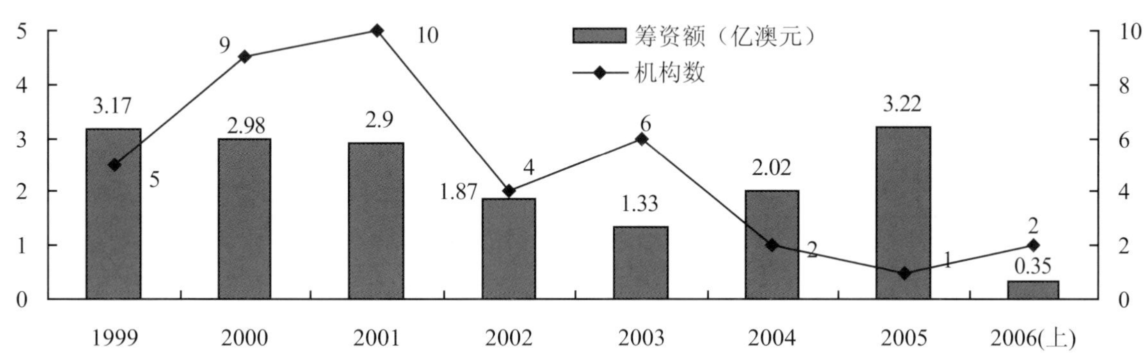

数据来源：Thomson Financial & Australian Private Equity / Venture Capital Association Limited，2006

图4.76　1999年～2006年澳大利亚筹集的风险资本规模变化趋势

在经历2004年和2005年的平均每家机构筹资风险资本额1亿澳元后，2006年上半年，澳大利

亚平均单位机构筹资额又回归到2004年以前的2000万澳元的水平（见图4.77）。

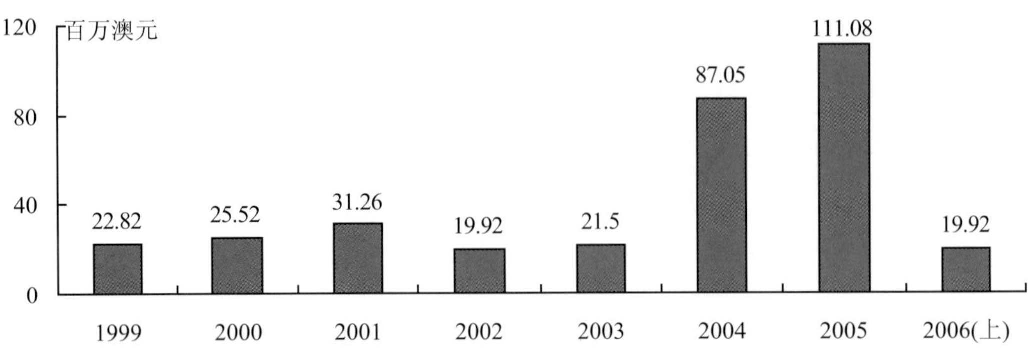

数据来源：Thomson Financial & Australian Private Equity / Venture Capital Association Limited，2006

图4.77 1999年～2006年澳大利亚平均每家机构筹集的风险资本规模变化趋势

（三）资本来源

截至2006年6月30日，澳大利亚管理的风险资本额为224.45亿澳元，其中，以来自养老基金等机构投资者为主的海外不可分类资金最多，为50.74亿澳元，占总资本的22.6%；紧随其后的为来自家庭和个人的资本，占19.75%；媒介资金（Intermediaries）为33.58亿澳元，占14.96%（见表4.29和图4.78）。

表4.29 澳大利亚风险资本的来源分布（截至2006年6月30日）

来源类型	资本额（百万澳元）	所占比例
银行（Bank）	1939.5	8.64%
保险公司（Insurance Companies）	1378	6.14%
法人非养老基金（Corporate Non/Pension）	2757	12.28%
养老基金/公众（Pension Fund/Public）	744.3	3.32%
家庭/个人（Family or Individuals）	4432.6	19.75%
捐赠基金等（Endowment/Foundations）	501.5	2.23%
媒介资金（Intermediaries）	3357.8	14.96%
海外不可分类的资金（Overseas Unclassified）	5073.6	22.60%
国内不可分类的资金（Australian Unclassified）	2260.4	10.07%
合计	22 444.7	100%

数据来源：Thomson Financial & Australian Private Equity / Venture Capital Association Limited，2006

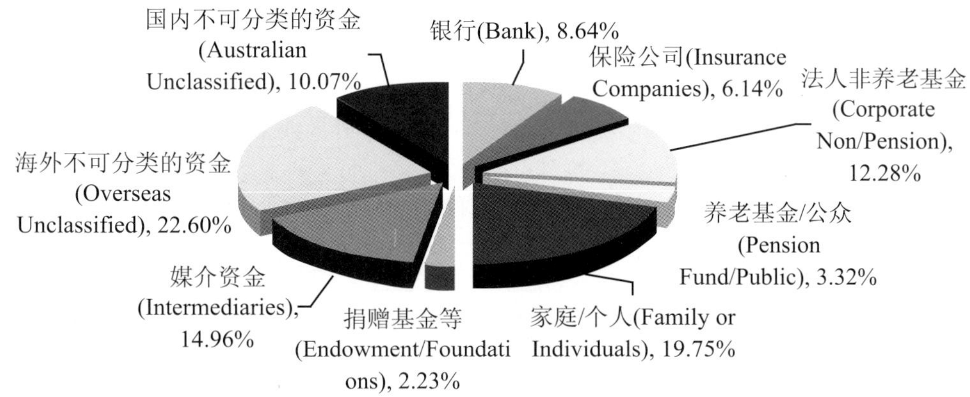

数据来源：Thomson Financial & Australian Private Equity / Venture Capital Association Limited，2006

图4.78　2006年澳大利亚风险资本来源分布

（四）投资行业分布

在2006年上半年的22.53亿澳元的投资额中，消费相关行业获得的投资额超过11.53亿澳元，占总投资额的51.2%（见图4.79）。

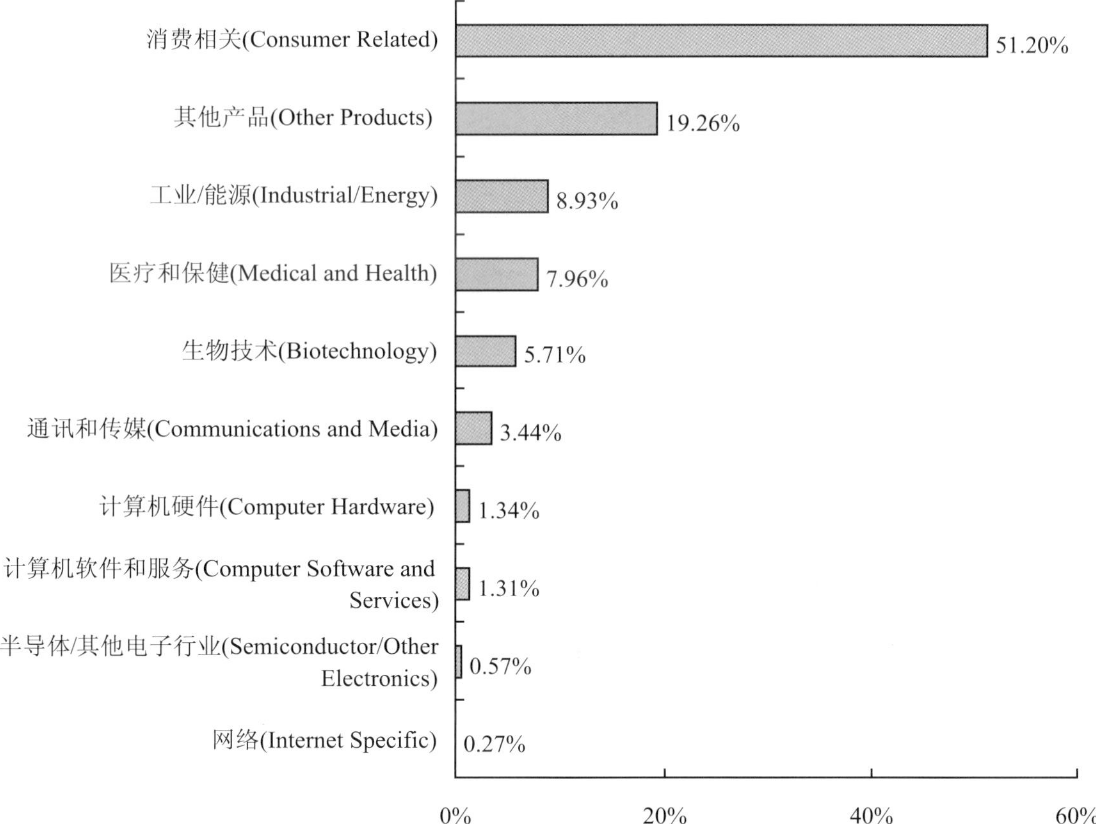

注：此为Private Equity的数据，即将VC定义为早期、种子期和起步期；而将PE定义为扩张期和后期等

数据来源：Thomson Financial & Australian Private Equity / Venture Capital Association Limited，2006

图4.79　1999年～2006年澳大利亚筹集的风险资本规模变化趋势

（五）投资地区分布

澳大利亚投往新西兰的风险投资额为7.36亿澳元，占其总投资额的32.67%。在澳大利亚国内维多利亚州获得的风险资本最多，为5.35亿澳元，占总投资额的23.72%（见表4.30和图4.80）。

表4.30　　2005年7月1日～2006年6月30日，澳大利亚风险投资的地区分布

地区	投资额（百万澳元）	比例
新南威尔士州（New South Wales，澳大利亚）	486.8	21.61%
昆士兰州（Queensland，澳大利亚）	331.8	14.73%
维多利亚州（Victoria，澳大利亚）	534.5	23.72%
南澳大利亚州（South Australia，澳大利亚）	40.9	1.82%
西澳大利亚洲（Western Australia，澳大利亚）	120.3	5.34%
澳大利亚首都地区（ACT，澳大利亚）	2.5	0.11%
新西兰（NEW ZEALAND）	736.1	32.67%
合计	2252.9	100%

数据来源：Thomson Financial & Australian Private Equity / Venture Capital Association Limited，2006

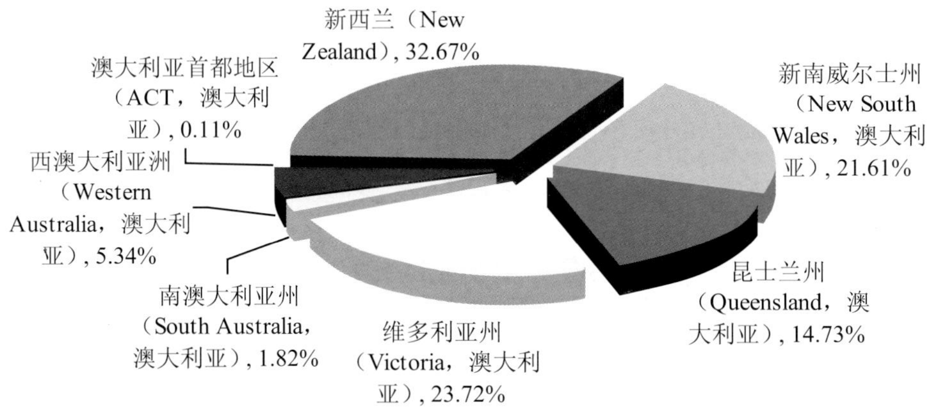

数据来源：Thomson Financial & Australian Private Equity / Venture Capital Association Limited，2006

图4.80　2006年澳大利亚风险投资的地区分布（2005年7月1日～2006年6月30日）

（六）退出与收益情况

2006年上半年，没有出现澳大利亚风险投资支持的IPO项目，而相关的M&A项目数为14个，不及2005全年相应33个项目的一半（见图4.81）。

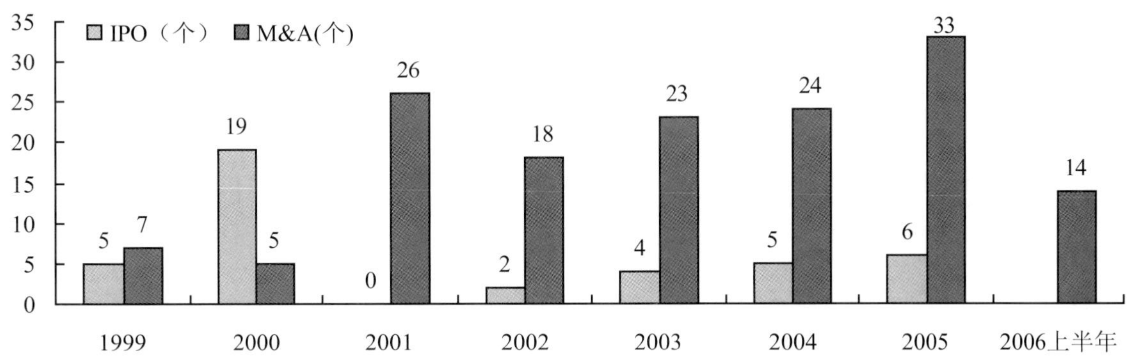

数据来源：Thomson Financial & Australian Private Equity / Venture Capital Association Limited，2006

图4.81　1999年～2006上半年澳大利亚风险投资IPO和M&A比较(案例数)

对于收益情况，短期收益优于长期收益。其中，以3年期收益最高，达到9.5%，而10年期和20年期均为 -1.2%（见表4.31）。

表4.31　截至2006年6月风险投资收益情况

阶段	1年期	3年期	5年期	10年期	20年期
内部收益率（IRR）	7.7%	9.5%	-0.5%	-1.2%	-1.2%

数据来源：Thomson Financial & Australian Private Equity / Venture Capital Association Limited，2006

四、亚太重点地区——我国台湾地区风险投资发展概况

本章首先简要介绍台湾地区风险投资行业的发展历程；其次，介绍台湾地区风险投资的发展现状，分别从筹资、投资和退出等角度进行了较为详细的描述。最后，本章指出了中国台湾地区风险投资行业发展的一些新问题和新趋势。本章的发展数据除特别说明外，均取自《台湾创业投资年鉴》。

（一）发展历程

台湾地区当局为了刺激高科技行业的快速发展，于1983年颁布了全球第一部风险投资行业法规——《创业投资事业推动法案》，拉开台湾地区风险投资行业的发展序幕。

自1984年台湾地区成立第一家风险投资公司以来，由于风险投资公司对早期、初创期科技公司的投资，发挥引导民间资金投资于科技公司的功能，成功地将民间技术转化成企业，有效地促进台湾地区科技产业的更新与发展。

1986年，台湾地区开始实施“科技发展十年规划”，并颁布《促进产业升级条例》，加速了台湾地区风险投资业的发展，80年代末台湾地区风险投资基金达到62.25亿美元，约为1986年16亿美元的3倍。

在20世纪90年代，特别是20世纪90年代后期，台湾地区风险投资行业更是经历了高速发展

时期，据台湾创业投资协会资料显示，1999年投资额达到9.7亿美元，是1996年8810万美元投资额的11倍，该时期的新筹集风险资本额也增加了8亿美元左右。

但自2000年以来，由于受到全球经济与全球风险投资业衰退的影响，台湾地区风险投资行业也陷入调整时期，2001年，台湾地区风险投资的募资与投资额，滑落到之前6年来的低点。台湾“行政院”开发基金于2002年推行“一千亿元创投计划”，带动新一波风险投资募资风潮；然而，却在2003年遇上SARS疫情重创台湾经济，造成投资停滞；2004年，台湾地区经济情况好转，风险投资业也伴随着经济成长的脚步迅速复苏，却又受到多起上市地雷股效应及两岸政治形势不稳定等因素的影响，造成台湾股市低迷，而风险投资支持的企业上市家数亦一年不如一年，严重地影响台湾地区风险投资业的投资绩效。据台湾创业投资商业同业公会的调查资料显示，2004年～2005年，台湾地区风险投资业务出现持续下降现象，投资金额也从2003年的165.40亿元新台币下降到2004年的152.70亿元新台币，继续下降到2005年的108.57亿元新台币，仅比2001年的投资金额多出27.11亿元新台币。

正如台湾创业投资商业同业公会在2004年的行业调查中指出，“唯有克服现行所遇的各项发展困境，尤其在资金及人才募集方面，获得政府各主管部门的支持及辅导，才能让台湾所有创投业者全力发挥投资优秀产业及技术的功能，协助政府奠定国家科研及生产基础，亦使台湾的经济实力能够更发扬光大、更上一层楼”。

（二）发展现状

1. 投资规模

（1）投资项目数及成长率

2005年，台湾地区风险投资项目数又下降到自1997年以来的最低点，仅为513项，略高于1996年，比2004年下降51.7%（见图4.82）。

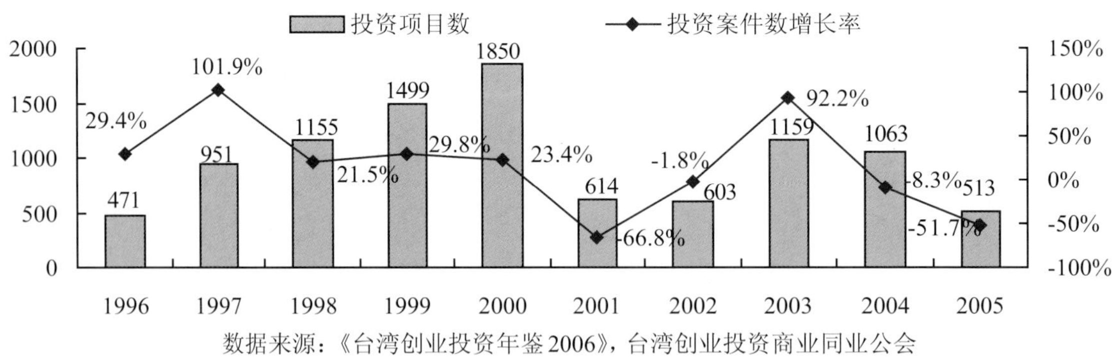

数据来源：《台湾创业投资年鉴2006》，台湾创业投资商业同业公会

图4.82　1996年～2005年台湾地区风险投资项目数及其增长率比较

截至2005年底，台湾地区历年累计总投资逾万项，达到10 295个项目，为1996年累计投资项目数的近9倍。2005年平均每家风险投资机构仅投资2.2个项目（见图4.83）。

（2）投资金额及成长率

2005年台湾地区风险投资额仅为108.57亿新台币，比上一年下降了28.9%（见图4.84）。

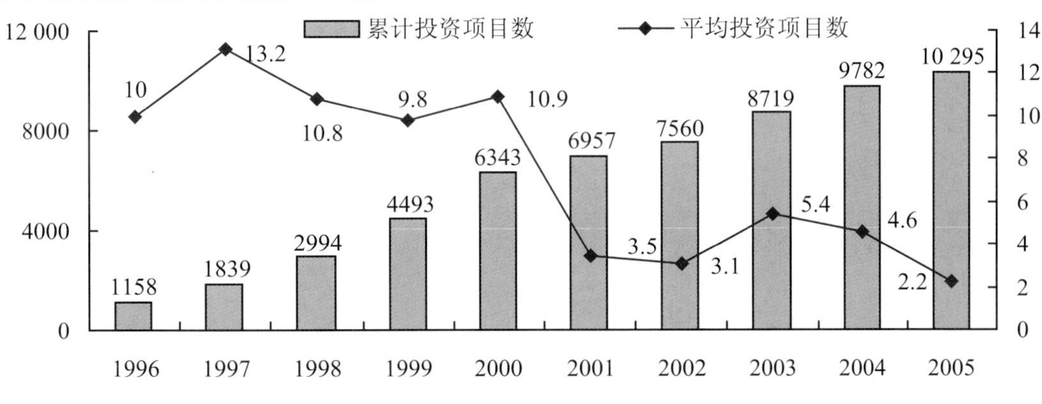

数据来源：《台湾创业投资年鉴2006》，台湾创业投资商业同业公会

图4.83　1996年～2005年台湾地区历年投资项目数及平均每家投资项目数分布

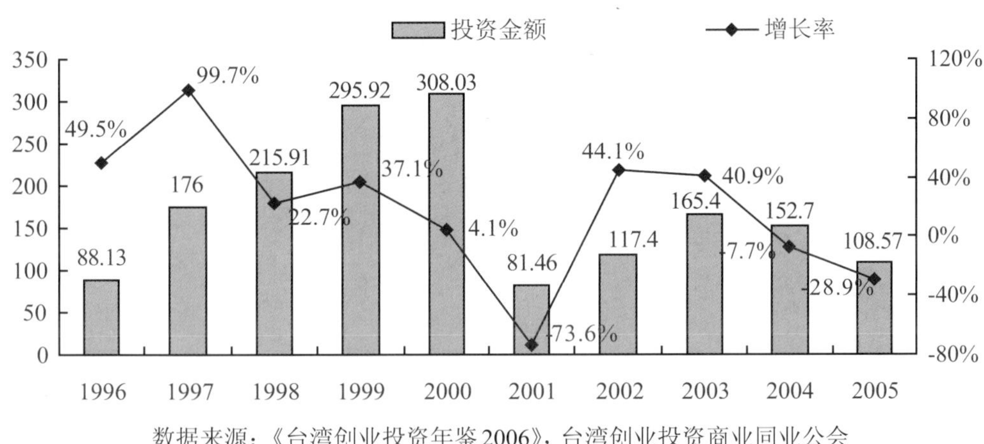

数据来源：《台湾创业投资年鉴2006》，台湾创业投资商业同业公会

图4.84　1996年～2005年台湾地区风险投资额及其成长率比较

2. 筹资规模

2005年，台湾地区筹集的风险资本额继续下降，仅为48.7亿新台币，比2004年下降61.9%，为近10年来的最低水平（见图4.85）。

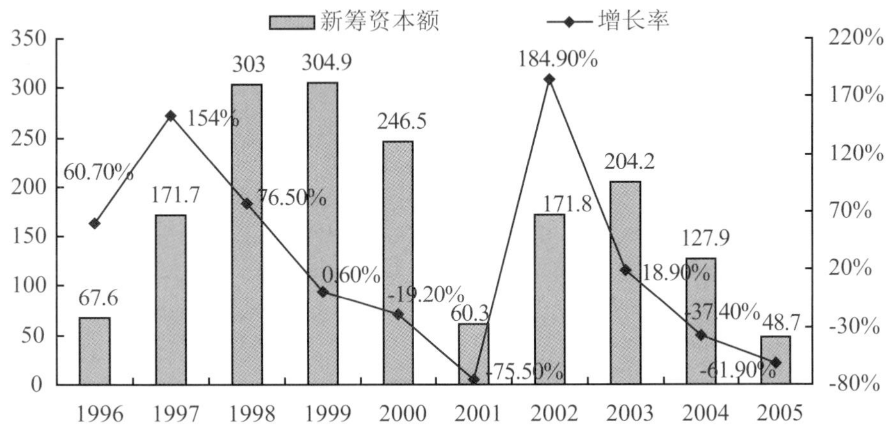

数据来源：《台湾创业投资年鉴2006》，台湾创业投资商业同业公会

图4.85　1996年～2005年台湾地区各年新筹集风险额及其成长率

2005年，台湾地区只新成立了9家公司，比2004年下降了52.6%（见图4.86）。

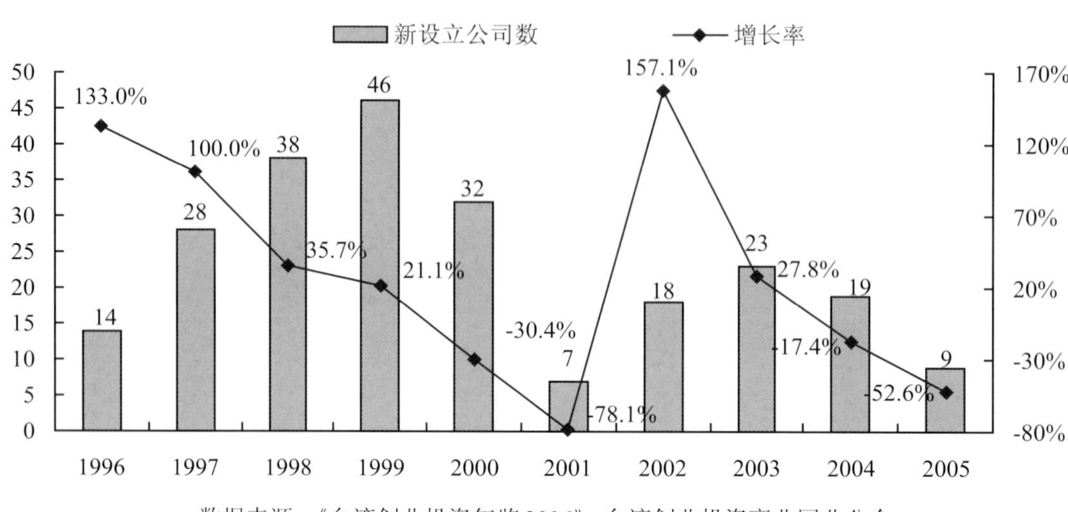

数据来源：《台湾创业投资年鉴2006》，台湾创业投资商业同业公会

图4.86　1996年～2005年台湾地区各年新成立风险投资公司家数及其增长率

（三）风险投资发展特征

1. 筹资来源分布

（1）不同区域类别来源

从台湾地区风险投资资本来源分布看，有94.45%的资本来自台湾本岛，只有5.55%来自于岛外；来自于岛内的法人资本独占鳌头，为总风险资本的80.14%；总体上，来自于法人机构的资本大约是来自个人资本的6倍（见图4.87）。

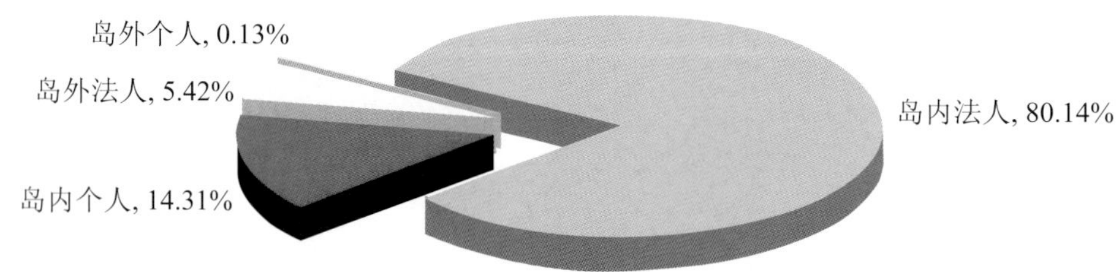

数据来源：《台湾创业投资年鉴2006》，台湾创业投资商业同业公会

图4.87　2005年台湾风险投资资本来源分布（按区域类别）

（2）不同部门来源

2005年，在台湾地区风险资本来源中，来自法人公司的风险资本最多，所占比例为38.14%（见图4.88）。

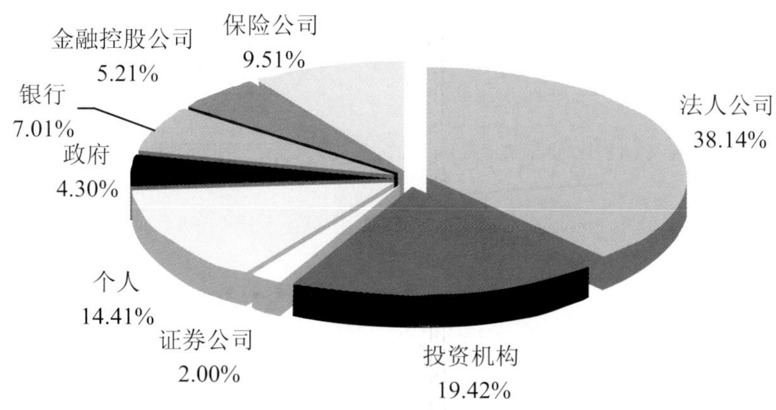

数据来源：《台湾创业投资年鉴2006》，台湾创业投资商业同业公会

图4.88　2005年台湾地区风险资本来源分布（按部门类别）

2. 行业分布特点

2005年，光电行业为台湾地区获得风险投资的项目数最多的行业，占总投资项目数的19.69%，其次为电子工业和半导体行业，分别占总投资项目数的17.15%和13.65%（见图4.89）。

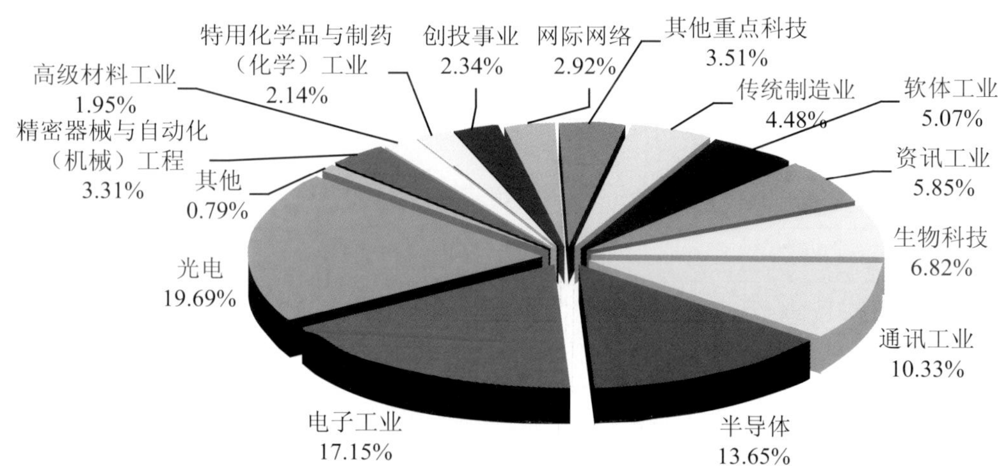

数据来源：《台湾创业投资年鉴2006》，台湾创业投资商业同业公会

图4.89　2005年台湾地区风险投资项目数分布

对应地，2005年台湾地区风险投资于光电行业的金额最多，占总投资额的17.52%；传统制造业获得的投资额次之，占总投资额的17.36%（见图4.90）。

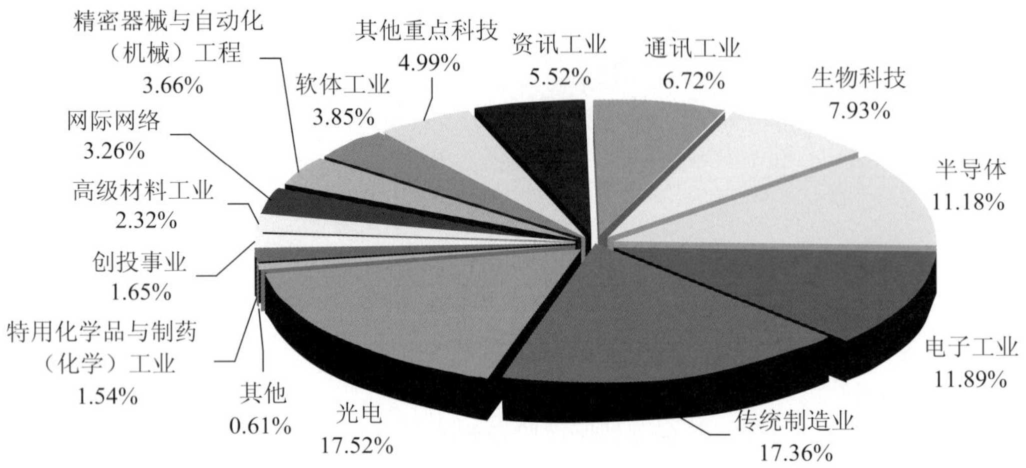

数据来源：《台湾创业投资年鉴2006》，台湾创业投资商业同业公会

图4.90　2005年台湾地区风险投资金额分布

3. 投资阶段分布特点

（1）概况

不管是投资案例数还是投资金额，扩张期企业得到的风险投资最多（见表4.32～表4.33和图4.91～图4.92）。

表4.32　　2005年台湾地区风险投资案例的阶段分布

投资阶段	种子期	创建期	扩张期	成熟期	重整期	合计
投资案件数（家）	11	134	237	121	10	513
各阶段比例（%）	2.1	26.1	46.2	23.6	2.0	100

数据来源：《台湾创业投资年鉴2006》，台湾创业投资商业同业公会

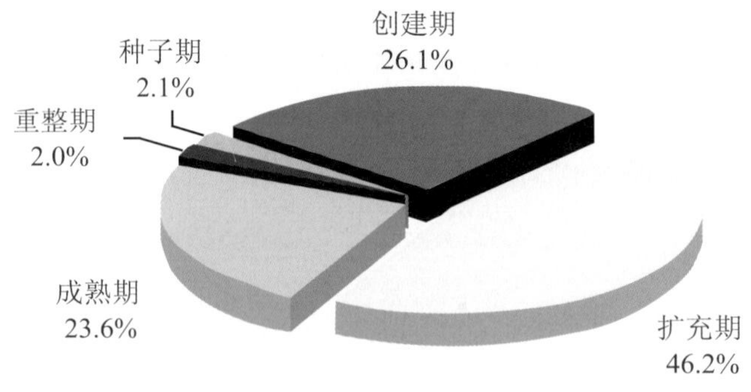

数据来源：《台湾创业投资年鉴2006》，台湾创业投资商业同业公会

图4.91　2005年台湾地区风险投资案例数的阶段分布

表 4.33　　2005 年台湾地区风险投资金额的阶段分布　　单位：百万元新台币

投资阶段	种子期	创建期	扩充期	成熟期	重整期	小计
投资金额	874.7	2245.8	4591.6	2925.5	219.3	10 856.9
阶段比例(%)	8.1	20.7	42.3	27.0	2.0	100

数据来源：《台湾创业投资年鉴2006》，台湾创业投资商业同业公会

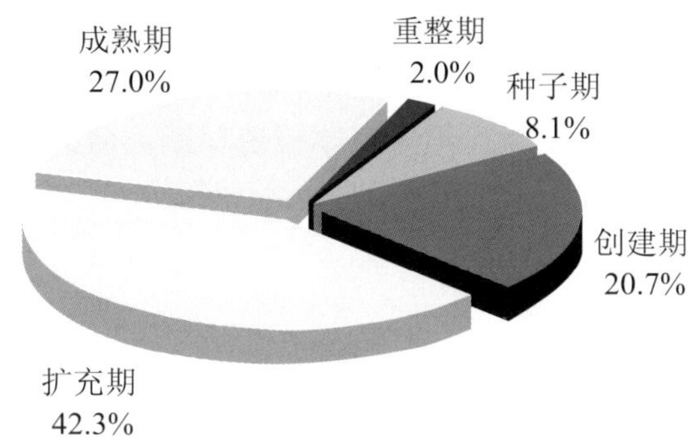

资料来源：《台湾创业投资年鉴2006》，台湾创业投资商业同业公会

图 4.92　2005 年台湾地区风险投资额的阶段分布

（2）早期阶段项目的投资情况

早期阶段项目包括种子期和创建期项目。2005年，投资于早期的项目数和金额均超过2004年的水平，分别占总项目数和总投资额的28.75% 和28.26%（见图4.93和图4.94）。

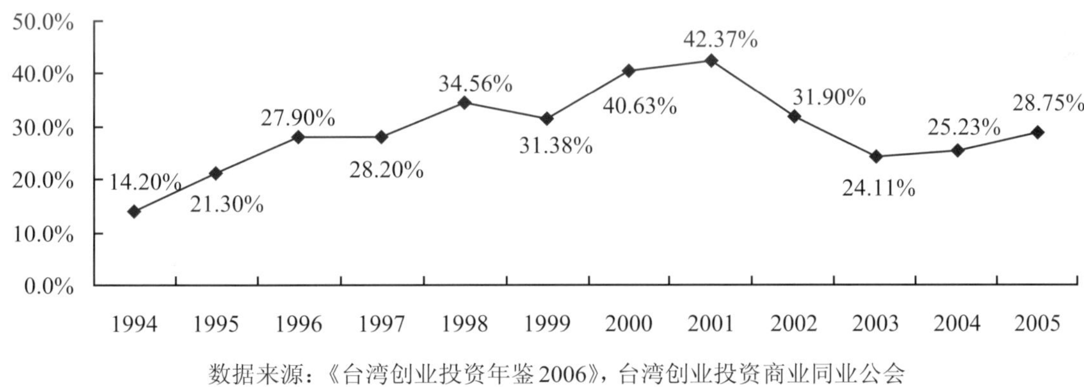

数据来源：《台湾创业投资年鉴2006》，台湾创业投资商业同业公会

图 4.93　1994 年～ 2005 年台湾地区风险资本投资早期项目的变化趋势（项目数比例）

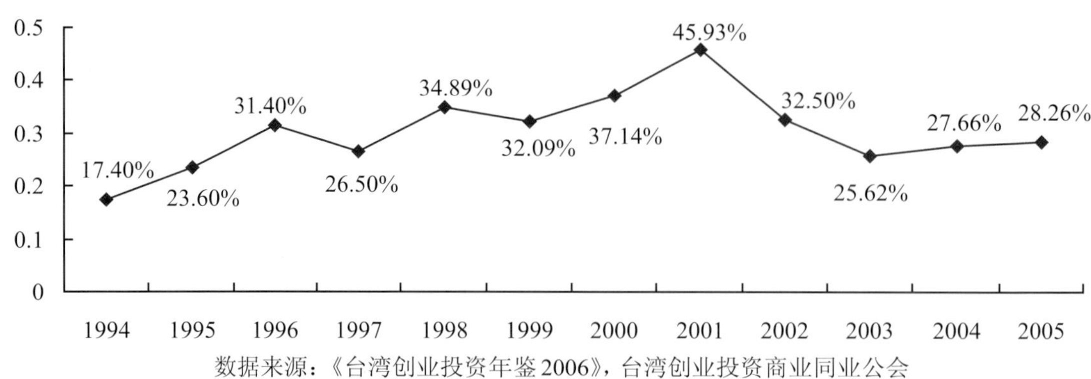

数据来源：《台湾创业投资年鉴2006》，台湾创业投资商业同业公会

图4.94　1994年～2005年台湾地区风险资本投资早期项目的变化趋势（投资额比例）

4. 风险投资地区分布特征

2005年，台湾地区风险投资的地区分布（见图4.95和图4.96）。

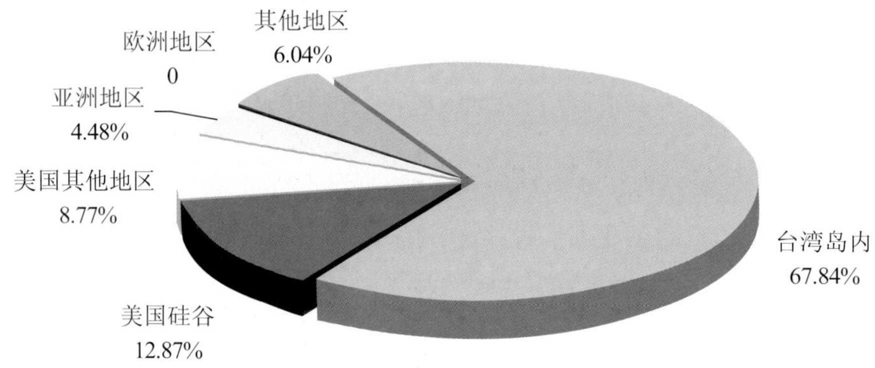

数据来源：《台湾创业投资年鉴2006》，台湾创业投资商业同业公会

图4.95　2005年台湾地区风险投资项目数的地区分布

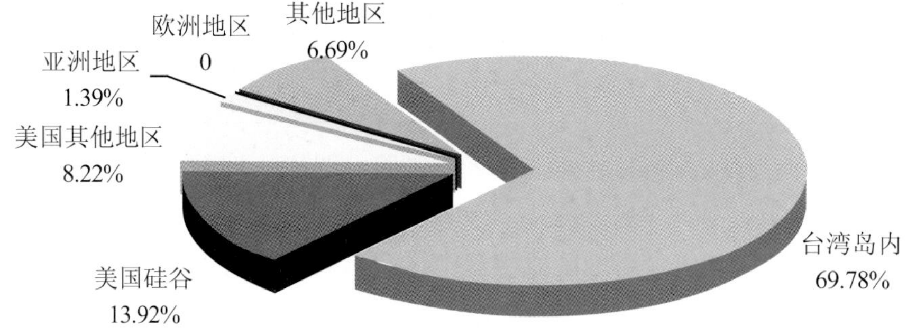

数据来源：《台湾创业投资年鉴2006》，台湾创业投资商业同业公会

图4.96　2005年台湾地区风险投资额的地区分布

5. 风险投资盈利情况

2005年，台湾地区风险投资业扭转了2004年的负盈余局面，当年实现了27.08亿美元的盈余，占总资本额的1.43%（见图4.97）。

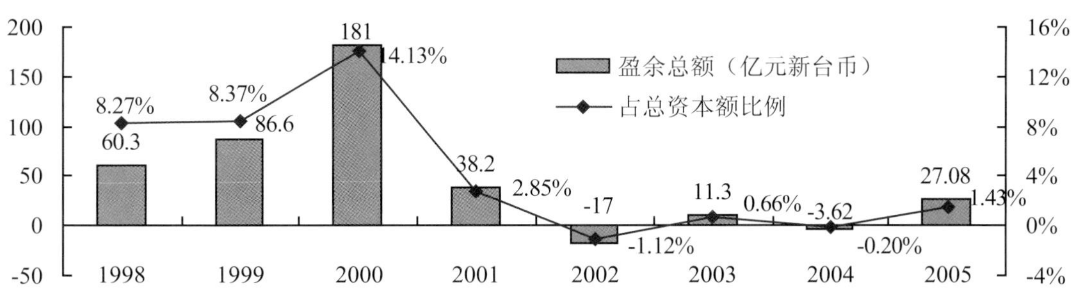

数据来源：《台湾创业投资年鉴2006》，台湾创业投资商业同业公会

图4.97　1998年～2005年台湾地区风险投资行业的盈利变化

（四）首次公开上市（IPO）退出分析

1. IPO退出概况

表4.34为2004年～2005年台湾地区风险投资支持的企业首次公开上市（IPO）的情况。

表4.34　2004年～2005年台湾地区风险投资支持的IPO退出情况

	2004年	2005年	增长幅度
①当年IPO家数（家）	126	70	-44.4%
②当年风险投资支持的IPO家数（家）	39	27	-30.8%
②/①的比例（%）	30.95	38.57	--
③当年科技类公司IPO家数（家）	93	54	-41.9%
④当年风险投资支持的科技类公司IPO家数（家）	34	23	-32.4%
④/③的比例值（%）	36.56	42.59	--

数据来源：《台湾创业投资年鉴2006》，台湾创业投资商业同业公会

2. IPO特征分析——岛内交易地点、科技类公司与风险投资

台湾地区证券交易市场/中心主要包括台湾证券交易所（TSE）、证券柜台买卖中心（OTC）。近年来，OTC已成为科技类中小企业融资的主要渠道，也成为风险资本的主要退出渠道。2005年台湾地区风险投资支持的科技类上市公司情况如表4.35所示。

表4.35　2005年台湾地区证券交易市场（柜台交易中心）中科技类上市公司与创业风险投资

交易所/买卖中心	台湾证券交易所	证券柜台买卖中心	总计
⑤上市/上柜科技类公司家数	9	45	54
⑥风险投资支持的科技类公司上市/上柜家数	6	17	23
⑥/⑤的比例值（%）	66.7	37.8	42.59

数据来源：《台湾创业投资年鉴2006》，台湾创业投资商业同业公会

3. IPO特征分析二——行业/产业分布

对于风险投资支持的上市/上柜公司的行业/产业分布，从图4.98可以看出，2005年电子工业行业的公司最多，有9个，占33.33%。

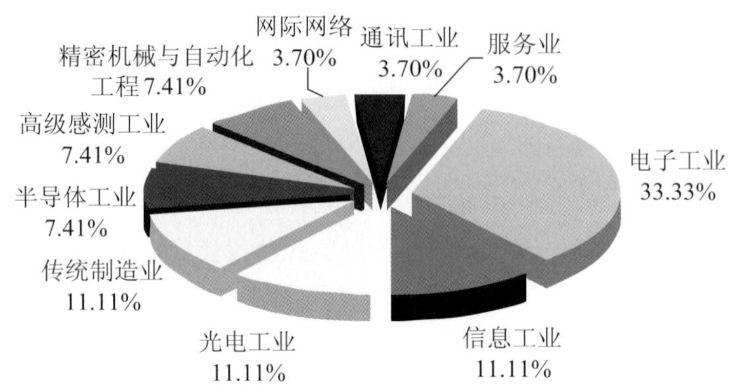

数据来源：《台湾创业投资年鉴2006》，台湾创业投资商业同业公会

图4.98　2005年台湾地区风险投资支持上市/柜行业/产业分类

（五）发展趋势

从二十余年台湾地区风险投资业的发展历程来看，基本实现了建立科技事业为核心的产业体系，改善产业结构，并为创业事业提供资金、技术、人才和管理上的支持。风险资本集中投资于高科技产业，解决高科技产业中小企业的融资问题，培育并扶持了一批新兴的、具有增长潜力的高科技中小企业，为提升台湾地区的科技竞争力提供了强大的基础，实践证明了台湾地区风险投资业的重要作用。

但是，近10年来台湾地区的风险投资波动起伏，一方面是由于受到全球、台湾地区经济周期变化的影响；另一方面也受到了海峡两岸政治关系波动的影响，一个稳定、积极的政治经济环境是风险投资发展的重要保障。从台湾地区风险投资的变动趋势可以看出，当前，无论是投资规模还是筹资规模都处于一个下降和上升的转折点，孕育着新一轮增长期的临近。在投资行业或产业方面，将保持以光电、电子信息、半导体通讯等高科技为主体并加重传统行业关注度的投资体系；在投资阶段方面，扩张期和发展期企业仍然备受关注，种子期投入仍处于较低水平；同时，如果更好地拓展国际性筹资渠道，吸引国际风险资本，将更有利于提升台湾地区风险投资的国际化水平。

中国内地保持高速经济增长及广阔市场所蕴涵的投资机遇，伴随着内地资本市场的逐步完善，将有更多台湾地区的风险投资关注内地的投资机会，进一步拓展台湾地区风险投资行业的发展空间，有利于提升台湾地区风险投资行业的发展。

统计篇

第一章 2006年中国风险投资行业调查说明

一、调查内容

此次调查内容的时间截至2006年年底，主要内容包括风险投资机构的基本信息（包括组织模式、管理模式、专业投资经理情况等）、2006年度的资本规模及来源分布（包括目前所管理的风险资本总量和本年度新募集的可投资于中国内地的风险资本总量及其构成比例）、2006年度的投资组合及特征（涉及本年度新开展的投资项目及其在投资中的运作情况）、投资项目的退出规模及特征（包括本年度退出投资项目及收益情况）等（详细情况见本章第七部分的问卷内容样本）。

二、调查对象与范围

此次调查的对象是投资于中国内地非上市企业的国内外风险投资机构/基金，其中涵盖的地区包括除云南、海南、新疆、青海、宁夏和西藏等地以外的中国内地大部分省份。调查组向国内各主要省份的主要风险投资机构发出了调查问卷，并从公开渠道收集相关机构的投融资信息作为补充，在进行严格筛选后，合计有效样本153家。在问卷调查跟进过程中，有相当一部分投资机构明确表示已不计划从事风险投资业务或近一两年来没有开展与风险投资相关的投资活动。基于这样的情况，我们认为，目前在中国内地从事风险投资业务的投资机构已有相当大部分包含在本次调查中反馈有效问卷信息的153家风险投资机构中。

本次调查反馈问卷信息的调查公司的地区分布情况见表1.1。

表1.1 2006年中国风险投资行业调查样本的地区分布

地区	北京	上海	深圳	东北	华北	华东	中南	西部	海外	合计
样本数	38	23	14	7	14	25	16	10	6	153

注：区域划分参考“三、调查地区”说明

三、调查地区

由于中国内地各个地区在地理、政治、经济等因素上存在较大差异，导致风险投资业在中国各个地区的发展不平衡。在客观考察中国风险投资业实际的地区发展状况后，我们将此次调查的区域划分为三大重点城市（北京、上海、深圳）和除此之外的五大区域（东北、华北、华东、中南、西部）。在后面的统计分析中，我们将主要依据本区域分类规则来考察风险投资的地区分布与差异情况。各划分区域所包含的省市分类见表1.2。

表 1.2　　2006年中国风险投资行业调查区域划分

地 区	所辖省市
北京	北京市
上海	上海市
深圳	深圳市
东北	辽宁省、吉林省、黑龙江省
华北	天津市、河北省、山西省*、内蒙古自治区
华东	山东省、江苏省、安徽省*、浙江省、江西省、福建省
中南	河南省、湖北省、湖南省、广东省、广西壮族自治区*、海南省*
西部	陕西省、新疆维吾尔自治区*、重庆市*、四川省、贵州省、甘肃省、青海省*、宁夏回族自治区*、云南省*、西藏自治区*
其他	包括香港等海外地区

注："*"表示在此次调查中没有有效问卷反馈的省份

四、调查内容释义

（一）投资行业分类

在调查问卷中有关投资行业的分类，是根据中国产业发展的状况和风险投资公司的一般偏好，并参考科技部颁布的《中国高新技术产品目录2000》和中国证监会《上市公司行业分类指引》，分为以下各类（见表1.3）：

表 1.3　　2006年中国风险投资行业调查的投资行业分类

类别	细分行业	类别	细分行业	类别	细分行业	类别	细分行业	类别	细分行业
狭义IT	互联网	通讯/电信	通信设备	传统产业	消费品	能源环保	新材料	医药保健	医疗设备
	软件		增值服务（包括内容服务等）		批发零售		新能源		医药保健产品
	计算机设备		通信测试及服务		传统制造业		环保行业		保健服务
	其他IT业		终端产品生产		教育行业	金融服务		其他行业	

（二）投资阶段定义

我们将此次调查涉及的投资阶段分为六类：种子期（Startup/Seed）、成长期（Early）、扩张期（Expansion）、成熟期（Later）、上市筹备期（Pre-IPO）和其他阶段（包括MBO和MBI），其定义见表1.4。

表1.4　　风险投资的投资阶段分类和定义

种子期（Startup/Seed）	创业领导者建立了核心创业团队，创业团队拥有技术、产品和概念，还没建立企业或者刚刚建立企业，致力于技术和产品的商业化开发，没有进入正式的销售阶段，融资数额较小，主要用于技术产品的开发和市场开发调查
成长期（Early）	发展期的企业已经将其较完善的产品和服务推向市场，销售呈现快速的增长态势，没有产生盈利收入，融资数额较种子期大，主要用于产品的进一步完善、建立产品和服务的市场渠道和加强创业团队的建设
扩张期（Expansion）	扩张期的企业已将其基本定型的产品完全推向市场，产品和服务得到广泛认可，市场快速增长，抢占市场份额是扩张期企业的首要目标，未必产生盈利收入，企业融资数额较大，主要用于市场开拓和营销能力的加强
成熟期（Later）	成熟期企业的产品和服务已经完全被消费者所接受，市场增长趋缓，市场份额已基本圈定，有较稳定的盈利收入，该阶段企业融资主要用于维持企业的市场份额、巩固竞争优势
上市筹备期（Pre-IPO）	该阶段的企业特征是，企业在市场中占有相当大的份额，为了寻求更多的发展资金，计划通过上市渠道融资，并且已经正式进入上市的相关准备程序，包括部分法律文件等
其他	如企业发展中的重整期、周转困境期、MBO和MBI以及Pre-IPO等其他非上述企业生命时期的阶段

五、调查方法和过程

为了顺利完成“2006年中国风险投资行业调查”，中国风险投资研究院（香港）于2006年9月专门组织并成立了由陈工孟院长领导的专业研究人员调查组。

为了更全面、方便地收集目前中国风险投资行业的相关信息资料，调查组分别在深圳、北京和上海成立了3个调查小组，分工开展本次调查资料的采集。

调查组于2006年9月～2006年10月底，在“深入了解中国风险投资业发展状况，重点关注风险投资实际运作中的热点问题”这一调查目标的指导下，结合目前中国风险投资行业发展的新特点和新趋势，由专业研究人员设计本次行业调查问卷，经过专家反复论证后评审通过。经过初步考察分析后，确定调查的主要范围和调查样本，于2006年11月初通过信件邮寄、网络E-mail和传真等方式定向发放问卷；同时，调查组也在中国风险投资研究院（香港）网站主页上提供本次调查的问卷资料下载。

2006年11月中下旬开始，调查组对调查机构进行电话回访跟进，确定定向调查问卷的送达以及对问卷中的调查内容进行说明和解释。在整个问卷调查过程中，我们坚持了“细致、严谨、客观、高效”的调查原则，系统有序的组织完成了从调查筹备、调查目的和范围的策划定义、调查问卷设计、调查实施、调查数据处理和调查结果统计等各个过程和环节。相信本次调查的过程及其结果能够很好地再现目前中国风险投资行业发展的现状，并为政府政策制定部门、实务界和学术研究专家学者提供很好的参考。

六、2006年中国风险投资行业调查反馈问卷的样本公司（部分名单）

	北京市
1	北京中关村青年科技创业投资有限公司
2	美国多尔资本管理公司北京代表处
3	美国喜多（国际）金融控股集团
4	北京晨光昌盛投资担保有限公司
5	伟清创新科技（北京）有限公司
6	美国基泰集团国际投资北京代表处
7	中国风险投资有限公司
8	北京青华创业投资管理有限公司
9	中金诚信投资有限公司
10	东门投资基金
11	ePlanet Ventures
12	北京安彩科技风险投资有限公司
13	北京科技风险投资股份有限公司
14	美国中经合集团
15	联想投资
16	北京掌讯远景数码信息技术有限公司（掌讯集团）
17	泰山国际投资公司
18	北极光投资顾问（北京）有限公司
19	德国西门子创业投资股份有限公司（北京代表处）
20	集富亚洲
	上海市
21	上海科技投资股份有限公司
22	寰慧投资
23	普凯投资基金
24	上海信虹投资管理有限公司
25	上海创新投资管理有限公司
26	上海创业投资管理有限公司
27	上海交大创业投资有限公司
	广东省
28	深圳市达晨创业投资有限公司
29	深圳清华力合创业投资有限公司
30	深圳市中关村创业投资管理有限公司
31	广东省科技风险投资有限公司
32	深圳市长园盈佳投资有限公司
33	深圳国成世纪创业投资有限公司
34	深圳市高特佳投资集团有限公司
35	深圳市天成投资有限公司
36	深圳市高新技术投资担保有限公司
	湖北省
37	武汉光谷创业投资有限公司
	湖南省
38	湖南高科技创业投资有限公司
	江苏省
39	江苏省高科技产业投资有限公司
40	江苏省高新技术创业服务中心
41	无锡高新技术风险投资股份有限公司
42	中新苏州工业园区创业投资有限公司
43	江苏弘瑞科技创业投资有限公司
	江西省
44	江西高技术产业投资股份有限公司

45	永威投资
46	沪光国际上海发展投资有限公司
47	上海联创投资管理有限公司
48	上海科技投资公司
49	戈壁合伙人有限公司
50	软银中国创业投资有限公司
51	上海浦东科技投资有限公司
	天津市
52	天津创业投资有限公司
53	天津方正投资发展有限公司
54	天津新技术产业园区新纪元风险投资公司
55	天津市南大科技投资有限公司
56	天津市和平投资发展有限公司
57	天津科技发展投资投资北京代表处总公司
58	美国高通公司投资部
59	天津虹桥创业投资公司
60	天津纳米创业投资有限公司
61	天津环渤海创业投资管理有限公司
	福建省
62	厦门松涛风险投资股份有限公司
	贵州省
63	贵阳市科技风险投资有限公司
	河北省
64	石家庄科技创业投资有限公司
	河南省
65	洛阳炬星创业投资有限公司
66	河南金犁风险投资管理有限公司
	黑龙江省
67	黑龙江辰能哈工大高科技风险投资有限公司
	山东省
68	淄博高新技术风险投资股份有限公司
69	济南方腾兴业投资顾问有限公司
70	潍坊创业投资有限公司
	陕西省
71	西安保德信投资发展有限责任公司
72	西安海星科技投资控股（集团）有限公司
73	陕西创业投资管理有限公司
74	陕西省高新技术产业投资有限公司
	四川省
75	成都创新风险投资有限公司
	吉林省
76	长春经开科技风险投资有限公司
	浙江省
77	通联创业投资股份有限公司
78	浙江天堂硅谷创业集团有限公司
79	宁波凯建投资管理有限公司
	其他
80	日本东亚投资基金管理股份公司

注：还有70多家机构未被列示，我们一并表示感谢

七、“2006年中国风险投资行业调查问卷”样本

（一）投资行为调查

本次调查对象为在中国内地地区从事风险投资业务的中外风险投资机构/基金，我们将以此为基础开展相关的研究，分析中国风险投资2006年度发展的特征和规律。

我们将严守保密原则，在调查分析报告中将只包括总量数据，如果贵公司不方便透露所涉及的具体项目名称，可用代号代替（如项目1，2…）。

填答问卷中涉及的金额，您所选的币种为（请打“√”）：　□人民币　□美元　□港币　□其他（请说明）____________________

参考的行业分布

<table>
<tr><td>类别</td><td>细分行业</td><td>类别</td><td>细分行业</td><td>类别</td><td>细分行业</td><td>类别</td><td>细分行业</td><td>类别</td><td>细分行业</td><td>类别</td><td>细分行业</td></tr>
<tr><td rowspan="4">狭义IT</td><td>互联网</td><td rowspan="4">通讯/电信</td><td>通信设备</td><td rowspan="3">传统产业</td><td>消费品及服务</td><td rowspan="3">半导体IC</td><td>设计方面</td><td rowspan="3">能源环保</td><td>新材料</td><td rowspan="3">医药保健</td><td>医疗设备</td></tr>
<tr><td>软件</td><td>增值服务（包括内容服务等）</td><td>批发零售</td><td>生产制造（含封装、测试）</td><td>新能源</td><td>医药保健产品</td></tr>
<tr><td>计算机设备</td><td>通信测试及服务</td><td>传统制造业</td><td>半导体IC服务</td><td>环保行业</td><td>保健服务</td></tr>
<tr><td>其他IT业</td><td>终端产品生产</td><td colspan="2">教育行业</td><td colspan="2">生物技术</td><td colspan="2">金融服务</td><td colspan="2">其他行业</td></tr>
</table>

第一部分　公司基本信息（为了方便我们邮寄调查报告，请您详细填写联系方式）

<table>
<tr><td rowspan="2">机构名称</td><td>中文</td><td colspan="6"></td></tr>
<tr><td>英文</td><td colspan="6"></td></tr>
<tr><td>注册资本</td><td>万</td><td>成立时间</td><td>年　月</td><td>注册地点</td><td>省　市</td><td>网址</td><td></td></tr>
<tr><td>公司组织模式</td><td colspan="7">□有限责任公司　□股份有限公司　□合伙制企业　□非独立投资机构（□金融机构附属　□上市公司/集团附属）　□其他</td></tr>
<tr><td>管理模式</td><td colspan="7">□投资公司　□管理公司　□投资&管理公司</td></tr>
<tr><td colspan="8">在中国内地的最高负责人信息</td></tr>
<tr><td>姓名</td><td colspan="3"></td><td>职位</td><td colspan="3"></td></tr>
<tr><td colspan="8">专业投资经理（包括高管人员）信息</td></tr>
<tr><td>从业年限</td><td>3年以下</td><td>3（含）～6年</td><td>6（含）～10年</td><td>10年及以上</td><td colspan="3">合计</td></tr>
<tr><td>人数</td><td></td><td></td><td></td><td></td><td colspan="3"></td></tr>
<tr><td>专业背景</td><td>科技技术背景</td><td>企业管理背景</td><td>金融资本运作背景</td><td colspan="4">合计</td></tr>
<tr><td>人数</td><td></td><td></td><td></td><td colspan="4"></td></tr>
<tr><td colspan="8">填表人/联系人信息</td></tr>
<tr><td>姓名</td><td></td><td>职位</td><td></td><td>电子信箱</td><td colspan="3"></td></tr>
<tr><td>办公电话</td><td></td><td>传真</td><td></td><td>手机</td><td colspan="3"></td></tr>
<tr><td>通讯地址</td><td colspan="7"></td></tr>
</table>

第二部分　2006年度的资本规模及来源

1. 管理风险资本规模

管理风险资本总量（可投资于中国内地）	万
新增可投资于中国内地的风险资本总量	万（如果没有新募集请填写“0”）
增资方式	□成立新基金　　□增资扩股

2. 风险资本额的来源构成比例

全部风险资本的来源分布		构成比例（%）		2006年新募集风险资本的来源分布		构成比例（%）
中国内地	政府			中国内地	政府	
	金融机构				金融机构	
	企业				企业	
	个人				个人	
	其他				其他	
海外资本	政府基金			海外资本	政府基金	
	机构投资者（如养老基金等）				机构投资者（如养老基金等）	
	企业集团				企业集团	
	风险投资机构				风险投资机构	
	个人				个人	
	其他				其他	
合计		100%		合计		100%

第三部分　2006年度的投资组合及特征（如果所留表格不够，请添行或复印填写）

全年投资项目数合计（项）				全年投资总金额（万）					
被投资公司名称（可用项目代号）	项目运营主体注册所在地	所属行业	投资阶段	投资轮次1	投资月份	出资额	占企业股权比例2	投资方式	联合投资方名称
						万		□单独 □联合	
						万		□单独 □联合	
						万		□单独 □联合	

1. 投资轮次：1代表新投资，以2，3，…依次表示投资的轮次顺序。 2. 占企业股权比例：A：0～10%； B：10%（含）～25%； C：25%（含）～50%； D：50%及以上。

第四部分　投资项目的退出规模及特征

1.2006全年贵公司的退出（包括部分退出）项目概况

新退出项目数合计　项			退出总金额　万					
退出方式分布	上市（IPO）		股份转让					清算
	境内上市	境外上市	原股东（创业者）回购	管理层收购	上市公司/大企业收购	转让给其他投资机构	其他	
项目数（个）								
退出回收总金额（万）								

2. 2006全年贵公司的退出（包括部分退出）项目情况（如果所留表格不够，请添行或复印填写）

公司名称（或用项目代号代替）	公司运营主体所在（省/市）	所属行业	退出月份	退出金额	投资时间	内部收益率（%）	退出方式（上市项目请标出地点）
				万			
				万			

3. 自公司成立以来的累计退出收益总况（含部分退出、亏损和清算项目）

内部收益率（IRR）区间	退出项目数（个）	内部收益率（IRR）区间	退出项目数（个）
100%及以上		10%（含）～20%	
50%（含）～100%		0～10%	
30%（含）～50%		-10%（含）～0	
20%（含）～30%		亏损在10%以上	

（二）2006年中国风险投资政策环境调查

本次调查对象为在中国内地从事风险投资业务的中外投资经理，我们将以此为基础开展相关的研究，分析2006年度中国风险投资政策环境的特征和规律。

以下为问卷内容（请“√”或在相应空格填答）：

一、政策环境及发展趋势/预测

1. 您对2006年度中国风险投资行业的整体发展速度表现的评价是（与2005年相比）：

□正常　□过热/偏热　□出现下滑　□目前还不清楚

2. 您预测2007年度中国风险投资行业整体发展速度表现是（与2006年相比）：

□维持原有增长速度　□加速增长　□出现下滑　□目前还不清楚

3. 您认为新修订的《公司法》对于风险投资公司的三个突出影响体现在：

□降低公司成立门槛	□折中资本制	□取消对外投资上限	□扩大出资的范围与方式
□灵活的激励机制	□完善公司组织和治理机制	□股东权责更清晰	□目前还不清楚

4. 您认为2006年外商并购国内企业新政的影响最突出表现在：

□减缓内外投资的分化	□有助于国家经济安全	□降低外资投资中国热情
□不利于对外投资开放	□减缓国企改革进程	□有悖于市场化规则

5. 您认为2006年6月深圳中小企业板首次IPO开闸已经对我国风险投资行业的影响是：

□极大推动项目的国内上市退出　□没有产生太大影响　□目前还不清楚

6. 2006年7月，美国“萨班斯－奥克斯利法案”（Sarbanes-Oxley Act）正式生效，您认为该法案对于近期内准备赴美国上市的项目的影响是：

□放弃IPO，选择其他退出方式	□参照法案要求，推进上市进程
□选择其他海外资本市场IPO	□目前还不清楚

7. 您认为，当前政府在风险投资政策环境方面最需要突破的领域是：

□扩大风险资本来源范围与渠道	□建立更细化和可操作的VC产业政策
□出台政府引导/担保基金运作细则	□尽快出台《创业投资企业管理暂行办法》配套措施
□出台促进VC专业人才储备政策	□完善适合VC退出的资本市场体系
□建立并规范市场诚信体系	□激励/培育创业精神及环境
□防范国家经济安全措施	□其他

8. 您认为在当前设立创业板市场的最大瓶颈在于：

□缺乏成长性好的上市企业源	□成熟（机构）投资者不足	□市场制度体系不健全
□将冲击主板市场	□市场专业从业人员不够	□目前还不清楚

9. 在“中部崛起”的浪潮中，您对该区域（山西/安徽/河南/江西/湖北/湖南）的投资意向是：

□已开展项目投资　□尚未投资，准备考察/投资　□不准备投资　□目前还不清楚

10. 在“振兴东北老工业基地”国家方略的背景下，您对该地区（吉林/辽宁/黑龙江）的投资意向是：

□已开展项目投资　□尚未投资，准备考察/投资　□不准备投资　□目前还不清楚

11. 您预测2007年中国风险投资行业将面临的最大挑战是：

□资金募集渠道不畅	□项目投资价格过高	□专业投资人才不足
□项目退出渠道不顺	□市场诚信度不够	□目前还不清楚

12. 您在2007年将重点偏好哪个区域的投资项目：_________（请填写区域/省市 名称）

13. 您认为2007年度中国风险投资热点行业将是_________，_________，（请填写行业名称）。

二、投资行为与从业能力/素质

14. 您获得投资项目的信息途径中，最常用的方式依次是：_________、_________、_________

A. 企业主动申请	B. 朋友推荐	C. 项目中介机构
D. 已投资企业推荐	E. 媒体宣传	F. 其他

15. 您进行项目筛选时，考虑的因素中最重要的依次为：________、________、________

A. 产品市场前景	B. 技术因素	C. 管理团队	D. 盈利模式	E. 企业财务状况
F. 投资金额	G. 竞争环境	H. 投资地点	I. 企业治理结构	J. 其他

16. 您偏好于哪个投资阶段的项目：

□种子期　□成长期　□扩张期　□成熟期　□上市筹备期　□其他________

17. 您认为优秀的风险投资经理需要具备的主要能力/素质表现依次是：________、________、________。

A. 守信/诚信	B. 人脉关系宽广	C. 丰富的运作经验	D. 判断力/洞察力敏锐
E. 冒险精神	F. 管理协调能力	G. 深厚的专业技术	H. 其他

为了及时将分析报告呈送给您，敬请详细填写联系方式：

背景信息					
教育背景	□本科以下　□本科　□硕士（不包括MBA）　□MBA　□博士				
从业年限	□3年以内　□3～6年　□6～10年　□10年及以上				
专业背景	□行业技术背景　□企业管理背景　□金融资本运作背景　□其他				
海外背景	□无　□0～5年　□5～10年　□10年及以上				
联系方式					
公司名称					
姓名		职位		Email	
办公电话		传真		手机	
通讯地址					

问卷完毕，谢谢填答！

第二章　风险投资机构基本情况

本章对调查样本机构的基本情况进行统计分析，包括样本总量分布、地区分布、注册资本规模、经营年限、组织模式及管理模式等方面，并对专业投资经理的特征进行描述，有助于读者了解风险投资机构的详细运作情况。

本章首先对样本总量及其分布进行考察，对注册资本规模分布特征进行分类分析，并考察了中外资本的规模差异特征；其次，本章统计了调查机构的组织模式和管理模式的分布；最后分析了专业投资经理的背景。

本章数据来源于中国风险投资研究院于2006年11月～2007年1月所开展的中国风险投资年度调查活动及《中国风险投资年鉴》(2003～2006)。

第一节　调查机构情况

一、调查样本总量

（一）调查样本机构总数

2003年～2006年调查样本机构总数如表2.1和图2.1所示。

表2.1　　2003年～2006年调查机构样本数

年份	2003年	2004年	2005年	2006年
样本数（家）	180	141	150	153

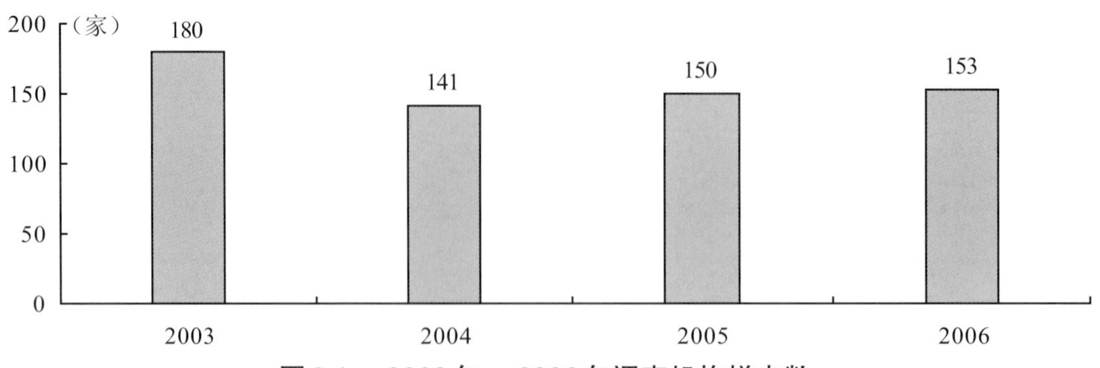

图2.1　2003年～2006年调查机构样本数

（二）样本机构的地区分布

2003年～2006年调查样本机构的地区分布情况如表2.2和图2.2所示。

表2.2　2006年调查机构的地区分布

地区	北京	上海	深圳	东北	华北	华东	中南	西部	海外	合计
样本数（家）	38	23	14	7	14	25	16	10	6	153
比例	24.84%	15.03%	9.15%	4.58%	9.15%	16.34%	10.46%	6.54%	3.92%	100%①
2005年比例	18%	14%	12%	5%	9%	18%	11%	13%	-	100%
2004年比例	9%	9%	30%	4%	8%	18%	12%	9%	-	100%
2003年比例	11%	10%	15%	4%	6%	18%	12%	23%	-	100%

注：2006年该项调查有效样本为153家

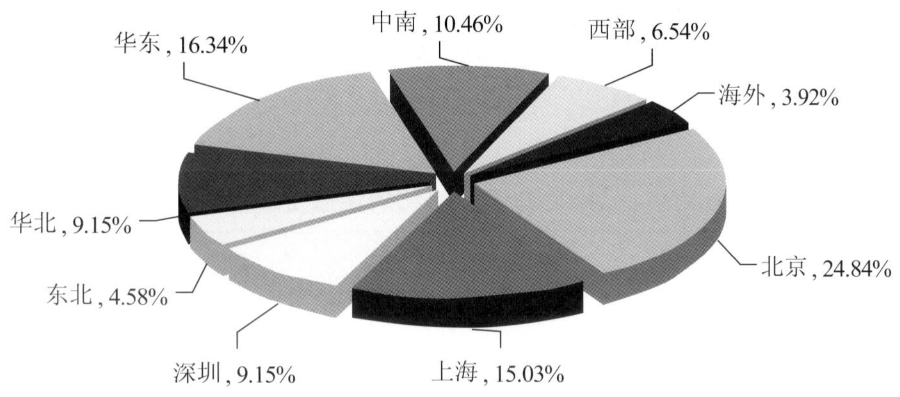

图2.2　2006年调查机构的地区分布

（三）样本机构的类型分布

2005年～2006年调查样本机构的类型分布情况如表2.3和图2.3所示。

表2.3　2005年～2006年调查机构样本的类型分布

类型	本土机构	外资机构	合计
样本数（家）	116	37	153
比例	75.82%	24.18%	100%
2005年比例	76%	24%	100%

① 由于保留小数位数的问题，可能出现部分图表中合计数据不等于各分项之和，下同。

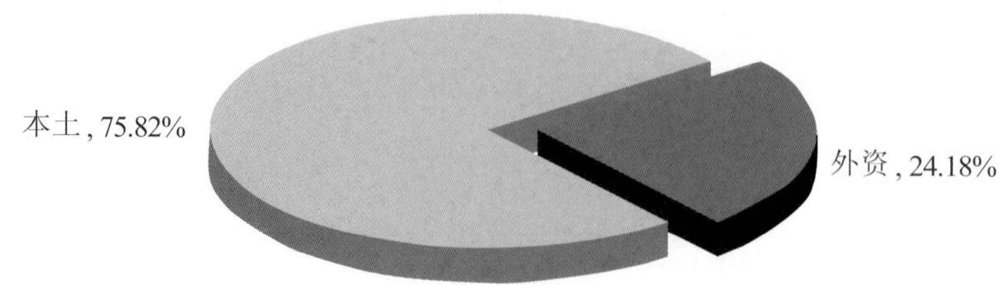

图2.3 2006年调查机构的类型分布

二、注册资本规模

（一）注册资本总量

1. 概况

2003年～2006年调查样本机构的注册资本总量如表2.4和图2.4所示。2006年提供注册资本额信息的125家机构合计注册资本额达到608.25亿元[①]，平均注册资本额为4.87亿元，高于往年调查的水平。

表2.4 2003年～2006年调查机构的注册资本情况

年份	2003年	2004年	2005年	2006年
总金额（亿元）	214.06	190.61	380.58	608.25
平均注册资本（亿元）	1.19	1.35	3.07	4.87

注：2003年～2006年的样本数分别为180家、141家、124家和125家

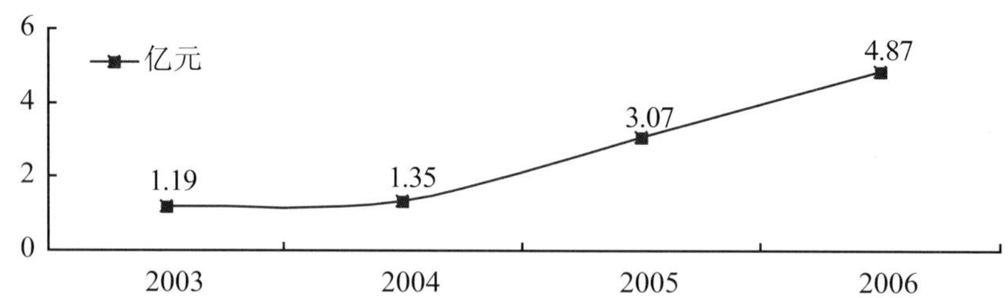

图2.4 2003年～2006年调查样本机构的平均注册资本额

2. 注册资本总量分布一 ———类型分布

2006年的608.25亿元注册资本总量中，外资机构资本比例高达75.42%，高于2005年的65%，本土机构的对应比例从2005年的35% 下降为2006年的24.58%（见表2.5和图2.5）。

① 如无特殊说明，本篇所涉及金额单位均为人民币。

表2.5　2005年～2006年调查机构注册资本总量分布一（类型分布）

类型	本土机构	外资机构	合计
资本总量（亿元）	149.51	458.74	608.25
比例	24.58%	75.42%	100%
中位值（万元）	6500	9812.50	6600
2005年资本总量比例	35%	65%	100%

注：2005年～2006年的样本数分别为124家和125家

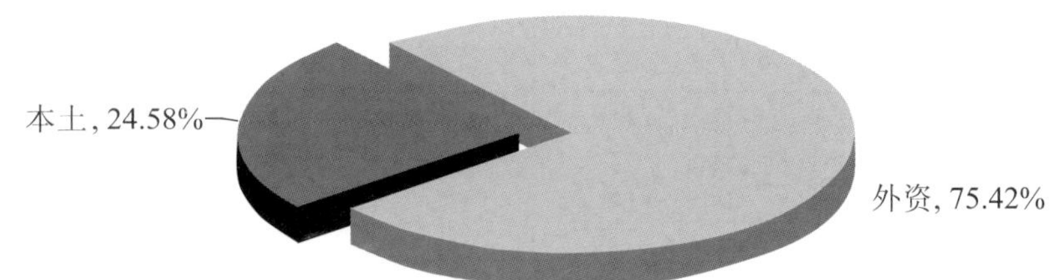

图2.5　2006年调查样本注册资本总量分布一（类型分布）

3. 注册资本总量分布二———地区分布

2006年调查结果显示，北京地区机构的注册资本比例占70.96%，超过2005年的19%，注册资本额的中位值为1.08亿元，高于全国6600万元的中位值（见表2.6和图2.6）。

表2.6　2005年～2006年调查机构注册资本总量分布二（地区分布）

地区	北京	上海	深圳	东北	华北	华东	中南	西部	海外	合计
资本总量（亿元）	431.61	18.21	20.26	11.30	5.49	33.09	30.84	12.22	45.22	608.25
比例	70.96%	2.99%	3.33%	1.86%	0.90%	5.44%	5.07%	2.01%	7.44%	100%
中位值（万元）	10 800	7850	8512.5	10 250	1000	5000	7500	5800	22 6123.4	6600
2005比例	19%	33%	18%	3%	2%	14%	6%	5%	-	100%

注：2005年～2006年的样本数分别为124家和125家

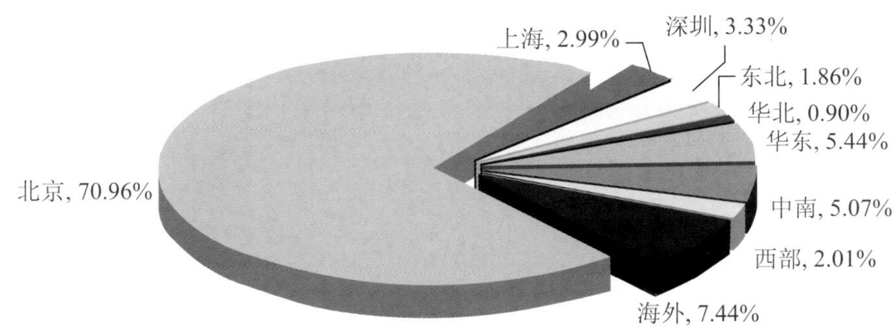

图2.6　2006年调查样本注册资本总量分布二（地区分布）

（二）规模分布

1. 概况

2006年调查结果，注册资本规模在5000万元以下占多数，比例为34.4%，低于往年水平。规模介于5000万元～10 000万元的机构数比例较往年有所提高，比例值升至23.2%。有9.6%的机构注册资本规模在5亿元以上，比例值略高于往年，呈逐年增加的趋势（见表2.7和图2.7）。

表2.7　　2003年～2006年调查机构注册资本规模分布

规模（1000万元）		5以下	5～10	10～20	20～50	50及以上	合计
2006	家数	43	29	25	16	12	125
	比例	34.4%	23.2%	20.0%	12.8%	9.6%	100%
2005	比例	41%	15%	22%	14%	8%	100%
2004	比例	41%	18%	21%	14%	6%	100%
2003	比例	40%	21%	22%	11%	6%	100%

注：2003年～2005年该项调查的有效样本数分别为180家、141家和124家

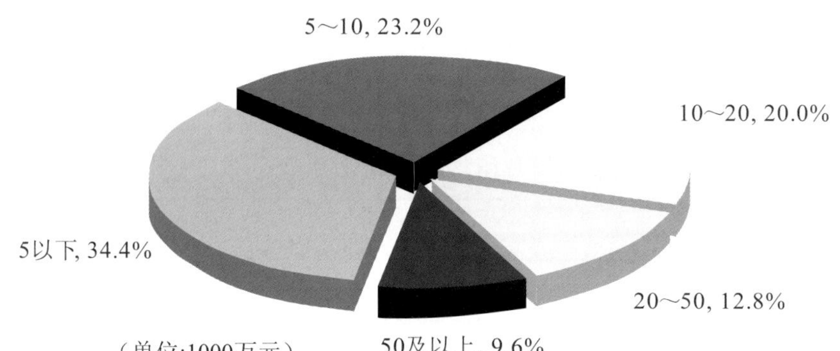

图2.7　2006年调查样本注册资本规模分布

2. 本土风险投资机构注册资本规模分布

2006年调查结果，本土风险投资机构注册资本规模在5000万元以下的所占比例从2005年的39%下降为2006年的34.86%；规模在5亿元以上的机构数比例略高于2005年，为6.42%（见表2.8和图2.8）。

表2.8　　2005年～2006年本土机构注册资本规模分布

规模（1000万元）		5以下	5～10	10～20	20～50	50及以上	合计
2006	家数	38	26	23	15	7	109
	比例	34.86%	23.85%	21.10%	13.76%	6.42%	100%
2005	比例	39%	16%	24%	16%	5%	100%

注：2005年该项调查的有效样本数为106家

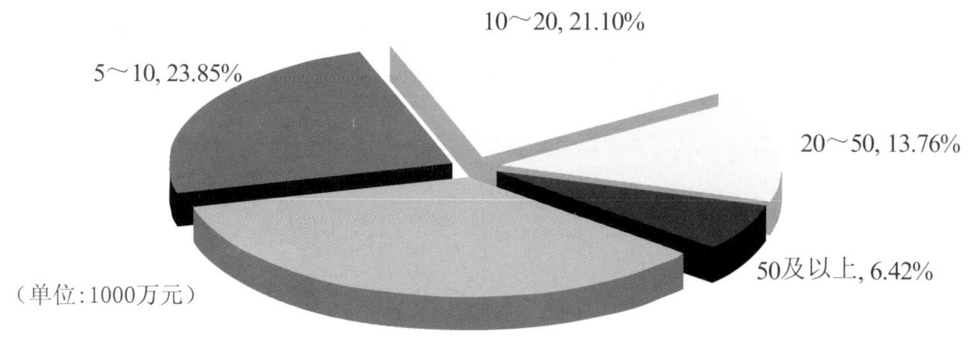

图2.8 2006年调查本土机构注册资本规模分布

3. 外资风险投资机构注册资本规模分布

2006年调查结果，外资风险投资机构注册资本规模在5000万元以下的机构比例为31.25%，较2005年的56%有较大的下降，而5亿元以上规模的机构数比例从2005年的28%增加为31.25%（见表2.9和图2.9）。

表2.9 2005年～2006年外资机构注册资本规模分布

规模（1000万元）		5以下	5～10	10～20	20～50	50及以上	合计
2006	家数	5	3	2	1	5	16
	比例	31.25%	18.75%	12.50%	6.25%	31.25%	100%
2005	比例	56%	11%	5%	0	28%	100%

注：2005年该项调查的有效样本数为18家

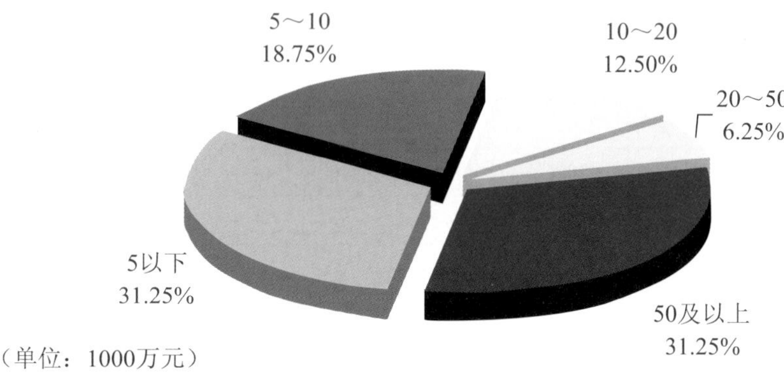

图2.9 2006年外资机构注册资本规模分布

三、经营年限分布

在153家有效样本中，以经营年限在3～5年的机构数比例最多，达到52.94%，有27.45%的机构经营年限在5年以上（见表2.10和图2.10）。

表 2.10　调查机构经营年限分布（截至2006年12月31日）

年限	1年以内	1年～3年	3年～5年	5年以上	合计
机构数（家）	3	27	81	42	153
比例（%）	1.96%	17.65%	52.94%	27.45%	100%

注：该项调查有效样本为153家

图2.10　截至2006年12月31日，调查机构经营年限分布

四、组织模式分布

2006年调查的123家有效样本中，有限责任模式机构比例最高，为68.29%，且近两年来逐年下降。合伙制模式的机构比例逐年增加，从2004年的2%增加到2006年的10.57%（见表2.11和图2.11）。

表 2.11　2004年～2006年调查机构的组织模式分布

组织模式		有限责任制	股份制	合伙制	非独立机构		其他	合计
					金融机构附属	上市公司/集团附属		
2006年	家数	84	16	13	0	3	7	123
	比例	68.29%	13.01%	10.57%	0	2.44%	5.69%	100%
2005年		79%	9%	5%	1%	0	6%	100%
2004年		81%	11%	2%	-	-	6%	100%

注：2004年～2006年该项调查的有效样本数分别为110家、132家和123家

图2.11　2006年调查机构组织模式分布

五、管理模式分布

2006年，在124家有效样本中，投资＆管理模式机构数比例从2004年的36%增加到2006年的50%，管理公司模式机构比例却低于往年水平（见表2.12和图2.12）。

表2.12　　2004年～2006年调查机构管理模式分布

管理模式		投资公司	管理公司	投资＆管理公司	合计
2006年	家数	52	10	62	124
	比例	41.94%	8.06%	50.00%	100%
2005		47%	16%	37%	100%
2004		52%	12%	36%	100%

注：2004年～2006年该项调查的有效样本数分别为110家、110家和124家

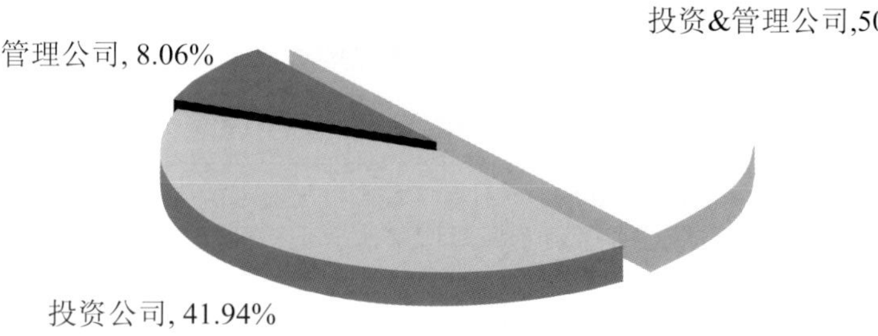

图2.12　2006年调查机构管理模式分布

第二节　专业投资经理情况

一、调查专业投资经理总人数

2006年调查的专业投资经理样本数为1027位（见表2.13和图2.13）。

表2.13　　2004年～2006年调查专业投资经理总数

年份	2004年	2005年	2006年
人数（人）	1232	1079	1027

注：2004年～2006年该项调查的有效样本数分别为100家、133家和112家

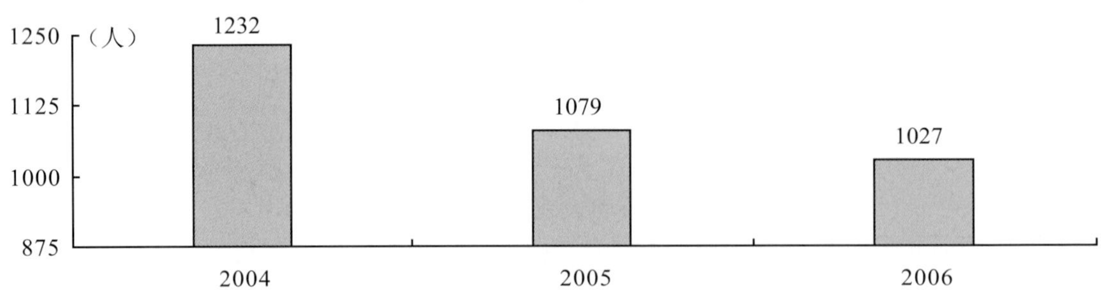

图2.13　2004年～2006年调查投资经理总数

二、规模分布

在调查的112家有效样本中，投资经理人数介于5～10人的机构数所占比例最多，为42.86%，有24.11%机构的投资经理人数在5人以下（见表2.14和图2.14）。

表2.14　　2004年～2006年调查机构专业投资经理规模分布

专业经理人数		5人以下	5（含）～10人	10（含）～20人	20人及以上	合计
2006年	家数	27	48	31	6	112
	比例	24.11%	42.86%	27.68%	5.36%	100%
2005年		33%	38%	22%	7%	100%
2004年		18%	46%	28%	8%	100%

注：2004年～2006年该项调查的有效样本数分别为100家、133家和112家

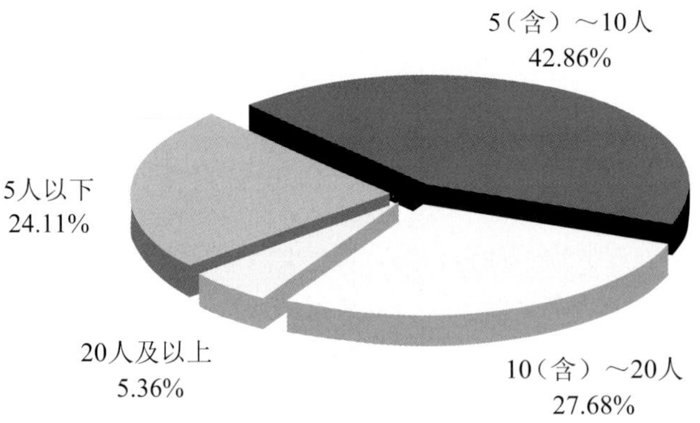

图2.14　2006年调查投资经理规模分布

三、从业年限分布

在调查的1007位投资经理中，有41.31%的从业年限在3年～6年，3年以下从业年限的占有25.92%，从业10年及以上的占9.53%（见表2.15和图2.15）。

表2.15　　2006年调查专业投资经理从业年限分布

从业年限	3年以下	3（含）～6年	6（含）～10年	10年及以上	合计
人数（人）	261	416	234	96	1007
比例（%）	25.92%	41.31%	23.24%	9.53%	100%

注：2006年该项调查的有效样本数为112家

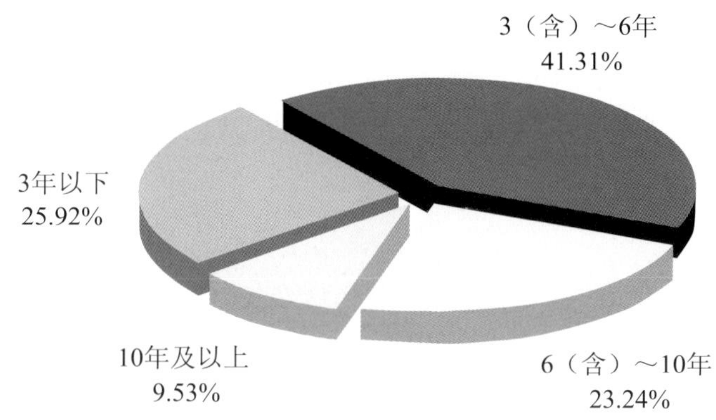

图2.15　2006年调查专业投资经理从业年限分布

四、行业背景

调查显示，997位投资经理中，科技技术、企业管理和金融资本运作背景所占比例分别为32%、35.70%和32.30%（见表2.16和图2.16）。

表2.16　　2006年调查专业投资经理行业背景分布

专业背景	科技技术背景	企业管理背景	金融资本运作背景	合计
人数（人）	319	356	322	997
比例（%）	32.00%	35.70%	32.30%	100%

注：2006年该项调查的有效样本数为117家

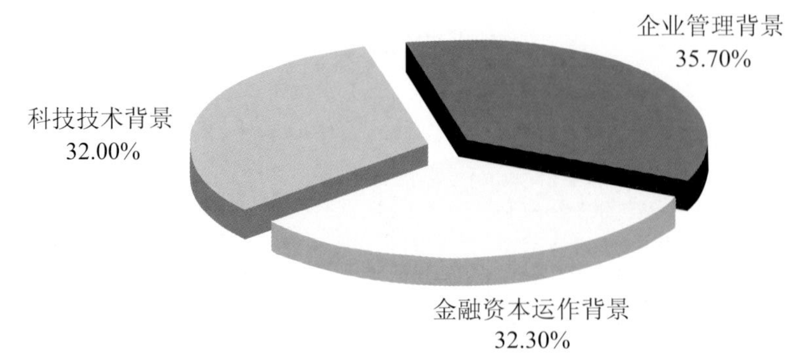

图2.16　2006年调查专业投资经理从业背景分布

第三章　投资规模及分布特征

本章对2006年度风险投资规模及其分布特征进行考察，从投资总量分布、行业分布和地区分布等方面介绍投资特征，有助于读者了解2006年度中国风险投资概貌。

首先，分析投资总量规模，并对中外投资差异进行比较；其次，从投资强度、地区分布、行业特征和投资阶段分布等角度，并结合中外投资差异进行分类考察；最后，本章还介绍风险投资轮次和投资方式等方面的分布特征。

本章数据来源于中国风险投资研究院于2006年11月～2007年1月所开展的中国风险投资调查活动及《中国风险投资年鉴》(2003～2006)。

第一节　投资规模情况

一、投资总量

2006年调查的投资项目数达到371个，其中，有349个项目提供投资金额信息，总投资额超过143.64亿元人民币（见表3.1和图3.1）。

表3.1　　2003年～2006年调查机构投资规模情况

投资规模	2003年	2004年	2005年	2006年
投资项目数（个）	335	325	434	371
投资金额（亿元）	37.15	37.83	117.57	143.64

注：2006年该项调查的有效样本数为117家；2003年和2004年仅为问卷调查数据

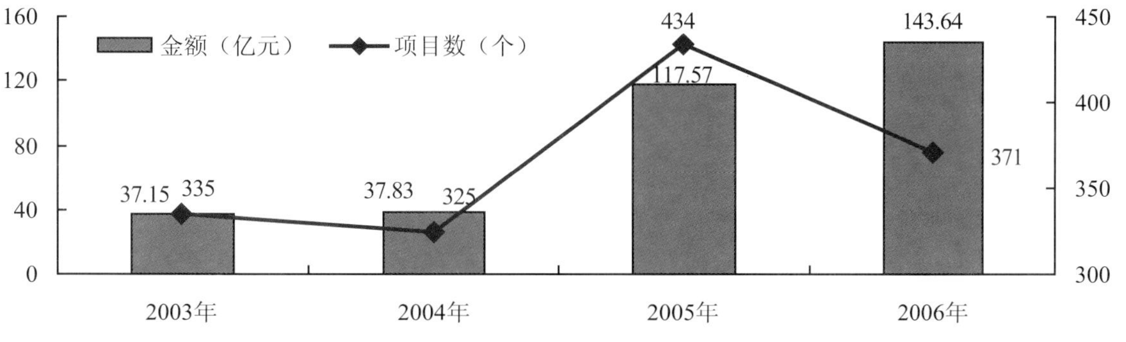

注：2003年和2004年仅为问卷调查数据

图3.1　2003年～2006年风险投资规模变化趋势

二、中外投资总量差异

本土机构主导的投资项目219个，占59.03%，略低于2005年的水平；其中209个项目的投资额为34.3亿元。外资机构主导项目数为152个，占40.97%，其中137个项目的投资额高达109.3亿元（见表3.2和图3.2）。

表3.2　　2005年～2006年中外投资总量差异

投资规模		本土机构	外资机构	合计
2006年	项目数	219	152	371
	项目数比例	59.03%	40.97%	100%
	金额（亿元）	34.3	109.3	143.6
	金额比例	23.91%	76.09%	100%
2006年平均投资额（万元）		1643.26	7977.46	4151.31
2005年	项目数	215	143	358
	项目数比例	60.1%	39.9%	100%
	金额（亿元）	23.58	31.10	54.68
	金额比例	43.1%	56.9%	100%

注：2005年和2006年该项调查的有效样本数分别为134家和117家

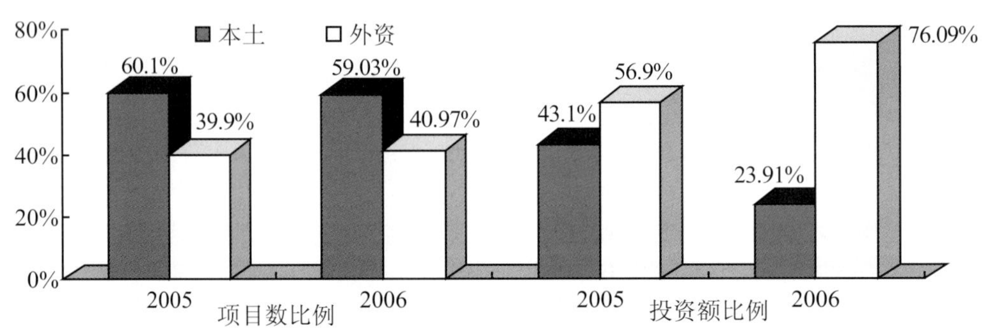

图3.2　2005年～2006年中外投资总量差异

第二节　2006年度风险投资特征

一、投资强度

（一）概况

2006年调查结果显示，当年投资强度（投资额/项目数）高达4151.31万元/项，大大超过往年水平（见表3.3和图3.3）。

表3.3　　2003年～2006年调查机构投资强度　　单位：万元/项

投资规模	2003年	2004年	2005年	2006年
单项投资金额（平均值）	1179.37	1164	1798.68	4151.31

注：2006年该项调查的有效样本数为117家

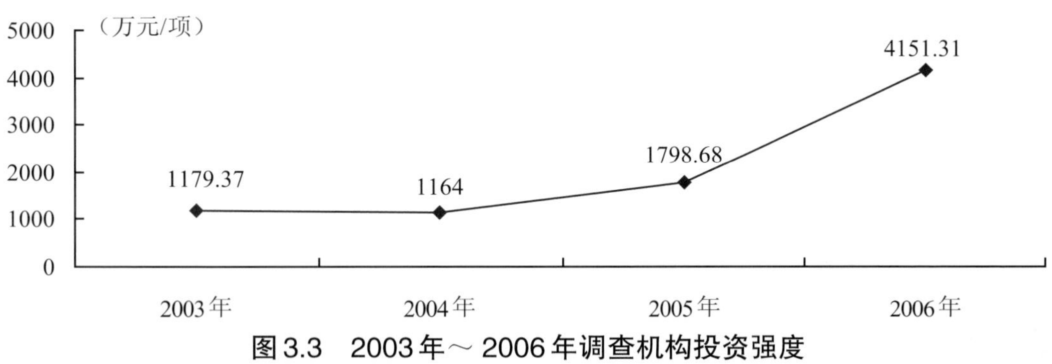

图3.3　2003年～2006年调查机构投资强度

（二）中外投资强度差异

2006年调查结果显示，本土机构投资强度为1643.26万元/项，低于外资对应的7977.46万元/项（见表3.4和图3.4）。

表3.4　　2006年中外机构投资强度差异

投资强度（投资额/项目数）	本土机构	外资机构	总体
单项投资金额（万元/项）	1643.26	7977.46	4151.31

注：2006年该项调查的有效样本数为117家

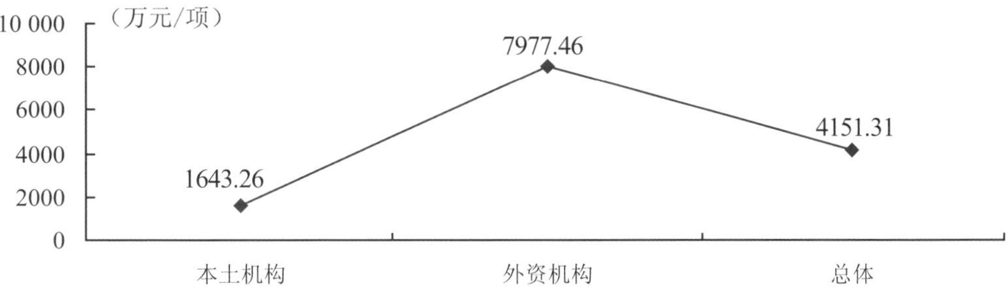

图3.4　2006年中外机构投资强度差异

二、地区分布

（一）概况

1. 投资项目的地区分布

从2006年调查反馈的信息来看，北京地区有投资项目95例，占国内年度总投资项目的26%，比例最高，且近年来此比例值逐年增加；华东地区和上海地区分别以22%和18%的比例值紧随其后（见表3.5和图3.5）。

表3.5　　2003年～2006年投资项目数的地区分布

地区		北京	上海	深圳	东北	华北	华东	中南	西部	合计
2006年	项目数	95	67	23	7	24	82	38	30	366
	比例	26%	18%	6%	2%	7%	22%	10%	8%	100%
2005年比例		23%	17%	12%	7%	6%	18%	7%	10%	100%
2004年比例		7%	6%	24%	1%	12%	33%	11%	6%	100%
2003年比例		9%	7%	15%	5%	7%	34%	10%	13%	100%

注：2003年～2006年该项调查的有效样本数分别为167家、79家、134家和117家

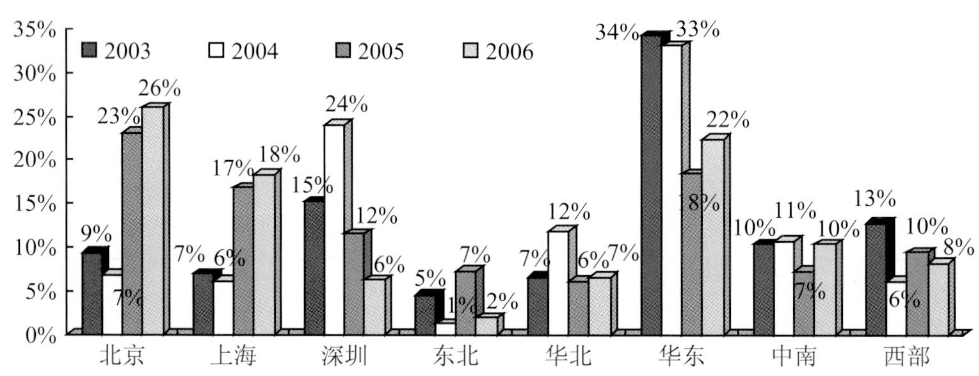

图3.5　2003年～2006年投资项目数的地区分布

2. 投资金额的地区分布

2006年，有35%的风险资金投资于北京地区，投资于上海的资金比例为24.8%，华东地区也吸引了19.3亿元的风险投资，比例为13.45%（见表3.6和图3.6）。

表3.6　2003年～2006年投资金额的地区分布

地区		北京	上海	深圳	东北	华北	华东	中南	西部	合计
2006年	投资额（亿元）	49.87	35.59	6.66	10.20	2.09	19.30	10.20	9.58	143.49
	比例	35%	25%	5%	7%	1%	13%	7%	7%	100%
	中位值（万元）	2135.2	3140	3140	4500	100	725	1320	1000	1456.5
2005年比例		15%	33%	6%	0%	4%	19%	6%	18%	100%
2004年比例		15%	2%	29%	1%	9%	27%	12%	5%	100%
2003年比例		9%	13%	33%	2%	4%	10%	19%	10%	100%

注：2003年～2006年该项调查的有效样本数分别为160家、79家、134家和117家

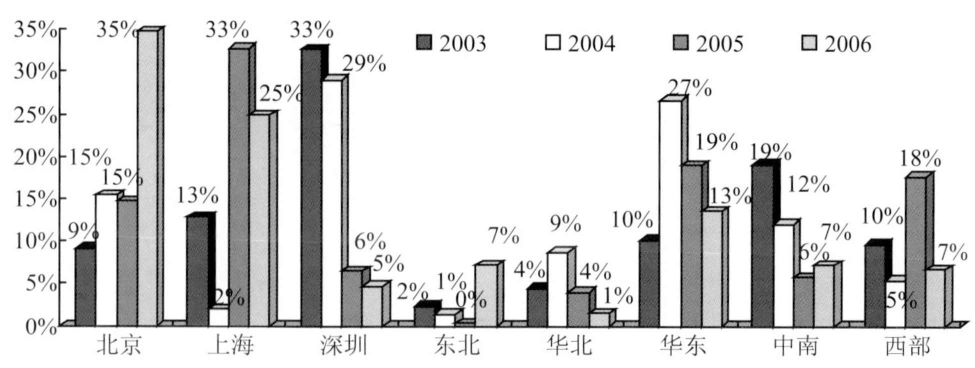

图3.6　2003年～2006年投资投资金额的地区分布

（二）中外投资地区差异

1. 本土机构投资的地区分布

2006年本土机构投资项目中，有31%的项目数和32%金额投资于华东地区，中南地区、西部地区和北京地区分别以14%、13%和13%的项目数比例紧随其后（见表3.7和图3.7）。

表3.7　2006年本土机构投资的地区分布

地区		北京	上海	深圳	东北	华北	华东	中南	西部	合计
项数	项目数	27	20	17	4	22	65	30	28	213
	比例	13%	9%	8%	2%	10%	31%	14%	13%	100%
金额	金额（亿元）	3.28	3.30	1.97	1.96	0.52	10.95	3.62	8.60	34.19
	比例	10%	10%	6%	6%	2%	32%	11%	25%	100%

注：2006年该项调查的有效样本数为97家

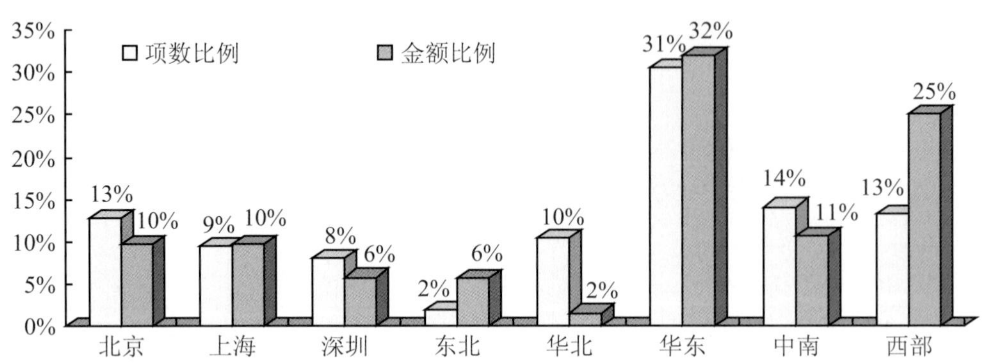

图3.7 2006年本土机构投资的地区分布

2. 外资机构投资的地区分布

2006年外资机构投资项目中，高达44%项目数和43%的金额投资于北京地区，而上海地区分别以31%和30%的项数比例和投资额比例位居第二（见表3.8和图3.8）。

表3.8 2006年外资机构投资的地区分布

地区		北京	上海	深圳	东北	华北	华东	中南	西部	合计
项数	项目数	68	47	6	3	2	17	8	2	153
	比例	44%	31%	4%	2%	1%	11%	5%	1%	100%
金额	金额（亿元）	46.59	32.29	4.69	8.24	1.57	8.35	6.58	0.98	109.30
	比例	43%	30%	4%	8%	1%	8%	6%	1%	100%

注：2006年该项调查的有效样本数为20家

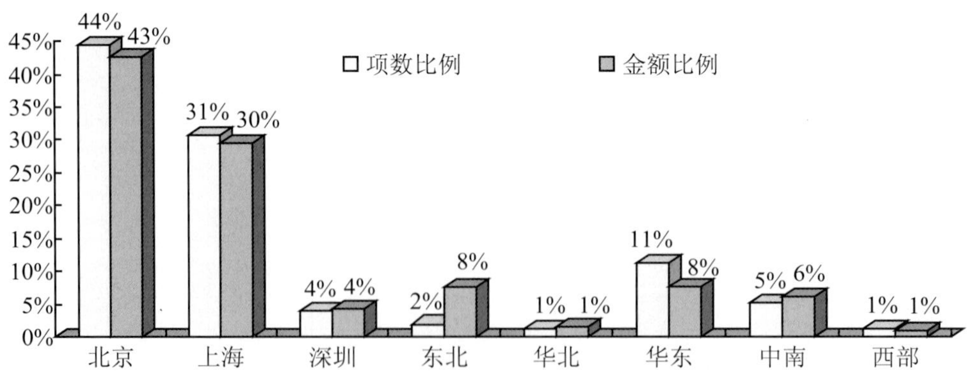

图3.8 2006年外资机构投资的地区分布

三、行业分布

（一）概况

在项目数方面，狭义 IT 行业所占比例最高，为32.8%，传统行业以16.4% 列第二，有15.0% 的项目数为能源环保行业。

在投资额方面，狭义 IT 行业吸收的风险资本额高达63.01亿元，所占比例为43.9%，传统行业吸收的风险资本额比例为14.3% 居次（见表3.9和图3.9）。

表3.9　　2006年风险投资行业分布

行业	狭义IT	传统产业	能源环保	IC	通讯	其他	医药保健	生物技术	金融服务	合计
项目数	120	60	55	30	28	25	22	16	10	366
项目数比例	32.8%	16.4%	15.0%	8.2%	7.7%	6.8%	6.0%	4.4%	2.7%	100%
金额（亿元）	63.01	20.57	17.84	7.85	8.97	8.82	1.67	8.79	6.09	143.61
金额比例	43.9%	14.3%	12.4%	5.5%	6.3%	6.1%	1.2%	6.1%	4.2%	100%
中位值（万元）	1570	1900	1564	785	1177.5	1000	1570	4050	260	1346.88

注：2006年该项调查的有效样本数为117家

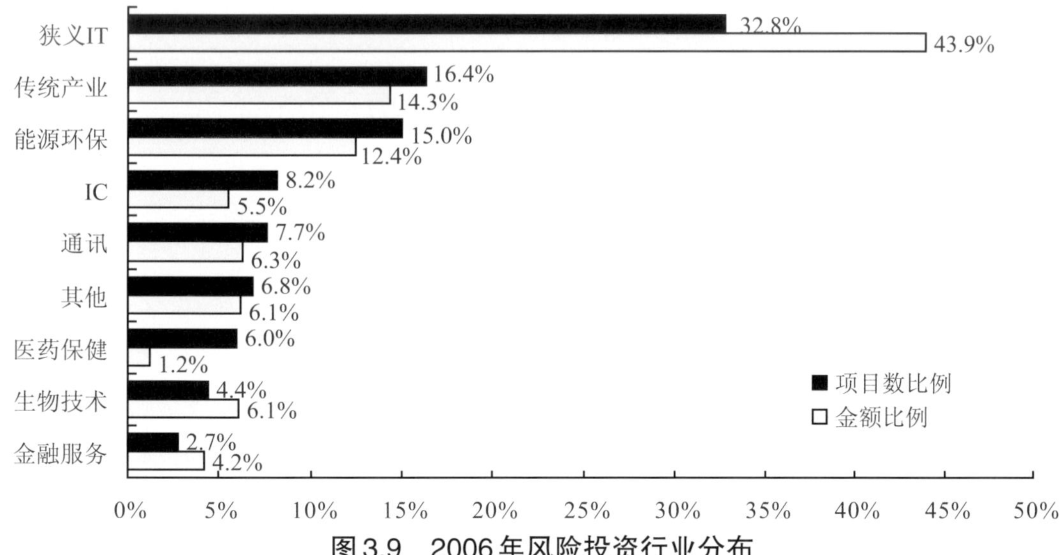

图3.9　2006年风险投资行业分布

（二）中外投资行业差异

1. 本土机构投资的行业分布

2006年本土机构投资于能源环保行业和狭义 IT 行业的项目最多，项目数比例均为20.3%，投资金额比例分别为23.7%和18.4%（见表3.10和图3.10）。

表3.10　　2006年本土机构投资的行业分布

行业	能源环保	狭义IT	传统产业	医药保健	其他	通讯	IC	生物技术	金融服务	合计
项目数	44	44	39	20	19	17	16	11	7	217
项目数比例	20.3%	20.3%	18.0%	9.2%	8.8%	7.8%	7.4%	5.1%	3.2%	100%
金额（亿元）	8.12	6.32	4.62	1.12	6.70	1.06	1.26	2.18	2.95	34.31
金额比例	23.7%	18.4%	13.5%	3.3%	19.5%	3.1%	3.7%	6.3%	8.6%	100%

注：2006年该项调查的有效样本数分别为97家

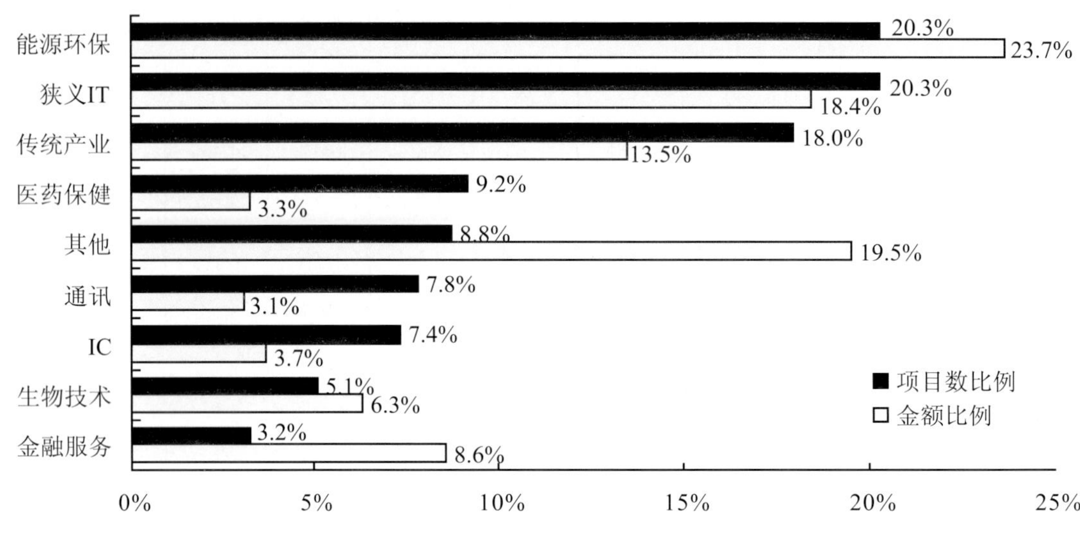

图3.10　2006年本土机构投资的行业分布

2. 外资机构投资的行业分布

2006年外资机构投资行业分布中，狭义IT行业获得的风险资本占绝对优势，项目数比例和金额比例均超过50%，分别达到51.0%和51.9%；传统行业的项目数比例和金额比例分别为14.1%和14.6%，仅次于狭义IT行业（见表3.11和图3.11）。

表3.11　　2006年外资机构投资的行业分布

行业	狭义IT	传统行业	IC	能源环保	通讯	其他	生物技术	金融服务	医药保健	合计
项目数	76	21	14	11	11	6	5	3	2	149
项目数比例	51.0%	14.1%	9.4%	7.4%	7.4%	4.0%	3.4%	2.0%	1.3%	100%
金额（亿元）	56.69	15.95	6.59	9.72	7.91	2.12	6.62	3.14	0.55	109.29
金额比例	51.9%	14.6%	6.0%	8.9%	7.2%	1.9%	6.1%	2.9%	0.5%	100%

注：2006年该项调查的有效样本数为20家

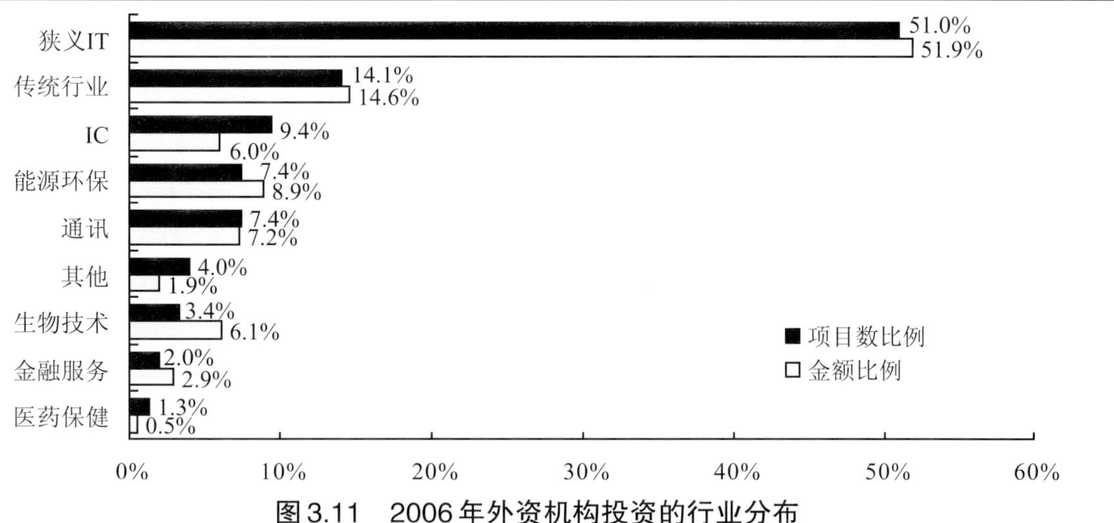

图3.11　2006年外资机构投资的行业分布

四、阶段分布

（一）概况

调查资料显示，2006年，成长期企业获得的风险投资最多，项目数比例高达49%，且自2004年以来逐年增加，其投资额比例为40.82%。扩张期仍然是除成长期外获得风险资金最多的阶段，而种子期项目数比例基本保持2005年水平（见表3.12和图3.12）。

表3.12　2006年投资阶段分布

阶段	种子期	成长期	扩张期	成熟期	上市筹备期	合计
项目数	57	136	57	24	5	279
项目数比例	20%	49%	20%	9%	2%	100%
金额（亿元）	7.49	22.93	19.78	5.64	0.33	56.17
金额比例	13.33%	40.82%	35.22%	10.04%	0.59%	100%

注：2006年该项调查的有效样本数为110家

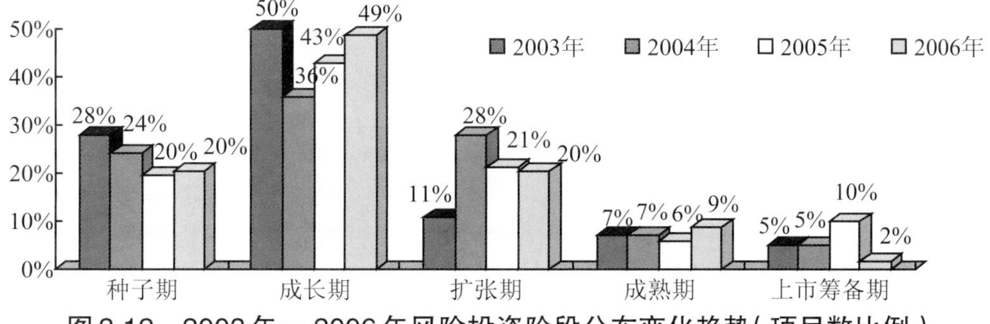

图3.12　2003年～2006年风险投资阶段分布变化趋势（项目数比例）

（二）中外投资阶段差异

1. 本土机构投资阶段分布

在项目数方面，获得风险资金的成长期项目所占比例最高，为49%，高于2005年的44%；种子期项目数比例也高于2005年水平，为25%，扩张期项目数比例从2005年的21% 到2006年的13%。

在投资金额方面，成长期和种子期企业获得的风险资金比例分别从2005年的26% 和13% 增加到2006年的43% 和23%（见表3.10、图3.13和图3.14）。

表3.13　　2006年本土机构投资阶段分布

阶段	种子期	成长期	扩张期	成熟期	上市筹备期	合计
项目数	47	92	24	20	5	188
项目数比例	25%	49%	13%	11%	3%	100%
金额（亿元）	6.54	12.25	4.02	5.48	0.33	28.63
金额比例	23%	43%	14%	19%	1%	100%

注：2006年该项调查的有效样本数为91家

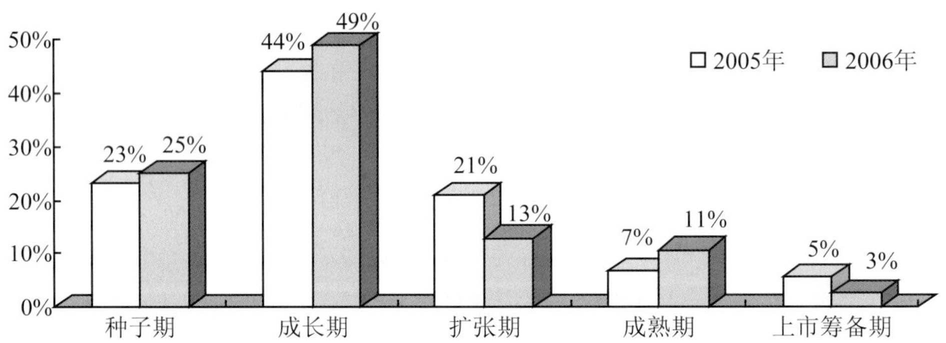

图3.13　2005年～2006年本土机构投资阶段分布变化趋势（项目数比例）

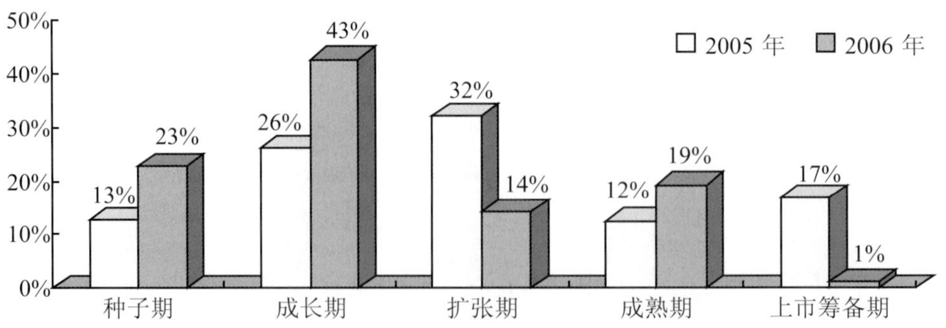

图3.14　2005年～2006年本土机构投资阶段分布变化趋势（金额比例）

2. 外资机构投资阶段分布

外资机构投资阶段分布中，成长期和扩张期的比例都高于2005年水平，而种子期的比例较2005年水平有所下降（见表3.14和图3.15～图3.16）。

表3.14　　2006年外资机构投资阶段分布

阶段	种子期	成长期	扩张期	成熟期	上市筹备期	合计
项目数	10	44	33	4	-	91
项目数比例	11%	48%	36%	4%	-	100%
金额（亿元）	0.95	10.67	15.76	0.16	-	27.54
金额比例	3%	39%	57%	1%	-	100%

注：2006年该项调查的有效样本数为19家

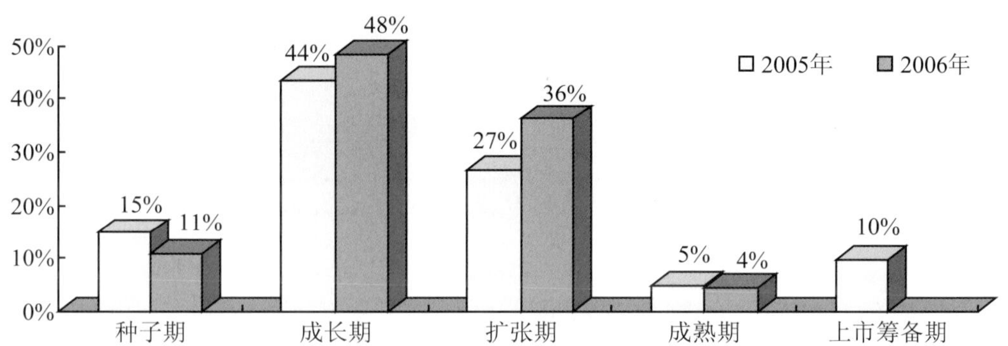

图3.15　2005年～2006年外资机构投资阶段分布变化趋势（项目数比例）

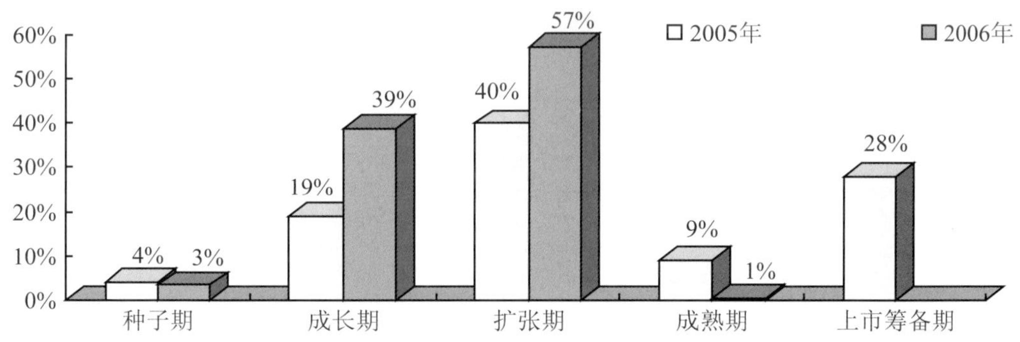

图3.16　2005年～2006年外资机构投资阶段分布变化趋势（金额比例）

五、其他投资运作特征

（一）投资轮次分布

在2006年调查中，有68%的投资项目为首轮投资，略低于2005年的72%。在涉及的55.77亿元投资额中，有64.78%的投资额为首轮投资，35.22%为追加投资（见表3.15和图3.17）。

表3.15　　2006年外资机构投资阶段分布

轮次	首轮	追加（轮）	合计
项目数	183	88	271
项目数比例	68%	32%	100%
金额（亿元）	36.13	19.64	55.77
金额比例	64.78%	35.22%	100%

注：2006年该项调查的有效样本数为99家

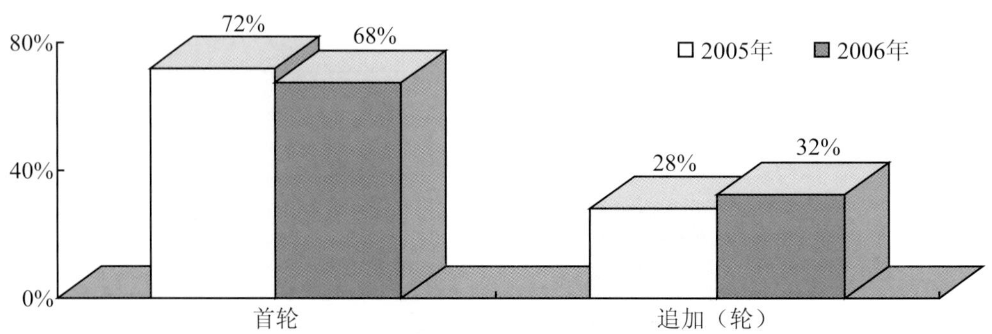

图3.17　2005年～2006年风险投资轮次分布变化趋势（项目数比例）

（二）投资项目的股权比例分布特征

统计分析结果显示，在调查的232个项目中，投资机构占风险企业的股权比例介于10%（含）～25%之间的最多，有84个，占36.21%，低于2005年的42%；而股权比例介于0～10%之间的项目数比例高于2005年水平（见表3.16和图3.18）。

表3.16　　2006年风险投资项目股权比例分布特征

股权比例	0～10%	10%（含）～25%	25%（含）～50%	50%及以上	合计
项目数	61	84	66	21	232
项目数比例	26%	36%	28%	9%	100%

注：2006年该项调查的有效样本数为98家

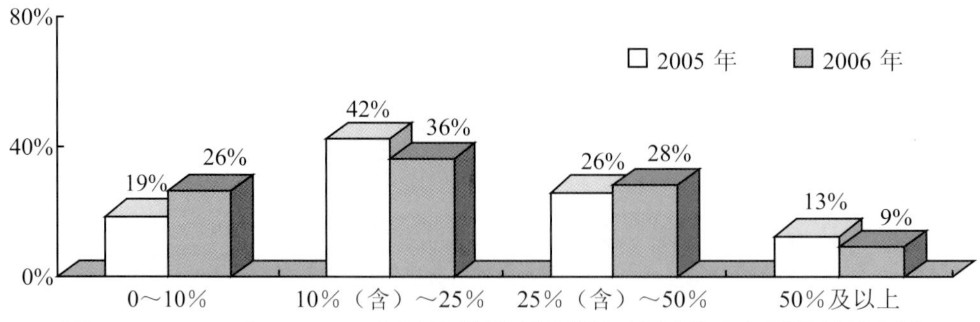

图3.18　2005年～2006年风险投资项目股权比例分布（项目数比例）

（三）投资方式分布

在调查的260个投资项目中，有55.4%的项目采取单独投资方式，联合投资方式的项目数比例为44.6%（见表3.17和图3.19）。

表3.17　　2006年投资方式分布特征

投资方式	单独	联合	合计
项目数	144	116	260
项目数比例	55.4%	44.6%	100%

注：2006年该项调查的有效样本数为97家。

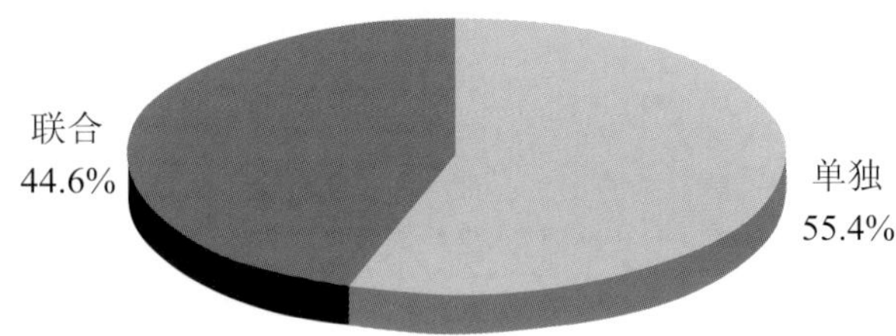

图3.19　2006年投资方式分布特征（项目数比例）

第四章 资本规模及分布特征

本章全面、详细地介绍了风险资本规模及分布特征，有助于读者把握中国风险资本的概貌及资本的分布结构。

第一节介绍风险资本总体规模，包括从中外机构风险资本分布、资本的规模分布和地区分布等方面对风险资本总量的总体特征进行描述，并对风险资本的来源情况进行考察。

第二节考察2006年新筹集的风险资本情况，按总量、规模分布和地区分布等角度进行分类分析，为把握风险资本的发展趋势提供参考。

本章数据来源于中国风险投资研究院于2006年11月～2007年1月所进行的中国风险投资行业调查活动和《中国风险投资年鉴》(2003～2006)。

第一节 风险资本规模及分布

一、风险资本总量

2006年调查的风险资本总量超过583.85亿元，比2005年高出25.69%。平均每家机构管理的风险资本规模达到4.79亿元，大大超过往年水平（见表4.1和图4.1）。

表4.1 2003年～2006年中国风险资本总量

	2003年	2004年	2005年	2006年
金额（亿元）	325.34	438.7	464.5	583.85
平均每家管理资本额（亿元）	2.03	3.91	3.25	4.79

注：2006年该项调查的有效样本数为122家

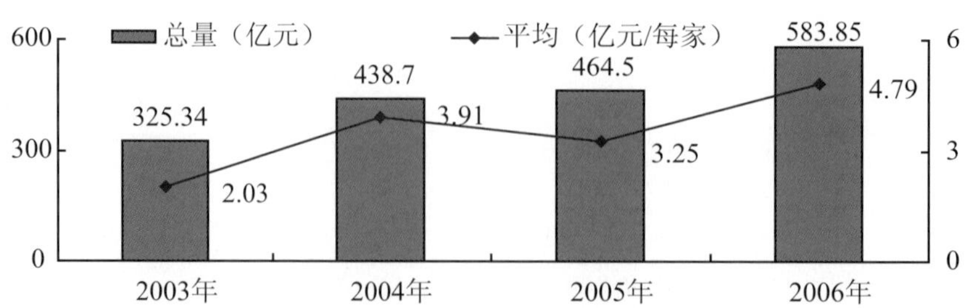

图4.1 风险资本总量及平均单家管理资本额的变化趋势

二、风险资本的分布特征

（一）中外风险资本总量分布

调查资料显示，2006年本土机构管理的风险资本额为275.62亿元，所占比例为47.2%，低于2005年的59.3%；而外资机构管理的风险资本量高达308.23亿元，占52.8%，高于2005年的40.7%（见表4.2和图4.2～图4.4）。

表4.2　　2006年调查机构投资规模情况

	本土机构	外资机构
金额（亿元）	275.62	308.23
金额比例	47.2%	52.8%
2005年比例	59.3%	40.7%

注：2006年该项调查的有效样本数为122家

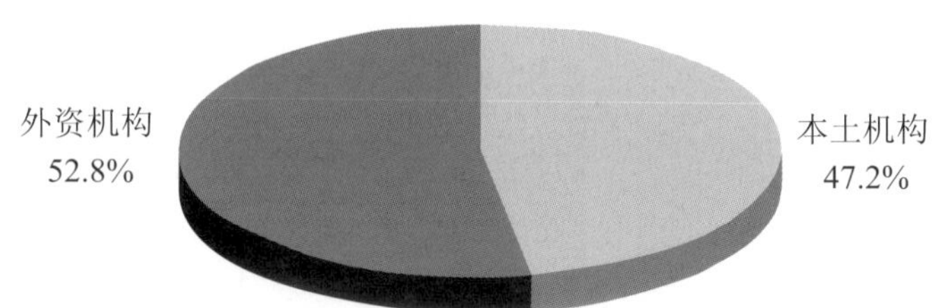

图4.2　中外机构风险资本总量分布

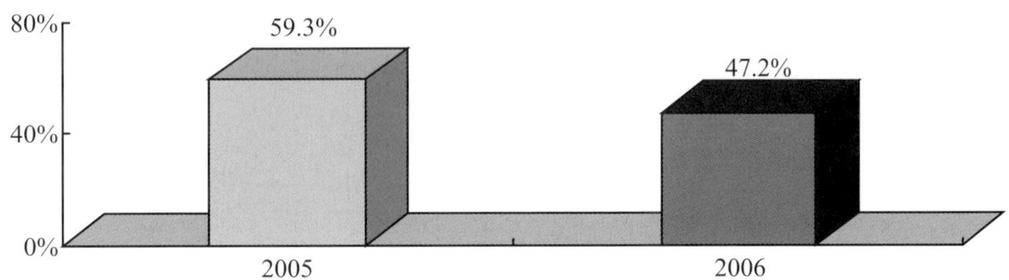

图4.3　2005年～2006年本土机构风险资本总量比例变化趋势

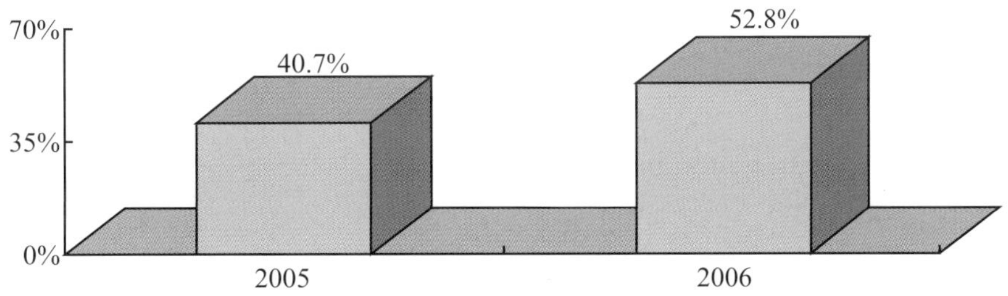

图4.4　2005年～2006年外资机构风险资本总量比例变化趋势

（二）风险资本的规模分布

1. 概况

2006年，风险资本规模在5000万元以下的机构数比例与规模在5亿元以上的机构数比例接近，分别为23%和22.1%。并且5亿元以上的机构数比例自2003年以来逐年增加（见表4.3和图4.5）。

表4.3　　　　2006年调查的风险资本规模分布

规模（1000万元）		5以下	5～10	10～20	20～50	50及以上	合计
2006	家数	28	23	25	19	27	122
	比例	23.0%	18.9%	20.5%	15.6%	22.1%	100%
2005	比例	17%	21%	18%	28%	16%	100%
2004	比例	14%	19%	23%	28%	17%	100%
2003	比例	23%	19%	24%	21%	13%	100%

注：2003年～2006年该项调查的有效样本数分别为167家、110家、137家和122家

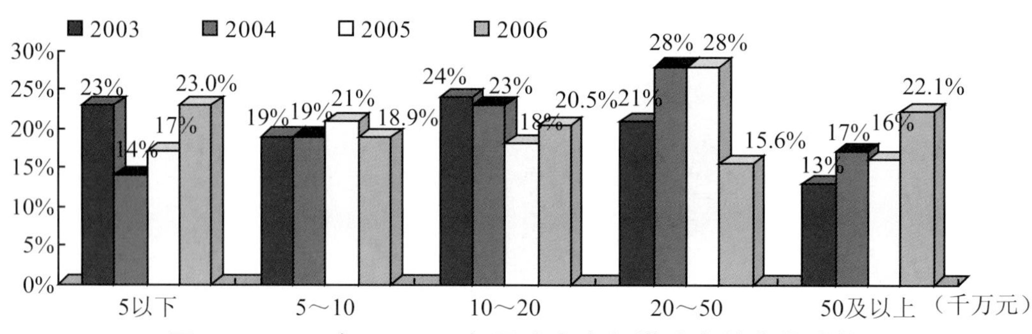

图4.5　2003年～2006年风险资本规模分布的变化趋势

2. 中外机构风险资本规模分布差异

本土机构风险资本规模以5000万以下的比例最多，为23.30%，而在2005年，2亿～5亿元规模的机构比例以25.5%占多数。5000万～10 000万元和10 000万～20 000万元的机构比例值并列第二，为22.33%，5亿元以上的机构比例占16.5%。

外资机构风险资本规模在5亿元以上的占52.63%，大大超过2005年的29%；资本规模在5000万以下的机构占21.05%，也高于2005年水平（见表4.4和图4.6）。

表4.4　　　　2006年中外机构风险资本规模分布差异

规模（1000万）		5以下	5～10	10～20	20～50	50及以上	合计
2006	本土	23.30%	22.33%	22.33%	15.53%	16.50%	100%
	外资	21.05%	0%	10.53%	15.79%	52.63%	100%
2005	本土	20%	23.6%	18.2%	25.5%	12.7%	100%
	外资	6.5%	9.7%	16.1%	38.7%	29%	100%

注：2006年该项调查的有效样本数分别为103家本土机构和19家外资机构

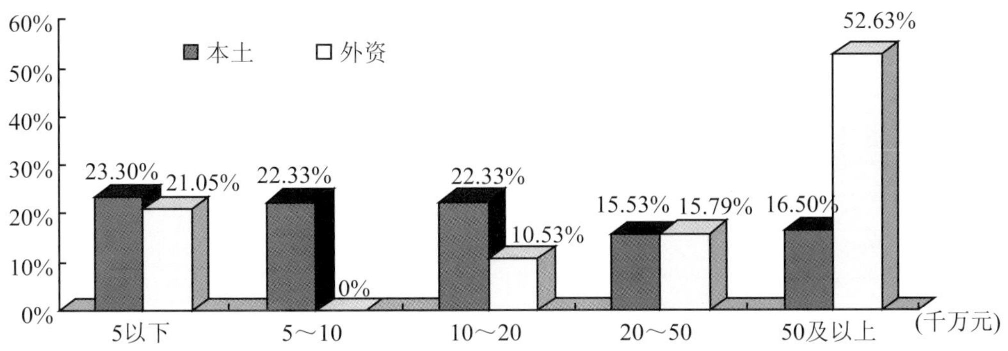

图4.6　2006年中外风险资本规模分布差异

（三）风险资本的地区分布

2006年调查结果显示，北京地区的风险资本总量比例最高，达48%，而且比例值逐年增加。上海地区的风险资本总量比例以16%紧随其后（见表4.5和图4.7）。

表4.5　　2003年～2006年风险资本总量的地区分布

地区	北京	上海	深圳	东北	华北	华东	中南	西部	合计
资本总量（亿元）	265.92	90.98	33.72	20.40	11.65	61.92	47.22	20.58	552.39
比例	48%	16%	6%	4%	2%	11%	9%	4%	100%
中位值（万元）	20 000	15 850	20 000	10 500	200	8000	14 000	7500	10 600
2005比例	31%	11%	18 %	3%	5%	11%	11%	10%	100%
2004比例	23%	6%	26%	1%	5%	16%	19%	5%	100%
2003比例	15%	10%	26%	6%	6%	14%	11%	12%	100%

注：2003年～2006年该项调查的有效样本数分别为160家、110家、141家和122家

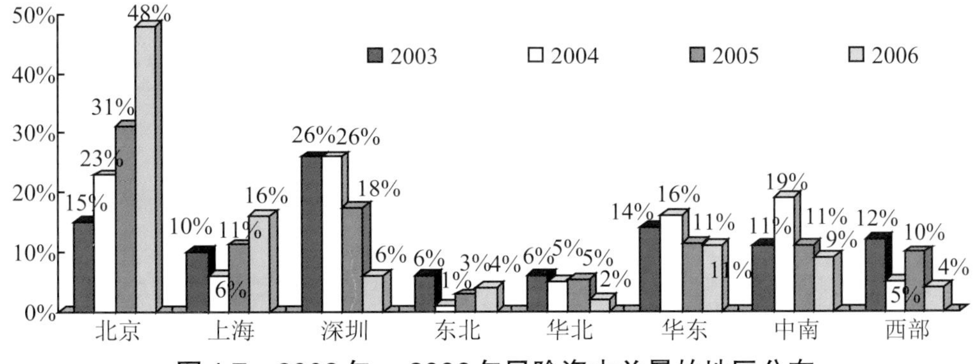

图4.7　2003年～2006年风险资本总量的地区分布

三、风险资本的来源分布

（一）风险资本来源分布概况

在2006年调查的405.91亿元的风险资本中，来自海外的资本比例增至43.76%，且近年来逐年增加（见表4.6和图4.8～图4.10）。

表4.6　　2003年～2006年风险资本来源总况分布

来源		中国内地	海外资本	合计
2006年	金额（亿元）	228.39	177.52	405.91
	比例	56.3%	43.7%	100%
2005年比例		66.1%	33.9%	100%
2003年比例		95%	5%	100%

注：2006年该项调查的有效样本数为122家

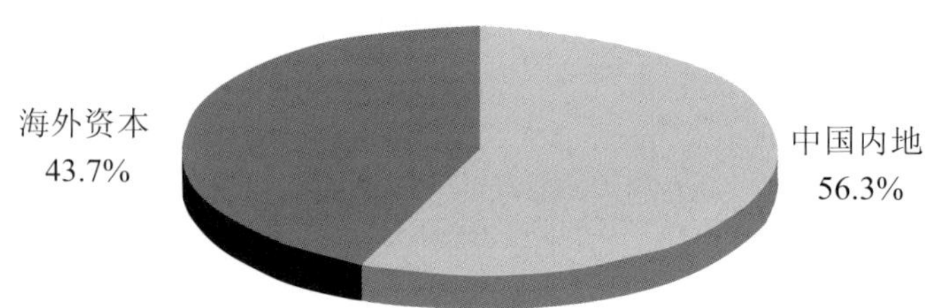

图4.8　2006年中国风险资本来源总况分布一

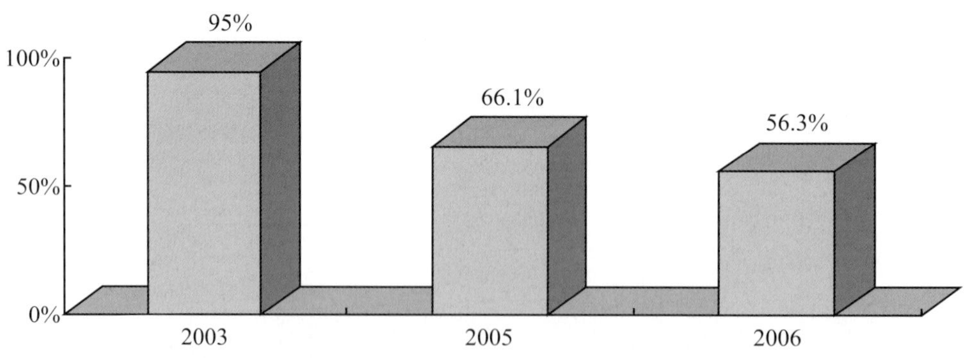

图4.9　2003年～2006年中国内地风险资本总量变化趋势

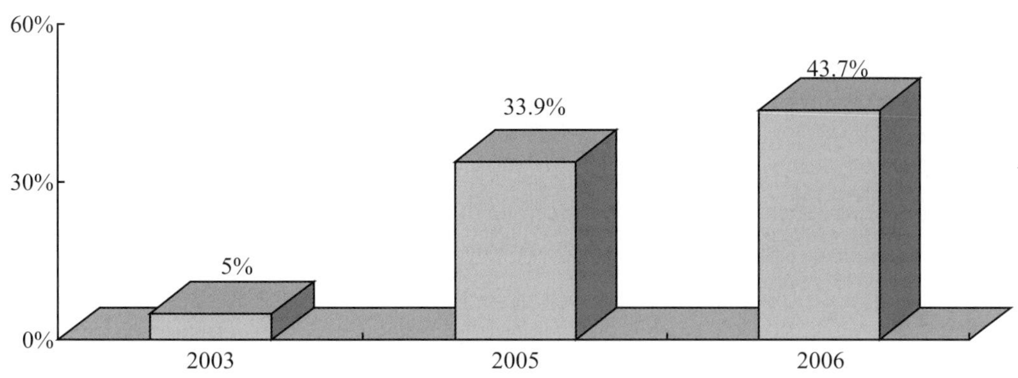

图4.10　2003年～2006年海外风险资本在中国内地的总量变化趋势

（二）风险资本来源细分结构分析

1. 中国内地风险资本来源细分结构分析

在对来源于中国内地风险资本进行分析后可以看出，企业和政府资本所占比例最多，分别为44.91%和33.58%；而与企业资本逐年下降趋势相反，政府资本所占比例逐年上升（见表4.7和图4.11～图4.12）。

表4.7　　2006年中国风险资本来源细分结构——来源于中国内地的风险资本结构

来源		政府	金融机构	企业	个人	其他
2006年	金额（亿元）	76.68	29.78	102.57	13.10	6.25
	比例	33.6%	13.0%	44.9%	5.7%	2.7%
2005年比例		32%	15%	46%	3%	4%
2003年比例		26%	6%	52%	11%	5%

注：2006年该项调查的有效样本数为95家

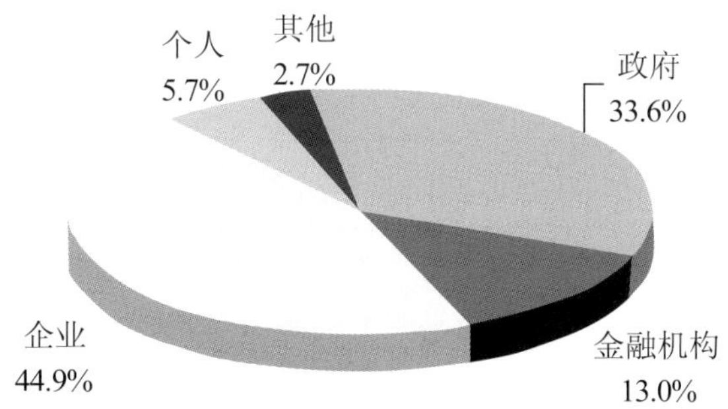

图4.11　2006年中国风险资本来源细分结构——来源于中国内地的风险资本结构

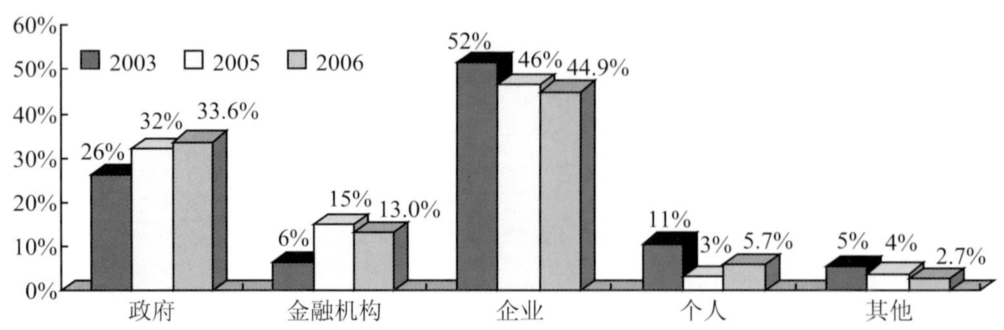

图4.12 2003年～2006年中国风险资本来源细分结构——来源于中国内地的风险资本结构

2. 海外风险资本来源细分结构分析

考察来源于海外的风险资本可以看出，海外机构投资者、企业集团和个人是风险资本的3个主要来源渠道，合计资本比例为86.5%。有59%的资本来源于海外机构投资者，来源于企业集团的资本占14.4%，有13.1%的资本来自海外个人（见表4.8和图4.13）。

表4.8 2006年中国风险资本细分结构——来源于海外的风险资本结构

来源	政府基金	机构投资者	企业集团	风险投资机构	个人	其他
金额（亿元）	2.70	104.40	25.52	18.92	23.17	2.18
金额比例	1.5%	59.0%	14.4%	10.7%	13.1%	1.2%

注：2006年该项调查的有效样本数26家

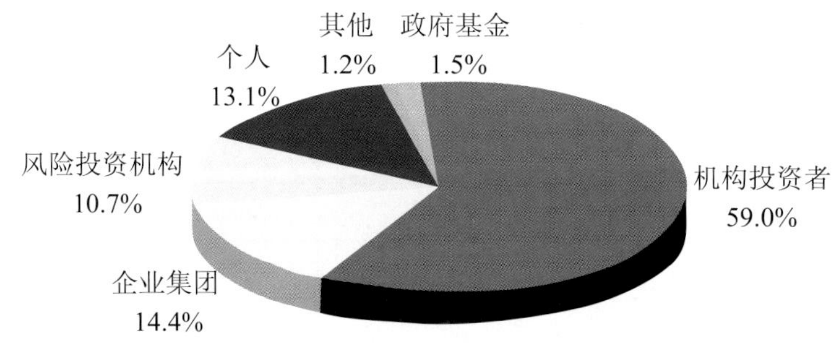

图4.13 2006年中国风险资本来源细分结构——来源于海外的风险资本结构

第二节 2006年度新募集风险资本规模及分布

一、新募集风险资本总量

2006年中国新募集的风险资本总量高达240.85亿元，比2005年高出22.93%。平均每家机构新募集的风险资本规模达到5.47亿元，基本与2005年持平（见表4.9和图4.14）。

表4.9　　2003年～2006年新募集风险资本总量

	2003年	2004年	2005年	2006年
金额（亿元）	37.02	43.30	195.71	240.85
平均每家管理资本额（亿元）	0.49	1.27	5.44	5.47

注：2003年和2004年仅为问卷调查数据；2006年该项调查的有效样本数为122家

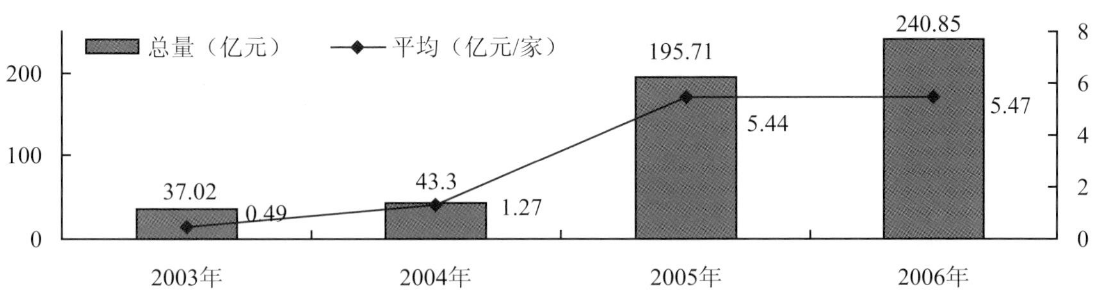

图4.14　新募集风险资本总量及平均单家募集资本额的变化趋势

二、新募集风险资本的分布特征

（一）中外新募集风险资本总量分布

调查资料显示，2006年新募集的由本土机构掌握的风险资本额为75.44亿元，所占比例为31.3%，高于2005年的14.05%；而新募集的风险资本中由外资机构掌握的资本量高达165.41亿元，占68.7%，低于2005年的85.95%（见表4.10和图4.15～图4.17）。

表4.10　　2006年中国新募集风险资本总量

	本土机构	外资机构
金额（亿元）	75.44	165.41
金额比例	31.3%	68.7%
2005年比例	14.05%	85.95%

注：2006年该项调查的有效样本数为44家

图4.15　2006年中外机构新募集风险资本总量分布

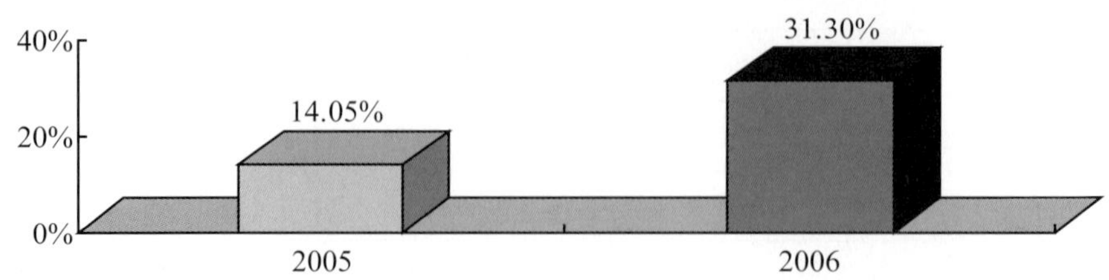

图4.16　2005年～2006年本土机构新募集风险资本总量比例变化趋势

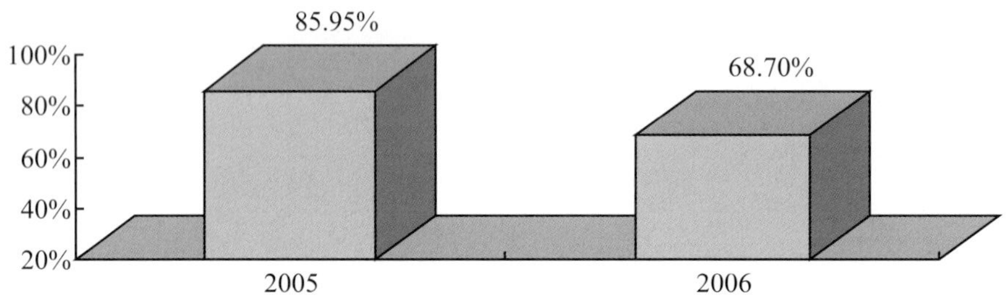

图4.17　2005年～2006年外资机构新募集风险资本总量比例变化趋势

（二）新募集风险资本的规模分布

1. 概况

2006年，新募集风险资本规模在2亿元及以上的机构数比例最多，为47.73%，大大高于2005年的25.9%。规模介于5000万元～1亿元的机构数紧随其后，所占比例为18.18%；有13.64% 的机构募集资本规模在2000万元以下（见表4.11和图4.18）。

表4.11　　2005年～2006年调查的风险资本规模分布

规模（1000万元）		2以下	2～5	5～10	10～20	20及以上	合计
2006	家数	6	5	8	4	21	44
	比例	13.64%	11.36%	18.18%	9.09%	47.73%	100%
2005	比例	3.7%	33.3%	29.6%	7.4%	25.9%	100%

注：2005年和2006年该项调查的有效样本数分别为27家和44家

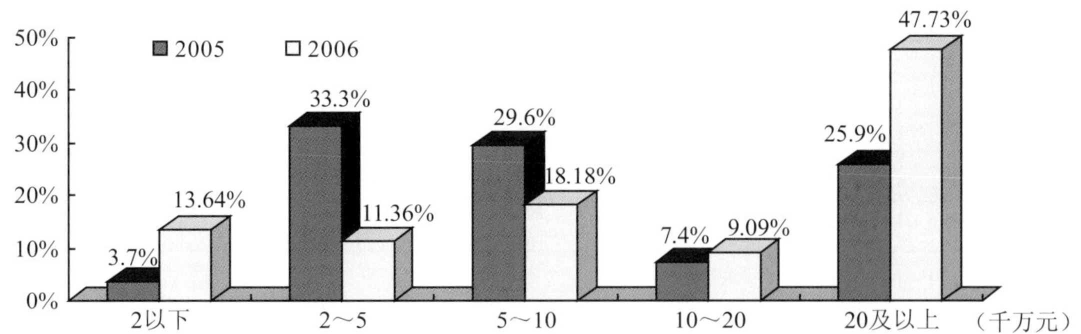

图4.18 2005年～2006年风险资本规模分布的变化趋势

2. 中外机构新募集风险资本规模分布差异

有34.38%的本土机构新募集风险资本规模在5亿元以上，介于1亿元～2亿元规模的机构数比例为21.88%，规模处于5000万元以下的机构数比例为18.75%。而在新募集的外资机构中，募集规模均在1亿元以上，新募集风险资本规模在5亿元以上的机构数比例高达83.33%（见表4.12和图4.19）。

表4.12 2006年中外机构风险资本规模分布差异

规模（1 000万）		5以下	5～10	10～20	20～50	50及以上	合计
本土	家数	6	5	7	3	11	32%
	比例	18.75%	15.63%	21.88%	9.38%	34.38%	100%
外资	家数	-	-	1	1	10	12%
	比例	-	-	8.33%	8.33%	83.33%	100%

注：2006年该项调查的有效样本数分别为32家本土机构和12家外资机构

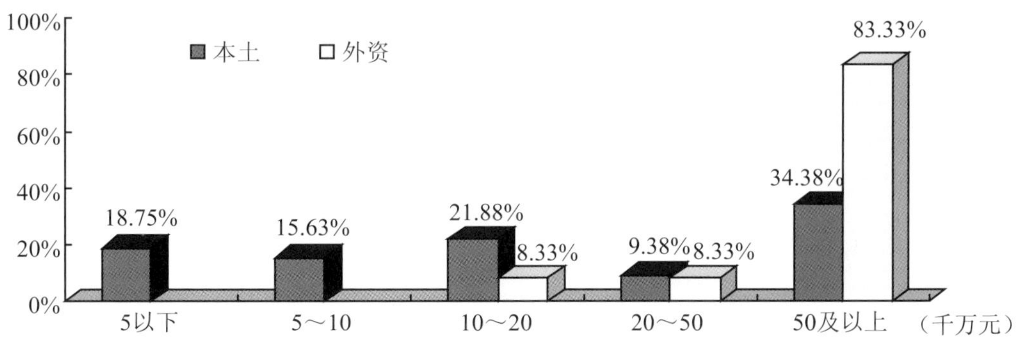

图4.19 2006年中外机构新募集风险资本规模分布差异

（三）新募集风险资本的地区分布

在2006年调查的227.17亿元新募集风险资本总量中，北京地区的风险资本总量比例最高，高达57%，略高于2005年水平。上海地区的风险资本总量比例以23%紧随其后（见表4.13和图4.20）。

表4.13　　2005年～2006年新募集风险资本总量的地区分布

地区	北京	上海	深圳	东北	华北	华东	中南	西部	合计
资本总量（亿元）	128.91	51.71	8.01	7.00	1.97	12.20	10.50	6.87	227.17
比例	57%	23%	4%	3%	1%	5%	5%	3%	100%
2005比例	54%	5%	11%	0%	1%	6%	1%	22%	100%

注：2005年和2006年该项调查的有效样本数分别为27家和42家

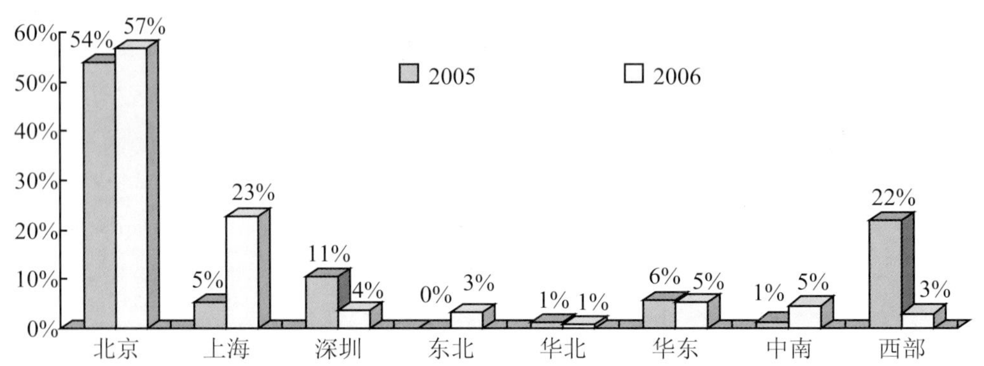

图4.20　2005年～2006年新募集风险资本总量的地区分布

三、新募集风险资本的来源分布

（一）新募集风险资本的来源分布概况

在2006年调查的133.74亿元的新募集风险资本中，来自海外的资本比例增至65.08%，而来自中国内地的资本比例下降为34.92%（见表4.14和图4.21～图4.23）。

表4.14　　2005年～2006年新募集风险资本来源总况分布

		中国内地	海外资本	合计
2006年	金额（亿元）	46.70	87.04	133.74
	比例	34.92%	65.08%	100%
2005年比例		52.59%	47.41%	100%

注：2005年和2006年该项调查的有效样本数分别为24家和35家

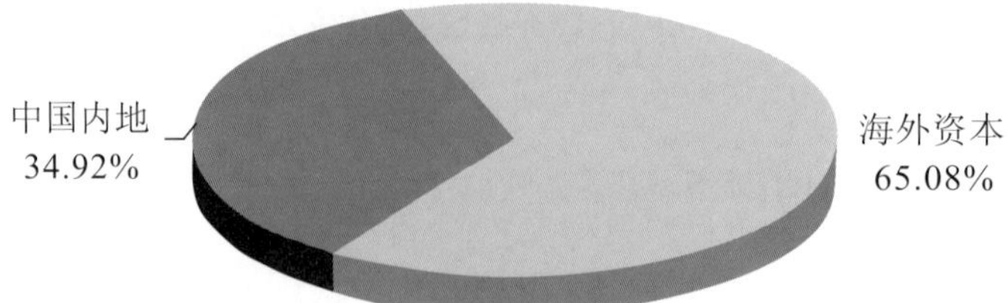

图4.21　2006年新募集风险资本来源总况分布

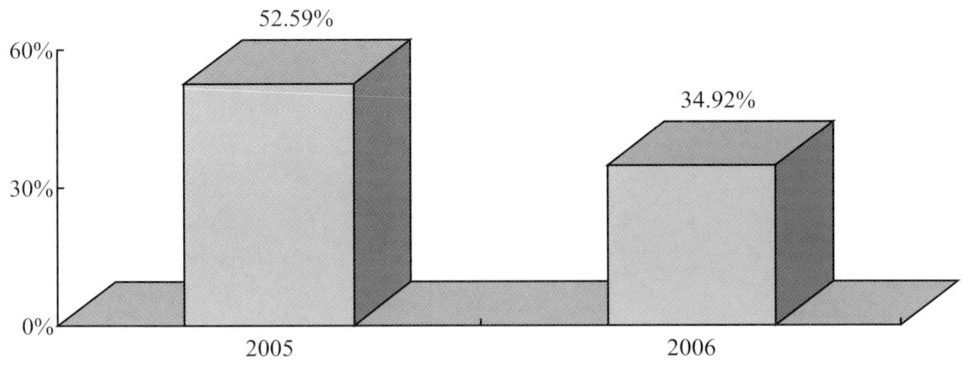

图4.22　2005年～2006年新募集风险资本来源变化趋势（中国内地）

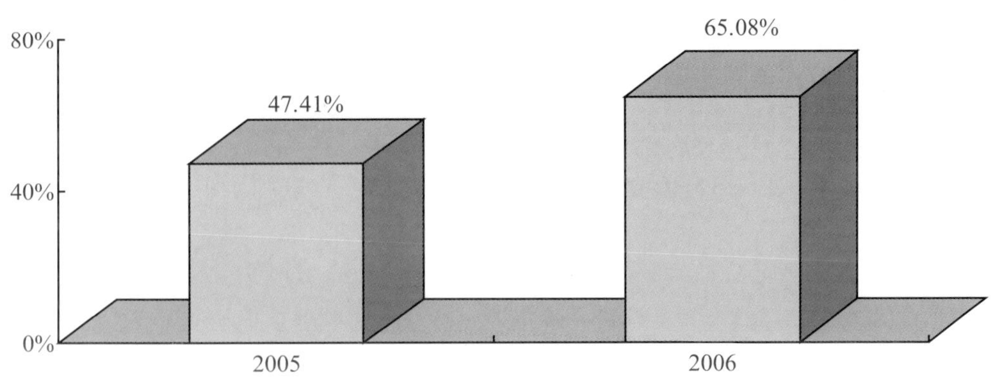

图4.23　2005年～2006年新募集风险资本来源变化趋势（海外资本）

（二）新募集风险资本来源细分结构分析

1. 中国内地风险资本来源细分结构分析

在对2006年来源于中国内地的风险资本进行分析后可以看出，来源于企业的资本以47.21%的比例列居首位，大大高于2005年的13.83%。金融机构资本和政府资本分别以24.61%和21.04%紧随其后，金融机构资本比例却远低于2005年的54.4%（见表4.15和图4.24～图4.25）。

表4.15　2005年～2006年新募集风险资本来源细分结构——来源于中国内地的风险资本

来源		政府	金融机构	企业	个人	其他
2006	金额（亿元）	9.83	11.49	22.05	3.13	0.20
	比例	21.04%	24.61%	47.21%	6.71%	0.43%
2005年比例		27.95%	54.40%	13.83%	3.50%	0.32%

注：2006年该项调查的有效样本数为95家

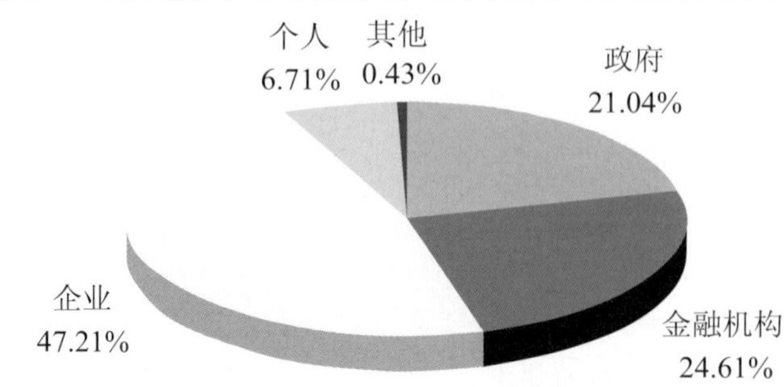

图4.24 2006年新募集风险资本来源细分结构——来源于中国内地的风险资本

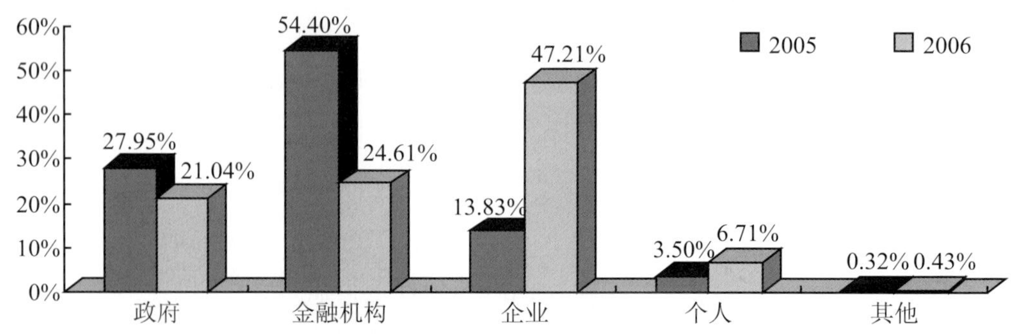

图4.25 2005年～2006年新募集风险资本来源结构——来源于中国内地的风险资本

2. 海外风险资本来源细分结构分析

考察来源于海外的2006年新筹集的风险资本，可以看出，海外机构投资者、个人和企业集团是风险资本的主要来源渠道，合计资本比例为81.49%。有43.72%来源于海外机构投资者，来源于海外个人的占20.01%，有17.76%来自企业集团（见表4.16和图4.26）。

表4.16 2006年新筹集风险资本细分结构——来源于海外的风险资本

来源	政府基金	机构投资者	企业集团	风险投资机构	个人	其他
金额（亿元）	-	38.05	15.46	13.60	17.42	2.51
金额比例	-	43.72%	17.76%	15.63%	20.01%	2.88%

注：2006年该项调查的有效样本数26家

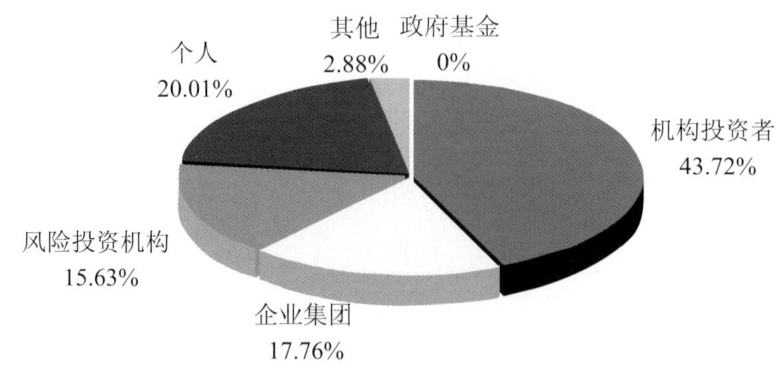

图4.26 2006年新筹集风险资本来源细分结构——来源于海外的风险资本

第五章　风险投资退出与绩效

本章考察中国风险投资的退出及绩效情况，从退出总量和退出特征对2006年以及往年的投资绩效进行分析，有助于读者了解中国风险投资退出与绩效的整体情况。

首先对2006年度的退出情况进行综合分析，从退出方式、行业分布和地区分布分别展开。对2006年风险投资企业IPO情况进行考察，包括市场分布和行业分布等方面。最后，本章还对投资绩效进行详细的介绍，对2006年度投资绩效的分布特征进行分类分析。

本章数据来源于中国风险投资研究院于2006年11月～2007年1月所展开的风险投资行业年度调查活动和《中国风险投资年鉴》（2003～2006）。

第一节　风险投资退出情况

一、退出总量

有116个投资项目在2006年实现退出。其中，43个项目的退出金额达到148.30亿元，平均单个项目的退出金额为3.45亿元，对应的中位值为800万元（见表5.1和图5.1）。

表5.1　2006年风险资本退出总量

	退出项目数	退出金额	中位值	平均值
2006年度	116个	148.30亿元	800万元/项	3.45亿元/项

注：2006年该项调查的有效样本数为62家

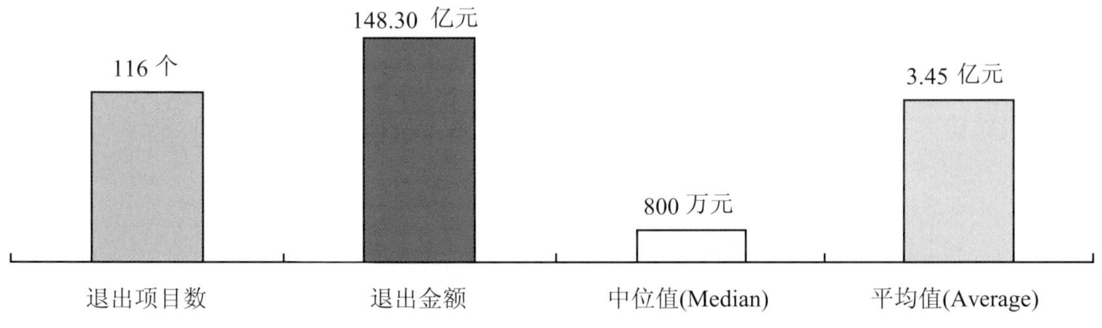

图5.1　2006年度风险投资退出情况

二、退出特征

（一）退出方式分布

1. 概况

在调查的148.3亿元的退出金额中，有50.39%的金额是通过资本市场上市交易实现，以股权转让方式退出的金额比例为49.56%（见表5.2和图5.2～图5.3）。

表5.2　　2006年风险资本退出总量分布

退出方式	上市交易	股权转让	清算	合计
项目数（个）	37	72	7	116
项目数比例	31.90%	62.07%	6.03%	100%
退出金额（亿元）	74.73	73.50	0.07	148.3
金额比例	50.39%	49.56%	0.05%	100%

注：2006年该项调查的有效样本数为62家

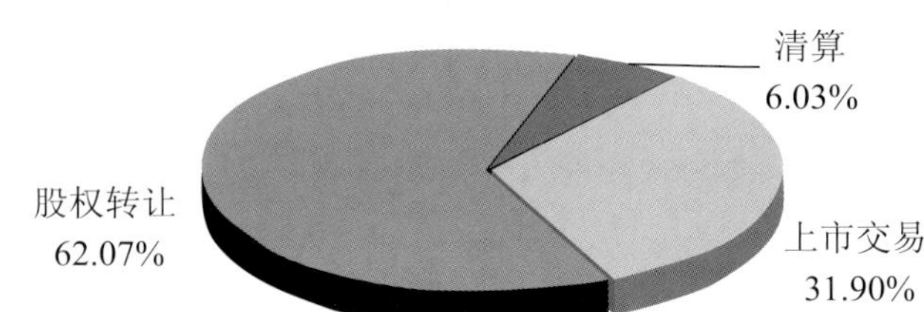

图5.2　2006年中国风险资本投资退出总量分布（项目数比例）

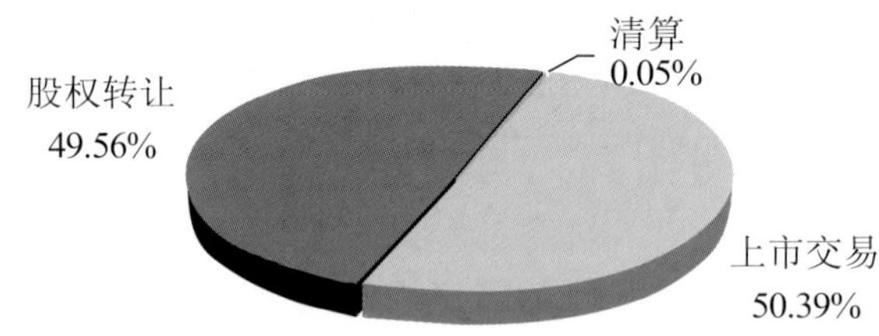

图5.3　2006年中国风险资本投资退出总量分布（金额比例）

2. 股权转让方式退出的细分结构分布

调查统计显示，在71项以股权转让方式退出的项目中，原股东回购项目数以38.03%居首，上市公司/企业收购和转让给其他投资机构分别以25.35%和22.54%列居第二、三位。在统计的73.48亿元退出金额中，高达87.74%的资金是通过被上市公司/企业收购而实现退出的，转让给其他投资机构的退出额占8.44%（见表5.3和图5.4～图5.5）。

表 5.3　　2006 年风险资本股权转让方式退出的细分结构分布

退出方式	原股东回购	管理层收购	上市公司/企业收购	转让给其他投资机构	其他	合计
项目数（个）	27	8	18	16	2	71
项目数比例	38.03%	11.27%	25.35%	22.54%	2.82%	100%
退出金额（亿元）	2.45	0.25	64.47	6.20	0.10	73.48
金额比例	3.34%	0.34%	87.74%	8.44%	0.14%	100%

注：2006 年该项调查的有效样本数为 62 家

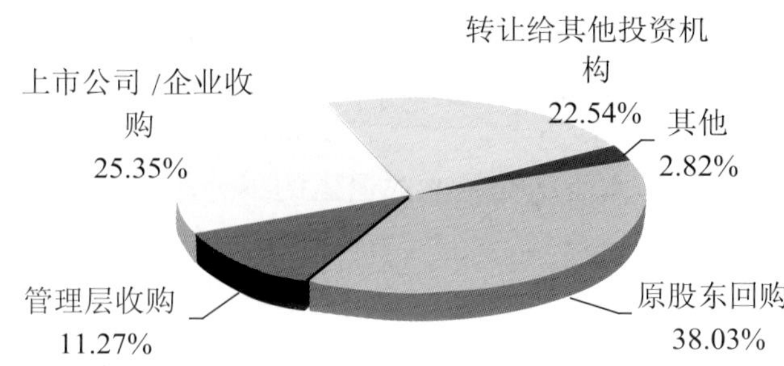

图 5.4　2006 年风险资本股权转让方式退出的细分结构分布（项目数比例）

图 5.5　2006 年风险资本股权转让方式退出的细分结构分布（金额比例）

3. 上市交易方式退出的细分结构分布

调查统计显示，在 37 项以上市交易方式退出的项目中，在境外市场退出的项目数占 62.16%，对应的退出金额比例高达 94.61%（见表 5.4 和图 5.6～图 5.7）。

表 5.4　　2006 年风险资本股权转让方式退出的细分结构分布

退出方式	境内市场	境外市场	合计
项目数（个）	14	23	37
项目数比例	37.84%	62.16%	100%
退出金额（亿元）	4.03	70.71	74.74
金额比例	5.39%	94.61%	100%

注：2006 年该项调查的有效样本数为 62 家

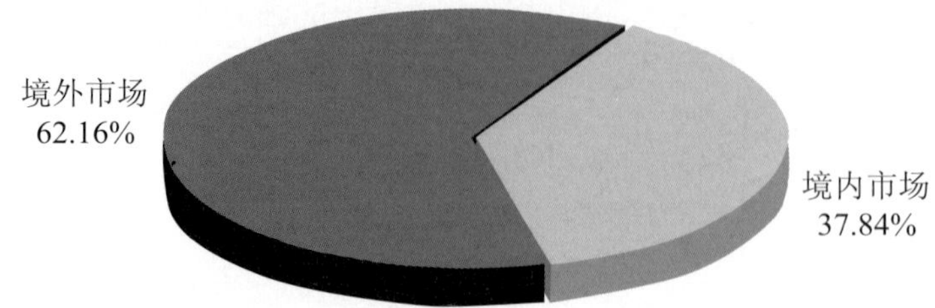

图 5.6 2006 年风险资本上市交易方式退出的细分结构分布（项目数比例）

图 5.7 2006 年风险资本上市交易方式退出的细分结构分布（金额比例）

（二）退出项目的行业分布

在调查的85个退出项目中，狭义IT行业的项目数最多，为16个，所占比例为18.82%；能源环保和传统产业的项目数以13项同列第二位。在涉及的146.58亿元退出金额中，属于通讯行业的项目退出金额比例高达63.41%，能源环保行业的项目以26.69%的金额比例紧随其后（见表5.5和图5.8）。

表 5.5 2006 年风险投资退出的行业分布

行业	通讯	能源环保	医药保健	狭义IT	传统产业	生物技术	IC	金融服务	其他
项目数	7	13	12	16	13	5	7	1	11
数量比例	8.24%	15.29%	14.12%	18.82%	15.29%	5.88%	8.24%	1.18%	12.94%
金额	92.94	39.13	5.43	4.10	1.84	0.60	0.42	0.02	2.10
金额比例	63.41%	26.69%	3.71%	2.80%	1.25%	0.41%	0.29%	0.01%	1.43%

注：2006年该项调查的有效样本数为43家

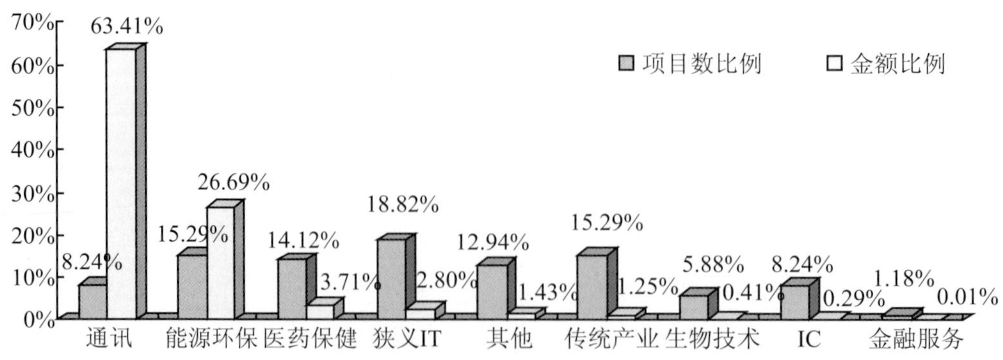

图 5.8 2006 年风险投资退出的行业分布

（三）退出项目的地区分布

关于退出的地区分布，从调查结果可以看出，华东地区的退出项目数最多，以19%的比例居首位，上海和北京地区的退出项目数分别以18%和15%列第二、三位。而在退出金额分布中，上海地区的退出金额比例高达42.6%，华东和深圳分别以27.1%和22.9%依次跟随（见表5.6和图5.9）。

表5.6　2005年～2006年风险投资退出的地区分布

地区	北京	上海	深圳	东北	华北	华东	中南	西部	合计
项目数	13	15	10	8	6	16	8	9	85
项目数比例	15%	18%	12%	9%	7%	19%	9%	11%	100%
金额（亿元）	2.95	62.84	33.78	5.12	0.20	40.01	2.10	0.48	147.48
金额比例	2.0%	42.6%	22.9%	3.5%	0.1%	27.1%	1.4%	0.3%	100%
2005项目比例	9%	21%	17%	5%	4%	21%	11%	12%	100%

注：2005年～2006年该项调查的有效样本数分别为42家和43家

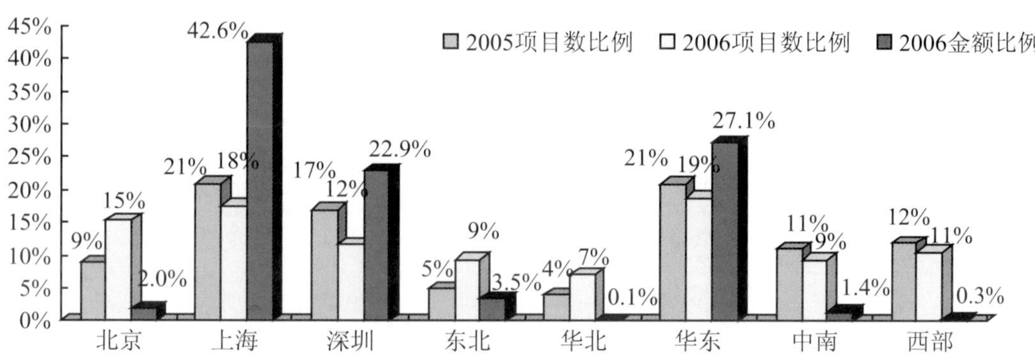

图5.9　2005年～2006年风险投资退出的地区分布（项目数比例）

三、IPO情况

（一）总量分析

调查显示，2006年全年有22家风险投资企业实现首次公开上市（IPO），融资额高达115.04亿元。其中，下半年IPO企业数为13家，融资额为84.85亿元，超过上半年的9家以及30.19亿元的融资额（见表5.7和图5.10）。

表5.7　2006年风险投资企业IPO概况

退出方式	上半年	下半年	合计
IPO个数	9	13	22
融资额（亿元）	30.19	84.85	115.04

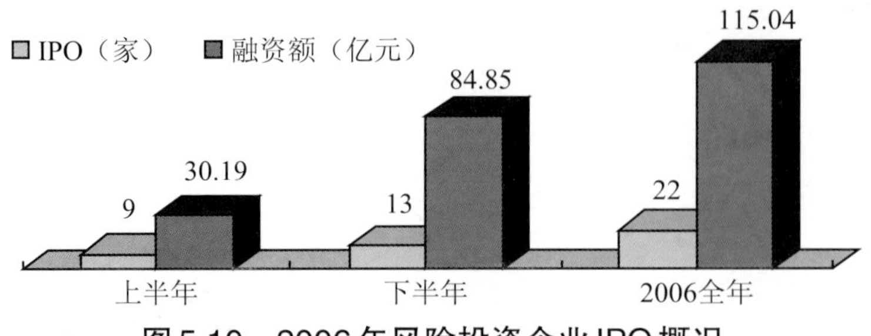

图5.10 2006年风险投资企业IPO概况

（二）IPO市场分布

在22家IPO企业中，有17家在海外市场上市，仅有5家在国内资本市场上市融资。其中，有6家在美国纳斯达克市场上市，融资额为42.05亿元，平均融资额达到7.01亿元；在深圳中小企业板和新加坡主板上市的企业均为5家，融资额分别为10.98亿元和13.65亿元（见表5.8和图5.11）。

表5.8 2006年风险投资企业IPO市场分布

退出市场	美国纳斯达克	深圳中小企业板	新加坡主板	香港主板	香港创业板	新加坡创业板	美国OTC	美国纽交所	合计
IPO个数	6	5	5	2	1	1	1	1	22
比例	27.27%	22.73%	22.73%	9.09%	4.55%	4.55%	4.55%	4.55%	100%
融资额（亿元）	42.05	10.98	13.65	39.31	0.73	0.59	0.03	7.69	115.04
平均融资（亿元）	7.01	2.20	2.73	19.66	0.73	0.59	0.03	7.69	5.23

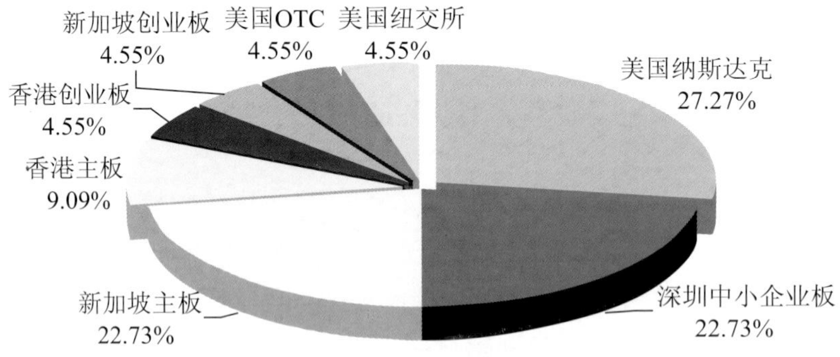

图5.11 2006年风险投资企业IPO市场分布

（三）IPO企业的行业分布

在22家IPO企业中，能源环保类企业最多，有7家，融资额达到42.36亿元，平均融资额6.05亿元。传统产业以6家紧随其后，融资额为27.52亿元。通讯行业的融资额高达37.04亿元，平均融资额最高为18.52亿元（见表5.9和图5.12）。

表 5.9　　2006年风险投资IPO企业的行业分布

行业	能源环保	传统产业	狭义IT	通讯	生物技术	医药保健	合计
IPO个数	7	6	5	2	1	1	22
比例	31.8%	27.3%	22.7%	9.1%	4.6%	4.6%	100%
融资额(亿元)	42.36	27.52	6.27	37.04	0.73	1.11	115.04
平均融资额（亿元）	6.05	4.59	1.25	18.52	0.73	1.11	5.23

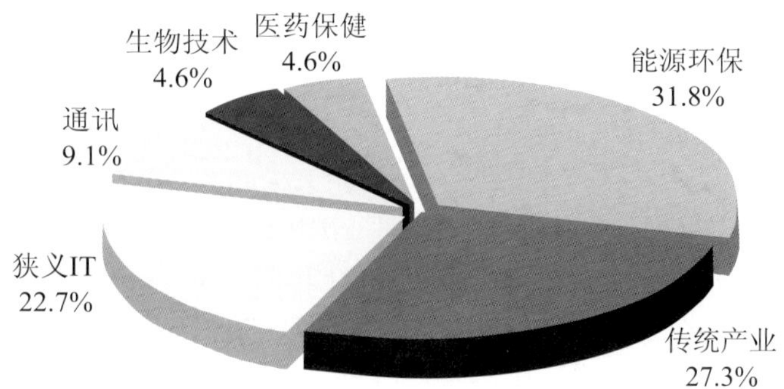

图 5.12　2006年风险投资IPO企业的行业分布

第二节　风险投资绩效情况

一、投资绩效概况

(一)2006年度投资绩效情况

调查中，61个项目的退出收益分布如表5.10和图5.13所示，项目内部收益率（IRR）介于10%（含）～20%的最多，占24.59%，有14.75%的项目的IRR在100%及以上。

表 5.10　　2006年度投资绩效情况

内部收益率	-10%（含）～0	0（含）～10%	10%（含）～20%	20%（含）～30%	30%（含）～50%	50%（含）～100%	100%及以上
项目数	6	10	15	10	5	6	9
比例	9.84%	16.39%	24.59%	16.39%	8.20%	9.84%	14.75%

注：2006年该项调查的有效样本数为31家

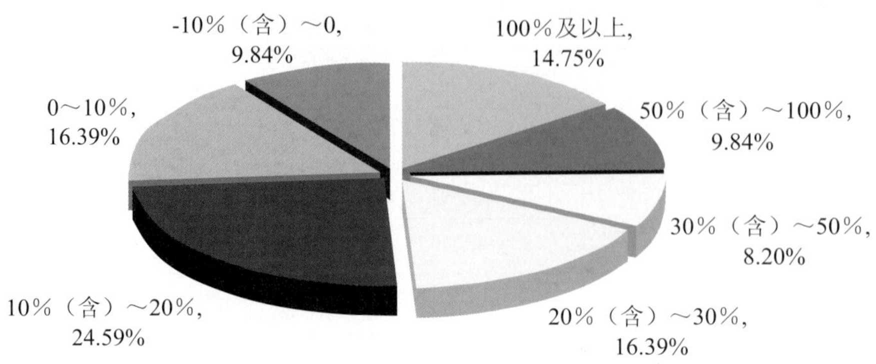

图5.13　2006年度退出收益分布

（二）累计绩效情况

在调查的378个退出项目中，项目内部收益率（IRR）在100%及以上的最多，占18.25%，有17.46%项目的IRR介于30%（含）～50%（见表5.11和图5.14）。

表5.11　　累计投资绩效情况

内部收益率	项目数	比例
100%及以上	69	18.25%
50%（含）～100%	43	11.38%
30%（含）～50%	66	17.46%
20%（含）～30%	32	8.47%
10%（含）～20%	57	15.08%
0（含）～10%	60	15.87%
-10%（含）～0	20	5.29%
亏损10%以上	31	8.20%

注：2006年该项调查的有效样本数为31家

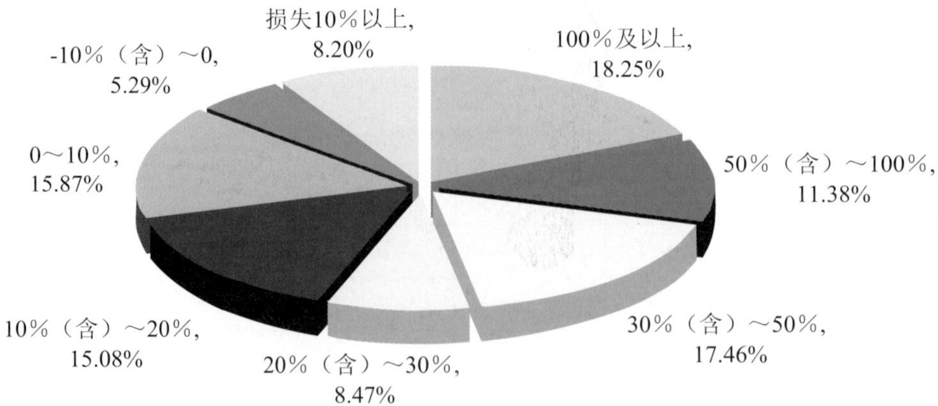

图5.14　2006年度退出收益分布

二、2006年度绩效特征分布

（一）不同退出方式的绩效特征

1. 通过资本市场退出的绩效分布

在调查的7个通过资本市场实现退出的项目中，有4个项目的内部收益率在100%及以上，其次为介于50%（含）～100%之间的，占28.57%（见表5.12和图5.15）。

表5.12　　2006年度通过资本市场退出的绩效分布

内部收益率	30%（含）～50%	50%（含）～100%	100%及以上	合计
项目数	1	2	4	7
比例	14.29%	28.57%	57.14%	100%

注：2006年该项调查的有效样本数为31家

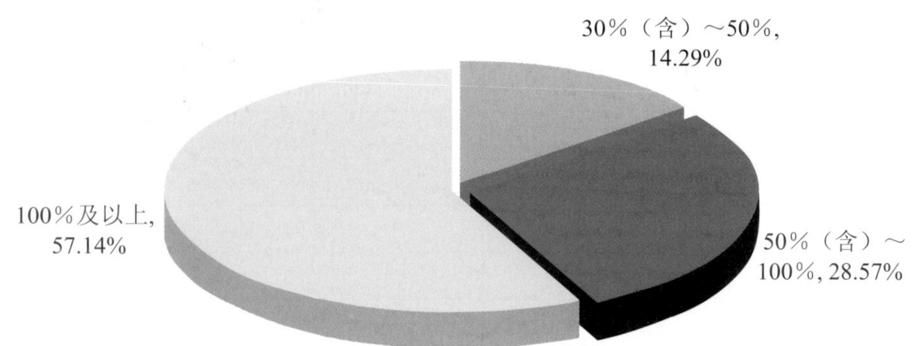

图5.15　2006年度通过资本市场退出的绩效分布

2. 通过股权转让退出的绩效分布

在调查的46个以股权转让方式退出的项目中，内部收益率介于10%（含）～20%的项目最多，有14个，所占比例为30.43%；有5个项目内部收益率高于100%及以上（见表5.13和图5.16）。

表5.13　　通过股权转让退出的绩效分布

内部收益率	-10%（含）～0	0（含）～10%	10%（含）～20%	20%（含）～30%	30%（含）～50%	50%（含）～100%	100%及以上
项目数	3	7	14	9	4	4	5
比例	6.52%	15.22%	30.43%	19.57%	8.70%	8.70%	10.87%

注：2006年该项调查的有效样本数为31家

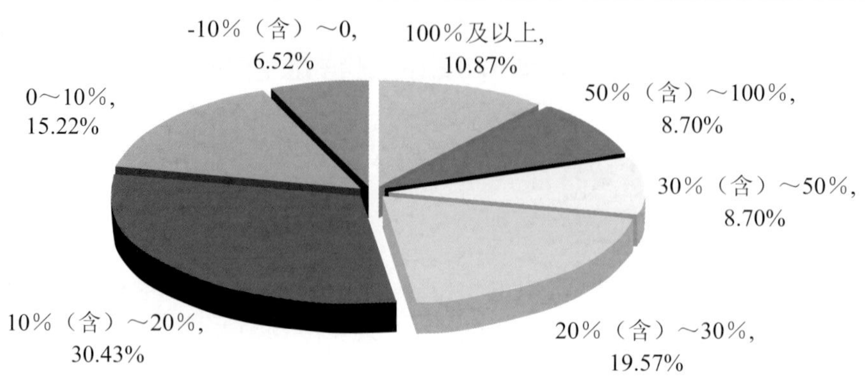

图 5.16　2006 年度通过股权转让退出的绩效分布

（二）各行业投资绩效情况

表 5.14 为各行业投资绩效的考察结果。

表 5.14　　2006 年度各行业投资绩效情况

内部收益率	-10%（含）～0	0（含）～10%	10%（含）～20%	20%（含）～30%	30%（含）～50%	50%（含）～100%	100% 及以上
狭义 IT	3	2	2		2	2	1
医药保健	1	3	3	2		2	
传统产业			3	1	1		4
能源环保	1		3	3		1	1
IC	1	1		2			
生物技术			2		1		1
通讯				1	1	1	

注：2006 年该项调查的有效样本数为 31 家

第六章　风险投资政策环境

本章主要反映风险投资经理对2006年中国风险投资政策环境及投资行为等方面的评价与看法，有助于读者把握当前中国风险投资行业的外部环境。

调查内容包括新《公司法》、《关于外国投资者并购国内企业的规定》(即“外资并购新政”)、深圳中小企业板IPO开闸以及美国萨班斯－奥克斯利法案（Sarbanes-Oxley Act）对企业海外上市的影响等一系列法规政策的评价，并对2007年中国风险投资发展进行展望。最后，本章还对风险投资行为和从业素质要求等进行了统计分析。

本章数据来源于中国风险投资研究院于2006年11月～2007年1月所开展的中国风险投资行业问卷调查。

第一节　投资经理说明

一、样本分布概况

本项调查的投资经理中，有103位来自本土机构，占78.03%，来自外资机构的有29人，占21.97%（见表6.1和图6.1）。

表6.1　投资经理分布总况

	本土机构	外资机构	合计
投资经理数（人）	103	29	132
比例	78.03%	21.97%	100%

图6.1　2006年政策环境投资经理分布

二、样本的背景概况

（一）教育背景分布

图6.2为投资经理的教育背景分布，包括95位本土机构的投资经理和28位外资机构的投资经理。

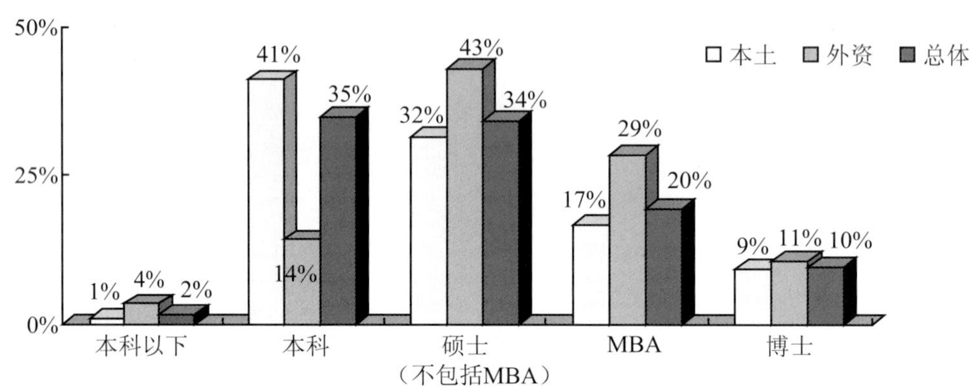

图6.2 投资经理的教育背景分布

（二）从业年限特征

图6.3为投资经理的从业年限分布，包括97位本土机构的投资经理和28位外资机构的投资经理。

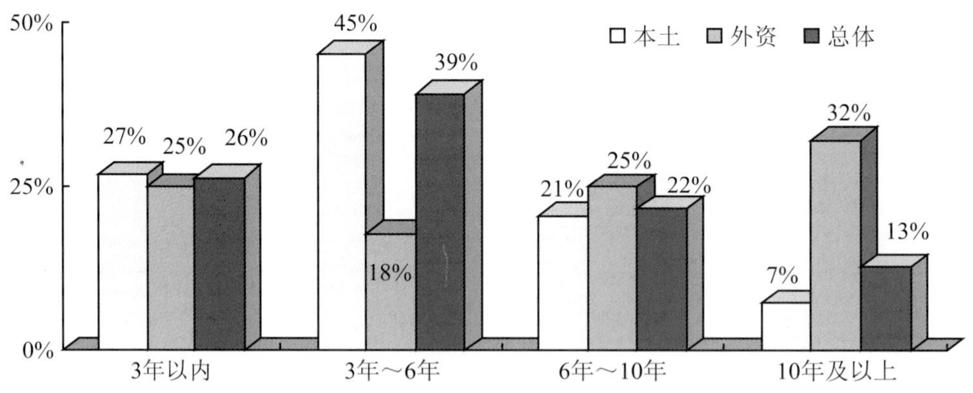

图6.3 投资经理的从业年限分布

（三）专业背景

图6.4为投资经理的专业背景分布，包括110位本土机构的投资经理和28位外资机构的投资经理。

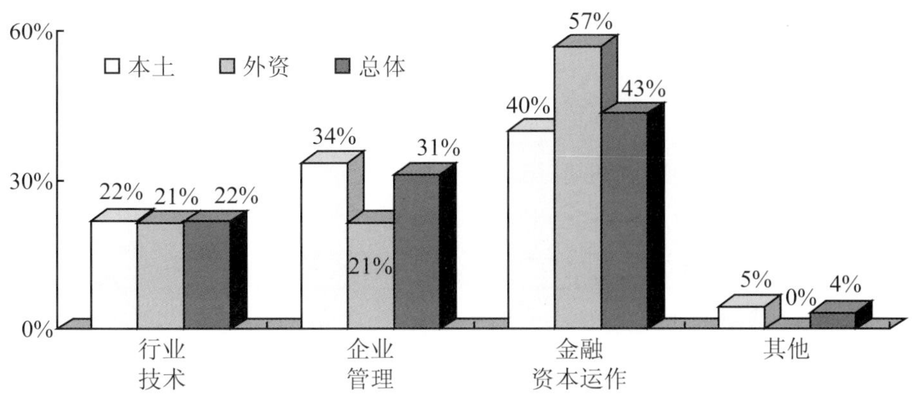

图6.4　投资经理的专业背景分布

（四）海外背景

图6.5为投资经理的海外背景分布，包括91位本土机构的投资经理和26位外资机构的投资经理。

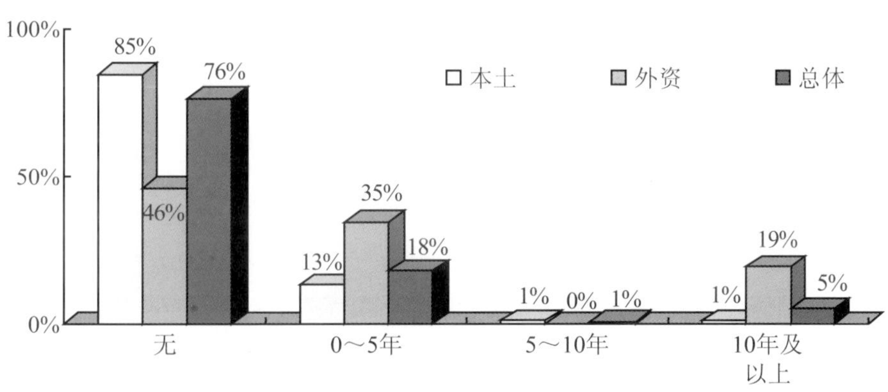

图6.5　投资经理的海外背景分布

第二节　政策环境、发展趋势与预测

一、对2006年风险投资发展及政策环境的评价

（一）对2006年中国风险投资发展的评价

本项调查的有效样本为103位本土机构的投资经理和29位外资机构的投资经理。在外资背景投资经理中，有59%认为2006年中国风险投资发展过热/偏热，而65%的本土背景投资经理认为2006年风险投资发展正常（见图6.6）。

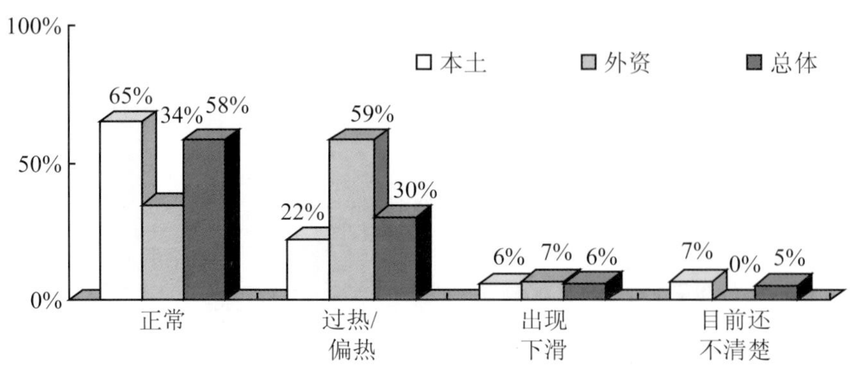

图6.6 对2006中国风险投资发展的评价

（二）对2006年风险投资政策环境的评价

1. 对新《公司法》的评价

本项旨在考察于2006年1月1日起正式实施的新《公司法》对风险投资的影响。统计结果显示，取消对外投资上限（22%）、降低成立门槛（17%）、改善公司组织与治理机制（15%）为前三个最突出的影响（见图6.7）。

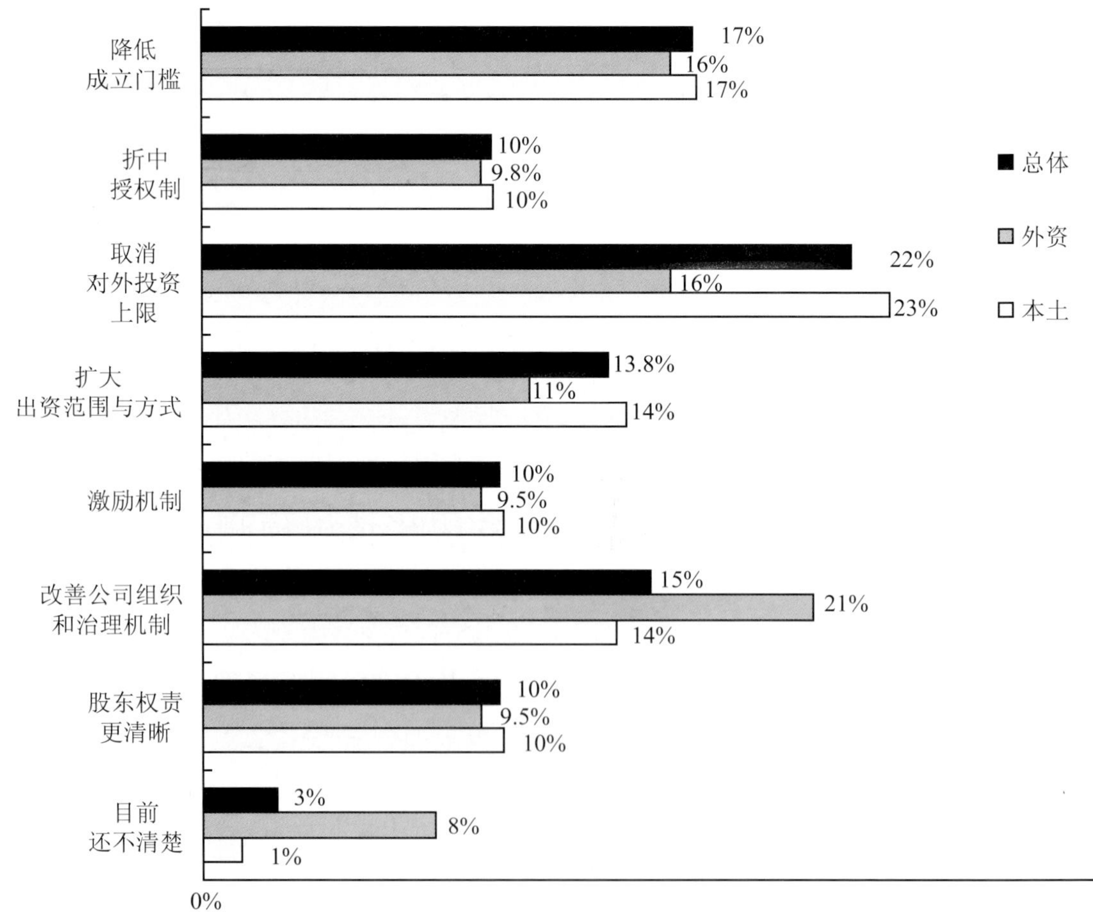

图6.7 新《公司法》对风险投资的突出影响

2. 对外资并购新政的评价

2006年8月8日，商务部等六部委联合出台《关于外国投资者并购国内企业的规定》(简称“外资并购新政”)。本项调查旨在反映投资经理对该法的评价（见图6.8）。

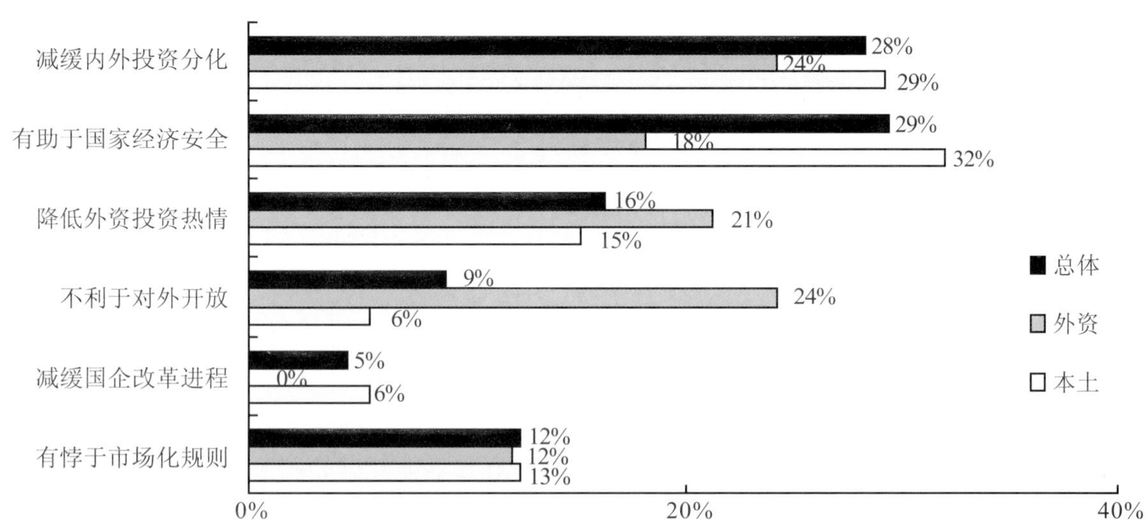

图6.8　对外资并购新政的评价

3. 对“深圳中小企业板IPO开闸与中国风险投资业”的评价

2006年6月，率先完成股权分置改革的中小企业板迎来了IPO开闸，本项调查考察其对中国风险投资发展的影响（见图6.9）。

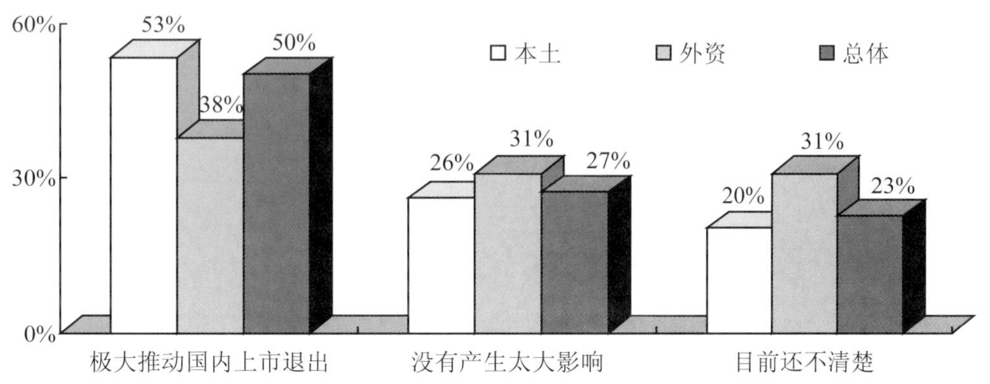

图6.9　对“深圳中小企业板IPO开闸与中国风险投资业”的评价

4. 美国萨班斯－奥克斯利法案（Sarbanes–Oxley Act）对赴美上市影响的评价

2006年7月开始，美国萨班斯-奥克斯利法案（Sarbanes-Oxley Act）生效，该法案因要求对在美国资本市场上市的公司实施包括内控等方面的严厉监管措施而著称，本项调查在此背景下考察风险投资经理对该方案的评价（见图6.10）。

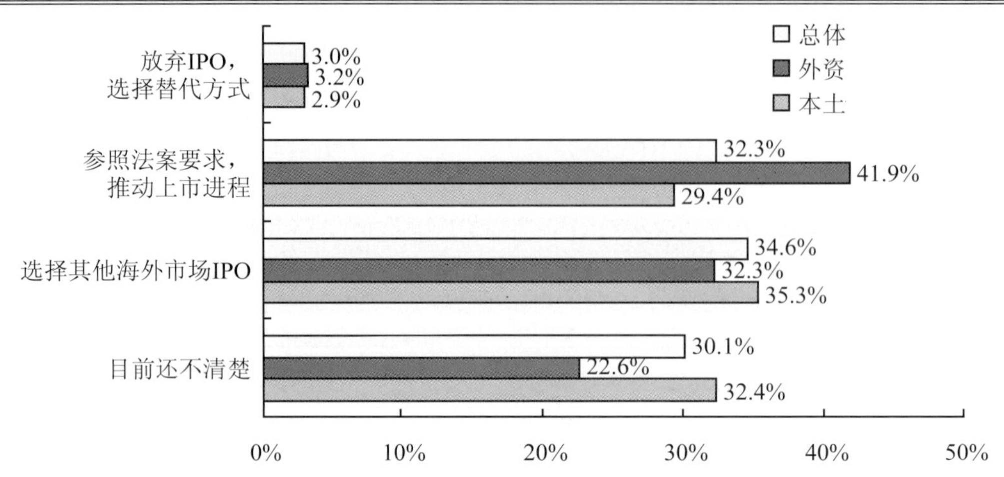

图6.10 对“美国萨班斯–奥克斯利法案与赴美上市影响”的评价

5. 对“政府在风险投资政策环境方面最需要突破的领域”的看法

本项调查考察投资经理认为政府在风险投资政策方面最需要突破的领域。调查结果表明，众多风险投资经理认为政府最需要突破的领域是完善风险投资资本市场体系（见图6.11）。

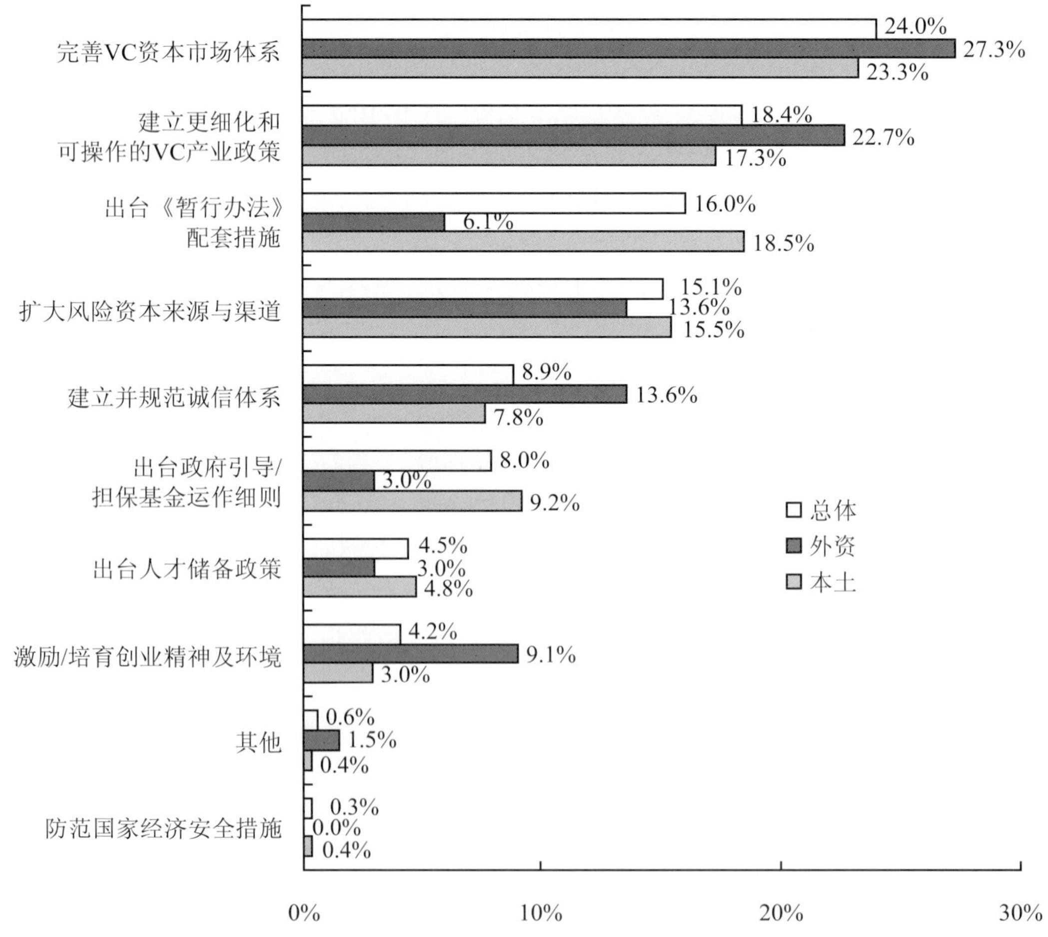

图6.11 对“政府在风险投资政策环境方面最需要突破的领域”的看法

6. 对“当前设立创业板市场的瓶颈因素”的看法

本项调查考察投资经理对当前设立创业板市场瓶颈因素的看法，结果显示，认为市场制度体系不健全的占多数（见图6.12）。

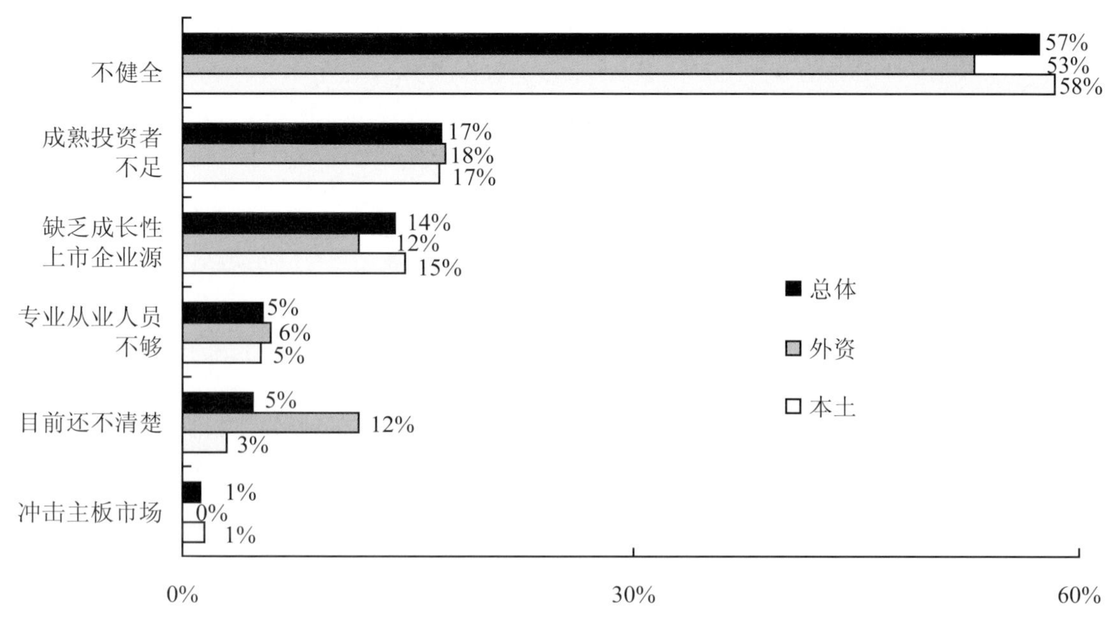

图6.12　对“当前设立创业板市场的瓶颈因素”的评价

二、对2007年风险投资发展及政策环境的预测

（一）对2007年中国风险投资的预测

本项考查的投资经理分别为103位本土机构投资经理和28位外资机构投资经理，调查结果见图6.13。

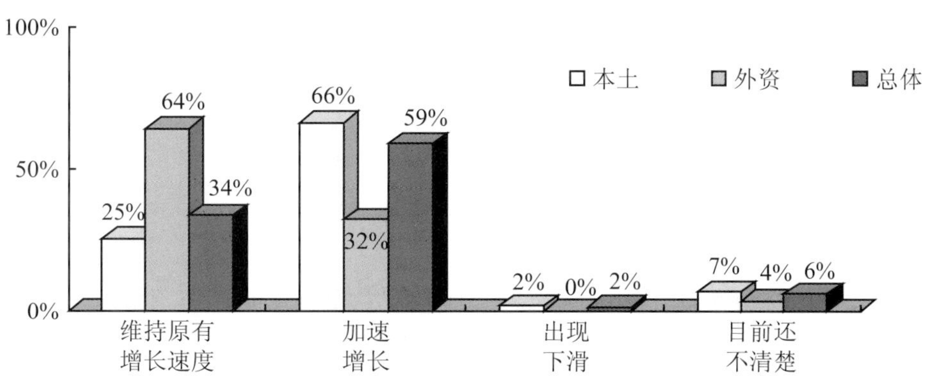

图6.13　对2007年中国风险投资发展的预测

（二）评估2007年中国风险投资面临的挑战

本项调查考察投资经理对2007年中国风险投资发展面临挑战的评价。结果显示，“退出渠道不顺”以28%的比例居首位，“投资价格过高”紧随其后（见图6.14）。

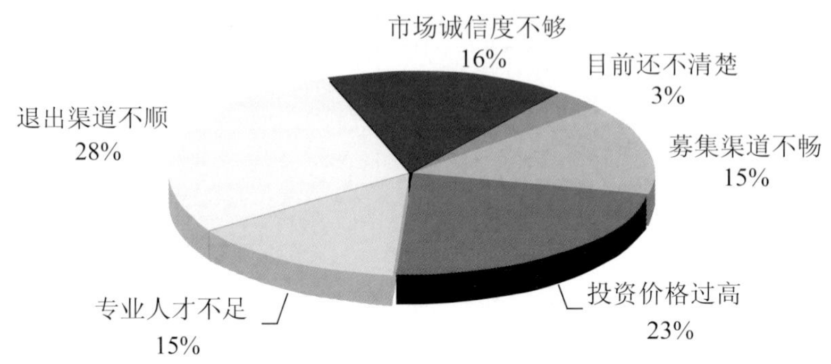

图6.14　评估2007年中国风险投资发展面临的挑战

第三节　投资行为、从业能力与素质

一、投资项目信息途径分析

本项目考察投资项目信息来源途径（见图6.15）。

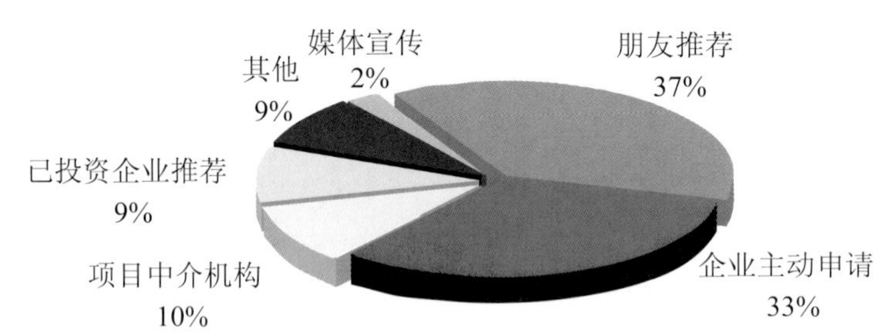

图6.15　投资项目信息首要途径分析

二、项目筛选考虑的因素分析

在被调查的132位投资经理中，筛选项目首先考虑的因素分布如图6.16所示。46.2%的投资经理以产品市场前景作为项目筛选的首要考虑因素，40.9%的投资经理最看重投资项目管理团队的素质。

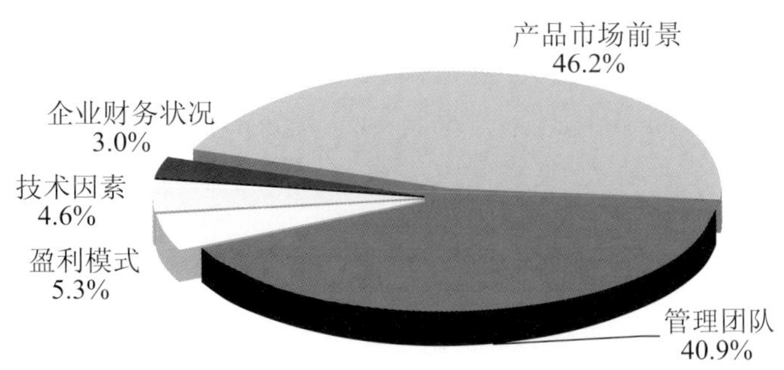

图6.16　项目筛选考虑因素

三、投资阶段偏好分析

在93份有效样本中，有68.8%的投资经理表示，偏好成长期阶段的项目；偏好扩张期项目的比例为17.2%，仅有4.3%偏好种子期（见图6.17）。

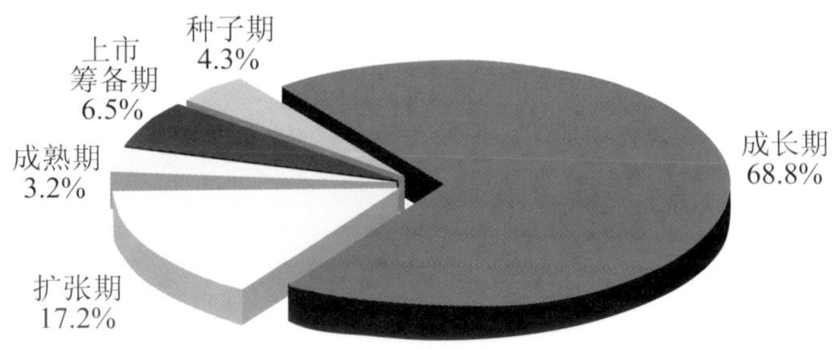

图6.17　投资阶段偏好分析

四、优秀投资经理的能力与素质要求

本项调查考察投资经理对优秀投资经理所应具备的能力或素质的看法，结果显示，判断力/洞察力敏锐以36.6%列居首位，守信/诚信以32.1%紧随其后（见图6.18）。

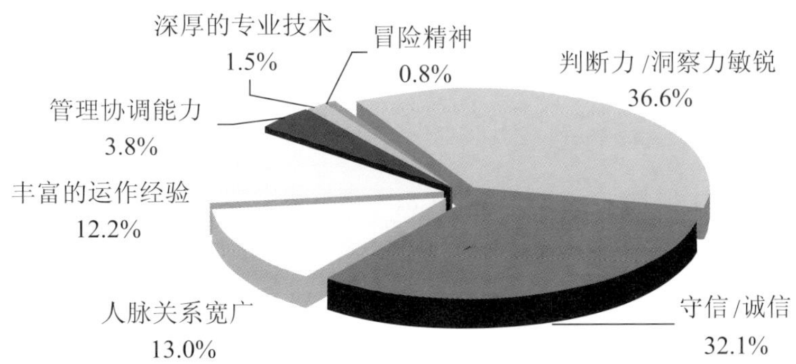

图6.18　优秀投资经理首要品质分析

研究篇

第一章　2006年国际风险投资研究综述①

本章首先对2006年国际风险投资的研究综述进行了说明，包括综述的分析框架和文献检索途径。在检索出的2006年国际风险投资的期刊研究文献（共191篇）中，经过仔细梳理，筛选出88篇风险投资学术研究文献，总结出本年度风险投资研究文献的一些数量分布特征。然后从经济学纬度和管理学纬度两个方面共计12个二级研究领域对这些文献进行了述评。文章随后介绍了10篇国际风险投资重要文献，这些文献对于我国发展风险投资产业具有理论借鉴意义。最后，本章还列出了92篇参考文献的目录，方便有兴趣的读者查阅。

第一节　国际风险投资研究综述说明

由于最近几十年风险投资在世界范围内的扩展，该领域的学术论文数量逐年增多，而且出现了新的研究热点。在宏观层面上，由于美国风险投资业的示范作用，发展中国家逐渐意识到自主创新对于国家经济增长和经济独立的战略意义，因此出现了引入美国风险投资经验的热潮，学术界则主要对美国经验的适宜性进行了探讨。在微观层面，由于投资者、投资经理和被投资者三方之间的双重委托代理关系的存在，以及创业企业未来绩效的高度不确定性，使得这一领域的研究倍具特色并且引人入胜。

本文按照风险投资研究的管理学和经济学两个纬度和12个二级领域综述了2006年全年正式发表的国际风险投资研究文献。

一、分析框架

我们的框架模型是在借鉴早期的风险投资研究综述Fried和Hisrich（1988）、Barry（1994）、Wright和Robbie（1998）提出的综述框架的基础上，参考Cornelius和Persson（2006）的经济学和管理学纬度的划分，基于对风险投资系统的界定，按照系统环境、风险投资系统整体、风险投资系统组织层面和个体层面4个层面各自的特点及其相互之间关系，得出4X4研究领域矩阵，如表1.1所示。表中阴影部分我们将其归为经济学纬度，其他部分归为管理学纬度。这是一个全新的、方便扩充的分析框架模型。

对经济学纬度和管理学纬度的划分标准是这样的：经济学纬度的风险投资研究关注于效率，基于新古典经济学的理论观点，包括代理理论、资本市场理论、信号理论和供需均衡分析的方法开展研究。因此，我们将那些关注风险投资系统与外界环境的相互影响的研究视为经济学研究，因为这类研究关注整个系统的效率和均衡，是在行业层面以上进行的研究，这类研究不仅涉及到国家对风险投资系统效率的评估和各种法律、政策对于系统以及系统内各子系统或者个体元素的

① 本研究综述主要由罗国锋（博士研究生，华中科技大学管理学院，湖北武汉）完成。

影响，同时还关注风险投资系统对于国家创新战略目标的作用。而管理学纬度更像一个丛林，比较多的是描述性或者探索性的研究，但也经常借用经济学的基本理论来解释管理现象，此外管理学纬度还用到了各种最近形成的理论，包括制度理论、社会资本或者资源交换理论、社会网络分析等。与经济学纬度的研究不同的是，管理学纬度的研究打开了风险投资系统这个黑箱，关注的是公司层面以下各个子系统甚至各个元素之间的关系及其对该层面绩效的影响。

表 1.1　　风险投资研究领域

	环境	风险投资系统整体	风险投资组织层面①	风险投资个体层面②
环境	环境政策的国际比较	环境对风险投资的影响	环境对风险投资的影响	环境对风险投资的影响
风险投资系统整体	风险投资对经济的作用	国际比较和新兴国家风险投资	风险投资网络	风险投资网络
风险投资组织层面	风险投资对经济的作用	风险投资网络	风险投资公司和创业企业相互作用和影响 创业企业融资 风险投资契约和风险管理 风险投资过程：风险投资筛选和评估过程；风险投资监控过程；风险投资退出和收获过程 风险投资战略与绩效：投资辛迪加；公司风险投资	组织对风险投资家、基金经理和创业家的激励
风险投资个体层面	风险投资对经济的作用	风险投资网络	风险投资家和创业家个体特征对投融资过程以及绩效的影响	投资者、风险投资家和创业企业家的行为特征和三者的相互关系

注：①风险投资组织层面：包括风险投资公司、风险投资基金、创业企业以及机构投资者

②风险投资个体层面：包括个体投资者、风险投资家、基金经理、创业家

二、文献检索途径

我们从 PROQUEST、EBSCO、Web of Science 以及 Science Direct 进行了检索，检索条件为论文名称、关键词和论文摘要三者中至少有一项包括我们的检索词“Venture Capital”，要求检索对象为学术期刊论文，但不要求数据库提供全文，时间限定在2006年全年。在初步的检索结果中，我们从 PROQUEST 上得到86篇文章，从 EBSCO 上得到37篇文章，从 Web of Science 上得到38篇文章，从 Science Direct 上得到30篇文章，一共得到191篇文章。我们辅助使用了 Elsevier、Blackwell、Springerlink 等出版商的数据库以尽可能多的获得全文，以准确地进行分析。最后，我们剔除了重复的文章和那些虽然包含了检索词“Venture Capital”，但实际上并不是风险投资领域的论文以及被这些数据库误以为是学术论文的文章（实际上是新闻或者书评等等），最终认定2006年国际期刊上共有88篇风险投资研究领域的学术论文。

我们审阅了文章的摘要，并辅之以阅读我们所得到的全文文献，依据前述风险投资研究领域的框架模型，将这些文献分为两大类、12个二级研究领域（由于没有风险投资网络方面的专门文献）。由于这些文献的划分有一定的困难，在界限不明显时，我们对这些文献的归属进行认真的讨论，依据文章的研究对象处在风险投资系统的层次、研究目标和主要结论，将它们归于某一类别。

第二节　风险投资研究概述

一、风险投资研究概况

本章报告了我们利用EXCEL电子表格对2006年风险投资文献数据进行统计分析所发现的的特点。

（一）研究的一般特征

从研究类型来看，2006年风险投资研究大体上以实证研究为主（占87.5%，共77篇），沿用演绎或者归纳等逻辑方法，以数据来验证提出的假说，从而发现风险投资的一般规律。我们选择的88篇文献中只有11篇文章是纯粹的规范研究，单单依靠演绎推理，没有使用任何数据。由此可以看出，国际期刊对发表文章要求的大趋势。有些研究者为了得到有说服力的数据，在随机样本选择和数据获得上花费了巨大的代价，获得了宝贵的一手数据。值得一提的是，美国和加拿大以及欧洲和澳大利亚出现了一些重要的数据库，被使用最多的是美国 Thomson Financial's VentureXpert 数据库，另外，美国 Securities Data Corporation's（SDC）Venture Economics 数据库也经常被学者所使用。加拿大风险投资协会、澳大利亚风险投资协会、欧洲风险投资协会、亚洲风险投资协会也都积累了大量的本区域的风险投资数据为风险投资研究打下了很好的基础。在此之外，各个证券交易所都有IPO企业的详实数据。

从文章的第一作者所在机构的国别来看，他们来自于26个国家和地区（见图1.1）。

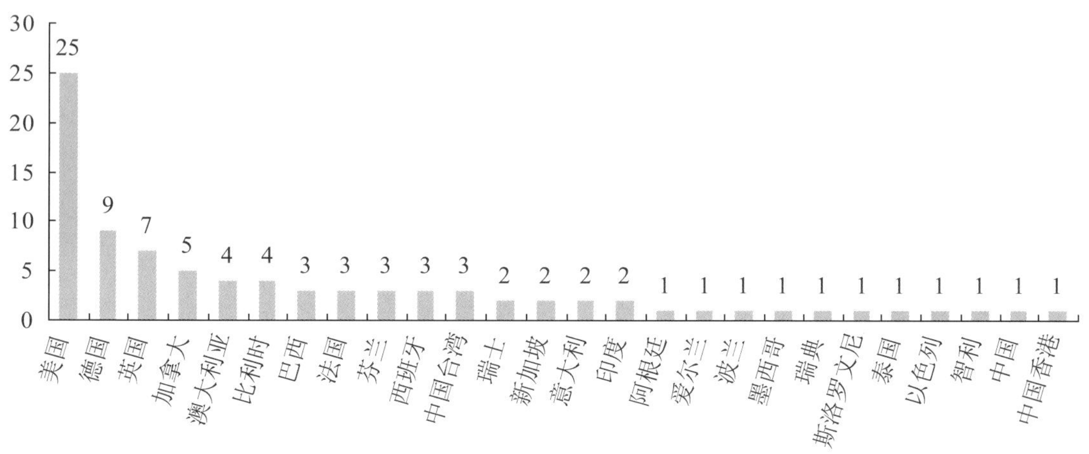

图1.1　第一作者国别和地区的分析

美国学者出现的频次为25（频率为28.4%），欧洲学者出现频次为37（频率为42%），这和 Cornelius 和 Persson（2006）的研究结果相一致，欧美学者在风险投资研究领域占据主流位置，这与欧美特别是美国发达的风险投资市场是分不开的。我们也可以看到越来越多的国家的研究者在国际风险投资研究中崭露头角。

我们发现在Cornelius和Persson（2006）的研究中有7位核心研究者在2006年没有文章发表，在2006年发表文章最多的是Cumming，共有5篇文章发表。

关于研究数据的来源国和地区的有效数据共有72个，而实证研究共有77个，有效数据占实证研究总数的93.5%（见图1.2）。

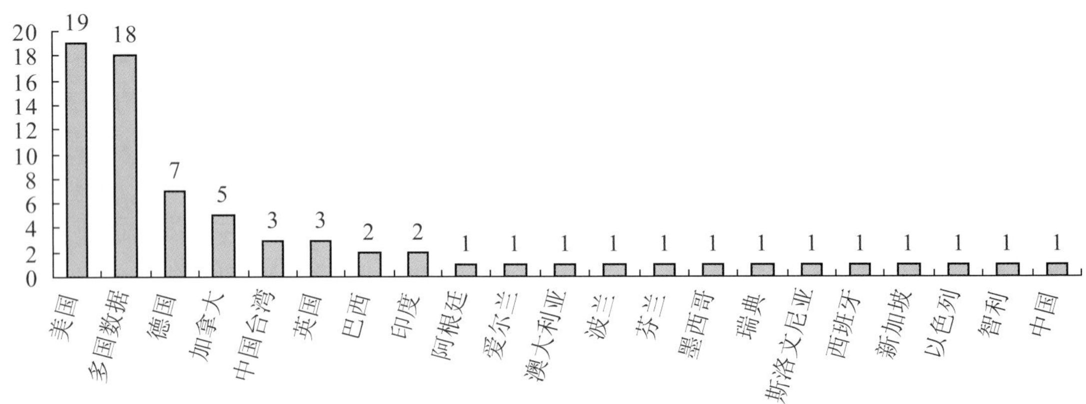

图1.2 数据来源国别和地区的分析

图1.2显示，有18篇文章使用了多国数据来进行研究，研究者使用多个国家的数据进行研究，有的是在不同的国家验证同一假说，但更多的是在不同的国家之间进行比较，以借鉴风险投资最为成功的国家的经验。从图1.2中也可以看出有不少新兴国家的风险投资已经进入了研究者的视野，显示出风险投资在世界范围内日益受到学术界重视，风险投资也真正成为一个世界现象。

（二）研究内容和领域分析

基于前述标准，我们认定的2006年管理学纬度的风险投资研究文章共有53篇（约占60%），经济学纬度的文章共有35篇（约占40%）。就2006年风险投资研究来说，在这两个学派的相互较量中，管理学纬度在数量上占据了2006年风险投资研究的上风。当然，管理学纬度的文章还需要经受住今后引文数量的考验。

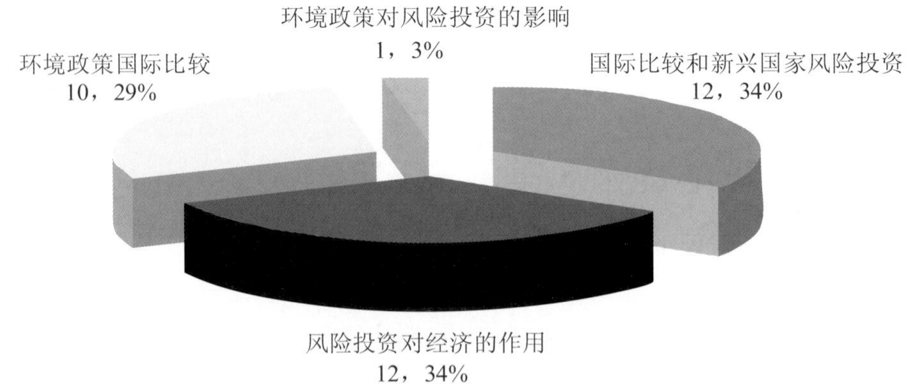

图1.3 经济学纬度的风险投资研究领域细分（研究数目及所占比例）

我们从图1.3看出，经济学纬度对风险投资的关注焦点非常均匀地分布在风险投资对经济的作用、环境政策对风险投资的影响和国际风险投资的介绍和比较这三个方面。前两个焦点研究的是风险投资系统和其外界环境的相互关系，而后者则是从行业层面上对国际风险投资行业的一个审视，尤其关注新兴国家的风险投资发展。

具体而言，环境政策对风险投资的影响这类研究主要从影响风险投资行业发展的宏观经济因素、法律因素、政策因素等方面出发来研究它们对风险投资系统整体或者风险投资子系统甚至各个参与者组织层面或者个体层面的影响。而风险投资对经济的作用这类研究关注风险投资系统整体或者其中的子系统甚至参与者的活动对经济发展（主要是创新经济）的影响。

我们从更细致的文献分析中发现，尽管专门对各国风险投资系统环境的差异的比较研究只有1篇文章，但有不少文章对各国的环境差异对风险投资的影响进行了非常细致的比较，这为决策者制订支持风险投资发展的法律或者政策提供了非常有价值的参考。

对管理学纬度的文献分析发现，管理学纬度的风险投资研究集中在4个领域："风险投资公司和创业企业相互作用和影响"、"风险投资过程"、"风险投资战略与绩效"、"风险投资家和创业企业家的关系"，它们的数量超过了我们划分的全部管理学纬度8个研究领域的80%（见图1.4）。

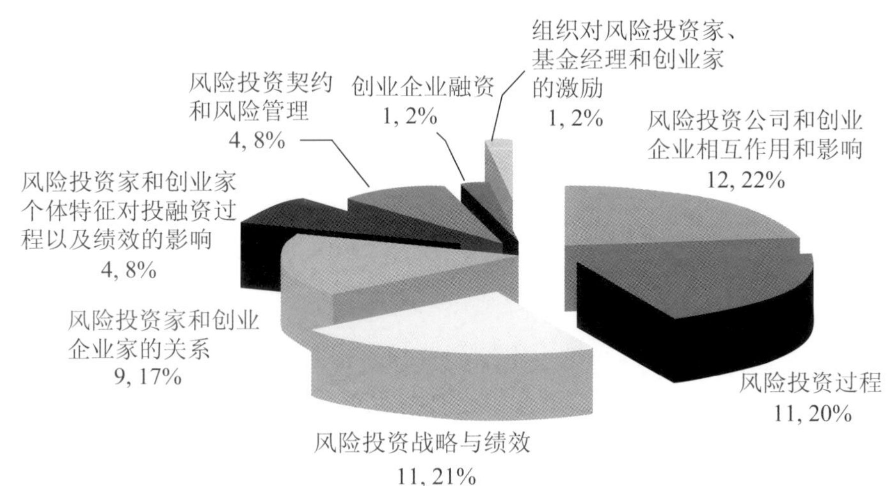

图1.4　管理学纬度的风险投资研究领域细分（研究数目及所占比例）

对于创业企业融资这个领域，研究者倾向于结合其他层面上的因素例如创业家个体特征一起研究，但是也有一篇文章在组织层面研究了创业企业融资。

在个体层面受到研究者关注最多的是风险投资家和创业企业家的关系。投资者作为参与者之一，和风险投资家的关系在2006年的研究中没有被关注。

（三）期刊来源分析

数据显示，样本中的文献共来自于38种期刊，其中有25种期刊上全年只刊登了1篇风险投资领域的文章。我们将这25种期刊用Others代表。在图1.5中，期刊简称所代表的期刊由左向右依次是Journal of Business Venturing、International Journal of Entrepreneurship and Innovation Management、International Journal of Technology Management、The Journal of Private Equity、Entrepreneurship Theory and Practice、Venture Capital、Journal of Banking & Finance、Journal of

Corporate Finance、Journal of Financial Economics、Management Science、Research Policy、Small Business Economics、Technovation，Others代表刊载文数量只有1篇的25种期刊，其中包括一些管理学和经济学领域的顶级期刊如：Academy of Management Journal、Journal of Empirical Finance、MIT Sloan Management Review等。

由图1.5可见，已经出现了风险投资领域的核心刊物，载文3篇以上的刊物共有6种，总计有49篇文章发表在这6种刊物上，占了总数的55.7%。

风险投资领域的文章发表在不少国际顶级经济学和管理学期刊上的现象说明了风险投资研究在整个管理学和经济学研究中已经开始有一定的地位，风险投资研究得到了更多权威关注（见图1.5）。

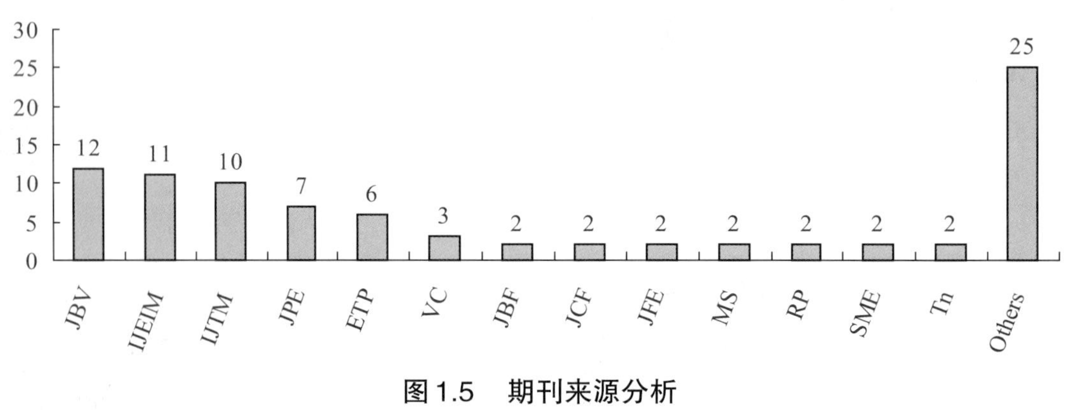

图1.5 期刊来源分析

二、经济学纬度的风险投资研究

（一）风险投资系统环境对风险投资的影响

风险投资系统的环境包括宏观经济因素、政府政策因素、国家法律规制、社会文化等宏观环境，也包括证券市场、产权交易市场、中介组织、行业协会等微观环境。在这些因素中，国家或者政府可以改变的包括法律规制和政策等宏观环境因素和各种微观的环境因素，政府往往希望通过其立法提议和针对性的政策来对风险投资施加影响。

Guilhon和Montchaud（2006）认为对于风险投资需要迎合不同国家体系的特征和同源性趋势的制度安排。作者详细描述了一个计量经济模型，考虑经济变量、制度因素和风险投资活动的特殊元素来考察风险投资行业的动态性。Marti和Balboa基于环境和行业因素提出了一个解释风险投资和私募股权市场资金流的概念模型框架。他认为资本的供应和需求的关系受到三个条件的直接影响：国内市场的规模、股票市场对于增长型公司的可接近性以及创业环境。从16个欧洲国家收集的数据证实了他的模型。

1. 法律环境对风险投资的影响

2006年共有4篇文献考察了法律对于风险投资的影响。Armour和Cumming（2006）使用15个国家14年的数据研究了法律环境对风险投资、资金募集和退出的影响，发现自由主义的破产法刺激了创业家对风险资本的需求，政府项目经常是阻碍而不是推动私募股权的发展，法律环境和股票市场对风险投资的发展一样重要，这对一味复制美国政策和股票市场的国家提供了法律改革的理论依据。Cumming，Fleming和Schwienbacher（2006）分析了法制环境对于风险投资退出的影响。他们对来自12个亚太地区国家的468个风险投资背景的公司和这些国家的风险投资家投资于美国背景的创业公司进行了比较研究，数据显示IPO更可能发生在法制指数比较高的国家里。数据实际上显示了国家的法制体系和有利于风险投资背景的IPO退出的联系比国家股票市场的规模更加直接。他们证明了法制环境对于减轻外部股东和创业家之间的代理问题和培育IPO市场和风险资本市场的共同发展的重要性。Darek研究了波兰法制环境对于风险投资交易的影响。作者基于对64个风险投资家的调查发现由于波兰显著的法律基础的不完美性，波兰本土风险投资家采用离岸交易的形式进行交易，本土风险投资家根据风险投资公司的不同特征表现出对交易构建的不同的偏好。Bigus（2006）从法律对风险投资系统个体层面上的影响角度进行分析，他认为如果一个发明的产权没有被充分的保护，阶段投资将减少投资者的控制力。其结果是，创业家将可能不努力工作。

2. 公共政策对风险投资供需的影响

风险投资产业是周期性的，在供需趋势上有周期性的振动，这对投资者选择和创业企业募集资金产生重要的影响。一个公共部门可以用来支持创新型的公司增长的措施是用私人的资金聚集公共资源。Giorgino（2006）提供了对以色列、法国、英国和爱尔兰的支持国内市场的公共政策的研究结果。为了测量公共部门在支持研究和革新政策方面的成就和绩效，他们基于经验选择了基准，从而可以以统一的基调进行直接的调研。在所有的研究个案中，基本的公共政策方案包括成立种子基金或基金的基金，而直接投资到创业公司也并不被排斥。

Rin、Nicodano和Sembenelli（2006）研究了在1988年～2001年间14个欧洲国家的一组独特的面板数据，发现：首先，没有证据显示欧洲存在风险资本短缺，这对最为广泛使用的培育活跃的风险资本市场的政策效果提出了疑问。其次，发现了其他的有效的政策，尤其是定位于创业公司的股票市场的开放对创新率有一个很大的正影响。公司资本利得税率的降低增加了高技术和早期投资的份额。劳动规制的减小也导致一个较高的高技术投资。最后，作者发现没有证据证明，增加的公共研发支出对提高创新率有效果。

Cumming和MacIntosh（2006）分析了加拿大对LSVCC（Labor Sponsored Venture Capital Corporate）的税收优惠的效果。与私人风险投资基金相比，LSVCC可能被期望具有较高的代理成本和较低的获利能力，数据证明了这一点。作者分析的核心问题是对LSVCC的税收优惠是否导致了资金挤出效应或者说替代了别的类型的风险投资基金？实证分析得到了肯定的答案。数据显示挤出效应非常显著并导致了加拿大风险投资总量的减少，挫败了政府的关键目标：那就是资本总量的扩张。在作者的分析中，确认了宏观经济因素（股票市场的绩效、真实利率、和实际国内生产总值的变化）对风险资本供给和需求的影响。

政府的政策有时候并不一定有效。Bates，Bradford和Rubin（2006）分析了美国小企业管理局旨在促进少数民族创业企业发展的风险投资，发现政策效果并不好。他们的研究说明了政府政策选择要更加审慎。

（二）风险投资对经济的作用

勿庸置疑，风险投资系统整体对经济的发展有着重要的作用，特别是在促进创新经济的发展方面，改善了经济效率，促进了新的经济部门的出现和高科技产业的发展。Alemany（2006）提供了西班牙风险投资背景的公司对经济的作用的证据。作者使用了西班牙风险投资活动最为活跃的三个领域的一个无偏样本估计了其对经济的影响。Gerke 和 Mager（2006）认为德国的经济是银行中心和股东导向的，因而风险投资没有发挥重要作用，风险投资市场基本上是不存在的。然而从20世纪90年代开始，德国经济发生了一些基本变化。作者论述了德国超越全球股市低迷的原因，并试图在政治经济学的体系下寻找答案。风险投资还是一个利用搁置研发成果的机制。Grimpe（2006）认为被搁置起来的成果可能是等着被发掘的金矿，需要一个创新型的组织结构来处理这种技术。他报告了一种内在的公司风险投资部门作为一个专门促进此类创新成果的利用机制。

Avnimelecha 和 Teubalb（2006）基于以色列最近35年的经验提出了一个风险投资的产业生命周期模型及其与高技术创业企业集群的关系。他们认为风险投资发展过程中的一个中心子过程是风险投资的出现——一个累积的、自我增强的过程，它是风险投资和创业企业共同进化的过程，是风险投资出现和高技术产业集群的转化之间的关键联系。作者的分析暗示，如果合适的背景条件出现了，风险投资将成为高技术产业集群转换的中心力量。

Champenoisa、Engelb 和 Heneric（2006）基于对建立于1995年～1999年间的378家生物技术公司的实证分析，研究了私人权益投资者（公司投资者和风险投资公司）在德国生物技术产业产生过程中的作用，统计结果证明了风险投资公司的至关重要性，他们是42% 的医疗保健开发者早期投资伙伴。相反，公司投资者很少卷入高风险的项目。Bains（2006）研究了欧洲生物技术产业和北美的区别，认为就雇员、产品和资本化而言，欧洲的生物技术行业比美国小多了。他认为其原因是较低的投资水平，同时造成在 IPO 中生物技术公司的价值低估。投资者的不信任和投资机制则可能是低投资水平的原因。

基于对欧洲能源技术风险投资的调查，Rolf 和 Tarja（2006）发现风险投资扩展到新产业领域的途径，他讨论了决定风险投资新市场领域出现的因素：感知到的风险（市场接受风险、退出风险、技术风险、人的风险和规制风险），感知到的利润和能源领域作为一个风险投资新的产业领域的成熟度。

Wonglimpiyarat（2006）指出培育创新集群、大学资源的有效利用、支持性的基础设施、愿意承担风险的文化和风险投资项目是硅谷经济发展的催化剂。与之类似的看法是风险投资在创新经济中发挥的是一个中介的作用。Wright 等人从英国及欧洲大陆发现证据证明存在一个市场供需的错误搭配，与啄序理论一致，风险投资家宁愿投资于种子期后的企业。然而，与啄序理论相反，创业企业一方则认为风险资本比内部资金更加重要。Wonglimpiyarat（2006）对政府的立法提案权以及政府所建立的组织和制度进行了研究，发现联邦政府通过立法提案权成为国家创新系统的主要因素，而风险投资在其中起到一个中介作用。Cumming（2006c）发现澳大利亚创新基金通过风险投资产业很好地投资于目标企业——初创企业，早期阶段创业企业和高技术公司，比较好地提供了监控和增值服务。Engel Dirk，Keilbach Max（2006）对德国的研究得出了同样的结论。他分析了风险投资对于德国新建公司增长和创新的影响，基于统计配对程序，作者证实了风险投资资助的公司有一个较高的专利申请数量。然而，这些专利在投资前就获得了。因此表明，风险投资家选择那些有创新成果的公司，在投资之后，公司的专利数量没有显著变化，但是公司的增长率显著增加。这说明更高的创新率是由于投资前的选择过程造成的而不是风险投资本身造成的。

（三）国际比较和新兴国家风险投资

新兴国家一个显著的特征是，当经济开始成熟时伴随着基础性和全面性的制度迁移。针对这种与发达国家不同的特点，Ahlstrom 和 Bruton（2006）通过对东亚新兴国家的65个风险投资家进行的半结构式的访谈研究了转型制度环境对风险投资家战略选择的影响，在新兴国家经济转型的不同阶段，尤其是这种转型过程中的网络和其他非正式制度如何来补充和替代非常弱的正式制度。作者进一步研究了当正式制度逐步被建立起来时，它们对风险投资的意义和非正式制度在新兴经济中的作用。在此之外，学者们对亚洲、中东欧以及拉丁美洲等新兴国家的风险投资进行了介绍。

Liu、Zhang 和 Hu（2006）介绍了在中国金融体制改革大环境下的中国风险投资行业及其独特的转型经济的结构。他们认为风险投资对于中国来说意味着更多的事情，它有多重目标，为进一步促进中国风险投资，不同的驱动力量要协调一致、目标一致。Kambil、Long 和 Kwan（2006）认为，由于中国的创业家对财务、公司结构和治理知之甚少，因此需要投资者花费大量时间来教他们，从而弥补这些缺陷。通过对投资于中国的风险投资家的访谈，他们提出了7个投资于中国的原则：对社会资本网络（或者称作关系）的重要性的认识、对公司治理和股东权益的理解、管理知识产权的能力、调整商业模式以适应中国情景的能力、增加中国年轻创业家管理和技术价值的能力、熟悉中国法律知识和应对中国复杂的规制环境的能力。Badino、Hu 和 Hung（2006）使用统计信息、先前的研究和与中国台湾的风险投资家的访谈，指出了台湾有4种风险投资模式：金融机构附属、产业附属、独立公司和联合公司，4种未来的增长路径：新行业、新市场、the bridge proposition and the real VC。

对于同是亚洲大国的印度，Mohanan（2006）发现印度的风险投资处于一个起飞阶段，投资者和风险投资家的数量都增长很快，政府在政策制订方面的动议、股票期权和对风险投资的税收优惠再加上海外上市刺激了投资者和创业者的热情。Subhash（2006）则论述了印度风险投资产业的高增长潜力，呼吁政府应该更加支持风险投资以便收获风险投资的全部利益。

Darek（2006）的研究有利于理解中东欧国家，如匈牙利、波兰、捷克、斯洛伐克等国，在1998年～2003年的风险投资。他们发现风险投资成为该地区发展型的公司最重要的资金来源，波兰是这个区域风险投资活动的领导者，这几个国家不能被认为是具有完全同样的特点。

对于拉丁美洲，Chocce 和 Ubeda（2006）认为这些国家风险投资发展缓慢甚至在20世纪90年代后期停滞是由外部和内部原因共同造成的。来自外部的原因包括亚洲金融危机和NASDAQ股市网络股的崩溃，内部原因包括经济不稳定性和风险投资的短暂历史以及创业和风险投资文化的缺乏和适宜的法律框架的缺失。Charvel、Gonzalez 和 Olivas（2006）讨论了墨西哥的风险投资形势，他们提供了对墨西哥风险投资的总的看法和发展或者阻碍风险投资的关键机制，分析了墨西哥的经济状况、金融部门、当前的规制框架和产业变化等问题。Mariz 和 Savoia（2006）比较了巴西和美国的私人权益市场，以美国为基准，作者乐观地认为巴西的私人权益市场正在成熟，并将于10年内成为世界上最有活力的市场。而 Walter 和 Valdir（2006）则研究了巴西从1994年～2003年这10年间出现的20支公司风险投资基金，它们总计募集的资金仅仅比1亿美元多一点，投资了74个不同的公司。这些投资给投资者带来了轻微的负的名义收益。这种绩效水平很难鼓励风险投资。使用多元回归分析，作者发现收益方差的30%由结构因素造成，其他70%则由投资选择造成。Carullo 和 Vismara（2006）总结了阿根廷风险投资行业的结构条件和最近的发展，叙述了风险投资导向的政策的演变。

（四）政策环境国际比较

Pascal 和 Michel（2006）比较了美国和欧洲风险投资产业和它们的发展条件。一些美国风险投资产业的特征不能作为欧洲风险投资产业的基准。作者区分了研发导向和市场进入导向的风险投资目标，指出风险投资的中介作用通过其部门和制度纬度表现出来。更进一步，风险投资产业的多样化有助于根据国家和地区的不同需要来推荐不同的政策选择。

三、管理学纬度的风险投资研究

前面我们提到，管理学纬度的风险投资研究是打开风险投资系统这个黑箱，探索系统内部各子系统组织层面甚至个体层面的特点以及它们之间的相互关系，意图找到增进组织绩效的办法。这些研究可以分为组织层面上的研究、个体层面上的研究以及跨层面的研究。其中，组织层面上的研究最受学者们的关注。

（一）风险投资公司和创业企业相互作用和影响

风险投资对中小企业融资越来越重要，特别是对那些具有高增长潜力的中小企业。风险投资形成了股权资本的一部分，当他们进入一个企业之后，风险投资家成了企业的共同拥有者。风险投资在中小企业的人员聘用、销售增长、技术发展和价值增加等方面扮演着重要的角色。Robnik（2006）研究发现斯洛文尼亚的中小企业对于风险投资的内容、角色和对于中小企业融资的重要性的认识非常有限，创业家应该被鼓励让风险投资家进入他们的企业，来分担风险，提供最先进的融资方式。

先前的文献证明了不同的风险投资来源对于价值增加有不同的影响，但在对创业企业国际化强度的影响方面没有不同。LiPuma（2006）对1348个新建技术公司的国际化强度和接受风险投资之间的关系做了研究，包括资本来源（来自于独立风险投资公司还是公司风险投资或者私募股权投资）是否具有影响。风险投资的缺位被发现是和增加的国际化有联系，但是不同的风险资本来源对国际化并无影响。

就成熟企业而言，Mathews（2006）发现创业企业和成熟公司的联盟改善了双方的效率。然而，必备的知识转移提高了成熟公司进入他的伙伴市场的激励。他认为股权可以消除进入激励，但是为了鼓励创业家努力于未来的增长期权，双方会选择迁就融合。

1. 对创业公司董事会和战略决策制订的影响

Filatotchev、Wright 和 Arberkt（2006）研究了风险投资背景的 IPO 公司的有效董事会的发展。使用一个英国的包括293个创业企业 IPO 的样本，他们证明了风险投资辛迪加投资于风险更大的公司，风险投资背景的 IPO 公司有更加独立的董事会，这和减轻代理成本的治理因素的假定相一致。Tammy、Fields 和 Wilkins（2006）把研究焦点放在内部所有者、董事会组成、非关联大股东和 IPO 后对公司的补偿结构之间的关系。他们对 IPO 后的公司跟踪研究了11年，把全部样本分成3个子样本来做比较：在抽样期间生存下来的、被并购的和登记破产的。作者发现，当 CEO 的所有权比例下降时，董事会独立性、风险投资家拥有的董事席位和非关联大股东所有权份额增加。结果暗示当内部所有权比例下降时，治理机制将会发生变化以减轻代理成本的增加。有趣的是，这种关系仅仅对那些在抽样期间的11年内生存下来的企业存在。Filatotchev（2006）还研究了 IPO 中影响董事会选择和股份所有权的因素。与社会认知和行为研究一致，他发现董事会独立性、非经理董事的认知能力和经理董事的经验和权利具有负向的关系，同时，大的股份所有权和非经理董事的强度和多样性具有正向的关系。然而，风险投资家保留的股权对董事独立性和非经理董事的利益有负面影响。

风险投资公司通过占有创业企业的董事会席位而对战略决策制订产生影响。Williams David R.、Duncan W·Jack 和 Ginte Peter M（2006）研究了190家生物技术和健康医疗公司 IPO 后的经历。研究揭示了在实际中的所有案例，风险投资家的介入削弱了创业家在战略决策制订方面的作用，这是由于风险资本投资之后外部董事占有大量的股份，创业家（在 IPO 之后仍然是总经理或者董事）占有较少的股份。Welpe 和 Kollmer（2006）通过联合运用案例研究和问卷调查的方法，实证研究了风险投资公司对技术方的影响，尤其是关于对生物科技公司的建立和技术商业化战略的影响。作者得出如下一些主要的结论：首先，创业企业声称风险投资公司对于他们技术上以及商业化策略上的影响要么大要么小，很少创业企业声称创投的影响是适中的；其次，风险投资公司的短期目标在对于其投资组合公司影响方面发挥很大作用；第三，创业家对风险投资公司影响结果的估计是独立于风险投资公司施加影响的原因的。风险投资公司施加影响的最积极的原因是风险投资公司对创业企业未来的巨大的期望。最后，公司风险投资的影响被认为比其他类型投资者的影响更积极。Hsu（2006）也研究了风险投资的支持对于技术创业企业商业化方向的可能的影响，对样本中696个企业的分析显示风险投资确实推进了战略联盟或者技术许可这两种协作活动，增加了 IPO 的可能性。

2. 对创业公司绩效的影响

Williams 等4人（2006）的研究考察了风险投资的介入、治理以及产权特征对于医疗以及生物技术上市公司绩效的影响，结果显示这些因素和生物技术上市公司绩效之间没有相关性。对于这些企业而言，这些机制只是一些或然的解决方式。同样的研究发生在加拿大，Niosi 发现在加拿大有风险投资支持的生物科技企业并不是2000年最为成功的增长性公司。相反，大学衍生的公司，获得专利和接受 Industrial Research Assistance Program 的公司更加成功。这些研究是否说明风险投资公司不能够改善创业公司的绩效呢？

（二）风险投资过程

1. 风险投资筛选和评估过程

关于对风险投资选择过程的描述和对该过程的认识，Eckhardt，Scott 和 Frederic（2006）认为风险投资是一个阶段选择过程，创业家首先选择出创业项目，然后风险投资家对其投资。他使用一个创建于1998年的包括221家瑞典新创企业的样本，发现创始人选择创业项目是基于自己对于市场竞争、市场增长和雇员增长的认知，而金融家作出投资决策是基于客观的能够证实的企业发展因素，例如组织活动的完备性，营销活动和企业的销售水平。Vanacker 和 Manigart（2006）分析了风险投资家对生物技术创业企业的选择过程。大多数风险投资家拒绝接受某种生物技术企业是因为政府产业政策的不确定性、在市场成熟前的长期发展过程和对该技术的难以理解。风险投资公司对生物技术企业的财务、市场和技术的尽职调查更加彻底，投资于后期的投资者更看重管理团队的能力，而早期投资者则期望对未来职业经理人的招募产生影响。尽管生物技术投资的高风险，作者发现没有证据表明，风险投资公司会设置一个更高的回报率门槛或者需要更加复杂的契约。双方不能达成协议的最重要的原因是对价值评估的不一致，这是由于缺少标准的估价工具和双方对风险的感知不同。Lu、Hwang 和 Wang（2006）研究发现风险投资公司的事前筛选、以防范代理风险的尽职调查依赖于事后报复能力。应用到新兴市场环境中，作者发现新加坡的外资风险投资公司报复能力相对较弱，因此比国内风险投资公司花费更多的精力来做尽职调查。

关于影响选择的因素，Le 和 Picard（2006）辨别出了法国公共风险投资机构（ANVAR）用以对早期阶段创新项目投资决策而构建的分析变量，主要包括创新的获利能力、限制收益率的因素和风险的特征。Dimov（美国）和 Shepherd（2006）发现，金融专业知识与较低的早期企业投资比例相联系，但是这种关系在有较高的声望和较强的地位的风险投资公司中的表现比较弱。他们还讨论了外部形象对于投资决策的重要性和细微差别，和专业知识必要的特征的重要性。Cumming（2006a）研究了影响风险投资组合规模的因素。使用来自214个加拿大风险投资基金的数据，他发现有4类因素影响组合规模：（1）风险投资基金的特征，包括基金的类型、持续期限、基金募集和风险投资基金经理的数目；（2）创业企业的特征，包括发展阶段、技术、地理位置；（3）融资交易的性质，包括阶段、联合投资和资本结构；（4）市场条件。数据进一步证明当一支风险投资基金投资组合规模增大时回报减少了。

投资选择的评价工具。Mainprize 和 Hindle（2006）的文章对5个有代表性的商业计划评估工具（BPEAs）进行严格的评价。5个 BPEAs — The Venture Opportunity Screening Guide、The Bell-Mason Diagnostic、ProGrid Venture、The FVRI System 和 The New Venture Template 被系统地对比，证据证明，基于成功的创业企业研究的贡献和使用保险精算建模的评估工具具有明显的优越性。Hindle 和 Mainprize（2006）的研究还对10个原则进行区分和操作化，建议 The EBRAR 可以作为编写和评价商业计划的指南。2005年3月，国际私人权益和风险投资估价指南（International Private Equity and Venture Capital Valuation （IPEV）guidelines）得到再版，Mathonet 和 Gauthier（2006）报告了 European Investment Fund（EIF）在其组合中的200多支基金上对该指南的采用和精确应用情况。在亚洲，Tseng 和 Lee 对台湾旅游业企业的内在价值评估的实证研究发现 Edwards-Bell-Ohlson（EBO）模型从预测能力来看是最佳的估价模型。当应用 EBO 模型时有必要估计投资的市场平均回报、公司平均投资回报和投资于该公司的风险资本投资体系。

2. 风险投资退出和收获过程

对风险投资退出的研究一度是研究焦点之一。Giot（2006）非常有新意地使用竞争风险模型来对退出时间建模，它允许对退出时间和退出类型联合分析。他发现 IPO 的 hazard rate 对时间显然是非单调的。当时间增加，风险投资背景的公司先是表现出一个增加的 IPO 可能性，到达一个顶峰后，还没有退出的投资将有很少的机会通过 IPO 退出。和出售形成鲜明的对比，其 hazard rate 具有较少的时变性，作者进一步提供了经济因素（如联合规模和组成，地理位置，风险投资价值增加）对退出效果的影响的证据。

（三）风险投资战略与绩效

Hand（2006）使用1992年～2001年这10年间美国 IPO 前有风险资本背景的生物技术公司作为样本，发现在各投资轮次间的资产收益和公司规模负相关，和账面－市值比率正相关。Dimov（西班牙）和 Clercq（2006）研究了风险投资公司的投资战略和组合公司失败率的关系。通过对美国200个风险投资公司12年来战略变化数据的研究，作者发现风险投资公司专业知识的发展和组合公司失败率负相关，同时他们还发现联合投资水平和失败率正相关。

在风险投资战略研究方面出现了两个新热点：投资辛迪加和公司风险投资。前者的主要目的是分散风险，投资更大的项目，打破风险投资家的精力和时间约束。后者则是成熟公司为了寻求战略和财务利益而越来越多使用的一种发现新市场和新的技术之窗的手段。下文对这两个热点分别总结。

1.投资辛迪加

在过去的文献中，有两种竞争性的观点解释为什么风险投资家联合投资。第一，联合被认为可以作为风险分担的手段。第二，风险投资家们可以为企业提供重要的生产性的资源：资本和信息。Lehmann（2006）实证研究了德国多个风险投资家股权联合投资，结果显示股权联合投资以及卷入投资的风险投资家的数量不能被公司特征（比如规模、成立时间和行业隶属）所全部解释。尽管联合投资在绩效方面并没有显著不同，他们确实显示出了较高的增长率。

Manigart（2006）使用金融理论、交易流的接近和选择监控技术来解释6个欧洲国家的风险投资公司的辛迪加。Manigart发现，与美国的研究对照，组合管理动机比单个交易管理的动机更加重要。对于联合的动机而言，风险分担、组合分散和完成更大规模的交易比选择和监控更加重要。这对早期和后期的投资者都适用，其中，价值增加对于早期阶段投资者来说动机更强些。然而，非领导的投资者参加辛迪加是因为辛迪加成员的价值增加和选择技巧。

Jääskeläinen、Maula和Seppä（2006）验证了风险投资家介入组合公司是怎样与风险投资公司的绩效相关的；通过投资辛迪加和别的风险投资家合作以及通过分担工作负荷来有效地减少注意力约束。他认为通过联合投资和别的风险投资家合作以及通过分担工作负荷来有效地减少注意力约束。对94个美国领导性的风险投资公司分析结果支持了作者的观点，从而也确认了先前关于风险投资家的介入增加价值的研究。

2.公司风险投资

投资于创业企业最近已经成了成熟公司了解技术和市场的常用手段。Reichardt和Weber（2006）则分析了2000年～2003年德国公司风险投资部门的战略、投资和组织等核心属性，发现了德国公司风险投资活动持续强劲增加的证据。Wadhwa和Suresh（2006）使用在通讯装备制造业的公司投资者的一组数据，研究了公司风险投资在何种条件下会影响投资者的知识创造。他们发现，当投资者介入程度低时，公司风险投资的投资数量和创新绩效有一个倒U型的关系。然而，当投资者介入程度高的时候，这个关系反过来了，投资的增加推进了创新。学者们过去也曾经指出这些成熟公司做公司风险投资时面临着潜在的挑战，那就是结构上的固有缺陷将抑制财务收益。Dushnitsky和Lenox（2006）认为作为从投资而来的其他收益的公司价值仍然被创造出来，这主要是提供了获得新技术之窗的机会。作者提出公司风险投资将创造更大的价值，当他们明确的为了追寻新技术而做公司风险投资，实证研究结果他们和所提出的假设相一致，甚至在控制了未被观察到的投资公司的异质性之后仍然未改变。那么到底公司风险投资能否带来显著的经济效益呢？ Allen和Hevert（2006）通过对1990年～2002年间美国信息技术公司的风险投资项目直接收益进行估价首次提出这个问题。研究发现，基于内部收益率和净现金流度量的直接收益（损失）呈现宽泛、双峰分布。风险投资进入时机、项目范围、年度投资、签约和收获行为都与收益的差异相联系。

Riyanto和Schwienbacher（2006）发现了公司风险投资的一个价值，就是当总部通过它的风险投资部门投资一个新的风险项目，可以增加该新企业和总部的产品互补性。增加互补性效果是依据产品市场竞争分析的一种柔和（策略）。因此，在决定是否投资该项目时，总部面临着这样一个权衡：一方面，依据产品市场情况可以变得更加有进攻性；另一方面，进行投资来生产替代品以使竞争柔和。

在对公司风险投资绩效测评的研究中，Bassen（2006）等基于平衡记分卡发展了一个绩效测量框架，这个框架通过整合战略和财务目标收益使得公司风险投资活动的结果更加透明。作者以西门子风险投资公司为例说明了这个框架的用途以及近几年的演变。

（四）风险投资契约和风险管理

风险投资过程中的双重委托代理关系和高风险以及高度信息不对称的特性使得风险投资契约显得尤为复杂和重要。Cumming（2006b）利用加拿大的数据证实了在逆向选择风险下不同金融工具吸引不同类型的创业企业，证明联合投资减轻逆向选择风险。

为了降低投资的风险，风险投资家很慎重地选择投资组合的公司并且在他们的投资组合之内系统地分散风险。Holger、Dodo 和 Ilona（2006）介绍了一个对专注于投资生命科学公司的风险投资公司选择组合公司的分析框架，通过将其应用到7个组合公司，并辅之以访谈数据，作者发现当其组合中包括非生命科学公司时，风险投资家们对风险性强的药品公司投资更多，而对医疗技术、诊断和服务提供公司投资较少。由此，作者认为，专业化于一个特定技术行业或者市场不能导致风险投资家面临的风险减少。Kut、Pramborg 和 Smolarski（2006）通过对142个欧洲的私人权益基金的调查提供了丹麦、荷兰、卢森堡、爱尔兰、英国、德国、奥地利、瑞士、波兰、法国、希腊、意大利、西班牙和葡萄牙的基金的风险管理偏好的证据。作者按照主要投资于风险资本或者 buy-out 投资对基金进行分类，然后从几个风险纬度分析了基金类型对风险管理的影响，结果显示那些与信息不对称相关的问题驱动着风险管理实践。Liu 和 Chen（2006）采用一个过程观点来辨别在中国运作的台湾风险投资公司面临的风险，提出了可操作的建议。他们收集了从13个风险投资的委托方、代理方和第三方的定性和开放式的回答，用内容分析方法来研究这些数据。结果显示，不同的风险投资过程使用不同的管理方法来减少风险：例如，设置清晰的目标、建立密切的关系、持续联系沟通、有效地监控以及提高退出能力。

（五）创业企业融资

创业家和风险投资家对于投资项目是否准备就绪具有不同的看法。Proimos 和 Wayne（2006）从创业家的角度研究了为什么只有少数投资建议被风险投资家接受，发现尽管创业家了解风险投资的基本投资标准，他们对自己项目是否准备就绪的评估过于自信。投资准备就绪由创业企业的技术、市场、管理团队和决心决定。这为创业家增加获得风险投资的可能性提供了不少解决方案。

（六）风险投资家和创业企业家的行为特征及相互关系

风险投资家以自己可能的方式对创业家施加干涉和影响，这种方式取决于风险投资家和创业家的个性特征。Grichnik 和 Hisrich（2006）使用先前美国研究的方法，研究了德国和以色列风险投资家投资决策前的行为和他们对组合公司战略的干预行为的差异。风险投资家是否得到创业家的信任呢？ Botelho 和 Jonathan（2006）通过问卷调查研究了巴西信息技术和生物技术公司创业家对风险投资的态度，数据表明，总体上企业家对风险资金持信任态度。这些创业家被分为被孵化和没有孵化两组，作者首先探究了创业家对寻找风险资金的期望，他们发现寻求风险资金的主要原因是为战略性计划建立合作伙伴，然而在对比组中存在相反的观点。他们还发现管理上灵活性的减小是创业家对接受风险投资的最大担忧。

创业家有时候会让风险投资家失望。Parhankangas 和 Landstro ¨ m（2006）解释了风险投资家对于创业家所引起的失望的反应，研究结果暗示和创业家有较强的联系和有管理经验的风险投资家更加倾向于使用积极的和建设性的方法。Liu、Paeglis 和 Walker Thomas（2006）研究了风险投资家对创业家的诉讼，他们假定风险投资家对组合公司的诉讼的可能性和负的产出将随着风险投资家的声誉和监控强度的增加而降低。作者首先研究了诉讼免除的决定因素，其次论证了，在诉讼之后风险投资家继续投资该企业可以被看作是风险投资家对诉讼好处的估计的一个信号。他们发现，声誉越好的风险投资家投资的企业越容易被诉讼，监控活动影响诉讼的可能性和好处、代理成本和诉讼后的继续投资的可能性负相关。

Kollmann 和 Kuckertz（2006）认为，投资者关系（个体和一小群知名的投资者之间的联系）对于那些新成立的没有上市的公司（即创业企业）的生存是必要的。作者使用了联合分析的方法研究了风险投资家的知情需要，因为他们对于创业企业的信息沟通战略有着重要的影响。风险投资家和创业家之间的关系还会影响风险投资家对组合公司绩效的感知。Clercqa 和 Sapienza（2006）研究了这种影响。通过对298家美国风险投资背景公司的调查数据的定量分析发现，嵌入在风险投资公司和组合公司的关系资本的数量和风险投资公司对组合公司承诺的程度与感知到的绩效相关。作者推测是关系资本和承诺增强了学习效应——这种效应增加风险投资公司对于绩效的认识。进一步，这种对绩效的认知被产生于关系资本和承诺的正的影响所放大。

风险投资家和创业团队成员间的相似性还会影响风险投资家的决策制订。Franke、Gruber 和 Harhoff（2006）总结了这种相似性效果的心理学基础，发展了一组关于相似性对团队质量估计的影响的假设。使用一个来自51个参加者的联合实验数据，作者发现风险投资家倾向于喜欢和他们有相同类型的教育和专业经历的创业团队。Mäkelä 和 Maula（2006）用案例研究建立一个跨国联合网络的跨组织承诺的实地模型，指出创业企业特点的变化影响投资家的承诺水平。这种关系被创业企业和投资者的距离放大，被投资者嵌入当地联合投资网络和相对投资规模减轻。

（七）风险投资家和创业家个体特征对投融资过程以及绩效的影响

风险投资家的人力资本对于价值增加活动的重要性是勿庸置疑的。Knockaert 等（2006）使用了一个独特的数据库，发现没有迹象表明投资经理介入监控活动是由基金或者人力资本特征所决定的。但是，对于价值增加活动，人力资本变量（包括先前的顾问经历和创业经历）是最重要的，投资经理组成成分的多样化和介入价值增加活动的程度负相关。最后，作者发现，就基金层面上的特征而言，附属型投资基金的经理介入价值增加活动较少。

对于创业家的特征，学者们集中研究了他们性别的影响，尽管女性接近和使用债务或风险资本融资已经很多，但是女性接近私人权益投资却比较少。Sohl（2006）研究了女性创业家接近天使资本的等同性，发现需求天使资金的女性创业家的比率比男性低，但是获得投资的可能性是相同的。作者还证明，女性更可能向女性天使投资人寻求融资，但是获得投资的比例较小。Hill、Leitch 和 Harrison（2006）通过半结构化的深度访谈，研究了创业家性别和融资能力的关系，发现女性像男性去追求增长和外部融资的可能性较小。来自爱尔兰的研究也得到了类似的结论，爱尔兰是发达国家中女性创业率最低的国家之一，使用来自于对6000个个体进行电话调查的数据，Gorman 和 Terjesen（2006）最终对73个女性和172个男性新手创业者以及40个女性和91个男性非正式投资者进行了比较分析，发现在新企业金融资本化的计划方面，女性和男性新手创业者之间以及女性和男性投资者之间没有差异，但是，发现女性相对于男性报告感知到的机会的可能性更小，感到他们具有开创新企业的技能和知识的可能性更小，知道一个最近的创业家的可能性也更小。这可能意味着女性对创业资本的需求较少。因此作者认为，单从为女性创业者提供资金方面入手对女性创业活动的影响有限。

（八）组织对风险投资家、基金经理和创业家的激励

对于接受了风险投资的新创企业而言，创业家和风险投资家都提供了价值增加的努力。如何有效地激励风险投资家和创业家是风险投资系统需要解决的重要问题之一。Hellmann（2006）认为，最优契约是在并购时给风险投资家比在IPO时更多的现金流量权。这解释了可转换优先股的用途，包括IPO时的自动转换。

第三节　2006年国际风险投资研究重要文献介绍

一、经济学纬度的风险投资研究重要文献

·《风险投资产业的动态性》

标题：The dynamics of venture capital industry

作者：Bernard Guilhon，Sandra Montchaud

文献来源：Int. J. Technology Management，Vol. 34，No. 1/2，2006

页码：146页～160页

风险投资产业的产生必定和每个国家克服自身独特的财政、技术和创业精神诸方面约束的能力相关，同时也和这些国家设定合适的制度安排的能力相关。一方面，过去的文献认为，美国风险投资模式是可以转移的，只要能够精确复制美国那些促进风险投资发展的政策。另一方面，在是否采纳美国的风险投资模式的问题上存在争论，某种特定的社会和制度环境必须能够接纳它们。在这种情形下，风险投资产业的产生和运行严格依赖于欧洲国家已有的制度框架。

可以用两种视角分析复制过程，一种是美国的风险投资契约模型，关注风险投资产业组织的上游，说明投资者和风险投资家的契约如何克服不确定性、信息不对称和代理成本问题。另外一种关注风险投资产业组织的下游，用学习过程来解释创业活动大量出现而且集结在某几个区域的原因。这样，风险投资产业的动态性就在于某种特定的环境下高质量创业者的机动性和技术经验的获得。

以色列的经验显示，风险投资基金要想发展只有通过引入国外的资金、以及引入国外顾问来帮助创业企业发展技术和开拓市场。可以这样认为，知识的国际化已经达到一个真正的全球化的阶段，即像商业天使这样的专家已经成为职业化的、在世界范围内高度机动的群体。在这样的情形下，已经建立的制度安排走向产业组织的杂交。从产业组织的结构、行为和绩效方面分析，显示了国家情景的特性和均质化。

欧洲风险投资真正起飞是在20世纪90年代中期。作者使用计量经济模型来研究经济变量、制度变量和退出模式变量到底谁是演变的决定因素？此模型获得一个满意的结果。经济变量如GDP和研发投入在每个模型中都表现出与风险投资占GDP的比重显著相关，但是相关系数较小。至于利率变量则从不显著相关。就制度变量而言，金融市场和因变量是高度正相关而且显著的。关注于技术企业的国家金融市场的存在组成了风险投资动态演变的决定因素。制度环境变量在前两个模型中显得不相关，在第一个模型中相关系数是正的，和作者期望的不一样，在第三个模型

中才和作者期望的一样，和因变量负相关，相关系数也很小。因此作者的结果显示，退出机制对风险投资有最强的影响。

总之，作者设法论证欧洲风险投资产业的动态性，指出这种动态性不遵从一个单一的路径。由于美国有种利于创新的文化行为的存在，美国的契约模式不能被复制到其他国家。创业活动大量出现的过程几乎是一个重复的过程，因为假定了这些活动是在那些风险投资活动已经很发达的地区进行的。作者的模型和数据证实了制度变量和经济变量对风险投资的影响，风险投资产业的产生和产业组织的形成可以放在一个动态的情景中来研究，这种动态性由合适的制度安排和旨在增长和创新的新创企业数量的增加所支持。

·***《通向硅谷的立法之路》***

标题：The legislative road to Silicon Valley

作者：John Armour， Douglas Cummingy

文献来源：Oxford Economic Papers 58 （2006）

页码：596页～635页

产业政策制定者经常问的一个重要问题是：如何可以复制硅谷创业家和风险投资的成功？硅谷的成功当然是多种因素造成的，其中一个至关重要的因素是风险投资——一种金融中介，它和创新以及高技术产品的发展紧密相关。因此理解风险投资的运作方式和那些帮助它繁荣的经济、制度和法律因素就成了一个重要的研究问题。寻求复制硅谷风险投资市场成功的政策制定者们必须首先复制美国的制度，例如成熟和流动性强的股票市场。那么，单单立法改革能否产生显著的影响？

一般认为，具有成熟和流动性强的股票市场的国家风险投资发达。在先前文献的基础上，作者考虑立法如何使风险投资变得不同。作者在这篇文章中比较了风险资本投资、资金募集和退出中的经济和法制因素。作者引入了一个来自15个西欧和北美国家14年的有代表性的时间序列数据，它跨过了整个商业周期，使用“联立方程方法”（simultaneous equations methods）区分了影响风险投资家投向创业企业基金供应的独立变量和影响创业公司对权益投资基金的需求的变量。与先前的研究一样，作者的实证结果显示出经济因素是影响风险资本投资的重要因素，本文的贡献在于与法律变量有关的发现。作者使用欧洲风险投资协会（EVCA）的指数：法律指数和财政变量指数。实证结果显示，国家法律和财政环境的“投资者亲善度”是风险资本投资供应的显著决定因素，同时它也是风险投资家的资金募集和退出的决定性因素。然后作者研究了公共风险投资项目在总体层面上对风险资本投资和资金募集的影响。作者发现公共风险投资项目没有导致总的风险资本投资的任何增加，反而有时和下降相联系。最后，作者将焦点放在破产法的作用上，这是迄今为止风险投资文献所忽视的领域。由此，作者证明了自由主义的破产法刺激创业家对于风险资本的需求。

为了研究不同国家中风险投资资本供给和需求的差异，作者首先为法律变量定义了一个合适的取值范围，在其中又分出哪些影响供给、哪些影响需求。

从供给方看，作者考虑了法律环境和公共基金的影响。作者使用欧洲风险投资协会最近的一份报告中建立的一个“投资者亲善度”的指数来测量某种法律和税收环境下投资者提供风险投资资本的意愿。这个指数由许多因素组成，包括对国内投资者的税收透明性、避免对来自合约国和非合约国的国际投资者常设机构双重征税的能力、实施税收优惠政策来激励基金经理的能力、避免支付那些对管理费和附带收益的增值税的能力、限制投资的程度、合并规制的内容（尤其是：

是否强迫延缓交易直到某个官员作出决定）、对于养老金投资于风险投资的规定、对利润和分红的公司税率、对 SME 的公司税率、资本利得税率、对个体投资者的税收激励、股票期权税、财政给予研发的激励和创建一个有限合伙制或者公司制的基金的时间和资本因素等等。这个指数越低意味着对于风险投资或者私募权益基金的法律和税收环境越好。由于各变量的共线性，作者不单独使用这些变量。复合的 EVCA 指数提供了一个有用的起点来验证法律和财政环境影响风险资本投资的供给。因此作者提出假设1：如果法律环境影响风险资本投资的水平，那么投资、资金募集和部署将和 EVCA 指数负相关。

一个更加特殊的问题是，政府是否可能通过建立公共基金机制来刺激风险投资行业的发展？这些基金可能起到引导创业家创业活动的需要，从而打开一个新市场。这依赖于精确的法律框架，在这个框架内可以建立公共基金。假定如果公共基金经理的激励由行政命令来确定（和激励私人风险投资经理的私下议定协议的方式相反），这些经理可能会浪费这些资金，或者，更坏的情形，挤出私人的钱。挤出效应发生在那些较松的预算约束的公共基金对有吸引力的投资出高价的情形，终端投资者给私人权益基金较少的钱——这是一个和政策制定者初衷相反的结果。当然，设计一个公共机制对公共基金更有效的管理从而获得一个好的回报率同时避免挤出效应的想法看起来也有道理。这形成了作者的第二个假设，假设2a：政府发起的基金有助于私人投资，增加了风险资本投资和资金募集的总的水平；假设2b：政府发起的基金挤出私人投资，减少了风险资本投资和资金募集的总的水平。

从需求方看，作者考虑了《个人破产法》和创业家重新开始的价值。《个人破产法》是一个管理个人破产的制度，是对财务上失败的创业者的惩罚和复原。个人破产的后果的特征和程度将影响创业家激励，从而对风险资本融资的需求产生影响。先考虑事前效应。募集风险资本融资的过程包含着交易成本。一个假定的创业家必须至少有生产一个产品的想法、发展一个可信的商业计划并组成一个团队来使得风险投资家相信可以投资。这样启动的企业当然地组成了公司。然而，弥补种子阶段前的投资将需要从个人资金中筹集，或者从创业者的朋友和家庭中筹集。如果这些资源已经消耗掉，创业者又不能从中找到风险投资，他将处于财政困境，没有工作，因而增加了个人破产的风险。如果潜在的创业家有不同的风险偏好，那么在其他情况不变的情况下，一个严厉的《破产法》的惩罚将使得潜在的创业家降低离开付薪岗位去创业的意愿，这就减少了对风险投资的需求。其次，破产法也有一个事后效应，它可以使失败的创业者在破产后继续参加经济活动。由于运气不好而破产和由于不具备创业的能力而破产同样可能会发生。如果《破产法》禁止失败的创业者东山再起，那么他们只能失败一次。相反，一个比较容易进行的重新开始意味着失败的创业者可以快速的复原。有些国家的《破产法》确实允许一个负债者获得新的开始，经过一段时间之后，他被允许免除债务。而有些国家则不允许。在那些允许的国家里，必须满足的时间要求和良好的行为记录等条件很不一样。除非或者直到这样的一个免除被允许时，这个债务人的任何资产或者收入将归属债权人支配，同时他的募集新资金的能力被严重的阻碍着。这样作者提出了第三个假设，假设3：从对失败的创业者的态度来看，《个人破产法》对待他们越大度，越能刺激对风险资本投资的需求。

作者使用的样本中不包括发展中国家，因为显著的制度差异带来了与结合分析相关的问题。作者的分析基于法律和制度机构有显著差异的国家，但是这些差异还不是太大以至于需要完全不同的实证方法。另外，作者不考虑1990年以前的数据，因为1990年以前风险投资市场在样本中的某些国家还没有很好的发展，相关数据可靠性较差。

作者的研究结果证实，法律环境对风险投资的供给具有极其重要的作用。有利的财政和法律环境使得风险投资和私人权益基金的设立容易，同时也增加了风险投资的需求。同样，慷慨的《破产法》刺激创业主增加了对风险资本的需求。政府的计划更多地阻碍而不是帮助私人权益的发展，法律环境和股票市场具有同等的重要性。

本文的研究结果有显著的政策含义。占优势的理论是成熟和流动性强的股票市场，是风险投资最重要的决定因素，因此政策制定者希望通过直接贯彻有利于流动性强的股票市场发展的法律手段（就像信息披露法律，小股东保护等法律）来培育风险投资。一个可供选择的路线是政府自己提供风险投资，通过公共基金机制来刺激私人企业市场的增长，然而这种机制的成功高度依赖于一个合适的激励机制的设计。作者的研究对这两种观点提出了疑问，首先，一系列的法律因素可能直接影响风险投资；其次，公共基金经常不能达到他们的目标；第三，慷慨的《个人破产法》增加对风险投资的需求。作者的研究结果意味着立法者可以通过减少直接税、但是不提供投资补贴的方法成功地刺激风险投资。这是因为投资的增加而没有相应的需求的增加时，将导致巨大的竞争压力和减少的回报，并将会导致私人投资者退出市场。

总之，研究结果指出了在美国之外建立一个类似硅谷的私人权益市场的道路：有利于风险投资的《税法》和适应私人权益市场建立的法律结构及对失败的创业家大度的《破产法》。至于政府直接投资计划，则不是非常需要，如果必须要有这样的计划，建议是越小越好。

·《创造一个和高科技产业共同发展的风险投资产业：从一个扩展的产业生命周期观点对以色列的经验总结》

标题：Creating venture capital industries that co-evolve with high tech：Insights from an extended industry life cycle perspective of the Israeli experience

作者：Gil Avnimelech， Morris Teubal

文献来源：Research Policy， Volume 35， Issue 10， December 2006

页码：1477页～1498页

风险投资是一个新产业，当其成功时要经历5个阶段，背景条件准备、产生前、产生、重构和巩固。每一个阶段包括一定数量的事件和过程。一个中心过程是风险投资的产生过程——累积的、自我增强的过程，包括一些相关的子过程。在以色列，这个子过程是风险投资和创业企业共同发展的过程，也是风险投资产业产生和高技术产业集群转化为初创企业之间的关键联系。

作者首先回顾了以色列风险投资的发展历程和特点，分析了以色列和美国风险投资的区别。20世纪90年代，风险投资扩展到以色列是在集中于技术公司IPO的资本市场全球化的情景下发生的，NASDAQ是以色列风险投资退出的主要通道。由政府导向的项目——Yozma项目引发的以色列的风险投资产业已经发展成为世界最大的风险投资产业之一（其绝对数仅次于美国，位居世界第二；按照占GDP的比例则是世界第一）。

与先前文献不同的是，本文作者将风险投资作为一个和高技术企业集群一起发展的产业看待，关注这一发展的动态过程，认为风险投资对高技术集群的影响是一个二者共同发展的过程，缺乏这种二者共同发展的机制将成为限制硅谷模式在美国之外的扩展的一个显著因素。

作者应用实地理论（grounded theory）的方法来验证以下假设：对风险投资和高技术企业集群的分析应该集中于动态过程而不是静态过程；风险投资产业经由一个累积的过程产生，风险投资产业对高技术集群的宏观影响不能通过对风险投资促进创业公司价值增加的简单加总完全计算出来。

作者的数据采集分为两个阶段，第一阶段（1999年～2000年）包括正式或者非正式的会谈，对象是以色列高技术集群和风险投资产业相关的主要官员和风险投资家、创业家。第二阶段（2000年～2001年）采用了正式的半结构化的访谈方法，对象是50个数据通信、数据安全和芯片设计领域的创业家、20个主要风险投资公司的高级经理（合伙人）。

作者利用收集到的数据将以色列风险投资产业的发展过程划分为5个阶段，然后分析了风险投资产业和高技术产业集群的共同发展过程的主要特征和高技术产业集群的进化机制。以色列风险投资和高技术产业集群共同发展的一些重要事件、条件和过程如下：第一，有利的背景条件的出现，尤其是研发和创新能力的显著扩散和高技术产业集群的创建；第二，在行业产生前，出现了大量高技术初创企业；第三，风险投资的出现导致以色列高技术产业向创业导向的集群转变；第四，政策引导的风险投资出现（Yozma）引发了风险投资快速膨胀过程（1993年～2000年）；第五，风险投资产业的产生；第六，作为一个新产业和新市场的风险投资产业的产生；第七，以有限合伙制为组织形式的私人独立风险投资公司占据风险投资产业的主流，它们集中于投资早期的高技术初创公司；第八，风险投资和创业公司的共同发展过程越来越同步；第九，与全球资本市场的联系（尤其是和NASDAQ的联系）和越来越多的以色列跨国公司的产生；第十，20世纪末风险投资的过热；第十一，外国投资者比例增加（40%～60%）；第十二，风险投资活动的稳定：在2002年～2005年期间，保持大约40～50支活跃的风险投资基金，大约管理着10亿～15亿美元的风险资本。

作者的分析暗示，如果合适的背景条件出现了，风险投资将成为高技术产业集群转换的中心力量。

· ***《新兴经济中的风险投资：网络和制度变化》***

标题：Venture Capital in Emerging Economies: Networks and Institutional Change

作者：David Ahlstrom， Garry D. Bruton

文献来源：Entrepreneurship Theory and Practice， Volume 30， Issue 2， March 2006

页码：299页～320页

新兴经济的特征是在其走向成熟时的基本制度变化。文章建立了一个进一步理解新兴市场中风险投资实践的框架，关注在新兴国家经济转型的不同阶段，制度环境变化对风险投资战略选择的影响，尤其是在这种转型过程中的网络和其他非正式制度的作用。

过去对于风险投资过程的理解主要是建立在代理理论的基础上的，有时也要借用管家理论（stewardship theory）。然而，这些理论对于风险投资在不同环境下的应用的解释能力遇到越来越多的问题。同时，尽管网络对于风险投资的影响得到了广泛的承认，对代理理论和管家理论的依赖使得它没有应用到不同的风险投资环境中去。制度理论增加了社会和文化因素，提供了一个关于网络社会化的解释。制度是一个社会的游戏规则，微妙而深入，大大地影响个体、集团和组织的目标和信心。对于风险投资而言，制度被认为是导致风险投资家行为一致的因素，对风险投资公司的过程和目标信息具有影响力。然而对制度的研究还要在更加具体的环境中进行，原因是组织不仅仅嵌入在行业制度安排中，还处于国家特殊制度环境中。新兴经济体是快速增长的国家，它们通过改革增强市场的作用。已有研究发现一些发达市场中的风险投资模型和新兴市场中的风险投资实践相关，但是还不知道如何变化以适应新兴市场。由于新兴市场国家正式制度尚需完善，网络的重要性就非常突出。因为网络成为一个克服制度结构缺陷例如信息传播（information dispersion）无效率和腐败盛行的重要工具。

作者使用实地理论方法进行数据收集，从亚洲风险投资指南中选出60名风险投资家和5名政府官员进行面对面的深度访谈，半结构的访谈按照实地理论被转录和编码。

作者的研究发现，尽管效率和投资者的可接近性对于发达国家和新兴国家的风险投资家都同样重要，但是在新兴经济体中，风险投资家需要更加重视个人网络来进行选择、监控、指导和退出活动。与创业家、政府官员、客户的个人联系和关系对于新兴经济体更为重要。作者发现新兴经济体中的风险投资实践和英美模式不同，风险投资家通过和创业家及其家庭的非正式的联系监控企业，他们通过个人联系创造了与关键客户、政府官员以及其他重要的联盟企业的关系。几乎所有接受访谈的风险投资家都同意这是他们工作的一个重要方面，而且不指望很快能够变化。

本文的实践意义在于，指出了对于风险投资家来说认识到在新兴市场和发达市场中从事风险投资的区别的重要性。在新兴经济中，支持创业家更加困难，风险投资公司需要将自己的人员安排在所投资的企业中。在西方，网络被用于信息目的和互换目的，而在东亚，网络常常还被用于替代正式制度，如法制、监控和契约执行，甚至在某些区域网络必不可少。本文理论和研究的意义在于指出在如今的新兴市场，使用制度理论作为基础可能具有比代理理论和管家理论更强大的解释力。

二、管理学纬度的风险投资研究重要文献

·《在中国内地运作的台湾风险投资公司的风险管理：一个过程视角》

标题：The Management of Risk by Taiwanese Venture Capital Firms Operating in China：A Process Perspective

作者：Liu Chung-Chu， Chen Shiou-Yu

文献来源：International Journal of Management; Sep 2006; 23，3，

页码：419页～429页

作者采用一个过程视角来辨别在中国大陆运作的台湾风险投资公司面临的风险，提出了可操作的建议。他们收集了从13个风险投资的委托方、代理方和第三方的定性和开放式的回答，用内容分析方法来研究这些数据，得出了一些结论。

作者首先回顾了关于风险投资过程和风险投资家进行风险管理的文献。一方面，关于风险投资过程，作者基于文献将其划分为6个阶段：资金募集、交易产生、筛选、投资、监控和退出。另一方面，作者列举了一些关于风险管理的实证研究的结果，例如证明风险投资家认为市场风险比代理风险更加有威胁的证据和这些风险产生的原因及风险的类别。

作者采用了不直接提问的深度访谈方法获得数据，然后对录音资料进行整理和编码，通过内容分析得出结论。作者既不使用一个设定好的问卷，也不限定问题的先后顺序，也没有一个固定的访谈时间要求，允许访问者以较大的自由度以探寻不同的领域和在访谈中增加特殊的问题，这样被访者容易联系他们自己的经历说出对于他们而言最为重要的事情。作者的样本包括13名在中国大陆生活一定时间的台湾风险投资家。

从作者的研究结果看，不同阶段在风险管理中的重要性的先后次序是：退出，监控，投资，筛选，基金募集和交易产生。这和先前的研究不一致，他们强调风险投资过程中早期阶段的风险（Buhnda & Young，1987）。这个结果主要是因为中国大陆不充分的退出机制和政府的外汇管制政策造成的。作者发现的不同阶段风险和管理措施见表1.2。

表 1.2 不同阶段风险和管理措施

	风险	风险管理
基金募集	合资比例、政府规制、汇率、所有权	清晰的基金目标、换成人民币、信任
交易发生	诚实合作、观念冲突、语言冲突、文化冲突、个人道德、个人能力	建立"关系"、细心招募和选择、调查
筛选	没有标准的会计账目、财务报告的不诚实、财务报告欺诈	建立信任、账目审计、内部审计
投资	产业选择、公司选择、组合组成选择	盈利产业、产业趋势
监控	运作问题、财务报告的不诚实、财务报告欺诈	建立分公司、花费时间监督、沟通、审计
退出	目标价格、股权比例、IPO	谈判、MBO，出售

· ***《德国和以色列风险投资行业的战略和投资行为：和美国的比较》***

标 题：Strategic and investment behavior in the German and Israeli venture capital industries: a comparison with the USA

作者：Dietmar Grichnik， Robert D. Hisrich

文献来源：Int. J. Technology Management， Vol. 34， Nos. 1/2， 2006

页码：88 页～104 页

尽管风险投资家的介入水平随着投资战略、创业企业的发展阶段、风险投资家在辛迪加中的作用、创业企业的创新水平和风险投资家的经历而变化，对投资的积极管理仍然被认为是风险投资家的基本特征。风险投资家的动机是通过价值增加活动和对创业企业发展状况的监控来最大化他们的投资绩效。先前的研究证实了风险投资家的介入活动是有效的，但是这些活动所面临的限制条件却很少被注意到。尽管风险投资家时间资源的缺乏被早期文献广泛承认，关于这个问题的实证分析很少。

作者着手验证风险投资家介入投资项目公司的管理是怎样和风险投资公司的绩效相关的。文章的核心命题是风险投资家对投资项目公司的注意力分配方式影响该公司的绩效，并进而影响风险投资公司的整体绩效。作者的观点分为两部分：一是风险投资家注意力分配对于单个投资项目公司的效果；二是注意力对整个组合水平的效果。进一步，作者认为通过联合投资和别的风险投资家合作以及通过分担工作负荷来有效地减少注意力约束。

作者认为，即便风险投资家可以完全有能力来管理一个单个的投资，但是当一个组合有很多的公司，这些公司都处在不同的发展阶段和竞争环境之中，都有不同的发展战略时，管理就变得非常困难。这些公司的数量越多、多样性就越大，风险投资家适应不同特定情况的转换就越慢。这样，每增加一个投资项目公司，就会减少总的可以用来管理投资项目公司的时间。当组合数量少时，存在规模经济；当组合数量增加到一个可以管理的规模之外时，规模不经济出现了。因此，作者提出第一个假设：在每个合伙人的投资项目公司数量和风险投资合伙人的绩效之间有一个倒U 型的曲线关系。投资辛迪加则提供了一个机制，通过分担工作负荷来减少管理一个创业企业所需要的时间。进而作者提出第二个假设：联合投资的频次正向调节上述曲线关系。由于领投者的工作负荷要因此增加，所以这种调节效果对于领投者较低，而对于跟投者较高。作者的第三个假设是：在联合投资中作为一个领投者的比例越高，上述正向的影响效果越低。

作者使用 IPO 的数量来测量风险投资公司的绩效，为了检验假设的强健性，作者使用了包括

IPO、并购和管理层收购在内的退出方式一起作为风险投资公司绩效度量的一个备选指标。作者使用风险投资公司合伙人的数量来测量可供分配给投资项目公司管理的注意力总量。合伙人的身份是通过他们的职位来判断的，他们的职位中包括“合伙人”、“副总裁”或者“常务董事”这些词时就被认为是合伙人。作者用风险投资家介入的公司数量来作为对一个风险投资家的组合大小的测量。然后，作者使用组合的大小与风险投资公司合伙人的数量的比来测量注意力的分配。联合投资的频率用联合投资占同一年总的新投资的比例来测量，在辛迪加中的作用则根据投资金额的多少来确定，作者认为投资最多的公司是领投公司，否则是非领投公司。领投或者非领投投资的个数占当年总的新投资的比例来测量在辛迪加中的作用。

作者对94个美国领导性的风险投资公司进行分析。这些公司仅仅包括那些被Venture Economics认为是独立的私人合伙者的美国风险投资公司，这就排除了投资银行的附属机构、公司风险投资、捐赠基金、个人投资者和其他私人权益投资者。关于风险投资公司的人员的数据来自Pratt's Guide to VC Sources。通过使用泊松回归分析，分析结果支持了作者的假设。

文章的贡献在于支持了最近关于组合规模的理论研究，扩展了关于风险投资辛迪加对最优组合规模的调适作用的理论。文章的实践意义首先在于对风险投资家选择成功的战略和资源分配提供了指导。同样，创业家寻找融资也应该考虑风险投资家面临的限制。

文章的局限在于对风险投资家绩效的测量上，首先，作者关注于投资项目公司的整体最优，却忽略了一些细节，例如风险和收益的关系。第二，样本只包括美国的主导型的风险投资家，它可能不能代表整个风险投资行业。第三，作者没有讨论风险投资家介入动机（如帮助还是监控）的影响。

总之，这项研究第一次实证分析了投资活动的组织和风险投资公司的绩效之间的联系。作者期望本文可以刺激关于风险投资家战略和成功因素的进一步研究。

·***《多阶段选择和新创企业融资》***

标题：Multistage selection and the financing of new venture

作者：Jonathan T. Eckhardt， Scott Shane， Frederic Delmar

文献来源：Management Science， Vol. 52， no. 2， February 2006

页码：220页～232页

作者使用一个创建于1998年的包括221家瑞典新创企业的样本，研究了一些新企业更可能成功获得外部资本的原因。作者认为风险投资是一个阶段选择过程，两个相继的选择系统分选全部创业企业并影响其获得融资。创始人首先挑选出创业项目作为外部融资的候选对象，然后金融家对其投资。作者发现创始人选择创业项目是基于自己对于市场竞争、市场增长和雇员增长的认知，而金融家做出投资决策是基于客观的能够证实的企业发展因素，例如组织活动的完备性、营销活动和企业的销售水平。

作者定义新企业创造为，有一个人或者一群人创造一个新组织进行商业化活动的努力行为，而不是一个法人实体，这是因为在此之前企业融资活动已经发生了。随后作者定义第一次融资活动为，企业第一次从外部资源获得资本，外部资源包括任何提供资本的非创建团队成员。第一阶段被定义为创始人寻找外部资本的融资的决策，第二阶段是指投资者的投资决策。创始人的选择标准：高市场增长性、低行业竞争性和价格竞争性。投资者的选择标准：新创企业迎合市场需求的能力、新创企业成功出售商品和服务的程度、关键组织活动的完备性（法人实体的形成、必要的许可和知识产权保护）。

作者提出如下假设，假设1：企业创始人寻求外部融资的可能性随着其对创业项目的正的评估的增加而增加；假设2：公司创始人得到外部融资的可能性（如果他们寻求外部融资的话），随着企业绩效客观度量的增加而增加。

作者在样本选择上下了很大的功夫，构建了工作年龄人口的随机样本。通过1998年前9个月的3万多个电话调查，作者获得了30 427个愿意参与调查的人。愿意参加调查的和不愿意参加的人群没有年龄、性别和地理位置的显著差异。然后通过4个步骤的筛选，作者获得了已经建立了新企业的221个创始人作为调查对象并跟踪调查他们的企业。在30个月内，作者每6个月联系一次，除非这些企业被终止。样本中包括新农场、以家庭为基础的小企业、独立顾问公司、制造企业、饭馆、高技术公司和清扫公司，其中低于一半（46.6%）从事技术的服务业，39% 从事高技术服务业，14.3% 从事制造业。超过1/3（36.7%）的企业寻求资金，其中，28.5% 获得了融资，不到10% 获得了风险投资。

作者发现创始人对企业的认知对于决定是否寻求外部融资有显著的影响，这些认知中，市场增长期望的影响最大；企业发展的客观纬度对创业企业获得外部融资有显著的影响，启动市场的活动和组织活动的影响程度最大，而产品发展程度的影响不显著。比较两阶段模型和单阶段模型，作者发现两阶段模型更加精确地评估了创业融资过程。

总之，作者的贡献在于一是新创企业融资是一个进化选择过程，两阶段累积选择过程。二是实证检验了那些被忽略的但是很重要的创始人在新创企业融资中的重大作用；三是样本的选择一般化到典型的新创企业，包含了更一般的非风险投资的创业企业，他们从朋友、家庭、亲戚那里获得资金；四是克服了选择偏差，过去的很多研究从上市公司名录里选择样本，存在选择偏差。

· ***《评价5种风险投资估价方法的效果和标准化的潜力》***

标 题：Assessing the Efficacy and Standardization Potential of Five Competing Venture Capital Investment Evaluation Approach

作者：Brent Mainprize， Kevin Hindle

文献来源：The Journal of Private Equity，Winter 2005，9，1;

页码：6页～21页

决策辅助方法可以帮助一个新手成为专家、帮助专家保持他们的地位，因为它可以纠正人类在决策过程中前后不一致和对指标权重的错误估计，改善了人的判断的前后一致性和判断精度。作者首先回顾了决策、投资决策和风险投资决策方面的文献，将焦点放在投资筛选阶段，然后研究了一般商业情景下和风险投资特定情景下的辅助决策方法的使用，最后建立了一个理论框架来对商业计划评估辅助方法分类和比较。这个框架有两个坐标轴，一是判断标准的来源，二是判断标准的应用。在风险投资决策过程中有两个判断标准来源：个体认知（经常缺少逻辑和经验基础）和客观的企业特征（基于对现创业成功和失败的原因的深入研究）。对判断标准的两个不同的应用是非系统的判断和精算模型。使用客观的企业特征和精算模型的商业计划评估辅助方法具有改善投资筛选过程的最大能力。最后，作者通过分类比较发现，在5种评估方法中，FVRI 系统和新创企业样本两种方法最能改善投资筛选过程。

风险投资家使用很多不同标准来评价商业计划，对学术文献和实践者的调查研究发现这些判断标准的来源和应用差异很大。风险投资决策领域现存研究主要属于个体认知流派，这个流派已经有一个风险投资家评估商业计划的评判标准，这些标准是以风险投资家信奉的筛选标准为基础的。而客观的企业特征则是在公司层面上的分析，研究者已经清楚地识别出那些成功企业的特征和倾向于失败的企业特征。在筛选阶段发现，增强创业企业可行性和成功概率的特征对于预测创业企业未来绩效非常关键。个体认知标准相对于客观的企业特征来说，在理解实际决策标准或者建立改善绩效的指南方面基础薄弱。

一个好的决策意味着系统化的应用和有效的标准。个体往往善于对信息编码，却劣于综合这些信息。研究者们发现风险投资家常常高估那些不重要的标准或者低估那些重要的标准。对判断标准的应用因此出现差异。一方面，许多风险投资家在筛选决策时常常随意的应用决策标准，而且前后不一致。另一方面，风险投资家使用高度结构化和正式的决策支持系统：精算模型，它可以最优的结合各个判断标准，使用一个加权算法来得出预测结果。

作者使用案例研究方法有目的的选出了5种商业计划评估方法：创业机会筛选指南（Timmons，1994）、Bell-Mason 诊断法（Bell，1991）、ProGrid 创业网格（Bowman，1997）、FVRI 系统方法（Fiet，Gupta，et al. 2003）、新企业样板方法（Mitchell，1995）。按照作者开发的分类方法，将这5种方法分成四类，如图1.6的4个象限。对先前文献的综合分析发现基于客观企业特征和精算模型的方法具有最好的效果和标准化的潜力，在图中第四象限。

作者得出结论，对5种商业计划评估辅助方法的分类显示第四象限的两种方法在改善筛选过程方面有最大的潜能：FVRI 系统和新企业样板方法。作为文章的补充，作者最后详细介绍了这5种评估方法。

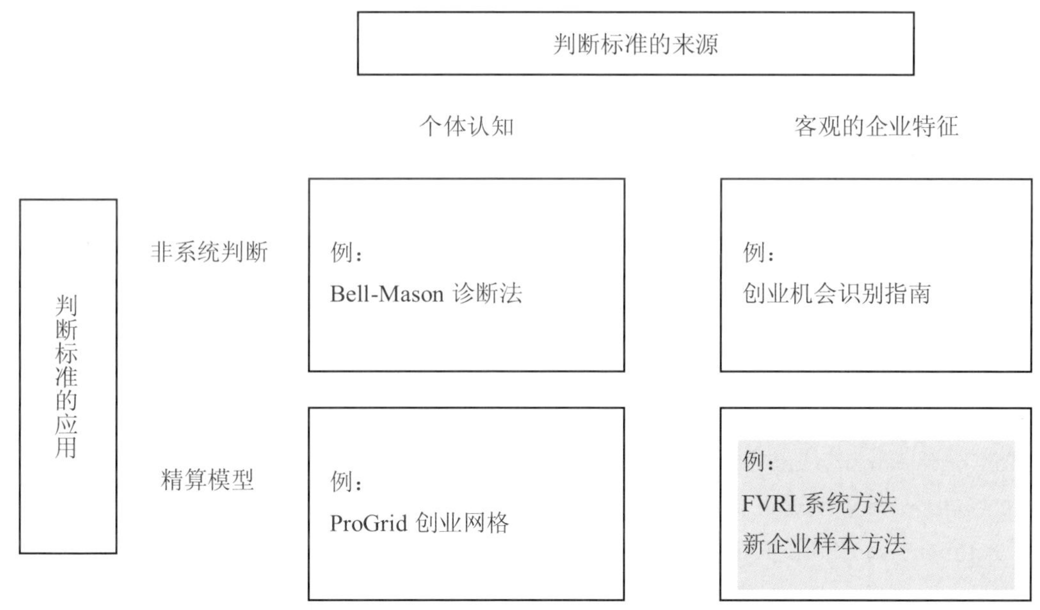

图1.6　5种商业计划评估辅助方法的分类

第四节　2006年国际风险投资研究文献参考目录

[1]Ahlstrom David, Bruton Garry D.'Venture Capital in Emerging Economies：Networks and Institutional Change', *Entrepreneurship Theory and Practice*, Waco, Mar 2006, Vol. 30, Iss. 2, pp299

[2]Alemany Luisa. 'Venture capital in Spain: evolution, characterisation and economic impact analysis', *International Journal of Entrepreneurship and Innovation Management*, Milton Keynes, 2006, Vol. 6, Iss. 4, 5, pp412

[3]Allen Stephen A., Hevert Kathleen T. 'Venture capital investing by information technology companies: Did it pay?', *Journal of Business Venturing*, Volume 22, Issue 2, March 2007, pp262-282

[4]Armour John, Cumming Douglas. 'The legislative road to Silicon Valley', *Oxford Economic Papers*. Oct 2006, Vol.58, Iss. 4, pp596

[5]Avnimelecha Gil, Teubalb Morris. 'Creating venture capital industries that co-evolve with high tech: Insights from an extended industry life cycle perspective of the Israeli experience', *Research Policy*, Volume 35, Issue 10, December 2006, pp1477-1498

[6]Badino Joseph H, Hu Chiu-Chiang, Hung Chih-Young. 'Models of Taiwanese venture capital activity and paths for the future. Venture Capital' , Jul-Sep 2006, Vol. 8 Issue 3, pp203-226

[7]Bains William. 'What you give is what you get: Investment in European biotechnology', *Journal of Commercial Biotechnology,* Jul 2006, Vol. 12 Issue 4, pp274-283

[8]Barry, Christopher B. 'New directions in research on venture capital finance', *Financial Management,* Autumn 1994, 23, 3, pp3-15

[9]Bassen Alexander, Blasel Doris, Faisst Ulrich, Hagenmüller Moritz. 'Performance measurement of corporate venture capital - balanced scorecard in theory and practice'

[10]Bates Timothy, Bradford William, Rubin Julia Sass. 'The Viability of the Minority-Oriented Venture-Capital Industry Under Alternative Financing Arrangements', *Economic Development Quarterly*, May 2006, Vol. 20 Issue 2, pp178-191

[11]Bigus Jochen. 'Staging of Venture Financing, Investor Opportunism and Patent Law', *Journal of Business Finance & Accounting*, 33（7） &（8）, September/October 2006, pp.939–960

[12]Botelho Antonio J J, Jonathan Eva G. 'Brazilian high-tech entrepreneurs' perceptions and attitudes towards venture capital', *International Journal of Entrepreneurship and Innovation Management*, Milton Keynes, 2006,Vol.6, Iss. 4, 5, pp356

[13]Carullo Juan Carlos, Vismara Felipe. 'Venture capital in Argentina: public policies and cooperation between private and public sector', *International Journal of Entrepreneurship and Innovation Management,* Milton Keynes, 2006,Vol.6, Iss. 4, 5, pp326

[14]Champenoisa Claire, Engelb Dirk, Heneric Oliver. 'What kind of German biotechnology start-ups do venture capital companies and corporate investors prefer for equity investments?', *Applied Economics*, 3/20/2006, Vol. 38 Issue 5, pp505-518

[15]Charvel Roberto, Gonzalez Luis Fernando, Olivas Dario. 'The unfulfilled need of venture capital in Mexico', *International Journal of Entrepreneurship and Innovation Management*, Milton Keynes, 2006, Vol. 6, Iss. 4, 5, pp303

[16]Chocce Gianni Romani, Ubeda Miguel Atienza. 'Venture capital in Latin America: evolution and prospects in Chile', *International Journal of Entrepreneurship and Innovation Management,* Milton Keynes, 2006, Vol. 6, Iss. 4, 5, pp286

[17]Clercqa Dirk De, Sapienza Harry J. 'Effects of relational capital and commitment on venture

capitalists' perception of portfolio company performance', *Journal of Business Venturing* 21（2006）, pp326–347

[18]Cornelius B, Persson. 'Who's who in venture capital research', *Technovation* 26（2006）, pp142–150

[19]Cumming Douglas (Australian), Fleming Grant. 'Schwienbacher Armin. Legality and venture capital exits', *Journal of Corporate Finance* 12（2006）, pp214– 245

[20]Cumming Douglas, 2006a. 'The Determinants of Venture Capital Portfolio Size: Empirical Evidence', *The Journal of Business*, May 2006, 79, 4, pp1083-126

[21]Cumming Douglas, MacIntosh Jeffrey G. 'Crowding out private equity: Canadian evidence', *Journal of Business Venturing* 21（2006）, pp569– 609

[22]Cumming Douglas, 2006b. 'Adverse Selection and Capital Structure: Evidence from Venture Capital', *Entrepreneurship Theory and Practice*, Volume 30, Issue 2, Mar 2006, pp155-183

[23]Cumming Douglas, 2006c. 'Government policy towards entrepreneurial finance: Innovation investment funds', *Journal of Business Venturing* xx（2006）

[24]Darek Klonowski. 'Venture capital as a method of financing enterprise development in Central and Eastern Europe', *International Journal of Emerging Markets,* Bradford, 2006, Vol.1, Iss. 2, pp165

[25]Darek Klonowski. 'Venture Capital Contracting in Transition Economies: Evidence from Poland', *Post-Communist Economies*, Sep 2006, Vol. 18 Issue 3, pp327-343

[26]Dimov Dimo （American）, Shepherd Dean A, 'Sutcliffe Kathleen M. Requisite expertise, firm reputation, and status in venture capital investment allocation decisions', *Journal of Business Venturing*（2006）

[27]Dimov Dimo（Spaish）, Clercq Dirk De. 'Venture Capital Investment Strategy and Portfolio Failure Rate: A Longitudinal Study', *Entrepreneurship Theory and Practice,* Volume 30, Issue 2, Mar 2006, pp207-223

[28]Dushnitsky Gary, Lenox Michael J. 'When does corporate venture capital investment create firm value?', *Journal of Business Venturing* 21 （2006）, pp753– 772

[29]Eckhardt Jonathan T., Scott Shane, Frederic Delmar. 'Multistage selection and the financing of new venture', *Management Science.* Vol, 52, no. 2. February 2006, pp220-232

[30]Engel Dirk, Keilbach Max. 'Firm-level implications of early stage venture capital investment - An empirical investigation', *Journal of Empirical Finance* xxx （2006）

[31]Filatotchev Igor, Wright Mike, Arberk Mufit. 'Venture Capitalists, Syndication and Governance in Initial Public Offerings', *Small Business Economics*, Dordrecht, May 2006, Vol. 26, Iss. 4, pp337

[32]Filatotchev Igor. 'Effects of Executive Characteristics and Venture Capital Involvement on Board Composition and Share Ownership in IPO Firms', *British Journal of Management,* Volume 17, Issue 1, Mar 2006

[33]Franke Nikolaus, Gruber Marc, Harhoff Dietmar. 'What you are is what you like—similarity biases in venture capitalists' evaluations of start-up teams', *Journal of Business Venturing* 21（2006）, pp802–826

[34]Fried, Vance H., Hisrich, Robert D. 'Venture Capital Research: Past, Present And Future',

Entrepreneurship Theory and Practice, Waco, Fall 1988.Vol.13, Iss. 1, pp15, 14 pgs

[35]Gerke Wolfgang, Mager Ferdinand. 'Venture capital, initial public offerings and political economics: the case of Germany', *International Journal of Entrepreneurship and Innovation Management.* Milton Keynes, 2006, Vol. 6, Iss. 4, 5, pp429

[36]Giorgino Marco. 'Public models to support venture capital market', *International Journal of Entrepreneurship and Innovation Management,* Milton Keynes, 2006, Vol. 6, Iss. 4, 5, pp444

[37]Giot Pierre. 'IPOs, trade sales and liquidations: Modelling venture capital exits using survival analysis', *Journal of Banking & Finance*, In Press, Corrected Proof, Available online 25 July 2006

[38]Gorman Colm, Terjesen Siri. 'Financing the Celtic Tigress: Venture financing and informal investment in Ireland', *Venture Capital*, Jan-Mar2006, Vol. 8 Issue 1, pp69-88

[39]Grichnik Dietmar, Hisrich Robert D. 'Strategic and investment behaviour in the German and Israeli venture capital industries: a comparison with the USA', *International Journal of Technology Management*, Geneva, 2006, Vol. 34, Iss. 1, 2, pp88

[40]Grimpe Christoph. 'Making use of the unused: shelf warmer technologies in research and development', *Technovation* 26（2006）, pp770–774

[41]Guilhon Bernard, Montchaud Sandra. 'The dynamics of venture capital industry', *International Journal of Technology Management*, Geneva, 2006,Vol.34, Iss. 1, 2, pp146

[42]Hand John R.M. 'Determinants of the round-to-round returns to pre-IPO venture capital investments in U.S. biotechnology companies', *Journal of Business Venturing* , Volume 22, Issue 1, January 2007, pp1-28

[43]Hellmann Thomas. 'IPOs, acquisitions, and the use of convertible securities in venture capital', *Journal of Financial Economics* 81（2006）, pp649–679

[44]Hill Frances, Leitch Claire, Harrison Richard. 'Desperately seeking finance?' The demand for finance by women-owned and -led businesses', *Venture Capital*, Apr-Jun 2006, Vol. 8 Issue 2, pp159-182

[45]Hindle Kevin, Mainprize Brent. 'A Systematic Approach to Writing and Rating Entrepreneurial Business Plans', *The Journal of Private Equity*, London, Summer 2006, Vol. 9, Iss. 3, pp 7, 17 pgs

[46]Holger Patzelt, Dodo Knyphausen-Aufse zu, Ilona Arnoldt. 'How do venture capitalists spread risk by diversification within specialised life science portfolios', *International Journal of Technology Management,* 2006, Vol. 34, Issue 1/2, pp105-125

[47]Hsu David H. 'Venture capitalists and cooperative start-up commercialization strategy', *Management Science*, Vol. 52, No. 2. February 2006, pp204-219

[48]Jääskeläinen Mikko, Maula Markku, Seppä Tuukka. 'Allocation of Attention to Portfolio Companies and the Performance of Venture Capital Firms', *Entrepreneurship Theory and Practice*, Volume 30, Issue 2, Mar 2006, pp185-206

[49]Kambil Ajit, Long Wei-Teh Victor, Kwan Clarence. 'The Seven Disciplines for Venturing in China', *MIT Sloan Management Review*, Cambridge, Winter 2006, Vol. 47, Iss. 2, pp85

[50]Knockaert Mirjam, Lockett Andy, Clarysse Bart, Wright Mike. 'Do human capital and fund characteristics drive follow-up behaviour of early stage high-tech VCs?' *International Journal of Technology Management*, 2006, Vol. 34 Issue 1/2, pp7-27, 21pgs

[51]Kollmann Tobias, Kuckertz Andreas. 'Investor relations for start-ups: an analysis of venture capital investors'communicative needs', *Int. J. Technology Management*, 2006, Vol. 34 Issue 1/2, pp47-62

[52]Kut Can, Pramborg Bengt, Smolarski Jan. 'Risk Management in European Private Equity Funds: Survey Evidence', *The Journal of Private Equit,* London, Summer 2006, Vol. 9, Iss. 3, pp42, 15 pgs

[53]Le Bas Christian, Picard Fabienne. 'Models for allocating public venture capital to innovation projects: lessons from a French public agency', *International Journal of Technology Management,* 2006, Vol. 34 Issue 1/2, pp185-198

[54]Lehmann Erik E. 'Does Venture Capital Syndication Spur Employment Growth and Shareholder Value? Evidence from German IPO Data', *Small Business Economics*（2006）26, pp455–464

[55]LiPuma Joseph A. 'Independent venture capital, corporate venture capital, and the internationalisation intensity of technology-based portfolio firms', *The International Entrepreneurship and Management Journal*（2006）2

[56]Liu Chung-Chu, Chen Shiou-Yu. 'The Management of Risk by Taiwanese Venture Capital Firms Operating in China', *International Journal of Management*, Sep 2006, 23, 3, pp419-429

[57]Liu MMH, Zhang JA, Hu B. 'Domestic VCs versus foreign VCs: a close look at the Chinese venture capital industry', *International Journal of Management*, 34（1-2）2006, pp161-184

[58]Liu Xuan, Paeglis Imants, Walker Thomas. 'Causes and Consequences of Venture Capitalist Litigation', *The Journal of Private Equity,* London, Fall 2006, Vol.9, Iss. 4, pp59, 17 pgs

[59]Lu Qing, Hwang Peter, Wang Clement K. 'Agency risk control through reprisal', *Journal of Business Venturing* 21（2006）, pp369– 384

[60]Mainprize Brent, Hindle Kevin. 'Assessing the Efficacy and Standardization Potential of Five Competing Venture Capital Investment Evaluation Approaches', *The Journal of Private Equity*, London, Winter 2005.Vol.9, Iss. 1, pp6, 16 pgs

[61]Mäkelä Markus M., Maula Markku V.J. 'Interorganizational Commitment in Syndicated Cross-Border Venture Capital Investments', *Entrepreneurship Theory and Practice*, Volume 30, Issue 2, Mar 2006, pp273-298

[62]Manigart Sophie, Ghent Kuiperskaai, Lockett Andy, Meuleman Miguel, Wright Mike. 'Venture Capitalists' Decision to Syndicate', *Entrepreneurship Theory and Practice*, Waco, Mar 2006, Vol. 30, Iss. 2, pp131

[63]Mariz Frédéric Rozeira de, Savoia José Roberto Ferreira. 'Private Equity in Brazil: A Comparative Perspective', *The Journal of Private Equity*, London, Winter 2005. Vol. 9, Iss. 1, pp74, 14 pgs

[64]Marti Jose, Balboa Marina. 'Self-regulation in European venture capital and private equity markets', *International Journal of Entrepreneurship and Innovation Management*, Milton Keynes, 2006, Vol. 6, Iss. 4, 5, pp395

[65]Mathews Richmond D. 'Strategic alliances, equity stakes, and entry deterrence', *Journal of*

Financial Economics, 80（2006）, pp35–79

[66]Mathonet Pierre-Yves, Gauthier Monjanel. ‘Valuation Guidelines for Private Equity and Venture Capital Funds: A Survey’, *The Journal of Alternative Investments*, London, Fall 2006, Vol. 9, Iss. 2, pp59, 14 pgs

[67]Mike Wright, Ken Robbie. ‘Venture capital and private equity: A review and synthesis’, *Journal of Business Finance & Accounting,* Oxford, Jun/Jul 1998. Vol. 25, Iss. 5/6, pp521, 50 pgs

[68]Mohanan S. ‘The venture capital scenario in India’, *International Journal of Entrepreneurship and Innovation Management*, Milton Keynes, 2006, Vol. 6, Iss. 4, 5, pp477

[69]Niosi Jorge. ‘Success Factors in Canadian Academic Spin-Offs’, *Journal of Technology Transfer,* Indianapolis, Jul 2006,Vol.31, Iss. 4, pp451

[70]Parhankangas Annaleena, Landstrom Hans. ‘How venture capitalists respond to unmet expectations: The role of social environment’, *Journal of Business Venturing*, 21（2006）, pp773-801

[71]Pascal Petit, Michel Quéré. ‘The 'industrialisation' of venture capital: new challenges for intermediation issues’, *International Journal of Technology Management*, 2006, Vol. 34 Issue 1/2, pp126-145

[72]Proimos Alex, Wayne Murray. ‘Entrepreneuring into Venture Capital’, *The Journal of Private Equity*, London, Summer 2006, Vol. 9, Iss. 3, pp23, 13 pgs

[73]Reichardt Bent, Weber Christiana. ‘Corporate venture capital in Germany: A comparative analysis of 2000 and 2003’, *Technological Forecasting & Social Change* 73（2006）, pp813–834

[74]Rin Marco Da, Nicodano Giovanna, Sembenelli Alessandro. ‘Public policy and the creation of active venture capital markets’, *Journal of Public Economics* 90（2006）, pp1699- 1723

[75]Riyanto Yohanes E., Schwienbacher Armin. ‘The strategic use of corporate venture financing for securing demand’, *Journal of Banking & Finance* 30（2006）, pp2809–2833

[76]Robnik Lidija. ‘Venture Capital Development and Its Importance for Slovenian Entrepreneurship’, *Economic and Business Review for Central and South - Eastern Europe*, Apr 2006, 8, 2

[77]Rolf Wüstenhagen, Tarja Teppo. ‘Do venture capitalists really invest in good industries? Risk-return perceptions and path dependence in the emerging European energy VC market’, *International Journal of Technology Management*, 2006, Vol. 34, Issue 1/2, pp63-87

[78]Sheu Dwan-Fang, Lin Hui-Shan. ‘A Study on the Information Transparency of the Involvements by Venture capital’, *Journal of American Academy of Business*, Cambridge, Sep 2006, pp10

[79]Sohl Jeffrey E. ‘Do women-owned businesses have equal access to angel capital?’ *Journal of Business Venturin*, 2006

[80]Subhash K B. ‘How to Teach The Big Baby to Walk: Case of the Indian Venture Capital Industry’, *The Journal of Private Equity, London*, Fall 2006, Vol. 9, Iss. 4, pp76, 16 pgs

[81]Tammy K Berry, Fields L Paige, Wilkins Michael S. ‘The interaction among multiple governance mechanisms in young newly public firms’, *Journal of Corporate Finance*, Volume 12, Issue: 3, June, 2006, pp449-466

[82]Tseng Nan-Juen, Lee Yao-Hsien. 'Comparing Equity Valuation Models with Forecasting Capability: A Case of Taiwan's Tourism Industry', *The Business Review*, Cambridge, Hollywood, Summer 2006, Vol. 5, Iss. 2, pp100, 4 pgs

[83]Vanacker Tom, Manigart Sophie. 'Venture capitalists' selection process: the case of biotechnology proposals', *International Journal of Technology Management*, 2006, Vol. 34 Issue 1/2, pp28-46

[84]Wadhwa Anu, Suresh Kotha. 'The rough External Venturing: Evidence From the Telecommunications Equipment Manufacturing Industry', *Academy of Management Journal*, Briarcliff Manor, Aug 2006, Vol. 49, Iss. 4, pp819

[85]Walter L Ness Jr, Valdir De Jesus Lameira. 'Venture capital in Brazil: early experience of emerging company investment funds', *International Journal of Entrepreneurship and Innovation Management*, Milton Keynes, 2006,Vol.6, Iss. 4, 5, pp341

[86]Welpe Isabell M, Kollmer Holger. Bio-entrepreneurs and their investors: a mutually beneficial relationship?', *International Journal of Biotechnology*, Milton Keynes, 2006, Vol.8, Iss. 3, 4, pp304

[87]Williams David R., Duncan W. Jack, Ginte Peter M. 'Structuring deals and governance after the IPO: Entrepreneurs and venture capitalists in high tech start-ups', *Business Horizons* （2006）49, pp303-311

[88]Williams David, Duncan W Jack, Ginter Peter, Shewchuk Richard. 'Do Governance, Equity Characteristics, and Venture Capital Involvement Affect Long-Term Wealth Creation in US Health Care and Biotechnology IPOs?', *Journal of Health Care Finance*, Fall 2006, Vol. 33 Issue 1, pp54-71

[89]Wonglimpiyarat Jarunee. 'The dynamic economic engine at Silicon Valley and US Government programmes in financing innovations', *Technovation* 26（2006）, pp1081–1089

[90]Wonglimpiyarat Jarunee. 'Venture capital financing in the Canadian innovation system', *International Journal of Technology Policy and Management,* Geneva, 2006, Vol. 6, Iss. 1, pp33

[91]Wright Mike, Lockett Andy, Clarysse Bart, Binks Martin. 'University spin-out companies and venture capital', *Research Policy* 35（2006）, pp481–501

第二章 专题研究报告

本章主要对针对近年风险投资行业的重点和热点问题进行深入研究，由三个专题研究报告组成，内容分别涉及中小企业、多层次资本市场体系建设与国家自主创新战略，创业板市场体系建设，新《公司法》和新《合伙企业法》对风险投资的影响分析及应对策略等专题。

研究报告一是“创业板市场分步建设新阶段：以中小企业板为核心的创业板市场体系”。报告首先综述我国中小企业板的总体情况和建设进展，对中小企业板的积极效应和主要问题进行深入探讨；最后，报告论述中国创业板市场体系建设的理论基础和现实环境条件，探索今后中国创业板市场建设的架构、路径选择与制度设计。

研究报告二是“新《公司法》、新《合伙企业法》对创业投资活动若干风险性影响及对策”。报告基于《公司法》、《合伙企业法》的新变化，立足于律师实务操作角度，从风险投资机构立场出发，就两个新法对风险投资活动的若干风险性影响及其对策问题进行深入探讨，为实务和理论研究提供了很好的借鉴与参考。

研究报告一 创业板市场分步建设新阶段：以中小企业板为核心的创业板市场体系[1]

2004年5月，中小企业板的顺利启动标志着创业板市场分步建设取得实破性进展。两年多来，中小企业板对中小企业创新和成长的培育、示范和引导作用初步显现。但也要认识到，从资本市场服务于自主创新国家战略的总体要求看，创业板市场分步建设还有待进一步深化。积极探索、大胆实践，着眼于中小企业群体创新和成长对权益融资制度的内在要求，加快以中小企业板为核心的多层次创业板市场体系建设成为下一步创业板市场建设的必然选择。

本章将在中小企业板基本情况及存在问题进行描述和分析的基础上，对创业板市场体系建设的重要性进行理论说明和经验解析，同时分析当前进行创业板市场体系建设的有利条件，并提出了今后创业板市场体系建设可供选择的路径和实施框架。

一、中小企业板：基本情况、积极效应与主要问题

中小企业板是在现行法律法规不变、发行上市标准不变的前提下，在深交所设立的一个运行独立、监察独立、代码独立、指数独立的板块，重点为主业突出、具有成长性和一定科技含量的中小企业提供直接融资服务。开业两年多来运行平稳、交投活跃，上市公司主营业务突出，业绩稳定增长，涌现出一批业绩优良、高成长性的公司，但也存在许多亟待解决的问题，需要加大创新力度，加快中小企业板建设，以此为核心，进一步建立健全创业板市场体系，由此形成推动中小企业创新和成长的全方位的资本形成和流转的投融资制度。

（一）中小企业板总体情况与建设进展

中小企业板启动后，市场平稳运行、交投活跃，不断涌现出主营业务突出，成长性良好的企业，诚信建设和制度创新取得积极成效。

1. 中小企业板总体情况

截至2007年1月19日，中小企业板共有106家上市公司，其中，有83家（占78%）集中在制造业，尤其集中于机械设备仪表、塑料化工、金属非金属、纺织服装、电子这5个领域（共64家，占60%）；有64家公司在全国或特定地区拥有较高的市场占有率；74家公司属于高科技企业，占70%；有43家公司拥有国家火炬计划项目，占41%。中小企业板已经具备了科技板的雏形。

106家上市公司总发行规模为36.67亿股，平均发行规模为3459万股；总融资额为299亿元，平均融资规模为2.82亿元；总股本合计122.96亿股，平均总股本1.16亿股；总市值为2669亿元，可流通市值为950亿元；平均市盈率52倍，比主板40倍高30%。自启动以来，市场运行平稳，交易活跃。市场日均换手率为4.1 %，远远高于主板市场的2.2 %。

76家上市公司的2006年第三季度报告显示，中小板公司前三季度平均实现主营业务收入

---

[1] 本文作者徐良平博士，深圳证券交易所。

72 191.14万元，净利润3807.41万元，每股收益0.28元，净资产收益率7.98%，总体业绩情况好于上年同期。中小板公司也表现出良好的成长性，2006年前三季度主营业务收入和净利润分别比上年同期增长36.82%和20.73%。76家中小板公司当中，有50家公司前三季度净利润同比增长，其中12家公司净利润增长幅度超过50%。

2. 中小企业板建设进展

中小企业板启动后，深交所提出了"监管、创新、培育、服务"八字方针，从诚信建设入手，以保护投资者权益特别是社会公众投资者权益为出发点，始终坚持"从严格监管"的理念，针对中小企业特点，大力推动中小企业板创新，实施培育服务工程，中小企业板建设取得积极成效。

第一，初步构建了中小企业板规则体系。先后出台了《上市公司特别规定》、《交易特别规定》、《诚信建设指引》、《保荐工作指引》、《上市公司董事行为指引》、《投资者权益保护指引》、《限售股份上市流通实施细则》和《募集资金管理实施细则》等规则，为中小企业板监管与创新提供了制度依据。

第二，有质疑必有反应，有违规必有查处，积极探索自律监管新思路。采取开展诚信教育、建立诚信档案、制定诚信评价体系等多种形式，鼓励企业诚实信用，勤勉尽责；通过公开谴责、通报批评，发监管函、约见、问询函等多种形式和指引性文件，以鼓励方式推出了"募集资金专户存储制度"、"保荐人定期现场调查及报告制度"、"独董现场调查制度"、"董事长引咎辞职制度"等制度创新，对中小企业板上市公司实行从严监管，对大股东行为进行引导和规范；通过开辟中小企业板业务专区，实施业绩快报和年度业绩网上说明会等制度，加强信息披露监管。

第三，不断强化信息披露和市场监察。试行年度业绩快报制度，提高中小板信息披露及时性；实施年度报告说明会制度，加强与投资者的直接交流；加大对中小板上市公司信息披露的监督，给投资者一个真实、透明的上市公司；实行监察独立，对内幕交易、操纵市场等行为做到及时发现、及时阻遏。

第四，全力推进中小企业的培育服务工作。2001年深交所成立了创业企业培训中心，开展针对中小企业的培训工作。同时，联合科技部、国家开发银行发起"科技型中小企业成长路线图计划"，共同推动科技型中小企业成长。2005年实施中小企业培育服务工程，在科技部、中国证监会各地派出机构、地方政府相关职能部门的大力支持下，先后两次展开全国中小企业上市资源的调研工作，基本摸清我国中小企业上市资源的整体情况、上市潜力以及企业发行上市中遇到的主要问题，并遴选出了具备中小企业板上市条件的科技型企业，建立了专门的数据库系统。

（二）中小企业板对中小企业创新和成长的效应分析

经过大力推进中小企业板建设，中小企业板对中小企业创新和成长的积极效应初步显现。主要表现在：

1. 激发人们对利用资本市场促进中小企业成长的热情，转变了政府在利用资本市场发展中小企业的"无为"观念，促成了全社会关心中小企业发展和创新的良好氛围

中小企业板启动后，一些地方中小企业在中小板上市后形成的各类示范效应使人们更清楚地看到了资本市场对中小企业成长乃至于地方经济的促进作用，促使各地政府普遍重视中小企业的发展，成立专门机构，启动中小企业社会服务体系建设，将中小企业改制上市已经成为各地上市工作的重心之一，相继出台中小企业改制上市扶持奖励政策[①]，还纷纷通过调研、举办培训班、启

① 很多地方政府制定了对企业、企业管理者或股东等的具体奖励措施，还在土地出让金及其他规费、税收优惠或返还、财政补贴或奖励、优先推荐拟上市企业申请国家级地方贴息贷款和其他扶持性资金以及历史遗留问题的处理、人才的吸引等其他各项配套措施方面出台了一系列具体优惠措施。

动各类“中小企业上市培育工程”等形式，全面开展中小企业上市资源调研、培训和服务工作，由此激发了利用资本市场促进中小企业发展的热情。一些省市明确提出，要将利用、发展资本市场与利用外资、招商引资、发展农业放在同等重要的位置去认识，相继出台了落实《中小企业促进法》的具体措施，制定了促进地方资本市场发展的指导意见[①]，促成了全社会关心中小企业发展和创新的良好氛围，诱发了企业改制上市的热情，极大地推动了一大批中小企业改制上市的进程。

2. 初步缓解了部分中小企业直接融资难的问题，同时形成促进创业投资机构和银行增加中小企业融资规模的示范效应

中小企业板设立后，一定程度上缓解了中小企业融资难的问题，为其快速发展提供了有效手段。如苏宁电器上市后利用募集资金，同时新开、扩建了4家连锁店，当年预计新增年销售额37.5亿元。华帝燃具利用募集资金，新上了两个节能型和环保型的供热设备项目，加快了科技向现实生产力的转化，奠定了其在行业内的技术领先地位。

中小企业板的设立还调动了创业投资机构对中小企业，尤其是高新技术企业投资的积极性，促进了创业投资对科技型中小企业的扶持力度。如图2.1所示，目前创业投资通过中小企业板IPO退出的行业平均回报明显高于海外IPO退出情况，这必将对创业投资产生强烈的示范效应。目前，中小板14家具有创投背景的公司共获得7400万元创投初始投资，其中，除4家公司的创投股东已通过协议转让减持公司的股份外，有10家公司的创投股东可以通过二级市场变现退出；按上市发行价计算，创投机构的平均回报为25.8倍。

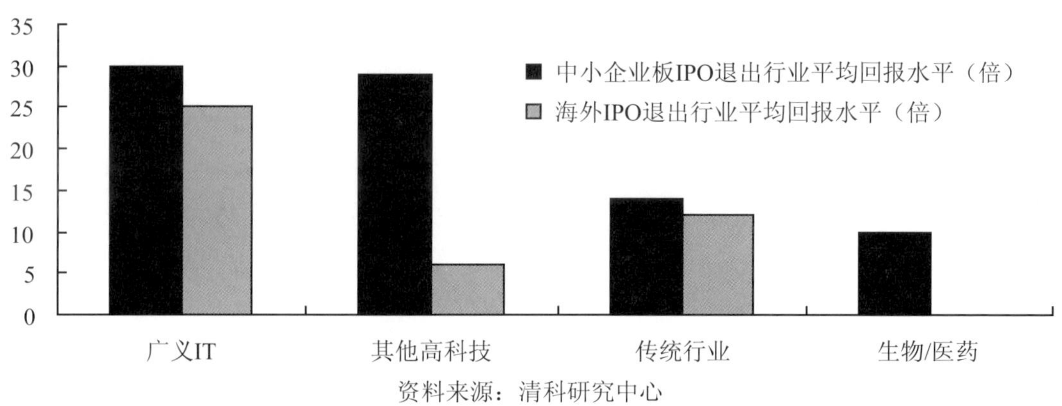

资料来源：清科研究中心

图2.1 同行业上市公司给予创投机构的平均回报

同时还提高了中小企业的银行信用，促进了银行对中小企业贷款规模的增加。应该说，创业投资和银行投资积极性的提高也可以看作是中小企业板的示范效应。

3. 对中小企业的“培育、规范、引导和示范”作用初步显现

中小企业板启动后，无论在治理结构还是在管理上，中小企业都有了一个努力的标准和方向。各地掀起的上市改制热潮可让更多的中小企业按照资本市场的准入要求进行规范和培育，在上市后通过制度约束引导它们正规化经营，并通过示范效应带动更多的企业进入资本市场做大做强。中小板启动以来，其规范、培育、引导和示范效应在不同地区有不同程度的体现。需要指出的是，

① 如河南省提出，要“抓住国家推出中小企业板的有利时机，鼓励具有成长性、科技含量高的中小型企业、非公有制企业到中小企业板进行股票融资，为中小企业融资开辟新的通道”。其他如广东、广西、浙江和安徽等省都各自提出了发展本地资本市场的战略目标和具体的上市计划（深交所中小企业培育服务工作小组，2005）。

能够在中小企业板上市的企业虽然是有限的，但是，中小板的引导和示范作用却是巨大的。它为企业发行上市做出了一系列制度安排，在财务指标、信息披露、公司治理等方面提出了明确的市场准入标准和要求。企业要进入这个市场，就会向着这个方向努力，从而为企业规范运作打下坚实的基础，为做大做强创造良好的条件。

4. 为创业投资提供了退出通道，从而调动了创业投资机构投资高成长中小企业的积极性，加速了企业成长

创业资本是培育新企业尤其是高科技企业的主力，其功能是传统金融机构所不能替代的。当创业资本伴随企业走过最具风险的阶段后，必须要有出口让其退出，进入下一个循环。从创业投资退出来看，通常有上市和出卖两种方式，其中上市是较具确定性的方式。由于创业投资支持的新生企业尤其是新生高科技企业普遍具有高风险、小规模、建立时间短等特点，这些企业需要有一个上市标准和上市费用都比较低、交易制度不同于主板市场的证券上市和交易的场所，一个为创业投资退出“量身定做”的资本市场。在现有的106家中小板上市公司中，有14家公司都有创业投资的进入，通过上市，创业投资得以退出，并获得丰厚的回报。由此鼓励了创业投资对高成长潜力公司的投资，加速此类企业的成长。

5. 与上市公司形成的良性互动关系使中小企业板培育中小企业的机制具有了可持续性

根据2005年年报，中小企业板公司较主板公司业绩优良，盈利能力强。基于上市公司对投资者的丰厚回报，中小企业板在促进公司成长的同时，自身也获得了发展和完善，中小企业板对投资者的吸引力以及投资者对中小板的信心都得到了增加，从而巩固和增强了中小企业板的融资、监督、评价以及资本运作等功能。中小板与上市公司之间的这种良性互动使其培育成长性公司的能力具有了持续性，中小板因此可以持续不断地、而不是偶然地培育出更多的成长性公司。

6. 为企业成长提供了并购的资本运作平台

虽然在制度方面对于企业并购还有许多障碍，但中小板毕竟为企业根据其战略需要利用资本市场进行并购提供了重要手段，由此可扩大企业规模，增强企业竞争能力，从而为企业的快速成长奠定了良好基础。随着中小企业板股权分置改革的率先完成，中小企业板通过并购促进企业成长的作用越发显现出来。一方面，通过在中小企业板收购上市公司股份可以实现收购公司与被收购公司之间的合并，节约了公司间合并的成本与时间，另一方面，中小板为收购方提供了多种支付方式，为收购方节约了大量现金。随着中小企业板制度创新的不断推进，未来中小企业板的并购还可作为公司激励骨干员工的手段。正如微软那样，为实行骨干员工持股计划，1990年～1999年，微软共增发了1.79亿的新股；1990年～2003年，共回购了13.77亿普通股。正是通过在资本市场上的股票增发和回购，微软实现了对人力资本的激励，为企业的进一步成长打下了基础。

7. 通过企业集群效应，促进区域经济发展的效应也已经显现

106家中小板公司大多数位于县、镇地区，对促进当地经济发展、缓解就业压力、缩小城乡差距的作用非常明显。如苏宁电器提出了解决20万人就业的远景计划。浙江省杨汛桥镇第一家上市公司“浙江玻璃”在2001年上市后，对当地企业产生了非常大的激励作用。短短3年内，包括“精工科技”在内的10多家民企改制上市，成为了杨汛桥经济的重要支柱，也使杨汛桥成为浙江省百强第一镇，由此促进了区域经济的繁荣。对于不发达地区而言，未来的中小板对其企业上市进行适度的倾斜，由此对许多企业产生的示范效应和企业集群效应必将对不发达地区经济的发展起到促进作用，具有“雪中送炭”的意义。

8. 改善了我国资本市场的结构和素质

中小企业板106家公司中，有一半多的公司被认定为高科技企业，其中，至少20家拥有国家火炬计划项目，很多企业在各自行业细分领域具有明显优势，至少15家在全国或特定地区拥有较高的市场占有率。如“新和成”是全球最大的乙氧甲叉生产企业，“凯恩科技”的电解电容器纸全球市场占有率20%等。这些具有高成长性的优秀企业的大量存在提高了中小企业板的抗风险能力，增强了对投资者的吸引力，从而改善了我国资本市场的素质。

（三）中小企业板建设还难以适应中小企业创新发展的需要

目前来看，虽然中小板的总体运行情况比较平稳，“诚信之板”的形象初步树立，具有一定的制度优势，市场表现更为活跃，对中小企业的示范引导作用已经初步显现，但由于中小企业板刚刚起步，无论是其自身的规模和影响力，还是外部发展环境，均远远不能适应中小企业发展的需要。表现在：

1. 相对狭小的市场规模与庞大融资需求的矛盾

截至2007年1月19日，中小企业板设立近3年的时间里，上市公司家数仅有106家，融资额仅299亿元，与我国13万家科技型中小企业总规模不相称。此外，中小企业板106家公司的流通市值也仅相当于深市流通总市值的5%；85%的上市公司属于制造业，行业覆盖面十分狭窄；中小企业板发行在股权分置改革期间处于停发状况，目前虽然已经恢复发行，但速度缓慢，这样的中小企业板发展速度、市场规模与行业分布，不仅容易形成市场炒作，从而放大中小企业板投机风险，不利于板块的稳定发展；更重要的是，与中小企业在我国国民经济的地位不相称，远远不能满足成长性中小企业庞大的融资需求。

2. 融资周期长、呆板与灵活多样化融资要求的矛盾

中小企业发展的特性产生它对融资长短期结合、方便快捷的需要，而中小企业板现行融资制度上市周期长、成本高、程序复杂，无法满足中小企业，尤其是科技型中小企业实施技术更新、产品升级换代对资金的急切需求。现行发审标准过分强调企业过去的经营业绩和盈利能力等硬性指标，致使许多大量的有成长性的创新型中小企业被拒之于资本市场门外。

3. 制度设计滞后与创新需求旺盛的矛盾

创新是中小企业板充满活力和提升吸收力的关键。尽管中小企业板已经做了一系列创新，但是在发行审核、发行方式、股份流通、再融资安排以及上市交易、退市和信息披露等方面，中小企业板仍是主板市场的一部分，基本拷贝了主板模式，特色不明显，还难以适应中小企业固有的特性，不能满足充满活力和生命力的中小企业对其制度创新的需求，离真正意义上的服务于有自主创新能力的高新技术产业发展的创业板市场相距甚远。

近年来，中小企业海外上市渐成趋势，“外包”现象十分普遍，凸显出境内资本市场制度包括中小企业板建设落后于中小企业创新和成长的实际需要的内在缺陷，其结果，一方面导致了我国优质上市资源的严重流失，不仅影响我国资本市场的持续竞争力，而且在某种程度上导致资本市场走出困境的难度加大；另一方面也使一些赴海外上市的优秀中小企业，因环境和文化差异而水土不服，失去了成长的先机，进而给我国资本市场和国民经济的发展带来严重影响。中小企业板进行适应中小企业特性的制度创新具有紧迫性和重要性。

二、创业板市场体系建设：理论基础、国际经验与有利条件

多年来，我们关于创业板市场建设问题的研究和讨论基本着眼于如何建立单一层次的创业板市场，在中小企业板设立后转而研究如何在时机成熟时过渡到创业板，但从中小企业创新融资的内在要求出发，中国不能只有中小企业板，应在加快中小企业板建设的基础上，以此为核心，建立起包括中小企业板、创业板和场外市场在内的多层次创业板市场体系。

（一）创业板市场体系建设的理论基础

基于中小企业多层次融资需求和投资者多层次投资需求提出的创业板市场体系建设，不仅是资本市场发展的客观需要，而且具有坚实的理论基础。

1. 问题的提出

创业板市场体系的提出体现了人们对创业板市场认识的进一步深化。起初，人们普遍认为，只要建立起单一的创业板市场，就可以自动发挥推动中小企业创新的作用。后来的实践表明，之所以创业板真正成功的只有少数，就在于仅建立单一层次的创业板市场不可能完成资本市场支持创新的功能。从一般意义上说，资本市场要真正支持和服务于国民经济，必须是适应不同中小企业创新融资需求和投资者不同风险偏好的多层次市场体系。正是在这一意义上，党的十六届三中全会《决定》明确提出要“建立多层次资本市场体系。规范和发展主板市场，推进风险投资和创业板市场建设”，“国九条”进一步提出了“在统筹考虑资本市场合理布局和功能定位的基础上，逐步建立满足不同类型企业融资需求的多层次资本市场体系”的战略目标。同样地，资本市场要真正支持和服务于中小企业创新，也必须建立起既相对独立又相互联系的多层次创业板市场体系。就中国的情况看，资本市场要真正服务于自主创新国家战略，不能只有单一层次的中小企业板，而应建立起满足不同类型和不同阶段中小企业创新融资需求的多层次创业板市场体系，这不仅是资本市场发展的客观需要，而且具有扎实的理论基础。

2. 创业板市场体系建设的理论基础

创业板市场体系建设的理论基础可从三方面认识：

（1）基于企业创新融资主体角度

在推动中小企业创新和成长的过程中，创业板市场只是服务于特定类型和特定阶段的中小企业创新，而中小企业创新是一个过程，需要经过多个不同阶段，而在每一阶段，中小企业创新融资的需求也不一样，从而要求有不同层次资本市场提供差异化的金融服务，使中小企业能根据自身的创新风险特征及由此决定的融资成本选择相应的融资场所。

（2）基于投资者投资主体的角度

一般意义上说，由于资本市场中的投资者是异质的，不同的投资者基于自身的风险偏好选择不同的投资产品，同时，投资者在获取信息及分析能力方面存在的差异，更加剧了投资者需求的复杂性。这在客观上要求将不同风险状况的投资品种进行分类发行和分场所交易，建立起分层次的资本市场。一是满足不同类型投资者对风险收益的偏好；二是通过更加充分的信息披露，加大投资者的选择权，减少投资者的意见分歧，提高信息搜寻者的预期利润；三是随着各层次市场信息披露和惩罚力度的加大，在一定程度上可加大操纵者的操纵成本，抑制操纵行为的发生，实现对投资者合法权益的保护。

基于上述原理，投资于中小企业创新融资市场的投资者的风险偏好必然不同，从而需要有不同层次的市场提供适合其风险偏好的投资产品。就中小企业创新来说，首先由于不同类型和不同阶段中小企业创新的风险不同，从而中小企业创新风险的种类和特征也不一样，这在客观上同样要求建立基于不同创新风险特征的创新型企业融资的分层次市场。由此看来，通过多层次创业板市场体系建设，一方面可增加投资者风险识别能力，满足具有不同风险偏好的投资者的投资需求，增加了投资者的投资选择权，另一方面可使信息披露更加充分，减少投资者意见分歧，降低市场价格形成的搜寻成本，加大市场操纵成本，更有效地发挥价格发现功能。

（3）基于创业板市场功能发挥的角度

从创业板市场发挥功能效应的角度看，首先，市场分层是市场结构自然演化的内在规律。创业板由于上市条件较低，吸纳的企业差异较大。建立分层次市场结构，将质量不同的公司进行适当分离，区别对待，有利于市场监管和市场制度建设，提高风险管理和控制能力。

其次，任何一个层次创新融资市场功能效应的发挥需要其他市场的配合。虽然当前的中小企业板通过制度和产品创新可以建立起有效的中小企业创新与资本市场的对接平台，对中小企业创新起到了示范和推动作用，但真正能够进入中小企业板的中小企业必然是少数，绝大多数中小企业尤其是科技型中小企业仍然被拒之于中小企业板大门之外。中小企业板满足创新融资需求的能力毕竟有限，从而需要建立其他不同上市标准的市场使更多的中小企业进入资本市场。

再次，建立以中小企业板为核心的分层次市场将不同交易需求的公司组织起来，通过严格的退市制度和自愿性的转板制度，可形成推动中小企业创新的有机的资本市场体系，使潜在的上市资源能够以最快的速度进入相应层次的市场交易，接受市场检验和筛选，更好地发挥资本市场推动中小企业创新和成长的功能。

（二）创业板市场体系建设的国际经验：以纳斯达克市场为例

目前，美国纳斯达克市场可以说是全球创业板市场最成功的典范。从成功的原因看，除了受惠于美国新经济增长、发达的风险投资、比较丰富的上市资源以及较为严格的市场监管外，而最重要和核心的原因是，纳斯达克拥有一个适应市场需求的分层次市场形成的创业板市场体系。正是这一多层次创业板市场体系，形成了企业尤其是具有成长性的创新型企业的培育、筛选的市场机制和有效的市场监管机制。

1. 纳斯达克创业板市场体系的构成

从市场结构看，纳斯达克目前由三个层次的市场组成：一是2006年7月1日启动的新“纳斯达克全球精选市场”。该市场将从目前已在纳斯达克上市的公司中挑选超过1000家优质企业加入，执行全球最高的上市标准，以吸引更多的大公司前来上市；二是纳斯达克国际市场（即原来的纳斯达克全国市场），主要对象是大中型企业和经过小型资本市场发展起来的企业；三是纳斯达克资本市场（即原来的纳斯达克小型资本市场），上市对象主要是高成长的中小企业，其中高科技公司占有相当的比重。

2. 纳斯达克创业板市场体系的成功经验

细究纳斯达克多层次创业板市场体系成功的经验，主要有以下方面：

第一，纳斯达克多层次创业板市场体系满足了市场发展需求，形成了有效的市场监管机制。

从企业需求看，成长型中小企业存在类型和发展阶段的不同情况，客观上需要资本市场提供不同的支持平台，分层次的市场体系可以满足中小企业的这一需求；二是从投资者需求看，多层次创业板市场体系具有风险提示与标识的作用，投资者可以根据自己的承担风险能力，据此进行更加理性的投资，从而有利于降低投资风险，有效保护投资者权益；三是从市场运行管理的需求看，多层次创业板市场体系可以更好地对不同的上市公司提供差别化的分类监管服务，实行不同的发展支持措施，从而可以更有效地控制市场风险，在市场内形成示范引导效应。

第二，纳斯达克多层次创业板市场体系增加了市场深度，能吸引许多优质企业，大大提升其抗风险能力。

由于纳斯达克不同层次资本市场上市标准的包容性很强（如原来的全国市场根据不同类型公司设计了3种上市条件），大大拓宽了纳斯达克市场发展的上市资源基础。同时在纳斯达克市场上市并发展壮大后的公司，也可以继续留在纳斯达克市场而不需要转到纽交所。这样的发行上市机制一方面可充分发挥纳斯达克市场培育和筛选优质企业的功能，同时也吸引了许多高质量的企业资源，从而使纳斯达克市场成为优质企业聚集的市场。从这一意义上说，依据包容性较强的上市标准，在市场内部建立多层次市场体系，是纳斯达克成功的关键。

第三，纳斯达克多层次创业板市场体系有利于不同层次市场的协同发展，使上市公司整体素质在不断"洗礼"中稳步提高。

为了贯彻优胜劣汰的自由市场哲学，保证上市公司质量的提高，纳斯达克在其内部的不同层次市场之间建立便捷的转板机制和严格的退市制度。在转板机制方面，在纳斯达克资本市场成长起来的优质企业可以转到国际市场上市，从而使纳斯达克资本市场充当着国际市场的孵化器；在退市制度方面，纳斯达克资本市场和国际市场均实行了严格的退市制度，从两个市场退市的公司都转入柜台市场交易。以2003年初到2005年6月为例，2003年初，当时的全国市场有2784家上市公司，到2005年6月底只有2646家，期间新上市416家，退市公司高达554家；同一时期的小盘股资本市场从836家上市公司减少到595家，期间新上市96家，退市公司达337家。通过以上两个机制，为低层次资本市场的企业提供了目标与激励，同时也保证了高层次市场的活力与质量。

第四，形成以现在的纳斯达克国际市场（即原来的纳斯达克全国市场）为核心，以纳斯达克资本市场（即原来的小盘股市场）为辅助，以厚重的场外市场为基石的多层次市场体系是纳斯达克创业板市场得以成功的另一个重要原因。

一是在原来全国市场的上市公司家数占到纳斯达克全部上市公司的75%左右，其市值和成交金额更是占到85%左右，从这一意义上看，纳斯达克成功主要体现在原来的全国市场的高标准聚集的大量优质公司提升了市场抗风险能力方面，从而使现在的纳斯达克国际市场成为创业板市场体系的核心。

二是厚重的场外市场构成了纳斯达克创业板市场体系成功的基石。创业公司的性质决定了创业板市场体系不仅需要具有上市概念的高端市场上市板块，更需要非公众公司股票转让的场外市场非上市板块。如果说上市板块，即上市标准较低的交易所板块是创业板市场体系的核心，那么，非上市板块，即非上市公众公司股票转让市场可以说是创业板市场体系的基石。美国场外市场非常发达，经由美国证监会注册的证券可以在OTCBB上挂牌，没有注册的证券则可以在粉单市场上买卖。大量的非上市公司在场外市场上吸引战略投资者，这里也是风险投资者活跃的市场。而在纳斯达克上市的公司中大约有50%来自OTCBB。可见，纳斯达克和其他场外市场的广泛联系为纳斯达克提供了广阔的潜在上市资源，是纳斯达克市场得以可持续发展的基础。由此看来，美国创业板市场体系得以成功的基础在于"低上市标准加宽松的挂牌公司监管模式"促进了场外市场的大发展。

纳斯达克市场自身的演变过程也表明了场外市场对创业板市场成功的重要性。1971年纳斯达克成立时没有挂牌标准，只要做市商愿意做市就可以挂牌。到1982年，纳斯达克才成立由交易最活跃的40只股票组成的全国市场，并制定了该板块的挂牌标准。其余公司组成仍没有挂牌标准的小盘股资本市场，到1990年从小盘股市场中又分离出场外柜台市场（OTCBB），并为小盘股市场设立了挂牌标准，形成了全国市场、小盘股市和场外柜台市场组成的美国创业板市场体系，形成了有效的上市资源梯次培育和筛选的市场机制，这是美国资本市场推动中小企业创新功能得以实现的最为重要的基础。

第五，纳斯达克的发展历程也充分证明了分层次创业板市场体系对于创业板市场成功的重要性。

在分层次市场体系形成之前，在纳斯达克挂牌的公司良莠不齐，好的企业与垃圾公司鱼龙混杂，定价基准很低，难以吸引到高质量公司，同时，监管要求不高，市场形象不好，对投资者吸引力也不大。其结果是市场交投清淡，流动性较差，进一步制约了优质企业和投资者的进入。经过10年的发展，1982年纳斯达克通过设立分层次市场，将标准较高的优质公司聚集在一起形成全国性市场。由于市场监管加强，透明度增加，市场形象得以不断提升，极大地增强了对企业的吸引力和纳斯达克支持企业发展的能力，其结果是市场规模快速扩张，功能和地位迅速提高。2000年后，纳斯达克又谨慎地提高市场准入标准，拉开了全国市场和小型资本市场、场外交易市场之间的差距。2006年7月，实施更高的上市标准，形成全球精选市场，使原来的两个层次的市场结构演变为三个层次的市场结构。可以预期，这一新的市场体系必将吸引更优质的企业和更多的投资者进入纳斯达克市场，从而可以为纳斯达克在国际化竞争战略中赢得先机。因此，纳斯达克的成功在很大程度上是因为其建立了一个适应上市资源特点的分层次创业板市场体系。我国创业板市场建设的外部环境和基本条件与20世纪70年代的美国相接近，因此应该借鉴纳斯达克的经验，走多层次创业板市场体系之路。

（三）中国建设创业板市场体系的必要性与有利条件

依据创业板市场建设的理论基础和国际经验，中国当前及今后一段时期进行创业板市场体系建设不仅必要，而且具备一定的有利条件。

1. 中国创业板市场体系建设的必要性

一国或地区有没有必要以及建设什么样的多层次创业板市场体系，是由本国或本地区资本市场发展的状况以及企业资源的情况。

从资本市场发展看，结构单一、服务对象狭窄使我国资本市场不能适应经济发展的需要，尤其是对于我国这样一个以中小经济为主的国家，缺乏为创新型中小企业直接服务的多层次资本市场，必然使资本市场在支持和落实自主创新战略中的作用难以得到应有的体现。为此，下一步创业板市场建设的重点应向下扩展，推进包括中小企业板、创业板和场外市场在内的市场建设，将服务对象延伸至中小企业，并重点扶持科技型中小企业的发展。

从上市资源情况看，根据前面关于中小企业包括科技型中小企业的描述和分析，我国上市资源极为丰富。但这些发展水平和成长阶段存在较大差异的中小企业，客观上需要资本市场提供差异化的金融服务。因此，建立多层次创业板市场体系，将发展较为成熟、质量较高的公司和初级发展水平公司进行适当分离、区别对待，可以形成一个有机的市场体系，使潜在的上市资源能够以最快的速度进入相应层次的市场交易，接受市场检验和筛选。

2. 创业板市场体系建设的早期探索

如果按照美国的模式，将创业板市场体系理解为纳斯达克全球精选市场、纳斯达克国际市场、纳斯达克资本市场和场外市场、粉单市场等不同层次市场组成的体系，那么，早在中国证券市场发展初期就开始了创业板市场体系建设的探索，只是当时各方面的条件不够成熟，导致后来建设过程的中断。当然，当时的探索还不完全是在现在关于创业板市场体系的意义上进行的。

（1）柜台交易市场

20世纪80年代，随着国企改革的推进及多种所有制形式的发展，一些企业开始尝试通过发行股票的方式融资，股票发行后，必然产生流通的需求，为适应这种需求，各地出现了原始形态的股票交易。1986年9月26日，上海工行信托投资公司静安证券营业部在我国第一次开办了股票柜台交易。截至1989年底，全国有34家证券公司开设了柜台交易业务。20世纪90年代初，中国在沪、深证券交易所建立不久开始了地方性小盘股市场的探索[①]，还设立了全国证券交易自动报价系统(STAQ)、全国电子交易系统 (NET) 和20多家地方证券交易中心等柜台交易市场。这些柜台交易市场大都是在全国证券市场监管体系建立之前自发形成的，不仅缺乏上柜标准，也没有规范的交易和结算制度，市场秩序较为混乱。所以，根据1997年全国金融工作会议精神，中国证监会决定对场外交易场所进行清理整顿。截至1999年上半年，共关闭了41个场外股票交易场所。至此，曾经在我国证券市场的起步中扮演了重要角色的柜台交易市场退出了历史舞台。之后到2001年6月29日，为了解决原 STAQ、NET 系统挂牌公司和交易所退市公司股份的转让问题，中国证券业协会开设了证券公司代办股份转让系统。它是目前除上海、深圳证券交易所之外惟一可办理股份转让的柜台交易系统。

（2）产权交易市场

自1988年5月武汉市成立第一家企业产权转让机构至今，全国各类产权交易市场200余家。这些市场的组织形式各不相同，有的注册为事业法人，有的注册为公司法人。在隶属关系上也各不相同，分别隶属于体改委、经贸委、国资局、科技局、工商局等部门。目前，全国的产权交易市场发展参差不齐，个别市场的交易规模较大，经营状况较好，绝大部分的市场规模小、收入低，相当数量的市场处于亏损状态。2004年2月，国资委指定上海联合产权交易所、天津产权交易中心和北京产权交易所3家产权交易市场作为中央企业国有资产转让的试点单位，这3家交易市场在获得试点机构资格后有了较大的发展。

3. 创业板市场体系建设的有利条件

当前，创业板市场体系建设存在着前所未有的良好条件。

第一，建设目标已经确立。“十一五”规划明确提出了“建立多层次资本市场体系，提高直接融资比重，发展创业投资”的要求，《国家中长期科学和技术发展规划纲要（2006-2020年）》进一步提出，要“积极推进创业板市场建设，建立加速科技产业化的多层次资本市场体系。鼓励有条件的高科技企业在国内主板和中小企业板上市”，随后国务院颁布的《国务院关于实施 < 国家中长期科学和技术发展规划纲要（2006-2020年）> 若干配套政策的通知》（以下简称《配套政策》）又具体提出要“大力推进中小企业板制度创新，缩短公开上市辅导期，简化核准程序，加快科技型中小企业上市进程。适时推出创业板”，要利用证券公司代办系统等手段“推进高新技术企业股份转让工作”，从而为创业板市场体系建设打开了政策空间，指明了前进方向。

---

① 1993年建立的山东淄博证券交易自动报价系统就是这方面的早期典范。至1997年全国金融工作会议决定清理前，全国共设立41家股票交易所。

第二，上市资源丰富。从企业总体情况看，根据2005年第一次全国经济普查结果，截至2004年末，按登记注册的企业法人单位325万个（其中私营企业达到198.2万家，股份有限公司6.1万家），工业企业法人单位145.1万家[①]。

从科技型中小企业资源的情况看，2005年，科技部“科技型中小企业技术创新基金管理中心”、“火炬中心项目处”和“火炬中心信息调研处”3个部门数据库提供的5万家科技型中小企业完整的统计资料中，净资产和营业收入达到“双3000万标准”的企业共有4015家，这些企业的总资产、净资产、成长性（产品销售收入增长率）等指标水平都略高于中小企业板上市公司发行前的平均水平，而营业总收入、净利润、资产负债率、净资产收益率等指标水平略低。由此看来，除了在盈利水平和能力方面略逊外，这些企业的资产规模和成长性都有较好的表现（何基报，阙紫康，2005）。这表明，目前科技型企业上市资源的总体质量良好，按照现行上市标准，具有较大的上市潜力。动态地看，考虑到科技型中小企业自身的高成长性特点，以及我国落实自主创新战略带给科技型企业发展的历史性机遇，有理由相信，将会有更多的符合上市标准的科技型中小企业涌现出来，科技型中小企业作为上市资源的潜力具有广阔前景。所以，与2000年筹办创业板时的企业资源情况相比，我国上市资源尤其是具有一定科技含量的创新型中小企业资源储备的条件已经发生了根本好转。

针对上述上市资源情况，如此庞大的企业队伍仅靠单一的证券交易所场内资本交易市场是无法满足企业融资需求的，迫切需要建立多层次资本市场体系框架下的创业板市场体系，而丰富的上市资源又为建设创业板市场体系提供了坚实的上市资源基础。

第三，资金来源充沛。截至2006年1月，银行存款总额达到291 436.87亿元，是1978年总额的257倍。这一方面意味着现有的投资产品无法满足不同投资者的投资需求。因为投资者在没有更好投资选择的情况下，只好把资金存入银行，结果反映出的银行存款规模大，发展速度快。而创业板市场体系建设正好为投资者开辟了新的投资渠道，有利于分散和降低银行系统金融风险。另一方面，大规模的银行存款又为我国创业板市场体系建设提供丰富的资金来源。

第四，经济基础夯实。改革开放以来，中国经济平均增长速度达9.6%以上，“十一五”规划期间，我国经济仍将保持持续高增长，这必将催生出更多的具有创新型的中小企业，对权益融资的需求也更大，从而为加快创业板市场体系建设提供良好的经济条件。

第五，制度障碍消除，市场条件充分。一是资本市场发展的基础性制度障碍也将随着股权分置改革的基本完成而消除，资本市场面临良好的发展机遇，为创业板市场体系建设提供了良好的制度和市场条件。二是中小企业板经过两年的运行，树立了“诚信之板”的市场形象，正根据中小企业特性进行制度创新，同时积累了丰富的监管经验。2001年由中国证券业协会开设的专门为从主板市场退市公司提供股份转让的“代办股份转让系统”经过多年建设也积累了许多经验，所有这些使创业板市场体系建设有了一个良好的市场基础。

第六，法律条件宽松。新修订的《公司法》第139条“股东转让其股份，应当在依法设立的证券交易场所进行或者按照国务院规定的其他方式进行”以及《证券法》第39条“依法公开发行的股票、公司债券及其他证券，应当在依法设立的证券交易所上市交易或者在国务院批准的其他证券交易场所转让”的规定条款，都为多层次资本市场的设立奠定了法律基础，进而为多层次创业板市场体系建设提供了法律依据。同时新“两法”还对发行上市条件、股权激励、无形资产

① 中华人民共和国国家统计局2005年12月6日第一次全国经济普查主要数据公报（第二号）。

出资折股、风险投资等都做出了新的规定，又为创业板市场体系建设提供了宽松的法律环境。

第七，监管条件趋于成熟。经过10多年的发展，创业板市场体系建设的监管条件也日益成熟。一是初步形成了创业板市场监管规则体系。目前，新修订《证券法》和《公司法》颁布实施，根据新“两法”修订完善了以《上市规则》、《交易规则》和《会员管理规则》为核心的规则体系，为创业板市场体系建设预留了规则空间；二是中小企业板设立两年多来，在监管、交易、运行等方面进行了创新尝试，积累了丰富的监管和创新经验；三是代办股份转让系统有效解决了退市公司的股份转让和交易问题，可为完善统一监管下的代办转让系统，实现非上市科技型中小企业股份流转顺畅，进而为加快创业板市场体系建设提供了经验借鉴。

第八，技术基础雄厚。目前深圳证券交易所具有强大的技术研发能力，自主开发建成了适用性强的证券交易系统、实时的市场监察系统及快捷的信息发布系统。2001年，第4版证券交易系统正式上线运行，2005年实现实时灾难备份，使交易、结算和监察系统性能显著提升。深交所拥有强大的技术系统日处理能力①，可以方便地为证券市场中介机构和投资主体提供高效、便利、安全的交易、结算、信息等服务，初步形成了“多层次、多品种、跨市场”的技术平台。同时还承担为基于NET、STAQ系统的“代办股份转让系统”提供技术服务的职能。所有这些，为创业板市场体系建设奠定了良好的技术基础。

三、创业板市场体系建设：基本架构与路径选择

前面的分析表明，创业板市场体系建设既有经济发展的内在必然性，也存在客观的有利条件。现在问题是，如何建设创业板市场体系？主要涉及三方面的内容，即创业板市场体系架构、路径选择和制度设计。

（一）建设的目标定位与基本架构

1. 创业板市场体系目标定位

基于美国创业板市场体系建设的国际经验、自主创新国家战略赋予资本市场的新使命和上市资源状况，中国创业板市场体系应定位于服务国家自主创新战略，加速科技产业化，支持中小企业特别是科技型中小企业的创新和发展，培育创业资本市场，最终形成中小企业、创业资本和创业板市场体系相互促进、良性循环的企业培育、筛选、风险识别和分担、技术成果产业化和收益共享的创新机制。

2. 创业板市场体系的基本架构

考虑到目前中国资本市场的分工格局以及创业板市场体系的目标定位，创业板市场体系应以中小企业板为核心，横跨交易所市场、全国性场外市场和区域性柜台交易市场，具体包括中小企业板、创业板、全国性场外市场和区域性交易市场4个层次，旨在为主业突出、科技含量高、成长性好的中小企业与具有自主创新能力的科技创业企业提供直接融资平台，并通过一定的转板、退市制度，形成“优胜劣汰”的市场化选择机制。每一层次市场具有不同的功能，满足不同发展阶段中小企业的需求。这一架构与《配套政策》提出的“大力推进中小企业板的制度创新，加快科技型中小企业上市进程”、“建立高新技术企业股份代办转让系统”和“适时推出创业板”基本一致。

① 目前，深交所技术系统日处理能力高达3000万笔委托/天，2000万笔成交/天，整个系统可容纳3000只证券，5000个会员席位。

第一，中小企业板是创业板市场体系的最高层次，是创业板市场体系的核心和主体，侧重于为具有较强自主创新能力、有一定科技含量、业绩良好和规范运作的中小企业提供融资服务。该市场执行较高的上市标准、严格的监管制度和退市制度，上市公司质量较高，行业分布广泛，市场规模较大，交易活跃，抗市场风险能力强。当然，如果中小企业板公司达不到持续上市标准也可以通过退市机制退到低标准层次的创业板市场。应该说，中小企业板市场是创业板市场体系可持续发展的根基，所以，加快中小企业板建设是创业板市场体系建设的重要内容，也是事关创业板市场体系能否成功的关键。

第二，创业板是创业板市场体系的第二层次，其上市标准低于中小企业板，侧重于为融资规模小、融资频率高、具有一定自主创新能力和成长性的科技型中小企业服务，可作为中小企业板上市资源的“孵化器”。该层次市场执行相对简便的上市核准程序和严格的退市制度，通过严格的市场淘汰机制选择符合条件的优秀公司转入中小企业板。

第三，全国性场外交易市场，主要为大量达不到中小企业板和创业板上市条件的股份公司，或虽达到上市条件但暂不愿意上市的股份公司提供股份转让服务，发挥为中小企业板和创业板培育上市资源的作用。公司在该系统挂牌达到一定期限，满足中小企业板或创业板的上市条件后，可以通过一定的转板机制到中小企业板或创业板上市。

第四，区域性交易市场，侧重于为大量创业初期或成长期的企业提供产权或股权转让服务。这些企业本身有产权或股权转让的需求，但其影响力还局限于区域内，同时出于成本考虑，因而不愿到全国性场外市场挂牌转让。当此类企业发展到一定阶段或成长到一定规模，可通过一定机制升级到全国性场外市场。

（二）建设的原则与需要处理的几个关系

1. 建设的原则

推进创业板市场体系建设应当遵循“全局规划、协调推进、把握时机、控制风险”的原则。

第一，全局规划。推进创业板市场体系建设应当从发展多层次资本市场的全局出发，作出整体设计，明确不同板块的定位分工、相互关系与发展方向。

第二，协调推进。以中小企业建设为核心，逐步形成各层次市场协调推进的态势。一是利用股权分置改革的有利时机，不断推进主板制度创新，鼓励已有公司做大做强；二是继续推进中小企业板制度创新，促进中小企业板市场规模稳步扩大；三是积极推动设立创业板，做好宣传、制度设计的准备工作；四是完善统一监管下的报价转让系统，丰富和拓展该系统作为柜台市场（OTC）的功能，深化与科技园区、产权交易中心合作与整合。

第三，把握时机。充分利用中小企业板率先完成股权分置改革的有利时机，争取率先实现新老划断。同时，以“两法”修订实施为契机，适时推出发行标准更宽松的创业板。

第四，控制风险。在推进过程中，充分考虑市场的形势与不确定性，对可能出现的风险做好防范预案。强化宣传与投资者教育工作，促进形成稳定的心理预期与发展环境。

2. 需要处理的几个关系

创业板市场体系建设中如何处理好与主板、场外市场以及体系内两层次市场之间的关系，这是创业板市场体系建设中绕不开的问题。

第一，现有主板、中小企业板与未来创业板和场外市场应彼此独立，层次分明，各层次市场的进入门槛、交易制度、信息披露制度等应适应各层次市场服务对外的需求。目前作为主板与创业板交合点的中小企业板，将在适当时机整体剥离，成为创业板市场体系的较高层次。同时，创业板市场体系内的中小企业板与创业板各自独立发展，互不影响。

第二，不同层次的市场与各自面向不同类型和发展阶段的企业，发挥相互补充的功能。主板市场面向规模较大的成熟企业，创业板市场面向达到上市标准的中小型、科技型成长企业。场外市场除接纳已退市的上市公司，还面向达不到上市条件的中小企业特别是科技型中小企业，整合现有的产权交易市场，形成类似于美国 OTCBB 市场和粉单市场的孪生的场外市场。

第三，通过一定的转板、退市机制，实现各层次市场间的协同发展。场外市场的企业在达到上市标准后，可升入创业板市场；创业板市场体系中的公司在达到主板标准时，可使用“便捷通道”升入主板；主板、创业板的公司在不能满足持续挂牌要求时，应降入代办股份转让系统。这样，一方面，可以为处于较低层次板块的企业提供目标与激励；另一方面，也有助于保持较高层次市场的活力与质量。

总体而言，体系内各层次市场之间应当是一种“彼此独立、互为补充、协同发展”的关系。

（三）创业板市场体系建设的路径选择与制度设计

创业板市场体系建设的具体路径选择涉及到各层次市场建设先后的顺序问题。制度设计则涉及到采取什么样的市场制度才能保证各层次市场功能的协同效应，真正建立起推动创新的市场机制。

选择什么样的建设顺序取决于当前创业板市场体系建设的基础。从当前市场基础看，根据《配套政策》勾画出的多层次资本市场体系建设的战略部署，创业板市场体系建设的路径可表述为：以加快中小企业板建设为核心，努力推进代办股份转让系统建设，使之发展成为全国性场外市场，适时推出创业板，适度放开区域性交易市场。

1. 尽快扩大中小企业板规模，为创业板市场体系发展奠定坚实基础

纳斯达克成功的经验表明，创业板市场体系的可持续发展需要一批优质上市公司作为基础和核心，而这样一批公司靠今后创业板自身的培养积累时间太长，风险较大，通过中小企业板的发展壮大可以为创业板市场体系发展奠定坚实的基础。

中小企业板目前只有106家上市公司，与纳斯达克初创时上千家企业的规模相比极为弱小，而且行业分布相对集中，自身的制度建设有待完善，这种状况使得中小企业板的抗风险能力还不强，难以承受经济波动所造成的市场冲击。当务之急是要尽快扩大中小企业板规模，使其发展成为一个行业分布广泛、成长性好、业绩优良，因而抗风险能力强、可以真正独立运行的市场。否则，一旦受到经济波动带来的市场冲击，中小企业板将有可能重蹈德国新市场的覆辙，影响创业板市场体系建设的进程。

当前，中小企业板已经率先完成股权分置改革，扩大中小企业板市场规模的关键就是要深入研究全流通市场环境和运行机制的基础上，针对中小企业，特别是科技型中小企业融资需求持续性强、频率高、时效性强、单次融资量相对较小的特点，大力推进中小企业板制度创新。

第一，尽快落实《配套政策》的要求，逐步提高发行审核的市场化程度，建立符合中小企业特点的发审制度，推进发行上市制度创新。具体包括：研究缩短发行上市辅导期，简化审核程序和实质性审核内容，单独安排发审会，切实加快中小型科技企业上市进程的具体措施。研究发行审核和上市审核有机衔接的方式，并在新股发行中恢复资金申购方式，完善询价制度，以提高发行上市效率。

第二，推进再融资制度改革。在中小企业板研究建立小额融资机制，简化小额融资的审批程序，

缩短审核周期，提高市场效率。鼓励中小企业板上市公司进行金融产品创新，为优质科技型中小企业提供包括企业债券、可转换债券、权证在内的多种融资方式，支持其利用资本市场加快发展。

第三，加大中小企业板的科技含量，提升中小企业板成长的可持续性。可以考虑对经科技部认定的国家火炬计划重点高新技术企业当中盈利能力较强、成长性较好的科技型企业在发行审核方面进行倾斜，迅速壮大中小企业板当中的科技企业群体，切实支持具有较强自主创新能力的科技型中小企业实现快速上市。

第四，结合中小企业板发展的需要，研究完善适应中小企业特点的退市制度。进一步完善退市标准，提高退市制度的客观性和操作性，强化中小企业板“优胜劣汰”的市场机制，构筑中小企业板的强大生命力。

2. 努力推进代办股份转让系统建设，拓展其服务于科技型企业的功能，最终发展为全国性场外市场（OTC）

依据海外创业板市场成功的发展经验，创业板市场体系既需要具有上市概念的高端市场（上市板块），更需要不具有上市概念的低端市场（非上市板块）。这是创业板市场成功的基石。所以，大力发展非上市板块是创业板市场建设的重要组成部分和内在要求。同样，中国创业板市场体系建设除了加快发展中小企业板建设外，还需要大力发展非上市板块。非上市板块可由两部分组成，一是需要一定挂牌条件的场外市场，二是不需要任何挂牌条件的区域性市场。从目前来看，代办股份转让系统是最有可能发展成为全国性场外市场，所以，着力代办股份转让系统建设，将科技型中小企业非上市股份转让和交易纳入代办股份转让系统，使其发挥柜台市场（OTC）的功能，从而形成全国性场外市场，应是创业板市场体系非上市板块发展的出发点和突破口。

2006年1月23日，世纪瑞尔和中科软两家中关村园区公司正式在代办股份转让系统挂牌，标志着中关村园区公司进入代办股份转让系统进行股份报价转让试点工作正式启动，从而拉开了中国场外市场建设的序幕。截至2007年1月23日，中关村园区股份公司已有11家正式挂牌。

目前，代办股份转让系统在交易结算制度建设方面取得一定进展，但还存在以下问题，制约了代办股份转让系统建设的进程：一是报价转让系统在资本市场的定位和发展方向还没有明确，导致试点工作的部署和推进受到影响；二是缺乏集中的组织领导，各涉及方分工不明确，致使完善市场制度以及发展市场规模等具体工作无法得到统一的规划和指导；三是园区公司普遍关心的转板制度、挂牌公司公开发行和上市绿色通道以及定向增发等问题还暂时无法解决，影响了园区公司参与试点的积极性；四是结算制度不够便捷，投资者参与度较低[①]。

为了加快创业板市场体系建设进程，尽早使代办股份转让系统发挥场外市场功能，建议采取有效措施，深化代办股份转让系统建设。

一是尽快成立统一管理机构，组织相关方面深入研究代办股份转让系统的定位与发展方向，进一步完善试点管理办法中的相关规定，

二是尽快扩大市场规模，提升市场影响力。继续推进中关村园区非上市股份公司进入代办系统的试点工作，尽快扩大进入系统的公司数量，通过“聚集效应”，增强对科技型企业的吸引力。在此基础上，稳步扩大试点范围，将其逐步覆盖到具备条件的其他国家高新技术产业开发区内的

---

① 结算系统引入建行作为资金清算银行，建总行、交易所、结算公司、券商四方互传数据，环节多、风险大，效率低。投资者进场交易必须到建行指定网点开立资金账户，存入的资金，第二个交易日才能使用，提取资金，必须提前一天预约；另外，建行提供开户的网点较少（全国302个），不便于投资者开设资金账户。截至4月26日，全国只有203个投资者开户，资金余额仅有300多万元。

未上市高新技术企业。

三是着力推进制度创新，充分调动园区公司挂牌的积极性。一是探索挂牌公司到中小企业板上市的转板机制，分步骤明确园区公司迫切需要解决的问题，通过完善制度增加系统的内在吸引力；二是在转板制度暂时不能推出的情况下，考虑鼓励已挂牌的符合条件的公司申请IPO，中国证监会优先受理和审核。

四是尽快完善有关挂牌条件和标准，改进报价转让结算及账户管理制度，实现主板、代办股份转让系统账户通用，为提高资本市场整体交易结算效率奠定基础。

五是加快代办系统的结构优化和制度建设，妥善解决退市公司以及大量非上市公众公司挂牌转让问题，理顺代办系统内部各层面之间的关系，建立相应的交易结算制度、监管制度，满足不同发展阶段、不同股东结构的高新技术企业的不同需求。

3. 研究并适时推出创业板，完善创业板市场体系

创业板的设立是完善创业板市场体系的重要步骤，对促进我国风险投资的健康发展，推动中小企业特别是科技型中小企业的发展具有不可替代的作用。由于创业板的上市条件较低，市场风险相对较大，当前可考虑在中小企业板稳定运行的基础上，积极研究并在条件成熟时推出创业板，这是完善创业板市场体系的重要步骤。但在推出创业板的时机把握上应兼顾4个方面的因素：一是要兼顾市场合理分工的迫切要求和周边市场的动态变化，充分考虑未来5年利益各方对国内上市资源的争夺态势；二是要兼顾二级市场状况，在市场持续低迷的情况下，应充分考虑其对市场资金供给的可能影响；三是要兼顾证券市场的监管水平，由于创业板存在着比主板市场更大的市场风险和道德风险，应充分考虑目前监管工作的适应性问题；四是要兼顾投资者成熟程度以及投资者结构的优化，在理性的投资文化尚未形成的情况下，应充分考虑对中小投资者权益的保护问题。

同时，要充分借鉴海外创业板市场建设经验和教训的基础上，结合中国中小企业和资本市场发展的实际，依据风险状况，对创业板市场的架构、上市标准和运行机制进行深入研究和论证；还要抓紧研究制定创业板发行上市制度、交易制度、再融资制度以及退市制度等相关方案。

4. 适度放开区域性交易市场，增强市场活力

考虑到中国区域经济发展的不平衡性较为严重，各地中小企业发展水平千差万别，因而对产权及股票转让的需求也不一样。同时考虑到许多地方性企业大多处于发展初期，规模小，如果让这些企业到需要一定挂牌条件的场外市场进行挂牌交易，将难以承受挂牌的进入成本和维护成本，但这些企业仍想通过挂牌寻求战略投资者或风险投资机构。所以，设立不需要任何挂牌条件的区域性交易市场势在必行。从建立完善中小企业创新链条和机制的角度看，这一市场应属于创业板市场体系的最低层次。来这一市场挂牌的企业待成熟到一定程度可考虑向全国性场外市场升级。从目前情况看，可按照“产权流转顺畅”的要求，适度放开区域性交易市场，考虑对现有产权交易市场进行改造，将其发展成为区域性产权或股权转让市场，作为创业板市场体系发展的战略基础。

总之，创业板市场体系建设符合时代发展潮流，符合中国自主创新国家战略对资本市场发展的要求，符合资本市场发展的客观需要。创业板市场体系建设的时机已经成熟，只要按照“十一五”规划以及《国家中长期科学和技术发展规划纲要（2006－2020年）》指明的建设目标和要求，遵循国务院《配套政策》设定的建设路径，一个着力推动中小企业自主创新的资本市场机制一定能够建立起来，并在增强自主创新能力中发挥积极作用。中国自主创新与资本市场发展的春天为时不远了。

研究报告二　新《公司法》、新《合伙企业法》对创业投资活动若干风险性影响及对策①

新《公司法》已经于2006年1月1日开始施行，新《合伙企业法》将于2007年6月1日开始施行。新《公司法》和新《合伙企业法》的规定，有助于打破妨碍我国风险投资事业发展的众多法律障碍，将对我国风险投资事业的发展起到极其重要的制度支撑和推动作用。本文拟立足于律师实务操作角度，从风险投资机构立场出发，就新《公司法》、新《合伙企业法》部分规定对风险投资活动的若干风险性影响及其对策问题进行探讨。

一、新《公司法》对创业投资活动若干风险性影响及其对策

（一）公司注册资本制度改变后对创投活动的风险性影响

1. 允许股东提高非货币财产出资比例的风险

根据新《公司法》第27条规定，股东可以用实物、知识产权、土地使用权等非货币财产作价出资；非货币财产出资金额可以高达公司注册资本的70%。

创投机构进行投资时一般是用货币出资的，而风险企业家一般是以非货币财产诸如知识产权、人力资本等出资的。非货币财产作价出资的风险，一是其价值容易被高估、虚估；二是知识产权中的专利权、商标权等存在被宣告撤销、无效的可能性。按照新《公司法》第31条规定，如果发现作为公司出资的非货币财产的实际价额显著低于公司章程所定价额的，除了应当由交付该出资的股东补足其差额之外，还应由公司设立时的其他股东承担连带责任。由于非货币财产出资金额可以高达公司注册资本的70%，一旦其价值被不合理地高估或者知识产权被宣告撤销、无效的，届时作为公司设立时股东之一的创投机构承担的连带责任将是异常沉重的。

事后救济的作用远不及事前防范。创投机构首先应当严格审查有关工业产权的证明文件和相关手续，并选择专业的中介评估机构对非货币财产进行评估，尽量使公司成立时的资本建立在稳妥可靠的经济基础上；其次应当事先达成协议，约定如果非货币财产价值高估、虚估的，或者专利权、商标权等知识产权被宣告撤销、无效的，其出资者应当在限定的时间内以现金形式对公司承担补足出资的责任、对其他守约股东承担违约责任，若因此给公司造成损失的，还应对公司损失进行赔偿。另外，在接受非货币财产作为出资时，也可以要求出资者就其非货币财产出资提供可靠的担保。

2. 关于公司注册资本分期缴纳的风险

新《公司法》允许分期缴纳出资，同时规定实收资本与注册资本一并成为公司营业执照上记载的必要内容，这就带来注册资本、实收资本的问题。实收资本又与公司股东约定的出资期限安排有关，在两年（投资公司为5年）的期限内各期出资的间隔期限安排越短，变更营业执照的频

① 本文作者邱剑新，星韵律师事务所上海分所律师。本文主要内容已连续刊载于上海市创业投资行业协会会刊《创业投资通讯》（2006年第5期、第11期、第12期）。

率也会越高，而营业执照的变更往往需要花费大量的时间、精力。因此，创投机构在参与投资创业企业时，应当根据创业企业的实际情况安排出资的间隔期限，而不宜对各期出资间隔期限安排过短、过于频繁，以避免频繁变更营业执照。

由于市场的剧烈变动，创业企业在股东分期缴纳出资的期限内提前倒闭，这是完全可能的。此时股东的出资责任如何承担？新《公司法》实行的是折衷资本制，公司的注册资本在公司成立时必须全部发行出去，现有的股东必须认购完毕，只是缴付的期限不同而已，这使其区别于授权资本制。因此，当创业企业在股东分期缴纳出资的期限内提前倒闭时，股东的出资责任不是以实缴资本为限，而仍然应当以认缴的注册资本为限，即股东如果未全部缴清所有各期出资的，应当提前缴纳其余各期出资。鉴于此，建议创投机构不如以初始设定较小资本额、以后分阶段增资的方式，代替初始设定较大资本总额、然后分期缴纳出资的方式，以规避分期出资时因为企业提前倒闭导致的提前缴纳出资的风险。

3. 股权交易对方利用转投资规定进行虚假增资以骗取创投机构信赖

公司注册资本是一个静态的概念，决定公司信用的不只是公司的资本，公司的偿债能力更多地建立于公司现实的资产状况，但是在实践中，当第三人与公司进行交易时，公司注册资本是否雄厚，往往仍然是交易相对方首要考虑的因素。新《公司法》第15条取消了企业对外投资比例的限额限制，但没有对关联企业之间相互转投资进行规范，这就可能会使一些企业利用转投资的法律空白，在关联企业之间搞循环增资、“资本旅行”，使企业出现注册资本虚增现象，从而获取债权人信赖。

因此，如果创投机构准备采取股权转让方式退出风险资金时，事先应当通过聘请律师进行调查等各种方式，对交易对方进行资信调查，而不应被交易对方的注册资本表面现象所惑。如果是通过查阅对方工商登记资料进行资信调查时，在可能的情况下，最好是一并调查在该企业工商登记资料上有记载的其母公司、子公司以及其他关联企业的工商登记情况，在进行交叉调查、汇总调查后列出交易对方各企业之间的相互投资路线图，以期从中寻找到虚假出资的明显漏洞或者隐藏的蛛丝马迹，从而避免被对方“注册资本泡沫”的假象所蒙蔽。

4. 创投机构被公司相互持股、“脱壳经营”架空监控的风险

在相互持股公司中，董事们在对方公司的股东会上行使投票权时的相互捧场程度，远远超过相互制约，从而形成互惠性的内部人控制，这也就意味着公司经营管理层间接控制了本公司股东会。比如，在甲乙两公司双向转投资、形成相互持股时，如果甲乙两公司的董事、监事相互达成协议，双方公司各自按照对方公司董事、监事的意思行使在对方公司里的表决权，那么，两公司的董事、监事都可以利用相互投资的表决权，投票选举自己，并按对方意愿表决公司重要议案，这样就使管理层从实质上控制了公司，由此导致董事监事滥用职权、股东会功能架空。

另外，由于新《公司法》第15条取消了企业对外投资比例的限额限制，如果创业企业管理层将企业的所有资产或者实质性资产全部或基本上用于投资设立子公司，则可通过“脱壳经营”方式，架空创投机构对创业企业的监控和管理。

创投机构在初始投资某一创业企业时，一般会注意保持各方股东之间权力结构的平衡，但是，一旦创业企业对外部某公司进行股权投资，而该公司又对创业企业进行“返程投资”，或者管理层采取“脱壳经营”方式架空创投机构，那么，股东之间的平衡状态就会被打破。

为了防范相互持股和转投资的上述弊端，建议创投机构在向某一创业企业进行股权投资时，争取在章程中事先约定，当创业企业与其他企业相互持股超过一定比例时，对其他企业持有的该创业企业股份中超额部分的表决权加以限制，或者在创业企业设立子公司或对子公司进行增资时，由创业企业的股东按原有持股比例，与创业企业一起同步持有子公司的股份。另外，也可以约定在设立子公司时，由创投机构派出的人员与创业企业派出的人员一起进入子公司的管理层，或者约定创投机构有权在创业企业股东会、董事会上提出动议，撤换创业企业派往子公司的股东代表。

（二）股权取得与变动模式对创投活动的风险性影响

新《公司法》第33条规定"……记载于股东名册的股东，可以依股东名册主张行使股东权利。公司应当将股东的姓名或者名称及其出资额向公司登记机关登记；登记事项发生变更的，应当办理变更登记。未经登记或者变更登记的，不得对抗第三人。"这条规定确定了"公示对抗"的股权取得和变动模式，将对创投机构涉及股权的交易产生以下风险性影响：

1. 股东资格的取得不以实际缴纳出资为标准；创投机构作为股权受让方时其风险增加

老《公司法》实行严格的法定资本制，股东对公司最根本的义务是出资，只有履行了出资义务才能获得股东资格和身份，如果没有实际出资，将导致其股东身份的丧失。新《公司法》实行折衷资本制，规定了股东可以分期缴纳出资，记载于股东名册的股东可以依股东名册主张行使股东权利。新《公司法》这个规定意味着只要某投资者被记载在股东名册上，不管其是否实际缴纳出资、是否足额缴纳出资，也不管其是否存在虚假出资、抽逃出资等瑕疵出资情形，他都获得股东资格、具有股东身份，可以依法行使股东权利，并可转让其股权。

瑕疵出资股东转让股权后，受让人是否需要承担补足出资义务？尽管瑕疵出资的股东仍享有股权并有权转让其股权，但是，出资的瑕疵必然导致股权的瑕疵，受让人承受的股权应当受制于转让人的股权，转让人向受让人转让的权利不能大于转让人自身拥有的权利，因此受让人应与转让人就出资瑕疵对公司或公司债权人在未出资范围内承担连带责任。这在法国、德国等大陆法系的商事公司法中均有此类规定，即由受让人与转让人对瑕疵出资的部分承担补足出资的连带责任。如其不然，一旦瑕疵出资的原股东死亡或注销，或者瑕疵出资的股东找一个没有偿付能力的受让者，通过虚假转让其股权来规避法律责任，等等，都将对公司和债权人的保护产生严重不利影响。

对于瑕疵出资股东转让股权后，受让人能否以欺诈为由主张撤销转让协议？最高人民法院在2003年《关于审理公司纠纷案件若干问题的规定（征求意见稿）》中表示"有限责任公司股东未足额出资即转让股权，受让人以转让标的瑕疵或者受欺诈而主张撤销合同的，人民法院不予支持"。由于最高人民法院倾向于不支持受让方以欺诈为由主张撤销与瑕疵出资者的股权转让合同，这就意味在股权转让交易中，受让方的风险增加了。换言之，在创投机构通过受让他人股权方式投资于创业企业时，如果受让的是瑕疵出资的股权，则创投机构将与股权转让方对公司或公司债权人在未出资范围内承担补足出资的连带责任，并且不能以转让方欺诈受让方为由主张撤销股权转让协议。创投机构作为股权受让方时其风险大大增加。

因此，创投机构在作为股权受让方时应当注意：一是聘请律师进行股权交易前的尽职调查，查明股权出让方是否足额缴纳了出资、是否虚假出资、是否抽逃了出资；二是在股权转让合同中相应订立严密的风险防范条款，比如要求所有股东就全体股东出资的真实性，对创投机构作出保证，或者约定创投机构一旦对外承担连带补足出资责任后，由股权出让方和其他所有股东对创投机构承担连带赔偿责任，等等。

2. 股权转让时出让方“一物数卖”的风险

股权转让协议与一般的买卖协议一样，都属诺成性、不要式协议，只要协议双方当事人就协议的主要条款达成一致意思表示时，股权转让协议即为成立，而不以现实给付或履行一定的方式为成立要件，无论是股权出让方还是受让方，任何一方都不能以双方未办理股权变更登记手续为由主张股权转让合同无效，否则，无疑会增加投机心理和造成对交易安全的破坏。

根据新《公司法》第33条，我国在有限公司股权转让的效力上采取的是登记对抗主义，即股权变更登记是股权转让对抗要件，一经登记则可对抗第三人；换言之，在股权转让办理变更登记手续之前，受让人依股权转让合同取得的仅为债权，此时受让人不能对抗第三人，股权出让方对该股权仍拥有所有权，出让方完全有可能基于合同自由原则及某种目的而将其股权与数个受让方签订转让协议，从而构成为“一物数卖”的多重买卖关系。在这种情况下，从协议成立的一般要件而言，这数份转让协议同时有效，出让方因而对任何一个受让方均负有转移股权的义务。一旦出让方通过办理变更登记手续将其股权转让给某一方，无论是成立在先的转让协议的受让方，还是成立在后的转让协议的受让方，都无权要求撤销或者要求宣告该转让行为无效，而只能请求出让方承担违约责任、赔偿其损失。

在创投机构作为股权受让方时，为了保障股权转让款的安全、防范股权出让方将其股权“一物数卖”的风险，建议在股权转让协议成立后、出让方办理变更登记手续之前，作为股权受让方的创投机构应当通过各种方法及时敦促出让方尽快履行变更登记义务；也可以在股权转让协议中约定将创投机构股权转让款的支付进度与出让方变更工商登记手续的办理进度挂钩，还可以在转让协议中预先约定赔偿额的计算方法或者约定较高的违约金，以阻止股权出让方“一物数卖”。

在创投机构作为股权出让方准备退出创业企业时，为防范股权受让方不支付转让款的风险，创投机构可以逆向采取以上办法，或者在办理工商变更登记手续的同时将股权质押给自己，待受让方付清转让款后解除质押；也可以要求受让方采取将转让款向有关部门提存、监管方式，待工商变更登记手续办理完毕后，由有关部门将转让款从监管账户划拨给创投机构。

3. 隐名股东和显名股东的法律风险被定格

出资人为了规避法律或出于其他原因，借用他人名义设立公司或以他人名义出资，被称为隐名股东，与之相对应记载于工商登记材料上的股东则为显名股东。实践中常见的“代持股份协议”，实际上就是隐名投资，代持者是显名股东，被代持者是隐名股东。

探讨隐名投资对于创投机构的现实意义在于，在某些经济活动中，某些投资者比如国企管理层或者外商，可能需要借用创投机构的名义进行投资，先由创投机构出面持有该企业的股权，若干年后投资者通过回购方式记载于股东名册和工商登记资料，此时，创投机构就成为显名股东，真正的投资者就是隐名股东。

根据新《公司法》第33条关于“（股权）未经登记或者变更登记的，不得对抗第三人”的规定，在新《公司法》下，隐名股东最大的法律风险是他不能向第三人主张股东权利，显名股东最大的法律风险是要对外承担股东义务。具体而言，对隐名股东的风险是，显名股东擅自转让其股权，或者其股权因为显名股东对外负债而被强制执行，或者在公司盈利时显名股东以双方不存在隐名投资关系、双方是债权债务关系为由，主张股权、要求确认显名股东是股东；对显名股东的风险是，由于他是股东名册上登记的股东，如果隐名股东或其他股东出资不足或者抽回出资，显名股东对外应当承担补足出资的连带责任，也可能在公司亏损时，隐名股东以双方不存在隐名投资关系、双方是债权债务关系为由，主张隐名股东不是股东，要求显名股东将投资作为债务予以偿还。

在新《公司法》第33条规定下，无论是隐名股东还是显名股东，其风险都已经在法律上被定格，因此，如果创投机构由于种种原因成为隐名投资中的一方时，应当事先与对方达成一个相对严密、完整的关于隐名投资安排的协议，以尽量减少各自的法律风险。不过，需要指出的是，隐名投资协议的约定也不能对抗第三人，只能在显名股东与隐名股东内部之间分配责任时适用。

（三）关于保护中小股东权益的部分规定对创投活动的风险性影响

从实践看，创投机构为了分散投资风险，通常只是参股，一般不会控股创业企业，故持股比例一般较低。因此，创投机构应当重视加强对作为中小股东的权利保护。新《公司法》的有关规定，健全了中小股东利益的保护机制，但是，新《公司法》相关规定中存在的法律空白，也使创投机构面临中小股东权益保护落空的法律风险。

1. 控制股东限制中小股东行使财务知情权

在老《公司法》下，有限责任公司股东仅有权查阅股东会会议记录和公司财务会计报告，而不能查阅会计账簿。新《公司法》第34条明确规定，股东可以要求查阅公司会计账簿。但是，根据新《公司法》第34条规定，对有限公司的章程、股东会会议记录、董事会会议决议、监事会会议决议和财务会计报告，股东是有权“查阅、复制”；而对公司的会计账簿，股东仅仅可以要求“查阅”，而并未赋予“复制”权利。由此，当小股东提出查阅会计账簿的要求时，公司在控制股东的操纵下，完全可以以“严格执行法律规定”为由，只同意股东“查阅”公司会计账簿，而拒绝股东“复制”(“复制”的方式包括复印、摘录、拍照、录音、录相等）会计账簿。但众所周知的是，会计账簿数量浩大，仅仅“查阅”而不能“复制”，显然不足以使股东真正了解和判断公司真实的财务状况。同时，新《公司法》对股东可以查阅的会计账簿范围，也没有明确列出包含“会计原始凭证”。

由于新《公司法》没有对股东查阅会计账簿的方式作出详细规定，控制股东可以通过在章程或者有关实施细则中设定限制性的规定，进一步限制小股东的查账权，比如，限制查账次数、限制查阅原始凭证、提高股东行使查账权的持股比例、拒绝由专业机构协助查阅、限制查阅范围、大幅缩减查账时间、指定专人陪同监视、拒绝股东在查阅后对公司财务进行审计，等等。

因此，如果创投机构是中小股东时，在进入创业企业之初，就必须重视争取到中小股东有权“复制”会计账簿、查阅会计原始凭证等真正行使财务知情权的权利，并将其写进章程，防止控制股东采取上述种种方式限制中小股东的财务知情权。

2. 中小股东分红权、异议股东退股权落空的风险

股利分配取决于公司是否有可资分配的利润，其具体数额则取决于股东在股东会上的自由判断，这种判断本身并无合法与违法之别。公司管理层或者控制股东出于种种考虑，完全可能滥用资本多数表决原则，不分配股利或者很少分配股利，并以此作为压榨中小股东的手段。根据新《公司法》第75条规定，如果有限责任公司连续5年不向股东分配利润，而公司该5年连续盈利，并且符合法律规定的分配利润条件的，对股东会该项决议投反对票的股东可以请求公司按照合理的价格收购其股权。这个规定是为了维护中小股东的分红权，但是，控制股东很容易规避这一规定，比如，采取某年分红的方式，打破5年连续性；象征性的小比例分红；故意过分提取公积金；以股东会决议强制将分红转增股本，等等，从而使中小股东的分红权、异议股东的退股权落空。

创投机构应当争取在章程中事先约定：在有利润可供分配时，必须每年进行分红、每年度的

最小分红比例、每年度的分红时间、采取现金分红方式，等等。同时，章程中应当明确规定控制股东不得以修改公司章程的方式剥夺或限制股东分红权，或者明确约定控制股东的前述规避行为在达到何种程度时，仍将视为符合法律规定的异议股东行使退股权的情形。

3. 控制股东规避、减损累积投票制的功效，使中小股东无法选举自己的董事、监事

实践中，虽然创投机构对创业企业通常只是参股，其持股比例一般较低，但是，创投机构一般都会在章程中约定自己有权派人进入企业董事会、监事会或者经理层，从而可以比较充分的实现对企业的经营管理权、决策权和知情权。不过，长期持有企业的股权，并非创投机构的目的和本意。如果创投机构通过分次、分段转让其股权来实现对风险资金的退出，就会涉及到非常现实的董事人选问题，即：股权受让方虽然可能受让较多股份，但不能派人进入董事会；创投机构虽然只保留很小的股份，但却可以派人直接进入董事会。如此一来，受让方可能就会因为顾忌不能派人员进入董事会，而不愿受让创投机构转让的股份。

解决这个矛盾的方法是，创投机构事先争取在创业企业章程中约定，当创投机构持有较多的股份时，创投机构可以直接派人进入董事会；当创投机构持有的股份变小到一定比例时，通过实行“累积投票制”来选举公司董事、监事。

新《公司法》第106条规定了“累积投票制”，但是，它只规定“累积投票制”适用于股份公司，而未规定适用于有限公司。如果创业企业股东人数较多、持股较分散，或者虽然股东人数不多，但考虑到创投机构日后分次、分段退出风险资金的需要，除了约定直接委派董、监事外，创投机构仍有必要事先争取在章程中约定实行“累积投票制”。

研究表明，在董事会、监事会规模越大时，“累积投票制”发挥的作用越明显。由于新《公司法》对“累积投票制”的具体实施缺乏详细规定，控制股东可以利用以下措施规避、减损累积投票制的功效：缩小董事会、监事会规模；对董事会、监事会的组成人员实行分组轮选；由股东会直接解任董事、监事，等等。

对此，作为中小股东的创投机构可以争取在章程中约定以下保护措施：锁定董事会、监事会的最低规模；不得对董事会、监事会实行分组轮选；由股东会直接解任董事、监事时，如果反对该解任决议的股东可以通过累积投票制选举同样人数的董事、监事时，则股东会该决议不发生效力，等等。

4. 控制股东拖延清算

根据新《公司法》第184条规定，公司应当在解散事由出现之日起15日内成立清算组，开始清算；逾期不成立清算组进行清算的，债权人可以申请人民法院指定有关人员组成清算组进行清算。但是，对于公司逾期不成立清算组进行清算时，中小股东是否有权请求法院指定清算，以及公司成立清算组后应当在多长期限内结束清算，《公司法》没有明确规定。

实践中，股东一般不会选择逾期不成立清算组，以避免被债权人申请法院指定清算，但是，股东可以利用法律空白，选择在法定期限内成立清算组后拖延清算、无限期不结束清算的方式，这在控制股东因为抽逃出资、虚假出资、出资不足而必须对创业企业承担补足出资责任时，或者因为滥用公司有限责任原则、过度控制创业企业，创业企业因此被法院否定企业法人人格，而使控制股东承担直接的清偿责任时，控制股东更加具有拖延清算的冲动。

如果清算组在合理期限内不结束清算，一则容易造成企业财产毁损、灭失、贬值等，二则其余股东也无法及早分配公司财产，三则法院将会判令由清算主体即公司全体股东对债权人承担因为未尽清算责任而造成的损失赔偿责任[①]，无疑，这将使作为中小股东的创投机构和其他中小股东雪上加霜，遭受更大的投资损失。

鉴于此，建议创投机构争取在章程中约定，一旦创业企业发生解散事由时，控制股东必须促成企业在法定期限内组成清算组；如未限期成立清算组的，由创投机构牵头组织清算组；清算组必须在一定期限内完成和结束清算，否则，由控制股东对其他股东承担违约责任、对债权人承担损失赔偿责任，等等。尽管这个约定不能免除股东对外承担赔偿责任，但可以使中小股东从控制股东身上追回损失。

二、新《合伙企业法》对创业投资活动的若干风险性影响及其对策

（一）允许法人和机构参与合伙以及允许合伙企业破产的风险性影响

1. 经营者通过设立“壳企业”作为普通合伙人，规避个人无限连带责任

原《合伙企业法》不允许企业作为合伙人，同时，合伙企业不得破产。新《合伙企业法》将合伙企业的兴办主体从自然人扩大到自然人、法人和事业单位、社会团体等其他组织，这些主体可依法作为普通合伙人或者有限合伙人（参见新法第2条、第3条）；如果合伙企业依法破产的，普通合伙人对合伙企业债务仍需承担无限连带责任（参见新法第92条）。

有限合伙制度意在搭建一个“能人和富人共舞”的平台，由富人（投资者、创投机构、“资本家”）作为有限合伙人，在出资范围内承担有限责任；能人（经营者、“知本家”）作为普通合伙人参与企业经营，对合伙企业债务承担无限连带责任。在这个制度框架下，由于普通合伙人需对合伙企业的债务承担无限连带责任，从而使企业治理实践中常见的经营者道德风险问题在一定程度上得以避免或者降低。根据新法关于法人可以作为普通合伙人以及合伙企业可以依法破产的规定，假设能人（经营者、“知本家”）不是以自然人身份，而是通过设立一个“壳”公司或另外一个“壳”有限合伙企业的形式，作为合伙企业中的普通合伙人，甚至是唯一的普通合伙人，那么，在合伙企业破产时，能人（经营者、“知本家”）就能够通过“壳企业”作为屏障，有效地规避法定的无限连带责任，不需对合伙企业的债务承担个人责任。显然，这不是创投机构愿意看到的。

因此，如果创投机构拟采取有限合伙企业形式对项目（创业企业）进行投资时，应当要求经营者直接以自然人身份作为普通合伙人，而不是通过设立“壳企业”作为普通合伙人。

2. 由法人作为唯一普通合伙人时，法人与有限合伙人之间的潜在利益冲突

在国外，由法人（公司）作为唯一的普通合伙人，已经成为现阶段有限合伙的典型形态[②]。在这种模式下，有限合伙的控制权名义上掌握在作为普通合伙人的法人（公司）手中，但公司的管理者实际上可能就是有限合伙人中的部分人。这样的有限合伙可以说几乎已经变成了一个完全的有限责任实体，发起人一方面通过负责公司的经营管理进而经营合伙事务，另一方面作为有限

① 如北京市高级人民法院《关于企业下落不明、歇业、撤销、被吊销营业执照、注销后诉讼主体及民事责任承担若干问题的处理意见（试行）》规定：“清算主体在法院确定的期限内未尽清算责任，或在企业存在歇业、撤销、被吊销营业执照等情形后一年内不尽清算责任，造成企业财产毁损、灭失、贬值等，致使债权人的债权遭受实际损失的，清算主体应对债权人的损失承担赔偿责任。”该规定请见北京仲裁委员会网，http://www.bjac.org.cn/garden_plot/board2.asp?id=247，最后访问日期：2007年1月8日。

② 廖凡《美国非公司型有限责任企业初探》，载于国际经济法网，http://www.intereconomiclaw.com/article/default.asp?id=3478，2007年1月8日。

合伙人享有有限责任的保护。这样既可以最大限度的利用法律为有限合伙人所提供的有限责任保护，又有利于企业避免双重征税、充分享受合伙的税收优惠。

但是，在由公司担任唯一普通合伙人的情况下，公司同有限合伙企业之间将可能存在潜在的利益冲突，因为公司的股东与有限合伙人有时候并不会完全重合。由此导致的问题是，公司的董事和经理应当优先考虑公司股东的利益还是应当考虑有限合伙人的利益？乍看起来，公司的董事和经理对公司及公司股东负有的信义义务与公司对有限合伙企业及有限合伙股东负有的信义义务，二者没有直接的关联关系，我国法律对此也没有明确规定。不过，国外的判例指出①，公司的董事和经理不仅对有限合伙企业和有限合伙人负有信义义务，而且这种信义义务高于其对公司股东负有的信义义务；在二者发生利益冲突时，董事和经理必须优先考虑有限合伙企业和有限合伙人的利益。

在设立公司（法人）作为惟一普通合伙人时，假如创投机构只是公司的股东之一，则有必要通过公司章程和合伙协议这两份根本性的法律文件，将“公司董事和经理必须优先考虑有限合伙企业和有限合伙人的利益”这一点予以明确规定，以便为日后妥善解决法人与合伙企业之间的潜在利益冲突提供依据。

3. 有限合伙未依法注册或未依法成立的风险

根据新法第3条规定，国有独资公司、国有企业、上市公司以及公益性的事业单位、社会团体不得成为普通合伙人。现实的问题是，第一，哪些事业单位、社会团体是“公益性”的，很不容易区分。如果按照《公益事业捐赠法》中所列“公益事业”范围来界定，则绝大多数事业单位、社会团体均可列入“公益性”单位（参见《公益事业捐赠法》第3条）。第二，对“国有独资公司”的定义，新《公司法》和老《公司法》是有区别的。新《公司法》下，“国有独资公司”是专指由国资监管机构（即俗称的各地“国资委”）作为惟一股东的公司；老《公司法》下，“国有独资公司”的范围更广阔，包括由国家授权投资的机构或者国家授权的部门单独投资设立的公司。那么，到底是新《公司法》下还是老《公司法》下的“国有独资公司”不得成为普通合伙人？如果前述单位违规作为普通合伙人，甚至是唯一的普通合伙人，将会导致什么法律后果？有限合伙企业是否因此在法律上并未成立？如果企业登记有误，或有限合伙企业在法律上并未成立，而有限合伙人错误地相信有限合伙企业已成立，或者错误相信自己为有限合伙人的，当第三人与该合伙企业进行交易时，由谁对第三人承担责任？等等，创投机构将可能被这一系列缠夹不清的问题拖入诉讼泥淖。

快刀斩乱麻的解决方案是，凡涉及到国有独资公司、事业单位、社会团体的，创投机构均应建议它们以有限合伙人的身份入伙。同时，创投机构应当加强对企业申报办理工商登记手续时的审核。

（二）关于有限合伙规定中的若干法律问题

1. 有限合伙企业合伙人人数限制及其解决方案

在国外，为了适应私募股权基金的发展需求，现阶段有限合伙的规模大为扩张，动辄拥有数十名甚至数百名、上千名有限合伙人，与早期的手工作坊式的有限合伙有着根本性的区别。我国新《合伙企业法》对普通合伙企业没有限制合伙人人数，但对有限合伙企业，则规定了其合伙人最高不得超过50个，其中，至少应当有一个普通合伙人，如果仅剩有限合伙人的，企业应当解散

① 廖凡《美国非公司型有限责任企业初探》，载于国际经济法网，http://www.intereconomiclaw.com/article/default.asp?id=3478，2007年1月8日。

（以上规定参见新法第61条、第75条）。新法对有限合伙企业合伙人人数的限制，是为了防止发生大规模的变相非法集资，但该规定的不利影响是，将使创投机构无法进行大规模的私募融资活动。那么，创投机构是否能够在新法第61条规定的框架内有效进行私募？

由于新法对普通合伙企业没有限制合伙人人数，虽然创投机构可以通过吸引投资者先加入普通合伙企业A，再由普通合伙企业A作为有限合伙人之一，设立有限合伙企业B，但是，该方案要求投资者首先对普通合伙企业A承担无限连带责任，这对投资者显然不具吸引力。如果由投资者先成立若干个50人以下的有限合伙企业，再由这些企业共同成立一家有限合伙企业，则将因为企业层级太多，而使有限合伙企业“税收掩体”的功效大为降低。

对此问题的有效解决方案，首推信托方式。根据我国《信托法》规定，委托人可以将其财产权信托给受托人，由受托人按委托人的意愿，以受托人的名义，为受益人的利益或者特定目的进行管理或者处分。除受托人采取信托机构形式从事信托活动必须符合国务院有关办法规定外，对受托人没有更多的资格限制，只要是具有完全民事行为能力的自然人、法人，均可成为信托法规定的受托人（以上参见《信托法》第2条、第4条、第19条、第24条）。《信托法》对委托人人数没有限制（但在实践中，对某一具体信托事项，受托人一般会主动将委托人人数限制在200人以内）。采取信托方式的另一个好处是，财产一旦信托出去，就获得了独立的法律特性，既与委托人其他财产相区别，也与受托人的固有财产相区别，除了有限的几种情形，信托财产不属于委托人、受托人的遗产或者清算财产，也不得被强制执行，这就使信托财产在法律上的保护力度远远高于其他财产（以上参见《信托法》第14条至第17条）。因此，创投机构完全可以采取信托方式进行较大规模基金私募，让其他投资者作为委托人，将其资金信托给创投机构进行管理和处分。

解决方案之二是，采取“隐名合伙”方式。隐名合伙是指当事人双方约定一方对于他方经营的事业进行出资，从而分享其营业利益并分担其损失的合同。理论上认为，隐名合伙实质上是一种融资合同关系，并不是商事主体，它只要双方达成协议即可，无需进行登记，而有限合伙企业是一种商事主体，必须经过登记注册后才能有效成立。隐名合伙与有限合伙相同的地方在于，隐名合伙人与有限合伙人均只以其出资为限对合伙企业的债务承担责任，他们也都不享有对合伙企业的对外代表权和事务执行权。公司中的隐名股东在符合一定条件时可以通过变更工商登记成为显名股东，而合伙企业中的隐名合伙人，是不能要求成为显名合伙人的。尽管我国法律上尚未确认隐名合伙这种方式，但隐名合伙的上述特点，使得创投机构可以通过采取“隐名合伙”方式，由一部分投资者作为有限合伙人，在工商登记簿予以明示，而其他投资者则作为“隐名合伙人”，从而进行较大规模的基金私募。

2. 有限合伙人对合伙企业的管理权和责任屏障问题

传统理论认为，作为享受有限责任待遇的代价，有限合伙人不得参与有限合伙企业的经营管理，不得执行企业事务，不得对外代表企业。但随着拥有成千上万有限合伙人的复杂融资安排和跨州经营的大型有限合伙企业的出现，一些国家的立法也与时俱进，比如美国，先后通过在控制理论的基础上增加所谓的“安全港规则”，到加大债权人举证证明“有限合伙人控制企业经营”的难度，再到2001年立法明确规定有限合伙人并不因参与合伙事务的经营控制而承担无限责任，等等，赋予了有限合伙人对合伙企业更多的管理权利，使得有限合伙人对合伙事务的权利更趋接近于公司股东对公司事务的管理权利。

新《合伙企业法》第68条规定，有限合伙人不执行合伙事务，不得对外代表有限合伙企业。第76条规定，如果第三人有理由相信有限合伙人为普通合伙人并与其交易的，该有限合伙人应当对该笔交易承担与普通合伙人同样的责任。同时，第68条列举了8类事项作为“安全港”条款，只要有限合伙人的行为不超出这8类事项范围，就不会有承担无限责任的危险。从中可以看出，我国法律对于有限合伙人参与企业的内部管理实行严格的禁止，在“安全港规则”中的规定也较美国更加严格。那么，在我国，有限合伙人是否有办法在更高程度上参与对合伙企业事务的管理呢？

尽管新《公司法》规定了法人人格否认制度（即如果公司股东滥用公司法人独立地位和股东有限责任，逃避债务，严重损害公司债权人利益的，应当对公司债务承担连带责任。参见新《公司法》第20条。理论上对此也称为“揭破公司面纱”），但是，该制度只适用于公司制法人，而对合伙企业，法律上尚无此类规定。由于我国的法律体制是倾向于大陆法系的，而成文法是大陆法系的传统，它通过立法机关制定法律，法官依照法律规定，结合具体的案件事实，运用所谓的“三段论”式的逻辑推理过程解决纠纷；它严格限制法官的自由裁量权，要求严格依照既有的规则来定纷止争。因此，在大陆法系下，法官的创造性受到严格的限制，在法律修改之前，法官是无权通过创设新的判例的形式，来确定一项新的法律原则的。换言之，在《合伙企业法》正式确立“合伙企业人格否认制度”之前，从理论上讲，法官是不可以将《公司法》中的“法人人格否认制度”推衍适用于合伙企业的。

因此笔者认为，如果有限合伙人希望在更高程度上参与对合伙企业事务的管理，目前相对可行的办法是，创投机构可充分利用新法关于允许法人参与合伙的规定，通过设立“壳公司”作为普通合伙人之一，与其他普通合伙人共同参与对合伙企业事务的管理，同时，应当在合伙协议中对普通合伙人的表决权行使等问题作出详细、明确的约定，规定对哪些合伙事务，必须获得创投机构控制的作为普通合伙人的“壳公司”的赞成票，才可以通过决议。

3. 关于规范合伙人内部关系，防止普通合伙人侵犯有限合伙人权益的问题

英美法系的法律一般认为普通合伙人与有限合伙人之间的关系是一种信托关系，普通合伙人处于受托人地位，有限合伙人处于委托人和受益人地位，普通合伙人作为控制、管理和支配合伙企业全部资产的一方，对有限合伙人承担信托义务，具体体现为忠实义务和谨慎注意义务两个基本性义务，并由此推衍、派生出其他种种具体义务。在信托义务这个框架下，普通合伙人一般很难通过设计复杂的法律形式或者采取其他机会主义行径，从事损害合伙企业或者有限合伙人利益的活动①。

我国新《合伙企业法》对有限合伙企业，更多的是规定合伙人（包括普通合伙人、有限合伙人）和合伙企业对外部、对第三人的责任，以及有限合伙人与合伙企业之间的关系，而对于合伙人内部之间的关系，除了规定普通合伙人不得利用职务便利侵占企业利益、竞业禁止、违规交易外（参见新法第96条、第99条），缺乏更多规定，尤其是对普通合伙人可能出现的不利于有限合伙人的行为，缺乏估计和约束。

由于新法对普通合伙人的行为缺乏严格约束，加上在新法中有限合伙人可以借重的“安全港规则”着实狭窄、有限，在这个法律框架下，普通合伙人稍微开动脑筋，就可以通过种种并不复杂的途径，比如，采取“壳公司”作为普通合伙人；进行关联交易；以合伙企业对其有关交易进行担保；以本合伙企业担任其他合伙企业的合伙人；“飞单”、故意放弃盈利机会等，损害、掠夺、掏空合伙企业和有限合伙人的利益，并规避其法定责任。

对此，作为有限合伙人的创投机构应当借鉴英美法系中普通合伙人负有的忠实义务和谨慎注意义务之规定，高度重视事先通过合伙协议予以防范，在合伙协议中尽可能详细地约定、列举普

① 朱小川《浅析有限合伙中的合伙人关系——以英美法系中的受信关系为中心》，载于《上海市法学会商法研究会2006年年会论文集》第73页。

通合伙人不得从事的行为事项，并且约定当发生普通合伙人的此类违规行为时，有限合伙人有权要求退伙或者要求普通合伙人收购其财产份额。

4. 关于同一个合伙人能否同时兼有普通合伙人、有限合伙人两种身份的问题

新法对合伙人转让财产份额的问题，只原则性的规定合伙人对外转让其财产份额时，同等条件下其他合伙人有优先购买权；合伙人之间转让财产份额的，应当通知其他合伙人（以上参见新法第22条、第23条），除此之外，没有其他更多规定。根据规定，优先购买权只存在于对外转让财产份额中，内部转让时没有优先购买权之说。这里存在的主要问题，一是如果普通合伙人、有限合伙人之间相互购买对方的财产份额，则可能导致一个合伙人同时具有普通合伙人、有限合伙人两种身份，这在法律上是否成立？二是如果符合条件的合伙人都要求行使优先购买权时，怎么分配这些财产份额？

这些问题特别是第一个问题如果未能妥善处理，将不仅仅影响合伙人团队稳定，更严重的是可能将会动摇有限合伙企业的基础性法律框架结构，比如，作为有限合伙人的创投机构在优先购买普通合伙人出让的部分财产份额后，是否可能会被第三人认为有限合伙人已经越出“安全港”、参与了企业控制而需对外承担连带责任？

鉴于新法没有规定同一个合伙人可以同时兼有两种身份，同时，如果允许同一个合伙人兼有两种身份，将很难区别该人哪些行为是以哪个身份做出的，因此，避免当时争夺纠纷和日后法律隐患的妥当做法是，应当在合伙协议中预先约定，享有优先购买权的是与出让财产份额之合伙人具有相同身份的合伙人。如果不同身份的合伙人主张优先购买权的，该合伙人应当先将其身份转变为另外一类合伙人，或者将出让财产份额的性质予以转变[①]。

同时，由于增加新的普通合伙人将有助于增强合伙企业的信用和对外偿债能力，有利于推动合伙企业的发展，有利于所有合伙人，因此，如果合伙企业的原合伙人（不论是原来的普通合伙人还是有限合伙人）愿意指定另外的第三方企业或者人士以普通合伙人的身份入伙，受让某合伙人拟转让的财产份额的，应当允许其通过第三方行使优先购买权。

至于符合条件的合伙人都主张行使优先购买权的，可以借鉴《公司法》中的有关规定进行处理，即由合伙人协商确定各自的购买比例；协商不成的，按照转让时各自的财产份额比例行使优先购买权。

5. 关于有限合伙人以转让财产份额的方式代替退伙问题

新法规定合伙人可以在合伙协议中约定退伙情形，当发生约定的情形时可以退伙；有限合伙人退伙后，对基于其退伙前的原因发生的有限合伙企业债务，以其退伙时从有限合伙企业中取回的财产承担责任（以上参见第45条、第81条）。

如果作为有限合伙人的创投机构在合伙企业正常经营的情况下要求退伙，固然应当按照第81条规定对企业债务承担责任，但是，如果是在普通合伙人严重违反合伙协议导致有限合伙人退伙时，也要求有限合伙人按第81条规定以其取回的财产对外承担企业债务，对创投机构而言，实在心有不甘。

笔者认为，创投机构此时不必采取“退伙”方式，而可以采取“转让股权”的方式，要求普通合伙人“收购”其财产份额。这两种方式的法律区别在于，“退伙”是从合伙企业中取回财产份额，它使企业财产总额减少了，对第三人的清偿保障降低了，所以法律要求退伙者以其取回的

---

① 茆荣华、赵超，“合伙企业法修改的司法应对”，《上海市法学会商法研究会2006年年会论文集》，第70页。

财产份额为限对外承担责任；而“转让”方式是由受让者支付转让款，它不是从合伙企业中取回财产，企业财产总额是不变的，对第三人没有影响。这个区别，使得有限合伙人“转让”全部财产份额的客观结果，就是其“退出”合伙，但它不会使有限合伙人以其“取回”的财产承担企业债务。

当然，采取这种方式的前提是必须事先在合伙协议中约定当普通合伙人严重违反合伙协议时，有限合伙人有权要求普通合伙人收购其财产份额，并且最好是在合伙协议中约定其他所有普通合伙人对此承担连带收购责任。另外，为了快速解决收购方身份转变问题，可以事先在合伙协议中约定，普通合伙人通过设立一个象征性的“壳企业”担任有限合伙人来收购创投机构的财产份额。

6. 关于有限合伙人提起派生诉讼的问题

新《合伙企业法》规定当执行事务合伙人怠于行使权利时，有限合伙人有权督促其行使权利或者为了本企业的利益以自己的名义提起诉讼（参见新法第68条）。该条规定中所称有限合伙人有权“为了本企业的利益以自己的名义提起诉讼”，就是指派生诉讼。

“派生诉讼”是新《公司法》中的新概念。在新《公司法》中，股东诉讼分为直接诉讼和派生诉讼。直接诉讼是指股东基于股东自身利益遭受损害时提起的诉讼。派生诉讼也称代表诉讼，是公司利益遭受损害时股东代表公司对侵害人所提起的诉讼，具体是指当公司的利益受到侵害而公司却怠于起诉，或者说公司的控制者，包括控股股东、董事、经理等高级管理人员，拒绝以公司的名义起诉时，股东为了公司的利益，以股东自己的名义替代公司对侵害人提起诉讼，所得赔偿归于公司的一种诉讼制度。

在《公司法》中，股东提起派生诉讼的前提是公司怠于行使权利，如果公司未怠于行使其权利的，股东无权提起派生诉讼，因此，股东在提起派生诉讼之前必须穷尽公司内部救济措施，满足一定的前置程序（参见新《公司法》第152条）。新《合伙企业法》第68条虽然赋予了有限合伙人派生诉讼提起权，但对执行事务合伙人在什么情况下构成“怠于行使权利”，有限合伙人是否必须满足一定的前置程序之后才能起诉，等等，没有明确规定，一旦发生纠纷、有限合伙人提起派生诉讼的，届时普通合伙人很可能以“合伙人未怠于行使权利”、“原告未穷尽内部救济措施”为由，成功抗辩有限合伙人提起的派生诉讼不符合条件。

对此，在法律未作出明确规定之前，作为有限合伙人的创投机构，应当通过合伙协议预先明确约定执行事务合伙人在什么情况下构成“怠于行使权利”，同时，最好是在合伙协议中约定类似于新《公司法》中规定的前置程序，以便在将来发生纠纷时取得法官、法庭对派生诉讼的认可。

届时，在有限合伙人提起派生诉讼之前，应当严格走足约定的前置程序，并且应当注意保留必要的证据证明已竭尽企业内部救济措施，如有限合伙人向执行合伙事务合伙人提交提起诉讼的书面请求被拒绝，或提交书面请求后合理期限内执行合伙事务合伙人未提起诉讼，或情况紧急、不立即提起诉讼将会使本企业利益受到难以弥补的损害，等等。

（三）关于有限合伙企业清算、破产的若干法律问题

1. 关于普通合伙人联手排除有限合伙人担任清算人或者无限期不结束清算

如果合伙企业因为种种原因需要解散时，应当进行清算，在清算结束后向工商登记机关办理注销登记。新《合伙企业法》规定合伙企业应当在解散事由出现后15日内确定清算人，开始清算；逾期不确定清算人的，合伙人或者其他利害关系人可以申请法院指定清算人（以上参见新法第86条）。它比新《公司法》前进一步的是，新《公司法》没有赋予中小股东“请求法院指定清

算”的权利，而新《合伙企业法》赋予了所有合伙人“申请法院指定清算人”的权利。

但是，对于清算人确定后应当在多长期限内结束清算，新《合伙企业法》与新《公司法》一样，均未予明确规定。如果清算人在合理期限内不结束清算，将可能导致法院要求全体合伙人对债权人承担因为未尽清算责任而造成的损失赔偿责任，这无疑等于加重了有限合伙人的责任。

同时，按照新《合伙企业法》第86条规定，清算人的确定办法是“经全体合伙人过半数同意……指定一个或数个合伙人，或者委托第三人，担任清算人”，如果普通合伙人人数较多并且是一致行动人的话，完全可以利用这一条规定进行联手表决，排除有限合伙人加入清算组，通过由清算组制定不利于有限合伙人的清算、分配方案，最后一次损害有限合伙人的合法利益。

对此，作为有限合伙人的创投机构应当通过合伙协议，事先约定有限合伙人必须被列入清算组，清算组必须在某个期限之前完成清算，否则，由普通合伙人对其承担违约责任，等等。

2. 有限合伙人以债权人身份对合伙企业提起破产申请的现实意义

新《合伙企业法》规定合伙企业不能清偿到期债务的，债权人可以向法院提出对合伙企业进行破产清算的申请；至于合伙企业本身是否能够提出破产清算申请，新《合伙企业法》未作明确规定（以上参见新法第92条）。那么，在我国，有限合伙企业能否以债务人的身份自己提出破产申请呢？

我国向来将个人独资企业、合伙企业视为是与企业法人并列的一类“非法人企业”，而未将其作为“企业法人”看待。我国新修订的《企业破产法》(2006年8月27日通过，2007年6月1日起施行）规定“企业法人”不能清偿到期债务的，可以依法破产；破产清算的申请既可以由债权人提出，也可以由债务人自己提出；企业破产法的适用对象是“企业法人”，对企业法人以外的组织的破产清算，是“参照适用”该法规定的程序（以上各项参见《企业破产法》第2条、第7条、第135条）。从法律上看，既然是“参照适用”，就意味不是直接适用，不是强制性适用，“参照”之后，可以适用也可以不适用，是否适用，由法官决定，法官的自由裁量权很大。在我国法律体制接近于大陆法系、法官只能严格适用法律而不能“造法”的情况下，既然新《合伙企业法》未明确赋予债务人提出破产申请的权利，法官将可能更倾向于不接受合伙企业以债务人身份提出的破产申请。

合伙企业破产对有限合伙人的现实意义，首先是，在企业确实难以为继的情况下进行破产，可以方便机构性的有限合伙人在会计上做账（销账）。其次更重要的是，按照《企业破产法》有关规定，对法院受理破产申请前一年内，涉及债务人放弃债权、以不合理价格进行交易等行为的，管理人可以请求法院予以撤销或者宣告无效，并追回有关财产（以上参见《企业破产法》第31条、第33条、第34条）。这意味着如果普通合伙人利用其管理、控制合伙企业的职务便利而严重损害合伙企业利益并导致企业丧失偿债能力的，有限合伙人可以利用破产程序追回有关财产。同时，根据新《合伙企业法》第92条规定，即使合伙企业依法被宣告破产的，普通合伙人对合伙企业债务仍应承担无限连带责任。这就使得破产程序对普通合伙人构成严重的震慑机制。

基于此，建议作为有限合伙人的创投机构在认缴其出资之外，以长期借贷方式额外提供一笔资金给合伙企业，使自己同时具有合伙人身份和债权人身份，以便创投机构在未来必要时以债权人身份申请对合伙企业进行破产清算，追回被普通合伙人及其关联人、关联企业侵占的合伙企业财产，即借助破产程序对普通合伙人的道德风险构筑最后一道防线。

三、结　语

总之，新《公司法》和新《合伙企业法》颁行后，将起到引导、规范我国创业投资制度整体框架的重大作用，有助于从制度上整体推进创投事业的发展，但同时，由于创投事业特别是有限合伙制度在我国尚属新生事物，无论是立法者还是实务部门，都缺乏足够的经验应对，因此，新法中对此缺乏更细化的规定，也就不难理解。无疑，在未来创投事业的发展中，创投机构对律师特别是对那些精通《公司法》、《合伙企业法》、《信托法》、《离岸公司法》等商事法律的专业律师的倚重程度，将会进一步加大，因为法律规定上的空白，一方面固然会导致实践中的困惑和混乱，另一方面，也意味着给实践预留了更大的操作空间，这就使那些勇于探索并善于在法律框架内进行探索的创投先行者，有机会获取更多的法律利益和市场份额。

案例篇

第一章　锦上添花

私有权益投资在中国起步较晚，但是随着中国市场的逐步成熟，进入中国的国际PE机构正在逐渐增加，投资领域和资金量也在不断扩大。一些已经步入发展期的融资企业，渴望"更上一层楼"，希望借助PE的翅膀"一飞冲天"。美洲投资出手深爱移动，风投圈定"小肥羊"，鼎晖投资慈济，安信获得凯雷的青睐，金山转型网游。从这些案例中，我们看到这些亟待上市的企业正凭借着广阔的行业前景、优秀的管理团队以及强有力的技术优势吸引了众PE的目光。同时，他们也寄希望于"PE"，在未来的日子里可以协助他们走出中国，走向世界。

案例一　风投看好本土手机品牌　美洲投资出手深爱移动①

背景：

就在国产手机遭遇了手机行业的寒冬，专利侵权官司缠身，大小厂商赢利艰难，市场份额总体下滑……昔日的巨头"几家欢喜几家愁"，"行业洗牌"来临的敏感时刻，向来以投资低风险行业、高成功率著称的美洲投资银行做出一件令风险投资业界都感到意外的事情，宣布3年内在手机制造领域投资1亿美元，与江西井冈山华禹通讯公司（下称"华禹通信"）合作成立深圳深爱移动智能系统有限公司（以下简称"深爱移动"），携手国内营销界传奇人物胡海，以"CLOVE深爱"品牌切入国内手机市场，同时也开创了风投进军国内手机行业的先河。

在今天手机市场这种硝烟炮火中，深爱移动为什么选择此时进入市场？深爱移动为什么能争取到美洲投资银行2000万美元的风险资金？是中国手机市场依然存在大的机遇，还是深爱移动掌门人胡海个人传奇的营销才能和魅力色彩？

一、传奇掌门人

深爱移动的掌门人胡海是一个传奇人物。学习机走红的年代，他在如日中天的中山小霸王公司做市场部经理；1997年胡海加盟广东阜康集团，担任副总经理，半年后阜康拱手将他"送"给了金正；之后的3年，是中国影碟机"激情燃烧"的岁月，胡海作为金正公司副总经理，伴随着"真金不怕火炼"的广告语活跃在影碟机行业；2000年，胡海荣获中国营销界规格最高的专业奖项"杰出营销人金鼎奖"；同年，胡海回到了阜康，重新进入阜康董事会；2002年，胡海如期完成了北京大学EMBA的学位；2002年底，胡海与现在金立总经理刘立荣又联合阜康等几家专业投资机构和一些经销商、供应商，创立了深圳金立通信公司，担任金立公司常务董事、副总经理，用了短短不到4年的时间，就让金立成为国产手机行业中一匹"黑马"。2003年6月，胡海荣获阜康

① 本案例是在以下媒体信息的基础上编制而成：手机联盟网、《人民邮电报》、搜狐IT、IT168、中国创业投资网、腾讯科技、《南方日报》、《证券日报》等。

金质奖章，这是一枚代表阜康集团最高荣誉的奖章，用以奖励胡海为阜康所作的卓越贡献。2005年8月，胡海从金立离职后，创办了深圳市海联存储公司，公司主要从事数字存储卡的生产和销售。2006年2月，美洲投资银行投资的深圳泰克艾奇公司正式入股海联存储，拉开了胡海和美洲投资银行之间合作的序幕。

一个人的一生可以做很多事情，但是能做成功一件事情都是很不容易的，胡海同时在小霸王和金立取得的成功让人刮目相看。2006年3月，凭借15年的电子通信行业背景和身经百战的营销（市场、产品）经验，在和美洲投资银行董事局主席、首席经济学家邹刚达成做手机的共识后，胡海在短短3个月内就组建了100多人的资深研发团队，成员均来自于波导、康佳和天音等大公司，确保了深爱手机营销和技术上的优势。2006年6月6日，深爱移动正式宣布成立。

谈及中国手机制造市场的第一笔直接风险投资，胡海说："作为一个成熟的投资银行，美洲投资银行在中国共有60多项投资项目。他们投资深爱移动，应该先是看中了中国的手机市场前景，再具体物色合适的合作伙伴。我在小霸王、金正的品牌运作经验，尤其是创办并成功打造金立品牌，让投资方看到了更多的希望。"

二、美洲投资牵手深爱移动

美洲投资银行宣布3年内向深爱移动陆续投资1亿美元，先期向深爱移动注入的2000万美元已经到位。实际上，1亿美元只是一个投资预测值，美洲投资银行会根据深爱移动的运转状况以及经营业绩，给予适时的资金供应。深爱移动的另一大股东华禹通讯是"深爱"品牌的拥有者，是吉林省华禹光谷（集团）股份有限公司在江西吉安开发区投资兴建的企业，在2006年3月获得了国家发改委的核准，拿到江西省首张手机生产牌照。

（一）底气何在

2006年6月6日，一个中国人眼中吉祥的日子，深爱移动正式加入国产手机牌局。"身世"特别的深爱移动，刚一成立就有惊人之举：产品处于规划期即聘请当红影星孙俪作形象代言人；高调发布"品牌插位"策略，扬言在3年内跻身国产手机行业前5名，要5年内跻身前3名；并在成立两个月后的代理商大会上一举完成全国销售渠道铺设。

时隔4个月，深爱移动的首批两款产品已经上市，并在毗邻深圳的东莞建立了手机生产基地。东莞基地分两期建设，总投资规模7000万人民币，总设计产能为年产500万台，首期工程已于10月18日竣工投产。深爱移动助理总经理陈敏透露，截至2006年底深爱移动已构筑完成集研发、生产、销售、售后服务的整个手机产业链，并密切关注3G手机产业动态，在研发、生产方面已做好积极准备。

然而，仅仅只是凭借产能还远远不可能实现"插队"战略。经过了解，深爱移动发出豪言的"底气"慢慢浮出水面。在借深爱移动正式进入手机业之前，投资方美洲投资银行多年来已经在深圳地区投资了一批从事手机软件开发、增值服务、储存技术的企业。现在看来，这些企业加上深爱移动组成了一条几乎完整的手机产业链，深爱移动竟是美洲投资银行的"画龙点睛"之笔。

（二）目标与策略

据悉，深爱移动2007年的目标是产量200万台，并计划在3年内成为国产手机前5强，5年内跻身前3强。对手机业新军而言，这一目标堪称宏伟。前有诺基亚、摩托罗拉等巨头遥遥领先，后有“三码”、“五码”等黑手机围追堵截，深爱移动如何“上位”？以高品质搭配低价格，无疑是一把披荆斩棘攻无不克的利剑，然而大品牌们的生产线号称已达到千万台级别，庞大产量形成了成本优势，深爱移动又如何与之竞争？

深爱移动助理总经理陈敏表示，与大品牌相比，深爱在各个环节都具有优势。在研发环节上，深爱移动拥有实力雄厚的研发中心；资金上有美洲投资银行投资，运作资金有保障；销售上采取完全代理制，赋予代理商更大权力，自身则摆脱了建设庞大销售队伍的负担；同时深爱移动还没有库存压力，相对很多国产厂商而言是“轻装上阵”。种种因素相结合，深爱移动实际上已具备成本优势。

深爱手机将以18岁～30岁的都市年轻人为主要目标消费群体，以中档价位推高档品质，以时尚气息与科技灵感相结合，主打1000元～2500元的时尚、娱乐、个性化手机。在外形、娱乐、沟通方面紧紧围绕青年人追逐时尚的心理，满足年轻一族的移动生活需求。这一市场定位有助于深爱移动在短期内迅速占领并扩大市场份额。

此外，深爱移动把总部设在“手机之都”深圳，把生产基地建在与之毗邻的东莞，似乎都含有深意。深圳生产全国1/3、全球1/8的手机，有全国最完整的手机零件产业链、造型设计产业链和销售渠道，已经形成了规模庞大的产业集群。深爱移动总部设在深圳，可以享受手机产业集群带来的时间、成本等多种效益。而把生产基地建在东莞，目的是享受东莞在手机生产产业链上丰富的上下游资源，寻求更低的制造成本，打造更强的性价比，为深爱移动生产基地的长远发展提供了良好的配套环境。事实上，在美洲投资银行的资金支持下，深爱移动还有着更长远的规划，除东莞生产基地外，还有意在长沙斥巨资打造手机生产工业园区。

（三）品牌时代到来

胡海深信：中国手机市场已经从单纯的产品时代进入资金与技术为核心竞争力的时代，最后会进入品牌为王的时代。

国产手机从营销时代进入综合竞争时代，即以品牌为特点时代。在2000年以后的几年里，国产手机凭借本地化的文化、人力、市场之优势展开了轰轰烈烈的营销攻势，各种让利、促销手段无所不施，在短短的两三年里便占据了国内市场的半壁江山，让国外品牌不禁乱了阵脚，疲于应对，然而，在最近的两年里，MOTO、NOKIA、索爱等国外优势品牌纷纷加大营销力度，渠道代理商和终端促销员几十成百倍地增加，展开了声势浩大的反扑，凭借品牌的优势，更是一举把国产手机压在市场的夹缝之中。国产手机营销时代已一去不复返，没有品牌的支撑，没有售后的跟进，只有一时的让利，最终只会被消费者抛弃。国产手机厂商的品牌塑造工程已经到了箭在弦上，而精于品牌经营之道的胡海自是胸有成竹。

深爱移动打出“让科技充满爱”的品牌口号，以引领时尚、创新科技、写意生活为品牌主张，并以高起点、高规划、高投入为市场推广策略，围绕“爱”来提升深爱手机的寓意和品牌形象，能否成功，一切还在未知中。

三、案例解析

美洲投资银行在国内手机行业整体低迷的时候，投资一个还没有产品面市的新品牌，委实令人费解。显然，美洲投资银行对国内手机业的看法和多数人所持的观点大相径庭，要不然业界也不会用“惊呼”、“开创风投先河”来形容这一举动。

美洲投资银行有限公司是在美国达拉维州注册的投资银行，分支机构遍布美国东西海岸的主要城市，主要业务是美洲大陆的投资银行咨询业务和风险与产业投资基金管理。其他业务包括投资咨询、投资项目评估、私募融资、企业包装上市、兼并收购、项目管理和资产管理等。这样一个在美国这个成熟的资本市场上运作了这么长时间的赢利性机构为什么会选择深爱移动这个投资项目呢？

（一）行业前景看好

从经济学规律来看，除政治投资以外，资本总是流向利益最大化的地方，美洲银行的这次商业行为也不例外，资本再生和增长是其投资的原动力。手机行业是一个利润增长速度比较快的行业，从产业规模上来看，每年以25%的产能增长；从产品的平均毛利率上来看，生产商可以达到10%～15%的利润率，销售环节甚至达到30%～45%。如此大的利润诱惑怎能会不吸引人呢？

（二）资源有效整合

除了对手机行业的前景看好以外，我们也可以看到投资深爱移动是美洲投资银行对其多年在手机周边产业布局的资源进行整合的需要。首先，美洲投资银行在深圳投资和管理的关联公司有巨潮艾奇计算机、巨澜信息技术、泰克艾奇智能系统、海联储存技术等IT企业，其中泰克艾奇成立于1993年，连续多年被评为国内软件百强企业。其次，在深爱成立同时，美洲投资银行还专门投资设立深美移动信息技术有限公司，专业从事手机研发，为深爱移动提供了技术和研发保障。

当然，从美洲银行在中国内地的参股、控股或者托管项目来看，主要集中在金融、房地产、矿产、租赁等行业。随着市场经验的成熟和市场的发展，行业之间的界限在利润面前都变得模糊，能够赚取最大利润才是投资者的最终目的。美洲银行多年在美国资本市场的动作已经为其投资积累了丰富的经验，自然明白融合在中国已有的投资项目，利用项目的交叉性系统投资，以实现其风险最小化这个道理。

（三）领军人物的成功经历和新品牌效应

深爱移动总经理胡海是金立手机的创始人之一，在短短4年间使金立成为国内手机制造商的一匹黑马。美洲银行在深爱手机成立之初，就选择胡海作为深爱的掌门人，也是看中其过去成功的经历、丰富的经验、对国内市场的深入认识和广阔的人脉资源；此外，美洲投资银行的资本运作能力无疑为深爱移动提供强有力的保障，推动深爱手机强劲进军市场的最前列。

美洲投资银行在这样一个时机投资一个全新的品牌，也是出于策略上的考虑：一方面，相对于一些积重难返的国内老品牌而言，新品牌没有历史负担和库存压力；另一方面，国内手机品牌在研发技术上的普遍缺失也给新品牌提供了插队的条件，有一定技术储备的品牌可以一开始就插入市场前沿，而不用亦步亦趋地排队前进；更重要的是，3G时代的即将到来，也给中国手机市场带来了新的发展机会，新老品牌可以站在同一起跑线上，分享3G时代的盛宴。实际上，美洲投资银行通过深爱移动来培育自己的品牌，也是出于成本考虑：运作成功的老品牌价格不菲，而不成功的老品牌历史包袱比较重，不符合风投“选秀”的准则。

“深爱”能否在美洲银行的扶持下，打造出一片自己的天空呢？我们拭目以待。

案例二　风投圈定"小肥羊"　连锁模式备受青睐[①]

背景：

1999年内蒙古小肥羊餐饮连锁有限公司（下称"小肥羊"）在包头开业，仅用了7年时间就在包括港澳台在内的中国、日本以及北美快速扩张了720家分店，扩张速度令人惊叹。

2006年7月24日，小肥羊同英国最大的创业及私募投资机构3i集团公司（下称"3i"）与西班牙普凯基金公司（下称"普凯集团"）达成投资协议，获得投资方规模达2500万美元的资金。虽然达成协议的过程一波三折，但最后仍依靠创业者的法宝——连锁模式让这个外资入股餐饮企业的投资先例得以落实。

一、连锁餐饮帝国

可能连小肥羊的创始人张钢当时也没有预料到，他的一家火锅店能发展为一个餐饮帝国，更让他没有预料到的是他的餐饮帝国的崛起竟来自于"不蘸小料一招鲜"这个独特的创意。

1998年初，张钢和朋友在一起吃羊肉火锅的过程中，发现这种"不蘸小料"的火锅味道不错，朦胧之中张钢感觉这是一个商机。张钢意识到羊肉火锅将是一个大市场，决定自己开家火锅店。经过反复配制、多次改进，一种用当归、枸杞、党参、桂圆等调料独特配制的火锅锅底料诞生了。羊肉入汤后，口感嫩、口味鲜香，完全可以不蘸小料。这样，就甩掉了繁琐的小料包袱，开辟了一条火锅快餐化之路，为日后小肥羊的规模化、连锁化经营打下了基础。

在中国人眼中很吉利的日子——1999年8月8日，小肥羊的第一家店在包头市开张了，一开业便受到消费者的欢迎。如星火燎原，小肥羊的直营店、加盟店当年便开始向全国延伸。从2003年以来，小肥羊已经连续3年的营业额仅次于拥有肯德基、必胜客等著名餐饮品牌的中国百胜餐饮集团，荣居"中国餐饮企业百强第二"。从下面的一连串数字人们就可以知道小肥羊发展的速度有多快了。

2000年，在上海、北京、深圳开直营和连锁加盟店；

2001年，正式开始特许加盟，当年发展445家，实现营业额15亿元；

2002年，正式在火锅店家乡——成都开业，这一年销售额25亿元；

2003年，加盟店达到660家并在美国开店，销售额达到30亿元的规模；

2004年，第696家分店开到香港。

2005年5月27日，排位718的台湾松江分店开业，小肥羊成功登陆台湾地区。10月，小肥羊在香港开了第4家店，为小肥羊创造了1.4亿元的营业额。11月8日，北美第一家直营店——多伦多小肥羊店试营业的当天就收入5万元。2005年底，小肥羊门店数已经达到720家（见图1.1）。

目前，小肥羊还在日本跟一家上市公司合作开设连锁店。它正在进行的海外扩张目的地包括新加坡、韩国等亚洲市场以及美国市场。

---

① 本案例是在以下媒体信息的基础上编制而成：《互联网周刊》、《第一财经日报》、成功营销、《中国企业家》、《信息时报》、《当代经理人》、《IT 经理世界》等。

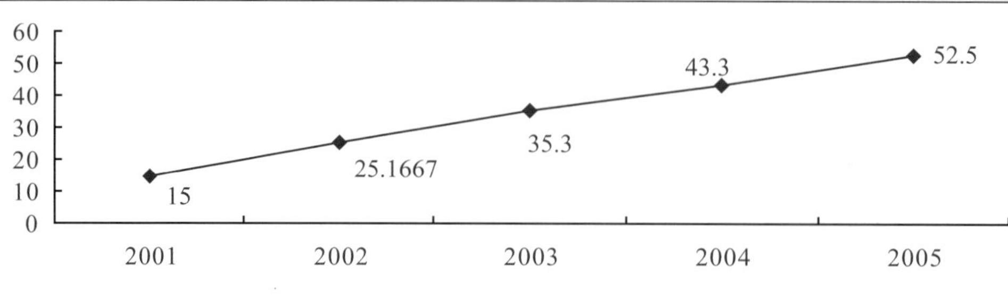

数据来源：中国风险投资研究院根据相关媒体报道整理

图1.1　小肥羊销售历年收入（单位：亿元）

二、风投的追逐

嗅觉灵敏的风险投资者看到了小肥羊的潜在投资价值。3i的王岱宗无疑是嗅觉最灵敏的投资经理了。2005年，王岱宗离开高盛，出任3i副总裁。加盟3i后，王岱宗一直在琢磨着什么样的企业值得投资，他想到了若干年前曾经在上海光顾过的小肥羊，当时小肥羊火锅鲜美的味道给他留下的印象至今深刻。在王岱宗看来，小肥羊原料和汤料是标准化的，非常适合规模化发展。在通过各种渠道对小肥羊进行了解后，王岱宗径直飞到小肥羊的总部——号称"稀土之都"、"草原钢城"的内蒙古包头，提出对小肥羊最少投资2000万美元的意愿。然而，由于经营状况良好，小肥羊并没有融资的想法。"我们不缺钱"，这是王岱宗最初从小肥羊得到的答复。"即便需要，1000万美元也足矣"。投资人伸出的橄榄枝就这样被婉拒了。

不过，风险投资人没有那么容易被拒绝，经过对小肥羊企业经营模式的分析，特别是小肥羊兴起的法宝——连锁经营模式进行了周密的调研和分析，投资者锐利的眼光看出了这一法宝同时也是小肥羊的心结。于是，投资人再次上门洽谈，拿出了经过调研后的结论，列举出了小肥羊在目前经营中的软肋所在，同时对小肥羊阐述了自己在这方面的优势，以及能给小肥羊带来的解决方案，终于说动了小肥羊引入战略投资者。到底是什么让小肥羊一改初衷呢？正是其赖以发展的法宝——连锁经营。

2000年～2002年，小肥羊为了追求规模效应和资金的原始积累，曾大面积发展特许加盟店，然而，扩张过快的特许经营带来了管理上的隐患，小肥羊对加盟商的管理曾一度失控。加盟商追求利益和小肥羊追求规模效应之间出现了鸿沟，一些加盟商的不规范行为对小肥羊的业绩和品牌造成了恶劣的影响。因此，小肥羊决定调整战略，收回加盟店，大力发展直销店来达到"一石多鸟"的目的。这样，3i的资金就显得相当必要了，毕竟靠小肥羊自身的流动资金和银行贷款还不足以在短期内完成这一紧迫的任务。

小肥羊准备引入外资的消息很快在业内传开，就在3i对小肥羊做尽职调查的那一段时间里，包括摩根、高盛等在内的境内外20多家风投机构纷纷找到了小肥羊，明确表达投资意向的也有三四家。

而在各方风投慕名涌来的时候，3i也不断前往小肥羊进行谈判。各个公司的方案摆在小肥羊面前，其中也有让小肥羊非常动心的方案，但最终小肥羊还是选定了最早到来、接触时间比较长、行事风格也比较合拍的3i作合作伙伴。小肥羊常务副总裁卢文兵解释道："在接触过程中，3i对于餐饮行业的理解和深厚的国际网络让我们感到有些吃惊。"事实也的确如此，在参股小肥羊之前，3i 已经在全球投资了60多家食品企业，对餐饮连锁具有丰富的行业经验和网络关系。

然而，和3i 的谈判并不是一帆风顺。双方曾就估价问题发生了激烈的争执。3i 给出7倍的市盈率，但小肥羊觉得太低，要求10倍的市盈率。为了这个问题，双方来来回回谈判了好几次，有时候甚至争得面红耳赤。而这一期间，其余的竞争对手也给出过让小肥羊觉得比较合适的价格，但小肥羊和3i 最终选择了相互让步。"因为我们觉得价格虽然是重要的，但却不是最终的决定因素。"卢文兵说。

双方谈判进入后期时，另一家风投机构普凯集团进入了小肥羊的眼帘，这同样缘于一次巧合。

普凯集团是3i 集团介绍给小肥羊认识的。普凯集团的两个老板是西班牙人，同时也是两个球迷，其中一个支持巴塞罗纳队，一个支持曼联队。很巧的是，小肥羊董事长张钢也是曼联队的球迷，于是，双方在洽谈时找到了共同话题，谈得特别投机。而两个老板中的一位家里曾经养过羊，因此对羊有着非常特殊的感情，于是，普凯集团和小肥羊之间的合作谈判几乎是一拍即合。

从2005年8月开始接触，经过一年时间的谈判后，2006年7月24日，小肥羊与3i 和普凯集团最终签订了投资协议，后两者联手投资2500万美元，占合资公司20% 多股份，其他股份为个人出资，而小肥羊创始人张钢及陈洪凯的股权稀释到不足40%。3i 以16% 的股份成为继小肥羊创始人张钢之后的第二大股东，普凯基金则获得了4% 的股份。

除了股份之外，3i 还获得了小肥羊董事会中的两个董事席位，普凯获得一席，分别代表外资股东出任执行董事，在董事会的重大决议上拥有一票否决权。不过与大多数投资公司自己直接出马的做法不同，3i 委托了两位餐饮行业内的专家：汉堡王前任国际业务总裁和肯德基中国香港地区现任行政总裁出任小肥羊的独立董事。

至此，合资公司董事会成员增至11人，其中，中方6名，分别是董事长张钢、副董事长陈洪凯、常务副总裁卢文兵以及小肥羊上海、深圳、北京分公司的3名总经理。不过，从2006年开始的3年内，小肥羊承诺业绩复合年增长率不低于40%，即小肥羊每年的利润和销售额同比增长40%以上。如果完不成约定目标，小肥羊将向两大集团提供补偿。这与当年蒙牛引入摩根斯坦利等战略投资者时签的对赌协议颇为相似。至于补偿形式和补偿内容，外界不得而知。

三、餐饮上市第一股

据悉，小肥羊计划用这笔资金中的7000万元来收购业绩突出的加盟店，6000万元用来开直营店，剩余金额补充流动资金。

而对于小肥羊来说，两大集团的进入并不只是单纯的资金投入，更多的是将先进的管理理念带入了小肥羊。"我们的市场已经达到了国际化，虽然只依靠银行贷款也有充足的资金，但这并不代表我们的企业已经国际化了，我们最需要的是先进的管理理念来帮助企业成长，这正是风险投资能够带给我们的。"卢文兵说。同时，3i、普凯也能帮助小肥羊更深刻地理解国际市场并引进小肥羊国际扩张所急需的人才。

3i 副总裁王岱宗表示，小肥羊原来计划在2007年上市，但基于对小肥羊上市后有较高的估值以及考虑小肥羊未来更好的发展，管理层目前已经达成一致，计划2008年上半年上市。"对于上市地，公司目前倾向于香港市场。"

四、案例解析

本案例作为餐饮企业引入外资的第一例，值得我们去思考的东西很多，但仅从本文来说，我们需要从以下3个角度去分析：第一，连锁经营模式让投资人发掘小肥羊本身的投资价值；第二，连锁模式的瓶颈让投资人说服小肥羊；第三，深度思考：为什么国内投资者缺位好的连锁企业。

1. 投资价值分析

小肥羊成为我国第一家成功引入风险资本的餐饮企业，其自身的投资价值不言而喻。从投资人的角度看，其价值主要体现在小肥羊的团队、品牌、财务盈利现状以及所处的行业背景。在团队建设方面，小肥羊先后经历了3次大规模股权稀释过程，运用股权激励把有才干的志同道合者“拴”在一起，甚至还吸引来卢文兵和孙先红。在品牌价值上，根据2005年“中国500最具价值品牌”排行榜，小肥羊（品牌价值55.12亿元，排名第95位）与全聚德（品牌价值106.34亿元，排名第49位）作为仅有的两家餐饮企业入选。这意味着小肥羊已经有赶超百年老店的实力与水准，成为国内极具竞争力的品牌。作为传统行业，餐饮企业现金流稳定，财务风险也通常小于其他行业。伴随居民人均收入水平的提高和餐饮业市场的持续增长，投资者持续看好小肥羊。

除了上述投资价值分析外，小肥羊还有另一个最重要的投资价值因素，即小肥羊的商业模式——连锁经营。采用连锁模式的餐饮企业很多，为什么小肥羊会迅速崛起，获得资本青睐呢？我们知道，中餐最难做到的就是标准化，而小肥羊革命性地采取“不蘸小料一招鲜”的火锅吃法，解决了中餐标准化、工厂化这个难题，也解决了原材料的集中供应和店面快速扩张之间的矛盾，保证了顾客在小肥羊任何一家连锁店里吃到的火锅是同一个口感。也正是这一其他餐饮企业无法做到的连锁模式，更使投资人看到其管理的能力，增加了小肥羊的投资价值。连锁，毫无疑问是2006年VC投资传统行业的关键词之一。连锁餐饮、连锁零售、连锁房屋中介、连锁保险中介、连锁汽车服务业、连锁物流配送等，凡是带有连锁特征的业内公司，都已经进入了风险投资的视野。2005年1月，摩根士丹利和鼎晖以总代价5000万美元分别认购家电零售业的永乐电器3.63亿股和5913.97万股；2006年2月14日，兰馨亚洲向运动100投资1000万美元，用于运动100中国业务的扩张；2003年如家快捷（NASDAQ：HMIN）引入了包括IDG、美国梧桐创投等境外战略投资者；2006年11月，一茶一座获得3家美国创投公司的投资，其中股东方包括IDGVC以及沈南鹏以个人设立的基金SMI；2006年5月，鼎辉增资北京慈济体检；2006年6月20日，红杉资本中国基金投资中国众合有限公司1000万美元。所有的这些被投资的公司，都有一个共同的特征——连锁商业形态。

麦当劳、肯德基、沃尔玛、家乐福等国际连锁巨头的成功已经证明，连锁模式以其无可比拟的复制力和快速的扩张性显示了巨大的威力。在中国，很多传统行业目前还处于“帝国”建立时代，因此规模和速度就成为当前最重要的因素，而风险资本正好可以提供连锁扩张所需要的庞大资金，一旦这种扩张成功，在行业内建立起“帝国”，风险资本无疑将会得到巨大的回报。

2. 投资原动力

在本案例中，我们看到一个有趣的现象，连锁经营模式给本文中的被投资者带来了巨大的商机，也是让投资方认可其价值的重要因素，本来是被投资人赖以和投资人谈判的筹码，最后却成为了投资人获得这一优秀项目的谈判法宝。

传统行业的现金流稳定、风险小这一特性，自然成为目前中国的银行业贷款的重要对象，因此优秀的传统行业的企业资金需求并不如高科技行业的企业那么强烈。也正因为如此，风险投资开始和小肥羊洽谈时并非那么顺畅，传统思维的小肥羊创始人认为风险投资只是解决了其资金问题，而这个问题对小肥羊而言不是那么急需解决。

聪明的3i采取逆向思维，改变了小肥羊原先的看法。首先，连锁经营在扩大规模给企业带来效益的同时，其风险也是并存的，因为随之而来的是棘手的管理问题。这一看起来简单的思考，需要投资者具备清醒的思维，而不是人云亦云的盲从，在投资实践中并非那么容易做到。3i公司对其连锁模式带来的管理的瓶颈进行周密的调研后，再对自己在解决瓶颈的上优势进行分析，第二次上门时就比其他竞争者有了更多的准备。也就是这一事先的准备，让小肥羊在众多投资方案中最终选择了他们。其次，小肥羊的资金需求是隐含的，只是没有浮出水面。聪明的3i公司在对连锁项目分析后，指出了要解决目前管理上的瓶颈，小肥羊必须要将连锁模式从加盟模式改为直销模式，而这一模式的转换一下子就使资金紧缺的问题浮出了水面。这也是改变小肥羊原先对接受投资的欲望不强烈的重要因素。

成功的投资者是凭借其锐利的行业经验的眼光看到被投资者的瓶颈，挖掘和调动被投资者对资金的需求，因此本文中的香馍馍——连锁模式，实际上也是这次投资案例的原动力。

3. 深度思考

在看到3i、普凯牵手小肥羊之后，我们注意到在很多优秀的连锁经营的企业项目上，国内风险投资机构“集体缺位”的局面让人惋惜。蒙牛乳业、永乐家电连锁等企业都是国内传统行业中连锁企业的领头羊，而他们的投资价值最初都是外资风险投资机构率先发现的。惋惜之余，我们不得不深思，到底是什么因素阻碍了国内风险投资机构错失这些良机？

第一，功能定位。我国风险投资制度的引入是政府为了扶持发展高科技产业发展，本身是一个典型的政府主导的制度供给。因此，国内风险投资机构以推动科技创新为己任，忽视了传统产业。

第二，投资方向。由于国内风险投资机构大多数都以政府或国有资本出资为主，在资金投向上难以避免地受到政府的驱使，优先扶持国有企业和高新技术企业发展。而蒙牛、小肥羊都是民营企业且是传统产业，与其投资方向不合。

第三，资金实力。无论是蒙牛亦或小肥羊，动辄上千万美元的投资，是国内很多风险投资机构难以承受的。目前国内风险投资机构的资本来源单一，资本规模偏小，导致单位项目的投资强度难以提高。因此，实力的弱小使国内风险投资机构在面对资金雄厚的外国风险投资机构时，难以与之抗衡。

案例三　鼎晖投资北京慈济 健康产业获风投青睐[1]

背景：

摩根士丹利旗下基金——鼎晖投资有限公司（以下简称“鼎晖”）早在3年前就已进入中国医疗领域，向北京慈济健康体检连锁机构（以下简称“慈济”）投资3500万元，占北京慈济40%股份。2006年5月，鼎晖再次宣布对慈济追加投资，新增加的资金将用于慈济新成立的全资子公司——上海慈铭医院管理有限公司(以下简称“慈铭”)在华东地区的业务扩展。慈铭将以连锁医院的形式抢占华东医疗体检市场，并以此在上海及周边地区对民营医院展开大规模收购。

一、什么是健康管理

健康管理是基于个人健康档案基础上的个性化健康事务管理服务，是建立在现代生物医学和信息化管理技术的模式上，从社会、心理、生理的角度来对每个人进行全面的健康保障服务，协助人们进行成功有效地把握与维护自身的健康。

健康管理的核心内容包括：进行全面的体检，收集健康信息、建立健康档案、评估健康状况、预测健康走向、制定并实施健康管理方案。健康管理就是要将科学的健康生活方式传导给健康的需求者，变被动的护理健康为主动的管理健康，更加有效地保护和促进人类的健康。健康管理不仅是一个概念，也是一种方法，更是一套完善、周密的服务程序。

二、国内健康管理的龙头

健康体检和健康管理在国外已经有50年的发展历史，在中国却还是一个崭新的行业。健康体检和健康管理对人们身心和生活质量的重要性，还是不被人所知。但不可否认的是，它预示着一个巨大的商业机会。

（一）创业

2003年4月份，北京的的士司机在互相传递着这么一个信息：只要填个体检申请表、提前电话预约一下，就可以去一家叫慈济的健康体检中心做一套免费的全科健康检查。由于实施到位，形成了广泛的口碑，慈济体检中心引起了包括新华社、人民日报等诸多国家级媒体的关注和报道。由新闻媒体北京娱乐信报发起的“万名的士司机免费体检”活动，得到了作为体检承接方的北京慈济体检中心的全力配合和支持，此举得到了的哥们的广泛好评。

导演这场活动的幕后主角就是本案例的主角，北京慈济健康体检机构总裁——韩小红博士。作为一个性格开朗、好强的东北姑娘，韩小红身上有一股义无反顾的闯劲，只要认定的事情就一定要坚持做到，什么困难都不能让她退却。

1967年韩小红出生于一个医学世家，这注定了她一生要和医学结下不解之缘。历经大连医科

① 本案例是在以下媒体信息基础上编制而成：《每日经济新闻》、《第一财经日报》、《理财•创业》、搜狐健康、北京电视台《财智人物》专访等。

大学肿瘤专业的5年寒窗，韩小红于1990年步入了沈阳军区总医院。作为一名年轻的医生，韩小红的事业可谓一帆风顺：1997年成功考取北京医科大学就读研究生，毕业后又顺利地进入了解放军301医院肿瘤内科工作。一年后，韩小红踏上了德国爱德堡大学留学之路。

2001年6月16日，对韩小红来说是足以记忆一生的日子。在德国爱德堡大学即将完成博士学位全身心地写毕业论文的她，在自己34岁生日这天，收到了丈夫送给她的一份特殊的礼物——一盘庆祝北京慈济门诊部开业庆典的录像带，而韩小红的头衔就是门诊部的总经理。这个门诊部是她先生创建的，由于缺乏特色、病人太少，开业当年就亏损100多万元。韩小红没有料到这份意外的礼物从此改变了她一直以来的人生轨迹，如果没有这个头衔，韩小红可能还在原单位——北京301医院肿瘤科继续担任医师。

接手北京慈济门诊部，对韩小红来说是一个前所未有的巨大挑战。在此之前，企业经营对她来说是一片空白。但是，韩小红不服输的性格使她勇敢地接受了这份挑战并一直坚持至今。为了寻求企业的发展，经过详细的市场调研和考察，她决定进入崭新的健康体检和健康管理行业。十余年的从医生涯，韩小红亲眼目睹了很多病人，他们没有经过早期诊断和治疗的过程，来医院就诊时80%已经是晚期了。作为医生的韩小红，时常感受到一种巨大的失落感和遗憾。韩小红想，如果能把身体检查前移，很多疾病就能提早发现、预防和接受早期治疗，很多人的生命就不至于到了晚期而无法挽救。而在德国留学时对国外健康体检行业的调查，让韩小红也对健康体检和健康管理行业充满了信心。

2002年3月28日，在接手慈济门诊部的管理之后，韩小红创办的北京慈济健康体检中心和健康管理中心正式开业。当她下决心和先生一起把门诊部改成当时北京第一家专业的体检机构时，她压根没想到，这一举动竟开创了一个全新的健康管理市场，而以往患者和健康人混居一堂做检查的医疗模式也自此改写。

韩小红终于为自己做医生时留下的遗憾找到了解决之道。她要在人们的健康成为问题之前，就阻止疾病侵害人体的脚步；她要利用自身多年积累的专业知识，为更广大的人群进行健康服务；她不想再看到更多的无奈继续发生。为此，韩小红做好了前两年亏损的准备。但实际上，不到1个月的时间，慈济就引起了媒体和社会的关注，专业体检被人们从不了解到了解，从好奇到认可。在开业3个月后，慈济体检实现收支平衡，不到1年的时间就拥有了3万名客人。

（二）扩张

经过了发展初期的慈济迎来了自身发展的新阶段——企业扩张。2003年4月，慈济在北京的第二家健康体检中心在亚运村开业。它使慈济服务客户的能力得到了成倍的增长。业务的快速扩张，让韩小红认识到必须提高体检中心的服务和规范化运作水平，她想到了一条快捷的方式——与代表世界健检最高水平的日本健检机构合作。日本健检机构先后与慈济接触了三次，每次都是对慈济进行暗访，但是都没有和慈济签署合作协议，最后一次，日方从北京另一家大型体检机构九华山庄考察后，来到慈济并与慈济达成了合作协议。通过这次合作，慈济引进了国际先进的健康体检管理经验和技术，使慈济健康体检技术达到了国际先进水平，慈济的知名度也迅速得到提升。

（三）引入风险投资

2003年，鼎辉投资经理王霖来到慈济做体检，并将一份合作建议书交给了导检护士，希望能替他转交给韩小红。第二天，韩小红在办公桌上发现了这份建议书。当时，韩小红的确很缺钱。

慈济的第3家装修一新、还有半个月就要开张的连锁体检中心被一场突如其来的大火付之一炬，韩小红几个月的心血毁于一旦，在健康体检领域已经早走一步的韩小红希望借着市场东风迅速扩大自己的领先优势。但是，重建第3家分院的资金还没有着落。3月份正是一年之中的体检淡季，已有两家分院的现金流除了维持自身的运转，还不足以支撑第3家分院的重建。此时，两家国内上市的医药企业希望能够收购慈济，“卖掉慈济，赚几千万对我来说是笔好生意”，但韩小红有些不甘心就此被一场大火所击倒，她更担心卖掉慈济后自己苦心建立的品牌被他人管理不善而毁掉。

相比之下，韩小红觉得鼎晖的想法跟自己是最一致的，韩小红决定引入风险资金。而当时鼎晖提出的对业绩上的一些要求在韩小红看来完全不成问题，几乎对资本市场一无所知的韩小红决定冒险一试。初次接触风险投资的韩小红很快见识了风险投资家的“厉害”。2003年2月，鼎晖派来了尽职调查团队，“他们每周来2到3次，一共调查了8个月之久，把我们的家底都翻遍了”，韩小红说道。最终，鼎晖决定投资3500万人民币，占据慈济40%的股份。

在鼎晖这笔钱到账前，韩小红的第4家分院已经靠着东挪西凑的资金支撑起来。第二年，慈济开始加速扩充门店，短短两年，慈济体检的6家连锁店全部实现盈利，各分店年营收平均逾1600万元。现在，慈济的增长速度和利润率远远高于鼎晖为其锁定的业绩目标。

从2003年正式对外营业到2006年慈济拥有12家连锁店，平均测算下来，每一家分店从开业到盈利大致时间是7～8个月，而医疗行业的盈利周期一般为3年～5年，慈济的发展速度几乎是个神话。慈济在北京拥有7家体检分院，年体检人数达40万。世界500强企业中的200余家都已是慈济医院的团体会员，包括北京律师协会、IBM、可口可乐、平安保险、联想集团等数百家大型企事业团体。而剩下30%左右的个人用户也都是中高端收入阶层。数据显示，目前全国每年有近亿人进行体检，市场规模在100亿～200亿人民币之间。目前上海的体检率仅为15%，北京也只有20%，其他的城市肯定远远低于这个水平，所以说市场潜力相当巨大。而这也成了鼎晖首次投资医疗产业就瞄准体检机构的一大原因，投资慈济获得的巨大成功，让鼎晖对慈济充满了信心。

三、进军沪上

2006年，慈济开始进军上海。新组建的上海慈铭医院管理有限公司作为其在华东地区的投资主体。上海是国有企业和外资企业集中的地方，慈济一方面可以把北京的客户延伸过来，同时也能开拓新的客户。慈济在上海的首家体检中心将落户位于外滩中心商务区的天赐公寓，总面积逾2000平方米，共投资1500万元人民币。接下来的3年内，慈济还将在上海开出10家左右的连锁体检中心，目标直指沪上体检业老大——国宾医疗，目前国宾医疗中心在上海仅有两个网点，这也意味着上海的体检市场空间相当大。鼎晖追加的投资还将用于慈铭在上海及周边地区对民营健康管理机构展开大规模收购，目前，已有20多家民营健康管理机构愿意投奔慈铭，根据计划，半年内慈铭将先收购2家～3家，收购来的医疗机构将采用“慈铭”为品牌。

资本的协助，让韩小红找到了快速扩张的底气。现在，慈济除了做好“实体”外，还有一部分可观的收入来自“管理输出”。慈济现在已经开始着手建立自己的健康管理系统，依靠自有的十几个人的开发团队研发的流程系统正在完善过程中。韩小红希望将来能够拓展高端医疗，将自己在健康体检行业中的资源顺利嫁接，而目前，国内几乎没有专门的高端医疗服务。

鼎晖在提供资金的同时，还以其在其他行业上成功的并购经验，为慈铭的并购提供资产和债务上的评估。按照鼎晖的规划，将体检中心借助连锁经营的模式做大做强，并且实现两三年内在国内市场上市的目标，最终成功退出。

四、案例解析

借助资本的力量，韩小红领导下的慈济从一家年亏损百万的门诊部，一跃成为国内最大的健康体检连锁机构。目前，慈济除了在北京有7家连锁店，还与韩国三星首尔医院合作，在徐州、金华、沈阳开设了健康体检中心，正在完成其全国布局。作为本案例的两个主角，鼎晖和慈济相互看中了对方什么呢？

（一）鼎晖选择慈济的理由

鼎晖投资公司之所以选择慈济作为投资对象，主要原因是：第一，慈济是目前国内规模最大的专业体检机构，具有良好的社会声誉。第二，慈济拥有一支优良的管理团队，在短短两年时间里创造了优异的业绩；慈济的领军人物韩小红女士不仅拥有渊博的医学知识——德国海德堡大学医学博士，而且擅长经营管理——以开发团体客户为重心，成功吸引世界500强公司为客户；带领员工战胜SARS的影响；通过“万名的士司机免费体检”活动让慈济的知名度迅速响彻京城；向上海扩张；由实体运营向管理输出转变，提高盈利能力等。第三，慈济体检自成立之初就是以产业化的标准与模式进行连锁式发展，具有远大的发展前景。作为一家民营的健康产业机构，其良好的环境、先进的体检设备，加上最具优势的人性化优质服务理念，慈济的经营模式已经构成对传统医疗服务体制及传统观念的冲击。

可以这么认为，慈济最大的“卖点”就是健康体检新概念和连锁经营模式。相对于互联网产业，慈济的优势不仅仅是引进了健康体检新概念，而且具有成熟的经营模式以及稳定的现金流。医疗连锁的模式与综合性医院相比较，其投资风险小、进入门槛较高、收益高、易复制的特性让风险投资家们相信，企业可以在很快的时间形成规模优势。和慈济一样，另一个以牙科为特色的医疗连锁机构——佳美口腔，目前正在受到风险投资机构的追捧。不难看出，连锁化经营是中国今后医疗服务行业发展的主要趋势。

（二）慈济选择鼎晖的理由

第一，鼎晖投资已经成功地投资了蒙牛乳业、收购了双汇发展、参与华源重组等，有丰富的企业管理经验和资本运作经验，能够为慈济带来其他优秀企业的先进经营管理理念；第二，鼎晖具有良好的国际背景，可以帮助慈济引进国际先进的健康体检技术和医疗行业管理经验；第三，鼎晖可为慈济提供强有力的财务支持和未来资本运作的平台。在谈到资本运作时，鼎晖的投资经理王霖说，鼎晖投资有着丰富的资本运作经验，蒙牛乳业等一大批企业的成功上市，正说明了这一点。所以，鼎晖投资有信心通过这一系列举措，按照国际资本市场的规范做法，将上海的体检市场做大做强，并择机将北京慈济在国内资本市场上市。这样做亦有助于实现慈济的发展战略和发展目标，同时更好地为股东创造价值，在国内资本市场起到良好的示范作用。

分众传媒、尚德科技的IPO神话已经让我们见识了风险资本“点石成金”的魔力，连锁医疗领域会诞生下一个幸运儿吗？

案例四 从凯雷投资安信三个要素分析凯雷的投资风格[①]

背景:

2006年5月11日，全球私人股权投资公司凯雷投资集团与中国最大的实木地板制造商上海安信地板有限公司（下称“安信”）在北京钓鱼台国宾馆联合举行安信凯雷战略合作签约仪式新闻发布会。这标志着中国地板业进入了资本运作的时代。一块小小的木地板，却迎来了国际老牌PE凯雷投资集团2750万美元的投资，是什么原因使一向以稳健和谨慎著称的凯雷把大笔的美元投向了一个木地板生产企业?

12年前，卢光伟自筹30万元，在浙江温州开办了一家仅有28平方米的木地板经销店。12年后，拥有和上海的崇明岛面积差不多大小，近1000平方公里巴西热带森林，摇身变为世界十大木地板经销商之一，引得国内外风险投资商和私人股权基金竞相青睐，卢伟光引领下的安信为我国民营经济发展史书写下靓丽的一笔。在此案例中，凯雷在投资过程中运用的方式，对赌协议等都可以作为投资界参考的一个很好的例子，同时也显示出了成熟投资公司投资方式的独到之处。

一、辞职下海

安信地板的总裁卢伟光出生在一个典型的温州商人家庭。1988年，卢伟光毕业后成为温州市船舶检验局的一名工作人员。血液里流淌着的商人细胞使他无法满足于公务员安定的生活，卢伟光对做生意有很大的兴趣，隐约觉得也许这更适合自己。90年代中期，正是温州个体小经营茁壮成长的时候，也许是机缘巧合，有一天，一位香港客人带来6块进口木地板，与卢父讨论建材生意的“钱景”。当时每种地板的价格都不低于每平方米600元人民币，最高能达到每平方米1200元。一旁的卢伟光并不懂木材，但他敏锐地预感到，随着人们住房条件的改善，装饰装潢业必将大有可为。

1994年初，卢伟光不顾家人的反对，决定打破政府公务员的“铁饭碗”，辞职下海经商。同年4月8日，一家叫“安信”的实木地板商店在温州开业。这爿面积28平方米的小店，耗费了30万元启动资金。这笔钱，来自于卢伟光的父母。30万元在那个时候可不是个小数目，父亲能把如此一笔巨款交给大学毕业刚几年的儿子，可见对他的信任。也许，真的是知子莫若父，大概卢父也知道，这才是他儿子真正的人生。

卢伟光没有让父亲失望。开店第一年，卢伟光做成第一笔外贸业务；第二年，有了自己的施工队；第三年，有了自己的生产车间；3年后，卢伟光完成了原始积累，投入220万，在上海青浦买下一乡镇企业，从经销商进军木地板制造业。

---

①本案例是在以下媒体信息的基础上编制而成：手机联盟网、《人民邮电报》、搜狐IT、IT168、中国创业投资网、腾讯科技、《南方日报》、《证券日报》等。

二、占领原料制高点

（一）敲开巴西的木材市场大门

就在一切顺风顺水时，卢伟光的创业蓝图却遭遇了“瓶颈”：1998年，国家一纸公文，禁止砍伐森林。没有了地板的原料来源，怎么办？

当时，台湾中间商控制着卢伟光的国外原料链。从他们手里进货不仅数量有限，而且价格还很贵。巴西供应商的联系方式是中间商的“最高机密”。一次，卢光伟去台商那里检验木材质量，不经意瞥到在地板包装箱上还没有来得及撕掉的标签，包装胶带纸上印着一个巴西电话。凭着良好的记忆力，卢伟光记下了这个冗长的国际长途电话号码。这个时候，卢伟光的韧性发挥了作用，电话一次又一次的被挂断，却一次又一次的拨打，在花了好几千元的电话费后，事情终于有了转机。

当时巴西对中国还处于“留着长辫子”、“饭都吃不饱”的认识，虽然当时巴西木材业界都知道有个“中国疯子”要买木头，但是没有人相信中国人有能力买得起他们的木头。终于，有人愿意尝试与这个素昧平生的中国人做生意，但要求卢伟光在没有拿到一片木头的情况下，预先支付30万美元。

赌，还是不赌？卢伟光下了这个赌注。1999年底，上海港的集装箱码头迎来了来自巴西的高品质实木地板原料，卢伟光由此敲开了巴西木材市场的大门。

（二）诚信经商

1999年春节前夕，市场被普遍看好，卢伟光从巴西预订了很多木材。但按照传统习俗，绝大部分装修工程在那时候都停工暂歇，没人买货，他手头的现金一下子紧张起来。

那一年，东南亚金融风暴，印尼盾暴跌，大部分和巴西合作多年的木材商业人纷纷转向印尼购买木材。因此，卢伟光无法从存货中套现来支付订货的款项，而他的储备资金也用完了，他遇到了做生意以来最大的一次挫折——资金链危机。当时，安信已和100多家巴西企业签订合同，如果按照原来约定的汇率订货，自然能够赢得巴西人的尊敬和喜爱，但贷款利率加上汇率损失，折合起来要亏损1700多万元人民币，几乎是当时一整年的利润；如果毁约的话，自己这3年在巴西辛苦经营的渠道和信用则要毁于一旦。卢伟光决心兑现自己对巴西100多个供应商的承诺。

风波之后，卢伟光总共损失1500万元，但“上海安信讲信用”的消息很快传遍巴西业界。卢伟光的友善、真诚获得了丰厚的回报，150多个原木锯材厂与他建立了深厚的友情，甚至连当地的印第安人都成了他的好朋友。

（三）购买森林

企业规模的逐渐壮大也使得卢伟光的国际竞争对手越来越多，卢伟光开始面对来自欧洲、北美国家的地板生产商在原材料采购上施加的压力。卢伟光投资400万美元，购买了两家巴西木地板工厂。但他很快意识到，光有工厂远远不够，要想企业可持续发展，必须保证地板原料的持续供应。2002年，卢伟光萌生了在巴西购买森林的想法，“谁掌握了木材森林资源，谁就能在地板产业链中掌握先机”。由地板生产商升级为木材供应商，才能解决后顾之忧。

但是，巴西法律严禁外国人购置森林、土地。在一位老华侨的指点下，2003年卢伟光把他的第二个儿子选在巴西出生，并加入巴西国籍。他作为监护人直接取得巴西的绿卡，合法地拥有了购买森林的权利。2004年，有了购买资格的卢伟光，在多次和巴西政府洽谈后，分两次买下了1000平方公里的原始森林。

自此，安信每年在巴西采购的木材达到10万立方米，占巴西年木材出口量的70%。再度赢得市场主动权的安信，甚至能够调控市场的采购价和在中国的销售价格。

在安信的全球木材采购网中，南美洲的木材占其采购量的70%，东南亚占20%，由于拥有自有森林资源，安信的木地板产品受原材料涨价的影响很小。自2005年以来，中国实木地板的价格连续4次飙升，平均每次涨幅在10%以上，安信也顺势将实木地板的价格上调10%～20%。

以巴西为起点，卢伟光开始拓展采购版图。2005年，他在中俄绥芬河边境置地7万平方米，建造新工厂，最终投资额将追加到1亿元人民币。2007年新工厂投产后，安信要完成每个月1000立方米的加工量，必须保证每月4000万元的采购费用，一年需要近5亿元人民币的采购投入。对安信来说，资金是一个瓶颈。光靠自有资金扩张投入，显然是不够的。

三、凯雷进入安信

卢伟光希望让企业继续整合、扩张，获得海外资本市场的支持。他要找到国际上第一流的战略投资者。2005年3月，安信地板向外界发布了融资信息。来自港澳、新加坡、欧洲等地的30多家基金的经理们，差点踏破卢伟光办公室的门槛。2005年10月，凯雷开始正式接触安信，通过各种途径对安信进行调研，甚至找到了安信的竞争对手，一个星期后，双方签了意向合同。卢伟光表示："我们从众多潜在合作者中相中了凯雷，首先是因为它在资本市场的良好信誉以及强大的实力。与凯雷的合作不仅加强了安信的资本运作能力，同时提升了安信掌控木材资源产业链的能力，也对安信拓展海外销售渠道、提高公司管理和创新能力起到了积极作用。"2006年5月，凯雷决定注资2750万美元，创造了一个私营企业与全球最大的私人股权基金合作的奇迹。

（一）对赌协议

在私募前，安信地板的注册资本为8800万人民币，其中，卢伟光夫妇持有94%的股份，其余6%由卢伟光的弟弟持有。完成私募后，安信地板和凯雷在开曼群岛注册成立安信国际集团，注册资本为2980万美元。下一步，安信国际收购安信地板在国内的5家公司，其中上海4家，分别为上海爱威思特木业有限公司、上海东信国际贸易有限公司、上海安信地板销售服务有限公司、上海奥翔木业有限公司，另外一家是位于中俄边界的绥芬河维克多木材有限公司。而卢伟光在巴西投资的"巴西安信木材有限公司"此次并未纳入其内。

由于双方签有保密协议，卢伟光对凯雷所占的股份不愿透露，但他表示，他和他的家族依然保持着绝对控股的地位。而因为签有"对赌协议"，实际上现在也无法明确凯雷的股权比例。卢伟光说，对赌协议设定的目标是合理的，凯雷确定的业绩目标和安信前两年的增长速度基本持平。

私募之前，安信地板2003年的税后利润是2800万元，2004年的是4500万元，2005年达到1.2亿元，3年平均的增长速度保持在1倍多的水平，这个业绩并不包括在巴西的投资。卢伟光透露，凯雷设定的目标基本上保持着这个水平。根据以往的业绩，安信地板2006年的税后利润大约会在2.5亿元左右，而之后将在2007年年底或2008年年初到香港上市。

（二）凯雷的增值服务

在双方合作过程的前后，凯雷给安信带来了很多帮助。

（1）在对安信做资产评估的过程中，帮助安信做了详细、科学的账目规范，对安信成立12年来的财务数字重新做了一次梳理，提高安信的财务人员的素质、水平、能力。安信以往只考虑两年内公司的发展，为了提高安信抵御风险的能力，凯雷规范了安信今后几年一直到2010年的业态规模状况，制定了安信长远发展规划。在接受了凯雷的理念后，安信从房地产领域撤出，而木材进出口业务也控制在一定比例以下。

（2）推动安信的管理方式和管理理念变革，促进人力资源的提升。凯雷带来先进的人力资源管理的方法，在安信导入国际上较为先进的人力资源制度。譬如在凯雷进入后，安信向高层释放8%的股份，开展员工股权、期权持有计划。

（3）在凯雷眼中，作为民营企业，安信内部存在着比较严重的个人英雄主义，而团队优势发挥作用不够。凯雷说服安信吸引更多优秀人才的加入，打造一支高素质的管理团队。达成协议后，凯雷向安信推荐了新的财务总监和人力资源总监，完善安信的内控制度。2006年，安信招聘的中高层管理者比过去11年都多，占现有中高层人数的60%，其中很多来自凯雷的推荐。

（4）产品研发方面，过去安信一线的投入相当少，凯雷在研发方面的重视让安信更加意识到科技开发和自主创新的重要性。在安信由实木地板向复合型地板转变的过程中，由于复合型地板技术门槛比较高，而掌握这些技术的大多数是欧美和日本厂商，凯雷利用自己的资源优势，在其中牵线搭桥。

（5）制订全新的市场战略计划，帮助安信向欧美等发达国家拓展业务。凭借凯雷无形的巨大影响力，给安信带来很多的国际合作机会，安信被更多的用户和机构了解和信任。通过凯雷在美国投资的一家地板销售网络，安信比较容易地进入了美国市场并提升了安信的品牌价值。

（三）整合战略

由于签有对赌协议，安信今后的发展水平必须达到合约所规定的水平．因此在未来3年，安信除了继续在实木地板领域扩大行业第一的优势之外，还将重点加大对实木复合地板的投入，整合现有的资源，确保达到合约规定水平。首先，将安信在地板市场的占有率提高到12%～15%之间（目前不到10%）；其次，将和葡萄牙合作，利用中国陕西秦岭的软木资源生产软木（树皮），目前已投资3亿元建设工厂，预计2007年正式生产；第三，2007年将投入2亿元在上海青浦工业园区建设三条新的实木复合地板生产线，同时扩大实木地板的生产能力。除了增加自身产能，安信未来还将收购上海、山东、深圳等地区域性品牌；另外，将直接出口欧美市场，打造国际品牌以及涉足家具业等。

有专家估计，2005年～2006年将是地板行业的重组年，随着全球木材价格上涨与国内消费税的征收，将有50%的公司淘汰出局。如今，中国木地板行业平均利润为5%～7%，已经成为薄利行业。对此，卢伟光胸有成竹。他预计在3年之内，安信在中国实木地板市场占有率将达30%，营业额可望做到25亿～30亿。

四、案例启示

作为全球最大的私人股权基金，在投资界凯雷以稳健和谨慎著称。从凯雷以往的投资案例可以看出，凯雷多数是选择处于稳步发展状态的，在其所在行业已经相当成熟的的企业进行投资。本案例中凯雷选择了在中国是属于高速发展阶段的建材行业，其选择的策略值得其他投资公司的借鉴和深究。同时在本次投资案例中，凯雷所采用的方式也凸显了其投资的稳健风格，在其投资方式背后也藏有凯雷对其投资企业的一片苦心。

（一）投资前选择分析

安信选择凯雷作为投资者是看中凯雷强大的背景和国际战略视野，符合其引入战略投资者的要求。但对于凯雷选择安信的这次投资，看似违背了以往的投资风格，其实则不然，凯雷作为一个成熟且有多年历史的投资公司，是不会轻易破格的。那么让我们看一下凯雷投资前的分析。

首先，安信虽然处于高速扩张阶段，但是其在建材行业已经是龙头老大，其位不可动摇。其现阶段的高速扩张已经是跨越了创业初期的阶段，属于战略性扩张的范畴，这符合凯雷的投资策略中的“领头羊”原则。

其次，中国的建材行业虽然处于高速发展阶段，但并非一个无序发展的阶段，经过了中国经济的几次软着陆和多年对房地产行业的各种规范后，建材行业的各种法规逐渐完善，该行业已经进入了一个新的发展时期。虽然发展速度较快，但这是由于中国多年被压抑的对住房需求的爆发所引发的需求，凯雷看到这种需求在短期内还会被逐渐放大，同时中国经济的发展也会逐步提高人民对住房质量的需求，因此建材行业还将面临一次大的突破。

第三，诚信因素在本次投资中起到非常重要的作用。从本文以外的资料获知，凯雷对安信在做尽职责任调查之前，已经对安信在过去的经营做了充分详细的调研，安信在巴西亏损1500万元以换取诚信经营的美名为这次投资打下了非常重要的诚信基础。我们知道，投资方进行投资时，最重要的前提是对人的考察。项目再好，没有人去经营也是无法成功的，所以投资人往往都会把项目经营者的人品考察放在很重要的位置。中国人的诚信缺失也正是外资进入中国的一个最大的障碍。对于凯雷这样的公司，人品的问题会是它投资中国公司，特别是民营公司重中之重的考虑。

第四，值得注意的是，本文中凯雷是作为战略投资者的身份进入安信的。战略投资者和普通投资者是不同的，处于这个阶段的企业，资金需求已经不是其引入投资的最重要目的了，投资者还要符合被投资企业战略发展的需要。凯雷投资安信，并非仅仅以抢到一个好的投资项目为出发点。凯雷首先分析了自己是否可以作为其战略投资者的要求。本文中详细阐述了凯雷进入安信后为其规范财务，提升管理品质，注重研发高端产品以及最重要的国际业务的拓展，都展示了自己的实力，这也符合了战略投资者的基本义务要求。

从以上4点在投资前的分析，我们也可以看出凯雷作为一个成熟投资者的独到之处，也还是延续了以往的稳健谨慎的投资风格。

（二）预先设置退出机制

在本案例中，我们看到一个近年来在互联网行业资本运作常见的手段，而该方式在过去的中国传统行业并不多见。风险资本退出手段的缺失是目前中国资本市场无法成长的一个最重要的因素。当然，对于安信这类型的公司，在完成了财务规范和股份制转型后，在A股市场IPO并不是一件难事，全流通也为凯雷提供了退出的渠道。然而，凯雷并没有选择这种方式，而是选择了一种迂回的方式。境内居民在境外成立壳公司，由壳公司收购境内的核心资产，这样就完成了将境内资产向境外转移的目标，同时也规避了国内相关法规的监管。这种做法有几个好处：境外资产无论是公募还是私募都无需经过国内相关部门的批准，有助于利用国外成熟的资本市场，同时也避开了国内不成熟的相关法规的监管；其次这种方法将企业的资金流置于境外，可以减少由于外汇管制给企业带来的制约，这对一个正处于国际化进程中的企业是相当重要的。最后，由于历史原因，境外资金大多对中国国内不完善的法规、不稳定的市场因素也心存疑虑，特别对凯雷这种风格的投资企业来说，这种退出机制也给凯雷打了一剂强心剂。

凯雷在投资前为可能面临的投资风险做好了准备，可以看出该公司在投资上的谨慎的态度和稳健的风格。

（三）对赌协议

对赌协议常见于各种投资案例中，但大多应用于创业阶段和风险极大的行业领域中，目的是为了规避投资者无法预知的和无法控制的风险。这种对赌协议往往是在保障投资人利益的前提下，出让部分利益以规避风险。但对于战略投资，我们很少见到使用这种方式，而且是直接使用了和企业经营目标挂钩的对赌协议。我们来看看凯雷在这次投资案例中为何采取了对赌协议的方式。

首先，凯雷的谨慎风格以及对国内众多的不可预知的因素促使了凯雷对安信采取了对赌协议。虽然凯雷经过了对安信、对行业的综合分析后，决定对安信投资，但是出于对国内的法规和经济政策不稳定的担忧，不知道何时可能采取的经济宏观调控对房地产企业的硬着陆，而建材行业属于中国经济命脉行业中的重要分支，任何的不可预知的政策变化都有可能对安信给予致命的打击。因此，为了保护自己的利益，减少可能出现的风险，凯雷和安信达成了对赌协议。

其次，凯雷的对赌协议是别有一番良苦用心的，虽然我们无法获知详细的协议内容，但还是从一些其他的报道中看出了一些端倪：此次对赌协议除了对业绩的要求外，还对安信的企业规范、国际化的规模和程度提出了要求。这样的对赌协议对其他投资者是值得借鉴的方式，因为使用对赌协议的方式，可以避免投资者直接进入被投资企业进行经营管理，又可以达到投资者希望的在被投资企业的规范和管理的要求。同时，这种方式又不会引起被投资企业的抵触，因为是用被投资企业自身的力量去改革完成的。

案例五　金山融资7200万美元 目标直指网游①

背景：

2006年8月18日，国内领先的网络游戏及应用软件公司——金山软件公司，在北京宣布获得总额为7200万美元的投资。领导此次投资的GIC——新加坡政府投资公司，是一家全球性投资管理公司，其他的投资者包括英特尔投资和新宏远创基金。金山将用这笔资金加速推进业务转型，实现其领军网游行业的目标。

一、投融资双方

（一）投资方

GIC是全球最大的基金管理公司之一，成立于1981年，基金总规模逾千亿美元，投资领域涵盖了全球30多个国家的股票、债券、外汇、房地产及私人企业等。管理着1000多亿美元基金的GIC主要投资在新加坡国外，包括美国、加拿大、欧洲、东南亚等。GIC是新加坡政府辖下专责管理外汇储备的投资公司，在中国的主要投资项目集中在北京、天津和上海。

英特尔投资是英特尔旗下的风险投资机构，广泛投资于软硬件开发，面向企业、家庭、移动计算、健康医疗，半导体制造等服务领域。自1991年以来，英特尔投资已经在全球30多个国家的1000多家公司投资40多亿美元。其中，约有160家公司被其他公司收购，另外150家公司在全球多个证券交易所公开上市。2005年，英特尔投资在全球投入近2.65亿美元，其中约有60%的资金投向了美国以外的公司。

新宏远创基金（New Horizon Fund）是由新加坡淡马锡投资控股有限公司(Temasek Holdings Private Limited）与日本SBI控股株式会社（SBI Holdings Inc）共同发起设立的专注于中国区的专业性产业投资基金。成立于2005年5月的新宏远创基金的首期投资规模为1亿美元，迄今为止已经在中国投资了消费产品、重型机械、化肥、石化、医疗保健服务等行业里的龙头公司，登记注册地为英属西印度开曼群岛。

（二）融资方

金山软件创办于1988年，为中国最知名的软件企业之一，中国领先的应用软件产品和网络游戏服务商。金山软件营销总部设在北京，同时在珠海、北京、成都、大连四地分设研发中心，2005年成立日本子公司。金山软件目前的业务主要涉及办公软件、信息安全、网络游戏三大领域，主要产品包括办公软件《WPS Office》、翻译软件《金山词霸》、杀毒软件《金山毒霸》以及《剑侠情缘》、《封神榜》等众多网络游戏软件。同时，金山旗下拥有国内知名的大型英语学习社区“爱词霸”以及大型网络游戏社区“金山逍遥网”。

① 本案例是在以下媒体的基础上编写而成：硅谷动力、《21世纪经济报道》、中国IT实验室、《中国企业家》、融胜理财资讯网、《全球财经观察》、天极网等。

二、金山的困扰

对国内软件业而言，金山有着特殊的意味，在某种意义上，金山的品牌就是国产通用软件的代名词。但这家公司也一直生存在国内猖獗的盗版和国外通用软件步步紧逼的夹缝中。从1988年成立到2006年的18年中，当年和金山一起成立的许多IT公司如今已经发展成业内举足轻重的巨头，甚至作为后起之秀的金蝶、用友、网易、盛大等也纷纷在海内外上市，赚得盆满钵溢，而金山还在为上市而奋斗。

曾几何时，金山也骄傲过、辉煌过。1988年WPS问世的时候，WPS家喻户晓，那个时候学习WPS就是学电脑的代名词，到1993年，金山WPS办公软件几乎一统江湖，金山一度达到历史上最辉煌的时刻。尽管如此，1995年前后，随着微软Office进入中国，金山还是被微软抄了后路。在“前有盗版”的情况下，又出现了“后有微软”的困境，伴随着新视窗系统的出台，Windows版的Office软件开始大行其道。两下夹攻，金山陷入了风雨飘零的险境。尤其是当时国内盗版猖獗，这对金山的危害最大。对微软来说，盗版仅仅让它损失了一点微不足道的利润，却为微软赢得了用户，奠定了微软Office软件在中国市场近乎垄断性的地位。但对金山来说，盗版无疑是致命的一击，WPS是金山主要的收入来源，盗版让金山对WPS的开发无以为继，在微软Office软件的打击和挤压下，WPS节节败退。当用户习惯了MS Office的界面、操作习惯以及文档格式的时候，MS Office反客为主，WPS倒因为和用户习惯有差异以及不兼容MS Office文档格式成为鸡肋。这种情况直到2005年9月WPS Office 2005发布情况才略有好转。

而金山的另一款拳头产品——金山杀毒软件套装，情况也不乐观。虽然中国杀毒软件市场的80%以上被中国生产厂商牢牢占据，但是在个人用户市场，单机版杀毒软件的激烈竞争，市场总体容量有限，成长潜力不大，已经造成利润下降、空间萎缩。作为金山三大业务的基础，杀毒软件给金山带来的利润并不可观，而且同样为盗版所严重困扰，金山副总裁葛珂很担忧：“如果版权环境没有改善的话，业务很难有突飞猛进的增长。”更为糟糕的是，随着微软自己的安全软件Live one care的发布，新的威胁正在慢慢逼近杀毒软件厂商，杀毒软件也将越来越难生存下去。

至于金山的其他产品，如金山快译、金山词霸、金山影霸、金山画王、金山打字王等，同样因为盗版和激烈的竞争成了金山之痛。收费是死路，不收费更是死路——这就是金山在通用软件领域遇到的现实。死守着软件代工、政府采购和销售乏陈的零售市场，不仅不能做强做大，而且可能被无情地淘汰。“穷则变，变则通，通则达”，金山踏上了寻求变革之路。幸运的是，金山找到了向互联网转型之路。金山不仅把产品和服务全面通过互联网向用户提供，更重要的是，金山的整体战略由以通用软件开发为重点转向以网络游戏开发为重点。

三、目标直指网游

（一）网络游戏市场的快速成长

在中国，网络游戏虽然兴起才短短7年，但成长初期便以超常规的速度发展。2001年，中国网络游戏市场规模为3.7亿元人民币，增长速度超过700%；2003年，整个市场规模已经达到了25.5亿元，比2002年的营收总额增长了100%；2004年，市场规模为39.1亿；2005年网络游戏市场规模继续以50.6%的速度增长，营收总额达到40.7亿人民币。中国社科院发布的文化蓝皮书《2006年：中国文化产业发展报告》预测，2006年全球网上游戏营业额将达到56亿美元，而中国网络游戏的市场规模亦将达到83.4亿元人民币。国家新闻出版总署署长龙新民在第四届中国国际数码互动娱乐论坛上说："从2006年到2010年，我国网络游戏产业增长率将达35.5%。"

网络游戏市场的飞速发展势头昭示着丰厚的利润，网游业务成为让人趋之若鹜的"蛋糕"。

（二）政策支持力度不断加强

中国网络游戏研发行业，得到了国家的高度关注和强力支持。2003年"网络游戏通用引擎研发及示范产品开发"等两个项目被正式纳入国家863计划，这是我国首次将网络游戏技术研发这类文化产业纳入国家科技计划。2003年11月18日"中国数字体育互动平台"启动仪式在北京人民大会堂举行，国家体育总局正式批准电子竞技为我国正式开展的第99个体育项目。2005年7月，《中共中央国务院关于进一步加强和改进未成年人思想道德建设的若干意见》的出台更是让国产游戏获得强力支持。《意见》特别指出，网络游戏作为软件产业的重要组成部分，将享受当前国家关于软件产业的许多优惠政策。

（三）本土网游崛起

2002年，开发《传奇》的韩国 Actoz 公司与中国最大的游戏营运商之一的盛大公司因为利益分配不能达成一致而两败俱伤，中国本土网游业开始感受到受制于人的切肤之痛。2002年12月，搜狐为签下韩国网络游戏《骑士》的中国运营权，给予对方的分成比例高达44%，不过这还不算最"大头"的，国内有些网络游戏的分成费甚至高达50%。这让本土网游开发商看见了一个利润巨大的市场空间。

当一个行业的发展前景一片光明的时候，不把这个行业的上下游产业收为己有，本身就是一种失误。国内靠代理国外网络游戏的做法永远只能处于产业链的下游，听任国外网络游戏开发商摆布。只有占据产业链的上层才有话语权，才能不受制于人。本土力量纷纷开始自主研发网络游戏，抢占利润最高点。金山也正是在这种大背景下，开始向网络游戏研发进军。2003年8月26日，金山历时3年，投资1500万元打造的第一款网络游戏——《剑侠情缘网络版》以4000万元的高价卖出。自此，金山在网游开发上一发不可收拾，相继开发了《封神榜》、《幻想春秋 online》等国内人气很旺的游戏。目前，金山旗下有北京烈火、北京星云、北京华义、珠海西山居、成都亚丁、大连金山等游戏工作室。金山员工约1200人，仅网游研发人员就超过800人。

（四）金山转型网络游戏

从一个软件企业向互联网企业转型，是金山面临的最大挑战。实际上，与其说转型，倒不如说这是顺应时代的一次改革。因为互联网不仅改变了人们的生活方式，也改变了整个商业的模式，这是谁也逃避不了的。"我们要告别传统软件业的苦大仇深，在新产业中寻找成功者的快乐。"从金山总裁的这句话中不难看出金山转型互联网的实质原因。

2004年2月，金山高调宣布向互联网战略转型。2004年～2005年，金山开始建立起以金山在线为枢纽的互联网体系。2004年，金山在互联网上发布了新品金山词霸2005和金山快译2005，并捆绑了在线查词客户端，用户只需登陆互联网即可查询单词，并可自动在线升级。2005年，金山毒霸开创性地实行"免费软件＋收费服务"的互联网营销模式，将下载和服务都推向互联网。

向互联网转型还包括另外一个重要的战略措施——网游领军。传统软件业的困境和市场的推动让金山走向网游。“软件业务经过多年发展，最大的瓶颈是遭遇了盗版与互联网的冲击，互联网对商业软件的影响甚至比盗版还要凶猛。”雷军坦言，“网络游戏、杀毒软件、办公软件中，只有网络游戏不怕盗版。”金山在经历了盗版对毒霸的打击及微软对WPS的挤压之后，一直在寻找新的出路。雷军说：“毒霸这块绿洲太小，网络游戏才是我们的草原。”金山的网络游戏上马一年就占到了公司所有产品线总收入的四成。目前，在金山的三大业务中，网游的收入已经占一半以上。良好的收益状况和发展前景，给了金山豪赌网游的理由，金山甚至宣称，将开发5款网络游戏，只要成功一款就行。

从2003年底推出第一款游戏到2004年高调转型，作为通用软件业品牌代表的金山公司已经开始将自己定位为互联网公司了。对于1995年开始涉足游戏软件、已经积累了8年游戏软件制作经验和几百万用户的金山而言，网络游戏无疑是一个体现公司价值的必然选择，这个市场比PC游戏市场扩大了100倍。

四、案例解析

金山自从1998年获得联想集团450万美元投资之后，连续8年未融过资，而随着业务的转型，网络游戏、金山毒霸、WPS Office纷纷进军东南亚、日本等海外市场，急需一笔资金来充实。此次巨额融资的完成，为金山的业务扩展及战略转型，挑战、赶超盛大、网易、九城而提供资本支持。

（一）风险资本选择金山的理由

GIC等风险投资公司在此时投资金山，主要是看到了网络游戏市场巨大的前景和金山公司在网游方面的强大研发实力。自从软银赛富（SAIF）投资盛大公司获得巨大成功，风险资本就没有放弃对网络游戏市场的关注。错过了第一轮网络游戏市场“淘金”的VC，已经把投资的目标锁定在具有自主研发能力的国产网游开发商身上。而事实上，国内网络游戏开发商这几年也开发出一些受市场热捧的大作，而金山作为一家国内实力强大的游戏开发商，自然进入VC的眼中。正如GIC的高级副总裁林明安表示，金山是一个已经具备潜力即将成为行业领先者的优秀公司。金山公司最大的优势在于，比起门户网站来，它有更专业的开发队伍，有更专业的做市场的本领，有更多的“软”经验。游戏开发最缺乏的是优秀的团队，而金山通过不断地整合与扩张，旗下的6大游戏工作室拥有近800名游戏工程师专注于大型网络游戏的研发，研发实力可见一斑。网络游戏已经成为金山的最主要利润来源。实际上，拥有强大自主研发能力和市场运作能力是金山获得VC青睐最根本的原因。继金山之后，软银赛富投资基金也于2006年9月6日对另一家网络游戏开发公司完美时空投资了800万美元。同金山一样，完美时空也拥有较强的游戏研发能力。

（二）金山选择风险资本的理由

首先，GIC是一个长期投资者，对于退出并没有严格的时间表，只要看好企业便会持续拥有。而金山的网游业务开发周期长、投资资金大、资金回收缓慢，需要长期资金的支持，以便安心进行游戏的自主研发和市场推广。更重要的是，GIC丰富的全球网络对于投资企业的未来发展会提供很大帮助。在投资李宁体育用品公司之后，GIC不仅帮助其建立起了透明的法人治理结构以及合理的薪酬激励机制，并协助企业聘请合适的管理人员。当李宁在香港上市之后，又促成其与法国著名户外运动产品商 AIGLE 成立合资企业，进军高端体育用具领域。这也是金山的期待。“公司发展到现在的规模，非常需要利用资本的纽带凝聚更多的资源，理清未来发展的战略。”

至于英特尔投资和新宏远创基金，它们在战略层面上与金山有业务上的互补。正如英特尔公司副总裁 Renee James 所说：“我们希望英特尔这次的投资能够帮助金山通过使用英特尔的软件开发工具，充分运用英特尔双核和多核平台技术，优化应用程序和游戏软件。”

第二章　激流勇进

创业企业的发展在伴随着较大风险的同时也蕴含着较大的利润空间。对于风险投资机构而言，只要有一线生机，他们就有可能“铤而走险”。从精品教育网、奇虎的身上，已经见证了这一幕。就在博客还“方兴未艾”时，“播客”又如雨后春笋般兴起，成为众多风险投资巨头的“角力场”。而在另一些热点行业，国内的风险投资机构也跃跃欲试。天成投资集团投资东方天成取得了较好的投资收益；广州科技风险投资公司为格林美插上了腾飞的翅膀；风险投资介入唯特偶，给企业发展带来了更强劲的动力；清华力合精心培育力合数字电视企业，注入上市公司，而后成功退出。透过这些案例，可以看到在海外风险投资巨头摩拳擦掌时，本土风险投资机构也不甘落后，欲共同打造中国风险投资业的美好明天。

案例六　天成投资集团投资东方天成的成功之道[①]

背景：

2002年6月，深圳市天成投资集团有限公司（下称“天成投资集团”）注资500万元人民币到刚成立不久的深圳市东方天成管理顾问有限公司（下称“东方天成”），完成了对东方天成的首轮出资；2003年5月，天成投资集团又出资500万元人民币对东方天成进行了第二次投资。天成投资集团在该项目中有哪些值得风险投资同行借鉴的成功经验呢？希望本案例可以给予一定的启示。

一、案例主角

（一）投资方——天成投资集团

天成投资集团是一家大型综合性投资公司，注册资本为7025万元人民币，主要从事创业投资、投资银行、资产管理、金融服务和海外业务。天成投资集团以战略投资人的身份，按照直接投资、控股管理的模式，对具有战略性发展前景的项目及企业进行直接投资，与目标项目及企业的始创团队和个人结成利益联盟，对所投资的企业除提供资金支持外，还结合自身投资银行的业务优势，整合企业资源，提供增值服务，培育企业新的利润增长点。分享经济增长的成果的同时，全方位扶持企业成长。

（二）被投资方——东方天成

东方天成立于2002年3月，注册资本1000万元，具有独立法人资格，其后经过两次增资扩

① 本案例由深圳市天成投资集团有限公司李玉田经理撰写，中国风险投资研究院做了部分修改。

股，注册资本达到2000万元。东方天成自成立以来，承接了多项大型信息系统工程的监理咨询业务，先后参与了《企业资源规划系统（ERP）规范》、《深圳市信息系统工程造价指导书》等多项国家级和省市级标准的制订工作，拥有信息产业部颁发的国家信息系统工程监理临时资质。东方天成面向IT客户的实际需求，把握IT市场的主流趋势，以“信息系统工程监理”作为公司的核心业务，开辟了“IT监理、IT咨询”两大业务领域，并将逐渐开展“IT培训、IT运营”两项业务，全力培养企业的核心竞争力，在满足IT客户日益增长的IT服务需求的同时，为公司创造了良好的企业效益。

二、融资请求

2002年初，成立不足1年的东方天成，是整个华南地区仅有的两家拥有信息系统工程监理省市级临时资质的监理机构之一，时逢政府企业信息化建设高潮，业务应接不暇，急需资金招募人才，培训监理工程师，购买大量相关检测设备和扩大办公场所，以便求得自身快速发展并积累资源优势。东方天成首先想到银行借贷，但由于其成立时间不足1年加之其从事的是信息工程监理业务，缺乏银行要求的资信和抵押物难于通过债权方式获得融资。另外，公司内部融资能力有限和原有股东追加投资能力不足，无法满足企业经营的后续资金需求。尝试了各种办法之后，东方天成把目光瞄向了风险资本市场，希望通过出让部分股权的方式获得企业急需发展的资本。作为一家风险投资机构，天成投资集团很早就开始在信息网络建设标准化领域耕耘，并且在此前已经与信息产业部联合在北京投资了一家从事信息网络建设标准化公司，在该领域具有广泛的影响力和超卓的投资能力，不仅能够给东方天成带来渴求的资金，还能给东方天成提供企业管理方面的协助，有利于东方天成的快速稳定发展。基于以上考虑，东方天成向天成投资集团提出了融资请求。

三、尽职调查

天成投资集团接到东方天成的融资请求后，开始展开对东方天成的尽职调研，在充分了解其优劣势的基础上，权衡利弊、进行投资决策。

（一）东方天成的优势

1. 团队优秀

东方天成拥有一个优秀的管理团队，这个管理团队拥有丰富的行业经验、良好的团队协作能力、敏锐的市场机会发现能力、较强的资源整合能力和优秀的执行能力。东方天成拥有国内一流的信息化监理咨询团队，汇聚了多位资深的信息系统工程监理专家。85%的监理工程师拥有大学本科以上学历，多数监理工程师在信息系统工程监理行业从业时间超过两年。公司还聘请了一批包括中科院院士和863专家组成员在内的著名计算机专家、网络专家作为技术顾问。监理团队强大的技术背景，使其具备很好的项目风险预警能力，能够很好地解决项目中出现的问题。

2. 技术领先

东方天成涉足监理业务较早，在深圳市场处于领先地位。东方天成是国内较早从事信息系统工程监理业务的专业公司。东方天成先后参与了《企业资源规划系统（ERP）规范》、《深圳市信息系统工程造价指导书》等多项国家、省、市标准的制订工作，拥有一批专业从事信息系统工程监理的监理工程师，为国内多项大型信息系统工程提供了监理服务。在国内监理市场积累了一定的客户资源，享有一定的知名度。

3. 注重管理

创立不到1年，东方天成的监理项目合同总额在深圳监理市场就处于领先位置。一方面是公司拥有信息化监理的资质，另一方面是建立了完善的文档、项目管理等工作体系，有效地指导了公司相关监理方法的领先和相关监理工作的展开。内部体系建设完善，管理比较规范，下设市场部、IT 监理部、质量管理部、研发部等职能部门，各业务部门运作有序。

4. 市场潜力巨大

东方天成在监理市场中占有很大份额，尤其是其政府信息化监理项目在信息监理行业中拥有较高地位。随着我国政府和企业信息化的不断普及，加之2002年年底，信息产业部颁布了《信息系统工程监理暂行规定》。规定200万元以上投资的政府信息化项目必须有第三方的监理。而随着电子政府的推进，政府信息化建设投资将来会有增无减，如果再加上企事业单位信息化方面的投入，信息化工程监理业务未来市场潜力十分巨大。

（二）东方天成的劣势

当然，“金无足赤，人无完人”，作为一家初创公司，东方天成也存在一些劣势。如：公司核心竞争能力不强，监理人员的水平参差不齐，缺乏有效的再融资手段，股权结构分散等。另外，投资东方天成还面临着整个市场发展无序的风险。由于信息化工程监理是一个新兴产业，国家对监理费用没有统一标准，导致行业竞争不规范，低价中标现象时有发生。国内一些咨询监理公司为了自己的利益，在项目中互相压低监理费用，一些项目的咨询监理费用仅为项目总投资的1%。对于这些劣势，天成投资集团认为，可以通过增值服务帮助东方天成解决这些问题，并且未来监理市场也将会逐步规范。

四、注资东方天成

通过谈判，2002年6月，天成投资集团首轮将500万元人民币投入到东方天成，完成了对东方天成的第一次风险投资。双方约定在东方天成第二年净资产收益率达到30%时，天成投资集团对东方天成进行追加投资。分步投资不仅降低了创投机构的风险，而且满足了创业企业的资金需求，还增加了创业企业在效益方面提高的动力。

天成投资集团注资东方天成，解决了东方天成在创业期面临的人才、场地、设备及市场扩充等急需资金的难题，使其抓住了在政府企业信息化建设高潮中的市场机会，获得并完成了大批订单，大大加快了东方天成的发展速度。天成投资集团进入东方天成当年，公司销售收入比上一年同比增长近50%，完成了天成投资集团预定的目标，于是天成投资集团按照协议对东方天成进行了第二次注资，投入资金500万元人民币，总投资额1000万人民币，成为东方天成的第一股东。

天成投资集团注资后，对东方天成的经营管理定期给予指导，并为公司引荐职业经理人。为更好地将国外的先进理念与国内实际情况相结合，天成投资集团还协助东方天成融合信息系统和技术控制目标（COBIT）的 IT 治理理念、项目管理知识体系（PMBOK）、信息系统工程监理规范、国内外专家的先进管理理念等相关技术理论和标准，建立了具有东方天成特色的《信息系统工程监理方法论》。该方法论确保东方天成所提供的信息系统工程监理服务具有可传承性、可延续性、可复制性，保证不同的监理工程师在不同项目上提供同等质量的监理服务，进一步打造了公司的核心竞争力。

1000万元出资并未完全解决东方天成快速扩张所需的资金需求，天成投资集团是继续追加投资，还是帮助东方天成拓展融资渠道？如果东方天成能获取银行贷款，那么银行不仅可以分担天成投资集团的投资风险，而且可以减少其现金流投入。但东方天成成立时间短，缺乏银行要求的资信和抵押物，为此，天成投资集团凭借多年与银行间的良好合作关系，为东方天成与银行之间的合作搭桥牵线，提供担保，使东方天成获得银行的多轮流动资金贷款。除此之外，天成投资集团还把集团内部的短期剩余资金提供给东方天成，作为短期周转资金。在信息化监理工程的竞争中，天成投资集团多年与政府和企业积累的良好合作关系和人脉，让东方天成争取到很多大型信息化工程的监理合同。

2004年12月，东方天成获得国家信息系统工程监理部级临时资质，标志着东方天成跻身于国内一流的信息系统工程监理企业之列。

五、案例评述

天成投资集团投资东方天成取得了良好的投资收益，东方天成也顺利渡过了困难期，并实现了高速发展，这是一个“双赢”的案例。透过本案例，我们可以看到天成投资集团的很多成功投资之道，这里仅说两点：

1. 注重技术评估

投资一家企业，不仅要关注单个投资项目，而且要重点评估企业的核心技术竞争力。对于一家企业而言，技术无疑是其走向成功的奠基石。没有核心技术，投资者不会贸然拿出资金盲目支持企业发展。东方天成自成立以来，聘请数位专业的监理工程师，以“IT 监理、IT 咨询”为核心积累技术实力，继而在承接大型信息系统工程的监理咨询业务过程中不断丰富经验。这一点，对于东方天成早期能在众多同行中脱颖而出至关重要，也是成功吸引天成投资集团注资的关键因素。投资后，天成集团更是协助东方天成融合信息系统等多方面的先进技术理念，建立具有东方天成特色的技术方法，进一步提升其核心竞争力。

2. 分步投资降低投资风险

投资于种子期企业，风险投资公司要冒很大的风险，投资后成功退出并获得高收益的案例在国内还是凤毛麟角。天成投资集团虽然看到了东方天成的众多优势，但也知道其存在一些不足，为了防止一次性投入太多资金承担过大风险，天成投资集团通过谈判签订协议，双方约定在东方天成第二年净资产收益率达到30%时，天成投资集团对东方天成追加投资。这样通过合理设计投资组合和制定分步投资计划是风险投资公司分散投资风险的一种行之有效的办法，减轻了风险投资公司的出资压力，实现了创业企业和风险投资的双赢。

案例七　培育项目注入上市公司 风投退出的另一途径[①]

背景：

2006年6月21日，上海仪电控股（集团）公司将持有的飞乐音响（600651)12.95%股份，计6600万流通股转让给深圳清华力合创业投资有限公司（下称“力合创投”）等3家公司，而此前力合创投等3家公司已经将拥有的深圳力合数字电视有限公司（下称“力合数字”)90%的股份注入飞乐音响。通过股权置换，力合创投顺利实现从数字电视这个风险投资项目的抽身而退。在中国资本市场尚不成熟、风险资本缺乏最终退出渠道的国内资本市场环境中，力合创投实现了创投企业的一种退出模式——培育风险投资项目，成熟后注入上市公司而退出。

一、培育风险投资项目

数字电视产业是一个前景光明的朝阳产业。数字电视取代模拟电视是计算机技术、通信技术和微电子技术进步所带来的全球性的产业革命，欧美等发达国家及日本、韩国的数字电视用户已达总电视用户的40%以上，并制定计划在未来5年～10年内关闭模拟电视。我国制定了“三步走”战略，正在按计划、分步骤地推进数字电视的转换工作。

为抢占有利的市场先机，2004年6月，清华大学研究院组建数字电视公司负责清华大学地面数字电视标准的工程化和产业化工作。由力合创投及其他3家公司共同出资1亿元发起设立了深圳力合数字电视有限公司（下称“力合数字”）。

力合数字利用领先的技术、品牌、股东资源等优势快速发展，其主导产品市场覆盖率达80%以上，成为我国目前产品系列最全、市场覆盖最广的地面数字电视技术公司。与此同时，力合数字公司先后与江西广电、广州广电、长沙广电、贵州广电等7个省市的广电部门成立了地面数字电视广播运营公司。

2005年7月，力合数字推出具有自主知识产权的我国第一个集广电网、电信网、因特网三网合一的多媒体网络应用平台——“紫荆神网”，并在杭州、北京、天津、深圳、广州等核心商业城市试点应用。

2006年7月27日，力合数字成功收购宁波成功多媒体通信有限公司，该公司旗下的九州梦网是紫荆神网合作伙伴之一，也是此次收购的重点。九州梦网是国内最大的宽带视听娱乐门户网站，拥有注册用户近千万。收购完成后，紫荆神网和九州梦网将全面对接融合，以移动数字电视网络为基础，把九州梦网作为主要的视音频内容提供商和视听娱乐门户，提供三网合一的多种增值服务。至此，力合电视初步完成了其在中国地面数字电视产业的战略布局。

力合数字未来的目标并不仅仅是提供互联网视频服务，而是面向整个移动视频服务市场。DMB－T电视接收技术还将应用于“村村通”的数字电视覆盖、城市移动应急指挥系统以及个人手持移动终端。清华大学的数字电视标准拥有3项国家基础性专利，在地面接收数字电视的国家标准中占主导可能性很大，预计产业经济规模在千亿元以上。

---

① 本文由深圳清华力合创业投资有限公司钱文晖经理撰写，中国风险投资研究院做了部分修改。

中国地面数字电视的发展前景和力合数字的快速发展引起了国际资本的极大兴趣，软银亚洲和远东创业基金先后对力合数字注资700多万美元，其中软银出资350万美元，占10%的股权。

二、注入上市公司

力合数字的快速发展需要一个更大的资本平台。公众资本市场的运作方式很多，如果选择独立自主上市IPO，企业需要连续3年盈利的资质，以及资产状况需要达到某个标准，这对刚成立两年的力合数字来说，无论是年限还是资产状况来说都是遥不可及的。如果等待自主发展到这一水平，一则需要投资方投入更多的资金推动其快速发展，这加大了投资方的风险；二则在等待发展的过程中，必将在中国快速发展的数字电视市场中丧失了先机。那么在中国目前最好的可选方式就是借壳上市，或收购上市公司将自身注入上市公司，权衡这两者方式，后者更容易实现，且不会违背《证券法》和《公司法》的要求。

方向确定后，选择被运作的目标上市公司是接下来的工作重点。飞乐音响作为当时深沪两市为数不多的全流通上市公司，无论从资产质量、流通性、股东结构等都是力合数字资本运作的理想目标。以力合创投为首的"力合系"打算通过股权置换的方式将力合数字注入飞乐音响，为力合数字寻找一个更大的资本平台，同时"力合系"也从力合数字退出。

2004年11月，力合创投及其关联企业等4家公司与飞乐音响第一大股东上海仪电控股（集团）有限公司开始接触。

2004年12月9日，飞乐音响与力合创投及其关联企业等4家公司签订了合作意向书，将收购4家公司持有的力合数字100%股权。

2004年12月11日，仪电集团将其持有的飞乐音响7000万股股权分别转让给力合创业及其一致行动人，并确定以协议转让的方式完成股份转让交易。

这是一个衔接紧凑的资本运作过程。然而，由于飞乐音响为"三无"上市公司，股份全部流通，在当时全流通股份的协议转让尚无先例，《证券法》也未有明确规定，处于法律空白地带，此项交易引起法律界及证券界的极大关注和热烈讨论。经过一年多时间磋商和沟通协调，力合创投与飞乐音响的控股股东上海仪电控股公司最终就飞乐音响的转让达成一致。此外，也得到了主管部门对此交易的认同。

2006年6月21日，飞乐音响公司6600万股流通股正式过户至力合创投等3家公司。至此，"力合系"重组飞乐音响尘埃落定，在2002年入主力合股份（000532）后，力合创投完成了对第二家上市公司的控股。本次股份转让完成后，力合创投将成为飞乐音响第一大股东，仪电集团变为第二大股东。

通过此次交易，力合创投投资的力合数字在不到两年时间增值2倍以上，并成功转让给上市公司飞乐音响。同时，力合创投成为该上市公司的第一大股东，继续分享着力合电视的快速成长带来的投资回报。

三、案例解析

由于各种原因，国内的风险资本在运作产业项目后，如何成功退出一直是个难题。从国际惯例来看，国外风险资本通常采用的操作模式为："股权投资—改制重组—激励和提升业绩—上市套现”。该模式便于投资者在最合适的时机以最合适的价格退出所持股份，并实现较高的投资收益。但由于中国特殊的证券市场和机制，令普通企业在境内证券交易所直接上市非常困难。按照我国目前《证券法》的有关规定，上市公司必须满足3年良好的财务记录和股本总额等一系列的要求；同时，公开上市需要的周期较长，并且在首次公开发行股票之后尚需一段时间才能完全退出。因此，国内风投在难以直接上市或者尚达不到上市公司要求的情况下，在法律允许的框架内寻求其他更易于操作的模式来实现退出，其中包括：“培育创投项目—项目成熟后向上市公司转让获取投资收益—利用投资收益收购上市公司或者继续培育新的成长项目”。在采取这种模式时，由于在我国缺乏成熟、活跃的资本市场的情况下，风投资本很难通过市场交易退出，因此大多选择协议转让方式。

在本案中，力合创投将力合数字注入上市公司飞乐音响，并通过协议转让方式入主飞乐音响，这种退出方式实质上属于众多股权协议转让退出方式中的一种。过往股权协议转让对象一般指国家股和法人股，非流通股居多，因而飞乐音响流通股协议转让案在见惯了非流通股协议转让的证券市场上引起了一阵波动。通过这种退出方式，创投力合成功实现了从力合数字项目的退出，在短短的两年投资时间内获得了较好的回报，这相比它走直接上市的道路更快地获得了回报。与此同时，它还控股了上市公司，为未来孵化成熟的创投项目的退出建立了良好的渠道。

其实，早在5年前，力合创投已经采取这样的资本运作方式退出创投项目了。2000年，当时力合创投的前身深圳市清华科技开发有限公司与北京清华科技园发展中心联手收购粤华电，2000年12月12日，粤华电成功进行了资产重组，第一大股东由珠海经济特区电力开发（集团）公司变更为力合创投，公司更名为“力合股份（000532）”。力合创投成为力合股份的大股东后，将公司定位于以高科技和孵化器为主业的公司。之后，力合创投将珠海清华科技园、清华力合传感等项目注入重组后的力合股份，并陆续将所投资的清华力合电子、拓邦电子、华冠电子等高科技企业转让给力合股份。一方面为创投公司打通了融资渠道，另一方面可以陆续将孵化成功的好项目注入到上市公司中，形成上市公司、力合创投、创业企业的“三赢”。

在此之前，也有很多上市公司成立风险投资公司也从事风险企业的孵化，但项目孵化成熟后一般是由风险投资公司隶属的上市公司完成收购，与其他创投公司有所差异的是，力合创投积极入主上市公司，并将自己培育的项目注入到控股的上市公司中来。

从某种意义上说，在我国的资本市场不完善、上市渠道不畅通的情况下，通过培育项目转注上市公司方式实现风险资本的退出是创业投资公司一种现实和有效的选择。

案例八　把握投资时机 风险资本介入唯特偶[①]

背景：

2005年12月，广东省科技创业投资管理有限公司（以下简称“广东科创公司”）选准投资时机，果断向深圳市唯特偶化工开发实业有限公司（以下简称“深圳唯特偶”）注入1000万元人民币风险资本，帮助唯特偶优化其资产结构，增强其发展实力，提升其企业形象，为企业的发展注入了更强的发展动力。

一、项目由来

深圳唯特偶创建于1998年，注册资本1000万元，是一家集研发、生产、销售、技术咨询及培训为一体的电子化学品民营高新技术企业，主要产品包括拥有自主知识产权的无卤素低固含水基免清洗助焊剂、免清洗无铅焊料系列助焊剂、免清洗无铅焊锡膏、免清洗无铅焊料、焊锡条、焊锡丝、无VOC清洗剂等系列环保产品和其他电子化工配套产品。

深圳唯特偶经过8年自身滚动发展，通过自主开发，陆续推出了一系列市场前景广阔、技术含量高的新产品，逐步从小作坊式的企业发展成为业内知名的具有中等规模的高新技术企业。但是，要在激烈的竞争中保持领先地位，深圳唯特偶还必须筹集大量资金，通过扩大生产规模来满足日益增长的市场需求。资金是大多数中小企业在发展过程中必然遭遇的瓶颈问题，许多中小企业就是因为无法跨过这道槛，最终无法振翅高飞。为了获得企业发展急需的资金，深圳唯特偶动用了一切可以利用的资源，通过担保方式向银行贷款融资，导致企业资产负债率一直高居不下，经营状况一度十分恶化。最后，深圳唯特偶把目光投向了珠三角地区企业融资常见的方式——利用活跃的风险资本实现快速发展之路。

二、投资过程

（一）初步接触

早在2003年5月，深圳唯特偶曾向广东科创公司提出过合作意向，但广东科创公司认为其规模偏小、管理有待规范、行业竞争力还有待改进，于是保持对深圳唯特偶的经营和发展情况的动态跟踪，等待投资的时机成熟。2005年，唯特偶工业园建成后，深圳唯特偶发展势头稳步前进，市场份额迅速扩大。深圳唯特偶需要在短时间内筹集大量资金，以扩大生产规模，并进一步提高产品技术含量。但由于企业发展以来一直依靠自身，缺乏足够的资产作担保，融资渠道狭窄，使得通过银行贷款途径解决困难不具有现实性。而此时，广东科创公司若注资唯特偶，既可以解决唯特偶的燃眉之急，又可以为唯特偶锦上添花。于是，同年8月，广东科创公司与深圳唯特偶组成项目小组就项目合作进行了探讨。

① 本文由广东科技创业投资管理有限公司高级项目经理陈石明撰写，中国风险投资研究院做了部分修改。

（二）尽职调查

在对唯特偶的调查中，广东科创认为，随着国家产业政策的扶持，无铅焊料、免清洗助焊剂等技术革新产品的前景无疑是光明的，行业的发展潜力以及技术价值也会因此而得到较大幅度的提高。除此之外，企业的价值还体现在以下几方面：

1. 行业发展前景广阔

深圳唯特偶所属行业为电子材料行业中的电子辅料——电子锡焊料材料行业。电子锡焊料行业与国家的宏观经济环境和电子信息产业、电子产品的发展有很强的相关性。自20世纪末，特别是近3年以来，国内电子信息产业保持年均约32%的增长速度，到2003年中国已成为世界电子制造业的第二大国（第一为美国），电子信息产品制造产业的总产值约占全国GDP的1/6，已经成为我国经济的第一支柱产业。预计在2010年以前，我国电子信息产业仍然能保持年均20%左右的增长速度。与此相适应，电子锡焊料行业也将保持年均15%～20%的增长速度，目前国内市场销售规模至少在80亿元人民币以上，发展空间十分广阔。

随着欧盟《废弃电子电器设备指令》（以下简称WEEE指令）和《电子电器设备中限制使用某些有害物质指令》（以下简称RoHS指令）的正式公布，以及中国信息产业部拟定的《电子信息产品生产污染防治管理办法》的出台，从2006年7月1日起，全面禁止铅在电子产品中的使用，无铅电子组装已经是不可逆转的发展趋势。根据《关于消耗臭氧层物质的蒙特利尔议定书》以及《北京宣言》，从2006年11月1日起，我国清洗行业将全部停止使用CFC-113和三氯乙烷。因此，无铅焊料、免清洗助焊剂等技术革新产品必将得到快速应用和发展，企业面临全新的市场发展机遇。

2. 拥有核心技术和关键产品的自主知识产权

深圳唯特偶的产品属于精细化工的配方型产品，主要技术含量体现在配方中，其中助焊剂和锡膏的技术含量最高。深圳唯特偶重视技术的研发，每年以产值的10%投入研究开发新产品，不断满足电子行业领域发展的需要。创业者和一批专家通过自主研发掌握了产品生产的核心技术，其中“无卤素低固含水基免清洗助焊剂”获得国家发明专利授权，属于国家产业政策鼓励发展的行业和产品，并荣获2004年“深圳市高新技术项目认定”。深圳唯特偶产品的品种、规模和技术开发能力等方面在国内同行业中处于领先地位，销量连续3年排名第一。目前深圳唯特偶主要竞争对手并不是国内本土企业，而是美国阿尔法、日本千住、新加坡特尔佳等几家国际知名企业。

3. 占有市场优势

深圳唯特偶的创业者在电子行业市场营销和市场开发方面有独到的见解、丰富的经验和显著的业绩。随着全球产业的转移，许多跨国电子公司纷纷将生产和研发中心转移到中国，形成了世界订单、中国提货的局面，带动了电子辅焊料产品市场的快速发展。经过多年积累，深圳唯特偶拥有扎实的客户基础，建立了较为完善的市场营销网络和营销策略，已成功打入多家世界知名企业（如法国汤姆逊、日本索尼、富士康、三洋、佳能等）及国内电子行业重量级企业（如中兴、宏基、台达、联想、海尔等），拥有了300多家比较稳定的客户群体。这些客户都为深圳唯特偶跨越性增长提供了基础，保证了深圳唯特偶未来具备足够的销售拓展空间。

4. 优秀的团队

深圳唯特偶的团队中有熟知专业知识并具有丰富经验的高科技研究人员，保证技术不断创新和领先，也有一支精干、高效并熟知专业知识的营销队伍，以促进销售网络的日渐壮大。尤其是唯特偶的创始人廖高兵，经过十几年的艰苦创业，从一名打工仔成长为唯特偶的董事长，期间也有失败的经历，但是靠毅力、灵活的头脑、敏锐的市场嗅觉和善于团结员工而走向创业成功。当别人都做电镀化工时，廖高兵开始创业就做高附加值的电子化工。当别人做纯贸易时，廖高兵开始转向技术开发。正是因为有这样的领军人物，带领着深圳唯特偶的团队使公司从一家注册100万元人民币的小公司成为一家民营高新技术公司。深圳唯特偶领军人物的素质让广东科创对项目的成功充满期待。

但是，广东科创在看到深圳唯特偶的投资价值时，也发现了不足，譬如缺乏有效的再融资渠道，企业在股权设置、决策机制和内部财务管理等方面存在不少缺陷，这些不足需要风险投资机构进入后帮助解决。

（三）投资方式

2005年12月，经过几个回合的反复磋商，深圳唯特偶原股东最终与广东科创达成一致意见，广东科创投入1000万人民币对深圳唯特偶进行了增资扩股，占唯特偶20%的股权，成为其第二大股东。考虑到深圳唯特偶可能存在的经营风险和“一股独大”的股权结构，广东科创对其采取了“业绩考核，分步注资，增加注册资本”与优先股相结合的投资方式，具体来说就是广东科创提供1000万股权资金的同时还提供给深圳唯特偶1000万的股东借款，并约定一年后利润1000万以上的业绩考核目标。如果达不到业绩考核目标，深圳唯特偶的老股东要给广东科创一定的补偿。反之，广东科创提供给深圳唯特偶的1000万股东借款将优先转为股权，这有点类似目前颇为流行的“对赌协议”。同时为了保护中小股东权益，在深圳唯特偶新的章程里设置保障中小股东权益的条款。

三、提供增值服务

风险投资的进入，优化了深圳唯特偶的资本结构，增强了它的发展实力，同时提升了品牌形象。作为股东，广东科创充分利用自身在资本运作、项目管理上的经验，对深圳唯特偶的经营管理方式进行调整，在公司治理结构、内部管理、技术资源和财务管理等各方面拟定策划方案和实施办法，发挥了积极的作用。

（一）制定发展战略，完善和规范公司法人治理机制

风险资本进入后，即着手协助企业确定发展战略及近期经营目标和工作重点，为企业制定了发展方向——中国电子焊接材料第一品牌，中国电子化工行业第一家民营上市公司，最终创建世界一流品牌。同时，广东科创还协助深圳唯特偶完善和规范公司法人治理机制，建立董事会，发挥董事会作为深圳唯特偶最高权力机构对企业重大问题统一决策的作用，使公司更符合现代企业制度。

（二）规范经营，理顺深圳唯特偶的财务管理

作为一家民营企业，深圳唯特偶存在一些不规范的地方。广东科创向深圳唯特偶管理团队灌输规范经营的理念，要求企业在规范中发展壮大，尤其是财务制度规范。广东科创还向深圳唯特偶委派了财务总监及高管人员，协助其强化规范管理，组建一个更有战斗力的经营班子。为保证与深圳唯特偶原股东和经营班子有充分的沟通，项目组在投资初期每周回访企业一次，一方面了

解企业的经营运作，另一方面引导深圳唯特偶实施全面的预算管理，建立以财务核算为核心的监管体系，使财务管理规范化及制度化，帮助经营班子提高执行力。

（三）为企业后续发展所需资金的融资提供协助

深圳唯特偶成立以来一直依靠自身发展，没有足够的担保加之流动资金有限，银行贷款的路显然走不通，但企业的发展又急需拓宽融资渠道。广东科创本着优化资产结构、提升企业形象的目标，督促深圳唯特偶调整资产结构，加快工业园建设进展，改善公司办公生产条件，增强企业信誉度及形象，为以后开展项目融资、银行贷款等提供有利的条件，同时积极协助其拓展其他融资渠道，为公司进一步发展奠定基础。

利用广东科创注入的风险资金，深圳唯特偶扩大生产规模，锡膏生产设备的产能提高了4倍。2006年上半年深圳唯特偶的销售业绩不断创新高，产品的市场占有率稳步上升，销售增长率达到60%以上，并逐步建立了以世界知名跨国公司及国内电子龙头企业为主要客户群的销售网络。未来，广东科创计划利用3年～5年的时间，将深圳唯特偶打造成为一家上市公司，完成资本增值和退出。

四、案例述评

认准投资时机是风险投资成功的关键一环。进入过早，周期长、风险大；进入晚了，则会错过高速增值的阶段，成本也会将相应提高。因此，把握恰当的投资介入时机，既可保证风险投资的高增值，也可增加投资成功的概率，从而提高投资收益。在本案例中，选择恰当进入的时机是项目实施过程中最重要的一环。

技术指标规定的出台，推动了广东科创对深圳唯特偶的注资。随着欧盟WEEE和RoHS两项指令的正式公布，中国从2006年7月1日起将全面禁止铅在电子产品中的使用，无铅电子组装已经是不可逆转的发展趋势。广东科创恰恰在这个过程中看到了该产业的市场前景，因而在2005年年底毫不犹豫地完成了对深圳唯特偶的风险投资。果然，在广东科创注资后，马上迎来了市场对深圳唯特偶无铅电子焊料的大量需求，不仅投资风险小，而且短期内价值增值程度明显，实现了双方的共赢。

此外，值得一提的是广东科创对唯特偶采取的“业绩考核，分步注资，增加注册资本”与优先股相结合的投资方式。在本案例中，投资风险主要来源于唯特偶管理层可能无法完成经营目标的经营风险。广东科创在资金的投放上采取分步投入的方式，除了对被投资方提供1000万股权资金外，按照不同发展阶段的实际情况投入适量的资金。这种分步注资的投资策略，使投资方可以根据投资风险的变化进退自如。同时双方签订和企业经营目标挂钩的“对赌协议”，如果达不到业绩考核目标，深圳唯特偶的老股东要给广东科创一定的补偿；反之，广东科创提供给深圳唯特偶的1000万股东借款将优先转为股权。通过这种投资方式的设计，不仅大大对冲了投资风险，并且可以改善唯特偶的股权结构，有效地保护了投资人的利益。

案例九　风险投资——创业企业腾飞的翅膀①

背景：

2005年9月，广东省科技风险投资有限公司（下称"广东科技风险公司"）投入2000多万元人民币参股深圳市格林美高新技术有限公司（下称"格林美公司"），成为格林美公司第二大股东。广东科技风险公司不仅缓解了格林美公司资金紧缺问题，还提供了卓有成效的增值服务，帮助格林美公司走上发展的快车道。

一、格林美公司掌门人

格林美公司的创始人许开华博士在我国材料科学界有着颇高的知名度，他的创业经历也有着近乎传奇的色彩，从一名大学教授到一名成功的企业家，这期间他成功地完成了角色的转换。

（一）创业起点——中金高能电池

1998年，32岁的留日博士许开华辞去了大学教师的工作，在深圳宝安区租了一套100多平方米的办公室，进行电池极板材料的初期开发。这家名为广远新实业的公司注册资金只有1万元，用一份可行性报告，他们说服了一个私人老板，为公司投资了100万元。

当时许开华并不知道公司的将来会怎样，但学化学材料出身的他对动力电池储能材料这一个新兴行业很有信心。"深圳的新材料行业还不成规模，但这正意味着它还有非常广阔的发展空间。"他认为，在中国发展动力电池储能材料，具有明显的原材料优势和巨大的消费市场。和许多白手起家的知识分子一样，他似乎命中注定要经历一切"海龟创业"故事中的传奇和磨难，半年之后，产品仍未定型，可钱已经用完。在困境之中，抱着试一试的心理，许开华拿着一份报告去有关部门申请资金援助。

"第一年创业生产出来的基本上都是废品"许开华回忆说，当时自己很自信，觉得技术没问题，但在技术转换过程中却忽视了一个很关键的问题，那就是技术和市场的结合。

"一天，宝安科技局的有关人士来到没有空调、非常拥挤的车间办公室找我了解情况，我向他们说明了公司的困难后，他们对我说：'我们能为你做什么？'"这一声问候对许开华而言简直像是天籁之音。也是从那一刻起，许开华和他公司的命运发生了根本转变。很快，宝安区科技局就将他的项目推荐给了深圳市科技局。1998年8月，广远新得到了200万元政府资助。正是在这笔经费支持下，许开华完成了产品的中试和市场接轨。

2000年1月，许开华参加了第二届高交会。幸运的是，他们在那里邂逅了上市公司中金岭南，并很快就决定"牵手"。许开华以自己的专利技术入股与中金岭南成立了深圳市中金高能电池材料有限公司，注册资金4660万，总投资1.2亿。公司建成了镍电池和锂电池正极材料、极板材料两大产品系列，成为中国最大电池材料的生产与研制基地，是国际国内公认的中国电池材料优质品牌。经过近5年的发展，中金高能取得了年产值3.5亿元，年创利税3000万元的骄人业绩。

① 本案例由广东省科技风险投资有限公司陈慧彬经理撰写，中国风险投资研究院根据《新八股》商务文摘8月号做部分修改。

（二）创业第二站——格林美公司

中金高能的成功让许开华的信心更足、劲头更大了。2002年5月1日，许开华开始了他的第二次创业——成立格林美公司，并且以首批孵化企业的身份进驻深圳宝安区桃花源科技创新园。公司主要生产超细钴粉、超细镍粉等超细粉体材料以及无铅焊接材料。

2004年格林美作为首个成功孵化企业顺利出园，并于当年11月在宝安区沙井镇完成6000平方米的生产车间和1500平方米的办公、研发、生活区的租用及建设，建成以废旧电池、电镀废水、电子废弃物、电池工艺边角料等镍钴废料为原料，适应多种物料、多任务工艺过程的超细镍、钴粉体材料的全流程生产线，成为深圳市第一条资源循环利用清洁生产的示范线。

2004年初，格林美公司与湖北荆工水泥股份有限公司合资设立荆门市格林美新材料有限公司（下称“荆门格林美公司”），走国际—深圳—内陆三点一线的产业经济发展模式，以深圳为市场、研发中心，以湖北为低成本的制造中心，充分利用湖北荆门的低成本优势、地域优势、回收网络优势、政府扶持优势等进行规模化生产，构造有持续竞争力的低成本产业链，建设中国循环技术的产业基地之一。荆门格林美公司的主要产品是金属粉末材料系列，以二次钴镍资源为原料，利用循环技术生产超细钴镍粉末；电池材料系列和无铅焊接材料系列，其中，无铅焊接材料属国家“863”计划项目。

经过几年的艰苦创业，格林美公司经历了技术、市场的探索和开拓阶段，已形成了一定的产能储备和市场销售，格林美公司及其控股的荆门格林美公司已形成年产600吨超细镍钴粉末及镍钴氧化粉体生产能力。

2005年初，为解决企业快速发展所面临的资金瓶颈、提高生产规模以达到规模经济效益、提升企业在国内行业中的品牌地位，深圳格林美公司计划融资。许开华博士向广东科技风险公司提出合作意向，希望通过风险投资的介入解决资金瓶颈，加快企业的发展和改善企业的股权结构。为此，广东科技风险公司对深圳格林美公司项目进行全面的可行性调研和评估。

二、VC尽职调查

通过对深圳格林美公司认真、细致的调研，广东科技风险公司认为深圳格林美公司具有下列的优势：

（一）产品高度契合市场需求，行业前景良好

目前，格林美已建成以各种废旧镍电池和废旧锂离子电池及其工业废弃物、合金工业废弃物等二次镍钴资源为原料，利用循环技术生产超细镍钴粉末的技术与装备体系，年处理废旧电池及合金工业废弃物约1500吨，是目前国内最大、最先进的钴粉生产企业，占国内市场份额的30%以上。目前，钴粉每吨市场价达30万元左右，而格林美收购的废旧电池价格每吨最高才3万元，格林美利用循环技术，生产的高新技术产品成本比常规产品要低10%～20%，产品利润可观。公司产品包括超细镍粉，超细钴粉，以及镍钴氧化物，氢氧化物，市场需求量大，如高性能汽车零部件、军工器件、刀具和模具均含10%左右的钴。

除了金属粉体材料，格林美还是中国无铅焊接材料高技术产业化示范基地。目前，铅已被国际环境组织列为17种有毒害元素之首。因此，20世纪90年代以来，美、日、欧等地相继出台法规，

开始防止铅的滥用，一场世界性的无铅化运动正在展开。世界各国对无铅焊料的需求量供不应求，格林美的无铅焊接材料已被列为国家“863”项目，公司的产品已销往松下等大公司。

（二）先进的技术

我国超细镍钴粉体材料一直为国外大型公司所控制，国内使用的超细镍钴粉原来基本靠进口，而成为二次资源的大量镍钴原料由于受技术等限制，仅能作为非常低档的初级产品。格林美公司是少数掌握镍钴产品系列中高端产品生产技术的国内企业，国内的二次原料通过格林美公司的加工处理，成为可以与国际品牌产品竞争的优势产品。

格林美公司在循环技术领域已取得了10多项具有国际先进水平的研究成果，拥有近20项核心专利，其中包括3项国际专利，多个项目被列为国家“863”计划、火炬计划等国家级计划，拥有国家认可实验室CNAL和国家计量检测CMA双重资格，现已成为国际承认的开放型实验室和公共检测中心，其生产线实现多功能化，具有生产系列产品的能力。在生产经营过程中，格林美运用“二次资源—分离、提纯—高技术材料与制品—再利用—再废弃、再循环”的国际环境管理体系，确保了水循环率大于80%，金属总利用率大于98%。

（三）优秀的团队

格林美拥有一支优秀的团队，除了核心人物许开华博士之外，旗下聚集了多名院士，一批青年博士生导师与国内外专家，其中有国际知名材料科学家、环境材料创始人山本良一教授，我国环境材料科学界学术带头人之一的王天民教授，以及归国留学人员、东京大学访问教授郭学益博士等，这使格林美的研发技术保持世界领先水平。除了团队有良好的技术背景外，格美林同时还拥有一批管理经验丰富、善于市场开发的优秀人才。格林美拥有中钨高新、河源富马、上海金桥等优质客户以及比亚迪、比克等潜在优质客户，具有快速扩大的基础。

基于以上理由，广东科技风险公司认为深圳格林美公司行业前景广阔、发展空间大，公司产品的市场竞争力和公司的盈利能力、营销能力、公司技术和管理团队均有上佳表现，公司具有高速发展的基础。企业的发展速度受到资金短缺的制约，如解决资金问题，同时改善股东结构、构建良好的融资平台、进一步加强管理，企业可以走上发展的快车道。

三、投资过程及增值服务

（一）投资过程

广东科技风险公司与格林美公司原股东就企业的发展策略、双方合作的交易条件达成了共识。公司其中一个股东因在公司发展理念上与其他股东存在差异而有意退出，广东科技风险公司与其他原股东共同收购该股东持有的格林美公司的股权，通过低价收购该部分股权，降低了投资成本。广东科技风险公司承诺，在完成该股权收购后向深圳格林美公司增资。

经过半年的谈判，2005年9月，广东科技风险公司正式参股格林美公司，参股资金为2000多万元人民币，成为格林美公司的第二大股东。

（二）提供增值服务

广东科技风险公司的进入，改善了深圳格林美公司的股东结构，为企业进一步融资建立了良好的平台。广东科技风险公司作为股东，积极参与深圳格林美公司的经营管理，针对格林美公司治理结构和财务管理等方面存在的问题，协助企业完善各项管理和运作，为深圳格林美公司的进一步快速健康发展奠定了基础：

1. 规范和完善公司法人治理结构，规范董事会和监事会的运作

广东科技风险公司的进入，一方面改善了深圳格林美公司的股权结构，另一方面规范和完善了公司的法人治理结构，规范了董事会、监事会的运作，通过出任格林美公司的董事及监事和荆门格林美公司的董事，就公司的发展战略、发展规划等进行沟通、交流，出谋献策。

2. 规范企业的经营管理，促使企业在规范中发展壮大

广东科技风险公司投资后，与格林美公司原股东及经营管理层保持充分的沟通，一方面及时了解企业的经营运作，提出一系列关于公司规范经营管理的建议，另一方面协助企业完善各项管理和运作，积极推进深圳格林美公司股改前的基础工作，联系有关中介咨询机构对企业开展财务管理及法律等方面的规范工作。

3. 加强企业的财务管理及对企业经营的监管

广东科技风险公司向格林美公司推荐了财务总监，以提高企业的财务管理水平、加强对企业经营的监管。财务总监从财务付款审批流程、费用报销制度、固定资产管理制度等方面对公司财务管理进行规范管理，同时规范公司的业务往来及关联交易，加强成本核算、税务筹划等。

4. 协助企业开拓新的融资渠道和进行新的融资模式探讨

在增资扩股完成后，为强化格林美公司与荆门格林美公司的利益一体化，格林美公司增持荆门格林美公司的股权。为此，广东科技风险公司通过银行委托贷款方式向深圳格林美公司提供股东借款。同时，广东科技风险公司及推荐的财务总监积极参与格林美公司向银行申请贷款额度的工作，协助企业申报各项产业 / 科技基金等政府资金资助，同时探讨新的融资模式，协助企业制定未来的融资计划。

四、成功启示

从1998年走下讲台来到深圳经济特区，到现在成为两家高技术公司的创始人，许开华博士的创业之路可以说越走越宽。这个案例带给我们怎样的成功经验呢？

（一）创业者个人的能力——创业成功的前提

创业者个人的能力是一个创业企业的无形资产，也是风险投资家非常看重的因素。这种能力不仅包括创业者个人掌握的技术，还包括创业者捕捉商机的能力、带领团队的能力和遇到挫折坚韧不拔的品质等。许开华博士在材料化学领域具有深厚的技术功底，并以敏锐的眼光选择了在我国有发展优势并且有巨大市场需求的电池材料为首次创业的方向。虽然许开华博士在创业的过程中也走了一些弯路，但在最艰难的时候他没有选择放弃，而是继续带领团队从事技术攻关。他夫人曾说那个时候的许开华“两眼发黑，走路打飘”。为了打开市场，他带领团队等客户到凌晨，在和人家见上一面之后，回家已经是凌晨3点多了。这位老总被一个博士上门等了这么久而感动，第二天就到公司去考察。

（二）政府全方位支持——创业成功的“推进剂”

在许开华博士的两次创业过程中，深圳市政府都给予了许开华博士强有力的支持。在中金公司的创立中，许开华博士靠宝安区政府的200万“三项经费”完成中试和市场接轨。这200万资金对当时的许开华无疑是雪中送炭，许开华博士有些不敢相信，“不用请客，不用送礼，就得到了政府的200万经费”。除了给予经费支持，宝安区政府还在住房、子女教育等问题上给予许开华博士关照，让许开华博士能专心创业。在许开华博士的第二次创业中，格林美公司最初也是在南山区科技园孵化成功的。正是深圳市对高科技产业的大力扶持，各项优惠政策落实到位，给创业者提供优秀的创业环境，解决创业者面临的各种问题，创业者才能后顾无忧地发挥才能，把事业做好。

（三）风险投资——创业企业腾飞的翅膀

资金是高新技术产业发展的能源与动力，一旦高新技术与资本珠联璧合，高新技术企业就将插上腾飞的翅膀。广东科技风险公司参股投资深圳格林美公司后，缓解了资金短缺对深圳格林美公司快速发展的制约，公司初步实现规模化生产，并成功占领了国内高端市场、树立起公司优质品牌形象。2005年，深圳格林美公司的销售收入、税后利润及上缴的各项税费分别比上年同期增长了28.77%、23.23%和125%。

2006年，随着企业生产、经营规模的扩大，企业流动资金再次面临严重短缺，维持市场面临困难。为了实现公司的规模化经营和突破性发展，解决公司流动资金短缺及荆门公司二期建设资金问题，格林美公司经营班子提出增资计划。广东科技风险公司经过认真的研究，认为第二轮增资是有必要的，也符合公司进入资本市场的方向。因此，广东科技风险公司积极参与增资工作，就增资方案与各方股东进行了多次沟通和磋商，最终促成了增资方案的确定；同时，作为股东，协助和配合进行增资相关的具体工作。目前，格林美公司已建成以各种废旧镍电池和废旧锂离子电池及其工业废弃物、合金工业废弃物等二次镍钴资源为原料，利用循环技术生产超细镍钴粉末的技术与装备体系，年处理废旧电池及合金工业废弃物约1500吨。2006年格林美公司销售收入突破1亿元。

风险资金的充足投入和有效运营，为格林美公司插上腾飞的翅膀，使其多年建立起来的、领先的循环技术、市场品牌和产业基础得以爆发，实现了公司的快速发展。

案例十　精品学习网执著魅力赢得风投青睐[①]

背景：

2006年1月10日，在中国成功投资了多个知名网站的风险投资机构——IDGVC宣布向中国领先的教育行业网站——精品学习网，进行千万美元量级的投资。这是目前为止，中国教育服务类网站最大规模的融资行动之一。在短短不到5年时间内，精品学习网靠什么取得如此辉煌的成就？

中国拥有亚洲乃至世界上最大的受教育人群，有超过3亿人的受教育人口。研究数据表明，目前每年有400万～500万名参加高考的学生，超过两亿人要接受教育或再教育，在校的学生有2.6亿人，再加上非学历教育注册生有6400万人。但是，教育服务市场却远远落后于教育市场的发展需要。巨大的市场潜力使众商家趋之若鹜。而伴随着电脑的普及、多媒体技术的发展以及互联网使用的迅速增长，又给教育市场带来了新的机遇。通过互联网向用户提供教育的教育网站如雨后春笋般纷纷建立起来，在全国几千家网站中，教育网站占据了1/4强。然而，数目众多的教育类网站却没有从国内如此巨大的教育市场切下一块大大的蛋糕，教育市场依然是传统教育模式的天下。难道就此断言教育类网站在互联网上没有立足之地吗？还是因为教育类网站没有找到自身的准确定位？

而现实是，一面是广大教育机构苦于无法打开市场的大门，而另一面是学员们找不到自己理想的教育资源，这种状况从一个侧面真切地反映出中国网络教育市场整体的尴尬局面。中国的教育市场缺乏一个平台，而在传递消息、建立沟通桥梁，互联网无疑是最廉价、最便捷的平台。精品教育营销服务集团就是搭建这个平台的开创者。

一、精品教育营销服务集团

精品教育营销服务集团成立于2001年，总部设在北京，在上海、广州设有运营中心，并在全国20余省市设有分支机构。旗下包括中国最大的教育门户网站——中国精品学习网（www.topstudy.com.cn），中国最大的学习增值服务网站——无忧考网（www.51test.net），中国教育培训搜索的领导者——搜课网（www.sooker.com），权威行业媒体——《教育市场观察》和DM媒体《精品学习指南》。

精品教育营销集团的前身精品教育网是一家在网络教育行业默默地埋头做事，悄悄地攻城略地，壮大着自己的网站。较少有大众和媒体对它表示关注，在业界没有什么名气，“低调”是对它最多的评价。

2006年1月，精品教育服务集团同IDGVC达成协议，成功融得千万美元的资金，据统计，这是迄今为止中国教育服务类网站最大的一笔融资。也是这笔融资，将精品教育营销服务集团与张洪昌推上了前沿，上市、规模扩张等好像成了其理所当然的目标。2006年由计算机世界传媒集团、《首席市场官》杂志社举办的中国精准营销高峰论坛上，精品学习网荣膺2006中国新锐营销平台TOP10之一。

① 本案例是在以下媒体信息的基础上编制而成：Donews、中国电子商务、腾讯网站、《财经时报》、中国远程教育资讯、青少年宫在线之在线课堂等。

当前，精品教育营销服务集团运营着中国最大的教育招生网络门户集群，是中国领先的教育门户和国内最大的招生引擎，招生量占全国网络总招生量的70%。精品教育营销服务机构核心业务是为教育机构提供基于互联网的招生营销和市场宣传服务，借助品牌展示、精确搜索、网上报名、互动管理和多媒体等方式与全国各类学校结成市场战略合作伙伴，服务领域涵盖学历教育、职业教育、远程教育、留学、培训和教育产品，是集教育资讯信息、在线报名、互动社区和学习增值等四大网络平台于一体的中国最大的综合性教育垂直门户。

二、创业之路

张洪昌，现任精品教育集团总裁，来自天津大港区一个不足百人的小渔村。

张洪昌少年时代酷爱运动，尤其喜欢跳远，自认为是比赛型选手，就是一上赛场就兴奋，观众越多越出成绩的那种，平时能跳6米，一比赛，观众一喊就跳7米，被教练称为“人来疯”。

大学时代的张洪昌，不仅是学校田径队的主力选手，还一直担任学生会主席的职务。学生会的工作并没有对他的学习产生影响，利用中午大家都在休息的时候，张洪昌就在学生会的办公室处理学生会的事务，给大家做策划、搞活动，使自己领导和组织能力得到了锻炼，对他以后的创业起到了重要的作用。

2000年，张洪昌从天津外国语大学英语教育专业拿到硕士学位后只身来到北京。以他的外语学历背景，完全可以进入一家外企，做一名表面上可以让很多人羡慕的白领。不过，张洪昌打小的志向是“让优质教育资源为更多人所共享”，所以在他看来，当时选择进入刚开始创业的一家教育类网站——启迪网，既属偶然也是必然。张洪昌说：“选择启迪网是因为它是为教育行业服务的一个互联网公司。我当时的择业标准很简单，那就是一定不能离开教育，这是我大学时代的梦想。”

在启迪网，张洪昌最初是一名基层英文编辑，每天的工作就是把一些国外报纸的头条翻译过来。做了一段时间编辑后，他觉得自己更适合去做一些运营和商务发展的工作。机会就在人们不经意的时候悄悄来临，在张洪昌进入启迪网不到4个月后，由于公司战略的一些调整以及张洪昌个人主动争取，他晋升为主管整个公司运营和业务的运营总监。在接下来不到一年的时间里，启迪网成为业内影响力最大的专业门户，第一次实现了收支平衡。

时逢互联网泡沫破裂。2001年8月，启迪网投资方投资倾向改变，对启迪网的期望值和关注度也随之下降了。作为上市公司，启迪网的投资方需要的是大手笔的操作，对启迪网当时那种虽然盈利但利润有限的情况并不满意，且投资方在网站经营理念上与张洪昌也存在很大偏差。在双方协商无果的情况下，张洪昌带着坚持自己“办教育”的原则，离开了启迪网。

张洪昌坚信启迪网的盈利模式应该建立在学员与学校需求上，应该是学员和学校之间连接的桥梁。在启迪网的时候他就已经把这个工作当作他一生的事业了，他不能就此放弃这个模式和他关注教育的梦想，所以他选择了自己去搭建一个平台，让这个模式继续发展下去。他对这个平台的前景是非常看好的。互联网上的机会稍纵即逝，张洪昌担心自己不做就会把机会留给别人。从启迪网出来之后，张洪昌没有再到另外一个公司继续工作和锻炼，而是毅然决定创办精品学习网，开始了自己的创业之路。

怀揣着自己积攒的6万元的本钱，张洪昌开始了他的创业之旅。2001年底张洪昌创建的精品学习网正式上线，此时精品学习网已经奠定了它盈利的基础，即对学员提供网上报名的服务，给学校提供网上招生的服务，网站作为学校的招生机构，获取广告费和代理费。3个月后，网站开始出现盈利。此后的4年里，他历经了互联网泡沫破裂及2003年“非典”的冲击。回忆起当时的情况，张坦言非常孤独，且无数次经受着生死考验。

张洪昌说：“2003年SARS来时，很多网络公司停工、发不出工资。我们也没业务了，员工的工资不但照发，还多发了补助，买了保健用品。我是借钱给员工发工资、补助。自己的房贷都不还了，差点被银行‘请’出家门。”

从2001年到现在，张洪昌带领着他的团队一直专注于产品和服务的打造。公司从最初的两室一厅搬到高档写字楼，从几个创业者发展到100多位员工，从一家地域性公司成长为全国性教育服务机构，从名不见经传成为大众和媒体的焦点。

三、执著魅力赢得VC青睐

在中关村，像张洪昌这样以6万元起家的人或许不少，但如他一般坚定目标且不离不弃的成功者却不多。张洪昌一直秉承着执著的信念——“中途离开去做其他的事情，成功比例要比最初创业时低”。“自己能取得成功和执著是分不开的。一旦确立了自己的目标，轻易不改变初衷，勇于面对过程中所遇到的困难，学会藐视困难，不要让困难吓倒。一定要沿着自己的目标不懈走下去，相信自己总有一天会成功的。”

面对着互联网上层出不穷的新概念，如“眼球经济”、“注意力经济”等噱头，张洪昌对自己的创业模式没有产生任何怀疑和动摇，他打造了全新的商业模式——专注于教育招生这一细分市场。“最初的两年多时间里，我们非常孤独。其间经历了网络经济泡沫破灭所带来的行业寒流以及非典的冲击，公司无数次经受生死考验。直到2004年才得以进入高速发展阶段，从业务规模到经营理念实现了大幅度提升。2005年，精品学习网终于实现了总体业务同比增长200%。”“在我们意识到要打开门把公司做大的时候，IDGVC居然找上门来，我们真的是非常兴奋，简直是喜出望外。”张洪昌说。

张洪昌至今不清楚当时IDGVC是如何找到他的，但是对与IDGVC合伙人陈洪武初次见面的场景依然记忆犹新。“2005年9月的一天晚上，洪武第一次给我打电话，我在开会，会后还要见一个客户。我一听IDGVC的电话就来了精神。因为在互联网行业IDGVC名声太大了。他要我过去聊聊。我说太晚了，还要见一个客户呢，改明天吧。洪武坚持说就今天晚上，多晚都行。等我从林业大学打车到西单的见面地点马可波罗饭店时已经夜里11点了。当时我什么资料都没带，我们就商业模式、管理团队等随便聊，一下聊到凌晨1点多。第三天他就给我打电话，安排我与IDGVC的合伙人过以宏和林栋梁见面，让我连夜赶制PPT、准备好资料。我感到非常惊讶，怎么进展这么快？”很快，张洪昌和IDGVC的总裁周全见了面。周全更是干脆利落，饭才吃了一半，他就拍了板：“就这样吧。”

前前后后不到一个星期，IDGVC的决策速度让张洪昌感到惊奇，而精品学习网此前曾接洽的七八家风投公司还仍在考虑中。一个星期即确定合作协议，让当时正在和他接触的其他投资商措手不及。

2005年11月20号那个深夜更是让张洪昌终身难忘，已经是12点30分，很多人进入梦乡的时刻，他和IDGVC的投资经理陈洪武还坐在北京现代城的一家餐馆里，签署一份投资协议——精品学习网拿到了中国最大的互联网风险投资机构IDGVC千万美元量级的投资。协议签完之后，两个男人一口气干了一大杯扎啤，并争着保存签协议用的那支普通的签字笔，来庆祝双方的这次合作成功。

这场被认为2005年度最大的一笔教育融资，可以让张洪昌更专注网站今后的发展，不用为资金问题担心了，而为了得到迄今为止中国教育服务类网站最大规模融资行动之一的“定音之锤”，他也苦等了将近4年的时间。

至此，中国精品教育营销服务集团走入了海外上市的轨迹，而在IDGVC长长的投资项目名单中，精品学习网的名字也与百度、携程、金蝶、搜狐、8848、腾讯、易趣、天极、当当、3721、搜房、中搜等网络大腕并列在一起。通过融资合作，IDGVC与精品学习网所搭建的全新业务平台将改变中国教育行业封闭、信息不透明、资源分配不平衡的现状，打造一个集教育新闻资讯、课程精确搜索、学习社区互动和学习增值服务为一体的大型教育垂直网络门户，为求学者提供一站式的全方位网络教育服务。

按照精品教育营销集团的时间表，2006年实现业务10倍以上的增长，2007年营业额超过亿元大关，2008年赴纳斯达克上市。

四、案例解析

IDGVC号称互联网投资的“金拇指”，许多企业都希望能被它“点石成金”，尤其是对许多刚刚创立的公司而言。但是，得到IDGVC的青睐不是一件容易的事情，从IDGVC投资组合中，一个个如雷贯耳的名头就可知道，如果被IDGVC看中，必然有与众不同之处。IDGVC在选择项目的时候，会遵循3个基本要素：行业竞争力、企业产品竞争力、团队竞争力。此次投资精品学习网，IDGVC同样是基于其对精品学习网经营模式以及持续发展能力的了解。那么，精品学习网是否满足IDGVC的这三个基本要素呢，我们逐项分析一下。

（一）行业竞争力

目前，精品学习网已经成为中国最大的教育类门户网，并且在世界排名中位居教育类网站第一名。此外，作为网络招生模式的创建者与领导者，精品学习网的报名量占据整个网上渠道报名量的70%，近乎垄断性的市场份额对于IDGVC而言无疑是最好的风险保障。

（二）企业产品竞争力

精品学习网将互联网应用于教育领域的商业模式是首创。学习网的模式和IDGVC此前投资的携程网相似，是类似“大超市”的教育咨询培训信息平台，市场需求量会越来越大。精品学习网利用互联网为7000多家传统的教育培训机构招生合作，提供网上课程发布平台，进行课程销售，开拓新的网络招生渠道，用户可以在线下单，只要学员是通过精品学习网报名成功的，学校或培训机构便要把报名费的近30%分给精品学习网。同时，精品学习网为学员提供面对面的导购。它的服务范围几乎涵盖了教育领域的所有子领域和细分市场。学员从想学习到交学费的渠道与过程就是精品学习网存在的价值。

（三）团队竞争力

在投资前，IDGVC对精品学习网的团队从能力到工作态度到行业背景都进行了深入的考察，对精品学习网的创始人张洪昌也进行了深入的考察。IDGVC认为精品学习网的团队是目前整个行业里最优秀的，尤其是精品学习网的领军人物张洪昌对教育网站的执著精神，4年扎扎实实地开拓，使精品学习网在行业内拥有非常丰富的经验和广泛的人脉资源。而张洪昌这种执著精神也在感召着团队的每一位成员，带领公司不断地走向成功。创业成功，除了知识技术和对市场敏锐的把握因素外，性格中的执著精神是成功的最大保障。

案例十一 奇虎造就中国互联网融资奇迹[①]

背景：

2006年3月，正式成立不到100天的奇虎开始与VC频频接触，仅仅用20来天的时间就签订了融资合同，得到来自红杉资本、鼎辉创投、IDG、Matrix Partener等数家顶级风投的2000万美元的投资。时隔8个月，奇虎再次得到高原资本、红点投资等风投数千万美元的投资，创造了中国互联网的融资奇迹。

一、奇虎的奇特出身

提起奇虎，也许大家都还陌生，但提起3721，网民们可谓无人不知。3721是中文关键词服务及地址搜索行业的创立者和市场领先者，其网络实名服务覆盖了中国90%以上互联网用户，每天的使用量超过3000万人次。同时，3721占有中国企业客户中文关键词搜索市场80%以上的市场份额，是中文关键词服务和客户端软件事实标准的缔造者。要知道奇虎的由来，还需要从3721说起，从它们背后共同的重要人物——董事长周鸿祎与CEO齐向东说起。

（一）个性鲜明的周鸿祎

籍贯湖北的周鸿祎生于1970年10月，1992年被保送西安交大攻读研究生。读研期间，周鸿祎曾编过游戏软件、杀毒产品，还开过两家推广自己产品的小公司，并招聘人手准备在全国“自建销售渠道”，但这些尝试均以失败告终。

创业受挫让周鸿祎明白自己欠缺的东西很多，所以，他决定先进大公司，从最基础的东西学起。1995年7月研究生毕业后，周鸿祎加入方正集团，老老实实地从程序员、项目主管做到部门经理、事业部总经理，最后是方正研发中心副主任。在组织开发了中国第一个自主版权的互联网软件——方正飞扬电子邮件之后，他再度萌发了创业的想法。

1998年10月，周鸿祎创建3721公司，并在同年推出了3721“网络实名”的前身——中文网址。历经5年，周鸿祎把一个5人团队发展为500人以上的公司，他领导创建的3721公司也已成为中文关键词服务领域全球最大的提供商。

周鸿祎是一个很有个性的人，他认定一条道路就坚定地走下去，并不理会旁人的评论，所以才成就了3721后来的业绩。

（二）下海经商的齐向东

齐向东，1964年出生于内蒙古赤峰市敖汉旗下洼镇，毕业于长春邮电学院无线电通信系，1986年进入新华社通信技术局。通信技术局是统管包括新华网在内的新华社所有通信网络和计算机应用系统的职能部门和运行保障部门，齐向东主管技术规划、建设计划和技术培训工作，是新华社最年轻的司局级干部之一。

---

① 本文根据公开信息编撰而成，信息来源包括：《瞭望东方周刊》、站长信息资源网、中国企业报、搜狐IT、玉树的资料博客、赛迪网资讯中心、全景网、《证券日报》等。

在此期间，齐向东做了很多足够令自己兴奋的大事。例如，他负责建设了新华社全球电话通讯网以及国际会议电话系统和全国可视电话会议系统，保证了新华社在全球快速的新闻反应能力；他牵头规划了规模在全世界屈指可数的全国第一个大型多媒体数据库，目前在新华社的新闻报道中发挥着不可替代的作用；他负责规划和建设了中国排名第一的新闻网站——新华网，等等。

2003年10月22日，北京3721公司正式任命前新华社技术局副局长齐向东为公司高级副总裁、总经理，负责公司在中国地区的整体运营和公共事务战略规划执行，分管市场、营销、行政、财务等部门。

至于周鸿祎是怎样游说齐向东加盟3721的，一直是个谜。只知道当时周鸿祎说：“齐先生17年职业生涯练就的卓越领导能力、深厚的行业背景和人脉网络以及丰富的大规模团队管理经验，是成功实施3721商业战略的宝贵财富。他的加盟将有利于3721加强和优化各方面的管理，为企事业客户、渠道合作伙伴、政府以及广大中文上网用户带来更大价值。”而齐向东则表示，他非常钦佩周鸿祎作为一名成功企业家的胆识和领导才干，也为3721公司充满蓬勃朝气的团队所吸引。

（三）3721之末，奇虎之初

齐向东可谓“受命于危难之中”，他的加入缓解了官司缠身的3721的困境，并与周鸿祎一起，熬过了互联网的低潮期，成功地建立了网下营销渠道。在经历过三轮风险投资的资金注入之后，3721快速地发展壮大，2003年11月，雅虎以现金1.2亿美元收购了3721公司。4个月后，周鸿祎正式出任雅虎中国总裁，齐向东任雅虎中国副总裁，3721的品牌继续保留。

在雅虎的两年内，这个本土化的团队使雅虎中国的各方面业务有了很大的起色。如暗中向门户阵营渗透，接连推出一搜网、雅虎通、1G免费邮箱等多种互联网业务等，为雅虎中国未来的门户路线图勾勒出了最初的框架结构。

但是，2005年9月，在资本的助推之下，雅虎中国和阿里巴巴进行合并。几乎在同一时间，周鸿祎与齐向东递交了辞呈。当时，周、齐二位的去向也曾是个秘密。直到后来，人们才发现周鸿祎加入了IDGVC成为合伙人，后来又从IDGVC离开成为全职的天使投资人。而齐向东呢？这个时候奇虎渐渐浮出水面。

奇虎并不是Qihoo.com这个网站本来的名字，原本它有着更具有艺术气息的名字——奇琥。最初，Qihoo.com只是一个偏处西南的个人网站，当周鸿祎和齐向东在厦门站长大会上偶遇其创始人的时候，他们就对奇琥一见钟情。

齐向东从雅虎辞职后，就正式开始对奇琥进行商业化运作，并把名字改为“奇虎”。短短5个月时间，奇虎团队迅速扩充到200多人，仿佛就在一夜间脱颖而出，成为国内最领先的BBS搜索引擎。在奇虎获得风险投资之后，周鸿祎也以天使投资人股东的身份加入奇虎董事会，担任董事长的职务。

对于其他人而言，奇虎只是一个新兴的网站，但对于周宏祎与齐向东而言，这是他们创业之梦的延续，也许是另外一个“3721”。

二、奇虎的“棋局”

这个创业之梦该如何延续，周鸿祎与齐向东怎样布局呢？

（一）"搜主意"

在Web 2.0时代，网站的社区化发展趋势日益明显。用户在社区中需要自己感兴趣的信息，其中既需要有海量的信息储备，又需要有明确的细分定位。这需要对社区内容进行搜索的引擎，基于关键词对信息内容进行串联、分类与聚合。奇虎以此为切入点，利用工具条插件进驻成百上千的网络社区。基于"社区＋搜索"，奇虎不仅很快形成了稳定忠实和数量庞大的用户群体，而且还形成一种独特的网络社区聚合文化，用搜索来的社区咨询做一个不断更新的门户。齐向东很谦虚地说，这只是他的一个"搜主意"。

（二）蜘蛛计划

2006年4月，奇虎正式推出了名为"蜘蛛计划"的社区联盟计划，旨在通过为各大社区提供搜索服务并以销售关键字广告与之分成的方式获利。除了在流量上获益，通过向联盟成员开放API（搜索代码），奇虎还可以获得许多靠蜘蛛无法获得的用户数据。这些数据可以为奇虎提供更有效的搜索和定位，为竞价排名广告、关键字广告和分类品牌广告提供更精准的参数，从而可以以更多的应用模式来实现内容聚合。

（三）新闻门户

除了做好前面两种业务之外，奇虎还为进入无线服务领域着手准备。2006年2月，奇虎以1000万元人民币的价格收购亿之唐，获得了SP证和ICP证。这为奇虎在3G牌照发行之后进入无线服务并运行新闻搜索等服务打下基础。

（四）社区

做社区搜索的人自然不会放弃社区。2006年6月，人们发现MSN中国站首页已经推出"奇虎社区"频道，网民也可以通过msn.qihoo.com这一域名来访问。奇虎网正式取代猫扑网，成为MSN新社区内容的合作伙伴。

三、VC的友情出演

2006年3月，正式成立不到100天的奇虎开始与VC频频接触，仅仅用20来天的时间就签订了融资合同。

投资者包括红杉资本（Sequoia Capital）、鼎晖创投、IDGVC、天使投资人周鸿祎以及后来追加投资的Matrix Partners。可以说这些投资方都是有备而来。其中，红杉资本在美国是著名的搜索引擎公司Google、Yahoo的投资人，其创始人沈南鹏也是携程网的创始人，另一个合伙人张帆曾经代表德丰杰（DFJ）出任全球最大的中文搜索引擎百度的董事。鼎晖投资（CDH）虽然是第一次在新经济领域下注，但是新近领衔鼎晖新设立的创业投资团队的王功权却对搜索一点都不陌生，当年正是王功权代表IDGVC给还在困境中挣扎的3721带来了25万美元的投资，并且参与了3721的第二轮融资。另外，IDGVC曾经是3721的投资者。

这期间，周鸿祎这个天使投资人起了重要的作用，虽然那时他还没有对外界表明自己与奇虎的关系，不过随着时间的推移，他在奇虎团队中的身影愈加清晰。此次投资中的各风险投资方从

3721开始就与周鸿祎和齐向东这个团队打交道。在周、齐二人离开雅虎之后，沈南鹏、张帆等投资者知道这二人是闲不住的，找到他们要支持他们的新事业。于是，在周鸿祎的牵线搭桥之下，这些老朋友一拍即合。

当时，奇虎还处于团队的聚集过程，公司具体要做什么只是停留在“方向”的层面上，也没有时间准备商业计划书，后来出现的商业计划书都是奇虎与VC共同做出来的。齐向东感觉与VC的整个沟通过程中，不像是一个创业者和投资者在讨论未来的利益分配，而更像是一个在一起谋划未来事业的团队。

谈起周鸿祎的作用，齐向东说：“我有一个非常好的伙伴。他在整个公司的战略和发展方向上给了我很大的帮助，同时他帮助我完成这种转化。我们几乎又是同时离开雅虎的，他是不可能不帮我的。对于奇虎来说，如果我是领队的话，那么周鸿祎就是教练级的人物。这个团队里的很多人，是周鸿祎创办3721的时候亲手培养出来的，这个团队里的人对于周鸿祎作为一个领导者也有很高的认同感。”①

2006年11月15日，奇虎再次获得据称数千万美元的风险投资，领导这次投资的是美国著名创业投资公司高原资本（Highland Capital Partners），其他的投资者还包括红点投资（Redpoint Ventures）以及在第一轮投资出现过的红杉资本、Matrix Partners和IDGVC。奇虎公司的投资是高原资本（Highland）在内地的第一个投资项目。

“网民的需求呈现娱乐化和生活化两大特征，而搜索引擎也将在这两方面有新的变革，这正是奇虎努力的方向。”奇虎公司总裁齐向东表示：“获得第二轮融资后的奇虎，定位仍然在搜索，并在娱乐与生活两大领域加大投入。”

四、案例解析

从这个案例中，我们已经体验到风险投资家们出手之迅速。下面，就让我们剖析一下奇虎吸引风投的优势所在。想必奇虎奇特的出身和布局、良好的发展前景应该是导致这些风投蜂拥而入至关重要的原因。这也说明风险投资并非总是拘泥于条条框框的束缚，尤其在对早期项目进行投资的过程中，风险投资家更看重企业未来的发展前景，而不是企业现有的情况。当风险投资家对一个团队、一个行业发展方向非常看好时，他们会主动联手创业团队，帮助他们拉近与成功的距离。因而，创业团队在早期的征途中，务必要理清自己的思路，将企业的亮点呈现给风险投资家，紧紧抓住投资者关注的焦点。

（一）行业发展前景

Web 2.0可谓是2006年中国互联网行业乃至整个信息产业最热门的词汇之一。与Web1.0单程浏览网页的模式相比，Web 2.0内容更丰富、联系性更紧、工具性更强。作为新一代互联网应用和一种以人为本的新兴网络，Web 2.0不仅推动互联网从核心内容到外部应用的革命，更重要的是形成了崭新的互联网应用模式。

美国知名商业杂志《Business2.0》评选出25个典型的下一代互联网公司，并称在不久的将来可能诞生下一个“微软或Google”。根据该报道，社会型媒介、新搜索引擎、新型电话、网络应用

① http://www.ityn.cn/02/ityn20060410/ityn120729.shtml

软件和网络应用平台等5大类型网络公司将成为新的网络创业机会。

从搜索的角度来看，尽管Web 1.0的搜索已经被很多人认同，也诞生了Google、Baidu这样的优秀企业，但依然存在很多细分市场的机会。很多专业的垂直搜索，如职位搜索、购物搜索、旅游搜索等如春天的小草一样层出不穷，但反观社区方面的横向搜索，却一直处于有待开发的空白状态。奇虎选择切入的角度刚好可以避开与现有大型搜索引擎的正面竞争，又抓住了未来行业发展的趋势。

红杉资本中国基金创始合伙人张帆认为，互联网社区当中存在大量优秀的原创内容，但是对于传统的基于页面的搜索引擎来说，这却是一个盲区，相信奇虎代表了搜索的下一个发展方向。

当然，仅仅是搜索，现在可能还无法获得可观的现金流。于是，奇虎设立了“搜索＋社区＋联盟＋无线增值”的综合业务模式。这些Web 2.0的盈利方式组合在一起，既相互补充又相互促进，可以对企业未来的现金流给予很好的保证，这才是决定奇虎快速发展的产业链价值。

（二）富有执行力的团队

实际上，建立社区搜索的想法早在3年前就有人提出，现在的大旗网（chinabbs.com）与帖易（Teein.com）也都定位于社区搜索，并都于2006年初获得风险投资的青睐。但与之相比，奇虎有着自身的优势，这个优势首先就在于奇虎的豪华团队。

当初，齐向东刚刚接收奇虎的时候，整个团队还不到20人，现在这个队伍已经扩大了10多倍，在北京的四惠桥旁，这家急剧扩张的公司拥有整整一栋楼。

奇虎团队中的“奇”不仅指齐向东这位执著冷静、目标明确、资本运作手法熟稔的领军者，还指这个团队的心比较“齐”。目前的奇虎网员工大部分是来自3721和雅虎中国旧部，可以说，在雅巴合并之后，原来在雅虎中国和3721攻城略地所向披靡的队伍并没有分离，只是近乎完整地挪移到了奇虎。从奇虎的员工通讯录上可以看到，有100多人的名字曾经同样出现在半年前的雅虎中国的员工通讯录上，而这个数字几乎占当年雅虎中国员工总数的2/3，即原雅虎中国员工有一半以上到了奇虎。这是一支技术实力和管理理念都经过充分粹炼和验证、激情澎湃的互联网搜索领域的豪华“梦之队”。

奇虎的员工都经历过中国互联网的起伏，行业经验丰富，技术能力非常强。作为3721和雅虎中国的旧部，这个团队的能力早就得到了市场的承认。同时，这个团队有着极强的凝聚力，团队成员都很信任周鸿祎和齐向东的领导能力和业务拓展能力。对于风险投资而言，这显然是奇虎最大的价值。

案例十二　“播客”：下一个互联网奇迹？[①]

背景：

很多人对“博客”并不陌生，而且相当多的人加入“博客”，成为“博客”大军中的一员。但是提到“播客”，却并不十分了解。到底什么是“播客”，它和“博客”有什么不同？风险投资商为什么把投资的方向转向“播客”？“播客”和“博客”的一字之差背后，究竟给人们带来了哪些新鲜的体验？在刚刚获取风险投资的中国博客营运商们还在大把地烧钱，尚无清晰的盈利模式的时候，“播客”又从旁路杀出，如雨后春笋般兴起，路又在何方呢？

一、认识播客

播客（Podcast 或 Podcasting）与博客（Blog）是同义词，都是个人通过互联网发布信息的方式，并且都需要借助于博客 / 播客发布程序（通常为第三方提供的博客托管服务，也可以是独立的个人博客 / 播客网站）进行信息发布和管理。博客与播客的主要区别在于，博客以传播文字和图片信息为主，而播客传递的则是音频和视频信息（目前播客是以音频信息为主）。

播客的英文名称是 Podcast，又被称作“有声博客”。简单地讲就是利用“播客”把自己制作的音视频文件上传到网上与广大网友分享。那些自我录制广播节目并通过网络发布的人就被称为“播客”，他们利用播客网站将自己制作的“广播节目”上传到互联网上与广大网友分享，任何人都可以免费下载播客提供的节目。听众还可以订阅自己喜欢的节目，甚至可以将这些节目自动地下载到便携式音乐播放器中。

播客与博客系出同门。2001 年，博客的创始人戴夫•温纳简单地修改了一下他对博客的设计，播客就诞生了。首先，播客具备博客所拥有的全部核心功能，另外它还具有强大的音视频上传下载和编辑功能。播客与博客最大的不同在于，播客的内容更富有感情、更具个性，因为声音永远比文字更为丰满。播客的形式多样，不过一般来说就是指音频或者视频文件。播客一般分为故事播客、脱口秀播客、音乐播客、文学播客和杂烩播客等，其中音乐播客和脱口秀播客已逐渐成为播客的主流。

播客是继博客之后在互联网上出现的另一个颠覆势力，它是收音机、iPod、博客和宽带互联网的综合产物。用最简单的方式描述，播客就是通过声音和视频交流的博客。

二、播客在中国

（一）缘起

播客最早是在大约2004 年初的时候兴起于美国，那时候播客还处于“养在深闺人未识”的阶

① 本案例在以下媒体信息的基础上编制而成：Chinaveture、计世网、《经济观察报》、《京华时报》、中广网、《上海证券报》、新华网、《成功营销》、《人民邮电报》、《中国经济时报》、硅谷动力、Chinabye、《互联网周刊》、《21 世纪经济报道》等。

段。2004年末开始，播客开始慢慢地热起来，被人们所了解和熟悉。从2005年开始，播客从美国向全世界蔓延，开始了真正的快速发展。凭借web2.0的热潮，互联网新技术、新潮流在其发源地美国的任何一项应用，马上就会被全世界其他国家的创业者们模仿和照搬。

在大洋彼岸，世界上最大的播客网站YouTube风头正劲，YouTube成功地用30个人创造了每日1亿以上的点击率，迅速成为全球互联网的绝对明星，其开创的互联网视频分享的模式，显现了强大的生命力。截至2006年3月底，YouTube的流量已达到4000万，到7月份，其流量已经突破1亿。在不到1年的时间里，YouTube的市值攀升到10亿美元，成为互联网时代的又一个奇迹，被业界普遍接受为Web2.0第一个真正的代表，被誉为“视频分享领域的旗帜”。

大洋彼岸的风吹到我国之后，以播客为核心的宽带视频产业迅速形成群雄逐鹿的战国局面。目前，我国宽频网站已经超过200家，其背后不时隐现着一些大名鼎鼎的传统媒体、电信运营商、互联网门户等的身影，例如中央电视台积极推广央视网络电视，上海文广新闻集团推出了东方宽频等互联网视频服务平台，中国网通、中国电信分别发布了天天在线、互联星空，搜狐、新浪、盛大、新传、猫扑、21CN等纷纷在宽频业务上投入重兵。此外，还有一些小有名气的专业视频网站如悠视网、优酷、爆米花网、OPENV、土豆网、我乐网、派派网等。

（二）盈利

虽然播客已经被炒得火热，用户的增长也非常迅猛，但是其盈利模式仍很不明朗。目前，国内外许许多多的播客网站都在进行盈利模式的尝试，主要模式有：广告、无线增值、订阅、赞助、捐助等。

1. 广告模式

这是传统媒体的主要盈利模式，可采取两种方式：一种是直接在网站上打广告，但这对于播客网站这类内容单一的网站无异于杯水车薪；另一种就是在Podcast节目中嵌入广告(也就是Podvertising)。播客网站将一些品牌广告商提供的视频广告嵌入节目的前端或后端，广告商将根据该播客内容的浏览情况支付相应的广告费。广告收入将按照一定的比例在节目生产者和播客网站之间分配。在这种模式下，节目的生产者和网站都能从中获益。最理想的发展模式就是：收入的刺激能促进节目的生产者创作出更好的节目和让更多的人加入到播客节目的制作中，无论是节目的数量还是节目的质量都会提升，最终形成广告商、播客网站和节目生产者之间三方共赢的局面。

2006年3月，土豆网发布了“Toodou Ad”，主要是进行“基于flash平台的在线广告投放”和“土豆签”工作，后者可以在读者下载某个播客节目后，跟踪到节目和相应的广告播放情况。土豆网通过统计读者在线浏览和下载浏览某个播客的广告次数，以决定该播客创作者将获得多少收入。“已经有拜耳药业、eBay易趣、youxi.cn和东风起亚汽车等成为我们的品牌广告商。”土豆网的成员之一伟稼表示。

2006年10月，Google以被媒体称为“天价”的16.5亿美元收购了YouTube，并同MySpace结成网络广告同盟。这说明Google已经看到了Podcast节目嵌入广告的商业价值和前景，凭借其在网络广告市场的垄断地位，将触角深入Podcast节目后将进一步巩固其地位和提高竞争力。

广告模式存在的问题是，Podcasting最早的卖点之一就是无广告，大媒体的广告已经被人唾骂，既然Podcasting和大媒体无差别，那么Podcasting还有什么魅力？因此从心理上，受众对Podvertising需要一个接受的过程。另外，对于广播电视的广告，听众/观众可能会选择跳过广告，广告投放商并不能清楚地知道自己的宣传是否有效地到达受众。但是，这应该不是一个大问题，受众已经习惯了密集广告的轰炸，如果“播客”网站把握好度，譬如把广告时间控制在5秒或10

秒钟内或者把广告放在节目的后面，就不会招致用户太大的反感。

2. 无线增值

互联网上可以听到看到的音视频播客，利用彩信、IVR、彩铃和短信等无线方式都可以得到，播客将会成为无线增值的又一个重要应用。播客与手机结合的无线增值业务将更具商业价值，这已经得到了很多专家的认同。我国目前最火的播客网站——土豆网的王微认为，土豆网未来的盈利点是结合3G手机服务的付费视频下载，消费者将通过3G手机下载付费播客节目，甚至可以用手机拍摄播客节目上传。

播客可以改变现有移动增值的产业链模式，形成生产者、消费者、BSP（播客服务提供商）共赢的局面，通过这种模式或许会给多媒体生产者带来更大的利益分配，从而形成有效的激励。随着手机通信业的飞速发展以及手机功能的升级换代，建立在播客、可拍照手机与移动互联业务三者基础之上的“移动播客”，将会以一种全新的形态出现在世人面前。“移动播客”以大型无线娱乐社区为概念，向手机用户提供自创视频音频内容、看他人内容、内容排行等众多功能。但这样的视频、音频娱乐社区需要有更大的无线网络带宽来支撑，这是目前制约这项无线增值业务发展的因素之一。从目前来看，利用流行的网络音乐制成彩铃下载能给运营商带来最大的现实收益。

播客网站借助3G实现盈利的前景也并非一帆风顺。无线增值市场虽然很大，但是在目前还不足以养活播客网站。第一是终端限制。众所周知，目前手机市场以中低端用户为主，而这些中低端的手机所支持的视频格式与播客平台上的视频格式完全不同。放弃这个市场明显是不明智的，而如果由BSP来转换用户视频，无论是程序转换还是人工，都是一件庞大的工作。而且，目前主流的3大手机操作系统技术千差万别，更不用说国内手机厂商自己开发的操作系统了。如何让大部分手机终端能如电脑般自由实现在线观看、上传甚至在线录像，更是众多BSP难以跨越的门槛。第二是用户使用习惯的局限。根据对用户行为的调查，用户不会花太多的时间用手机上网，而且用户在有限的手机上网时段中，使用最多的业务是图铃、资讯、娱乐信息类。即使3G发展到一定规模，使用手机观看视频对用户收费也不是一件容易的事情。从用户使用的增值业务分析可知，越是个性化的东西越容易让用户喜爱。不同于图片和铃声可以给用户带来个性化，习惯了免费大餐的用户，对视频娱乐这种看后就删除的东西难有付费的兴趣。

3. 专有内容冠名模式

这种模式适用热门节目。好处是不像广告那么扰人，更易被受众所接受。2004年11月，总部位于荷兰的世界第4大啤酒公司喜力啤酒赞助了著名DJ的“播客”节目，借此进行全球酒吧推广活动的成效显著。2005年4月，国际品牌杜蕾斯也和“播客”站点dcastAIley.com中排名第二的节目“Dawnand DrewShow”签署了产品植入广告的协议，通过站点的“播客”节目传递品牌和产品信息。这种商业信号给播客带来了极大的鼓舞。

4. 订阅模式

苹果公司在2005年4月为它的便携音乐播放器iPod提供了来自知名广播公司如TripleJ、2DayFM、Nightline、SBSWorldview等超过15 000套电台节目的播客订阅服务，在推出后两天内全球订阅量飞速增长，超过了100万。据一份调查报告指出：在美国的2200万iPod及MP3用户中，有600万人订阅过播客节目。

5. 受众捐助

该模式适用受众基数大的播客。如有20万听众的This Week In Tech希望听众每月捐助2美元，于是，现在他们每月大约有10 000美元的收入。

6. 用户付费模式

向众多的宽频播客用户收费可能是最佳的运营模式，但是根据报告数据显示，只有28.59% 的宽频用户愿意接受服务收费，而42.17% 的宽频用户目前还只愿意接受免费的宽频服务。同意网站收费行为的用户数比例较低，成为制约宽频播客网站发展的主要问题，而用户对网上付费行为正处于逐渐接受的过程中。

（三）融资

Youtube 的成长以及后来被 Google 以16.5亿美元价格的收购，极大地激起了全球视频网站发展的高潮。2006年8月初，Sony 娱乐也耗资6500美元买下了一个播客分享社区——grouper.com。相比之下，国内的播客企业也不甘示弱。

ChinaVenture 数据统计显示，2003年～2006年，已知中国境内有16家网络视频企业获得风险投资，融资总金额将近1亿美元，其中5家企业已获得第二轮融资。从行业来看，16家企业中，提供网络视频分享占50%；在金额上，视频分享类企业融资金额占总融资额55.8%。网络视频企业集中在2005年～2006年获得风险投资，这两年企业融资金额占已知网络视频类企业融资总金额97.3%（见表2.1）。

表2.1　　中国网络视频企业融资情况一览表

公司	成立时间	行业	金额(万美元)	融资时间	投资阶段	投资公司
优酷网	2005.11	网络视频	300	2006	第一轮	Farallon Capital、Chengwei Ventures
			1200	2006.12	第二轮	Sutter Hill Ventures、Farallon Capital、Chengwei Ventures
我乐网	2005.4	网络视频	数百万	2006.11	第一轮	不详
哦哟视频		交互视频网站	不详	2006.8	第一轮	泰国正大集团
华聚网	2005.10	音视频多媒体	200	2006.7	第一轮	大中华娱乐传媒
中国播客网	2005.3	音视频多媒体	近100	2006.5	第一轮	Harbinger
UUsee	2003	音视频多媒体	超过1000	2005.12	第一轮	红杉、SIG
磊客	2005.6	交互式数字在线媒体	1000	2005.12	第一轮	SBCVC
Mysee	2003	宽带娱乐服务平台	200	2003	第一轮	远东控股
			100	2005.9	第二轮	北极光
千橡互动	2002.10	网络社区	1000	2005.7	第一轮	Accel
土豆网	2005.4	音视频多媒体	80	2005	第一轮	IDGVC
			850	2006.5	第二轮	寰慧投资、集富基金、IDGVC
银河台	2005.7	音视频多媒体	200	2005.7	第一轮	中经合
			1000	2006.3	第二轮	软银亚洲、中经合
PPStream	2005	P2P流媒体广播平台	数百万	2005	第一轮	联创策源
天天在线	2004.2	网络电视平台	不详	2004.5	第一轮	IDGVC、中国网通
富年科技	2002	移动流媒体技术	2000	2004.8	第一轮	IDGVC、联创

数据来源：中国风险投资研究院根据公开资料整理

三、案例评析

当博客还在寻找可行的盈利模式时，“播客”又方兴未艾。作为互联网web2.0的一项重要应用，播客体现了这个时代人们的个性化特点，而其内容贴近人们生活且具有较强的娱乐色彩，能够很广泛地在公众间传播，在当前视频、音频需求逐渐趋于主流的形势下，播客应该拥有比博客更强的生命力和更大的发展潜力。

虽然在我国众多网络视频网站中已有10多家成功融资，总金额近亿美元，然而，还没有一家播客网站宣称自己已经盈利了或者说找到了正确的盈利模式，都还处于“烧钱”的阶段。但是，榜样的力量是强大的。YouTube的成功让他们看到了希望，似乎都感觉到了播客的商业模式。但是如何捅破那层薄薄的纸，找到满意的盈利模式还是未知数，让播客的创业者和投资者有点雾里看花、水中看月的感觉。

互联网是产生奇迹的地方，风险投资机构从事的就是把别人认为难以产生奇迹的事情做成奇迹。从雅虎、搜狐、Google等身上，人们见证了这些奇迹，风险机构也获取了上百倍甚至千倍的投资回报。在一个快速发展、千变万化的市场中，人们的认知能力已经不足以推测未来了，谁能肯定“播客”没有前途呢？就像当年互联网刚刚兴起的时候，打着“免费”的大旗，不惜成本地为了争夺更多的用户和流量，却不知道究竟向谁收费来弥补庞大的投入。怀疑者有之，悲观者有之。但是，最终市场的成熟逐步解决了盈利的问题，而竞争的结果让强者更强，最终脱颖而出，变成了成功的典范。

网络视频就是一个新的媒体产业，获得VC投资，并不代表视频服务已经有了清晰的商业模式。传统上，人们认为风险投资项目一定要有可行的盈利模式。但是用这种观点来看待互联网的投资机会是不恰当的，这并不是说盈利模式不重要，而是比较传统行业投资，先发优势在互联网创业投资上显得尤其重要。在技术、市场等差异化不大的情况下，“跑马圈地”还是惯常和有效的操作手法。等待出现了可行的盈利模式的时候再进入，就早已失去了投资机会。VC投资播客无非是不想错过未来一个可能爆发的盈利机会，很多新的流行应用浪潮即使没有清晰的盈利模式，几年以后却很可能成为一个大产业、成就一批企业，VC不会错过这个机会。

没有成熟的盈利模式，投资这样的项目是不是赌注下的太大了？对风险投资机构而言，只要有巨额回报的一线机会，就可能“险”了还要“再险”。风险投资就是在刀尖上跳舞，“明知不敢为而为之”，以期享受数十倍、数百倍的投资回报，这也许就是风险投资的魅力所在吧。

技术、团队固然是要考虑的，产品或服务是否被用户长久关注才是核心。如果产品或服务能让用户长期关注并能保持增长，其投资价值就会随之提升。播客网站的主要用户是数目庞大而且极其活跃的年轻族群，他们对原创内容的需求日益上升，喜欢体验精彩的个人娱乐，如果播客网的用户能如前文所述保持增长，播客找到合适的盈利模式只是早晚的事情。相信播客的腾飞将会引发风险投资机构新一轮的投资热潮。

第三章　携手共创

风险投资机构与融资公司的合作是一种双向互动的过程，二者各取所需、优势互补方是成功投资之道。风险资本与高科技的结合总是激动人心。DivX从黑客组织到科技新宠演绎了IPO神话。借力“金风”，高校科研成果开始向产业化迈进。凭借四轮融资，灵图软件迅速壮大。增值服务提升巴士在线的价值。但是，风险投资机构的目光已经不仅仅局限于科技领域。绿色农业、宏梦投资案例均恰好证明了这一点。“不经历风雨如何见彩虹”。在布满荆棘的路途中，达晨创投与和而泰项目、厦门高新投与陆海环保项目“一路风雨相伴”，取得了阶段性的胜利。创业者和风险投资家不仅是一种合作关系，更是一种竞争关系。围绕着控股权，当当网的创始人与风投进行了长达七年的博弈。如何能够实现双方的共赢才是我们关注的焦点。

案例十三　风险投资携手产业资本播种“绿色金子”①

背景：

2006年9月，中国风险投资有限公司决定与国内企业A集团联手向成都绿金生物科技有限责任公司（以下简称“绿金生物”）投资1000万元。此时的绿金生物产销规模并不大，且处于亏损状态，为何能吸引风险投资机构和产业资本的共同关注呢？而这起由一个本土风险投资机构积极参与产业资本并购的案例，又对中国风险投资发展有何现实意义呢？

一、各方背景

（一）投资方——A集团

A集团是国内一家大型集团公司，目前拥有全资企业和控股企业数十家，参、控股国内多家企业和上市公司。A集团主营业务范围有房地产、物业管理、生物制药及药品销售。其中在生物制药方面，A集团通过收购控股及合资等方式，已经形成了以医药研发、生产、销售于一体的企业集群，形成一定规模的产业链，生物医药已经成为A集团主导产业之一。

（二）投资方——中国风险投资有限公司

中国风险投资有限公司成立于2000年4月，是在中国民主建国会中央委员会的大力倡导和积极推动下，在全国人大副委员长、民建中央主席——被誉为“中国风险投资之父”的成思危先生的直接支持和关心下，由民建会员企业参股成立的专业从事风险投资的全国性公司。公司的投资

① 本文由中国风险投资有限公司黄春生经理撰写，徐建伟经理协助；中国风险投资研究院做了部分修改。

方向主要为环保产业、医药、新能源、新材料等领域的高新技术项目。自成立以来已成功运作多个项目，其中一些项目已在香港创业板上市或正在筹备国内上市。

（三）被投资方——绿金生物

绿金生物于2000年3月在“天府之国”四川成都注册成立，在接受风险投资前第一大股东为W先生。绿金生物是一家以印楝种植、印楝素提取及深加工为主业的高新技术企业，目前公司的主打产品为植物源印楝生物农药——10%印楝素母药及0.3%印楝素乳油制剂，同时从事印楝树的大规模人工种植。绿金生物是经国家发改委首家核准定点从事植物源印楝生物农药生产的高新技术企业，公司的“印楝产业化开发项目”被四川省政府列为高新技术成果转化项目中的“一号工程”。目前，绿金生物印楝种植基地建设、应用技术研究平台、印楝素提取、印楝农药产品销售的“一条龙产业链”建设已基本成型。

二、对绿金生物投资风险的调查

2005年，A集团在考察了绿金生物的发展历史和产业前景后，将该项目推荐给中国风险投资有限公司，希望组建投资联合体，发挥风险资本与产业资本的组合优势。中国风险投资有限公司经过研究后，决定接受A集团的邀请共同对绿金生物进行投资。经过长达1年多的调查和研究，投资方认为投资绿金生物存在以下潜在的投资风险。

（一）印楝产业成熟度风险

虽然印楝产业发展前景看好，但自从1985年美国批准第一个印楝生物农药上市销售以来，经过20年的发展，印楝产业规模目前依然不大。2003年全球印楝产业的销售收入总计10亿美元，而中国印楝产业目前年销售收入仅为百万元数量级。

影响我国印楝产业发展规模的因素主要有三：一是原材料不足，无野生印楝树资源且大规模人工种植印楝尚未进入盛果期；二是终端产品（印楝农药）市场尚处于导入期末，还未进入快速发展阶段；三是时间短，许多相关应用技术还不够成熟。这三个影响因素交互影响，矛盾集中体现为原材料不足、生产成本及售价高企等，导致了终端市场（印楝生物农药）成熟度偏低。

（二）长产业链风险

从印楝的选育种，到种植、培育成林、采摘果实，到提取印楝素、配制成杀虫剂，再到生产销售，产业链需要涉及多个专业领域、多个管理部门，需要申请办理国家政策监管严格、门槛很高的各类许可证。从中国近20年来引种印楝的历史来看，无论在育种、选种还是在人工栽培技术上仍存在一定技术风险，这对任何新进的投资者而言都是挑战。

（三）企业规模小，投资周期长，经营风险大

绿金生物2005年销售收入仅为数百万元，合并利润处于亏损水平；由于投资周期长，在未来3年～5年内可能无法获得投资收益；企业规模小，目前盈利能力偏弱，未来发展具有很大的不确定性。

（四）并购后的整合风险

A集团是一家大型集团公司，而绿金生物是一家只有几十人的小型企业，两者无论是在企业文化还是行业领域方面都具有相当差异，因此存在并购后的整合风险。绿金生物如何平稳地融入到A集团既有的或欲构建的运营体系之中是一个很大的挑战。

三、VC的决策

虽然投资绿金生物有上述潜在风险，但中国风险投资有限公司在风险的背后，也看到了绿金生物项目的价值和积极的一面。中国风险投资有限公司认为只要善于发挥这些积极的因素，可以将项目的投资风险纳入到较为可控的范围。

（1）针对印楝产业成熟度低的问题，中国风险投资有限公司认为随着未来3年～5年绿金生物人工种植印楝进入盛果期，印楝生物农药成本有望大幅降低。另据专家预期，随着我国发展循环经济政策的引导，特别是2007年高毒农药的禁用，有望空出近百亿元规模的中、低毒农药市场空间，印楝农药以其广谱、高效、低毒、易降解、无残留的特性将填补这一市场空白，这对绿金生物将是极好的发展机会。双重因素预期将有力推进印楝产业进入加速成长阶段。

（2）针对长产业链风险，中国风险投资有限公司认为生物农药只是印楝应用的一个方面，在日化及医药方面的应用前景也很广阔，同印度B公司的合作，也有助于降低种植的技术风险和市场风险。即便出现下游印楝应用市场成熟速度变缓的情况，由于成熟期后的印楝维护成本很低，最差的情况也只是延长了印楝种植的收益时间。

（3）针对企业规模小、投资周期长、经营风险大的问题，中国风险投资有限公司认为对绿金生物的评估，不能按照成熟企业的标准来评估。在目前以进口原药再分装、配制的情况下，绿金生物主导产品的边际利润率依然相当高，亏损主要源于产销量未体现规模效应所致。绿金生物前期所做的大量基础工作，可以说已经到了"蓄势待发"的阶段——华南有机食品生产基地、新疆棉花生产基地和贵州茅台酒厂原料生产基地等对公司生产的"绿晶"生物农药经过几年的试用，2006年相继准备进行大面积使用。大订单的获得，有望使得绿金生物的销售规模迅速提高。随着公司高临界萃取生产线的投产和未来3年～5年后人工种植印楝进入盛果期，成本降低及规模效应有望显著提高公司的盈利能力。另外，发达国家越来越高的"绿色壁垒"也使印楝生物农药未来面临着巨大商机。因此，印楝生物农药产业正遇上难得的发展空间。

（4）针对并购后的整合风险，中国风险投资有限公司认为A集团具有丰富的投资及并购经验，对购并绿金生物后可能出现的整合风险亦有足够的准备和应对举措。从总的策略上不会在短时间内采取全资公司的模式进行监督与管理，更多的是进行产权管理。因此，并购后的整合风险并不大。

中国风险投资有限公司同时还认为绿金生物团队的整体素质较高，研发能力突出，凝聚力强。现董事长及总经理W先生是公司印楝产业化项目的发起人及组织者，擅长对各种技术资源、种植资源、民间资金的整合，同政府公共关系的处理能力也颇为突出。此外，除华南农大的H教授、攀西种植公司的农艺师X先生之外，绿金生物还拥有在昆虫毒理研究、印楝种植及超临界萃取方面的国内顶级专家。凭此绿金生物在印楝项目产业链各重要环节都具备了技术优势，并掌握关键技术，奠定了其在印楝领域内的领先地位。绿金生物团队共同经历了对印楝由狂热到理性、对农药市场由陌生到深入了解的过程，承受了农药登记证两年申报周期的等待和国内市场对生物农药产品从生疏到认知到认可的艰辛历程，依然对印楝项目充满信心并表现出高度的凝聚力与务实作风。

最终，中国风险投资有限公司认为：印楝产业是未来非常有发展前景的朝阳产业；绿金生物是目前我国印楝产业中最好的企业，已经基本完成了从印楝种植、印楝素提取、印楝素农药制剂生产的产业链建设，掌握了核心技术；拥有优秀的管理团队和近10万亩种植资源优势，未来有望成为行业中的大型龙头企业。另外，投资收益率高，综合效益可观——所谓“十年树木”，大规模人工种植印楝在进入盛果期后，维护成本很低，而种植收益稳定而巨大。此外，未来印楝在医药、化工领域的应用前景亦十分看好。

中国风险投资有限公司作为战略联盟与A集团共同对绿金生物的购并。A集团具有资本实力和资本运营经验，绿金生物与A集团在医药和农林方面具有互补和协同的基础。投资周期长、投资规模大是印楝产业的特点和成功关键因素，同时也是“进入壁垒”。与A集团这样实力的股东联合投资使得该项目的成功概率大为增加。

四、案例启示

本案例具有典型风险投资早期项目的共性，投资方重点考察了被投资企业的管理团队、被投资企业的技术、市场，并进行了相应的行业研究，在作出综合判断和安排了一系列风险控制措施之后才实施投资。本案例还具有一个比较鲜明的“个性”——这是一个产业资本与风险资本融合的案例。

本土风险投资机构由于发展的时间比较短，大多数本土风险投资机构与海外风险投资机构相比，有两个很明显的软肋：资金实力相对较弱和行业经验积累不足。

大多数本土风险投资机构资金实力相对较弱是不争的事实，同时国内的融资体系并不健全，也没有形成良好的“资金供应梯队体系”。尤其是对那些资金需求量较大，意图成为行业大型或龙头企业的被投资项目而言，在资金支持方面本土风险投资机构显得有点力不从心。为了规避单个项目上投入比例过高带来的整体风险，很多资金实力不足的本土风险投资机构就只好“望而兴叹”了。由于运营时间较短的缘故，大多数本土风险投资机构也没有形成在某个或某几个产业领域很深厚的产业经验和资源优势，以至于在项目风险的识别、提供增值服务上的不足无形中加大了投资风险。

以本案例而言，绿金生物从事印楝种植到提取印楝素，再到印楝素的深加工，还有印楝的综合利用，尤其是印楝种植所需要的资金量（未来还需要持续的资金投入）是很大的，超乎一般风险投资机构的能力之外。风险投资机构也并没有投资印楝或者林业种植、生物农药行业的更多经验，实事求是地讲，单靠风险投资公司，向绿金生物提供具体的企业管理、市场与营销方面的增值服务也相对有限。

风险投资一贯提倡“资金支持 + 增值服务”，但本土风险投资机构在这两方面普遍存在一定的不足。如何突破这两方面的不足，联合投资是一种解决的办法。联合投资既可以是风险资本之间联合，也可以是风险资本和产业资本联合。绿金生物项目投资是产业资本与风险资本的联合，那么除了资本联合带来的普遍优势，如放大资本规模、提高项目鉴别能力、降低风险之外，与产业资本的结合还有什么优势呢？

首先，从经济学上来说，专门从事某项业务的公司往往具有专业化优势。产业资本经营管理大型企业的能力和经验以及行业优势（技术、用户和市场）可以提高创业企业未来成功的概率。这一点是风险资本所欠缺的。并购完成后，A 集团多年形成的管理规范和经验可以为绿金生物所借鉴，A 集团还可以站在行业发展的高度指导绿金生物向更加合理的方向发展，绿金生物也可以利用 A 集团现有的营销网络进行市场开拓。其次，产业资本凭借其对具体业务多年实际运营经验和对行业的深入理解，对于正确判断项目的投资价值具有重要意义。A 集团拥有多年在生物医药行业的投资和管理经验，在项目的考察上，与风险投资公司相比具有专业性的优势。最后一点，风险资本看重的是资本的直接增值潜力，投入以后是需要退出的。而产业资本看重的是投资的项目与原产业的整合所带来的增值潜力。一般通过对投资项目的整合、消化和吸收，变成产业资本发展中的一个有机组成部分。因此，产业资本的进入为风险资本的退出多了一条备选路径。

案例十四　当当网创业者与风投的七年恩怨[①]

背景：

1999年11月份，由IDGVC、卢森堡剑桥集团、软银和北京科文经贸总公司共同投资，李国庆和俞渝任联合总裁的当当网正式投入运营。度过初期的蜜月后，2003年10月28日，当当网的联合总裁李国庆宣布辞职，另起炉灶，以抗议风险投资机构不给予控股权。在一封《我的感谢以及任期》的E-mail中，李声称“董事会两位股东在创业股权上对我的误导和无赖”。围绕着控股权，当当网的创始人李国庆夫妇和风投进行了长期的博弈，最终以2004年2月李国庆夫妇重新掌控当当网而暂时告一段落。2006年6月，当当网又进一步引入新的投资者。

一、短暂蜜月

当当网的创始人俞渝和李国庆是典型的“中西合璧”。俞渝早年留学美国，20世纪90年代中期在华尔街担任顾问，并在纽约创办一家名叫TRIPOD的企业兼并财务顾问公司，谙熟投融资业务。李国庆于1987年毕业于北京大学社会学系后，进入当时最热门的政府机关——国务院发展研究中心和中共中央书记处农村政策研究室，在这里他积累了丰富的人脉。1989年，李国庆下海从商，做图书出版。1993年，他联合北京大学、中国社会科学院、农业部等创办“北京科文经贸总公司”，并任总经理。经过近10年在国内图书出版领域的摸爬滚打，使他对图书行业的各个环节了若指掌。两人结婚后，俞渝空闲之余就帮着丈夫做一些MBA教科书的选题，有时候也给国外的一些公司包括网上零售公司做图书分销，这些经历使她学到了一定的经营理念。这期间，网络经济热得发烫，看到亚马逊在美国网络经济的热潮下成为“时势英雄”，而中国的网络经济也在兴起和发展，俞渝决定在网络行业创业。

虽然当时俞渝对网络并不了解，顶多就是收发电子邮件和浏览新闻，但是俞渝的海归经历，使她知道要想获得海外风投，至少要让他们了解自己的商业模式，而最好的方式莫过于直接拷贝已经在华尔街得到资本市场承认的模式。于是亚马逊的“中国版”——当当网诞生了。为了获取VC的认可，当当网不仅创意方面拷贝亚马逊，而且在其他方面也参照亚马逊，包括财务报表的侧重点、营销手段的模仿等。

1999年11月，由IDGVC、卢森堡剑桥集团、软银和北京科文经贸总公司共同投资，李国庆和俞渝任联合总裁的当当网正式投入运营。IDG、卢森堡剑桥、软银等向当当网投入800万美元风险投资，换取当当网59%的股份，俞渝、李国庆夫妇及其创业团队通过北京科文经贸总公司共持有当当网41%的股份。投资者不光给当当带来继续支撑下去的资金，还带来了更多的东西。像IDGVC就一直在推动着当当的发展，卢森堡剑桥更有一些著名的国外专家和丰富的研究报告等资源，也使当当网受益匪浅。双方相处的一直很愉快。

① 本案例是在以下媒体信息的基础上编制而成：《华西都市报》、《南方日报》、新浪科技、《中国电子商务》、《数字时代》、网络传播等。

二、控股权之争

（一）起因：不完善的约定

因为有了足够的资金，当当网很快就发展成为全球最大的中文网上图书音像书店，占大陆图书市场图书品种的90%。2003年，当当网在经历了几年的"烧钱"阶段后，开始"收钱进账"，销售规模一举突破8000万元人民币。全国各地，甚至美国、巴西等国家和地区都有当当网的读者。但也就在这一年，李国庆和股东之间的矛盾不可避免地出现了。

2003年6月，李国庆夫妇提出要股东奖励创业股份的要求，希望将增值部分分一半给管理团队作为奖励，遭到了股东的集体反对，理由是为创业股份的奖励的比例太高。而李国庆夫妇坚持"分一半"这个比例不退让，由于只有口头承诺并无书面协议，因此，每次在谈这个问题时投融资双方都不欢而散。李国庆抱怨说："资本结构是一个非常敏感的话题，我和股东们每次谈到的时候就打架，因为开始没说清楚，到底是资本创造财富，还是创业企业家创造财富，这个问题很难办……没有和他们签字画押，好多口头的承诺都不算数了。"

（二）转机：老虎基金的出现

双方僵持局面直到2003年8月老虎科技基金出现的时候才被打破。老虎基金在中国投资了卓越网、e龙网两家电子商务网站之后，把目光投向了当当网。俞渝凭着多年在华尔街练就的谈判技巧，加上IDGVC、卢森堡剑桥、软银急于套现，也运用各种关系推动谈判合作，当当很快就和老虎科技基金达成了投资意向。但当李国庆再次以老虎科技基金的6500万美元估值证明当当网已经有了数倍增值，提出要给夫妇两人18%的创业股份奖励时，遭到IDGVC和卢森堡剑桥的拒绝。

于是，李国庆打出辞职变现另起炉灶这张牌，老虎基金也在背后推波助澜，表示愿意将此次投给当当网的全部1100万美元转投给新成立的公司，并且投资金额可以继续追加。

当时，当当网第二轮私募之后的现金已经所剩不多，仅余100万美元，而当当网仍然还处于跑马圈地、亏损经营的状态。李国庆、俞渝夫妇如果带领管理团队另立门户，IDGVC、软银、卢森堡剑桥相当于要在100万美元的基础上追加投资继续支撑当当网。同时，由于失去了一个稳定的管理团队，投资风险将会更大。

迫于无奈，3家投资方最后只得屈服，同意接受老虎基金的投资，并由老虎科技基金出面，向老股东买走了一些股份，再送给管理团队。此次，老股东获得部分变现，IDGVC套现350万美元，获利3倍以上，当当网则被估值7000万美元，老虎科技基金投资1100万美元。经此一役，李、俞二人认识到了自己作为管理者的价值，进一步要求绝对控股权。

2003年12月李国庆夫妻与老虎基金签订了融资1100万美元资金的协议，但是老虎科技基金的资金迟迟未到账。这期间，俞渝曾与老虎基金谈判代表几度争执，甚至威胁说"现在交割期限已过，当当有权找新的投资人了"。俞渝所说的"新的投资人"就是亚马逊，就在他们夫妇在美国与老虎基金面谈的时候，也顺便秘访了亚马逊。

亚马逊公司的出现，对老虎科技基金构成了相当的压力。几经拖延，在激烈的利益交锋和一次次不欢而散的电话会谈之后，考虑到作为对冲基金，在投资了当当网的竞争对手卓越之后，如果不投资当当网，将有违对冲基金的初衷，2004年2月25日，老虎科技基金终于兑现了两个月前的承诺，将约定的1100万美元划到当当网的账户上，获得17.5%的股份，而IDGVC、卢森堡剑桥、软银等几家则减持为23%，当当网管理层的股份变为59.5%。引人注意的是，与在卓越董事会占有二席形成鲜明反差，老虎科技基金在董事会未占一席之地。

三、新融资备战上市

2006年6月26日，当当网从DCM、华登国际和Alto Global三家基金引入2700万美元资金，出让12%的股份。当当网方面表示，这轮融资是为了提高公司的抗风险能力，并为公司未来发展提供充分的财务支持。资金用途确定为针对地面图书市场发动超低折扣的价格战，以此来巩固其全球最大中文网上书店的地位。据悉，此轮融资完成后，当当网的上市行动已经紧锣密鼓开始进行。

四、案例解析

三轮融资，两轮较量。借老虎科技基金从老股东手中获取了绝对控股权，又借亚马逊让老虎科技基金不得不履行自己的承诺，俞渝夫妇终于如愿以偿。但是，并非每一个创业企业家都能像俞渝夫妇一样在和风险投资机构的较量中胜出。由于股权结构的变化、经营不善、外部经理人的引入等因素造成创业企业家失去对企业的控制权屡见不鲜，这是创业企业家所不愿意看见的，也是不得不面对的一个问题。实际上，对VC来说，本意是为了企业发展壮大，并不想剥夺创业家的控制权，若非如此也是万不得已。

李国庆夫妇是幸运的，凭借自身融资能力、谈判能力、对创业团队的号召能力、经营管理能力以另起炉灶相胁以及借后来老虎科技基金的介入，李国庆夫妇如愿获得了控股权，最终的结果也是各方皆大欢喜。而另一个创业者王志东就没有如此幸运了，三轮融资过后，新浪的股权结构日益分散，当时身为CEO和总裁的王志东从当初持股21%不断稀释到6%，最终失去对公司的控制，并导致出局。其实，创业者和风险投资家之间既是一种合作关系，又是一种竞争关系，双方的利益就交织在对方的博弈之中。那么，创业者和VC如何跨越博弈中的误区，走向双赢呢？

（一）完备的协约很重要

如果当初当当网和风险投资机构就创业者激励这个问题明确地写入协议，约定网站价值增值多少倍时可以获得多少管理层股权，也就没有创业者股份奖励比例之争。而风险投资机构在合约中限定创业者离开原来的创业公司后，一定时间内不得从事与原来创业公司竞争性业务，也就不会面临当当网创始人以创办新公司和当当网竞争相胁。矛盾会破坏创业企业家和风险投资机构之间合作的基础，危害双方整体的利益，可谓是“两败俱伤”。所以，一份明确的协约对保证双方的利益很重要，也是双方长久合作的基础。尤其是对没有多少融资经验的创业企业家来说，要对融资相关的程序、法律法规有深入的研究和了解。如果条件许可，可以请融资顾问或者投资银行协助，免得日后节外生枝，后悔莫及。

（二）克服非积极合作心态

当当网和风险投资机构之间的博弈、利益争夺背后涉及的是风险企业的剩余控制权和剩余索取权这一问题。风险资本家与风险企业家之间的分配与转移是风险投资独特治理机制的核心内容之一。风险投资的重要特征之一就是风险资本家通过阶段性投资，可转换优先股合同以及管理监控等手段来减少信息不对称性和代理风险，这些手段从本质上讲都是控制权的分配，而控制权的分配往往是谈判的结果，能否达成有约束力的最优激励与约束的合约，取决于双方的谈判力量或地位。

站在创业融资的角度，李国庆采取“另立炉灶”的做法，不惜和 VC 闹得不可开交的做法并不可取。风险投资的目的是通过投资和提供增值服务把被投资企业做大，然后通过公开上市、兼并收购或其他方式退出，在产权流动中实现其投资的增值变现。在每一次企业家和风险投资家的博弈中，双方最终的目的是双赢，即创造价值、实现资本的增值。企业家也应克服非积极合作的心态，遇到问题应该尽量同风险投资家进行充分的交流和沟通，以获得风险投资家的理解和支持。无论如何，双方的沟通都很重要。而对于合作过程中难免出现的各种分歧，双方也可以通过商业规则进行有效的解决，不必心存顾虑。

案例十五　风险投资助推高校科研成果产业化

——硅衬底蓝光二极管材料与器件成果产业化[①]

背景：

2006年4月，金沙江创业投资基金以及美国Mayfield Fund和AsiaVest Partners向专注于研发和制造硅衬底GaN基高亮度LED(发光二极管)前端技术的晶能光电（江西）有限公司（下称“晶能公司”）投资了1000万美元的风险投资，这笔投资填补了我国在硅衬底蓝光二极管材料与器件领域引进国际风险投资的空白，同时也预示着南昌大学硅衬底蓝光LED技术开始了向大规模产业化的阶段迈进。

一、照明工业革命

2006年2月13日，由晶能光电有限公司全额投资设立的晶能光电（江西）有限公司在南昌高新技术产业开发区注册成立。同年4月，晶能光电（江西）有限公司获得了国际创业投资基金1000万美元的风险投资，奠定了晶能光电成为一流企业的坚实基础。该企业以南昌大学教育部发光材料与器件工程研究中心江风益课题组为技术依托，由金沙江创业投资基金牵头，联合国际顶尖级创业投资基金Mayfield fund和AsiaVest的投资，专门从事硅衬底GaN基LED外延材料与器件研究与生产。

半导体发光二极管（以下简称LED）被称为第四代照明光源或绿色光源，具有节能、环保、寿命长、体积小等特点，可以广泛应用于各种指示、显示、装饰、背光源、普通照明和城市夜景等领域。

目前，LED应用最广泛的领域是为手机按键和液晶显示屏提供背景光，其次是用于汽车、楼宇照明和新式交通信号灯。据估计，2006年各类新产品所用的高亮度LED的销售额将达到40亿～50亿美元，成为价值达260亿美元之巨的照明行业的重要组成部分。随着LED在电视机甚至某些家电产品领域的不断推广，预计2010年之前LED销售额将增至100亿美元。

另外，全球用于照明消耗的能量占总能耗的20%，半导体照明发展成熟推广应用后，可以减少50%的照明能耗，即减少总能耗的10%。而如果半导体技术发展成熟以后在我国使用，每年节约的电量相当于两个三峡电站的发电总量，因此，人们就把这场LED技术革命称为“照明工业革命”。

面对LED照明市场的良好前景和巨大诱惑，全球正在为LED这个新兴产业的广阔市场展开一场抢占市场制高点的争夺战。

二、十年磨一剑

（一）技术壁垒

LED照明作为新兴的、潜力巨大的行业，正受到全球的广泛关注，其发展前景也受到众多因

① 本案例是在以下媒体信息的基础上编制而成：《新经济导刊》、《中国投资》、中国江西网、《中国电子报》、《江西日报》、国际LED资讯网、新浪科技频道等。

素的影响。由于专利技术在LED发展中起着重大作用，加之LED专利本身独特的专利分布方式，专利的转让、授权及纠纷都极大地影响LED行业未来的发展格局。

目前世界上，LED照明技术的核心专利基本都被外国几大公司控制，如日本的日亚、丰田合成、东芝，美国Lumileds、CREE，德国的Osram公司等。在用于半导体照明的蓝紫光激发荧光粉发出白光的外延片材料方面，以日本日亚公司为代表的专利技术是在蓝宝石上生长氮化镓出蓝紫光，以美国CREE公司为代表的专利技术是在碳化硅上生长氮化镓出蓝紫光。这些公司利用各自的核心专利，采取横向（同时进入多个国家）和纵向（不断完善设计，进行后续申请）扩展方式，在全世界范围内布置了严密的专利网。随着国内LED出口规模的扩大，不排除国外大公司将专利诉讼重点向国内企业转移的趋势。到时候，我国的LED企业每年必须向国外大公司缴纳高昂的专利使用费，重蹈DVD、手机产业的覆辙。

我国是一个照明产业大国，却不是一个照明产业强国，这是一个沉重的老话题。专家预言：2010年将会有一场照明产业“世界大战”。那么，在未来的竞争中，这块“巨大的蛋糕”中国又能分到多少呢？

（二）自主创新

“我们国家结束了点洋油灯的历史，绝不能又出现洋半导体电灯的时代。”南昌大学发光材料与器件工程研究中心主任、晶能光电（江西）有限公司董事长江风益教授，为了避免我国在半导体照明时代重蹈“点洋油灯”的历史，已在GaN基蓝光二极管及相关领域默默地从事了近10年的研究和开发工作。

从1996年江风益教授开始课题研究，到2006年风险资金的进入，正好是10个年头，可谓是“十年磨一剑”。江风益教授将这10年分为前7年和近3年。

“前7年是跟踪，近3年是跨越。前7年一直在跟踪日本和美国的技术，我们基本上达到了国际上两条成熟路线的中等水平，技术转让到企业，实现了蓝光LED产业化，这为近3年自主创新奠定了良好的基础。近3年是跨越，在跟踪国外先进技术的基础上，走出了一条新的技术路线——‘硅衬底蓝光LED’。”

然而，由于长期驻守实验室，江风益教授的身体出现了问题，患上了严重的腰椎间盘突出椎管狭窄症，步行不到50米就得蹲下休息。“医生警告说，若不及时手术，很可能会造成终身瘫痪。”江风益教授说起当时的情形仍心有余悸。

身体上日益严重的病症，让江风益教授夜不能寐，无法静下心专心做实验。他担心实验做到一半，身体却垮了。如果这样的话试验就白做了，投入的大量实验经费浪费了不说，更让江教授担忧的是将延缓我国半导体照明技术的突破。面对身体的问题，江风益最终决定上北京做手术。值得庆幸的是，手术非常成功。手术之后，江风益立刻投身实验。在实验最紧张的日子里，他连家也顾不上回，就在办公室里准备了张床，每天做完实验就直接睡在办公室，持续进行实验。

2004年5月，江风益带领的课题组取得了突破，直接在硅上生长氮化镓，发出蓝光，达到实用水平。“通过直接在硅上生长氮化镓，不但可以避开日亚、CREE等众多公司的专利网络，还可以使成本远低于目前市场的同类产品。”江风益颇为自豪。他表示，目前，他们的产品已经取得了数十项技术突破，申请了发明专利，虽然在发光强度上距离国际一流水平尚有一些差距，但是在抗静电和使用寿命上达到了国际先进水平，部分电学性能国际领先，打破了发达国家的技术垄断。

（三）新技术值得期待

目前，国外商品化 GaN 材料是在碳化硅或蓝宝石上生长的。由于 GaN 与硅衬底间存在巨大的晶格失配和热失配的难题，在硅衬底上很难得到器件质量的 GaN 材料，而国内现有的常规蓝宝石生长 GaN 材料工艺路线多属“跟踪技术”，极有可能在发展过程中涉及知识产权纠纷，在此情况下，硅衬底成为研究人员瞩目的焦点。

世界上许多国家的科研人员都投入了硅衬底研究这项工作，也取得了一定进展，然而与蓝宝石和碳化硅相比，在硅衬底上生长 GaN 更为困难。因为这两者之间的热失配和晶格失配更大，而且这个技术难题一直没能取得有效突破。如今江风益教授的发明终于使“在硅上做发光器件”的美梦成真。在硅上生长氮化镓有两大明显的优势：第一，可以较容易避开日亚、CREE 等众多公司浩瀚的专利围剿；第二，这是一条崭新的、可期盼、有广阔前景的提高电光转换效率和降低成本的道路。用该技术生产的蓝光二极管综合成本只需传统技术的1/2，而且使用寿命更长，将是目前市场上“蓝宝石”或“碳化硅”衬底发光材料与器件产品的有力竞争者。江教授自豪地说：“这一技术路线是国际上其他单位尚未走通的技术路线，国内外任何机构要使用这项技术，必须要向我们购买专利。”

有专家评价，南昌大学的硅衬底蓝色发光二极管材料及器件工艺路线，是对此前该领域工艺路线的完全颠覆，为我国发展自主知识产权的发光材料开辟了崭新空间。

三、借力“金风”

“24小时到账！”签协议时，金沙江创投对江风益承诺。

“18日签完协议，19日回到南昌一看，1000万美元已经到账上了！”在宾馆的房间里，江风益微微有些激动。在他看来，与金沙江近5年的接触，不只是金沙江在对他们进行考察，也是他们在对金沙江进行考察。

早在2000年，金沙江的合伙人潘晓峰和伍伸俊将半导体行业作为投资重点，开始研究整个半导体行业。募到第一笔资金之后，他们开始在国内寻找潜在投资对象。在走访了北京和上海的许多高校的专家学者后，很多人都不约而同地提到了南昌大学的江风益。江风益在这个领域的研究有多深入呢，为什么这么多人提到 LED 发光体材料都会提及他的名字？

2001年，金沙江的两位合伙人带着这样的疑问去了南昌，刚到的时候，江风益和他的团队刚刚在跟踪技术上取得了一些突破、做出了类似国外的产品，让他们暗暗吃惊，在此之前他们还没有在国内看见过达到这个水平的技术。然而更让他们吃惊的是，江风益和他的团队所使用的实验设备非常落后，其中有许多都是江风益带领课题组自己动手设计、自己制作出来的。

随后两年，金沙江的两位合伙人对江风益和他的团队一直进行跟踪和了解，先后去了江西几十次，每次去都看见江风益和他的团队在技术上有所突破。2003年12月，江风益团队开始在自主创新的路上取得成绩。如江风益所言，“很快就入门了。”

职业敏感让金沙江的合伙人伍伸俊感觉到了“曙光”，对江风益和他的团队加紧了追踪。“他们跟我们跟得很紧。”江风益笑着调侃道。当然，从这时候开始，金沙江所做的就不只是简单的追踪了，他们开始寻找业内的专家验证江风益技术的可行性，并为江风益团队出谋划策。

“尽职调查的过程持续了一年多，他们论证了之后，基本上就没再怀疑我们的技术了。”对于最终通过了金沙江等3家基金的论证过程，江风益觉得很欣慰。而对于金沙江在帮助他们实现产业化上所做的工作，他非常感动。

"他们有很深的专业背景，做事也很有前瞻性，与我们一起紧密工作了一年多，帮助我们制定商业计划，为把晶能光电发展成为 LED 领域的全球领先者绘出了蓝图。"江风益表示，他们取得技术突破之后，有很多国内国际的基金跟他们联系，最终还是选择了由金沙江牵头的投资，一方面由于金沙江是最早接触他们的，双方比较了解，另一方面，金沙江在他们实验成功过程中，给予他们很多有益的帮助。

2006年4月18日，双方签署合作协议。金沙江创业投资基金联合其他两家美国风险投资公司向江风益担任董事长的晶能公司注入1000万美元风险资金。

四、迈向产业化

2006年8月，"硅衬底蓝光二极管材料与器件"成果产业化项目在国家级开发区——江西南昌高新技术产业开发区正式启动。作为在中国本土完成基础研发、具有国际领先水平和完全自主知识产权的技术，"硅衬底发光二极管材料与器件"成果已进入产业化实施阶段。

据江西省发改委介绍，该项目产业化步骤分为三期，首期步骤已基本完成；二期目标是由新加坡淡马锡控股公司、GSR 等风险投资基金共同投资约6000万美元，目标是实现年产20亿粒发光二极管芯片，企业进入全球同行业前10名；第三期计划2010年前在 NASDAQ 高科技板上市，融资 3 亿～ 4 亿美元，力争成为全球最具国际竞争力的蓝色发光二极管生产企业。

"硅衬底蓝光二极管材料与器件"科研成果产业化项目实施后，南昌将成为国际上为数不多的具有原创知识产权的半导体发光材料基地，也将吸引大量下游封装、应用等配套企业在江西集聚，有望形成一个产值数10亿元人民币的产业群。

"硅衬底蓝光二极管材料与器件产业化将改变 LED 世界发光二极管现有格局，整个世界将为之瞩目。"业内人士这样评价。

五、案例启示

大学是科技创新的重要源头，新经济在美国硅谷等地的巨大成功，高校科技与创业风险投资的全面合作居功之伟。然而我国大学科研成果的转化并不十分成功，究其原因，主要是由于高校科研与市场脱节、社会体制不顺畅、以及高校对自身定位不明确、资金匮乏等原因造成的。从实验室科研成果到借助风险投资实现产业化，晶能光电是我国高校科研成果成功利用风险资金的又一案例。从本案例中，至少能给我们以下几点启示。

（一）高校科技创新要切合市场需求

我国高校科研的流程是：申请项目——理论研究或实验室研究——申报成果，然后是将成果束之高阁，这是国内高校科研的共同弊端。科研成果没有转化为生产力，没有推动社会进步，一个很重要的原因就是科研成果不契合市场的需求，没有突出的竞争优势，难以对投资人产生足够的吸引力。江风益教授的科研成果能成功获得金沙江创投等1000万美元的风险资金，最重要的原因就是他没有因袭过往科研的误区，而是将技术与产业紧密结合，技术具有实用价值和广阔应用前景。

金沙江创投虽然在研发期间没有投资，但在此过程中一直保持对项目的进展的跟踪，对江风益教授坚信研发的方向符合市场需求起到了潜移默化的作用。可以说，风险资本的偏好就是市场需求的指南针。满足风险投资的科研成果，最起码必须同时具备以下5个特点：技术具有前瞻性、核心专利技术不容易被对手轻易复制、技术已经基本成熟可以达到量产阶段、产品具有巨大的市场需求、产品具有长久的生命力短时期内不会被新技术替代。

（二）风险投资是高校科研成果产业化的驱动器

大学是培养知识产品和培养人才的摇篮，知识产品和人才要走向经济建设的主战场，走向市场需要风险投资这一重要的桥梁和纽带。将高校的科研成果和风险投资相结合，利用风险投资实现科研成果的转化是一个比较好的模式。目前国际上科研成果转化率较高的国家，诸如美国就主要采取这种模式。

高科技产业化需要两大支柱：一是科技，一是资本。高校可以提供技术，能够产生许多企业的种子；风险资本家没有技术，但能提供资本。高科技成果转化周期长、风险高的特点，决定了科技成果转化项目或承担项目的经济实体无法从常规的渠道获得资金，因此，如果高校能跟风险资本结合起来，形成优势互补，将会产生很好的效果，有效地推动科研成果产业化。南昌大学“硅衬底蓝光二极管材料与器件”成果产业化项目，投资总额高达7500万美元，类似于这样的项目，通过传统融资渠道是很难获得资金支持的，正好为金沙江等风险资本的进入提供了契机。

（三）创业投资应克服浮躁心态

江风益教授说：“国内投资方一投下钱，希望马上见效、马上赚钱。”从江教授的话中，可以看出我们国内一些投资机构心态浮躁、目光短浅，只盯着项目的短期效应，缺乏长远的投资眼光。当风投如果以“报酬率”的高低为标榜，并以此为竞争市场资金的手段时，风投的目标自然就从“助人创业”、强调参与及提供附加价值，转变成如何快速催熟目标公司及以最优价格出售权益。单纯以能否快速见效判断投资价值，缺乏脚踏实地把风险投资作为“保姆”角色的精神，这样的风险投资应该称作“风险投机”才对。江风益教授之所以没有选择和他们接洽的国内投资方，也就是因为这些投资方的投机性太强，让人怀疑其合作的诚意和动机。

再来看金沙江创投，2001年开始就一直对江风益教授的项目进行跟踪，并找相关专家对江风益教授的技术进行论证，到2006年双方签约，前前后后历经4年之久，其耐心程度和对优秀的项目的渴求程度让技术方感到放心。一项新技术，从实验室到产业化推广应用，然后盈利直至成功退出，这是一个漫长的过程，而且存在许多的不确定性。因此，对于早期项目，风险投资机构必须克服浮躁的心态，做好长远规划，做好前期亏几年的心理准备，不要刚一投入创业企业，就想看到投资回报。

案例十六　从黑客组织到科技新宠：DivX与风险投资的故事①

背景：

2006年9月21日，世界领先的数字压缩技术公司DXN（DivX Networks），以每股16美元的发行价登陆美国纳斯达克股票市场。在第一个交易日结束的时候，股票价格达到每股18.70美元，在此之前曾一度飚升至19.50美元，股票价格足足攀升了16.9%。DXN虽然是一家美国的公司，但其商业模式的成功却始于大洋彼岸的中国。在从黑客组织到科技新宠这个过程中，以美商中经合集团（WI Harper Group）为代表的风险投资机构无疑是其幕后重要的助推器。

一、诞生于黑客组织的DivX

1998年，微软公司开发出第一个在PC上使用的MPEG-4编码器，不过先前V1和V2两个版本的编码质量不是很好，一直到V3问世情况才开始有了明显的好转，使用V3编码的画质有了显著的进步。但是微软公司却将V3的视频编码内核封闭，并且仅仅使其应用于ASF流媒体文件中，ASF文件虽然有一些优势，但是由于过分的封闭不能被编辑，未得到广泛的应用。

不久后，由Jordan Greenhall（DivX的CEO）、Jerome（DivX编码译码器开发组主管）等组成的一群视频黑客和致力于钻研视频编码的高手，由于不满微软公司将视频编码内核封闭的作法，将微软公司的视频编码内核破解后进行修改，一种新的视频编码DivX3.11诞生了。利用DivX3.11技术编码比利用微软的编码得到的视频文件体积更小、清晰度更高，更适合视频文件的网络传送。很快，DivX被普遍运用，几乎成了业界的标准。但是DivX的基础技术是非法盗用微软的，微软声称将对所有推动DivX发展的人和企业进行追究。1999年，DivX的创始人组建了新公司DXN（DivX Networks），在抛弃一些微软技术后重新编写了代码，尽最大的可能保留一些关键自主技术申请了合法化，并最终和微软公司达成和解。

作为基于MPEG-4标准的视频压缩技术提供商，DivX的宗旨是利用领先的视频压缩技术为用户提供影像质量高、存储空间小的数字视频内容。一般而言，DivX技术可以将MPEG-2格式的多媒体文件（DVD的标准视频编码格式）压缩至原来的10%，还能保持接近DVD的图像质量，更可把VHS格式录像带格式的文件压缩至原来的1%。基于此，高清晰度多媒体文件在一定带宽条件下的传输才变得可行、并进而流行。由于为互联网用户带来了显而易见的价值，DivX技术很快在网络上变得炙手可热，并迅速积累了一定的下载量，甚至有些商业公司也将DivX的技术加入它们的产品中而不用支付任何费用。然而，单纯的下载量大和个别商业公司将DivX技术商业化并不能解决商业模式的问题，“叫好却不叫座”的成绩让DivX陷入了发展的瓶颈。互联网的精神就是免费、共享和自由，事实上DivX也正是靠这种精神发展起来的。但是，作为一家商业性公司，不能靠提供免费的午餐维持下去，那样只能是死路一条。

---

① 本案例由美商中经合（WI Harper Group）提供，在资料收集和撰文过程中得到美商中经合陈少晖分析师、魏平、梁热先生的极大帮助和指导，中国风险投资研究院做了部分修改。

二、VC助DivX在中国找到盈利模式

（一）寻求商业模式

DivX的技术精英们开始认真寻找可行的商业模式，并试图在公司由一群电脑高手组成的松散组织向一个真正市场化运作的商业实体转型的过程中寻求风险投资公司的支持。很幸运，他们在2000年找到了美商中经合集团（WI Harper Group）的董事长刘宇环（Peter Liu）先生。

作为华人中最早从事风险投资事业的金融家，刘宇环先生于1996年创立了美商中经合集团，并致力于在美国和大中华区之间建立资本、人才和市场的跨太平洋桥梁。美商中经合集团专注于互联网、无线增值、新媒体、半导体和生命科学领域的早期及扩张期的投资，总部在旧金山，并在北京、中国台北和新加坡设有办公室。刘宇环先生一直密切关注从MPEG-1到MPEG-4各项技术标准的演进，在接触DivX不久就决定投资一笔天使资金，并在2000年9月与另一家著名的美国风险投资公司DFJ一起完成了DivX的首轮私募融资，总共大约550万美元。在解决了公司发展初期的资金问题之后，DivX创业团队在技术研发方面加大投入，并逐渐树立了行业内的知名度和技术领先地位，但对合理商业模式的摸索仍然停留在非常初期的阶段。

（二）VC架起通向中国的桥梁

2002年初，始终未能在商业模式上有所突破的DivX在财务上出现危机，甚至濒临破产的边缘。在这种情况下，美商中经合集团仍然决定继续进行第二轮投资，但给DivX的团队成员们提出了一个条件：走出美国，到太平洋的另一边去寻找亚太地区的合作伙伴。2002年7月，伴随着DivX5.0的发布和向消费电子产品转移的战略，DivX获得由Zone Ventures和中经合共同主导的第二轮600万美元的投资，其他的投资方还包括Draper Atlantic，Wasatch Venture Fund和天使投资人Tim Draper。在DivX已经成功上市后的今天回想起来，当年的这个决策对于DivX的意义是非常重大的。

事实上，早期的DivX提供数字视频在网络上的解决方案，利用DivX技术压缩的视频文件在互联网上非常流行，与线下的硬件设备没有任何关联。DivX技术的巨大应用价值在于：同等视频文件体积下，利用DivX技术压缩的视频文件画质最好；同等清晰度下，利用DivX技术压缩的视频文件体积最小。这样的技术特性使用户喜欢使用DivX技术来收藏、分享和观看视频文件，使用DivX技术制作的视频文件非常丰富，但是这种视频文件只能在电脑上通过安装了DivX解码器的播放器观看，对其他硬件设备，如DVD影碟机、掌上电脑、DV、手机、MP4等，由于不支持DivX解码技术，DivX技术压缩的视频文件在这些设备上无“用武之地”。

从当时DXN公司提供的数字表明，有3200万用户从公司网页上下载了DivX。从用户组成来看，网络条件较好的美国占了50%，其余50%来自世界各地。从这些数字来看，这种新一代的网络影像技术，已经比较成功地被其发源地美国以及全世界的用户接受了。DivX Networks公司的调查数字表明，至少有30%的用户主要通过电视收看DivX电影。

如果能够将DivX的视频压缩技术与视频播放器（如DVD播放器）等硬件设备捆绑起来，依靠收取专利费，DivX商业模式的成功可期。从DVD行业的国际产业链来看，一方是以包括索尼、环球、华纳在内的国际八大电影公司为主的内容提供商，它们控制着片源，而且已经与以日系

厂商主导的DVD联盟结成战略合作关系，采用MPEG-2的视频编码标准。另一方是DVD芯片提供商（MTK、Zoran、Sunplus等）、OEM/ODM厂商（广达等）和DVD品牌制造商（SONY、PHILIPS、新科、步步高等）组成的硬件供应商。从产业链来看，中国台湾地区的芯片公司和大陆的制造公司垄断了DVD的硬件制造，全世界85%～90%的DVD产自中国，而这正是DivX技术商业化的关键节点：如果能够通过将DivX技术植入DVD芯片而进入DVD播放器，那么消费者就能够通过播放器观看经DivX压缩后的视频文件，一方面扩展了DVD播放器的应用范围，另一方面也通过收取专利特许费用的形式解决了DivX的商业模式问题。而根据预测，到2008年底，将是世界DVD增长的黄金阶段，DVD全球销量将呈几何数的增长。

在实际可操作性方面，美商中经合集团在亚太、特别是大陆与台湾地区拥有的丰富经验和深厚人脉保证了这种合作成功的可能性。于是，在美商中经合的牵线搭桥下，历时半个月，横跨大陆与台湾，对超过80家潜在合作伙伴进行了拜访——这就是DivX的亚洲之行。在这次亚洲之旅中，美商中经合充分扮演"红娘"角色，利用社会各方资源，为DivX资本的快速增长奠定了坚实的基础。事实证明，这次远行成为了DivX发展历史上的转折点，"中国视角"下的DivX开始走上一条正确的道路。

三、科技新宠演绎IPO神话

同DivX当年在网络下载上取得的巨大成功一样（目前为止DivX的累积下载次数已达2亿），带有DivX技术的DVD播放器也马上受到了市场的充分肯定：在欧洲，目前超过70%的DVD播放器使用了DivX技术；在其他地区，植入DivX技术的DVD芯片也已经成为主流DVD播放器的标准配置。除了DVD播放器之外，其他多媒体播放器如手持设备等也开始同DivX开展合作，为其创造了又一利润来源。

2004年5月，为了推动DivX技术在更多领域的应用、提高市场占有率和增强技术研发，美商中经合联合Cardinal Venture Capital、Wasatch Venture Fund 、Springboard-Harper以及参与了上轮投资的Zone Ventures、Draper Atlantic、Tim Draper（天使投资人），对DivX完成第三轮共700万美元的投资，全球最资深的IC设计厂商之一的台湾扬智科技（ALi Corporation）和世界级数字家庭影音软件解决方案领导厂商讯连科技（Cyberlink Technology）也参与了本轮投资。这是DivX上市前的最后一轮融资。

2005年DivX全年收入2930万美元，利润230万美元。2006年上半年收入2720万美元，利润590万美元。通过DivX压缩格式认证的播放器产品，已经多达5000万台。至此，DivX距离纳斯达克的目标越来越近，并最终于2006年9月22日成功上市，以每股16美元的价格发行了910万股票。美商中经合集团是DivX上市前最大的机构投资者。

四、案例解析

DivX从几个电脑爱好者组成的黑客组织发展成为近10亿美元市值的高科技公司，整个过程既充满了戏剧性，也蕴含着必然性：在资本市场高度发展、社会分工充分完善的今天，风险资本与高科技的结合总是激动人心的。

创业企业从拥有先进的技术、广泛的应用前景到得到市场的认可，仍有一段艰辛的路程需要走。在DivX的案例中，创业团队实现了技术到商业的艰难转换，实现了创业的梦想和财富的回报。以美商中经合集团为代表的风险投资机构，运用专业能力与资本实力为公司提供资金支持和价值增值服务，实现了资金的退出和超过40倍的资本回报。这是一个典型的双赢故事，属于硅谷，也属于创业热潮涌动的今日中国。

首先，风险资金的助推成就了高科技创业公司的成长。DivX 的成功离不开风险资本家源源不断的后继资金的支持。在 DivX 发展的历程中，总共进行了三轮融资。第一轮是在 DivX 刚刚成立，风险资本给予了 DivX 最初的创始资金，让 DivX 在技术上有能力不断投入，树立行业领先地位。第二轮是在 DivX 寻找不到可行的商业模式时，风险资本的后继资本投入让 DivX 团队有更多的时间去完成商业模式的转变。第三轮是在 DivX 面临更大的发展机遇时，风险资本又一次及时注入资金。但是，需要注意的是，风险资金源源不断地注入取决于融资方能否让风险资本家看到未来成功的希望。DivX 的三轮融资，尤其是前两轮融资，最主要是风险资本家对 DivX 技术最终能被市场认可的坚信。

其次，风险资本家的增值服务也是 DivX 成功的一个要素。一些创业家误以为拥有先进的技术和资金创业就一定成功，风险资本家的增值服务可有可无。实际上这是一种创业的误区。DivX 的视频压缩技术在世界范围已经是最先进的，但是如果离开风险投资机构的支持，DivX 很难在中国建立起适合自己的商业模式，这种全球化的商业模式构造，已经远远不是创业者的能力所为，只有风险资本公司才能提供这种服务。

案例十七　风险投资欲圆“宏梦”动漫之梦①

背景：

2006年5月18日，湖南宏梦获得国际VC巨头红杉资本750万美元的投资，它是风险资本在中国卡通行业的首次出击，这标志着，一直被业界认为发展迟缓的国内动漫画产业已经来到了飞奔的“起跑线”。

一、圆中国动漫之梦的宏梦

熟悉中国卡通动画市场的人都知道，“一休”、“米老鼠和唐老鸭”、“机器猫”……多年来伴随中国少年儿童成长的卡通动画片无不是舶来品。面对这种尴尬，动漫行业的专业人士和许许多多的观众都在自问，中国自己的卡通动画产业的出路在哪里？终于，有一个先行者找到了中国卡通动画产业发展的切入点，决心用自己的“宏梦”来圆中国人的动画产业之梦。

（一）“蓝猫之父”

王宏是那种少年得志的人，刚过而立之年就被评为国家一级导演。1984年，他导演的电视剧《走向远方》荣获当年飞天奖的最佳男主角、最佳女配角、最佳编剧等五项大奖。正当王宏沿着既定的人生道路走向事业发展的黄金期的时候，一次偶然的考察机会改变了他的方向。

那是1992年，王宏准备以甲午战争为背景重拍一部关于民族英雄邓世昌的电影片。在去山东刘公岛考察时，他与一支教育考察团不期而遇，听到了日本人用中国清政府赔偿的2亿两白银普及了5年教育那样一段史实，而时至1992年时，中国的教育却还落后到连一套音像教材都没有。一直对中国的教育事业热切关注的王宏，决定放弃拍摄电视剧，与北京人民教育出版社合作，制作中国9年制义务教育的全动画教材。然而，当时的制作条件十分困难，北京人民教育出版社没有前期资金投入，只能通过动画教材的发行来弥补前期资金投入，尽管如此，王宏还是义无反顾，因为他一直有着英雄情结，想成为当代中国教育事业的“英雄”。就因为这种精神，几乎所有的编辑部都要和他签约，一共22门课程，他拿到了18门课程的制作权。

然而，正当教材制作完毕进入发行阶段的时候，主办单位湖南广播电视厅却出于种种考虑对王宏“喊停”了。于是，满怀失落的王宏决心成立自己的动画公司——东方卡通制作有限公司。从教育的辅导教材做起，王宏带着几十个年轻人开始练兵。为了节约成本，王宏让技术人员放弃手绘，用计算机画画，但他没想到的是，背离手绘动画使他们超越了当年中国的技术水平，结果是，他不能为这些年轻人请到“合格的”教师，最终只能靠员工们自学成材。就这样，王宏带着公司的几十个年轻人，从早8点到晚8点不停地练习计算机制作动画的技术，用挑战极限的方式完成了技能方面的原始积累。其间，王宏自己也在办公室睡了10年。

终于，王宏开发出了一套具有自主知识产权的计算机网络集成动画制作系统，在中国率先实现了动画制作的“无纸作业”，将动画片生产从传统的小生产方式改变为计算机流水线作业方式，

① 本案例是在以下媒体的信息上编制而成：《长沙晚报》、《济南时报》、《第一财经日报》、《天府早报》、中国动画网、《中国经济时报》、《当代商报》等。

较之传统手画工艺而言提升动画生产整体效率达16倍。

1997年，王宏偶遇北京三辰公司董事长孙文华，共同的理念使他们决定合资成立三辰影库，做《新编10万个为什么》的动画片。王宏将《10万个为什么》改编成《蓝猫淘气3000问》，并拿出了自己的全部积蓄做最后一搏。《蓝猫淘气3000问》在北京电视台免费播出一段时间后，便吸引了娃哈哈等多家知名公司的跟片广告，招商银行也决定进行投资，新加坡天乐文具公司和香港上市公司德发服装集团还希望与三辰合作生产“蓝猫”品牌的衍生产品。《蓝猫淘气3000问》的成功一举奠定了“蓝猫”的国内品牌地位。

从2001年9月起，王宏领导下的湖南三辰影库卡通节目发展有限责任公司介入动画形象衍生产品的产业开发，用“蓝猫”文化品牌整合产业，开发出了横跨图书、音像、文具、玩具、服装、鞋袜、钟表、童车、食品、饮料、保健品、日用品、电子用品等十几个行业的系列衍生产品6600多个品种。同时，在全国范围内，组建了北京蓝猫玩具公司等13家专业形象授权产品生产公司，建立了北京蓝猫卡通产品销售公司及哈尔滨等12家区域销售公司，发展了3000家各类蓝猫产品专卖店，形成了目前国内最大的动漫产品营销网络，初步形成了通过供应链的物流、物权流、服务流、资金流和信息流5个平台，构建了一个跨行业的“从艺术形象到生产供应再到整合营销”的“蓝猫”产业群，基本具备了“新经济”的“技术、传媒、网络和品牌”四项特征。

2002年，湖南三辰公司的版权收入为1.5亿元，相关产业收入2.8亿元。2003年，公司的版权收入为8000万元，相关产业收入6.7亿元，形成了一个年销售收入达7.5亿元的产业群。湖南三辰公司被文化部确定为全国文化产业发展典型案例。

（二）从“蓝猫”到“红（虹）猫”，转变的不只是颜色

然而，就在“蓝猫”品牌的发展如日中天的时候，王宏却断然离开了。当然，他只是离开了三辰公司，并没有离开动画。2004年，王宏又创建了湖南宏梦卡通公司，一个新的动画品牌——“虹猫蓝兔”出现在人们面前。

“出走”是为了更好，王宏这个“蓝猫之父”并不掩饰自己“孩子”的缺点。从一个导演艺术家的艺术审美层面来看，王宏认为动画剧的定位应该是区域多元化。但是“蓝猫”的主要目标受众是低龄儿童，它形象憨厚、正直但有点傻。在当今这个时代，少年儿童心目中的英雄形象应该是勇敢而充满智慧的，所以“蓝猫”只能是个配角，不能作为主角。

除此之外，王宏还有另外的想法，三辰只是有着1000职员的动漫公司，要从根本上改变国产动漫量不够、质不足的现状，规模实在是太小了。他认为，仅仅只有一个“蓝猫”是不够的，再创新公司可以促成湖南动漫事业的竞争，有了竞争才会有发展。他希望以自己的勇气唤起整个动漫界的激情，让动漫在长沙、在全国形成产业化运作，形成规模。

王宏新的合作伙伴、曾导演过《英雄无悔》、《家园》等电影电视剧的贺梦凡认为，是王宏搞的“蓝猫”使动画变成了一个产业。现在，在国家和地方政策的扶持下，很多资金和优秀人才都进入到这个行业之中。王宏若还待在三辰，由于既不是董事长，也不是法人代表，会有很多掣肘之困，很可能就困守在“蓝猫”之中，由中国动画的一个先行者变成一个落伍者。王宏的离开，正体现了他作为一个企业家的远见卓识。

（三）打造中国“迪斯尼”

从王宏和贺梦凡的名字中各取一个字，他们共同出资成立了宏梦卡通集团有限公司，王宏为

董事长，占51%的股份；贺梦凡任总经理，占49%的股份。新公司的定位不仅包括低幼儿童，还包括更多年龄层次的读者；不但实现动画形象的多元化，也实现其衍生产品经营的多元化。

鉴于动漫公司往往“质”与“量”不能兼顾的现状，王宏经过多年的摸索找到了一种尽最大可能发挥创作者智慧、尽最大可能释放制作生产力的新生产模式——“王宏模式”，利用高科技解决了质量和数量两方面的问题。他投资2000万元开发动画制作系统，不仅使宏梦公司的新作品——《虹猫蓝兔闯太空》能以“一拍一”的规格进行动画制作，而且能使其以每天1集的速度大规模生产。据介绍，目前我国每年动画市场尚有30万分钟的空缺，如果“王宏模式”得以完善和推广，不仅每年能生产20万分钟的动画节目，而且将开创出动画创作生产的新天地。

“王宏模式”另一个最大的特点是解放生产者，使动画产业从劳动密集型产业转变为高附加值产业。宏梦公司的创作人员不必再固定地在生产线上工作，都可以在家自由作业。员工们通过公司局域网提供的信息，发挥聪明才智创作出作品，并将作品提交给公司的总数据库，导演、编辑将这些作品进行最后合成。

宏梦公司用惊人的速度取得了重大突破。2005年2月，借助一台卡通春节晚会《虹猫蓝兔闹新春》的播放，宏梦公司推出了全新的卡通品牌形象。之后，宏梦公司制作的千集卡通电视连续剧成功地在全国30多家省级电视台开播。

但公司真正的收入来源却并不在此。2005年年初，宏梦公司先后投资成立了虹猫蓝兔医药公司、产业发展公司、宏梦信息科技公司和宏梦银河传媒公司等多家企业。这些企业围绕卡通节目塑造的形象，介入儿童药品、文具、童装、玩具、卡通技术开发、电信增值业务、图书音像发行等相关的产业。

全球最大的卡通霸主美国迪斯尼公司曾经凭借一只“米老鼠”起家，而王宏正在借助一只“猫”，来书写自己甚至中国卡通业的一个梦。

2005年11月5日，宏梦公司与美国英特尔公司携手合作建立全球第一个电脑卡通技术发展中心。这个致力于研发“数字动画”的中心，将为中国动画开发和制作提供强大的信息技术支持。有了这个技术中心的支持，宏梦公司在技术上与迪斯尼公司站在了同一起跑线上。王宏还决心要学习迪斯尼创造的成功模式，加大力度开发动画衍生产品，打造出中国的“迪斯尼帝国”。

二、联手国际资本

根据国家广电总局的统计，1993年～2002年的10年间，我国国产动画片总产量是3.39万分钟2003年动画片产量达到1.2万分钟，2004年达到2.18万分钟，2005年国产动画实际生产数量为4.27万分钟，近3年中，年产量增长率接近100%。其中，在2005年，湖南宏梦卡通有限公司工生产了4455分钟的10部动画片，属于除央视之外产量第二大的动画制作机构[①]。

另据摩根斯坦利《全球投资报告》（1998）对11种产业建立起世界级有竞争力的大企业所需年限进行的统计分析，影视文化业所需年限远远快于医药、银行、电力、能源和建筑行业，在中国这个经济发展正处于上升期的国家，这种预期的年限应该还可以缩短。这预示着宏梦公司还有着很大的发展空间。据悉，“王宏模式”第一期工程已完成，可将1万名动画及美术爱好者收入公司。目前位于星沙的宏梦公司周边的湖南儿童工程学院、湖南大众传媒学院等院校动画系、美术系的

① http://www.okcomic.net/newsinfo/cartoon/newdt/hydc/200606/20048.shtml

学生已开始接受公司的培训，合格者将成为公司的员工。宏梦公司还向社会招集大量卡通、美术人才。当“王宏模式”第二期工程完成后，公司创建的“艺术家网上合作”的平台，可容纳10万名职工。

在强大的发展潜力之下，宏梦公司吸引了世界最大的风险投资基金之一——红杉资本的青睐。2006年5月，红杉资本中国基金向宏梦公司注资750万美元，共同组建宏梦数码（湖南）有限公司，进行“虹猫蓝兔”系列动画节目延伸产品的开发、生产和经营。这是中国动画业第一次引入风险投资，也是世界顶级风投基金首次进入湖南企业。

三、案例解析

宏梦公司为何会受到世界顶级风投红杉资本的青睐呢？让我们从风投公司选择风险投资对象的具体标准入手来探讨这一问题。风投对投资对象的选择标准可以简单概括为四个方面：创业者团队如何？市场有多大？商业模式如何？目前有没有做到一定规模？

首先，宏梦管理团队无疑是吸引风险投资最重要的因素。对于动漫企业而言，动漫产品的故事和形象是不会缺少的，更不缺少原创的动画片，所缺的是好的创意策划，缺的是具有丰富实战经验的核心管理团队和运作团队。宏梦的团队中不仅有“蓝猫之父”的王宏亲任董事长，曾执导电视连续剧《英雄无悔》、《家园》、《孙中山》的著名导演贺梦凡出任总裁，而且董事会成员中还有蜚声海内外文坛的作家余华、南都置业原总裁许广跃等文学、公司运营方面的精英。

其次，这个行业巨大的发展前景也是风险投资十分看重的。目前，我国有4个专业动画频道、29个专业少儿频道，动画片是这些频道播出的最主要的节目类型。此外有大量电视台开辟了固定的动画栏目。我国动画片的产量与我国上千个电视频道的播出市场和拥有3.7亿青少年的消费市场还不相适应，不能满足广大观众特别是未成年人日益增长的文化需求。据预测，我国卡通产品的需求规模现已达到2000亿元，并将以年均40%的速度递增。这个行业有着很广阔的发展前景。

再次，逐渐清晰的盈利模式是资金注入的保障。全球卡通的标杆企业、市值曾高达1300亿美元的迪斯尼，其影视制作回报的80%以上来自于品牌衍生产业。现在，迪斯尼公司的动漫衍生产品的授权收益每年高达数十亿美元。王宏为宏梦打造的战略就是很坚定的产业延伸战略，这样，播出动画的版权费甚至都可以不要，只作为其衍生产品的宣传广告。

最后，宏梦是中国第一动漫品牌。2006年12月8日，国家广播电影电视总局宣传管理司司长金德龙在中国动画学会年会上多次肯定了湖南宏梦卡通取得的成绩。宏梦卡通在国产动画业界获得了“四个第一”：原创动画节目年产量全国排名第一；获得广电总局优秀动画片推荐数量第一；动画节目播出规模全国第一；动画节目产生的效益全国第一。这符合风投投资策略中的“领头羊”原则。

此外，从宏梦投资案例中，我们也可以看出风险资本方向的转变。继蒙牛、李宁、永乐、无锡尚德等企业的成功之后，风险投资机构的目光已经不仅仅局限于高科技和互联网领域，投资的范围越来越宽，如医疗保健、餐饮、创意经济、绿色农业等，一茶一座、如家酒店、新东方、橡果国际、宏梦数码、慈济体检、中国众合、利农集团、小肥羊这些企业纷纷获得大型VC机构的青睐就证明了这一点。

案例十八　灵图软件的四轮融资之道[1]

背景：

2006年5月，北京灵图软件技术有限公司（下称灵图）获得由戈壁合伙人基金（下称“戈壁合伙人”）牵头的3000万美元投资，这已经是灵图自2000年获得第一笔风险资金后的第四轮融资。凭借这些资金，灵图一步步成长起来，在强手林立的导航电子地图行业，牢牢地占据了一席之地。灵图有什么独特的地方，能屡屡获得风险资金的支持呢？

一、成长轨迹

（一）下海试水

在大连海事学院读书时，唐宁浙的专业是通讯工程，开始接触到“电子海图”；毕业后一直在天津的一家国有企业工作。1996年，唐宁浙的夫人考入中科院地理所读博，唐宁浙决定辞职进京，做“陪读丈夫”。在中科院地理所的实验室里，他有了更多的机会深入研究学习GIS（地理信息系统）。经过长时间的调研，唐宁浙发现，GIS有着潜力巨大的客户群和广阔的市场前景。1998年，唐宁浙和三位朋友借用北京通派达公司的营业执照，依靠7000元的启动资金，开始尝试做GIS的技术开发。在北京的一次GIS专业展会上，唐宁浙签下了第一单二十几万的生意。当年，这家只有4个人的公司收入30万元。

1999年4月，刚刚步入而立之年的唐宁浙注册成立了“灵图”。公司作为GIS软件和解决方案的提供商，主要为国土资源、规划、水利、军事等政府部门，和大中型企业尤其是物流企业承建地理信息服务系统，客户包括北京市信息资源管理中心，以及一汽、红河、玉柴等。一年下来，灵图的收入达到100万，员工也发展到30人。

（二）主动让贤

然而在公司高速发展的背后，学技术出身的唐宁浙也曾遇到令他挠头的管理难题。创业团队成员都是“技术流”，没有人在大公司做过管理。当灵图只有30名员工的时候，唐宁浙管理起来得心应手；当灵图的员工达到50人的时候，他开始觉得有些地方不对劲；当员工达到100人时，唐宁浙开始感觉到力不从心，疲于对付。

“创业之初所有人都在你的视野之内，随时可以沟通，但随着公司的快速发展，人多了，就不行了。”唐宁浙开始提拔了一些“元老”做中层干部。借鉴硅谷公司里流行的创始人持股模式，将公司的一部分股权分给创业元老和管理层，“元老”们大多专注于技术，管理水平有限，于是引进职业经理人成为了顺理成章的决定。但是，引进经理人的过程也并非一帆风顺。唐宁浙回忆，2000年～2001年间，灵图几次人才引进均告失败。当时的唐宁浙求贤若渴，匆忙间引入的经理人进来以后，却又发现彼此间在很多理念上存在冲突。“空降兵”和“元老”之间也存在内部摩擦，

① 本案例是在以下媒体信息的基础上编制而成：《中国企业家》杂志、21世纪经济报道、美国《侨报》、投资中国、《中国现代企业报》、证券市场周刊等。

最终只得选择“分手”。同样的问题也出现在普通员工里面，灵图早期的一批员工多是高中、中专学历，后来又招聘了本科、研究生学历的员工，如何在员工间进行利益分配和员工价值如何体现也是摆在唐宁浙案前紧迫的问题。

2001年，正当唐宁浙纠缠于企业管理问题之际，灵图处于“弹尽粮绝”的边缘，李仲亮正式入主灵图，而在5年前，他是唐宁浙请来的“顾问”。曾在中国建设银行直属的建银公司任总经理的李仲亮不仅有丰富的管理、投融资经验，而且还和政府相关部门有着良好的关系，这对灵图的后来的发展起到了非常积极的影响。

上任后不久，李仲亮即直奔广州，凭借与政府部门的良好关系，通过两个月的谈判，李仲亮就帮助灵图拿下了标的高达1000多万元的广东省GPS车辆监控系统的单子。而此前，灵图拿到的最大一单生意也不过几十万元。这么大一个单子，让灵图过了一道坎。签合同那天恰巧是唐宁浙的生日，这无疑是最好的生日礼物。此后，李、唐二人沟通日益密切，长于企业管理的李仲亮给唐提了很多中肯的建议：“对于技术的了解要升华为技术管理，从技术管理升华为企业管理，从企业管理升华为事业管理……不要去想百年老店，先考虑做个5年～10年的小店。”

唐宁浙很清楚自己与李仲亮各有所长，唐是做技术的，负责公司的核心产品；李是做战略的，负责公司管理、融资。二人彼此了解、彼此信任，优势互补。2002年，唐宁浙主动让贤将李仲亮推上了董事长的位子。在李仲亮的建议下，灵图开始实行事业部制，市场部、实验部、研发中心等职能部门相继建立起来，最重要的是李仲亮进一步完善了灵图的经理人引进机制，将“空降兵”和“元老”的比例控制在1:1。

灵图现在有500人了，在实践中不断学习管理艺术的唐宁浙，自言已经基本能够“摆平”各种（管理）问题。

（三）技术为本

“国内普遍采用的在Windows平台下的GPS监控平台安全性差、稳定性低，无法满足大客户的需求。”在金融系统工作多年的李仲亮力主开发了在Linux系统下的GPS监控平台。这套平台一问世就“奠定了灵图在国内GPS软件行业的技术领先地位”。

灵图在其发展的每一个阶段都对技术研发保持着坚定的投入，公司资源对技术部门也有着较大倾斜。正因为如此，灵图不仅拥有了中国最大的电子地图数据库，而且还基于这些“原材料”加工了多种软件产品。“以三维地理信息系统平台软件VRMap为代表的某些产品的技术实力甚至达到了国际领先水平。”

2005年5月，灵图获得了国家测绘局认证的甲级测绘资质（含导航电子地图资质）。灵图开发的“天行者”车载导航系统得以由实验阶段转向应用阶段，此外，集成了灵图GPS（全球卫星定位系统）解决方案的PDA手机业已上市。在移动定位服务逐渐民用化的今天，针对于汽车驾驶者的导航系统和针对商务、旅游人士的位置服务，将成为下一个增长点。

二、四轮融资

（一）第一轮融资

快速发展的灵图对资金的需求越来越大。唐宁浙开始盘算起融资的事情。2000年的GIS专业展会上，已经在圈内小有名气的灵图引起了国际知名风险投资商IDGVC的注意。"如果改做网络，明天就可以签协议拿钱。"IDGVC的投资人在考察了灵图公司之后，对灵图先进的技术水平推崇有加，但却不满公司"技术开发者"的定位，他们希望把灵图打造成当时颇为流行的".com"公司。互联网热，唐宁浙却很冷静，他坚持把灵图定位于一家技术公司，也因此与IDGVC的"热钱"擦肩而过。

除了IDGVC，当时还有3家上市公司表达过收购灵图的意向，唐宁浙权衡再三，一一谢绝。在他心目中，灵图有着极强成长性，具备成长为"大公司"的潜质，草草卖掉得不偿失。终于，灵图的"伯乐"出现了，2000年，灵图获得了北京市科技风险投资公司第一轮投资680万元人民币，占灵图25%的股份，香港陆广达投资公司的一位个人投资者以120万元的代价获得了5%的股份。正是凭借这笔投资，灵图进入了快速发展期。

（二）牵手戈壁

有了比较充裕的资金，再加之李仲亮入主理顺了灵图的业务和人事关系，灵图不断加强技术上的投入，业务蒸蒸日上，得到了风险投资及产业战略投资者的关注。2004年初，戈壁合伙人入股灵图；年底，日本最大的移动网络运营商NTT DoCoMo出资数百万美元参股，两家各占灵图百分之十几的股份。两轮融资过后，原北京科技风险投资持有的股权被新的投资机构替代，成功退出。

对于灵图来说，拿到NTT DoCoMo的投资，出让一小部分股权，不但获得了扩张发展所急需的资金，更借此打开了日本市场。唐宁浙认为，灵图的产品在技术水平上已经和日本同行不相上下，甚至在某些技术领域超过了日本同行，同时拥有成本、价格上的优势，在日本市场上很有竞争力。

2005年，通过戈壁合伙人的牵线，灵图与IBM创业投资部结成了合作伙伴关系。2006年7月，IBM宣布帮助灵图在一年内实现了30%的客户基数增长，并且使灵图基于Linux的解决方案开始成功地进入了国际市场。

（三）VC"竞标"

2006年5月，灵图获得由戈壁合伙人牵头的第四轮3000万美元的投资，与前几轮融资时采取的方式略有不同，"前几轮我们都是定点和一家谈；现在是多家VC一起来找我谈，参与'竞标'的VC非常之多，最后进来的也是一个'团队'。"但究竟是哪几家VC，李仲亮表示不便透露。

有消息称，灵图的这笔投资由戈壁投资、全球最大的上市资产管理公司Alliance Bernstein、橡树投资、Miven Venture Partner、Georgian Pine Investments和bScope Partners 6家投资机构联合提供。这笔资金将被用来进一步拓展公司在绘图、软件、市场、销售和研发方面的团队力量，其中大量的资金将用在扩充公司的绘图和地理数据库等方面。此外，由戈壁合伙人牵头的强大的投资集团不仅将帮助灵图提高市场份额，还将从经验和策略上帮助灵图开拓区域市场。这无疑对企业的发展具有里程碑意义。

"一般企业在经历了2～3轮融资后就会上市，而灵图目前已经完成了4轮融资。"李仲亮称，"这次我们放手的股权依然是百分之十几，但目前我们是相对控股"。

"灵图公司具有国家甲级测绘资质。"李仲亮反复强调，测绘等行业是受国家严格管理，不允许外资进入的。因此灵图将允许外资进入的业务进行剥离，组建了灵图星讯科技有限公司作为融资平台。灵图软件本身仍然是一个符合国家测绘法规要求的全内资公司，"两者通过排他性的协议联系在一起。"

据悉，灵图已与摩根士丹利就计划2007年年底海外上市等问题达成意向，目标可能是NASDAQ。

三、案例解析

从2000年获得第一笔风险投资至今不到6年的时间内，灵图先后获得4轮风险投资，共达3000多万美元，借助资本的力量快速发展起来。灵图的融资过程给我们展现了一个企业从创业到发展壮大的各个阶段中，企业与风险资本携手共进，力图创造“双赢”的典型案例。从本案例中，灵图身上一些吸引VC的特质，无疑是能顺利完成4轮融资的关键。

（一）执著——保持自己的核心

戈壁认为灵图可贵的一点就是“对自己做的事情保持着专注和自信”。初创型公司往往不具备太大的市场规模，通常也没有很明确的发展规划，公司的发展更多的依赖于团队的执行力，对团队理念的强调，也即对自己所做事情的坚信程度。

风险投资者和创业企业家之间的信息不对称和价值目标之间的差异是客观存在的，在接受风险投资的时候，创业企业家要对自身有尽量客观、准确的认识，如果双方在发展方向上不尽相同，很难说谁的选择是正确的，这个时候就要靠创业企业家自己的判断了。没有清晰的发展思路，对行业不够了解，盲目地照抄别人的模式，单纯地为了吸收资金而偏离自己的发展方向，放弃自己的“核心”，有时候是得不偿失的。真正的核心竞争力还是在于创新，要有自己的对公司整体发展的想法。

如果不是灵图的创业者对自己技术的坚信和对电子地图行业未来发展前景不可动摇的信心，接受VC的建议或者草草把企业卖掉，那么，现在的中国电子地图行业可能就没有灵图的字号，同时也宣告唐宁浙创业不成功。无论是企业处于初创阶段比较弱小，还是成长为国内电子地图行业五强之一，灵图一直都保持着对技术的执著，这是灵图最宝贵的东西，也是VC眼中灵图最被看好的。

（二）开放的心态

海纳百川，有容乃大。开放的、愿意交流的团队永远会受风险投资机构欢迎。毕竟，一个企业的成长很少只依靠个人的力量完成，引入更多的资源是必需的。很多创业企业家都是出身技术背景，当企业发展到一定阶段的时候，就对管理力不从心，不得不花很多时间来解决管理上的问题，很难有精力再专注于技术创新。“术业有专攻”，创业企业家必须把眼光放长远，做自己擅长的事情，把自己不擅长的事情交给别人做，善于借助外脑的力量。正如戈壁合伙人的副总裁徐晨所言，“灵图的管理层把自己手中的股份让给新的董事长，这让我们看到，他们对公司未来的发展看得比个人利益更重。这样的合作者，我们对他有信心。”

（三）行业发展潜力和技术实力

投资一个项目首先要看行业。有发展想像空间的行业远比一个成熟、封闭的行业有吸引力。从欧美市场来看，电子地图最有价值的应用是在汽车、手机和互联网等领域。导航电子地图作为导航产品最基础也是最核心的要素，在汽车、个人及互联网导航产品需求的拉动下快速发展，面临一个爆炸式增长的机会。随着国内电子地图产业链的完善和3G时代的来临，预计位置服务市场有望于2007年进入发展的快车道。到2008年，总体用户数预计会超过7000万，而LBS用户数占移动用户总数的比例也将从2005年的0.2%增至14%左右①。

灵图不仅处于一个极具潜力的行业，而且有强大的技术实力。用戈壁合伙人的总裁徐晨的话来说，“灵图有非常强的技术优势，公司的软件做得很好，有一个比较完善的图库，很多公司都是用别人的图来做的，灵图有自己的丰富的图库，这是他们的核心竞争力。”目前，国内位置服务市场中，只有灵图等8家企业具有国家甲级测绘资质。灵图的竞争者四维、高德等占据了汽车导航（购买）前装市场的90%以上的份额，但汽车前装导航系统一套一般至少2万～3万元人民币，而灵图的后装导航系统——天行者车载导航系统加一个PDA，功能比前装导航系统更好价格更低。在这一块代表未来发展趋势的市场，灵图目前占据了80%以上的份额。此外，灵图在GPS相关的无线增值服务以及在互联网上推出的本地搜索服务等领域都处在行业前沿。如此看来，成熟的行业，正确的团队，灵图和戈壁等风险投资们的“姻缘”，自然是水到渠成的事情。

① 《2006中国移动定位和位置服务市场研究报告》。

案例十九　风险投资助“和而泰”渡难关[①]

背景：

2004年3月，深圳达晨创业投资有限公司（下称“达晨创投”）向深圳市和而泰电子科技有限公司（下称“和而泰”）注资600多万元人民币，换取和而泰20%的股权。在企业面临流动资金严重匮乏，恰遇国家宏观经济调控，金融机构银根紧缩的情况下，达晨创投费尽周折，利用自己的品牌优势，为企业争取到600万元的流动资金，解决了企业的燃眉之急，助和而泰渡过难关。

一、案例角色介绍

（一）投资方——达晨创投

达晨创投是由湖南省广播传媒股份公司发起设立的一家从事创业投资、股权投资的专门机构，于2000年在深圳注册成立，注册资本为人民币1亿元，受托管理的资金达1亿美元。过去6年中，达晨创投联合其他投资方先后投资了数十家有潜力的优质企业，其中同洲电子（2006年5月深交所中小板上市，股票代码002052）、键桥通讯已实现增值退出，2007年有4家公司拟于中小板或主板上市，2007年有1家公司拟在武汉经济开发区三板上市[②]。

（二）被投资方——和而泰

和而泰是由中国两所著名高等学府——清华大学与哈尔滨工业大学共同投资组建的高新技术软件企业，专业从事家用电器及智能家居控制技术的研究、开发与相关产品制造，是清华大学与哈尔滨工业大学的重要产业基地。和而泰在家电智能控制领域拥有多项核心技术，主要为伊莱克斯、松下等世界五百强的家电和家居制造企业提供各类家电控制器，目前已发展为中国规模最大的家电智能控制系统设计、制造企业。

二、投资过程

（一）和而泰战略转型

2000年，和而泰公司注册成立，一期投资500万元，其中深圳清华力合创业投资有限公司（以下简称“清华力合”）出资100万元，占20%的股份，哈工大的无形资产占10%的股份，和而泰创始人刘建伟教授占70%的股份。

成立不久的和而泰，“不鸣则已，一鸣惊人”，在海尔家电的一种新产品研发招标中，凭着过硬的技术，击退了其他的竞争对手，在海尔打响了第一炮。随后，海尔各事业部的订单就如雪花

① 本文由深圳市达晨创业投资有限公司提供，中国风险投资研究院根据《国际电子商情》、《深圳中小企业》、《中国企业家》、广东卫视采访材料等资料作出部分修改。

② 达晨创投持有的同洲电子股份截至本案例完稿前还未满1年的禁售期，故没有完全退出。

般飞到和而泰。一年下来，和而泰的销售额如藤蔓大树般，扶摇直上，当年的营业额就达到3000万元人民币，实现利润200万元。除了海尔，和而泰的客户还包括国内很多知名的家电制造商，产品供不应求。为了扩大生产规模，满足市场需求，和而泰实行了第一轮增资扩股，清华力合追加投资到400万元，将在和而泰的股份提升到24.9%。

完成第一轮增资扩股后，和而泰的生产规模得到扩大，产品销售额不断上升，资金链却越来越紧张。原因在于当时中国家电市场在发展过程中出现的价格战、货款拖欠、产销间矛盾升级等种种问题。国内外家电企业为争夺市场份额进行激烈的价格战，很多家电企业利用拖欠上游供应商的货款实现资金的多次循环。大企业拖欠小企业货款、下游企业拖欠上游企业货款、企业之间相互拖欠，赊账像瘟疫一样向行业内蔓延。大量的欠款造成和而泰几乎难以为继，凭借清华力合的1000万的贷款担保，和而泰暂时渡过了难关。

2002年和而泰的营业额达1.2亿，利润上升到920万元。但是在表面繁荣的背后，客户大量占用货款的问题一直得不到有效的解决。与此同时，上游供货商与家电企业的矛盾也在不断的加深。国内某家电行业巨头因为每年的采购额占和而泰全年销售额的85%，对和而泰指手画脚。“他给你下的订单，他可以不要你的货，他可以随时更改合同”，和而泰总经理刘建伟无奈地说。

恶性竞争的市场，受人牵制的苦楚和财务的危机促使和而泰管理层于2003年决定快刀斩乱麻，撤离当时非理性的国内家电市场，全面终止和国内家电企业的合作，由内销向外销做全面的战略调整。

这一招破釜沉舟，使得和而泰在3个月之内几乎没有客户上门订货；但同时，和而泰又开辟了另一条阳关大道：在与伊莱克斯频频接触，帮他们攻克一系列技术难关之后，和而泰正式与伊莱克斯建立了合作关系，开始从国际同行霸主的虎口夺食的新征程。随后，和而泰与松下、GE等多家国际巨头展开合作，并从世界控制器领域中的老大——美国爱默生集团手中抢走伊莱克斯每年几亿美元的大单。

“这些公司付款准时，产品需求量也相当大，”刘建伟说。由于和而泰的产品研发周期短、价格便宜而且质量稳定，国外家电巨头纷纷把采购对象转向和而泰，和而泰迎来了发展的大好时机。继续引入风险资金，优化股权结构，扩大生产规模的计划摆上了和而泰决策者的案头。

（二）达晨介入

事实上，早在2002年，达晨创投就在关注着和而泰的发展，从多方面对和而泰做了充分的了解。达晨创投在尽职调研之后发现，尽管和而泰在技术、产品、团队方面都存在优势，但该行业国内账款欠款的问题非常严重，潜在的财务风险太大。在和而泰战略转型的过程中，达晨创投对其再次评估，感觉此时介入和而泰时机已经成熟。达晨创投认为和而泰具备以下几方面的优势：

1. 优秀的团队

依托清华大学和哈尔滨工业大学两家中国知名大学在科研和人力上的资源及支持，和而泰的研发人员中有教授、博士及资深工程师80多名，他们曾经开发了中国第一套低成本商品化网络型冰箱控制系统、第一套直流变频冰箱控制系统等。这些人力资源是一般创业型公司所不能比拟的。和而泰的高级管理层由两所大学分别派出，董事长冯冠平教授是清华大学深圳研究院院长，总经理刘建伟兼任着哈工大自动控制研究所所长。

2. 技术水平领先

和而泰是中国规模最大的家电智能控制系统设计、制造企业，拥有国内外一流的开发环境，在网络智能控制系统、语音识别等领域的技术已经达到国际一流水准，得到广泛认可。国内虽然也有竞争对手，但是由于产品线比较杂，都不如和而泰在家电控制器领域表现得专注和专业。

3. 转型后货款有保证

由于国内企业对技术创新对于产品附加值提升的促进作用并不重视，而更多地关注价格竞争，拖欠货款导致和而泰经营的困难。而和而泰转型后，不仅与国外优秀电子元件供应商成功建立起长期良好的合作关系，这其中包括：Microchip、Motorola、Molex 以及西门子、东芝等世界知名品牌；而且在与伊莱克斯建立起合作关系以后，不断创新新技术，在白色家电的智能控制上取得多项突破性进展，还荣获在伊莱克斯供应商大会上授予的最佳新品合作奖。未来，伊莱克斯还将进一步在深圳设立其全球采购中心，并在中国实现其1/3的采购。其中，3年内该公司控制器产品在中国的采购量将达到2.6亿美元。因此，和而泰的产品不仅不愁没有销路，而且货款回收也较为顺利。

基于以上考虑，达晨创投认为和而泰是一个很好的项目，万事俱备、只欠东风，只要能获得持续发展的资金，再加上创业投资机构在融资、经营管理和其他方面提供支持，和而泰的腾飞指日可待。

三、VC 助“和而泰”渡难关

（一）资金之虞

2004年3月，达晨创投对和而泰注资600多万，占和而泰20% 的股份。但由于公司生产规模的进一步扩大，尚有约1000万流动资金缺口，和而泰靠银行贷款维持着周转，虽然资金链比较紧张，倒也过得去，业务也在快速扩张。“房漏偏逢阴雨天”，进入2004年，宏观经济运行中仍然存在投资需求进一步膨胀、货币信贷增长偏快、通货膨胀压力加大等问题。2004年4月25日，央行使出杀手锏——提高存款准备金率——由7% 提高到7.5%，一时间，金融机构的信贷几乎陷入了停顿状态。和而泰无法从银行获得流动资金，这一下，让和而泰原本就脆弱的资金链几乎断掉。

到此时，和而泰已经快要到了“崩盘”的地步。欠供应商的货款无法兑现，员工的工资快发不出，整个公司上下弥漫着一股悲观的气息。和而泰的管理层觉得已经无法再继续支撑下去了，一度想卖掉公司，而当时也有国外公司愿意低价购买和而泰。对达晨创投来说，刚刚投入资金就低价转让被投资公司，显然是难以接受的，但是继续给和而泰注资“输血”，和而泰万一挺不过去呢，损失就更大了。经过考虑，达晨创投选择了留下，投资经理一方面与和而泰的管理层积极沟通、振奋士气；另一方面，达晨利用自己的资源为和而泰争取银行贷款。在获取银行贷款之前，达晨创投还先借给和而泰500万以帮助其缓解资金紧缺的困难。

（二）VC 帮助和而泰获取贷款

“当时我们几乎找遍了深圳所有银行，但都要求抵押、担保，因为银根紧缩，银行的资金也很紧张，我们无法获得贷款。”达晨创投的副总裁肖冰说。

经过半年的努力，达晨创投终于通过多年来和金融界建立的良好合作关系和品牌优势，以担保贷款的方式从深圳华夏银行获得600万元的贷款。在这笔救命资金的帮助下，和而泰转危为安。

2005年，和而泰进行了第三轮增资扩股，长园材料股份有限公司投资1050万持有和而泰15%

的股份成为第三大股东。清华力合和达晨创投各占20%股份，和而泰的创始人刘建超依然是和而泰的第一大股东。完成这轮增资扩股后，和而泰的流动资金进一步得到充实，股权结构也更加清晰。

2005年下半年，通过达晨创投的介绍，和而泰开始与外资银行接触，当年年底，和而泰顺利获得了渣打银行90万美元的滚动贷款授信，资金不再成为和而泰发展的瓶颈。

2006年，由于和而泰对短期循环贷款还款及时以及业务进一步做大，渣打银行将其对和而泰的授信额度由90万增加至120万美元。渣打银行带来的示范效应，使外资银行纷纷对和而泰伸出橄榄枝。恒生银行给了和而泰2000万元港币的授信，中银香港也准备给和而泰800万港币的贷款授信，和而泰成为银行眼中的“香饽饽”。

和而泰在渡过难关后重入发展轨道。截至2006年9月30日，和而泰总资产14 800万元，净资产5411万元，资产负债率63.44%。目前，和而泰上市前的各项工作正在紧张有序地进行，预计将在2007年上市。

四、案例解析

在和而泰的发展过程中，风险资本是其最重要的助推器。在本案例中，涉及到两家创业投资公司清华力合和达晨创投。可以说，风险投资机构一路呵护着和而泰发展壮大。

和而泰成立之初，清华力合为其提供初创时期的种子资金，这些种子资金最终促成和而泰的技术成果迅速转化为产品投入市场。在和而泰急需扩大规模时，清华力合继续追加投资，以支持其进一步的发展。

和而泰成功转型的前后，仍然非常需要风险资本的支持。达晨创投此刻介入和而泰，对和而泰的事业发展起到了推波助澜的作用。但是进入2004年，国家宏观经济运行中的问题以及央行存款准备金率的提高，资金链几乎断流，使得和而泰遭遇了其事业的“寒冬”。在面临“去”与“留”的选择中，达晨创投不但选择了留下，而且予以全力支持。达晨创投不仅向和而泰提供了500万的借款，并且利用自己的资源为和而泰争取到600万元的银行贷款，使得和而泰起死回生。其后在达晨创投的引荐下，和而泰获得了渣打银行90万美元的滚动贷款授信。很快，和而泰的事业蒸蒸日上。

在和而泰成功的背后，风险投资功不可没，从中我们再次领略了风险投资的魅力，同时，我们发现，经过市场的洗礼，中国的风险投资机构正逐步走向成熟和理性。

附录：

打造优势 树立品牌
——访深圳市达晨创业投资有限公司①

当前，风险投资在我国的发展前景良好，除了外资风险投资机构不断涌入之外，本土的风险投资机构也不甘落后。从早期到中后期、从互联网到传统行业，只要是有巨大增长潜力的行业，都有风险投资机构的身影。然而，在创投市场竞争激烈的今天，创业投资机构如果依靠抬高价格、

① 本文由中国风险投资研究院对深圳市达晨创业投资公司肖冰副总裁、投资总监傅哲宽的访谈资料整理而成。

搞恶性竞争来争取项目，将会降低投资收益和加大投资风险，甚至面临崩溃的危机。随着融资者对风险资本越来越深入的了解，融资行为越发趋于理性，“利用品牌建立竞争优势”才是风险投资机构正确的选择。面对携有资金和品牌优势的外资风险投资机构，本土风险投资机构如何在竞争中打造优势和树立品牌呢？带着这样的问题，我们采访了深圳市达晨创业投资有限公司（下称“达晨”）的副总经理肖冰和投资总监傅哲宽。

一、打造品牌靠成功的案例

肖冰副总经理认为，创立品牌归根结底要靠实力说话。实力并非狭义地指创业投资机构管理着多少资金，而是被市场认同的既有成功案例。有了成功的案例，一方面可以给股东良好的回报，更容易地募集资金，管理层也能得到更好的激励；另一方面，也容易得到创业企业的信任和认可。资本方在选择创业企业的同时，创业企业也在选择投资方，创业企业也想利用创业投资机构的品牌效应提高他们的知名度。

傅哲宽总监在谈到品牌建设的时候感慨万千，他认为，达晨的品牌是达晨的多年累积的优势建立起来的。回顾达晨刚刚创立的时候，在业内默默无闻，虽然公司的团队很好，而且很多人都拥有在投行工作多年的背景，但是因为没有成功的案例，所以没有什么特别大的名气。

同洲电子的上市让达晨在创投界一炮打响。达晨投资的同洲电子是全流通股改后第一家有风险投资资金在内的上市公司，可以说是国内风险投资业具有里程碑意义的事件。在此之前，国内风险投资一直没有顺畅的退出渠道。

二、打造品牌靠扎扎实实做项目

品牌塑造是一个长期和艰辛的过程，绝不是朝夕之间一蹴而就的。成功案例是以结果打造品牌，而扎扎实实做项目则是在过程中打造品牌。风险投资成功的核心在于为企业提供全方位的服务或者提供增值服务。对项目精心地去培养、服务和管理的过程，也是打造品牌的过程。创业投资机构应当努力将资本、管理、人脉等现有的优势转化为未来的优势，将这些阶段性的优势转化为持续的竞争优势，从而不断突破成长的瓶颈，走上良性发展的道路。

达晨投资和而泰的案例也正充分显示了这一点。在面临宏观调控、银根紧缩、公司的资金链濒临断裂的紧急关头，达晨依靠在金融业良好的人脉，想方设法地从银行获得600万元贷款，为和而泰解了燃眉之急，从而渡过了难关。在和而泰面临危机，管理者已经打算将企业卖掉的时候，风险投资家及时和管理者交流、沟通，振奋管理者的士气，缓解管理者的心理压力。这些大量的项目后期管理服务工作，都充分展现了达晨良好的专业能力和合作精神，为其在业界树立了良好的口碑。

三、品牌效力已经开始显现

肖冰副总经理说：“运作良好的风投机构会形成自己的品牌，吸引更多的资金，创业项目和投资人才，并创造更好的收益；而运作不好的风投机构则会逐渐被淘汰出局。实际上，经过近5年的运作，风险投资机构之间的差别已经开始显现，并有迅速扩大之势。”

刚刚在福建签订的一个合同证明了达晨的品牌影响力已经初步形成。在达晨介入之前，已经有两家外资顶级风险投资公司与福建圣农发展股份有限公司（下称“圣农发展”）接触了快一年的时间。在达晨介入后，外资风险投资公司开出比达晨创投更高的价格并附带其他优惠的条件，大有“势在必得”之意。但是，一方面是由于外资风险投资公司决策程序繁琐，需要半年的时间通过美国方面的审批，圣农发展没有耐心再和其周旋下去；另一方面，圣农发展已经决定在国内上市，而圣农发展的保荐人以前和达晨有过业务联系，倾向于选择达晨作为伙伴。同时，由于地处资本市场发达的深圳，达晨不仅在证券交易上市方面有很深厚的资源和背景，而且熟悉国内资本市场运作的一系列程序。另外，同洲电子的成功上市为达晨所带来的品牌效应更是给圣农发展吃了一颗定心丸。达晨所能提供的恰恰是两家外资风险投资机构所欠缺的，综合这些因素，圣农发展最终选择了达晨作为股东之一，两家外资风险投资机构黯然出局。

对达晨将来的发展，肖冰副总经理说，达晨愿意继续和广大同行一道推动风险投资事业的健康发展，一如既往地建设达晨的品牌。达晨已经在探索国外风险投资运作的模式，成立了达晨财信创业投资管理有限公司并接受了韩国风险投资基金的资金管理委托，未来的达晨团队将通过扎扎实实的业绩，打出、打响达晨的品牌。

案例二十　风险投资掘金循环经济①

背景：

在厦门市大力发展循环经济之时，风险投资在推动当地环保经济的征途中助其一臂之力。厦门高新技术风险投资有限公司（以下简称“厦门高新投”）经过多方考证，克服重重困难，于2000年12月投资厦门陆海环保产业开发有限公司（以下简称“陆海环保”），让环保技术借助风险资本的翅膀飞得更高。

一、案例主角

（一）投资方——厦门高新投

厦门高新投成立于1998年，注册资金为人民币3000万元，是由厦门国有资产投资公司（2006年5月更名为厦门机电集团有限公司）、厦门市生产力促进中心和厦门高新技术创业中心联合组建的，是该市唯一的由政府全额出资组建的风险投资公司。

（二）被投资方——陆海环保

厦门陆海环保产业开发有限公司成立于2000年12月，是一家专业从事特种工业废纸处理及综合利用的民营高科技企业。该公司自行研发的含银固体废物综合开发技术属于环保领域的创新技术，拥有独立的知识产权，可应用于造纸行业生产过程中产生的废塑封纸、牛奶纸包装、纸杯纸等特种纸及感光行业生产过程中产生的废相纸、废胶片等不可降解的工业废纸的综合处理。

二、VC一路相伴

（一）项目由来

1999年，柯达感光材料有限公司（以下简称“柯达公司”）落户福建厦门，该公司每年1000多吨废弃物在当地无法处理。于是，柯达公司建议厦门环保局在当地找到合适的厂家处理其生产过程的废弃物，既能有效回收宝贵资源（主要指银）又不造成环境污染，一举两得。2000年4月，厦门市陆海科技工程有限公司（以下简称“陆海科技”）接受厦门环保局的委托，开始从事含银固废的回收利用。

陆海科技此前一直从事工业污水处理工程，没有处理固体废弃物的经验和技术。陆海科技的董事总经理程汉良亲自带领技术人员，展开含银固废的回收利用技术研究。程汉良1968年毕业于北京大学核物理专业，多年来一直从事环境保护和循环利用方面的研究和技术开发。从2000年6月到11月，程汉良带领项目小组经过半年多的研发中试，终于利用“酶解＋湿法、火法”冶炼的

① 本文由江西高技术产业投资股份有限公司投资经理龚炜撰写，中国风险投资研究院做了部分修改。

技术，成功开发出感光废弃物综合回收利用技术，相对于原来传统的回收方法，新开发的技术除了回收金属银以外，还首次从相纸中分别回收纸浆和PVC塑料，避免焚烧污染环境，并使纸浆、塑料得到回收利用。

在技术研发期间，柯达公司高度关注该项目，多次派出技术专家、环保专家到实验现场进行考察。实验成功后，柯达公司对陆海科技的技术表示认可，并与之签订有关商业合同。根据柯达公司的要求，陆海科技必须在柯达公司的附近新建工厂用于处理固废。但由于陆海科技成立时间较短，流动资产有限，一时间陷入了资金困境。

（二）厦门高新投注资

面对资金瓶颈，在银行贷款无望的情况下，陆海科技找到厦门高新投，希望厦门高新投进行股权融资。而当时厦门高新投也正有投资一家具有自主知识产权的项目的打算，在听取了陆海科技对项目的介绍后，厦门高新投对该项目产生了浓厚的兴趣，双方一拍即合。

由于陆海科技当时不希望该技术未产业化之前向外披露消息，担心引起商业秘密泄露。厦门高新投也理解陆海科技的心情，于是，在做投资决策前，厦门高新投没有按惯例请专家评审。但是厦门高新投的管理层多次深入陆海科技的实验室、中试车间进行实地考察，和项目组的成员进行交流，对每一步工艺都了然于胸，并亲自观察生产的每一个环节，连一个小小的细节都不放过。

经过多次的考察，厦门高新投的管理层对该项目形成以下判断：第一，技术含量高，应用前景广。该项技术研发成功具有国际领先水平，因为当时发达国家也没有将处理含银废固处理到陆海科技这个水平的技术，柯达公司也认为该技术做到了无害化、可利用的回收。同时该技术改进后，不仅仅局限于处理含银固体废弃物，还可能延伸到更多的应用领域，发展空间比较大。第二，陆海科技的技术符合循环经济、资源回收、环保的概念。我国目前的经济运行现状是“大量生产、大量消费和大量废弃”，经济开发与环境破坏同步进行；而“循环型经济社会”则要求采用“最优生产、最优消费和最少废弃”的可持续发展模式。“循环型经济社会”的确立将导致产业结构的重大变革和科学技术发展方向的转变，并给经济带来新的增长点、创造新的市场。随着环保理念的大力提倡和推广以及资源的不可再生性，通过固体废弃物的处理回收技术发展循环经济是非常具有潜力的。例如牛奶、软饮料采用的复合纸包装，由纸、塑料、铝等多层材料复合而成，以前都是焚烧或者填埋，陆海科技的技术能分离并回收其中的各种材料，变废为宝。第三，团队后续研发能力较强。万一技术上存在瑕疵，譬如技术成果向大规模生产转化可能出现问题，也有能力解决。因此，厦门高新投董事会形成结论：该项目建成后将有稳定的现金流，投资风险和市场风险都很小，是一个难得的好项目，同意投资。

不过，在项目考察过程中，厦门高新投发现陆海科技的内部资产负债问题比较复杂，直接入股陆海科技将来可能会带来一些不必要的麻烦，而且也不利于风险资金的退出，双方经过协商所以决定成立一家新公司——陆海环保，注册资本金1000万元，其中陆海科技以技术和货币资金作价600万元（技术和货币资金各作价300万元），占60%的股权，厦门高新投出资400万，占40%的股权。

（三）一场小波折

就在一切都在顺利进行的时候，厦门高新投却遇到了法律障碍。根据旧《公司法》第十二条规定：“公司向其他有限责任公司、股份有限公司投资的，除国务院规定的投资公司和控股公司外，所累计投资额不得超过本公司净资产的50%。”

厦门高新投成立于1998年11月初，公司成立近两年来，先后投资了4个高新技术项目：涌泉科技项目，投入风险资金500万元；环境科技项目，投入风险资金390万元；卫士通网络项目，投入风险资金250万元；神猫科技项目，投入风险资金35万元。4项合计，共投入风险资金1175万元。

按规定，厦门高新投一旦投资陆海环保项目，投资总额（1575万元）便超过了净资产的50%（1500万元）。而如果不投资，撇开项目可能产生的丰厚投资回报不说，恐怕还会影响到这一项目的进展。陆海科技、厦门市环保局以及柯达公司都很希望项目早日建成投产。厦门高新投陷入两难的境地。难道就此放弃吗？厦门高新投的增资扩股也不是几个月可以完成的，但是项目急需资金投入，厦门高新投决定一面向厦门市政府申请增资扩股，一面毅然投入资金。

（四）风雨相伴成长路

资金到位后，陆海环保很快就在柯达公司附近建立起来了，但是实验室中的成功不等于规模生产就可行。尚需解决大量的非标准设备研制和工艺摸索，许多设备的制作，往往是几经修改才能定型。许多工艺参数的确定也要做大量的探索和比较。陆海环保建厂初期，感光废料中银的回收率仅能达到75%左右，纸浆和塑料分离不干净，造成塑料中混有大量的纸浆，纸浆中混有塑料碎末，均只能当低档原料使用，价值很低，一年下来只生产了几十公斤银、200多吨纸浆和几吨塑料，全部产值还不够发工资和交纳电费，企业入不敷出，严重亏损。这时，陆海环保的股东之一陆海科技经营上也发生困难而流动资金不足，准备从陆海环保撤资。但陆海环保正需要追加投资，撤资无疑将使项目雪上加霜，并很可能夭折。

厦门高新投看在眼里、急在心里，当务之急是为陆海环保寻找新的合作伙伴和新的资金来源。厦门高新投一方面火速给陆海环保增资50万，确保企业能维持正常周转；另一方面，为陆海环保寻找潜在的投资者，厦门高新投利用在商界和政界广泛的影响力，引入徐力帆等3人作为陆海环保的自然人股东，增资100万元，缓解陆海环保流动资金的周转困难。2001年9月，在厦门高新投的指导下，陆海环保完成了企业的股权重新分配和改组。

2002年，厦门市科技局评审年度重大技术创新项目，获得该称号的项目将会得到政府部门的无偿拨款。厦门高新投依靠和政府部门的良好关系，将相关评审专家请到陆海环保的生产现场进行参观，并向专家们介绍技术完善后将带来的巨大经济效益和社会效益，加深了专家们对陆海环保技术的了解。最终使陆海环保的含银废固回收技术被评为厦门市重大技术创新项目，获得厦门市人民政府80万元的无偿拨款。在这笔资金的支持下，陆海环保如枯木逢春，连续克服了批量生产中的药剂配方、各工序设备生产能力匹配等问题，将固废中银的回收纯度由75%提高到99.95%以上，回收率对废相纸可达90%，对废胶片可达97%，又通过改进高分子渗透剂和纤维疏松剂的配方，对照相原纸（即回收纸基）进行疏解，有效回收优质纸浆和废塑料。由此，陆海环保得以转危为安，逐步进入良性运转。

2003年由于感光含银废弃物数量较少制约了陆海环保的发展，危及企业的生存。陆海环保的流动资金一度又比较紧张，厦门高新投通过提供担保的方式帮助陆海环保取得社会债权融资60万元，缓解了陆海环保紧张的资金链。陆海科技在原技术的基础上，拓展至塑封、铝塑封废纸的综合利用上，实现废料中纸浆与铝塑料的分离，并于2005年深度开发实现铝塑覆膜中铝箔与塑料的分离技术，形成较大批量的生产能力。为了及时帮助企业扩大生产规模，厦门高新投再次为陆海环保担保了60万元债权融资。同时，厦门高新投和厦门一家拟上市公司积极接触，就该公司收购或者参股陆海环保进行谈判，由于该公司上市中止，谈判不得不搁置下来。

三、在“垃圾”中尝到甜头

从国内市场的废相纸拓展到废塑封、铝塑封边废料，拓展到欧美、日本等国，实现原料市场多元化，2005年陆海环保处理废照相纸1150吨，产值为350万元；废利乐包边料8000吨，产值为1200万元；从废照相纸中回收银1300公斤，产值为250万元；回收优质再生纸浆4800吨；回收聚乙烯塑料1600吨。

由于从垃圾中捡回银子尝到了甜头，陆海环保未来的目标是继续扩大生产规模，力争三五年内达到年处理3万～5万吨的生产规模，成为亚太地区具有一流生产管理水平和处理能力的不可降解特种纸处理中心。目前，陆海环保已经走上稳定发展的道路，厦门高新投对陆海环保采取委托创业者承包经营，按每年投资额的15%收取固定回报。将来，随着陆海环保业务的进一步扩大，厦门高新投将考虑在适当的时候从陆海环保退出，但具体采取何种方式退出，厦门高新投表示还有待于投融资双方共同协商。

四、案例解析

环保产业在我国是最近几年才发展起来的。改革开放后，由于强调经济发展速度而忽略了对环保产业的重视，导致环境污染情况严重。庆幸的是，人们已经开始意识到这个问题。环境保护事业越来越受到社会广泛的重视，环保产业也得到迅速发展。但是，从事环保产业首先要解决资金、技术、原料来源等众多问题。陆海环保从创业一路走来，到底给予我们什么启示呢？

（一）风险资本的推动

多年来环保产业发展面临的一个突出的问题就是资金不足。没有足够的资金支持，企业很容易陷入暂时性困境，不及时解决将会后患无穷，对创业企业尤其如此。企业走不出困境，很可能就意味着“灭顶之灾”。如果能借助外部力量乘风破浪，那么企业就可以顺利地转危为安。在本案例中，厦门高新投扮演了陆海环保“保姆”的角色。陆海环保在成立初期，可以说是困难重重、一波未平一波又起。厦门高新投不仅提供了启动资金，而且在陆海环保遇到发展困难和瓶颈时，帮助陆海环保寻找新的合作伙伴和资金来源，充分发挥其在商界和政界的广泛影响，为陆海环保提供债权融资担保，争取政府科技经费。因而，风险资本的推动是陆海环保成功的关键因素。

（二）政府的扶持成就了企业的成功

创业投资成功的发达国家及地区的经验证明：政府扶持在创业投资体系建设中的作用至关重要。在陆海环保的成长过程中，政府发挥着重要的作用。陆海环保的项目由厦门市环保局接受柯达公司的委托而立项，这是项目“诞生”的由来。在陆海环保面临资金危机时，厦门市科技局及时提供了80万元政府无偿拨款，进一步完善技术水平。在厦门高新投面临法律障碍时，厦门市政府又一次伸出援助之手，为厦门高新投增资扩股，为企业解决资金饥渴。当陆海环保从欧美、日本进口塑封纸、铝塑封纸的边废料时，在产品归类、商检、关税等方面引发一些新问题，国家环保总局、国家商检总局和海关总署及其驻厦门派出机构大力支持，在原料进口上为陆海环保开“绿灯”。离开政府机构的支持，陆海环保受到的困难和挑战将是难以想像的。而厦门高新投适时地抓住时机，借助了政府扶持的臂膀，取得了创业投资事业的长足进步。

案例二十一　增值服务提升巴士在线价值①

背景：

江西高新技术投资股份有限公司（下称“江西高新投”），在不到1年的时间里对其投资的项目实现了大幅度增值。其中诀窍就在于江西高新投对其被投资的项目派出项目经理，经过详细的调研和分析，为其投资的项目提供了除投入资金外的差异化增值服务。

2006年4月，江西高新投获利175万元，从江西巴士在线股份有限公司（下称“巴士在线”）实现了顺利退出。

一、案例主角

（一）投资方——江西高新投

江西高新投是由江西省政府主导并出资，由江西赣能股份有限公司、诚志股份有限公司、江西省投资公司等7家股东共同投资组建的江西省内第一家创业投资公司。公司注册资本为人民币6900万元。公司发挥组合投资、专业化管理的优势，集中信息、资金、人才和管理等要素资源，选择高成长性的公司和项目进行投资。投资的目标对象为具有高速发展潜力的初创期、成长期和扩张期的科技型中小企业。涉及的行业范围几乎没有限制，囊括电子信息、生物制药、新能源新材料、IT业、高效农药、纺织业等。

（二）被投资方——巴士在线

巴士在线成立于2004年2月，由赣能股份与江西高新投及项目创建人王献蜀等10位个人股东共同投资成立的，注册资本2900万元，其中赣能股份出资1500万元，占51.8%；江西高新投出资500万元，占17.2%；王献蜀等10位个人股东出资900万元，占31%。公司的盈利模式是，建立城市智能交通（ITS）及户外视听媒体系统网络，通过无线传输技术、互联网技术，在公交车液晶屏上播放广告 。目前，公司在全国设立28家分公司，拥有700多人的运营团队，在南昌、青岛、上海、深圳、柳州、沈阳等城市拥有超过4万辆公交车、8万个显示终端的移动多媒体经营权及开发权。

二、提供增值服务

赣能股份退出巴士在线后，江西高新投对巴士在线的各个方面进行了详细的考察和分析，发现了巴士在线在很多方面存在隐患，而这些隐患可能影响到企业的生存。这些隐患主要包括：（1）管理团队的缺位导致巴士在线管理的混乱；（2）企业经营的资质不全，可能带来其经营终止的重大风险；（3）营销环节薄弱，业绩滑坡。江西高新投认为，凭借自身资源与团队，通过增值服务

① 本文由江西高技术产业投资股份有限公司投资经理龚炜撰写，中国风险投资研究院做了部分修改。

能够帮助巴士在线解决以上种种问题。

基于以上分析，江西高新投和巴士在线经过充分沟通，在消除创业者顾虑的前提下，毅然向巴士在线派出了项目经理参与到巴士在线的经营管理，成为巴士在线的高层管理人员。这一决策也是本案例作为一个经典案例进入我们视野的一个最重要的因素。

外派项目经理利用多方面的资源为巴士在线提供了各方面的增值服务，主要体现在以下几个方面：

（一）协助组建管理团队

在江西高新投和赣能股份投资前，巴士在线是处于创业扩张期的企业，公司组织松散、管理不规范；核心团队由个人股东及其亲信担任，缺乏企业管理方面的专业化人才。在赣能股份和江西高新投入股后，派出项目经理对巴士在线的管理团队进行了补充和强化，职业经理人的管理经验和理念使巴士在线的管理团队实现了专业管理的转变。然而这种局面没有持续多长时间，2004年底，赣能股份将巴士在线的股权全部公开转让。2005年初，巴士在线的创始人王献蜀以30%的溢价收购了赣能股份持有的巴士在线全部股权。收购完成后，赣能股份管理人员随之从巴士在线退出，巴士在线的管理团队霎时出现了人才断层，为巴士在线造成了管理上的瓶颈。

一个优秀的管理团队，是一个企业的命脉所在。面对这种情况，江西高新投和创业者进行了充分沟通，提出引入专业化管理人才、重组管理团队的建议。这得到了王献蜀的支持与合作，他委托江西高新投项目经理协助组建管理团队。江西高新投项目经理杨芷和龚炜立即分头从两方面展开寻找专业化人才的工作，精心为巴士在线搭建起了一支高素质的专家型的管理团队。该团队使巴士在线在经营、技术、融资等方面取得了长足的发展，为巴士在线成为行业内龙头企业奠定了坚实的基础。

（二）利用自身资源理顺社会资源通道

政府相关部门每年都会评选一些科技型、创新型企业，入选的企业可以获得政府部门的资金支持。为了充分用活、用足政府给的各项政策，尽可能实现申报资金的最大化，江西高新投项目经理在巴士在线内部组建了一个政府资金申报小组，以统一、协调管理巴士在线对政府相关部门奖励资金的申报。

该小组刚成立初，工作成员积极性不高、各部门配合不力，工作进展的很不顺利。为此，江西高新投项目经理召集财务、技术等相关成员开会布置任务并明确职责，要求财务、技术人员积极配合申报材料人员的工作，按照申报要求，尽快提供翔实资料，不能推诿、扯皮、耽误申报进程；对于有功人员进行奖励，不配合人员予以惩罚。通过这次会议，统一了申报小组人员的思想，鼓舞了大家的干劲，使申报小组的工作顺利开展。

申报材料完成后，江西高新投的项目经理亲自出面向政府部门阐述巴士在线的有关情况。如国家创新基金的申报工作，江西高新投的项目经理多次往返于省科技厅的创新基金管理中心和高新区管委会协调和沟通，最终促使这两部门明确表示将全力支持巴士在线的申报工作，从而使巴士在线如愿获得了80万元的国家创新基金的奖励。在江西高新投外派经理的协助下，巴士在线2005年获得了国家相关部门的奖励资金共计130万元。这不仅为巴士在线赢得了荣誉，更为巴士在线赢得了发展需要的资金。

（三）对申报各类资质工作的管理

网络媒体公司需要按照国家法律办理各类资质，否则随时都可能因此被各行业主管部门罚款乃至取消运营，而巴士在线当时许多资质证书还不齐全。针对这一重要情况，江西高新投的外派项目经理担负起了对申报资质的管理工作。他首先对办理各类资质所需满足的条件进行分析，不够申报条件的资质暂缓申报，而对于网络文化经营许可证，广播电视节目播出许可证等符合申报条件的资格，项目经理组织人员优先申办，在一个月内拿下这些资格证。

此后，项目经理再次督办之前分析的暂时不符合条件申报的资质，并进行逐一攻坚，要求其罗列出暂时无法达到办证的标准，再在办公会议上提出整改意见，促其尽快达到资质申报的条件。例如申报互联网出版经营许可证时，按规定申报单位需要有5名以上编辑人员，当时巴士在线只有2名编辑，通过办公会议决定再聘请3名编辑，从而达到要求，顺利办理了该证。

巴士在线通过江西高新投项目经理的全面攻关，各类资质的办理得以顺利完成，这不仅使巴士在线在经营上无后顾之忧，同时还提升了巴士在线的内在投资价值。

（四）对营销工作的管理

巴士在线曾在某段时间内广告销售收入一落千丈，以致入不敷出、流动资金告急。为此，项目经理担任销售总监对广告销售进行管理。项目经理出任销售总监后立即召开各分公司经理会议，探讨销售业绩滑坡的原因，在会上对各个分公司经理进行逐个促谈，并深入了解后，逐渐归纳出几个方面的原因：一是车载电视节目内容陈旧，不吸引人的眼球，因而使广告客户减少；二是销售人员业务素质不高，销售技巧不到位；三是销售业绩提成问题，等等。针对这些问题，项目经理制定出了详细的解决办法：首先，让视听部设计出新的节目内容方案，针对不同的广告受众人群制作出新颖的车载电视节目，以挽回流失的客户；其次，对于销售人员业务素质不高的问题，决定由公司总部不定期的对销售人员进行业务培训，使得销售人员了解公司并清楚公司各方面的情况，了解本公司各类顾客和竞争对手的特点，知道如何做出有效的推销展示，以提高销售人员素质。巴士在线按照这些办法实施后，销售收入获得了两位数的快速增长，缓解了现金流短缺的问题。

（五）协助开拓公交资源

巴士在线商业模式很清晰——依靠经营巴士广告作为其收入来源，广告投放客户是公司的“衣食父母”。而广告客户最关心的就是广告受众人群数量和范围，为了增加广告受众人群，要求巴士在线去与全国各大中城市的公交公司商谈合作事项，以便公司能在他们的公交车上装液晶显示屏播放广告，增加和拓展广告受众群体面，进而提高广告的销售收入。

针对公司经营的这一重点环节，项目经理积极参与到开拓公交资源的工作上来，一方面认真审阅公交资源开拓人员与各地公交公司签订的合作意向书，并对其中不利于巴士在线的条款提出修改意见。其中有一份意向书中签订的给公交公司的装车费太高，外派经理立即提出降低装车费30%，否则不予签约，利用其强大的谈判能力逼迫公交公司让步，为巴士在线节省了一笔可观的费用；另一方面利用自身在公交系统的人脉关系亲自与公交公司洽谈，最终签订了几个城市的装车合同，例如北京的装车合同就是外派经理通过自己个人的关系签定下来的。巴士在线在外派经理的协助工作下，与国内20家大中城市的公交公司签订了装车合同，从而使巴士在线拥有了一张覆盖全国各大中城市的车载电视广告平台网络，吸引了大量的广告投放客户，广告销售收入获得了稳步的增长。

以上几点仅仅是江西高新投在巴士在线案例上通过非常规资金投资上的增值服务，从而实现自身投资收益的最大化。该案例中江西高新投是通过外派项目经理参与到管理，市场拓展等各方面的工作中去，弥补被投资方在资源上的不足，进而促使被投资方的加速发展。

三、案例解析

投资方在对企业投入资金后，万里长征才走完了第一步，对项目的事后管理监控才是重点。投资公司对项目企业的管理参与、咨询和监控，是减少投资风险、确保预期的投资收益率的重要方式，也是风险投资区别于银行贷款、企业项目投资等融资方式的特点。

通常，投资方参与被投资企业管理最多的工作是组建董事会、策划追加投资、监控财务业绩、制定企业发展策略和营销计划、挑选和更换管理层，而很少参与到被投资企业的具体日常工作中，尤其是需要花大量时间的细致工作，如项目审批、产品开发、寻找新建客户和分销商、员工管理。而创业者一般也是不希望投资方参与日常管理的。

在本案例中，巴士在线因赣能股份的退出而出现管理团队的断层，继而引发企业经营管理风险，这种特殊情况促使风险投资公司直接外派项目经理，参与企业很多操作性的日常工作。高新投外派项目经理参与企业的经营管理，发挥建设性作用，帮助企业建立规范的运营体系，提升了企业的价值。

最后要提及的重点是，本案例中所说的参与企业日常管理的增值服务是在创业企业管理问题严重影响经营的背景下进行的，但如何把握参与的程度却体现了投资方的能力。投资方的优势在于资金和战略视野，而被投资方的长处在于其对项目的理解。而参与到具体项目经营和管理过程，必然会与原有项目的管理方式，思维理念发生矛盾。在项目投资实践中，不乏投资方过多干涉发起人团队的工作而导致双方发生对抗的例子，最终导致投资失败。在本文中所提及的增值服务能得以顺利实施，与其最高管理者王献蜀的全力支持和配合是分不开的，而王献蜀之所以能配合投资方的工作也是因为赣能股份退出巴士在线后发生了管理真空危机，江西新高投与其充分沟通消除顾虑后转变思维的结果。其次，本案例投资增值服务的实施另一个前提是，投资方江西高新投具备了和被投资的项目的管理团队以及可拓展的市场和人脉资源。由于江西高新投是国家背景的投资企业，具备很多的政府资源，才有可能做到为被投资企业进行拓展的增值服务。一般的风险投资机构则不具备项目的管理团队和资源。此外，融入被投资企业过程需要相当长的时间，很难在短期内获得项目发起人的管理者的全力支持，如果要强行利用股权进入，则可能引发被投资企业管理团队的反抗，最终将是得不偿失。

行业篇

第一章　软件行业投资分析报告

2006年是我国“十一五”规划的开局之年，软件产业尽管面临着开放环境下激烈市场竞争的挑战，但在全球信息技术和信息产业的快速发展，特别是在我国政府推出的各项鼓励政策深入落实、信息化进程日益加快的大背景下，产业全年继续保持平稳快速发展的态势，预计，软件与系统集成全年实现产值5000亿元人民币，工业增加值11 000亿元，利税1850亿元[①]。本报告在大量引证有关研究文献和产业发展数据的基础上，对2006年我国软件产业的整体发展概况、细分产业的发展概况和特点、产业投融资特别是风险投资情况、产业发展的政策环境和市场环境进行全面分析，借以研究我国软件产业未来发展趋势和投资机会，为投资者提供决策服务。

一、软件行业2006年度发展概况

总体来看，挑战和机遇并存是中国软件产业发展过程中最为鲜明的特点。2006年，中国信息产业继续在机遇中稳步快速发展，在挑战中不断壮大。

（一）行业总体发展概况

据信息产业部统计[②]，截至2006年10月，我国软件产业实现销售收入3008亿元，同比增长23.0%，占我国电子信息产业销售收入的8.9%。软件产品仍是软件收入的主要来源，系统集成和软件服务收入的比重有所提高。同期，软件产品收入1741亿元，同比增长19.2%，占软件产业收入的比重为57.9%，比2005年同期下降近2个百分点；系统集成740亿元，同比增长24.6%，占软件产业收入的24.6%，比2005年同期提高0.3个百分点；软件服务527亿元，同比增长34.8%，占软件产业收入的17.5%，比2005年同期提高1.6个百分点。

2006年12月19日，信息产业部副部长娄勤俭在“2007年全国电子信息产业经济运行工作会议”上透露，全年电子信息产业发展呈现出增长速度较快、经济效益较好的势态。据预计，电子信息产业2006年全年实现销售收入46 600亿元，其中软件与系统集成5000亿元，工业增加值11 000亿元，利税1850亿元[③]。

由此可见，在全球信息技术和信息产业快速发展以及我国信息化进程推进速度与日加快的背景下，软件行业市场规模不断放大，产业发展继续呈现稳步高速的态势。

从软件产品细分市场来看，国际软件巨头凭借产品、规模等优势继续保持领先地位，特别是平台软件和基础工具类软件领域由于其较高的技术壁垒和研发成本，国内企业根本无法进入，大量的国内软件企业正转向行业应用软件或服务领域（见表1.1）。

---

① 信息产业部副部长娄勤俭在“2007年全国电子信息产业经济运行工作会议”的讲话，csia.org.cn

② http：//www.mii.gov.cn/art/2006/12/15/art_2001_27453.html，中国电子信息产业部。

③ 信息产业部副部长娄勤俭在“2007年全国电子信息产业经济运行工作会议”的讲话，csia.org.cn

表 1.1　　2006 年 Q1 中国细分软件产品市场规模及增长

产品	市场规模（亿元）	同比增长率	构成比例
平台软件	30.48	11.5%	22.6%
中间软件	13.28	20.9%	9.8%
应用软件	91.18	17.7%	67.6%
合计	134.94	16.5%	100%

数据来源：赛迪顾问

如表 1.1 所示，2006 年第一季度中国平台软件市场销售总额为 30.48 亿元，同比增长 11.5%，市场总体走势较为平稳。在细分产品中，嵌入式操作系统销售额为 8.23 亿元，操作系统软件为 11.28 亿元，数据库软件为 3.99 亿元，系统管理软件为 4.05 亿元，开发工具为 1.77 亿元，分别占平台软件市场份额的 27.0%、37.0%、13.1%、13.3% 和 5.8%。Linux 产品在政策推动下正逐渐成为嵌入式操作系统的主流。2005 年，中国 Linux 在操作系统产品结构中的市场份额从 2004 年的 2.2% 上升到 2.6%，上升了 0.4%；2006 年第一季度，Linux 销售同比增长率达到 32.7%，在平台软件中表现突出。预计到 2010 年，中国 Linux 软件市场规模将达到 4.41 亿元，年均复合增长率为 28.1%[①]。值得关注的是，2006 年评选的全国软件 100 强企业的前 10 名中，以嵌入式软件产品为主的生产企业达到 6 家。由此可见，国内软件企业对嵌入式软件市场的重视。

中间件产业化发展速度很快，已与操作系统、数据库并列为三大基础软件。进入 2005 年，国际中间件市场增长日益平稳，中国中间件市场发展形势喜人，年均增长率超过 20%，成为国际中间件市场为数不多的亮点之一。易观国际的研究数据显示[②]，2006 年第二季度中国中间件市场规模达 3.03 亿元人民币，相比 2005 年第四季度，环比增长 4.8%；第三季度中国中间件市场整体规模季度环比持平，季度同比下降 4.7%，同比下降的一个重要原因是电信业作为中间件的重要应用行业，需求走低。在产品细分领域，2006 年第一季度，中国网络安全产品市场总体规模达 9.12 亿元，比 2005 年同期增长 20.8%。市场结构方面，BEA、IBM 仍为业界老大，国产中间件厂商中，东方通科技仍然占据第一名的位置，行业前 3 名的公司占据市场总份额的 64.6%。值得关注的是普元软件，其“构件中间件平台”市场增长显著。普元还作为唯一的中国软件企业加入 SCA/SDO 国际标准组织，与 IBM、BEA、Oracle、SAP 等 17 家国际厂商一起参与制定第一个国际构件标准 SCAV1.0[③]。

管理软件市场是 2006 年软件业发展最快的市场。易观国际的数据显示[④]，一季度中国管理软件市场实现销售额 11.65 亿元，比 2005 年同期增长 19.1%。其中，ERP 软件独占 46.7% 的份额，成为市场需求主体。在管理软件细分产品中，PM、EAM、HRM 和 CRM 软件的同比增长率分别为 28.0%、25.0%、23.7% 和 22.2%，超过市场的平均增长率。2006 年第三季度中国 ERP 市场整体规模达到 9.62 亿人民币，比 2005 年同期增长 17.91%。预计 2006 年中国 ERP 软件市场规模估计会达

① http：//news.topoint.com.cn/xwzx_view.asp?id=25875

② csia.org.cn

③ csia.org.cn

④ http：//zy.topoint.com.cn/view.asp?id=8283&cc=0&pg=2

到41亿元人民币，比2005年增长16.38%，约占全球ERP市场份额的2%。而据计世资讯（CCW Research）的统计[①]，2006年第二季度中国财务软件市场销售额达10.89亿元，比2005年同期增长13.9%，占据了国内管理软件市场18%左右的销售额。其中，中小企业市场增长迅速，竞争持续升温。竞争格局出现振荡，2006年第二季度管理软件市场品牌集中度比2005年同期相比有小幅下降，前10名所占市场份额从67.1%下降到66.7%。在创新产品方面，航天信息推出了自主品牌Aisino U3成为差异化产品的亮点，正逐渐成为企业管理软件市场上的一支新秀。

从需求市场来看，中小企业依然是管理软件市场的活跃点，2006年第一季度中小企业在管理软件市场中所占的份额比2005年同期有所上升，占到58.9%，销售额同比增长率为21.2%；第二季度，小型企业市场销售额增长速度最快，达到23.0%，中型企业市场次之，比2005年同期增长了22.5%，均高于管理软件整体市场20.4%的增长率[②]。

此外，政府信息化工程和企业信息化建设推动了数据库软件市场的投资，数据库软件需求量比2005年同期增长了12.4%。计世资讯（CCW Research）发布的数据报告显示[③]，2005年，各行业用户在建设企业级数据中心方面的投入规模为87.1亿元人民币，2006年的市场规模将达到103.3亿元人民币，比2005年增长18.6%。分行业来看，金融、电信和政府在数据中心的建设中投入较大。目前这三大领域的数据中心建设投入占据了50%以上的市场份额。金融和电信业尽管依然保持领先地位，但所占份额比例及销售额同比增长率明显有所下降，而制造业则以15.9%的销售额同比增长率位列各行业首位。政府软件的正版化推进和政府对信息化投入的加大，促使政府的软件和信息服务消费也以13.0%的同比增长率名列前茅。

在中间件需求的垂直行业市场中，电信业对中间件的投入增长平缓，金融业稳步上升、政府和能源交通则有显著增长。以上4个行业共占据了整个中间件市场份额的87.6%。在区域市场方面，华北地区仍然排名第一。在渠道市场方面，通过集成开发仍然是主要的产品销售方式[④]。

（二）软件产业出口与外包服务概况

2006年软件外包全球化趋势更加明显。面对快速发展的国际软件外包市场，信息产业部作出了“实施软件出口与服务外包的国家整体品牌战略，要加快推动自主品牌的软件出口，大力发展以软件与服务外包为核心的IT外包业务”的政策决定。年初，信息产业部召开工作会议，提出我国发展软件业应借鉴印度软行业的发展道路，根据我国的特色发展IT外包行业。2006年9月21日，2006年中国软件出口与服务外包研讨会在山东济南隆重召开，信息产业部副部长娄勤俭讲话指出，中国软件出口与服务外包产业面临难得的发展机遇，要加快国际化进程，不断增强配置国际资源的能力，实施软件出口与服务外包的国家整体品牌战略。2006年10月9日，国家税务总局会同商务部、信息产业部、教育部、科技部、财政部、海关总署、统计局、外汇局联合制定《关于发展软件及相关信息服务出口的指导意见》指出，争取到2010年我国软件及相关信息服务出口总额超过100亿美元，出口年均增速不低于25%。

良好的国际市场环境和优惠的产业政策，为我国2006年软件出口谱写新的篇章奠定了基础。

① http：//zy.topoint.com.cn/view.asp?id=8283&cc=0&pg=2

② 新闻来源：csia.org.cn；数据来源：计世资讯（CCW Research）。

③ 新闻来源：csia.org.cn；数据来源：计世资讯（CCW Research）。

④ csia.org.cn

据统计[①]，截至2006年8月底，我国软件产品出口21.1亿美元，同比增长36.9%，其中广东仍是软件出口主要地区，占全部出口总额的55.6%，比2005年年底提高了2.7个百分点；其次是上海、北京、江苏、辽宁和山东等省市，2006年累计软件产品出口均超过1亿美元。这6个地区累计软件产品出口占全国软件产品出口的90%以上。由此可见，2006年我国软件出口增长稳中有升。

从对中国软件发包国构成看[②]，日本是中国软件外包业务的主要市场，2005年占中国整体软件外包收入的60.15%；其次是欧美市场，占20.4%。中国在欧美软件外包市场的比重很低，现在正在处于高速追赶时期。易观国际发布的《中国离岸软件外包2006Q2》也显示[③]，日本仍然是我国最大的发包市场，于2006年第一季度占据59.3%的份额；欧美份额有所上升，占22.5%；香港方面的发包份额为10.8%，其他国家和地区所占的份额为7.4%。

（三）行业发展特点

1. 软件产业增速略有回落，软件服务和软件出口保持高速发展

根据信息产业部的统计数据显示[④]，2006年6月、7月、8月、9月、10月，我国软件产业实现销售收入同比2005年分别增长27.6%、26.2%、25.7%、23.8%、23.0%，尽管行业维持了高速增长，但增速明显回落（见图1.1和图1.2）[⑤]。与此对应的是，7月，软件服务同比2005年增长40.2%，软件出口同比2005年增长32.2%；8月软件出口同比2005年增长36.9%，软件服务同比2005年增长36.8%；10月，软件服务同比2005年增长34.8%。由此可见，软件服务和软件出口保持了高速增长的态势。

2. 地区发展严重失衡，呈现东高中西低局面

在我国软件产业高速发展的背后，却出现了东部与中西部发展严重失衡的局面。统计数据显示[⑥]，全国软件收入超过100亿元的省市共有10个，分别是北京、广东、上海、江苏、浙江、山东、辽宁、陕西、福建和天津，来自中西部的竟然只有陕西1个省。这10省市软件收入合计达到3422亿元，占到全国软件收入的87.7%，而其余19个省市的软件收入只占12.3%。另据中国软件行业协会统计，2005年，全国有7个省市软件收入超过200亿元，而这7个省市全部分布在东部沿海一带的长三角、珠三角和环渤海区域。从入选2006年软件行业100强企业的地区分布来看，北京、广东、上海、浙江、山东、江苏、辽宁等7个省市占据83%。从软件企业规模来看，沿海发达地区也占有明显优势。统计数据显示[⑦]，北京和广东两省市软件企业认证数均已超过了2000家，200人以上的软件企业也分别超过了100家，而上海、江苏、浙江、辽宁等省市的软件企业认证数基本上在500～1000家之间，200人以上的企业分别有30家到100家不等。此外，软件产业发达地区还拥有人才优势。中国软件行业协会的统计结果显示，光北京市占有的软件开发人员占就接近全国软件开发人员总数的近20%，西北地区众多城市的开发人员仅占全国的3%，西南地区城市（除成都

---

① http：//zy.topoint.com.cn/view.asp?id=8283&cc=0&pg=2

② 中国银河证券研究报告“2007年软件行业投资策略”。

③ 光大证券研究报告“外包：全球软件产业分工的必然趋势”。

④ 中国电子信息产业部。

⑤ 中国电子信息产业部。

⑥ http：//zy.topoint.com.cn/view.asp?id=8283&cc=0&pg=11

⑦ http：//zy.topoint.com.cn/view.asp?id=8283&cc=0&pg=11

和重庆之外）所有的软件开发人才比重仅为2%。我国软件产业区域发展的严重失衡，让业内人士普遍感到担忧。

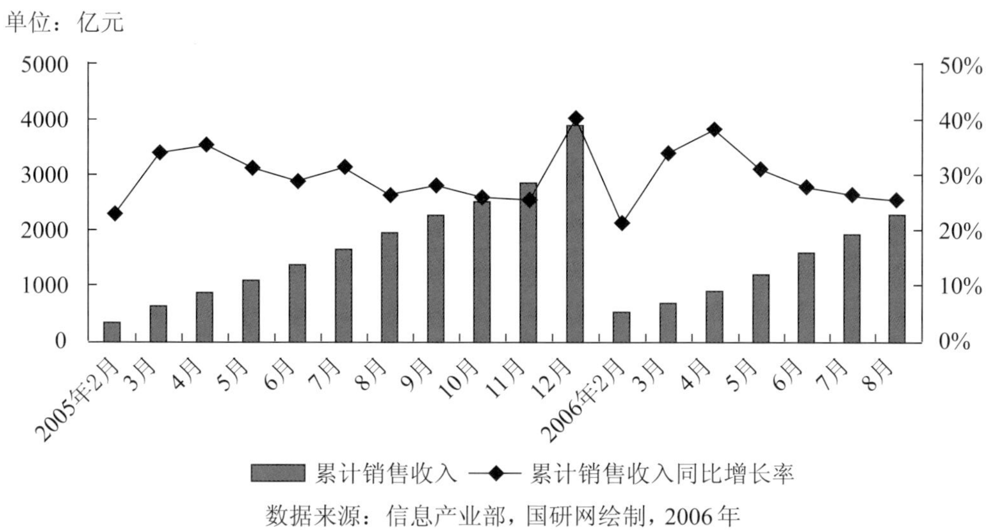

数据来源：信息产业部，国研网绘制，2006年

图1.1　软件业销售收入情况

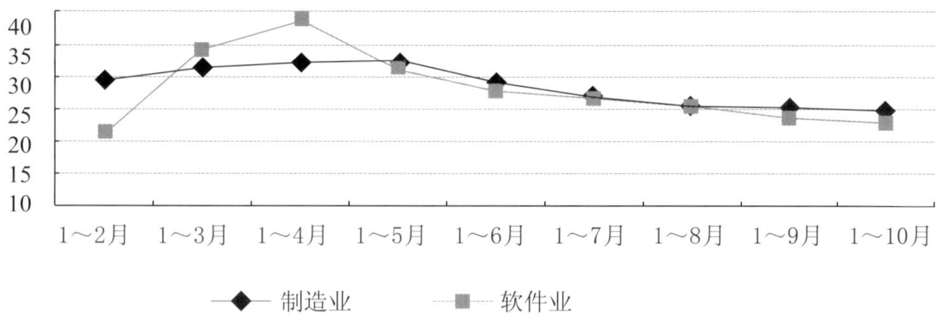

图1.2　2006年制造业、软件业销售收入增速完成情况（单位：%）

3. 企业规模偏小制约产业发展

企业规模偏小一直是困扰我国软件产业发展的不利因素，2006年，这种状况依然没有明显改善。据统计①，我国员工人数达到1000人以上的软件企业只占全行业的不到1%的比例，而50人以下的小企业却超过全行业的60%。根据信息产业部的统计数据（见表1.2），2006年1月～9月，我国10 984家软件企业的总销售收入为2677亿元，企业平均产值为2437万元；由于软件100强企业销售收入占总量的28.9%，因此，如果除去100强企业销售收入总量，我国中小软件企业的平均产值仅为710万元，规模严重偏小。由此不难看出，我国软件企业的实力还较弱，很多企业缺乏核心技术，依然处于产业链的低端和手工式的开发生产阶段，发展上受制于人，从而拖累整个行业发展的速度和规模。据统计，截至2006年10月，我国软件产业实现销售收入占我国电子信息产业销售收入的比例只有8.9%，占全球软件产业收入比重仅为3.5%②。因此，中国软件产业要做强做

① http：//zy.topoint.com.cn/view.asp?id=8283&cc=0&pg=1

② http：//zy.topoint.com.cn/view.asp?id=8283&cc=0&pg=1

大，还需要从规模上上一个台阶。

表1.2　　　2006年1月～9月软件业主要经济指标　　　单位：亿元

	本月累计	增减%
企业个数（个）	10 984	
软件业收入合计	2677	23.8
软件产品收入	1558	19.7
系统集成收入	655	27.1
软件服务收入	464	34
软件出口额（万美元）	175 483	49.4

数据来源：国研网数据中心

二、软件行业投融资情况与特点

制约我国软件产业发展的主要因素，一是软件企业核心技术缺乏，二是规模过小，没有与国际软件巨头展开正面竞争的实力。面对自己的软肋，2006年国内软件企业展开了一系列收购、合并、融资活动，希冀通过兼并重组，壮大实力，弥补技术缺憾。与此同时，外资也加快进入中国市场的步伐，他们要么收购国内企业迅速建立自己的市场渠道，要么以合作的姿态在中国市场攫取更大的利润。一时间，业界投融资活动甚嚣尘上。

（一）行业投融资情况概述

根据公开信息的统计（参见本文附录），2006年全年发生投融资事件共70起，涉及金额超过5.6亿美元（不计投资金额不明的事件）。其中软件企业IPO 4家，收购案例27起，风险投资案例39宗。分行业来看，涉案中间软件企业1家、IT信息服务类企业9家、软件外包服务企业10家、应用软件类企业50家（包括游戏与娱乐软件、网络应用软件、通用管理软件和行业业务管理软件）。按案例发生的地区分，北京企业33起，占比47%，成为投融资最活跃的地区，其余依次是上海9起、广东9起、浙江3起、江苏2起、辽宁2起、福建2起、湖南1起、四川1起、地区不明2起、外资企业（外资合作或独资企业）6起。在众多投融资案例中，富基旋风有幸成为第一家在NASDAQ上市的中国软件企业；远光软件成为深圳中小企业板迎来全流通发行体制下的第一家上市民营软件企业。

（二）重大投融资和合作事件述评

对中国软件企业而言，在“十一五”开局之年的2006年可谓喜事不断。

2006年8月23日，深圳中小企业板迎来了全流通发行体制下第一家上市的软件企业——广东远光软件股份有限公司。远光软件上市发行价格5.80元／股，发行2200万股A股。远光软件作为广东省首批软件企业之一，已正式通过了国家信息产业部、广东省信息产业厅的“双软企业”认定，2005年12月，被广东省科学技术厅核定为“民营科技企业”，2006年6月，远光公司被审定为“国家规划内重点软件企业”。上市融资成功将把远光软件送上发展的快车道。远光软件的董事长颜艳春表示，企业上市后将继续专注于零售市场，并通过重新布局企业的经营方向，发展新的业务。

对一个做垂直行业、规模不足400人的本土中小软件企业——富基旋风来说，2006年10月31日注定是一个不平凡的日子。这一天，富基旋风登陆NASDAQ，成为中国第一家在NASDAQ上市的软件企业，尽管融资规模不大，只有区区680万美元，但从上市后的前两天股票涨幅80%来看，显然透出了投资者对中国软件企业发展的看好。

2006年12月8日，深圳中小企业板又迎来一家软件企业上市。江苏南京骨干软件企业——江苏金智科技股份有限公司首次公开发行1700万股人民币普通股（A股），这也是南京市第一家在国内中小企业板市场上市的民营科技企业。金智科技是国家规划布局内的重点软件企业、中国软件产业最大规模100强企业，目前拥有省级以上认定的高新技术产品18项、软件著作权50项、国家知识产权局正式受理专利申请10项，建有人事部“企业博士后工作站”和江苏省“数据管理与信息集成技术工程研究中心”。IPO之后的金智科技必将利用强壮的实力，在专注于信息化服务的同时，不断拓展主营“领地”，将企业在软件产业100强的排位中提升一个台阶。

2006年12月15日，浙江网盛科技股份有限公司在深圳中小企业板挂牌上市。网盛科技是一家专业从事互联网行业信息服务、行业电子商务、行业应用软件开发的垂直专业网站开发运营商，拥有并经营中国化工网、全球化工网、中国纺织网、医药网等行业类专业网站。此次IPO，网盛科技总计发行1500万股，其中网上定价发行1200万股，公开发行价为每股14.09元，筹集资金近1.7亿元人民币。网络应用软件开发和信息服务是网盛科技的“强项”，相信上市后的网盛科技将会进一步提升技术实力和服务水平，为企业的快速发展奠定坚实的基础。

在波涛汹涌的投融资活动背后，海外企业通过合作、合资、投资等形式加快了进入中国的步伐。

2006年5月16日，神州数码宣布和韩国工程服务公司合资组建一家产品公司。其中，韩国工程服务公司入股30%，希望通过神州数码赢得进入中国市场的先机。

2006年5月17日，英国赛捷集团宣布收购其在上海的两家代理商——吉盟星公司和华拓软件公司，并在中国成立一家全资子公司——赛捷软件（上海）公司，新公司全力出击中小企业应用管理软件市场，这无疑为竞争日益激烈的国内管理软件市场添加了另一个变数。

2006年5月22日，SAP宣布与国内软件巨头东软公司组成战略合作关系，SAP藉此投资入股东软公司，双方就中国企业管理软件的研发与市场开拓以及人力资源培训方面展开全方位的合作。

2006年6月1日，IBM和用友软件正式签约，宣布用友公司ERP-NC的中间件平台将采用IBM WebSphere应用服务器。这也是国内管理软件提供商和国际中间件平台的首次联姻。

2006年6月9日，中国惠普与北京和佳软件公司结成战略合作伙伴关系，向中国制造企业推广基于惠普Integrity动能服务器的和佳新一代ERP（NERP）解决方案，而微软和英特尔公司也是这一解决方案联盟的参与者。

此外，中华网软件集团有限公司（CDC）将全球总部从美国亚特兰大转移到北京，在北京注册公司的核心软件知识产权；来自法国的6WIND，于2006年初在我国成立研发中心；微软Dynamics CRM 3.0中文版于5月底落地中国；2月，微软高级副总裁、MBS部门主席道格·柏格姆密晤王文京，提出了收购用友计划。

透过这些事件，可以窥视到外资企业进入中国的急迫心态。面对外资全面进军中国市场的咄咄逼人的形势，中国民族企业如不加紧在技术上追随国际潮流，以扩大国内市场份额，前途将十分堪忧。

（三）行业风险投资特点与重要案例述评

截至2006年11月，中国境内风险投资共投资19.61亿美元，其中投资于广义IT行业金额达10.5亿美元，占融资总金额62.1%[①]。广义IT行业依然是风险投资关注的重点。在国内IT行业持续被看好的大背景下，软件行业自然也成了风险投资眼中的“香馍馍”。

1. 行业风险投资概况

对公开信息的统计（参见附录）表明，全年行业内共发生风险投资案例39宗，合计融资4.6亿美元（不计投资金额不明的案例），平均融资约1100万美元。从获得风险投资企业的地区分布来看，北京地区20家、上海5家、广东4家、辽宁2家、浙江2家、江苏1家、福建1家、四川1家、其他地区3家，北京以占50%以上的比例独占鳌头。而金山公司夺得年度行业获风险投资的冠军，总融资额达7200万美元，其次为文思软件和东软集团，分别融入风险资本4000万美元。分行业来看，有26家应用软件细分行业的企业、7家软件外包服务企业、5家IT信息服务细分行业的企业、1家中间件细分行业的企业获得了风险投资的青睐。

2. 行业风险投资的特点

根据公开信息整理的结果，我们认为2006年软件行业风险投资具有如下特点：

（1）地区分布严重失衡

超过50%的风险投资案例发生在北京，与此形成鲜明对比的是，整个西北和西南地区只有1家企业（还是外资企业）获得风险投资。珠江三角洲和东部沿海发达地区依然是风险投资关注的焦点，共有15个案例发生在这一区域。风险投资地区分布严重失衡，既反映了风险投资机构对热点地区关注度的不减，同时也揭示出我国软件产业发展的不平衡。

（2）软件外包企业继续受到青睐

共有7家软件外包企业获得风险投资，占比例近18%，企业平均融资达3400万美元（除去1家投资额不明的企业），远超行业企业的风险投资融资额的平均值。此外，只有一家软件外包企业获得百万美元级投资外，其余企业都获得了超过2000万美元以上的投资，如此巨额投入，反映了风险投资机构对行业未来发展的看好。

（3）应用软件热点纷呈，游戏娱乐软件和网络应用受到关注

在获得风险投资的应用软件细分行业的企业中，涉足游戏与娱乐软件开发的企业7家，占该细分行业的26.9%；专注网络应用服务的企业8家，占该细分行业的30.7%。由此可见，游戏娱乐软件和网络应用软件细分行业的企业受到了风险投资机构的追捧，呈现出较高的投资活跃度。此外值得关注的是，在IT信息服务细分行业中有3家电子地图信息服务企业获得了风险投资，占该细分行业获得风险投资企业的比例为60%。

3. 行业重要风险投资案例述评

2006年8月18日，金山公司宣布获得GIC、英特尔投资和新宏远创基金三家PE投资机构总额为7200万美元的投资。一路跌跌撞撞走来的金山在办公软件市场上也曾辉煌一时、引领红色风暴，但最终还是难以与微软抗衡。在微软和盗版的双重打击下，近几年，金山公司的WPS和词霸软件陷入困境，与盈利无缘；毒霸的领军人物也多次易主，造成技术断层，市场份额一路跌到现在

① ChinaVenture

的20%左右。在此种情况下，金山的高层逐渐将业务重心转向基于互联网服务模式的网游软件开发。金山公司的上轮融资还要追索到1998年联想集团的投资，此次巨额融资的完成，为金山的业务扩展及战略转型、挑战和赶超网游三巨头提供了资本支持，也为其最终上市做好了准备。

2006年9月26日，英特尔公司和中国领先的软件与解决方案提供商东软集团达成协议，英特尔将向东软集团投资4000万美元（折合人民币约3.2亿元），这将成为英特尔中国技术基金成立以来最大的一笔投资。事实上，英特尔公司一直关注中国软件行业的投资，此前，还投资了中国软件业的另一个明星企业—金山软件，这是否昭示着外资PE已经加快了对中国软件业的投资布局，我们将拭目以待。

2006年12月30日，迅雷完成新一轮近2000万美元的风险资本融资，可以说这起投资是年内风险投资的收关战。本次投资由联创策源和Google联合领投，富达基金以及先前的投资者IDGVC、晨兴科技也参与了此次投资。据报道，此次融资大概在2000万美元左右，其中联创策源投入1000万美元，Google战略投资几百万美元，汉能投资为本次融资顾问公司。迅雷于2002年底由邹胜龙、程浩始创于美国硅谷，2003年创办者回国发展并成立深圳市三代科技开发有限公司，2005年5月正式更名为深圳市迅雷网络技术有限公司。迅雷立足于为全球互联网提供最好的多媒体下载服务，其旗舰产品“迅雷”已成为目前国内互联网最流行的应用服务软件之一，每天为来自近50个国家、超过数千万次的下载提供服务。2006年9月，迅雷与新浪联合宣布，联手推出“迅雷桌面新闻”，双方合作的意图十分明显。获得新一轮巨额风险投资后，迅雷将继续转型战略，即从一款单纯的网络下载工具向资源聚合门户转型，这将使迅雷的角色定位变得更加多元，为未来的上市做好准备。

三、软件行业企业发展分析

软件行业是国家政策关注度最高的行业之一。在持续的政策利好刺激下，中国软件企业获得了高速发展的机会。

（一）行业企业发展概况

截至2005年9月[①]，在信息产业部公布的软件企业数量上，相对2004年末，软件企业的数目只增长了10%，从2004年底的10 000多家，增长到11 000家左右；到2006年9月，行业内企业家数为10 984[②]。基本保持着平稳发展，因此行业竞争状况已经大为缓解。目前，我国共建立了11个国家软件产业基地和6个国家软件出口基地以及172个国家级重点软件企业，形成了软件产业的总体布局。

企业规模上，目前，北京和广东两省市软件企业认证数均已超过了2000家，200人以上的软件企业也分别超过了100家，而上海、江苏、浙江、辽宁等省市的软件企业基本上在500家～1000家之间[③]。相比之下，西部省份则显得“弱小”许多。另据2006年全国百强企业的评选结果显示：入围100强软件企业多分布在全国的15个省市，其中北京、广东、上海、浙江、山东、江苏、辽宁

---

① 招商证券：“计算机行业2007年投资策略报告"。

② 国研网数据中心。

③ http：//news.topoint.com.cn/xwzx_view.asp?id=26001&product=8306&Times=1

等7个省市占了83%，软件产业的区域集中度依然高企。百强企业较往年的更新率提高达26%，其中变化较大的主要是后50家企业，更新率超过30%，而行业应用软件企业的地位有了明显的攀升。此外，进入10强的企业中，有6家是嵌入软件细分行业的企业；而在行业应用软件的排名中，神州数码位居首位①。

百强企业的收入规模有了提升。据统计②，前100家企业软件收入达到1127.5亿元，比2005年增加223.8亿元，增长24.7%，且首次出现了软件收入超过100亿元的企业，超过60亿元的企业有3家，超过30亿元的企业有7家。入围百强规模的企业门槛有了新的提高，为2.3亿元，比2005年增加了0.2亿元，提高幅度为9.4%。其中前10家企业的软件收入为558.5亿元，比2005年增加107.4亿元，增长23.8%，占100家企业收入的比重为49.5%，说明产业集中度进一步增强，利润在向优势企业靠拢，而软件板块就包括了国内软件业的数家龙头企业。

在软件人才的分布上，东西部地区差距也十分悬殊。中国软件行业协会的统计结果显示③，仅北京市占有的软件开发人员占就接近全国软件开发人员总数的近20%，而珠江三角洲地区也是软件开发人员聚居较多的地区。在这项以城市为单位进行的数据统计中，西北地区的众多城市（包括软件产业发达的西安市）开发人员仅占全国的3%，西南地区的城市（除成都和重庆之外）所有的软件开发人才比重仅为2%，与东部地区的差距显而易见。正是这种差距导致了我国软件产业发展的地区不平衡。

尽管行业企业发展看好，但在国内软件市场中，国外厂商仍占主流。2005年度软件产品市场中前10位的主流厂商中，国外厂商占7成，市场份额更是超过80%（见图1.3）④。国际软件巨头凭借产品、规模等优势继续保持领先地位，特别是平台软件和基础工具类软件领域由于其较高的技术壁垒和研发成本，国内厂商根本无法进入。2006年，这种国外企业强势内资企业弱势的态势未有太大的改变，不同的是，许多国内软件企业正转向行业应用软件或服务领域，以求在本土化应用和服务上与国外企业一争高低。

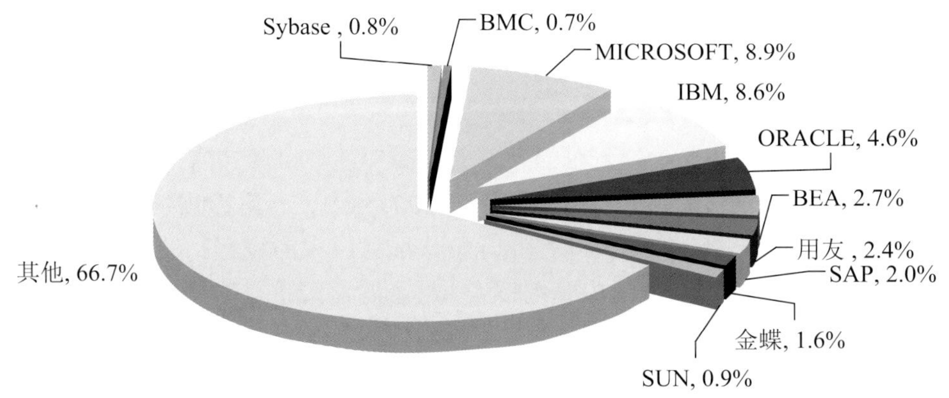

数据来源：易冠国际，光大证券研究所

图1.3 2005年国内软件产品市场主要厂商份额

① http：//it.sohu.com/20060605/n243569145.shtml

② http：//news.topoint.com.cn/xwzx_view.asp?id=26001&product=8306&Times=1

③ 中国软件行业协会网站。

④ 光大证券研究报告。

（二）行业上市企业总体发展情况

结合全年软件行业上市企业的发展情况来看，可用“软件开始回暖”来概述。软件及服务板块上市公司经过3年的调整之后，2006年上半年重新恢复快速增长。2006年上半年软件及服务板块27家上市公司实现主营业务收入84.49亿元，同比增长20.59%，远高于2005年同期6.42%的增长速度，但是仍然低于IT行业27.6%的平均增长速度；主营业务利润为23.31亿元，同比增长23.79%，高于主营业务收入的增长幅度（见图1.4）[①]；共实现净利润8.11亿元，同比增长146.6%。净利润增幅远高于主营利润增幅；平均的期间费用率为23.28%，同比2005年上半年的23.16%增加了0.12个百分点，无明显变化。其中营业费用率9.09%，同比增长0.21个百分点；管理费用率12.93%，同比增长0.20个百分点；财务费用率1.26%，同比下降0.29个百分点；整体资产负债率为46.95%，比2005年同比增长3.48个百分点；应收账款周转率为2.23次，同比增加0.31次，存货周转率1.49次，同比增加0.12次，上市公司的营运能力有所提高[②]。

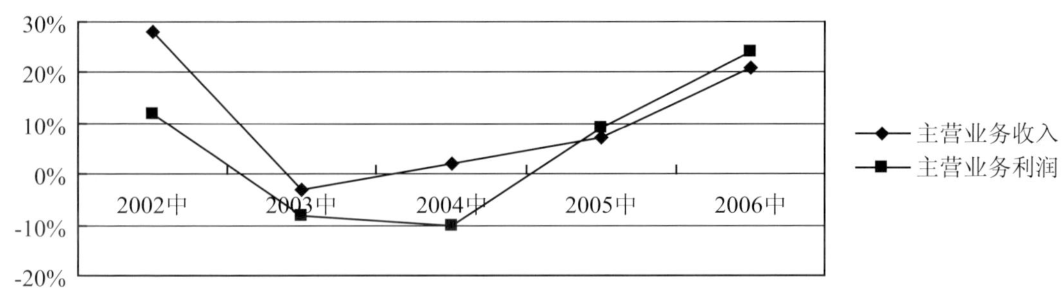

数据来源：天相证券分析系统

图1.4　软件及服务板块上市公司主营业务收入增长率和利润增长率

（三）重点上市企业发展情况

1. 东软股份

公司2006年第三季报表显示，公司前三季度实现收入17.94亿，同比增长13.9%。其中，第三季度实现收入6.91亿，同比增长20.5%。从盈利来看，公司前三季度实现净利润5046万，同比增长48.6%。其中，第三季度实现净利润2055万，同比增长28.9%。前三季度EPS为0.179元，第三季度EPS为0.073元。公司当期主营收入增长稳健，主要由软件外包业务推动；系统集成毛利率下降导致公司第三季度营业利润同比下滑，而软件销售退税收入使盈利仍维持较快增速。

公司第三季度软件外包收入达1910万美元，占主营业务收入比例由中期的15%上升到22%。公司前三季度软件外包收入规模已经超过2005年全年水平达到4030万美元，全年可增长50%以上。受软件外包业务驱动，公司前三季度软件及系统集成业务收入同比增长17%，第三季度该业务收入则同比增长27%。

2006年9月26日，公司获得由英特尔投入的4000万美元风险资本，毫无疑问，在英特尔支持下，公司的资本结构将更加优化，管理能力和开发能力也会大大提升，特别是英特尔的海外资源，将帮助

① 天相投资顾问公司分析报告。

② 光大证券研究报告。

公司赢得更多的软件外包项目，从而增强公司的盈利能力。可以预见，东软股份的未来会更加美好。

2. 中国软件

中软公司的业务主要涉及三大业务，即：自主产品、行业解决方案和软件外包。中软是国内上市公司中惟一一家同时兼有Linux操作系统与Office的公司，并且其通用研发产品中心已通过了CMMI5级认证。公司主打Linux产品，目前在中国的主要竞争对手是中科院的红旗软件与公司旗下的中标。出于信息安全方面的考虑，国家将在政府信息系统中采用国产操作系统，因此国产Linux将得到政府的大力支持。中软公司的Linux市场前景非常可观，而在此基础上，再捆绑公司其他的自主产品，例如Office软件、防水墙系统等，将大大提升公司的盈利能力。

行业解决方案已经是公司一项十分成熟的业务领域。公司在税收、审计、烟草等行业的市场开拓方面已经有所突破，预计2006年此项业务的销售收入有望过亿、利润过千万。

软件外包与中软国际外包业务已发展成为公司的一大主业，目前软件外包业务主要由公司旗下的香港联交所创业板上市公司——中软国际承担，并以对美外包为主，对日外包业务主要由北京中软富士通、大连中软承接。中软国际目前的外包业务来自美国，客户包括微软、IBM、HP、摩托罗拉等大企业，从数量上讲，已经承接了目前微软发往中国的1/3的外包业务。随着与微软合作的密切化，公司承接微软的外包业务量将会进一步增加。此外，2006年5月和7月，中软国际先后斥巨资收购湖南的创智国际和北京的正辰科技，继续提升软件外包业务承接能力之意图非常明显。由此可以看出，中软的自主产品和软件外包业务已经成为公司谋求未来发展的战略基点，并将成为公司提升盈利能力的重要支撑。据预计，今后3年将是公司高速发展期（见表1.3）。

表1.3　　东软公司财务报表预测　　单位：百万元人民币

	2004年	2005年	2006e	2007e	2008e
销售收入	701.98	1156.10	1249.50	1489.40	1702.39
增长率		64.69%	8.08%	19.20%	14.30%
主营业务成本、税金	513.99	809.83	816.72	1035.79	1163.05
%销售收入	73.22%	70.05%	65.36%	69.54%	68.32%
主营业务利润	187.99	346.27	432.78	453.61	539.34
主营利润率	26.78%	29.95%	34.64%	30.46%	31.68%
其他业务利润	0.79	-1.87	2.70	0.58	0.14

数据来源：长江证券研究所

3. 华胜天成

华胜天成是一家信息技术应用与服务提供商，主营业务包括计算机信息系统、网络设备的销售以及应用软件的开发和集成等。按业务类型划分，华胜天成的主营业务可以分为3个部分：硬件及系统集成、软件和专业服务。其中，硬件及系统集成是公司的基础业务；软件业务是基于系统集成的需要，为客户开发或外购相关的软件；公司的专业服务包括面向应用需求的软硬件产品相关的实施服务、维护服务和培训服务以及业务咨询和项目管理等方面的服务。

2006年前三季度公司主营业务收入12.14亿元，同比增长49.6%。其中系统集成业务收入8.91亿元，软件收入1.94亿元，专业服务收入1.29亿元。按公司客户所处行业划分，公司主要为电信、金融、邮政等行业用户提供系统集成及专业服务，其中公司在电信行业的收入占公司主营业务收入比例最大，约为50%，金融行业约占25%左右，邮政行业约占10%左右（见图1.5和图1.6）[①]。

"十一五"期间，公司将面临快速发展的机遇。首先，政府信息化步伐加快，信息化建设支出大大增加；其次，国内企业的信息化建设也步入发展期。巨大的市场昭示着公司的盈利前景可期，发展潜力美好。

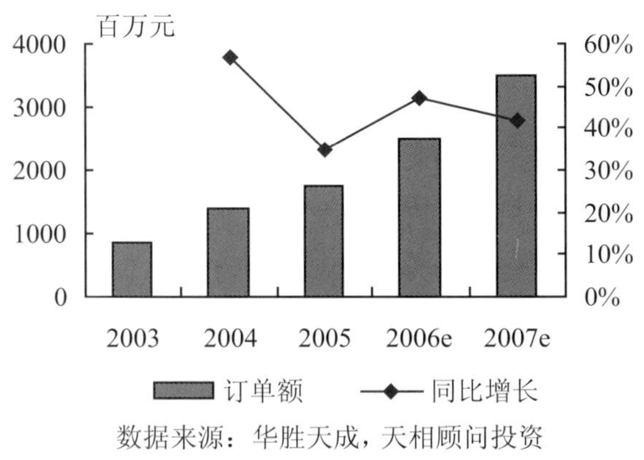

图1.5　公司历年订单及未来两年订单预测

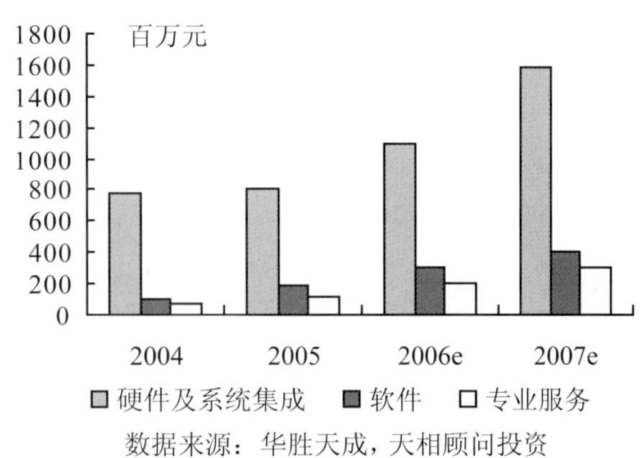

图1.6　公司历年收入及未来两年收入预测

四、软件行业政策环境分析

作为《信息产业科技发展"十一五"规划和2020年中长期规划纲要》中重点提出的15个科技发展领域之一，国家一直以来都非常重视对软件产业的战略扶持。而2006年是"十一五"开局之年，政策自然成了行业发展"保驾护航"的基石。

（一）利好政策不断，行业扶持力度加强

从2006年初信息产业部颁布《国民经济和社会发展第十一个五年规划纲要》，到3月国务院颁布《2006年～2020年国家信息化发展战略》，拟定今后15年中国信息化发展的基本方向，全年行业发展的政策主基调已基本确定。根据我们的分析，认为年度政策主基调：一是加快推进信息化建设的步伐；二是加强重要细分产业的扶持力度；三是维护正版软件厂商的权益，鼓励其发展。具体分析如下：

1. 加快推进信息化建设的步伐

在国家发布《信息产业科技发展"十一五"规划和2020年中长期规划纲要》之后，随即发布了《中国信息化发展报告2006》，这是继2005年7月发布《中国信息化发展报告2005》后，中国政府发布的第二个信息化"白皮书"，并直接催生了《电子政务总体框架》(国信〔2006〕2号文)。5月20日，中央办公厅和国务院办公厅联合转发了《国家信息化领导小组关于推进国家电子政务网络建设的意见》(简称"18号文件")，对今后国家电子政务建设做出了具体规划。10月，中共中央第六次全体会议通过《中共中央关于构建社会主义和谐社会若干重大问题的决定》，将信息化建设融入

① 天相顾问投资公司报告。

到构建和谐社会的众多举措之中。11月28日～29日，2006中国信息化推进大会在北京国际会议中心召开，大会主题是“树立科学发展观，务实推进信息化”和“推进农业信息化，构建和谐社会”，明确将信息化建设提升为“国家构建和谐社会”的重要措施的高度，这无疑将对全社会加快和促进信息化建设产生巨大影响。可以预见，在政府的大力推动下，信息化将更深层次地融入到国家发展战略中，成为国家和谐发展的利器，同时，也为软件行业的发展营造出最佳发展的政策环境。

2. 扶持软件外包，提升软件出口能力

从2004年开始，为了进一步促进软件出口，推动中国软件产业跨越式发展，国家发展和改革委员会与信息产业部、商务部共同实施振兴软件产业行动计划，决定在上海、大连、深圳、天津和西安5城市建设国家软件出口基地。2006年12月1日，商务部又认定广州、南京、杭州、成都、济南5个城市为“国家软件出口创新基地”。至此我国软件出口基地已经达到11个。

1999年～2005年，我国软件出口额由2.5亿美元增至35.9亿美元，6年间增长了13倍。11家基地软件出口额占全国软件出口的比重达到80%，软件出口的主体骨干队伍已经形成。全面建立软件出口基地的目的，就是为了全力推动软件产业的国际化发展进程，尽快形成辐射周边地区、带动全国软件出口的格局。

2006年10月9日，国家税务总局会同商务部、信息产业部、教育部、科技部、财政部、海关总署、统计局、外汇局联合制定《关于发展软件及相关信息服务出口的指导意见》，提出了未来5年软件及相关信息服务出口的发展目标是：争取到2010年我国软件及相关信息服务出口总额超过100亿美元，出口年均增速不低于25%，形成一批具有自主品牌、自主知识产权的软件出口产品，培育一批具有全球竞争力的软件及相关信息服务出口骨干企业。

《意见》再次将软件外包和出口产业纳入政策的聚光灯下，希冀通过强化扶持力度，进一步提升软件出口能力。一些地方政府很快作出反应。11月，广州市政府下发了《广州市进一步扶持软件产业发展的若干规定》；随即，上海提出将采取6项措施推进软件外包产业的发展。我们相信，在政策的大力扶持下，我国软件外包和出口产业将进入高速发展的轨道。

3. 维护正版软件厂商的权益，鼓励其发展

长期以来，国产软件厂商一方面受制于外国厂商的技术壁垒，另一方面受困于猖獗的盗版行为，产品销售一直步履维艰，在无可奈何之下，只好转战应用和服务领域。2006年，国产软件厂商迎来了重大政策利好。2006年4月，政府有关部门联合下发《关于计算机预装正版操作系统软件有关问题的通知》，要求国内生产的计算机在出厂时预装正版操作系统软件，而进口计算机在销售时也要预装正版操作系统软件。随后政府有关部门又下发了《关于政府部门购置计算机办公设备必须采购已预装正版操作系统软件产品的通知》。12月，国产软件政府采购研讨会在北京举行。会议主要讨论了三个议题：一是支持和发展国产软件对国家安全的意义，二是国产软件如何界定，三是政府应该如何保护国产软件。两个通知的出台无疑给出一个政策信号，就是政府将加大维护正版软件厂商的权益，鼓励其发展。

（二）重要政策点评

我们认为，《2006～2020年国家信息化发展战略》、《关于发展软件及相关信息服务出口的指导意见》、《关于计算机预装正版操作系统软件有关问题的通知》三个政策文件对行业未来发展将产生重大影响。下面，本报告对这三个政策文件予以重点评述。

1.《2006～2020年国家信息化发展战略》

《2006～2020年国家信息化发展战略》（下称《战略》）于2006年3月召开的十届人大四次会

议上由国务院颁布。《战略》不仅延续了“十一五”规划纲要提出的“坚持以信息化带动工业化，以工业化促进信息化，提高经济社会信息化水平。”的发展思路，同时提出未来国家信息化建设的战略构想是，要在统一规划下，在资源共享的平台基础上，实现信息的“聚合效应”。

《战略》还提出了国家信息化人才培养的构想，即构建以学校教育为基础，在职培训为重点，基础教育与职业教育相互结合，公益培训与商业培训相互补充的信息化人才培养体系。鼓励各类专业人才掌握信息技术，培养复合型人才成为我国信息化发展的战略重点。

可以这样说，《战略》是与中国实际紧密结合的纲领性文件，具有很强的操作性和指向性。比如，《战略》提出的“统一规划、重在整合”的信息化建设构想，就针对了我国目前信息化建设过程中存在的信息“孤岛”和重复建设现象而制订的；再如，人才培养战略构想，也是基于中国信息化建设人才短缺的现实而作出的。

《战略》确定了未来15年中国信息化发展基本方向，在其发布后，各省市纷纷出台信息化发展规划，从国家到地方，信息化的发展蓝图逐渐明晰。这将对行业发展产生巨大的影响力。

2.《关于发展软件及相关信息服务出口的指导意见》

2006年10月9日，国家税务总局会同商务部、信息产业部、教育部、科技部、财政部、海关总署、统计局、外汇局联合制定《关于发展软件及相关信息服务出口的指导意见》(下称《意见》)，《意见》从财政金融税收政策、人才培养、知识产权保护和国际合作等8个方面明确了今后促进我国软件及相关信息服务产品出口的努力方向，同时要求各相关部委部门和地方部门结合自己的实际情况抓紧落实。8条指导意见包括：明确软件及相关信息服务出口的发展目标；积极培育出口促进和服务体系；完善税收扶持政策；完善财政金融支持政策；加强软件出口统计分析；加强适应软件及相关信息服务出口发展需要的实用型人才培养体系；加强知识产权保护；加强国际交流合作。《意见》出台，各地方政府紧急行动。如南京相关部门正加紧启动“紧缺软件人才培养工程”，以缓解南京乃至长三角地区的软件人才紧缺状况；重庆市政府出台《重庆市引进软件中高级人才优惠政策的规定》，宣布引进人才的新政；广州市政府下发了《广州市进一步扶持软件产业发展的若干规定》，提出重奖软件人才政策；上海推出6项措施推进软件外包产业发展。

由此可见，《意见》出台犹如“一石激起千层浪”，引起诸多政策连锁反应，向市场给出了一个明确信号，就是国家将把软件及相关信息服务产品出口作为重点发展方向，并予以重点支持和扶持。相信《意见》的出台和贯彻落实，将为我国软件外包和出口产业发展提供更好的政策环境，并推动产业快速和高质量前行。

3.《关于计算机预装正版操作系统软件有关问题的通知》

2006年4月，政府有关部门联合下发《关于计算机预装正版操作系统软件有关问题的通知》(下称《通知》)，《通知》再次重申政府打击盗版行为、支持正版软件发展的一贯政策立场。

事实上，盗版行为一直像“毒瘤”一样与中国软件产业发展伴行，也一直在吞噬着软件企业的利润。数据显示[①]，中国电脑上安装的软件80%都是盗版，所有软件几乎无一幸免。安装金山公司的英－汉词典“金山词霸”的电脑90%拷贝的是盗版。当国外厂商面对中国猖獗的盗版行为，还可以冀望于国际市场弥补损失时，国内厂商的命运就只能用“凄惨”来形容了。据统计，中国6000万台电脑中大多数都安装了金山公司的英－汉词典“金山词霸”，但金山公司却从中没有赚得一分钱，不得已，金山公司只能转行从事游戏业务。

---

① http：//MadeinCHN.cn/redirect.php?fid=1&tid=7630&goto=lastpost

由此可见，盗版行为已经成为软件产业发展的严重“桎梏”。《通知》出台后，政府有关部门又下发了《关于政府部门购置计算机办公设备必须采购已预装正版操作系统软件产品的通知》。两个《通知》的出台，表明政府意识到，政府要扮演好“用户”的角色，这对国产软件发展的意义重大且深远。业界人士认为，两个通知的出台将有助于营造良好的软件知识产权保护环境，维护计算机市场和软件市场秩序，推动软件自主创新，促进我国软件产业健康持续快速发展。

五、软件行业发展趋势和投资机会分析

2006年12月19日，由信息产业部主办的全国电子信息产业经济运行工作会议在贵州省贵阳市召开。信息产业部副部长娄勤俭参加会议，并做了“加强宏观指导，营造良好环境，促进电子信息产业又好又快发展”的主题报告。娄勤俭指出，2007年的重点工作主要包括六个方面：一是做好“十一五”规划的贯彻落实，增强对核心基础产业的控制力；二是加强政府引导和政策扶持，提高产业自主创新能力；三是以节能和环保为切入点，促进产业结构调整和升级；四是推进国际化战略，做好贸易摩擦和产业安全应对工作；五是发挥产业的支撑服务作用，做好信息技术推广应用；六是推进政府职能转变和管理创新，为产业营造良好环境。

结合国家政策、国内外市场和技术发展趋势，我们认为，2007年软件产业有着美好的发展趋势，并将带给投资者更多的投资机会。

（一）行业发展趋势分析

我国软件与信息服务业“十一五”专项规划显示，未来5年我国软件产值年均增速将超过30%，到2010年，软件收入将超过13 000亿元，软件出口达125亿美元。这既体现了政策制定者发展软件产业的决心，也昭示着行业发展的光明前景。

一些权威机构对我国软件产业的发展也表示乐观，据预计，到2010年，我国软件与信息服务业国内市场规模有望突破1万亿元，其中国产软件和信息服务将占国内市场高达65%以上的份额[①]。

根据我们的分析，未来中国软件产业将在如下因素影响下实现快速增长。

1. 有利的政策环境

本报告前面的分析表明，政府对软件产业的发展一直关怀备至，并从产业发展布局、人才培养计划、税收政策优惠、财政资金支持等多方面予以鼎力相助，同时国家还将行业发展与构建和谐社会的国策进行挂钩，显示政府的政策支持不是短期行为而是一项长期策略。各地方政府也在“落实科学发展观，提升自主创新能力”的基本国策指引下，努力营造行业发展的良好政策环境，藉此转变经济发展模式，提升可持续的发展实力。在全社会的关注下，软件行业的快速和高质量发展自然值得期待。

2. 强劲的内需拉动

推动行业增长的应用领域是政府应用、制造业、教育、各类企业信息化等。从应用领域看，目前，政府、金融、电信三大行业占系统集成服务的总比重达到64.5%，而未来中国软件市场将在维持这一格局总体不变的情况下，产生一些新的行业发展热点。

首先是在政府公共信息平台建设步伐与日加快的情况下，政府对系统集成和信息服务的需求

---

① http：//zy.topoint.com.cn/view.asp?id=8283&cc=0&pg=2

快速增长，将对软件市场产生持续的推动力。

其次，根据我国政府承诺将在2008年奥运会上提供3G服务，所以几乎可以肯定在2007年上半年就会发放3G牌照，一旦开始3G建设，就会产生对软件和系统集成业务、相应的管理系统服务提出更多的需求。

第三，国内券商和相关金融机构对IT投资热情正在提升。券商正在考虑重新投资于IT，一是补偿前几年的严重欠债，二是不断推出的金融创新产品及业务也需要新的IT服务架构。而各保险公司的资产管理公司、其他各类投资机构也都正在扩大相应需求。

第四，国内制造业和电子消费类产业的发展也为软件业提供了重要的发展动力。例如，强大的制造业为软件业提供了机会，除计算机设备外，通信、消费电子行业和汽车制造业都需要在产品中使用软件，一些通信类产品50%是由软件组成的。随着制造业设备的更新升级和消费类电子产品市场的繁荣，对软件行业发展的刺激将是巨大的。

第五，管理软件是软件市场的亮点，增长的动力不仅来自于传统行业对信息化的认可以及中小企业应用意识的提高，而且竞争压力迫使企业在经营上寻求IT化的精细管理。更为重要的是，国内企业可以在管理软件市场与国外企业展开竞争。

由此可见，国内市场对软件产业将产生强劲的需求拉动，而这正是中国软件产业的优势所在。此外，值得关注的是，2006年内政府推出的“使用正版软件和支持国产软件发展的政府采购”政策，将为国内软件企业的发展提供腾飞机会。

3. 庞大的海外市场刺激

近年来，随着软件产业全球化趋势与日增强，行业分工和国际合作已成为一种常态，并将继续深化。在软件产业的国际化分工中，美国凭借系统平台技术上的领导优势掌握了全球软件产业的标准和游戏规则；日本及欧洲国家在方案集成、软件应用及嵌入式软件开发方面拥有优势；而印度、中国等一些发展中国家凭借劳动力成本优势占据了劳动密集型软件定制加工和系统维护市场。因此，在行业分工中，美、日、欧成为了软件业务的主要发包国，而印度、中国等成为了软件外包服务的国家。IDC的统计表明①，全球软件离岸外包产业规模在2004年已达328亿美元，预测2009年将达到800亿美元，年复合增长率为19.5%（见图1.7）。印度国家软件服务协会预计未来五年，印度IT-BPO离岸外包产业规模将保持CAGR 26.6%，在2009年达600亿美元。

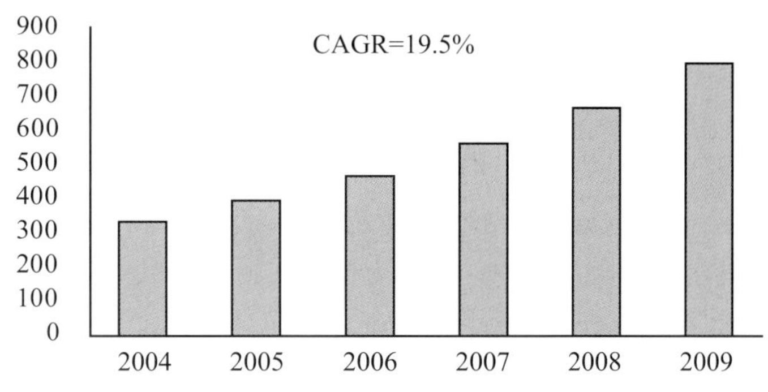

数据来源：IDC、Nasscom，国金证券研究所

图1.7　全球软件离岸外包市场规模（亿美元）

① 国金证券研究报告：“2007年软件外包行业研究报告”。

而根据国家发改委行业报告预测，在2007年财政年度，仅美国软件与IT外包产业的市场规模将达到3000亿美元，其中离岸份额将由2004年的10%升至24%，离岸外包花费接近700亿美元。此外，跨国公司出于自身经济安全和分散风险考虑，并不希望把软件的外包市场都集聚在一个地方，在对美外包的业务中，印度认为届时只可能得到其中50%的份额，即350亿美元，另一半将由与其竞争国家分割，而中国排在与印度竞争国家的首位。因此，CCID预测，到2010年，中国软件外包市场规模将达到70.28亿美元，占全球软件外包市场的8.4%，年均复合增长率为50.2%[①]。

（二）行业投资机会分析

未来5年是我国软件行业高速发展时期，产业投资机会普显。然而，投资机构在关注行业整体投资价值的时候，更要把握机会，投资热点，力争更高的投资收益。下面，本报告从软件产品和系统集成与IT服务两个细分市场分析值得投资者给予更多关注的热点。

1. 软件行业产品市场的投资机会

（1）政策环境助推Linux市场发展

我国具有雄厚的制造业基础，与传统的制造业结合，嵌入式系统有着巨大的市场空间。在巨大的市场需求和新的产业契机的推动下，嵌入式软件成为中国软件业的一次难得的机遇。智能手机、数字电视以及汽车电子的嵌入式应用，是这次机遇中难遇的切入点。在嵌入式操作系统本身正走向开放化、标准化之际，Linux正逐渐成为嵌入式操作系统的主流产品。未来几年，政府、电信和金融行业将构成国内Linux软件最主要的需求市场，成为推动国内Linux软件市场增长的主要驱动力。根据CCID的预测[②]，国内Linux软件市场销售2006年～2010年复合增长率为28%，是增长相对较快的软件行业细分市场。国内Linux的厂商主要有RedHat、Novel、Turbolinux、中科红旗和中标软。在政府“使用正版软件和优先采购国产软件”的政策支持下，中科红旗和中标软等国产Linux软件企业将有更多的发展机会。

（2）中间件应用领域扩大，发展可期

中间件作为基础软件，一直是信息安全领域的重要软件产品，对建立自主可控的信息安全保障体系而言至关重要。2006年第一季度，中国网络安全产品市场总体规模达9.12亿元，比2005年同期增长20.8%。随着政府和企业数据库中心建设速度的加快以及自2005年以来诸如间谍软件、垃圾邮件等网络安全问题集中爆发大大提升了政府和企业的网络安全意识之后，网络安全产品市场更加活跃。与此同时，中间件软件应用领域也在扩大。随着用户应用环境的日益复杂，传统的分布式结构已经远远不能适应日新月异的新技术，因此针对不同的应用需求涌现出种类繁多的中间件产品：从传统的交易中间件（TPM）、消息中间件（MQ）发展到面向Internet应用的应用服务器（WAS），并逐步扩展到应用于系统整合的集成中间件（EAI）、工作流中间件（Workflow）、门户中间件（Portal）以及管理领域的统一平台中间件产品等。细分市场的扩大，引发应用客户的增加和市场规模的放大，显示出中间件软件市场具有广阔的发展远景。市场的竞争格局上，目前仍由BEA、IBM、东方通三家公司占据前3名，并占据市场总份额的67.5%。国产中间件厂商中，东方通科技仍然占据第1名的位置。而在细分的网络安全领域，国内企业瑞星、安民、金山是业界佼佼者，值得关注。

---

① 招商证券行业分析报告。

② 产经网-中国电子报，2006年6月23日。

（3）应用领域，管理软件市场值得期待，游戏和娱乐软件潜力无限

推动应用软件市场快速发展的两大动力，来自于管理软件细分市场的ERP软件和财务软件。数据显示，2006年第一季度中国管理软件市场实现销售额11.65亿元，比2005年同期增长19.1%。其中，ERP软件独占46.7%的份额；2006年第2季度中国财务软件市场销售额达10.89亿元，比2005年同期增长13.9%，占据了国内管理软件市场18%左右的份额①。管理软件市场的持续繁荣得益于中小企业精细管理需求的增长。根据CCID的统计②，2006年～2010年国内管理软件行业的收入规模的年均复合增长率为19.9%，2010年市场规模将近150亿（见图1.8），ERP软件占有管理软件市场约45%的份额，是市场需求的主体，而中小企业ERP市场成为竞争的焦点。目前，管理软件市场厂商竞争格局，根据2006年第二季度的统计③，用友、金蝶、SAP、ORACLE、浪潮、神州数码居于前6位，合计占市场份额37.9%。

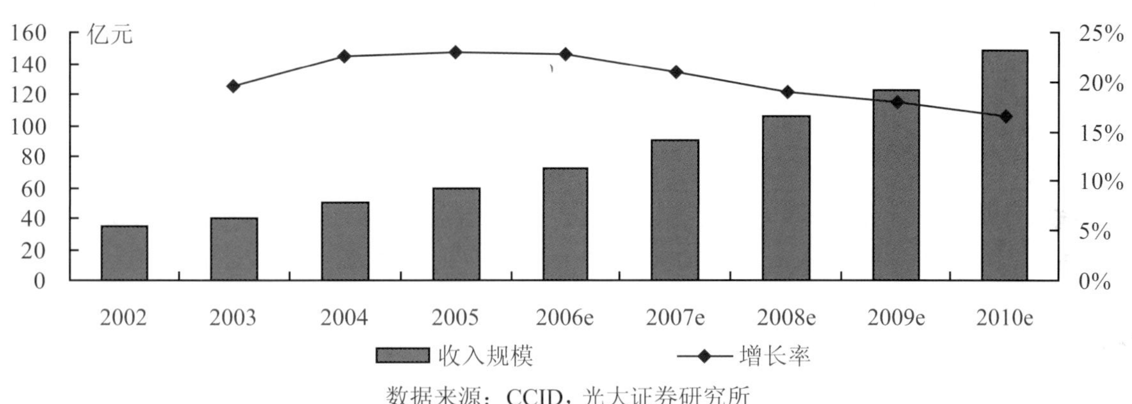

数据来源：CCID，光大证券研究所

图1.8　国内管理软件行业的收入规模预测

游戏和娱乐软件企业与以销售为主要盈利模式的软件厂商不同，主要以服务为盈利点，这类企业的发展得益于网络用户和手机用户的高速增长。根据公开信息统计，2006年获得风险投资的应用软件细分行业的企业中，涉足游戏与娱乐软件开发的企业有7家，占该细分行业比例26.9%。由此可见，投资者对该细分行业的企业青睐有加。目前，国内企业的研发能力还很弱小，外国产品充斥市场，未来几年，我国游戏和娱乐软件企业将逐渐步入成熟期，随着业内技术人才和创意人才的积聚，产品不断创新和更新，行业将呈现爆发式成长，具有极高的投资价值。

2. 软件行业服务市场的投资机会

（1）与国际市场相比，中国的IT服务市场发展空间巨大，投资机会凸显

把中国的IT投资结构和全球的IT投资结构相比较，国内IT服务的比重显然与国际水平差距较大，显示出巨大的市场空间（见图1.9）。根据赛迪顾问统计④，2005年国内IT服务市场规模为823亿元，2006年～2010年国内IT服务市场规模年均增长将达到20.4%。

① csia.org.cn

② 中国银河证券："2007年软件行业投资策略报告"。

③ 中国银河证券："2007年软件行业投资策略报告"。

④ 光大证券："2007年行业投资策略报告"。

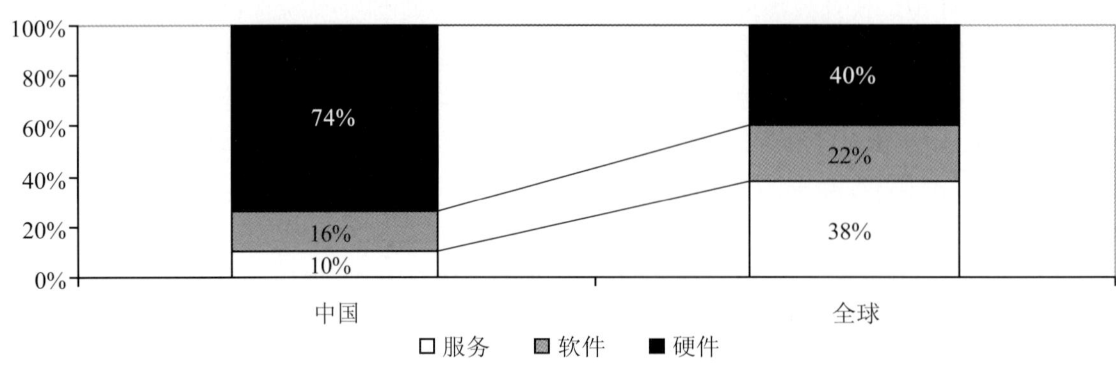

数据来源：光大证券研究所

图1.9　全球IT投资结构(2004年)

推动我国IT服务市场快速发展的动力来自于，国内电子政务和公共信息平台建设、企业级数据中心的建设、金融创新产品不断推出引发的金融行业IT投资增长等。目前金融、电信和政府三大领域的数据中心建设投入占据了国内IT投资50%以上的份额。而调研发现，2006年～2007年数据中心建设增长较快的行业将是制造、政府和教育行业；未来2～3年，增长最快的行业则是能源、教育和制造行业。作为企业IT建设的核心，新一代的企业级数据中心的建设，正在逐渐成为行业信息化的新热点[①]。CCID预测[②]，2010年中国IT服务业的市场容量将达到2000亿（见图1.10）。据CCW预测[③]，到2009年，国内IT集成服务的市场规模将达到近200亿，未来3年平均每年增长率超过18%（见图1.11）。

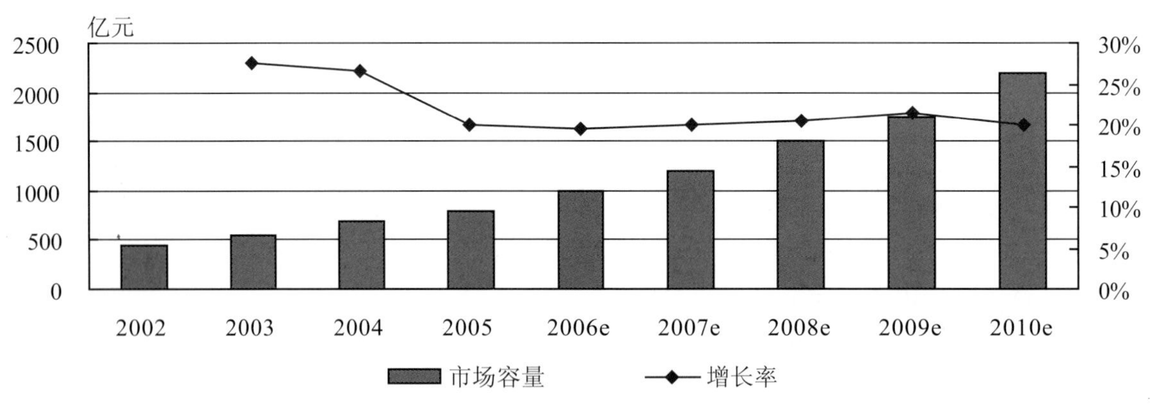

数据来源：CCID，光大证券研究所

图1.10　国内IT服务业的市场容量

① csia.org.cn

② 光大证券："2007年软件行业策略报告"。

③ 中国银河证券："2007年软件行业投资策略报告"。

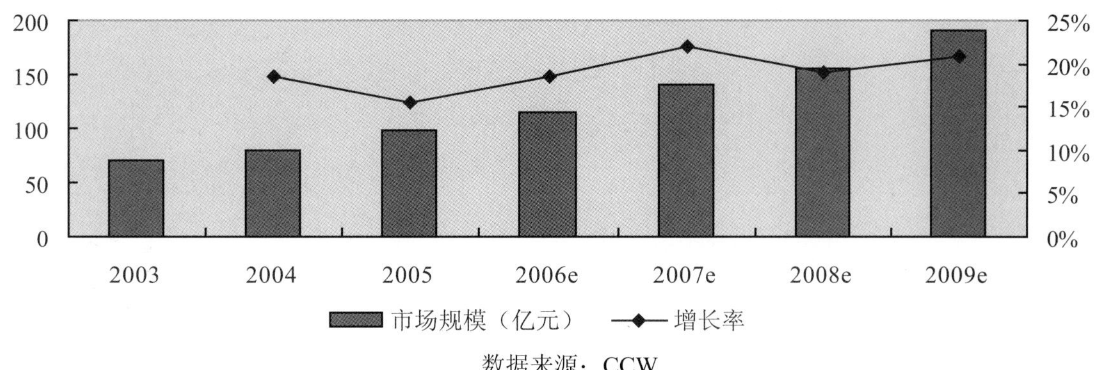

数据来源：CCW

图1.11　国内IT集成服务市场规模及预测

面对IT服务市场庞大的市场规模和超过20%的增长速度，国内外厂商已是“摩拳擦掌”，纷纷向服务型企业转变，寄希望于发展服务以转向持续稳定的盈利模式。在未来，软件企业的服务比重提高成为软件企业逐渐成熟的标志。投资者应重点关注那些在转型服务过程中，市场规模扩大、信誉高涨的企业。

（2）软件外包市场，持续爆发性增长

目前，中国新兴的软件外包业务只占到全行业总收入的10%，而印度则是70%左右。由此可以预见中国软件外包具有巨大的发展潜力。

中国软件外包市场在过去5年里的年均增长率高达52%，但这还只是开始。与印度软件外包产业所处阶段比较，中国软件外包市场刚刚进入爆发性增长的启动期（见图1.12）[①]。IDC预测，未来5年中国软件外包市场的复合增长率将高达48%。鉴于目前日本是我国的主要发包市场，2005年有60.1%的外包业务来自于日本，而来自欧美地区的比重只有20.4%；2006年第一季度，来自日本发包市场的份额下降为59.3%，欧美份额有所上升，占据22.5%；因此，易观国际预测，美国发包业务在未来几年内将以年均复合增长率40.9%的速度增长，成为中国软件外包业务增长的最大动力源（见图1.13和图1.14）[②]。因此，投资者应重点关注国内面向欧美发包市场的软件外包企业。

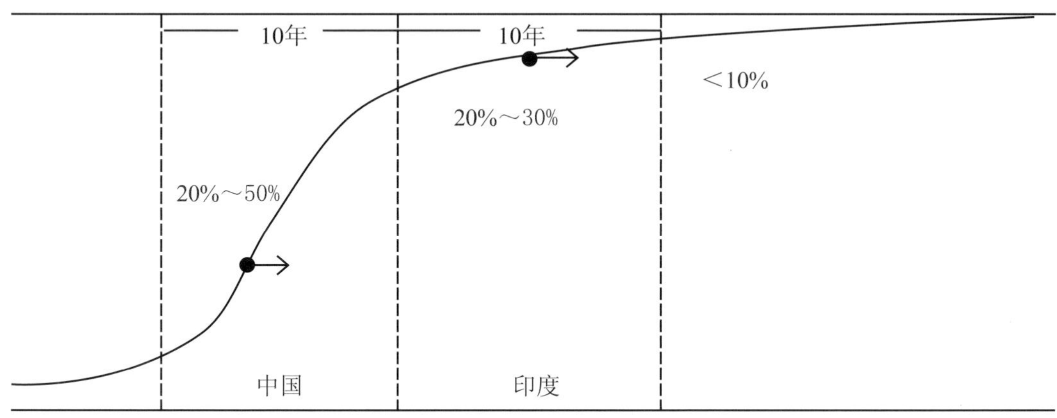

图1.12　目前中印软件外包产业所处阶段

① 国金证券：“2007年软件外包行业报告”。

② 中国银河证券：“2007年软件行业投资策略报告”。

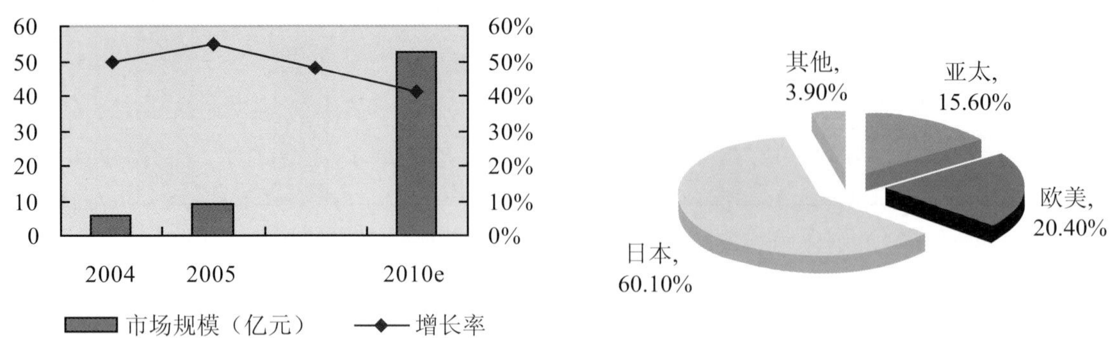

图1.13　中国软件离岸外包市场规模及预测　　图1.14　中国软件离岸外包业务来源国分布

此外，对比印度软件外包企业的规模，可以发现，中国软件外包企业也处于发展的初期（见图1.15）①。印度四大软件外包企业之一INFOSYS公司的收入在过去10年里取得了接近100倍的增长。与印度企业相比，东软股份的软件外包收入相当于INFOSYS公司1995年的水平，浙大网新仅相当于其1994年的水平。这也预示着中国软件外包企业具有高速发展的潜力。2006年9月26日，英特尔向东软注资4000万美元，显示海外投资机构对国内软件外包企业发展前景的看好。

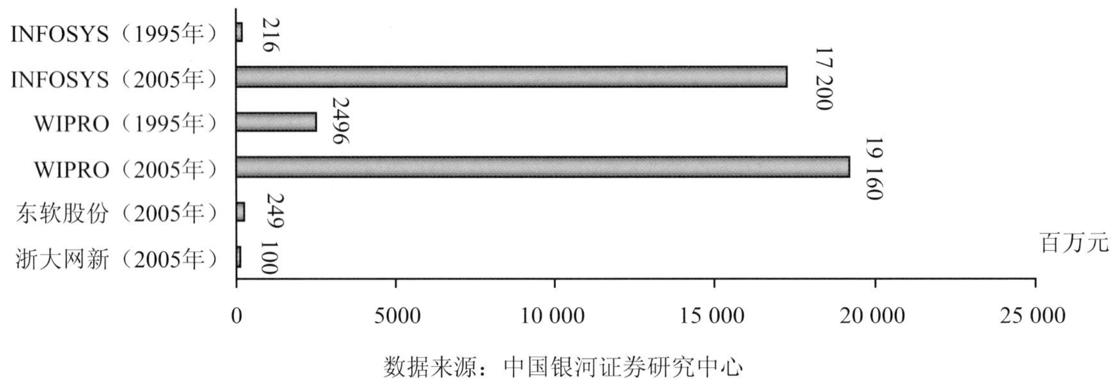

数据来源：中国银河证券研究中心

图1.15　国内公司软件外包业务规模与印度公司的比较(百万元人民币)

（三）投资风险分析

在过去的一年，我国软件产业发展仍存在5大问题。除了企业规模偏小外，软件产业的出口和外包服务能力仍然较弱，系统软件基础软件实力弱，人才瓶颈问题突出以及支持软件产业发展的环境和公共服务体系有待完善。因此，行业投资风险依然突出。

1. 技术风险

国内软件企业在产业规模、技术水平、开发能力和国际竞争能力等方面与国际先进水平有着很大差距。目前，我国的软件生产总体处于模仿和加工阶段，有效技术创新不足，核心技术受制于人，操作系统、数据库、大型开发平台等高端产品十分短缺，国外产品依然占据垄断地位。同

① 中国银河证券："2007年软件行业投资策略报告"。

时，我国尚未建立服务于国产软件系统化、工程化和兼容性发展的、全国统一的软件公共技术服务平台体系，制约了大型软件系统的开发能力。

随着中国软件市场的逐步成熟和持续扩大、政府保护知识产权工作的大力推进以及跨国软件企业对中国市场的了解越来越深，近年来，外资软件企业对中国的投资呈现出快速增长的态势。像微软、SAP这样的大型跨国软件企业也从初始的试水阶段，逐步进入大规模投资阶段，通过各种形式不断加大进入中国市场的力度，预示着未来中国软件市场的竞争将更加激烈和国际化。面对跨国公司咄咄逼人的气势，缺乏核心技术竞争力的国内软件企业生存环境日益恶劣，投资风险也随之提高。

2. 市场环境风险

市场环境风险来自两个方面，一是非理性价格战导致行业利润下降给企业经营造成的风险；二是来自于猖獗的盗版行为给软件产品销售造成的市场损失风险。尽管中国政府一直希望营造一个理性的市场竞争环境，然而，由于行业管理壁垒导致的市场分割，政府的管制措施难以获得满意的效果，业内非理性的市场竞争行为有增无减，导致行业利润率不断下滑，严重影响了软件企业的正常经营。而如影随形的软件盗版行为，更是给软件企业的产品销售造成了巨大损失。因此，投资者必须正视国内软件行业的市场环境风险，并积极作好应对之策。

3. 人才风险

软件产业是一个新型的特殊产业，它与许多传统的产业存在着一些不同的特点，传统的产业常依赖于特定的原料资源，而对软件产业最主要的资源是人，因此软件产业的竞争，根本是人才的竞争，因此发展软件产业必须首先注意人的因素。软件企业的人才管理不同于传统产业，很难依靠硬性的约束管理这些知识型人力，绩效管理也难以量化。国内软件企业人才资源管理的落后，已经造成大量软件人才长期流动，跳槽不断的弊端。此外，中国软件人才的缺口还非常严重，教育部在2004年的一份关于紧缺人才的报告中称①，软件从业人员近60万人，其中专业人才约34万（其中高级人才4万人，中级人才20万人，初级人才10万人）。人才结构呈两头小中间大的橄榄型结构，不仅缺乏高层次的系统分析员、项目总设计师，也缺少大量的从事基础性软件开发人员，人才结构有待优化。由此可见，人才频繁流动和结构缺陷，已经对我国软件产业的发展构成威胁，也势必给软件行业的投资带来风险。

4. 市场结构性风险

目前在国内软件市场中，国外厂商仍占主流。尽管在文化和语言上存在巨大的差异，但在国内市场份额居前的都是国际化企业。2005年度软件市场中前十位的主流厂商中，国外厂商占7成，市场份额更是超过80%。由于缺乏核心技术竞争力，中国软件企业往往只能在低端软件产品和服务领域占据一席之地，产品和服务的附加值严重偏低。此外，在软件外包业务市场，中国企业的业务主要来源于相对低端的日本市场，对美欧市场开拓力度严重不够。市场和服务结构的不合理以及企业规模的偏小，严重影响了国内软件企业的发展速度，对投资者来说，也是一个潜在的风险。

5. 其他风险

包括：人民币升值给软件外包和服务出口带来的成本增加风险、手工作坊式开发带来的效率风险、企业内部管理激励制度不完善带来的管理风险、服务意识薄弱给企业经营带来的风险等，

① 国家五部委联合发布技能型人才需求报告，http：//herald.seu.edu.cn/news/Article_Show.asp?ArticleID=13410

都将给行业投资管理和效益造成不同程度的影响。

参 考 文 献

[1] 中国风投网，http：//www.fengtou.net
[2] 中国信息产业部，http：//www.mii.gov.cn
[3] 中国信息产业网，http：//www.cnii.com.cn
[4] 中国电子行业投资信息网，http：//www.ceiinet.gov.cn
[5] 中国电子行业信息网，http：//www.ceic.gov.cn
[6] 金融界，http：//www.jrj.com.cn
[7] 中国行业研究报告网，http：//www.chinahyyj.com
[8] 网易行业咨讯站，http：//521.163.com
[9] 中国行业研究网，http：//www.chinairn.com
[10] http：//www.research.hc360.com
[11] 中金在线——行业研究报告，http：//hyyj.stock.cnfol.com
[12] 中国风险投资网，http：//www.cvc360.com
[13] 中国 SOA 俱乐部，http：//www.soaclub.net/default.asp
[14] 易观国际，www.analysys.com.cn
[15] 中国互联网研究咨询网，http：//www.windloves.com
[16] IT 资源库，http：//www.itdb.cn
[17] 51报告在线，http：//www.51report.com
[18] 国家信息中心，http：//www.sic.gov.cn/web/index.asp
[19] 中国经济经济信息网，http：//www.cei.gov.cn
[20] 国研网，http：//www.drcnet.com.cn/DRCNET.Channel.Web
[21] 今日投资网，http：//www.investoday.com.cn
[22] 中经数据网，http：//db.cei.gov.cn
[23] IT 界资讯，http：//info.feno.cn/it
[24] 计世资讯，http：//www.ccwresearch.com.cn/club
[25] 中国软件行业协会，http：//www.csia.org.cn/home/index/index.htm
[26] csia.org.cn
[27] 新浪科技
[28] http：//news.topoint.com.cn/xwzx_view.asp?id=25875
[29] http：//zy.topoint.com.cn/view.asp?id=8283&cc=0&pg
[30] 招商证券，“计算机行业2007年投资策略报告”
[31] 光大证券研究报告
[32] 天相投资顾问公司分析报告
[33] 国金证券研究报告，“2007年软件外包行业研究报告”
[34] 产经网～中国电子报，2006年6月23日

附录：2006年软件行业投融资事件一览表

时间	出资方	获资企业	注册地	细分行业	涉及金额	投资类型
1月	华平基金	诚迈科技	江苏南京	软件外包	100万美元	风险投资
1月20日	灵通网	北京奥嘉	北京	游戏与娱乐软件	340万美元	收购
3月	中讯软件	北京日桥	北京	软件外包与应用软件	53%的股权	收购
3月	红杉资本	穗彩公司	广东深圳	应用软件		风险投资
4月	集富创投	安博（Ambow）	北京	网络软件	千万美元	风险投资
4月21日	金蝶软件	歌利来	广东深圳	ERP管理软件	近1000万元人民币	收购
4月27日	红杉投资、DCM、联想投资	文思软件	北京	软件外包	4000万美元	风险投资
5月	中软国际	创智国际	湖南	软件外包		收购
5月	中经合/CRV	傲游	北京	浏览器软件	300万美元	风险投资
5月	红杉资本	康盛世纪	北京	网络社区软件	200万美元	风险投资
5月	2b Holdings	Aircom	北京	电信业务系统服务		风险投资
5月8日	中企动力	红旗中文2000	北京	管理软件	65%的股权	收购
5月18日	大唐软件	烽火志诚	北京	电信业务软件		收购
5月23日	戈壁投资、AllianceBernstein、橡树投资、Miven Venture Partners、Georgian Pine Investments、bScope Partners	灵图软件	北京	应用软件与信息服务	3000万美元	风险投资
5月26日	亚信	国创科技	北京	电信业务软件与信息服务	350万美元	收购
5月26日	亚信	上海亿软	上海	电信业务软件		收购
6月	德同投资	掌上明珠	北京	游戏与无线应用软件	300万美元	风险投资
6月	红杉资本/IDGVC	BitComet	海外	网络应用软件		风险投资
6月	北极光/LightSpeed	艾诺威科技	浙江杭州	无线系统软件	400万美元	风险投资
6月	兰馨亚洲	创新科存	海外	IT服务	1050万美元	风险投资
6月28日	联想投资	维塔士电脑软件	上海	游戏软件外包		风险投资
7月	中经合集团	触通安腾	北京	游戏及娱乐平台开发		风险投资
7月	李嘉诚基金会	Cgogo	北京	搜索引擎开发	2000多万美元	风险投资
7月	老虎基金	东南融通	福建厦门	软件外包	2000万美元	风险投资
7月3日	金融界	巨灵信息	广东深圳	信息数据库服务	100多万美元	收购
7月4日	中软国际	正辰科技	北京	系统集成与软件外包	300万美元	收购

时间	出资方	获资企业	注册地	细分行业	涉及金额	投资类型
7月7日	IntelVC/汇丰银行	唯晶科技	北京	游戏软件开发		风险投资
7月	金沙江创投/GSR/mayfield	studyEZ	浙江杭州	学习软件开发		风险投资
7月19日	LaNetro Zed	指云时代	北京	通信软件与系统集成	1.4亿美元	收购
7月19日	北京ZCOM	FlashGet		网络下载软件	数千万元人民币	收购
7月24日	GGV、集富、IFC、英特尔、三菱、住友和德丰杰	海辉软件	辽宁大连	软件外包	3000万美元	风险投资
7月	百度	千千静听		音乐下载软件		收购
8月	中讯软件	汉扬天地	北京	应用软件	20%的股权	增持
8月	中讯软件	MIS	海外	应用软件	75%的股权	收购
8月	厦门书生	金环岛软件	福建厦门	企业管理软件	千万元	收购
8月7日	大展集团	北方新宇	北京	软件外包		收购
8月18日	新加坡国家基金/英特尔基金/新宏远基金	金山软件	北京	应用软件与平台软件	7200万美元	风险投资
8月23日		远光软件	广东珠海	行业财务软件	约1600万美元	上市
8月29日	和讯网	博庭科技	广东广州	投资分析软件	70%的股权	收购
8月31日	IGCA/Fidelity Asia Ventures/住友商事亚洲资本	CDP集团中国公司	上海	管理软件与流程外包	1000万美元	风险投资
9月	中经合集团/IDGVC	图为先科技	北京	电子地图服务	1000万美元	风险投资
9月6日	软银赛富	完美时空	北京	游戏软件	800万美元	风险投资
9月	德丰杰龙脉基金	联龙科技	北京	网络数据转换服务（中间件）	200万美元	风险投资
9月15日	魔龙国际	数蓝软件	广东广州	手机游戏开发	全资收购	收购
9月26日	英特尔	东软集团	辽宁沈阳	软件外包与应用服务	4000万美元	风险投资
10月	台湾联发科技	博动科技	北京	中介软件及应用软件	1300万美元	收购
10月	北极光	德比软件	上海（海外注册）	应用软件		收购
10月	红杉资本/KPCB、华登/联想投资	高德软件	上海	导航电子地图服务	2000多万美元	风险投资
10月	SAIF	爱迪友联	广东深圳	信息化服务	1200万美元	风险投资
10月	台湾运营商大哥	华友世纪	北京	综合软件平台的开发、集成与服务	580万美元（5.02%的股权）	收购
10月9日	中华网软件	MVI科技	英国	应用管理软件		收购
10月19日	德丰杰龙脉等	DeviceVM	硅谷公司	平台软件	1000万美元	风险投资
10月30日	瑞图万方科技	畅想电脑	上海	导航系统方案与导航电子地图服务		收购

时间	出资方	获资企业	注册地	细分行业	涉及金额	投资类型
10月31日	NASDAQ	富基旋风	北京	供应链管理与服务	680万美元	上市
11月	中经合集团/首都信息	首信易支付	北京	信息化服务/平台软件	1450万美元	风险投资
11月	香港豪尔基金	居泰隆科贸	北京	家居整体解决方案开发	500万美元	风险投资
11月	IDGVC	三代动力	北京	移动应用软件		风险投资
11月1日	北极光	Sigma ～ RT	总部四川成都	质检解决方案	260万美元	风险投资
11月13日	IDGVC	酷热科技	北京	视频软件开发	300万美元	风险投资
11月15日		新数通兴业（Xplus）	北京	Xplus软件	400万美元	风险投资
11月28日	中华网	时代杰诚	北京	互动娱乐业软件	1570万美元	收购
12月5日	鼎晖创投	火石软件	广东广州	游戏软件	近1000万美元	风险投资
12月8日		金智科技	江苏南京	信息化服务	约3000万美元	上市
12月15日	日立信息系统公司	高维信诚	上海	管理软件服务	数千万元美元	风险投资
12月15日		网盛科技	浙江	应用软件	约2000万美元	上市
12月18日	SunGard	复旦金仕达	上海	应用软件		收购
12月18日	RRE/Evolution投资基金/Lunar Group等	捷银信息	上海	移动支付平台软件	2000万美元	风险投资
12月20日	中华网游戏集团	韩国独立网游开发商Gorilla Banana Entertainment	韩国	网游软件开发	约162万美元	风险投资
12月30日	联创策源/Google/富达基金/IDGVC/晨兴科技	迅雷软件	广东深圳	网络下载软件	约2000万美元	风险投资
12月31日	东尚科技	超级解霸	北京	播放器软件	全资收购	收购

数据来源：投资中国网，http：//www.chinaventure.com.cn

第二章 医药行业投资分析报告[①]

医药行业是一个多学科、先进技术和手段高度融合的高科技产业群体，涉及国民健康、社会稳定和经济发展。具有高技术、高投入、高风险、高附加值、相对垄断的特点，因此极受风险投资的青睐。

2006年是中国医药行业转折的一年，在一系列事件的影响下，医药行业利润增长率降到了历史的低点，行业销售收入增长平稳，利润增长下降明显；子行业上游优于下游，生物制药子行业表现最优。2006年中国医药行业发展的基本特点是：外延式扩张再遇重创，国外医药企业加快了在国内扩张的脚步，知识产权问题仍是困扰中国医药企业的主要问题；2006年中国医药行业政策是：整顿和规范药品研制、生产、流通、使用秩序，鼓励创新，积极推动产业结构调整，药价持续下行；预计2007年，医药行业的政策和产业形势依然严峻。

一、2006年医药行业发展概况及特点分析

2006年是我国医药行业处于转折的一年，在一系列事件的影响下，医药行业利润增长率降到了历史的低点，整个行业面临着变化的临界点。

（一）2006年中国医药行业经济运行情况

受国家宏观经济环境总体趋好的影响，2006年医药经济总体运行呈现出工业生产持续增长、商业销售增势平稳、出口增势强劲、效益水平稳中趋降的发展态势。

1. 行业销售收入增长平稳，利润增长降到最低点

2006年前三季度医药制造业实现销售收入3217.17亿元，利润总额246.35亿元，同比增长分别为18.82%和8.14%，销售收入保持平稳增长，但是利润增长却创下近年来的新低。2006年前三季度医药制造业的税前利润率水平比2005年有明显下降，从2005年的8.4%下降到7.63%。行业亏损面为25.59%，亏损额37.46亿元，同比增长26.22%（见图2.1和图2.2）[②]。

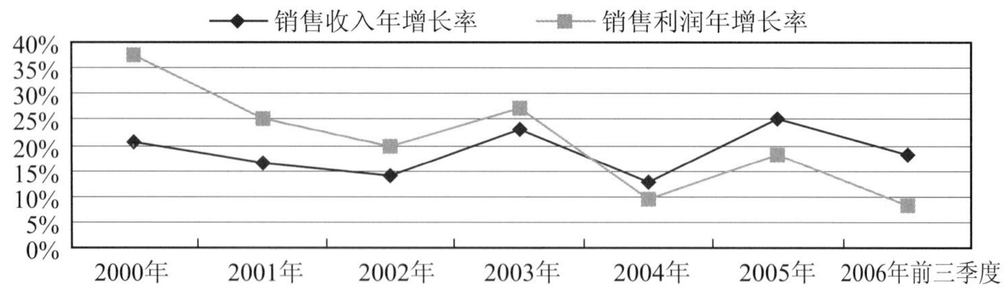

数据来源：根据中国医药经济数据网数据整理

图2.1 医药制造业销售收入和利润增长率

① 本报告由中国地质大学（武汉）经济学院朱冬元副教授供稿。

② 中国医药经济数据网。

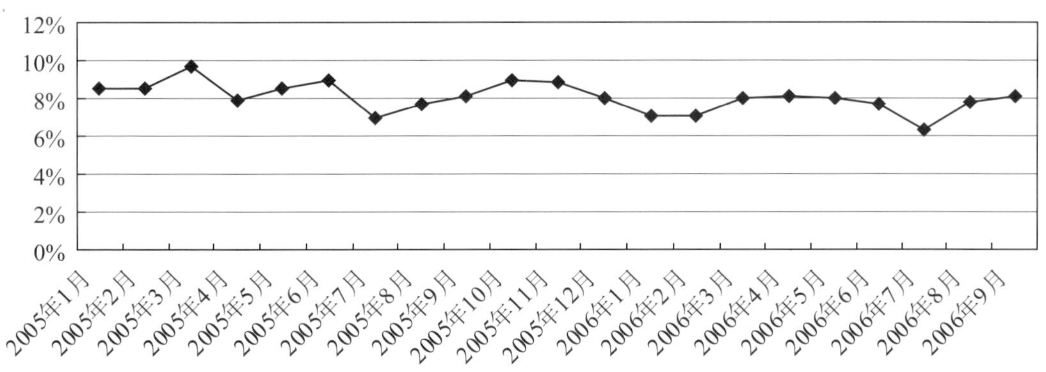

数据来源：根据中国医药经济数据网数据整理

图2.2 医药制造业单月税前利润率

2. 子行业上游优于下游，生物制药子行业表现最优

2006年我国医药行业各子行业的表现各异，在销售收入上，化学原料药和中成药子行业由于2005年的基数比较高，所以2006年前三季度的销售收入的增长明显放缓，前三季度分别取得了12.5%和21.5%的增长，比2005年底分别高达31.2%和34.5%的增长率下降了很多。而化学制剂和生物制药子行业正相反，在2005年销售收入增长幅度较小的情况下，2006年前三季度的销售收入增长分别达到了17.8%和27.8%，高于2005年全年16.9%和21.8%的增长速度①。

在净利润方面，由于受到国家政策性降价的影响，下游的化学制剂和中成药子行业的净利润增长幅度大幅下滑，化学制剂子行业甚至出现了负增长，2006年前三季度的净利润下降了4.08%，中成药子行业也仅仅增长2.0%。而上游的化学原料药子行业在2006年的净利润增长虽然远低于2005年全年35%的增长幅度，但是2006年前三季度也取得13%的增长，这一增长高于一季度的1.4%和半年度的9.4%，有复苏的迹象。生物制药子行业在2004年国家清理整顿行业秩序以及行业内产品成熟度提高的双重作用下，2006年延续了2005年的高速增长，2006年前三季度净利润增长了22.2%，远高于其他几个子行业的增长速度，是医药行业中在2006年不多的亮点之一（见图2.3和图2.4）②。

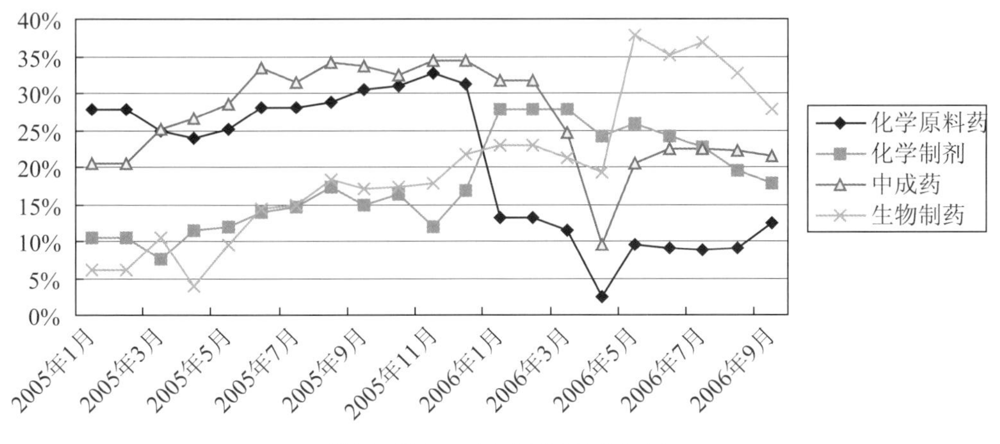

数据来源：中国医药经济数据网

图2.3 各子行业销售收入增长率

① 中国医药经济数据网。

② 中国医药经济数据网。

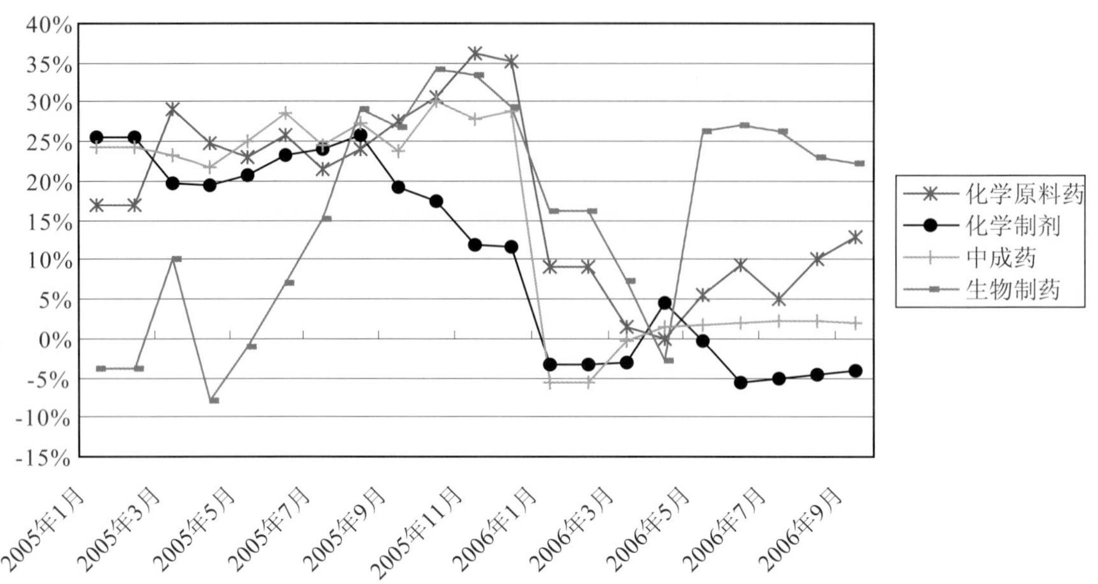

数据来源：根据中国医药经济数据网数据整理

图2.4　各子行业净利润增长率

在税前利润率方面，化学原料药、化学制剂和中成药子行业均有所下降，2006年前三季度的税前利润率分别为5.8%、8.5%和8.8%，而生物制药子行业的税前利润率水平保持稳定，2006年前三季度为10.8%，高于其他子行业（见图2.5）①。

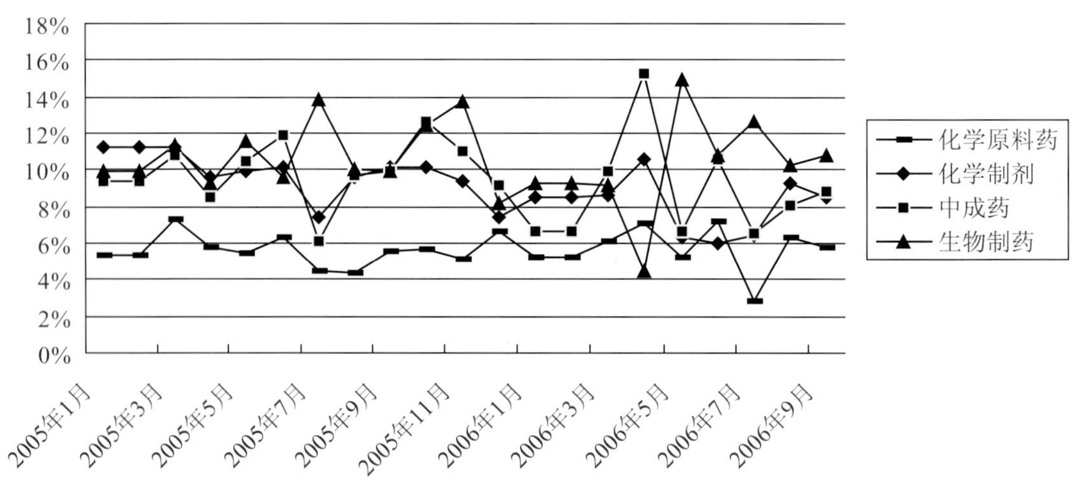

数据来源：根据中国医药经济数据网数据整理

图2.5　各子行业税前利润率

① 中国医药经济数据网。

（二）2006年中国医药行业发展概况及特点

2006年是“十一五”的开局之年，为保持国民经济持续、协调、稳定的发展，国家继续加强和改善宏观调控的一系列政策措施，坚持加快改革开放和自主创新，坚持推进经济结构调整和增长方式转变，坚持把解决涉及人民群众切身利益问题放在突出位置。宏观调控的成效进一步显现，国民经济保持了平稳较快的增长，实现了经济和社会发展的主要预期目标。国家宏观经济发展的持续趋好，为医药行业的改革与发展提供了良好的外部环境。

1. 医药行业对宏观经济增长的贡献率进一步提升

2006年各地医药企业紧紧围绕改革与发展两大目标，不断加快制度创新、技术创新和管理创新，加快产权制度改革和重组步伐，市场机制调整作用的进一步增强，促进了企业生产经营竞争能力的不断提高，推动了企业经济效益的改善，医药行业保持了平稳较快的发展态势。

据统计，1999年～2006年这7年间，医药工业产品销售收入年平均递增18%左右；实现利润年平均递增约20%；化学原料产量突破百万吨；中成药产量翻倍增长；医药产品进出口总额突破百亿美元；国内医药市场销售年平均增长速度为15%左右[①]。技术创新带来了产品结构优化，随着“仿创结合”战略的落实，有企业技术特色和品牌的名牌药品越来越多，尤其是中药品牌潜力巨大。

2. 企业并购改写医药市场的版图

随着全球经济一体化趋势的加强，市场竞争环境日趋激烈，来自于行业外部的宏观调控、行业内部改革发展的客观要求均促使医药行业整合的步伐提速。一批有实力的企业相继加快了购并重组的步伐成为区域性的龙头企业，促进了医药流通体制的结构调整。民营企业在医药流通体制改革中凭借资本运营异军突起，迅速发展壮大，成为医药流通领域的佼佼者。

3. 行业规模化、集约化特征凸显

据中国医药商业协会2005年全国医药商业企业基本情况调查资料显示，进入百强企业的销售规模底线由2004年的3.7亿元提升到5.3亿元。在百强企业中销售规模达30亿元的有13家，过20亿元的有23家，销售超过10亿元的有56家，均比上年大幅增加，其中前三甲企业的销售规模占全国医药市场比重的17%，比上年提高了两个百分点。另据统计，2005年医药工业销售收入和利润排名前10位的省份占整个行业的比例为70%左右。医药商业532家重点企业（销售额5000万元以上），商品销售收入净额为2035.30亿元，占全行业的84.80%，其中排名前10位的企业的销售收入合计为553.69亿元，占行业的23.07%，占重点企业的27.20%。这532家企业利润总额为21.86亿元，其中前10位利润合计为7.68亿元，占行业利润的48.52%，占重点企业的35.13%。数据显示，行业的市场集中度进一步加大。2006年以来，行业规模效益优势更为凸显。零售终端的争夺战愈演愈烈。

4. 农村消费市场稳健起步

随着国家“两网”建设试点和新型农村合作医疗，农村医疗保险制度的推进与加速发展。农村市场的开拓已成为企业进一步启动内需、寻求新医药市场的经济增长点，促进医药经济全面均衡发展的重要举措。据国家统计局对全国31个省区市6.8万个农村住户的抽样调查显示，前三季度农民现金收入人均2762元，扣除价格因素，同比实际增长11.40%。另据统计，2005年全国7大

---

① 根据国研网数据整理。

类医药商品销售中，对农村销售额为450亿元，比上年同期增长16.58%。2006年继续保持了这一增长态势。

5. 医药市场消费继续呈现多层次格局

据中国医药商业协会典型品种调查数据显示，2006年上半年药品消费货源构成比例为：国产药占42.75%，合资药依次为奥美拉唑、混合型胰岛素、格列齐特、咪康唑、头孢噻肟钠、多潘立酮、奥曲肽、氨氯地平、头孢他啶、氨溴索、对乙酰氨基酚、麦考酚酸酯、复方丹参、布洛芬、银杏叶制剂、左旋氧氟沙星、头孢呋辛、头孢曲松、钙尔奇D、阿卡波糖。随着城镇职工基本医疗保险制度、药品分类管理制度、医药分业试点工作的不断完善，一些疗效确切、价格低廉的国产普药及新药占有一定的市场份额，合资药品在市场中仍具有较强的竞争优势，OTC药品保持了快速发展势头，用于治疗、预防新的传染病、常见流行病药物、消毒品、保健药品的需求持续增长。同时现代生物技术药物、天然药物、海洋药物成为挑战常规化学药物的新品种，市场消费需求呈现多层次的格局。

6. 企业盈利空间持续下降

近年来，为配合国家三项制度的改革，价格主管部门按照宏观调控与市场调节相结合的总原则，对纳入《国家基本医疗保险目录》的甲类药品实行政府定价，乙类药品实行政府指导价格。同时，为了控制药价、满足群众的基本医疗需求，对国产、合资、进口类药品依据性能疗效费用等综合比价因素进行了调整，药品价格水平明显下降。各省级价格主管部门也结合各地药品招标采购情况，大幅度地降低部分省管药品零售价格。据初步测算，平均降价幅度在15%以上，累计降价总额达300多亿元。

据中国医药商业协会组织的全国主要城市化学药品零售物价指数测算结果显示，药品价格已连续几年呈下降态势，各类指数均呈现一定的降幅。2005年药品零售价格总指数为96.91，比上年又下降3.09个百分点。2006年新一轮医保目录药品价格的调整已陆续出台，药价指数仍呈下降之势。

7. 市场监管力度加大

2006年初启动的治理医药购销领域商业贿赂不单纯是打击贿赂犯罪，更重要的是推动“三项制度”改革的进一步深化；促进医药资源的优化配置及结构性调整；保障城乡居民基本医疗需求，促进和谐社会的发展。年中，国务院部署了为期一年的药品市场秩序整治行动，把建立、规范、维护药品市场秩序，保障公众用药安全作为一项长期的任务。国务院直接布置在全国范围内开展整顿和规范药品市场秩序专项行动，其范围之广、力度之大前所未有，显示出政府对市场监管力度的进一步加大。

8. 现代物流成企业降费增效的关键

“十一五”期间，现代医药物流作为生产性服务业将在医药经济发展中发挥越来越重要的作用。现代医药物流作为调整经济结构、转变经济增长方式的重要途径，将是降低成本、提高效率与效益最关键的因素之一。因此，整合各类资源，延伸服务领域，提升服务水平，建立快捷、高效、安全、方便且有国际竞争力的现代医药物流服务体系，大幅度提高物流的社会化、专业化和现代化水平，将是行业和企业应对挑战谋求发展的战略目标。

提升国际竞争力仍是企业的命题，随着加入WTO过渡阶段的结束，医药分销服务领域将进一步开放，外资进入中国医药流通领域的步伐正在提速，标志着国内医药市场全面竞争时代的到来，我国医药流通企业也真正步入了优胜劣汰的发展阶段。

二、2006年医药行业购并和风险投资的概况及特点

（一）2006年中国医药行业购并和风险投资的概况

2006年医药行业内的并购重组风生水起，风险投资介入也如火如荼，据不完全统计，全年并购事件超过45项，并购资金超过150亿元，风险投资基金介入项目数为22项，介入资金26 457.5万元，占全年风险投资基金介入项目的资金的8.75%①。医药行业风险投资典型事件（见表2.1）。

表2.1　2006年医药行业典型购并及风险投资事件

时间	事件及当事方
上半年	香港晨兴投资注入500万美元风险资金投资到安普生物；鼎辉投资3500万给慈济体检集团；三九集团开始引进战略投资者进行债务重组；德国拜耳以12.64亿人民币收购了东盛科技控股子公司盖天力主要资产；白云山和记黄埔中药有限公司在广州召开自主创新成果发布会宣布，在全国首家建立具有长效机制的中医药自主创新激励平台，每年拿出不少于3000万元的专项经费，作为企业自主创新基金，该项自主创新基金设立后，第一笔发出的基金80万元奖励复方丹参片缓释技术创新项目
8月	福建惠好斥资7000万元收购三明医药；浙江鑫富药业斥资1.04亿元，将国内排名于自身之后的湖州狮王精细化工有限公司及淄博尤夫精细化学品有限公司成功地收购
9月	深圳迈瑞生物医疗电子有限公司在纽约证券交易所上市，成功融资2.7亿美元
10月	百奥维达投资咨询（上海）有限公司投资章江NOD，将当前胰岛素针剂变成口服药的公司收购
11月	CMIA Capital Partners（CMIA）收购医疗器械制造商重庆海扶20%股权
12月	联想正式决定并购石药集团

和记黄埔在牵手同仁堂重组白云山后，目前正打算收购2家～3家内地中医药企业。而医疗健康产业亦是风险投资看好的投资领域，继高盛投资海王星辰，华登集团投资深圳迈瑞，IDG投资广州香雪制药和桑迪亚医药之后，越来越多的国际风险投资基金开始大举投资中国的医疗健康产业，在Greenbridge Capital等机构的精心安排下，2006年12月5日，IDG、凯雷、软银赛富、德同中国等众多基金的合伙人与株洲千金药业、上海百润医药、宁波朗生制药等知名药企共同参加了“中国首届医疗健康产业投融资峰会”，进行面对面交流，探讨投融资实务。业内专家指出，由于医药行业整体不太景气，而产业集中度又偏低，因此，2006年乃至今后医药行业的发展趋势将是品种优先、并购做强。

2006年中国医药行业并购的主要原因是：

1. 医药行业“小、多、低”状况急需改变

并购重组是改变目前我国医药行业内，企业规模小、数量多以及研发能力低的一种有效途径。有关统计显示，目前我国4000多家医药生产企业中，将近90%为小型企业。2005年，国家500强大型企业中医药企业仅9家。2005年销售额过50亿元的医药企业只有3家，过20亿元的有11家，过10亿元的有55家，其数量仅为医药企业总数的1%左右。2005年我国医药行业前10名的产值之

① 根据中国风险投资研究院调查的数据整理。

和仅相当于排名世界第一的辉瑞公司的12%。

在我国4000多家医药生产企业中，大部分企业名牌产品少，品种雷同现象普遍。如牛黄解毒片就有150余家企业生产，还有一些新产品，如克拉霉素、罗红霉素、阿奇霉素和左氧氟沙星等，重复生产以致供大于求现象也十分突出。而像维生素C等老产品因产能过剩已处于亏损边缘。

我国医药企业自身投入的研发资金一般不足销售收入的3%，远低于发达国家8%～10%的水平。这是一种无奈的现象，因为目前我国医药企业的规模支撑不起发达国家式的巨额研发费用。而新药研制投入严重不足，直接导致新药的创新研制能力及制剂水平低下，我国生产的化学药品96%都是仿制药。而这种状况又引发了市场竞争的恶化，使企业无法步入良性发展的轨道，从而限制了我国医药工业的发展。

2. 国家认证助推行业整合

医药制造业的国有经济比重相对较高，因此，政府行为在医药行业的并购重组中起着主导作用。目前对于华北制药和石药集团的并购重组，政府在背后推动很大。这些企业作为老国企，产品结构已经非常落后，再加上历史包袱沉重，因此通过自身的力量实现转型困难很大。而这些企业在当地又承担着很多社会责任，政府不能见死不救，所以无论是外资还是民间资本，政府都在积极引进。

3. 并购有利可图

虽然2006年医药行业业绩平平，但多数业内人士认为，我国医药市场的盈利前景依然广阔，目前世界排名前25位的跨国制药公司已有20家进入了中国，我国医药高端市场基本上都被跨国企业及其在华投资企业所占据，他们对中国医药市场很看好。对于并购方而言，只有有利可图，他们才会埋单。因此，未来的并购将会发生在市场前景好的医改题材企业和特色药企业。

（二）2006年中国医药行业风险投资情况分析

据清科集团统计，2006年前11个月，35只投资亚洲市场（包括中国内地地区）的私募（PE）基金成功募集12.61亿美元；共有68家机构投资了111个项目，投资金额高达117.73亿美元。在生物/医药行业，截至11月底，风险投资的比例亦明显上升，由2005年的2.3%上升至7.1%。这一趋势表明，风险投资将医疗健康、零售连锁等高增长性的行业变成他们新的投资目标，这种变化从2006年医药行业中的各种投融资宣介活动也可以明显感受到。应该说，这是一个值得医药行业人士兴奋的信号。但是，从2.3%到7.1%，翻倍的增长却无法掩盖基数的“先天不足”。从数字中可以窥见，目前风险投资基金对医药行业的态度是：“几乎所有紧握资金的投资大佬都梦想进入这个行业，但实际情况却是风声大雨点小，真正掏口袋愿意投资的少之又少”①。纵观全球，普通药逐渐转向专利药是世界趋势，但现在中国普通药的市场占有率是90%，专利药市场占有率不足10%，而在发达国家专利药占到70%以上，这说明现在中国新药的研发和产出能力非常弱，医药产业面临的技术创新压力非常大。

目前，风险资本投资医药行业的难点：首先是国内医药行业在技术方面模仿的多，创新的少，因此，风险投资基金很难在行业内找到技术领先的企业进行投资；其次，在投资环境方面，目前我国医药行业潜规则多，报批手续繁杂；第三，中国的医药产业集中度比较低，地方保护比较严重；第四，专利药市场占有率太少。

---

① 赖强：“风投的方向”，《医药经济报》，2006年12月15日。

医药行业项目风险投资通路不畅，主要有两大原因：

其一，中国资本市场不成熟，使得医药行业投资期长、风险大。比如，一个新药从作用机理到最终上市，可能需要10年时间和几十亿美元的投入，一直要等到产品上市之后开始卖钱了，才能够把投资收回，没有资本市场来分散投资者风险，整个开发过程风险非常高。由于20世纪80年代投资医药产业者中失败者居多，现在就导致了一个低谷。而在发达的资本市场，可能一个新药做了一期临床之后，整个公司就可以上市了，而且市值会很高。

其二，中国医药行业的出路过于狭窄，也是导致中国生物投资高风险的原因。中国医药产品主要面对的还是中国市场，中国医药投资项目的特点是周期长、项目大，大规模研发费用光靠一个狭窄的市场很难分摊。而美国一个新药开发出来价格非常高，因为美国药品从一开始面对的就是全球市场。

目前，中国新药研发和产出能力非常弱，资金投入也很有限，中国每年投入新药的研发费用还不到国外平均每个新药的研发费用总投入。全球知名顾问公司摩根大通副总裁顾宏地表示，中国很难开发出能与外企抗衡的新药知识产权。国家现在不断推动药价下调，传统普药价格受到非常大的冲击，而创新药受影响则小得多。

当然，风险投资家们仍然相信，未来中国的生物医药、生命科学将是一个具有很好投资回报的行业，只是目前还没有实现。他们中很多人认为，因为在医疗行业中，医疗设备业与风投最熟悉的IT行业关系密切，因而境外投资者比较容易进入这一行业，加之投资医疗器械的运作周期比较短，一个仪器生产一年时间可以拿证，药品审批则需要3～5年。未来三五年内，医疗器械行业有望成为吸引风投的突破口。

（三）2006年医药行业风险投资典型案例分析

1. 慈济模式[①]

近年来在医药行业遭遇风险投资观望的时候，健康医疗行业却受到了风险投资家的青睐。北京慈济健康体检连锁机构是最近几年风险投资在健康医疗服务连锁领域投资的典型。

慈济健康体检连锁机构是由韩小红创立，经卫生行政部门批准的健康体检机构。韩小红出身于医学世家，从小受到父母的熏陶，立志要成为一名优秀的医生。在北大医学院取得了硕士学位后，成为了中国人民解放军301医院肿瘤内科医生，之后又留学德国海德堡大学获得医学博士学位。在德国学习期间，她接触到了西方的健康观念和健康管理理念，深有感触：德国留学的肿瘤博士并不能普度众生，而健康体检能够帮助他们主宰生命的未来。学成回国后，她毅然选择了开创健康体检事业。

2002年韩小红创办了第一家慈济健康体检机构后，遵照“为人民健康服务”的理念，带领企业迅速扩张，4年后企业发展成为亚洲最大的健康体检与健康管理机构。2005年，她被评为“北京影响力最大的影响百姓生活的十大经济人物”；2006年，又被评为“中国十大海归创业新锐”。2006年慈济健康体检连锁机构最终获得了著名的风险投资机构鼎辉3500万元的投资，成为风险投资在健康医疗领域投资的典型。

2003年，鼎辉投资经理王霖来到慈济做体检，并将一份合作建议书交给韩小红。当时，慈济在北京的第三家分院刚刚开张便遭遇大火，重建第三家分院的资金还没有着落。3月份正是一年之中的体检淡季，已有两家分院的现金流除了维持自身的运转，还不足以支撑第三家分院的重建，

① http：//www.bioon.com/industry/information/244356.shtml

但韩小红还希望更快地投入和扩张。此时，已经有两家国内上市的医药企业希望能够出价收购，而另一家海外投资机构也有意投资。相比之下，韩小红觉得鼎辉的想法跟她的是最一致的。而当时鼎辉提出的对业绩上的一些要求在韩小红看来完全不成问题。几乎对资本市场一无所知的韩小红决定引进风险投资。

初次接触风险投资的韩小红很快见识了投资者的"厉害"，2003年2月，鼎辉派来了尽职调查团队，把慈济的家底都翻遍了，最终，鼎辉决定分批投资总计3500万元人民币，占据慈济40%的股份。

在鼎辉这笔钱到账前，韩小红的第四家分院已经靠着东挪西凑的资金支撑起来。第二年，慈济开始加速扩充门店，到2006年，北京市已经布局了6家分院。现在，慈济的增长速度和利润率远远高于鼎辉给其锁定的业绩目标。慈济现在已经开始着手建立自己的健康管理系统，依靠自有的十几个人的开发团队研发的流程系统正在完善过程中，韩小红希望将来能够拓展高端医疗，将自己在健康体检行业中的资源顺利嫁接。

为什么慈济会得到风险投资的青睐呢？主要原因是慈济健康体检连锁机构无论在机构、设施还是运营模式在行业内都处于领先地位，赢利空间广阔。慈济配备了国际最先进的医疗检测仪器、设备，吸取了国内外体检机构先进的管理理念，并结合我国国情及不同人群需要制定科学合理的体检项目和流程，创建了独到的《体检质量控制体系》，通过实践总结出《体检管理模式》、《体检经营模式》、《体检管理软件》、《专业技术培训》、《健康管理模式》、《连锁合作模式》等规范化管理系统。目前，慈济在北京已拥有6所体检中心，面积达20 000平方米以上，拥有20余万忠实客户。至2006年底，慈济健康体检连锁机构已为北京律师协会、IBM公司、外企服务总公司等数百家单位的员工进行了健康体检，是国内专业健康体检的"航母"级企业。与此同时，公司还注重多种形式的对外合作，2005年，慈济全资子公司"上海慈铭医院管理有限公司"正式成立，筹建中的健康体检中心即将开业；在浙江省的杭州、金华两地分别成立了由慈济控股的健康体检中心；山西太原、辽宁沈阳等地区的合作伙伴也与慈济正式合作，成为慈济加盟连锁机构。慈济健康体检的理念、模式正在向国内其他城市延伸，将有越来越多的医疗机构成为慈济的加盟连锁机构，与此同时，将有更多的受益人群加入健康体检、健康维护的行列。

2. 联想并购石家庄医药集团①

2006年年底媒体报道了联想控股集团旗下投资公司北京弘毅投资管理公司（以下简称弘毅投资）将要重组石家庄制药集团（以下简称石药集团）的消息。

弘毅投资的前身是联想控股直接投资事业部，2004年4月升格为与联想控股旗下联想集团、神州数码、联想投资、融科智地并列的"五驾马车"之一，为联想控股的并购投资管理子公司，主要投资于成熟行业的成长型企业。弘毅投资以"价值创造，价格实现"为核心理念，主要投资于成熟行业的成长企业。重点关注国企改制，同时关注民企扩展、国内A股上市公司和不良资产的重组。目前，公司直接管理和运作的资金超过10亿元。

石家庄制药集团有限公司，由河北制药集团公司、石家庄第一制药集团公司、石家庄二药企业集团公司、石家庄四药股份公司于1997年8月21日强强联合组建而成，是全国医药行业首家以强强联合方式组建的国有特大型制药企业，石药集团现有资产总额80亿元，员工约15000多人，拥有中润、维生、中诺、恩必普、华荣、新诺威、宏源等十余家全资或控股子公司，其中设在香港的控股子公司——中国制药集团有限公司是中国医药行业首家境外上市公司。

---

① http：//finance.sina.com.cn/focus/gzlxbgsysj/index.shtml

石药集团吸引弘毅投资的原因有：

其一，石药改制尚在准备。1994年，石家庄第一药制药厂控股的中国制药有限公司（1093.HK，下称“中国制药”）作为内地制药企业最早在香港成功上市，然而由于维生素C受国际市场影响价格下跌，导致中国制药缺乏业绩支撑。从1995年开始，在石家庄当地政府的促进下，原河北制药厂、石家庄一药、二药、四药四家企业走上了强强联手的企业“联邦制”道路，1997年，由四家企业联合成立的石药集团正式挂牌。2003年是石药最辉煌的一年。这一年，由于国际市场维生素C价格大幅上扬，使石药成为当年医药行业最大的赢家，勇夺全行业销售、利润双冠军，一时间在业内声名鹊起。与此同时，中国制药在香港股市也得到了热烈追捧。据有关资料显示，中国制药当年在香港股市曾经筹集资金超过10亿港元，到2004年，经过10年的股市摸爬滚打，中国制药市值已达到40多亿港币，是香港规模最大、业绩最优的制药上市公司，从国际资本市场成功融资近20亿元人民币。“像石药这种有融资渠道，本身又有盈利能力的企业需要投资公司来撬动重组吗？”一位业内人士提出了疑问。事实上，石药这两年经营举步维艰，相继投产的大项目不仅一时没有盈利，而且已经到了非常困难的地步。据了解，石药集团下属的10多家子公司中，河北中润制药有限公司（下称中润制药）和维生药业（石家庄）有限公司（下称维生药业）是集团公司的利润支柱，也是石药唯一控股的上市公司中国制药的核心资产和主要盈利来源。2004年以来，两个子公司受原料药市场原材料涨价、出口退税下调、行业无序竞争、国际贸易壁垒等影响，业绩出现大幅度滑坡，致使石药集团在医药行业的竞争地位迅速下滑，到2005年底其利润排名已经淡出人们的视野。尽管如此，石药集团在原料药行业纷纷调整产品结构，选择转型、退出的情况下却一直坚守原料药阵地，并在2004年底投资数亿元在内蒙古建立原料药生产基地，试图通过降低成本、扩大产能来摆脱严峻的市场形势。石药的联邦制管理体系也远未达到顺畅，企业内部人事管理一直磕磕绊绊，企业虽然在管理模式上有创新，但是老国企的烙印仍然非常明显。

其二，弘毅整合药业梦想。我们认为，2005年弘毅投资收购先声药业31%的股份进军医药行业，2006年年底又将购并石药集团，这和弘毅投资整合医药行业的蓝图相关。弘毅投资选择在行业下滑、石药连连遭遇经营困境的时期进入，这与收购成本的抉择不无关系，估计弘毅的收购价格将不会很高。业内专家认为石药虽然产品结构需要调整，但是它的一些产品产能规模在行业中是领先的，而且它也有制剂工厂，生产基础非常好，投资价值很大。而且在相当长的时间里，原料药仍然是中国在国际市场中最有竞争力的领域。目前，石药集团已经形成了维生素C年产能3万吨，位居全国第一位；青霉素系列原料药年产能1万吨，位居全国第二位；6－APA和阿莫西林生产能力全国第一，7－ACA生产规模达到1500吨/年，居亚洲第一位的生产规模。与此同时，2005年，石药花巨资投入研发出的一类新药“恩必普”上市，目前该产品已经取得了86个国家的专利保护。

风险投资一般分为产业链投资（事业投资）和财务投资，前者以控股的方式重新对企业进行战略调整，进行企业经营，后者只是购买一部分股权，不参与企业经营。一般风险投资的主要评估点是投资的企业是否有上市需求，企业有好的产品和团队，可持续发展的动力。弘毅投资投资先声药业属于财务投资，投资石药集团属于产业链投资。

三、2006年中国医药行业投资政策、环境分析

（一）中国医药行业现有行业政策综述

我国现行的医药行业发展政策包括几个方面：

1. 医药产业政策

"十一五"规划有关创新药物研究的基本思路中明确提出：我国到2010年要居国际新药研发"第二方阵"领先地位，领先韩国等中等发达国家；实现医药产业由仿制为主向创新为主、由生产主导型向研发主导型的两个根本性转变。宏观规划在数字上的体现更加具体——"十一五"期间，国家计划研制出100个新药，获得300项～500项专利，制定200个～300个主要技术规范和标准，建成20个具有国际水平的技术平台，建立20个以企业为主体的技术研究中心，培育10个～20个现代医药企业；至2010年，力争带动医药产值达到1万亿元，成为我国支柱产业。

同时，根据《国家中长期科学和技术发展规划纲要（2006－2020年）》要求，积极制定有利于医药产业创新发展的税收激励、金融支持、政府采购、知识产权保护政策；加大对医药科技创新方面的投入，推进建立以企业为主体、科研院所为支撑、市场为导向、产品为核心、产学研相结合的医药创新体系；扶持一批优势企业，加快企业技术中心建设，提高创新能力；鼓励企业引进消化吸收再创新，鼓励科技人员自主创新，实现新药研制从仿制为主向创新为主、仿创结合发展，建设一批具有国际先进水平的专业化的研发基地；通过药品审批制度和定价办法相结合制定的仿制药调控政策，抑制仿制药的恶性竞争，减少低水平重复。这一政策的推出对于鼓励国内企业的创新能力将具有长远的影响。

2. 医药行业市场准入政策

包括药品生产准入政策、药品经营准入政策、药品注册制度、药用包装材料及医疗用品和医疗器械制造准入政策等,《药品管理法》、《药品注册管理办法》、《开办药品生产企业暂行规定》、《药品生产质量管理规范》、《药品经营质量管理规范》、《医疗器械产品市场准入审查规定》、《医疗器械监督管理条例》和《医疗器械生产企业质量体系考核办法》等一系列政策法规明确规定了医药行业的各种准入制度。

（二）2006年我国医药行业投资政策和投资环境分析

1. 规模小，研发能力弱，产品同质化严重，产能过剩，营销手段单一

研发是医药企业的根本，但是如果很容易就能够获得新药证书，那么花高昂的研发费用去研发新产品就得不偿失了。通过药监部门一些人的纵容，企业可以对产品简单的更换剂型甚至是包装就可以获得新药证书，通过的新药就可以避免国家的政策性降价，获得高额的利润。在原有的医疗体系中，由于和医院等结合的利益共同体，医药企业都能够获得稳定的利润，各种矛盾都被表面的光鲜所掩盖。即使是在国家执行 GMP 和 GSP 强制性认证的时候，医药企业通过行业内的种种关系，大部分都存活下来，并在 GMP 和 GSP 改造的过程中，制造了更大的产能。

在2006年，通过对内部的清理，国家药监局严格了新药的审批过程，2006年新药的审批数量从2005年的1000多个降到了2006年的100多个，并且，国家药监局将对15个2003年地标升国标的批文进行清理，对没有临床数据和药学评价的药品将取消药品批文。医药企业弄虚作假的源头

被封死，真正考验医药企业研发能力的时期到来了。

营销是商品进入市场的手段。在医药行业中，带金销售作为主流的销售模式，在2006年医疗体系反商业贿赂的行动中被禁止，对于大多数没有其他销售模式的企业来说，如何把产品推向市场成为了难题。

2. 外延式扩张再遇重创

2006年9月，东盛科技在出售了旗下最好的业务后，爆出挪用上市公司15亿元的丑闻，最终不得不变卖资产抵债。从2005年华源和三九相继因为过度扩张而出现财务问题后，又一家以外延式扩张为主要发展方向的大型制药企业倒下。在中国医药企业缺乏核心能力，同质化严重的情况下，收购并不能给收购方带来整合效应和稳定的利润，中国医药企业普遍较小的规模又会使收购方在财务上背上沉重的包袱。所以对于中国的医药企业，目前最重要的还是练好内功，没有足够的实力，盲目地追求规模，通常并不会取得很好的效果。

3. 国外医药企业加快了在国内扩张的脚步

华北制药联姻帝斯曼，是国外大型原料药企业寻求整合全球市场资源的一次试探；而拜耳收购东盛科技旗下的启东盖天力和OTC品牌白加黑，说明国外医药企业不但注重从中国获得低成本的原料药，也开始通过并购大举进入中国的医药零售市场。而年末白云山下属的侨光制药和美国百特集团合资经营肠营养液产品说明外资在中国医药市场已经进行了全方位的开拓。在我国医药行业正在进入痛苦的转型期时，也许就是外资并购的最好时机。

4. 知识产权，中国医药企业头上的达摩克利斯之剑

从年初辉瑞制药对万艾可（伟哥）专利权诉讼的胜诉，到我国6名公民在法国世界制药原料药展览会上被法国赛诺菲—安万特集团以涉嫌侵犯其专利产品rimonabant（利莫那班）专利权为由诉讼到法院，并被当地警方扣留，直到年底恒瑞医药被一审判决在艾素（多西他赛）的专利权纠纷中败诉，都反映了在国外对我国知识产权保护状况进一步施压后，我国医药企业的仿制药生产和开发之路已经布满荆棘。

5. 专项整治医药购销贿赂政策出台

医药购销领域的商业贿赂行为是影响医药行业健康发展的毒瘤，为此，卫生部2006年初对全国卫生系统开展治理医药购销领域商业贿赂专项工作进行动员和部署。专项整治的行为包括：（1）医疗机构领导及有关工作人员，在药品、医用设备、医用耗材等采购活动中，收受生产、经营企业及其经销人员以各种名义给予的财物或回扣的行为；（2）医疗机构的医务人员，在临床活动中，收受药品、医用设备、医用耗材等生产、经营企业或经销人员以各种名义给予的财物、回扣或提成的行为；（3）医疗机构接受药品、医用设备、医用耗材等生产、经营企业或经销人员以各种名义给予的财物，不按照行政事业财务会计制度规定明确如实记载、私设小金库、用于少数人私分的行为；（4）医疗卫生机构有关人员在基建工程、物资采购、招标等活动中，收受有关企业和经销人员给予的各种名义的财物的行为；（5）卫生行政机关工作人员利用权力，在医药购销和工程招标等活动中，收受有关企业和经销人员以各种名义给予的财物的行为。同时，各单位在专项治理工作中发现药品、医用设备、医用耗材等生产、经销企业及经销人员，向卫生部门、医疗机构以及工作人员行贿的线索，要及时报告当地卫生行政部门治理商业贿赂领导小组办公室，并积极协助纪检监察机关、检察机关和工商等部门认真查处。

6. 整顿和规范药品研制、生产、流通、使用秩序工作全面展开

2006年药害频发，群众的用药安全再一次拷问了医药生产企业的药品质量情况。5月，先是发生了“齐二药”事件导致多名患者肾衰竭死亡，打破了以前在百姓头脑中假劣药只出自那些“黑药品加工点”的思维定势，在监管不力的情况下，国家正规药厂也可能生产和销售假药。“齐二药”事件的阴霾尚未散去，8月的“欣弗”事件再次给公众的心里蒙上了一层阴影。涉案批号的克林霉素磷酸酯葡萄糖注射液（欣弗）未按批准的工艺参数灭菌，影响了灭菌效果，对相关样品的检验结果表明，无菌检查和热源检查不符合规定，导致多名患者使用后出现严重不良反应甚至死亡。

以上事件表明，在某些医药生产企业GMP形同虚设。按照缺斤短两的GMP生产的药品却仍冠以“国药准字”头衔，具有更大的隐蔽性和危害性。那些赫然标着“国药准字”、政府主管部门信用担保下的药品竟然蜕变成了假药，所暴露出的许多深层次的问题，新药审批、注册、市场监管等一系列环节均遭到社会的广泛质疑。

和药害同时引起大家关注的是，2006年5月30日，国家食品药品监督管理局宣布成立国家食品药品监督管理局整顿和规范药品市场秩序专项行动领导小组，从2006年6月份开始，利用半年左右的时间，集中力量、上下联动、形成声势、扎实推进，务必取得阶段性成效。

一是整顿和规范药品研制秩序。针对产品注册申请过多、过乱的问题，依法严厉打击弄虚作假行为，严格审评审批，从源头上保证产品的安全有效。二是整顿和规范药品生产秩序。全面检查药品GMP实施情况。三是整顿和规范药品流通秩序。依法查处和取缔各种形式的无证经营、挂靠经营等违法经营活动；组织开展对中药材、中药饮片和疫苗流通的监督检查；治理“一药多名”现象，规范药品包装、标签和说明书，加强日常监管。四是整顿和规范药品使用秩序。要高度重视上市药品的监管，及时发现问题、处置问题，防止和减少药害事故的发生。一方面，完善药品不良反应和医疗器械不良事件监测报告制度。另一方面，配合卫生部门，规范医疗机构药品管理，加强对临床合理用药的宣传、教育、管理与监督。

由于经济利益的驱动，有的药品研究、生产、经营、使用企业和单位不是把公众的生命安全放在首要位置，责任意识、质量意识、守法经营意识淡薄；还有的企业不是着眼于提高创新能力、产品质量和管理水平，而是千方百计逃避监管，甚至是伪造资料、偷工减料、掺杂使假，谋取非法利益，制售带着“国药准字”头衔的假劣药品贻害百姓，后患无穷。尽管这种不负责任的企业只是非常小的一部分，但是却直接危害着人民群众的生命安全。整顿和规范药品研制、生产、流通、使用秩序工作的全面展开，也许并不能完全杜绝药害事件的再次发生。但是，这项专项行动反映了国家已经对此高度重视，采取有效措施来满足人们群众的安全用药要求的决心。

7. 鼓励创新，积极推动产业结构调整

与国外药品生产企业相比，我国药品生产企业最大的差距在于缺乏创新能力，行业结构不合理、生产水平低、产能过剩、低水平重复现象严重。而在生产成本上升、药品价格走低，企业盈利空间受到严重压缩的不利形势下，企业只有进行技术和工艺改进，开发附加值相对较高的深加工产品，进一步挖潜降耗，节约水、电、煤等基础资源，节约化工原料，以消化成本上涨因素，提高经济效益。

根据国家发改委公布的统计数字显示，2005年我国医药生产企业的总销售收入为4211亿元，按照当年的汇率8.26计算，约合509.8亿美元，而美国的辉瑞公司在2005年的销售收入为513亿美元、其主打产品立普妥2005年的销售收入达120亿美元！反差如此之大，我们倾一国之力竟然只与辉瑞一个公司的实力相当。同样让人震撼的是，辉瑞公司在2005年研发投入为74亿美元，占到了全年销售收入的14.4%，而我国大部分医药企业的研发费用占全年销售收入的比例还不到3%。研发成果的“含金量”也不能同日而语，辉瑞公司的许多产品属于原研药，我们的药品大多属于仿制药。而且，在生产仿制药方面有时无法做到完全规避知识产权问题，2006年就发生了数起因侵犯知识产权而导致的国际诉讼。而知识产权是我国为加入 WTO 所作的五项承诺之一，也是我国医药行业加入 WTO 后所面临的最大挑战之一。

尽管数字的对比明显证明了我国的医药行业处于劣势，而国家“十一五”规划有关创新药物研究的基本思路和《国家中长期科学和技术发展规划纲要（2006－2020年）》要求已经向我们明确传达了我们要努力改变这种落后状况的信号。

2006年由科技部、国资委和中华全国总工会联合公布的首批国家创新型企业试点名单中，共计有12家医药企业榜上有名，同时医药行业也成为入选创新企业试点最多的行业。尽管从全球范围来看，新药开发的难度系数不断增加，制药巨头的 R&D 投入资金持续上升，开发的速度和成效却明显放缓，纯粹的新药研发困难重重。在这种大环境下，我国医药企业的研发也不是没有一点优势可言。首先，我国有巨大的基层技术人员资源；其次是极高性价比的技术研发条件：在国内，动物实验和临床试验的成本低于美国的1/10，国产实验试剂为美国的1/100～1/800，由于地广人多，中国具有疾病资源的多样性和丰富的临床病例。从技术研发角度来看，中国有大量“物美价廉”的科研人才，在一些领域拥有雄厚的科研基础，尤其是历史悠久的中医药产业。此外，医药企业通过采用灵活多样的研发方式，除了自主开发之外，还可以采用与专业公司合作开发、与科研机构 / 大专院校合作开发、研发外包、研发战略联盟、合资研发、直接采购和仿制开发等方式来进行研发和创新。中国企业只有根据自己的特点，选择适当的方式才能扬长避短，有效提高研发能力。

8. 药价持续下行

近年来，药价虚高已成为社会各界反应强烈的问题。为切实减轻群众医药费用负担，国家发展和改革委员会、财政部、卫生部等8部委于2006年5月19日下发了《印发关于进一步整顿药品和医疗服务市场价格秩序的意见的通知》，提出了8项治理整顿措施，第一项即为“进一步降低药品价格”。其中，“全面调整政府定价范围内的药品价格，并将县及县以上非营利性医疗机构销售药品实际加价率严格控制在15% 以内”和“国家将改进药品定价方式，选择部分政府定价药品试行从出厂环节核定价格”被认为将会直接影响药物在各级终端的售价，因此可能对降低药价产生实际效果。

持续上涨的原材料价格和过低的定价，让市场上诸多廉价药徘徊在退市边缘，廉价药因亏本而遭遇退市风险。针对这种情况，各方面已经意识到了廉价药品的生存困境，现在很多企业、医药行业协会甚至政府部门都在努力挽救和保护廉价药品。

自1998年以来，国家主管部门已先后对药品发出20次“降价令”，尽管2006年就前后降价3次，但老百姓的切身体会是药价越来越贵。药价虚高是药品生产企业、流通环节以及药品销售等各个环节的“合力”所致。所以，要降低药价也必须要从各个环节入手，严格控制和管理，这样才能最终挤掉药品中的暴利水分。此外，我国对医药体系管理尚缺乏统一的协调机制。发改委负责药价的调控，卫生部分管医院，药监局分管药品生产企业和流通企业。药价虚高背后，是一个盘根错节的利益链条，不打破这个利益链条，就很难从根本上降低药价。因此，药品降价是需要各有关部门协作与配合的，这样才能取得预期效果。同时国家应加大对医疗卫生机构的资金投入，扩大医保覆盖面，严格管理药品的质量，这样才能从根本上解决看病难、看病贵的问题。

（三）2006年医药类上市公司的表现

从图2.6中可以看出，医疗保健指数在整体上落后于上证指数的涨幅。在过去的12个月中，上证指数上涨了99.79%，而医疗保健指数只增长了74.38%，落后上证指数25个百分点，虽然上证指数有上市新股首日虚涨的因素（医药类股票至今还没有新股上市），但是医疗保健板块的涨幅还是落后于大盘。

在子行业中，生物科技指数上涨了123.30%，高于上证指数的增幅，这也和生物科技子行业2006年突出的业绩相符。中药指数和医药零售指数分别上涨了95.00%和86.49%，接近于上证指数的涨幅；中药类上市公司主要以OTC业务为主，医药行业的政策对其影响有限，所以其整体业绩好于中药行业的业绩；而医药零售业是今年政策的收益者，股价表现也尚可；西药指数和医疗器械指数分别只上涨了60%和40%，远低于上证指数的涨幅，反映了行业业绩下滑状况。由于西药类上市公司所占的比重较大，拖累了整个医疗保健指数（见图2.6）。

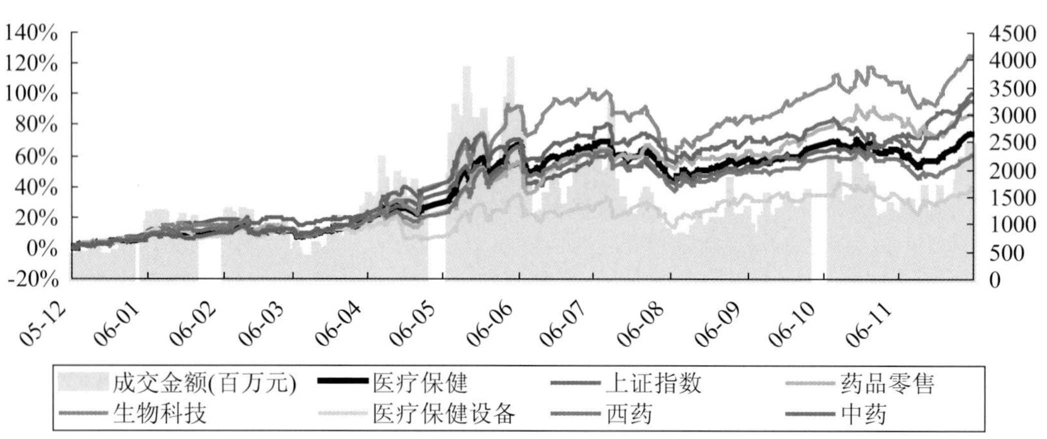

数据来源：WIND资讯

图2.6 医药行业指数和上证指数、沪深300指数对比图

在医药保健类上市公司中，前10家公司的涨幅都超过了180%，平均上涨了232%，在这10家公司中，有4家是生物医药类上市公司，两家医药商业企业，两家中药类上市公司和2家化学制剂类企业。这一比例也反映了各个子行业2006年的走势（见表2.2）。

表2.2 医药行业上市公司2006年涨幅前10名

代码	名称	涨幅（%）
000623.SZ	吉林敖东	336.8821
600161.SH	天坛生物	309.3621
600511.SH	国药股份	280.101
600867.SH	通化东宝	220.5184
600195.SH	中牧股份	209.6723
000790.SZ	华神集团	207.9332
600713.SH	南京医药	195.1824
002007.SZ	华兰生物	190.1415
600750.SH	江中药业	187.43
600276.SH	恒瑞医药	180.8687
平均		231.8092

数据来源：WIND资讯

从各子行业上市公司财务数据对比中可以看出，医药商业板块的净利润增长最为显著，增长了32%，而其他子行业都没有什么增长，化学制药板块出现了负增长，而医疗器械板块更是下降了近90%。行业整体微降0.71%，2006年净利润没有什么增长。

在销售收入方面，整体增长了6.54%，远低于2005年同期15%的增长幅度，子板块中，医药商业和中药的涨幅超过了行业整体，而医疗器械出现了负增长。

最反应行业盈利能力的净资产收益率中，医药商业和生物制品子行业2006年的净资产收益率要好于2005年同期，中药板块没有变化，而化学制药板块净资产收益率下降了10%，连带行业整体下降了0.17%（见表2.3）。

表2.3　　医药各子行业2006年前三季度和2005年前三季度数据对比表

	每股收益（元）			主营收入（亿元）			净利润（亿元）			净资产收益率（%）	
	2006年	2005年	增长率	2006年	2005年	增长率	2006年	2005年	增长率	2006年	2005年
医药整体	0.128	0.145	-11.72%	1156	1085	6.54%	41.8	42.1	-0.71%	4.87	5.04
化学制药	0.123	0.144	-14.58%	347	341	1.76%	13.8	14.2	-2.82%	5.02	5.54
生物制品	0.07	0.084	-16.67%	159	153	3.92%	5.8	5.8	0.00%	3.38	3.17
医疗器械	0.013	0.111	-88.29%	32	35	-8.57%	0.2	1.76	-88.64%	0.48	3.78
医药商业	0.151	0.118	27.97%	260	228	14.04%	2.9	2.2	31.82%	5.92	4.68
中药	0.2	0.205	-2.44%	358	329	8.81%	19.1	18.1	5.52%	6.02	6.03

数据来源：WIND资讯

综上所述，2006年证券市场医药类上市公司的盈利情况和市场走势充分反映了2006年整个行业的发展状况，但是行业内优质的上市公司还是取得了远超过市场平均的涨幅，充分发掘各板块和各股的基本面，还是可以取得超过指数的理想成绩。

四、2007年中国医药行业投资价值与投资风险分析

2007年将是一个变革之年，医疗体制的变革将从局部扩展到全局，涉及到整个医疗和药品体系的变革正在酝酿。在变革当中一些企业将被淘汰，但优势企业的优势也将进一步得到加强，还有一些创新经营模式的企业也将受到风险投资的青睐。

（一）2007年医药行业投资环境和政策环境①

2007年，从世界医药经济的运行情况看，由于这两年全球医药市场尤其是北美市场发展速度放慢，跨国企业加快实施全球化战略，其中的一个竞争热点就是具有强大发展后劲的中国市场。在跨国公司加大对中国投资的同时，外资独资企业将成为主导，外资企业市场份额上升，同时跨国企业将研发中心也搬到中国，使得专利药生产和科研本土化的进程加快，这些将促进国内医药产业的结构调整。

---

① 医药经济网：“2007年医药行业前景权威报告”，2006年11月12日。

我国宏观经济进入第二轮调整期，国民经济偏快增长的势头有所缓解，宏观经济的相对稳定，为医药产业的发展提供了良好的环境。

鼓励创新是我国发展医药行业的基本方针，医药行业“十一五”规划和《国家中长期科学和技术发展规划纲要（2006－2020年）》的实施，将为医药行业的发展提供良好的政策氛围。

除了政策环境对行业发展产生影响外，外部环境对医药各子行业发展也会形成影响。下表是外部环境对医药各子行业的影响关系（见表2.4）。

表2.4　外部环境对医药各子行业的影响

	正面环境	中性影响	负面影响
化学原料药	世界原料药市场向中国转移	药品降价	人民币升值 环保
化学制剂	国家对创新的激励政策	医疗体制改革 重新审查药品批文 药品安全 反商业贿赂	药品降价 挂网招标
中成药	国家对创新的激励政策	医疗体制改革 重新审查药品批文 药品安全 反商业贿赂	药品降价 挂网招标
生物制药	国家对创新的激励政策	医疗体制改革 药品安全 反商业贿赂	药品降价 挂网招标
医药商业		医疗体制改革	挂网招标

（二）2007年医药行业发展与投资机会分析

1. 分享经济持续较快发展的成果

据国家统计局数据显示，从2006年下半年开始国民经济偏快增长的势头有所缓解，部分主要经济指标增速出现了不同程度的回落，呈现“三落一稳”的新态势。宏观经济的相对稳定，为医药产业的发展提供了良好的环境。我们认为医药行业作为关系国计民生的一个基础性行业，将充分分享我国经济未来保持稳定较快发展的成果，可以预见，行业发展潜力依然巨大，投资机会依然存在。

2. 老龄化社会对药品的需求逐渐加大

人口老龄化已经成为世界人口发展的趋势。随着我国人口的生育率和死亡率的下降，今后一段时期内我国老年人口还将以比较快的速度增长，预计到本世纪中期我国老年人口将超过4亿人，其中80岁以上的老龄人口将不少于8000万人。除了市场规模的巨大外，老年人医药市场的潜在购买力也非常可观。据估算，目前我国老年人各类收入的总和达到了3000亿～4000亿元。随着社会保障制度的健全、医疗水平的发展以及老年人本身对健康的需求，老年人在健康领域的投入将会越来越多。由此可见，老年人医药产品市场和医疗服务市场具备发展潜力，投资机会凸显。

3. 新一轮医药改革政策即将出台

据悉，我国新一轮医药改革政策将在2007年初出台，可能涉及的政策有：每年将有1000亿以上的政府投入以建立我国医疗体系，政府支付的比例将提高至30%以上；建立初步卫生保健体系以及解决急危重症为主的二三级医疗体系；“医药分离”。

我们认为此次医改的重中之重是加大政府资金的投入。政府加大投入不仅可以建立起全国医疗体系，并且可以有效地杜绝“以药养医”和人民“看病难、看病贵”的不良现象。

在新政策下，行业不可避免地出现重组和创新服务模式，以适应政策环境，这也预示着会产生新的市场机会。

4. 新一轮行业重组浪潮的展开，首当其冲是医药商业

近几年来，国际跨国医药企业重组并购此起彼伏，日益高涨。资金、人才、技术、设备等方面的集中度越来越高。与国际医药行业发展趋势相呼应，我国医药行业的并购重组自20世纪90年代后期以来一直呈现加快增强的势头。其中，同仁堂、双鹤药业、新华制药、国药控股等多家大型医药企业纷纷完成了兼并、重组。2006年华润集团重组华源集团掀起了医药行业新一轮重组的高潮。

我们认为，国内医药企业参与并购、重组主要有以下几个原因：环境迫使，随着跨国医药企业在国内市场的扩张，我国医药企业面临着巨大的竞争压力；行业要求，集中资金、人才、技术、设备等资源；政府推动，国家明确提出培养技术优势和规模优势，发展大公司、大集团、大医药，推动医药行业的并购重组。

在国家一再强调降低药品零售价格的政策影响下，医药商业的整合将成为新一轮行业重组的前导。原因有四：一是医药商业的整合是国家降低药品零售价格的需要；二是行业竞争加剧，利润率下降使得中小医药商业企业难以为继；三是大型医药商业企业已经认识到了新的商业模式；最后，大型医药商业企业具有较强的能力，能够支持企业对市场的整合。

5.OTC 市场将保持较快的发展

我们认为，在未来数年中，OTC 市场将继续保持较快的发展速度。原因如下：随着政府打击医药流通领域商业贿赂现象的力度加大，处方药所在的医院市场面临较大的行政和舆论压力，给 OTC 市场的发展带来良好的机遇；“看病难、看病贵”既是制约老百姓有病不去医院的主要原因，同时也是带动我国 OTC 市场较快发展的另一个主要原因；我们预计5年后农村医药市场将超过450亿元，其中80% 由财政支付。作为普药的主要消费区域，农村 OTC 市场将显现出不凡的增长潜力；国民对 OTC 药物的认知度正在逐步提高。OTC 市场巨大的潜力为生产厂商赢得了发展机会，也为投资商介入行业提供了投资机会。

6. 行业整合和“药房托管”将给医药商业带来更大机会

我国医药商业在经过了数年无序、低效的发展之后，已经发展成具有广阔的渠道优势、拥有上下游资源、具有远大发展前景的医药子行业。

我们认为医药商业的投资机会有以下两种：一是具有行业整合前景的公司。我国医药商业相对于国际发达国家在行业集中度方面较低。美国最大的三家批发企业控制了全美93% 的市场份额，而我国最大的批发企业只占全国市场份额的10%。所以，国内医药商业存在较多的并购机会。二是具有“药房托管”前景的公司。“药房托管”是我国医疗改革的方向之一。“药房托管”不仅可以使医药商业公司扩大市场份额，而且通过进行药品集中采购和普药定牌生产，提高毛利率水平，同时可以有效降低药品流通环节中的费用。

7.SARS 和禽流感带动生物制剂行业快速发展

2003年的 SARS 和目前的禽流感给社会造成的震动，加上政府扶持力度加大，在很大的程度上带动了我国疫苗生产行业的发展，从2003年至今每年都保持着20% 左右的增长速度，预计未来几年也将保持近似相同的增长速度。

（三）2007年医药行业的投资风险分析

1. 整治商业贿赂行动对医药购销带来的风险

针对医药行业内存在的购销领域商业贿赂开展的“反商业贿赂”在2007年仍将继续，从而使药企在新药推广方面仍将面对较大的考验。

2. 药品降价对企业盈利形成的负面影响风险

国家连续20次降低药品价格，并没有真正地降低老百姓的药费支出和解决“看病贵”的难题。统计数据显示，国家前18次药品降价只使全国百姓每人每年买药支出减少了2.5元。从1996年至今，国家先后19次的药品大降价中，一旦降价药品目录公布，一些百姓常用药便悄然从医院的药房里消失。我们认为，在“以药养医”的体制下，持续的降价不能使老百姓真正得到实惠，反而压缩了医院和医药生产企业的盈利空间。

3. 外资企业对国内企业市场挤压的风险

外资企业的市场份额迅速上升，跨国企业加快实施全球化战略，其中的一个竞争热点就是具有强大发展潜力的中国市场。在跨国公司加大对中国投资的同时，外资企业市场份额上升，同时跨国企业将研发中心也搬到中国，使得专利药生产和科研本土化的进程加快。这就对原本研发、资金、人才、设备等方面较弱的本土医药工业造成不小的冲击，但是同时也促进了本土医药行业的进一步整合，集中多种资源以对抗外资的挑战。

2007年，世界医药行业都面临着国家压缩医疗成本，新产品研发困难，专利药到期等负面因素的影响，所以预计2007年全球医药行业的增长率只有5%～6%，低于2006年6%～7%的增长速度。而我国2007年医药行业销售额的增长率预计为15%，低于2006年18%的增长速度，其中医院市场销售额的增长率可能只有8%。

目前我国医疗体系和医药行业还不成熟的情况下，政策的影响对医药行业的影响非常重要。2007年医疗体系改革不可能全部完成，降低药品的零售价格从而降低整个的医疗成本就是短期内解决群众看病难，看病贵的最好办法，所以2007年医药行业的整体盈利状况也不容乐观。

参 考 文 献

[1] 长城证券公司内部研究报告，“医药行业四季度投资策略”，2006年9月

[2] 国信证券公司内部研究报告，“医药行业12月份月报”，2006年12月

[3] 平安证券公司内部研究报告，“未来医药的投资重点”，2006年10月

[4] 长江证券公司内部研究报告，“对近期医药行业市场表现的看法”，2006年12月

[5] 东北证券公司内部研究报告，“2007年医药行业投资策略”，2006年12月

[6] 国家信息中心中国经济信息网编，《中国行业发展报告医药制造业》，中国经济出版社，2005年3月

第三章　互联网行业投资分析报告

随着中国信息资源开发水平不断提高，互联网影响日益广泛，已经成为促进国民经济和社会发展、推进国家信息化建设的重要力量。互联网服务这种以用户为中心的服务与体验经济时代的到来，标志着互联网经济的进一步提升。2006年，以web2.0为代表的一系列中国互联网企业迎来了第二轮的投资热潮。

本报告对2006年中国互联网行业发展状况进行了分析，结合行业政策环境、互联网行业风险投资状况、行业现存问题，对中国互联网行业未来的发展走势和投资热点进行了前瞻性研究。

一、2005年～2006年中国互联网行业整体概况

（一）行业发展概况

互联网调查公司Netcraft的数据显示，目前全球拥有域名及内容的网站已经超过1亿个。其中相当一部分网站被频繁访问，并一直保持更新。这类网站被称为“活跃站点”，全球总数大概在4700万～4800万左右[①]。

2006年中国经济依旧保持高速的增长趋势，中国互联网服务市场发展成绩斐然，网络规模迅速扩大，上网人数超过1.3亿[②]。同时，信息资源开发水平不断提高，互联网影响日益广泛，已经成为促进国民经济和社会发展，推进国家信息化建设的重要力量。互联网服务这种以用户为中心的服务与体验经济时代的到来，标志着互联网经济的进一步提升。

据CNNIC《第十九次互联网发展状况统计报告》数据显示，2006年底我国网民人数达到1.3亿人，比2005年同期增加19.5%；网站数量超过79万个，上网计算机数量上升至5450万台，上网费用超过1000亿元。经过11年的发展，中国已经成为互联网应用的第二大国家，仅次于美国（见表3.1）。

表3.1　　中国互联网基础数据

	2005年	2006年	增长率
网民人数（万人）	11 100	13 100	19.5%
上网费用（亿元）	1000	1000	18.7%
网站数量（个）	694 200	788 400	16.7%
上网计算机数（万台）	4950	5450	21%

数据来源：CNNIC，第十九次互联网发展状况统计报告

① 新浪网，“全球网站达到1亿里程碑”。

② 中国互联网信息中心：“第十九次互联网发展状况统计报告”。

（二）市场规模

2006年，中国互联网服务市场规模达到524.6亿元[①]，延续近几年的快速持续增长趋势，同比增长35.6%，专家预测，2007年中国互联网市场规模将以37%的速度增长，届时规模将超过700亿元（见图3.1）。

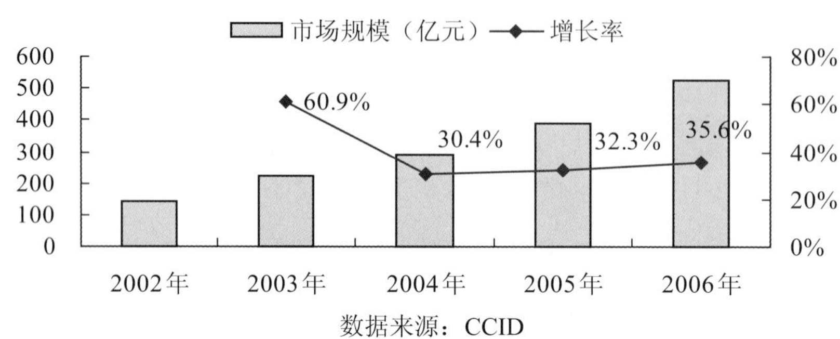

数据来源：CCID

图3.1　中国互联网市场规模的增长情况

（三）行业发展特点

1. 网络广告发展稳健

随着上网企业数量及结构的变化，庞大的中小企业用户群体逐渐认识到互联网营销的价值。中国有超过3000万的中小企业的广告需求需要通过网络广告进行释放，预计互联网广告客户在未来3年将继续以每年20%的速度递增[②]。

易观国际《2006年第3季度中国网络广告整市场季度监测》报告显示，截至2006年第三季度末，中国互联网广告市场规模累计达33.04亿元，其中广告位广告市场规模19.63亿元，占整体比例的59.41%，搜索引擎广告市场达到10.95亿元，占整体比例的33.14%（见图3.2）。在关键字广告领域，百度依然领先，超过了Google中国和雅虎中国的关键字广告收入之和。而广告位广告商新浪和搜狐依然保持前两名的地位。

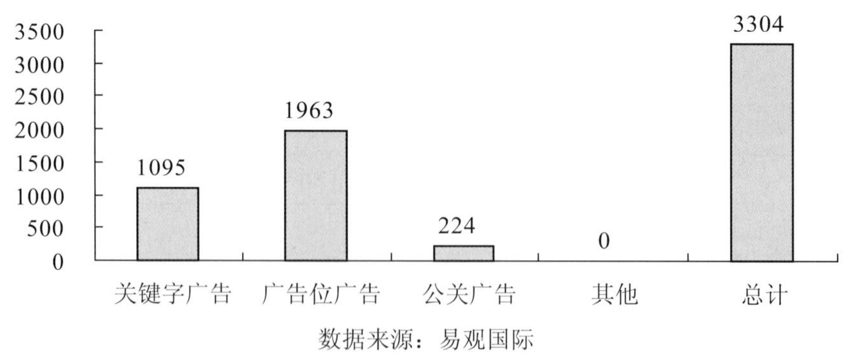

数据来源：易观国际

图3.2　2006年第3季度网络广告整体市场规模（单位：百万元人民币）

---

① CCID，通信与网络咨询事业部。

② 易观国际："中国网络广告市场趋势预测2006～2010"。

目前，制约中国网络广告市场规模扩大的因素主要包括：网络广告效果评估不佳，关键字广告推广效果不够稳定，渠道代理商管理比较混乱，缺乏有力措施进行约束及激励等等。如何有效评估网络广告效果是下一步最需解决的问题。

总体来看，随着网络广告产业链上的环节不断地完善以及产业链成熟度的提高，网络广告市场快速发展，产业形态更加成熟，中国网络广告市场将保持持续稳步的增长。

2. 搜索引擎发展空间巨大，市场集中度高

2006年，中国的搜索引擎获得了前所未有的成功，搜索市场成为吸引众人眼光的焦点。2006年中国搜索营销市场规模保持了强劲的增长势头，主流搜索引擎企业的收入规模达到了22.8亿元人民币，全年搜索广告市场增幅达到55.9%，规模达到37.8亿元人民币①（含搜索广告销售渠道收入）。搜索引擎在中国的发展从市场接受层面、企业收益层面和资本市场层面三方面获得了成功，整个搜索营销市场始终保持着强劲的发展势头，成为中国互联网产业发展的主要推动力。

中国搜索营销市场规模成长的主要推动力来自于接受搜索营销这种新营销模式的企业客户数量的快速增长。目前，我国有超过3000万的企业用户，搜索营销市场未开发的空间仍很巨大。相对于庞大的中小企业用户的需求来说，搜索营销现在仅处于发展的初级阶段，随着搜索市场的逐渐深入开发，搜索市场的发展前景将无比广阔。

据计世资讯调查数据显示，中国搜索引擎市场一直表现出市场集中度高的特征，前三名的百度、google和雅虎合计占据76.6%的市场份额（见图3.3）。随着微软进军中国搜索引擎市场消息的发布以及国内即时软件通讯领头者腾讯正式吹响进军中国搜索引擎市场的号角，相信未来搜索引擎市场上强强竞争将更为激烈，用户也将拥有更多的选择。

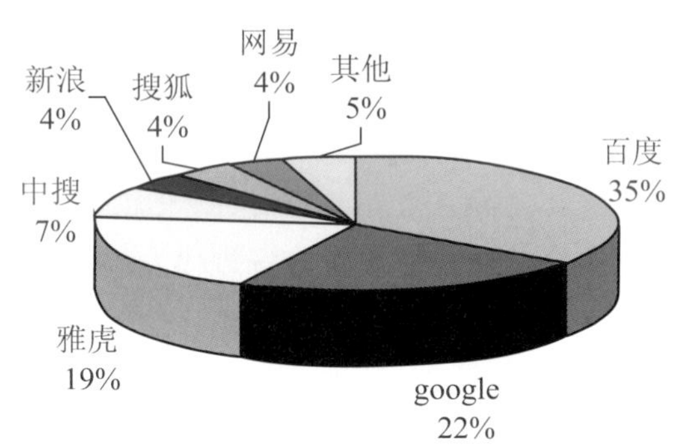

数据来源：CCW Research

图3.3　2006年中国搜索引擎市场份额统计

3. 网游产业挖掘多种盈利模式

2006年，中国网络游戏运营商开始探索不同的盈利模式。随着盛大转型免费网游，收入逐步上升，更多的游戏厂商宣布进入免费网游模式。部分游戏运营商尝试完全放弃某些游戏的点卡销售，依靠网游的增值服务获得收益，如实行完全免费的游戏，通过出售新型道具等增值服务获得利润；在游戏中引入了广告厂商，将游戏与商业广告展示无缝的结合起来，使游戏成为广告发布平台；网络游戏厂商开始开发游戏的外延产品，将明星化的游戏形象授权玩具厂商、服装厂商等

① 计世资讯：“2006年中国搜索引擎市场研究报告”。

等。随着商业模式的逐渐丰富，中国的网络游戏产业将具备更广阔的市场空间（见表3.2）。

表3.2　中国网络游戏市场规模与增长

	2004年	2005年	2006年
市场规模（亿元）	22.9	36.2	56.6
游戏用户数（万人）	1947	2570	3120

数据来源：计世资讯

4. 中国电子支付市场增长快速，未来发展前景广阔

数据显示，我国的电子支付行业正随着互联网的普及和电子商务的发展而快速增长。2005年中国电子支付市场规模为164亿元，iResearch 预测2006年该市场规模将突破300亿元大关，达到330亿元。而此后4年内，电子支付市场将继续保持高速增长态势，到2010年该市场将高达2800亿元（见图3.4）①。

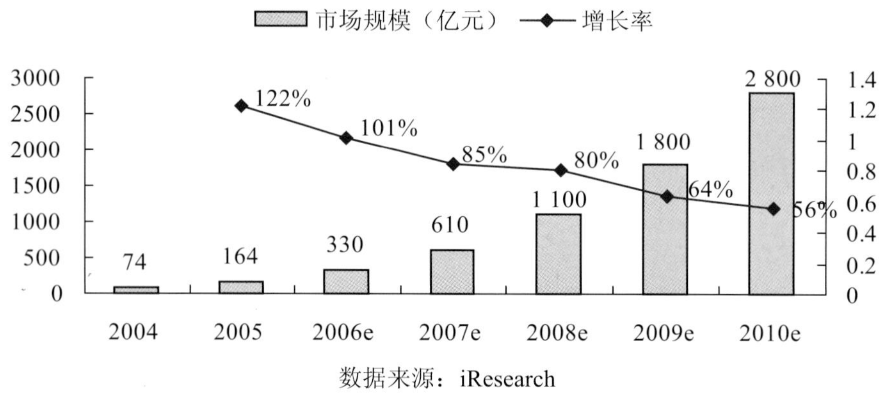

数据来源：iResearch

图3.4　中国电子支付市场规模发展情况

2006年，随着国家政策法规以及监管体系的完善，中国电子支付市场的发展正逐步趋于理性。面对即将出台的《支付清算组织管理办法》以及相应的牌照发放问题的解决，众多第三方支付企业都开始在如何打造差异化的支付产品，提高自身的核心竞争力上苦下工夫。虽然我国电子支付发展迅速，但与我国互联网以及电子商务对支付的需求相比，与国外电子支付市场相比，国内的电子支付市场只能算是刚刚起步。目前中国的电子支付市场中网上支付占绝对主流，2006年中国网上支付市场规模占整个电子支付市场规模的比例高达97%，尽管移动支付和电话支付也获得了一定程度的发展，但所占比例仅为3%，相信随着未来电子支付发展多样化趋势的加强，移动支付和电话支付的市场份额会进一步扩大。

5. 成长期的电子商务走向“纵深化”、“融合化”

在全球电子商务销售额中，BtoB 业务所占比例为80%～90%，而在中国，这一比例更是已经高达92%。根据艾瑞市场咨询研究数据显示，2006年中国 BtoB 电子商务交易额达到1.28万

① iResearch：“2006年中国网上支付调查报告”。

亿元[①]，同比增长97%（见图3.5）。今后几年，中国的电子商务市场将以平均50%左右的速度增长，到2010年，中国电子商务市场的整体规模将达到52 342亿元人民币，这表明中国的电子商务发展开始从“导入期”进入“成长期”。

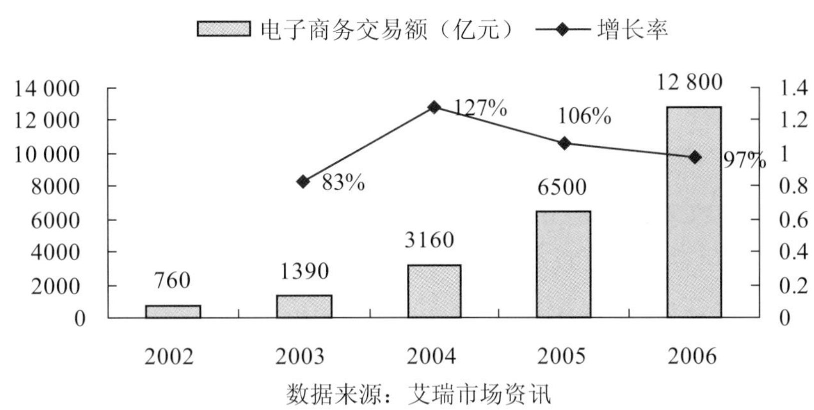

数据来源：艾瑞市场资讯

图3.5　中国BtoB电子商务市场规模与增长

纵观2006年中国电子商务市场的发展，电子商务企业纷纷通过“纵深化”、“融合化”增强自身竞争能力。纵深化是指根据用户的需求，深入客户的实际应用流程，优化网上交易环节，深入到行业和企业的特性当中。“融合化”的出现是因为技术的进步以及互联网企业之间竞争的激烈，使各自领域的巨头都有能力而且有动力扩充至关联领域，尤其是BtoC和CtoC之间。2003年阿里巴巴发布了淘宝网从此进入CtoC领域，而随后他们通过支付宝以及其他相关服务将BtoB与CtoC融合在一起，组建了BtoBtoC的新业务模式，也就是淘宝用户可以从阿里巴巴批发进货，然后再到淘宝上销售，此举不仅实现了从BtoB到CtoC的成功跨越，也扩大了两个网站用户双方的客户群或进货渠道。BtoB、CtoC与BtoC之间的融合是大势所趋，随着技术的进步，未来的电子商务将支持更多更丰富的业务模式。

6. 风投热度关注的Web2.0，商业模式待创新与调整

2006年伊始，风险资本大量涌入互联网行业。据中国风险投资研究院统计资料显示，2006年进入中国互联网行业的风险资本超过8亿美元，web2.0企业尤其受到风险资本的追捧（见表3.3）。

表3.3　web2.0典型网站及说明

类型	典型网站	业务模式	盈利模式
互动娱乐门户	猫扑	以社区、博客、视频应用为核心，基于互动平台向用户提供一系列终端服务	互动广告＋无线增值服务＋其他增值服务
内容聚合性社区	大旗网、大众点评网	针对主题提供信息收集分类、讨论、查询、评价等系列服务	网络广告＋无线＋线下合作商家分成
个人门户型	中搜、windows live	通过搜索、IM等技术向用户提供互联网内容、交流等综合服务	网络广告
网络交友	亿友，百合网，网友天下	通过网络服务向用户提供随时、随身、随地的互动沟通与人际关系管理服务	个人用户付费＋网络广告

① 根据艾瑞市场咨询定义，电子商务交易额是指企业与企业之间通过互联网进行产品、信息与服务的互换，完成交易的合同数额。

类型	典型网站	业务模式	盈利模式
博客服务运营类	博客网	向注册用户提供博客托管服务、博客内容分类服务、博客内容推荐等服务	网络广告+无线增值服务+其他增值服务
电子杂志	ZCOM	通过客户端向客户提供订阅电子杂志的分发	互动广告
RSS阅读器	feedsky，周博通	通过RSS客户端向用户推送订新闻内容	RSS内嵌广告收入是未来主要营收方式。
商品门户型	易趣，淘宝	应用Web服务提供商品社会化评价体系，以商品为中心纽带，提供交易、讨论服务	平台服务费+其他增值服务

从资本的关注角度来看，web2.0似乎进入了快速发展期，博客、视频分享、SNS等具备web2.0的网络平台纷纷获得风险投资的青睐，但web2.0其商业模式处于探索阶段的现状使得众多web2.0网站想要在短期内实现大规模的盈利颇具困难。

例如：博客、RSS、SNS、网摘、个人门户等等，这些产品和服务有一个核心的特点，那就是追求用户的使用感受提高，争取用户的注意力。但现阶段这些业务的商业模式还不是非常明晰，大多Web2.0的盈利模式还带有浓重的门户时代气息。2006年以后，基于Web2.0概念下的各类服务和产品将会经受来自三个方面的筛选和调整，即这些应用能否更适合移动应用、赢利模式是否有效和成熟以及是否能够真正为网民提供简单、有效、实用的应用。

2007年将成为Web2.0的调整和整合之年，经过一年的资本热度追捧的Web2.0站点将深层次思考如何丰富盈利模式，行业也将进入一个整合期。

二、互联网企业发展概况

中国网民数量的日益庞大，为中国互联网企业的发展提供了首要基础。随着商业模式的清晰，中国互联网企业开始盈利，并保持了一个较高速度的增长趋势。

（一）整体概况

1. 门户网站类企业

门户网站方面，就业务量和赢利水平来看，国内最大的仍然是新浪、搜狐、网易及TOM在线，只是他们各自的盈利方式不同而已。总的说来，网络广告与无线增值等是目前中国门户网站的主要盈利模式。

2. 网游类企业

随着网络游戏的快速发展，国家对网络游戏产业的重视，各种关于网游法规的制定和完善，中国网络游戏进入了一个更快速的发展阶段。休闲娱乐类网络游戏的用户人群基数将迅速扩大，而MMORPG的人均ARPU将会进一步提高，为网络游戏企业带来更大的收益（见图3.6）。

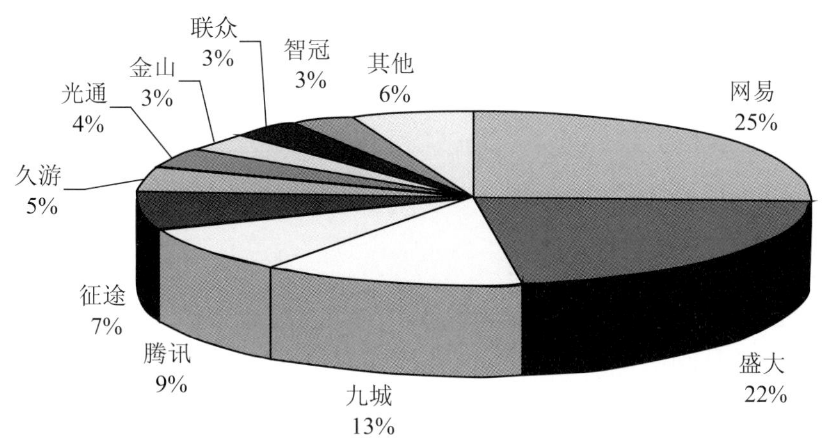

数据来源：易观国际

图3.6　2006年中国网络游戏市场份额

3. 搜索引擎类企业

2006年中国的搜索引擎市场总额达到37.8亿元，同比增长55.9%[①]。搜索引擎在中国的发展获得了市场接受层面、企业收益层面和资本市场层面三方面的成功，整个搜索营销市场始终保持着强劲的发展势头，成为中国互联网产业发展的主要推动力。中国市场上存在的搜索引擎企业形成了三个梯队。GOOGLE、百度、YAHOO组成第一梯队；中搜、新浪、搜狐、网易构成了第二梯队；第三梯队是正在兴起的专业搜索（如购物搜索等）。

4. 电子商务企业

在多种盈利模式的培育下，2006年的中国电子商务企业发展得更为成熟。随着互联网工具社会化普及渗透率的空前加深，越来越多的国内企业开始愿意使用互联网进行商业交易。据统计，目前中国BtoB电子商务交易额已经超过1万亿元，但3000多万家中小企业中仅有不足四成尝试过网络营销，可见电子商务的市场潜力依然巨大。与国外的中小企业热衷于体现自我、建设独立网站不同的是，我国中小企业更愿意通过第三方的BtoB交易平台介入电子商务活动。同时据权威机构统计，互联网购物大军也正高速增长，越来越多的人愿意通过当当、卓越、淘宝、易趣这样的互联网平台进行交易。

5. 网络广告

网络广告是互联网盈利的重要组成部分。网络广告随着我国互联网的深入普及，将会展现其更全面的优势，网络广告市场将走向更成熟的阶段。

2006年11月初，各大网站的第三季度财报纷纷出炉，快速增长的网络广告营业收入再次吸引了人们的目光。搜狐第三季度品牌广告收入达到创纪录的2390万美元，比2005年同期增长35%，而新浪第三季度财报则显示，广告收入已占总体营业收入的近60%，达到3270万美元，百度成了增长最快的公司，第三季度广告收入达到3030万美元，同比增长177%（见表3.4）。

① 计世资讯（CCW Research）。

表3.4　　2006年第三季度互联网上市公司网络广告收入比较

	百度	新浪	搜狐	TOM	腾讯	网易
网络广告收入（万美元）	3030	3270	2390	353	430	560
同比增长	177%	42%	27%	36%	117%	25%

数据来源：2006第三季度各上市公司财务报表，中国风险投资研究院整理

6. 互联网无线增值类

信息产业部在2006年对电信和SP行业进行了一系列专项治理活动，集中整顿移动信息资费和收费问题。7月份中国移动出台“二次确认”政策，紧接着，自8月10日起，联通取消订制按条收费业务，统一实行10元包月的制度，这一系列整治措施出台，导致无线增值类互联网公司整体业绩下滑。TOM、华友世纪、掌上灵通同比出现负增长，8月空中网对外宣布裁员15%（见表3.5）。

表3.5　　2006年1～3季度无线服务上市公司业绩分析　　单位：万美元

	一季度	同比增长	二季度	同比增长	三季度	同比增长
TOM在线	1214	32.5%	1175	12.4%	528	-59%
掌上灵通	230	-28%	310	-17%	100	-76%
空中网	861	46%	760	64%	428	41%
华友世纪	90	-84%	170	-66%	160	-68%

数据来源：上市公司财务报表，中国风险投资研究院整理

（二）互联网行业上市公司发展状况及业绩分析

2006年11月，各大互联网上市公司相继发布了第三季度财务报告，报表显示各大互联网上市公司业绩整体反映良好。

延续快速的增长势头，百度在互联网上市企业中保持最快的增长速度，第三季度营业收入为3030万美元，同比增长177%，净利润为1080万美元，同比增长9倍。新浪营业收入达5610万美元，同比增长13%。盛大受业务转型的影响，2006年第三季度，营业收入同比仅增长8%。

从盈利能力方面分析，网游企业始终保持非常高的净利率，网易、腾讯和盛大是互联网上市公司净盈率最高的3家企业。网易新推出的游戏产品在市场方面获得成功，目前网游收入占其主营收入的82%，净利率更是高达55%。腾讯通过游戏平台的大力开发与推广，利润水平大幅上升，2006年第三季度主营收入达到9320万美元，位居各互联网上市公司之首，利润为3570万美元。网络游戏给网游类企业带来了极为丰厚的利润，大大超出了行业的一般赢利水平。

越来越多的企业开始使用其网络招聘服务，中国网络招聘市场取得了快速的发展。前程无忧在2006年第三季度营业收入为2600万美元，同比增长47%；利润800万美元，同比增长20%。

2006年，国家信息产业部开展整顿和治理移动信息资费和收费问题，相关的政策和具体方案相继出台。7月，中国移动对SP实施“二次确认”（即用户必须再次确认是否订购业务才能产生订

购关系），相继中国联通取消订制按条收费业务。受这一系列政策的影响，TOM第三季度营业收入同比下降15%，利润比去年同期下降了59.0%。

从2006年第三季度的财务报表中可以看出，随着经营业务的调整，除受政策面影响的企业，互联网上市公司的整体经营状况逐渐趋于平稳（见表3.6）。

表3.6 2006年第3季度互联网上市公司财报分析 单位：万美元

	营业收入	净利润	净利率	同比增长	
				营业收入	净利润
百度	3030	1080	36%	177%	903%
新浪	5610	1070	19%	13%	19%
搜狐	3540	660	19%	29%	-18%
TOM	3895	528	14%	-15%	-59%
腾讯	9320	3570	38%	103%	263%
网易	7240	3980	55%	24%	22%
盛大	5520	1810	33%	8%	-45%
前程无忧	2290	340	15%	13%	59%
携程	2600	800	31%	47%	20%

数据来源：2006年三季度上市公司财务报表，中国风险投资研究院整理

从表3.6的数据中，我们可以看出这样一些特点：

1. 网游企业盈利能力强劲

通过第三季度财报数据分析不难看出，盈利最多的前3家企业仍然是网游类的企业。网络游戏收入占到企业总收入83%的网易，是获利最多的互联网企业，不但获得了约3980万美元的纯利润，净利润率达到55%。腾讯通过游戏平台的大力开发与推广，利润达3570万美元，位居第二。虽然盛大实施战略转型，向其他行业渗透，但仍旧凭借网络游戏的市场，获得了约1810万美元的净利润。

2. 网络广告成为门户网站和搜索引擎主要增长动力

网络广告为门户网站和搜索引擎的收入带来稳定的增长，支撑着企业收入的半壁江山。现阶段，网络广告凭借广阔的市场潜力，成熟的经营模式，在没有新业务可以获取高额利润的时候，仍然为互联网企业赢利的首选方式。

3. 政策管制加强，移动增值厂商利润大幅下降

随着信息产业部与移动运营商管理的政策出台，以TOM为首的SP全行业在2006年出现大幅下降，下降趋势很可能延续到2007年。整治政策的出台在短期内确实影响到了行业的整体利润，但它为未来3G的发展清理了市场，有利于整个行业长期健康有序的发展。随着3G时代的到来，移动增值服务是未来互联网应用的发展方向，将会逐渐成为赢利的重心。现阶段，对大部分中小型的SP来说，必须通过逐步规范和改善自身经营水平，来适应中国互联网行业的发展。

三、风险投资介入互联网行业状况及特点分析

（一）整体状况

中国互联网产业的发展和资本紧密相关。一方面，互联网行业创新的商业模式仍然不断出现，新的商业模式更加符合用户需要，吸引了国内外风险投资机构源源不断的资金进入；另一方面，行业的竞争逐步加剧，具有规模和资金实力的网站开始采取并购的方式，来巩固并扩大自身的市场地位和盈利能力。目前中国的互联网产业还处于发展的初级阶段，2006年中国互联网资本运作的重心更多的是放在初创企业的投资方面，尚未真正走到大企业相互并购的阶段。

据中国风险投资研究院统计，2006年风险投资领域投资互联网项目共48个，风投金额超过8亿美元（见图3.7和图3.8）。

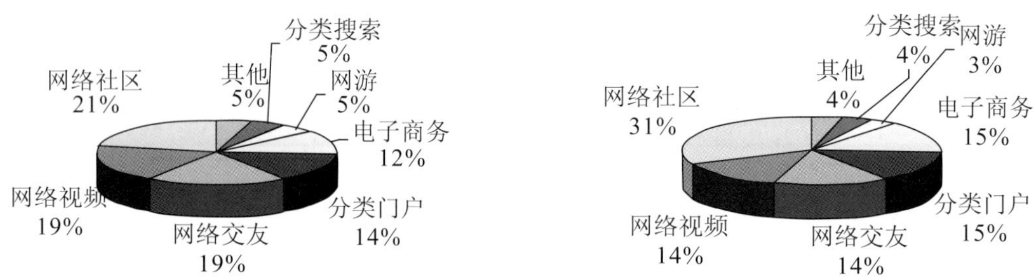

数据来源：www.cvc360.com，中国风险投资研究院整理 数据来源：www.cvc360.com，中国风险投资研究院整理

图3.7 2006年互联网子行业风险投资项目比例 图3.8 2006年互联网子行业风险投资金额比例

（二）互联网企业主要盈利模式

从风险投资在互联网行业投资及退出的案例可以看出，风险投资机构与获得投资的企业在经营理念、赢利模式上的共识是成功主要因素之一，因此互联网企业选择的赢利模式，不但会影响其自身的长远发展，而且或多或少地影响到风险投资机构对其的关注程度。

中国的互联网产业走过了10年的风雨历程，各企业不断地探索着合适的赢利模式，当WEB2.0概念逐渐为经营者、投资者和用户所接受之后，新的赢利模式还会继续产生。总的说来，紧盯市场动态，适时调整目标，结合中国国情，适应技术需求等都会产生成功的赢利模式。

下面就目前互联网企业的赢利模式进行简要介绍。

1. 基于网站内容的收费模式

这是最早的信息类网站的赢利方式，主要是通过向用户提供各类资讯，收取会员费、订阅费等。目前，一些较为大型的数据库、杂志类媒体、专业类网站仍然沿用这种方式，赢利者还不在少数。

2. 网上直播

最早是各大门户网站对某些活动，进行实时文字、图片或音像内容的网上发送服务。近来，在WEB2.0的概念下，网络影音娱乐产品也在实行这种在线播放的方式。

3. 网上专题路演

主要为政府、企业等提供某些专题内容的网络路演。一般这种路演是基于网站的品牌和影响力的，例如门户网站与企业就其新业务进行公开的网站展示，专业的路演网站就企业项目的推广进行的融资路演等。这些服务赢利能力，多与网站本身的知名度相关，其收费标准也是。

4. 电子图书阅读

国内还有少量的专业电子图书网站，就其中的部分图书进行小额的收费。其赢利点是面对大众收取小额费用，与作者进行分成。最为著名的有“超星图书”和几大“书屋”网，都在实施这种赢利模式。

5. 网上办事服务

向用户提供各类办事服务，如定购机票、办理证件、数字摄影冲印、旅游组团等，再结合线下的服务实现最终赢利。目前此类业务的开展也呈现快速增长的势头。

6. 手机及无线增值服务

向网络用户的手机提供各项内容，包括：资讯类、服务类短消息服务，彩信、铃声下载服务，手机游戏、联网游戏服务，手机交友服务等。随着国内手机市场的逐步扩大以及技术的不断进步，未来该赢利模式将成为很多企业主要的营业模式。

7. 电子商务平台服务

搭建某些领域的电子交易平台，同时收取交易费用或会费的方式也是较为成功的赢利模式，其中较引人注目的，包括最初的“8848”到目前的“阿里巴巴”等。另外，国内还有一些图书销售、汽车团购、专业外贸网站，也是在采用这种的赢利方式。

8. 网络支持服务

此类业务属于为互联网企业提供相关支持的服务范畴，这些内容包括：域名申请、网站内容制作、主机托管、空间租赁等，即利用硬件、软件资源，为用户提供建设性的服务。

另外，连锁网吧的经营管理也属于这一范畴。目前，国外已有风险投资机构介入到国内的网吧连锁经营领域中来。

9. 网络广告服务

即在网站上刊登各类广告，以收取相应的页面费用或点击费用等的赢利模式。目前，该种模式还在被各大互联网企业广泛应用，而专业发展起来的网络广告公司，如好耶、窄告等，也相继获得了风险投资。

10. 互联网远程教育服务

目前，各类网络学校通过提供教育资料、影像、网上授课、考试相关服务等方式，来实现赢利。由于国内的教育观、相关政策限制和实际的网络条件等，都对互联网远程教育产生了不少的限制，预计未来几年这些情况会有所改善，市场会逐渐扩大。

11. 网络游戏

网络游戏已经成为很多大型互联网企业的主营业务，其赢利主要是通过销售游戏点卡（游戏时间）、游戏虚拟道具（装备）、游戏等级（条件）等来实现。目前，中国网络游戏的运营商正在逐渐由单纯的代理，向自主开发经营的方向发展，这样的经营方式将能更好地保证获利的稳定性和可控性。

12. 影音下载播放服务

这主要是以提供电影、电视剧、音乐等影音资料的下载和在线播放，向用户收取会员费或者点卡费的赢利方式。目前绝大部分的电影网站都是采用这种方式来经营，而未来正版音乐的下载将成为音乐制作公司、音乐网站、MP3下载网站等的主要收入来源之一。

（三）风险投资热点子行业

2006年以来被投资机构热点关注的领域也较多，互联网行业一直为风险资本重点关注，其中最为关注的还是WEB2.0网站①。此外，与传统产业结合的如网络教育等互联网企业在2006年也特别受到风险投资机构的青睐。

1. 网络社区

在2005年之前，除校友录论坛ChinaRen被搜狐以3000万美元收购外，国内社区模式没有受到风险投资的过多关注。而在2005年之后，博客的兴起令社区论坛风生水起。以社区论坛猫扑为主打品牌的千橡集团，在2005年获得了1000万美元的第一轮投资，而到2006年3月，更是获得了包括DCM在内的多家国际风险投资商4800万美元的投资。有关风险投资事件见表3.7。

网络社区是指包括BBS/论坛、公告栏、群组讨论、在线聊天、交友、个人空间、无线增值服务等形式在内的网上交流空间，同一主题的网络社区集中了具有共同兴趣的访问者。包括门户类社区、综合类社区和专业类社区。

表3.7　　2006年网络社区主要风险投资事件

时间	投资方	被投资企业	金额（万美元）
2006年11月	Highland/Redpoint/Sequoia第二轮投资	奇虎	2500
2006年7月	红杉资本（Sequoia Capital）、周鸿祎	康盛世纪	500
2006年6月	韩国KHI投资公司	游飞网	200
2006年6月	Matrix Partners	奇虎	300
2006年2月	Google	ChinaBBS	3000
2006年2月	美国红杉投资（中国），鼎晖，IDGVC、周鸿祎	奇虎网	2000

数据来源：www.cvc360.com，中国风险投资研究院

从发展态势来看，网络社区型网站为了寻求合理与长期的赢利模式，未来将更多地通过并购、组合等方式，形成一些大型的、垂直型网络社区，其服务范畴将覆盖网络社区服务、互动交友、博客、RSS新闻发布、播客、P2P下载、多媒体娱乐、网游、移动增值业务、软件开发、广告发布、网络购物等。

由于这类网站的发展潜力非常巨大，赢利模式相对丰富，未来将成为风险投资重点关注的领域。

2. 网络视频

据IDC预测，全球视频服务到2010年将达到17亿美元的收入，而2005年该行业的总体收入规模在2亿美元左右。2005年，以Youtube为代表的视频共享网站在海外迅速发展，随后各大门户类网站开始推出自己的网络视频服务。VentrueOne的数据显示，2006年以来与网络视频有关的公司已经获得21.71亿美元的投资，而2005年这个数字仅为2.94亿美元。2006年10月，Google以

① 根据艾瑞市场资询定义，Web2.0是指以用户体验为基础，集合互动、多媒体特性的网络平台。

16.5亿美元的天价收购Youtube更是把视频分享类网站的热度推向了高点。

2006年是中国网络视频发展的元年，中国宽带用户的迅速增长为网络视频的发展提供了坚实的用户基础，一批风险投资机构纷纷涌入网络视频行业推动视频网站快速发展（见表3.8）。

表3.8　　2006年网络视频主要风险投资事件

时间	投资公司名称	被投资企业	投资金额（万美元）
2006年12月	Sutter Hill Ventures、Farallon Capital、成为基金	优酷网	1200
2006年11月	加拿大Videotron投资基金	TVix.cn	2000
2006年8月	泰国正大集团	哦哟视频	不详
2006年6月	英特尔中国技术基金	信语通网络	不详
2006年5月	Harbinger	中国博客网	100
2006年5月	寰慧投资、集富基金及IDGVC	土豆网	850
2006年3月	SAIF、美国中经合	银河台	1000
2006年3月	CRV（Charles River Ventures）	网友天下	不详

数据来源：www.cvc360.com，中国风险投资研究院

网络视频网站的收入主要来源两部分，个人付费与企业付费。个人付费主要是通过网站观看节目付费点播；企业付费收入主要是各类网络视频平台通过提供视频服务，从企业方获取的广告收入。据艾瑞市场咨询预测，未来5年网络视频市场规模将保持年60%的复合增长率。当前中国的网络视频技术已经相对成熟、内容多样和定位差异为不同企业的发展提供了土壤，无论是企业还是个人都在尝试这种新颖的服务模式，同时新的运营模式和投资机构纷纷加入，也加速了中国网络视频产业的发展。

3. 网络交友

Web2.0时代的到来为网络交友带来升温。网络交友主要包括婚恋交友，商务交友，休闲交友几类。中国网络交友市场正在以每年60%的速度增长，预计到2008年，中国网上交友用户数将达到1.1亿人，市场规模将达到9.91亿元[①]。同时，网络交友已成为风险投资者2006年最关注的互联网平台。网络交友风险投资事件见表3.9。

表3.9　　2006年网络交友主要风险投资事件

时间	投资公司	被投资企业	投资金额（万美元）
2006年12月	IDT、JAIC	爱情公寓（i-Part）	300
2006年8月	海纳亚洲创投基金（SIG）	51.com	200
2006年7月	红杉资本	占座网	500
2006年5月	红杉资本	51.com	400
2006年3月	软银亚洲	嫁我网	1250

① iResaerch：“2006年中国网络交友报告”。

时间	投资公司	被投资企业	投资金额（万美元）
2006年3月	NEA，Northern Light	百合网	900
2006年3月	Asia Groove HK	天空游戏网	500
2006年1月	欧洲最大的交友网站meetic	亿友	2000

数据来源：www.cvc360.com，中国风险投资研究院

网络交友市场发展迅速，空间巨大，互联网交友行业正成为最具吸引力的投资热点，在线交友也将成为互联网发展的快速增长点。但就在中国的发展而言，还须在商业模式的创新、网上交友习惯、线上线下的融合等方面做出更多努力。

4. 网络教育

网络教育的优势在于一方面让培训变得方便，可以随时学习。另一方面，可以充分利用优秀的教育资源，成为一个汇集优秀教育资源的平台。IDG自2005年投资中华学习网后，2006年又斥资1000万美元投资精品学习网。总体情况看，中国的网络教育市场总体处于起步阶段。而随着中国的信息化程度以及网民对网络教育认知程度的提高，网络教育市场规模将不断增长。

（四）互联网行业风险投资特点分析

web2.0网站是风险投资2006年关注的热点领域，以网络社区、视频分享、网络交友类网站吸引了海内外风险投资的热度关注。以奇虎为代表的网络社区类企业，延续去年网络社区的投资热度，今年继续获得风险投资的青睐。Chinabbs年初获得Google公司的3000万美元风险投资和年内奇虎获得2500万美元风险投资，将风险资本对web2.0网络社区类网站的追捧推向了高潮（见表3.10）。

表3.10　　2006年互联网行业重大投资事件一览表

投资日期	投资公司	被投资企业	互联网子行业	投资金额
2006年11月	Highland/Redpoint/Sequoia等第二轮投资	奇虎	社区＋搜索	2500万美元
2006年10月	华登国际和德同中国投资基金等	车盟网	汽车保险中介网	1000万美元
2006年9月	联创策源与SIG基金	酷讯网	分类搜索引擎	1000万美元
2006年9月	NVCC、DCM	易车	汽车互联网	1000万美元
2006年7月	集富亚洲、美国中经合集团、IDGVC	3G门户网	手机wap门户网	1000万美元
2006年6月	DCM、华登国际等4家	当当网	网上书店	3000万美元
2006年4月	IDGVC	39健康网	健康行业门户	3000万人民币
2006年4月	Sequoia Capital China	大众点评网	餐饮指南网站	1000万美元
2006年3月	NEA，Northern Light	百合网	婚恋交友网站	900万美元
2006年3月	软银亚洲	嫁我网	婚恋交友网站	1250万美元

投资日期	投资公司	被投资企业	互联网子行业	投资金额
2006年3月	SAIF、美国中经合	银河台	播客网站	1000万美元
2006年3月	泛大西洋投资集团、DCM、Acce Partners和联想投资等	千橡集团	互联网社区、移动增值服务	4800万美元
2006年3月	软银	中宽资讯	网络电台	1000万美元
2006年3月	美国中经合等	帖易网	社区搜索	1000万美元
2006年2月	google	ChinaBBS	中文社区网站	3000万美元
2006年2月	红杉，鼎晖，IDGVC、周鸿祎	奇虎网	社区＋搜索	2000万美元
2006年1月	欧洲最大的交友网站meetic	亿友	交友网站	2000万美元
2006年1月	太平洋同盟团体	浙江好孩子	购物网站	12 250万美元
2006年1月	IDG	精品学习网	教育培训门户网	1000万美元

数据来源：www.cvc360.com，中国风险投资研究院整理

综合分析2006年互联网行业内风险投资的状况，特点如下：

（1）外资风险资本占绝对主导地位；

（2）Web2.0是2006年风险投资关注重点，子行业的网络社区、网络视频和网络交友是风险资本关注的热点领域；

（3）联合投资是互联网行业内风险投资的重要形式；

（4）风险资本介入时间以企业发展早期为主；

（5）大型企业以并购方式扩张，以收购同业或相关产业企业为主，致力完整产业链，增强竞争力；

（6）互联网企业的风险投资大部分发生在上半年，下半年有减缓趋势。

四、产业环境分析

（一）政策环境

1. 政策综述

随着电子及互联网技术的高速发展，中国互联网产业价值链正在逐渐发展成熟。而伴随着这些成长的，是互联网相关法律法规的逐渐完善，行业经营环境的逐渐规范。

目前国内互联网行业相关的法律法规主要侧重于：互联网行业监管、规范市场行为和行业相关优惠政策及限制等方面。另外由于互联网的特殊性，在维护和保障国家网络信息安全、规范互联网用户上网行为等方面也有一些相关的规定。

2005年～2006年，各部委对原先的法律法规进行了相关的调整，同时也新出台了一些政策（见表3.11）。

表3.11 2005年～2006年互联网行业相关政策法规

发布日期	条例名称	颁布部门
2005年2月8日	《电子认证服务管理办法》	信息产业部
2005年2月8日	《非经营性互联网信息服务备案管理办法》	信息产业部
2005年2月8日	《互联网IP地址备案管理办法》	信息产业部
2005年4月30日	《互联网著作权行政保护办法》	国家版权局、信息产业部
2005年7月12日	《关于网络游戏发展和管理的若干意见》	文化部、信息产业部
2005年8月23日	《网络游戏防沉迷系统》	国家新闻出版署
2005年9月25日	《互联网新闻信息服务管理规定》	国务院新闻办公室、信息产业部
2006年3月30日	《互联网电子邮件服务管理办法》	信息产业部
2006年7月1日	《信息网络传播权保护条例》	国务院法制办、国家版权局、信息产业部
2006年9月27日	《全国电子竞技竞赛管理办法》	中华全国体育总会
2006年11月1日	《互联网交换中心网间结算办法》	信息产业部

2. 重点政策及点评

（1）《信息网络传播权保护条例》的出台进一步健全了信息网络传播权的保护

2006年5月29日，国务院发布《信息网络传播权保护条例》，7月1日该条例正式实施。《信息网络传播权保护条例》进一步完善、健全了对信息网络传播权的保护制度。此前，国家已建立信息网络传播权的保护制度，并出台了相关法律、行政法规、司法解释及规章。2000年，最高人民法院制定了《关于审理涉及计算机网络著作权纠纷案件适用法律若干问题的解释》；2001年，全国人大常委会修订了《中华人民共和国著作权法》；2002年，国务院颁布了《中华人民共和国著作权法实施条例》；2003年，最高人民法院修订了《关于审理涉及计算机网络著作权纠纷案件适用法律若干问题的解释》；2005年，国家版权局和信息产业部联合发布了《互联网著作权行政保护办法》等。通过上述法律、法规及相关司法解释可以看出，侵犯他人信息网络传播权不仅要承担民事责任，还要承担行政责任，甚至是刑事责任（构成犯罪的）。这对互联网信息网络服务的提供者，互联网企业与基础电信运营商提出了更高的法律责任。

现阶段，众多在互联网上传播的作品，仅少部分得到了著作权人的授权许可。《条例》以行业法规的形式，再次强调了在信息网络传播中使用他人作品，需要征得许可、支付报酬这一基本原则，具体划分了ICP和ISP的权利与义务，为后续的司法途径追讨、追付提供了明确的法律依据。一批小的互联网企业，在商业模式不成熟的情况下，仅依靠其之前的灵活优势将面临越来越艰难的生存环境。尽管《条例》在具体的落实操作中还有一定的难度，但它的出台无疑会极大地规范互联网行业的经营环境，将对规范成熟的互联网企业产生重大的促进作用。

《信息网络传播权保护条例》的出台和实施，将对目前中国知识产权产生极大的保护作用，也将对互联网产业的发展起到巨大影响。产生影响的范围不仅是宽带影音视频领域的网站，软件、电子图书出版、新媒体网站，搜索引擎等领域同样会受到此条例的重大影响。

（2）我国首个电子竞技规则出台

电子竞技被国家体育总局批准为我国正式开展的第99个体育项目已有3年，不过相关的规定却迟迟没有出台。2006年9月27日，我国首部电子竞技新规出台，全国体育总会颁布《全国电子竞技竞赛管理办法》等五大管理规定，以规范全国电子竞技运动竞赛秩序。

新规则详细规定了电子竞技裁判员管理办法、运动员积分制度、注册与交流管理办法以及竞赛规则。其中，对参赛者设定了初步的门槛为“年满18周岁以上”。在竞赛规则中，五大热门的联网游戏成为首批圈定的比赛项目。分别是：反恐精英、魔兽争霸3－寒冰王座、星际争霸－母巢之战、极品飞车9－最高通缉、FIFA2006。首批圈定的比赛游戏软件，全部为国外产品，这对中国网络游戏软件产业提出了要求与挑战。

据统计，我国目前对战类电子竞技运动的玩家群约在2000万左右，新政策的颁布将引导电子竞技产业向健康规范的方向发展，对促进中国网络游戏行业健康有序的发展具有积极的意义。

2006年6月，文化部表示，正在考虑引进风险投资机制，改善目前网吧起点低，经营者素质普遍不高，不规范经营的现状。产业链的规范，将对整个网络游戏产业的健康持续发展起到积极促进作用。

（3）信息产业部发起治理和规范 SP 业务资费和收费行为的专项活动

自2003年信息产业部和中国移动联合下文整治 SP（Service Producer）市场之后，每年关于 SP 整顿的措施层出不穷。信息产业部2006年对电信和 SP 行业进行了一系列集中整顿。2006年1月～3月，信息产业部开展了“畅通网络，诚信服务”系列活动之规范电信企业资费行为专项活动，对电信企业在经营活动中存在的价格欺诈、价格歧视、多收费和乱收费等违规行为进行了专项治理，重点是基础运营商。继宣布将 SP 端口四网合一之后，信息产业部5月印发了《信息产业部整顿和规范市场经济秩序2006年工作要点》，其中“工作要点”第一条就明确指出，将“大力整治诱骗订制、违约订制等信息服务陷阱问题”，并将颁布《通信短信息服务管理办法》，首次以法规形式对 SP 进行约束。6月，针对国内增值电信业务投诉量大幅增加，并且出现了一些利用短信服务进行诈骗的案件，信息产业部为此决定集中力量在全国范围内再次开展专项活动，专项活动的重点是电信增值服务的资费和收费问题。在此背景下，7月份 中国移动推出的无线增值服务订购新政策，主要为“二次确认”，包括：移动增值业务对新增用户延长免费试用期及设置两次订购提醒确认，对已有用户进行收费提醒和用户转购确认。自2006年7月开始中国移动开始实行“二次确认”后 SP 行业整体业绩下滑，不少中小 SP 被淘汰出局。

从禁止短信联盟、SP 资质审查、全网 SP 标准提高，到打击色情信息，再到上 MISC 平台，二次确认等等。目前，经营 SP 的门槛越来越高，产业逐步将走向规范与成熟。不规范经营和缺乏核心竞争力的 SP 在竞争中会被淘汰出局。相信经过在3G 到来前的政策清理，市场将变得更为有序，有利于整个行业的长期健康发展。

（二）技术环境

1. 互联网区域发展不平衡，存在数字鸿沟

目前，我国互联网发展东部快、西部慢、城市快、乡村慢。从基础设施建设上看，中国沿海城市互联网宽带接入网络和骨干网络较为完善，互联网普及率较高，未来两三年内将形成成熟的互联网宽带产业，而在西部地区，除成都、重庆等少数几个城市，大部分的城市宽带接入市场尚属于普及阶段，互联网普及率不高。从互联网网民的地域分布来看，华东、华南多于西北、西南网站和域名数，这种地区发展不平衡、数字鸿沟存在进一步拉大区域的差距。

2. 网络和信息安全问题

随着互联网向经济社会文化等各个领域的不断扩展，网络与信息安全问题日益成为社会各

界普遍关注的热点问题。据统计，2002年～2006年，我国有关部门接到的网络安全事件报告，从1761件猛增到16.7万件[①]，网络和信息安全问题已经成为困扰互联网发展的关键问题。

五、互联网行业投资价值分析

（一）互联网应用发展趋势

1. 三网合一将带来互联网信息多样化、应用多样化

三网合一的逐步实现使得互联网应用的终端手段变得多样化。由于现阶段提供网络服务的企业大部分还集中在计算机终端的应用层面，未来在与移动互联网（手机终端）结合的过程中，将产生巨大的商机。目前，移动互联网的大多数应用还停留在本网内，除了作为信息接收端之外，仅仅有诸如腾讯移动QQ之类的应用与Internet交互。三网合一造成的另外一个大格局的变化是Internet借助IPTV挺进电视用户群，这将是一个巨大的市场。

互联网作为一个信息中心为用户提供信息内容，应用终端还主要是通过计算机实现。而随着移动电信网络和Internet在未来的进一步高度结合，特别是3G时代的到来，将会对互联网产业格局造成新冲击，并改变互联网产业链。可以预期，更适合手机综合应用服务的出现，会使手机用户忠诚于这些新企业并放弃原来SP的传统性增值服务，比如短信和图片、铃声定制等。更为重要的格局挑战来自于IPTV，相对于手机狭小的屏幕，电视机可以提供的服务想象空间要大得多，在图片、声音、视频等服务上更具有优势。

2. 移动领域的深入应用体现互联网价值

互联网从外延扩张、规模发展到内涵价值的挖掘运用，都要求与现实生活更好地融合。这个一体化的过程，既是互联网向现实的交融，也是现实向互联网的融合。

对于手机增值服务商来说，目前手机的增值服务实际上远远落后于互联网，手机的显示能力、存储空间、资料管理能力都远远不能满足已经习惯互联网的网民的需求，网民需要的是既能突出手机随身信息终端的优势，又能兼顾互联网优势的服务出现。互联网与移动的结合在未来几年将进入实际操作阶段，无论是在网络营销、语音增值领域还是在Web2.0领域，都将是中国互联网发展热潮的最大特征。

3. 收费信息服务成为互联网盈利新趋势

收费信息服务经过了中国门户网站从发展到鼎立的启蒙、搜索网站和支付网站提供了方便快捷的支持及web2.0模式网站的普及，收费信息模式在网民总量过亿的基础上将得到迅速发展。在未来一两年，收费信息服务网站的大量涌现将促进各个产业链的良性循环，成为推动互联网发展的新动力。收费信息服务平台有下面三个特点：第一，提供服务是以网民智慧能力为核心的，偏重于信息流及数字产品的设计、策划、制作等。第二，所有服务是有偿的，预付费才能得到所需的服务。第三，收费信息服务平台本身可向提供服务和享受服务的双方收取费用。

未来收费信息服务的突破，不仅在于种类的繁多、覆盖面的宽广，还在于互联网与传统通信固网、移动网的结合。收费信息服务平台将冲击传统服务中各类别中介公司的既有市场，也会冲击传统媒体的分类广告市场。在对单一的传统产业链的深化服务中，收费信息服务将体现越来越

---

① 信息产业部，蒋耀平："中国互联网应发展五大方面"，计世网。

多的价值，比如在空车配货，零组件加工等方面。

收费信息服务的关键是诚信，服务过程中会出现很多不好衡量的关于服务、规范、评级、赔偿等新问题，这需要政府、法律、金融等各个方面的支持。

4. 支付手段的进步，促进电子商务进一步繁荣

支付手段是电子商务业务流程的重要环节，是电子商务得以实现的关键。在线支付工具的出现，解决了长期困扰电子商务的现金流问题。不过相对于电子商务在国内经历了近10年的成长过程，安全多样的电子支付方式还很缺乏，这一直阻碍中国电子商务的发展。随着多元化支付手段的迅速发展，未来几年支付手段将取得快速的进步，各种支付方式能有机组合满足不同客户的需求，也同时满足不同用户不同情况的支付需求。自2005年电子支付在中国发展开始，电子商务也随之相应突破发展的瓶颈。中国电子支付的市场规模正以100%的速度成长，随着网上支付平台新技术、新模式的运用和推广以及国家对诚信环境的建设与引导，将极大促进中国电子商务的繁荣。

（二）互联网行业投资发展趋势

总体来说，中国互联网行业发展的未来趋势，将决定于市场的需求及资本的投入。

1. 国际资本和大型互联网公司将大举进入中国市场

就近两年的情况来看，私有权益资本（PE）和风险投资已经大举进入中国，而作为其投资重点的互联网行业更容易获得相应的资金。根据媒体相关报道的不完全统计，未来几年进入中国互联网行业的资金，每年都将在20亿美元左右。而当资金和注意力都放在这一行业上之后，项目的选择和争夺就显得非常紧迫了。

就企业的业绩来判断，目前处于第一阵营的几大门户网站、搜索引擎、电子商务网站等将得到最多的关注，这包括百度、阿里巴巴、盛大、新浪等，毕竟他们有着稳定的收益和较好的业绩。因此，大型互联网企业间的并购与合作，将是今后的主题。

2. 新技术带动新业务的融资

未来几年是中国互联网行业发展最为关键的时期，而目前正在研发的几项技术，将决定中国互联网业务的发展方向。这些包括：IPv6（新一代互联网协议）、CNGI（中国下一代互联网）协议、IPTV等。

由这些新内容所产生的新业务将推动新一轮的消费需求，进而带动资金的跟进，从而形成一些新的产业。然而，这些业务真正进入赢利可能还需要相当长的时间。

3. 互联网无线化趋势催生新市场

从近年来中国互联网的情况来看，无线增值服务与手机内容提供，成为支撑互联网企业赢利与发展的重要因素，而未来这种趋势将更加明显。

未来的手机业务除继承部分现在已有的赢利项目之外，还将发展一些更加具有赢利性的服务内容，这包括手机视频、手机无线搜索、手机网络社区等。

进入3G（3rd Generation 第三代数字通信）时代之后，在技术的支撑下，手机将实现很多原本属于网络和电脑的功能，而便携性和无线网络的应用更加推动这一趋势的发展。作为手机用户最多、普及率最高的国家之一，中国手机内容服务市场的前景将非常可观。

手机无线搜索就是通过手机通信网络与互联网的对接，使无线搜索技术通过转换代码的形式，将互联网中的网页转换为手机所能接收的信息，为用户提供最精确、最有价值的内容。目前，这项服务还只是处于初级阶段，随着技术和市场的不断进步，将成为继互联网搜索引擎之后，最为热门的领域之一。

中国手机人群的消费习惯，已经逐渐形成一个巨大的市场，而作为最大的内容提供者和传播者，互联网企业将得到最多的关注。随着3G牌照的发放，未来风险资本还将大力开发这一市场，投资量还会进一步提升。

（三）风险分析

1. 政策风险

由于互联网属新兴产业，互联网企业良莠不齐，政府有必要通过完善法规和政策对行业加强治理。从2006年信息产业部集中治理移动信息收费的专项治理的活动不难看出，对行业企业颁布政策和专项活动，可能导致行业整体收益下降，政策影响面甚大。

我国存在对互联网服务实行多部门分头审查和管理的现象，管理效率较低，也影响到了互联网企业的运营和发展。互联网是中国新兴产业，相对其发展速度，法制建设滞后，主要表现在电子商务活动缺乏法制保障、网上交易行为缺乏法律约束、互联网安全问题较为突出、知识产权保护力度不够等方面，即便新出台的一些法规和政策在执行层面上也存在操作的难度。未来一段时间，政府和相关管理部门会陆续出台政策法规，以规范促进中国互联网市场的良性发展，而过渡时期内，市场的政策风险将一定程度的存在，这是投资者必须要考虑的因素。

2. 诚信风险

中国互联网协会反垃圾邮件中心的调查显示，中国超过60%的互联网用户会收到垃圾邮件；有超过98%的网民受过流氓软件的侵扰。随着互联网从"眼球"时代向"商业"时代的转型，在商业利益的驱动下，不少网络公司正在挑战行业的"诚信底线"。在2006年9月召开的第五届中国互联网大会上，"诚信"引发了各方的高度关注。

为了获得VC的投资，出现网站"流量造假"，通过恶意链接来骗取流量。网站涉及侵权内容的纷争不断，新浪、搜狐互告抄袭侵权，网民、音乐公司状告网络公司侵犯知识产权。从行业发展来看，互联网业是最先、最全面使用国外先进技术的行业之一，随着企业的发展，互联网公司需要与国际上先进的经营与管理模式接轨，蓬勃发展的互联网更是应当以诚信原则作保障。

参考文献

[1] 中国互联网络信息中心（CNNIC）：《第十八次中国互联网络发展状况统计报告》，2006年6月

[2] 计世资讯（CCW Research）："2006上半年中国搜索引擎市场研究报告"

[3] 易观国际：《中国网络广告市场趋势预测2006～2010》

[4] KGI："中国互联产业深度研究"，2006年11月

[5] 史蒂夫·鲁贝尔著，玄伟剑译："互联网趋势观察"，2006年10月

[6] 中国风险投资研究院："2006年度中国风险投资行业调查报告"，2007年1月

[7] 互联网实验室："中国互联网与电子商务法律和政策环境研究"，2005年11月

[8] 陈仕："电子商务将做大创新是要点"，西安利友科技，2006年11月

[9] 计世资讯（CCW Research）："电子商务提供商市场份额将日趋集中"，2006年11月

[10] iResaerch："2006年中国网络视频报告"，2006年11月

[11] iResearch："2006年第二届中国网络社区网民发展状况调查报告"，2006年10月

[12] 赛迪顾问通信与网络咨询事业部："中国互联网服务市场呈现趋势"，2006年5月

[13] 计世资讯（CCW Research）："摩根斯坦利报告分析全球网络两大亮点"，2006年9月

[14] 中国风险投资网（cvc360.com）

第四章 无线通信行业投资分析报告

2006年，我国电子信息产业保持平稳增长，产业规模继续扩大，经济运行质量不断提高，有望实现“十一五”计划的良好开局。

我国目前的高技术产业中，电子通讯设备制造业占据绝对的主导地位。中央在“十一五”规划中，明确提出信息产业为国民经济发展的首要产业。TD-SCDMA作为中国第一个成为国际标准的国产标准，无疑将成为未来5年发展的重中之重。我国的3G牌照也有可能在2007年正式发放。

2006年，我国电信运营企业通过不断开发创新型业务，挖掘用户潜力，实现了业绩的持续发展。各运营企业致力于从以往的单纯话音服务提供商，向综合信息服务提供商转型，欲在今后的3G市场中占领一席之地。

广义上讲，无线通信包括大致可以分为移动电话、无线通信和卫星通信3类。限于篇幅，本报告仅对2006年中国移动无线通信行业进行分析和展望。

一、无线通信行业发展概况及特点分析

2006年是我国“十一五”计划的开局之年。2006年1月～10月，中国电信行业持续平稳增长，电子信息产业的收入达到3.4万亿元，比2005年同期同比增长24.8%。这已经是我国电子信息产业连续7年保持了25%以上的增幅。其中，2006年1月～9月，我国电子信息产业净出口达到4602亿美元，同比增长了37.8%。我国电子信息产业规模位居全球第二。目前中国已经有电话用户8.19亿户，移动电话4.49亿户，移动电话普及率达到每百人33.9部，移动用户在全球排在首位[①]。

（一）行业发展概况

信息产业部截至2006年9月份的统计信息显示：2006年1月～9月，全国通信业务总量完成11 131.1亿元，比上年同期增长25.1%。其中，电信业务总量10 589.2亿元，增长25.5%；邮政业务总量541.9亿元，增长17.9%。全国通信业务收入完成5278.5亿元，比上年同期增长11.7%。其中，电信业务收入4799.3亿元，增长11.3%；邮政业务收入479.1亿元，增长16.2%。通信业务总量的增长率约为通信业务收入增长率的2.2倍。2003年～2006年通信业务收入情况见图4.1。

① 《第一财经日报》。

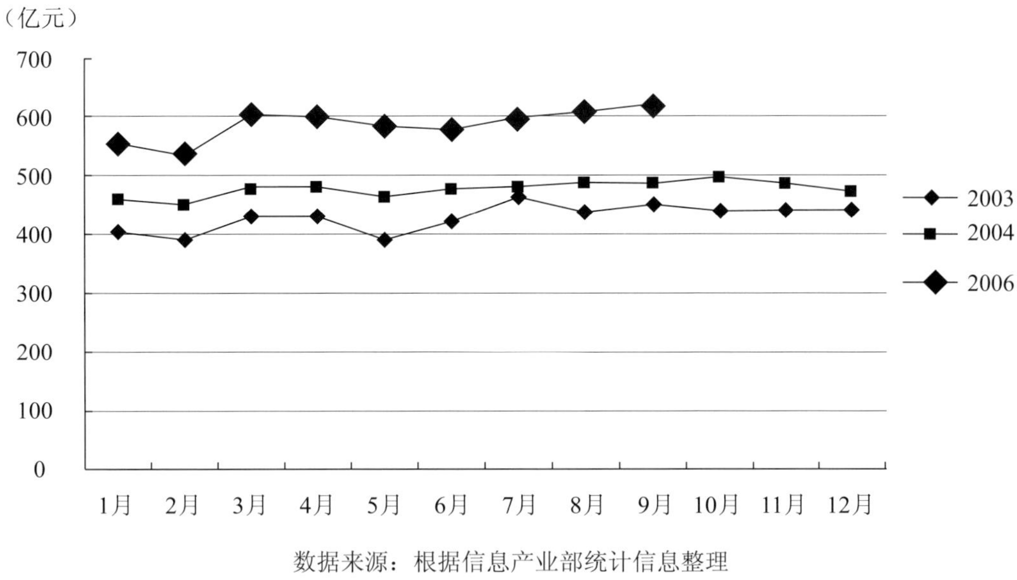

数据来源：根据信息产业部统计信息整理

图4.1　2003年～2006年各月通信业务收入比较

移动电话用户发展：2006年1月～9月，全国移动电话用户新增4974.8万户，达到44 315.4万户。移动分组数据用户新增4640.2万户，达到11 720.7万户。移动分组数据用户在移动电话用户中所占比重从2005年底的18.0%上升到26.4%。2003年～2006年移动电话用户净增情况见图4.2。

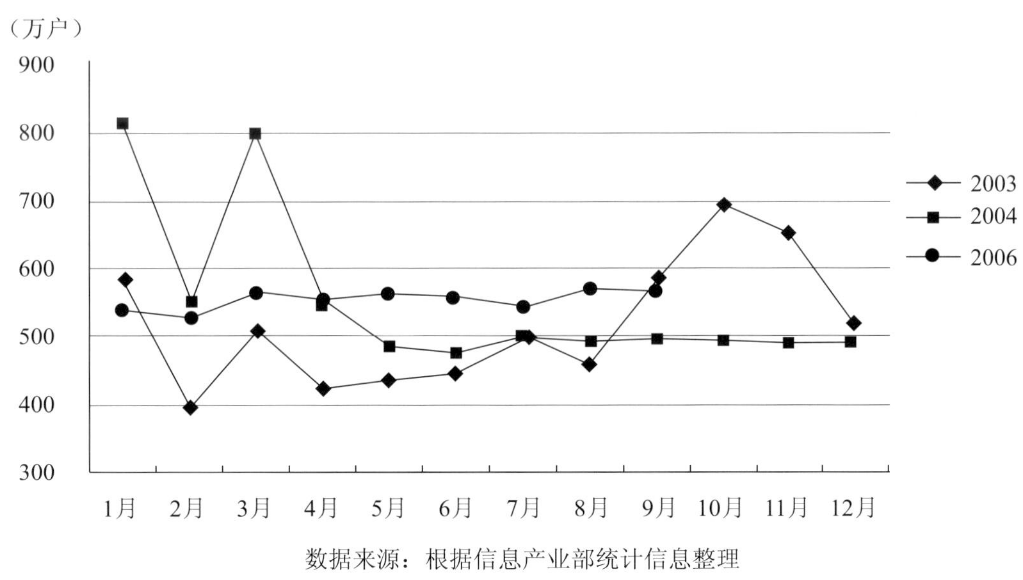

数据来源：根据信息产业部统计信息整理

图4.2　2003年～2006年移动电话用户各月净增比较

固定资产投资较2005年同期有所增长。1月～9月，全国通信固定资产投资完成1443.1亿元，比2005年同期增长17.7%。其中，电信固定资产投资完成1424.8亿元，比2005年同期增长17.7%；邮政固定资产投资完成18.3亿元，比2005年同期增长21.5%。

从电信业务收入构成来看，移动通信占47.05%，固定本地通信站27.64%，长途电话业务收入占17.49%，数据通信业务占7.73%；无线寻呼和卫星通信业务收入分别占0.06% 和0.02%。移动通信仍是电信业务收入的主要组成部分（见图4.3）。

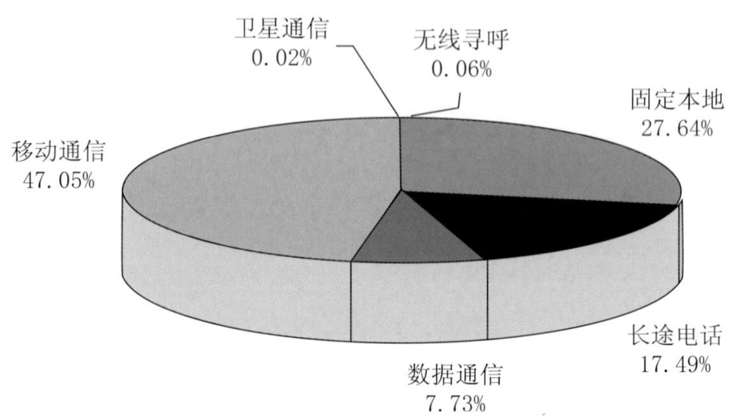

数据来源：根据信息产业部统计信息整理

图4.3　2006年1月～9月电信业务收入构成

根据信息产业部的统计信息，本报告对2006年前10个月的通信业务收入和同比增长情况进行了汇总（见表4.1和图4.4）。截至10月，通信业务累计收入5891.9亿元，其中电信业务累计收入5360.9亿元，占91%，由此可见，电信业务收入依然是通信业务收入的主要来源。从电信业务月累计统计数据和同比增长情况看，电信业每月同比2005年增长率都维持在10% 以上，每月平均同比2005年增长为11.2%，略高于2005年1～3季度 GDP10.7% 的增幅，已进入一个相对成熟期。

表4.1　　2006年前10个月通信业务累计收入

项目/月份	通信业务累计收入（亿元）	同比增长率累计（±%）	邮政业务累计收入（亿元）	同比增长率累计（±%）	电信业务累计收入（亿元）	同比增长率累计（±%）
1	553.4	10.8	51.4	11.3	501.9	10.7
2	1088.0	10.7	102.6	14.0	985.4	10.4
3	1692.5	11.8	158.3	13.7	1534.3	11.6
4	2293.1	11.7	211.5	13.2	2081.6	11.5
5	878.2	11.4	260.2	11.7	2618.0	11.3
6	455.7	10.7	316.8	11.3	3138.9	10.7
7	4052.9	11.4	370.1	11.7	3682.8	11.4
8	4660.7	11.3	421.5	11.5	4239.2	11.3
9	5278.5	11.7	479.1	16.2	4799.3	11.3
10	5891.9	11.4	530.9	11.4	5360.9	11.4

注：本表统计数据包括了固定电信业务收入

数据来源：根据信息产业部统计信息整理

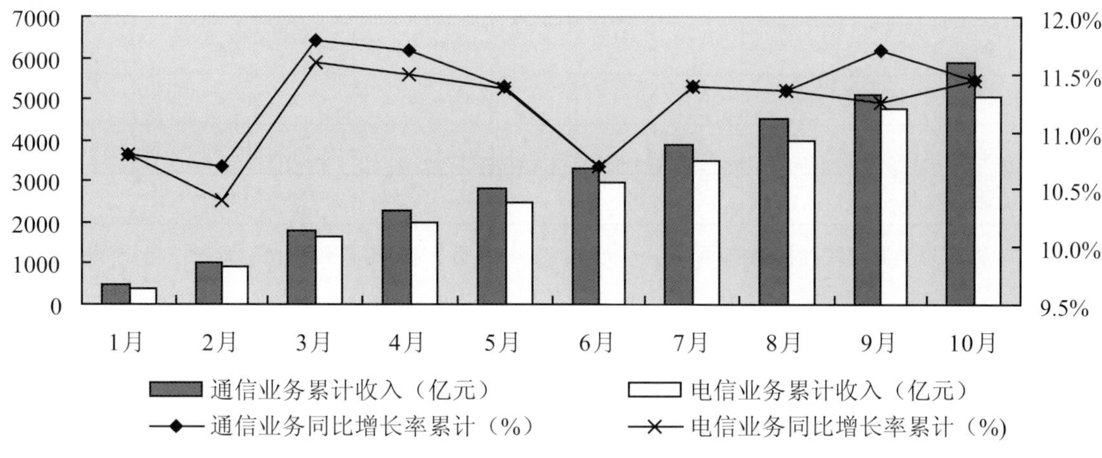

图4.4　2006年前10个月通信业务累计收入统计及同比增长

移动通信收入同比增长18.3%，在电信业务收入中的比重达到47.1%，促进了电信业务收入的稳步增长。数据通信收入同比增长率高达22.2%，约为电信主营业务收入增长率的两倍。固定本地电话和长途电话业务收入占总收入的比重比2005年同期分别下降了2.49和1.06个百分点，而移动通信和数据通信业务收入所占比重则分别上升了2.89和0.71个百分点。在移动通信领域，移动数据业务发展迅速，其业务收入占移动通信业务收入的21.0%（见图4.5）。

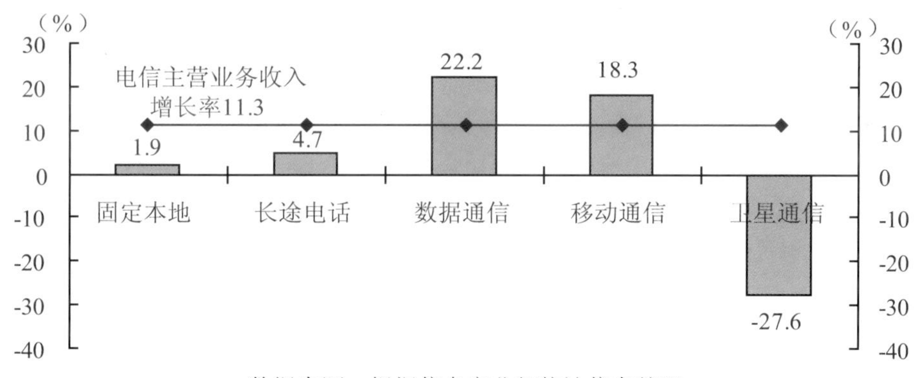

数据来源：根据信息产业部统计信息整理

图4.5　2006年1月～9月各项业务收入同比增长率

固定本地电话通话量出现负增长，比2005年同期下降2.9%，而移动本地电话通话时长比2005年同期增长33.6%，对固定本地业务的替代效应持续增强。在固定本地电话通话量中，无线市话通话量所占的比重从2005年同期的24.9%上升到25.7%，增长率也从2005年同期的25.3%迅速下降到0.2%，对固定本地电话通话量的带动作用继续减弱（见表4.2）。

表 4.2　　2006 年 1 月～ 9 月固定本地与移动本地通话量比较

指标名称	单位	2006 年 1 月～ 9 月	2005 年 1 月～ 9 月	增长率（%）
固定本地电话通话量	亿次	5312.3	5468.9	-2.9
其中：传统固定电话	亿次	3948.9	4107.8	-3.9
其中：无线市话	亿次	1363.4	1361.1	0.2
移动本地电话通话时间	亿分钟	11 400.2	8534.8	33.6

数据来源：根据信息产业部统计信息整理

2006 年 1 月～9 月，固定传统长途、移动长途、IP 电话通话时长分别同比增长 10.7%、30.8% 和 11.8%。与 2005 年同期相比，移动长途在长途通话中的比重上升了 3.1 个百分点，达到 27.6%，移动话音的竞争优势已从本地业务扩大到了长途领域（见图 4.6）。

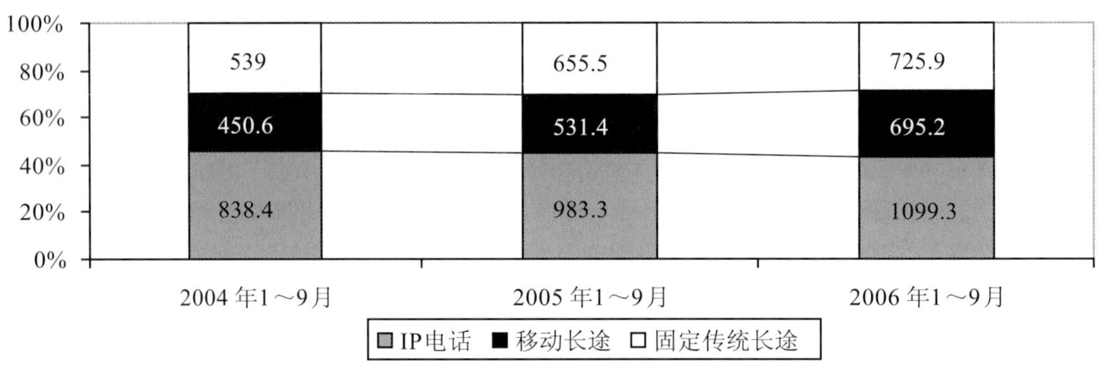

数据来源：根据信息产业部统计信息整理

图 4.6　2004 年～ 2006 年同期长途电话通话时长构成

固定通信 ARPU 值是以中国电信、中国网通和中国铁通三家公司的收入之和估算的，移动通信 ARPU 值是以中国移动、中国联通两家公司的收入之和估算的。固定通信 ARPU 值持续下降，而移动通信 ARPU 值基本稳定下来，两者之间的差距进一步拉大（见图 4.7）。

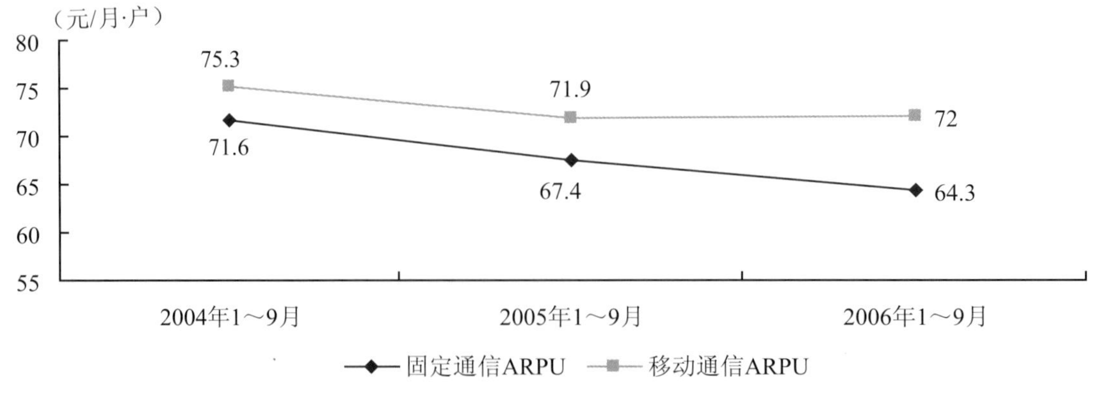

数据来源：根据信息产业部统计信息整理

图 4.7　2004 年～ 2006 年同期固定通信与移动通信 ARPU 比较

（二）行业发展特点

2006年，国内移动通信产业的发展具有如下特点：

1. 国内市场进一步向 GSM 集中

2006年以来，全球移动通信发展的一个趋势是 CDMA 市场继续萎缩，国际上很多 CDMA 运营商转向 GSM 制式。本来打算在 CDMA 手机领域大干一番的诺基亚甚至于前不久宣布终止与日本三洋在 CDMA 方面的合作计划，决定在2007年4月前停止自己的 CDMA 研发和生产。全球 CDMA 阵营的情况也在中国市场得到映射。

根据赛诺的统计，2005年 GSM 手机以92.34% 的高比例（信息产业部的统计数据是90.9%）占据手机市场的绝对主体地位，而2006年1月～5月，赛诺统计 GSM 市场新增手机已经占到整体市场规模的94%。而中怡康的统计，2006年1月～5月新销售手机中， GSM 手机已经达到99.6%，CDMA 仅为0.36%。GSM 手机是市场规模快速增长的主要贡献者。当然，3G 启动后，这一情况可能会有所改变。

2. 运营商加快转型步伐

2006年各大电信运营商们都在有条不紊地进行一系列的3G 准备工作：中国移动在2006年的转型中提出由“移动通信专家”向“移动信息专家”转变的口号，再次说明了中国移动要做3G时代移动通信市场的领导者。中国联通于2006年正式在全国范围内启用新的企业标识。企业口号也从“引领通信未来”转变为“让一切自由联通”。中国电信在2005年提出了向综合信息服务商转型的口号，“宽带、商务领航、号码百事通”是中国电信2006年要重点发展的三大典型业务。2006年2月中国电信在河北保定正式启动3G 试商用网络的建设，中国电信独立组网 TD 也已经明确。中国网通也提出了向网络综合信息服务商转型，2006年2月，中国网通在山东青岛正式启动3G 试商用网络的建设。网通集团组织各参与预商用试验的省份召开3G 测试启动会，下发了核心网和业务网组网方案。

3. 移动电话对固定电话的替代作用越来越明显

移动通信、IP 电话、电子邮件等新技术的发展，使得固话业务正被日益分流，进而导致了全球固网运营商收入的普遍下滑。在中国，尽管宽带和小灵通取得了令人瞩目的成绩，但这一切仍不能弥补固话业务下滑所带来的亏空。

2006年1月～8月，电信业务收入增长达到了11.3%，说明通信行业内在的增长动力依然存在。实际上，从各类通信业务收入增幅来看，移动通信业务收入维持了一个较高的增速（18% 左右），而本地电话业务收入增幅却维持在低位。前7个月增幅只有2.4%，明显低于移动通信业务收入增幅。显示移动电话对固定电话的替代作用越来越明显。如果我们更进一步关注通话业务量的话，我们可以看到，固定电话本地通话业务量处于持续下降状态（前8个月同比下降0.7%），和移动通信电话业务量持续高速增长（前8个月同比增长33.1%）形成鲜明的对比。固定电话运营商在通信业务中的市场份额在持续下降的态势非常明显，竞争压力非常大。在通话业务量增长态势不同的情况下，新增用户的增长状况的不同则进一步显示了固定电话运营商未来发展的弱势。1月～8月总体电话新增用户总数合计为6154万，与2005年同期相比下降了9.23%。其中移动电话新增用户4405万户，同比增长了16.06%；固定电话新增用户数累计为1750万户，同比大幅下降41.39%[①]。

---

① 天极网。

4. 移动增值业务市场积极寻找新的业务增长点

2006年，我国增值电信业务市场规模增长趋势较为明显，同比增长超过36.8%。截至2006年11月，我国增值电信业务市场总规模超过1478亿元，其中，2006年包含运营商通信费收入在内的中国移动增值业务市场总规模为820亿元，占60%，同比增长率41.3%。而移动数据增值业务市场规模占到总体增值市场规模的90%，达到732亿元；移动语音增值业务市场规模为82亿元，占总体市场规模的10%[①]。

2006年经过中国移动对电信增值服务商（Service Provider，以下简称SP）严厉整治后，不仅是中小SP，而且诸如SP上市公司这些大型SP也都受到冲击，营业收入大幅减少。如TOM在线：其超过90%的业务来自SP，是SP行业的老大，前三个季度的净利润大幅下滑，第三季度的净利润不到第二季度净利润的一半，同比增长为-59%（见表4.3）。行业的调整和SP业绩的下滑，使得SP也正在加快突围，积极尽快寻找新的业务增长点。TOM已经在把精力从其主导的无线增值业务拓向一些新型业务，包括Tom-Skype和UMPAY联盟。打通产业上下游的模式也受到SP的青睐。另外，一些新技术的应用目前也被业内重视。

表4.3　　中国四家海外上市的SP公司2006年前三季度净利润增长情况

报告期业绩 公司名称	第一季度净利润（万美元）	同比增长（±%）	第二季度净利润（万美元）	同比增长（±%）	第三季度净利润（万美元）	同比增长（±%）
TOM在线	1214	32.5	1175	12.4	528	-59
掌上灵通	230	-28	310	-17	100	-76
空中网	861	46	760	64	428	41
华友世纪	90	-84	170	-66	160	-68

5. 外资积极布局 为中国启动3G做好前期准备

2006年是我国全面放开基础电信市场的最后过渡期。2007年，在保证中方控股权的前提下，我国将进一步放开基础电信业务。未来3年外资企业进入中国市场仍然集中在增值业务领域和移动互联网领域。

电信增值业务成了外资抢滩我国电信市场的第一步。由于外资进入电信增值服务领域并没有太高的资金和技术门槛，加上电信增值服务市场近年来呈现几何级数增长，因此电信增值服务领域也自然成为了外资关注焦点。

按照中国加入世贸组织的时间表，2006年增值业务领域（包括企业VPN、ISP等）将允许外资持股达到50%，这将是外资进入国内电信服务市场的突破口。加入世贸组织后，外资电信运营商逐步介入我国基础电信领地，其主要投资模式是，外资电信以战略投资者的身份通过参股我国基础电信运营商来实现。

从目前的外资运作来看，外资对2G业务已经不感兴趣，而是正在为中国启动3G做好前期准备。一旦中国关于3G政策有实质性突破，外资将会在最短时间作出反应，毕竟，3G业务将是未来电信业务的最主要增长点。

---

①《通讯产业报》。

6. 运营商加快3G增值业务的准备

运营商们如果想收回在3G网络上的巨额投资，就要加大3G业务的开发与创新。能否提供满足用户个性化需求的移动信息服务，成为运营商能否抢占3G市场制高点的关键。

国内的运营商充分认识到这一点，在3G正式商用前，已开始了增值业务的开发和创新，并积累了相当的市场推广经验。2006年6月8日，中国移动（香港）集团有限公司宣布收购星空传媒所持有的凤凰卫视19.9%的股权，并与新闻集团、星空传媒和凤凰卫视签署了战略联盟协议。根据协议，几方将在创新移动内容、产品、服务和应用的开发和推广方面展开合作，建立长期的无线媒体战略合作伙伴关系。

此前，中国移动就和维亚康母公司、上海文广集团等，在无线音乐、手机浏览新闻等方面展开合作。借助此次收购，中国移动更是作为电信运营商进入了媒体行业。这将对中国移动的3G战略构成补充，使其用户可以享受更丰富的媒体资源应用与服务。借助CDMA 1X网络，中国联通推出了手机邮件、手机定位、手机高速上网、移动商务、手机下载等多项增值业务，并培育了用户的使用体验。对于中国电信和中国网通这两个固网运营商来说，一旦获发3G牌照，将在固网、移动网、互联网方面拥有整合的资源优势，向用户提供综合信息服务。

即将到来的3G时代，吸引用户的是各式各样的创新业务。为此，运营商们正在全力开发新的应用和业务。

二、2006年无线通信行业投融资情况及特点分析

2006年迎来了SP投资并购的高潮。不仅国外资本热衷收购，国内SP自己也在进行频繁并购。通过并购，大的SP公司已经变得越来越大，越来越强。外资大批收购中国SP的目的主要有两个：一些内容提供商是希望在新媒体领域能依靠手机这样的平台将自己的业务在中国发展，一些则是希望以SP作为跳板，为进入中国基础电信服务市场做准备。根据中国加入世贸组织时的承诺，2006年是我国全面放开基础电信市场最后过渡期。中国电信市场将采取逐步开放的原则：前几年是逐步开放增值电信业务（如电子信箱业务、语音信箱业务、EDI业务等）与寻呼业务以及部分城市的移动、固话服务。到2007年，在外资持股不超过49%的前提下，我国将进一步放开基础电信业务。

（一）重大收购案例

2006年1月～11月，无线通信市场就已经发生了价值达5.5亿美元的收购案例，单笔金额最高为1.4亿美元。被海外企业收购的中国SP，都是国内领先的SP公司，业务收入排名在前5名之内。风险投资商的关注角度较为特殊，关键在于成长性，所以CP（即内容提供商）和有特色、有成长前景的SP才是他们所关注的，欧美巨头们更希望收购的是国内为数不多的大中型SP公司，每笔收购金额至少在亿元以上。从2006年移动增值投资收购案例可以发现，无论国外资本投资收购还是SP内部并购，都比较看好娱乐、音乐和移动商务应用市场的前景（见表4.4）。

表 4.4 2006年部分SP收购事件

时间	收购方	被收购方	金额
2006年1月27日	空中网	北京无线增值服务提供商 Sharp Edge	3500万美元
2006年2月12日	奇虎网	上海亿之唐信息服务有限公司	约为1000万
2006年3月13日	TOM在线	国原创文学网站“幻剑书盟”	人民币2000万元
2006年4月13日	英国手机铃声及游戏制造商 Monstermob	北京万讯通科技发展有限公司	8150万美元
		杭州联梦	8000万美元
2006年6月12日	TOM在线	中国无线娱乐公司 Infomax	最高收购价不超过6亿元
2006年7月19日	西班牙无线增值服务公司 LaNetro Zed	指云时代	1.4亿美元
		轻点万维	9000万美元
2006年8月7日	中华网	时代科技及北京时代杰诚	1.9亿万港元
2006年10月23日	台湾大哥大	华友世纪	580万美元
2006年11月9号	华友世纪	鸟人艺术	1800万元

数据来源：中国风险投资研究院根据公开资料整理

1. 空中网收购 Sharp Edge 巩固领先地位[①]

2006年1月27日，空中网宣布已经同北京无线增值服务提供商Sharp Edge签署最终协议，将收购后者全部股份。Sharp Edge是一家2G无线增值服务提供商，主要依托短信、交互语音应答和彩铃技术平台，为中国电信、中国网通和中国联通的客户提供服务。Sharp Edge公司2005年净利润约为195万美元（未经审计），其营收有51%来自于中国电信客户，26%来自于中国网通客户，14%来自于中国联通客户，其余9%来自于中国移动客户。

收购Sharp Edge是空中网多种经营发展战略的重要组成部分。Sharp Edge同中国电信、中国网通以及中国联通保持着密切的合作关系，并且拥有大量的创新娱乐和媒体内容。Sharp Edge将与空中网现有的业务形成互补，进一步巩固空中网在中国无线增值服务市场的领先地位，同时为即将到来的3G服务打下坚实的基础。空中网的收购价格最高可达3500万美元，这一价格主要基于Sharp Edge在2005年10月1日到2006年9月30日之间净利润的5倍。在先期支付700万美元现金之后，未来15个月内空中网将再支付合计最高金额可达2800万美元的两笔款项，具体金额取决于Sharp Edge的业绩。后期款项将有70%以现金的形式支付，另外30%空中网有权选择以现金或空中网股票的形式支付。Sharp Edge公司的注册地点是英属维尔京群岛，并拥有一家在中国注册的子公司。除此之外，Sharp Edge还拥有一家中国注册运营实体的全部经济利益。

2. 奇虎收购亿之唐涉足无线增值业务[②]

2006年2月12日，奇虎网（www.qihoo.com）用千万元收购了收购亿唐旗下的无线增值业务——上海亿之唐。亿唐网成立于2000年，是一家定位于生活咨询的网站，随着网络泡沫的破灭，亿唐网也始终没有发展起来。不过亿唐网具有互联网站的各种资质，包括新闻转发证、ICP和SP牌照等，从而为奇虎进入门户、电信增值业务铺平道路。

① 天使投资网。

② 天使投资网。

3.TOM在线进行首笔针对文学网站的收购[①]

2006年3月13日，无线互联网门户TOM在线公布，收购中国原创文学网站幻剑书盟80%股权，取得控股地位，其价格为人民币2000万元。

此次并购是目前数额最大的原创文学网站并购案，高于盛大2005年全资收购起点中文网的价格。同时也是迄今为止SP进行的首笔针对文学网站的收购。

幻剑书盟于2000年10月成立，目前Alexa排名为中文简体网站第500位，拥有作品2万多部、作者1万多人，以电子版付费阅读为主要收费模式。完成收购后，幻剑书盟将继续保持其原有域名与品牌。在TOM网站的博客等内容平台上，幻剑书盟将单辟专区融入。

幻剑书盟与TOM在线互补性更好，可自然成为TOM在线一个文学频道，并为TOM其他媒体平台提供内容，使内容实现在多平台上的叠加增值。原创文学网站有可能成为SP收购的另一个热点。

4.Monstermob收购杭州联梦看好手机游戏市场[②]

2006年1月23日，欧洲最大的移动增值业务提供商Monstermob Group收购了杭州联梦，交易额最高可达8000万美元。该交易是中国有史以来最大的手机游戏并购案。Monstermob公司表示，他们打算利用联梦娱乐来开发新的手机游戏。

Monstermob Group是欧洲最大的移动增值业务提供商，也是全球最大的手机游戏及手机铃声制造商集团。Monstermob创建于2004年，发展迅速。现在该公司在25国家和地区有运营业务，每月订户达1300万。

在中国手机用户全球第一的背景下，Monstermob于2005年8月已经以5600万英镑收购了中国的手机铃声和彩图供应商ATOP世纪，大举进入中国市场。

杭州联梦无限娱乐软件有限公司成立于2003年10月，注册资金1000万元人民币，2004年10月经信息产业部批准，在全国范围跨地区经营增值电信业务。公司总部设在杭州，另有北京、辽宁、上海、南宁、西安、西安等6个分公司，按大区制的形式开展增值电信业务并已在20多个省、市、自治区的通信管理部门进行了业务备案。

杭州联梦现已上市发行的游戏已有50多款，其中较为知名的有拳皇、合金弹头、侍魂、英雄传说、机甲争霸等。2004年，杭州联梦相继与韩国、日本等国家的著名游戏娱乐产品内容供应商结成战略合作伙伴，取得了百余款经典日韩游戏中近一半的精品游戏的授权并开发出了相应的手机游戏，陆续在移动梦网上线。在中国移动的手机游戏排行榜上，杭州联梦的手机游戏长期雄踞前三甲之列，杭州联梦还是中国移动的重要战略伙伴。

5.Monstermob并购北京万讯通[③]

2006年4月，Monstermob公司宣布，其以8150万美元的价格，最终完成了对北京万讯通科技发展有限公司的收购。北京万讯通是国内屈指可数的几家大SP之一，在国内27个省市拥有移动的SP业务。此前，Monstermob在中国已经完成了两笔类似收购：一笔是2005年8月以1亿美元收购新东方旗下的联东伟业，另一笔是2006年年初以8000万美元收购杭州联梦。Monstermob仅这三笔收购就耗费了2.6亿美元。

---

① 雅虎科技。

② chinaventure投资中国。

③ 中国风险投资网。

通过这三次收购，Monstermob在中国市场已经进入SP前列。联东伟业的长项在于WAP和彩信。在2005年下半年，中国移动WAP业务的前10强中，除了空中、腾讯、讯天等公司外，联东伟业一直隐居前5名之一，而在彩信业务上，联东伟业的排名也能挤进前5名。在中国移动的百宝箱游戏排名中，联梦一度排名第一，而北京万讯通在短信、彩铃、IVR都占前10名。通过收购，Monstermob在WAP、彩信、手机游戏、彩铃、IVR等关键业务中都成功进入第一梯队。从业务量来看，Monstermob所收购3家SP公司的业务量总和已经超过华友世纪和掌上灵通。这意味着Monstermob在中国的SP中已经进入前5名。

6.TOM在线宣布100%收购中国无线娱乐公司Infomax扩大业务[①]

2006年6月12日，TOM在线宣布100%收购中国无线娱乐公司Infomax，而这笔交易的最高收购价将达到6亿元人民币。通过此次收购，该公司将获得Infomax原有的覆盖数亿中国内地家庭的电视媒体分销网络。

Infomax是一家无线娱乐公司，自2003年起便通过与电视媒体及其他时尚娱乐媒体的合作，提供无线互动产品与服务。多年来，该公司已与国内不少电视台渠道运营商建立了稳定的合作关系。

目前，TOM在线在内地SP的“老大”地位无人能撼。仅在电视媒体合作方面，TOM在线已与200多家电视台建立了合作关系，而除此之外，TOM在线的无线分销平台也聚拢了各类媒体合作伙伴以及众多的音像分销商和手机生产商。有关数据显示，来自无线互联网的收益已经成为TOM在线的绝对收入来源。2006年第一季度财报中这块收入已占到公司季度总收益的93.6%，达到4549万美元。

7. 西班牙无线增值公司收购国内两家SP开拓中国市场[②]

2006年7月，西班牙无线增值服务公司LaNetro Zed已经收购了国内的两家SP公司指云时代和轻点万维，金额分别为1.4亿美元和9000万美元。

据悉，LaNetro Zed对指云时代和轻点万维都是全资收购，LaNetro Zed是娱乐集团Wisdom的子公司，主要从事无线增值业务，总部位于马德里。

LaNetro Zed公司主要业务分布于欧洲，同时已在北美洲的美国、墨西哥和亚洲的菲律宾和马来西亚开展业务，公司2004年收益额为1.37亿欧元。按照LaNetro Zed的计划，公司已于2005年开始拓展中国市场，此次收购指云时代和轻点万维应该是其进入中国市场的具体动作。

8. 中华网收购两家移动增值服务公司 以扩大自己的无线业务[③]

2006年8月7日，中华网宣布，其全资附属公司CDC Mobile Media Corporation（下称CMMC）以总代价1.98亿港元（约合2540万美元）收购时代科技及北京时代杰诚全部股权。

中华网在声明中称，其全资子公司CMMC将从Fresh Earn控股公司手中获得北京时代杰诚信息科技有限公司和时代杰诚科技有限公司。中华网表示，这一交易将以现金、CDC移动媒体公司股份以及中华网受限制股份的形式完成。

北京时代杰诚为一家移动增值服务供货商，主要通过PDA和信息服务为消费者提供热门新闻和其他形式的内容。2005年底资产净值为1484.99万人民币，2005年度除税前纯利3032.93万人民币。时代科技为北京时代杰诚的离岸控股公司，同时也是Fresh Earn的全资子公司。

① 搜狐IT

② ChinaVenture投资中国。

③ ChinaVenture投资中国。

9. 台运营商收购华友世纪股份　进军内地 SP 市场[①]

2006年10月23日，我国内地 SP 华友世纪正式确认，公司已被台湾地区第三大移动电话运营商大哥大以580万美元收购了110万份美国存托凭证，此次收购共占华友世纪5.02%的股份。台湾运营商进军内地市场的号角也由此吹响。

对我国内地电信市场上亿用户的市场容量以及两位数的增长率，海峡对岸的众多运营商非常关注，并努力寻找合适的进入方式，其中台湾地区大哥大最为积极。此前，台湾地区大哥大就把目光瞄准往返内地和台湾的台胞，主动和中国移动合作，大幅调降双边漫游费率，包括语音通话、发送短信及资料传输等服务，都能大幅降低漫游费用。

台湾大哥大采取收购内地上市 SP 股份的方式能有效规避风险，从而达到投资收益最大化。可以预见，今后会有更多台湾地区的企业采取类似方式来参与和分享内地电信增值市场这块大蛋糕。

10. 华友世纪收购鸟人艺术　向数字娱乐公司转型[②]

2006年11月9日，华友世纪宣布斥资1800万元收购鸟人艺术30%股份，此次收购是通过华友旗下公司华友数码传媒进行。

在中国运营商发出将严格治理 SP 产业的信号后，华友自去年开始谋求向数字娱乐公司转型。曾以765万美元收购飞乐唱片60%的股份，而后又斥资3500万元控股华谊兄弟音乐，并且签约超女张靓颖、歌手羽泉和黄征，通过手机、互联网等多种渠道发行音乐唱片。

此次收购的鸟人艺术成立于1994年底，目前汇集了庞龙、南合文斗、常海、大麦、韩东、花泽冰、牛朝阳、张娜娜、张真贺等数十位知名歌手，拥有包括《两只蝴蝶》、《你是我的玫瑰花》等数百部极具商业价值录音录像制品、影视作品的完整版权的资料库。

2005年，华友世纪曾与鸟人艺术合作推出首张手机唱片——《你是我的玫瑰花》。2006年6月，两家公司又联合空中网、掌上灵通等成立首个手机唱片发行联盟。

（二）风险投资介入本行业情况与特点

2006年是中国创业投资氛围高涨的一年。这不仅是由于2005年底外管局“75号文件”和《创业投资企业管理暂行办法》的出台，更因为“十一五”规划所确定的自主创新战略以及创业板市场即将推出，为我国的风险投资注射了一剂强心针，极大地鼓舞了中外风险投资机构进行风险投资。

在2006年前11个月内的投资总额已经接近17亿美元，比2005年全年的投资金额还高出44.2%。其中对初创期、扩展期企业的投资几乎平分天下，投放到这两个阶段企业的投资额均在6亿美元左右。在投资阶段上，与2005年有明显差异的是创投机构对初创期企业的投资正大幅上涨，从2005年的1.4亿美元激增至2006年的5.8亿美元，增幅显著；而扩张期和成熟期的投资金额则变化不大。2006年，外资创投机构仍然占绝对主导地位，本土机构无论在投资数量还是投资金额上都处于弱势。2006年外资机构在中国市场上投放的创业投资金额占市场总额的74.2%，本土机构则仅为18.3%[③]。总结2006年风险投资介入无线通信行业的情况，有如下几个特点：

1. 风险资本投资规模越来越大

海外风险投资机构在中国风险投资领域一直扮演着十分重要的角色，IDG、集富亚洲、红衫

---

① ChinaVenture 投资中国。

② ChinaVenture 投资中国。

③ 青科创业资讯。

资本等著名的风险投资机构看好中国的SP产业，投资1000万美元以上的案例有4起，投资规模越来越大。2006年中国无线通信行业的风险投资，外资风险投资机构继续占绝对主导地位。

2. 电信增值行业风险投资总体呈现下降趋势

在2006年10月底，WAP门户摩网获得太平洋商业网络有限公司数百万美元的注资。不过摩网这种机会，对于目前的大部分中小SP来说已经是可遇不可求了。信产部电信研究院报告显示，随着运营商整顿规范SP的力度不断加大，国内SP行业60%以上处于亏损状态。目前，一些暂时无法盈利的SP或WAP由于有VC的存在，在短期内仍旧能够生存下去。但由于无法获得盈利，随时可能被市场淘汰。随着国内电信增值行业的持续性低迷，一路追捧而来的VC出现了抽逃资金的迹象。相比2005年，电信增值行业风险投资总体呈现下降趋势。

3. 风险投资以成长期为主

专业咨询机构易观国际首次在国内发布了一份"TMT投资价值排名"。易观认为，根据行业投资价值和风险投资的价值来看，通过免费的WAP方式进行手机游戏、无线音乐等，正在受到风险投资者的青睐。2006年7月，风险投资商JAFCO ASIA（集富亚洲）、WI HARPER（美国中经合集团）和IDGVC三方共同为创立刚刚27个月的3G门户网投入超过1000万美元，以支持3G门户网继续在独立于移动梦网的无线互联网领域发展。

2006年10月，摩网获得太平洋商业网络有限公司700万美元的风险投资。2006年11月，红杉资本投资万普世纪。随着免费WAP网站业务的勃兴，VC开始将眼光转向非传统的SP行业。免费WAP虽然有一定的政策风险，但风险投资机构对它在中国的发展预期不亚于移动梦网的发展前景，期望能在以后获得丰厚回报。

4. 面向3G的无线增值服务备受关注

无线增值服务领域最近频繁进行的并购活动显示，手机游戏等无线增值业务仍将是未来3G时代争夺的热点。手机游戏产业还处于较早期阶段，伴随着3G的商用，手机游戏必将迎来大幅增长。仅这一个因素就使得手机游戏行业极具投资价值。2006年年初，我国的手机用户总量突破4亿人，其中百宝箱在线注册用户数达到了3000多万人，也就是说3000多万人已经尝试过手机游戏，可以看出，手机游戏的发展空间是非常巨大的，不仅是在中国，从2005年开始，全球手机游戏市场一直以40%的速度增长，2006年，手机游戏将掘金9亿美元，成为超过无线音乐和娱乐内容服务的最大应用，这一点得到了从终端厂商到运营商的一致认可[①]。2004年以来，IDGVC、软银、凯雷、高通、美国中经合、西门子移动通信投资公司等风险投资商都纷纷加大了对手机游戏领域的投资。

5. 风险投资商看好3G

随着中国启动3G的不断临近，特别是中国政府对上马自主3G标准的态度日益明朗，TD-SCDMA受到了国外投资机构、运营商及设备商的极大关注。中国3G门户网第二次融资又获得1870万美元的风险投资，大唐移动获得2500万美元的风险投资。多家风投也正在加快进入中国3G市场的步伐。

（三）典型风险投资案例

2006年度部分无线通信行业风险投资案例见表4.5。

① 科技资讯网。

表4.5　2006年度部分无线通信行业风险投资案例

时间	投资方	被投资方	大致金额	备注
2006年12月	Staenberg Capital	明复	336万美元	第一轮初期融资，明复总融资540万美元
2006年11月	红衫资本	万普世纪	800万美元	
2006年7月	JAFCO ASIA（集富亚洲）、WI HARPER（美国中经合集团）和IDGVC	3G门户网	1000万～2000万美元	第二轮融资
2006年6月	美洲投资银行	深圳深爱移动智能系统有限公司	2500万美元	
2006年5月	北京Pacific Strategy集团以及韩国的Hana Securities	大唐移动	2500万美元	
2006年4月	IDG和索尼基金	魔龙	IDG1500万美元，索尼基金500万美元	第二轮融资

数据来源：中国风险投资研究院根据公开资料整理

1. 风险投资抢滩中国手机游戏市场[①]

2004年，IDGVC向魔龙注资500万美元。2006年4月，魔龙又悄然进行了第二轮融资，获得IDGVC和索尼基金的2000万美元投资。其中，IDGVC通过金融界投资1500万美元，索尼基金投资500万美元。魔龙两期共2500万美元融资将主要用于战略并购，重点在手机游戏方面。

早在3年前，不少风险投资家就已瞄准手机游戏领域。目前国外资本的大量涌入，更是为这一收购热潮推波助澜。外资进入中国手机游戏市场，更深层的意义是为了寻找最佳的运营模式。随着大SP以及海外资本的进入，手机游戏市场将出现两极分化。中国移动目前已将精品手机游戏列为工作重点，百宝箱传统的以"货架"为主的卖场模式，也将向门户运营模式转移。这也表明，来自运营商的推动将会对这个尚在新生状态中的市场起到极大的推动作用。计世资讯最新调研数据显示，2006年第三季度中国手机游戏市场规模达到6.7亿元人民币，比第二季度增长11.9%。

2. 大唐TD-SCDMA获2500万美元风投　解研发资金之急[②]

2006年5月，大唐移动获得了一笔2500万美元的风险投资，用作TD-SCDMA技术标准的研发资金。此前，资金被认为是制约TD-SCDMA发展的一大因素。

进一步的资料显示，大唐移动获得这笔资金牵头人为北京Pacific Strategy集团以及韩国的Hana Securities，参与投资的还包括韩国开发银行（Korean Development Bank）与韩国的STIC Investments。

在资金的需求上，大唐移动比华为、中兴通讯等更紧迫，其母公司大唐电信运营状况同样不佳。2006年5月19日，大唐电信终止了与华平投资的合作协议，将向华平支付总计3200万美元，同时华平转让其所持有大唐微电子的全部股份。

3. 美洲投资银行注资深爱移动　风投进国产手机[③]

2006年6月深圳深爱移动智能系统有限公司，近期获得了一笔来自美洲投资银行2000万美元

---

① ChinaVenture投资中国。

② 3G中国。

③ 搜狐IT。

的融资。美洲投资银行在新公司中将占50%以上份额。首期2000万美元的融资已经到位，第二笔融资的额度将达5000万美元，预计3年内融资额度将达1亿美元。公司预计5年内上市。

中国手机制造业面临着全行业亏损，而深爱移动获得资本的垂青，犹如给业内注射了一剂兴奋剂。这也是中美在手机行业首次展开类似合作。

虽然国产手机行业处于寒冬之中，但中国手机市场的上升态势却依然不变。从产业规模上来看，手机市场每年以25%的增量增长。中国手机市场巨大的容量和广阔前景。另外，3G时代的到来，也给中国手机市场带来了新的发展机会。

4. 3G门户网再获上亿投资 三家VC逆市投资WAP①

2006年7月4日，风险投资商JAFCO ASIA（集富亚洲）、WI HARPER（美国中经合集团）和IDGVC三方共同为3G门户网（wap.3g.net.cn）投入超过1000万美元，以支持3G门户网继续在独立于移动梦网的无线互联网领域的发展。据悉，该次融资乃是3G门户网创立以来的第二次融资，额度在1000万～2000万美元之间，折合人民币已经上亿，这已经是免费WAP网站所获得的最大一笔投资。集富亚洲是该次投资的领投者，美国中经合集团和IDGVC跟投。一年以前，IDGVC曾首度投资3G门户网200万美元，开创了免费WAP获得风险投资的先例。

5.WAP门户网站摩网获5600万元风险投资②

2006年10月25日，国内知名WAP门户摩网（wap.moabc.com）对外宣布，摩网已获得太平洋商业网络有限公司约为700万美元的注资，后者获取了摩网20%的股份。这也是在中国移动明确宣布对WAP的整顿政策后，免费无线互联网企业首度获得风险投资。摩网的此次融资是中国移动对独立WAP首次明确表态之后，无线互联领域里的第一笔融资。这一利好消息无疑将促进中国无线互联网的快速发展，同时，经过一段蛰伏期的独立WAP网站也将走出“寒冬”，迎来自己的“春天”。

6. 万普世纪获红杉资本风险投资③

2006年11月，红杉资本中国基金（Sequoia Capital）在深入考察了中国WAP市场2年多以后，向国内首家独立WAP公司——万普世纪（WAP世纪）投了第一笔风险投资。全部投资高达800万美元。

获得这笔高达800万美元高额投资的万普世纪（WAP世纪），成立仅仅一年。目前已凭借业界领先的建站系统与无线营销平台在业内迅速崛起。万普世纪已与国内外超过10万个WAP网站、200多个直接客户和广告代理公司建立合作，其广告营业额在WAP行业位居前列。

红杉资本被业界誉为缔造“红杉传奇”，此次对万普世纪的投资，被很多业内人士视为红杉资本有意在中国创造新的“无线互联网传奇”的信号。目前，全球依靠其投资上市的公司达130多家，总市值超过纳斯达克市值10%。

7. Staenberg注资明复 看重无线移动搜索服务④

2006年12月7日，国内手机搜索厂商明复（Minfo）近日获得Staenberg Capital风险投资336万美元。这是公司第一轮融资，明复计划总融资540万美元。根据明复一份公开介绍，公司致力

① 搜狐网。

② 中国风投网。

③ 天极网。

④ 新浪网。

于提供下一代无线移动搜索服务。通过接收来自用户的纯自然语言查询，系统能将高精准度的信息快速返给用户。而且明复目前实行全免费搜索，支持短信搜索以及WAP搜索。Staenberg Capital是美国一家高科技风险投资机构，目前管理着2.75亿美元资金。

三、2006年无线通信行业政策环境分析

中国通信市场保持比较平稳的上升趋势，这既得益于巨大的市场需求，同样也离不开政府政策的指引的作用。政府通过产业政策对作为基础设施产业的电信业的发展发挥了很大作用。产业政策是实施宏观调控的重要手段。在充分发挥市场机制作用的基础上，通过产业政策弥补市场机制的缺陷。

（一）行业政策概述

1. 市场监管政策

为进一步加强外商投资经营增值电信业务有关管理工作，维护公平的市场环境，信息产业部于2006年7月13日下发《关于加强外商投资经营增值电信业务管理的通知》，对业务经营所使用的互联网域名、注册商标、服务器等场地和设施以及网络信息安全保障等方面的有关规定做出强调和进一步明确。

2. 规范市场秩序政策

按照全国整顿和规范市场经济秩序领导小组办公室《全国整顿和规范市场经济秩序2006年工作要点》的部署与要求，信息产业部、国家工商行政管理总局经研究决定，从2006年11月开始，在全国范围内组织开展为期一年的移动电话机售后服务市场专项检查。

为进一步解决人民群众关心关注的热点问题，切实保护消费者合法权益，净化移动信息服务市场消费环境，加强移动信息服务业务资费和收费行为管理，促进电信行业健康、持续发展，规范由基础电信企业负责向用户收费的移动信息服务业务，信息产业部下发的《关于规范移动信息服务业务资费和收费行为的通知》自2006年10月10日起执行。

3. 产业发展政策

“十一五”是我国经济发展的战略转型期，也是信息产业实现由大到强转变的关键时期。在提高自主创新能力的同时，提高产品质量，既是信息产业自身发展的需要，也是信息产业服务于国民经济建设的需要。为了促进信息产业的协调发展，指导行业各级主管部门、各类企业和服务机构共同做好电子信息产业的质量工作，信息产业部组织制定了《电子信息产业“十一五”质量发展规划》，提出了新形势下质量工作的方向、目标和任务。

为推进国家电子信息产业基地和产业园建设，依据《信息产业部关于建设国家电子信息产业基地和产业园的意见》，信息产业部制定了《支持国家电子信息产业基地和产业园发展的若干政策》。

为规范农村信息化综合信息服务试点工作，加快农村信息化建设步伐，根据信息产业部《关于推进社会主义新农村建设工作的意见》和《关于开展农村信息化综合信息服务试点工作的意见》，制定《农村信息化综合信息服务试点管理办法（试行）》。

2006年8月25日，信息产业部出台《关于加快推进信息产业自主创新的指导意见》，对“十一五”期间信息产业的自主创新工作提出了具体的指导意见，从财政、税收、金融、政府采

购、法制环境、战略规划、技术联盟、人才队伍建设、创新基地建设、基础平台建设等26个方面系统地提出了具体的政策引导措施，为信息产业的自主创新营造了良好的政策环境。

（二）重要政策点评

1. 加强外商投资经营增值电信业务的管理

2006年7月和8月，两份分别来自信息产业部、国家六部委下发的重要政策，为火热的新经济投资市场拉响"软着陆"的警报。而国家政策的管制及运营商的打压，尤其使SP们陷入危机。2006年7月13日，信息产业部下发了《关于加强外商投资经营增值电信业务管理的通知》（以下简称《通知》），对外国投资者与境内增值电信公司的违规合作行为进行规范。《通知》强调，境内电信公司不得以任何形式向外国投资者变相租借、转让、倒卖电信业务经营许可，也不得以任何形式为外国投资者在我国境内非法经营电信业务提供资源、场地、设施等条件。《通知》要求增值电信业务经营者所使用的互联网域名、注册商标应为其（含公司股东）依法持有；场地和设施应当在经营许可证业务覆盖范围内设置，并与经营者所获准经营的增值电信业务相适应。

根据iResearch的研究数据，2006年国内移动通信市场增值业务所占比重约为两成，还有很大的上升空间。而根据3G增值业务与互联网增值业务的高度相关性特点，具有丰富3G增值服务业务经验的外资企业若全面控制国内互联网增值业务，其结果势必会对国内主要电信运营商在3G增值业务竞争上带来强大压力和冲击。

因此，iResearch认为，《通知》在3G牌照发放前出台，中国政府目的很明确，即认为在3G业务来临前，《通知》重申外资进入增值电信产业门槛，表明政府主管部门整治电信市场不良运营的决心，进一步规范增值电信市场，形成内外资企业间良性透明竞争秩序，为下一步国内电信运营商顺利发展至关重要的3G增值业务提供良好的市场政策环境。

2. 并购法规作进一步的完善和修改

2006年8月9日，商务部、国资委、税务总局、工商总局、证监会和外汇局六部委联合下发了《关于外国投资者并购境内企业的规定》（以下简称《规定》），这份从2006年9月8日起正式实施的规定指出：外国投资者今后可以以股权作为支付手段并购境内公司。境外公司的股东以其持有的境外公司股权，或境外公司增发的股份，作为支付手段，购买境内公司股东的股权或者境内公司增发股份。规定还指出了外资以股权并购的操作方式。

《规定》把过去不太完善的地方进行了修订，并提供了一个更合理的框架，从而堵住了那些钻空子的行为，实际上是给了那些规范的市场行为者更大的空间。修订后的《规定》，明确了哪些行业是禁止外资进来的；哪些行业是容许外资有条件地进来的，比如说并购后股份不能超过多少；哪些行业是容许外资自由并购的。这样对符合利用外资产业政策的并购，不仅可以继续运作，而且可以在更完善的环境中做得更好，其实是促进了合理的并购，同时对那些不符合利用外资产业政策的并购进行限制并起到了事先防范的作用。

《规定》指出：要稳妥、有序地向外资开放电信行业。严格按照我国加入世界贸易组织承诺向外资开放电信业，允许外商在法定范围内以合资方式开展国内电信业务，扩大外资在电信增值服务市场的投资，审慎推进基础服务市场的开放，完善电信业对外开放的政策体系。

截至2006年11月为止，中国风险投资市场的投资总额超过以往的任何一个年度，投资总额达到16.91亿美元，比2005年整年的投资金额还高出44.2%，涨幅惊人。这表明中外创业投资家们继续看好中国市场，《规定》并未给中国创投市场带来很大的不利影响[①]。

四、2007年中国无线通信行业投资价值分析

历经2006年的风云变幻，2007年，中国通信业的发展站在了一个新的起点上。2007年有可能成为中国通信业的数个元年：3G元年、TD-SCDMA元年、实名制元年、手机电视元年……而无论监管方式、电信格局还是业务形态、商业模式，2007年，中国通信业都在等待一个全新的开始。

（一）行业发展趋势

1. 3G大规模投资2007年启动

3G的正式启动将给中国电信设备制造企业带来难得的发展机遇，在3G的准备期（发牌前），设备制造商的重要性最大，设备提供能力决定产业链是否能正常启动。在2006年2月21日的TD-SCDMA年会上，国务院发展研究中心局长邓寿鹏透露，按照各个运营商所预测的数据，中国3G启动后前6年的总体投入将会达到6000亿元人民币，其中每年投入接近1000亿，这意味着中国在3G上前6年的投入就相当于国内通讯设备最著名的某上市公司近30年收入的总和。3G产业巨大的投资规模将给通讯设备行业提供了一个长期看好的市场基础，2G时代国内的通信设备市场主要被国外的制造巨头所把握，其中系统设备约90%～95%的市场份额被朗讯、摩托罗拉、爱立信等公司瓜分，而我们预计在3G时代以华为和中兴通讯为代表的本土企业将获得40%～60%左右的设备市场份额[②]。

2. 电信运营商重组势在必行

面临3G时代的来临，重组是电信市场必然的选择，只是时间问题。由于3G关系到上千亿投资，国有资产如何布局以避免3G网络重复建设成为一个相当关键的问题。可以肯定的是，目前不可能6家运营商都会得到3G牌照，因为如此大规模的重复建设，必然导致巨大的资源浪费，也会令运营商背上沉重的债务负担以及引发3G时代的过度竞争。但是，当一些运营商得到3G牌照，而另一些得不到时，他们之间的起点就已不同。因此，3G牌照将可能关系到运营商的生死存亡。

政府为维护公平、公正、有效的电信市场竞争，又保持所有的电信运营商都能增量增收，最好的办法，是通过改革重组，形成几大运营商，然后发放3G牌照，让企业都有发展3G的机会，促使公平、有效的市场竞争格局的形成。而在3G大蛋糕的切分过程中，决策者拥有相当大的回旋余地，可以平衡多方面的利益。

3. SP产业向规模化、集中化、服务多元化方向发展

诺盛电信预计，2010年中国电信互联网及增值业务总收入将达到589.8亿元，复合增长率为69%；以短信、彩铃、电话信息等业务为主的传统增值业务比重从2006年的78%下降到2010年的38%；融合固定和移动的虚拟社区业务2010年将达到200亿元；3G和互联网增值业务2010年收入将达到478亿元。

3G牌照发放后，运营商之间的竞争将加剧。竞争将围绕存量中的中高端用户以及增量用户和存量中的低端用户两条线索展开，对于存量中的中高端用户而言，增值服务将是提高用户忠诚

---

① 清科创投资讯。

② 全景网（联合证券行业报告）。

度和ARPU值的最有效手段。汉鼎世纪分析认为SP厂商将为了各自的生存而不断的进行创新，一些大的SP会不断地去兼并收购中小SP而追求自身的生存与发展，因此3G牌照的发放，将是未来两年SP厂商之间并购的一个重要原因。一些中小SP将会不断消失，进而形成产业的规模化，集中化。

SP对CP的纵向并购来整合资源，形成自给自足的产业链，同时在业务拓展上进行多方尝试，寻求新的突破口，扩大业务范围。比如掌上灵通收购九天音乐网，将无线网与互联网连接起来，同时提供音乐社区服务，尝试在音乐方面投资，包括参加超级女声的活动。除了积极拓展音乐娱乐业务之外，手机游戏也是SP们看好的一项有潜力的业务。特别是随着3G的应用形式逐渐明朗，在线手机游戏最关键的速度问题也将得到解决。像华友世纪收购了飞乐唱片，控股华谊兄弟音乐以及收购鸟人艺术股份等，这些举动都标志着SP正在试图进一步向CP领域转型。SP们在业务扩展上的尝试都为它们提供了新的利润项目和市场机会。

4. 新型移动增值业务将兴起

3G时代即将来临，作为3G新进入者的固网运营商中国网通、中国电信将涉足移动通信和信息服务领域，成为全业务运营商。与移动运营商相比，在3G面前，固网运营商面临着更大的机遇和挑战。3G的到来不仅给固网运营商带来了与移动运营商平等竞争的机会，也带来了固网新的发展机遇。在这样的关键阶段，固网运营商正在根据各自业务未来的发展前景，积极部署发展战略，以期在3G时代争取主动。

经过几年的高速发展之后，多数早期业务如SMS、CRBT、IVR已经跨过产业鸿沟期，进入市场成长期，个别业务已经进入市场成熟期。移动增值的业务种类也开始从简单娱乐类、信息服务类逐渐向行业应用和更高级的休闲娱乐发展。带宽与终端技术的改善也为新的业务渐次展开做准备。新型应用如手机电视、移动博客、移动支付等拥有巨大的市场增长潜力，无疑会成为未来3G时代的主流业务。

（二）无线增值服务热点子行业投资价值分析

从2006年的SP外资投资并购的高潮和国外风投机构的大笔风险投资，如JAFCO ASIA（集富亚洲）、WI HARPER（美国中经合集团）和IDGVC投资3G门户网站；IDGVC和索尼基金投资魔龙等案例可以看出未来面向3G的无线增值服务具有巨大的市场潜力和商机，投资者都比较看好娱乐、音乐和移动商务应用市场的前景。

作为一种最新的移动通信技术，3G的最大影响与作用首先体现在移动市场上。在TD-SCDMA网络商业化运行之后，国内移动市场将随之发生一系列重大转变，包括基础网络的更新、业务领域的扩大、通信质量的提高等等。这其中，有两点最值得人们关注，那就是移动增值业务的创新与扩大以及因用户更换手机而带来的手机市场新的商机。就移动增值业务而言，由于3G的出现，移动网络的传输速率大幅提高，从而导致手机上网用户的数量急速增加，以图片、文字、铃声为主的传统SP产品将逐渐被淘汰，可视电话、手机电视、手机网游、移动电子邮箱等一批新型增值业务得以广泛开展。3G增值业务将成为3G产业最大的经济增长点，将会给SP行业带来更广阔的市场。

1. 娱乐类业务

与现有的手机娱乐业务多半依靠文字类的短消息传递相比，3G的娱乐类业务称得上“声色俱佳”：音乐、影视的点播业务，体育新闻的点播与体育赛事的精彩预告、回顾，图片、铃声下载等。在众多的移动数据业务中，图片、铃声下载业务无疑是最受用户欢迎，也是运营商推出的最成功的3G增值业务。据统计，铃声、图片下载在韩国的3G服务内容中已经占到了40.1%份额。3G服务商允许用户下载MP3铃声、活动墙纸等影像；通过与世界知名杂志、网站的合作，用户可以通过手机翻阅、下载SP提供的图片、视频短片、高清晰照片等。

手机游戏产业是一个市场规模大、影响面广、ARPU值非常高的产业，将成为中国无线增值产业未来发展的亮点。iResearch在其中文网站上发布的调查报告称，到2008年，中国手机游戏市场规模将达到30.9亿元，签订用户将达到3169万人。此前易观国际《中国手机游戏市场趋势预测2006～2010》研究表明，2010年中国手机游戏市场总规模将达到95.27亿元，从2003年～2010年的市场规模年均复合增长率为62.4%。

来自国内外的运营商、SP和行业专家普遍认为，快速增长的中国手机游戏市场，将因为3G的启动而呈现持续发展，并对国外SP和手机游戏软件开发商形成强大的吸引力。影响未来手机游戏市场规模的因素中，促进因素主要包括用户娱乐需求的增长、3G网络的商用、商业模式创新等等。随着3G网络规模商用的开始，用户对于移动数据服务的体验大大改善，网络速度的提升、支持游戏容量的扩大，对当前技术瓶颈的逐步有效解决将起到较大的支持作用。由于新的业务增长驱动力量形成，市场规模出现新一轮的高速增长。

2. 资讯类业务

由于3G网络的大容量与高速率，3G运营商所提供的资讯类业务大多摆脱了2G时代的纯文字内容，更多的是通过视频、音频来实现资讯内容的实时交互性传达。

（1）新闻类资讯。3G服务商一般与全球著名的新闻资讯供应商合作，提供实时的新闻资讯，用户可以视像的形式接收最新本地及世界新闻，第一时间获知世界大事。

（2）财经类资讯。3G服务商面向商务人士提供亚洲、美国及欧洲的资本市场动态，全日24小时不停放送财经信息。随着传播广度的进一步扩大，运营商提供的财经服务也越来越深入。现在的3G服务不再只是单纯地提供财经资讯，更多的是针对财经消息加以分析，提供与消息相关的财经新闻和评论，辅以图表分析和投资组合，让用户在了解信息的同时，还可以得到专业理财专家的建议。

（3）便民类资讯。和黄“交通实况”业务，允许3G手机终端与政府交通指挥部门进行数据传输，用户可以在手机屏幕上看到所查询的主要交通路口的交通状况，以提高出行效率；提供移动银行、电话簿查询、黄页、票务预订、餐馆指南、机票信息、字典服务、城镇信息等等服务，充分满足了用户的衣食住行等生活需要。

3. 无线互联网业务

3G通常被认为是移动通信与互联网融合的一个典型运用。运营商在开发3G业务时，除了延续移动通信的传统业务外，也开发了与互联网有关的业务，以适应时代的要求。3G的到来，也必将促进手机终端的更新换代，3G手机、智能手机将变得更加普遍，另外，许多金融机构和商业机构可能开始进入手机支付领域，引爆移动商务市场，手机上网也变得更加普遍起来。

移动商务，就是利用各种移动设备和移动通讯技术，随时随地存储、传输和交流各种信息，进行商业活动的创新业务模式。手机、个人数字助理（PDA）或笔记本电脑等移动通讯设备，通过无线通讯技术进行网上商务活动，使移动通信网和因特网有机结合，突破了互联网的局限，更加直接地进行信息互动，使用户高效及时把握市场动态和动向。

移动商务是传统互联网商务活动在移动领域的延伸和发展，充分运用其移动性消除了时间和地域的限制，为商务活动的实现提供便捷，使随时随地的信息传输和商业交易成为可能。

3G 的即将到来，使移动商务市场开始进入高速成长期。据美国 CCW 调研数据显示，2005年全球手机商务市场总额达2000亿美元，2008年中国移动商务应用市场规模将至306.5亿元，年复合增长率达40.7%。

据 iResearch 预计，2006年中国移动商务应用市场规模将达13亿元，未来5年内中国移动商务市场将呈现高速的发展，预计2008年中国移动商务市场规模将达37亿元。到2010年移动商务产业将逐渐成熟，市场规模将达76亿元。另外，iResearch 发表报告称，未来通信市场将向宽带化、数据化和多应用化方向发展，移动 IM、移动电邮、移动搜索和移动支付等服务模式将成为未来个人应用领域的四大热点。

（三）行业投资风险分析

我国2007年电信固定资产投资必将迎来一个新的高峰，整体通信行业的景气度也将会随之进入一个加速提升阶段。2007年的通信行业的投资主题将围绕3G 反复挖掘和深化。虽然投资前景美好，但也存在投资风险，主要有以下三个方面：

1. 市场风险

中国移动的一家独大不仅体现在与中国联通的对比上，更体现在与中国整个通信市场的对比上：2006年前3个季度，中国移动的营运收入是中国电信、中国网通、中国联通3家总和（扣除初装费摊销收入）的85%，达到2127亿元人民币，比2005年同期增长20%；其纯利润更是远远超过3家纯利润的总和，达到461亿元，同比增长25%；它的用户增长情况也是4家运营商中最好的。中国联通的营运收入却只有603亿元，同比增长不到6%；纯利润也只有26亿元，同比增长18%[①]。中国移动在竞争中的优势地位愈加明显，作为其市场垄断程度衡量指标的“市场集中度”继续走高，构成垄断趋势。中国移动独大，不利于中国电信市场的充分竞争，改变目前竞争格局有利于中国电信市场的健康发展。各运营企业拥有的资源的不对称性，直接导致了竞争起点的不平等和过程中机会的不平等，最终导致竞争结果的不平等。

当前的电信业市场发展已严重失衡，更是给将来中国3G 的健康发展蒙上了阴影。如果照此发展下去，3G 时代将很难形成一种有效且有序的竞争格局，其发展将更困难。电信业若不尽早重组，3G 经营的风险将会增大。

2. 政策风险

我国电信管理尚未真正进入法制化轨道，电信监管中主观的因素影响仍然很大，公平的市场环境仍然未最后形成。目前我国电信业发展迅速，但是互联互通、不正当竞争等问题也越来越突出。一些新兴数据业务如网络电视等的推出，大大促进了通信、计算机和广播电视网络之间的融合。这客观上要求建立统一的市场准入制度。而实际上，我国目前在电信服务方面的立法严重滞后于电信业的发展，已经成为电信业进一步发展的最大障碍。目前国内的《电信法》等法规尚未出台，《电信法》是电信行业运营管理的基本规则，是约束各电信运营商在国家允许并且有利于行业健康、有序、可持续发展，兼顾国家、运营商、消费者三者利益的范围内运作的经济活动规则，并对偏离和违反上述规则的行为进行必要的处罚和纠正。电信政策尚未明朗，这是阻碍外资涉足国内基础电信的主要因素。

---

① 天极网。

2006年7月，为规范中国电信市场的外资管理，信息产业部下发的《关于加强外商投资经营增值电信业务管理的通知》，中国移动和中国联通同时推出整治SP的措施，在国家政策的政策管制及运营商的打压，使SP们陷入危机，政策风险突显。但对于SP的监管也要适度，不能过分地挤压SP的生存空间。在增值业务的创新上，SP是不分大小的，一些小SP市场反应快，机动灵活。经过整治后，一些中小SP不能继续进行生产经营、不能继续保持业务创新的积极性。对我国未来3G业务发展创新，百家争鸣有一些不利的影响。

2006年12月，国资委首次明确表明包括电信业在内的7大行业将由国有经济控制。香港电盈事件可以成为外资进入中国遭遇风险的例子。香港电信盈科把资产出售给外国资本的计划因遭到第二大股东中国网通的激烈反对而失败。

3. 经营风险

TD-SCDMA已逐步走向成熟，试点城市也开始陆续放号。SP行业虽然在3G时代将会有大的发展，但是，3G对SP的要求也会提高，比如资金量要足够大、有足够的内容等等。对于SP而言，尤其是中小规模的SP，提前开展3G业务时也存在风险。因为相关业务资金投入相当大，而3G网络开通的日期和网络运行质量尚不可预知，一旦周期过长，将会对企业造成资金上的压力使企业面临财务风险。

参 考 文 献

[1] 信息产业部网站，http：//www.mii.gov.cn

[2] China Venture 投资中国网站，http：//www.chinaventure.com.cn

[3] 中国风险投资网，http：//www.cvc360.com

[4] 中国信息产业网，http：//www.cnii.com.cn

[5] iResearch 网站，http：//www.iresearch.com.cn

[6] 赛迪网，http：//www.ccidnet.com

[7] 天极网，http：//telecom.chinabyte.com

[8] 搜狐 IT，http：//it.sohu.com

[9] 全景网，http：//www.p5w.net

[10]“中国 TD—SCDMA 产业化发展思考”，《中国邮电报》，2006年9月

[11]“移动增值业务期待突破临界点”，《中国邮电报》，2006年11月

[12]“中国移动增值市场研究报告”，中国SP联盟，2006年9月

[13]“运营商三季报出炉 电信竞争深化“1+3”格局”，《通讯产业报》，2006年11月

[14]“根治3G之痛 中国电信业重组成当务之急”，《通讯信息报》，2006年11月

[15]“业务发展促运营商转型”，《现代通信》，2006年12月

第五章　半导体 /IC 行业投资分析报告

2006年是中国半导体 /IC 产业发展的重要时期，创新产品和工艺技术不断涌现，带动了全行业的发展。整体来看，由于信息产业的持续快速发展为半导体 /IC 产业提供了稳定的市场，新项目和重大工程的启动创造了大量新的需求，全球电子信息产品制造业向中国转移的趋势得以延续，再加上我国政府对集成电路产业发展的大力支持。预计未来几年我国半导体 /IC 产业仍将继续保持良好的增长态势。

本章通过介绍2006年半导体行业的发展情况和特点之后，分析了半导体 /IC 行业的投融资状况以及风险投资介入该行业的主要特点。最后，就未来我国半导体 /IC 行业的产业竞争格局、未来投资热点、产业发展趋势以及投资存在的风险作了分析和预测。

一、全球半导体 /IC 市场发展概述

2006年，是全球半导体 /IC 市场缓慢恢复的一年，随着新技术和新产品的不断推出，半导体 /IC 行业将进入一个比较平稳的发展时期。

1. 销售规模

根据美国半导体产业协会（SIA）发布的报告，2006年上半年，全球半导体销售额为1180亿美元，比2005年同期增长了8.3%，增速超过了年初很多研究机构的预测。Gartner 旗下的半导体研究部门 Dataquest 预估，全球半导体销售额将增长7.6%；市场调查机构 In-Stat 的预测值为7.6%；IC Insights 为8%；全球半导体贸易统计组织（WSTS）为8%；SIA 为7.9%；iSuppli 为7.4%。

基于上半年市场的良好表现，已经有不少研究机构提高了对全球半导体产业增长的预期。iSuppli 把增长率预测提高了0.5个百分点，从7.4% 提高到7.9%；SIA 最近也提高了对2006年全球半导体销售额的预测，称2006年半导体销售额将增长9.8%，达到2490亿美元。调研公司 Semico 发表的研究报告预测更加乐观，认为全球半导体行业增长将持续到2010年，但2007年的销售额增长速度将会放缓。

2. 新工厂投资

据市场调研机构 Strategic Marketing Associates 公布的最新调查数据显示，2006年全球半导体行业新建工厂的投资创历史最高记录。全球半导体行业有36个新工厂开始建造，新工厂的投资至少将达到590亿美元。在这36个新的半导体工厂中，计划有25个工厂将制造300毫米晶圆。可以预见，伴随着新工厂建设数量的增长，200毫米晶圆和300毫米晶圆工厂的投资将打破历史最高记录。同时，在全球590亿美元新工厂的投资中，日本、中国和中国台湾的投资占到440亿美元。闪存和 DRAM 储存芯片工厂的投资在投资总数中将占64%[①]。有选择性的巨额投资将进一步加快

① 中国半导体网。

亚洲地区半导体业前进的步伐，进而拉动全球半导体 /IC 行业的发展。

基于许多新工厂的投资水平，调研机构预期2006年全球半导体行业的资本投资将增长15%。而在全部资本支出中，亚太地区将占48%，未来5年内，亚太地区的半导体制造商将是全球投资最高的企业[①]。

3. 主要厂商表现

根据市场调研公司 IC Insights Inc. 公布的2006年上半年全球15大半导体芯片供应商排行榜（见表5.1），排在前3位的依旧是老面孔，英特尔（Intel）以超过152亿美元的收入排在首位，其后是三星电子和德州仪器。Intel 在2006年上半年的收入高达152.55亿美元，虽然同比下降了10%，是15大厂商中跌幅最大的，但仍然相当于第2名三星和第3名德州仪器的总和。

表 5.1　　2006 上半年全球半导体厂商排名（按销售额）　　单位：百万美元

2006年上半年排名	2005年排名	公司名称	总部所在地	2006年上半年销售额	2005年销售额	06上半年/05全年
1	1	英特尔	美国	15 225	35 395	43%
2	2	三星	韩国	8946	17 838	50%
3	3	德州仪器	美国	6765	11 300	60%
4	8	台积电	中国台湾	4911	8217	60%
5	6	英飞凌	欧洲	4872	8297	59%
6	5	意法半导体	欧洲	4854	8870	55%
7	4	东芝	日本	4471	9045	49%
8	7	瑞萨科技	日本	4013	8266	49%
9	14	现代	韩国	3157	5599	56%
10	11	飞思卡尔	美国	3000	5598	54%
前10总计				60 244	118 425	51%
11	10	飞利浦	欧洲	2999	5598	54%
12	12	NEC	日本	2767	5593	49%
13	13	迈克龙	美国	2570	4954	52%
14	16	AMD	美国	2548	3936	65%
15	18	高通	美国	2151	3457	62%
前15总计				73 279	141 963	52%

数据来源：据 IC Insights Inc 发布的资料整理

同样引人注目的是，中国台湾的台积电凭借上半年收入超过49亿美元的出色业绩，一举超过东芝（Toshiba）、意法半导体、瑞萨科技（Renesas Technology）和英飞凌（Infineon AG），成为2006年全球第4大半导体公司。位列第15位的高通公司则是唯一一家上榜的无工厂模式半导体企业，2006年上半年收入21.51亿美元，增幅高达11%。

① http：//it.sohu.com/20061107/n246239349.shtml

二、中国台湾半导体/IC行业发展概况

中国台湾半导体业起飞于20世纪80年代初，从起步、繁荣到跻身于“世界三强”(排名第二，超过日本，仅次于美国)，仅用了20年时间。台湾半导体业如此辉煌，不能说不是一个惊人的奇迹。而具体说到2006年台湾半导体行业的业绩也同样是让人侧目。

1. 产业优势

台湾半导体产业发展至今，产业结构已相当完整，半导体产业在2004年的销售额已突破兆元新台币大关，2005年总产值达到11 179亿元新台币，2006年有望再创新高，达到13 770亿元新台币[①]。

为适应全球信息电子产业的发展趋势，台湾半导体产业界向前瞻性产品设计、微缩制程技术及高阶封测技术开发等方向发展。因此，12寸粗晶圆厂的建置与先进制程的研发，遂成为当前台湾半导体制造厂商提升竞争力的重要发展策略。预估至2008年，台湾将有望拥有15座以上的12寸晶圆厂，届时，台湾将成为拥有全球1/3晶圆制造产能的生产重镇[②]。

在半导体制程技术能力方面，台积电及台联电现阶段皆已投入45纳米制程技术的研发，台湾仍位居全球领先地位。而就晶圆制造产品中产值居首位的DRAM而言，台湾DRAM厂商已转进0.11微米制程，并已成为主流制程技术，而力晶在90纳米制程的产出上，更是已占到总产出比重的10%，可见岛内DRAM业者的制程技术已臻国际水平[③]。

2. 产业营运

根据台湾半导体产业协会（TSIA）2006年问卷调查结果显示，2006年前三个季度，我国台湾地区IC业总体产业产值为10 101亿新台币，较2005年同期的7755亿新台币增长30.3%。其中设计业产值2308亿新台币，较2005年同期的1967亿新台币增长17.3%；制造业产值5531亿新台币，较2005年同期的4152亿新台币增长33.2%；封装业产值1573亿新台币，较2005年同期的1170亿新台币增长34.4%；测试业产值689亿新台币，较2005年同期的466亿新台币增长47.9%（见表5.2）[④]。

表5.2　TSIA2006年第三季我国台湾地区IC产业产值统计与预测　单位：亿新台币

	2006年一季度	2006年二季度	2006年三季度	一季度同比增长	二季度同比增长	三季度同比增长	2006（e）预测值
总体IC产业值	3070	3371	3660	27.6%	33.6%	23.2%	13 770
IC设计业	728	775	805	26.6%	19.8%	3.2%	3138
IC制造业	1635	1839	2057	25.8%	40.8%	31.8%	7511
晶圆代工	1055	1113	1147	31.5%	34.4%	17.0%	4395
IC封装业	490	523	560	29.3%	27.6%	22.3%	2186

① 雅虎财经。

② http：//www.npf.org.tw/PUBLICATION/TE/095/TE-R-095-032.htm

③ 台湾商务网。

④ 据TSIA数据整理。

	2006年一季度	2006年二季度	2006年三季度	一季度同比增长	二季度同比增长	三季度同比增长	2006（e）预测值
国资封装业	421	450	468	33.7%	32.0%	21.9%	1859
IC测试业	217	234	238	41.8%	45.3%	39.2%	935

注：（e）表示预估值（estimate）

数据来源：TSIA 2006 Q1/Q2/Q3 问卷调查整理

从上述数据对比，我们可以看出，虽然全球半导体 /IC 市场进入平稳期，但台湾地区的半导体产业却一反2005年的颓势，重新振作起来。在亚洲，各项增量数据都位于榜首。对照全球平均水平，更是优势明显。展望2006年第四季度，TSIA 预估台湾整体 IC 产业产值可达3669亿新台币，较于2006年第三季度成长0.2%，全年总产值则有望达到13 770亿新台币，较2005年的11 179亿新台币有较大提高。

三、中国内地半导体 /IC 行业发展概况

2006年是“十一五”计划的开局之年，在国内外半导体 /IC 市场增长的带动下，中国集成电路产业运行情况良好，呈现产销两旺的良好发展势头。下面就我国半导体 /IC 行业的发展现状以及细分行业进行分析。

（一）发展现状

1. 产业规模

根据中国半导体行业协会的统计，2006年1～9月，国内集成电路产业共实现销售收入734.49亿元，同比增长达到49.2%；国内集成电路总产量达到274.15亿块，同比增长45.8%。从增长速度上看，2006年前三季度国内集成电路产业销售收入与总产量的同比增幅与2005年前三季度的28.7% 和19.9% 相比，有大幅度的提高①。

从2006年前三季度国内集成电路各行业的发展情况来看，IC 设计、芯片制造与封装测试行业都有较快的增长。IC 设计业在前几年高速增长的基础上依旧保持了较快的增长势头。前三季度，国内 IC 设计行业共实现销售收入117.6亿元，同比增长49.8%。从全年发展来看，预计销售额突破1亿美元的设计公司有望由2005年的2家增加到包括珠海炬力、中国华大、中星微、上海华虹以及深圳海思在内的5家。芯片制造业方面，在全球芯片代工市场持续增长以及国内设计业规模不断扩大的背景下，销售收入的增长速度也在加快。1～9月，国内芯片制造企业共实现销售收入213.12亿元，增幅为38.9%，比2005年前三季度30.1% 的增幅提高了8.8个百分点。封装测试业的发展是三者之中最为迅速的，在国内骨干封装企业增资扩产以及国际半导体市场需求上升等因素的带动下，1～9月国内集成电路封装测试业共实现销售收入384.77亿元，同比增长57.7%，是近几年增长最快的3个季度②。

从2006全年发展趋势来看，随着海力士－意法半导体无锡8英寸 /12英寸生产线、Intel 成都

① 中国半导体行业网。

② 中国电子报。

封装项目二期工程等一批新建项目的建成投产，国内集成电路制造业规模还将迅速扩大。同时，在国内半导体市场需求快速发展的带动下，IC设计业也将保持快速增长的势头。综合来看，预计2006全年中国集成电路产业规模有望首次突破千亿元大关。

2. 产业结构

除了总体规模的快速增长之外，中国集成电路（IC）产业的结构也正趋于合理化。在半导体行业，设计、制造和封装的比例保持在3:4:3才比较合理[①]，但我国从位于产业链下游的封装测试开始起步，过去一直是封装环节占据了50%以上的份额，而位于产业链上游的IC设计则发展得不尽如人意。随着中国IC产业结构的不断调整，2006年在保持快速增长的前提下，中国封装业在整个IC产业链总值中的所占比例降到40%左右，而IC设计业、制造业则发展迅猛，三者的比例趋于合理化。

（二）集成电路/IC产业链分析

1. 集成电路/IC设计业分析

2006年，中国集成电路设计业规模不断扩大。预计2006年中国集成电路设计业全行业销售额（含香港）约为265亿元，同比增长38.7%；不含香港的销售额为236亿元，同比增长57.3%，营销额大于5000万元的企业平均净利润率超过12%。2006年，预计中国集成电路设计企业出口总额为8.07亿美元，同比增长24.3%。2005年，销售额超过1亿美元的企业有4家，2006年将增加至10家，分别是：晶门科技、珠海炬力、华润矽科、连顺、大唐微电子、中星微、海思、华大、杭州士兰微、华虹设计。这10家企业的销售额占全行业总销售额的46.7%，达到110.21亿元。这些龙头企业主要集中在北京、珠三角和长三角地区，这也正是当前我国半导体产业最发达的地区。还有一点很重要的改变就是中国的集成电路设计企业越来越重视原始创新，专利数量正在急剧增加。据不完全统计，全行业中有10%～12%的企业开始申报专利[②]。

2. 芯片制造业分析

据全球半导体贸易统计组织（WSTS）的统计，2006年在中国市场销售的集成电路价值超过400亿美元，而同期全球集成电路的销售总额约为1920亿美元，中国市场占全球集成电路贸易额的大约21%。又据市场分析机构ICInsight在最近发布的报告中称，2005年中国的集成电路制造厂商（代工厂和IDM-集成器件制造商）总的集成电路销售额约为25.6亿美元（不含在华的外资和合资芯片封装测试厂的销售额），因此，中国集成电路制造业对本土半导体市场的贡献只有大约6%，而对全球市场的贡献还不到1.5%。这一明显的反差再次引起人们对中国内地集成电路制造业发展前景的关注。

在中国内地具备芯片前端加工生产能力，2005年销售额超过6000万美元的集成电路制造商包括中芯国际、华虹NEC、和舰科技、先进半导体、宏力半导体、首钢NEC、华润上华（CSMC）、华润华晶和吉林华微（见表5.3）。这9家主要厂商的销售额占中国内地集成电路销售总额（不含本地的芯片封装测试）的90%以上。据SEMI协会的不完全统计，按总的销售金额计算，这些主要厂商生产的芯片90%以上都是来自海外的订单。因此，尽管中国的GDP增长在未来几年预计将呈小幅下降趋势，但由于市场主要不是由内需拉动，中国主流集成电路制造商将随着国际市场需

① http：//data.chinabyte.com/457/2406457.shtml

②《中国电子报》。

求的回升而继续扩大产能并提高其在全球市场上的份额。ICInsight 预计中国内地集成电路制造业2005年～2010年的平均复合增长率为30%，到2010年其总产值达到121亿美元，从2005年全球产值的1.33% 增加到2010年的3.79%。

表5.3　　2005年度中国十大集成电路与分立器件制造企业

排名	企业名称	2005年销售额（亿元）
1	中芯国际集成电路制造（上海）有限公司	117.14
2	上海华虹NEC电子有限公司	24.12
3	和舰科技（苏州）有限公司	21.70
4	首钢日电电子有限公司	11.01
5	上海先进半导体制造有限公司	8.96
6	上海宏力半导体制造有限公司	8.54
7	无锡华润华晶微电子有限公司	8.36
8	华润上华科技有限公司	6.03
9	吉林华微电子股份有限公司	5.21
10	上海新进半导体制造有限公司	3.50

数据来源：中国半导体行业协会

但同时我们也应该看到，在短期内中国内地厂商制造技术难与国际同步。由于受到资金投入能力和美国对华半导体制造设备出口管制的影响，期待在短期内中国内地厂商的技术发展和国际先进技术达到完全同步是不现实的。这一状况使得中国内地厂商通过采用最先进技术以提升单位晶圆产出利润的努力受到限制，也在很大程度上决定了中国内地集成电路制造商的产出占全球市场的可能份额。

3.IC 封装测试业分析

从2006年第一季度国内集成电路产业各行业的发展情况看，设计、芯片制造与封装测试3个行业均有快速的增长，其中尤以封装测试业的发展最为突出。2006年前3个月，国内封装测试行业共实现销售收入114.91亿元，同比增长高达60.2%，是近5年来封装测试业增长最为迅速的一个季度[①]。英飞凌（苏州）新厂的建成投产以及深圳赛意法、星科金朋、新潮科技、天水华天等企业生产规模的快速扩张，是带动封装测试业芯片制造业的大幅增长的主要原因。

目前封测市场需求旺盛给国内的封测企业带来了良好的发展机遇，但形势并不乐观。国内虽然封测企业众多，但封装形式多样，技术水平不一，在所有21家内资或内资控股企业中，除进入10大封测企业的南通富士通、长电科技两家外，只有天水华天、华润安盛等少数企业具有了相当规模，其他企业多数年产量均不足1亿块，有的甚至不足千万块[②]。

更值得关注的是，一旦台湾地区对封测业开放，众多台湾的独立封测厂会将先进的封装技术带入内地。面对他们在技术、经验以及资金等方面的优势，本土企业在开发先进封装技术的道路上将遭遇到前所未有的阻力。而就目前我国内地的封装测试产业而言，因为工艺水平不高，对高

---

① 中电网。

② http：//www.cinic.org.cn/HTML/2005/1799/20062152188.html

端产品芯片的封装尚未形成规模。内地封测企业尤其是本土企业在技术水平和生产规模上与国际一流企业相比还有很大的差距，但本土领先的封测企业近几年已有了长足进步。2006年涌现出多个综合实力较上年同期增长超过30%的企业，这些企业只要抓住发展机遇，充分发挥自身优势，迎头赶上国际先进水平，进入国际独立封测企业十强是一定能够实现的。

（三）中国半导体/IC产业发展特点

1. 产业规模不断扩大

2005年中国集成电路市场销售额为3803.7亿元，2006年中国半导体市场将持续增长，而且略大于2005年增长率，2006年中国集成电路市场规模将达到5024.7亿元，实现增长率32.1%，保持中国半导体市场的高增长率趋势。未来几年，得益于3G网络、数字家庭和平板电视等领域的推动，中国集成电路市场将继续保持快速增长①。

2. 产业结构渐趋合理

近年来中国集成电路产业结构不断趋于合理，IC设计、制造、封装测试三业开始接近于3:4:4的合理比重，2003年，中国集成电路设计业、制造业和封装测试业的产值比例依次为12.8%:17.2%:70%；2004年该比例依次为15.5%:33.1%:51.4%；2005年该比例依次为17.9%:35.5%:46.6%。2006年第一季度，设计、芯片制造和封装测试三业销售收入的比例分别为16%、30.5%和53.5%②。而就整个2006年前三季度的情况而言，我国IC封装测试业在产业链中所占比值更是降到近40%③。总体来看，尽管IC封装测试业仍是IC产业链中的“老大”，但三者结构已逐步向国外先进标准靠拢，产业结构趋于合理化。

3. 专业测试带来发展机遇

2006年国内封装测试板块涌现出了一支新军，这就是专业芯片测试企业，目前这类企业只有五家，长三角和华南各两家，北京一家。其数量偏少的原因，主要是中国早期的集成电路走的是IDM的垂直集成体制，缺乏专业化分工，对公共测试的需求到20世纪90年代末才随着芯片代工和设计产业的发展显现出来。

但也正因为测试业发展得最迟且最弱小，潜力才最大。安捷伦、恩浦、Credence、泰瑞达、爱德万等国际知名测试公司已开始在中国建立测试中心。当前我国集成电路辅助测试（CAT）必须面对每年约500个集成电路新产品上市以及每年超过约100亿只集成电路成品的测试需求，这是产业快速发展对测试产业的严峻挑战，也是测试产业发展的良好机遇。

4. 应用领域的强大需求推动半导体市场快速增长

2006年上半年，计算机、消费电子以及网络通信应用领域集成电路市场的销售额合计达到2276.11亿元，占国内集成电路市场总销售额的88.3%。其中，计算机类市场继续保持国内最大集成电路应用市场的地位，其2006年上半年的市场份额为43.2%；消费电子类市场规模位居第二，网络通信是目前国内第三大集成电路应用市场，其市场份额为18.6%④。

在计算机及外设领域，其对集成电路的需求主要来自台式PC、笔记本电脑、服务器等计算机

---

① http：//www.ccidconsulting.com/news/channel/Detail.asp?Content_id=6802

② 中国电子网。

③ 水清木华研究中心。

④《电子经理世界》。

整机以及打印机、显示器、扫描仪等各类外设产品。中国内地全球制造基地的地位使国内台式计算机、笔记本电脑、显示器、打印机等产品的产量成倍增长。在此带动下，2006年上半年计算机类集成电路市场的销售额同比增幅高达33.3%，是国内集成电路各应用市场中增长最为迅速的。

得益于家电市场的高速增长，消费电子领域过去一直是国内最大的集成电路应用市场。进入2006年，尽管电视机、组合音响、激光视盘机等传统消费电子产品的生产进入平稳增长期，但数码照相机 / 摄像机、MP3随身听等新兴数码产品的生产规模在迅速扩大。受此带动，2006年上半年消费电子领域集成电路市场的销售额达到683.83亿元，同比增长了29.6%[①]。

2006年上半年，尽管主要通信设备产品产量增长乏力，但在移动通信手机产量高速增长的带动下，全年网络通信领域集成电路市场的增长率依然达到34.1%，其销售额为479.23亿元[②]。此外，作为集成电路产品的重要应用领域，工业控制、汽车电子、IC 卡等应用领域对集成电路产品的需求在2006年上半年也保持快速增长的势头。

（四）中国半导体 /IC 产业存在的主要问题

与经济发达国家相比，我国的半导体 /IC 产业在总体上还存在很大差距。这主要表现在以下几个方面：

1. 制造业技术落后

就制造业来说，美国是高端、中国台湾是中端、中国内地是低端，虽然我国的制造板块发展很快，但技术水平还很落后。目前国内芯片制造虽是制造、设计、封装三大板块中发展最快、投资力度最强的板块。但数量上的扩张并不意味着能力也在同步提升。芯片制造要想突破“只赚点可怜的加工费”，还必须往上游走。

2. 封装业“大”而不“强”

中国已是封装大国，但不是强国，封装测试集中于低端，主要是三极管、二极管以及各种各样的低档终端芯片的封装。我们的低档封装数量大，效率也高，缺的是高档封装。

中国内地现有封装测试企业180余家，重点企业20家，以三资为主。全球最大的封装测试企业 Amkor、日月光、矽品科技、金朋都已在中国内地落户。弱项主要集中于设计能力和工艺设备。现有的工艺技术仍以直插式塑料封装（PDIP）为主，主要生产100pin 以下的低端消费性产品，且产能已经过剩。而先进的“倒装芯片封装”等技术仅仅在少数几家外商独资封装厂中使用，多数封装厂还停留在研究开发阶段。

3. 设计业相对落后

目前中国集成电路设计业存在的主要问题是专利总体数量太少；系统产品创意不足，附加值低；IC 设计与产品应用落差过大；国际、国内标准参与度与掌握度偏低；缺乏原创性 IP 和关键技术 IP；关键技术整合度低，如 RF；系统芯片整合能力过低，仍以单一功能为主；先进生产工艺使用比例偏低、偏慢；产业链不够平滑和谐（测试、接口不平滑）；缺乏国际竞争力等。

掌握 IC 设计的核心技术成为国内 IC 设计企业当前发展的重中之重。谁的设计技术最适应市场需求，谁就占领了市场的先机。而谁能制定行业标准，带动产业发展，推动产业进程，这才是产业亟待解决的关键问题。

---

① 中电网。

② http：//www.chinaecnet.com/mkt/cy064141d.asp

四、行业投融资现状与特点

（一）行业重大投融资案例

2006年半导体产业中许多公司获得了风险投资的青睐，实力壮大，从而带动了整个行业的发展。通过透视这些重点投融资案例可以管中窥豹，把握半导体行业发展脉搏。

1. 兰馨亚洲投资创新科①

2006年6月，北京IT存储公司创新科（United Information Technology Ltd）获得兰馨亚洲1050万美元的投资。创新科存储技术有限公司是一家注册海外，专业从事数据存储产品的生产、软件开发和销售的高科技企业。创新科的业务遍布全球，合作伙伴包括华为、HP、联想、斯达康等。随着计算机技术的飞速发展及通讯网络不断普及，数据的集中和信息资源共享也成为当前网络科技发展的最新趋势，随着网络带宽的不断扩大，日新月异的网络传输技术已不断对海量数据的存储提出更高的要求。创新科（UIT）作为存储技术的领先者，拥有从数据存储到备份、容载以及数据管理等完整技术以及适应客户和行业需求的完善产品链。兰馨亚洲对创新科的巨额投资充分体现了风险投资商对技术成熟企业的偏爱。

2. 英特尔和永威投资澜起科技②

2006年6月底，澜起科技（上海）有限公司（MontageTechnology）出让大约20%的股份，获得英特尔技术基金和永威投资公司共同领导的1000万美元以上的投资。参与此次投资的还有芯片业的重要厂商上海华虹集团、Silicon Federation以及一些业界资深的个人投资者。澜起科技成立于2004年3月，是一家芯片设计公司，公司核心团队由7位具有美国硅谷多年成功技术和运营经验的人员组成。其技术平台综合运用了MS（数模混合信号处理）技术、RF（无线射频）和DSP（数字信号处理）技术，主攻DE（数字企业）和DH（数字家庭）两个应用方向。本次融资，对于尚处初创阶段的澜起科技，不仅仅是获得了成长所需的资金支持，更重要的是获得全球CPU霸主的青睐。而永威投资虽然只是一个单纯的财务型风投基金，但其在芯片领域投资历史悠久，并有多家公司的产品与数字电视或显示技术相关，与澜起科技的AMB产品系列互有补充。英特尔技术基金和永威对澜起科技的投资是各有所需。

3. 芯原完成第三轮融资③

2006年7月5日，芯原股份有限公司完成1480万美元的第三轮融资，同时成功并购了LSI Logic公司旗下的ZSP数字信号处理器部门。芯原成立于2001年，是专业的IP及集成电路设计代工服务公司，目前在上海、台湾和美国硅谷设有分公司。芯原股份此次融资的投资方分别为美国的Austin Ventures和Sierra Ventures两家公司。在此次获得第三轮融资的同时，芯原股份还并购了LSI Logic公司旗下的ZSP部门。ZSP是全球领先的信号处理器核和解决方案的许可者。目前全世界超过50家客户使用ZSP处理器架构进行数字信号处理器的开发。根据收购协议，芯原已获得ZSP可授权内核、开发工具、标准产品和软件以及其他相关联的发明和专利。大部分ZSP

① http：//www.chinaventure.com.cn/qbhy2.aspx?id=322

② http：//www.chinaventure.com.cn/qysj.aspx?id=18712

③ http：//www.chinaventure.com.cn/qysj.aspx?id=21735

部门的员工，包括工程师、软件开发、销售、客户服务和支持代表将加入到芯原，继续进行 ZSP 数字信号处理器技术的开发及销售。对于收购 ZSP，芯原有关人员表示，通过将 ZSP 产品垂直应用于芯原公司现有的各种 IP、多种代工厂的库产品、设计服务和"一站式"解决方案，有助于满足客户在无线通信、多媒体和 VoIP 市场对成本和系统级 SoC 设计的要求。

4.AnalogicTech 收购智芯科技[①]

2006年9月，AnalogicTech 收购智芯科技（IPCore Technologies Corporation）电源管理模拟业务，其中包括智芯科技旗下的子公司崇芯微电子（上海）有限公司以及其他相关资产。智芯科技是一家全球性 IC 设计服务公司。总部坐落于中国上海，在美国、日本、中国香港、台湾地区和深圳都设有分支机构。智芯拥有世界一流的管理和技术团队、先进而规范的设计流程、精湛的最优化设计、客户可选的一站式生产、广泛的 IP 资源、位于中国的高效率设计工厂以及全套的知识产权保护措施。智芯为全球客户提供最具竞争力的 IC 设计服务解决方案，并凭着自身在最优化方面的核心竞争力为客户提供更具竞争力的产品。旗下的子公司崇芯微电子专注于高集成度模拟电源管理芯片的设计，为众多 AnalogicTech 目前锁定的同类移动消费电子产品市场开发关键元件，崇芯微电子的客户主要集中在日本、中国内地和台湾地区。AnalogicTech 对智芯科技的收购反映了风险投资商对企业综合实力的看重。

5. 华登国际等再次注资上海中微[②]

上海中微半导体公司在2005年获得华登、Redpoint Ventures、InterWest Partners、Lightspeed Partners、Global Catalyst Partners 等机构的总计3800万美元的投资的基础之上再接再厉。2006年10月10日，它再次获得包括华登国际在内的美国多家风投联合3500万美元（合人民币2.8亿元）的注资。中微半导体设备（上海）有限公司是一家致力于高真空半导体制程设备的研发、生产、销售及服务一体化的高科技创业公司，是首家专为中国和亚洲半导体产业开发加工亚微米及纳米级大规模集成线路关键设备的公司。该公司关于化学汽相沉积和等离子体蚀刻的产品，受到上海市政府及工业园区的支持，并在浦东张江高科技园区建立了研发中心。

6. 展讯完成第四次融资[③]

2006年10月31日，展讯通信科技有限公司宣布已经融资1000万美元，但未透露投资机构。根据展讯一份资料介绍，展讯前三轮投资机构包括 Fortune Venture Group 和 New Enterprise Associates。展讯是一家由中国留学生创建的高科技公司，总部位于美国硅谷和中国上海，同时在北京、台北设有研发中心。公司主要从事新一代无线通信专用集成电路产品和系统的开发与销售，运用创新的软硬件架构和设计方法，为无线通信终端厂商、设计公司提供可快速市场化的无线终端整体解决方案。公司的主要产品包括：2G/2.5G/3G 核心芯片、2G/2.5G/3G 协议栈[④]软件、软件开发平台、场地调试软件工具、生产测试软件工具、无线通信模块、手机电路参考设计等。依靠展讯专家多年行业经验和业界最新设计方法以及着眼于客户需求的创新设计，使展讯的芯片产品具有更高的集成度、更小的尺寸、更低的功耗以及更好的性能；展讯的协议栈软件和开发平台具有稳定、高效和高度模块化特点；展讯的各种软件易于使用、使客户可以进行软硬件并行开发从而

---

① http：//www.chinaventure.com.cn/qysj.aspx?id=20180

② http：//www.chinaventure.com.cn/qysj.aspx?id=20747

③ http：//www.chinaventure.com.cn/qysj.aspx?id=21810

④ 协议栈就是指分层结构中定义硬件、软件在不同的级别如何协调工作的一组协议。

缩短产品上市时间。中国首颗GSM/GPRS（2G/2.5G）核心处理芯片、软件和整体解决方案由展讯公司自主研发，具有国际先进水平。为了支持中国自己的3G标准，展讯已研发成功世界首颗TD-SCDMA/GSM/GPRS双模多频手机核心芯片，芯片的研发成功标志着展讯已拥有具有完全自主知识产权的、代表国际领先水平的3G手机核心技术。展讯在产品研发、公司管理和市场开拓等方面积累有丰富的经验，并拥有了多项国际技术专利。展讯的再次成功融资表明尖端科技仍然是风险投资的重点关注领域。

7. 泰科环球/川奇光电/帝光电子/江苏高新创投投资华夏光电①

2006年11月28日，香港泰科环球有限公司、川奇光电科技（扬州）有限公司、深圳帝光电子有限公司、江苏高新创业投资有限公司向扬州华夏集成光电有限公司进行6000万美元的联合投资。扬州华夏集成光电有限公司是由香港泰科环球有限公司、川奇光电科技（扬州）有限公司、深圳帝光电子有限公司、江苏高新创业投资有限公司共同投资设立的中外合资企业，公司注册资本2000万美元，总投资6000万美元，专业从事高品质发光二极管（LED）芯片研发、生产与制造。

扬州华夏光电着眼未来中国庞大的半导体照明市场，已与扬州的台资LCM厂“川奇光电”、深圳的背光源厂“帝光电子”及多家台湾LED企业如“艾笛森光电”等达成策略联盟，形成完整的LED上中下游产业链，共同开发大功率白光照明及32寸以上液晶电视背光源等利基市场。在“国家半导体照明工程”和“江苏省半导体照明产业联盟”的大力支持与推动下，结合国内知名大学和研究所的优势与专业人才，一个朝气蓬勃的“新光源产业园”已经在扬州诞生。

8.SAIF第三轮投资世芯电子②

2006年，软银第三次投资世芯电子1000万美元。世芯电子是一家主要从事500万门以上集成电路设计服务的公司，并在台湾设有后端生产服务机构，为客户提供包括设计、封装、测试以及晶圆量产在内的一系列服务。它主要侧重于中国、日本和美国市场。

9.IDG等投资晶晨半导体③

2006年下半年，IDG等机构共同投资晶晨半导体1300万美元。晶晨半导体（上海）有限公司（Amlogic）是高度综合性单一芯片解决方案的主要供应商，它已建立起自己的航线以递送低成本的系统构造件，这就能设计和展开广大范围的Internet应用，包括可以配置Internet的DVD播放机，单向及双向电缆机顶盒以应用于宽带的多媒体通讯市场。在高速发展的多媒体和因特网的用户市场，晶晨半导体（上海）有限公司（Amlogic）是高度综合性单一芯片解决方案的主要供应商。公司拥有AMSOC的平台，并且在AMSOC基础上开发出一套完善的单一芯片解决方案，它综合了ARM7处理器、电视编码器等多种功能，市场前景看好，这也是IDG巨额资金介入的原因。

（二）风险投资介入本行业的情况与特点

出于对中国经济发展的良好预期，使得国际投资家都争先把中国作为重要的投资地。而半导体产业更是其投资热点，但就目前来说，中国内地的半导体产业相对先进国家和地区还非常弱小，这主要反映在缺技术、缺品牌和缺资金3个方面，而投资严重不足则是目前半导体产业发展的最大瓶颈。中国内地半导体产业的加工代工主体仍然是外资和中国台资企业。而过去5年的半导

① 投资中国。

② 投资中国。

③ 顶级资本。

体项目投资则主要依靠海外半导体企业、中国台湾电子企业或者海外的风险投资基金和投资银行的资金参与。国内的资金投入很少，这已经严重制约了我国半导体 /IC 行业的发展。具体来讲，2006年半导体行业的投资主要有以下特点：

1. 联合投资成为重要形式

在2006年我国半导体芯片行业发生的所有11起风险投资案例中，有4起是多家风险投资机构联合进行的（见表5.4），占总投资案例的36.4%，可以说联合投资已经成为半导体 /IC 行业风险投资的重要形式。其实，这也是与半导体 /IC 行业的特点有关的，半导体 /IC 开发一般科技含量高，投资风险大，资金需求量也大。而联合投资则一方面有利于强强联合，突出资金优势；另一方面有利于分散风险，增加投资机构的投资积极性。

表5.4　　2006年度半导体行业风险投资案例一览表

融资企业	投资公司	投资时间	投资金额	备注
世芯电子	SAIF	2006年	1000万美元	第三轮融资
晶晨半导体	IDG	2006年	1300万美元	
晶宝利	GSR/晨兴	2006年4月	500万美元	
弥亚微电子	DFJ Dragon	2006年4月	600万美元	
澜起科技	永威/IntelVC	2006年6月	1000万美元	
创新科	兰馨亚洲	2006年6月	1050万美元	
芯原	Austin Ventures/Sierra Ventures	2006年7月	1480万美元	
莱斯康	SAIF	2006年7月	500万美元	
中微	华登国际	2006年10月	3500万美元	第二轮融资
展讯	DFJ ePlanet	2006年10月	1000万美元	第四轮融资
华夏光电	泰科环球/川奇光电/帝光电子/江苏高新创投	2006年11月	6000万美元	

数据来源：根据ChinaVenture投资中国的数据整理

2. 国内投资基本缺位

在过去5年的中国半导体 /IC 行业投资热中，我们注意到中国内地的企业界和民间投资基本缺位，而中国内地的风险投资基金对芯片业的投资总量更是少之又少。从表5.4中可以看到，在2006年半导体 /IC 行业的11起投资案例中，涉及到中国本土风险投资机构的仅有一起，就是泰科环球、川奇光电、帝光电子、江苏高新创投等对华夏光电的投资。中国内地的投资界对半导体投资缺乏热情的主要原因是由于对该行业不熟悉和要求短期回报。

3. 风险投资基金主要投向成熟企业

风险投资介入半导体 /IC 行业的企业多数是发展已经相当成熟的企业。2006年发生的一系列的重大投融资事件都体现了这一点。例如：兰馨亚洲投资创新科是看中创新科（UIT）在存储技术方面的领先地位，创新科拥有从数据存储到备份、容载以及数据管理等完整技术以及适应客户和行业需求的完善产品链；展讯能够第四次融资成功，公司在3G 开发方面的领先优势起了很大作用。展讯已研发成功世界首颗TD-SCDMA/GSM/GPRS双模多频手机核心芯片，芯片的研发成功标志着展讯已拥有具有完全自主知识产权的、代表国际领先水平的3G手机核心技术。AnalogicTech收购智芯科技则反映了风险投资商对企业综合实力的看重，智芯拥有世界一流的管理和技术团队、先进而规范的设计流程、精湛的最优化设计、客户可选的一站式生产、广泛的IP资源、位于中国的高效率设计工厂以及全套的知识产权保护措施。

4. 投资基金偏爱设计行业

在整个半导体/IC行业的产业链中，相对于其他三个方面，设计业的投资是见效最快的，当然也是风险最大的，但风险投资基金的投资天平还是向设计业倾斜。2006年度重大的投融资事件都跟设计业有关，11起投融资案例绝大部分都发生在设计企业中。其中英特尔和永威投资澜起科技最值得我们关注，尚处初创阶段的澜起科技获得英特尔和永威的联合注资，可以说是在风险基金主投成熟企业的潮流中激起了变数。风险投资对设计业的偏爱由此可见一斑。

五、行业政策环境分析

我国的半导体/IC行业发展虽然经历了"18号文件"[①]废止的阵痛，但随着相关替代扶持政策的出台，法律规范的不断完善，行业经营环境的不断规范，我国半导体/IC行业还将维持高增长态势。下面就具体行业政策进行概述和分析。

（一）影响行业发展的重要政策和事件概述

1.《鼓励软件产业和集成电路产业发展的若干政策》

2005年12月19日，信产部颁布《鼓励软件产业和集成电路产业发展的若干政策》，该政策从目标、投融资、税收、产业技术、出口、收入分配、知识产权保护、行业组织和行业管理、软件企业认定制度、采购以及人才吸引与培训等方面对我国今后扶持集成电路产业发展的各项政策进行了概括性的说明。特别是，在该政策中，专门以一个章节的内容详细地阐述了我国今后具体的集成电路产业扶持政策：鼓励境内外企业在中国境内设立合资和独资的集成电路生产企业；对增值税一般纳税人销售其自产的集成电路产品（含单晶硅片），2010年前按17%的法定税率征收增值税，对实际税负超过6%的部分即征即退，由企业用于研究开发新的集成电路和扩大再生产；对于符合条件（投资额超过80亿元人民币或者集成电路线宽小于0.25微米）的集成电路生产企业，按鼓励外商对能源、交通投资的税收优惠政策执行，海关应为其提供通关便利；集成电路生产企业的生产性设备的折旧年限最短可为3年[②]。

2.IC创意征文、创意设计大赛

由信息产业部软件与集成电路促进中心举办的IC创意征文、创意设计大赛自2005年11月大赛启动，至2006年6月大赛结束，整个赛程历时7个月。这是年内业界的一次盛会，对促进我国半导体/IC行业发展、提升IC设计水平、营造行业发展的有利社会环境有着重要的意义。

---

① 国务院于2000年6月2日颁布的《鼓励软件产业和集成电路业发展的若干政策》（2000年国发18号文件），业内简称18号文件。

② 国家软件与集成电路公共服务平台。

3. CSIA与WSC签署合作备忘录[①]

2006年6月15日中、美两国签署合作备忘录。备忘录的签署，标志着中国加入WSC，一方面将有利于中国半导体业与全球半导体业真正融为一体，包括数据统计、IP保护及国际间合作等。另一方面，开始在国际统一口径下办事，对中国半导体业要求更为严格及迫切。所以，中国半导体业必须以此为契机，努力跟踪、寻找合适时机，争取在部分领域实现突破。

4. 信产部公布《信息产业科技发展"十一五"规划和2020年中长期规划纲要》[②]

在2006年5月的全国信息产业科技创新会议上，信产部公布了《信息产业科技发展"十一五"规划和2020年中长期规划纲要》，此纲要从指导思想、发展思路、发展目标、发展重点、重大项目和保障措施等6个方面对我国"十一五"期间信息产业的发展规划进行了系统的阐述。另外，此纲要指出，将大力支持集成电路、软件、高清晰度数字电视、宽带无线移动通信等13大项目。其中，扶持集成电路产业的信号非常强烈。

（二）政策点评

就我国的IC产业政策而言，"18号文件"无疑是最重要的，它在投融资、税收、出口、收入分配、人才培养、知识产权保护以及行业管理等方面的问题上，制订了全面性的鼓励措施，其优惠程度前所未有。国务院"18号文件"及其实施细则，是国家的若干鼓励IC产业发展政策中极其重要的。以"18号文件"的出台为分水岭，中国IC产业投资力度明显加大。伴随着各地方性优惠政策的陆续出台，以上海、北京、深圳为代表的中国半导体产业集群日渐成型，从而带动了中国整体半导体产业在全球不景气背景下的逆势上扬。"18号文件"是中国半导体业的一个里程碑，以其增值税"即征即退"特色催生了中国IC产业发展的"第一春"。

《鼓励软件产业和集成电路产业发展的若干政策》的实施加快了我国软件产业和集成电路产业的发展步伐。这些政策的实施，极大的推动了我国软件产业和集成电路产业的发展，增强信息产业创新能力和国际竞争力，带动产业改造和产品升级换代，进一步促进我国信息产业的持续、快速、健康发展。

信息产业部与国家开发银行签署的500亿开发性金融合作协议则为我国IC产业的发展提供了更为实际的资金支持，但总的来说，依然缺乏新一轮产业发展的政策驱动。

在2006年8月开幕的全国信息产业科技创新会议上，信产部公布的《信息产业科技发展"十一五"规划和2020年中长期规划纲要》，该纲要指出，将大力支持集成电路、软件、高清晰度数字电视、宽带无线移动通信等13大项目。核心电子器件、高端通用芯片与基础软件、超大规模集成电路制造技术及成套工艺已被列为16个重点专项中的2项。此纲要中，扶持集成电路产业的信号非常强烈。据估计，未来5年，中国IC产业年均增长率将在30%以上。中国半导体（IC）产业有望迎来"第二春"。

综上所述，我们对未来可能采取的鼓励措施进行预测：最主要的扶持政策可能是国家设立专项芯片基金。设置基金的相关细节问题还没有最后敲定。政策设想是，国家通过财政拨款设立专项基金，并按年发放，用于扶持半导体行业。对在中国建立任何半导体企业，包括合资企业，均可以申请获得相关数额的资金。但对于资金发放方式，目前有两种方案则正在讨论中：第一种方案

① http：//www.chinaecnet.com/ele/el063941.asp

② http：//www.mii.gov.cn

是国家财政部直接向申请的企业发放；另一种方案则是先通过财政部向信产部拨款，然后再由信产部审核发放。还有就是中国信息产业部近期透露出一个明确的信号，中国新的扶持政策的重点将是对整个 IC 产业链进行扶持，而不是像从前那样只是重点扶持 IC 设计和 IC 制造。

六、中国半导体 /IC 行业投资价值分析

如果说2006年是中国半导体 /IC 行业发展转型的一年，那么，2007年就将是中国半导体 /IC 行业成功转型后面临更多机遇的一年。虽然发展的道路上也存在众多的风险，但我们相信，伴随着“十一五”规划以及多项配套扶持政策出台所带来的产业发展机会以及各种新技术的运用，2007年的我国半导体 /IC 行业将会有许多商机可寻。

（一）中国半导体 /IC 产业投资前景展望

具体来讲，在以下两个方面投资前景看好：

1.IC 设计业前景看好

2006年～2007年将是中国 IC 产业的迅速发展期，中国 IC 产业即将迎来快速发展的收获期。首先，从宏观市场来看，中国已经成为全球电子产品制造中心。2005年中国消耗了全球23% 的半导体产品，但其中90% 以上是进口半导体产品，中国持续不断发展的电子制造业为中国 IC 设计产业提供了发展机遇。其次，中国本地系统应用产品标准的本地化趋势在加强。中国希望至少在国内一些系统产品中采用自有标准，这无疑将有利于中国本地 IC 设计企业的发展。第三，越来越多海外优秀 IC 设计人员回国创业不容忽视。这些海归人员不仅带来了先进的 IC 设计技术和理念，而且带来了与国际市场接轨的企业运作模式。他们往往与“硅谷”等 IC 设计业发达的地区有着密切联系，其企业常常受到风险投资的青睐。这些海归人员所创建的 IC 设计公司往往比在中国土生土长的IC 设计公司更懂得如何运作国际市场，例如中星微就是这类公司中的典型代表。因此，IC 设计业投资前景看好。

2. 消费电子产品升级和3G 的启动带来新的契机

中国作为全球消费电子产品最主要的制造基地，消费类产品对集成电路的需求在市场中占有举足轻重的地位。目前包括彩电、空调、DVD 在内的众多家电产品在国内的生产规模已经位居全球第一。中国半导体行业协会统计及预测，2005 年我国消费电子类集成电路市场规模将首次突破1000亿元，达到1008亿元，同比增长24.3%。2006年～2009年，市场还将以33.3% 的年均复合增长率发展。到2008年时，预计其市场规模将首次超过2000亿元，达到2459.7亿元，到2009年，中国消费电子类集成电路市场销售额将达到3187.8亿元，届时的市场规模将比2004年扩大3倍。此外，数字电视、多媒体手机和 MP3、数码相机等众多新兴数字产品的市场规模也在不断放大。2006年度，数码相机，增长9%；数字电视，增长52%；MP3随身听，增长52%。从市场的发展趋势来看，中国将继续稳居全球增长最快的消费电子类产品市场[①]。2007年后，3G 的启动将为通信类芯片市场和与之关联的消费类电子产品市场带来更大的发展契机。潜力巨大的3G 市场蕴藏着无限的商机。可以预见，中国半导体 /IC 产业继续高速发展已是不容置疑的大趋势。

---

① http：//www.chinaecnet.com/newsview.asp?cat=902&id=36684

（二）中国半导体 /IC 产业投资风险分析

正所谓机遇与风险是并存的，2007年我国的半导体 /IC 行业市场尽管商机无限，但风险也不容小视。具体而言，投资风险主要是来自如下方面：

1. 技术实力软肋造成的投资风险

从全球半导体 /IC 产业链来看，中国目前依然处于产业链的低端，依靠具有广阔市场、劳动力比较优势，中国在全球半导体 /IC 产业大转移中赢得了发展机会，然而，跨国公司以商业利益为驱动的投资行为，在给中国带来巨大发展机遇的同时，也使中国处在更为被动的位置。

以最能反映知识产权状况的专利申请量为标准来衡量，虽然我国 IC 产业专利申请率自2000年达到了年平均增长率超过40% 的水平，但我国 IC 产业专利申请总量仍然非常低。截至2004年底，我国 IC 专利申请共27 252件，而国际 IC 专利总量为1 024 227件，我国只占国际 IC 专利申请总量的2.6%。更为严重的是，在我国的27 252件 IC 专利中，内地企业申请量只有4791件，国外及我国港、澳、台企业申请量共计21 716件①。

由于缺乏自主创新技术和知识产权，中国在 IC 产业的全球价值链中赚取的仅仅是低廉的加工成本，仍然处于“以市场换设备、换技术、换专利”的水平。而在核心技术、关键制造设备和关键原材料方面则完全依赖海外，这对于中国半导体 /IC 企业的发展显然是一种制约，进而对投资商带来了潜在的投资风险。

2. 设计能力不足制约行业自主发展

我国企业半导体 /IC 设计能力同国外的先进企业相比还有很大的差距，最明显的是，当前我国的半导体 /IC 产品普遍存在整机与芯片设计脱节问题。现有的大多数整机产品设计及其应用是引进国外的技术方案，按照别人的技术路线图包括技术标准跟踪，难以提出从标准、自主系统架构、关键技术出发的整机核心 IC 需求的技术要求；另外我国的 IC 设计企业缺乏对 IT 技术标准的研究，缺乏系统及其平台设计经验，缺乏对国内外市场信息及其技术专利的了解，也难以设计出整机系统所需的市场竞争力强、且具有自主知识产权的核心 IC 产品及其完整的系统解决方案②。国内半导体 /IC 市场发展面临的另一个严峻挑战是设计人才的奇缺。到2010年，国内半导体 /IC 设计师大约需要30万名，而目前高等院校还无法满足如此大规模的设计人才需求。设计能力的不足和人才的缺乏已经严重影响了我国半导体 /IC 自主创新能力的提升和行业的自主发展。对投资商而言，其投资的企业假如缺乏自主创新的能力也将影响到它的投资收益。

3. 知识产权“陷阱”风险

近年来，国内半导体 /IC 企业掉入知识产权“陷阱”事件不断发生。据不完全统计，从2002年～2005年底，已有近10家中国 IC 企业被卷入国际知识产权纠纷，诉讼案件近20起③。国外大公司采用知识产权攻击手段的目的明确，对攻击过程的筹划周密，我国内地企业在应诉中处于被动地位，通常为此付出巨额的专利许可费。分析这些知识产权纠纷产生的原因，最根本的因素是，绝大多数国内半导体 /IC 企业缺少自主知识产权，加之我国半导体 /IC 企业核心技术尚未摆脱国外的封锁和控制，知识产权意识淡薄，研发投入不足。因此，投资者在作出投资决策时，一定要对

① http：//www.cutech.edu.cn/ShowArticle.asp?ArticleID=12078

② 广东电子商贸网。

③ http：//www.cutech.edu.cn/ShowArticle.asp?ArticleID=12078

被投资企业的核心技术进行审查，避免踏入“雷区”。

参 考 文 献

[1]“半导体产业有望持续走强”，广嵌商务，2006年8月
[2]“预测：全球半导体行业快速增长将持续到2010年”，中国财经信息网，2006年10月
[3]“2006年全球半导体新工厂投资创历史最高记录”，eNet硅谷动力，2006年11月
[4]“亚太半导体市场预计转冷 美国市场将增14%”，赛迪网，2006年5月
[5]“iSuppli：半导体业美国规模最大 中国增长最快”，驱动之家，2006年9月
[6]“全球半导体排名：Intel依旧第一 台积电升至第四”，驱动之家， 2006年8月
[7]“台湾半导体产值频创新高 2008年拥全球1/3晶圆制造产能”，钜亨网， 2006年1月
[8]“TSIA 2006年第三季 IC产业营运成果出炉”，台湾半导体行业协会，2006年11月
[9]“2005～2006中国半导体产业链报告”，天极网，2006年5月
[10]“今年我国IC产业规模有望过千亿元”，中国联通，2006年11月
[11]“我国集成电路设计业　近五年年均增长106%”，慧聪网，2005年6月
[12]“三大矛盾阻碍IC设计业成长”，计世网，2005年6月
[13]“五大因素影响中国集成电路制造业预测”，《中国电子报》，2006年3月
[14]“IC封测业规模扩张外资唱主角”，《中国电子报》，2006年6月
[15]“中国半导体制造设备的‘星火’能否‘燎原’？”，《中国报道》，2005年12月
[16]“高丽华：中国芯片业摸底调查”，《计算机世界》，2005年10月
[17]“年度中国软件集成电路企业 发展研究报告”，《经济日报》，2005年9月
[18]“政府引导民间跟进构造中国半导体产业投融资平台”，《中国电子报》，2005年9月
[19]“赛迪顾问：半导体高开低走，仍破3 000亿关口”，赛迪顾问，2005年12月

第六章　环保行业投资分析报告[①]

长期以来我国的粗放型增长方式以牺牲环境为代价，对环境造成了极大的压力。随着经济和社会的发展，我国对环境保护的意识逐渐加强，环保产业的重要战略位置与巨大的发展潜力逐渐凸现。

为解决环境问题、建设环境友好型社会，国家不断出台各种法规政策，鼓励环保产业发展。"十一五"期间，国家将进一步加大污染治理和生态环境建设的投资规模，我国政府扭转环境危机的决心为环保产业带来了前所未有的广阔的市场前景和新的发展机遇。

由此，环保产业成为了人们关注的焦点，也是各投资者想要介入的重点行业之一。本文从我国环保产业的整体状况出发，围绕我国环保企业的发展状况、环保产业的法律政策环境及投融资风险等方面展开分析，以帮助读者全面了解环保产业的发展状况。

一、2006年中国环保行业发展概况

长期以来我国经济一直呈高速发展态势，但这是以资源严重耗费和环境严重污染为代价的。我国面临着日益严峻和紧迫的环境问题，生态环境脆弱，人均能源、水资源等重要资源的占有量严重不足。以国家统计局公布的2005年相关数据为例，2005年我国GDP相当于全球GDP总额的4%～5%，但我国煤炭的消费量占全球煤炭消费总量的36.9%，二氧化硫排放量和化学需氧量占世界第一位，成为世界最大的资源消耗国和最大的环境污染国（见表6.1）。

我国当前的经济发展对环境造成了极大的负担，同时粗放型的经济增长方式对能源造成了极大的浪费。转变经济增长方式，实现经济可持续发展，大力发展环保产业成为当务之急。

表6.1　　2000年～2006年上半年部分主要污染物排放量

项目年份	2000年	2001年	2002年	2003年	2004年	2005年	2006年1～6月
废水排放总量（亿吨）	415.2	428.4	439.5	460.0	482.4	524.5	
化学需氧量排放总量（万吨）	1445.0	1406.5	1366.9	1333.6	1339.2	1414.2	
二氧化硫排放总量（万吨）	1995.1	1947.8	1926.6	2158.7	2254.9	2549.3	1274.6
烟尘排放总量（万吨）	1165.4	1059.1	1012.7	1048.7	1095.0	1182.5	

数据来源：根据国家环保总局2000年～2005年《全国环境统计公报》整理

① 本报告由南开大学金融工程学院研究生王创供稿。

（一）行业总体发展现状

经过30多年的发展，我国已形成包括环境保护生产、环境保护服务、资源循环利用、洁净产品生产等领域的环境产业体系，具有一定的经济规模，为环保事业的发展提供了重要的技术支持和物质保障，同时也带动了环保科技进步和相关产业的发展（见表6.2）[①]。

表6.2　　全国环境保护相关产业概况

项　目	数　量
从业单位总数（个）	11 623
其中：专业单位数	5389
兼业单位数	6234
从业人数（万人）	159.5
年末生产经营用固定资产原值（亿元）	23 902.1
年内固定资产投资（亿元）	1313.1
年收入总额（亿元）	4572.1
年利润总额（亿元）	393.9
应交税金总额（亿元）	343.6
环境及相关产品工业销售产值（亿元）	4437.9
进出口合同总额（亿美元）	62.3
人均收入（万元）	28.7
人均利润（万元）	2.5

数据来源：《2004全国环境保护相关产业状况公报》，国家环保总局，2006年4月

环保产业在我国起步晚、起点低，其产值占GDP的比重还不足2%。如今，我国政府对发展环境保护相关产业高度重视，颁布实施了一系列环境保护法规、标准，加大了对环境污染的治理力度，制定了鼓励和扶持环境保护相关产业发展的政策措施，环境保护的投资力度逐年加大。这促进了我国环境保护相关产业的快速发展，主要表现在经营用固定资产、人均利润与收入等指标较往年有极大改善[②]。

“十一五”期间，我国将进一步加大污染治理和生态环境建设的投资规模，这为我国环境保护相关产业带来了广阔的市场前景和新的发展机遇。预计在未来10年内，我国环保产业产值平均增长率将在15%～20%（见图6.1）[③]。

① 中华环境保护基金会。

② 可同时参见本章表6.4。

③ 国家统计局网站。

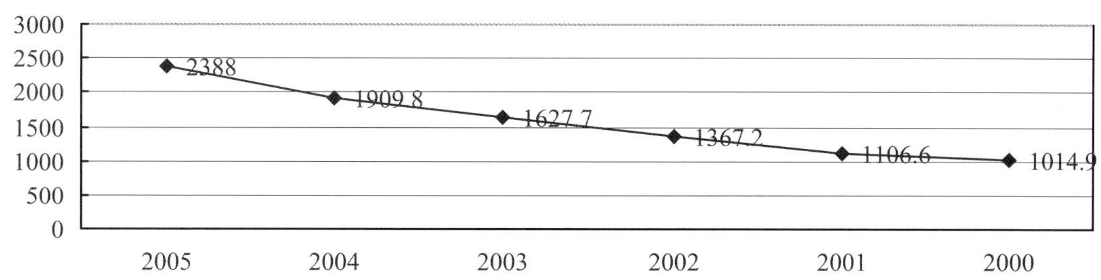

数据来源：《环境污染治理投资情况（2000 ～ 2005 年）》，国家统计局

图 6.1　环境污染治理投资总额（2000 年～ 2005 年）　单位：亿元

（二）子行业发展情况

近年来我国环境保护相关产业总体呈现持续稳定的发展态势，各子行业发展平稳，其中，环境保护产品领域发展较平稳，而环境保护服务、资源综合利用和洁净产品领域发展较为快速（见表6.3）。

表 6.3　　全国环境保护相关产业领域概况

项目及合计	环境保护产品	资源综合利用	环境保护服务	洁净产品	合计
从业单位数（个）	1867	6105	3387	947	11 623*
从业人数（万人）	16.8	95.9	17.0	23.3	159.5*
年收入总额（亿元）	341.9	2787.4	264.1	1178.7	4572.1
年利润总额（亿元）	37.0	223.4	26.2	107.3	393.9
出口合同额（亿美元）	1.9	11.3	0.7	48.0	61.9
环境相关产品工业销售产值（亿元）	358.0	2866.2	/	1213.7	4437.9

注：* 指从业单位中有部分单位同时从事多个领域的活动，故本表中的从业单位数、从业人数的合计值与各领域相应数据值之和不等

数据来源：《2004 全国环境保护相关产业状况公报》，国家环保总局，2006 年 4 月

1. 环境保护产品

当前我国从事环境保护产品生产的企事业单位1800余家，从业人数16.8万，产品基本涵盖了包括水污染治理设备、空气污染治理设备、固体废物处理处置与回收利用设备、噪声与振动控制设备、放射性与电磁波污染防护设备、污染治理专用药剂和材料、环境监测仪器等在内的不同种类，其中以水污染治理设备和空气污染治理设备为主，两类产品的销售产值之和占环境保护产品销售总值的一半以上。

从总体上看，我国环境保护产品品种比较齐全，具有一定的生产配套能力，基本可以满足目前一般环境污染治理的要求。但核心产品的技术水平和可靠性与发达国家相比仍有较大差距[①]。

① 国家环保总局。

2. 环境保护服务

环境保护服务指与环境相关的服务贸易活动，主要包括环境技术与产品的研发、环境工程设计与施工、环境监测、环境咨询、污染治理设施运营、环境贸易与金融服务等。我国当前环保服务业以环境工程设计与施工服务和污染治理设施运营服务为主，两类服务收入之和占环境保护服务收入总额的80%以上。据不完全统计，2006年我国从事环境咨询与服务的企事业单位有428家，环境工程设计与施工948家，技术研究与研发1265家。我国环境保护服务业占我国环保产业的比重只有7.4%，虽然近年来有了较大的发展，但总体来看，环境服务业的规模和在环境产业中所占比例与发达国家相比仍偏小，滞后于环境保护工作对环境服务业的需求[①]。

3. 资源综合利用

资源综合利用指对废弃资源和废旧材料的加工处理，利用废弃物生产各种产品。我国资源综合利用以再生资源回收利用和固体废物综合利用为主，两类产品的销售产值之和占资源综合利用产品销售总值的82.1%。2000年～2004年间，我国资源综合利用中工业废物（包括固体废物、废水〈液〉、废气）回收利用的销售产值和销售收入分别增长了3.4倍和3.5倍。2004年我国从事环境综合利用的企事业单位有6105个，截至2006年12月，从事环境综合利用的企事业单位增长至12 076个，从业单位数增长幅度达97.8%[②]。

4. 洁净产品

洁净产品指在产品的整个生命周期内（包括新产品的生产、消费及使用后的回收与再利用）对环境友好的产品。这类产品既具有一般商品的特性，又在生产、使用和处置过程中符合特定的环境保护要求，与同类产品相比，具有低毒少害、节约资源的环境功能。我国洁净产品的生产以节能产品、低毒害产品、低排放产品和有机食品为主，这四类产品的销售产值之和占洁净产品销售总值的72.9%。2006年期间我国不断出台各种政策法规来鼓励洁净产品业的发展，如绿色采购制度、环境友好企业认证等。总体来看，洁净产品行业发展迅速[③]。

（三）行业发展特点

近年来我国环保行业发展迅猛，国家政策倾向明显，现阶段在发展过程中展现出如下特点：

1. 管理及投资分散

我国的环保产业广泛分布在各个产业部门，涉及能源、纺织、采矿、钢铁等数十个部门，由此导致环保产业管理上各自为阵、政出多门，国家对环保产业的发展投入缺乏统一的政策指导和监督协调，综合管理的力度不大。

2. 地域分布不均

我国环境保护相关产业发展不均，主要集中在东部沿海、沿长江以及中部经济较发达的地区。以2004年国家环保总局的统计数据为例，江苏、浙江、广东3省环境保护相关产业年收入总额均达500亿元以上；山东、辽宁、上海、福建、河南、安徽、四川、湖北、贵州9省环境保护相关产业年收入总额均达100亿～500亿元人民币；河北、山西、广西、天津、重庆、云南、北京、湖南8省

---

① 根据工业可持续发展网、国家环保总局、国家统计局等相关公布资料整理。

② 根据工业可持续发展网、国家环保总局、国家统计局等相关公布资料整理。

③ 国家环保总局《2004年全国环境保护相关产业状况公报》，2006年4月。

环境保护相关产业年收入总额均达50亿～100亿元[①]。

3. 企业规模以中小型为主

据统计，大型环保企业只占全国环保企业总数的15.3%，80%以上的环保企业都是小型企业。截至2004年底，环保行业中固定资产为1500万元以下的小型规模经济单位7954个；1500万～5000万元的中型规模经济单位1899个；5000万元以上的大型规模经济单位1770个，分别占环保企事业单位总数的68.4%、16.3%和15.3%[②]。

4. 子行业间发展不平衡

经过多年的发展，中国的环保产业各个子行业有了较大的发展，但不同行业的规模并不平衡。资源综合利用业所占环保产业整体收入比重较大，环境保护服务与环境保护产品的规模仍有待增强。

二、环保行业投融资情况与特点

2006年我国环保投融资状况较2005年有所回暖，整体发展平稳。

（一）整体投融资情况（含重大投融资案例）与特点

据2006年6月5日国务院发布的《中国的环境保护（1996～2005)》白皮书显示，1996年～2005年是我国环保投入增幅最大的时期，经过努力，我国已初步建立起以政府为主导的多元环保投融资体制。

2006年主要投融资事件有：

(1)2006年底，金州环境集团在投资银行美林的协助下，以可转债方式筹集到了1.5亿美元，专门用于水务和固废处理领域的项目投资与建设。

(2)2006年9月，伦敦亚洲基金宣布，该基金投资新加坡亚洲水务科技公司（Asia Watert Technology，简称AWT)930万美元，占该公司22%的股份，目前资金已经全部到位。AWT成立于2002年11月，并于2005年3月在新加坡SESDAQ市场上市，成功融资4800万美元。AWT是一家专业的水务公司，拥有完备的污水处理系统和水资源开发系统。主要客户是水力发电公司和中国的污水处理公司。2006年8月底，中国国家环保总局局长周生贤宣布中国将开展大型水污染治理运动，这给AWT加大中国业务带来了巨大机会。同时借助伦敦亚洲基金的资金及资源优势，有助于AWT加大科研开发力度，积极开拓中国市场。

(3)2006年美国（汉氏）西部水务与宁波市象山县西周镇政府签约污水处理合作项目，涉及资金2000万美元，此项目将在西周镇建13个污水处理站和7个水供应站；另外，美国贸易发展局与山东环保总局共同投资34.3万美元，合作进行东北环境治理的可行性研究[③]。开展国际合作是环保产业发展的一个重要途径。环保产业的发展仅靠政府的投入远远不够，通过BOT等投融资模式，开展国际合作，鼓励外资、民营资本进入环保产业，促进环保产业投融资渠道多样化，加速我国环保产业发展。

---

① 根据工业可持续发展网、国家环保总局、国家统计局等相关公布资料整理。

② 国家统计局、国家环保总局。

③ WTO/FTA咨询网，http：//chinawto.mofcom.gov.cn/index.shtml

纵观2006年投融资事件，不难发现环保产业投融资有如下特点：

（1）投资主体多样化。虽然我国政府的投入仍处于主导地位，但外资、民间资本及国际组织在环保产业的投入比重逐渐上升。

（2）投资方向比较集中，主要集中水处理、固废处理等领域。

（3）政府与国际间的合作进一步加强。加强国际间的合作是加快我国环保产业发展的重要途径。各地政府纷纷加强国际间的合作，促进本地环保产业的发展和优化。

（二）风险投资情况与特点

据 Cleantech Venture Network 统计，2006年1月～9月，美国投资于环保企业的风险投资金额达22.9亿元，而2005年同期仅为11亿元。纵观2006年我国环保产业风险投资情况，呈现出如下特点：

（1）投资方向比较集中，主要在水处理等领域。从欧美等发达国家的成功经验来看，水和垃圾污染防治是最有可能市场化的环保领域。国际政策性金融机构 IFC、ADB，以及国际著名金融企业美林积极入股中国优秀环境企业（如桑德、浦华和金州），体现了对中国水业市场的充分信心；新加坡交易所等国际股票交易所积极看好中国的水务股，也体现了国际资本市场对中国水务市场的总体看好。

（2）风险投资机构主要关注扩张期企业，如金州集团、中科成及桑德集团等都处于扩张期。

（3）风险投资占风险投资总额比例有所上升。据中国风险投资研究院统计，2006年上半年我国环保和能源行业的投资项目共有25个，占2006年上半年投资项目总数的15.15%，投资金额为5.48亿元，占投资总额的9.83%；2005年环保和能源行业共有投资项目16个，占当年投资项目总数的5.5%，环保产业占1.7%，投资总额为13.84亿元，其中环保产业只有0.04亿元，占2005年投资总额的0.02%。

（4）中外风险投资机构对环保产业的关注有所差异，外资机构更多地处于观望状态。在2006年上半年风险投资的总额中，本土机构投向能源环保行业的资本最多，有3.02亿元，占本土投资金额的26.93%；外资机构投资资本额为2.46亿元，仅占外资机构投资比例的5.53%。

（三）重要案例分析

2006年，金州集团私募1.5亿美元，成为截至2006年底城市水业领域最大的融资项目，将使金州集团巨大的市场和技术能力得到发挥；桑德集团的伊普国际在新加坡上市，使桑德集团同时拥有中外两个上市融资平台，成功实现由工程性集团向投资控股集团的战略转型；著名的四川环保企业中科成2006年9月7日成功私募9900万美元，以及2005年底脱胎于清华紫光的普华控股私募6000万美元，这些都是环保工程企业成功资本运作的典型案例。

1. 美林携手金州集团——中国最大一笔私营水务企业的私募

2006年6月底，金州集团在投资银行美林的协助下，以可转债方式筹集到了1.5亿美元，这是中国水务私营企业历史上获得的最大一笔金额的私募。金州集团于1988年开始投入到中国的城市基础设施和环保产业当中，是国内最早从事污水处理和城市垃圾焚烧处理的专业公司之一，目前已经成为中国水务和固废处理行业的领先企业。此次私募的资金专门用于水务和固废处理领域的项目投资与建设。新资金的到来一方面保证了金州集团投资项目的顺利进行，同时也为其海外上市打下坚实基础。

2. 桑德系的伊普国际登陆新加坡资本市场

2006年8月25日，世界银行私人贷款机构——国际金融公司向Epure提供了1000万美元战略投资，并在该公司拥有13.4%的股份[①]。2006年10月6日，桑德系的伊普国际（Epure International）在新加坡成功上市。伊普国际有限责任公司（Epure International Pte. Ltd）是一家中国的水及垃圾处理公司，是中国桑德环保集团专用于海外上市的公司。

我国市场化改革逐渐深入的同时，国家对水务行业的政策不断倾斜，作为城市基础设施的城市供水和污水处理产业正面临着革命性的变革，城市水业的产业化、市场化正在迅速推进，一是企业体制的市场化，二是产品价格的市场化。其长期的发展前景和业绩增长潜力显而易见。水务市场尤其是污水处理日益受到众多风险投资机构的青睐。

三、环保行业企业发展概况

（一）行业企业整体现状

我国环保产业整体上还处于规模小、技术低、产业发展领域和地区分布不平衡、经济效益低下、社会化服务体系不健全的状态（见表6.4）。

表6.4　环保产业企业概况

项目			1993年	1997年	2000年	2004年
从业单位与人数	从业单位总数（个）		8651	9090	18 144	11 623
	专业单位数			5995	12 806	5389
	兼业单位数			3095	5338	6234
	从业人数（万人）		188.2	169.9	317.6	159.5
经济规模	生产经营用固定资产原值（亿元）		501.3	839.2	8484.7	23 902.1
	小型单位数（个）			7894	15 536	7954
	中型单位数（个）			924	1418	1899
	大型单位数（个）			272	1190	1770
经济状况	年收入	总额（亿元）	311.5	459.2	1689.9	4572.1
		人均（元）	16 600	30 700	53 200	287 000
	年利润	总额（亿元）	40.9	58.1	166.7	393.9
		人均（元）	2170	3420	5200	25 000

数据来源：根据国家统计局及环保总局等网站公布的数据整理

从表6.4可知，当前我国环保产业有如下发展特点：首先，中国环保产业一直呈稳定的发展态势，主要表现在产业总产值、人均产值以及人均收入的持续增长。2004年生产经营用固定资产原值、年收入总额、人均年收入和年利润分别比2000年增长181%、170%、439%和136%。其

① 中国水网，www.h2o-china.com

次，行业集中度逐渐上升。1993年～2000年，伴随着行业整体规模的膨胀，从业单位及从业人数也在急剧上升，但在2004年，行业整体规模的加速膨胀的同时，从业单位数和从业人员数却在下降。与2000年相比，2004年从业单位总数及专业单位数分别下降36%和57.9%，从业人数下降了49.78%。其中小型企业的数量下降了48.8%。

（二）上市公司现状与绩效分析

目前，深沪两市以环保产业为主营业务的上市公司达到了26家，业务与环保产业有关联的公司有40多家。从投资结构来看，中国上市公司的环保投资主要用于污染治理，涉及烟气脱硫、污水治理、水力发电等，而新能源的应用则主要包括风能、太阳能及垃圾发电等（见表6.5）。

表6.5　　上市公司分布情况①

<table>
<tr><th>涉及领域</th><th colspan="2">企业名称</th></tr>
<tr><td>水务领域</td><td colspan="2">创业环保、首创股份、合加资源、武汉控股、南海发展、原水股份、*ST四通、阳晨B、洪城水业、S钱江水等</td></tr>
<tr><td>环保脱硫领域</td><td colspan="2">凯迪电力、龙净环保、九龙电力、菲达环保、浙大网新、山大华特、清华同方、东方锅炉</td></tr>
<tr><td rowspan="3">新能源领域</td><td>太阳能</td><td>天威保变、力诺工业、特变电工、航天机电、风帆股份</td></tr>
<tr><td>风能</td><td>湘电股份、特变电工</td></tr>
<tr><td>垃圾发电</td><td>东湖高新、华电能源、深能源、深南电、岁宝热电</td></tr>
<tr><td>水电领域</td><td colspan="2">长江电力、桂冠电力、西昌电力、郴电国际、涪陵电力、三峡水利、闽东电力、明星电力、广安爱众、乐山电力、岷江水电、桂东电力，文山电力</td></tr>
<tr><td>CDM概念股</td><td colspan="2">巨化股份、三爱富</td></tr>
</table>

数据来源：根据搜狐、新浪、全景网、上海和深圳证券交易所等财经网站的资料整理

水务领域的上市公司在2006年前三个季度的平均资产净利率为3.5%，平均资产增长率为31.5%。由此可知，虽然整个水务领域的上市公司处于微利状态，但其产业规模却在高速增长。

环保脱硫领域的上市公司在2006年前三个季度平均资产净利率为2.2%，平均资产增长率为8.64%，平均净利润率低于水务市场，产业规模与2005年基本持平②。

2006年环保上市企业呈现如下特点：首先，企业地域分布不均。大多数上市企业都位于沿海省市，只有个别企业位于中西部。其次，不同领域的企业规模扩张程度各异。水务领域整体增长较快，其中，阳晨B资产总额增长了179%；环保脱硫领域规模增长速度较往年有所减缓。再次，各企业基本处于赢利或微利状态（ST四通除外），不同领域的利润率有所差别，水务市场的利润率稍高于其他领域。

总体来看，中国上市公司在环保方面的研究和投入依然是国内企业的主要力量。伴随着国家对环境保护投入的逐渐加大、政策导向、环境保护法规的逐渐完善，环保产业的上市公司有望加速发展。

① 可参看本章附录：环保行业上市公司主要财务数据及地域分布一览表。

② 根据各上市公司公告整理。

1. 首创股份

首创股份从2000年上市至今，在水务方面的投资已达数十亿元。从2002年开始公司先后投资了北京市高碑店污水处理厂、京城水务、深圳水务集团、马鞍山、青岛、秦皇岛等12个水务项目，投资总额达60多亿元，控股及参股的水务项目共拥有760万吨水处理能力，服务人口总数达1400万，初步完成了对国内重点城市的战略布局。

预计在未来3年内，公司水务业务收入和利润有望继续上升。与此同时，公司还与国际上规模最大的水务公司之一的法国威望迪合资成立通用首创水务投资公司，成为公司新的利润增长点。2006年11月6日，国家发改委发布《城市供水定价成本监审办法（试行）（征求意见稿）》，由此预期水价上调，公司业绩可望有较大幅度的增长（见表6.6）。

表6.6　　首创股份成长能力分析

成长指标	2006年9月30日	2006年6月30日	2006年3月31日	2005年12月31日
主营收入增长率(%)	139.98	120.68	78.37	50.57
净利润增长率(%)	-15.40	-25.37	-6.11	-1.82
总资产增长率(%)	41.22	45.85	18.89	16.99
股东权益增长率(%)	0.64	0.61	7.95	8.26
主营利润增长率(%)	79.32	52.89	43.26	32.14

数据来源：新浪财经

2. 凯迪电力

凯迪电力一直致力于能源的高效利用和循环利用，重点发展高含硫煤和劣质煤发电、城市垃圾发电、秸秆发电、小水电、风能等可再生环保型能源的投资与建设以及生物质的资源化利用。该公司是世界上第一家同时拥有30万装机以上干法烟气脱硫技术和60万装机以上湿法烟气脱硫技术的企业，申报了18项相关领域的国家发明专利，拥有自主知识产权的科研成果提升了公司脱硫产业的技术优势，在参与的国内火电厂80%的烟气脱硫项目招投标中，中标率达到70%，占据了超过50%的市场份额，成为行业主导者。脱硫业务占据凯迪电力收入和利润较大的比重。

虽然电力环保市场最近几年处于高速扩张阶段，大环境较好，但凯迪电力却处于微利水平，净资产收益率持续下降。2006年预计净利润为1.1亿元，每股收益约为人民币0.39元。与2005年基本持平。2005年净利润为1.03亿元，每股收益为人民币0.36元（见图6.2）[①]。

①《武汉凯迪电力股份有限公司关于2006年度业绩修正的公告》，2006年12月30日。

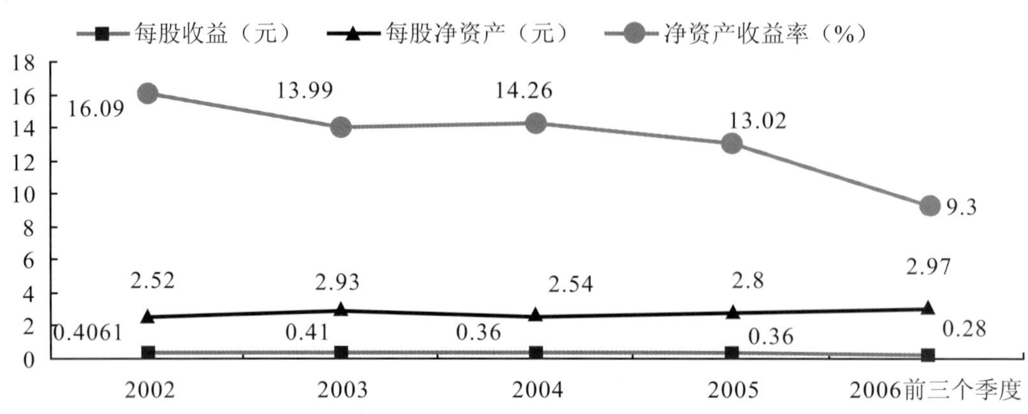

图6.2　凯迪电力2002年～2006年主要财务指标

影响凯迪电力业绩的因素主要有：第一，市场容量预期下降。为避免火电建设项目的重复投资，国家发改委目前正逐步严格宏观调控。据预计，从2007年开始，由于我国新建电厂脱硫项目会急剧减少，市场总容量随之也会减少。预计脱硫项目市场容量会下降到2000万～3000万千瓦/年之间，市场容量仅30亿元～45亿元人民币/年①。第二，行业进入门槛降低，竞争激烈。烟气脱硫技术目前已经成熟并且大众化，行业内主要的竞争手段是降价，造成近两年行业毛利率急速下降。第三，原材料价格上升。烟气脱硫工程所需的钢铁、水泥等原材料大幅涨价，造成公司成本上涨。第四，行政保护与地方保护障碍。随着很多大的电力公司、电站设备公司和地方企业成立自己的环保公司，像凯迪电力这样的单纯电力环保企业在竞争时处于劣势地位，很难保持原有的市场份额与利润。脱硫行业在未来3年～5年内仍将面临一个激烈竞争的微利时代（见表6.7）。

表6.7　　合同容量超过4000MW且投运容量超过200MW的脱硫公司

序号	单位名称	合同容量（MW）	投运容量（MW）
1	北京国电龙源环保工程有限公司	24 710	5800
2	武汉凯迪电力环保有限公司	24 140	5510
3	北京博奇电力科技有限公司	17 860	3060
4	中电投远达环保工程有限公司	15 720	820
5	浙江天地环保工程有限公司	1255	1005
6	江苏苏源环保工程股份有限公司	10 215	3820
7	中国华电工程（集团）有限公司	8277	1107
8	国华荏原环境工程有限责任公司	5260	1000
9	北京国电清新环保技术工程有限公司	4250	200

注：数据截至2005年底

数据来源：国家发改委资源节约与环境保护司网站

①《第一财经日报》，2006年9月21日C02版。

3. 非上市的中小企业发展现状

根据国家环保总局《2004全国环境保护相关产业状况公报》的数据显示，2000年全国18 144家环保企业中，中小企业数占到企业总数的比例高达93.4%，大型企业只有6.6%；在2004年，全国11 623家环保企业中，中小型企业比重仍占到84.7%，大型企业比重只有15.3%。可见目前中小规模企业仍是我国环保行业的主体。但中小企业的发展环境和状况并不容乐观。从表6.4中可知，2004年与2000年大型和中型环保企业数目分别增长48.7%和33.9%，与此形成鲜明对比的是小型企业数下降了48.8%，环保产业行业集中度逐渐上升。大量技术含量低、缺乏资金、科技成果转化难、运行可靠性差的中小企业被逐渐淘汰出局。

当前我国中小环保企业在发展上面临着融资困难、技术落后及缺乏技术创新等困境。（1）融资困难。以污水处理行业为例，全国目前已经建成投产运行的污水处理厂共计600多座，有一半以上的污水处理厂因经费不足而无法正常运行，这些企业处理后排出的仍然是污水。全年平均超标天数高达152天①。（2）技术落后，缺乏技术创新。我国绝大多数环保企业的科研、设计力量薄弱，技术开发力量主要分布在大专院校、研究院所，尚未形成以企业为主体的技术开发和创新体系。中小企业的科研更加薄弱，主要依靠本单位有限的技术人员进行研发。目前我国主要的环保机械产品只有4%达到国际水平；国产的3000多种环保产品中有1/5的产品由于可靠性、适应性、产品结构设计上的欠缺而有待淘汰，有2/5的产品需要改进。国内环保产品技术含量最高的是大气污染防治设备，但也大多为发达国家20世纪80年代的水平。全行业从事产品技术开发的研究人员不足行业职工总数的0.5%，用于产品开发的经费不到产品销售收入的0.6%②。

四、环保产业政策环境

环保产业是一个政策引导型、以政府需求为主要拉动力的产业部门，政府关于环境保护政策轻微的变化都可能对环保产业产生较深远的影响。密切注视国家关于环境保护方面法规、政策的动向，把握住政策发展变化的脉搏，就可以据此分析环保产业的发展趋向，在第一时间谋取收益。

2006年，全国和各地方有关环保行业的政策延续了已有的政策方向，鼓励并扶持环保产业的快速发展仍然是2006年行业政策环境的主格调。

（一）法律、法规综述

2006年出台的政策按照发布的主体与性质的不同可划分为行政法规类、部门规章类、国务院发布的规划性文件、部门发布的规范性文件、地方性法规5类（见表6.8）。

表6.8　　2006年发布的环境保护相关法律法规及通知文件

类别	法律法规
行政法规类	《防治海洋工程建设项目污染损害海洋环境管理条例》、《国家突发环境事件应急预案》等4项
部门规章类	《环境统计管理办法》、《国家级自然保护区监督检查办法》、《环境信访办法》、《环境保护违法违纪行为处分暂行规定》等7项

① 根据2006年7月14日国家环保总局、发展改革委等六部门联合召开的新闻发布会整理。

② “环保产业如何做强做大”，厦门循环经济网，http：//xmxh.smexm.gov.cn

类别	法律法规
国务院发布的规划性文件	《国务院关于落实科学发展观加强环境保护的决定》、《中国水生生物资源养护行动纲要》等20余项
部门发布的规范性文件	《环境影响评价公众参与暂行办法》、《关于逐步建立矿山环境治理和生态恢复责任机制的指导意见》、《关于环境标志产品政府采购实施的意见》、《固体废物鉴别导则（试行）》、《新生产机动车排放污染申报检测机构管理办法》
地方性法规	《安徽省循环经济试点工作方案》、《广东省环境保护规划纲要（2006～2020年）》等
已参加的国际公约	《联合国气候变化框架公约》、《京都议定书》、《关于消耗臭氧层物质的蒙特利尔议定书》、《关于在国际贸易中对某些危险化学品和农药采用事先知情同意程序的鹿特丹公约》、《关于持久性有机污染物的斯德哥尔摩公约》、《生物多样性公约》、《生物多样性公约〈卡塔赫纳生物安全议定书〉》、《联合国防治荒漠化公约》等50多项

数据来源：根据国家环保总局网站相关资料整理

2006年，这些政策的出台进一步完善了我国环保产业的监管工作制度，保证了我国环保产业健康有序地发展。

迄今为止，根据《宪法》关于“国家保护和改善生活环境和生态环境，防治污染和其他公害”的规定，我国已经制定了环境保护法9部、自然资源法15部，批准和签署多边国际环境条约51项。

（二）重点法规评述

1. 绿色采购制度

国家环保总局和财政部于2006年11月联合发布了首批《环境标志产品政府采购清单》，2007年1月1日起，我国在中央和省级（含计划单列市）预算单位实行政府绿色采购制度。政府机关、事业单位、团体组织今后在用财政资金实施政府采购时，必须优先选择采购清单上的“绿色产品”。

据了解，2005年全国实际政府采购规模达到2927.6亿元，比上年同期增长37.1%，政府采购规模占全国GDP的比重为1.6%。实施政府采购改革7年来，全国政府采购规模年平均增长77.9%。2006年，我国政府采购额有可能突破3000亿元①。

政府绿色采购制度的建立，给各类产品生产企业发出了“绿色信号”，鼓励企业生产可回收、低污染、省资源的产品，推动企业技术进步，促进资源循环利用，减少污染，保护环境。同时引导地方政府和消费者环保意识的提高，使其主动选择符合国家环境保护、资源循环利用、有益健康的“绿色”标准的产品和服务，由此会对产品、产业结构产生重要影响，加快绿色消费市场的形成。

2. 绿色GDP核算试点

国家环保总局和国家统计局于2004年3月启动了绿色GDP项目②，并于2006年9月7日正式对外公布了《中国绿色国民经济核算研究报告2004》。目前国际上还没有任何一个国家能够计算出一个完整的绿色GDP，所能够做的只是进行资源环境核算。

为了配合国家开展绿色国民经济核算研究，北京市、天津市、重庆市、河北省、辽宁省、安徽省、浙江省、四川省、广东省和海南省10个省（自治区、直辖市）开展了试点工作。然而2006年

---

① 国家环保总局网站，http：//www.sepa.gov.cn

② 绿色GDP是指一个国家或地区在考虑了自然资源（主要包括土地、森林、矿产、水和海洋）与环境因素（包括生态环境、自然环境、人文环境等）影响之后经济活动的最终成果，即将经济活动中所付出的资源耗减成本和环境降级成本从GDP中予以扣除。

12月据绿色GDP课题研究小组披露①，绿色GDP尚未获得地方政府的普遍支持，目前有不少省份要求退出核算试点。

绿色GDP不能仅仅是环保指标，同时也是可以提供经济增长方式转变的对策和建议，但建立绿色GDP的核算体系是一个宏伟的目标和艰巨的任务，还面临很多技术和观念上的困难。虽然目前我国绿色GDP的核算处于起步阶段，发布的研究报告也只是阶段性的成果，但显示了我国发展环保产业的决心，在关注GDP增长的同时关注环境的成本。

实施绿色GDP政策有利于科学全面地评价我国综合发展水平；为干部政绩考核提供新的标准，从而使各级政府更加重视经济与环境的协调发展；有利于促进公众关注环保，参与环保。

3. 消费税与产业政策

为引导生产和消费、促进环保和节约，财政部、国家税务总局于2006年3月21日联合下发通知，规定从2006年4月1日起，开始对新增成品油、高尔夫球及球具、高档手表、游艇、木质一次性筷子、实木地板等税目进行消费税调整，并依照汽车排量调整了汽车消费税政策。这是中国从1994年进行税制改革以来消费税最大的一次调整。虽然国家政策逐渐全方位向环保倾斜，但我国消费税在促进节约资源和环境保护的作用方面还有待加强。

2006年11月16日，《电子信息产品污染控制管理办法》实施的三个重要配套行业标准——《电子信息产品中有毒有害物质的限量要求》、《电子信息产品污染控制标志要求》及《电子信息产品中有毒有害物质的检测方法》公布，将于2007年3月1日正式施行。此标准涉及计算机、手机、DC、DV等IT全线产品。该标准并非强制标准，但自2006年11月6日颁布以来，已得到众多电子企业积极支持的回应。该办法的实施有利于控制电子信息行业的污染。

通过政策引导是加速环保产业的发展的重要途径。新的消费税和产业政策从产品的消费和供给两方面对市场进行调解，消费税引导消费者消费方向与行为，产业政策则对环保相关产业的生产方向进行环保约束。2006年是我国“十一五”的第一年，环境治理压力大。两种政策在此背景下出台，比较及时，体现了人与自然、经济与社会的同步发展的国家的发展规划要求，同时具有较强的可操作性，对引导消费者和生产者的行为，促进环保产业的发展有非常积极的作用。

4. 环保园区政策

为鼓励加快环保相关产业的发展，我国建立了一系列环保园区，同时给园区内的企业以优惠的税收、土地使用等政策。我国当前主要有三种与环保相关的园区，分别是生态工业示范园区、环保产业园区和ISO14000国家示范区（见表6.9）。各园区的优惠政策是一个从国家优惠政策到地方优惠政策组成的体系，国家有专门的鼓励环保产业和高新技术企业发展的政策，同时各个园区也有与其他城市园区所不同的税收等扶持政策。以北京国家环保产业园区为例②，入驻该产业园的高科技环保的企业一方面可以在所得税、进出口税费、企业固定资产折旧、购占地价等方面享受一系列优惠政策，如对园区内凡属技术密集、知识密集型项目，或者外商投资在3000万美元以上，回收投资期长的生产性项目，可减按15%的税率征收企业所得税；同时还享受北京市小城

---

① 绿色GDP课题研究小组成立于2004年，由国家环保总局环境规划院、北京大学光华管理学院、中国人民大学统计学院等单位共同组成，成员组包括我国11位著名专家、学者，分别是王金南、高敏雪、於方、曹东、过孝民、蒋洪强、赵越、周国梅、傅德黔、雷明；特别顾问为牛文元。

② 北京国家环保产业示范园区，是国家经贸委在向国务院报告的《关于支持北京2008年奥运会绿色行动方案》中提出的在北京重点建设的4个园区之一。2002年12月23日，北京市将北京国家环保产业园区列为市级开发区。园区以“立足首都、面向全国、着眼世界”为定位，主要吸引环保技术与装备、环保材料和环保药剂制造、机动车尾气防治、城市垃圾处理、污水防治等环保产业入驻。

镇的户口、土地和资金扶持的优惠政策。

2006年9月1日起，我国生态工业园区将依照《综合类生态工业园区标准（试行）》、《行业类生态工业园区标准（试行）》和《静脉产业类生态工业园区标准（试行）》这三项标准进行建设、管理和验收。这是我国首次发布的生态工业园区标准。这三项标准的发布实施，将进一步推动现有工业园区向生态化方向转型，不断提升园区的生态化水平，从总体上加速了中国新型工业化进程，并对我国环保产业的发展将起很大的促进作用。

表6.9 我国相关环保园区

园区种类		详细目录
环保产业园区	国家环保科技产业园	苏州国家环保高新技术产业园、常州国家环保产业园、西安国家环保科技产业园、南海国家生态工业建设示范园区暨华南环保科技产业园、大连国家环保产业园、济南国家环保科技产业园、哈尔滨国家环保科技产业园及哈尔滨国家环保科技产业园等8个
	国家环保产业基地	沈阳市环保产业基地、国家环保产业发展重庆基地、武汉青山国家环保产业基地等3个
生态工业园区		长沙黄兴国家生态工业建设示范园区、天津经济技术开发区国家生态工业建设示范园区、无锡新区国家生态工业示范园区、包头钢铁国家生态工业示范园区等22个，其中行业类园区9个，综合类园区11个，静脉产业类园区1个
ISO14000国家示范区		昆山经济技术开发区、宁波经济技术开发区等30个

数据来源：根据国家环保总局网站相关公开资料整理

发展水平低、行业规模小、技术水平低、缺乏资金一直是制约我国环保产业的重要难题。环保园区政策的可操作性较强，同时各地方政府拥有相应的政策自由度，可以根据本地的实际情况申请建立环保产业园区，并给予园区内企业相应的地方优惠政策。环保产业园区政策的实施有利于环保产业集群化发展，为环保企业的发展提供良好的发展平台。

五、环保行业投资价值分析

我国经济高速增长的代价是环境恶化，包括饮用水短缺、大气污染严重等问题。据中国环保总局统计，2004年中国花费了1360亿美元（约占中国GDP的7%）用来处理各种环境污染。由于2005年底一系列大规模污染事件——松花江污染事件等带来的政治影响，民间和人大常委对环保问题的日益关注，政府开始实施比以往任何时候都更强有力的环保措施。估计今后一段时间政策实施力度还会继续加大，中国政府改善生态环境的政策导向为清洁能源以及其他环境保护企业发展铺平了道路。

（一）投资优势分析

据中国政府2006年9月发布的《中国绿色国民经济核算研究报告2004》显示，2004年主要由水污染和空气污染带来的经济损失占年GDP的3.05%。该报告还估计，2006年中国需要10 800亿元（占当年GDP的6.8%）治理新产生的污染。

1. 环保政策机遇

投资环保产业将获得一系列优惠政策，一是在产业政策方面，我国继续发布环保产业鼓励发展目录及配套政策，引导环保产业的发展方向，如《当前国家鼓励发展的环保产业设备（产品）目录》；二是在财税政策方面，进一步完善资源综合利用减免税的优惠政策，如综合利用产品减免增值税等。

2. 消费理念转变带来的机遇

随着人们环保意识的增强，无污染、无公害或者具有保健功能的天然产品备受青睐，21世纪将是绿色产业为主的新时代。调查显示，72%的人认为发展环保产业、开发绿色产品对改善环境状况有益，54%的人愿意使用绿色产品，38%的人表示已经购买过绿色产品[①]。据不完全统计，全球绿色产品的市场已超过3560亿美元[②]，这展示了绿色产业这一新经济增长点的发展前景。目前我国已认证的近500种绿色产品，按照其环保特性主要分为以下6种：国际履约类、可再生、可回收利用类、改善区域环境质量类、改善居室环境质量类、保护人体健康类、提高资源和能源利用类[③]。我国政府出台的“绿色采购”制度与人们的“绿色消费”理念给了资本市场一个绿色信号，为资本运动的流向和升值找到了方向，从而为环保产业的发展提供了一个良好的机遇。

3. 绿色奥运机遇

2008年奥运会将在北京举行，而环保工作一直都是奥运工作的重中之重，对我国环保产业来说是个良好的发展契机。据了解，北京计划投资1000亿元用于环境保护和资源再利用[④]。自1999年起，北京已连续6年环保投资在百亿元以上。一方面，国内环保企业清华紫光、北京首创等公司都涉足了污水处理及固体废物处理的开发研究。国电电力和清华同方也在治理北京空气污染问题方面受益颇深。另一方面，意大利计划在中国环境保护方面投资1亿欧元。意大利在绿色奥运项目上收获颇丰，已与北京就绿色奥运签署了5个项目的合作协议，其中包括为北京提供大额赠款、购置相配套的尾气净化装置、建立轻型汽车尾气检测系统、交通污染智能监测系统、新奥运区域的环境监测系统以及医疗废物焚烧设施等。

2008年奥运会对我国环保产业的意义，并不仅仅是奥运本身对环保产品的直接需求，更重要的是通过进一步强化人们和政府的环保意识，间接地刺激环保产业在我国的发展。

4. 其他机遇

还有很多其他事件也给环保产业的发展提供了良好的机遇，如世贸组织各贸易国设置的“绿色壁垒”，正在有效地推动中国出口企业全面开展有关环境管理、生产、安全的认证工作。主动上门向科研单位要环保技术的企业越来越多，外部压力有效地使环保与企业的生存联系起来，有力地推动环保技术的普及和产业的发展。

（二）投资趋势预测

目前，虽然环保产业整体是国家政策的扶持对象、风险投资公司关注的宠儿、社会关注的热点，但并不是所有的子行业都适合进行投资。正如前述分析：环保产业整体面临良好的发展机遇，但并非所有子产业都适合风险投资，如在水务领域的公司资产规模快速增长的同时，脱硫环保产业的资产规模与往年持平，两个子行业的资产净利润也有较大差别。

包括城市垃圾处理、废水处理、可再生能源——太阳能[⑤]等在内的环保子产业将会成为最近几年的投资热点。

---

① 中国包装网。

② 新浪财经网。

③ 国家环保总局网站。

④ 人民网，http：//www.people.com.cn/GB/index.html

⑤ 详细情况见本篇第七章。

2006年底，国家发改委价格司起草的资源性产品价格改革的方案——《关于深化价格改革促进资源节约和环境保护的意见》，已获得发改委主任办公会议的原则通过，预期资源性产品价格的改革将从水、石油、电力、天然气、煤炭领域展开，预计环境治理成本和资源枯竭后的退出成本将计入石油、天然气、水、电、煤炭和土地等产品的定价中，并提高排污费、污水处理费和垃圾处理费的征收标准。

水、气、电等资源品成本及各种排污处理费用的上涨，一方面，为水务、垃圾处理等环保产业打开盈利空间的同时，有可能会侵蚀资源品生产企业和下游企业利润空间；另一方面，有利于水务、垃圾处理企业与上游企业的良性联动。

1. 废水处理行业

（1）从市场前景看，我国水资源匮乏，人均水资源2220立方米，相当于世界人均水资源占有量的31%，但随着我国城市化与工业化速度的加快，用水量与废水排放量逐年上升。过去4年中，一方面我国对废水治理的投资逐年递增，年增长率达到23%；另一方面废水排放总量也在逐年递增（见表6.10）。预期今后5年我国的废水治理投资将出现25%～30%的年复合增长率。

表6.10　　各年度废水排放总量及污水治理投资总额

年份	2005年	2004年	2003年	2002年
行业总计（万吨）	2 430 000	2 210 000	2 120 000	2 070 000
污水治理投资额（亿元）	133.7	105.6	87.4	71.5

数据来源：国家发改委、国家统计局

（2）我国现有废水处理企业的数目与规模远远不能满足废水处理的快速增长的需求。“2005年底全国还有278个城市没有污水处理厂，不能进行污水的实质性处理；一半以上的城镇化的人口、工业污水的处理不足。同时，污水搜集管网与厂区不配套，运营经费不落实，使已经建成的项目负荷率偏低，甚至不能正常运行。”①废水处理，尤其是城市污水处理率还很低。当前我国的主要水污染源——城市污水处理比率相对工业废水处理率要低得多：工业废水排放达标率为90.7%，工业用水重复利用率为74.2%；而城市污水处理率则只有45.6%，城市生活污水处理率仅为32.3%（见表6.11）②。

表6.11　　全国污水处理厂分布（截至2006年12月31日）

北京（17家）	上海（34家）	天津（15家）	重庆（23家）	河北（21家）	内蒙古（1家）
山西（19家）	黑龙江（2家）	吉林（3家）	辽宁（21家）	山东（60家）	江苏（53家）
浙江（57家）	安徽（14家）	江西（3家）	河南（21家）	湖南（2家）	湖北（9家）
福建（17家）	广东（25家）	海南（2家）	四川（32家）	云南（10家）	陕西（5家）
宁夏（10家）	甘肃（3家）	青海（2家）	新疆（16家）	广西（4家）	

数据来源：中国水工业网，http：//c-water.com.cn/huibian/index.htm

① 中国水网，http：//www.h2o-china.com/news/44896.html

② 国家发改委、国家统计局网站相关公开资料整理。

（3）从国家政策环境看，不断出台的各种文件法规为废水处理行业的发展创造了良好的政策环境。废水处理的污水处理价格提高的预期以及水价长期上涨的趋势，都将给废水处理企业足够的利润上升空间和资本增值机会。2006年12月29日在北京召开的“全国污水和垃圾处理经验交流会”上，建设部副部长仇保兴表示，当前的污水和垃圾处理设施总量仍显不足，部分设施运行效率低下，政策法规不健全导致城市污水处理费征收难，政府监管力度不够等问题仍十分突出。为此，“十一五”期间，政府将强化城乡规划的综合协调作用，把水污染治理作为规划的强制性内容；要调整和优化投资结构，加强污水管网配套，提高运行效率；推进体制机制改革，强化政府监管；要全面实施城市污水和生活垃圾处理的收费制度，完善配套政策。

2. 城市垃圾处理行业

在治理水污染、工业污染的同时，城市垃圾处理也越来越重要，2006年我国政府首次将垃圾处理列为环境保护工作的重点。

（1）从市场前景看，当前我国城市垃圾量急剧上升，但同时现有的垃圾处理场的数量和规模远远不能适应城市垃圾的增长要求。改革开放以来，我国城市数目和城市人口有了很大的发展，垃圾污染问题日渐严重，垃圾处理现状不容乐观，处理城市生活垃圾，实现无害化、减量化和再资源化，消除城市生活垃圾的污染已成为我国必须解决的重大问题（见表6.12和图6.3）。

表6.12　城市化率与固体废物排放对比

年份	城市化率（%）	工业固体废物产生量（单位：亿吨）及增长比例
2000年	36.22	8.2
2001年	37.66	8.87，比上年增长8.2%
2002年	39.09	9.5，比上年增加6.5%
2003年	40.5	10.0，比上年增加6.3%
2004年	41.8	12.0，比上年增加20.0%
2005年	42.99	13.4，比上年增加12.0%

数据来源：根据国家统计局、国家环保总局等相关公开资料整理

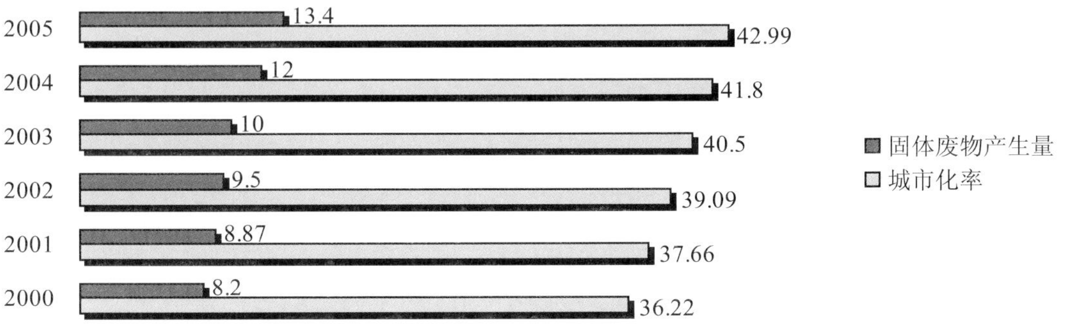

图6.3　城市化率与固体废物产生量对比图

据资料显示，全世界垃圾年均增长速度为8.42%，而中国垃圾增长率达到10%以上。全世界每年产生4.9亿吨垃圾，而仅中国每年就产生近1.5亿吨城市垃圾。目前中国城市生活垃圾累积堆

存量已达70亿吨[①]。2006年2月10日，世界500强之一的法国苏伊士集团在上海表示，包括垃圾处理在内的环境产业投资容量十分巨大，苏伊士决定把其亚太区总部设在上海，今后两年内其在华投资可望翻一倍。

（2）从技术角度来看，我国垃圾的资源化利用已不成问题，一些技术已经取得了突破[②]。垃圾无害化处理是垃圾处理业的发展方向，但当前我国垃圾无害化处理率还很低。目前，中国城市生活垃圾无害化处理场仅有700多个，全国城市生活垃圾无害化处理率为52%[③]。

（3）从国家政策环境看，我国不断出台建立和完善与城市垃圾处理产业化配套的市场化、标准化、国际化的政策及法规，鼓励和支持民间资本以及国际资本投资垃圾处理。中国建设部发布的《中国城乡环境卫生体系建设》，公布到2010年中国城乡环境卫生体系建设目标，其中之一就是让从事环境卫生作业和生活垃圾处理的主体由政府包管向现代企业转变。同时我国各城市垃圾处理收费制度在逐步推行，城市垃圾处理市场化步伐正在加快。

（三）投资风险分析

1. 多头管理风险

我国环保产业分布范围广，涉及轻工、能源、交通、地矿等20多个产业部门和行业。如电力环保设备同时隶属于环保、机械及电力行业；风力发电、核能发电等同时隶属于环保、能源等行业。政府虽然不断出台各项法律法规来保障环保产业的发展，但由于隶属关系复杂，缺乏统一的管理部门协调部门间的管理工作，由此造成法律法规的后续配套管理体制不健全，管理权责不明确。当环保企业出现问题时不知具体该找那个部门解决，制约了产业的正常发展。2006年1月5日国家发改委发布的《可再生能源发电有关管理规定》指出，在进入可再生能源发电行业时，需要符合电力、能源等行业的行业条件及地方政府的规划。

2. 规模成本（自然垄断）

在环保产业中，很多子行业如污水处理、垃圾发电等，需要较大的固定资产投入，只有形成了较大的规模后成本才可能下降，从而产生盈利，有较为明显的规模优势，同时这种规模成本也容易产生自然垄断现象。以污水处理市场为例，创业环保（600874）是国内唯一以污水处理为主业的上市公司，公司污水日处理能力达到149万吨 / 日，在天津市场有90% 以上的占有率。巨大的规模优势为公司带来高达65% 以上的毛利率。在此类自然垄断市场先入者会威胁到后投入机构的盈利情况。

3. 技术风险——缺乏技术创新，核心技术受制于人

环保技术涉及到多种学科的高新技术，环保产品技术含量高，系统复杂。虽然我国环境污染治理工艺的研究基本上与国际同步，但工艺水平和环保产品质量却不能与国际先进水平同步，与发达国家至少有15年～20年的差距，只有少数技术和产品达到了20世纪90年代末的国际水平。如电除尘、袋除尘、无源噪声防治等个别领域水平较高；一般污水处理技术在工艺上并不落后，但在设备制造上差距很大；再如高浓度有机废水、制药废水、城市污水成套化设备生产方面都有差

① “垃圾处理：中国城市环境保护的攻坚战”，中国网，http：//www.china.com.cn

② “垃圾处理：中国城市环境保护的攻坚战”，中国网，http：//www.china.com.cn

③ “垃圾处理：中国城市环境保护的攻坚战”，中国网，http：//www.china.com.cn

距，尤其是监测仪器的开发生产更为落后。多年来，凡高精尖的仪器设备几乎都依赖进口①。

以环境保护产品——大型烟气脱硫设备和风电设备为例：

（1）烟气脱硫大型成套污染控制设备，主要为外国企业独占。截至2006年底，我国只有少数脱硫公司拥有30万千瓦及以上机组自主知识产权的烟气脱硫技术，大多数脱硫公司仍需采用国外技术，而且消化吸收、再创新能力较弱。采用国外技术，要向国外公司支付技术引进费和技术使用费。据初步测算，已向国外公司支付技术引进费约3.2亿元，技术使用费约3亿元②。

（2）我国风电制造企业在叶片、变速齿轮箱、发电机等核心部件上，技术都还不过关。风电制造的核心技术掌握在国外企业手中。据中国电力企业联合会的资料表明，截至2005年底，我国除台湾省外共建成风电场62个，安装风电机组1864台，总装机容量为126.6万千瓦。国内风电设备制造商在国内累计装机容量为286 840千瓦，仅占全国总装机容量的22.7%；国外风电设备制造商累计装机容量为979 070千瓦，占全国总装机容量的77.3%。

综上可见，技术风险已成为制约我国环保产业发展的瓶颈。

参考文献

[1] 鲍勃齐德等著，潘焕学译：《风险投资业》[M]，北京：中国人民大学出版社，2004

[2] 环保总局环境工程评估中心：《环境影响评价相关法律法规》[M]，北京：中国环境科学出版社，2005

[3] 安实、王建、赵泽斌等：《风险投资理论与方法》[M]，北京：科学出版社，2005

[4] 国家环保总局、国家统计局等：《2004年全国环境保护相关产业状况公报》[R]，2006

[5] 国家环保总局：《环境服务产业发展报告》[R]，2006

[6] 彭善枝博士："环保产业与可持续发展"[D]，武汉大学人口、资源与环境经济学

[7] 中国政府网，http：//www.gov.cn/flfg/index.htm

[8] 国家统计局官方网站，http：//www.stats.gov.cn

[9] 国家商务部官方网站，http：//sousuo.mofcom.gov.cn/query/querySearch.jsp

[10] 国家环保总局官方网站，http：//www.zhb.gov.cn

[11] 新华网，http：//www.xinhuanet.com

[12] 中小企业板网站，http：//info.chinanasdaq.com/service.asp

[13] 上海证券交易所，http：//www.sse.com.cn/sseportal/ps/zhs/home.shtml

[14] 清科创投资讯，http：//www.zero2ipo.com.cn

[15] 中国投资指南，http：//www.fdi.gov.cn/pub/FDI/default.htm

[16] 环境技术论坛，http：//www.cnjlc.com/bbs

[17] 中国风险投资研究院，http：//www.cvcri.com/index.asp

[18] 环保产业环保人民网，http：//env.people.com.cn

[19] 中国环保产业网，http：//www.cepi.com.cn/homepage/homepage.jsp

[20] 中国环境科学研究院，http：//craes.cn/lybbs/index.jsp

[21] 新浪财经，http：//finance.sina.com.cn

① 中国环保技术网，http：//www.ccep.cn/news/kj/Index.html

② 国家发改委："我国火电厂烟气脱硫产业化现状及有关建议"，2006年9月。

[22] 中宏产业数据库，http：//mcin.macrochina.com.cn/default2.asp?login_type=2

[23] 中国证券监督管理委员会

[24] 工业可持续发展网，http：//www.csid.com.cn

附录：环保行业上市公司主要财务数据及地域分布一览表[①]　单位：千元人民币

涉及领域	公司名称	股票代码	省份	2006年前三季度财务指标		与去年同期相比增减比例	
				总资产	净利润	总资产	净利润
水务领域	创业环保	600874	天津	5 355 068.00	152 815.00	17.6%	144 402.00
	首创股份	600008	北京	11 220 243.92	297 280.90	34%	351 404.40
	合加资源	000826	湖北	843 332.46	31 114.82	50.1%	17 182.11
	武汉控股	600168	湖北	2 006 212.31	33 816.67	16.14%	13 942.45
	南海发展	600323	广东	1 322 642.33	68 684.97	5.79%	64 085.79
	原水股份	600649	上海	6 993 891.28	471 519.36	6.96%	346 482.49
	* ST 四通	000409	广东	179 159.06	-4009.37	-19.60%	-9227.37
	阳晨 B	900935	上海	1 011 852.94	35 736.44	179%	19 901.02
	洪城水业	600461	江西	662 445.09	22 147.20	7.44%	23 315.70
	S 钱江水	600283	浙江	2 248 135.72	13 418.98	17.59%	10 216.85
环保脱硫	凯迪电力	000939	武汉	4 613 360.40	78 048.29	3.15%	73 160.85
	龙净环保	600388	福建	2 951 950.63	77 577.40	25.55%	41 876.00
	九龙电力	600292	重庆	4 456 123.45	53 746.66	9.40%	41 498.24
	菲达环保	600526	浙江	1 911 279.33	12 071.20	15.11%	17 618.06
	浙大网新	600797	浙江	4 280 702.02	92 278.61	9.65%	61 254.47
	山大华特	000915	山东	984 863.30	6592.60	3.43%	4095.77
	清华同方	600100	北京	12 410 297.73	127 435.78	14.16%	89 389.32
	东方锅炉	600786	四川	9 866 295.78	463 953.20	-11.29%	595 500.59
CDM 概念	巨化股份	600160	浙江	4 210 348.77	146 237.98	23.43%	127 242.75
	三爱富	600636	上海	2 131 821.52	94 749.11	20.53%	103 524.25
其他	霞客环保	002015	江苏	684 732.67	19 766.65	22.01%	17 292.23

数据来源：根据雅虎、深交所、上交所等公布的资料整理

① 新能源及水电上市公司情况请参看本篇第七章。

第七章 新能源行业投资分析报告[①]

2006年，在国际能源价格持续上涨、《可再生能源法》正式实施及相关配套政策法规相继出台的背景下，新能源行业再次成为人们投资的焦点。本文通过综合分析我国新能源行业2006年的发展状况和投融资状况，指出未来新能源行业投资前景和风险所在，旨在对欲进入该行业的风险投资者提供全面和多角度的投资参考。

一、新能源行业年度发展概况

（一）行业总体发展现状

所谓新能源，它是相对于传统能源而言的，是在新技术和新材料的基础上开发利用的能源，如太阳能、风能、生物质能、海洋能、地热能、氢能和小水电等，具有清洁性和再生性的特点[②]。

我国地广物博，可开发利用的新能源资源十分丰富。其中，太阳能储量达每年24 000亿吨标准煤；可开发利用的风能约2.54亿千瓦；生物质能资源50亿吨标准煤，至少有相当于7个大庆的能源产出量；地热资源储量为1353.5亿吨标准煤，探明储量为4626亿吨标准煤[③]。

但是我国新能源开发利用的程度还很低，还有很大的开发空间。在各种新能源开发中，小水电开发的状况比较好，我国的小水电装机规模占可开发资源的29%。太阳能资源也得到一定程度的开发，而风能、生物质能、氢能、海洋能的开发程度还远远不够，比如2006年底我国风能装机容量为230万千瓦[④]，仅占可开发风能的千分之儿。

这是由于我国新能源开发研究比较晚，长期以来国家重视和投入不足所致。除小水电和地热能在建国初开始研究利用外，其他如太阳能、风能、海洋能、氢能、可燃冰等的研究都是从20世纪80年代之后开始的。这样，我国新能源技术与发达国家相比处于落后地位，特别是核心技术常常受制于人。比如，我国还没有掌握太阳能多晶硅技术和大容量风电设备制造技术，新能源企业往往需要从国外进口设备，这导致新能源开发成本进一步增加，严重影响了新能源的开发利用。

近年来，由于国家对新能源日益重视，新能源行业取得了飞速的发展，到2005年底我国新能源消费占一次能源消费总量的7%[⑤]，并且小水电、太阳能、风能、生物质能等产业已经初具

① 本文由南开大学深圳金融工程学院研究生叶志强完成。

② 中国能源网，http：//china5e.com

③ hc360慧聪网环保行业，http：//info.ep.hc360.com

④ 新浪财经，http：//finance.sina.com.cn

⑤ 中国新能源网，http：//www.newenergy.org.cn

规模。目前小水电装机容量超过4000万瓦，主要设备制造厂家达80多家，从业人员约66万[①]；2005年太阳能热水器年生产能力超过1500万平方米，5000多家生产企业，年产值过百亿[②]。

（二）细分子行业发展情况

1. 太阳能

在太阳能利用方面，太阳能热水器是我国唯一在生产能力和利用规模上处于世界领先水平的可再生能源产业，并拥有一批知名品牌。到2005年底，我国太阳能热水器保有量超过8000万平方米，占世界总保有量的76%[③]。不过，太阳能热水器目前在居民家庭的普及率还很低，面临电热水器和燃气热水器的激烈竞争。

太阳能发电在我国还没有达到商业化程度。目前我国太阳能转化成电能的转化率不到15%，光伏发电上网电价4元/千瓦时～5元/千瓦时，是目前火电成本的10倍左右[④]。所以太阳能利用主要是政府为配合西部大开发实施的“阳光计划”、“光明工程”等，利用太阳能发电为解决西部广大无电地区农牧民生活生产用电，使用户用光伏系统和独立光伏电站解决边远无电地区居民和社会用电问题。

虽然我国光伏企业起步晚、成长慢、规模小，但我国的光伏产业已经摆脱了持续10年的徘徊局面，近年来开始迅猛发展，我国已经成为世界光伏产业和市场发展最快的国家之一。近3年，光伏产业生产规模保持着平均100%以上的增长速度，2006年中国内地的太阳能电池产能将比2005年增长近10倍[⑤]。目前，我国已经成为为继日德美之后的世界第四大光伏制造国。

但是，我国光伏产业原料90%以上依赖进口，同时有90%以上产品用于出口，用于国内太阳能光伏发电的很少。国内生产的太阳能光伏产品也主要用于解决西部地区的缺电和特殊行业用电问题，没有普及到全国市场。目前，国内太阳能发电总装容量只有70兆瓦，预计2006年的增长率为30%[⑥]。

2. 风能

风能利用主要是风力发电。我国风能已发展了20多年，但整体上发展相对较慢。从资源来讲，我国有10亿千瓦可开发的风电装机。其中，陆地资源量约2.5亿千瓦，主要分布在“三边”地区及东部沿海地区。近年来我国风电装机容量增长速度逐年递增，2002年增长率为16.4%，2003年增长率为21.1%，2004年增长率为34.7%，2005年增长率达到254%，2006年初步估计增长率超过80%。到2006年底，我国已建成80个风电场，比前一年增加18个风电厂，装机容量达230万千瓦[⑦]。

我国风电设备制造业一直是制约我国风能利用的主要因素。目前国产风电设备在国内市场的占有率仅为25%，风电企业进口价格昂贵的风电设备导致风电成本上升。我国只能生产中小型的风电设备，兆瓦级或更大型的风电设备需要从国外进口。

---

① 中国本溪网，http：//www.benxi.ln.cn/news

② hc360慧聪网能源行业，http：//info.energy.hc360.com

③ 中国太阳能网，http：//www.chinasolar.net.cn

④ 电源网，http：//www.dianyuan.com

⑤ 中国企业投资协会，http：//www.china5e.com

⑥ 中国新能源网，http：//www.newenergy.org.cn

⑦ 新浪财经，http：//finance.sina.com.cn

3. 生物质能

我国生物质能已经成为仅次于煤与石油的第三大能源。沼气工程建设初见成效，2005年沼气利用量达到80亿立方米；生物质能发电迈出了重要步伐，发电容量达到200万千瓦；生物液体燃料生产取得明显进展，全国燃料乙醇生产能力达到102万吨，已在河南等9个省的车用燃料中推广使用乙醇汽油①。生物柴油的开发利用还处于初级阶段，尚未形成产业化。

但从总体上看，我国生物质能开发利用仍处在发展的初期阶段，产业化和商业化程度较低，缺乏自我持续发展能力。存在的困难主要表现在：首先是原材料的供应。由于发电运行时需要消耗大量的原料，原料受农作物生产季节性的影响，这要求生产企业在原料的运输和储存上做到科学决策。其次是投资成本巨大、产业门槛过高。投资过高的主要原因是进口设备价格高。再次是上网电价偏高，含税上网电价基本上在0.7元 / 千瓦时左右②，需要国家政策支持。

4. 其他新能源

我国地热能开发利用包括高温发电和中低温的直接利用两个方面，我国地热发电的装机容量很小，在世界排名第15位，但是中低温直接利用居世界第一，达到3056GW·h/a③，主要用于北方地区的供暖、地热洗浴和水产养殖等。

中国拥有世界17%的小水电资源，可开发的小水电潜力约1.2亿千瓦，已建成小水电站4万多座，全国装机容量2485万千瓦，占全国水电装机总容量的32.4%，年发电量800亿千瓦时，为全国水电发电总量的36.2%，而全国一半的小水电属于私人投资④。

氢能、天然气水合物、海洋能的开发利用目前还只是处于研究阶段，还存在许多技术难题，距离商业化还有很大的距离，本文不作详细分析。

（三）行业发展特点

新能源行业发展除了具有技术要求高，投资大等特点以外，2006年我国新能源还呈现出新的发展特点。

1. 政策扶持力度大

《可再生能源法》从法律上确定了新能源发展的要求，它的配套措施有助于具体落实《可再生能源法》。这部分内容我们将在行业政策环境分析中详细介绍。

2. 一批关键技术被攻克

2006年4月，江苏连云港中复连众复合材料有限公司成功研发出来的1.5MW风力发电机风轮叶片打破了以往风力发电机风轮大叶片依赖进口的局面；国家高技术产业化项目“年产1000吨多晶硅示范工程”在四川乐山奠基，结束了我国多晶硅没有年产超千吨项目的历史；国家攻关计划“生物燃料油技术开发项目”的成功实施，使地沟油转化为生物柴油的技术实现突破，生产出来的生物柴油质量标准达到国际质量标准。

3. 太阳能产业规模呈现爆发式发展

继2005年底无锡尚德在美国纳斯达克成功上市带来巨大的财富效应，太阳能厂商纷纷募集资

① 全国生物质能开发利用工作会议“国家发展改革委副主任陈德铭的讲话”，2006年8月19日。

② 中国新能源网，http：//www.newenergy.org.cn

③ 朱家玲等编著：《地热能开发与运用技术》，化学工业出版社，2006年5月。

④ 东方财富网，http：//www.eastmoney.com

金，用于扩大生产规模。2006年，我国又有4家太阳能企业实现了在海外资本市场的上市。据估计，2006年我国太阳能电池产能预计比2005年增长近10倍，达到1450兆瓦生产能力。

4. 风电投资继续高速发展

2005年底，我国已建好62个风电场，总装机容量126.6万千瓦，新增装机容量为50.3万千瓦，比2004年增长254%。据不完全统计，2006年我国风电场已达80个，总装机容量230万千瓦，新增装机容量100多万千瓦，增长率超过80%。

5. 农村小水电新增装机规模继续大幅度增加

2004年全国农村水电新增装机330多万千瓦，2005年新增装机530万千瓦，2006年新增装机突破600万千瓦，总装机达到5000万千瓦，约占全国水电总装机的37%，年发电量1500多亿千瓦时，已经成为国家重要的电力供应[①]。

二、新能源行业投融资情况与特点

（一）整体投融资情况

近年来国际能源价格持续上涨和国内能源紧缺，新能源逐步引起人们投资关注。到2005年底，中国新能源行业投资额达到60亿美元，与德国并列世界第一[②]。2006年伴随着《可再生能源法》实施以及相关配套政策的落实，各路资金纷纷涌向新能源行业。

（1）太阳能利用方面：太阳能光伏产业有4家企业在海外上市；天威保变获得战略资金1.5亿美元；江西赛维LDK获得风险投资1亿美元；宁夏石嘴山、河南洛阳、四川乐山、辽宁凌海4个千吨级多晶硅项目已经开始启动，其中宁夏石嘴山总投资70亿元。

（2）风力发电方面：2006年9月国家第四期风电特许项目成功发标，总装机容量700兆瓦；2006年11月我国第一个海上风电场——上海东海大桥10万千瓦风电建设开始进行；2006年内蒙古在东山风场、朱日和风场、白云鄂博风场等13个风电项目开工，总装机容量达60万千瓦，其中东山风场由中国大唐电力集团公司投资5.38亿元建设，一期工程在2006年11月份投产；朱日和风场由内蒙古风光电力有限责任公司投资5.16亿元建设，一期工程预计于2007年底并网发电；白云鄂博风场由鲁能集团投资30亿元兴建，一期工程计划于2007年底投产发电[③]。

（3）生物质能利用方面：2006年8月，安徽国风集团耗资5亿人民币的年产60万吨生物柴油项目首条年产20万吨生产线投产成功[④]；2006年9月，国家电网公司建成投产的单县生物质能发电项目，是国家发改委首批核准的国家级生物发电示范项目，总投资3亿元，装机容量为2.5万千瓦，年发电量1.6亿千瓦时[⑤]；2006年11月15日，洛阳天昌生物工程有限公司开工10万吨生物柴油项目，总投资5.27亿元，分3期实施，一期工程将于2007年1月底竣工投产，2008年10月全部竣

① 中华人民共和国水利部，http：//www.mwr.gov.cn

② 中国新能源网，http：//www.newenergy.org.cn

③ 中国证券网，http：//www.cnstock.com

④ 人民网，http：//paper.people.com.cn

⑤ 新浪网，http：//www.sina.com.cn

工，项目投产后，年可生产生物柴油10万吨，甘油1万吨[①]。

2006年新能源行业发生的重大企业并购案例有：（1）2006年8月2日，无锡尚德与日本最大的光伏制造商之一的MSK公司签订收购协议，收购分两个阶段实施：第一阶段于2006年第三季度完成，无锡尚德以1.07亿美元获得MSK公司2/3的股份；第二阶段预计于2007年底完成，无锡尚德收购价格在5300万～1.93亿美元之间，届时无锡尚德拥有100%的MSK公司股份。（2）2006年11月20日，中粮集团与丰原生化签署收购丰原生化股份的协议。根据协议，丰原集团将2亿股股份以每股5元的价格转让给中粮集团。由此，中粮集团持有丰原生化20.74%的股份而成为第一大股东。

上述并购案例的特点，一是涉及金额巨大，往往以亿为计量单位；二是工程投资分成多期，所以未来几年新能源行业的投资将继续大幅度增加。

（二）风险投资情况与特点

2006年《创业投资企业管理暂行办法》正式实施，我国风险投资业延续了自2004年以来的上升趋势。中国风险投资研究院2006年4月份发布的《2005年中国风险投资行业调查分析报告》指出，新能源、生物科技和互联网等领域将成为风险投资业今后两年内投资的重点，其中，有33%的受调查机构看好新能源行业。

另据2006年7月中国风险投资研究院发布的《2006年中国风险投资行业中期调查报告》显示：2006年上半年，获得风险投资的能源环保业项目25个，占总项目数比例为15.15%；风险资金5.48亿元人民币，占投资金额比例9.83%。其中，本土风险投资者在能源环保项目的投资金额为3.02亿元人民币，占本土风险投资总额的26.93%，超过投资于IT业风险投资资金的2.51亿元人民币；外资风险投资者在能源环保领域投入的资金为2.46亿元，占外资风险投资总额的5.53%。此报告还指出：2006年上半年风险投资机构在新能源行业主要集中在东部沿海地区，特别是环渤海、长三角和广东地区。另外，能源行业还有两家风险投资企业通过IPO机制退出。

2006年风险投资进入新能源行业呈现的特点有：一是风险投资机构更加注重新能源这类成长性行业。二是无论投资金额还是投资项目数，本土风险投资机构都要高于外资风险投资机构。三是新能源行业风险投资主要集中在沿海东部地区，中西部获得的风险投资很少。

（三）重要案例分析

2005年12月15日，无锡尚德太阳能电力有限公司在纽约证券交易所成功上市，极大地激发了中国新能源企业海外上市的激情。以下是发生在2006年新能源领域的重大案例：

1. 浙江昱辉阳光能源有限公司在英国伦敦的二板（AIM）市场成功上市

浙江昱辉阳光能源有限公司于2001年在浙江玉环创建，当时公司的主营业务是太阳能组件和太阳能电源系统的生产和销售。2004年10月昱辉公司把厂址转移到浙江嘉善，2005年进入太阳能上游产品硅片的生产。2005年昱辉管理层在海外设立了两家BVI投资公司，这两家BVI投资公司和中国可再生能源领域投资商Diverso Management共同投资昱辉阳光，其中两家BVI投资公司拥有昱辉90%股份，Diverso Management拥有公司10%股份。仅一年多的时间，2006年7月25日昱辉公司（ReneSola）在伦敦证券交易所的创业板市场（AIM）首次公开募股（IPO），通过出

① 中国建设招标网，http：//www.zhaobiao.gov.cn

让33.3%的股权，筹集5000万美元[①]，上市之后控股昱辉的两家BVI投资公司占有60%的股份，Diverso Management的股份占6.6%。

昱辉公司将公开募集的5000万美元用于扩大产能，计划到2007年底单晶片达到250万片/月，多晶片250万片/月，销售额达到15亿元，公司发展前景广阔。

2. 江苏常熟的加拿大太阳能公司（NASDAQ：CSIQ）正式登陆纳斯达克交易所

2006年11月10日，江苏常熟的加拿大太阳能（Canadian Solar Inc.，英文简称CSI，国内全资子公司冠名为阿特斯）正式登陆纳斯达克交易所，成为首家在纳斯达克上市的中国光伏企业。CSI是一家集太阳能光伏组件制造和为全球客户提供太阳能应用产品研发制造的公司，创建于2001年10月。自创建以来公司一直成长迅速，从2002年～2005年，每年的盈利都以100%～200%的比例上升，2006年上半年盈利甚至达到300%。

此次CSI上市共发行了770万股份，其中630万股为原始股，140万股为二次配股，IPO承销商是德意志银行和雷曼兄弟，融资达1.155亿美元[②]。

CSI曾在2005年底接受过两次风险投资，分别是英国汇丰银行集团775万美元和集富亚洲400万美元的现金投资。上市前，CSI的总裁兼首席执行官瞿晓铧、英国汇丰和集富亚洲持股比例分别为64.8%，17.0%和8.8%。上市后，据公司招股说明书，瞿晓铧持有1367.2263万股，英国汇丰银行拥有266.0288万股，集富亚洲持股137.3051万股，加拿大ATS公司持股18.4647万股。

按照计划，CSI将所募得资金中的3000万美元将用于购买或预付太阳能电池片及硅原料，3500万美元用于扩大太阳能电池片生产[③]，剩余的发行收益将用于公司的其他常规用途。

3. 天合光能与林洋新能源两家新能源公司在美国上市

2006年12月19日，太阳能设备制造商天合光能在纽约证券交易所正式挂牌交易。此次IPO天合光能共发行530万股，招股价是18.50美元，成功募集资金9800万美元，主承销商是美林证券。公司将所募集资金用于收购原材料，完成工厂建设和一般管理。公司在2006年7月接受麦顿、美林证券以及Good Engeries Investments三家投资机构4000万美元的风险投资。

在天合光能上市第二天，林洋新能源公司在纳斯达克正式上市。公司共发行1200万股美国存托凭证股票，另有180万股配售股东，发行价是12.5美元，融资额为1.5亿美元，公司计划将这些资金用于购买和预付原材料，提高产能，研发投入及战略收购。高盛亚洲、CIBC world是此次上市的主承销商。林洋新能源在2006年6月和8月两次募集5300万美元风险资金，投资方是花旗银行、联想弘毅、联想投资和Good Engeries Investments。

4. 江西赛维LDK太阳能高科技有限公司获得1亿美元以上的风险投资

江西赛维是由香港流星实业有限公司和苏州柳新实业有限公司共同出资成立的合资企业，集太阳能多晶硅铸锭及多晶硅片研发、生产、销售为一体的高新技术光伏产业。江西赛维已经获得超过1亿美元的风险投资，资金来源包括鼎辉、集富亚洲在内的4家以上的风险投资机构，这为公司实施2007年在纳斯达克上市计划做好准备。这过亿美元的风投资金使江西赛维在2005年11月进行多晶硅项目立项，一期工程投资7250万美元，并于2006年5月1日正式投产，2006年年底形成300兆瓦生产能力。公司计划2007年初在纳斯达克上市，募集3亿美元资金投资二期项目，工

① 铭万网，http：//mainone.com

② 搜狐网，www.sohu.com

③ 证券之星，www.stockstar.com

程预计于2008年底完工，届时公司产能将达到1000兆瓦。

这些重要案例都发生在太阳能光伏产业领域，之所以如此，是由于风险资本关注该产业的因素主要集中在3个方面，即：

一是太阳能巨大的财富效应。无锡尚德成功上市之后施正荣以22亿美元的财产在福布斯“2006中国富豪榜”排首位，而无锡尚德自成立还不到5年时间。这种巨大的财富效应吸引风险投资者进入太阳能领域，寻求投资对象。

二是太阳能产业处于快速成长期。前面我们提到近3年来我国太阳能产业规模以超过100%的速度增长，世界太阳能产业自1999年以来保持30%以上的速度增长，太阳能产业规模迅速扩大。

三是太阳能上游产业链的多晶硅利润丰厚。多晶硅的国际价格从2003年每公斤20美元～40美元上涨到2006年每公斤的200美元～300美元，而且常常出现有价无货的现象。案例中5家太阳能企业都以太阳能上游产品作为主要经营业务。

三、新能源行业企业发展概况

企业是行业的细胞，企业的潜力决定着行业的发展前途。我国新能源各子行业的企业处于不同的发展阶段，它们的发展潜力也不尽相同。从事太阳能热水器、小水电、地热能直接利用的企业处于扩张阶段，从事太阳能光伏产品和风电企业处于成长阶段，而从事氢能和海洋能开发企业还处于种子期和创建阶段。所以在这部分里我们详细介绍各子行业的发展状况，选出几家重点新能源企业，通过对它们的介绍，我们可以看出未来中小企业的发展方向。我们还在最后部分分析了我国目前中小企业的发展现状。

（一）整体现状

由于新能源行业属于高科技行业，行业风险大，所以除了太阳能热水器子行业外，从事新能源单一业务的企业数量不多，多数企业把新能源业务作为企业的补充业务或者是未来企业利润的增长点。而且，我国新能源企业规模小，难于适应规模化经营，降低生产成本的需要。下面我们重点分析当前新能源行业中从事太阳能、风能和生物质能三个热点投资领域的企业，以便读者深度理解新能源行业企业的发展状况。

1. 太阳能

据不完全统计，目前全国太阳能热水器制造企业多达5000家，拥有如皇明、清华阳光、华扬、力诺瑞特、太阳雨、桑乐、广州志高等众多知名品牌。中国太阳能热水器生产能力世界领先，产品的性价比高，拥有真空集热管的自主知识产权等。但其中真正称得上有规模、有生产能力的品牌企业很少。

虽然国内太阳能发电还没有发展起来，但是我国的光伏产品制造业近年来呈现跨越式发展。目前我国光伏企业有400家左右，涉足太阳能光伏产业的上市公司达到12家[①]，著名企业除无锡尚德外，还有天威英利、台湾茂迪。2006年我国内地企业上报的规模产能由2005年约150兆瓦增长至1450兆瓦的生产能力[②]。这些企业基本上集中在长江三角洲、珠江三角洲一带。我国太阳能

① 东方财富网，http：//www.eastmoney.com

② 中国经济网，http：//www.ce.cn

光伏企业生产的产品主要集中在光伏产业链的中下游产品，能够生产上游晶体硅，特别是高纯度的多晶硅的国内企业很少。现在国内几家企业未雨绸缪，纷纷进军利润丰厚的上游产品领域，这些企业的生产订单都已经安排到2008年，盈利前景十分看好。而那些处于下游产品的企业属于劳动密集型企业，盈利能力很弱。

2. 风能

从2003年开始，我国10万千瓦的风电项目实行招标制度，目前已经发标四期。但是从这四期中标情况来看，最后中标者绝大部分是国有企业，外资和民营企业所占比例微乎其微。这些国有企业依靠政府背景和强大的资金后盾，在投标过程中采用过高估算未来收益和过低估算投资成本等手段开出的标价都在0.38元/千瓦时～0.51元/千瓦时，低于正常赢利的合理价格0.60元/千瓦时。所以参加第四期风电项目投标的17家企业都是清一色的国有企业，外资和民营企业纷纷退出，免去昂贵的风能调查费用。风电特许权招标制度从一出台就受到人们的批评，预计2007年国家将采取新的风电鼓励制度，如国外普遍实行固定电价制度。

我国风电设备整机厂家主要有7家：新疆金风、大连重工起重集团、西安维德风电设备有限公司、一拖一美德风电设备有限公司、浙江运达风电设备有限公司、上海申新风力发电有限公司、北京万电有限责任公司。新疆金风是业界的龙头企业，在国产风机产品市场占有率只有28%的情况下金风科技公司的产品就占有26%①。风电零部件生产厂家有几十家，并且主要零部件已经实现国产化。近年来，我国风电设备制造业发展迅速，图7.1中是近年来国产风机的新增产量。但是，我国风电制造业与发达国家相比，还存在很大的差距。国内制造企业只能批量生产750千瓦的单机，兆瓦级的只是处于研制阶段。另外，国产风机还存在一些缺陷，如使用寿命、自动控制技术还不先进等。

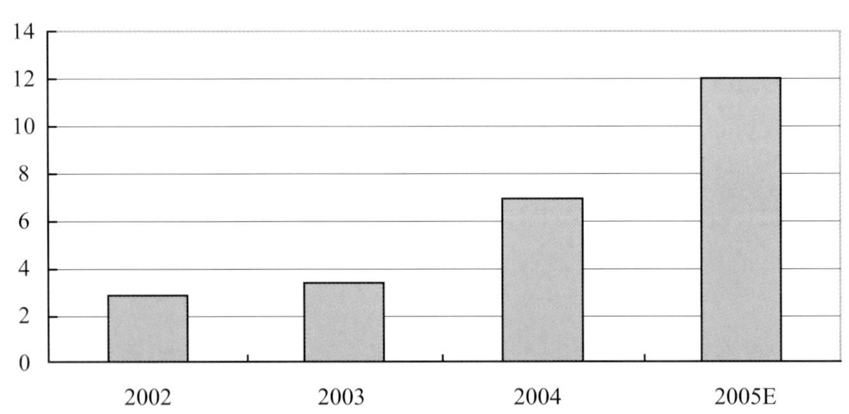

数据来源：上海图书馆上海科技情报研究所，《第一情报·风力发电》，试刊第7期

图7.1 近年来国产风机的年度新增数量(单位：万千瓦)

3. 生物质能

我国已经形成一批资金投入大、项目规格高、市场前景广的生物质能企业，企业性质有民营企业、国有企业和外资企业，其中民营企业占主导。生物质能企业主要从事生物质能发电、乙醇汽油和生物柴油的开发利用。

---

① 证券之星－新能源，http：//www.stockstar.com/newenergy

秸秆发电是国家支农扶持项目，目前国家只试点了两个项目，还没有全面推广。我国从事生物质能发电主要是城市垃圾发电，全国有几个主要城市建立了垃圾电站，这些企业收益除自身发电的收益，更主要来自政府对处理城市垃圾的财政补贴。

我国现有燃料乙醇生产企业4家，生产能力已达102万吨 / 年。在东北三省、河南、安徽全省范围，以及其他27个地市封闭推广乙醇汽油，乙醇汽油消费量占全国汽油消费市场的20%[①]。在国家政策支持下，企业的经济效益都较好，年产量规模在70万吨～80万吨的企业，利润都在10% 以上。

我国生物柴油产业初具规模，相继建成了众多年产量过万吨的生物柴油厂，目前全国已经有数十家生物柴油生产企业，年产量超过10万吨，分布于全国绝大部分省份。海南正和生物能源有限公司、四川古杉油脂化工公司和福建卓越新能源发展公司都拥有自主知识产权的技术。这些企业受到原料供应的困难以及国家还没有颁布专门的质量标准规范这个产业，行业中存在无序竞争的局面。

（二）上市公司现状与绩效分析

2006年新能源行业上市公司的经营业绩比往年大幅度提高，江苏阳光净利润增长率高达7702.74%，天威保变、航天机电、G 甘化净利润都比往年翻番。这些上市公司受到基金公司的重视，股价呈现大幅上扬，上涨的幅度高于其他行业，只要与新能源概念相关的上市公司，公司股票都会受到投资者的追捧。

表7.1是我们根据上市公司发布的资料整理得来。从这个表可看出新能源行业公司业务集中在太阳能行业、生物质能行业、风电设备和氢能电池，而太阳能行业的投资热点集中在太阳能光伏产业，生物质能行业的投资热点是乙醇汽油和垃圾发电。

表7.1　　新能源上市公司一览表

<table>
<tr><td colspan="4">2006年新能源上市公司</td></tr>
<tr><td>太 阳 能</td><td>风 能</td><td>生 物 质 能</td><td>氢 能</td></tr>
<tr><td>热水器</td><td>发电设备</td><td rowspan="2">乙醇汽油</td><td>氢能电池</td></tr>
<tr><td>G力诺、华帝股份</td><td rowspan="2">东方电机、G卧龙</td><td>新大洲A、中炬高新</td></tr>
<tr><td>光伏产品</td><td>G丰原、华冠科技</td><td>力元新材、G索普</td></tr>
<tr><td>G天威、金晶科技、G杉杉、G首钢</td><td rowspan="2">GST仪表、G韵升</td><td>G甘化、华润生化</td><td>春兰股份、G稀土</td></tr>
<tr><td>G苏阳光、新华光、华东科技、岷江水电</td><td rowspan="2">发电</td><td>制氢</td></tr>
<tr><td>G方大A、G南玻、乐山电力、长城电工</td><td>G特变、G湘电</td><td>天科股份</td></tr>
<tr><td>G英力特、G申能、G风帆、威远生化</td><td>发电</td><td>G华光、凯迪电力</td><td>氢能动力车</td></tr>
<tr><td>G航天、G南洋、G维科、西藏药业</td><td rowspan="2">G金山、G湘电</td><td>岁宝热电、泰达股份</td><td rowspan="2">同济科技</td></tr>
<tr><td>澳柯玛、G安泰A、TCL集团、G特 变</td><td>东湖高新、国电电力</td></tr>
<tr><td>力元新材、生益科技、G德赛、G有研</td><td rowspan="2">粤电力、G京能</td><td rowspan="2">生物柴油</td><td rowspan="2">地热能</td></tr>
<tr><td>发电</td></tr>
<tr><td>G北新</td><td>国电电力</td><td>国风塑业</td><td>G京能</td></tr>
</table>

数据来源：根据证券市场股评整理

① 中国财经信息网，http：//cfi.net.cn

下面我们以G天威、G甘化和G湘电这几家代表性上市公司为例分析他们的成长性、当前面临的压力和风险。其中G天威是国内规模最大的太阳能光伏产业制造企业，G甘化是国内几家重点生物乙醇制造企业之一，而G湘电是国内主要风电设备制造企业之一。

1. G天威保变

G天威近3年来呈现出很高的成长性，据其年报显示，2003年其净利润为0.3975亿人民币，2004年的净利润是0.511亿人民币，2005年的净利润是1.014亿人民币，2006年10月25日，G天威公布的业绩预增公告称，2006年1月1日～2006年12月31日将比2005年同期增长80%以上[①]。

G天威具有很大的发展潜力。根据天威英利高层透露，订单已经排到2007年，同时，天威英利扩大产能，二期工程在2006年3月10日完成，三期扩建工程于4月29日开工，将于2008年完成，届时天威英利的组件产能提高6倍。

2. G甘化

G甘化是我国甘蔗综合利用最大的大型骨干企业，也是首批国家重点扶持的300家大型企业之一，主营业务包括制糖、造纸、乙醇和生物制药。G甘化拥有几十年提取酒精经验和原料优势，其生产的酒精质量符合国际标准。公司还是大型发酵工程和酶工程的生物技术科研开发及生产基地。

最近3年公司业绩不稳定，这符合生物质能开发受原料影响的特点。据公司年度财务报告，2003年净利润为612.56万人民币，2004年净利润为222.93万人民币，2005年净利润为-212.47万人民币，2005年公司亏损主要原因是原料成本高。而2006年受市场前景和国家政策的刺激，公司业绩显著增长。据第三季度报告，公司净利润第三个季度增长104.25%，最近公司公布业绩预告第四季度公司经营业绩与三季度相比有一定幅度的增长[②]。

G甘化在2004年底收购了广东省国营遂溪建国糖厂，控制了50万吨左右甘蔗资源，每年可保障公司10万吨左右蔗渣的供应，降低了原料对公司经营业绩的影响。

3. G湘电

G湘电是国内中型电机龙头企业，长期以来承担多项国家重点产品的研发任务，被确定为国家重大技术装备国产化基地。面对国内风电产业加速发展，公司于2004年10月21日与德国莱茨鼓风机有限公司签订了生产离心风机协议，投入数千万资金进行研制。离心式风机是“八五”国家重大技术装备科技项目，该风机已经在国内多个电厂投入运行，效果良好。不过目前风电设备制造业务还没有成为公司的主营业务，公司只是以此作为未来利润的增长点。

G湘电具有强大的自主创新能力，是国内唯一能够制造电机、叶片、齿轮箱和控制器等风电设备的核心部件企业。但公司还是国有企业，管理成本太高，影响公司的盈利能力。据近3年公司财务年度报告，公司2003年的净利润是3326.1万元，2004年的净利润是5199.4万元，2005年的净利润是6055.5万元[③]。

（三）非上市的中小企业发展现状

新能源中小企业经过多年的发展，已经初具规模，具体体现在：

（1）中小企业在新能源行业中无论企业数量还是总产量都占有相当大的比例。比如，小水电投

---

① 搜狐网，www.sohu.com

② 搜狐网，www.sohu.com

③ 搜狐网，www.sohu.com

资半数属于中小企业；目前1万多家太阳能热水器企业，前10名的企业市场占有率总和只有17%。

（2）单个企业规模小，而且所从事业务主要集中在技术含量低领域。中小企业受到自身资金的限制，加上融资渠道狭窄，生产难于达到规模化经营。同时，这些中小企业涉足的领域有太阳能热水器，太阳能光伏产业的安装、配套部件生产、光伏系统安装、销售及服务，小水电、地热能的直接利用和大中型沼气工程的建设等技术要求低的领域。

（3）新能源中小企业普遍盈利较好。进入太阳能利用领域的中小企业税后利润较高，企业毛利率均在20%～30%；小水电的中小企业利润很高，资金年回报率至少20%以上。

但是目前我国中小企业面临着市场发育不成熟，技术水平落后，政府对产业的管理不到位等问题。市场发育不成熟表现在新能源产品质量、性能良莠不齐，冲击了优秀产品的普及率；技术水平落后表现在专门科研机构和专业人才缺乏，产业装备跟不上等；政府对产业的管理不到位表现在多头管理，不合理垄断经营和地方保护主义。

为了扭转中小企业相对分散、力量薄弱的局面，2006年1月13日，112家中小企业在北京成立了“全国工商联新能源商会”，旨在有机地整合新能源企业，有效地增强企业整体竞争力，促进行业的健康发展。

中小企业凭借其灵活的机制，巨大的创新能力，只要获得外部资金特别是风险资金，迅速扩大产能，进行规模化生产，就能不断降低生产成本，形成强大的市场竞争力。

四、新能源行业政策环境

（一）法律、法规综述

《京都议定书》于2005年2月16日正式生效，作为一个负责任的国家，我国承诺到2020年，中国二氧化碳排放量控制在13亿～20亿吨[①]。而我国目前二氧化碳排放量仅次于美国，任务十分艰巨。为此国家提出节能降耗和改善能源结构的能源战略，为新能源行业发展提供了机遇。我国在2006年1月1日实施的《可再生能源法》是新能源行业的一件大事，随后国家编制了《可再生能源中长期发展规划》，提出新能源具体发展目标以及具体发展新能源行业的配套法规政策，真正落实新能源行业的发展措施。

下表列出我国2006年颁布或实施的新能源政策法规。通过表7.2结合后面重点法律的解读，我们将对新能源行业的政策环境深入了解。

表7.2 2006年颁布实施的主要政策法规一览表

	名称	实施时间	颁布单位	主要内容
1	《中华人民共和国可再生能源法》	1月1日	全国人民代表大会常务委员会	可再生能源产业指导与技术支持、可再生能源的推广与应用、价格管理与管理分摊、经济激励与监督措施、法律责任
2	《可再生能源发电价格和费用分摊管理办法》	1月1日	国家发展与改革委员会	上网电价制定、费用支付和分摊安排
3	《可再生能源发电有关管理规定》	1月22日	国家发展与改革委员会	规定可再生能源发电项目管理、电网企业责任和发电企业责任等方面内容

① 国泰君安证券，http：//www.gtja.com

	名称	实施时间	颁布单位	主要内容
4	《可再生能源中长期发展规划》	5月	国务院	2010年和2020年可再生能源发展规划和发展目标
5	《可再生能源发展转向资金管理暂行办法》	5月30日	国务院财政部门	发展专项资金的运用范围、审批的程序、资金管理等方面的内容
6	《关于加强生物燃料乙醇项目建设管理，促进产业健康发展的通知》	12月14日	国家发展与改革委员会、财政部	规范生物燃料乙醇项目的建设、管理
7	《促进风电发展实施意见》	12月	国家发展改革委员会、财政部	培养具有自主知识产权的风电生产商，具体制订给予风机场、研发中心具体补贴等政策

数据来源：根据国家发改委、中国能源网等网站内容整理

国家正在起草的《可再生能源促进法》（草稿）也有望于2007年正式颁布。该法将有助于解决现有政策对于地方政府和管理部门的多头管理、操作困难以及鼓励措施难于实施的问题。

另外，为了更好地促进新能源行业的发展，适当提高进入门槛，一些行业标准已经制订或正在制订，比如沈阳市太阳能协会已经起草了太阳能热水器行业标准；生物柴油生产、质量和测试体系标准已成雏形，2007年将正式出台；由国家环保总局、各行业协会、相关企业和专家在2006年10月推出太阳能环境标志产品认证标准，为太阳能行业提供质量认证标准；生物乙醇行业国家标准也正在制订中。

（二）重点法规和事件评述

1.《中华人民共和国可再生能源法》及其配套政策

2005年2月28日通过的《可再生能源法》在当年就起到了引导投资者投资新能源行业的效果。但是，这部法律只为新能源行业提供法律保障，没有提及具体如何操作。为此，随后国务院有关部门研究12项配套政策，其中有一部分配套政策已经正式颁布实施，特别是《可再生能源产业指导目录》（2005年11月29日）、《可再生能源发电有关管理规定》（2006年1月22日）和《可再生能源发电价格和费用分摊管理试行办法》（2006年1月1日）的出台，使《可再生能源法》有了可操作性。之前一些新能源企业一直持观望态度，在配套政策实施之后这些企业迅速投入资金扩大了产能。

但是，这部法律以及其配套政策仍然存在操作上、评价上、监管上的困难。比如，国家规定生物质发电，要求生物质热量必须达到80% 以上，否则以常规能源发电，不能享受每度0.25元的补贴。由于生物质发电具有季节性的困难，很多电站不能达到这个要求，因此不得不放弃这方面的财政补贴。

2.《可再生能源中长期发展规划》

在《中华人民共和国可再生能源法》颁布实施后，国家发改委经过多次修改，认真听取专家的意见，于2006年5月出台了《可再生能源中长期发展规划》。《规划》对我国可再生能源发展现状及存在的问题进行了客观的分析，内容全面，提出的目标合理，发展的领域和任务明确。

《规划》重点对水电、风电、太阳能和生物质能四个相对成熟、发展潜力巨大的领域提出明确的发展目标，具体是到2020年，水电的装机总容量达到3亿千瓦，风电的装机容量达到3015万千瓦，太阳能发电达到180万千瓦，生物质能发电达到3000万千瓦的目标。届时可再生能源发电装

机容量占总电力装机容量的30% 以上[①]。

《规划》还提出具体措施，以保证目标的实现。风电在运行30 000小时前按照招标确定的政府指导价，而在30 000小时之后，按脱硫燃煤机组标杆上网电价；生物质发电的电价可以考虑在燃煤发电价的基础上加0.25元，并自投产之日起，在15年内享受补贴电价。同时，《规划》还改进了1月4日公布的《可再生能源发电价格和费用分摊管理试行办法》的部分内容。在《试行办法》中要求可再生能源与传统能源在发电价格和费用上分摊，而《规划》明确规定“可再生能源发电项目的投资回报率应高于常规能源发电项目的平均投资回报率”，更加突出了支持可再生能源行业的发展。

当然，《规划》也存在不足之处，如《规划》没有提出太阳能发电的补贴措施；没有提出强制性的政策措施；也没有涉及到可再生能源技术扶持的条款。

五、新能源行业投资价值分析

（一）投资优势分析

新能源行业作为朝阳行业，它本身具有其他行业无法比拟的投资优势。

（1）原料广泛，资源可再生。在第一部分中我们提到我国新能源储量十分丰富，而目前我国开发出来的量占可开发量的比例很小，另外新能源具有可再生性，具有可持续发展潜力，所以我们不必担心原料短缺的问题。

（2）我国新能源行业的创业机会和发展空间比较大。新能源具有清洁性，符合国家的环保政策。而且新能源主要分布在我国广大农村，所以新能源行业还符合国家正在实施的建设社会主义新农村的大政策。因此，新能源行业将受到更多的国家在项目审批、税收、贷款等方面的支持。

（3）技术不断进步，成本不断降低。国家日益重视新能源技术的基础研究和新能源技术的产业化，推动新能源技术的发展。在2006年12月，国家发改委批准实施了17项新能源高技术产业化资金申请报告，这些工程项目包括风力发电、光伏发电和氢能领域，总投资25.8亿元。

（4）新能源需求量巨大，市场广阔。我国经济高速向前发展，能源供求矛盾日益突出，以及国家法律强制推行新能源发电上网，新能源市场需求巨大，不会出现新能源产品滞销的局面。

（5）新能源行业具有一次投资之后几乎不需再投资的特点。虽然新能源行业初次投资巨大，但是项目投资建成之后，它几乎不必后续投资，可以长期获得稳定收益。

（二）投资趋势预测

根据2006年我国新能源行业发生的投资情况分析，我们认为未来几年内新能源投资将继续高速增长。下文将进一步对新能源行业的市场投资前景、技术进步前景和政策前景进行分析。

1. 市场前景分析

我国新能源行业具有广阔的市场前景，首先，我国未来能源危机更加严峻，能源供求矛盾更加突出，需要大力开发新能源来保障我国能源安全。据统计，我国在2000年的一次能源消费量为7.5亿吨油当量，仅次于美国成为世界第二能源消费国；到21世纪中叶我国全面达到小康水平时，

① 中国网，http：//www.china.cn

一次能源的消费量将达到30多亿吨油当量。而我国人均能源资源严重不足，人均石油储量不到世界平均水平的1/10，人均煤炭储量仅为世界平均值的1/2。预计到2010年，我国石油供需缺口为1亿吨，天然气缺口400亿立方米①。其次，我国政府已经明确做出新能源发展规划，新能源占一次能源供应的比重将从目前的7%提高到2010年的10%和2020年的15%，这将为我国新能源行业提供数千亿元的投资机会。

2. 技术进步前景分析

我们很难准确预测未来新能源技术的发展，但是我们以目前世界上新能源的最新技术为参考②，作为我国新能源技术进步的方向。

在太阳能发电领域，世界太阳能电池正朝着三个方向努力：更高的光电转化率、更少的晶体硅消耗量和轻便化。2006年总部位于硅谷的Sunpower宣布研制出光电转化率达到22%的太阳能电池板，目前商业化太阳能利用转化率约为10%～12%③。

在风力发电领域，目前国际上风机技术创新呈现三个特点：一是更大的单机容量；二是变浆变速恒频和无齿轮箱直趋技术；三是开始对海上专用风电机组的探索。国际上已经有3种超过3MW的风机投入商业化，而新一代兆瓦级风机的样机已进入测试阶段（4.5～5MW）和10MW级巨型海上风电机组开始研制④。

生物柴油受原料影响的难题目前正被攻克。美国可再生资源国家实验室通过现代生物技术制成“工程微藻”。在实验室条件下可以使其脂质含量达到40%～60%，预计每英亩“工程微藻”可年产6400L～16 000L生物柴油⑤。

而我国目前已经初步具备了朝世界一流技术迈进的条件。国家增加了新能源科技的投入，兴建了一批国家试验基地，培养了一批科技人才，独立研究、开发和创新能力大大增强，涌现了一批商业化技术。在2006年的可再生能源规模化发展国际研讨会上，中国工程院院士张耀明提到2010年中国太阳能光伏发电成本有望降至1元/千瓦时左右，达到或接近常规发电成本，到2020年，太阳能光伏发电成本将会降到6美分/千瓦时⑥。

技术的不断进步带来成本的不断下降。但是我们对新能源开发成本的关心，不能仅仅关注企业内部成本，而且还要看到新能源行业的社会效益，未来社会正朝向企业成本和社会成本相统一的发展趋势。如果我们以这样眼光看待新能源行业成本，那么我们可以得到小水电、风能、甚至生物质能的发电成本都要低于传统能源的发电成本。

3. 政策前景分析

2005年10月8日～10日召开的十六届五中全会提出“以科学发展观精神统领经济社会发展全局”，所以，可以相信未来国家制定相关政策时首先考虑到环境问题和可持续发展问题，新能源行业恰恰符合这些要求。2006年1月1日颁布的《可再生能源法》，以及后面颁布的相关配套政策，都体现了科学发展观的精神。现在各有关部门正在抓紧制定的《能源法》，有望于2006年年底完

① 中国投资咨询网，http：//www.ocn.com.cn

② 世界能源网，http：//www.86ne.com

③ 世界能源网，http：//www.86ne.com

④ 财富在线，http：//refer.shangdu.com

⑤ 中华机械网，http：//news.machine365.com

⑥ 山西新闻网，http：//www.daynews.com.cn

成大纲和主要条目的草拟工作，在未来两年内颁布实施。国家准备把《能源法》定为国家基本法，该法将建立能源规划的实施评估与问责机制，增加对能源主管部门与能源监管机构的职权划分、中央政府与地方政府之间的权限划分的内容，将新能源政策的落实具体化。所以，我们有理由相信未来政府将制定更多的产业政策以支持新能源产业的发展。

4. 未来投资机会分析

我们认为新能源行业未来投资必须符合市场前景、技术前景和政策前景三个方面。根据这个原则，我们得出以下结论：太阳能上游产业链的多晶硅、风力发电和小水电符合技术与政策前景要求、乙醇汽油和风电制造业符合市场前景要求。所以我们建议投资者重点关注太阳能多晶硅、风力发电、风电制造业、乙醇汽油和小水电这几个产业。

（三）投资风险分析

由于当前我国新能源行业还处于发展初期，行业必然存在许多风险。下面结合我国的国情详细分析新能源行业存在的技术风险、市场风险和政策风险。

1. 技术风险

我国是一个发展中国家，在新能源的基础研究和技术开发上的投入与发达国家相差很大，这体现在：一是我国专门研究机构少；二是专业人才缺乏；三是相关制造产业落后；四是缺乏拥有自主知识产权的核心技术，发达国家对这部分技术限制出口。比如，我国的光伏产业，虽然取得了很大的成绩，但面临着“两头在外”的困境。国际上掌握高纯度多晶硅提纯技术的日、美、德三国的8家生产企业形成产量和价格同盟，提高原材料的价格，直接影响我国太阳能产业的发展。另外，进口设备是制约我国的风力发电事业的主要因素。虽然国家要求投标风电场项目的公司风电设备国产化率达到70%以上，但是目前国内风电设备的质量难于符合工程建设的要求，许多国产风电设备投产不久便停止运行。而目前国内还没有一所高校设置风机制造专业，从事风能发电的科技人员只有100多人，懂风电厂规划、选址设计的人才更少。

2. 市场风险

目前我国新能源行业的市场风险主要表现在：一是市场无序竞争；二是国际能源价格不确定；三是目前国内市场需求不足。

我国新能源行业处于发展初期，政府对其监管不严，一部分企业采取不正当手段竞争，损害整个行业形象。比如我国太阳能热水器行业，一些企业生产热水器时使用劣质钢材或规格小的钢材，致使太阳能热水器使用寿命减短，影响太阳能热水器在消费者心目中的形象。同时，生物柴油领域也存在着无序竞争的情况，一些生产厂家使用劣质设备和工艺手段，将生产出来的劣质产品卖给农用拖拉机、发电机使用，不仅效率差，还损耗机器、影响正规厂商的销售。

未来国际能源价格的不确定直接影响到新能源的开发利用。2006年国际能源价格一路上涨，国际原油期货出现每桶70美元的价格，这给新能源行业发展提供了契机。但分析家认为，2006年国际石油价格不能反映石油供求关系，石油价格上涨主要受国际形势、国际投机者的影响。据国际能源署提供的资料显示，至少在今后30年，世界还不会出现能源供应短缺。

目前国内市场需求不足，导致新能源投资产生局部过热、产能过剩的问题。比如，我国太阳能光伏产业在2006年出现了预兆，国内新建企业或者没有取得国际光伏产品质量认证的企业很难拿到外国订单，产品出现滞销现象，这与前几年光伏企业不愁订单的现象形成鲜明对比。

3. 政策风险

从长远看，我国将在新能源行业上提供更多的资金、技术和税收方面的支持。但是，当前某些政策仍是制约新能源产业发展的因素之一。在我国，政策风险表现在以下几点：一是现行的一些法律政策存在可操作性低的问题；二是国家某些部门对新能源行业重视程度还不够，支持的力度还不足；三是地方保护主义盛行。

我国颁布了一系列关于发展新能源行业的法律法规，但还存在操作困难的问题。例如，《可再生能源发电价格和费用分摊管理试行办法》中要求新能源发电的上网电价与当地电网所在地均摊差价。事实上，我国新能源资源比较丰富的地方，比如内蒙古、宁夏等地区经济并不发达，当地政府财政很难对新能源发电进行补贴。地方保护主义也在制约新能源行业的发展。有的地方政府不是出于改善能源状况和环境的目的，而是认为这是上项目的机会，所以他们在发展新能源项目时开始往往十分热情，而结果多半中途而废。

参 考 文 献

[1] 中国新能源网，http：//www.newenergy.org.cn

[2] 可再生能源网，http：//www.newenergycn.com

[3] 中华人民共和国发展和改革委员会，http：//www.sdpc.gov.cn

[4] 中国太阳能网，http：//www.chinasolar.net.cn

[5] 国际能源署：《世界能源展望2004》，中国石化出版社，2006年4月

[6] 李俊峰等：《风力12在中国》，化学工业出版社，2005年10月

[7] 朱家玲等编著：《地热能开发与运用技术》，化学工业出版社，2006年5月

[8] 鄂勇、伞成立：《能源与环境效应》，化学工业出版社，2006年7月

[9] 中国电力网，http：//www.chinapower.com.cn

[10] 神光在线，http：//www.shenguang.com

[11] 中国环保网，http：//www.chinaenvironment.com

[12] 搜狐财经，http：//business.sohu.com

[13] 中国能源网，http：//www.china5e.com

[14] 新华网，http：//www.xinhuanet.com

[15] 全景网，http：//www.p5w.net

[16] 人民网，http：//www.people.com.cn

[17] 中国风投网，http：//www.fengtou.net

第八章 金融服务行业投资分析报告

2006年是中国加入WTO过渡期的最后一年。从2006年12月1日起，中国的金融业开始全面对外开放。这可能会给中国的金融行业带来前所未有的冲击和挑战，诸如市场转移、人才流失、资本外流等问题。同时，政府的监管环境也随之会有根本性的变化，即由过去相对封闭的环境过渡到一个相对开放的环境①。因此，2006年对于中国金融机构来说是非常关键的一年。如何加快金融改革步伐，以应对外资金融机构全面进入中国的挑战，已成为2006年中国金融业的主旋律。

本报告首先分析了2006年中国金融服务业发展的总体概况，并结合国家最新政策法规，对2007年中国金融服务业的发展趋势进行了展望，进而剖析了中国金融服务业领域中的投资价值和投资风险。

一、2006年中国金融服务业发展总体概况

2006年，是在中国金融业历史进程中留下浓墨重彩的一年②。在这一年，刚刚恢复融资功能的A股市场，成功接纳了中国工商银行、中国银行两只超级银行股；上证综指创下历史新高，A股总市值一年内翻了一番，一举突破7万亿元人民币；中国金融业结束了加入WTO后的5年过渡期，以外资银行为主体的海外金融资本全面进入中国市场；银行系基金蓬勃发展，中国人寿巨资入股券商、银行，银、证、保等金融机构加速融合，金融交叉业务、交叉产品层出不穷……在改革多向突破、开放全面推进、混业不断升级的2006年，中国金融业的版图正在被悄悄地改写。

过去的2006年，是我国加入WTO后过渡期的最后一年，2007年，是我国金融业对外资全面开放的第一年。加入WTO的5年来，外资的进入，给中国金融业带来了竞争活力，以开放促竞争、以开放促改革、以开放促发展的成效显而易见：金融资产增加1.5倍，银行不良资产从26%左右下降到现在的10%以内，QFII的价值投资理念和投资策略渐入人心，外资机构走高端路线的“二八定律”也为国内机构津津乐道……面对“与狼共舞”的时代，中资机构未来面临的挑战和考验仍然很多，需要进一步练好内功，加快提升国际竞争能力。下面分别介绍一下相关子行业在2006年的发展概况。

（一）银行业

近年来，我国商业银行总体上呈现持续、快速、健康发展态势，商业银行改革步伐加快，国有银行股份制改造和城市商业银行重组使我国商业银行的整体实力明显增强，经营管理水平提升，资产质量显著改善，形成了以国有银行为主体、股份制商业银行和城市商业银行为重要组成部分

① 花旗银行中国首席经济学家沈明高在“2006中国经济展望论坛”第三场论坛上的发言。

② 参见《中国证券报》年终专题报道，2006年12月18日。

的多层次、多类型的商业银行体系。商业银行为社会提供的金融服务除了传统的批发类和融资类服务外，零售类和中间业务等产品日益丰富；金融创新活跃，新产品、新技术层出不穷。

1. 国有商业银行股份制改革取得重大成果

对四大国有银行的改革，首先是剥离与减少巨大的银行不良贷款，成立中央汇金投资公司。通过对四大国有银行进行全面的股份制改造及资产重组，汇金公司已经将600亿美元的外汇储备注入中国银行、中国建设银行和中国工商银行。2005年，中国建设银行、中国工商银行和中国银行都完成了股份制改造，彻底改变了国有独资的单一股份结构。继2005年10月27日中国建设银行在香港联合交易所顺利上市后，2006年6月1日，中国银行在香港成功上市，2006年7月5日，中国银行又在内地A股市场上市，筹资额近百亿美元，成为第一家在内地上市的国有商业银行；2006年10月16日，中国工商银行首开A+H股同时上市的先河，总集资额高达191亿美元，12月11日，工行A股市值已过万亿元大关。通过财务重组、内部改革和股份制改造，中国银行、中国建设银行、中国工商银行的体制改革成效显著，突出表现在：一是初步建立了规范的公司治理结构，董事会、监事会、经理层能够按照《公司法》和公司章程履行职责，形成了相互制衡的监督约束机制；二是加强了内控制度建设，初步形成了相对独立的内控体系和完善的风险防范体制；三是财务状况显著改善，盈利能力明显提高。

2. 商业银行金融服务创新步伐明显加快

在中央银行和相关部门的积极引导和支持下，我国商业银行的金融服务将防范金融风险和鼓励金融创新有机结合，不断推出新产品。首批试点的国开行与建行表示将进一步扩大信贷资产证券化的发行规模，而以工行、农行为代表的国有银行及主要股份制商业银行的第二批试点银行的信贷资产证券化产品则有望在年内推出。此外，东方、信达等资产管理公司也相继发行了其首单不良资产证券化产品。与此同时，短期融资券的开闸，也为银行一年期以内的短期贷款的债券化、证券化带来了新的契机。如今，已有上百只企业短期融资券发行，总量接近3000亿元。另外，银行QDII理财产品的推出，开启了人民币到境外投资的先河。很显然，银行QDII基金化将使银行业投资出现多元化趋势①。这些金融创新为社会提供了增值服务和风险管理工具。

3. 银行业格局悄然发生变化，股份制商业银行增速明显

截至2006年末，全国共有4家国有商业银行、14家股份制银行、113家城市商业银行。尽管工、农、中、建四大银行仍占据着银行业资产的半壁江山，但股份制商业银行与城市商业银行却成长迅速，所占份额均有大幅提高。而在银行业对外资全面开放之后，力量对比又有了新的变数，竞争格局正在发生重大变化。

在以股份制银行为主导力量的非国有金融机构冲击下，国有商业银行存款增速自2005年初开始一直落后于非国有银行3个百分点，存款市场份额悄然呈现出下降趋势，其贷款占比也从2005年年初的64.63%下滑至61.92%（见图8.1）。

---

①“42万亿 银行主导大金融时代”，《中国证券报》，2006年12月18日。

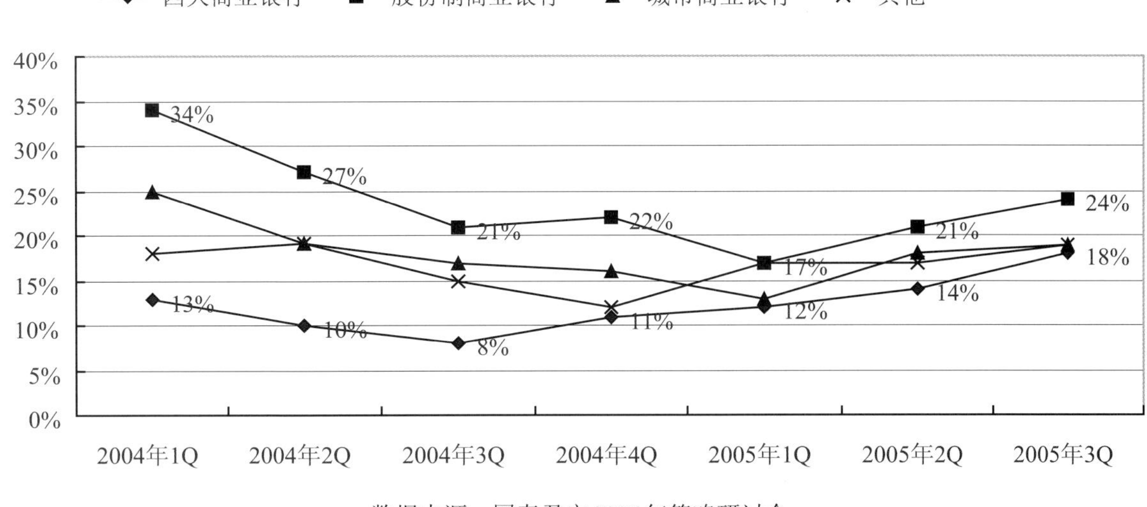

数据来源：国泰君安2006年策略研讨会

图8.1　银行业金融机构资产增速

国务院发展研究中心金融所所长夏斌表示，目前在42万亿元的总银行资产中，四大银行占52.2%，股份制银行为15.8%，城市商业银行为5.7%，外资银行为2%。12年来，四大银行在以10%以上的速度发展，而股份制商业银行与城市商业银行则以20%以上的速度在赶超，如果延续这一趋势，肯定是此消彼涨的一种关系。在未来很长的一段时间内，四大银行的份额会略有下降，但仍将保持在40%以上，而股份制银行、城市商业银行与外资银行的份额则相应有所提高，尤其是城市商业银行，其份额将达到7%～8%。

4. 银行业全面对外开放，外资银行大举进入

加入WTO的5年来，按照渐进、有序的开放步骤，“银、证、保”三大领域中外资机构身影频现，令人瞩目。根据银监会的统计数据显示，截至2006年9月末，在中国注册的外商独资和中外合资法人银行业机构共有14家，并下设17家分支行及附属机构；来自22个国家和地区的73家外资银行在中国的24个城市设立了191家分行和61家支行；来自41个国家和地区的183家外国银行在中国24个城市设立242家代表处。数据还显示，在华外资银行的存款总额达到334亿美元，贷款余额为549亿美元，本外币资产总额达到1051亿美元，占中国银行业金融机构总资产的1.9%（见表8.1）。

表8.1　外资银行投资中资银行情况一览表

中资银行	参股外资银行	参股比例
重庆市商业银行	凯雷投资集团、大新银行集团（2006.12）	7.99%、17%
上海农村商业银行	澳大利亚和新西兰银行集团有限公司（2006.11）	19.9%
天津商业银行	澳大利亚和新西兰银行集团有限公司（2006.7）	20%
广州发展银行	花旗集团与IBM信贷、中国人寿、国家电网、中信信托、普华投资（2006.11）	花旗集团20%，中国人寿20%，国家电网20%，中信信托12.85%，普华投资8%，IBM信贷4.74%
中国银行	淡马锡、苏格兰皇家银行	10%、10%

中资银行	参股外资银行	参股比例
工商银行	高盛、安联、美国通用公司	共10%
建设银行	美洲银行、淡马锡	9%、5.1%
交通银行	汇丰银行（2004.8）	19.9%
深发展	新桥投资（2004.6）	17.89%
浦发银行	花旗银行（2002.8）	4.6%
民生银行	国际金融公司（2003.11）	1.6%
兴业银行	恒生银行、新加坡政府直接投资、国际金融公司（2004.3）	16%、5%、4%
光大银行	中国光大集团（香港）、亚洲开发银行（1996）	20.1%、3%
上海银行	汇丰银行、国际金融公司、上海商业银行（2001.12）	8%、7%、3%
南京商业银行	国际金融公司（2001.11）	15%
福建亚洲银行	汇丰银行、平安保险	50%、50%
西安商业银行	国际金融公司、Scotia银行（2002.9）	12.5%、12.4%
大连商业银行	SHK金融集团	10%

数据来源：兴业证券和根据相关报道统计

特别值得关注的是，在2006年12月11日对外资全面开放之后，外资银行在中国的布局正在加速。来自银监会的数据显示，截至2006年12月底，已有超过10家外资银行明确表示将转制为在华注册的法人银行，这些机构的业务量可能要占在华外资金融机构的一半以上，此后它们经营人民币业务将不再有任何限制。专家预计，在未来5年时间内，外资银行在华总资产至少会翻一番，其份额将增加到4%～5%。由此，我国银行业将形成国有控股银行、股份制银行、城市商业银行、外资银行“四足鼎立”的局面①。

5. 中资银行拉开海外并购的序幕

在外资银行纷纷来华投资，入股中资银行的情况下，有实力的几家中资银行在2006年也开始了海外并购之旅。2006年8月24日，中国建设银行以97.1亿港元（约12.5亿美元）收购美国银行在香港的全资子公司——美国银行（亚洲）股份有限公司100%的股权。此次收购被普遍视为建设银行将全面推进海外业务和零售业务发展的积极信号。12月14日，中国银行新闻发言人王兆文在北京宣布，中国银行已通过一家全资附属子公司，以9.65亿美元现金收购新加坡飞机租赁有限责任公司100%的已发行股本②。12月30日，中国工商银行和印尼Halim银行股东签署了收购协议，收购Halim银行90%的股份，另外10%的股份暂由原有股东持有。双方商定，3年后工商银行将对这部分股份依据届时的印尼法律规定进行选择性收购。这一系列并购事件意味着，中国银行业已经走入了全球银行业的并购大潮中。

（二）证券业

自1985年我国第一家专业性证券公司——深圳特区证券公司成立以来，证券公司的数量不

① “42万亿 银行主导大金融时代”，《中国证券报》，2006年12月19日。

② “2006年中国金融好戏连台 改革一直向前延伸”，www.enorth.com.cn，2006年12月20日。

断增多，但经历了近几年的市场调整后，许多证券公司由于违规操作和历史遗留问题，亏损和漏洞逐渐暴露出来，多家证券公司被托管、重组和关闭。截至2006年11月14日，正常经营的中国证券公司总数115家，其中创新类证券公司18家，规范类证券公司18家。截至2005年底，证券业有外资参股的证券公司7家，外资参股和合资（中方控股）的基金管理公司20家，合格境外投资者（QFII）32家。行业总资产3070亿元，其中创新类证券公司总资产占全行业总资产的37%，规范类证券公司占9%，全行业净资产628亿元，其中创新类证券公司净资产占全行业的55%，规范类证券公司占17%。截至2005年底，在册登记的证券、基金和咨询业务人员6.2万人（见表8.2）[①]。

表8.2　　国内主要合资证券公司

名称	成立时间	主要中外资股东	第一大外资股东比例	注册资本
中国国际金融公司	1995年	中国建设银行、摩根斯坦利	34.3%	1亿元美元
中银国际证券	2002年	中银国际控股、中石油等	49%	15亿元人民币
长江巴黎百富勤证券	2003年	长江证券、法国巴黎银行	33.3%	6亿元人民币
华欧国际证券	2003年	湘财证券、里昂证券	33%	5亿元人民币
高盛高华证券	2004年	高华证券、高盛集团	33%	8亿元人民币
海际大和证券	2004年	上海证券、日本大和证券	33%	5亿元人民币

数据来源：中国风险投资研究院根据公开资料整理

2006年可谓是券商重组年，将成为证券业此后发展的分水岭。2006年中工国际的亮相，揭开了中国证券市场IPO新的一页。专家和业内人士纷纷表示，IPO重启开启了全流通的新时代，是一件具有划时代意义的大事。下文将通过分析2006年中国证券业发展现状，来探析中国证券业未来的发展道路。

1. 行业集中度逐渐提高，少数公司将脱颖而出成为未来行业寡头

经过两年多的全国券商综合治理整顿工作，我国证券公司行业的集中度得到明显提高，券商数量从2004年10月的127家减少到2006年底的105家左右。很多证券公司通过一系列兼并收购得到发展壮大，行业资源出现向少数优秀券商集中的趋势。根据管理层“扶优限劣，差别管理”的管理原则，未来我国证券行业增长将主要由“创新类”和“规范类”券商分享，特别是“创新类”券商得到了管理层积极扶持和政策倾斜，将最大限度地获得行业发展的成果。截至2006年12月7日，共有18家券商获得“创新类”券商资格，29家券商获得“规范类”券商资格，预计未来我国证券行业公司数量将进一步减少，行业并购与重组将持续进行，部分优秀券商有望在行业格局大变革中脱颖而出成为未来行业的寡头。从2006年IPO项目承销收入分布看，排在第一位的中金公司的承销收入占国内证券公司全部IPO承销收入的20%左右，排名前5位的证券公司合计承销收入占比为68.1%，整个行业IPO项目收入呈现出高度的垄断格局。2006年前11个月，证券市场股票交易量集中度继续提高，前5家和前10家证券公司完成交易总量分别占总交易量的

① 《中国金融服务供给评估专题报告》，2006年。

25.3% 和40.75%。

2. 券商业绩爆发性增长，盈利能力根本好转

2006年是中国券商赢得大丰收的一年。始于2005年的股改，其效应在2006年得到发挥，大股东享受到了流动性溢价带来的资产增值；工行、中行、国航等大盘股成功登陆 A 股；投资者信心也大大恢复，股市恢复性上涨。2006年前10个月，107家证券公司实现净利润168亿元，净资产收益率20.8%，行业持续亏损的状况已得到根本扭转。传统业务是业绩增长的主要动力，经纪、投行和自营三大主营业务分别实现收入244亿元、68亿元和80亿元。就基本业务量来看，截至2006年11月份，境内股票市场筹资额、股票基金交易额分别达到2023.3亿元和7.66万亿元，比历史上最高的2000年全年高出31.3% 和26%[①]。2006年12月1日，国内 A 股市场总市值首次突破7万亿元人民币大关。这一规模已占2006年预期 GDP 的30% 以上，而2005年底这一比例还不到18%[②]。

3. 由乱而治，竞争格局渐趋优化

行业的综合治理在规范业务发展、基础性制度建设和优化行业竞争格局三个方面都取得了显著成效。经过综合治理，自营和委托理财等高风险业务完全规范、保证金第三方存管和以净资本为核心的风险控制等制度建设逐步夯实，高风险券商的重组都已基本落实。同时，优质证券公司纷纷通过并购扩大市场份额，行业集中度已大为提升。以经纪业务为例，2006年前11个月的 CR10为49.96，比2006年初提升10个百分点，强者恒强的竞争态势已初步显现[③]。进入2006年，券商重组开始加速。2006年1月，广发证券托管组进驻河北证券；2月，科技证券、中关村证券相继被投资者保护基金托管，宏源证券托管新疆证券；从4月1日起，航空证券、健桥证券、华林证券、中期证券、天和证券5家券商被证监会限制部分业务；4月17日，证监会宣布关闭天同证券，这是证监会自2005年以来关闭的第18家高危证券公司，天同证券此前涉嫌挪用客户保证金达14亿元。

4. 外资并购试水中资证券公司

2006年6月，瑞银集团（UBS）获得中国证监会批准，正式开展北京证券的重组工作。根据重组方案，瑞银集团以17亿元换取新公司20% 股权，但通过和其他股东的回购协议（并向其他股东承诺年回报率），瑞银集团获得了新公司的实际管理权。瑞银入主北京证券主要是为了获得证券业务牌照。瑞银集团亚太区主席兼首席执行官谭信乐表示，原先北京证券所拥有牌照许可的经营范围都将延续。瑞银在中国的业务将主要针对机构客户，同时也包括高端个人客户[④]。

5. 产业投资基金破冰而行

渤海产业投资基金于2006年12月30日在天津正式设立。它是我国第一只大型人民币产业投资基金，也是我国第一只完全市场化运作的产业投资基金。渤海产业投资基金总规模200亿元人民币，首期募集60.8亿元。渤海产业投资基金的设立，开创了我国资本市场直接投融资的新模式和新渠道，对深化我国金融改革、促进经济发展有着重要意义。自国务院特批天津市筹办200亿元渤海产业投资基金后，越来越多的产业投资基金正在紧急设立，与已经存在的产业投资基金一并等待阳光化运作，其发展已成燎原之势。目前，《产业投资基金管理办法》正在加紧制定，《合伙企业法》则促进了基金组织形式的完备。等候批准的产业投资基金的队伍不断扩张，福建省筹备

① 国泰君安：“投资券商股龙头 超越牛市成长”，2006年12月19日。

② “主流机构财富梦想”，《中国证券报》，2006年12月19日。

③ 国泰君安：“投资券商股龙头 超越牛市成长”，2006年12月19日。

④ “瑞银获准重组北京证券 17亿元换新公司20% 股权”，《东方早报》，2006年6月26日。

的“海峡两岸产业投资基金”、中宣部牵头组建投资于文化产业的产业投资基金、农业部主张成立专门投资于农业的产业投资基金等都在紧密筹划之中。双边政府基金也正呈现快速发展态势。中非合作基金、中意（意大利）产业基金、中巴（巴基斯坦）投资公司已获原则性同意，并正在报国务院批准①。

（三）保险业

“十五”以来，保险业以年均收入增长25.29%，成为我国国民经济中发展最快的行业之一。2006年，我国保险业发展有了新的方向盘。《国务院关于保险业改革发展的若干意见》（俗称“国十条”）明确了我国保险业未来的发展方向，保险业“十一五”规划则明确了具体目标。

1. 新生命表的启用有利于促进寿险产品创新

“中国人寿保险业经验生命表（2000～2003）”已经于2006年1月1日启用。新生命表的启用，除了有利于防范化解风险和使我国寿险费率市场化外，还有利于促进寿险产品创新。新生命表更加科学，贴合我国目前的人口状态，将作为寿险监管以及寿险公司责任准备金评估的标准表及寿险产品定价参考表，也可以用作其他相关研究预测的依据。此次生命表可以在以下几个方面促进产品创新：一是将定价权交给公司，鼓励公司针对不同地域、不同人群开发不同的产品；二是有效防范了养老类产品的风险，提升了公司开办养老类保险的信心，有利于鼓励产品创新，特别是年金产品以及长期护理产品的创新。

2. 保险资金运用渠道进一步拓宽

保险资金运用渠道在2006年得到进一步拓宽。2006年4月，中国人民银行出台公告，允许符合条件的保险机构投资境外固定收益类产品及货币市场工具。2006年6月16日发布的保险业“国十条”明确表示，在风险可控的前提下，鼓励保险资金直接或间接投资资本市场，逐步提高投资比例，稳步扩大保险资金投资资产证券化产品的规模和品种，开展保险资金投资不动产和创业投资企业试点，支持保险资金境外投资。这为保险资金运用创造了前所未有的宽松环境。根据中国保监会2006年12月21日发布的《保险资金境外投资管理办法（征求意见稿）》，保险机构境外投资渠道将拓展至境外股票、股票型基金、股权、股权型产品等权益类产品，但境外投资总额不得超过上年末总资产的15%，2004年以来保险业资金运用增长情况见图8.2。

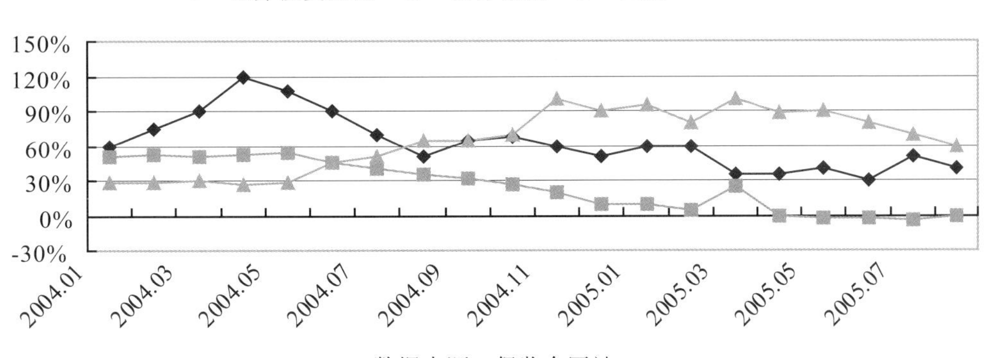

数据来源：保监会网站

图8.2　2004年以来保险业资金运用增长情况

① “等待阳光化运作 应尽快完善产业投资基金的功能”，《中国经济时报》，2006年12月27日。

2006年第二季度，保监会将有关保险公司直接入市比例提高2%，保险公司持股随即出现爆发性增长。截至2006年11月，保险资金直接入市金额达764亿元，较2006年年初增加600多亿元，增幅达383%。银行股更成为保险资金的宠儿。在工行A股发行中，保险机构共投资约142亿元，通过一级市场共计竞得超过45.5亿股工商银行股份，占工行此次A股发行规模30.5%。未上市银行股权投资已迈出开拓性步伐。平安保险49亿元收购深商行89.24%股份，中国人寿通过股权拍卖方式认购7000万股兴业银行股票，斥资56.7亿元认购广发行20%股权。同时，能源领域已向保险行业敞开大门。中国人寿于2006年11月以财务投资者身份斥资350亿元入股南方电网，并与新疆签署战略合作协议，进入其基础设施建设、资源开发等重要领域。

3. 外资机构发展迅速

我国加入WTO以来，保险业在金融业中率先开放。2005年是中国保险市场全面开放的第一年，也是外资保险新一轮成长期的开始。外资保险公司保费平均增速超过50%，远远快于中资公司15%的发展速度。在数量上，目前国内共有100家保险机构，除保险集团公司和资产管理公司外还有85家，其中保险业具有外资背景的保险营业性机构共40家，其中，中外合资23家，外商独资17家。中外合资保险公司资产为401.8亿元，外商独资保险公司资产为266.06亿元，分别占全国保险业总资产的2.64%和1.75%[①]。2006年前10个月，我国的保费收入为4700亿元，其中41家外资保险机构带来的保费收入为190多亿元，占比为10%。但是中国的保险公司主要在追求保费规模，而外资机构更注重实际利润。外资保险机构的技术优势、公司治理与资本优势，虽然在短时期内没有表现出来，但在长期中肯定会得到发挥[②]。而且外资进入中国还采取一些新形式。一些外资金融集团通过分别准入的形式，同时涉足银行、保险和证券，并逐渐整合资源，力求发挥集团化经营的优势，这使本土保险机构面临着更激烈的竞争。

4. 保险公司率先吹起混业经营的前奏

2006年6月出台的保险业“国十条”明确提出，稳步推进保险公司综合经营试点，探索保险业与银行业、证券业更广领域和更深层次的合作，提供多元化和综合性的金融保险服务。2006年8月，平安保险以49亿元人民币取得深圳市商业银行89.24%的股权，目前平安保险旗下已有寿险、产险、养老保险、资产管理、健康险、信托、银行、证券8大子公司，并且都拥有控股权。中国人寿则在酝酿通过收购大众财险来实现自己的金融控股架构。2006年6月底，中国人寿46亿元认购中信证券增发的5亿股股份，加上此前持有的流通股，中国人寿合并持有中信证券5.13亿股，占总股本的17.22%，成为中信证券第二大股东。2006年11月，持续了许久的广发行并购案落下帷幕，作为花旗竞购团成员，中国人寿斥资56.7亿元认购广发行20%的股权。此外，中国人寿还计划以财务投资者身份认购徽商银行10%的股权，并表示出对尚未启动股改的农行的强烈兴趣[③]。与此同时，保险系基金也呼之欲出。权威人士透露，国务院对保险系基金原则上已经放行，推出的前提是证监会与保监会要拿出一套管理办法，随后就可以进行试点。

5. 保险股回归A股市场

2006年12月15日，中国证监会审核中国人寿股份公司A股首发事宜，国寿将发行不超过15亿股A股，融资额最多可达280亿元。国寿在海外上市3年后终于回归A股，不仅摘得国内“保

① 《中国金融稳定报告2006》。

② “2万亿保险资产寻觅生财之道”，《中国证券报》，2006年12月19日。

③ “保险巨头们的金控算盘”，《中国证券报》，2006年12月19日。

险第一股”桂冠，还将是2007年第一只蓝筹股以及继工行、中行、中石化之后的A股第四大上市公司。平安保险也将于2007年初从海外回归A股。作为在国内保险行业排名第一、第二的公司，同时还是经历过海外成熟资本市场检验的公司，中国人寿和平安保险将对奠定保险股的市场地位起到重要作用，其首发效应也将吸引更多有条件的保险公司陆续登陆国内A股市场。

（四）信托业

2006年是信托业快速发展的一年，信托产品的发行数量、单个产品的筹资规模以及总的筹资规模较2005年都有明显提高。在管理层监管措施不断强化下，中国信托行业经营更加规范，业务发展继续呈现良好势头。

1. 信托投资公司进入了高速增长阶段，综合经营能力再上台阶

近年来，信托财产范围及委托人范围得到拓宽，一些信托投资公司开始纷纷设计标准化的信托项目，塑造信托产品品牌，解决政策限制产生的特殊需求，如房地产消费信托产品、银行股权投资信托产品等，均是突破现有管制的大胆尝试。一系列创新信托产品面市，如准REITS产品、准夹层融资、信团贷款、开放式信托等，大大丰富了信托产品的供给市场。根据48家信托公司公布的2005年年报数据①，2005年其营业收入总额为345 583万元，平均营业收入7200万元，同比增幅均达17.15%。利润总额188 894万元，同比增幅均达26.37%。税后净利润总额131 980万元，同比增幅为73.17%，比2004年65.29%的增幅大有长进。这说明，经历了更规范的监管后，信托投资公司在与其他金融机构同业竞争中，成长得更加强健。

2. 理财市场多元主体已呈法律化趋势，理财市场被快速分割和“蚕食”②

中国人民银行副行长吴晓灵在“2005中国财富管理论坛”上发表书面发言时指出，银行、信托、券商、保险等各金融机构的理财产品，其本质都带有委托、信托关系。而这些金融机构尽管从事的业务相近，但由于分别受银监会、证监会、保监会的监管，“游戏规则”并不统一，造成了我国理财市场的复杂性与混乱。目前理财业务的竞争主体主要在以下5类机构：商业银行、证券公司、信托公司、基金公司、保险公司。“受人之托，代人理财”是信托公司的本源业务，也是信托公司最基本的业务，虽然在开展理财业务的机构中信托公司是目前惟一可以跨越货币市场、证券市场和实业市场的金融机构，具有投资标的广泛、经营范围广、投资组合选择大的优势，但集合资金类信托单个项目200份合同限制、最低5万元人民币起点、禁止承诺固定收益、禁止开展异地业务以及销售网络稀缺、流动性差等因素，使之与其他主体开展的理财类业务相比，明显存在竞争劣势，也是制约其业务开展的重大瓶颈。

3. 产品发行分化趋势有所加剧

2005年全国产品发行规模列前10家信托公司（占全部信托机构的18.18%），共发行信托资金247.17亿元，占全年资金总规模的49.53%；而发行规模在5亿元以内的信托机构共有25家（占全部信托机构的45.45%），发行规模46.61亿元，只占全年发行信托资金总规模的9.34%。从产品发行数量看，发行数量在前10位的信托机构（占全部信托机构的18.18%）共发行信托产品229个，占全年信托产品发行总数的48%，而产品发行数量在5个以内的信托机构有28家（占全部信托机

① “中国信托业发展评述”，www.i918.cn，2006年12月13日。

② 邢成、李旸：“2005年信托产品结构与创新模式评析”，china-trust.com.cn，2006年4月10日。

构的50.91%），共发行信托产品71个，只占全年产品发行总数的14.88%。[①]

4. 业务开展面临政策限制和竞争的双重压力

目前，我国信托公司业务的开展面临政策限制和竞争环境的制约。但由于税收制度、工商登记、会计处理、行业标准等配套法规尚未出台，信托业务受到政策歧视也较多，使之在与其他金融机构的竞争中处于不利地位，如不能突破200份的限制、不能设立分支机构和异地销售、缺乏交易平台导致流动性差，这些都是造成信托产品难以形成有效规模的重要因素。同时，信托公司还面临来自其他金融机构的竞争压力。首先，委托理财市场竞争激烈。相比基金、券商、商业银行等竞争对手，信托公司虽然具有投资领域多元化、创新能力优势，但在规模实力、客户资源、市场公信力和销售渠道等多个方面均较弱，难以与之展开正面竞争。其次，企业年金业务也同样没有如预期中的那样专一“钟情”于信托公司。劳动和社会保障部公布的首批37家企业年金基金管理机构（见表8.3）中，只有华宝信托、中信信托有受托人和账户管理人双重资格，中诚信托获得受托人资格。没有一家信托公司获得投资管理人资格；37家申报机构中也只有上述3家信托公司榜上有名。究其原委，一方面是由于信托公司还没有得到社会公众的认同；另一方面制度性因素的约束及信托公司自身的业务驾驭能力不足也成为主要导因。

表8.3　　　　首批企业年金基金管理机构一览表

法人受托机构	账户管理人	托管人	投资管理人
华宝信托	中国工商银行	中国工商银行	海富通基金
中信信托	交通银行	建设银行	华夏基金
中诚信托	上海浦发银行	中国银行	南方基金
平安养老保险公司	招商银行	交通银行	易方达基金
太平养老保险公司	光大银行	招商银行	嘉实基金
	中信信托	光大银行	招商基金
	华宝信托		富国基金
	新华人寿保险		博时基金
	中国人寿保险		中国国际金融公司
	中国太平洋人寿保险		中信证券
	泰康人寿保险		中国人寿资产管理
			华泰资产
			平安养老保险
			太平养老保险

数据来源：中华人民共和国劳动和社会保障部网站，http：//www.molss.gov.cn

5. 信托业引起外资的关注

在外国战略投资者纷纷投资参股/控股我国银行、保险、证券等行业公司的同时，他们也将目光转向了信托公司。根据《财经时报》报道，目前我国已有不少于10家信托公司与外资机构进行过接触，如新华信托等。根据中国银监会2003年12月制定的《境外金融机构投资入股中资金融

① 邢成、李旸：“2005年信托产品结构与创新模式评析”，china-trust.com.cn，2006年4月10日。

机构管理办法》，将信托公司引进外资战略投资者也纳入该办法管理范围内。这意味着，信托公司也要遵循单个境外金融机构向中资金融机构投资入股比例不得超过20%的规定。北京国投和爱建信托似乎走在前面，英国安石基金和香港名力集团有望分别成为二者的控股股东。但到目前为止，尚未有一家获批。

（五）金融担保业

近年来，随着我国市场经济的发展，对信用担保的需求日益增长，特别是中小企业由于缺乏信用和抵押贷款物而对金融担保的高度依赖，促使各级政府积极推动金融担保业发展，使我国担保业呈现出快速发展的局面。

1. 担保机构超速发展[①]

据不完全统计，1997年中国的担保机构只有20余家，2000年专业担保机构有300多家，2001年发展到800多家，截至2004年8月1日，注册并集中收录在册的担保机构达到3717家。从2004年的情况看，每个月以增加100家左右的速度在发展。按照这个速度发展，预计2006年底，全国担保机构将达到6400多家。

另据调查统计，目前国内开展中小企业担保的机构为1200家，占担保机构总数的32.28%；从事住房置业的担保机构约有200家，占整个机构总数的5.38%；从事专业进出口的担保机构有40家，占总数的1.08%；从事个人信用担保的有455家，占总数的12.24%；从事租赁担保的有412家，占总数的11%；从事房地产担保的有355家，占总数的9.55%；从事合同担保的有265家，占总数的7.13%；从事汽车消费贷款担保的160家，占总数的4.3%；从事票据担保的有137家，占总数的3.69%；从事商业贸易履约担保的有115家，占总数的3.09%；从事高新技术担保的有107家，占总数的2.88%；另外还有从事工程担保、农业担保和财产保全担保的共173家，占总数的4.65%。由此可见，我国金融担保业务的发展呈现出领域多元化、担保品种多样化的局面。

促使我国金融担保业快速发展的原因主要有如下方面：一是市场需求巨大。我国大多数中小企业特别是中小型高新技术企业，由于缺乏足够的信用和抵押贷款物，无法从银行等金融机构取得企业发展的足够资金，寻求担保成为其必然选择，从而刺激了担保业的发展。二是行业进入门槛低，至今没有市场准入制度的限制，客观上为担保机构的迅猛增长提供了条件和空间。三是政府的扶持和推动。基于降低和化解银行等金融机构面临的市场风险之目的，近年来，政府将鼓励担保业发展作为一项重要的政策导向采取自上而下的行政推动，与此同时，各级政府为缓解高新技术企业对资金的渴求，还以财政资金来源为支撑创建主要为中小企业服务的担保机构，促使担保业的快速发展。四是银行等金融机构的支持。出于分散和转嫁风险之目的，银行等金融机构一直以来对担保业发展采取支持的态度，为担保业的发展创造了有利的市场环境。

2. 担保企业经营状况堪忧

尽管我国担保机构发展迅速，但资本实力严重偏低。调查显示，目前国内注册资本金在1000万元以下的担保机构有1756家，占总数的47.24%；注册资本金在1000万元～1亿元的有1776家，占总数的47.78%。由此可见，我国担保企业注册资本金在1亿元以下的占担保机构总量的95%，说明我国大多数担保机构普遍存在资本实力不足、业务规模偏小、自身信用不足的问题[②]。

---

① 刘新来："我国信用担保业的发展态势与展望"，新知税收网。

② 刘新来："我国信用担保业的发展态势与展望"，新知税收网。

由于资本实力不足，导致国内大多数担保机构的抗风险能力低下，经营状况令人担忧。据中国人民银行广州分行的《关于广东信用担保机构的调查报告》显示：在接受调查的56家信用担保机构中，出现亏损的信用担保机构为8家，亏损面为14.3%。广东省信用担保协会秘书长张德本表示，目前广东省注册成立的400多家担保公司中，仅101家能正常运作。而正常运作的担保公司中，也大约有40%在亏损[①]。上海市的统计数据表明，截至2005年底，上海市中小企业信用担保机构共有89家，较2004年减少13家；89家担保机构注册资金总额为72.5亿元，比2004年下降12.5%，正常开展业务的担保机构不到40家，占全部担保机构的比例下降了5个百分点。显示，上海市担保机构的经营情况亦不容乐观[②]。

3. 违规经营暗藏金融风险，业内呼唤加强监管

在担保行业高速发展的同时，其弊病也一一显现。部分担保机构运作不规范，缺乏专业人才，甚至出现私拉存贷款业务、变相融资等违法行为，给担保行业健康发展埋下风险隐患。

《关于广东信用担保机构的调查报告》显示，担保机构既从事担保业务又从事投资业务的比例高达33.9%，而担保收入仅占2003年信用担保机构总收入的49.1%，不足一半，担保业务实际上成了一些担保机构的“副业”[③]。部分担保机构以各种方式进入资本市场，有的甚至直接发放贷款，有些担保机构注册成立后，抽离或者挪用资本金进行其他投资。

由担保企业引发的金融风险事件近年来时有发生。2005年，上海就出现了个别处于资不抵债境地的担保机构，随着其担保贷款的逐步到期，贷款风险最终只能由银行承担。2006年，浙江有一家造纸企业倒闭，结果导致为其连环担保的数十家企业相继倒闭，整个担保链的金融债务总计高达30亿元。鉴于担保行业的金融风险凸显，上海银监局于2004年8月发布《关于进一步规范中资商业银行与担保公司授信业务合作的通知》，全面停止了沪上部分商业银行与担保机构的合作，同时于当年12月暂停对公司制担保机构的注册登记。由此可见，担保企业暗藏的金融风险，已经影响到了担保行业的发展前景[④]。

来自有关方面的消息称，国家有关部门正在酝酿新的担保行业管理办法，以加强监管。然而，由于担保机构在行业管理上目前处于“九龙治水”的状态，财政部、国家发改委、人民银行、建设部、农业部、劳动部等都对担保行业拥有部分管理权限。因此有专家建议，国家尽快明确担保行业的主管部门，以建立统一有效的管理体系。另一可行的措施是，重新设立行业准入门槛，遏制担保企业发展过程中鱼龙混杂、泥沙俱下的弊端，为行业的规范发展奠定基石。

二、2006年中国金融服务业主要政策及事件述评[⑤]

1.《国民经济和社会发展第十一个五年规划纲要》[⑥]

“十一五”规划纲要明确规定，要深化金融企业改革，加快发展直接融资，健全金融调控机

① http：//news1.jrj.com.cn/news/2006-12-01/000001819949.html

② http：//www.hxgpl.com/hyfx/2006-07-12/News845395.htm

③《中国经营报》，2005年1月22日。

④ http：//www.hxgpl.com/hyfx/2006-07-12/News845395.htm

⑤ 国泰君安证券公司：“银行业步入结构转型 增速趋缓”，2006年6月。

⑥《国民经济和社会发展第十一个五年规划纲要》，“第十三章 深化金融企业改革”，2006年3月16日。

制，完善金融监管体制。指明了国家要特别鼓励金融创新，引导金融业综合经营，发展交叉类、延伸类的金融服务，同时明确了未来5年～10年，中国金融服务业应该成为推动经济社会稳定发展的重要基础性产业。

2.“新老划断”启动

2006年5月7日，中国证监会正式公布了《上市公司证券发行管理办法》（以下简称《管理办法》）和《首次公开发行股票并上市管理办法》，对股权分置改革后的再融资和IPO的发行条件、核准程序等做了规定，自2006年5月8日起开始施行。

《管理办法》突出了对股票发行的市场价格约束和投资者约束机制，强化了保护公众投资者权益的要求，拓宽了上市公司的融资方式和融资品种，简化了审核程序①。《管理办法》的实施，标志着处于暂停状态的上市公司再融资功能得以恢复，我国证券市场改革发展进入一个新的阶段。

3.《国务院关于保险业改革发展的若干意见》

2006年6月26日，国务院颁布《关于保险业改革发展的若干意见》（以下简称《意见》），明确表示，在风险可控的前提下，鼓励保险资金直接或间接投资资本市场，逐步提高投资比例，稳步扩大保险资金投资资产证券化产品的规模和品种，开展保险资金投资不动产和创业投资企业试点。支持保险资金境外投资，这为保险资金运用创造了前所未有的宽松环境。

《意见》明确表示，支持保险资金参股商业银行。这为建立金融控股集团做准备，是允许金融混业经营的一种前兆。《意见》同时指出，要大力推动健康保险发展，支持相关保险机构投资医疗机构，积极探索保险机构参与新型农村合作医疗管理的有效模式。另外，《意见》还鼓励和支持有条件的企业通过商业保险建立多层次的养老保障计划，努力发展适合农民的商业养老保险、健康保险和意外伤害保险。

4. 两次加息调控投资信贷

2006年4月28日，金融机构贷款利率上调0.27%；2006年8月19日起，金融机构人民币存贷款基准利率上调0.27%。这两次贷款利率的调整主要是向投资者发出信号，加大其投资成本。央行加息的目的，一是引导投资和货币信贷的合理增长；二是可以引导企业和金融机构恰当地衡量风险；三是有利于维护价格总水平基本稳定，保持国民经济平稳较快协调发展。

5. 三调存款准备金率，剑指流动性过剩

2006年7月5日，中国人民银行提高存款类金融机构人民币存款准备金率0.5%，商业银行的存款准备金率提高到8%。

2006年8月15日，中国人民银行提高存款准备金率0.5%，商业银行的存款准备金率提高到8.5%。

2006年11月15日，中国人民银行上调存款类金融机构人民币存款准备金率0.5%，商业银行的存款准备金率提高到9%。

央行在2006年内三次调高金融机构人民币存款准备金率，目的是遏制货币信贷过快增长，其最终目的是巩固宏观调控成果和控制国内的流动性过剩问题。

6. QDII放行

2006年4月14日，境内的银行、基金以及保险机构分别获得了在境外投资股票、固定收益类产品及货币市场工具等不同的投资权限。截至2006年底，15家银行系QDII共获得131亿美元购汇额度；华安基金获批首家境内QDII外币基金；信托系QDII即将浮出水面；保险机构外汇投资

---

① 中国政府网记者2006年7月17日采访中国证监会新闻发言人。

办法也将出台。适时推出QDII不仅可以让国内聚积的大量资金寻找到好的投资机会，还丰富我国老百姓的投资渠道，在分散风险的同时充分享受全球资本市场的成果。

7. 中行、工行A股IPO

2006年6月1日，中国银行在香港成功上市；7月5日，中行登陆A股，筹资额近百亿美元。10月16日，工行首开两地同时上市先河，总集资额高达191亿美元。

中行上市标志着银行业改革取得重大成果，更重要的是开启了全流通后大盘蓝筹IPO的新时代。中行A股的成功上市证明，资本市场已经完全有能力承接大盘股。而工行IPO创下了25项"中国第一"和首发集资额的"世界之最"，体现了国际资本市场和投资者对中国经济发展前景充满信心。中国银行和工商银行的引资、重组，以及在A股市场的成功挂牌，有着双重意义：一是中行和工行两只巨型蓝筹股的发行成功，标志着A股市场具有了承接超级蓝筹股的能力；二是中行和工行作为国有大型银行，能够被国内投资者认可和接受，这代表着国民对中国银行业改革投出了赞成票。

8. "保险第一股"花落中国人寿

2006年12月15日，证监会审核通过中国人寿股份公司A股首发事宜，中国人寿将发行不超过15亿股A股，融资额最多可达280亿元。中国人寿在海外上市3年后终于回归A股，不仅摘得国内"保险第一股"的桂冠，还将是2007年第一只蓝筹股，以及继工行、中行、中石化之后的A股第四大上市公司。其首发效应也将吸引更多有条件的保险公司陆续登陆国内A股市场。

9. 中国金融期货交易所设立

2006年9月8日，中国金融期货交易所在上海正式挂牌成立。成立中国金融期货交易所，无疑是我国金融业的一个重要里程碑。金融期货交易所将主导我国金融市场的定价权，充分发挥金融市场的价格发现功能。适时开展金融期货交易，对于深化资本市场改革、完善资本市场体系、丰富资本市场产品、发挥资本市场功能，为投资者开辟更多的投资渠道以及满足广大投资者需求等方面具有重要的战略意义。同时，股票、债券、信贷产品、黄金、大宗商品，银行、券商、基金、期货公司等都将以此为联结点，从而开辟中国金融市场混业经营的新时代。

10. "封转开"破冰①

基金"封转开"是指通过证券市场交易的封闭式基金转为可以直接按净值申购和赎回的开放式基金。由于封闭式基金的交易价格和净值之间存在较大折价（贴水），因此封转开理论上会存在较大的套利空间。基金兴业在实施"封转开"之后，基金份额不但没有下降，18亿的申购份额还远远超过了基金兴业原有的规模，几乎相当于发了一只新的开放式基金。2006年12月，又有两只封闭式基金在持有人大会上通过了转型方案。后续51只封闭式基金都面临着或转型或清盘的压力。银河证券首席基金分析师胡立峰预测，2007年将是小盘封闭式基金的"封转开"之年，2008年会是大盘封闭式基金转开放的攻坚之年。

11. 中国邮政储蓄银行开业

中国银监会于2006年12月31日正式批准中国邮政储蓄银行开业，同意中国邮政集团公司以全资方式出资组建中国邮政储蓄银行有限责任公司，并核准《中国邮政储蓄银行有限责任公司章程》。中国邮政储蓄银行的市场定位是，充分依托和发挥网络优势，完善城乡金融服务功能，以零售业务和中间业务为主，为城市社区和广大农村地区居民提供基础金融服务，与其他商业银行形

---

① "2006年十大基金惊奇"，《北京商报》，2006年12月22日。

成互补关系，支持社会主义新农村建设。

12. 银行业全面对外开放

2006年12月11日，《外资银行管理条例》及其细则颁布实施，该条例允许在中国注册法人银行的外资银行全面经营人民币业务。此举标志着中国已经从法律上给予外资银行平等的"国民待遇"，为中外资银行营造了公平的竞争环境。中国银行业全面对外开放就此拉开序幕。

13. 淘汰风暴降临担保行业

2006年5月29日，中国银监会办公厅向各省银监局及各银行金融机构下发了《中国银监会办公厅关于银行金融机构与担保机构开展合作风险提示的通知（银监[2006]145号）》（以下简称《通知》）。《通知》提出要"严格审查担保机构的资质，明确规定担保机构注册资本应在1亿元人民币以上，且必须是实缴资本"。业内人士认为，《通知》将引发担保行业一场淘汰风暴，预计，全国至少有2/3的担保公司将在这场"地震"中被淘汰出局。当然，《通知》也将成为我国担保业由粗放式发展走向规范化发展的转折。

三、中国金融服务业的投资价值分析

（一）发展趋势及展望

2007年是中国金融业全面对外开放的第一年，为了加强金融服务业对国民经济发展的支持作用，提高金融服务业的国际竞争力和管理水平，我国的金融服务业还需要进一步深化金融体制改革。

2007年，国有银行改革将进一步深化，规范法人治理，建立起有效的风险控制和资本约束机制，提高其国际竞争力。同时，中国农业银行和国家开发银行的改革也将相机启动。中国农业银行按照"改革成本最小、操作风险最低、市场价值和国家战略利益最大化"的思路，提出了"整体改制、择机上市"的改革思路和初步方案。对于国家开发银行的改革，有关部门可能倾向于"分账管理"，即政策性业务专门设立账户，与商业性业务分开，国开行可以做其他商业银行从事的业务。但具体如何分账、如何衔接开发性金融模式，目前国开行还没有明确的可操作的方案。

创新必将成为中资银行的必修课。虽然国内银行在过去几年里也相继推出了一些新产品和新服务，中间业务的比重不断增加，但与国外银行相比差距仍然很大，非利息收入所占比重还比较小。银监会于2006年12月6日出台了《商业银行金融创新指引》，鼓励中外资银行业进行创新。加快金融创新已经成为中国银行业的当务之急，成为中国银行业的首要任务。"宽准入、严监管、多支持、管得住、快发展"成为监管机构对待银行业金融创新的监管原则①。

零售银行业务成为我国商业银行的转型方向。发达国家商业银行的发展脉络揭示，个人金融业务已经成为商业银行的核心业务之一。花旗银行在2004年的消费者金融业务利润占集团利润的72%，汇丰银行2004年税前利润中个人金融业务利润占比为40%。中国银行业全面开放的最大开放是人民币零售业务的开放。人民币零售业务将成为中外资银行最大的竞争目标。中国金融业全面对外开放后，外资银行的机构设置不再有城市和区域的限制。外资银行正加速在中国的业务与网点布局，外资银行的网点扩张，一方面可以独立的网点进行扩张，另一方面可以通过参股中国的银行来实现营业网点的扩张。因此，在未来数年，外资资本对中资银行业的并购必将加速。

---

①"2006年中国金融好戏连台 改革一直向前延伸"，《国际金融报》，2006年12月20日。

尽管2006年证券公司业绩爆发性增长，但盈利模式并未发生根本变化。从政策意图来判断，2007年上半年融资融券、股指期货以及备兑权证等都将推出，券商的创新业务将快速增长。但目前证券公司仍处于综合治理阶段，创新仍需在风险可控、可测和可承受的条件下渐进开展，创新业务将可能在创新试点范围内试行，全面铺开的可能性较小。2008年后，创新业务才可能从实质上成为证券公司的核心业务，并推动券商的业绩增长。

2007年，期货、期权、外汇远期、掉期等金融衍生产品市场将开始起步。2006年10月，全球著名的路透集团（REUTERS）在华的第一家全资公司——路通世纪（中国）科技有限公司开业，计划3年内扩大至600人，成为路透全球研发和业务体系中最重要的一环，此举也许意味着中国的金融信息服务业将走上快车道。

混业经营趋势加快。我国全面开放金融市场之后，面对来自外资银行的竞争，我国金融机构正在不同的层面进行综合经营和金融创新，并且金融控股公司已名正言顺，金融服务业混业经营的趋势愈发明显。国内银行已开始进入证券市场，同时保险公司也开始收购商业银行股份，而且大多以银行系、保险系金融控股公司的形式出现。因此，未来数年，银行、保险系将加速跨行业并购的步伐。

担保行业加速进入并购时代。作为银行和中小企业之间的桥梁，信用担保公司在沟通银企关系、降低贷款门槛、拓宽融资渠道、促进中小企业发展等方面发挥了独特的作用。在2006年9月举行的第三届中国国际中小企业博览会上，中国银监会主席刘明康指出，与小企业发展的融资需求相比，小企业贷款工作仍然存在较大差距，主要银行业金融机构小企业贷款占各项贷款余额目前仅14.7%。而担保正是解决这些中小企业融资问题的一个重要途径[①]。由此可见，中国担保业发展前景依然广阔。然而，在中国银监会下发了《中国银监会办公厅关于银行金融机构与担保机构开展合作风险提示的通知（银监[2006]145号）》（以下简称《通知》）之后，担保业必将迎来整合的时代。在要么被淘汰出局要么整合实力提升发展潜力的选择中，一场行业兼并浪潮已是“暗流潮涌”。中国担保业将加速进入并购整合时代。

（二）热点投资领域分析

按照WTO的规定，中国金融领域已于2006年12月11日全面对外开放。这意味着外资金融机构将可以享受国民待遇，即不受地域以及业务范围限制，可与国内金融机构在同一市场环境和监管规则下直接竞争。事实上，对中国资本市场觊觎已久的国际金融机构早已在积极寻找国内的合作伙伴，现在对国内金融业的收购兼并条件也已初步形成，这一趋势势必会对中国金融业带来前所未有的震撼，引起新一轮金融业争夺战。

2006年10月9日是国内A股市场发展史上的一个重要分水岭，标志着A股市场全流通时代的序幕正式拉开。全流通后A股市场的流动性增强，随着股权锁定期的逐步结束，原有的国家股、法人股均获得在二级市场中的流动性，一并接受和遵循二级市场的定价原理。这为并购的展开提供了必要条件[②]。

目前，银行板块已经基本完成了股权分置改革（除深发展外），几年后上市银行股权将全部进入可流通状态，这将为全行业间并购提供更高的现实可能性。因此，可以预见在不久的将来，随

---

① http：//www.legaldaily.com.cn/zbzk/2006-11/06/content_446896.htm

② “全流通时代并购将风起云涌”，《南方都市报》，2006年10月14日。

着国内银行商业化和市场化程度的不断提高，金融混业经营政策的放开，行业内的并购整合案例将不可避免地出现，股权分散的中小型特色银行、区域性银行、城市商业银行等可能成为大银行的并购目标，一旦混业经营政策全面放开，证券、保险、信托类公司也可能成为商业银行的并购目标。同时，高市值、高市盈率的银行可能通过换股收购低市值、低市盈率银行实现跨越发展。

1. 银行业——高增长引发价值重估[①]

目前，整个银行业正在步入高增长时代。一是零售业务将成为商业银行新的支柱型业务。我国人均 GDP 已超过1000美元，中小企业加速成长，个人收入持续稳定地增长，尤其是随着城市化进程的推进、消费结构的升级和消费习惯的改变，不仅会带来投资结构和生产结构的变化，也为商业银行零售业务发展提供良好的契机。二是中间业务发展前景广阔。随着我国经济的稳定增长，银行业发展进入新的历史时期，各类客户需求将为商业银行开展中间业务、开拓综合经营等方面提供发展机遇。企业客户对诸如现金管理、企业财务顾问等金融服务的中间业务需求的增加，个人中高收入阶层的壮大及个人财富的积累，为商业银行开展多样化、一站式的理财服务带来了重要机遇。三是行业税赋水平的调整将提高银行的收益。目前，中国是世界上为数极少的仍对银行业征收营业税的国家之一，同时国内银行与境内外资银行在所得税水平上存在较大差异，随着中国加入 WTO 后金融市场的全面开放以及全面“国民待遇”的实现，预计未来银行业税率政策将出现重大调整，主要方向是逐步调低甚至取消营业税，下调国内银行所得税税率至与境内外资银行一致。经初步测算，若未来营业税率下调1%，将导致国内商业银行净利润增长6%～13%左右；若将所得税率统一至25% 的水平，将导致国内银行净利润增长12%～14% 左右。此外，金融市场的发展将为商业银行拓宽业务发展空间，商业银行将成为清算、托管、保险等各类金融产品的销售平台[②]。

具体来说，投资者可以下列方式分享金融业高增长的收益：

（1）参股大型国有独资银行的改制

国有商业银行股份制改革过程中，引进战略投资者并公开发行上市是重要的组成部分。中国政府将于2007年相机启动中国农业银行和国家开发银行的改革，尽管改革的具体方案未定，但引入国外战略投资者的基调未变。这为外资以战略投资者身份投资参股这些银行提供了机会。

（2）参股城市商业银行

从外资已经或计划并购的对象来看，外资银行的目标主要针对国内一些规模不大、资产质量好、网点分布较佳、股权分散的商业银行，尤其是几家上市银行。从短期来看，对于外国资本和民营资本来说，投资机会最大的领域将是13家股份制银行和110多家城市商业银行的改革。如中信银行或于2007年第一季度上市融资20亿美元；作为城市商业银行中的领先者，北京银行正在为2007年的上市做准备；早在2000年就已提出力争尽快实现公开上市的上海银行2007年也可能要启动上市进程；宁波市商业银行目前正在进行上市前期准备工作。此外，随着国内资本市场的好转，已在海外上市的中资银行纷纷准备回归 A 股市场，也将为外资机构参股中资银行提供更多的机会[③]。

（3）投资从事农村金融的商业银行

① “金融保险行业研究报告”，平安证券，2006年11月20日。

② “2006中国银行行业分析报告”。

③ “银行并购全球热 外资劲掀中国潮”，《国际金融报》，2006年11月22日。

外资银行已经开始深入中国的农村金融市场。澳新银行自收购天津商业银行20%的股权后，收购上海农村商业银行19.9%股权的协议于2006年11月底敲定；而荷兰合作银行也正在就入股天津和辽宁的农村信用合作社一事进行紧张的谈判。就在2006年7月，荷兰合作银行和国际金融公司已经收购了杭州联合银行15%的股份。2006年2月21日公布的《关于推进社会主义新农村建设的若干意见》，明确允许私有资本、外资参股乡村社区金融机构。这为外资机构大规模进军农村商业银行提供了政策保障。

农村商业银行是我国经济发达地区资产条件较好的农村信用社改制而来的，一开始的起点就相对较高。经过几年的农村信用社深化改革，农村商业银行已有较好的发展，其运行状况良好。不良贷款率和资本充足率基本达到监管要求。目前，中国的“新农村建设运动”正如火如荼地进行着，精明的外资机构最先介入的正是杭州、上海和天津等受益于新农村建设的地区，这些市场蕴藏着巨大的发展潜力。至于农村金融的利润，据亚洲开发银行的资料，贵州地区的农户贷款用于养殖，回报率能达到50%以上，河南地区的农户贷款回报率超过40%[①]。小型外资银行一直迫切希望参股中国城市商业银行及信用合作社，希望因此获得在中国这个全球增长最快的经济体发展的平台。对于有意进入中国市场的小型外资银行来说，它们能够以较低的出价获得小型中资银行更高的控制权。

截至2005年底，全国已有25个省（区、市）的省级联社，北京、上海农村商业银行、天津农村合作银行等机构相继成立；同时，全国共组建农村合作银行60家，农村商业银行12家；另有9家农村合作银行机构批准筹建；组建了以（市）为单位统一法人的机构519家。而且，多数信用社的资本充足率要好于商业银行（见表8.4）[②]。

表8.4　　　　中国农村商业银行汇总表

名称	成立日期
常熟农村商业银行	2001年11月28日
张家港农村商业银行	2001年11月28日
江阴农村商业银行	2001年12月6日
吴江农村商业银行	2004年8月13日
江苏东吴农村商业银行	2004年11月26日
江苏昆山农村商业银行	2004年11月28日
太仓农村商业银行	2005年1月12日
江苏武进农村商业银行	2005年1月18日
江苏锡州农村商业银行	2005年6月28日
上海农村商业银行	2005年8月22日
北京农村商业银行	2005年10月19日
深圳农村商业银行	2005年12月9日

数据来源：水清木华研究中心

① “股权并购对外资银行意味着什么？”，《新京报》，2006年11月23日。

② “2006年中国农村商业银行研究报告”，2006年11月。

2. 保险业——低起点蕴藏广阔空间[①]

2006年，“国十条”和保险业“十一五”规划相继出台，我国保险业发展有了新的方向盘。“国十条”明确了我国保险业未来的发展方向，保险业“十一五”规划则明确了具体目标。根据“十一五”规划，到2010年，全国保险业务收入争取比2005年翻一番，突破1万亿元。“十一五”规划对保费收入在2006年～2010年复合增长率的预测也为15%左右。保险深度4%，保险密度750元。保险业管理的总资产达到5万亿元以上。我国保险公司资产规模仅为国外大公司的1/20，根据权威机构Sigma对我国保险深度的预测，未来6年国内保费收入的平均增速在12%左右。寿险将成为增长的发动机。国内目前保险资金运用渠道放宽速度加快，银行、证券与保险资本的互相融合，使三者服务范围得到了扩展，保险公司兼有银行、投资等功能，是金融机构混业经营的领先者。

3. 证券业——行业整合营造投资机会[②]

2006年，在资金和股票双重扩容的推动下，我国证券市场市值、交易量和融资额都已站在了新的历史起点上。未来相当长一段时间内，我国证券市场仍然面临着流动性充裕、人民币持续升值的宏观环境，股指期货、融资融券等制度变革也将循序推出，在这些因素的综合推动下，我国证券市场将步入增长的黄金时期[③]。一批行业中的佼佼者在艰难度过了4年漫漫严冬后开始向人们展示他们的雄心壮志，预计2007年将成为中国券商上市的高峰期，找壳、借壳甚至IPO项目将掀起一次次的券商浪潮，其中主要的上市方式是“借壳上市”，包括广发证券、国金证券、海通证券等已公布了借壳上市方案，而光大证券、东方证券、东北证券、长江证券等公司仍在积极寻求公开上市。

在国际化、混业化和规范化的推动下，中国证券业将进入一个前所未有的并购整合时期。创新试点券商在政策助力下，将获得更多的托管以及并购高危券商优质资产的机会，同时，市场主导的并购也将成为优质券商做大规模的可选方式；未来几年，国内证券业的竞争主体将不断减少，而单个券商的平均规模将大为提升，市场的资源将不断向优势券商集中，证券业将由此进入规模化发展的新阶段[④]。随着我国证券业国际化的推进，证券业内以获得控制权为目标、以全面参与国内证券市场为导向的外资并购高潮即将到来，在抢先布局国内证券市场的动力驱使下，国际大券商加快了对国内券商的并购步伐。我国经济和证券市场的高速成长激发了外资并购国内券商的强烈欲望，而收购问题券商股权获取证券牌照将成为近期境外机构进入证券业的主要模式。尽管我国证券市场还远远落后于发达国家，但随着新《证券法》的实施以及股权分置等阻碍市场发展的深层次矛盾的消除，我国证券市场将进入快速发展期。另外，证券行业的综合治理、混业经营等的快速推进也都促使国内券商加快引进境外战略投资者的步伐[⑤]。瑞银集团参与重组北京证券，意味着借助外资化解证券公司风险的路径有望重新开启，并有效扩展市场化重组证券公司的空间。

4. 信托业——综合化经营引起外资关注

与其他金融机构相比，信托公司的比较优势也是明显的：一是独特的低破产风险的制度优势。只有信托公司可以以“信托合同”的形式受托管理资产，提供信托财产独立性所体现的“破产隔

---

① “金融保险行业研究报告”，平安证券，2006年11月20日。

② “金融保险行业研究报告”，平安证券，2006年11月20日。

③ “投资券商龙头股 超越牛市成长”，国泰君安，2006年12月19日。

④ 湘财证券，“证券与信托业2006年投资策略”。

⑤ “2006～2007年度中国证券业兼并重组决策分析研究报告”，2006年6月。

离”功能；二是独特的提供超市化金融服务的优势。《信托投资公司管理办法》规定，信托公司可以开展10项业务，其中主要业务有：资金信托、财产信托、投资基金、投资银行、信用证和资信调查；经营方式上有对外投资、贷款、出租、出售、同业拆放、融资租赁等；投资范围上可以是证券也可以是实业，能够真正实现组合投资和组合运用资产。信托业是目前惟一能够横跨实业投资、证券市场和货币市场经营的金融机构，在产融结合和跨业经营方面具有天然的优势。三是独特的对外开放平台和拓展业务的平台。首先，中国加入WTO谈判时，对信托业开放的限制基本上没有涉及，可以说发挥想像力的空间相当大。考虑到信托业广泛的业务范围和对于外资进入的宽松的限制，信托业很可能成为未来外资进入中国金融市场的一个重要的突破口。对于外资金融机构而言，他们希望通过收购信托公司作为平台来间接入股证券公司或者其他类型的金融机构，最终实现集团内的混业经营。

按照银监会对信托业未来10年发展规划的要求，在第一个5年内，将完善基本配套制度，实现信托业的恢复性发展，信托财产恢复到5次整顿前的6400亿元。即今后几年内，信托资产将保持近30%的复合增速；再经过5年的快速发展，信托将继银行、证券、保险之后，真正成为金融业的第四大支柱。目前，信托业仍然处于第一个5年的起步阶段，我国理财市场的快速发展以及信托业自身的制度优势将为信托资产的快速增长奠定坚实基础。

5. 担保业——整合中凸显投资机会

担保企业盈利模式清晰，据估算，运作良好的担保企业，按照担保额相对于资本金5倍的放大系数，每1元钱的投入可以带来5元的担保额，一年可以创造0.5元的纯担保收益，扣除成本和税金，回报近30%。而根据有关部门统计，目前全国共有320万家中小企业和2790万家个体经营者[①]。按照中国银监会主席刘明康说法，主要银行业金融机构小企业贷款占各项贷款余额目前仅14.7%，绝大部分需要担保企业为其提供融资服务。由此可见，我国担保行业的市场潜力是巨大的。事实上，这也是许多社会资本积极介入担保行业，导致担保机构出现爆发式增长的经济原因。目前，我国担保行业的企业发展呈现出明显的两极分化，注册资本超过亿元的担保公司不断涌现，几十万元、上百万元注册资本的担保公司也遍地开花。在银监会[2006]145号文下发后，那些资本实力不强、信用低下的担保企业生存空间日益狭窄，难逃被兼并收购的命运。而那些资本实力雄厚、信用高的企业利用行业整合的机会，通过兼并收购，将有可能迅速提升实力，加速发展。在此种背景下，特别是在中国金融市场已经对外全面开放的大前提下，外资PE藉资金优势，伺机进入中国担保业，通过收购弱小担保企业，迅速进军中国担保市场已是“指日可待”。由此，我们可以预见，担保行业在整合中已经迎来投资的大好机会。

四、中国金融服务业的风险分析

随着我国金融业改革的深入发展和金融业对外开放的实现，我国金融服务业已进入一个全新的发展时期。但是，一些风险不容忽视。

（一）宏观经济风险

中国总体经济持续多年的高增长，得益于外向经济的拉动和部分热点行业的高速发展，但自

① http：//www.legaldaily.com.cn/zbzk/2006-11/06/content_446896.htm

2004年以来，中国经济已经显示过热现象，为此，央行多次采取提高贷款利率和银行准备金做法，试图抑制经济过热。然而，在人民币持续增值和境外热钱不断涌入的背景下，人民币已经出现流动性过剩，进而弱化了央行的调控力度。因此，我们认为，中国经济已经积累了许多不确定性因素，风险随时有释放的可能。一旦中国宏观经济出现大起大落，首当其冲受到冲击的是金融行业。所以，我们建议投资者必须正视中国宏观经济未来发展不确定的风险。

（二）现行法律对金融债权保护不够造成的理赔风险

我国现行的《破产法》制定于20世纪80年代，当时主要是针对全民所有制企业的政策性破产，已经无法适应当前中国经济发展的需要。目前，中国经济成分已经多样化，国有企业、合资合作企业、外资独资企业、民营企业，各种经济组织形式应有尽有，一旦出现企业破产，依据“政策性破产”规定的保护条款和现行刑法，都难以保障与之关联的金融机构或担保机构的权益，继而造成理赔风险。事实上，我国目前存在的大量银行不良贷款就是由于现行法律对金融债权的保护不力造成的。

（三）社会信用体系不完善造成的信用风险

金融行业是对社会信用要求最高的行业，可恰恰我国社会信用体系的建设是最不完善的。多少年来，我国一直强调“思想教育”的重要性，强调政府管理的重要性，却忽视了社会信用体系的建设，至今没有一个权威的全国性信用评价体系，导致社会公众、企业甚至信用中介机构的信用严重缺失，究其原因是，缺乏对失信者的严厉惩罚机制。在这种市场环境下，企业的诚信意识和公众的金融风险意识淡薄，金融诈骗和逃废金融债权的现象严重。

近年来，我国大力推动信用担保行业的发展，旨在弥补社会信用不足，结果由于政府监管不到位、法律不完善、准入门槛缺失，造成了另一个信用缺失的重灾区。我国社会信用的风险将在相当长的时间里制约着金融服务业的健康发展。

（四）金融服务企业的管理风险

我国金融服务业内的多数机构有国资背景，自然带有国有企业管理的通病。如：治理结构不合理、激励机制不到位、管理创新能力不强、风险管理意识薄弱等。所有这些导致了我国金融服务企业存在严重的管理风险。投资者介入之前，必须审慎评估管理风险，继而制订完善的风险防范措施。

参 考 文 献

[1] 中国人民银行网站，www.pbc.gov.cn

[2] 中国证监会网站，www.csrc.gov.cn

[3] 中国保监会网站， www.circ.gov.cn

[4] 中国银监会网站，www.cbrc.gov.cn

[5] 伍永刚：“开放与变革孕育投资机会”，国泰君安2006年策略研讨会 · 长沙，2005年12月

[6]“42万亿 银行主导大金融时代”，《中国证券报》，2006年12月18日

[7] 崔巍：“证券与信托业2006年投资策略”，湘财证券，2005年12月20日

[8]“中资大行 着力产品创新 关注中小企业”，《中国证券报》，2006年12月19日

[9]《中国金融服务供给评估专题报告》，2006年

[10]《中国证券报》，2006年12月19日

[11]“金融体制改革：驶入快车道”，《南方都市报》，2006年1月3日

[12]“2006年基金业盘点：创新催生下的突破与繁荣”，《中华工商时报》，2006年12月8日

[13]“主流机构财富梦想”，《中国证券报》，2006年12月19日

[14]《中国信托业发展评述》，www.i918.cn，2006年12月13日

[15] 国泰君安证券公司：“银行业步入结构转型 增速趋缓”，2006年6月

[16]《国民经济和社会发展第十一个五年规划纲要》，“第十三章 深化金融企业改革”，2006年3月16日

[17]“2006年十大基金惊奇”，《北京商报》， 2006年12月22日

[18]“中国金融业加入 WTO”，《中国证券报》，2001年11月18日

[19] 宋怡：“2006年保险业大事记”，卓越理财，2006年12月08日

[20]“中外资银行竞争将集中在三大领域”，《证券时报》，2006年12月11日

[21]“全流通时代并购将风起云涌”，《南方都市报》，2006年10月14日

[22] 刘勘：“银行业将迎来新一轮并购潮”，《上海证券报》，2006年12月8日

[23]“2006年中国金融好戏连台 改革一直向前延伸”，《国际金融报》，2006年12月20日

[24]“后过渡期的中国金融业改革路径选择”，中国金融网，http：//www.zgjrw.com，2005年12月23日

[25]“2006中国银行行业分析报告”

[26]《2006中国风险投资年鉴》

第九章　零售行业投资分析报告

在居民收入加速增长、消费高峰期人口比例提高以及城市化加速等因素的影响下，从2004年开始我国社会消费品零售总额开始了新一轮的快速增长。与此同时，随着零售企业自身规模效益以及“强势”渠道的地位显现，零售企业的利润出现了快速增长，加上中国零售市场总额巨大，零售企业的价值凸显。

分析显示：传统业态中百货业业绩回升且高速增长，连锁超市行业竞争加剧，而家电零售业则从成长期步入成熟期。随着我国加入WTO承诺的履行，零售行业对外资开放后外资加速进入，并购整合成为常态。我们认为，外资大举进入的确加大了本土零售商的压力，但通过提升自身内部管理能力进而提高盈利能力才是应对竞争最好的方式，在供应链管理方面延伸和改善是努力的重要方向。以无店铺零售为代表的新型零售业态飞速发展，并且与创新专业零售模式一起成为VC关注的热点，但其发展也存在环境不稳定、法律法规不健全等障碍。新型零售业态以及创新的专业零售模式有望部分替代传统业态，从而获得超越自然增长的高速发展。同时我们也必须看到，一些创新专业零售模式还存在一些薄弱环节，需要引起投资者和创业者的注意。

一、零售行业整体概况及特点分析

（一）零售行业发展概况

自2003年起，全国社会消费品零售总额开始了新一轮加速增长，实际增长率连续两年超过GDP的增长率，零售行业进入了新一轮高速发展阶段（见图9.1）。

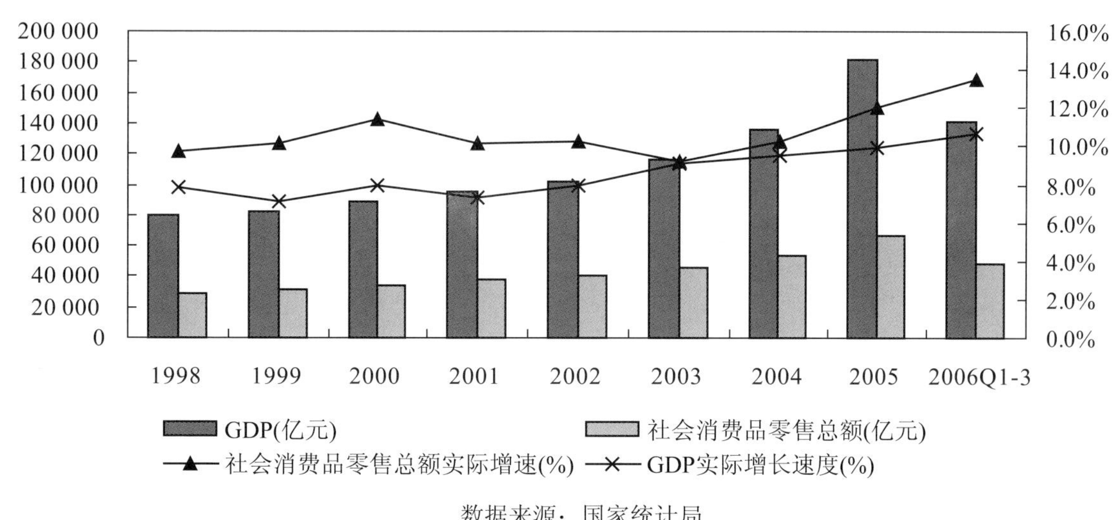

数据来源：国家统计局

图9.1　1998年以来我国GDP和社会消费品零售总额增长情况

行业环境的改善为零售企业的业绩改善创造了良好的条件，从以上市公司为代表的零售企业业绩来看，在销售收入平稳增长的基础上，净利润连续大幅增长，增速不仅远远超过收入增速，也大大超过上市公司总体的净利润增长速度（见表9.1）。

表9.1　　零售类上市公司2003年以来收入和净利润增长情况

	2003年前三季度	2004年前三季度	2005年前三季度	2006年前三季度
主营收入增长率	23.32%	24.20%	30.17%	17.42%
净利润增长率	-17.54%	62.78%	38.70%	47.05%
销售毛利率	15.38%	14.81%	15.09%	15.52%
销售净利率	1.39%	1.82%	1.93%	2.42%

数据来源：国泰君安证券研究所

零售行业的加速增长主要有以下几方面原因：

1. 居民可支配收入持续较快增长

从图9.2可以看出，2000年以来城镇和农村居民的收入保持较高的增长速度，特别是2003年城镇居民人均可支配收入超过了1000美元，而该数值一般被认为是引发消费升级的起点。

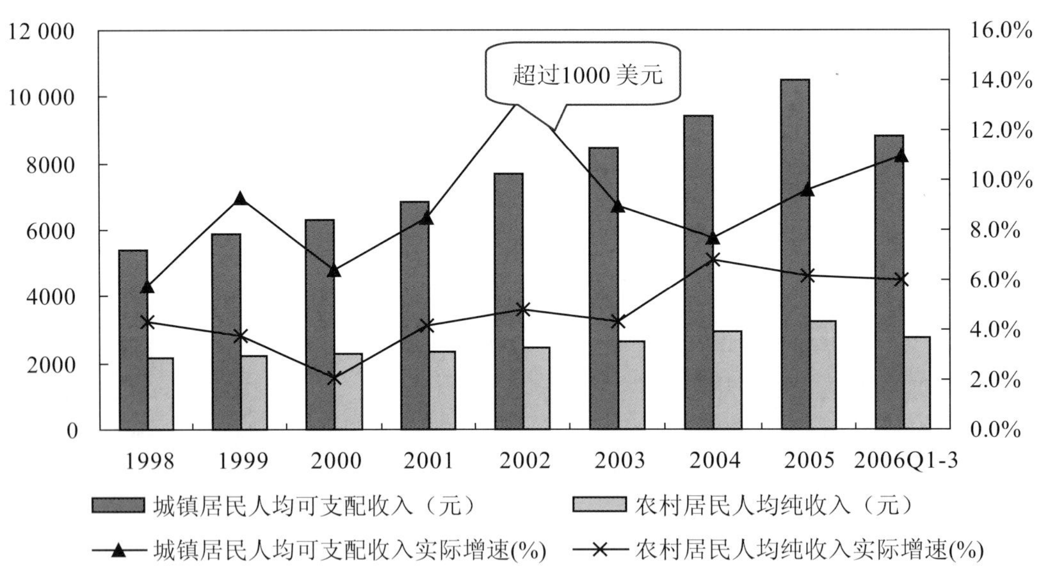

数据来源：国家统计局

图9.2　1998年以来城镇和农村居民收入增长情况

2. 消费高峰年龄段人群比例提高

根据2006年中国统计年鉴的数据，截至2005年末，我国的人口年龄结构如图9.3所示，30岁～44岁的消费高峰年龄段成为比例最大的人群，并且这一比例比2000年高出了1.35个百分点（按2005年底人数计算为1765万人）。该年龄段的人群也是目前中产阶级的主要组成部分，消费观念也较上一代人有很大变化，因为对于未来收入预期比较乐观所以能够接受消费信贷等新的促进消费的方式，储蓄率也低于父辈。

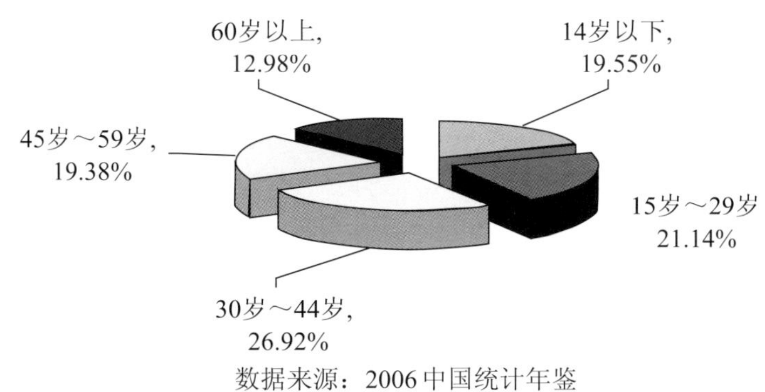

数据来源：2006中国统计年鉴

图9.3　2005年末我国人口年龄分布情况

3. 城市化比例越来越高并且有加速趋势

城市化也是居民整体收入水平提高和消费升级的重要因素，如表9.2所示，城镇居民可支配收入的绝对水平和增长速度都高于农村居民纯收入，而近年来我国城镇居民总数及占全部人口的比重越来越高，并因此带动了消费水平的提高。

表9.2　　1997年以来我国城镇人口数量及占总人口比重

年份	1997	1998	1999	2000	2001	2002	2003	2004	2005
城镇人口（万人）	39 449	41 608	43 748	45 906	48 064	50 212	52 376	54 283	56 157
比重	31.91%	33.35%	34.78%	36.22%	37.66%	39.09%	40.53%	41.76%	42.99%

数据来源：2006中国统计年鉴

4. 零售企业的渠道价值和规模效益开始凸显

根据商务部定期发布的我国商品供求状况，近年来我国主要商品始终是供大于求，因此经过前些年的连锁化扩张和规模加速扩大，零售企业特别是规模较大的零售企业由于控制了销售渠道而在与供应商的“讨价还价”中占据了有利地位，突出表现在以“进场费”为主的“其他业务利润”占利润总额的比重越来越高，带动盈利能力大幅提升。对34家可比的零售业上市公司（2002年以前上市，剔除亏损股）的数据统计显示，2002年～2005年，加总统计的“其他业务利润”占“营业利润”的比重分别为46.93%、63.71%、68.81%和78.57%，表明进场费已经逐步成为零售企业最主要的利润来源，而这些上市公司2002年～2005年的平均净利润则分别为3667万元、3778万元、4951万元和6045万元，增长态势十分明显。

综合来看，以上几项因素在未来若干年中仍将持续存在，其复合作用将对零售业发展产生巨大的刺激，因此预计零售行业的加速增长态势仍将持续。在中国这样巨大的市场总额基础上依然能够保持高速增长，零售业成为各类投资者看好的对象也就成为必然。

（二）零售行业整体发展特点

零售行业在整体持续快速发展的情况下，还表现出如下一些特点：

1. 市场竞争激烈，行业集中度提升

从商务部每年公布的全国零售百强企业销售额，以及百强企业销售总额与全社会消费品零售总额的对比来看，可以发现大型零售企业自2001年以来的发展速度明显快于行业整体，而在百强企业内部，前十强所占比重以更快的速度提高，市场集中度提高的趋势十分明显（见图9.4）。

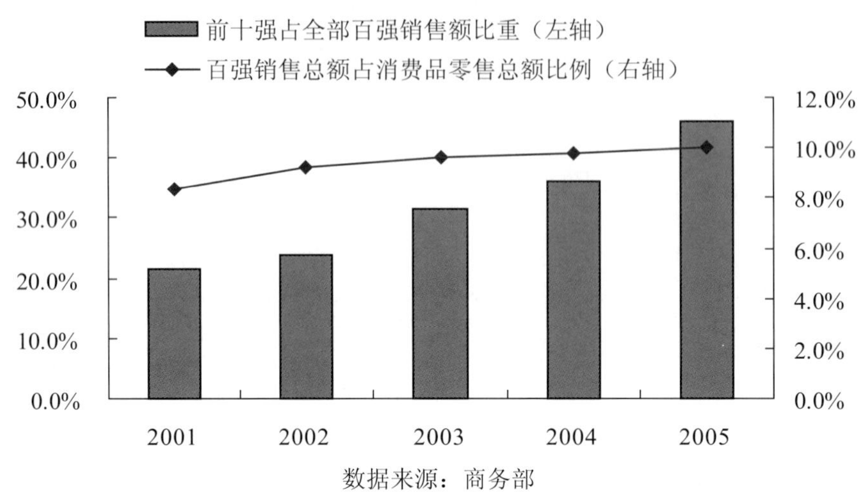

数据来源：商务部

图9.4　2001年～2005年零售百强企业销售额比例

进一步分析历年百强企业的名单，可以发现，从2001年～2005年，相对于上一年，分别有16家、16家、26家、22家和20家新的商业企业入围商务部零售企业百强，也就是说每年有1/5的零售百强企业在次年的竞争中被挤出排行榜，说明我国零售市场的竞争非常激烈。

2. 多种业态共同发展，经营业绩差异明显

根据商务部于2004年公布的标准，我国的零售业态可以分为有店铺零售业态和无店铺零售业态两大类，其中有店铺业态又可以分为百货店等12种，无店铺业态又分为电视购物等5种。具体分类（见表9.3）。

表9.3　　零售业态分类

	具体分类
有店铺零售业态	食杂店、便利店、折扣店、超市、大型超市、仓储式会员店、百货店、专业店、专卖店、家居建材商店、购物中心、工厂直销中心
无店铺零售业态	电视购物、邮购、网上商店、自动售货亭、电话购物

数据来源：商务部《零售业态分类》

虽然从整体来看2003年以来零售行业发展较快，但是不同业态之间的经营业绩特别是发展速度仍然有明显的差异。百货店稳定增长，超市增幅略有回落，专业店虽然增幅略有回落但依然保持较高增长，专卖店和便利店增速下滑明显（见表9.4）。

表 9.4 主要零售业态零售额增长情况

	2005 年零售额		2004 年零售额	
	金额（亿元）	同比增长（%）	金额（亿元）	同比增长（%）
百货店	993.06	24.21	799.51	26.6
超市	2376.01	21.98	1947.79	24.7
专业店	3964.26	32.20	2998.68	37.7
专卖店	110.86	8.95	101.75	15.4
便利店	187.23	23.17	152.01	64.9

数据来源：2005 中国统计年鉴

在无店铺零售业态方面，网上购物发展速度很快，交易人数、交易量增长速度惊人。据统计，2004年中国网上购物用户数达到563万人，与2003年相比增长率为96.9%，预计到2007年，网上购物的用户人数将达到1621万人。2004年，中国网上购物的市场规模实现了165%的增长，远远超过了任何一种传统零售业态的增长幅度，全年成交金额从2003年的17亿人民币激增至45亿。初步预期，国内网上购物今后三年的市场规模年均增长率将达到87.5%[①]。

3. 不同地区间经营业绩差异显著

零售行业与消费能力息息相关，而我国经济发展的地域差异性，决定了商品市场在不同区域的差异性，经济发达的东部沿海省份，零售网点多、发展快，所占的市场份额也相对较大，业态种类相对较多。据2005年进行的第一次经济普查资料显示，我国零售市场商业网点发展呈明显的不均衡性。我国东部地区零售产业活动单位数占据全国总量的一半以上，达63.5%，从业人数也占55.4%，销售额占68.4%，而中部地区三者所占比重分别为19.2%、26%和17.6%，西部地区分别为17.3%、18.6%和14%。此外，数据还显示，百货商店在零售业中的比重呈现西高东低的态势，说明在经济相对落后的区域，百货商店依旧占据着主导地位，业态发展也相对滞后，业态多样化进程相对较慢。

（三）重点业态分析

1. 百货业态：经营模式创新推动企业利润快速增长

2003年以前，百货业态一度被认为是将走向没落的业态，相关企业的经营业绩也一路下滑，但是经过不断的经营模式创新，加强自身的经营管理能力，百货业态从2004年开始焕发了新的活力，盈利能力持续向好，成为零售行业企业业绩增长的主要动力（见表9.5）。

表 9.5 42 家百货类上市公司 2003 年以来盈利能力指标

	2003 年前三季度	2004 年前三季度	2005 年前三季度	2006 年前三季度
净资产收益率	2.30%	3.33%	4.12%	5.36%
销售毛利率	15.51%	15.79%	16.15%	16.46%
销售净利率	1.36%	1.76%	1.86%	2.20%

数据来源：国泰君安证券研究所

① 中国百货商业协会：《2005年中国百货行业发展报告》。

百货企业盈利能力提升的首要原因是内部的经营结构调整升级，这一方面是指商品结构的调整，百货商场从20世纪80年代经营生活用品，发展到现在以经营高档品牌服装、化妆品以及珠宝手表等为主。另一方面是指一些经营面积较大的百货店逐步从专营百货走向兼容娱乐、餐饮、酒店等服务业务，向综合型、复合型百货转变，也提升了企业的盈利能力。

百货企业经营模式的创新还包括异地百货连锁，其中北京王府井、西单商场和华联股份等由区域型的单店经营模式，逐步向全国性的百货连锁模式发展，而大商股份、百联股份旗下的东方商厦等则是区域性百货连锁的代表。连锁百货的竞争优势体现在规模优势、品牌协同效应和统一采购降低采购成本。尽管具有这些优势，但百货业态的异地扩张仍然存在各地收入水平、消费习惯不同以及原有本地百货竞争等障碍，所以具有很高的进入壁垒。能够取得成功的企业如前述的几家代表性企业，其经营业绩将继续保持较快增长。

此外，在百货这一业态之内又出现了一些更细分的创新业态，如品牌折扣店（OUTLETS）、时尚百货、社区百货、高档百货、主题百货等。这些新型业态对客户的针对性更强，品牌特征更为鲜明，也取得了较好的经营效果。比如品牌折扣店虽然在一些中小城市遭到冷遇，但是在北京等大城市却迭开新店，而一些明确定位高档百货、经营比较规范的商店也取得了不俗的业绩，南京金鹰国际购物中心收购了老牌百货南京新百，而广州友谊2003年以来的净利润增长率分别为7.15%、27.32% 和82.56%，远高于行业平均值。

2. 连锁超市业态：外资发力，竞争更加激烈

2006年以来，家乐福、沃尔玛等外资超市巨头加速了在中国的扩张，进一步加剧了超市业态的竞争，大家普遍看好的大卖场业态中，2005年首次出现了单店销售下滑的状况。标准超市面临激烈的竞争，已经开始了商品结构、布局的调整以及寻找差异化经营思路的过程，而便利店业态则仍然在培育的过程中。

从地域来看，在一线大城市，大卖场模式的超市连锁基本趋于饱和。在上海、北京等超市业态最先发展起来的地区，随着新开门店数量的增加，单店辐射范围缩小，客流量和盈利都会相应降低。相比之下，二三线城市的发展前景依然广阔，将成为竞争的新的主战场（见表9.6）。

表9.6　　2006年上半年部分连锁超市企业销售规模及门店数量

企业名称	上半年销售额（亿元）			上半年末门店数量（个）			单店收入同比
	2006年	2005年	同比	2006年	2005年	同比	
家乐福	119.48	101.66	18%	79	61	30%	-9%
苏果超市	118.00	95.00	24%	1574	1405	12%	11%
物美控股	104.04	70.99	47%	660	650	2%	44%
农工商	94.39	85.33	10%	1712	1314	30%	-15%
好又多	70.75	65.36	8%	99	89	11%	-3%
华润万家	65.94	56.25	17%	562	505	17%	5%
沃尔玛	62.11	47.18	32%	60	47	28%	3%
新一佳超市	55.20	46.15	20%	81	62	31%	-8%
家世界	54.69	54.28	0%	88	76	16%	-13%
武汉中百	48.79	37.81	29%	443	345	28%	0%

企业名称	上半年销售额（亿元）			上半年末门店数量（个）			单店收入同比
	2006年	2005年	同比	2006年	2005年	同比	
锦江麦德龙	48.71	37.99	28%	30	24	25%	3%
人人乐	38.94	33.01	18%	39	33	18%	0%
江苏时代超市	32.11	21.94	46%	58	58	0%	46%
京客隆	30.68	28.98	6%	171	157	9%	-3%
平均	67.40	55.87	21%	404	345	17%	3%

数据来源：商务部、国泰君安证券研究所

3. 家电连锁业态：步入成熟期，并购整合将更加频繁

我国家电连锁行业正由成长期向成熟期转变：首先，行业整体单店销售额和单店销售毛利率呈下降趋势；二是并购整合力度大大增强，已经成为企业发展的重要战略手段；三是国美、苏宁等龙头企业销售增长和门店扩张增速已经呈现下降趋势。在国美和永乐合并，五星被BestBuy收购之后，未来行业很可能呈现三大巨头鼎立的局面（见表9.7）。

表9.7　　　　2006年上半年家电零售企业经营情况统计

企业名称	上半年销售额（亿元）			上半年末门店数量（个）		
	2006	2005	同比	2006	2005	同比
国美电器	303.06	195.73	55%	555	309	80%
苏宁电器	289.47	178.30	62%	430	255	69%
五星电器	91.00	73.00	25%	224	148	51%
三联集团	61.83	81.11	-24%	276	274	1%
宏图三胞	50.80	34.05	49%	77	50	54%

数据来源：商务部商务改革发展司

尽管从整体上看我国的家电连锁业态正在步入成熟期，但是从企业个体分析我们认为国美、苏宁等龙头企业依然具有十分广阔的成长空间。这一方面是因为目前我国家电连锁通道占全部家电零售额的比重只有50%左右，而美国和日本等成熟市场该比例都在60%以上。另一方面家电连锁企业的市场集中度还在不断提升，龙头企业的份额增速快于市场整体，如前五名的市场集中度已经从2001年的6.94%提高到2005年的22.55%。

不过从另一方面看，包括国美等龙头在内的家电连锁企业凭借自身渠道和供应链等方面的强势地位，在发展过程中采取了占压供应商资金的模式，这造成自身的资金运行压力很大，有研究指出，一旦新设门店的销售额低于一定水平，引发供应商的不满或是资金周转出现障碍，也可能给家电连锁企业自身造成较大的危害。

二、零售行业投融资概况及特点分析

通过对2006年国内零售行业的投融资活动进行总结和分析，我们发现以有店铺零售为主的传统零售业投融资活动主要是由产业资本完成，并且外资巨头和上市公司占据了大部分。而从2006年中开始，风险投资积极介入零售业，但主要是参与无店铺零售以及面向消费者的渠道创新、销售信息整合及增值服务等。

（一）传统零售行业主要投资及并购活动

1.2006年传统零售行业主要并购案例

2006年，国内零售业并购市场继续升温，外资零售巨头、国内民营零售商都成为并购活动的积极参与者（见表9.8）。

表9.8　　2006年国内零售业主要并购案例

宣布日期	收购标的	收购方	交易对价（亿元）	备注
2006年12月12日	乐购	特易购（英国）	约28.00	40.00%股份
2006年12月11日	天津家世界家居建材超市	家得宝（美国）	超过8.00	多数股权
2006年9月11日	江苏时代超市	物美	11.40	50.00%股份
2006年8月4日	新华百货	物美	1.77	27.70%股份
2006年7月26日	永乐电器	国美电器股份	42.32	100%股份
2006年5月8日	江苏五星电器	百思买（美国）	14.40	75.00%股份
2006年4月20日	宝商集团	海航集团		10.05%股份
2006年2月	国美电器	华平投资	约12.00	
2006年2月1日	北京美廉美连锁商业有限公司	物美	3.72	75.00%股份

数据来源：根据相关上市公司公告、媒体报道等整理

资本市场中零售上市公司成为过去一年中举牌事件的主角（见表9.9）。

表9.9　　2006年国内零售业上市公司举牌案例

截至举牌日期	被举牌公司	原大股东	持股比例	举牌企业	举牌比例
2006年5月8日	武汉中百	武汉国资经营公司	14.41%	平泰商贸	7.14%
2006年4月28日	南京中商	南京国资经营公司	23.07%	雨润集团	25.25%
2006年4月25日	百大集团	杭州投资控股公司	29.93%	银泰集团	23.82%
2006年4月11日	鄂武商	武汉国资经营公司	29.75%	银泰集团	18.11%
2006年2月2日	南京新百	南京国资经营公司	24.49%	金鹰集团	24.55%

数据来源：根据相关上市公司公告、媒体报道等整理

2. 传统零售业投资及并购特点

综合近年来我国零售业的投资及并购案例，主要有以下一些特点：

（1）并购活动以横向收购为主

从表9.8和表9.9我们可以看出，零售业的并购主要发生在产业资本之间，并购以横向收购为主，目的是扩大市场占有率，零售业的规模效应非常明显，规模的扩大将有效提升零售商对于供应商的“叫板”能力，进而有效提高收益能力。对于外资来说，通过并购方式快速进入中国市场也是其重要的策略之一，而外资零售商的快速扩张也引起了本土零售商的不安，通过并购活动快速扩大规模抵御外资的进攻也成为重要的手段。此外，根据安永会计师事务所发布的《中国零售业并购现象概览》报告，中国的零售市场整合程度仅为20%，不仅远远低于发达国家如美国的85%，还以较大幅度低于印尼、泰国和马来西亚等新兴市场，这三个国家的零售市场整合度分别为30%、40% 和55%[①]。

（2）外资零售业加速进入中国市场

随着2004年12月11日国内零售市场的完全开放以及对于中国市场“摸底试探期”的结束，外资零售业开始加速进入中国市场。2005年商务部共批准设立1027家外资投资商业企业，是2004年以前批准的外资投资商业企业总数的3.27倍，其中外资独资商业企业共625家，占新批企业数量的61%[②]。同时，已经进入中国市场的外资零售企业规模也快速扩大，到2005年底，沃尔玛在我国大陆的店铺已达56家，其中2005年新开13家店，增长30.2%；家乐福店铺已达70家，其中2005年新开店铺15家，增长27.3%；百安居店铺已达48家，2005年通过收购欧倍德和开新店，百安居共新增店铺27家，增长56.3%；易初莲花店铺已达71家，其中2005年新开店30家，增长73.2%；麦德龙店铺已达28家，其中2005年新开5家。

（3）外资零售企业进入中国市场的模式有所变化

主要表现在两个方面：一是独资化趋势明显。在2005年批准的187家外资零售企业中，外商独资的企业达124家，所占比重为63%。此外，先前进入的外资零售企业如麦德龙等，也纷纷从内资合作企业中回收股权，实行独资经营。二是企业并购活动增多。外资零售企业对内资零售企业以及我国境内的外资零售企业的并购活动明显增多。2005年商务部共批准外资企业并购项目24个，同时一些外资零售企业，从境外对我国境内零售企业进行收购。

从外资进入的业态结构上看，专业店的比重明显增加，2005年商务部批准的外资商业企业中，专业店占57%，大型超市占25%，百货商店占14%，便利店占4%。

（4）外资进入的区域并未发生明显变化

不过从外资零售企业进入中国市场的区域战略来看，基本上还是坚持了“先区域、后全国”的策略，目前外资零售企业进入的区域还是集中在东中部等经济较为发达的地区，对二三线城市还没有开始大面积设点。

3. 外资加速进入中国零售市场的特点分析

外资零售巨头特别是连锁超市巨头的进入的确给国内同业带来了巨大的竞争压力，但这种影响应当以结构性和辩证的眼光来看待。

首先是外资零售企业在不同业态中的影响力有明显差异。比如外资在连锁超市特别是大卖场

① 安永会计师事务所：“零售业革命－中国零售业并购现象概览”。

② 中国百货商业协会：《2005年中国百货行业发展报告》。

领域拥有最大的竞争能力，如据上海连锁经营协会统计，2005年上海67家外资大卖场（占大卖场总数量的53%）共计完成全市大卖场销售额的76%。家乐福、沃尔玛已经成为中国最大的零售商。但是在百货、家电连锁等领域，外资的影响力要小得多，大连大商、北京王府井、山东银座等几家一流的百货集团，凭借过去的资源垄断优势和多年的金字招牌，其销售总额、增长幅度和门店数量远远胜于百盛、太平洋等世界名店，把持了2005年零售企业百强前茅。在家电连锁领域，虽然Bestbuy收购了五星电器震动了整个业界，但是我们也必须看到，一方面国美、苏宁的竞争优势依然明显，同时由于商业地产大幅度升值，并购的难度也在增加；另一方面鹏润电器的失利也预示着外资企业试图走高端路线的策略并不容易，所以可以说，在一段时期内只要国美、苏宁不自乱阵脚，外资零售商在该领域的倾轧也并不容易。

其次是中国零售市场的深度很大，外资零售企业目前还没有能力全面渗透，同时地域间消费能力和消费习惯的差异也为本土零售商提供了生存空间。如前所述，外资零售商目前进入我国市场还主要是集中在一线城市以及部分二线城市，对于大部分二线城市以及三线城市以下的市场还没有大举进入，本土零售商依然有相当大的生存和发展空间。

最后是要辩证地看待外资零售企业的竞争，从整体上看这并没有导致本土零售业的衰退，反而提高了本土零售商的经营管理水平。对于本土零售商来说，更大的挑战在于自身管理水平的提高和规模的有效扩张，外资企业的竞争只是竞争压力的部分而非全部。事实上，沃尔玛、家乐福进入中国已达10年之久，但同期国内的一批连锁超市企业也获得了高速发展，并没有一家管理有效的超市公司是由于外资竞争而倒闭的。从巴西、日本、韩国、中国台湾等国家和地区零售业发展的实践看，在沃尔玛、家乐福大举进入的情况下，经过长期发展，本土超市零售商依然是市场的主导。如2006年4月，家乐福继撤出日本和墨西哥市场后，再次出售其在韩国的32家店面，从韩国市场全面“撤军”。5月22日，沃尔玛宣布以8.82亿美元的价格将其韩国分店出售给韩国新世界百货公司。

（二）新型零售业投融资状况及特点分析

如果说传统零售业内的投融资行为是以外资零售商加速进入中国和业内横向并购风起云涌为主要特征的话，在以无店铺零售和创新专业零售模式为代表的新型零售业的投融资活动中，则是风险资本占据了主角。风险资本选择新型零售业作为切入点，既绕开了进入传统业态所必需的高投入以及品牌、管理技术等壁垒，又能够充分利用信息技术等现代手段实现快速渗透和盈利，众多的投融资案例显示，这一领域已经成为风险资本追逐的新热点之一。

1. 2006年风险投资进入零售业案例汇总

风险投资显然看中了中国巨大零售市场以及新一轮消费高潮所带来的机会，加上携程所显示的信息技术介入零售渠道所可能产生的巨大效益，进入2006年，特别是从年中开始，与零售相关的投资案例明显增多，新型零售业已经成为风险投资重要的新投资热点之一（见表9.10）。

表 9.10　　2006 年风险投资进入零售业案例

宣布日期	融资方	（牵头）投资方	投资金额	备注
2006 年 12 月	科普兰德公司（e 家家居）	金沙江创投	300 万美元	
2006 年 9 月	易车（Bitauto）	NVCC 和 DCM	1000 万美元	第二轮私募
2006 年 9 月	车盟	华登国际等	1500 万美元	
2006 年 9 月	买易通			
2006 年 8 月	红孩子	北极光等	近 1000 万美元	第二轮融资
2006 年 8 月	搜评网		100 万美元	
2006 年 8 月	汇付天下		超过 1 亿元	
2006 年 8 月	皓辰机构（it168.com）		1200 万美元	20% 股权
2006 年 8 月	二度车网		2000 万元	
2006 年 8 月	易宝（Yeepay）	德丰杰等	400 万～ 500 万美元	第二轮融资
2006 年 7 月	亿码在线	华登国际、鼎晖	500 万美元	
2006 年 7 月	上海订餐中心		500 万美元	
2006 年 6 月	当当网	DCM 等	2700 万美元	
2006 年 6 月	微码营销	兰馨亚洲		
2006 年 6 月	去哪儿旅游搜索引擎	金沙江创投等		
2006 年 6 月	酷鹏网	飞利凯睿	500 万美元	
2006 年 4 月	大众点评网	红衫等		
2006 年 1 月	家居易站（Homee）	中经合	300 万美元	
2006 年初	YESPPG	集富亚洲等	1000 万美元	

数据来源：www.Chinaventure.com

除了风险投资直接投入初创或成长期的零售企业外，许多已经接受了风险投资（或追加投资）的零售企业也开始了对于相关企业的收购兼并，以增强自身的实力，或者是拓展服务领域、完善自身服务链，以达到快速扩张、提高盈利能力的目的（见表 9.11）。

表 9.11　　2006 年风险投资相关企业并购案例

宣布日期	收购标的	收购方	交易对价	备注
2006 年 9 月	酷码酷卡网	请客 800 网		
2006 年 8 月	搜房网	澳大利亚电信	2.54 亿美元	51% 股份
2006 年 8 月	上海小阿华母婴健康机构	红孩子		
2006 年 5 月	莎啦啦	800buy.com		
2006 年 1 月	一拍网	阿里巴巴		33% 股份

数据来源：www.Chinaventure.com

除此之外，在创新零售模式领域还有以下新设的合资投资案例（见表 9.12）。

表 9.12　　　　　　　　2006年创新零售模式的投资案例

宣布日期	名称	投资方	投资金额
2006年12月	eBay易趣	Tom在线、eBay	6000万美元
2006年	乐拍电视购物节目频道	乐拍（上海）商业有限公司、山东有线电视中心	6000万元
2006年3月	湖南卫视“快乐购物”	湖南卫视	10 000万元

数据来源：www.Chinaventure.com和相关媒体报道

2. 风险投资介入零售业特点分析

虽然中国零售业正面临新一轮的消费高潮，市场发展和整合的空间依然很大，但却并不适合风险投资直接参与传统的零售业态。这是因为：一方面，（传统）零售业是一个规模经济非常明显的行业，销售规模越大，与上游供应商的“叫板”能力越强，从而可能获得更低的购入成本或是“返利”，同时摊薄如配送中心、仓库和商铺租金等固定成本，提高收益水平；另一方面，零售行业也是一个品牌效应和技术含量很高的行业，传统业态的零售巨头已经在供应商渠道、品牌、消费者数据库以及销售技术等方面拥有了很深的积累。因此，新进入者要取得最终的成功，不仅需要巨大的投入，还面临着若干很难突破的障碍。

正是由于这样的原因，风险投资在看好零售业发展的同时选择了全新的突破方向，概括起来可以分为三个方向：一是以无店铺零售为主的新型零售模式，如网上购物、电视购物和电话直销等；二是以海量消费信息的分类整合为线索，从消费者入手的代理模式，也可以理解为携程模式在其他专业零售市场的复制，突出的市场如餐饮、家居建材等；三是一些更新型的营销模式以及相关技术的开发和服务等。而这三个方向都有一个共同的特点，就是可复制性强因而具备快速发展的能力，同时避开与传统零售业态的直接竞争，甚至是成为传统业态的重要补充，因而能够有力地克服介入传统零售业所必需的资金、品牌和技术壁垒。

三、零售行业政策环境分析

（一）零售行业政策法律概述

作为国民经济的重要组成部分和居民生活息息相关的行业，特别是在国内消费率不高，几乎所有产品都供过于求，经济增长需要启动内需来予以支持的背景下，零售业一直是国家政策积极扶持的行业之一。但是另一方面，也正是由于零售业对于居民生活和国民经济的重要性，相关的政策立法也十分谨慎，行业发展十分需要反商业欺诈、电子商务、无店铺营销等方面立法，但遗憾的是目前这些方面都还存在不少法律空白，给行业的良性发展造成了一定的负面影响。

1. 零售行业发展相关政策

“十五”计划中对流通产业发展的要求是：“要积极引进新型业态和技术，推进连锁经营、代理制、物流配送、电子商务、特许经营等，改造提升传统流通业，提高分销业的技术含量及现代化程度。加快分销企业兼并、联合、改制、重组的步伐，扩大经营规模，改进售后服务，增强市场竞争力。”

相关政府部门对于零售行业发展的扶持政策主要体现在两份文件上，一是2002年8月发布的《国务院办公厅转发国务院体改办国家经贸委关于促进连锁经营发展若干意见的通知》，这份文件首先明确了连锁经营模式对于促进现代流通体系建立、提高零售服务质量和零售企业竞争力方面的重要意义，其次提出了建立大型连锁商业企业和连锁企业规范的作业标准的管理手册等有利于连锁企业发展的措施，更重要的是在行政审批、税收征管和行政检查收费等行业发展环境方面给予一系列的支持措施。二是2005年8月发布了《国务院关于促进流通业发展的若干意见》。该意见为流通企业及相关配套环境改革、创新机制建立、破除地方市场封锁、完善政策法规等方面为流通行业发展提出了纲领性的意见，对于指导行业在“十一五”期间的规范和快速发展奠定了基础性的政策基调。

在零售行业对外开放方面，国家有关部门为保护国内零售行业的发展，防止具有资金和管理优势的外资零售企业过快进入国内市场，曾经对于外资零售企业在国内设立经营机构的地域、规模等给予一定限制，并由商务部在2004年4月发布《外商投资商业领域管理办法》，对此问题予以规范。不过随着2004年12月11日我国在加入WTO时对外商开放投资商业领域承诺日期的到来，我国取消了对外商投资商业企业在地域、股权和数量等方面的限制，零售业全面对外开放，这也是我们前面提到的外资零售巨头从2005年开始加速进入国内市场的原因之一。

在配套政策方面，2004年商务部会同国家发改委等九个部委下发了《关于促进我国现代物流业发展意见的通知》，明确了由国家发改委牵头，商务部等有关部门和协会参加的全国现代物流工作协调机制。从目前来看，这个机制执行良好。此外，财政部税务总局还颁发了关于物流企业税收的一系列政策，具体内容包括营业税的减免和增值税的抵扣等方面。

2. 零售行业整体的主要法律法规

从建立零售行业规范运行的法律体系来看，主要包括以下几个方面：

第一，健全规范市场主体的法规。如《直销管理条例》中对直销机构的资格规定，《外商投资商业领域管理办法》中对于外商投资商业企业的相关规定。

第二，健全规范市场行为的法规。市场行为包括零售商和供应商的关系问题，对应的法规主要是2006年11月商务部等五部委联合发布的《零售商供应商公平交易管理办法》，对零售商与供应商的不公平交易、损害对方合法权益，限制竞争、损害其他经营者利益的行为做出了规定和相应的处罚办法。

第三，规范市场秩序的法律法规。包括《消费者权益保护法》、《反不正当竞争法》、《欺诈消费者行为处罚办法》以及正在拟议中的《反垄断法》和针对商业欺诈和商业信用方面的法规。

3. 电子商务领域的相关法律法规与行业规范

2004年8月28日第十届全国人大常委会第十一次会议通过、2005年4月1日开始实施的《电子签名法》，是我国第一部电子商务领域的法律。该法首次赋予可靠电子签名与手写签名或盖章具有同等的法律效力，并明确了电子认证服务的市场准入制度。《电子签名法》的出台是我国电子商务发展的里程碑，它的颁布和实施扫除了电子签名在电子商务、电子政务和其他领域中应用的法律障碍，极大地改善我国电子签名应用的法制环境。

除了《电子签名法》之外，还有一些重要的部门规章也对电子商务的规范发展起到了重要的作用。如2005年2月8日，与《电子签名法》配套施行的《电子认证服务管理办法》以信息产业部部令的形式发布，使《电子签名法》具有了更好的应用基础。2005年10月26日，中国人民银行发布了《电子支付指引（第一号）》，意在规范电子支付业务，防范支付风险，维护银行及其客户在电子支付活动中的合法权益，促进电子支付业务健康发展。同时，为了规范支付清算组织的行为，防范清算风险，中国人民银行制定了《支付清算组织管理办法（征求意见稿）》。

除了上述法律法规外，行业的自律规范也起到了一定程度的补充作用。2005年4月18日，中国电子商务协会政策法律委员会组织有关企业起草的《网上交易平台服务自律规范》正式对外发布。它以行业规范的形式确立了网络交易平台提供商的责任和权限，对网络交易服务进行了全面的规范。《规范》规制的重点在于网络交易平台自治与监管。

尽管已经有了一些法律法规，但我国电子商务法律体系仍然存在一个比较大的问题就是交易本身的保护没有得到足够重视。目前的法律法规只是围绕着电子商务发展中的一些边缘化的法律问题作出了规定，如基础设施的问题、信息服务的问题、行政管理的问题、信息安全的问题等，而对于电子商务运行中较为核心的问题，如电子合同、数据与隐私权保护、消费者保护等涉及交易环节的有效性和相关方权益保护的问题却基本没有涉及或涉及的过少，这些不足也已经在现实中对网上购物等电子商务活动的发展产生了一定的负面影响。

（二）重点政策点评

结合风险投资介入零售行业的重点领域，我们选择一些对零售行业整体或是对无店铺零售具有重要意义的政策法规进行简要介绍和分析。

1.《国务院关于促进流通业发展的若干意见》

2005年8月出台的《国务院关于促进流通业发展的若干意见》指出，要“进一步放开搞活中小流通企业。商务部、发展改革委、财政部、科技部等有关部门要按照资金使用方向和程序，在安排中央外贸发展基金、中小企业发展专项资金、中小企业科技创新资金等方面支持中小流通企业的发展。鼓励有条件的流通企业到境外开展流通业务。”“地方各级人民政府要采取切实有效的措施支持中小流通企业发展，在市场准入、信用担保、金融服务、物流服务、人才培训、信息服务等方面进行扶持。”

《意见》指出，要“努力创造流通企业公平竞争的环境。加快电价改革步伐，积极推动工商企业同网同价；引导和规范零售企业的促销和进货交易等行为，依法打击商业欺诈，整顿规范流通秩序；有序推进流通业对外开放，鼓励流通企业实行内外贸一体化经营，为内外资流通企业公平竞争创造良好的环境。”

针对零售品牌建立和知识产权保护，《意见》指出，应“加大知识产权保护力度，实施品牌战略。鼓励流通企业创立和维护商标信誉，培育企业品牌。加大对侵权行为的打击力度，重视和加强对知名流通企业、全国性和地方性商业老字号的“著名商标”和“驰名商标”的认定和保护工作。”

《意见》还特别提出要“规范和发展消费信贷。努力扩大消费需求，优化消费结构，完善消费手段，扩大消费信贷品种、范围和规模。打破垄断，鼓励竞争，支持商业银行与流通企业在充分协商的基础上推广银行卡。大力推进商业信用体系建设。”

《意见》是建国50多年来第一次以国务院的名义针对流通业下发文件，显示了流通业在整个国民经济发展中发挥着越来越重要的作用，也充分显示出政府对流通业的重视。《意见》的出台对于流通企业改革方向、支持措施，流通企业竞争环境等多个方面都作出了原则性规定，对于各部门之间协调配合，共同促进流通企业的发展将起到越来越重要的作用。

2.《整顿广播电视医疗资讯服务和电视购物节目内容通知》

2006年7月18日，国家工商总局、国家广电总局联合发布《整顿广播电视医疗资讯服务和电视购物节目内容通知》，针对“一些电视购物公司在电视购物节目中夸大产品功能，特别是一些丰胸、减肥产品，以消费者使用产品前后形象做对比，使用不科学的表示功效的断言，保证使用效果”等不规范经营行为，《通知》提出，“电视购物节目内容应当真实、合法，标明推销产品的经营、销售企业名称及有关产品审查批准文号。自2006年8月1日起，所有广播电视播出机构暂停播出介绍药品、医疗器械、丰胸、减肥、增高产品的电视购物节目，待有新通知后按照新规定执行。”

《通知》的发布，一方面限制了部分电视购物企业的经营范围，对短期经营产生了不利影响。但是从更长期的角度看，《通知》有利于规范电视购物行业的经营秩序，有利于规范运营的电视购物企业获得健康发展。当然，市场秩序的规范不是一个临时性的《通知》所能解决的，还需要更全面、完善的法律法规来发挥作用。

四、零售行业投资价值分析

（一）零售行业发展和投资前景分析

1. 零售行业整体发展空间依然巨大

如同我们第一节的分析，随着我国宏观经济的持续较快发展、消费升级以及城市化进程的继续，我国整体的消费需求短期内将迎来加速增长，长期看也将保持较快的增长速度，发展空间巨大。相关研究机构也给予了非常乐观的预期，如长江证券认为“受益于宏观经济和居民可支配收入的持续增长，零售业赖以发展的消费环境依然良好，我们预计未来2年～3年零售业将处于持续的高景气状态，预计社会消费品零售将保持13%的增长”[①]。安永会计师事务所预计，2006年我国社会消费品零售总额将增长13%达到7.63万亿元，而2007年～2010年每年的增长速度将达到14%，2010年我国社会消费品零售总额将从2005年的6.7万亿元增长到12.81万元[②]，在5年的时间内就接近翻一番。而招商证券认为，“推动零售市场持续快速增长的人口总量、人均收入、人口城市化、自然通胀、消费观念5个核心力量长期强劲，预期未来15年，全国零售总额复合增长率将保持11%以上，到2020年全国零售总额增至32万亿元，达到美国现在的水平[③]。”

2. 传统业态的管理水平相对低下蕴含投资机会

从具体的企业来看，虽然零售行业竞争已经十分激烈，但是如果我们把几种主要业态的盈利能力指标与国外先进企业进行对比，就会发现改进的空间依然很大，提高内部经营管理能力是零售企业提升盈利的主要方式。而对于拥有这种能力的龙头企业或者产业投资者来说，目前国内零售企业的潜在价值并没有完全体现，其间蕴藏着丰富的投资机会（见表9.13）。

表9.13　国内外零售商盈利能力指标对比

	百货		超市		家电	
	国内平均	Sears	国内平均	沃尔玛	国内平均	BestBuy
毛利率	17.8%	27.7%	11.6%	23.1%	8.8%	25.1%
净利润率	1.8%	1.8%	1.8%	3.6%	2.5%	3.7%

数据来源：根据相关上市公司报告、bloomberg的资料整理

① 长江证券：“商业零售业2007年度投资策略”。

② 安永会计师事务所：“零售业革命——中国零售业并购现象概览”。

③ 招商证券：“零售行业2007年投资策略”。

3. 无店铺零售凭借广泛性与便捷性将扩大自身份额

虽然电视购物、邮购以及网上商店等无店铺零售模式出现了不少的过度宣传或欺诈消费者的事例引发了部分消费者的担心，主管部门也出台了一些限制性规定（如《整顿广播电视医疗资讯服务和电视购物节目内容通知》）。但是另一方面，无店铺零售由于节约（或降低）了店面租金和仓库费用，其经济性是明显的，网站、电视和邮购目录等作为传播渠道，其扩散和发布的广泛性以及配送货物上门的方便性也是实实在在的。所以，对于那些正规经营的无店铺零售商来说，这种新型经营模式正在被越来越多的消费者接受，市场自然增长和替代传统零售的双重发展机会构成了其潜力巨大的发展空间。

不少调查证实了无店铺零售的受欢迎情况。如《中国消费者购买方式研究》课题组受商务部有关部门的委托，对我国东北、华北、华东、中南、西北、西南六大区域7个城市的3100个样本进行的入户调查表明，我国城市居民中已经有43%的人至少有一次利用过无店铺销售方式；不仅使用过无店铺销售方式的消费者看好其未来的发展前景，在从未接触过这种销售方式的人群中也有60%以上的人表示，未来可能使用这一购物方式。再如中国互联网信息中心（CNNIC）在2006年5月对北京、上海、广州三个城市网民就C2C网上购物进行的电话随机抽样调查显示，三个城市共有网民1227万人，其中有330万人有网上购物经历，占比达25.5%。更为重要的是，调查显示，有66.2%的网上购物网民根据自己的购物体验，会推荐亲朋好友去C2C网上购物（网上在线调查的该数字达到了72.9%），说明大多数网民对于C2C网上购物的模式还是认可和喜欢的。调查还显示，只要网上购物的平台稳定、友好，网民会继续增加在网站上的购物，比如使用过淘宝网进行购物的网民有62.9%在未来半年中将考虑增加在淘宝网上的购物。在淘宝网上购物的消费者中，有11.8%的人2005年在淘宝网上购物6次～11次，有15.1%的人2005年在淘宝网上购物达到了12次以上，有力地证明了网上购物的用户黏性。

另外一些技术上的措施也部分弥补了无店铺零售的不足，比如在淘宝网上购物，每一个买家都会根据购物的满意程度对卖家进行评价，后来者只要一看卖家的信用纪录（往往也含有使用感受），就可以对卖家所卖商品的质量状况和卖家的信用水平有所了解，在一定程度上弥补了无店铺零售过程中消费者不能亲身接触商品的信息缺失。

4. 消费者对消费体验和价格信息的强烈需求推动零售渠道整合模式的发展

对于任何一位消费者来说，以合理的价格、便捷的方式购得使用效果满意的商品都是最重要也是最终的需求。对于传统零售业态来说，其主要是作为卖方出现，对于消费者需求的满足只能从扩大规模以降低成本、增加布点以提高便利性等方面着手，但是诸如请客800网、家居易站等新型零售模式的出现，借助信息技术提供的可能性拓展了满足消费者需求的手段，这体现在两个方面：

首先，借助网站等信息收集、分类、比较和发布的功能，可以打破地域、品类等方面的限制，极大改善买卖双方的“信息不对称”状况。一方面使海量的消费信息得到归纳，另一方面借助分类和搜索功能使消费者对于商品的价格、使用信息有更为清晰和细微的了解，从而选择购买性价比最优的商品。

其次，新型零售模式从“买方”入手，集中“买方”的力量以加大购买量，从而获得更优的价格。以餐饮预订为例，北京的请客800网和上海的“订餐小秘书”，都是借助网站或电话等手段，集中进餐者的力量，使自己以“超级大客户”的身份出现在分散的餐饮供应者面前，消费者获得了更低的折扣，自身获得了相应的佣金，餐饮店则获得了稳定的客源。实际上这种模式可以被理解为“携程”模式在餐饮、零售等领域的应有，三方受益的结果预示了这种模式成功的前景。

（二）细分行业的投资机会分析

对于传统零售业态来说，经过21世纪前几年的“跑马圈地”，从2005年开始已经初步显现出商圈饱和、竞争加剧的局面，行业的并购整合可能更为普遍。但无论是并购者还是被并购者，通过改善内部管理提高门店经营效益都是最为必要的，对于前者这是并购整合的关键，对于后者则可以提高自身实力以避免被并购或是提高自身价值。而以供应链管理为核心的经营模式升级和再创造是改善管理中最重要的环节。对于新型零售业来说，大部分企业还处于“跑马圈地”、树立品牌乃至消费者教育的阶段，在前景看好的情况下选好自己的方向，做好内容和服务是最重要的。

1. 百货：提高经销和买断比重，提升盈利能力

国内百货业主要是采用亚洲流行的联营经营模式，商品、促销员由供应商提供，柜台装修由供应商负责，销售完毕1～2月才正式结算，存货基本由供应商管理，零售商只具有象征意义的库存。零售商的盈利模式集中体现在先期谈好的折扣率上，因此平均毛利率稳定，零售商的核心竞争力主要体现在商圈的优越性和客流人气。零售商自主性较大的经销和买断模式只占全部收入的很少一部分（一般在10%以内）。这种模式下的百货企业风险较小、经营稳定。但缺点是零售商对商品的控制力较弱，即使是通过连锁化扩大规模，规模效应也并不显著。目前一些管理能力较强的百货零售商正尝试从联营占压倒性比重向多种模式并举转变，虽然企业承担的风险会有所加大，但盈利能力的改善也将十分可观（见表9.14）。

表9.14　百货业经营模式分类

模式	品类	毛利率	收入占比	付款方式	存货管理	存货风险	装修承担	人员工资承担
联营	服装鞋帽、化妆品、床上用品	15%～20%	90%	售后结算	供应商	小	供应商	供应商
经销	一线化妆品、服装、高端家电	20%～30%	7%～8%	预付款	供/零售商	中	供/零售商	供/零售商
买断	季节性特征不大的珠宝、手表	30%～40%	2%～3%	预付款	零售商	大	零售商	零售商

数据来源：申银万国证券研究所

2. 超市：提高供应链管理能力，走差异化之路

超市业态按经营面积和功能差异，又分为大卖场、标准超市、便利店和折扣店等几种细分业态。

目前国内大卖场的供应链管理主要集中在统一采购，约期付款和销售等环节，大多数大卖场都没有自己的物流仓库，一般由供应商或第三方物流代为配送。只有少数零售商如世纪联华和物美超市等开始整合大卖场的供应链，通过采购、订单、仓储和配送等加强对供应链的管理，为将来运营效率提升打下较好的基础。比如经营管理能力较强的沃尔玛，其约期买断的比例可以达到90%左右，所以可以享受较高的毛利率。

目前，标准超市和便利店一般都有自己的配送中心，但是对于供应链管理的能力不同也对零售商的盈利能力有较大影响。比如生鲜食品的毛利率要显著高于日用品，但此类商品的配送、存货管理难度要大得多，只有少数超市可以取得较好的经营效果，而这对于竞争激烈的超市业态进行差异化经营是十分重要的（见表9.15）。

表 9.15 细分超市业态的经营模式

	经营模式	毛利率	收入占比	付款方式	付款期限	存货管理	存货风险	人员工资承担
大卖场	约期买断	10%	70%	约期付款	1～2个月	供应商/零售商	中	供应商
大卖场	联营	9%	20%	售后付款	1～2个月	供应商	小	零售商
大卖场	代销	8%	10%	售后付款	1～2个月	供应商	小	零售商
标准超市	买断	15%	总部统一结算		1～2个月	零售商	中	零售商
便利店	买断	18%	总部统一结算		1～2个月	零售商	中	零售商

数据来源：申银万国证券研究所

3. 家电连锁：完整的供应链为效率和盈利提升奠定基础

在目前国内各种零售业态中，家电连锁零售商的供应链最为完整，不仅拥有从供应商到零售商的前端配送分拨系统，还完备了从物流仓库到消费者手中的后台服务流程，如配送、安装和维修等。这种完备的供应链体系可以使零售商借助电子信息系统，提高内部运营效率，全面掌握消费者信息并改进品类管理和服务，还可能增加收入。比如从2001年到2005年，苏宁电器的空调维修服务收入复合增长率达到38%，而大部分竞争对手却在将这项服务外包。从国外一些家电零售商的利润结构中我们也能看出，其利润的很大部分来自国际采购、国际运输和配送。因此，具备了完整供应链的家电连锁企业，其利润提升的空间较之其他业态要更大。

4. 无店铺零售：多业态融合与提高用户黏性以增强生命力

根据依托媒介的不同，无店铺零售又可以分为以下几类（见表9.16）：

表 9.16 无店铺零售的分类及代表企业

具体模式	商品售卖方式	代表企业
电视购物	以电视作为向消费者进行商品宣传展示的渠道	橡果国际、乐拍、东方CJ电视购物
邮购	以邮寄商品目录为主向消费者进行商品宣传展示的渠道，并取得订单	红孩子、丽家宝贝
网上商店	通过互联网进行买卖活动	当当网、淘宝网
电话购物	主要通过电话完成销售或购买活动	红孩子、丽家宝贝

数据来源：商务部《零售业态分类》

在实际的运营中，无店铺零售的几种方式之间也有交叉和补充，比如红孩子和丽家宝贝都主要通过邮寄商品目录向消费者进行商品宣传展示，但却主要通过电话来下订单。再比如上海东方电视台设立东方CJ电视购物节目的同时也设立了东方CJ购物网，从2005年开始还推出了商品目录导购业务，弥补了电视节目受时间段限制的不足。此外，以无店铺零售为主的一些企业，从配送便利、增强顾客信任度等角度出发，也设立了实体店铺，比如丽家宝贝、部分电视购物频道等，这就出现了多业态融合的状况。

根据零售商是否直接经营商品买卖以及盈利模式的不同，无店铺零售可以分为两类（见表9.17）：

表 9.17　无店铺零售按售卖和盈利模式分类

具体模式	商品售卖和盈利模式	代表企业
自营无店铺零售	企业自身参与商品买卖，并以获取差价作为主要盈利方式	当当网、红孩子、卓越网
提供无店铺零售平台	自身不直接参与商品买卖，而是向买卖双方提供交易平台，通过收取服务费获利	淘宝网、eBay 易趣

数据来源：中国风险投资研究院根据公开资料整理

自营模式的优势在于利润率更高，经营的可控性更强，不足之处是对资金的需求量比较大，资金和商品周转、库存管理以及定价策略等方面对管理水平要求很高。

平台模式的优势在于一旦拥有了稳定的客户资源，则可以产生稳定的现金流，但另一方面，在不同平台的竞争中如何把握客户心理，提供更具有亲和力的交易界面，安全可靠的支付手段都具有重要的意义。如在与世界级网上购物巨头 eBay 的竞争中，淘宝网就取得了明显的优势，最重要的原因就在于淘宝网对于中国网民和网商的支付能力、购物习惯以及行为偏好等有更为准确的认知，所以才能在收费策略、页面设计以及交易规则设置等方面成功吸引了更多的用户。

5. 创新专业零售模式：格局未定，潜力仍大

与以红孩子、淘宝网等为代表的无店铺零售模式不同，部分风险投资案例显示还有一类模式更新颖、服务更专业的零售模式，这里我们称之为“创新专业零售模式”，代表性的投资案例包括请客 800 网、上海订餐中心、搜房网、车盟、易车、家居易站、e 家家居等。概括这类模式，有以下几个共同的特点：

首先是集中于某一类商品，并且这些商品往往是难以直接判断质量，需要深度消费体验的。比如住房、汽车、家居建材以及餐饮娱乐服务等。

其次是创业企业往往是以网站形式、大容量专业信息作为吸引用户的介质，进而通过增值服务实现自身盈利。

第三是这类企业往往是通过组织团购或集中代理的模式为消费者赢得更低价格，为供应商降低营销费用，实现多方共赢。这也是此类企业与淘宝网等相区别的地方：在交易渠道的提供中，创新模式实现者更多地照顾消费端的需求，并往往加入到消费行为的组织中，具有更为积极的色彩。

在汽车、家居建材、餐饮等消费领域，消费者对这些需要深度体验的产品有极强的信息需求。同时，大多数消费者的价格敏感性很高，所以这类“创新专业零售模式”具有扎实的生存基础和显著的发展空间。更为重要的是，整体上看无论是哪个细分领域，市场格局都还没有完全确定，细分领域的“携程”还没有出现或者说定型，所以既存在新进入的拼搏可能，也存在明显的整合机会。另一方面，中国的零售市场深度很深，地域跨度也很大，零售的服务也需要相当的线下供应链管理以及服务，所以市场的空间还很大，自然也蕴藏着丰富的投资机会。

（三）投资风险分析

相对于传统业态的投资机会，其最大的风险是企业的执行力的不足，因为供应链的管理十分复杂，投入不小但短期内还不一定能够取得好的效果，反之“联营”的模式既稳定又省事，而且近年来行业环境改善业绩也不错，所以能够真正下力气整合并且坚持到底的企业恐怕并不多。而对于新型零售业来说，面临的不确定性要更多一些，但行业环境不稳定和盈利模式有缺陷是最主要的。

1. 无店铺零售：行业环境尚不稳定

虽然无店铺零售相对于传统的有店铺零售等业态，具有经营成本低，不受地域、经营地点、时间限制等明显的优势；但另一方面，也存在消费者无法亲身实地的验证商品品质、买卖双方信任度以及支付安全方面等问题。特别是普遍缺乏适用法律法规规范，造成已经出现的违规或纠纷难以及时得到解决，这已经成为这一新兴模式发展的重要制约因素。而具体到各种方式，还存在一些特定的障碍（见表9.18）。

表9.18　无店铺零售具体模式的发展优势与障碍

具体模式	优势	障碍
电视购物	电视的受众广泛，电视媒介的影响力强大	在部分零售商不规范经营的影响下，目前部分业务受到政策限制
邮购	便于消费者随时随地查询商品目录，多数邮购零售商专业性强（如红孩子、丽家宝贝），在细分商品领域具有规模优势	消费者对于商品的具体品质、性能等了解程度不够
电话购物	电话订购方便易行	仅凭电话宣传影响力有限
网上商店	信息量丰富，分类查询比较十分方便快捷	支付安全和买卖双方诚信水平

数据来源：中国风险投资研究院整理

此外，买卖双方之间的纠纷特别是质量和诚信问题也很可能影响平台整体的声誉。更为重要的是，如何界定网上交易的商业定位以及相关的税收征管措施目前存在很多不明晰的地方，一旦相关部门加强了立法以及监管力度，也可能产生较大的负面影响。

2. 新型专业零售模式：盈利模式存在缺陷

对于方兴未艾的新型专业零售模式来说，最大的风险存在于部分企业的盈利模式还不是非常清晰，或者说还存在薄弱环节。比如请客800网通过网站集成餐饮娱乐信息方便消费者查询，通过电话定位消费者还可以获得打折服务，饭店增加了客源和服务可预见性，也是受益者。但在整个过程中请客800网接触不到最终的交易过程，没有一个准确获得交易金额的方法，削弱了其盈利模式的可靠性和吸引力，这是我们在分析类似案例时必须加以注意的。

参 考 文 献：

[1] 徐晓芳、刘冰："成长、升值、并购三大主题并推价值体现——零售行业2007年投资策略报告"，国泰君安证券研究所，2006年12月15日

[2] 郭海燕："中国零售业：分门别类看增长"，中国国际金融有限公司研究部，2006年8月

[3] 邵稳重："商业零售业：超预期的业绩增长源自激励改善和并购重组"，长江证券研究所，2006年12月11日

[4] 商务部："商务部关于贯彻实施《零售业态分类》国家标准的通知"， 2004年8月9日

[5] 中国百货商业协会：《2005年中国百货行业发展报告》，中国零售企业网，http：//www.leadshop.com.cn，2006年4月3日

[6] 金泽斐："外延内生助推品牌零售商成长——2007年零售业投资策略"，申银万国证券研究所，2006年12月4日

[7] 杜丽虹："当规模遭遇精致"，《证券市场周刊》，2006年10月23日

[8] 郭海燕："沃尔玛拟10亿美元收购好又多"，零售业月报（2006.10），中国国际金融有限公司研究部，2006年11月8日

[9] 李港卫、龙永雄："零售业革命——中国零售业并购现象概览"，安永会计师事务所，2006年11月

[10] 中国互联网络信息中心 CNNIC："2006年中国 C2C 网上购物调查报告"，www.cnnic.net.cn，2006年5月

[11] 陈宸："《零售商供应商公平交易管理办法》实施简评"，中信证券研究部，2006年11月15日

[12] 金泽斐："从供应链角度寻找中国的沃尔玛——中国零售业管理模式深度研究"，申银万国证券研究所，2006年11月7日

[13] 罗兰贝格战略咨询："国际零售业发展历史回顾及其启示"，2006年1月

[14] 刘勇："外资进入中国零售业的现状、策略与趋势"，《中国经贸导刊》，2004年11期

[15] 张琦："从业态的盈利模式看零售行业"，光大证券研究所，2005年8月22日

第十章 汽车行业投资分析报告

加入世贸组织5年以来，我国汽车行业实现了历史性的跨越，已迈入世界汽车制造大国之列。2006年汽车产量突破700万辆，超过德国成为仅次于美国和日本的世界第三大汽车生产国。汽车行业已经成为我国经济发展的支柱产业。

本报告在介绍2006年中国汽车行业整体运行情况后，阐述了2006年汽车行业的投融资情况、新政的实施和国际国内的环境变化给该行业带来的影响，分析了未来几年中国汽车行业的发展趋势和投资机会。

一、2006年中国汽车行业发展概况以及特点分析

2006年，中国成为全球第三大汽车生产国，汽车消费量也位居全球第二。同时，中国汽车产业已步入国际化阶段，通过与全球经济的共融，一个自主的、开放性产业格局正在日益成熟发展。中国汽车产业及其带动的整个市场的发展日益成为全球汽车产业共同关注的焦点。

（一）2006年中国汽车行业发展概况

中国当初在研究加入WTO的挑战和机遇时，汽车产业包括中国合作合资汽车企业被列入最令人担忧的产业。5年前，中国WTO工作组决定提高省级以上汽车制造商外资投资比例限额，从当时的3000万美元逐步提高到加入WTO后第四年的1.5亿美元。目前，中国的汽车和零部件合资合作企业已有800多家，累计资本约980亿美元，占全国汽车工业总资本额的50%左右。中国国内汽车贸易出口额自2001年起每年增长15%，2005年达200亿元人民币。2005年，中国进口贸易总额中汽车行业单独计算总额已经超过180亿美元[①]。面对中国汽车行业发展喜人的形势，中国汽车工程学会理事长张小虞在2006北京国际汽车高峰论坛上表示[②]，中国汽车产业近年来取得的成绩已完全达到加入世贸组织前对WTO工作组的承诺，中国已成为世界汽车工业日益重要的组成部分。

1. 2006年中国汽车行业整体发展概况

2006年国内汽车行业虽然饱受高油价困扰，但是市场表现依然令人惊讶。截至2006年年底，我国汽车行业实现产销突破700万辆[③]，超过德国成为仅次于美国和日本的世界第三大汽车生产国。其中1月～10月销售汽车577万辆，同比增长了26%，相对2005年14%的增长率和2004年

① 中国汽车工业协会统计信息网。

② 中国汽车工业信息网。

③ 中国汽车工业协会统计信息网。

16% 的增长率，2006年汽车市场实现了跨越式增长[①]。在国民经济继续保持较快增长的态势下，2007年中国汽车工业仍将稳步上升（见图10.1）。

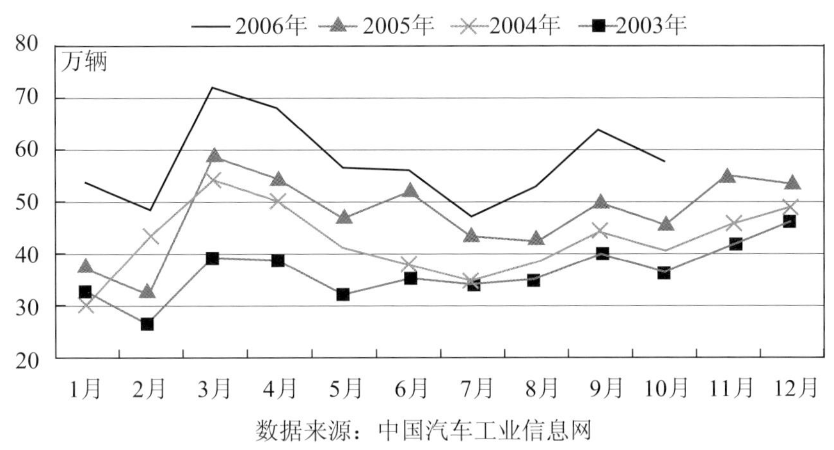

数据来源：中国汽车工业信息网

图10.1 汽车月度销售数据走势

2006年我国汽车产量之所以实现700万辆的突破，其原因主要有[②]：

从产业发展环境看，一是我国宏观经济持续走好、城乡居民收入水平不断提高以及我国目前人均汽车保有量仍远低于世界平均水平，为我国汽车需求的增长提供了保障和空间；二是相关政策的出台促进了汽车市场的发展，如汽车消费税征收标准的调整和国家对小排量汽车解限政策的落实使1.6升以下排量汽车的消费比同期上升了30% 以上；三是国家能源环保政策对新车的消费起到了积极的推动作用。

从产业本身发展看，一是国内汽车企业近两年陆续完成了扩能改造，形成了一批新的生产能力，满足了快速发展的市场需求；二是随着技术水平的不断提高，汽车新产品市场投放量加大，满足了市场多元化的需求。2006年以来就有115个新的汽车产品上市；三是自主品牌轿车的市场份额不断增加，以其良好的性价比逐步得到消费者的认可，拓展了不同地区、不同消费层次的消费需求。

2006年汽车行业强劲的增长主要来自轿车的推动。1月～10月共销售乘用车411万辆[③]，同比增长32%，其中轿车销量同比增长了40%，达到304万辆，占汽车总销量比例达到53%，而2005年这一比例为48%（见图10.2）。

---

① 中国汽车工业信息网。

② 中国汽车工业协会统计信息网。

③ 中国汽车工业协会统计信息网。

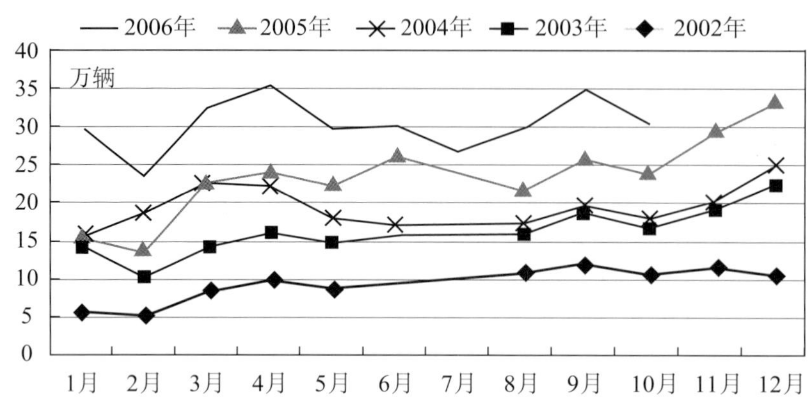

数据来源：中国汽车工业信息网

图10.2　轿车月度销量走势

2005年受降价风潮冲击，行业利润大幅下滑，2006年局面已得到控制，1月～8月整车制造业（不含改装车）利润总额同比增长48.9%，零部件制造业利润总额同比增长35.4%，与2004年盈利高峰期的水平已十分接近①。

销量的快速增长和降价幅度的减缓是2006年盈利大幅回升的主要原因，与2004年15%的降价幅度和2005年12%的降价幅度相比，2006年价格降幅已显著缓和，预计总体降幅不超过8%。另外，规模效应、成本控制和利润率水平较高的轿车销售占比上升也是支撑行业利润率水平回升的重要因素。

2006年强劲的销售增长超出预期，这使得中国汽车行业的长期成长前景看起来依然光明。谨慎的估计，未来4年的复合增长率将达到10%，至2010年中国汽车市场销售规模也将达到1000万辆②。中国在全球汽车市场中的地位正在变得举足轻重③。

2006年汽车工业（含摩托车）总产值估计不低于1.4万亿元④，约占国内工业总产值的6%，估计至2010年，汽车工业产值将突破2万亿元。快速膨胀的汽车工业已经成长为中国的支柱性产业，庞大的产业规模为缔造一批优秀的企业提供了广阔的平台和足够的机遇。2003年私人汽车保有量已超过国内汽车保有总量的50%，2005年私人轿车购买量超过了当年轿车销量的80%，私人消费已成为中国汽车消费增长的主要驱动力量。强劲的私人购买力持续释放的内在动力来自于持续稳定的GDP增长，促进内需的长期政策导向，不断改进的福利体系政策，以及庞大的中产阶级群体的崛起。

在全球汽车消费增长乏力的背景下，中国市场使得世界汽车产业重新燃起活力，寻求削减成本的西方汽车厂商也纷纷将目光投向了中国。憧憬巨大的国内市场和潜在的国际市场前景，中国汽车产业的长期稳步成长可以期待。

① 中国汽车工业产销快讯。

② 中国汽车工业产销快讯。

③ 中国汽车工业产销快讯。

④ 中国汽车工业协会。

2. 2006年中国汽车行业细分子行业发展概况

从各细分行业看，2006年前三季度乘用车产销量与上年同期相比较增幅较为显著，商用车摆脱了2005年低迷的走势，产销有所回升（见表10.1）。

表10.1　　2006年汽车行业部分子行业产销情况（1月～9月）

主要车型	生产		销售	
	累计产量（辆）	同比增长（%）	累计销售（辆）	同比增长（%）
汽车合计	5 283 232	25.7	5 169 983	25
乘用车	3 784 297	32.65	3 681 670	31.39
轿车	2 809 142	41.06	2 716 052	40.46
MPV	139 782	16.39	136 903	23.98
SUV	166 399	19.56	165 336	17.47
交叉型乘用车	668 974	11.11	663 379	7.48
商用车	1 498 935	11.12	1 488 313	11.60
客车	145 363	12.01	142 826	10.66
货车	960 396	9.53	956 286	10.59
半挂牵引车	61 694	44.12	63 745	54.22
客车非完整车辆	73 699	15.03	73 127	14.34
货车非完整车辆	257 783	9.50	252 329	7.56

数据来源：汽车工业协会

（1）乘用车产销增长迅猛

2006年前三个季度，乘用车产销量分别为378.43万辆和368.17万辆[①]，同比分别增长32.65%和31.39%。从行业属性看，乘用车与居民收入水平及其增长速度相关性较大，市场需求保持较高水平。

2006年前三季度轿车总体产销继续保持快速增长，累计产销量分别为280.91万辆和271.61万辆[②]，同比分别增长41.06%和40.46%，该类车的增长主要得益于小排量轿车的旺销。多功能乘用车（MPV）产销13.98万辆和13.69万辆，同比增长16.39%和23.98%，但与上年同期相比增幅有所减缓。运动型多用途乘用车（SUV）总体保持稳定，产销16.64万辆和16.53万辆，同比增长19.56%和17.47%，其中排量在1.6升和2.0升之间中低档品种增幅较为显著，增幅超过100%，销量占SUV销售总量的51.97%。交叉型乘用车总体稳定产销66.90万辆和66.34万辆，同比增长11.11%和7.48%，上汽通用五菱、长安、哈飞3家企业继续保持行业领先地位，3家企业销售占交叉型承用车销售总量的80%，上汽通用五菱保持较快增长，长安、哈飞呈现不同程度的下降。

从分排量销售来看，与其他排量市场需求快速增长形成对照，排量小于1.0升系列市场需求呈现低迷走势，前三季度累计销售24.82万辆，同比下降7%。1～1.6升系列销售138.58万辆，占轿车

① 中国汽车工业产销快讯。

② 中国汽车工业信息网。

销售总量的53.93%，销售增幅为50.3%（见表10.2）[①]。

表10.2　　2006年1月～9月，国内制造轿车分排量产销以及增长

类别	生产			销售		
	2006年	2005年	同比增长	2006年	2005年	同比增长
排量≤1升	252 156	274 772	-8.23	248 184	266 855	-7
1升＜排量≤1.6升	1 434 534	947 989	51.32	1 385 816	922 038	50.3
31.6升＜排量≤2.0升	662 961	361 542	83.37	635165	341 880	85.79
2.0升＜排量≤2.5升	199 345	118 116	68.77	192 018	116 753	64.47
2.5升＜排量≤3.0升	14 048	14 937	-5.95	18 149	11 487	58
3.0升＜排量≤4.0升	11	1499	-99.27	1201	711	68.92
4.0升以上	417	111	275.68	718	88	715.91

数据来源：中国汽车工业信息网

（2）商用车行业产销回升

商用车产销形势比2005年有一定好转，半挂牵引车需求明显回升。商用车前三季度产销量分别为149.89万辆和148.83万辆[②]，同比分别增长11.12%和11.60%，而上年同期为负增长。

客车总体呈良好发展态势，前三季度客车累计产销量分别为14.54万辆和14.28万辆[③]，同比分别增长12.01%和10.66%；客车非完整车辆累计产销量分别为7.37万辆和7.31万辆，同比分别增长15.03%和14.34%，客车主要品种中小型客车增速最为明显，大型和轻型客车保持稳定增长（见图10.3）。

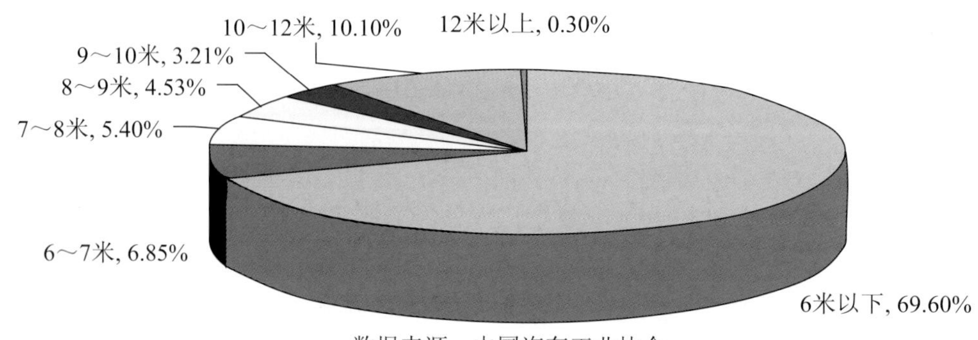

数据来源：中国汽车工业协会

图10.3　2006年1月～9月客车主要品种销售比例

货车产销总体呈稳定增长，轻型和微型货车增幅较为明显。前三季度累计产销量分别为96.04

① 中国汽车工业信息网。

② 中国汽车工业信息网。

③ 中国汽车工业信息网。

万辆和95.63万辆[1]，同比分别增长9.53%和10.59%。货车非完整车辆产销25.78万辆和25.23万辆，同比分别增长9.50%和7.56%。半挂牵引车产销6.17万辆和6.37万辆，同比分别增长44.12%和54.22%。

3. 2006年中国汽车行业上下游子行业发展概况

2006年从汽车行业上下游子行业来看，汽车零部件行业增长前景良好，而汽车服务业正步入加速期。

（1）汽车零配件产业发展前景可期

截至2006年年底，中国汽车零配件产业仍然弱小，年销售额仅为7000亿元左右[2]，相当于整车销售额的60%，而在汽车成熟市场，这一比例通常为1.5倍。这一差距背后的原因是：汽车后市场（AM）尚处于培育中；对进口配件的依赖；由于缺乏完整和有竞争力的外部配套体系，合资公司更多依赖内部配套。

随着全球汽车产业的重组和市场变动，跨国汽车制造商和零配件采购商为增强成本竞争力，已纷纷对其传统的零部件供应商进行调整，并把中国汽车零部件资源纳入其新的全球采购资源库，预计到2010年，中国汽车零部件出口额将会超过300亿美元，较2005年增长200%以上。

中国经济的持续发展，为中国汽车零部件产业的发展提供了大量社会服务资源和基础工业资源的支持，也为中国汽车零部件产业深度参与国际分工和持续提升其整体竞争力提供了保障。与此同时，为分享中国市场巨大的成长前景，跨国公司逐步将其亚太地区的制造能力和技术发展的重心转到中国，除了自身营运的进一步本土化和产品深度国产化之外，还进一步推动了上游二、三级的本土零部件供应商的发展。

汽车GPS导航仪和GPS定位监控器是汽车配件产业未来值得期待的最有前途的细分产业之一，这得益于我国私车保有量的持续增长以及由此而引发的对防盗和减少交通处罚的强大需求。早在2002年，欧洲汽车导航仪市场就超过了100万台，日本超过了200万台。预计到2007年，全球导航市场产品将达到750万台，其中，日本340万台，欧洲280万台，美国70万台[3]。随着我国汽车消费的平民化、自驾旅游热的兴起和物流运输业的兴旺，政府开始强力推动导航产业的发展，使我国汽车导航市场具备了巨大的利润增长空间和市场前景。2004年中国汽车导航市场规模为3万～4万台，至2005年底达到10万台左右。专家预计，未来几年，国内汽车对GPS导航系统的需求量将以每年50%以上的速度递增，到2008年底，汽车GPS导航产品市场规模将达到100亿元[4]。

（2）汽车服务业加速发展

汽车服务业包含了新车分销、旧车交易、汽车金融、维修养护、汽车油品、汽车文化六大类别。从全球来看，汽车服务业已成为第三产业中最富潜力的产业之一，并正朝着个性化、专业化、系统化方向发展。资料显示，在一个成熟的国际化汽车市场中，销售总额的1/3以上来自汽车服务业；在整个汽车业利润中，整车销售和零部件供应的利润约各占20%，其余约60%左右的利润来自服务领域。

随着国内汽车工业发展，我国汽车服务业也取得了长足的进步。2005年仅汽车用品和维修两

---

① 中国汽车工业信息网。

② 中国汽车工业协会统计信息网。

③ 李刚："中国汽车导航市场已经进入高速发展时期"，《中国电子报》。

④ 李刚："中国汽车导航市场已经进入高速发展时期"，《中国电子报》。

行业的产值就已达420亿元和400亿元[①]，到2010年，预计整个汽车服务业将形成1万亿～1.5万亿元的巨大市场。而且随着汽车产业的逐渐成熟，整车销售利润空间将逐渐向汽车后市场转移，使汽车服务业成为汽车产业链上最大的利润“奶酪”。

国际通行规则认为，当一个国家的私车保有量占全国汽车保有量的比例超过50%，当年的汽车销售量中，私人轿车销售量所占比例超过70%，就可以认为这个国家进入了私车消费时代。而2005年我国的这两个数量性指标分别是58.61%和58.40%[②]。虽然当年销售量比例指标尚未达到70%，但是持续增长的指标值表明，我国正在进入私车消费时代。私车消费时代的来临将大大促进汽车服务的多样化、个性化，汽车美容、汽车改装等相关更贴近私人服务需求的专项服务内容将得到迅速发展，由此带来汽车服务业的膨胀式加速发展。

（二）2006年中国汽车行业发展特点

1. 我国汽车行业仍具有分散程度高、低规模、低水平的特点

目前我国国内汽车行业仍具有分散程度高、低规模、低水平的特点。根据中国汽车工业协会的统计，2004年我国10大汽车厂家产量占全国汽车产量的83.90%，销量占84.19%，前5家企业的市场份额占全国汽车市场的68.8%[③]，2006年前10家汽车厂家1月～11月共销售汽车542.79万辆，占汽车销售总量的84.11%。而从国际汽车产业发展现状来看，年产销100万辆以下的汽车公司已经不能单独存在，200万辆规模的汽车公司也正面临重组局面。因此如何做大做强国内汽车行业的龙头企业是行业的当务之急。

2. “中国优势”是支撑中国汽车行业优势企业业绩持续增长的主要动力之一

对于中国现阶段汽车行业来说，其主要优势为：人力成本低、广阔的市场空间和旺盛的消费增长潜力。我国汽车行业的这些比较优势，促成中国可能成为全球汽车行业最重要的制造基地，对于汽车零部件产业而言尤其如此，因此，中国汽车工业的发展前景较为乐观。中国制造业的成本优势是系统性的，贯穿于人力资源、材料、设备和管理成本的各个环节。这种优势因巨大的人口和市场规模而将长期保持，短期内难以被其他国家所替代。而且，由于巨大市场前景的诱惑，全球主要的零配件企业开始大规模投资中国，这反过来快速提升了中国汽车配件制造技术，推动了中国汽车制造业产业集群优势的形成。在一些低技术含量的零部件（如铝车轮和汽车轮胎）领域，全球配套基地向中国的转移趋势已经非常明显。

3. 中国汽车行业企业综合竞争力正逐步提高

相对于国外的先进企业，国内企业在产品品种系列、产品技术含量等方面还存在一定差距，但中国企业在成本方面的优势在很大程度上将弥补这两方面的差距。从中国汽车企业的成长来看，不少公司的技术水平在不断提升，其综合竞争能力也在持续得到体现，部分优势企业的产品在出口和进口替代方面，逐步体现出其竞争力。而在中国逐步进入重化工业时期所带来对汽车的旺盛需求，也为具备“成本＋技术优势”的中国汽车带来了理想的发展空间，未来的盈利增长也将面临较为广阔的增长空间，值得投资者战略性关注。

---

① 汽车新网。

② 中国汽车工业协会统计信息网。

③ 汽车工业统计信息网。

4. 自主汽车企业逐步步入高端市场

2006年，我国汽车行业还出现了一个新的变化：我国自主汽车企业逐步步入高端市场。奇瑞推出了V5，吉利推出了远景，上汽推出了荣威，一汽推出了奔腾、HQ3……更多中高级车型的上市，可以获取更大的盈利空间和更高的品牌认知度，但同时也意味着这些企业与跨国汽车公司的正面交锋更直接了。

5. 汽车导航产业前景广阔但隐忧依存

2006年中国汽车数量将超过3300万辆，但车载GPS的装车率仅为2%，远远低于日本59%、韩国40%、欧美25%的水平。计世资讯（CCW Research）研究报告《2005～2006年中国汽车电子市场发展趋势研究报告》研究表明，2006年～2009年中国汽车GPS导航系统市场年增长率将超过50%，这些数字说明，车载GPS导航系统的潜在市场至少在100亿元以上[①]。尽管市场前景广阔，但行业发展的隐忧依存。据业界人士透露，受到市场不成熟、产品同质化、前期投入大等不利因素的影响，几乎所有的车载GPS厂商都在陷入亏损。分析个中原因，主要是“僧多粥少”。根据坊间数据统计，国内拥有独立品牌的车载GPS厂商已不下300家，加上杂牌以及代工厂商，这个数字将超过1000家[②]。而现实国内车载GPS市场规模还很小，2006年国内车载GPS市场总量不足6亿元，加之生产厂商需要购买技术和支付电子地图的版权费，利润非常微薄。由此可见，开发国内车载GPS市场还有很长的路需要攀登。首先要突破技术瓶颈，发展自有知识产权技术；其次，需要政府在加速数字化城市建设过程中，加快电子地图资源的整合和技术规范的标准化进程，降低电子地图的使用成本，提高电子地图的全国覆盖率；三是发展多功能的车载GPS产品，集导航、监控定位、娱乐等为一体。总之，未来中国车载GPS市场的发展，需要厂商尽快整合资源，降低价格，促使车载GPS成为大众消费产品，只有这样，中国车载GPS市场才会爆发潜在的能量。

二、2006年中国汽车行业企业发展状况及投融资情况

据中国汽车工业协会对2006年前三季度全国汽车行业6332家规模以上企业经济指标的快报显示[③]，2006年前三季度，全国汽车行业经济运行保持良好发展态势，各主要经济指标与上年同比保持快速增长，整体盈利水平明显高于上年同期。具体情况如下（见表10.3）：

A. 产出指标保持快速增长，工业增加值高于全国工业增加值增速10.15个百分点；

B. 新产品产值保持快速增长；

C. 出口交货值继续保持高速增长，增幅趋于回落；

D. 主营业务收入保持快速增长，明显高于上年同期水平；

E. 利润、利税总额保持高速增长，增幅回落；

F. 亏损企业个数减少，亏损额下降明显；

G. 应收账款净额、产成品库存资金增长较快。

---

① http：//www.guangdongdz.com

② http：//www.guangdongdz.com

③ 中国汽车工业统计信息网。

表10.3 2006年前三季度汽车行业主要经济指标 单位：亿元

经济指标	汽车整车制造		零部件	
	2006年第三季度	2005年第三季度	2006年第三季度	2005年第三季度
主营收入	11 061	8569	3252	2479
增长率	29.10%		30.24%	
主营成本	9407	7317	2780	2112
毛利率	14.95%	14.61%	14.51%	14.80%
利润总额	545	366	199	147
增长率	48.9%		35.4%	
销售净利率	4.92%	4.27%	6.13%	
应收帐款周转率	8.86	7.87	5.55%	5.34%
净资产收益率	9.98%	7.57%	10.88%	9.21%

数据来源：《中国汽车工业产销快讯》

(一)2006年中国汽车行业企业发展状况

1. 2006年中国汽车行业企业总体发展状况

汽车行业企业的总体发展状况可以归纳如下：

第一，企业汽车产量快速增长，初步形成大规模生产能力。经过5年发展，中国汽车产量增长了近3倍。从加入世界贸易组织开始到2005年，我国汽车总产量平均年增长20.75%①。

第二，知识产权意识逐渐加强，企业自主品牌实现高速发展。如今，中国自主品牌轿车的市场占有率已经逼近30%，完全仿制的产品开发模式已经被“借鉴——改进——提高”的模式所替代。自主品牌轿车的市场份额2001年不到5%，2006前10个月市场份额升至26.4%②，超越了日本产汽车，按国别排位首次在中国市场上占据了第一位。

第三，企业实现了汽车进出口大体平衡。值得注意的是，在认真履行WTO承诺基础上，中国汽车出口增幅大于进口增幅，而且在2005年实现了出口略大于进口的转折。中国的汽车贸易出口额2001年起每年增长15%，2005年达200亿元人民币。中国汽车企业走出国门参与国际竞争和分工，出口已经成为一些自主品牌汽车厂商的稳定利润来源。

第四，产品价格低，私人消费成为我国汽车市场的主导。我国汽车年销量中私人消费的比例，由2001年的约30%，提升到2006年的70%③。5年来，汽车价格一降再降。加入世界贸易组织后，中国国内市场各类汽车品牌的降价数百次，累计降价幅度近1/3。有关部门预测，2006年中国轿车消费量将达到400万辆。累计算来，5年时间内，中国约有上千万家庭圆了轿车梦。

① 中国汽车工业协会统计信息网。

② 中国汽车工业协会统计信息网。

③ 中国汽车工业协会统计信息网。

2. 中国汽车行业部分龙头企业发展状况

据中国汽车工业协会据企业上报的数据统计①，2006年1月～11月，销量排名前10位的企业依次是：上汽、一汽、东风、长安、北汽、广汽、奇瑞、哈飞、华晨和吉利，分别销售110.85万辆、105.84万辆、83.13万辆、62.44万辆、61.80万辆、30.86万辆、26.44万辆、24.51万辆、19.04万辆和17.88万辆，同比分别增长37.32%、21.69%、26.23%、10.25%、14.02%、38.49%、62.20%、6.01%、77.80%和35.60%。1月～11月，上述10家企业共销售汽车542.79万辆，占汽车销售总量的84.11%。

上海汽车的整体上市预计在2007年内完成，对2006年业绩影响甚微。在实现整体上市后公司将彻底转变为整车制造企业，上汽集团盈利能力最强的核心资产全部进入公司。业绩增长主要来自上海大众新产品斯柯达产能释放、韩国双龙扭亏。预计2008年前其自主品牌产品仍处于亏损状态，但对整体业绩拖累有限。

长安汽车2006年业绩大幅回升标志着公司彻底走出低谷，业绩增长主要来自合资企业长安福特和控股子公司江铃控股的贡献。未来两年内，合资企业长安福特继续有大量新产品投放市场，南京新厂也将正式投入运营，预计2007年～2008年长安福特的经营利润将有较高的复合增长率。

一汽夏利的业绩增长来自合资企业一汽丰田。随着一汽丰田三厂投入的完成，新产品投放市场，2007年～2008年一汽丰田销售收入继续保持快速增长，而随着新项目费用性支出的大幅下降，销售净利率水平也将快速提高。预计2007年～2008年一汽丰田净利润复合增长率将达到50%，对一汽夏利投资收益增长的贡献较大。一汽目前面临的主要问题是产品储备不足，产品竞争力有下滑迹象。随着新的自主研发产品威志的推出，产品瓶颈有望得到改善。

中国重汽2006年销售增长强劲，预计全年销量不低于4.5万辆。第三季度桥箱资产纳入合并报表，当期净利润约7000万元，1月～9月公司合并主营利润率达到10%，超出预期。另外大吨位重卡成长前景看好，预计2007年公司产品销量仍有较大增长。

宇通客车在2006年承受了较大的竞争压力，在行业增长态势良好的情况下，第三季度市场销售并不理想，国内市场份额有所下降。全年销量在1.6万辆左右，较上年增长7%，其中出口预计2000辆左右，同比增长接近100%。2007年公司国内市场可能仍将面临较大压力，其主要变数是7500辆的古巴订单，如果顺利执行，销量及业绩将有大幅增长。

合资企业博世汽柴共轨项目费用支出大幅超出预期，这是在行业复苏背景下，2006年业绩较上年大幅下滑的主要原因。预计2007年～2008年公司业绩将大幅回升，其驱动因素为合资企业费用支出下降，不再对业绩造成拖累，2008年合资公司共轨系统将有客观的利润贡献；本部机械泵充分受益于重卡行业的复苏销量继续回升，主要盈利产品PS7100和高端VE泵国产化工作的突破进一步提升盈利能力。

上市公司G赛格是中国最大的GPS应用产品制造商和亚洲最大的GPS网络运营商，技术力量雄厚，曾成功打造了“赛格车圣”这个GPS领域内的金字招牌。公司参股35%的深圳市赛格导航在深圳龙岗投资兴建赛格汽车电子产业化基地项目，基地建成后，将成为赛格导航汽车电子产业化的网络服务中心、营销中心、研发中心和制造中心，使赛格导航成为中国汽车电子产业的领军企业。

3. 汽车零配件企业的发展状况

在主要依赖外部技术输入的情况下，中国汽车零配件企业形成了高中低层次的垂直分工格

① 中国汽车工业协会统计信息网。

局，依次分布的分别为外资企业、国有企业和民营企业，这一格局的形成是与多年里不同所有制企业所能获得的技术与资金资源相匹配的。近年来，受惠于日益开放的国际分工体系，中国汽车零配件企业已开始广泛进入国际汽车零配件市场，其中，拥有良好机制和快速反应能力的民营企业最为活跃。

伴随中国汽车市场的持续增长，中国汽车零配件企业的增长速度已经高过国内主机厂的配套增长需求，这是因为除了服务于国内OEM配套和售后市场需求之外，出口步伐也正在日益加快，目标市场也从国际售后市场开始进入全球OEM供应链。2005年中国汽车配件出口额突破了100亿美元，首次超过进口额，海关统计的出口企业超过1000家①。

2006年是本土汽车行业零配件企业大有作为的一年，2006年，我国大部分零配件企业都在考虑出口或正在进行出口模式的尝试，而部分较大的零部件企业已经踏上了跨国并购的征程。以万向、福耀、华翔、东风为代表的我国零配件企业将收购目标瞄准了处于困境中的德尔福、伟世通以及其他欧美零部件企业。华翔集团如果收购麦格纳集团旗下英帝尔公司全资子公司，一家具有85年历史的英国劳伦斯内饰件有限公司，将有可能成为凯迪拉克、标志雪铁龙以及萨博等品牌的OEM供应商。这些企业有一个共同的特点即都是民营企业，通过并购，试图进入跨国零部件市场的第一阵营，快速成为海外市场的OEM供应商。

整体而言，虽然我国汽车零配件企业具有成本优势，数量增长也很快，但是产品技术含量低，出口附加值低，目前规模还不大，质量上很难达到国际标准，中国的汽车零配件企业要想做大做强，还有一段很长的路要走。

4. 汽车服务业企业的发展状况

发展至今，我国的汽车服务业市场已初具规模，从业人员达240万人，年维修产值300亿元。但与英美等发达国家相比，我国的汽车后市场总体水平依然落后，停留在汽车服务业市场的初级阶段。2002年以来，伴随着我国汽车工业的发展、相关政策的调整与完善，以及汽车保有量的迅速增加，汽车服务业市场发展迅猛，市场前景十分看好。但是，随着国内汽车后市场的成熟，国外汽车后市场的行业巨头也都纷纷进入中国，美国“胜牌”、日本“黄帽子”等国际大品牌都已相继举旗进入，其他的一些国际大品牌也在跃跃欲试。相信不久，我国的汽车服务业市场竞争将更为激烈。

（1）汽车服务业市场有巨大发展空间

在国外成熟的汽车市场销售额中，配件占39%，制造商占21%，零售占7%，服务占33%。现在国内汽车市场销售额中配件占37%，制造商占43%，零售占8%，服务占12%。数据显示目前国内汽车销售额中制造的比重偏大，服务的比重过小。整车与配件销售已与国际接轨，而汽车服务市场还有很大的上升空间。我国的汽车产业年增幅超过20%，而且这一增长趋势还在逐年加快和增大。汽车产业的强势增长，为汽车服务业市场带来了巨大的发展空间。

（2）汽车维修的产业格局发生变化

中国的汽车保有量快速增长，但大型的汽修企业及3S、4S店原本期望的生意兴隆局面却并没有出现。这是由于汽车维修产业格局发生了变化，需要更专业化的细分，维修业现已分成三大阵营：一是“四位一体”即4S店阵营。其特点是投资规模大，服务专业完善，但数量少、覆盖率有限，成本过高，是主流车型厂商的首选。二是“全国连锁经营”阵营。由强势品牌发起，众多中小企业加盟，是未来产业发展的主流。三是“独立品牌”阵营。作为一种重要的补充形式，将在

① 中国汽车工业协会统计信息网。

部分地区长期存在。其特点是服务内容单一，但非常专业。多为国际巨头及知名品牌自设。

（3）中国汽车服务市场养护业连锁经营

我国的汽车连锁服务还处于成长初期。众多品牌基本处于尝试阶段，没有行会自律、缺乏归口管理，市场呈自发、松散、盲目发展的状态，网络建设的规范化程度、稳定性也不高，连锁总部的管理、控制、支持、服务能力不强，非常成功且具备真正连锁经营意义的全国性领导品牌还没有成长起来。时至今日没有一家企业能在汽车后市场行业中取得绝对的优势。所以，近期内还会处于群雄混战各种小资本一统天下的局面。但一些比较有规模和实力的国内外大公司已经开始或将要进入这一市场。

（4）二手市场前景被普遍看好，但发展仍不够快

发达国家每年的汽车销售总量中，二手车交易占70%以上，而我国2005年还不足30%。由于二手车交易市场仍以旧车交易中心为主，交易模式单一而陈旧，缺乏统一的旧车价值评估标准、规范而有公信力的专业技术评估手段和旧车价格信息管理系统，导致二手车交易屡展出现"诚信危机"，严重损害消费者的利益和对汽车服务业的信心。

汽车租赁业是与国际接轨的新兴行业之一，对于经济快速发展的国内市场，它极具发展潜力，但目前由于信用评估机制缺失、风险过高，又缺乏相应的防范措施而使该行业在许多地方发展不起来。

中国汽车服务市场的连锁经营是必然趋势，它将成为未来汽车维修、养护业的主要运营方式。现在是发展全国性汽车连锁服务业的大好时机，国内外各大品牌也正在积极攻城圈地，拓展势力范围。机会稍纵即逝，谁能抢在前面，谁就能抓住机遇和市场。但是，随着汽车后市场行业的进一步成熟与发展，行业竞争将会日趋激烈。经营管理的不善、行业利润的下降，必将淘汰一大批经营者。而有实力、懂技术、懂管理、有战略眼光的大型连锁企业将会从严酷的市场竞争中脱颖而出。

（二）中国汽车行业企业投融资情况

1. 2006年中国汽车行业企业投融资概况

（1）2006年中国汽车行业并购概况

2006年中国汽车企业的海外并购并不鲜见。先有吉利通过合资进而控股英国锰铜，后有中国万向洽购福特零部件业务，此外，福耀、华翔、东风等国内零部件企业也在跃跃欲试。通过并购绕开各种技术、贸易壁垒的限制，不失为中国汽车行业企业发展的一条捷径。

2006年上半年，以世界零部件业巨头之一德尔福宣布进军中国汽车后市场为标志，包括博世、电装等世界级企业在内的零部件巨头争夺中国汽车后市场的格局已经初现端倪。

日前，相隔8年重又回到中国市场的美国NAPA公司再一次撑起了其代理蓝霸的大旗。从8年前中国轿车产量只有50万辆的水平，到当前的400万辆级水平，轿车在中国已不再是什么公用之物，中国私人汽车市场的渐入佳境使得NAPA这家具有汽车业界"麦当劳"风范的美国连锁大亨也不得不再次踏上中国的土地。

中国外汇储备的增加，带来了前所未有的资本流动性。流动的热钱，加上人民币升值步伐的加快，在固守本土产业基础上适当投资海外就成为不少企业的最佳选择，这一点在普遍规模不大的汽车装备制造业尤为突出。如沈阳机床收购德国希斯，大连机床收购德国兹默曼，上海明精机床对德国沃伦贝格和日本池贝的股权收购，秦川机床对联合美国工业公司的控股等，这场收购与

并购的战役在汽车制造业的前端已经打响。这些发生在零部件制造业上游产业的资本之作，预示着中国已经提前介入到世界制造业的重新布局和分工之中。

戴－克与北汽福田合资也获得成功。2006年11月，福田公司发布公告，董事会决定向戴－克定向增发，增发结束后，戴－克将以24%的股份位列第二大股东。通过配售，戴－克实现了与北汽福田的深度合作。

（2）2006中国汽车行业风险投资概况

根据投资中国网站资料，2006年发生的风险投资案例中，和汽车行业有关的有8起，其中汽车后市场是风险投资关注的焦点，在风险资本的推动下，汽车后市场正在中国步入“黄金时代”。2006年8月8日[①]，UAA（联合汽车俱乐部）与联想投资有限公司联合对外宣布，UAA引入联想投资800万美元资金，共同开拓中国的汽车俱乐部和汽车售后服务市场。时隔不久，8月下旬又从业内传来中国汽车网从高盛集团为代表的Series B手中，获得2500万美元的第二轮战略股份融资。易车网9月14日也向媒体透露，其刚刚完成了第二轮国际私募融资，获得了来自美国和日本风险投资机构总额1000万美元的投资。还有51auto公司、爱卡汽车网、车盟网等，汽车服务与互联网的结合，中国汽车行业正在演绎富有激情的资本故事。

2.2006年中国汽车行业投融资案例

（1）吉利控股英国锰铜

2006年10月25日，随贾庆林出访英国的吉利集团董事长李书福与英国锰铜控股签约。通过这宗交易，吉利汽车（0175.HK）以旗下一家公司48%权益换得英国锰铜23%股份。英国锰铜控股是一家出租车制造及服务专业公司，2005年和2006年税前利润分别为3667万港元和5503万港元。作为伦敦交易所的上市公司，英国锰铜有了“中国制造”概念后，融资前景一片光明。锰铜生产的出租车宽敞舒适，且设置了方便坐轮椅的残疾人乘坐的特殊功能，被伦敦人亲切地称为“BlackTaxi”。按计划，伦敦黑色出租车将在上海华普厂房制造，2008年产能可达2万辆，大部分车销往欧洲市场。

（2）华翔集团收购劳伦斯

根据2006年12月12日达成的意向，华翔集团计划出资340万英镑购得英国劳伦斯100%股权[②]；由华翔集团实际控股的劳伦斯汽车内饰件有限公司预计将于2007年1月1日起开始经营，目标是两年内收回并购成本。总部设在诺丁汉的英国劳伦斯是加拿大麦格纳集团（世界500强、世界第三大汽车零部件供应商）旗下英帝尔公司的全资子公司，具有85年发展历史。其桃木产品是世界著名品牌，主要供应美国通用凯迪拉克系列、萨博运动车系列和标致雪铁龙系列等大客户，在全球其产品市场占有率约为10%。

（3）曲线破冰，戴姆勒－克莱斯勒以24%股权成为福田第二大股东

2006年11月30日，北汽福田公司董事会发布定向增发决议公告，将向实际控制人北汽控股发行1.29亿股，向戴姆勒－克莱斯勒发行2.97亿股，发行价格协商确定在每股2.75元，募集资金约为11.72亿元。福田目前总股本为8.11亿股，定向增发后将上升至12.38亿股，戴姆勒－克莱斯勒将以24%的股权成为福田第二大股东。

囿于国家汽车产业政策，外商在华成立的合资乘用车和商用车企业分别不得超过两家，而戴姆

① 投资中国，www.chinaventure.com

② 中国汽车新网。

勒－克莱斯勒已在2004年与福建汽车集团和1997年与扬州亚星的项目上用完了商用车合资名额。福田当然想一步到位建立合资公司，这也必将成为其与戴姆勒－克莱斯勒的未来，但眼下显然只能通过战略投资和技术合作来回避产业政策的限制。这1%的差距也成为了戴姆勒－克莱斯勒与福田距离真正“合资”的一步之差（按照国家有关规定，外资占25%及以上的股权就成为合资公司）。

目前福田的资产负债率高达77%，已经影响到福田的可持续发展。此次定向增发，将为福田汽车今后的发展带来资金与技术方面的双重支持。同时，通过定向增发引进战略投资者戴－克公司，可以利用对方在重卡方面的先进的技术和管理经验，更快速地实现公司的国际化进程。

（4）车盟网第二轮融资1500万美元变身汽车保险经纪

2006年10月26日，车盟（中国）网络有限公司宣布二次融资成功。该公司首席执行官林振表示，他们借此将从兼业保险代理转变为专业汽车保险经纪，计划打造全国汽车保险销售服务第一平台，做车险中介业的“携程”。这也标志全国规模最大的保险经纪公司正式向2008年海外上市冲刺。

据车盟内部人士透露，这是车盟第二次获得风险投资，5家风投共投入约1500万美元，其中包括华登国际、德同中国投资基金等海外投资机构，他们曾是新浪网战略投资商。而在公司创建之初称获得过200万美元风投。

中国保险行业协会中介工作委员会潘文华表示，就目前车盟的投资额来说，该公司已是中国规模最大的保险经纪公司，从其服务于保险公司及客户两端的市场而言，潜力也是巨大的。目前中国民用汽车有40%还未投保，车险中介还未完全发挥作用，这表明像车盟这样的专业性强的中介公司将大有可为。

（5）NVCC与DCM投资易车

2006年9月8日，中国领先的汽车互联网企业易车（BitAuto）完成第二轮国际私募融资，获得NVCC（Nippon Venture Capital Corporation）和DCM（Doll Capital Management）总额为1000万美元的风险投资。此次所融资金，以及带来的投资商资源，将进一步巩固易车在新车购车资讯服务市场的领先地位，同时扩展二手车和易车会业务。

（6）多家机构投资重庆超力高科

2006年10月，英国Regis Asia Limited、荷兰ING银行、新加坡KPMG毕马威3家公司组成的联合投资体近期向重庆超力高科投资1200万美元，并将在随后的3年内再投入1亿美元。重庆超力高科技有限责任公司是以汽车热交换器技术和汽车电子电气技术为平台，以汽车车身前端电子电气模块（PTC）和汽车驾驶舱模块（CAB）的研发、制造、销售为主业，并发展其核心零部件及衍生（系统）产品的新型高科技企业。超力高科在发动机电喷系统控制器ECU、CAN总线、CAB空气净化、汽车电传感、车载视听娱乐系统集成等方面具有较深入的研究和成熟的技术平台。

（7）IDGVC投资聚信传媒

2006年9月，二手车信息服务商深圳聚信传媒获IDGVC第一轮200万美元风险投资。聚信传媒是一家典型的混合基因型公司，旗下运营的二手车网站www.carcv.com（汽车简历）及同名杂志《汽车简历》，以线上、线下的结合方式为二手车买卖双方提供专业的信息平台服务。

三、2006年中国汽车行业政策环境

2006年我国汽车行业出台了一系列的法律法规，初步形成了较为完善的法律监管体系，为中

国汽车行业健康有序的发展奠定了基础。

（一）2006年中国汽车行业政策概况

2006年出台及实施的汽车行业的政策法规有：《关于鼓励发展节能环保型小排量汽车的意见》、《机动车交通事故责任强制保险条例》、规范汽车外部的标识、进口关税调整、国家第三阶段排放标准实施、消费税调整、《关于优先发展城市公共交通的意见》、《乡村公路营运客车结构和性能通用要求》等。这些政策对汽车行业的长期发展均有积极的作用，但短期内影响不一。

（二）2006年汽车行业法规政策详细解读

1.《关于鼓励发展节能环保型小排量汽车的意见》

2006年4月1日实施的国家发改委、交通部、国家环保总局等六部委联合发布，要求各地取消一切针对节能环保型小排量汽车在行驶线路和出租汽车运营等方面的限制。2006年4月1日，北京正式解禁限小，出台环保小排量车新政策。伴随北京的限小解禁，其他城市纷纷开始解禁小排量车。促进了小排量汽车的市场增长，以小排量车为代表的经济型车的销售量明显高于2005年同期水平。

2. 规范汽车外部的标识

2006年5月1日起《道路机动车辆生产企业及产品公告》内所有车型均需在显著位置表明其中文产地或国内生产企业的名称，否则暂停有关车型在此《公告》上刊登。这一举措对推动我国汽车生产企业质量意识和品牌意识的增强，强化“中国制造”的地位无疑具有里程碑式意义。它也将起到保护我国自主品牌和引导自主开发，加强合资企业中方话语权的作用。

3. 国家第三阶段排放标准实施

2005年12月30日起，北京正式实施国家第三阶段排放标准（简称国三标准，相当于欧III标准），不再允许销售国II标准机动车。根据“新车新标准，老车老标准”的管理办法，新标准出台后，在车的使用上不受任何限制和影响。许多不达标的车型在新标准实施前通过各种促销手段销售车辆，形成了购车旺市，2006年新上市的车型纷纷以达到欧III标准甚至欧IV标准作为新车的销售亮点。

4. 消费税调整

从2006年4月1日起，作为国家消费税调整的重要组成部分，小汽车执行新的消费税率。乘用车消费税分为5档，即排气量小于1.0升的税率为3%；排气量1.0升（含）至2.2升的税率为5%；排气量2.2升（含）至3.0升的税率为9%；排气量3.0升（含）至4.0升为14%；排气量4.0升以上征收20% 消费税。对24座以下客车，排气量小于2.0升的，仍适用现行的3% 税率，对排气量2.0升（含）至3.0升的适用5% 税率，对排气量在3.0升（含）以上的增设8% 的税率。新消费税的出台，是国家落实鼓励小排量车政策具体措施之一，对小排量车的热销起到推动作用。同时致使短期内很多排量在2.0升以上的汽车纷纷降价。

5. 进口关税调整

2006年1月1日我国进一步降低了100多个税目的进口关税，其中进口小轿车、小客车、越野车等汽车整车的关税由30% 降至28%。2006年7月1日，汽车进口关税降到了25%，此次关税的调整将是汽车进口关税的最后一次调整。进口汽车的关税成本稳定，价格随市场变化。

6.《机动车交通事故责任强制保险条例》

第462号国务院颁布的《机动车交通事故责任强制保险条例》，自2006年7月1日起将正式实行。车险将执行两大“新政”：保费优惠总额不得低于7折，强制三者险正式实施。《强制保险条例》的实施，应该说是一项车险业的革命，以前理赔难、事故责任划分不明确的现象将得到改观，增加了车辆的使用成本。

《关于优先发展城市公共交通的意见》的实施，将为适合城市公交用途的大型客车带来发展机遇；《乡村公路营运客车结构和性能通用要求》的下达，将使农村对中低档轻型客车产生较大需求。发改委和海关总署正式宣布原定于2006年7月1日起实施的进口零部件60%整车特征界定标准推迟到2008年7月1日对国内零部件实施。

四、中国汽车行业投资价值分析

2007年，中国经济将继续保持较高增速，汽车产业需求将继续增长。从发展前景看，微型轿车、经济型轿车、中级轿车、高档SUV、商务用MPV、高档客车、重型货车、微型货车等具体车型发展前景看好；而柴油车、清洁能源车、汽车服务业、零部件行业的投资价值大，前景广阔。汽车产业对于经营与投资者仍然存在着较多的机会。

（一）我国汽车行业发展的市场环境

1. 良好的宏观经济发展环境

目前，我国经济固定资产投资增长较快，投资仍是经济增长的最主要驱动力；国外需求未减，贸易顺差继续扩大；居民收入增长加快，消费需求有所扩大，最终消费对经济增长的贡献率提高。整体上判断，未来几年宏观经济发展形势将会持续良好的发展趋势。国民经济稳定较快的发展一方面将带动全社会客货运输量和固定资产投资的增长，增加对商用车的需求；另一方面也将促进居民收入的稳步提高，增加乘用车的消费需求，从而为汽车行业的发展构造良好的外部环境（见图10.4）。

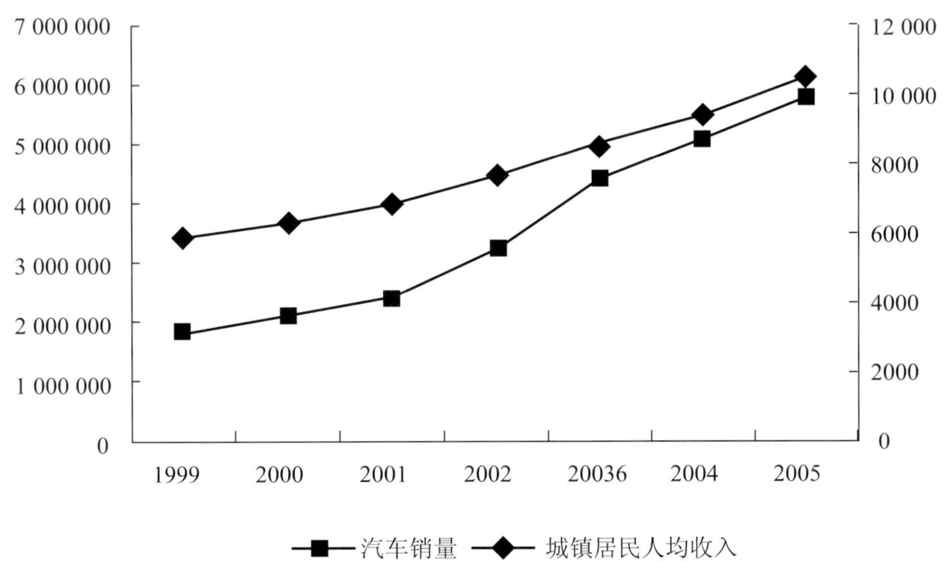

数据来源：中国经济信息网、中国汽车工业协会

图10.4　历年城镇人均收入与汽车销量

2. 逐步完善的金融环境

GMAC 的市场研究结果显示，2005年中国汽车信贷消费比例为18.5%[①]，远低于发达国家的水平：美国通过信贷和租赁买车的比例为92%，英国为80%，德国为75%，亚洲比例最高的日本为44%。随着逐渐习惯于信用消费的中青年阶层的崛起，汽车信贷消费在中国快速普及的时间可能不会离得太远。

截至2006年7月，已有6家汽车金融公司获准成立，包括通用、福特、大众、丰田、戴克和东风标致雪铁龙汽车金融公司，有强大外资背景的汽车金融公司是在这样的背景下进入中国的：银行纷纷加强对车贷的风险控制，不少商业银行相继退出车贷，工行、农行等将首付提高到30%～40%，提高的门槛挡住了几乎一大半潜在车贷客户。在汽车金融公司的竞争压力下，国内商业银行车贷政策也再度开始松动，在相应强化了风险控制机制后，汽车消费信贷重新趋于活跃的迹象在2006年已经出现。预计2007年汽车消费信贷占购车比例将提高到25%左右的水平，2008年有望提高到30%以上的水平，市场需求将因此而继续保持旺盛。

3. 旺盛的消费需求

从汽车人均普及率看，美国汽车普及率高达每千人900多辆，基本是饱和状态。近3年美国轿车总销量持续负增长，但总量很大，在1700万辆左右。我国每千人拥有汽车的普及率还很低，据调查，中国目前在沿海地区就有2.3亿人左右的现实或潜在的用户群体，而这一群体中真正拥有汽车的只有10%。2003年轿车销售增长率达到创记录的75%，2004年～2005年增长趋缓，2006年开始提速，预计近几年增长的趋势不会改变。

汽车需求主要受宏观经济和居民收入、汽车价格、产品可供性、支付方式、消费环境等因素的影响。宏观经济和居民收入作为长期影响因素，近几年来持续保持较快增长，预计2007年这一趋势不会改变。

产品可供性方面，在当前国内汽车车型产品已相对较为丰富的条件下，其对整体市场的影响作用已越来越弱，从2006年多款中高档新车入市的情况来看，都未能对市场构成太大冲击，过去那种由单一品牌新车上市大幅带动市场需求的历史已不复存在。

4. 良好的国家政策推动

国家相关政策也为行业的稳定发展提供了支持。消费税的调整、停止对小排量汽车使用的限制、扩大内需政策等都将对汽车行业需求起到直接的推动作用。

部分自主品牌企业的销量增长加快，市场占有率逐渐提高，国内产业环境正在向有利于自主品牌企业的方向发展，随着国家鼓励自主品牌政策的逐步落实，自主品牌设备将在国内市场获得良好的生长环境，随着产能的高速扩张，依托我国制造业逐渐显现的国际竞争优势，出口将成为释放国内企业庞大产能的通道，自主品牌企业将面临巨大的发展机会。

（二）中国汽车行业投资分析

今后几年，中国经济将继续保持较高增速，汽车产业需求将继续增长。汽车产业对于经营与投资者仍然存在着较多的机会。

1. 中国汽车行业海外并购展望

从2007年的海外并购形势看，不能排除从国内整车和零部件企业中产生第二个吉利或万向的

---

① 中国汽车工业协会统计信息网。

可能。2007年汽车业的海外并购可能会更多地出现在零部件厂商领域。因为，国内众多做出口业务的汽车零部件企业中90%以上都集中在售后市场，即给欧美售后市场的贸易商或者制造商贴牌生产，这也是当年迈向走出国门的第一步。凭借低于国际竞争对手20%的价格优势，中国零部件厂商的业务增长很快，有的甚至逐步握有了海外并购所必需的资本积累和未来市场。但也有业内专家指出，现在有很多零部件企业值得去并购，但中国零部件企业大规模的海外并购为时尚早，对外出口才是重点。相比之下，中国整车企业的海外并购步伐仍将缓慢，虽然包括奇瑞、上汽等自主品牌企业在内的整车厂正在努力成为世界汽车俱乐部中的一员，但是他们尚不具备足够的实力、精力和经验来收购外国整车企业。当然，可以预见的是，2007年中国整车企业在非洲、拉美和亚洲其他国家等新兴市场的海外并购活动也许会有所增多。

2. 汽车服务业

目前，中国的汽车服务子行业都处于幼稚期或者成长期，这与欧美等成熟汽车市场大部分处于成熟期是不同的，这也反映了中国汽车服务业发展的潜力。从投资的角度来看，我们首先看好目前已经处于成长中期的汽车维修养护行业。我们看好的一个重要理由是，中国的汽车维修养护行业未来很可能参照欧美的经验，迅速发展出独立的连锁巨头。其次，互联网与汽车后市场的结合，将会继续演绎着资本故事。

随着私车消费时代的来临，汽车维修养护行业也从以前的故障修理升级为定期养护；随着科技的发展和新车型的退出，从以前单凭工人的经验修理升级为日益电子化、专业化的修理，这就意味着这个行业的进入门槛提高；方式上从目前单纯的价格竞争逐步过渡到服务竞争最后到品牌竞争。而且，我们非常看好中国汽车维修养护行业从目前的品牌特约维修站模式转变为未来的维修连锁经营网络模式。规模化、集团化的连锁不仅可以大大降低成本，还可以迅速树立品牌，毕竟汽车服务的价格弹性很弱，消费者能选择的只能是在哪家修理养护。

从美国等成熟汽车市场的经验来看，维修连锁模式非常盛行。NAPA、AC 德科、BOSCH 等都是连锁店过万的大型网络集团。相比而言，中国最大的连锁店中车汽修也仅有280家加盟店。我们相信未来中国出现汽车维修养护行业的“麦当劳”是很有可能的。

此外，值得关注的是，2006年借助互联网提供服务的汽车服务企业已经成为风险投资商手中的“香饽饽”，其中许多具有高成长性的企业成为了风险投资机构关注的热点。而那些已经获得风险资本青睐的企业，必将利用资金优势，继续“跑马圈地”，可以预见，2007年汽车互联网服务行业的并购和整合将成为趋势。

3. 汽车零配件企业

随着中国市场越来越受国际市场的关注，而且在2006年12月下旬出台的《国家发展改革委关于汽车工业结构调整意见的通知》鼓励汽车行业跨区域重组。预计2007年中国汽车行业将迎来并购、整合浪潮，尤其是部分零配件企业、部分拥有自主知识产权的企业值得关注。

在该子行业，最值得期待的是车载 GPS。近年来，受核心技术和电子地图的制约，国内车载 GPS 一直未有大的发展，然而由于潜力巨大，不少厂商早已开始“跑马圈地”，期待在未来市场占据领先优势。值得业界欣慰的是，政策导向已经是“暖风频吹”。首先，政府推动的数字化城市建设已经进入高潮，不久的将来，制约行业发展的电子地图产品标准可望统一；其次，始于2006年3月7日，北京推行的危险化学品运输车不装 GPS 禁止上路的政策，势必对全国产生巨大影响，继而为车载 GPS 市场赢得巨大空间；其三，浙江正在制定国内首个车载 GPS 行业标准，一旦出台，将对规范行业发展产生深远影响。由此我们认为，国内车载 GPS 市场爆发在即，值得投资者期待。

4. 节能环保车

经济快速发展带来的节能、环保问题日益严重，成为”十一五”计划的重要任务，目前已采取包括产业政策、税收与价格政策、鼓励替代能源与新能源发展等各项措施。因此，生产节能产品和装备、风能、太阳能等新型能源和替代能源机械、设备将获得发展机遇。这样的汽车企业也将更具有投资价值。

（三）中国汽车行业投资风险分析

1. 政策环境风险

中国商务部8月8日发布的2006年第10号令称，修订后的《关于外国投资者并购境内企业的规定》（以下简称《规定》）自2006年9月8日起施行。

《规定》中指出，外国投资者并购境内企业应遵守中国的法律、行政法规和规章，遵循公平合理、等价有偿、诚实信用的原则，不得造成过度集中、排除或限制竞争，不得扰乱社会经济秩序和损害社会公共利益，不得导致国有资产流失。《规定》第五章第五十一条明确指出，外国投资者并购境内企业有下列情形之一的，投资者应就所涉情形向商务部和国家工商总局报告：并购一方当事人当年在中国市场营业额超过15亿元人民币；一年内并购国内关联行业的企业累计超过10个；并购一方当事人在中国的市场占有率已经达到20%；并购导致并购一方当事人在中国的市场占有率达到25%。这些都要受到“反垄断审查”。

从2006年初江铃齿轮公司的并购到山东天润曲轴公司的并购的不顺正是相关法律法规不完善的表现。

总体而言，中国目前在汽车行业方面的立法仍然滞后于汽车行业的发展，尽快建立一套清晰透明、符合国际惯例的市场“游戏规则”将成为未来几年政府的主要任务，而在过渡期间，市场的政策风险比较大，这是投资者需要考虑的因素。

2. 原材料价格上涨增加企业成本的风险

我国汽车原材料主要涉及到钢铁和橡胶，二者对汽车成本的影响最大。

橡胶的价格总的趋势在不断上涨。随着石油价格的不断上涨，橡胶的价格依然会上涨，即使有暂时的下降，总的趋势还是上涨的。由于铁矿石需求增长，价格上涨，必然导致价格上涨。2005年钢铁价格处于低位，2006年钢铁价格有所回升。

3. 人民币升值对汽车行业企业出口的影响

人民币的升值对汽车行业的影响有利有弊。人民币升值将有利于进口零部件较多的合资企业降低成本，也会降低进口机械的到岸价，有利于汽车以及零部件企业的海外投资，有利于行业企业的技术改造、提升装备水平。而对于经营出口业务的企业来说，中国产品相对出口国当地价格有明显价差，汇率上升不改变其竞争优势，升值对出口业影响较小，但会影响出口企业的收益水平，从而影响出口企业的积极性，不利于设备的出口。尤其不利于自主品牌的出口，自主品牌开拓海外市场的优势，主要在于价格。人民币升值，将直接导致进口车价格进一步下降，自主品牌依托价格优势的生存空间将进一步缩小。

4. 零配件行业风险评价

近年来我国汽车市场的快速增长，吸引了跨国汽车零部件巨头纷纷进入。发展滞后的我国汽车零部件企业，由于技术和研发能力不足，时刻面临被跨国巨头吃掉的危险。集团内部采购的传统模式将逐步被打破，尤其是后进入中国的整车合资厂商将在全国范围内寻找最佳供应商。同时，全球采购、同步研发将成为中国零部件市场发展的趋势。而国内零部件厂商，无论是原材料采购，还是制成品的销售、流通和服务都还没有形成大规模的成本优势，加上产品结构不合理，不少零部件企业生产能力严重过剩，大量资产闲置，导致固定成本增加。更重要的是，国内目前的零部件企业大多没有技术优势，没有能力与整车厂家走合作研发的道路，无法与厂家形成密切的合作伙伴关系。

基于以上原因，我国汽车零部件行业面临洗牌。同时，德尔福、Tenneco、伟世通、TRW 和 Lear 等一大批全球主要汽车零部件供应商对中国的投资扩展计划，2010 年中国将在现有零部件供应行业规模基础上增加 165% 的份额达到约 8000 亿元左右规模，成为全球最大的投资吸收方。

汽车零部件对汽车行业的发展起到决定性的作用，零部件直接影响着汽车的质量、性能及价格，而我国汽车零部件企业没有与整车企业进行同步研发，这将大大制约整车企业的发展。所以，汽车行业面临的零部件的风险比较大，应该密切关注零部件行业的变化趋势。

5. 行业投资风险综合评价

综合以上分析，尽管 2007 年国家经济继续增长，但汽车行业的风险不容忽视。

2007 年，汽车产业面临的主要风险表现在：在宏观调控的背景下，固定资产投资及宏观经济增长将有所放缓，产业面临新的调整，将影响汽车需求变化；持续增长的油价短时间内不会根本改变，对汽车运营成本的增加及消费者心理的影响会日益显现，能源短缺，油价上涨将逐渐影响汽车行业消费总量及消费结构；已经或即将出台的汽车消费、环保、燃油等相关政策将给汽车市场及产业发展带来一定的不确定性；国内零部件行业面临着加快开放带来的巨大压力，零部件行业加速整合无疑将为整车原料供给带来较大的不确定性；中国汽车市场开放水平提高及市场供需矛盾也必将进一步加剧中国汽车企业竞争，从而带来市场格局的变化，影响汽车企业经营与投资的预期。

参 考 文 献

[1] 中国汽车工业信息网，www.autoinfo.gov.cn

[2] 中国汽车工业协会统计信息网，www.auto-stats.org.cn

[3] 中国汽车工业协会，www.caam.org.cn

[4] 中国平安证券有限责任公司："汽车工业 2007 年年度策略报告"，2006 年 11 月

[5]《2005 中国统计年鉴》，北京，统计出版社，2006 年

[6] 中国汽车新网

附　录

附录一 2006年中国风险投资大事记

1. 2006年1月1日，新的《公司法》、《证券法》和《公司登记管理条例》正式生效。

2. 2006年1月5日，上海科技投资公司与以色列CIIF公司签约，成立全国首家中外合资风险投资公司——巨龙创业投资有限公司。

3. 2006年1月10日，中国最大的互联网风险投资机构——国际数据集团IDGVC宣布，向中国领先的教育行业网——精品学习网进行千万美元量级的投资。

4. 2006年1月11日，中国社会科学院举行了“2006年中国文化产业发展形势发布会”，会上发布了2006年的文化蓝皮书——《2006年：中国文化产业发展报告》，并预期风险投资将会推动中国文化产业竞争力的加强。

5. 2006年1月16日，经国务院批准，中国证监会正式批复，同意中关村科技园区非上市股份有限公司进入证券公司代办股份转让系统进行股份转让试点，世纪瑞尔和中科软两家公司成为首批试点企业。

6. 2006年1月19日，全景视觉网络科技有限公司（www.quanjing.com）正式对外宣布，由美商中经合对全景的第一期风险投资资金已全部到位。全景计划在未来3年成功登陆美国纳斯达克，争取成为中国第一家上的市图片企业。

7. 2006年1月20日，上海首家由民间资金发起的股份制风险投资公司——上海汇乐投资管理股份有限公司在浦东正式揭幕。民间创投公司的涌现将会给众多资金饥渴的国内种子期的高科技项目以极大的推动。

8. 2006年2月5日，海外私人直接投资基金Pacific Alliance Group用1.225亿美元收购中国婴儿用品供应商好孩子集团公司（Goodbaby Group）68%的股权。这是中国2006年第一宗杠杆收购（LBO）案例。

9. 2006年2月5日，将星巴克咖啡成功带入中国市场的美国硅谷汉鼎亚太董事长徐大麟，当选《福布斯》杂志全美最佳科技创投家第18名。他也是全美国风险投资界排名最前面的华裔人士。

10. 2006年2月6日，中共深圳市委、深圳市人民政府《关于大力发展文化产业的决定》在深圳公开亮相。在《决定》中，深圳允许民营资本和外资依法进入文化领域。

11. 2006年2月12日，58同城分类信息网站（www.58.com）获得软银亚洲500万美元的风险投资，这是第一家获得风投青睐的分类信息网站。

12. 2006年2月14日，国务院发布《关于实施〈国家中长期科学和技术发展规划纲要（2006-2020年）〉若干配套政策的通知》。通知中包含了60条配套政策，立足于加强经济政策和科技政策的相互协调，形成激励自主创新的完整的政策体系，以确保《国家中长期科学和技术发展规划纲要（2006-2020年）》的顺利实施。

13. 2006年2月15日，总部位于美国西雅图的领先风险投资公司Ignition Partners，联手前英特尔投资部中国总监邝子平以及Mobius风险投资的创始人兼前董事总经理Gary Rieschel，在中国创立一家新的风险投资公司——启明创投，计划在中国进行两亿美元的风险投资。

14. 2006年2月22日，南京市委，市政府召开新闻发布会，通报了市委、市政府刚刚出台的《关于增强自主创新能力，加快建设创新型城市的意见》和南京市第一部专项规划《南京市科技发展“十一五”规划纲要》的编制情况。

15. 2006年2月28日，由天津创业投资有限公司、天津开发区泰达科技风险投资股份有限公司与美国博乐公司合作建立的博乐（中国）生命科技创业投资基金举行了框架协议签字仪式，计划总融资0.5亿～1亿美元，将是我国第一只专注于生命科技领域的中外合资创业投资基金。

16. 2006年3月1日，著名风险投资商IDG－Accel中国成长基金在北京宣布，向国内知名音乐制作企业海蝶音乐集团注入1000万美元风险投资。这是IDG－Accel中国成长基金在亚洲投放的首笔风险投资，也是其首次涉足音乐产业。

17. 2006年3月2日，北京市国资委召开“十一五”国有经济发展规划新闻发布会，国资委副主任龚莉透露，国资委将建立国有企业风险投资基金，以培育先导性产业的发展。这是国资体系首次提出酝酿建立国企风险投资基金。

18. 2006年3月6日，中宽资讯相关人士透露，中宽资讯及其旗下网络电台——银河台，刚刚获得了一笔来自软银的1000万美元投资，这是截至目前，新兴播客概念网站所获得的最大单笔投资。

19. 2006年3月7日，旗下拥有猫扑、Donews等大型社区网站的千橡集团宣布，获得4800万美元的第二轮风险投资，投资方包括泛大西洋投资集团（General Atlantic）、DCM、Accel Partners和联想投资等多家投资公司。

20. 2006年3月17日，新华社授权发布《中华人民共和国国民经济和社会发展第十一个五年规划纲要》。《纲要》共十四篇四十八章，对“十一五”时期我国经济建设、社会发展、改革开放等方面做出了全面部署，提出了明确的任务和政策措施。

21. 2006年3月22日，51auto宣布获得Dragon Groove（碟龙商务咨询有限公司）500万美元的投资，将打造全国最大的二手汽车交易网。

22. 2006年3月22日，全球私人股权投资公司凯雷投资集团以2500万美元购入中国第一大民营担保公司——中科智担保集团股份有限公司的新股。随着各战略投资者的陆续进入，中科智将备战海外上市。

23. 2006年3月22日，国内第一个创业投资引导基金——“苏州工业园区创业投资引导基金”在苏州工业园区顺利设立，基金总规模将达到10亿元。

24. 2006年3月27日，安徽省首家民营股份制创业投资公司——安徽鼎润创投公司正式亮相。该公司是2006年3月1日《创业投资企业管理暂行办法》施行后，安徽省注册成立的首家从事创投业务的民营公司。

25. 2006年3月30日，国内婚恋交友网站——百合网获得全球著名风险投资公司NEA和Northern Light基金共900万美元的风险投资。随着网络婚恋交友市场的日益增大，婚恋网站正成为下一轮互联网投资新热点。

26. 2006年4月7日～8日，2006（第八届）中国风险投资论坛在深圳隆重举行。本届论坛由中国风险投资研究院主要承办，以“落实自主创新战略，开创中国特色风险投资新局面”为主题，吸引了1000多位嘉宾的参会。业内人士表示，本届论坛是中外私募股权基金和风险投资家交流的平台，为中国风险投资业界人士与政策制定者之间建立了直接对话的桥梁，为投资家与企业家搭建了合作的通道。

27. 2006年4月13日，为深化外汇管理体制改革，支持贸易投资便利化，进一步培育外汇市场，促进国际收支基本平衡，经国务院批准，人民银行发布公告调整6项外汇管理政策。

28. 2006年4月19日，深圳市近日下发的《关于支持企业实施股份制改造和加快改制上市步伐的通知》，推出了以“股份制改造＋托管＋私募＋成长＋上市”为主要内容的“创新型企业成长路线图计划”，将对参与这一成长路线图计划的科技型中小企业给予10万元的专项资金扶持。

29. 2006年4月26日，据悉，《产业投资基金试点管理办法》正在征求意见，不久可望面世。今后，产业投资基金可以公司形式设立，募集资金可用于创业投资、企业重组投资和基础设施投资等。

30. 2006年5月11日，上海安信地板宣布获得凯雷投资集团入股，第一期投资金额为2750万美元（合2.3亿元人民币），凯雷还将在未来两年内追加投入。安信的目标是在2007年底或2008年初在香港上市。

31. 2006年5月12日，普华永道会计师事务所调查显示，过去5年来，大中华区首次公开招股

（IPO）金额不断上升，2005年大中华市场IPO的集资总额为255.7亿美元，比上一年度上升49%，位居全球第三，相当于欧洲市场的43%（600亿美元）及美国市场的79%（320.8亿美元）。我国香港是2005年世界第四大资本市场。

32. 2006年5月13日～14日，由商务部研究院外资研究部举办的“第二届外商直接投资基金发展论坛暨项目洽谈会”召开，与会专家一致认为，外商直接投资基金将成为外商在华投资的一支新兴力量。

33. 2006年5月17日，《首次公开发行股票并上市管理办法》公布于证监会官方网站，正式恢复因股改而中断的资本市场融资功能。中国证监会同时宣布，经国务院批准，2000年3月16日中国证监会发布的《中国证监会股票发行核准程序》予以废止。

34. 2006年5月18日，全球最大风险投资基金之一的美国红杉资本，首期投资750万美元与湖南宏梦卡通联手组建宏梦数码（湖南）有限公司。这是中国卡通业界第一次引入国际风险投资，也是世界顶级风险投资基金首次进入湖南企业。

35. 2006年5月18日，深交所对外发布业务通知，决定在中小企业板试行澄清公告网上实时披露制度，迈出了信息披露实时化改革的第一步。

36. 2006年5月18日，国内首个自主品牌行业组织——北京中关村自主品牌创新发展协会在京宣布成立。该协会由中关村科技园区管委会主管，发起会员单位有北京海龙资产经营集团、新浪网、华旗资讯等20多家高新技术企业。

37. 2006年5月21日，大唐电信发布公告称，与华平创投签署了《合作终止协议》。标志着2004年4月其与美国华平创投的合作以失败而告终。根据《合作终止协议》，大唐电信将向华平集团支付总计3200万美元，同时，华平解除大唐控股在债券下的债务。

38. 2006年5月22日，经北京市人事局、市科委正式批准，北京市首批共有8家留学人员创业园被正式授牌。来自世界各地的130多名海外留学人员及100多家国内外风险投资公司、高新技术企业参加了洽谈。

39. 2006年5月25日，全流通条件下的IPO第一单正式亮相。中工国际工程股份有限公司公布招股书，将首次公开发行6000万股A股，发行结束后将在深交所上市。发行保荐人和主承销商为国信证券。

40. 2006年5月29日，亚洲最大生物与医药产业孵化器的“中国生物技术学术中心”在北京开工建设。中心建成后，将主要发挥加速中国特别是北京地区生物技术产业化、吸引留学回国人员创业、吸引海外企业及研究机构来华投资与研发、培育新经济增长点等四方面作用。

41. 2006年6月1日，珠海高科技成果产业化示范基地成立了一家风险投资机构——创业投资部。这是首次有风险投资机构落户珠海。

42. 2006年6月6日，中国领先的家居建材电子商务网站——家居易站举办了“家居易站（HomeE）获风险投资”的新闻发布会。据了解，在2006年年初，家居易站就获得了WI Harper Group（美国中经合集团）的青睐，目前200万美元的首期资金已经到位。

43. 2006年6月12日，IPO重启后的第二单——同洲电子开始网上申购，发行价格为16元/股，市盈率24.32倍。随着同洲电子的上市，其背后的4家创投机构也将得到20倍甚至更高的收益。同洲电子的示范效应给了创投业以巨大的鼓舞。

44. 2006年6月12日，海辉软件（国际）集团完成了迄今为止中国软件外包业最大的一项融资，据估计此项融资在3000万美元以上，此次投资由Granite Global Ventures牵头。

45. 2006年6月15日，由大连高新园区管委会吸收社会资本共同设立、一期注册资本8000万元人民币、主营信用担保和创业投资的大连高新技术担保投资有限公司的开业典礼暨大连高新园区融资工作会议隆重举行。

46. 2006年6月16日，美洲投资银行与江西井冈山华禹通讯公司合作成立深圳深爱移动智能系统有限公司，以“CLOVE深爱”品牌切入国内手机市场，开创了风投进军国内手机行业的先河。

47. 2006年6月21日，海淀区出台《发展文化创意产业行动计划》，指出到2010年力争海淀文化创意产业占全区GDP比重达22%，成为带动全区社会经济发展可持续增长的“火车头”，把海淀打造成北京市乃至全国文化创意产业的龙头地位。

48. 2006年6月26日，一家海外风险投资公司决定向邓创网络提供2000万美元风险投资，这笔投资源于4月份刘邓参加的“2006（第八届）中国风险投资论坛”项目融资路演活动，刘邓的“敏捷服装报价系统”引起了与会风险投资机构的关注。

49. 2006年6月26日，全球顶级风险投资Mayfield的合作伙伴、专注于中国市场的金沙江创业投资基金宣布，完成首只基金招募工作并成立北京代表处。金沙江的资金来自全球领先的大学基金、机构投资者和战略伙伴，目前已经完成超额募集。

50. 2006年6月27日，浙江天堂硅谷阳光创业投资（基金）有限公司成立，这是自2005年11月15日国家颁布《创业投资企业管理暂行办法》后国内成立的第一家公司型基金，也是第一家引入托管银行作为外部监管的创投公司。

51. 2006年7月5日，rucec.com获得美国某风投机构首期100万元的投资。rucec.com是以著名的人大英语角为基础的全英文社区，其英语＋SNS的发展模式在全国独树一帜。

52. 2006年7月6日，国内最大联盟营销平台——亿起发（www.eqifa.com）所属的北京亿玛在线科技有限公司完成第一笔国际融资，此次注资的是华登国际和鼎晖投资两大国际投资机构。

53. 2006年7月10日，中国保监会公布《关于加强对保险机构所属境内非保险类经济实体和境外保险机构财务监管若干事项的通知》，宣布了对保险公司的长期股权投资的监管制度。

54. 2006年7月12日，据清科集团发布的报告显示，随着风险资本（VC）和私募基金（PE）对高科技以及更多传统行业持续看好，2006年上半年中国的风险投资额达到7.72亿美元，再次创下历史新高，增幅高达128%。而私募基金上半年在中国的股权投资额也高达55.6亿美元。

55. 2006年7月19日，国务院办公厅转发了信息产业部等10部委《关于推动我国动漫产业发展的若干意见》，为我国动漫产业注入发展动力。

56. 2006年7月25日，广东省风险投资集团旗下广东科创投资管理有限公司挂牌成立，将受托管理集团公司及省科创公司约4亿元左右的投资类项目资产。

57. 2006年7月27日，“2006中国徐州经济开发区投资说明会暨中国徐州清洁技术产业园兴建新闻发布会”在中关村举行，首批9家相关企业签约进园。这是我国迄今建设的首家清洁技术产业园。

58. 2006年8月3日，一笔800万美元的风险投资投向“UAA”汽车俱乐部，这是迄今为止，中国汽车售后市场获得的最大一笔风险投资。

59. 2006年8月8日，商务部下发了《外国投资者并购境内企业规定》，并将自2006年9月8日开始实施，进一步对外资投资行为加强监管。

60. 2006年8月10日，黑龙江省哈尔滨市政府出台《关于鼓励和支持自主创新的若干政策》，决定从2007年起，每年财政支持自主创新的科技投入将达到5亿元。

61. 2006年8月15日，江西将建立激励自主创新的政府首购和订购制度，对省内企业或科研机构生产或开发的试制品和首次投向市场的产品，经认定后，政府进行首购，由采购人直接购买或政府出资购买。

62. 2006年8月27日，十届全国人大常委会第二十三次会议表决通过修改后的《合伙企业法》。修订后的《合伙企业法》将自2007年6月1日起施行。

63. 2006年9月6日，新东方教育科技集团在纽交所通过IPO融资1.125亿美元，共发售了750万股美国存托凭证（每股美国存托凭证相当于4股普通股），占其总股份的21%左右，发行价为每股15美元。

64. 2006年9月6日，环球雅思连锁教育集团与软银亚洲赛富投资基金举行了战略投资的签署仪式。软银亚洲赛富这次对环球雅思的投资额超过数亿元人民币，成为该投资公司在2006年最大的一笔风险投资。环球雅思预计于2008年在海外上市。

65. 2006年9月7日，中国印染正式在新加坡主板挂牌交易，发行1.13亿股，发行价为0.27新元/股。此公司主体为位于绍兴滨海工业区的浙江江龙纺织印染有限公司，其身后因隐现新加坡淡马锡、日本软银两大投资巨头而备受关注。

66. 2006年9月8日，中国领先的汽车互联网企业——易车（BitAuto）完成其第二轮国际私募融资，获得来自NVCC和DCM总额1000万美元的投资。

67. 2006年9月11日，凯赛生物工程Cathay Industrial Biotech Ltd.完成一期融资2600万美元。这次投资由百奥威达（中国）主导，HBM生物基金，新宏远创投资基金以及上海浦东科技投资有限公司共同参与。

68. 2006年9月15日，美国私人资本运营公司华平创业投资有限公司与其中方合作伙伴以1.81亿美元的代价获得山东中轩股份有限公司98%的股权，后者是亚洲最大、世界第二大的黄原胶生产商。

69. 2006年9月17日，中国风险投资研究院发布了《2006年中国风险投资行业中期调查分析报告》，报告显示在2006年上半年，共有181家企业获得62亿元的风险投资，投资金额占2005年全年投资总额的52.73%。

70. 2006年9月20日，智联招聘正式获得澳大利亚网络招聘公司SEEK的投资。SEEK以2000万美元的资金投入智联招聘，占25%的股份。

71. 2006年9月27日，英特尔公司旗下风险投资部门“英特尔投资”（Intel Capital）已同意向中国的东软集团有限公司投资4000万美元，双方将在软硬件集成、教育和培训领域进行合作。这是英特尔自2005年成立2亿美元中国投资基金以来在中国最大规模的一笔投资。

72. 2006年10月9日，中微半导体公司再获美国多家风投公司3500万美元（约合人民币2.8亿元）联合注资。此次投资除了美国华登国际、红点风投等原有投资者，国际投行巨头高盛也加入投资行列。

73. 2006年10月10日，英联邦CDC投资集团向中国两家投资基金投资5000万美元。其中3000万美元投向今日资本，2000万美元投向Aureos中国资本。

74. 2006年10月12日，深圳迈瑞生物医疗电子股份有限公司在美国纽约证券交易所成功上市，成为中国首家在美国纽交所上市的医疗设备企业。

75. 2006年10月13日，在深圳市创新投资集团举办的“创业投资签约仪式”上宣布，该集团与多个国内地方政府、海外知名风险投资基金、国际证券交易所以及国内证券交易商，先后签署多项创投基金合作协议与战略合作备忘录。此次签署的创投基金合作协议与战略合作备忘录共有15项，基金总额近14亿元人民币。

76. 2006年10月20日～21日，由中国风险投资研究院为主要承办单位的“中国风险投资论坛——振兴东北投资高峰会”在沈阳举行。来自科技部、辽宁省和沈阳市的政府官员、国内外专家学者、风险投资机构及私募基金的总裁、合伙人等近800名业界人士参加了本次风会。

77. 2006年10月20日，在“中国风险投资论坛——振兴东北投资高峰会”上，沈阳市副市长赵长义表示，沈阳市政府将出台一系列政策，其中包括风险投资失败补偿，为资本市场提供交易和服务平台，建立风险资金退出机制等一系列措施鼓励风险资本到沈阳投资。

78. 2006年10月23日，农民工网站“新农门”推出不到一年、也未取得什么收入，却已顺利融得100万美元的风险投资，第二笔超过100万美元的风险投资也即将到位。

79. 2006年10月23日，证券业协会副秘书长邓映翎透露，为解决中关村代办股份转让系统“挂牌慢”和“成交清淡”这两大困难，在控制风险的前提下，挂牌公司可以通过定向增资的方式进行融资，交易模式将采取电子化报单形式提高效率。

80. 2006年10月24日，星巴克公司在北京宣布向汉鼎亚太和其他股东收购北京美大咖啡有限公司的控股股东High Grown投资集团（香港）有限公司的所有股权。至此，星巴克结束了与风险投资公司汉鼎亚太的8年合作。

81. 2006年10月26日，中国如家快捷酒店管理公司（Home Inns &Hotels Management）在纳斯达克上市，IPO定价为13.80美元，开盘价为22美元，股价最高上涨了72%。

82. 2006年10月28日，国家开发银行副行长王益先生在合肥召开的“中国中部科技创新与风险投资高层论坛”上表示，尽管“审慎经营”是银行业经营的一贯原则，国家开发银行仍积极探索多条途径介入风险投资，包括可能成立一些专门的风险投资基金。

83. 2006年10月31日，富基旋风科技有限公司（NASDAQ：EFUT）成功登陆美国纳斯达克证券交易所。发行价6美元，首日涨幅16.67%，共募集资本680万美元。

84. 2006年11月4日，连锁酒店如家登陆纳斯达克的消息，居然引起了文化部等网吧主管部门的集体反思。文化部文化市场发展中心网吧提升计划办公室主任李伟表示，文化部最近正在考虑引入风险投资机制，以扶持连锁网吧业的发展。

85. 2006年11月9日，美国私人股本公司汉鼎亚太（H&Q Asia Pacific）宣布，已收购中国玉柴工程机械有限责任公司（Yuchai Engineering Machinery）43%的股份。这笔交易可能有助于缓和外界对“中国反对外资进入建筑机械领域”的担心。

86. 2006年11月9日，以苏州高新区为全球生产基地的CSI阿特斯太阳能有限公司在纳斯达克上市，股票代码“CSIQ”。

87. 2006年11月13日，国家发改委发布了一份政策文件——《利用外资“十一五”规划》，以引导未来5年中国对外资的利用。发改委在文件中强调，需要打击可能威胁“国家经济安全”的外资垄断现象。

88. 2006年11月15日，国内第三大管理软件公司金算盘继2005年获得海外私募投资之后，再次获得重庆政府5000万元的风险投资。

89. 2006年11月21日，蓝山中国资本正式宣布战略投资ITAT集团5000万美元，以支持ITAT在中国的连锁服装会员店网络快速扩张，并表示在适当的时候帮助ITAT实现上市。

90. 2006年11月21日，昆山维信诺显示技术有限公司的有机发光显示器（OLED）产业化项目，成功申报为江苏省科技成果转化专项资金项目，这条建在昆山市的全国唯一的有机发光显示器生产线，喜获3000万元专项资金支持。

91. 2006年11月21日，私募股权公司Darby（Darby Overseas Investments Ltd.）宣布投资中国家具厂商Shayne 2000万美元，投资将采取票据和认股权证的形式。

92. 2006年11月22日，天利半导体顺利完成了第三轮的融资，共融得了近千万美元。据悉，天利半导体的第三轮融资从2006年6月1日开始进行，TDF Capital、京东方和Lightspeed按三个阶段分别参与了投资。

93. 2006年11月27日，万普世纪（WAP世纪），完成其首轮融资。红杉资本将其在无线互联网的第一笔投资投给了专注于无线营销平台技术及服务提供商的万普世纪。据悉，此次投资金额高达数百万美元。

94. 2006年11月27日，由河南省发改委批准设立、河南省技术产权交易所承建的河南省股权交易市场正式开盘，开盘当日就有5家河南企业挂牌交易。

95. 2006年11月29日，光大证券携手淡马锡，计划设立合资公司从事风险投资等直接投资业务。这一方案已经上报国家相关管理部门，等待批准。此举打破了我国曾经明令禁止的券商涉足风投的规定，券商合理进行混业经营的大门有望重新被打开。

96. 2006年12月1日，深交所成立16周年。随着浙江海翔药业股份有限公司(代码“002099”)、新疆天康畜牧生物技术股份有限公司（代码“002100”）两公司的加盟，深交所中小企业板“成员”已达到百家。

97.2006年12月2日，海淀资本中心在海淀科技大厦正式开业。为突破中小企业的融资瓶颈，建立和完善海淀投融资支撑体系，海淀提出了“双创新战略”，2006年海淀还设立了海淀创业投资引导基金，到2010年初步达到5亿元的规模。

98. 2006年12月5日，在成都风险投资业赫赫有名的“成都创业投资管理有限公司”将转手股权，其第一大股东、由成都市科技局管理的成都市科技风险开发事业中心将转让所持有的35%的股权。

99. 2006年12月5日，太子奶私募成功，引入高盛、摩根斯坦利和英联等世界顶级投资银行的战略投资资金7300万美元，正谋求海外上市。

100. 2006年12月5日，美国对冲基金OZ Master Fund，对“企业版Myspace”——大商圈网络进行投资。这是对冲基金首次介入国内互联网企业。

101. 2006年12月7日，国内手机搜索厂商明复（Minfo）获得Staenberg Capital的风险投资336万美元。明复计划总融资540万美元，这是公司的第一轮初期融资。

102. 2006年12月7日，中国最具规模的全国性高尔夫运动服务机构北京佰嘉通运动科技服务有限公司与全球知名风险投资机构Jafco Asia(集富亚洲)、Investor Growth Asia(银瑞达创业投资(亚洲)有限公司)成功签署了战略投资协议，共同开拓中国高尔夫的大众之路。

103. 2006年12月11日，网络视频分享网站TVix.cn获得一笔风险投资，首期有2000万美元入账。此笔风投将加快TVix.cn提升核心竞争，抗衡Google抢进中文视频领域的计划。

104. 2006年12月12日，高新材料研发厂商亚申科技（Accelergy）宣布获得高盛领投的第二轮风险投资，红杉中国以及Lux Capital也参与了此轮投资。

105. 2006年12月12日，IC设计公司晶宝利微电子科技宣布第二轮融资500万美元，投资方包括金沙江创业投资基金（GSR）、晨兴集团（Morning side）和另一知名风险投资机构。

106. 2006年12月12日，优酷网总裁古永锵正式宣布已经完成1200万美元的融资。本次投资由Sutter Hill Ventures、Farallon Capital和Chengwei Ventures3家投资机构共同进行。

107. 2006年12月13日，国家专利技术(北京)展示交易中心揭牌，这是经国家知识产权局批准，依托北京产权交易所设立的国家级 专利技术展示交易平台。

108. 2006年12月14日，上海玺诚文化传播有限公司成功融资超过2400万美元，资金已全部到账。此次主要的投资者为美林(亚太)有限公司，而公司原股东都追加了投资。

109. 2006年12月14日，思科公司宣布向中国通信服务有限公司（中通服）投资5000万美元，成为了中通服最大的国外战略投资者。

110. 2006年12月18日，鼎晖、集富亚洲等4家风险投资机构，已将超过1亿美元的投资注入江西新余的一家企业。这家名为江西赛维LDK太阳能高科技有限公司的企业正在稳步实施2007年登陆纳斯达克的计划。

111. 2006年12月18日，鼎辉投资、成为基金和华登基金向世通华纳进行了第二轮3500万美元的投资。风险投资加快进入中国传媒业。

112. 2006年12月19日，中国太阳能设备制造商天合光能（Trina Solar）正式登陆纽交所，交易代码为“TSL”，主承销商是美林。

113. 2006年12月20日，富维薄膜（Fuwei Films）正式登陆纳斯达克，代码为“FFHL”。富维共发行股票375万股，每股价格8.28美元，融资3105万美元。

114. 2006年12月20日，殷库资本（AIF Capital Asia）宣布完成旗下第三支环亚PE基金，其资金总额高达4.35亿美元。

115. 2006年12月20日，国家开发银行河北省分行分别与省科技厅、河北科技风险投资有限公司举行了签约仪式。河北省开发银行承诺，2006年～2011年间将向河北科技风险投资有限公司提供政策性贷款5亿元人民币，共同打造河北高科技创业投融资平台。

116. 2006年12月21日，继江苏常州天合光能公司，江苏的另一家新能源企业林洋新能源有限公司在纳斯达克挂牌交易。至此，包括无锡尚德在内，江苏省已经有3家新能源公司在美国上市。

117. 2006年12月26日，数码媒体集团宣布新一轮融资成功，引入由Oak Investment Partners牵头，包括Sierra Ventures、NIF SMBC Ventures和Gobi Partners的4个投资者在内的注资。

118. 2006年12月29日，北京市发改委对外披露了北京市十一五时期中小企业发展促进规划。十一五期间，北京市每年将至少拿出5亿元，建立中小企业创业投资引导基金，用于促进中小企业发展。

119. 2006年12月30日，渤海产业投资基金天津设立，开启中国人民币产业投资基金先河。

120. 2006年12月31日，手机应用软件公司3GV8完成了600万元美元左右的第一轮投资，由IDG领投，这是目前为止，手机应用软件公司获得的最大一笔风险投资。

附录二　中国风险投资相关政策法规汇编

法律

- 中华人民共和国合伙企业法

国家政策性文件

- 国务院关于实施《国家中长期科学和技术发展规划纲要（2006-2020年）》若干配套政策的通知
- 关于印发《科技型中小企业贷款平台建设指引》的通知
- 财政部、国家知识产权局关于加强知识产权资产评估管理工作若干问题的通知
- 商务部关于办理外商投资企业《国家鼓励发展的内外资项目确认书》有关问题的通知
- 首次公开发行股票并上市管理办法
- 关于外商投资举办投资性公司的补充规定
- 关于印发《中小企业发展专项资金管理办法》的通知
- 关于外国投资者并购境内企业的规定
- 关于发布支持国家电子信息产业基地和产业园发展政策的通知
- 商务部征求对《外商投资创业投资企业管理办法》的意见
- 国务院办公厅转发发展改革委等部门关于加强中小企业信用担保体系建设意见的通知

地方政策性文件

上海

- 上海市财政局、上海市国税局、上海市地税局关于转发《财政部、国家税务总局关于企业技术创新有关企业所得税优惠政策的通知》的通知
- 上海市财政局关于印发《上海市政府采购支持自主创新产品暂行规定》的通知

天津

- 批转市滨海委市财政局拟定的天津滨海新区开发建设专项资金管理暂行办法的通知

河北

- 石家庄市人民政府办公厅关于下达2006年度中小企业创业辅导基地及新增担保资本金任务的通知

山西

- 关于促进银行业支持小企业发展推动两区项目建设的意见

- 山西省人民政府办公厅关于转发山西银监局推动小企业贷款总体实施方案的通知

重庆

- 重庆市人民政府办公厅转发市科委等部门关于重庆市科技型中小企业技术创新资金项目管理暂行办法的通知

山东

- 潍坊市人民政府关于进一步加快潍坊高新技术产业开发区发展的决定
- 山东省科学技术奖励办法
- 东营市人民政府办公室关于实施促进中小企业成长计划的意见
- 青岛市转发市科技局关于实施重大科技创新专项计划意见的通知
- 威海市人民政府关于印发《威海市工业园鼓励投资暂行办法》的通知

江苏

- 南通市政府关于鼓励和促进科技创新创业若干政策的通知
- 南通市政府办公室转发市经贸委市财政局《关于加强南通市市区中小企业融资环境建设的意见（试行）》的通知
- 中共扬州市委扬州市人民政府关于增强自主创新能力建设创新型城市的意见

浙江

- 浙江省促进中小企业发展条例
- 杭州市人民政府办公厅关于印发进一步加快科技企业孵化器发展实施办法的通知
- 杭州市人民政府关于提升企业自主创新能力的意见
- 杭州市人民政府办公厅关于印发促进创新型企业融资担保试行办法的通知

安徽

- 关于印发合肥科技创新型企业培育计划的通知

福建

- 厦门市海沧区人民政府关于印发《鼓励高新技术产业化项目入驻海沧科技创业中心暂行办法》的通知
- 厦门市人民政府办公厅关于做好厦门软件园二期招商引资和企业入园管理工作的通知

河南

- 河南省人民政府批转省信息产业厅中小企业服务局关于大力支持中小企业信息化服务平台建设意见的通知

湖北

- 湖北省人民政府关于进一步加强知识产权工作的若干意见

广东

- 关于加强科技创业孵化体系建设支持中小科技企业创新创业的意见

广西

- 玉林市人民政府关于印发玉林市工业园区投资优惠办法的通知

辽宁

- 辽宁省人民政府关于印发提高科技创新能力加速老工业基地振兴若干规定的通知
- 大连市人民政府关于印发提高自主创新能力若干规定的通知

吉林

- 吉林省人民政府关于印发激励增强自主创新能力若干政策的通知
- 长春市人民政府关于印发提高自主创新能力的若干政策的通知

新疆

- 转发自治区科技厅等部门关于自治区十一五科技基础条件平台建设意见的通知

四川

- 阿坝州人民政府关于印发阿坝藏族羌族自治州科技型中小企业技术创新资金项目管理暂行办法的通知
- 阿坝藏族自治州人民政府关于印发阿坝藏族羌族自治州中小企业信用担保资金管理暂行办法的通知

海南

- 三亚市中小企业担保基金管理办法

陕西

- 陕西省人民政府关于实施科技规划纲要增强自主创新能力建设创新型陕西若干政策规定的通知
- 陕西省人民政府关于印发“13115”科技创新工程实施方案的通知

法　律

《中华人民共和国合伙企业法》

中华人民共和国主席令 第五十五号

《中华人民共和国合伙企业法》已由中华人民共和国第十届全国人民代表大会常务委员会第二十三次会议于2006年8月27日修订通过，现将修订后的《中华人民共和国合伙企业法》公布，自2007年6月1日起施行。

中华人民共和国主席 胡锦涛

2006年8月27日

第一章　总　则

第一条　为了规范合伙企业的行为，保护合伙企业及其合伙人、债权人的合法权益，维护社会经济秩序，促进社会主义市场经济的发展，制定本法。

第二条　本法所称合伙企业，是指自然人、法人和其他组织依照本法在中国境内设立的普通合伙企业和有限合伙企业。

普通合伙企业由普通合伙人组成，合伙人对合伙企业债务承担无限连带责任。本法对普通合伙人承担责任的形式有特别规定的，从其规定。

有限合伙企业由普通合伙人和有限合伙人组成，普通合伙人对合伙企业债务承担无限连带责任，有限合伙人以其认缴的出资额为限对合伙企业债务承担责任。

第三条　国有独资公司、国有企业、上市公司以及公益性的事业单位、社会团体不得成为普通合伙人。

第四条　合伙协议依法由全体合伙人协商一致、以书面形式订立。

第五条　订立合伙协议、设立合伙企业，应当遵循自愿、平等、公平、诚实信用原则。

第六条　合伙企业的生产经营所得和其他所得，按照国家有关税收规定，由合伙人分别缴纳所得税。

第七条　合伙企业及其合伙人必须遵守法律、行政法规，遵守社会公德、商业道德，承担社会责任。

第八条　合伙企业及其合伙人的合法财产及其权益受法律保护。

第九条　申请设立合伙企业，应当向企业登记机关提交登记申请书、合伙协议书、合伙人身份证明等文件。

合伙企业的经营范围中有属于法律、行政法规规定在登记前须经批准的项目的，该项经营业务应当依法经过批准，并在登记时提交批准文件。

第十条　申请人提交的登记申请材料齐全、符合法定形式，企业登记机关能够当场登记的，应予当场登记，发给营业执照。

除前款规定情形外，企业登记机关应当自受理申请之日起二十日内，作出是否登记的决定。予以登记的，发给营业执照；不予登记的，应当给予书面答复，并说明理由。

第十一条　合伙企业的营业执照签发日期，为合伙企业成立日期。

合伙企业领取营业执照前，合伙人不得以合伙企业名义从事合伙业务。

第十二条　合伙企业设立分支机构，应当向分支机构所在地的企业登记机关申请登记，领取营业执照。

第十三条　合伙企业登记事项发生变更的，执行合伙事务的合伙人应当自作出变更决定或者发生变更事由之日起十五日内，向企业登记机关申请办理变更登记。

第二章　普通合伙企业

第一节　合伙企业设立

第十四条　设立合伙企业，应当具备下列条件：

（一）有两个以上合伙人。合伙人为自然人的，应当具有完全民事行为能力；

（二）有书面合伙协议；

（三）有合伙人认缴或者实际缴付的出资；

（四）有合伙企业的名称和生产经营场所；

（五）法律、行政法规规定的其他条件。

第十五条　合伙企业名称中应当标明“普通合伙”字样。

第十六条　合伙人可以用货币、实物、知识产权、土地使用权或者其他财产权利出资，也可以用劳务出资。

合伙人以实物、知识产权、土地使用权或者其他财产权利出资，需要评估作价的，可以由全体合伙人协商确定，也可以由全体合伙人委托法定评估机构评估。

合伙人以劳务出资的，其评估办法由全体合伙人协商确定，并在合伙协议中载明。

第十七条　合伙人应当按照合伙协议约定的出资方式、数额和缴付期限，履行出资义务。

以非货币财产出资的，依照法律、行政法规的规定，需要办理财产权转移手续的，应当依法办理。

第十八条　合伙协议应当载明下列事项：

（一）合伙企业的名称和主要经营场所的地点；

（二）合伙目的和合伙经营范围；

（三）合伙人的姓名或者名称、住所；

（四）合伙人的出资方式、数额和缴付期限；

（五）利润分配、亏损分担方式；

（六）合伙事务的执行；

（七）入伙与退伙；

（八）争议解决办法；

（九）合伙企业的解散与清算；

（十）违约责任。

第十九条　合伙协议经全体合伙人签名、盖章后生效。合伙人按照合伙协议享有权利，履行义务。

修改或者补充合伙协议，应当经全体合伙人一致同意；但是，合伙协议另有约定的除外。

合伙协议未约定或者约定不明确的事项，由合伙人协商决定；协商不成的，依照本法和其他有关法律、行政法规的规定处理。

第二节　合伙企业财产

第二十条　合伙人的出资、以合伙企业名义取得的收益和依法取得的其他财产，均为合伙企业的财产。

第二十一条　合伙人在合伙企业清算前，不得请求分割合伙企业的财产；但是，本法另有规定的除外。

合伙人在合伙企业清算前私自转移或者处分合伙企业财产的，合伙企业不得以此对抗善意第三人。

第二十二条　除合伙协议另有约定外，合伙人向合伙人以外的人转让其在合伙企业中的全部或者部分财产份额时，须经其他合伙人一致同意。

合伙人之间转让在合伙企业中的全部或者部分财产份额时，应当通知其他合伙人。

第二十三条　合伙人向合伙人以外的人转让其在合伙企业中的财产份额的，在同等条件下，其他合伙人有优先购买权；但是，合伙协议另有约定的除外。

第二十四条　合伙人以外的人依法受让合伙人在合伙企业中的财产份额的，经修改合伙协议即成为合伙企业的合伙人，依照本法和修改后的合伙协议享有权利，履行义务。

第二十五条　合伙人以其在合伙企业中的财产份额出质的，须经其他合伙人一致同意；未经其他合伙人一致同意，其行为无效，由此给善意第三人造成损失的，由行为人依法承担赔偿责任。

第三节　合伙事务执行

第二十六条　合伙人对执行合伙事务享有同等的权利。

按照合伙协议的约定或者经全体合伙人决定，可以委托一个或者数个合伙人对外代表合伙企业，执行合伙事务。

作为合伙人的法人、其他组织执行合伙事务的，由其委派的代表执行。

第二十七条　依照本法第二十六条第二款规定委托一个或者数个合伙人执行合伙事务的，其他合伙人不再执行合伙事务。

不执行合伙事务的合伙人有权监督执行事务合伙人执行合伙事务的情况。

第二十八条　由一个或者数个合伙人执行合伙事务的，执行事务合伙人应当定期向其他合伙人报告事务执行情况以及合伙企业的经营和财务状况，其执行合伙事务所产生的收益归合伙企业，所产生的费用和亏损由合伙企业承担。

合伙人为了解合伙企业的经营状况和财务状况，有权查阅合伙企业会计账簿等财务资料。

第二十九条　合伙人分别执行合伙事务的，执行事务合伙人可以对其他合伙人执行的事务提出异议。提出异议时，应当暂停该项事务的执行。如果发生争议，依照本法第三十条规定作出决定。

受委托执行合伙事务的合伙人不按照合伙协议或者全体合伙人的决定执行事务的，其他合伙人可以决定撤销该委托。

第三十条 合伙人对合伙企业有关事项作出决议，按照合伙协议约定的表决办法办理。合伙协议未约定或者约定不明确的，实行合伙人一人一票并经全体合伙人过半数通过的表决办法。

本法对合伙企业的表决办法另有规定的，从其规定。

第三十一条 除合伙协议另有约定外，合伙企业的下列事项应当经全体合伙人一致同意：

（一）改变合伙企业的名称；

（二）改变合伙企业的经营范围、主要经营场所的地点；

（三）处分合伙企业的不动产；

（四）转让或者处分合伙企业的知识产权和其他财产权利；

（五）以合伙企业名义为他人提供担保；

（六）聘任合伙人以外的人担任合伙企业的经营管理人员。

第三十二条 合伙人不得自营或者同他人合作经营与本合伙企业相竞争的业务。

除合伙协议另有约定或者经全体合伙人一致同意外，合伙人不得同本合伙企业进行交易。

合伙人不得从事损害本合伙企业利益的活动。

第三十三条 合伙企业的利润分配、亏损分担，按照合伙协议的约定办理；合伙协议未约定或者约定不明确的，由合伙人协商决定；协商不成的，由合伙人按照实缴出资比例分配、分担；无法确定出资比例的，由合伙人平均分配、分担。

合伙协议不得约定将全部利润分配给部分合伙人或者由部分合伙人承担全部亏损。

第三十四条 合伙人按照合伙协议的约定或者经全体合伙人决定，可以增加或者减少对合伙企业的出资。

第三十五条 被聘任的合伙企业的经营管理人员应当在合伙企业授权范围内履行职务。

被聘任的合伙企业的经营管理人员，超越合伙企业授权范围履行职务，或者在履行职务过程中因故意或者重大过失给合伙企业造成损失的，依法承担赔偿责任。

第三十六条 合伙企业应当依照法律、行政法规的规定建立企业财务、会计制度。

第四节 合伙企业与第三人关系

第三十七条 合伙企业对合伙人执行合伙事务以及对外代表合伙企业权利的限制，不得对抗善意第三人。

第三十八条 合伙企业对其债务，应先以其全部财产进行清偿。

第三十九条 合伙企业不能清偿到期债务的，合伙人承担无限连带责任。

第四十条 合伙人由于承担无限连带责任，清偿数额超过本法第三十三条第一款规定的其亏损分担比例的，有权向其他合伙人追偿。

第四十一条 合伙人发生与合伙企业无关的债务，相关债权人不得以其债权抵销其对合伙企业的债务；也不得代位行使合伙人在合伙企业中的权利。

第四十二条 合伙人的自有财产不足清偿其与合伙企业无关的债务的，该合伙人可以以其从合伙企业中分取的收益用于清偿；债权人也可以依法请求人民法院强制执行该合伙人在合伙企业中的财产份额用于清偿。

人民法院强制执行合伙人的财产份额时，应当通知全体合伙人，其他合伙人有优先购买权；其他合伙人未购买，又不同意将该财产份额转让给他人的，依照本法第五十一条的规定为该合伙人办理退伙结算，或者办理削减该合伙人相应财产份额的结算。

第五节　入伙、退伙

第四十三条　新合伙人入伙，除合伙协议另有约定外，应当经全体合伙人一致同意，并依法订立书面入伙协议。

订立入伙协议时，原合伙人应当向新合伙人如实告知原合伙企业的经营状况和财务状况。

第四十四条　入伙的新合伙人与原合伙人享有同等权利，承担同等责任。入伙协议另有约定的，从其约定。

新合伙人对入伙前合伙企业的债务承担无限连带责任。

第四十五条　合伙协议约定合伙期限的，在合伙企业存续期间，有下列情形之一的，合伙人可以退伙：

（一）合伙协议约定的退伙事由出现；

（二）经全体合伙人一致同意；

（三）发生合伙人难以继续参加合伙的事由；

（四）其他合伙人严重违反合伙协议约定的义务。

第四十六条　合伙协议未约定合伙期限的，合伙人在不给合伙企业事务执行造成不利影响的情况下，可以退伙，但应当提前三十日通知其他合伙人。

第四十七条　合伙人违反本法第四十五条、第四十六条的规定退伙的，应当赔偿由此给合伙企业造成的损失。

第四十八条　合伙人有下列情形之一的，当然退伙：

（一）作为合伙人的自然人死亡或者被依法宣告死亡；

（二）个人丧失偿债能力；

（三）作为合伙人的法人或者其他组织依法被吊销营业执照、责令关闭撤销，或者被宣告破产；

（四）法律规定或者合伙协议约定合伙人必须具有相关资格而丧失该资格；

（五）合伙人在合伙企业中的全部财产份额被人民法院强制执行。

合伙人被依法认定为无民事行为能力人或者限制民事行为能力人的，经其他合伙人一致同意，可以依法转为有限合伙人，普通合伙企业依法转为有限合伙企业。其他合伙人未能一致同意的，该无民事行为能力或者限制民事行为能力的合伙人退伙。

退伙事由实际发生之日为退伙生效日。

第四十九条　合伙人有下列情形之一的，经其他合伙人一致同意，可以决议将其除名：

（一）未履行出资义务；

（二）因故意或者重大过失给合伙企业造成损失；

（三）执行合伙事务时有不正当行为；

（四）发生合伙协议约定的事由。

对合伙人的除名决议应当书面通知被除名人。被除名人接到除名通知之日，除名生效，被除名人退伙。

被除名人对除名决议有异议的，可以自接到除名通知之日起三十日内，向人民法院起诉。

第五十条　合伙人死亡或者被依法宣告死亡的，对该合伙人在合伙企业中的财产份额享有合法继承权的继承人，按照合伙协议的约定或者经全体合伙人一致同意，从继承开始之日起，取得该合伙企业的合伙人资格。

有下列情形之一的，合伙企业应当向合伙人的继承人退还被继承合伙人的财产份额：

（一）继承人不愿意成为合伙人；

（二）法律规定或者合伙协议约定合伙人必须具有相关资格，而该继承人未取得该资格；

（三）合伙协议约定不能成为合伙人的其他情形。

合伙人的继承人为无民事行为能力人或者限制民事行为能力人的，经全体合伙人一致同意，可以依法成为有限合伙人，普通合伙企业依法转为有限合伙企业。全体合伙人未能一致同意的，合伙企业应当将被继承合伙人的财产份额退还该继承人。

第五十一条　合伙人退伙，其他合伙人应当与该退伙人按照退伙时的合伙企业财产状况进行结算，退还退伙人的财产份额。退伙人对给合伙企业造成的损失负有赔偿责任的，相应扣减其应当赔偿的数额。

退伙时有未了结的合伙企业事务的，待该事务了结后进行结算。

第五十二条　退伙人在合伙企业中财产份额的退还办法，由合伙协议约定或者由全体合伙人决定，可以退还货币，也可以退还实物。

第五十三条　退伙人对基于其退伙前的原因发生的合伙企业债务，承担无限连带责任。

第五十四条　合伙人退伙时，合伙企业财产少于合伙企业债务的，退伙人应当依照本法第三十三条第一款的规定分担亏损。

第六节　特殊的普通合伙企业

第五十五条　以专业知识和专门技能为客户提供有偿服务的专业服务机构，可以设立为特殊的普通合伙企业。

特殊的普通合伙企业是指合伙人依照本法第五十七条的规定承担责任的普通合伙企业。

特殊的普通合伙企业适用本节规定；本节未作规定的，适用本章第一节至第五节的规定。

第五十六条　特殊的普通合伙企业名称中应当标明“特殊普通合伙”字样。

第五十七条　一个合伙人或者数个合伙人在执业活动中因故意或者重大过失造成合伙企业债务的，应当承担无限责任或者无限连带责任，其他合伙人以其在合伙企业中的财产份额为限承担责任。

合伙人在执业活动中非因故意或者重大过失造成的合伙企业债务以及合伙企业的其他债务，由全体合伙人承担无限连带责任。

第五十八条　合伙人执业活动中因故意或者重大过失造成的合伙企业债务，以合伙企业财产对外承担责任后，该合伙人应当按照合伙协议的约定对给合伙企业造成的损失承担赔偿责任。

第五十九条　特殊的普通合伙企业应当建立执业风险基金、办理职业保险。

执业风险基金用于偿付合伙人执业活动造成的债务。执业风险基金应当单独立户管理。具体管理办法由国务院规定。

第三章　有限合伙企业

第六十条　有限合伙企业及其合伙人适用本章规定；本章未作规定的，适用本法第二章第一节至第五节关于普通合伙企业及其合伙人的规定。

第六十一条　有限合伙企业由二个以上五十个以下合伙人设立；但是，法律另有规定的除外。

有限合伙企业至少应当有一个普通合伙人。

第六十二条　有限合伙企业名称中应当标明“有限合伙”字样。

第六十三条　合伙协议除符合本法第十八条的规定外，还应当载明下列事项：

（一）普通合伙人和有限合伙人的姓名或者名称、住所；

（二）执行事务合伙人应具备的条件和选择程序；

（三）执行事务合伙人权限与违约处理办法；

（四）执行事务合伙人的除名条件和更换程序；

（五）有限合伙人入伙、退伙的条件、程序以及相关责任；

（六）有限合伙人和普通合伙人相互转变程序。

第六十四条　有限合伙人可以用货币、实物、知识产权、土地使用权或者其他财产权利作价出资。

有限合伙人不得以劳务出资。

第六十五条　有限合伙人应当按照合伙协议的约定按期足额缴纳出资；未按期足额缴纳的，应当承担补缴义务，并对其他合伙人承担违约责任。

第六十六条　有限合伙企业登记事项中应当载明有限合伙人的姓名或者名称及认缴的出资数额。

第六十七条　有限合伙企业由普通合伙人执行合伙事务。执行事务合伙人可以要求在合伙协议中确定执行事务的报酬及报酬提取方式。

第六十八条　有限合伙人不执行合伙事务，不得对外代表有限合伙企业。

有限合伙人的下列行为，不视为执行合伙事务：

（一）参与决定普通合伙人入伙、退伙；

（二）对企业的经营管理提出建议；

（三）参与选择承办有限合伙企业审计业务的会计师事务所；

（四）获取经审计的有限合伙企业财务会计报告；

（五）对涉及自身利益的情况，查阅有限合伙企业财务会计账簿等财务资料；

（六）在有限合伙企业中的利益受到侵害时，向有责任的合伙人主张权利或者提起诉讼；

（七）执行事务合伙人怠于行使权利时，督促其行使权利或者为了本企业的利益以自己的名义提起诉讼；

（八）依法为本企业提供担保。

第六十九条　有限合伙企业不得将全部利润分配给部分合伙人；但是，合伙协议另有约定的除外。

第七十条　有限合伙人可以同本有限合伙企业进行交易；但是，合伙协议另有约定的除外。

第七十一条　有限合伙人可以自营或者同他人合作经营与本有限合伙企业相竞争的业务；但是，合伙协议另有约定的除外。

第七十二条　有限合伙人可以将其在有限合伙企业中的财产份额出质；但是，合伙协议另有约定的除外。

第七十三条　有限合伙人可以按照合伙协议的约定向合伙人以外的人转让其在有限合伙企业中的财产份额，但应当提前三十日通知其他合伙人。

第七十四条　有限合伙人的自有财产不足清偿其与合伙企业无关的债务的，该合伙人可以以其从有限合伙企业中分取的收益用于清偿；债权人也可以依法请求人民法院强制执行该合伙人在有限合伙企业中的财产份额用于清偿。

人民法院强制执行有限合伙人的财产份额时，应当通知全体合伙人。在同等条件下，其他合伙人有优先购买权。

第七十五条 有限合伙企业仅剩有限合伙人的，应当解散；有限合伙企业仅剩普通合伙人的，转为普通合伙企业。

第七十六条 第三人有理由相信有限合伙人为普通合伙人并与其交易的，该有限合伙人对该笔交易承担与普通合伙人同样的责任。

有限合伙人未经授权以有限合伙企业名义与他人进行交易，给有限合伙企业或者其他合伙人造成损失的，该有限合伙人应当承担赔偿责任。

第七十七条 新入伙的有限合伙人对入伙前有限合伙企业的债务，以其认缴的出资额为限承担责任。

第七十八条 有限合伙人有本法第四十八条第一款第一项、第三项至第五项所列情形之一的，当然退伙。

第七十九条 作为有限合伙人的自然人在有限合伙企业存续期间丧失民事行为能力的，其他合伙人不得因此要求其退伙。

第八十条 作为有限合伙人的自然人死亡、被依法宣告死亡或者作为有限合伙人的法人及其他组织终止时，其继承人或者权利承受人可以依法取得该有限合伙人在有限合伙企业中的资格。

第八十一条 有限合伙人退伙后，对基于其退伙前的原因发生的有限合伙企业债务，以其退伙时从有限合伙企业中取回的财产承担责任。

第八十二条 除合伙协议另有约定外，普通合伙人转变为有限合伙人，或者有限合伙人转变为普通合伙人，应当经全体合伙人一致同意。

第八十三条 有限合伙人转变为普通合伙人的，对其作为有限合伙人期间有限合伙企业发生的债务承担无限连带责任。

第八十四条 普通合伙人转变为有限合伙人的，对其作为普通合伙人期间合伙企业发生的债务承担无限连带责任。

第四章 合伙企业解散、清算

第八十五条 合伙企业有下列情形之一的，应当解散：

（一）合伙期限届满，合伙人决定不再经营；

（二）合伙协议约定的解散事由出现；

（三）全体合伙人决定解散；

（四）合伙人已不具备法定人数满三十天；

（五）合伙协议约定的合伙目的已经实现或者无法实现；

（六）依法被吊销营业执照、责令关闭或者被撤销；

（七）法律、行政法规规定的其他原因。

第八十六条 合伙企业解散，应当由清算人进行清算。

清算人由全体合伙人担任；经全体合伙人过半数同意，可以自合伙企业解散事由出现后十五日内指定一个或者数个合伙人，或者委托第三人，担任清算人。

自合伙企业解散事由出现之日起十五日内未确定清算人的，合伙人或者其他利害关系人可以申请人民法院指定清算人。

第八十七条　清算人在清算期间执行下列事务：

（一）清理合伙企业财产，分别编制资产负债表和财产清单；

（二）处理与清算有关的合伙企业未了结事务；

（三）清缴所欠税款；

（四）清理债权、债务；

（五）处理合伙企业清偿债务后的剩余财产；

（六）代表合伙企业参加诉讼或者仲裁活动。

第八十八条　清算人自被确定之日起十日内将合伙企业解散事项通知债权人，并于六十日内在报纸上公告。债权人应当自接到通知书之日起三十日内，未接到通知书的自公告之日起四十五日内，向清算人申报债权。

债权人申报债权，应当说明债权的有关事项，并提供证明材料。清算人应当对债权进行登记。

清算期间，合伙企业存续，但不得开展与清算无关的经营活动。

第八十九条　合伙企业财产在支付清算费用和职工工资、社会保险费用、法定补偿金以及缴纳所欠税款、清偿债务后的剩余财产，依照本法第三十三条第一款的规定进行分配。

第九十条　清算结束，清算人应当编制清算报告，经全体合伙人签名、盖章后，在十五日内向企业登记机关报送清算报告，申请办理合伙企业注销登记。

第九十一条　合伙企业注销后，原普通合伙人对合伙企业存续期间的债务仍应承担无限连带责任。

第九十二条　合伙企业不能清偿到期债务的，债权人可以依法向人民法院提出破产清算申请，也可以要求普通合伙人清偿。

合伙企业依法被宣告破产的，普通合伙人对合伙企业债务仍应承担无限连带责任。

第五章　法律责任

第九十三条　违反本法规定，提交虚假文件或者采取其他欺骗手段，取得合伙企业登记的，由企业登记机关责令改正，处以五千元以上五万元以下的罚款；情节严重的，撤销企业登记，并处以五万元以上二十万元以下的罚款。

第九十四条　违反本法规定，合伙企业未在其名称中标明“普通合伙”、“特殊普通合伙”或者“有限合伙”字样的，由企业登记机关责令限期改正，处以二千元以上一万元以下的罚款。

第九十五条　违反本法规定，未领取营业执照，而以合伙企业或者合伙企业分支机构名义从事合伙业务的，由企业登记机关责令停止，处以五千元以上五万元以下的罚款。

合伙企业登记事项发生变更时，未依照本法规定办理变更登记的，由企业登记机关责令限期登记；逾期不登记的，处以二千元以上二万元以下的罚款。

合伙企业登记事项发生变更，执行合伙事务的合伙人未按期申请办理变更登记的，应当赔偿由此给合伙企业、其他合伙人或者善意第三人造成的损失。

第九十六条　合伙人执行合伙事务，或者合伙企业从业人员利用职务上的便利，将应当归合伙企业的利益据为己有的，或者采取其他手段侵占合伙企业财产的，应当将该利益和财产退还合伙企业；给合伙企业或者其他合伙人造成损失的，依法承担赔偿责任。

第九十七条 合伙人对本法规定或者合伙协议约定必须经全体合伙人一致同意始得执行的事务擅自处理，给合伙企业或者其他合伙人造成损失的，依法承担赔偿责任。

第九十八条 不具有事务执行权的合伙人擅自执行合伙事务，给合伙企业或者其他合伙人造成损失的，依法承担赔偿责任。

第九十九条 合伙人违反本法规定或者合伙协议的约定，从事与本合伙企业相竞争的业务或者与本合伙企业进行交易的，该收益归合伙企业所有；给合伙企业或者其他合伙人造成损失的，依法承担赔偿责任。

第一百条 清算人未依照本法规定向企业登记机关报送清算报告，或者报送清算报告隐瞒重要事实，或者有重大遗漏的，由企业登记机关责令改正。由此产生的费用和损失，由清算人承担和赔偿。

第一百零一条 清算人执行清算事务，牟取非法收入或者侵占合伙企业财产的，应当将该收入和侵占的财产退还合伙企业；给合伙企业或者其他合伙人造成损失的，依法承担赔偿责任。

第一百零二条 清算人违反本法规定，隐匿、转移合伙企业财产，对资产负债表或者财产清单作虚假记载，或者在未清偿债务前分配财产，损害债权人利益的，依法承担赔偿责任。

第一百零三条 合伙人违反合伙协议的，应当依法承担违约责任。

合伙人履行合伙协议发生争议的，合伙人可以通过协商或者调解解决。不愿通过协商、调解解决或者协商、调解不成的，可以按照合伙协议约定的仲裁条款或者事后达成的书面仲裁协议，向仲裁机构申请仲裁。合伙协议中未订立仲裁条款，事后又没有达成书面仲裁协议的，可以向人民法院起诉。

第一百零四条 有关行政管理机关的工作人员违反本法规定，滥用职权、徇私舞弊、收受贿赂、侵害合伙企业合法权益的，依法给予行政处分。

第一百零五条 违反本法规定，构成犯罪的，依法追究刑事责任。

第一百零六条 违反本法规定，应当承担民事赔偿责任和缴纳罚款、罚金，其财产不足以同时支付的，先承担民事赔偿责任。

第六章 附 则

第一百零七条 非企业专业服务机构依据有关法律采取合伙制的，其合伙人承担责任的形式可以适用本法关于特殊的普通合伙企业合伙人承担责任的规定。

第一百零八条 外国企业或者个人在中国境内设立合伙企业的管理办法由国务院规定。

第一百零九条 本法自2007年6月1日起施行。

国家政策性文件

国务院关于实施《国家中长期科学和技术发展规划纲要(2006-2020年)》若干配套政策的通知

国发〔2006〕6号　2006年2月7日

各省、自治区、直辖市人民政府，国务院各部委、各直属机构：

现将《实施〈国家中长期科学和技术发展规划纲要（2006-2020年）〉的若干配套政策》印发给你们，请结合实际，认真贯彻执行。

实施《国家中长期科学和技术发展规划纲要(2006-2020年)》的若干配套政策

为实施《国家中长期科学和技术发展规划纲要（2006-2020年）》(国发〔2005〕44号，以下简称《规划纲要》)，营造激励自主创新的环境，推动企业成为技术创新的主体，努力建设创新型国家，特制定如下配套政策：

一、科技投入

1. 大幅度增加科技投入。

建立多元化、多渠道的科技投入体系，全社会研究开发投入占国内生产总值的比例逐年提高，使科技投入水平同进入创新型国家行列的要求相适应。

2. 确保财政科技投入的稳定增长。

各级政府把科技投入作为预算保障的重点，年初预算编制和预算执行中的超收分配，都要体现法定增长的要求。2006年中央财政科技投入实现大幅度增长，在此基础上，“十一五”期间财政科技投入增幅明显高于财政经常性收入增幅。

3. 切实保障重大专项的顺利实施。

《规划纲要》确定的重大专项的实施，要遵循“成熟一个、启动一个”的原则，组织专家进一步进行全面深入的技术、经济等可行性论证，并根据国家发展需要和实施条件的成熟度，报经国务院批准后，统筹落实专项经费，以专项计划的形式逐项启动实施。

4. 优化财政科技投 入结构。

财政科技投入重点支持基础研究、社会公益研究和前沿技术研究。合理安排科研机构正常运转、政府科技计划（基金）和科研条件建设等资金。重视公益性行业科研能力建设，建立对公益性行业科研的稳定支持机制。优化政府科技计划体系，明确支持方向，重点解决国家、行业和区域经济社会发展中的重大科技问题。

5. 发挥财政资金对激励企业自主创新的引导作用。

创新投入机制，整合政府资金，加大支持力度，激励企业开展技术创新和对引进先进技术的消化吸收与再创新。要引导和支持大型骨干企业开展竞争前的战略性关键技术和重大装备的研究开发，建立具有国际先进水平的技术创新平台；加强面向企业技术创新的服务体系建设。加大对科技型中小企业技术创新基金等的投入力度，鼓励中小企业自主创新。

6. 创新财政科技投入管理机制。

在科研基地布局、人才队伍建设、政府科技计划设立、科研条件建设等方面，建立协调高效的管理平台，优化资源配置，使财政科技投入效益最大化。改革和强化科研经费管理，对科研课题及经费的申报、评审、立项、执行和结果的全过程，建立严格规范的监管制度。建立财政科技经费的绩效评价体系，明确设立政府科技计划和应用型科技项目的绩效目标，建立面向结果的追踪问效机制。

二、税收激励

7. 加大对企业自主创新投入的所得税前抵扣力度。

允许企业按当年实际发生的技术开发费用的150%抵扣当年应纳税所得额。实际发生的技术开发费用当年抵扣不足部分，可按税法规定在5年内结转抵扣。企业提取的职工教育经费在计税工资总额2.5%以内的，可在企业所得税前扣除。研究制定促进产学研结合的税收政策。

8. 允许企业加速研究开发仪器设备折旧。

企业用于研究开发的仪器和设备，单位价值在30万元以下的，可一次或分次摊入管理费，其中达到固定资产标准的应单独管理，但不提取折旧；单位价值在30万元以上的，可采取适当缩短固定资产折旧年限或加速折旧的政策。

9. 完善促进高新技术企业发展的税收政策。

推进对高新技术企业实行增值税转型改革。国家高新技术产业开发区内新创办的高新技术企业经严格认定后，自获利年度起两年内免征所得税，两年后减按15%的税率征收企业所得税。继续完善鼓励高新技术产品出口的税收政策。完善高新技术企业计税工资所得税前扣除政策。

10. 支持企业加强自主创新能力建设。

对符合国家规定条件的企业技术中心、国家工程（技术研究）中心等，进口规定范围内的科学研究和技术开发用品，免征进口关税和进口环节增值税；对承担国家重大科技专项、国家科技计划重点项目、国家重大技术装备研究开发项目和重大引进技术消化吸收再创新项目的企业进口国内不能生产的关键设备、原材料及零部件免征进口关税和进口环节增值税。

11. 完善促进转制科研机构发展的税收政策。

对整体或部分企业化转制科研机构免征企业所得税、科研开发自用土地、房产的城镇土地使用税、房产税的政策到期后，根据实际需要加以完善，以增强其自主创新能力。

12. 支持创业风险投资企业的发展。

对主要投资于中小高新技术企业的创业风险投资企业，实行投资收益税收减免或投资额按比例抵扣应纳税所得额等税收优惠政策。

13. 扶持科技中介服务机构。

对符合条件的科技企业孵化器、国家大学科技园自认定之日起，一定期限内免征营业税、所得税、房产税和城镇土地使用税。对其他符合条件的科技中介机构开展技术咨询和技术服务，研究制定必要的税收扶持政策。

14. 鼓励社会资金捐赠创新活动。

企事业单位、社会团体和个人，通过公益性的社会团体和国家机关向科技型中小企业技术创新基金和经国务院批准设立的其他激励企业自主创新的基金的捐赠，属于公益性捐赠，可按国家有关规定，在缴纳企业所得税和个人所得税时予以扣除。

三、金融支持

15. 加强政策性金融对自主创新的支持。

政策性金融机构对国家重大科技专项、国家重大科技产业化项目的规模化融资和科技成果转化项目、高新技术产业化项目、引进技术消化吸收项目、高新技术产品出口项目等提供贷款，给予重点支持。

国家开发银行在国务院批准的软贷款规模内，向高新技术企业发放软贷款，用于项目的参股投资。中国进出口银行设立特别融资账户，在政策允许范围内，对高新技术企业发展所需的核心技术和关键设备的进出口，提供融资支持。中国农业发展银行对农业科技成果转化和产业化实施倾斜支持政策。

16. 引导商业金融支持自主创新。

政府利用基金、贴息、担保等方式，引导各类商业金融机构支持自主创新与产业化。商业银行对国家和省级立项的高新技术项目，应根据国家投资政策及信贷政策规定，积极给予信贷支持。商业银行对有效益、有还贷能力的自主创新产品出口所需的流动资金贷款要根据信贷原则优先安排、重点支持，对资信好的自主创新产品出口企业可核定一定的授信额度，在授信额度内，根据信贷、结算管理要求，及时提供多种金融服务。

17. 改善对中小企业科技创新的金融服务。

商业银行与科技型中小企业建立稳定的银企关系，对创新活力强的予以重点扶持。加快建设企业和个人征信体系，促进各类征信机构发展，为商业银行改善对科技型中小企业的金融服务提供支持。

政府引导和激励社会资金建立中小企业信用担保机构，建立担保机构的资本金补充和多层次风险分担机制。探索创立多种担保方式，弥补中小企业担保抵押物不足的问题。政策性银行、商业银行和其他金融机构开展知识产权权利质押业务试点。

18. 加快发展创业风险投资事业。

制定《创业投资企业管理暂行办法》配套规章，完善创业风险投资法律保障体系。依法对创业风险投资企业进行备案管理，促进创业风险投资企业规范健康发展。鼓励有关部门和地方政府设立创业风险投资引导基金，引导社会资金流向创业风险投资企业，引导创业风险投资企业投资处于种子期和起步期的创业企业。在法律法规和有关监管规定许可的前提下，支持保险公司投资创业风险投资企业。允许证券公司在符合法律法规和有关监管规定的前提下开展创业风险投资业务。允许创业风险投资企业在法律法规规定的范围内通过债权融资方式增强投资能力。

完善创业风险投资外汇管理制度，规范法人制创业风险投资企业外汇管理，明确对非法人制外资创业风险投资企业的有关外汇管理问题。

19. 建立支持自主创新的多层次资本市场。

支持有条件的高新技术企业在国内主板和中小企业板上市。大力推进中小企业板制度创新，缩短公开上市辅导期，简化核准程序，加快科技型中小企业上市进程。适时推出创业板。

推进高新技术企业股份转让工作。启动中关村科技园区未上市高新技术企业进入证券公司代办系统进行股份转让试点工作。在总结试点经验的基础上，逐步允许具备条件的国家高新技术产业开发区内未上市高新技术企业进入代办系统进行股份转让。在有条件的地区，地方政府应通过财政支持等方式，扶持发展区域性产权交易市场，拓宽创业风险投资退出渠道。支持符合条件的高新技术企业发行公司债券。

20. 支持开展对高新技术企业的保险服务。

支持保险公司发展企业财产保险、产品责任保险、出口信用保险、业务中断保险等险种，为高新技术企业提供保险服务。

21. 完善高新技术企业的外汇管理政策。

国家外汇管理局根据高新技术企业的实际需要，充分满足高新技术企业货物贸易和服务贸易用汇需求。深化境外投资外汇管理改革，支持国内企业设立海外研究开发设计机构、收并购国外研究开发机构或高新技术企业。

四、政府采购

22. 建立财政性资金采购自主创新产品制度。

建立自主创新产品认证制度，建立认定标准和评价体系。由科技部门会同综合经济部门按照公开、公正的程序对自主创新产品进行认定，并向全社会公告。财政部会同有关部门在获得认定的自主创新产品范围内，确定政府采购自主创新产品目录（以下简称目录），实行动态管理。

加强预算控制，优先安排自主创新项目。各级政府机关、事业单位和团体组织（以下统称采购人）用财政性资金进行采购的，必须优先购买列入目录的产品。采购人在编制年度部门预算时，应当标明自主创新产品。财政部门在预算审批过程中，在采购支出项目已确定的情况下，优先安排采购自主创新产品的预算。发挥财政、审计与监察部门的监督作用，督促采购人自觉采购自主创新产品。

国家重大建设项目以及其他使用财政性资金采购重大装备和产品的项目，有关部门应将承诺采购自主创新产品作为申报立项的条件，并明确采购自主创新产品的具体要求。在国家和地方政府投资的重点工程中，国产设备采购比例一般不得低于总价值的60%。不按要求采购自主创新产品，财政部门不予支付资金。

23. 改进政府采购评审方法，给予自主创新产品优先待遇。

在政府采购评审方法中，须考虑自主创新因素。以价格为主的招标项目评标，在满足采购需求的条件下，优先采购自主创新产品。其中，自主创新产品价格高于一般产品的，要根据科技含量和市场竞争程度等因素，对自主创新产品给予一定幅度的价格扣除。自主创新产品企业报价不高于排序第一的一般产品企业报价一定比例的，将优先获得采购合同。以综合评标为主的招标项目，要增加自主创新评分因素并合理设置分值比重。

经认定的自主创新技术含量高、技术规格和价格难以确定的服务项目采购，可以在报经财政部门同意后，采用竞争性谈判采购方式，将合同授予具有自主创新能力的企业。

完善自主创新产品政府采购合同管理，拒绝接受或提供合同约定自主创新产品的，财政部门应责令其纠正，否则不予支付采购资金。

24. 建立激励自主创新的政府首购和订购制度。

国内企业或科研机构生产或开发的试制品和首次投向市场的产品，且符合国民经济发展要求和先进技术发展方向，具有较大市场潜力并需要重点扶持的，经认定，政府进行首购，由采购人直接购买或政府出资购买。

政府对于需要研究开发的重大创新产品或技术，应当通过政府采购招标方式，面向全社会确定研究开发机构，签订政府订购合同，并建立相应的考核验收和研究开发成果推广机制。

25. 建立本国货物认定制度和购买外国产品审核制度。

采购人应根据《中华人民共和国政府采购法》规定，优先购买本国产品。财政部会同有关部门制定本国货物认定标准。采购人需要的产品在中国境内无法获取或者无法以合理的商业条件获取的（在中国境外使用除外），在采购活动开始前，需由国家权威认证机构予以确认并出具证明。采购外国产品时，坚持有利于企业自主创新或消化吸收核心技术的原则，优先购买向我转让技术的产品。

26. 发挥国防采购扶持自主创新的作用。

国防采购应立足于国内自主创新产品和技术。自主创新产品和技术满足国防或国家安全需求的，应优先采购。政府部门对于涉及国家安全的采购项目，应首先采购国内自主创新产品，采购合同应优先授予具有自主创新能力的企业或科研机构。

五、引进消化吸收再创新

27. 加强对技术引进和消化吸收再创新的管理。

凡由国家有关部门和地方政府核准或使用政府投资的重点工程项目中确需引进的重大技术装备，由项目业主联合制造企业制定引进消化吸收再创新方案，作为工程项目审批和核准的重要内容，报请国家有关主管部门审批（核准）后实施。

加强对引进技术工作的咨询和评估。重大技术和重大装备的引进消化吸收和再创新方案须经有关部门联合组织的专家委员会进行咨询论证，明确消化吸收和再创新的计划、目标和进度。将通过消化吸收是否形成了自主创新能力，作为对引进项目验收和评估的重要内容。

28. 鼓励引进国外先进技术，定期调整鼓励引进技术目录。

对国内尚不能提供、且多家企业需要引进的重大装备，国家鼓励统一招标，引导外商联合国内企业投标；在进口装备的同时，应当引进先进设计制造技术，并支持国内企业尽可能多地参与分包和实现本地制造。

29. 限制盲目、重复引进。

定期调整禁止进口限制进口技术目录。限制进口国内已具备研究开发能力的关键技术；禁止或限制进口高消耗、高污染和已被淘汰的落后装备和技术。

30. 对企业消化吸收再创新给予政策支持。

对消化吸收再创新形成的先进装备和产品，纳入政府优先采购的范围。对订购和使用国产首台（套）重大装备的国家重点工程，国家优先予以安排。建立由项目业主、装备制造企业和保险公司风险共担、利益共享的重大装备保险机制，引导项目业主和装备制造企业对国产首台（套）重大装备投保。

31. 支持产学研联合开展消化吸收和再创新。

对重大装备的引进，用户单位应吸收制造企业、高等学校和科研院所参与，共同跟踪国际先进技术的发展，并在消化吸收的基础上，共同开展自主创新活动。在国家科技基础设施建设中，优先支持在重点产业中由产学研合作组建的技术平台，承担重大引进技术消化吸收再创新任务。

32. 实施促进自主制造的装备技术政策。

针对国民经济、社会重点发展领域和重点工程，由综合经济部门牵头，并由使用部门和制造部门共同参与制定国家装备技术政策，积极推进重大装备的自主制造。国家和地方重点工程建设项目采用重大装备和技术，应符合装备技术政策。

六、创造和保护知识产权

33. 掌握关键技术和重要产品的自主知识产权。

国家科技部门、综合经济部门会同有关部门按照行业和领域特点共同编制并定期发布应掌握自主知识产权的关键技术和重要产品目录，国家科技计划和建设投资应当对列入目录的技术和产品的研制予以重点支持。对开发目录中技术和产品的企业在专利申请、标准制定、国际贸易和合作等方面予以支持，形成一批拥有自主知识产权、知名品牌和较强国际竞争力的优势企业。

国家科技部门会同知识产权管理部门建立知识产权信息服务平台，支持开展知识产权信息加工和战略分析，为自主知识产权的创造和市场开拓提供知识产权信息服务。

34. 积极参与制定国际标准，推动以我为主形成技术标准。

国家科技计划支持重要技术标准的研究，引导产学研联合研制技术标准，促使标准与科研、开发、设计、制造相结合。政府主管部门加强对行业协会等制定重要技术标准的指导协调，支持企业、社团自主制定和参与制定国际技术标准，鼓励和推动我国技术标准成为国际标准。国家建立标准服务平台，支持加快国外先进标准向国内标准的转化，重点支持企业通过再创新推动以我为主形成技术标准。

35. 切实保护知识产权。

建立健全知识产权保护体系，加大保护知识产权的执法力度，营造尊重和保护知识产权的法治环境。科研机构、高等学校和政府有关部门要加强从事知识产权保护和管理工作的力量。国家科技计划和各类创新基金对所支持项目在国外取得自主知识产权的相关费用，按规定经批准后给予适当补助。切实保障科技人员的知识产权权益，职务技术成果完成单位应对职务技术成果完成人和在科技成果转化中作出突出贡献人员依法给予报酬。依法保护非职务发明成果完成人的合法权益。

建立重大经济活动的知识产权特别审查机制。有关部门组织建立专门委员会，对涉及国家利益并具有重要自主知识产权的企业并购、技术出口等活动进行监督或调查，避免自主知识产权流失和危害国家安全。同时，也要注意防止滥用知识产权制约创新。

36. 缩短发明专利审查周期。

改革发明专利审查方式，提高专利实质审查工作效率，缩短审查周期。对国家科技、经济、社会发展有重大影响的或具有国际竞争力的自主创新成果，发挥专利制度的积极作用，依法维护国家利益。

37. 加强技术性贸易措施体系建设。

加快建立我国符合国际通行规则的技术性贸易措施体系。政府有关部门应建立和完善技术性贸易措施的通报协调机制、快速反应机制和研究评议体系。政府部门、行业协会、地方和企业联合建立包括技术预警在内的国外技术性贸易措施预警机制，密切跟踪我国产品目标出口国的技术法规、标准及合格评定程序和检验检疫要求的变化，对出口可能遭遇的技术性贸易措施进行实时监测和发布预警。

七、人才队伍

38. 加快培养一批高层次创新人才。

实施国家高层次创新人才培养工程，在基础研究、高技术研究、社会公益研究等若干关系国家竞争力和安全的战略科技领域，着力培养造就一批创新能力强的高水平学科带头人，形成具有中国特色的优秀创新人才群体和创新团队。打破论资排辈的现象，改进和完善学术交流制度，健全同行认可机制，使中青年优秀科技人才脱颖而出。

39. 结合重大项目的实施加强对创新人才的培养。

制定人才培养规划，实施国家重大工程和重大科技计划项目，要重视和做好相关的创新人才培养工作。在国家科技计划项目评审、验收、国家重点实验室评审、科研基地建设综合绩效评估中，把创新人才培养作为重要的考评指标。

40. 支持企业培养和吸引创新人才。

改革和完善企业分配和激励机制，支持企业吸引科技人才，允许国有高新技术企业对技术骨干和管理骨干实施期权等激励政策。在高等学校和科研机构中设立面向企业创新人才的客座研究员岗位，选聘企业高级专家担任兼职教授或研究员。制定和规范科技人才兼职办法，引导和规范高等学校或科研机构科技人才到企业兼职。支持企业为高等学校和职业院校建立学生实习、实训基地。推进企业博士后科研工作，吸引优秀博士到企业从事科技创新。企业招聘高等学校毕业生和吸引优秀人才不受户籍限制。制定相应的政策支持军工等特殊岗位的创新人才培养和使用。

明确国有企业负责人对企业自主创新的领导职责。将企业技术创新投入和创新能力建设作为国有企业负责人业绩考核的重要内容。

41. 支持培养农村实用科技人才。

对科技人员面向农村和贫困地区开展技术创新服务予以政策支持。充分利用广播、电视、网络等远程教育资源，提高广大农民采用实用、先进农业技术的水平和职业技能。

42. 积极引进海外优秀人才。

制定和实施吸引优秀留学人才和海外科技人才回国（来华）工作和为国服务计划，结合国家自主创新战略、重大科技专项和重点创新项目，采取团队引进、核心人才带动引进等多种方式引进海外优秀人才。海外高层次留学人才回国工作不受用人单位编制、增人指标、工资总额和出国前户籍所在地限制。外籍杰出科技人才申请来华工作许可、在华永久居留的条件可适当放宽，在其居留证件有效期内可办理多次入境有效签证。制定保障具有永久居留资格的在华外籍高层次人才合法权益的办法。妥善解决好海外优秀人才回国（来华）工作的医疗保险、配偶就业、子女上学等问题。

43. 改革和完善科研事业单位人事制度。

改革专业技术人才管理体制，分类推进专业技术职务制度改革。深化科研事业单位人事制度改革，全面实行聘用制度和岗位管理制度。科研事业单位可以自主设立各级创新岗位，自主聘用。实行固定岗位与流动岗位相结合，人员使用与项目、课题相结合的制度。除涉密岗位外，推行关键岗位和科研项目负责人面向国内外公开招聘制度。对科研机构的新进人员可实行人事代理制度。

鼓励科研单位及其工作人员参加社会保险，积极推进事业单位养老保险制度改革，完善科技人员向企业流动的社会保险关系接续办法。按照事业单位工资改革的要求，改革和规范科研单位工资分配制度，建立以岗位工资、绩效工资为主要内容的收入分配制度，禁止违反规定将国家科研项目经费用于分配。

44. 建立有利于激励自主创新的人才评价和奖励制度。

建立符合科技人才规律的多元化考核评价体系，对科学研究、科研管理、技术支持、行政管理等各类人员实行分类管理，建立不同领域、不同类型人才的评价体系，明确评价的指标和要素。改革和完善国家科技奖励制度，建立政府奖励为导向、社会力量奖励和用人单位奖励为主体的激励自主创新的科技奖励制度，把发现、培养和凝聚科技人才特别是尖子人才作为国家科技奖励的重要内容。建立和完善科技信用制度，对承担国家科技计划项目和从事相关管理的人员、机构进行信用监督，增强道德规范，促进学风建设。

八、教育与科普

45. 充分发挥高等学校在自主创新中的重要作用。

深化高等教育改革，调整高等教育结构，加强重点学科建设。主动适应经济社会发展对各类专门人才的需求，优化学科专业布局，促进学科交叉融合，抓紧培养紧缺人才。扎实推进高水平大学建设，提高高等学校创新能力和社会服务能力，建成若干所世界一流大学和一批高水平研究型大学。创新研究生培养机制，着力培养创新精神与实践能力。坚持产学研结合，鼓励和支持高等学校同企业、科研机构建立多渠道、多形式的紧密型合作关系，共同培养创新人才，联合开展创新活动。扩大研究生派出规模，完善选派办法，在更高层次上开展国际科技和高层次人才培养合作。

46. 大力发展与改革职业教育。

加快技能型紧缺人才的培养和农村转移劳动力的培训。切实加强职业教育基础能力建设，扩大中等职业教育的办学规模，提高高等职业院校的办学质量，大力推行工学结合、校企合作的人才培养模式。

47. 全面推进素质教育。

大力推进基础教育课程改革和教学改革，加强和改进德育、智育、体育和美育，使青少年主动地生动活泼地得到发展。大力倡导启发式教学，注重培养学生动手能力，从小养成独立思考、追求新知、敢于创新、敢于实践的习惯。切实加强科技教育。广泛运用现代远程教育手段，倡导新的学习方式和教学方式。积极开发并合理利用校内外各种课程资源，发挥图书馆、实验室、专用教室及各类教学设施和实践基地的作用，广泛利用校外的展览馆、科技馆等丰富的资源，加强中小学生科技活动场所建设，拓宽中小学生知识面和锻炼实践能力。

48. 大力发展科普事业。

实施全民科学素质行动计划，形成尊重科学、崇尚创新的浓厚社会氛围。加强国家科普能力建设。建立科普事业的良性运行机制。建立科研机构、大学定期向社会公众开放制度。鼓励著名科学家和其他专家学者参与科普创作。切实加强科普场馆建设。

九、科技创新基地与平台

49. 加强实验基地、基础设施和条件平台建设。

围绕经济社会发展和国家安全的重大战略需求，在新兴交叉前沿领域的战略空白领域建设若干学科交叉、综合集成、机制创新的国家实验室。以国家实验室、国家重点实验室、国家工程实验室、国防科技重点实验室、国家工程（技术研究）中心、企业技术中心或研究开发中心等为依托，组织实施重大自主创新项目，吸引和凝聚高水平人才，推动项目、基地、人才的有机结合。

重点建设一批科研基础设施和大型科学仪器、设备共享平台，自然科技资源共享平台，科学数据共享平台，科技文献共享平台，成果转化公共服务平台，网络科技环境平台等，全面加强对自主创新的支撑。

50. 加大对公益类科研机构的稳定支持力度。

进一步推进和完善公益类科研机构管理体制和运行机制改革。对已实行分类改革的国务院部门属公益类科研机构，经验收合格后，按照重新核定的非营利科研编制，从2006年起大幅度提高投入力度，达到与其承担国家科研和公益服务相适应的水平。

51. 加强企业和企业化转制科研机构自主创新基地建设。

国家支持企业特别是大企业建立研究开发机构。依托具有较强研究开发和技术辐射能力的转制科研机构或大企业，集成高等学校、科研院所等相关力量，在重点领域建设一批国家工程实验室，开展面向行业的竞争前技术、前沿技术和军工配套、军民两用技术研究。

完善转制科研机构业绩考核办法，建立起促进其技术创新的业绩考核指标体系。在经营业绩考核指标（国有资本保值增值率、净资产收益率）中，合理剔除非经营性资产的影响因素。

52. 加强国家高新技术产业开发区建设。

国家高新技术产业开发区要推进“二次创业”，深化管理体制改革，加强软环境建设，努力成为促进技术进步和增强自主创新能力的重要载体，成为带动区域经济结构调整和经济增长方式转变的强大引擎，成为高新技术企业“走出去”参与国际竞争的服务平台，成为抢占世界高技术产业制高点的前沿阵地。

53. 推进科技创新基地与条件平台的开放共享。

扩大科技创新基地与条件平台向全社会的开放，建立和完善国家科研基地和科研基础设施向企业和社会开放共享的机制和制度。把面向企业和社会提供服务，作为考核其运行绩效的重要指标。

十、加强统筹协调

54. 建立和健全合理配置科技资源的统筹机制。

完善财政部门与科技等部门科技资源配置的协调机制。完善统计方法，提高研究与开发统计数据质量。强化科技预算的执行监督，确保财政科技投入目标的实现。建立创新资源配置的信息交流制度，防止重复立项和资源分散、浪费。

55. 建立政府采购自主创新产品的协调机制。

由财政部门牵头，科技、发展改革等相关部门参加组成协调机构，制定政府采购自主创新产品的具体办法，审查实施情况，协调和解决实施中遇到的困难和问题。

56. 建立引进技术消化吸收和再创新的协调机制。

由国家综合经济部门牵头，科技、教育、财政、商务、税务、海关、质检、知识产权等相关部门参加组成协调机构，制定重大产业技术和装备引进政策，组织协调并监督重大引进技术的消化吸收再创新工作。

57. 促进“军民结合、寓军于民”。

建立促进军民科技资源协调配置的联席会议制度。加强军民科技计划的衔接与协调。建立军用、民用自主创新信息共享平台，促进军用、民用技术研究开发需求的互通交流及创新成果的双向转移。

根据相关法律法规，起草、制定促进军民结合、寓军于民的国防科研生产和武器装备采购法等法律法规以及相关配套制度。制定军品承研、承制单位资格审查认证办法，引入基于资格审查的军品市场准入制度，扩大军品市场的准入范围，将符合条件的民口科研机构和企业纳入装备承研承制单位名录。

在满足军用要求的前提下，积极采用先进适用的民用标准用于武器装备研制，建立国家标准、军用标准和行业标准协调互补的标准体系。对承担武器装备科研生产任务的民口企事业单位给予必要的政策支持。

58. 要认真做好实施《规划纲要》、建设创新型国家的宣传工作。

59. 国务院各有关部门要依据本文件要求制定必要的实施细则。

60. 各省、自治区、直辖市人民政府要结合本地实际，依照法定权限制定相应的具体政策措施。

关于印发《科技型中小企业贷款平台建设指引》的通知

科学技术部办公厅 国家开发银行办公厅 2006年3月27日

各省、自治区、直辖市、计划单列市科技厅（委、局）、各国家高新技术产业开发区管委会，国家开发银行总行营业部、各分行、代表处：

根据《国家开发银行、科学技术部关于推动科技型中小企业融资工作有关问题的通知》（开行发[2005]117号）的精神，为进一步推动科技型中小企业贷款平台的建设，逐步建立在政府引导下的，有利于科技型中小企业自主创新的金融环境，在总结前一段开展中小企业贷款试点经验的基础上，科技部、国家开发银行联合制定了《科技型中小企业贷款平台建设指引》，现印发给你们，请遵照执行。

请各地方科技主管部门、国家高新区进一步加强与国家开发银行分行的合作，按照《科技型中小企业贷款平台建设指引》的要求，共同推动本地区科技型中小企业贷款工作。

附件：科技型中小企业贷款平台建设指引

为落实科学技术部（以下简称科技部）与国家开发银行（以下简称开发银行）共同发布的《关于推动科技型中小企业融资工作有关问题的通知》（开行发[2005]117号）的要求，发挥科技主管部门的组织协调优势和国家开发性金融机构的融资优势，全面推动科技型中小企业贷款平台的建设，逐步建立在政府引导下的，有利于科技型中小企业自主创新的科技投融资体系，特制订本《指引》。

一、贷款平台职能与任务

科技型中小企业贷款平台是在科技部、开发银行培育和指导下，按开发银行的要求承担或协助客户开发、评审和贷后管理的职能。主要为本地区科技型中小企业申请开发银行中小企业贷款提供服务，并促进本地区企业信用体系建设。

二、贷款平台的种类

贷款平台在开展科技型中小企业贷款工作中可根据自身条件采取以下具体方式：

（一）管理平台

贷款平台负责客户开发、项目管理、初评等工作。开发银行直接与中小企业签订借款合同，中小企业直接对开发银行承担还款责任。

（二）统贷平台

有借款资格和承贷能力的企事业法人（统借统还借款人，以下简称“指定借款人”），愿意承担贷款责任，有防范风险、偿还贷款的能力，可申请开发银行贷款，以委托贷款等合法有效的资产运作方式，向中小企业提供资金支持。采取统贷方式的，管理平台的职能由指定借款人承担。

（三）其他模式平台

平台依托单位可在政府指导下，与本地区开发银行分行共同探讨建立符合国家政策、有利于本地区科技型中小企业自主创新的多种运作模式。

三、贷款平台支撑条件

科技型中小企业贷款平台的建设必须是符合国家高新技术产业发展方向和开发银行业务要求的，依托地方科技主管部门、高新区管委会所属的高新技术创业服务中心（科技企业孵化器）、生产力促进中心、特色产业基地、软件园、中小企业担保公司、科技风险投资公司等科技中介机构建立，为科技型中小企业提供贷款服务的专业中介服务机构。

(一) 平台设立条件

1. 基础条件

独立法人；

科技型中小企业贷款平台应具有固定的办公场所、必要的办公条件和信息网络设施；

有与所从事的科技型中小企业贷款工作相适应的专业人员；

有开展科技型中小企业贷款服务的资金实力；

采取统贷方式的贷款平台，同时应具备相应的偿还贷款能力。

2. 专业能力

对中小企业贷款有效需求信息的掌握能力；

与政府及其他职能部门的协调能力；

有组织贷款项目评审的能力；

开发评审阶段对贷款风险的识别和控制能力；

具有较为先进的信用征集和信用评价能力；

具有一定的跟踪管理和服务能力。

3. 制度建设

贷款平台制订并严格遵守从项目开发、受理、信用评价、初审、尽职调查、担保、项目评议、项目报批、贷款手续办理及贷后管理等环节的工作流程；

贷款平台应分别制订贷款项目开发、受理、信用评价、初审、尽职调查、担保、项目评议、项目报批、贷款手续办理、贷后管理及专管机构人员管理、评议机构人员管理的规章制度和工作细则，并保证严格遵照执行。

（二）平台地方政策条件和管理

地方科技主管部门、高新区管委会应按照《国家中长期科学和技术发展规划纲要》及相关配套政策的要求，加强对科技型中小企业贷款平台的支持，同时要积极争取地方政府在财税、金融和政府采购等方面的配套政策支持，不断优化创新环境。贷款平台也应积极开拓、整合科技和社会资源，使平台的外部环境具备以下条件：

1. 地方科技主管部门、高新区管委会主要领导牵头成立科技金融领导协调机构，要将贷款平台建设纳入地方科技投融资体系中统筹考虑和规划。

2. 地方科技主管部门、高新区管委会要对贷款平台建设给予财政投入，并对平台贷款项目给予一定的贴息支持。

3. 地方科技主管部门、高新区管委会应倡导依托贷款平台建立科技型中小企业信用促进机构，凡申请开发银行贷款的企业应加入信用促进机构，贷款平台要建立科技型中小企业信用征集系统和信用评价系统。

4. 地方科技主管部门、高新区管委会要把科技型中小企业贷款平台建设和管理工作纳入目标责任管理和业绩考核管理。

5. 贷款平台应积极引入社会担保公司参与贷款平台工作，引导担保公司参与科技型中小企业贷款担保业务，分散信贷风险。

6. 地方科技主管部门、高新区管委会为贷款平台提供一定量的贷款风险准备金，并将该款项存入贷款平台在开发银行当地分行开立的风险准备金专用账户。

7. 不管采取何种平台方式，原则上地方科技主管部门、高新区管委会应与开发银行建立贷款风险分担机制，对贷款平台内的贷款总体风险承担一定经济责任，风险分担的比例与方式，由开发银行与地方科技主管部门、高新区管委会具体商定。

8. 对于统贷统还平台，地方科技主管部门、高新区管委会应会同开发银行与当地商业银行签订代理金融合作协议，委托地方商业银行办理转贷业务。

（三）贷款平台部门政策和管理

1. 在科技部与开发银行业务合作委员会下，设立科技型中小企业贷款专项工作组，由双方有关司、局、中心组成。

2. 科技部积极支持和鼓励地方科技主管部门、高新区管委会结合本地实际情况，建立多种形式的科技型中小企业贷款平台，并通过国家科技计划支持平台建设。

3. 开发银行将面向科技型中小企业和创业投资公司的政策性贷款业务作为支持国家自主创新战略实施的重要金融措施，继续扩大贷款总量，完善信贷管理模式，鼓励地方分行加强与地方科技主管部门、高新区管委会的合作，支持平台工作。

4. “十一五”期间科技部、开发银行将重点培育100个科技型中小企业贷款示范服务机构。科技部会同开发银行建立平台统计考核机制和奖惩激励机制，对科技型中小企业和创业投资公司的贷款情况建立年度统计制度，并定期公布；共同支持和指导地方科技部门、高新区管委会对贷款平台进行考核，对通过考核合格的平台将认定为“科技部、国家开发银行科技型中小企业贷款示范服务机构”。同时科技部将通过国家科技计划在人员培训、信用体系建设、信息化建设等方面给予重点资助，创新基金管理中心将对符合创新基金年度支持方向的贷款平台项目优先给予贷款贴息等支持；开发银行对于服务机构将在平台能力建设和工作委托等方面优先给予支持。

四、贷款平台备案

贷款平台依托单位具备本《指引》第三部分所明确的条件，经地方科技主管部门、高新区管委会与开发银行分行协商一致后，可填报科技型中小企业贷款平台备案表（见附表）和建设方案，各两份报科技部火炬中心和开发银行评审三局备案。

本《指引》由科技部火炬中心、开发银行评审三局解释。

财政部、国家知识产权局

关于加强知识产权资产评估管理工作若干问题的通知

财企 [2006]109号 2006年4月19日

各省、自治区、直辖市、计划单列市财政厅（局）、知识产权局：

为了加强知识产权资产评估管理，规范知识产权的评估行为，使知识产权资产评估更好地服务于国家创新经济建设和知识产权保护工作，依据《中华人民共和国公司法》、《中华人民共和国专利法》、《中华人民共和国商标法》、《中华人民共和国著作权法》、《中华人民共和国担保法》、《国有资产评估管理办法》等有关规定，现就知识产权资产评估管理工作的有关事项通知如下：

一、知识产权占有单位符合下列情形之一的，应当进行资产评估：

（一）根据《公司法》第二十七条规定，以知识产权资产作价出资成立有限责任公司或股份有限公司的；

（二）以知识产权质押，市场没有参照价格，质权人要求评估的；

（三）行政单位拍卖、转让、置换知识产权的；

（四）国有事业单位改制、合并、分立、清算、投资、转让、置换、拍卖涉及知识产权的；

（五）国有企业改制、上市、合并、分立、清算、投资、转让、置换、拍卖、偿还债务涉及知识产权的；

（六）国有企业收购或通过置换取得非国有单位的知识产权，或接受非国有单位以知识产权出资的；

（七）国有企业以知识产权许可外国公司、企业、其他经济组织或个人使用，市场没有参照价格的；

（八）确定涉及知识产权诉讼价值，人民法院、仲裁机关或当事人要求评估的；

（九）法律、行政法规规定的其他需要进行资产评估的事项。非国有单位发生合并、分立、清算、投资、转让、置换、偿还债务等经济行为涉及知识产权的，可以参照国有企业进行资产评估。

二、知识产权评估应当依法委托经财政部门批准设立的资产评估机构进行评估。

资产评估机构从事知识产权评估业务时，应当严格遵循有关的资产评估准则和规范。在评估过程中，要考虑知识产权的特殊性，科学、客观地分析知识产权预期收益的可行性和合理性。

资产评估机构在执行知识产权评估业务时，可以聘请专利、商标、版权等知识产权方面的专家协助工作，但不能因此减轻或免除资产评估机构及注册资产评估师应当承担的法律责任。

三、财政部和国家知识产权局共同组织知识产权评估专业培训、考核并颁发培训证书，建立并严格执行继续教育、培训考核制度，确保培训的质量，不断提高注册资产评估师及从业人员知识产权评估的专业能力和水平。

四、中国资产评估协会应当加强行业自律和专业指导工作，可以建立知识产权评估专家库和相关的专业委员会，建立和完善知识产权数据库，为知识产权资产评估创建必要的平台，以提高资产评估的执业质量、行业公信力和影响力。

五、资产评估机构必须坚持独立、客观、公正的原则，不得以迎合委托方对评估结果高估或者低估的要求、给予“回扣”、恶性压价等不正当方式承揽知识产权评估业务。

财政部和国家知识产权局定期组织对从事知识产权评估业务的资产评估机构执业质量进行监督检查。

六、任何单位和个人不得非法干预知识产权评估业务和评估结果。

七、占有知识产权的国有单位和从事知识产权评估业务的资产评估机构违反上述规定的，按国家有关规定处理。

本通知发布后，过去有关规定与本通知内容相抵触的，以本通知为准。

商务部关于办理外商投资企业《国家鼓励发展的内外资项目确认书》有关问题的通知

商务部　2006年4月29日

各省、自治区、直辖市及计划单列市及新疆生产建设兵团商务主管部门：

近日，针对许多地方商务主管部门有关免税确认书出具工作的疑问，我部已在《商务部关于办理鼓励类外商投资企业免税确认书有关问题的复函》（商资函[2006]41号）中明确予以回复。

为进一步规范外商投资企业进口设备免税的操作程序，明确外商投资企业《国家鼓励发展的内外资项目确认书》和《外商投资企业进口更新设备、技术及配备件证明》（以下分别简称“确认书”和“进口证明”）办理的具体要求，根据《中外合资经营企业法》、《中外合作经营企业法》、《外资企业法》、《国务院关于调整进口设备税收政策的通知》（国发[1997]37号，以下简称37号文）、《关于落实国务院调整进口设备税收政策有关问题的通知》（计规划[1998]250号）等有关文件精神，现就有关问题通知如下：

一、基本原则

1998年国务院决定对外商投资鼓励类项目出具“确认书”、1999年国务院决定对符合条件的外商投资企业出具“进口证明”以来，国务院有关部门已经下发了一系列文件（见《商务部关于办理鼓励类外商投资企业免税确认书有关问题的复函》（商资函[2006]41号）），对出具“确认书”和“进口证明”的部门、程序、依据及实施中的具体操作办法做出了明确规定。

原则上，鼓励类外商投资项目“确认书”分别由发展计划、经贸、外经贸部门出具，其中，限额以上鼓励类外商投资企业项目“确认书”由发展改革委、商务部分别出具，限额以下鼓励类外商投资企业项目“确认书”由省级人民政府相关部门依现行分工和权限办理。

各地应继续依照上述规定和操作办法，确保“确认书”和“进口证明”出具工作和进口操作规程稳定运行。

二、商务部门出具“确认书”和“进口证明”的范围

（一）根据《外资企业法》及其实施细则，由商务部或地方商务（外经贸）主管部门一次性审批的鼓励类外资企业的“确认书”；

（二）根据《中外合资经营企业法》、《中外合作经营企业法》、《外资企业法》及其实施条例（细则）、其他相关规定，应由商务主管部门（外经贸）批准的鼓励类外商投资企业增资项目的“确认书”；

（三）鼓励类外商投资股份有限公司的“确认书”；

（四）服务贸易领域鼓励类外商投资企业的“确认书”；

（五）外商通过并购方式设立的鼓励类外商投资企业的“确认书”；

（六）外商投资设立的研究开发中心，在投资总额内进口国内不能生产或性能不能满足需要的自用设备及其配套的技术、配件、备件的“确认书”；

（七）为改善投资环境，简化审批程序，各地依据当地特点自行决定，由商务部门统一对外审批的鼓励类外商投资企业的“确认书”；

（八）其他法律、法规等规定由商务部门负责出具的“确认书”；

（九）对已设立的鼓励类、限制乙类外商投资企业、外商投资研究开发中心、先进技术型和产品出口型外商投资企业（以下简称“五类企业”）技术改造，在原批准的生产经营范围内，利用投资总额以外的自有资金进口国内不能生产或性能不能满足需要的自用设备及其配套的技术、配件、备件的“进口证明”。

三、商务部出具“确认书”和“进口证明”的办理程序

（一）应由商务部出具“确认书”的外商投资企业（以下简称”限上企业")，须通过省级商务部门向商务部转报书面申请。

1. 地方商务部门和“限上企业”须提供以下材料：

（1）地方商务主管部门上报的申请“确认书”、“进口证明”的请示；

（2）“限上企业”申请“确认书”或“进口证明”的说明；

（3）“限上企业”设立批准文件，批准证书、营业执照（均为复印件），联合年检合格记录；

（4）验资报告复印件；

（5）加盖省级商务主管部门和“限上企业”印章的进口设备清单一式三份（样式见附件）

（6）商务部要求提供的其他材料。

“五类企业”首次申请出具“进口证明”，还须提交企业上一年度的审计报告（复印件加盖企业公章）等文件，并对其投资总额以外的“自有资金”（具体指企业储备基金、发展基金、折旧和税后利润）总额予以说明。

2. 省级商务主管部门应对“限上企业”用汇额、执行年限（原则上不超过企业建设期）、进口设备清单、适用产业政策条目、“自有资金”总额等进行初审，并在书面申请中明确初审意见。

3. 商务部收到省级商务主管部门提出的书面申请后，在10个工作日内进行审核。对于符合国家法律规定的，由商务部出具“确认书”或“进口证明”一式三份，并附加盖印章的进口设备清单，同时抄送海关总署和地方海关。不符合国家法律规定的，商务部出具书面意见，并说明理由。

4. “限上企业”在进口设备之前，凭“确认书”或“进口证明”和其他相关文件到企业所在地直属海关办理减免税备案手续。

（二）“限上企业”有关“确认书”的变更程序

1. 商务部已经出具的“确认书”，在执行过程中确需变更投资总额、用汇额、执行年限等主要事项的，需由省级商务主管部门对变更内容及原因初审后，向商务部提出变更申请，并附以下材料：

（1）已出具“确认书”的原件，联合年检合格记录；

（2）调整事项的说明材料（附对照表）；

（3）验资报告复印件；

（4）商务部要求的其他材料。

2. 商务部收到书面申请后，于5个工作日内进行审核。对于符合国家法律规定的，由商务部出具变更后的“确认书”一式三份，同时抄送海关总署和地方海关。不同意变更的，商务部出具书面意见，并说明理由。

3.“限上企业”凭“确认书”和其他相关文件到项目所在地直属海关办理相关变更手续。

（三）进口设备清单审核原则

外商投资企业进口设备清单原则上与“确认书”或“进口证明”同时出具，由商务部加盖进口设备专用章。“确认书”进口设备清单所列设备应是外商投资企业在投资总额内进口自用设备，按照合同随设备进口的技术及配套件、备件。“进口证明”进口设备清单所列设备应是国内不能生产或性能不能满足需要的自用设备及其配套的技术、配件、备件。

对于进口规模大，建设周期长，在出具“确认书”时无法确定全部进口设备的外商投资企业，可分批通过地方商务部门向商务部提出书面申请，由商务部分批确认并加盖进口设备专用章。

四、地方商务部门出具”确认书”和”进口证明”的办理程序

（一）省级商务主管部门负责地方商务部门批准的外商投资企业（以下简称“限下企业”）的“确认书”和“进口证明”的出具工作。

（二）省级商务主管部门参照本通知规定的程序办理“确认书”和“进口证明”。省级商务主管部门出具的“确认书”和“进口证明”，应于1个月内向商务部备案。

五、”确认书”和”进口证明”出具的有关原则

（一）出具“确认书”需遵照以下原则：

1. 未达产企业申请“确认书”，免税额度应为：投资总额（增资额）- 基建投资额 - 国内设备及其他采购额 - 企业流动资金 - 中外方非现金出资（设备出资除外）。

2. 外商投资企业经营范围既涉及鼓励类，也涉及允许类或限制类的，其”确认书”申请及所附进口设备清单应只包括用于鼓励类经营范围项下的进口自用设备，及按照合同随设备进口的技术及配套件、备件，允许类和限制类的经营范围项下进口设备不得列入申请和清单。

（二）出具“进口证明”需遵照以下原则：

1. 各地应严格按照原外经贸部《关于外商投资企业进口设备有关问题的通知》（外经贸资发 [2000] 第478号）和海关总署《关于进一步鼓励外商投资有关税收政策的通知》（署税 [1999] 第791号）的要求，出具“五类企业”的“进口证明”；

2. 各地商务部门应建立“自有资金”数据库，为企业出具“进口证明”后，相应扣减“自有资金”的额度。

“五类企业”再次申请出具“进口证明”时，其免税额度不应超过扣减后的“自有资金”的额度。企业出具“进口证明”后新增“自有资金”部分可作为“自有资金”的额度，并在申请时提供相应的证明文件。

（三）外商通过并购方式设立的外商投资企业，其“确认书”和“进口证明”出具应遵循以下原则：

1. 如被并购企业已达产，原则上不再办理“确认书”；

2. 外商通过增资方式并购境内企业，并新增生产能力、扩大生产规模的，商务部门就增资部分按第五条第（一）款的原则出具“确认书”；

3. 并购后设立的外商投资企业如属“五类企业”范畴，按“五类企业”投资总额以外的“自有资金”有关规定申请办理“进口证明”，该“自有资金”应为并购后外商投资企业新产生的“自有资金”，企业应向商务部门提供相应的证明文件及说明。

（四）各省级商务部门要严格执行有关规定，不得随意扩大鼓励类条目的适用范围，违规出具“确认书”和“进口证明”；对于不符合国家有关环境保护要求的企业，一律不予出具确认书或进口证明。

（五）商务部将加强对限额以下“确认书”办理工作的监督和指导，对于未按规定及时备案或者不符合规定违规出具的“确认书”和“进口证明”，将责令纠正或撤销；对于情节严重的，将暂停其出具“确认书”和“进口证明”的资格，并会同海关总署通知有关海关暂停办理相关进口免税手续。

六、台港澳投资企业参照本通知执行。

七、本通知自发布之日起执行，由商务部负责解释。执行过程中有何问题，请及时与我部（外资司）联系。

首次公开发行股票并上市管理办法

中国证券监督管理委员会　2006年5月17日

第一章　总　则

第一条　为了规范首次公开发行股票并上市的行为，保护投资者的合法权益和社会公共利益，根据《证券法》、《公司法》，制定本办法。

第二条　在中华人民共和国境内首次公开发行股票并上市，适用本办法。

境内公司股票以外币认购和交易的，不适用本办法。

第三条　首次公开发行股票并上市，应当符合《证券法》、《公司法》和本办法规定的发行条件。

第四条　发行人依法披露的信息，必须真实、准确、完整，不得有虚假记载、误导性陈述或者重大遗漏。

第五条　保荐人及其保荐代表人应当遵循勤勉尽责、诚实守信的原则，认真履行审慎核查和辅导义务，并对其所出具的发行保荐书的真实性、准确性、完整性负责。

第六条　为证券发行出具有关文件的证券服务机构和人员，应当按照本行业公认的业务标准和道德规范，严格履行法定职责，并对其所出具文件的真实性、准确性和完整性负责。

第七条　中国证券监督管理委员会（以下简称“中国证监会”）对发行人首次公开发行股票的核准，不表明其对该股票的投资价值或者投资者的收益作出实质性判断或者保证。股票依法发行后，因发行人经营与收益的变化引致的投资风险，由投资者自行负责。

第二章　发行条件

第一节　主体资格

第八条　发行人应当是依法设立且合法存续的股份有限公司。

经国务院批准，有限责任公司在依法变更为股份有限公司时，可以采取募集设立方式公开发行股票。

第九条　发行人自股份有限公司成立后，持续经营时间应当在3年以上，但经国务院批准的除外。

有限责任公司按原账面净资产值折股整体变更为股份有限公司的，持续经营时间可以从有限责任公司成立之日起计算。

第十条　发行人的注册资本已足额缴纳，发起人或者股东用作出资的资产的财产权转移手续已办理完毕，发行人的主要资产不存在重大权属纠纷。

第十一条　发行人的生产经营符合法律、行政法规和公司章程的规定，符合国家产业政策。

第十二条　发行人最近3年内主营业务和董事、高级管理人员没有发生重大变化，实际控制人没有发生变更。

第十三条　发行人的股权清晰，控股股东和受控股股东、实际控制人支配的股东持有的发行人股份不存在重大权属纠纷。

第二节　独立性

第十四条　发行人应当具有完整的业务体系和直接面向市场独立经营的能力。

第十五条　发行人的资产完整。生产型企业应当具备与生产经营有关的生产系统、辅助生产系统和配套设施，合法拥有与生产经营有关的土地、厂房、机器设备以及商标、专利、非专利技术的所有权或者使用权，具有独立的原料采购和产品销售系统；非生产型企业应当具备与经营有关的业务体系及相关资产。

第十六条　发行人的人员独立。发行人的总经理、副总经理、财务负责人和董事会秘书等高级管理人员不得在控股股东、实际控制人及其控制的其他企业中担任除董事、监事以外的其他职务，不得在控股股东、实际控制人及其控制的其他企业领薪；发行人的财务人员不得在控股股东、实际控制人及其控制的其他企业中兼职。

第十七条　发行人的财务独立。发行人应当建立独立的财务核算体系，能够独立作出财务决策，具有规范的财务会计制度和对分公司、子公司的财务管理制度；发行人不得与控股股东、实际控制人及其控制的其他企业共用银行账户。

第十八条　发行人的机构独立。发行人应当建立健全内部经营管理机构，独立行使经营管理职权，与控股股东、实际控制人及其控制的其他企业间不得有机构混同的情形。

第十九条　发行人的业务独立。发行人的业务应当独立于控股股东、实际控制人及其控制的其他企业，与控股股东、实际控制人及其控制的其他企业间不得有同业竞争或者显失公平的关联交易。

第二十条　发行人在独立性方面不得有其他严重缺陷。

第三节　规范运行

第二十一条　发行人已经依法建立健全股东大会、董事会、监事会、独立董事、董事会秘书制度，相关机构和人员能够依法履行职责。

第二十二条　发行人的董事、监事和高级管理人员已经了解与股票发行上市有关的法律法规，知悉上市公司及其董事、监事和高级管理人员的法定义务和责任。

第二十三条　发行人的董事、监事和高级管理人员符合法律、行政法规和规章规定的任职资格，且不得有下列情形：

（一）被中国证监会采取证券市场禁入措施尚在禁入期的；

（二）最近36个月内受到中国证监会行政处罚，或者最近12个月内受到证券交易所公开谴责；

（三）因涉嫌犯罪被司法机关立案侦查或者涉嫌违法违规被中国证监会立案调查，尚未有明确结论意见。

第二十四条　发行人的内部控制制度健全且被有效执行，能够合理保证财务报告的可靠性、生产经营的合法性、营运的效率与效果。

第二十五条　发行人不得有下列情形：

（一）最近36个月内未经法定机关核准，擅自公开或者变相公开发行过证券；或者有关违法行为虽然发生在36个月前，但目前仍处于持续状态；

（二）最近36个月内违反工商、税收、土地、环保、海关以及其他法律、行政法规，受到行政处罚，且情节严重；

（三）最近36个月内曾向中国证监会提出发行申请，但报送的发行申请文件有虚假记载、误导性陈述或重大遗漏；或者不符合发行条件以欺骗手段骗取发行核准；或者以不正当手段干扰中国证监会及其发行审核委员会审核工作；或者伪造、变造发行人或其董事、监事、高级管理人员的签字、盖章；

（四）本次报送的发行申请文件有虚假记载、误导性陈述或者重大遗漏；

（五）涉嫌犯罪被司法机关立案侦查，尚未有明确结论意见；

（六）严重损害投资者合法权益和社会公共利益的其他情形。

第二十六条　发行人的公司章程中已明确对外担保的审批权限和审议程序，不存在为控股股东、实际控制人及其控制的其他企业进行违规担保的情形。

第二十七条　发行人有严格的资金管理制度，不得有资金被控股股东、实际控制人及其控制的其他企业以借款、代偿债务、代垫款项或者其他方式占用的情形。

第四节　财务与会计

第二十八条　发行人资产质量良好，资产负债结构合理，盈利能力较强，现金流量正常。

第二十九条　发行人的内部控制在所有重大方面是有效的，并由注册会计师出具了无保留结论的内部控制鉴证报告。

第三十条　发行人会计基础工作规范，财务报表的编制符合企业会计准则和相关会计制度的规定，在所有重大方面公允地反映了发行人的财务状况、经营成果和现金流量，并由注册会计师出具了无保留意见的审计报告。

第三十一条　发行人编制财务报表应以实际发生的交易或者事项为依据；在进行会计确认、计量和报告时应当保持应有的谨慎；对相同或者相似的经济业务，应选用一致的会计政策，不得随意变更。

第三十二条　发行人应完整披露关联方关系并按重要性原则恰当披露关联交易。关联交易价格公允，不存在通过关联交易操纵利润的情形。

第三十三条　发行人应当符合下列条件：

（一）最近3个会计年度净利润均为正数且累计超过人民币3000万元，净利润以扣除非经常性损益前后较低者为计算依据；

（二）最近3个会计年度经营活动产生的现金流量净额累计超过人民币5000万元；或者最近3个会计年度营业收入累计超过人民币3亿元；

（三）发行前股本总额不少于人民币3000万元；

（四）最近一期末无形资产（扣除土地使用权、水面养殖权和采矿权等后）占净资产的比例不高于20%；

（五）最近一期末不存在未弥补亏损。

第三十四条　发行人依法纳税，各项税收优惠符合相关法律法规的规定。发行人的经营成果对税收优惠不存在严重依赖。

第三十五条　发行人不存在重大偿债风险，不存在影响持续经营的担保、诉讼以及仲裁等重大或有事项。

第三十六条　发行人申报文件中不得有下列情形：

（一）故意遗漏或虚构交易、事项或者其他重要信息；

（二）滥用会计政策或者会计估计；

（三）操纵、伪造或篡改编制财务报表所依据的会计记录或者相关凭证。

第三十七条　发行人不得有下列影响持续盈利能力的情形：

（一）发行人的经营模式、产品或服务的品种结构已经或者将发生重大变化，并对发行人的持续盈利能力构成重大不利影响；

（二）发行人的行业地位或发行人所处行业的经营环境已经或者将发生重大变化，并对发行人的持续盈利能力构成重大不利影响；

（三）发行人最近1个会计年度的营业收入或净利润对关联方或者存在重大不确定性的客户存在重大依赖；

（四）发行人最近1个会计年度的净利润主要来自合并财务报表范围以外的投资收益；

（五）发行人在用的商标、专利、专有技术以及特许经营权等重要资产或技术的取得或者使用存在重大不利变化的风险；

（六）其他可能对发行人持续盈利能力构成重大不利影响的情形。

第五节　募集资金运用

第三十八条　募集资金应当有明确的使用方向，原则上应当用于主营业务。

除金融类企业外，募集资金使用项目不得为持有交易性金融资产和可供出售的金融资产、借予他人、委托理财等财务性投资，不得直接或者间接投资于以买卖有价证券为主要业务的公司。

第三十九条　募集资金数额和投资项目应当与发行人现有生产经营规模、财务状况、技术水平和管理能力等相适应。

第四十条　募集资金投资项目应当符合国家产业政策、投资管理、环境保护、土地管理以及其他法律、法规和规章的规定。

第四十一条　发行人董事会应当对募集资金投资项目的可行性进行认真分析，确信投资项目具有较好的市场前景和盈利能力，有效防范投资风险，提高募集资金使用效益。

第四十二条　募集资金投资项目实施后，不会产生同业竞争或者对发行人的独立性产生不利影响。

第四十三条　发行人应当建立募集资金专项存储制度，募集资金应当存放于董事会决定的专项账户。

第三章　发行程序

第四十四条　发行人董事会应当依法就本次股票发行的具体方案、本次募集资金使用的可行性及其他必须明确的事项作出决议，并提请股东大会批准。

第四十五条　发行人股东大会就本次发行股票作出的决议，至少应当包括下列事项：

（一）本次发行股票的种类和数量；

（二）发行对象；

（三）价格区间或者定价方式；

（四）募集资金用途；

（五）发行前滚存利润的分配方案；

（六）决议的有效期；

（七）对董事会办理本次发行具体事宜的授权；

（八）其他必须明确的事项。

第四十六条 发行人应当按照中国证监会的有关规定制作申请文件，由保荐人保荐并向中国证监会申报。

特定行业的发行人应当提供管理部门的相关意见。

第四十七条 中国证监会收到申请文件后，在5个工作日内作出是否受理的决定。

第四十八条 中国证监会受理申请文件后，由相关职能部门对发行人的申请文件进行初审，并由发行审核委员会审核。

第四十九条 中国证监会在初审过程中，将征求发行人注册地省级人民政府是否同意发行人发行股票的意见，并就发行人的募集资金投资项目是否符合国家产业政策和投资管理的规定征求国家发展和改革委员会的意见。

第五十条 中国证监会依照法定条件对发行人的发行申请作出予以核准或者不予核准的决定，并出具相关文件。

自中国证监会核准发行之日起，发行人应在6个月内发行股票；超过6个月未发行的，核准文件失效，须重新经中国证监会核准后方可发行。

第五十一条 发行申请核准后、股票发行结束前，发行人发生重大事项的，应当暂缓或者暂停发行，并及时报告中国证监会，同时履行信息披露义务。影响发行条件的，应当重新履行核准程序。

第五十二条 股票发行申请未获核准的，自中国证监会作出不予核准决定之日起6个月后，发行人可再次提出股票发行申请。

第四章 信息披露

第五十三条 发行人应当按照中国证监会的有关规定编制和披露招股说明书。

第五十四条 招股说明书内容与格式准则是信息披露的最低要求。不论准则是否有明确规定，凡是对投资者作出投资决策有重大影响的信息，均应当予以披露。

第五十五条 发行人及其全体董事、监事和高级管理人员应当在招股说明书上签字、盖章，保证招股说明书的内容真实、准确、完整。保荐人及其保荐代表人应当对招股说明书的真实性、准确性、完整性进行核查，并在核查意见上签字、盖章。

第五十六条 招股说明书中引用的财务报表在其最近一期截止日后6个月内有效。特别情况下发行人可申请适当延长，但至多不超过1个月。财务报表应当以年度末、半年度末或者季度末为截止日。

第五十七条 招股说明书的有效期为6个月，自中国证监会核准发行申请前招股说明书最后一次签署之日起计算。

第五十八条 申请文件受理后、发行审核委员会审核前，发行人应当将招股说明书（申报稿）在中国证监会网站（www.csrc.gov.cn）预先披露。发行人可以将招股说明书（申报稿）刊登于其企业网站，但披露内容应当完全一致，且不得早于在中国证监会网站的披露时间。

第五十九条 发行人及其全体董事、监事和高级管理人员应当保证预先披露的招股说明书（申报稿）的内容真实、准确、完整。

第六十条 预先披露的招股说明书（申报稿）不是发行人发行股票的正式文件，不能含有价格信息，发行人不得据此发行股票。

发行人应当在预先披露的招股说明书（申报稿）的显要位置声明："本公司的发行申请尚未得到中国证监会核准。本招股说明书（申报稿）不具有据以发行股票的法律效力，仅供预先披露之用。投资者应当以正式公告的招股说明书全文作为作出投资决定的依据。"

第六十一条　发行人应当在发行前将招股说明书摘要刊登于至少一种中国证监会指定的报刊，同时将招股说明书全文刊登于中国证监会指定的网站，并将招股说明书全文置备于发行人住所、拟上市证券交易所、保荐人、主承销商和其他承销机构的住所，以备公众查阅。

第六十二条　保荐人出具的发行保荐书、证券服务机构出具的有关文件应当作为招股说明书的备查文件，在中国证监会指定的网站上披露，并置备于发行人住所、拟上市证券交易所、保荐人、主承销商和其他承销机构的住所，以备公众查阅。

第六十三条　发行人可以将招股说明书摘要、招股说明书全文、有关备查文件刊登于其他报刊和网站，但披露内容应当完全一致，且不得早于在中国证监会指定报刊和网站的披露时间。

第五章　监管和处罚

第六十四条　发行人向中国证监会报送的发行申请文件有虚假记载、误导性陈述或者重大遗漏的，发行人不符合发行条件以欺骗手段骗取发行核准的，发行人以不正当手段干扰中国证监会及其发行审核委员会审核工作的，发行人或其董事、监事、高级管理人员的签字、盖章系伪造或者变造的，除依照《证券法》的有关规定处罚外，中国证监会将采取终止审核并在36个月内不受理发行人的股票发行申请的监管措施。

第六十五条　保荐人出具有虚假记载、误导性陈述或者重大遗漏的发行保荐书，保荐人以不正当手段干扰中国证监会及其发行审核委员会审核工作的，保荐人或其相关签字人员的签字、盖章系伪造或变造的，或者不履行其他法定职责的，依照《证券法》和保荐制度的有关规定处理。

第六十六条　证券服务机构未勤勉尽责，所制作、出具的文件有虚假记载、误导性陈述或者重大遗漏的，除依照《证券法》及其他相关法律、行政法规和规章的规定处罚外，中国证监会将采取12个月内不接受相关机构出具的证券发行专项文件，36个月内不接受相关签字人员出具的证券发行专项文件的监管措施。

第六十七条　发行人、保荐人或证券服务机构制作或者出具的文件不符合要求，擅自改动已提交的文件，或者拒绝答复中国证监会审核中提出的相关问题的，中国证监会将视情节轻重，对相关机构和责任人员采取监管谈话、责令改正等监管措施，记入诚信档案并公布；情节特别严重的，给予警告。

第六十八条　发行人披露盈利预测的，利润实现数如未达到盈利预测的80%，除因不可抗力外，其法定代表人、盈利预测审核报告签字注册会计师应当在股东大会及中国证监会指定报刊上公开作出解释并道歉；中国证监会可以对法定代表人处以警告。

利润实现数未达到盈利预测的50%的，除因不可抗力外，中国证监会在36个月内不受理该公司的公开发行证券申请。

第六章　附　则

第六十九条　在中华人民共和国境内，首次公开发行股票且不上市的管理办法，由中国证监会另行规定。

第七十条　本办法自2006年5月18日起施行。《关于股票发行工作若干规定的通知》（证监[1996]12号）、《关于做好1997年股票发行工作的通知》（证监[1997]13号）、《关于股票发行工作若干问题的补充通知》（证监[1998]8号）、《关于对拟发行上市企业改制情况进行调查的通知》（证监发字[1998]259号）、《关于对拟公开发行股票公司改制运行情况进行调查的通知》（证监发[1999]4号）、《关于拟发行股票公司聘请审计机构等问题的通知》（证监发行字[2000]131号）和《关于进一步规范股票首次发行上市有关工作的通知》（证监发行字[2003]116号）同时废止。

关于外商投资举办投资性公司的补充规定

中华人民共和国商务部令[2006]3号　2006年5月26日

《关于外商投资举办投资性公司的补充规定》已于2006年5月17日经商务部第5次部务会议审议通过，现予以公布，自2006年7月1日起施行。

为进一步鼓励跨国公司来华投资，完善投资性公司功能，现就商务部2004年11月17日发布的《关于举办外商投资性公司的规定》（商务部令2004第22号，以下简称“22号令”）作出如下补充规定：

一、将22号令第七条修改为：“外国投资者须以可自由兑换的货币或其在中国境内获得的人民币利润或因转股、清算等活动获得的人民币合法收益作为起向投资性公司注册资本的出资。中国投资者可以人民币出资。外国投资者以其人民币合法收益作为其向投资性公司注册资本出资的，应当提交外汇管理部门出具的境内人民币利润或其他人民币合法收益再投资的资本项目外汇业务核准件等相关证明文件及税务凭证。自营业执照签发之日起两年内出资应不低于三千万美元，注册资本中剩余部分出资应在营业执照签发之日起五年内缴清。”

二、允许投资性公司承接境外公司的服务外包业务。

三、将22号令第十一条修改为：

“投资性公司从事货物进出口或者技术进出口的，应符合商务部《对外贸易经营者备案登记办法》的规定；投资性公司出口产品可按有关规定办理出口退税；投资性公司可通过佣金代理（拍卖除外）、批发方式在国内销售其进口及在国内采购的商品；特殊商品及以零售和特许经营方式销售的，应符合相关规定。”

四、允许投资性公司根据国家有关规定对上市公司进行战略投资，投资性公司应视为股份有限公司境外股东。

五、符合22号令第十五条有关条件的投资性公司，在其所投资企业投产前或其所投资企业新产品投产前，为进行产品市场开发，可进口相关产品在国内试销；并可委托境内其他企业生产/加工其产品或其母公司产品并在国内外销售。

六、删除22号令第十六条。

七、外国投资者以其在中国境内获得的人民币利润或因转股、清算等活动获得的人民币合法收益向投资性公司注册资本出资（或增资），投资性公司可将部分注册资本的全部或部分用于境内投资设立企业。投资性公司以上述注册资本所设企业凭外商投资企业审批机关的批准文件、外汇管理部门核准外国投资者以人民币利润或其他人民币合法收益向投资性公司出资（或增资）的资本项目外汇业务核准件、投资性公司出具的对所投资企业人民币出资来源与上述注册资本的书面说明等文件，即可向所在地外汇管理部门申请办理外商投资企业外汇登记及验资询证相关手续，无需再次办理投资性公司以人民币境内投资的资本项目外汇业务核准件。

中外合资的投资性公司以来源于其中方投资者人民币出资的注册资本在境内设立企业，无需办理外商投资企业外汇登记、转股收汇外资外汇登记、验资询证及外资外汇登记等外汇管理相关手续，可按普通境内企业的有关规定正常办理验资手续。

八、将22号令第二十二条（二）第1小项修改为：“本规定第十条、第十一条和第十五条所规定的业务”。

九、经商务部批准，允许被认定为地区总部的投资性公司从事经营性租赁和融资租赁业务。

十、允许被认定为地区总部的投资性公司委托境内其他企业生产 / 加工产品并在国内外销售，从事产品全部外销的委托加工贸易业务。

十一、行使财务中心或者资金管理中心职能且被认定为地区总部的投资性公司，经外汇管理机关批准，可以对境内关联公司的外汇资金进行集中管理，也可以在境内银行开立离岸账户集中管理境外关联公司外汇资金和境内关联公司经外汇管理机关批准用于境外放款的外汇资金。离岸账户与境内其他账户之间的资金往来，按照跨境资金往来管理。

十二、投资性公司应于每年6月1日前将上一年度投资、经营等情况，按照规定的内容、格式和方式报商务部备案，并应根据商务部要求及时报送相关信息。商务部对投资性公司上报的信息承担保密义务。

十三、投资性公司未按第十二条要求报送相关信息的，商务部将按照有关规定处理。

十四、本规定自2006年7月1日起施行。22号令与本规定不一致的，以本规定为准。

关于印发《中小企业发展专项资金管理办法》的通知

中华人民共和国财政部 中华人民共和国国家发展和改革委员会 2006年7月24日

各省、自治区、直辖市、计划单列市财政厅(局)、发展改革委、经委(经贸委)、中小企业局(厅、办),新疆生产建设兵团财务局、发展改革委:

为了促进中小企业发展,进一步规范和完善中小企业发展专项资金管理,我们对《中小企业发展专项资金管理暂行办法》进行了修改。现将《中小企业发展专项资金管理办法》印发给你们,请遵照执行。执行中有何问题,请及时向我们反映。

第一章 总 则

第一条 为了促进中小企业发展,规范中小企业发展专项资金的管理,根据《中华人民共和国预算法》和财政预算管理的有关规定,制定本办法。

第二条 中小企业发展专项资金(以下简称专项资金)是根据《中华人民共和国中小企业促进法》,由中央财政预算安排主要用于支持中小企业专业化发展、与大企业协作配套、技术进步和改善中小企业发展环境等方面的专项资金(不含科技型中小企业技术创新基金)。

第三条 中小企业的划分标准,按照原国家经贸委、原国家发展计划委员会、财政部、国家统计局联合下发的《中小企业标准暂行规定》(国经贸中小企[2003]143号)执行。

第四条 专项资金的管理和使用应当符合国家宏观经济政策、产业政策和区域发展政策,坚持公开、公正、公平的原则,确保专项资金的规范、安全和高效使用。

第五条 财政部负责专项资金的预算管理、项目资金分配和资金拨付,并对资金的使用情况进行监督检查。

国家发展改革委负责确定专项资金的年度支持方向和支持重点,会同财政部对申报的项目进行审核,并对项目实施情况进行监督检查。

第二章 支持方式及额度

第六条 专项资金的支持方式采用无偿资助或贷款贴息方式。以自有资金为主投资的固定资产建设项目和改善中小企业发展环境的项目,一般采取无偿资助方式;以金融机构贷款为主投资的固定资产建设项目,一般采取贷款贴息方式。

申请专项资金的项目可选择其中一种支持方式,不得同时以两种方式申请专项资金。

第七条 专项资金无偿资助的额度,每个项目一般控制在200万元以内。

专项资金贷款贴息的额度,根据项目贷款额度及人民银行公布的同期贷款利率确定。每个项目的贴息期限一般不超过2年,贴息额度最多不超过200万元。

第八条 已通过其他渠道获取财政资金支持的项目,专项资金不再予以支持。

第三章 项目资金的申请

第九条 申请专项资金的企业或单位必须同时具备下列资格条件:

(一)具有独立的法人资格;

(二) 财务管理制度健全；

(三) 经济效益良好；

(四) 会计信用和纳税信用良好。

第十条　申请专项资金的企业或单位应同时提供下列资料：

(一) 法人执照副本及章程 (复印件)；

(二) 生产经营情况或业务开展情况；

(三) 经会计师事务所审计的上一年度会计报表和审计报告 (复印件)。

(四) 其他需提供的资料。

第四章　项目资金的申报、审核及审批

第十一条　各省、自治区、直辖市及计划单列市财政部门和同级中小企业管理部门 (简称省级财政部门和省级中小企业管理部门，下同) 负责本地区项目资金的申请审核工作。

第十二条　省级中小企业管理部门应会同同级财政部门在本地范围内公开组织项目资金的申请工作，并对申请企业的资格条件及相关资料进行审核。

第十三条　省级中小企业管理部门应会同同级财政部门建立专家评审制度，组织相关技术、财务、市场等方面的专家，依据本办法第三章的规定和当年度专项资金的支持方向和支持重点，对申请项目进行评审。

第十四条　省级财政部门应会同同级中小企业管理部门依据专家评审意见确定申报的项目，并在规定的时间内，将《中小企业发展专项资金申请书》、专家评审意见底稿和项目资金申请报告报送财政部、国家发展改革委。

申报专项资金的项目应按照项目的重要性排列顺序。

第十五条　国家发展改革委会同财政部对各地上报的申请报告及项目情况进行审核，并提出项目计划。

第十六条　财政部根据审核后的项目计划，确定项目资金支持方式，审定资金使用计划，将项目支出预算指标下达到省级财政部门，并根据预算规定及时拨付专项资金。

第十七条　承担固定资产投资项目的企业，收到的无偿资助项目专项资金，计入资本公积，由全体股东共享；收到的金融机构贷款财政贴息资金，冲减财务费用。

承担改善中小企业发展环境项目的企业或单位，收到的专项资金，按照财政部有关财务规定处理。

第五章　监督检查

第十八条　省级财政部门负责对专项资金的使用情况进行管理和监督；省级中小企业管理部门负责对项目实施情况进行管理和监督。财政部驻各地财政监察专员办事处，对专项资金的拨付使用情况及项目实施情况进行不定期的监督检查。

第十九条　承担固定资产投资项目的企业，应在项目建成后 1 个月内向省级财政部门和同级中小企业管理部门报送项目建设情况及专项资金的使用情况，不能按期完成的项目，需在原定项目建成期前书面说明不能按期完成的理由和预计完成日期；承担改善中小企业发展环境项目的企业或单位，应于年底前向省级财政部门和同级中小企业管理部门报送专项资金的使用情况。

第二十条　省级财政部门应会同同级中小企业管理部门每年对本地区中小企业使用专项资金

的总体情况和项目建设情况进行总结，并于年度终了1个月内上报财政部、国家发展改革委。

第二十一条　对弄虚作假骗取专项资金、不按规定用途使用专项资金的项目，财政部将收回全部资金。项目因故中止（不可抗力因素除外），财政部将收回全部专项资金。

第六章　附　则

第二十二条　省级财政部门和中小企业管理部门可根据本地实际情况，比照本办法制定具体的实施办法。

第二十三条　本办法由财政部会同国家发展改革委负责解释。

第二十四条　本办法自发布之日起施行。《财政部、国家发展改革委关于印发〈中小企业发展专项资金管理暂行办法〉的通知》（财企[2004]185号）同时废止。

关于外国投资者并购境内企业的规定

商务部2006年第10号令　2006年8月8日

第一章　总　则

第一条　为了促进和规范外国投资者来华投资，引进国外的先进技术和管理经验，提高利用外资的水平，实现资源的合理配置，保证就业、维护公平竞争和国家经济安全，依据外商投资企业的法律、行政法规及《公司法》和其他相关法律、行政法规，制定本规定。

第二条　本规定所称外国投资者并购境内企业，系指外国投资者购买境内非外商投资企业（以下称“境内公司”）股东的股权或认购境内公司增资，使该境内公司变更设立为外商投资企业（以下称“股权并购”）；或者，外国投资者设立外商投资企业，并通过该企业协议购买境内企业资产且运营该资产，或，外国投资者协议购买境内企业资产，并以该资产投资设立外商投资企业运营该资产（以下称“资产并购”）。

第三条　外国投资者并购境内企业应遵守中国的法律、行政法规和规章，遵循公平合理、等价有偿、诚实信用的原则，不得造成过度集中、排除或限制竞争，不得扰乱社会经济秩序和损害社会公共利益，不得导致国有资产流失。

第四条　外国投资者并购境内企业，应符合中国法律、行政法规和规章对投资者资格的要求及产业、土地、环保等政策。

依照《外商投资产业指导目录》不允许外国投资者独资经营的产业，并购不得导致外国投资者持有企业的全部股权；需由中方控股或相对控股的产业，该产业的企业被并购后，仍应由中方在企业中占控股或相对控股地位；禁止外国投资者经营的产业，外国投资者不得并购从事该产业的企业。

被并购境内企业原有所投资企业的经营范围应符合有关外商投资产业政策的要求；不符合要求的，应进行调整。

第五条　外国投资者并购境内企业涉及企业国有产权转让和上市公司国有股权管理事宜的，应当遵守国有资产管理的相关规定。

第六条　外国投资者并购境内企业设立外商投资企业，应依照本规定经审批机关批准，向登记管理机关办理变更登记或设立登记。

如果被并购企业为境内上市公司，还应根据《外国投资者对上市公司战略投资管理办法》，向国务院证券监督管理机构办理相关手续。

第七条　外国投资者并购境内企业所涉及的各方当事人应当按照中国税法规定纳税，接受税务机关的监督。

第八条　外国投资者并购境内企业所涉及的各方当事人应遵守中国有关外汇管理的法律和行政法规，及时向外汇管理机关办理各项外汇核准、登记、备案及变更手续。

第二章　基本制度

第九条　外国投资者在并购后所设外商投资企业注册资本中的出资比例高于25%的，该企业享受外商投资企业待遇。

外国投资者在并购后所设外商投资企业注册资本中的出资比例低于25% 的，除法律和行政法规另有规定外，该企业不享受外商投资企业待遇，其举借外债按照境内非外商投资企业举借外债的有关规定办理。审批机关向其颁发加注“外资比例低于25%”字样的外商投资企业批准证书（以下称“批准证书”）。登记管理机关、外汇管理机关分别向其颁发加注“外资比例低于25%”字样的外商投资企业营业执照和外汇登记证。

境内公司、企业或自然人以其在境外合法设立或控制的公司名义并购与其有关联关系的境内公司，所设立的外商投资企业不享受外商投资企业待遇，但该境外公司认购境内公司增资，或者该境外公司向并购后所设企业增资，增资额占所设企业注册资本比例达到25% 以上的除外。根据该款所述方式设立的外商投资企业，其实际控制人以外的外国投资者在企业注册资本中的出资比例高于25% 的，享受外商投资企业待遇。

外国投资者并购境内上市公司后所设外商投资企业的待遇，按照国家有关规定办理。

第十条　本规定所称的审批机关为中华人民共和国商务部或省级商务主管部门（以下称“省级审批机关”），登记管理机关为中华人民共和国国家工商行政管理总局或其授权的地方工商行政管理局，外汇管理机关为中华人民共和国国家外汇管理局或其分支机构。

并购后所设外商投资企业，根据法律、行政法规和规章的规定，属于应由商务部审批的特定类型或行业的外商投资企业的，省级审批机关应将申请文件转报商务部审批，商务部依法决定批准或不批准。

第十一条　境内公司、企业或自然人以其在境外合法设立或控制的公司名义并购与其有关联关系的境内的公司，应报商务部审批。

当事人不得以外商投资企业境内投资或其他方式规避前述要求。

第十二条　外国投资者并购境内企业并取得实际控制权，涉及重点行业、存在影响或可能影响国家经济安全因素或者导致拥有驰名商标或中华老字号的境内企业实际控制权转移的，当事人应就此向商务部进行申报。

当事人未予申报，但其并购行为对国家经济安全造成或可能造成重大影响的，商务部可以会同相关部门要求当事人终止交易或采取转让相关股权、资产或其他有效措施，以消除并购行为对国家经济安全的影响。

第十三条　外国投资者股权并购的，并购后所设外商投资企业承继被并购境内公司的债权和债务。

外国投资者资产并购的，出售资产的境内企业承担其原有的债权和债务。

外国投资者、被并购境内企业、债权人及其他当事人可以对被并购境内企业的债权债务的处置另行达成协议，但是该协议不得损害第三人利益和社会公共利益。债权债务的处置协议应报送审批机关。

出售资产的境内企业应当在投资者向审批机关报送申请文件之前至少15日，向债权人发出通知书，并在全国发行的省级以上报纸上发布公告。

第十四条　并购当事人应以资产评估机构对拟转让的股权价值或拟出售资产的评估结果作为确定交易价格的依据。并购当事人可以约定在中国境内依法设立的资产评估机构。资产评估应采用国际通行的评估方法。禁止以明显低于评估结果的价格转让股权或出售资产，变相向境外转移资本。

外国投资者并购境内企业，导致以国有资产投资形成的股权变更或国有资产产权转移时，应当符合国有资产管理的有关规定。

第十五条 并购当事人应对并购各方是否存在关联关系进行说明，如果有两方属于同一个实际控制人，则当事人应向审批机关披露其实际控制人，并就并购目的和评估结果是否符合市场公允价值进行解释。当事人不得以信托、代持或其他方式规避前述要求。

第十六条 外国投资者并购境内企业设立外商投资企业，外国投资者应自外商投资企业营业执照颁发之日起3个月内向转让股权的股东，或出售资产的境内企业支付全部对价。对特殊情况需要延长者，经审批机关批准后，应自外商投资企业营业执照颁发之日起6个月内支付全部对价的60%以上，1年内付清全部对价，并按实际缴付的出资比例分配收益。

外国投资者认购境内公司增资，有限责任公司和以发起方式设立的境内股份有限公司的股东应当在公司申请外商投资企业营业执照时缴付不低于20%的新增注册资本，其余部分的出资时间应符合《公司法》、有关外商投资的法律和《公司登记管理条例》的规定。其他法律和行政法规另有规定的，从其规定。股份有限公司为增加注册资本发行新股时，股东认购新股，依照设立股份有限公司缴纳股款的有关规定执行。

外国投资者资产并购的，投资者应在拟设立的外商投资企业合同、章程中规定出资期限。设立外商投资企业，并通过该企业协议购买境内企业资产且运营该资产的，对与资产对价等额部分的出资，投资者应在本条第一款规定的对价支付期限内缴付；其余部分的出资应符合设立外商投资企业出资的相关规定。

外国投资者并购境内企业设立外商投资企业，如果外国投资者出资比例低于企业注册资本25%的，投资者以现金出资的，应自外商投资企业营业执照颁发之日起3个月内缴清；投资者以实物、工业产权等出资的，应自外商投资企业营业执照颁发之日起6个月内缴清。

第十七条 作为并购对价的支付手段，应符合国家有关法律和行政法规的规定。外国投资者以其合法拥有的人民币资产作为支付手段的，应经外汇管理机关核准。外国投资者以其拥有处置权的股权作为支付手段的，按照本规定第四章办理。

第十八条 外国投资者协议购买境内公司股东的股权，境内公司变更设立为外商投资企业后，该外商投资企业的注册资本为原境内公司注册资本，外国投资者的出资比例为其所购买股权在原注册资本中所占比例。

外国投资者认购境内有限责任公司增资的，并购后所设外商投资企业的注册资本为原境内公司注册资本与增资额之和。外国投资者与被并购境内公司原其他股东，在境内公司资产评估的基础上，确定各自在外商投资企业注册资本中的出资比例。

外国投资者认购境内股份有限公司增资的，按照《公司法》有关规定确定注册资本。

第十九条 外国投资者股权并购的，除国家另有规定外，对并购后所设外商投资企业应按照以下比例确定投资总额的上限：

（一）注册资本在210万美元以下的，投资总额不得超过注册资本的10/7;

（二）注册资本在210万美元以上至500万美元的，投资总额不得超过注册资本的2倍；

（三）注册资本在500万美元以上至1200万美元的，投资总额不得超过注册资本的2.5倍；

（四）注册资本在1200万美元以上的，投资总额不得超过注册资本的3倍。

第二十条 外国投资者资产并购的，应根据购买资产的交易价格和实际生产经营规模确定拟设立的外商投资企业的投资总额。拟设立的外商投资企业的注册资本与投资总额的比例应符合有关规定。

第三章　审批与登记

第二十一条　外国投资者股权并购的，投资者应根据并购后所设外商投资企业的投资总额、企业类型及所从事的行业，依照设立外商投资企业的法律、行政法规和规章的规定，向具有相应审批权限的审批机关报送下列文件：

（一）被并购境内有限责任公司股东一致同意外国投资者股权并购的决议，或被并购境内股份有限公司同意外国投资者股权并购的股东大会决议；

（二）被并购境内公司依法变更设立为外商投资企业的申请书；

（三）并购后所设外商投资企业的合同、章程；

（四）外国投资者购买境内公司股东股权或认购境内公司增资的协议；

（五）被并购境内公司上一财务年度的财务审计报告；

（六）经公证和依法认证的投资者的身份证明文件或注册登记证明及资信证明文件；

（七）被并购境内公司所投资企业的情况说明；

（八）被并购境内公司及其所投资企业的营业执照(副本)；

（九）被并购境内公司职工安置计划；

（十）本规定第十三条、第十四条、第十五条要求报送的文件。

并购后所设外商投资企业的经营范围、规模、土地使用权的取得等，涉及其他相关政府部门许可的，有关的许可文件应一并报送。

第二十二条　股权购买协议、境内公司增资协议应适用中国法律，并包括以下主要内容：

（一）协议各方的状况，包括名称（姓名），住所，法定代表人姓名、职务、国籍等；

（二）购买股权或认购增资的份额和价款；

（三）协议的履行期限、履行方式；

（四）协议各方的权利、义务；

（五）违约责任、争议解决；

（六）协议签署的时间、地点。

第二十三条　外国投资者资产并购的，投资者应根据拟设立的外商投资企业的投资总额、企业类型及所从事的行业，依照设立外商投资企业的法律、行政法规和规章的规定，向具有相应审批权限的审批机关报送下列文件：

（一）境内企业产权持有人或权力机构同意出售资产的决议；

（二）外商投资企业设立申请书；

（三）拟设立的外商投资企业的合同、章程；

（四）拟设立的外商投资企业与境内企业签署的资产购买协议，或外国投资者与境内企业签署的资产购买协议；

（五）被并购境内企业的章程、营业执照(副本)；

（六）被并购境内企业通知、公告债权人的证明以及债权人是否提出异议的说明；

（七）经公证和依法认证的投资者的身份证明文件或开业证明、有关资信证明文件；

（八）被并购境内企业职工安置计划；

（九）本规定第十三条、第十四条、第十五条要求报送的文件。

依照前款的规定购买并运营境内企业的资产，涉及其他相关政府部门许可的，有关的许可文件应一并报送。

外国投资者协议购买境内企业资产并以该资产投资设立外商投资企业的，在外商投资企业成立之前，不得以该资产开展经营活动。

第二十四条　资产购买协议应适用中国法律，并包括以下主要内容：

（一）协议各方的状况，包括名称（姓名），住所，法定代表人姓名、职务、国籍等；

（二）拟购买资产的清单、价格；

（三）协议的履行期限、履行方式；

（四）协议各方的权利、义务；

（五）违约责任、争议解决；

（六）协议签署的时间、地点。

第二十五条　外国投资者并购境内企业设立外商投资企业，除本规定另有规定外，审批机关应自收到规定报送的全部文件之日起30日内，依法决定批准或不批准。决定批准的，由审批机关颁发批准证书。

外国投资者协议购买境内公司股东股权，审批机关决定批准的，应同时将有关批准文件分别抄送股权转让方、境内公司所在地外汇管理机关。股权转让方所在地外汇管理机关为其办理转股收汇外资外汇登记并出具相关证明，转股收汇外资外汇登记证明是证明外方已缴付的股权收购对价已到位的有效文件。

第二十六条　外国投资者资产并购的，投资者应自收到批准证书之日起30日内，向登记管理机关申请办理设立登记，领取外商投资企业营业执照。

外国投资者股权并购的，被并购境内公司应依照本规定向原登记管理机关申请变更登记，领取外商投资企业营业执照。原登记管理机关没有登记管辖权的，应自收到申请文件之日起10日内转送有管辖权的登记管理机关办理，同时附送该境内公司的登记档案。被并购境内公司在申请变更登记时，应提交以下文件，并对其真实性和有效性负责：

（一）变更登记申请书；

（二）外国投资者购买境内公司股东股权或认购境内公司增资的协议；

（三）修改后的公司章程或原章程的修正案和依法需要提交的外商投资企业合同；

（四）外商投资企业批准证书；

（五）外国投资者的主体资格证明或者自然人身份证明；

（六）修改后的董事会名单，记载新增董事姓名、住所的文件和新增董事的任职文件；

（七）国家工商行政管理总局规定的其他有关文件和证件。

投资者自收到外商投资企业营业执照之日起30日内，到税务、海关、土地管理和外汇管理等有关部门办理登记手续。

第四章　外国投资者以股权作为支付手段并购境内公司

第一节　以股权并购的条件

第二十七条　本章所称外国投资者以股权作为支付手段并购境内公司，系指境外公司的股东以其持有的境外公司股权，或者境外公司以其增发的股份，作为支付手段，购买境内公司股东的股权或者境内公司增发股份的行为。

第二十八条 本章所称的境外公司应合法设立并且其注册地具有完善的公司法律制度，且公司及其管理层最近3年未受到监管机构的处罚；除本章第三节所规定的特殊目的公司外，境外公司应为上市公司，其上市所在地应具有完善的证券交易制度。

第二十九条 外国投资者以股权并购境内公司所涉及的境内外公司的股权，应符合以下条件：

（一）股东合法持有并依法可以转让；

（二）无所有权争议且没有设定质押及任何其他权利限制；

（三）境外公司的股权应在境外公开合法证券交易市场（柜台交易市场除外）挂牌交易；

（四）境外公司的股权最近1年交易价格稳定。

前款第（三）、（四）项不适用于本章第三节所规定的特殊目的公司。

第三十条 外国投资者以股权并购境内公司，境内公司或其股东应当聘请在中国注册登记的中介机构担任顾问（以下称“并购顾问”）。并购顾问应就并购申请文件的真实性、境外公司的财务状况以及并购是否符合本规定第十四条、第二十八条和第二十九条的要求作尽职调查，并出具并购顾问报告，就前述内容逐项发表明确的专业意见。

第三十一条 并购顾问应符合以下条件：

（一）信誉良好且有相关从业经验；

（二）无重大违法违规记录；

（三）应有调查并分析境外公司注册地和上市所在地法律制度与境外公司财务状况的能力。

第二节 申报文件与程序

第三十二条 外国投资者以股权并购境内公司应报送商务部审批，境内公司除报送本规定第三章所要求的文件外，另须报送以下文件：

（一）境内公司最近1年股权变动和重大资产变动情况的说明；

（二）并购顾问报告；

（三）所涉及的境内外公司及其股东的开业证明或身份证明文件；

（四）境外公司的股东持股情况说明和持有境外公司5%以上股权的股东名录；

（五）境外公司的章程和对外担保的情况说明；

（六）境外公司最近年度经审计的财务报告和最近半年的股票交易情况报告。

第三十三条 商务部自收到规定报送的全部文件之日起30日内对并购申请进行审核，符合条件的，颁发批准证书，并在批准证书上加注“外国投资者以股权并购境内公司，自营业执照颁发之日起6个月内有效”。

第三十四条 境内公司应自收到加注的批准证书之日起30日内，向登记管理机关、外汇管理机关办理变更登记，由登记管理机关、外汇管理机关分别向其颁发加注“自颁发之日起8个月内有效”字样的外商投资企业营业执照和外汇登记证。

境内公司向登记管理机关办理变更登记时，应当预先提交旨在恢复股权结构的境内公司法定代表人签署的股权变更申请书、公司章程修正案、股权转让协议等文件。

第三十五条 自营业执照颁发之日起6个月内，境内公司或其股东应就其持有境外公司股权事项，向商务部、外汇管理机关申请办理境外投资开办企业核准、登记手续。

当事人除向商务部报送《关于境外投资开办企业核准事项的规定》所要求的文件外，另须报送加注的外商投资企业批准证书和加注的外商投资企业营业执照。商务部在核准境内公司或其股东持有境外公司的股权后，颁发中国企业境外投资批准证书，并换发无加注的外商投资企业批准证书。

境内公司取得无加注的外商投资企业批准证书后，应在30日内向登记管理机关、外汇管理机关申请换发无加注的外商投资企业营业执照、外汇登记证。

第三十六条 自营业执照颁发之日起6个月内，如果境内外公司没有完成其股权变更手续，则加注的批准证书和中国企业境外投资批准证书自动失效，登记管理机关根据境内公司预先提交的股权变更登记申请文件核准变更登记，使境内公司股权结构恢复到股权并购之前的状态。

并购境内公司增发股份而未实现的，在登记管理机关根据前款予以核准变更登记之前，境内公司还应当按照《公司法》的规定，减少相应的注册资本并在报纸上公告。

境内公司未按照前款规定办理相应的登记手续的，由登记管理机关按照《公司登记管理条例》的有关规定处理。

第三十七条 境内公司取得无加注的外商投资企业批准证书、外汇登记证之前，不得向股东分配利润或向有关联关系的公司提供担保，不得对外支付转股、减资、清算等资本项目款项。

第三十八条 境内公司或其股东凭商务部和登记管理机关颁发的无加注批准证书和营业执照，到税务机关办理税务变更登记。

第三节 对于特殊目的公司的特别规定

第三十九条 特殊目的公司系指中国境内公司或自然人为实现以其实际拥有的境内公司权益在境外上市而直接或间接控制的境外公司。

特殊目的公司为实现在境外上市，其股东以其所持公司股权，或者特殊目的公司以其增发的股份，作为支付手段，购买境内公司股东的股权或者境内公司增发的股份的，适用本节规定。

当事人以持有特殊目的公司权益的境外公司作为境外上市主体的，该境外公司应符合本节对于特殊目的公司的相关要求。

第四十条 特殊目的公司境外上市交易，应经国务院证券监督管理机构批准。

特殊目的公司境外上市所在国家或者地区应有完善的法律和监管制度，其证券监管机构已与国务院证券监督管理机构签订监管合作谅解备忘录，并保持着有效的监管合作关系。

第四十一条 本节所述的权益在境外上市的境内公司应符合下列条件：

（一）产权明晰，不存在产权争议或潜在产权争议；

（二）有完整的业务体系和良好的持续经营能力；

（三）有健全的公司治理结构和内部管理制度；

（四）公司及其主要股东近3年无重大违法违规记录。

第四十二条 境内公司在境外设立特殊目的公司，应向商务部申请办理核准手续。办理核准手续时，境内公司除向商务部报送《关于境外投资开办企业核准事项的规定》要求的文件外，另须报送以下文件：

（一）特殊目的公司最终控制人的身份证明文件；

（二）特殊目的公司境外上市商业计划书；

（三）并购顾问就特殊目的公司未来境外上市的股票发行价格所作的评估报告。

获得中国企业境外投资批准证书后，设立人或控制人应向所在地外汇管理机关申请办理相应的境外投资外汇登记手续。

第四十三条 特殊目的公司境外上市的股票发行价总值，不得低于其所对应的经中国有关资产评估机构评估的被并购境内公司股权的价值。

第四十四条 特殊目的公司以股权并购境内公司的，境内公司除向商务部报送本规定第三十二条所要求的文件外，另须报送以下文件：

（一）设立特殊目的公司时的境外投资开办企业批准文件和证书；

（二）特殊目的公司境外投资外汇登记表；

（三）特殊目的公司最终控制人的身份证明文件或开业证明、章程；

（四）特殊目的公司境外上市商业计划书；

（五）并购顾问就特殊目的公司未来境外上市的股票发行价格所作的评估报告。

如果以持有特殊目的公司权益的境外公司作为境外上市主体，境内公司还须报送以下文件：

（一）该境外公司的开业证明和章程；

（二）特殊目的公司与该境外公司之间就被并购的境内公司股权所作的交易安排和折价方法的详细说明。

第四十五条 商务部对本规定第四十四条所规定的文件初审同意的，出具原则批复函，境内公司凭该批复函向国务院证券监督管理机构报送申请上市的文件。国务院证券监督管理机构于20个工作日内决定是否核准。

境内公司获得核准后，向商务部申领批准证书。商务部向其颁发加注“境外特殊目的公司持股，自营业执照颁发之日起1年内有效”字样的批准证书。

并购导致特殊目的公司股权等事项变更的，持有特殊目的公司股权的境内公司或自然人，凭加注的外商投资企业批准证书，向商务部就特殊目的公司相关事项办理境外投资开办企业变更核准手续，并向所在地外汇管理机关申请办理境外投资外汇登记变更。

第四十六条 境内公司应自收到加注的批准证书之日起30日内，向登记管理机关、外汇管理机关办理变更登记，由登记管理机关、外汇管理机关分别向其颁发加注“自颁发之日起14个月内有效”字样的外商投资企业营业执照和外汇登记证。

境内公司向登记管理机关办理变更登记时，应当预先提交旨在恢复股权结构的境内公司法定代表人签署的股权变更申请书、公司章程修正案、股权转让协议等文件。

第四十七条 境内公司应自特殊目的公司或与特殊目的公司有关联关系的境外公司完成境外上市之日起30日内，向商务部报告境外上市情况和融资收入调回计划，并申请换发无加注的外商投资企业批准证书。同时，境内公司应自完成境外上市之日起30日内，向国务院证券监督管理机构报告境外上市情况并提供相关的备案文件。境内公司还应向外汇管理机关报送融资收入调回计划，由外汇管理机关监督实施。境内公司取得无加注的批准证书后，应在30日内向登记管理机关、外汇管理机关申请换发无加注的外商投资企业营业执照、外汇登记证。

如果境内公司在前述期限内未向商务部报告，境内公司加注的批准证书自动失效，境内公司股权结构恢复到股权并购之前的状态，并应按本规定第三十六条办理变更登记手续。

第四十八条 特殊目的公司的境外上市融资收入，应按照报送外汇管理机关备案的调回计划，根据现行外汇管理规定调回境内使用。融资收入可采取以下方式调回境内：

（一）向境内公司提供商业贷款；

（二）在境内新设外商投资企业；

（三）并购境内企业。

在上述情形下调回特殊目的公司境外融资收入，应遵守中国有关外商投资及外债管理的法律和行政法规。如果调回特殊目的公司境外融资收入，导致境内公司和自然人增持特殊目的公司权益或特殊目的公司净资产增加，当事人应如实披露并报批，在完成审批手续后办理相应的外资外汇登记和境外投资登记变更。

境内公司及自然人从特殊目的公司获得的利润、红利及资本变动所得外汇收入，应自获得之日起6个月内调回境内。利润或红利可以进入经常项目外汇账户或者结汇。资本变动外汇收入经外汇管理机关核准，可以开立资本项目专用账户保留，也可经外汇管理机关核准后结汇。

第四十九条　自营业执照颁发之日起1年内，如果境内公司不能取得无加注批准证书，则加注的批准证书自动失效，并应按本规定第三十六条办理变更登记手续。

第五十条　特殊目的公司完成境外上市且境内公司取得无加注的批准证书和营业执照后，当事人继续以该公司股份作为支付手段并购境内公司的，适用本章第一节和第二节的规定。

第五章　反垄断审查

第五十一条　外国投资者并购境内企业有下列情形之一的，投资者应就所涉情形向商务部和国家工商行政管理总局报告：

（一）并购一方当事人当年在中国市场营业额超过15亿元人民币；

（二）1年内并购国内关联行业的企业累计超过10个；

（三）并购一方当事人在中国的市场占有率已经达到20%；

（四）并购导致并购一方当事人在中国的市场占有率达到25%。

虽未达到前款所述条件，但是应有竞争关系的境内企业、有关职能部门或者行业协会的请求，商务部或国家工商行政管理总局认为外国投资者并购涉及市场份额巨大，或者存在其他严重影响市场竞争等重要因素的，也可以要求外国投资者作出报告。

上述并购一方当事人包括与外国投资者有关联关系的企业。

第五十二条　外国投资者并购境内企业涉及本规定第五十一条所述情形之一，商务部和国家工商行政管理总局认为可能造成过度集中，妨害正当竞争、损害消费者利益的，应自收到规定报送的全部文件之日起90日内，共同或经协商单独召集有关部门、机构、企业以及其他利害关系方举行听证会，并依法决定批准或不批准。

第五十三条　境外并购有下列情形之一的，并购方应在对外公布并购方案之前或者报所在国主管机构的同时，向商务部和国家工商行政管理总局报送并购方案。商务部和国家工商行政管理总局应审查是否存在造成境内市场过度集中，妨害境内正当竞争、损害境内消费者利益的情形，并做出是否同意的决定：

（一）境外并购一方当事人在我国境内拥有资产30亿元人民币以上；

（二）境外并购一方当事人当年在中国市场上的营业额15亿元人民币以上；

（三）境外并购一方当事人及与其有关联关系的企业在中国市场占有率已经达到20%；

（四）由于境外并购，境外并购一方当事人及与其有关联关系的企业在中国的市场占有率达到25%；

（五）由于境外并购，境外并购一方当事人直接或间接参股境内相关行业的外商投资企业将超过15家。

第五十四条　有下列情况之一的并购，并购一方当事人可以向商务部和国家工商行政管理总局申请审查豁免：

（一）可以改善市场公平竞争条件的；

（二）重组亏损企业并保障就业的；

（三）引进先进技术和管理人才并能提高企业国际竞争力的；

（四）可以改善环境的。

第六章　附　则

第五十五条　外国投资者在中国境内依法设立的投资性公司并购境内企业，适用本规定。

外国投资者购买境内外商投资企业股东的股权或认购境内外商投资企业增资的，适用现行外商投资企业法律、行政法规和外商投资企业投资者股权变更的相关规定，其中没有规定的，参照本规定办理。

外国投资者通过其在中国设立的外商投资企业合并或收购境内企业的，适用关于外商投资企业合并与分立的相关规定和关于外商投资企业境内投资的相关规定，其中没有规定的，参照本规定办理。

外国投资者并购境内有限责任公司并将其改制为股份有限公司的，或者境内公司为股份有限公司的，适用关于设立外商投资股份有限公司的相关规定，其中没有规定的，适用本规定。

第五十六条　申请人或申报人报送文件，应依照本规定对文件进行分类，并附文件目录。规定报送的全部文件应用中文表述。

第五十七条　被股权并购境内公司的中国自然人股东，经批准，可继续作为变更后所设外商投资企业的中方投资者。

第五十八条　境内公司的自然人股东变更国籍的，不改变该公司的企业性质。

第五十九条　相关政府机构工作人员必须忠于职守、依法履行职责，不得利用职务之便牟取不正当利益，并对知悉的商业秘密负有保密义务。

第六十条　香港特别行政区、澳门特别行政区和台湾地区的投资者并购境内其他地区的企业，参照本规定办理。

第六十一条　本规定自2006年9月8日起施行。

关于发布支持国家电子信息产业基地和产业园发展政策的通知

信部规 [2006]542 号　2006 年 8 月 18 日

为推进国家电子信息产业基地和产业园建设，依据《信息产业部关于建设国家电子信息产业基地和产业园的意见》(信部规 [2003]219 号)，我部制定了《支持国家电子信息产业基地和产业园发展的若干政策》，现予发布，请遵照执行。

特此通知。

支持国家电子信息产业基地和产业园发展政策

建设国家电子信息产业基地(以下简称“基地”)和产业园(以下简称“园区”)是实施电子强国战略的重要举措。为支持基地和园区进一步整合资源，增强自主创新能力，加快产业结构调整和优化升级，发挥产业聚集、辐射与带动效应，打造区域产业品牌，特制定本政策。

第一章　政策目标

第一条　通过政府引导与市场推动并举、中央与地方合作互动、规模扩张与产业升级并重，推动基地和园区成为带动区域经济结构调整和经济增长方式转变的引擎，成为我国信息产业“走出去”参与国际竞争的服务平台，成为增强信息产业自主创新能力和建设世界电子强国的重要载体。

第二章　规划指导

第二条　将加快基地和园区建设作为《国民经济和社会发展信息化“十一五”专项规划》、《信息产业“十一五”规划》、《信息产业科技“十一五”及中长期发展规划》的重要任务。

第三条　吸纳基地和园区管理机构参与国家信息产业区域规划、专项规划编制，产业政策制定和行业重大问题研究。将基地和园区内企事业单位作为行业重大工程和专项的实施主体。加强对基地和园区产业发展规划的指导。

第三章　自主创新

第四条　鼓励基地和园区内企业建立研发机构，认定和培育一批信息技术创新型企业和研发中心，支持骨干企业联合开展关键技术开发及相关标准的制定，加快形成以企业为主体的自主创新体系。

第五条　推动国家工程实验室、国家重点实验室、国家工程(技术研究)中心、企业技术中心、部属科研机构进入基地和园区，开展多种形式的技术合作，促进科研成果产业化。

第六条　支持在基地和园区内建设若干面向行业的公共技术、知识产权和信息服务平台，形成开放共享机制，优化区域产业发展环境。

第四章　国际合作

第七条　加强对基地和园区招商引资工作的指导力度，引导国外优势企业落户特色园区，鼓励跨国公司在基地和园区内设立研发中心。

第八条　充分发挥双边、区域合作机制的作用，在政府层面为基地和园区内企业"走出去"搭建良好的国际合作平台，引导鼓励其参与对外合作项目。支持推动优势企业开拓海外市场，提升国际化经营能力。

第九条　以基地和园区为依托，建立部、省、基地和园区互动的产业预警机制，为企业应对国际贸易争端提供支持。

第五章　信息化建设

第十条　支持基地和园区加强信息化建设。加快为基地和园区内企业服务的电子政务建设，大力推广电子签名、电子认证证书应用，为基地和园区电子商务应用提供电子认证服务。

第十一条　加大基地和园区信息系统工程监理推进力度，支持基地和园区开展区域信息化、城市信息化和企业信息化以及应用信息技术改造提升传统产业的试点、示范和推广工作。

第六章　资金投入

第十二条　在电子信息产业发展基金、集成电路研发专项资金、信息技术应用"倍增计划"贷款贴息等项目计划的安排上向基地和园区申报的自主创新项目倾斜，对共性技术与信息服务平台建设、重大产业化以及地方配套资金比例高的项目给予重点支持。

第十三条　积极推动国家有关部门在信息产业企业技术进步与产业升级、高技术产业化示范工程、国家工程中心建设、重大科技攻关等专项的组织实施中，对基地和园区内企业给予重点扶持。

第十四条　为基地园区的重点项目建设和国家项目配套提供支持。基地和园区须设立专项资金，其中，基地专项资金应不低于5000万元／年，园区专项资金应不低于1000万元／年。

第十五条　在落实部与国家开发银行签订的《支持电子信息产业发展和信息技术应用开发性金融合作协议》中，加大对基地和园区内企业申报开发性金融贷款项目的协调支持力度。

第七章　人才培养与交流

第十六条　支持基地和园区探索并建立区域性行业人才培养机制。引导基地和园区内企业与高校、科研院所建立产学研相结合的信息技术人才培养平台，加大复合型、实用型和高技能人才的培养力度。

第十七条　支持基地和园区建立人才交流机制。鼓励和引导国内外信息产业领域的人才到基地和园区创业、工作，在年度接收和派出挂职干部工作中对基地和园区给予重点倾斜。

第十八条　支持基地和园区建立各类人才继续教育基地，推动基地和园区内企业和人才的科技创新和知识更新。支持基地和园区各类人员赴国外培训，在智力引进项目安排上向基地和园区倾斜。

第八章　行业管理

第十九条　部和省、自治区、直辖市信息产业主管部门将支持基地和园区发展纳入日常行业管理工作，加强分类指导。各基地和园区所在地政府要明确专门机构负责基地和园区的管理工作。

第二十条　加强行业统计工作。将基地和园区纳入行业统计范畴，依据《电子信息产业统计工作管理办法》建立对口统计制度，在年度统计报告中对基地和园区的主要经济指标做专门的分析比较。

第二十一条　建立部机关业务工作绿色通道，为基地和园区内企事业单位提供便捷服务。

第二十二条　建立部与基地和园区间的信息交流机制。通过政策通报、信息发布、组织定期交流活动、评优表彰等方式，促进互动发展。

第九章　附　则

第二十三条　各基地和园区所在地产业主管部门应依据本政策制定具体实施措施。

第二十四条　本政策由信息产业部负责解释。

第二十五条　本政策自发布之日起实施。

商务部征求对《外商投资创业投资企业管理办法》的意见

商务部　2006年8月25日

第一章　总　则

第一条　为鼓励外国公司、企业和其他经济组织或个人（以下简称外国投资者）来华从事创业投资，建立和完善中国的创业投资机制，根据《中华人民共和国中外合作经营企业法》、《中华人民共和国中外合资经营企业法》、《中华人民共和国外资企业法》、《公司法》及其他相关的法律法规，制定本规定。

第二条　本规定所称外商投资创业投资企业（以下简称创投企业）是指外国投资者或外国投资者与根据中国法律注册成立的公司、企业、其他经济组织或个人（以下简称中国投资者），根据本规定在中国境内设立的以创业投资为经营活动的外商投资企业。

第三条　本规定所称创业投资是指主要向未上市高新技术企业（以下简称所投资企业）进行股权投资，并为之提供创业管理服务，以期获取资本增值收益的投资方式。

第四条　创投企业可以采取非法人制组织形式，也可以采取公司制组织形式。

采取非法人制组织形式的创投企业（以下简称非法人制创投企业）的投资者对创投企业的债务承担连带责任。非法人制创投企业的投资者也可以在创投企业合同中约定在非法人制创投企业资产不足以清偿该债务时由第七条所述的必备投资者承担连带责任，其他投资者以其认缴的出资额为限承担责任。

采用公司制组织形式的创投企业（以下简称公司制创投企业）的投资者以其各自认缴的出资额为限对创投企业承担责任。

第五条　创投企业应遵守中国有关法律法规，符合外商投资产业政策，不得损害中国的社会公共利益。创投企业在中国境内的正当经营活动及合法权益受中国法律的保护。

第二章　设立与登记

第六条　设立创投企业应具备下列条件：

（一）投资者人数在2人以上50人以下；且应至少拥有一个第七条所述的必备投资者；

（二）非法人制创投企业投资者认缴出资总额的最低限额为1000万美元；公司制创投企业投资者认缴资本总额的最低限额为500万美元。除第七条所述必备投资者外，其他每个投资者的最低认缴出资额不得低于100万美元。外国投资者以可自由兑换的货币出资，中国投资者以人民币出资；

（三）有明确的组织形式；

（四）有明确合法的投资方向；

（五）除了将本企业经营活动授予一家创业投资管理公司进行管理的情形外，创投企业应有3名以上具备创业投资从业经验的专业人员；

（六）如创投企业投资各方均为自然人时，可缺省必备投资者，但外国投资者中占大股的股东在申请前一年的总资产不得低于3000万美元，中方投资者中占大股的股东在申请前一年的总资产不得低于3000万元人民币。

（七）法律、行政法规规定的其他条件。

第七条　必备投资者应当具备下列条件：

（一）以创业投资为主营业务；

（二）在申请前三年其管理的资本累计不低于6000万美元，且其中至少3000万美元已经用于进行创业投资。在必备投资者为中国投资者的情形下，本款业绩要求为：在申请前三年其管理的资本累计不低于6000万元人民币，且其中至少3000万元人民币已经用于进行创业投资；

（三）拥有3名以上具有3年以上创业投资从业经验的专业管理人员；

（四）如果某一投资者的关联实体满足上述条件，则该投资者可以申请成为必备投资者。本款所称关联实体是指该投资者控制的某一实体、或控制该投资者的某一实体、或与该投资者共同受控于某一实体的另一实体。本款所称控制是指控制方拥有被控制方超过50%的表决权；

（五）必备投资者及其上述关联实体均应未被所在国司法机关和其他相关监管机构禁止从事创业投资或投资咨询业务或以欺诈等原因进行处罚；

（六）非法人制创投企业的必备投资者，对创投企业的认缴出资及实际出资分别不低于投资者认缴出资总额及实际出资总额的1%，且应对创投企业的债务承担连带责任；公司制创投企业的必备投资者，对创投企业的认缴出资及实际出资分别不低于投资者认缴出资总额及实际出资总额的30%。

第八条　设立创投企业按以下程序办理：

（一）投资者向国家工商行政管理总局或者其授权的地方工商行政管理局（以下简称登记机关）申请企业名称预先核准；

（二）投资者向拟设立创投企业所在地省级商务主管部门报送设立申请书及有关文件；

（三）省级商务主管部门应在收到全部上报材料后10个工作日内完成初审并上报商务部（以下简称审批机构）；

（四）审批机构在收到全部上报材料之日起30个工作日内，经商科学技术部同意后，做出批准或不批准的书面决定。予以批准的，发给《外商投资企业批准证书》；

（五）获得批准设立的创投企业应自收到审批机构颁发的《外商投资企业批准证书》之日起一个月内，持此证书向国家工商行政管理部门或所在地具有外商投资企业登记管理权的省级工商行政管理部门（以下简称登记机关）申请办理注册登记手续；

（六）创投企业在审批机关核准后，持外汇登记申请书、投资各方签署的创投企业合同及章程、《外商投资批准证书》到所在地外汇局办理外汇登记及开立资本金账户手续，非法人制创投企业领取的外商投资企业外汇登记证号码后加注“F”字样。

第九条　申请设立创投企业应当向审批机构报送以下文件：

（一）必备投资者签署的设立申请书；

（二）投资各方签署的创投企业合同及章程；

（三）必备投资者书面声明（声明内容包括：投资者符合第七条规定的资格条件；所有提供的材料真实性；投资者将严格遵循本规定及中国其他有关法律法规的要求）；

（四）律师事务所出具的对必备投资者合法存在及其上述声明已获得有效授权和签署的法律意见书；

（五）必备投资者的创业投资业务说明、申请前三年其管理资本的说明、其已投资资本的说明，及其拥有的创业投资专业管理人员简历；

（六）投资者的注册登记证明（复印件）、法定代表人证明（复印件）；

（七）名称登记机关出具的创投企业名称预先核准通知书；

（八）如果必备投资者的资格条件是依据第七条第（四）款的规定，则还应报送其符合条件的关联实体的相关材料；

（九）审批机构要求的其他与申请设立有关的文件。

（十）投资各方均为自然人时，需向审批机构报送以下材料：

1. 设立申请书；

2. 投资各方签署的创投企业合同及章程；

3. 登记机关出具的创投企业名称预先核准通知书；

4. 投资各方的身份证明、财产证明；

5. 审批机构要求的其他与申请设立有关的文件。

第十条　创投企业应当在名称中加注创业投资字样。除创投企业外，其他外商投资企业不得在名称中使用创业投资字样。

第十一条　非法人制创投企业可依照有关登记注册的规定申请注册”创业投资基金”名称。本办法所指”创业投资基金”是指风险投资基金和私募股权投资基金，是主要投资于未上市企业股权或准股权并参与经营管理的契约型基金。

第十二条　申请设立创投企业应当向登记机关报送下列文件，并对其真实性、有效性负责：

（一）创投企业董事长或联合管理委员会负责人签署的设立登记申请书；

（二）合同、章程以及审批机构的批准文件和批准证书；

（三）投资者的合法开业证明或身份证明；

（四）投资者的资信证明；

（五）法定代表人的任职文件、身份证明和企业董事、经理等人员的备案文件；

（六）企业名称预先核准通知书；

（七）企业住所或营业场所证明。

申请设立非法人制创投企业，还应当提交境外必备投资者的章程或合伙协议。企业投资者中含本规定第七条第四款规定的投资者的，还应当提交关联实体为其出具的承担出资连带责任的担保函。

以上文件应使用中文。使用外文的，应提供规范的中文译本。

创投企业登记事项变更应依法向原登记机关申请办理变更登记。

第十三条　经登记机关核准的公司制创投企业，领取《企业法人营业执照》；经登记机关核准的非法人制创投企业，领取《营业执照》。

《营业执照》应载明非法人制创投企业投资者认缴的出资总额和必备投资者名称。

第三章　出资及相关变更

第十四条　非法人制创投企业的投资者的出资及相关变更应符合如下规定：

（一）投资者可以根据创业投资进度分期向创投企业注入认缴出资，最长不得超过5年。各期投入资本额由创投企业根据创投企业合同及其与所投资企业签订的协议自主制定。投资者应在创投企业合同中约定投资者不如期出资的责任和相关措施；

（二）投资者在创投企业存续期内一般不得减少其认缴出资额。如果占出资额超过50%的投资者和必备投资者同意且创投企业不违反最低1000万美元认缴出资额的要求，经审批机构批准，投资者可以减少其认缴资本额（但投资者根据本条第（五）款规定减少其已投资的资本额或在创投企业投资期限届满后减少未使用的认缴出资额不在此限）。在此情况下，投资者应当在创投企业合同中规定减少认缴出资额的条件、程序和办法；

（三）必备投资者在创投企业存续期内不得从创投企业撤出。特殊情况下确需撤出的，应获得占总出资额超过50%的其他投资者同意，并应将其权益转让给符合第七条要求的新投资者，且应当相应修改创投企业的合同和章程，并报审批机构批准。

其他投资者如转让其认缴资本额或已投入资本额，须按创投企业合同的约定进行，且受让人应符合本规定第六条的有关要求。投资各方应相应修改创投企业合同和章程，并报审批机构备案。

（四）创投企业设立后，如果有新的投资者申请加入，须符合本规定和创投企业合同的约定，经必备投资者同意，相应修改创投企业合同和章程，并报审批机构备案。

（五）创投企业出售或以其他方式处置其在所投资企业的利益而获得的收入中相当于其原出资额的部分，可以直接分配给投资各方，此类分配构成投资者减少其已投资的资本额。创投企业应当在创投企业合同中约定此类分配的具体办法，并在分配之前至少30天内向审批机构和所在地外汇局提交减资的备案说明。外汇局依据该备案说明于2个工作日内在其外汇登记证”特别记录事项”中记录投资者减少已投入资本额情况并加盖业务公章，外汇指定银行凭该外汇登记证特别记录事项办理减资购付汇，并在办理完毕后在”特别记录事项”后加盖银行业务公章。创投企业向审批机构和所在地外汇局提交上述备案说明时，应证明创投企业投资者未到位的认缴出资额及创投企业当时拥有的其他资金至少相当于创投企业当时承担的投资义务。

第十五条 非法人制创投企业向登记机关申请变更登记时，上述规定中审批机关出具的相关备案证明可替代相应的审批文件。

第十六条 非法人制创投企业投资者根据创业投资进度缴付出资后，应持相关验资报告向原登记机关申请办理出资备案手续。登记机关根据其实际出资状况在其《营业执照》出资额栏目后加注实缴出资额数目。

非法人制创投企业超过最长投资期限仍未缴付或缴清出资的，登记机关根据现行规定予以处罚。

第十七条 公司制创投企业投资者的出资及相关变更按现行规定办理。

第四章 组织机构

第十八条 非法人制创投企业设联合管理委员会。公司制创投企业设董事会。联合管理委员会或董事会的组成由投资者在创投企业合同及章程中予以约定。联合管理委员会或董事会代表投资者管理创投企业。

第十九条 联合管理委员会或董事会下设经营管理机构，根据创投企业的合同及章程中规定的权限，负责日常经营管理工作，执行联合管理委员会或董事会的投资决策。

第二十条 经营管理机构的负责人应当符合下列条件：

（一）具有完全的民事行为能力；

（二）无犯罪记录；

（三）无不良经营记录；

（四）应具有创业投资业的从业经验，且无违规操作记录；

（五）审批机构要求的与经营管理资格有关的其他条件。

第二十一条 经营管理机构应定期向联合管理委员会或董事会报告以下事项：

（一）经授权的重大投资活动；

（二）中期、年度业绩报告和财务报告；

（三）法律、法规规定的其他事项；

（四）创投企业合同及章程中规定的有关事项。

第二十二条　联合管理委员会或董事会可以不设立经营管理机构，而将该创投企业的日常经营权授予一家创业投资管理企业或另一家创投企业进行管理。该创业投资管理企业可以是内资创业投资管理企业，也可以是外商投资创业投资管理企业，或境外创业投资管理企业。在此情形下，该创投企业与该创业投资管理企业应签订管理合同，约定创投企业和创业投资管理企业的权利义务。该管理合同应经全体投资者同意并报审批机构批准后方可生效。

第二十三条　创投企业的投资者可以在创业投资合同中依据国际惯例约定内部收益分配机制和奖励机制。

第五章　创业投资管理企业

第二十四条　受托管理创投企业的创业投资管理企业应具备下列条件：

（一）以受托管理创投企业的投资业务为主营业务；

（二）拥有3名以上具有3年以上创业投资从业经验的专业管理人员；

（三）注册资本或出资总额不低于100万元人民币或等值外汇；

（四）有完善的内部控制制度。

第二十五条　创业投资管理企业可以采取公司制组织形式，也可以采取合伙制等其他组织形式。

第二十六条　同一创业投资管理企业可以受托管理不同的创投企业。

第二十七条　创业投资管理企业应定期向委托方的联合管理委员会或董事会报告第二十条所列事项。

第二十八条　设立外商投资创业投资管理企业应符合本规定第二十三条的条件，经拟设立外商投资创业投资管理公司所在地省级商务主管部门报审批机构批准。审批机构在收到全部上报材料之日起45天内，做出批准或不批准的书面决定。予以批准的，发给《外商投资企业批准证书》。获得批准设立的外商投资创业投资管理企业应自收到审批机构颁发的《外商投资企业批准证书》之日起一个月内，持此证书向登记机关申请办理注册登记手续。

第二十九条　申请设立外商投资创业投资管理企业应当向审批机构报送以下文件：

（一）设立申请书；

（二）外商投资创业投资管理公司合同及章程；

（三）投资者的注册登记证明（复印件）、法定代表人证明（复印件）；

（四）审批机构要求的其他与申请设立有关的文件。

第三十条　外商投资创业投资管理企业名称应当加注创业投资管理字样。除外商投资创业投资管理企业外，其他外商投资企业不得在名称中使用创业投资管理字样。

第三十一条　获得批准接受创投企业委托在华从事创业投资管理业务的境外创业投资管理企业，应当自管理合同获得批准之日起30日内，向登记机关申请办理营业登记手续。

申请营业登记应报送下列文件，并对其真实性、有效性负责：

（一）境外创业投资管理企业董事长或有权签字人签署的登记申请书；

（二）审批机构的批准文件；

（三）境外创业投资管理企业的章程或合伙协议；

（四）境外创业投资管理企业的合法开业证明；

（五）境外创业投资管理企业的资信证明；

（六）境外创业投资管理企业委派的中国项目负责人的授权书、简历及身份证明；

（七）境外创业投资管理企业在华营业场所证明。

以上文件应使用中文。使用外文的，应提供规范的中文译本。

第六章　经营管理

第三十二条　创投企业可以经营以下业务：

（一）对外进行股权投资，具体投资方式包括新设企业、向已设立企业投资、接受已设立企业投资者股权转让以及国家法律法规允许的其他方式；

（二）提供创业投资咨询；

（三）为所投资企业提供管理咨询；

（四）代理其他创业投资企业的创业投资业务；

（五）参与设立创业投资企业与创业投资管理顾问机构；

（六）经与所投资企业签订投资协议，创投企业可以以优先股、可转换优先股等准股权方式进行投资；

（七）经批准，可以作为战略投资者对上市公司进行战略投资；

（八）审批机构批准的其他业务。

创投企业资金应主要用于向所投资企业进行股权投资。

第三十三条　创投企业可以在法律、行政法规规定的范围内通过债权融资方式提高融资能力。其中，认缴出资额不低于1000万美元的，其融资额不得超过已缴付注册资本的四倍；认缴出资额不低于3000万美元的，其融资额不得超过已缴付注册资本的六倍。

第三十四条　创投企业不得从事下列活动：

（一）在国家禁止外商投资的领域投资；

（二）直接或间接投资于非自用不动产；

（三）挪用非自有资金进行投资；

（四）向他人提供贷款或担保，但创投企业对所投资企业1年以上的企业债券和可以转换为所投资企业股权的债券性质的投资不在此列（本款规定并不涉及所投资企业能否发行该等债券）；

（五）法律、法规以及创投企业合同禁止从事的其他事项。

第三十五条　投资者应在创投企业合同中约定对外投资期限。

第三十六条　创投企业主要从出售或以其他方式处置其在所投资企业的股权获得收益。创投企业出售或以其他方式处置其在所投资企业的股权时，可以依法选择适用的退出机制，包括：

（一）将其持有的所投资企业的部分股权或全部股权转让给其他投资者；

（二）与所投资企业签订股权回购协议，由所投资企业在一定条件下依法回购其所持有的股权；

（三）所投资企业在符合法律、行政法规规定的上市、挂牌或报价转让条件时，可以申请到境内外证券市场上市、挂牌或报价转让。创投企业可以依法通过证券市场或产权交易所转让其拥有的所投资企业的股份；

（四）中国法律、行政法规允许的其他方式。

所投资企业向创投企业回购该创投企业所持股权的具体办法由审批机构会同登记机关另行制订。

第三十七条 创投企业应当依照国家税法的规定依法申报纳税。对非法人制创投企业，可以由投资各方依照国家税法的有关规定，分别申报缴纳企业所得税；也可以由非法人制创投企业提出申请，经批准后，依照税法规定统一计算缴纳企业所得税。

非法人制创投企业企业所得税的具体征收管理办法由国家税务总局另行颁布。

第三十八条 依本规定设立的外商投资创业投资企业可以享受国家扶持创投企业的税收优惠政策。

第三十九条 创投企业分配的外国投资者应得利润需汇出境外的，应当凭管理委员会或董事会分配决议、上年度外汇收支情况表审核报告、创投企业验资报告，从其外汇账户中支付或者到外汇指定银行购汇汇出。

创投企业借用外债、验资、资本项目结汇以及外国投资者所得境内再投资、清算资金汇出、对外担保等外汇业务，参照外商投资企业有关外汇管理规定办理。创投企业以人民币在境内投资，无需所在地外汇局核准，以外汇在境内投资，所在地外汇局参照投资性外商投资企业境内外汇投资办理外汇投资款境内划拨手续，接受创投企业投资的境内企业无需办理验资询证及外资外汇登记手续。

非法人制创投企业应于每年5月31日前，将会计师事务所出具的外汇收支情况表审核报告报所在地外汇局备案，外汇局应审查审核报告披露内容与创投企业外汇登记情况是否一致。

第四十条 投资者应在合同、章程中约定创投企业的经营期限，一般不得超过12年。经营期满，经审批机构批准，可以延期。

经审批机构批准，创投企业可以提前解散，终止合同和章程。但是，如果非法人制创投企业的所有投资均已被出售或通过其他方式变卖，其债务亦已全部清偿，且其剩余财产均已被分配给投资者，则毋需上述批准即可进入解散和终止程序，但该非法人制创业投资企业应在该等解散生效前至少30天内向审批机构和所在地外汇局提交一份书面备案说明。

创投企业解散，应按有关规定进行清算。

第四十一条 创投企业应当自清算结束之日起30日内向原登记机关申请注销登记。

申请注销登记，应当提交下列文件，并对其真实性、有效性负责：

（一）董事长或联合管理委员会负责人或清算组织负责人签署的注销登记申请书；

（二）清算报告；

（三）税务机关、海关出具的注销登记证明；

（四）审批机构的批准文件或备案文件；

（五）法律、行政法规规定应当提交的其他文件。

经登记机关核准注销登记，创投企业终止。非法人制创投企业必备投资者承担的连带责任不因非法人制创投企业的终止而豁免。

第七章 审核与监管

第四十二条 创投企业境内投资比照执行《指导外商投资方向规定》和《外商投资产业指导目录》的规定。

第四十三条 创投企业投资于任何鼓励类和允许类的所投资企业，应向所投资企业当地授权的商务部门备案。当地授权的商务部门应在收到备案材料后15天内完成备案审核手续并向所投资企业颁发外商投资企业批准证书。所投资企业持外商投资企业批准证书向登记机关申请办理注册登记手续。登记机关依照有关法律和行政法规规定决定准予登记或不予登记。准予登记的，颁发外商投资企业法人营业执照。

第四十四条　创投企业投资于限制类的所投资企业，应向所投资企业所在地省级商务主管部门提出申请，并提供下列材料：

（一）创投企业关于投资资金充足的声明；

（二）创投企业的批准证书和营业执照（复印件）；

（三）创投企业（与所投资企业其他投资者）签订的所投资企业合同与章程。

省级商务主管部门接到上述申请之日起45日内作出同意或不同意的书面批复。作出同意批复的，颁发外商投资企业批准证书。所投资企业持该批复文件和外商投资企业批准证书向登记机关申请登记。登记机关依照有关法律和行政法规规定决定准予登记或不予登记。准予登记的，颁发外商投资企业法人营业执照。

第四十五条　创投企业投资属于服务贸易领域逐步开放的外商投资项目，按国家有关规定审批。

第四十六条　创投企业增加或转让其在所投资企业投资等行为，按照第四十三条、第四十四条和第四十五条规定的程序办理。

第四十七条　创投企业应在履行完第四十三条、第四十四条、第四十五条和第四十六条规定的程序之日起一个月内向审批机构备案。

第四十八条　创投企业还应在每年3月份将上一年度的资金筹集和使用情况报审批机构备案。

审批机构在接到该备案材料起5个工作日内应出具备案登记证明。该备案登记证明将作为创投企业参加联合年检的必备材料之一。凡未按上述规定备案的，审批机构将商国务院有关部门后予以相应处罚。

第四十九条　创投企业的所投资企业注册资本中，如果创投企业投资的比例中外国投资者的实际出资比例或与其他外国投资者联合投资的比例总和不低于25%，则该所投资企业将享受外商投资企业有关优惠待遇；如果创投企业投资的比例中外国投资者的实际出资比例或与其他外国投资者联合投资的比例总和低于该所投资企业注册资本的25%，则该所投资企业将不享受外商投资企业有关优惠待遇。

第五十条　创投企业经营管理机构的负责人和创业投资管理企业的负责人如有违法操作行为，除依法追究责任外，情节严重的，不得继续从事创业投资及相关的投资管理活动。

第八章　附　则

第五十一条　香港特别行政区、澳门特别行政区、台湾地区的投资者在大陆投资设立创投企业，参照本规定执行。

第五十二条　本规定由商务部、科学技术部、国家工商行政管理总局、国家税务总局、国家外汇管理局和中国证券监督管理委员会负责解释。

第五十三条　本规定自二零零六年　月　日起施行。原对外贸易经济合作部、科学技术部、国家工商行政管理总局、国家税务总局和外汇管理局于二零零三年一月三十日发布的《外商投资创业投资企业管理规定》同日废止。

国务院办公厅转发发展改革委等部门关于加强中小企业信用担保体系建设意见的通知

国办发〔2006〕90号 2006年11月23日

各省、自治区、直辖市人民政府，国务院各部委、各直属机构：

发展改革委、财政部、人民银行、税务总局、银监会《关于加强中小企业信用担保体系建设的意见》已经国务院同意，现转发给你们，请认真贯彻执行。

近年来，主要以中小企业为服务对象的中小企业信用担保机构快速发展，担保资金不断增加，业务水平和运行质量稳步提高，服务领域进一步拓展，为解决中小企业融资难和担保难等问题发挥了重要作用。但也要看到，目前中小企业信用担保体系建设还存在许多问题，主要是担保机构总体规模较小，实力较弱，抵御风险能力不强，行业管理不完善等，亟须采取有效措施加以解决。根据《中华人民共和国中小企业促进法》和《国务院关于鼓励支持和引导个体私营等非公有制经济发展的若干意见》（国发〔2005〕3号）的要求，为促进中小企业信用担保机构持续健康发展，现提出如下意见：

一、建立健全担保机构的风险补偿机制

（一）切实落实《中华人民共和国中小企业促进法》有关规定，在国家用于促进中小企业发展的各种专项资金（基金）中，安排部分资金用于支持中小企业信用担保体系建设。各地区也要结合实际，积极筹措资金，加大对中小企业信用担保体系建设的支持力度。

（二）鼓励中小企业信用担保机构出资人增加资本金投入。对于由政府出资设立，经济效益和社会效益显著的担保机构，各地区要视财力逐步建立合理的资本金补充和扩充机制，采取多种形式增强担保机构的资本实力，提高其风险防范能力。

（三）各地区、各部门要积极创造条件，采取多种措施，组织和推进中小企业信用担保体系建设，引导担保机构充分发挥服务职能，根据有关法律法规和政策，积极为有市场、有效益、信用好的中小企业开展担保业务，切实缓解中小企业融资难、担保难等问题。

（四）为提高中小企业信用担保机构抵御风险的能力，各地区可根据实际，逐步建立主要针对从事中小企业贷款担保的担保机构的损失补偿机制。鼓励有条件的地区建立中小企业信用担保基金和区域性再担保机构，以参股、委托运作和提供风险补偿等方式支持担保机构的设立与发展，完善中小企业信用担保体系的增信、风险补偿机制。

二、完善担保机构税收优惠等支持政策

（五）继续执行《国务院办公厅转发国家经贸委关于鼓励和促进中小企业发展若干政策意见的通知》（国办发〔2000〕59号）中规定的对符合条件的中小企业信用担保机构免征三年营业税的税收优惠政策。同时，进一步研究完善促进担保机构发展的其他税收政策。

（六）开展贷款担保业务的担保机构，按照不超过当年年末责任余额1%的比例以及税后利润的一定比例提取风险准备金。风险准备金累计达到其注册资本金30%以上的，超出部分可转增资

本金。担保机构实际发生的代偿损失，可按照规定在企业所得税税前扣除。

（七）为促进担保机构的可持续发展，对主要从事中小企业贷款担保的担保机构，担保费率实行与其运营风险成本挂钩的办法。基准担保费率可按银行同期贷款利率的50%执行，具体担保费率可依项目风险程度在基准费率基础上上下浮动30%-50%，也可经担保机构监管部门同意后由担保双方自主商定。

三、推进担保机构与金融机构的互利合作

（八）按照平等、自愿、公平及等价有偿、诚实信用的原则，鼓励、支持金融机构与担保机构加强互利合作。鼓励金融机构和担保机构根据双方的风险控制能力合理确定担保放大倍数，发挥各自优势，加强沟通协作，防范和化解中小企业信贷融资风险，促进中小企业信贷融资业务健康发展。

（九）金融机构要针对中小企业的特点，创新与担保机构的合作方式，拓展合作领域，积极开展金融产品创新，推出更多适合中小企业多样化融资需求的金融产品和服务项目。政策性银行可依托中小商业银行和担保机构，开展以中小企业为主要服务对象的转贷款、担保贷款业务。

（十）金融机构要在控制风险的前提下，合理下放对小企业贷款的审批权限，简化审贷程序，提高贷款审批效率。对运作规范、信用良好、资本实力和风险控制能力较强的担保机构承保的优质项目，可按人民银行利率管理规定适当下浮贷款利率。

四、切实为担保机构开展业务创造有利条件

（十一）担保机构开展担保业务中涉及工商、房产、土地、车辆、船舶、设备和其他动产、股权、商标专用权、专利权等抵押物登记和出质登记，凡符合要求的，登记部门要按照《中华人民共和国担保法》的规定为其办理相关登记手续。担保机构可以查询、抄录或复印与担保合同和客户有关的登记资料，登记部门要提供便利。

（十二）登记部门要简化程序、提高效率，积极推进抵押物登记、出质登记的标准化和电子化，提高服务水平，降低登记成本。同时，担保机构办理代偿、清偿、过户等手续的费用，要按国家有关规定予以减免。在办理有关登记手续过程中，有关部门不得指定评估机构对抵押物（质物）进行强制性评估，不得干预担保机构正常开展业务。

（十三）各部门和有关方面按照规定可向社会公开的企业信用信息，应向担保机构开放，支持担保机构开展与担保业务有关的信息查询。有条件的地方要建立互联互通机制，实现可公开企业信用信息与担保业务信息的互联互通和资源共享。

五、加强对担保机构的指导和服务

（十四）全国中小企业信用担保体系建设工作由发展改革委牵头，财政部、人民银行、税务总局、银监会参加，各部门要密切配合，加强沟通与协调，及时研究解决工作中的重大问题。地方各级人民政府要加强领导，提高认识，高度重视中小企业信用担保体系建设工作，将其纳入中小企业成长工程，积极采取措施予以推进。

（十五）加强对担保机构经营的指导。各地区要指导和督促担保机构加强内部管理，规范经营行为，完善各种规章制度，努力提高经营水平和防控风险能力。要建立健全担保机构的信用评级制度，督促担保机构到有资质的评级机构进行信用评级，并将信用等级向社会公布。根据实际

情况对担保机构实行备案管理，全面掌握担保机构经营状况，及时跟踪指导。

（十六）积极为担保机构做好服务工作。各地区要组织开展面向中小企业信用担保机构的信息咨询、经验交流、业务培训、行业统计、权益保护、行业自律及对外交流等工作，切实推进担保机构自身建设和文化建设，促进担保机构持续健康发展。

地方政策性文件

上海市

上海市财政局、上海市国税局、上海市地税局关于转发《财政部、国家税务总局关于企业技术创新有关企业所得税优惠政策的通知》的通知

沪国税所　[2006]211号

各区县财政局、税务局，各财税分局：

现将《财政部、国家税务总局关于企业技术创新有关企业所得税优惠政策问题的通知》（财税[2006]88号）转发给你们，请按照执行。

上海市财政局
上海市国家税务局
上海市地方税务局
二〇〇六年十月十八日

关于企业技术创新有关企业所得税优惠政策的通知

财税 [2006]88号

各省、自治区、直辖市、计划单列市财政厅(局)、国家税务局、地方税务局，新疆生产建设兵团财务局：

为贯彻实施《国家中长期科学和技术发展规划纲要(2006-2020年)》（国发[2005]44号），根据《国务院关于印发实施<国家中长期科学和技术发展规划纲要(2006-2020年)>若干配套政策的通知》(国发[2006]6号)的有关规定，现将有关企业技术创新的企业所得税优惠政策明确如下：

一、关于技术开发费

对财务核算制度健全、实行查账征税的内外资企业、科研机构、大专院校等(以下统称企业)，其研究开发新产品、新技术、新工艺所发生的技术开发费，按规定予以税前扣除。

对上述企业在一个纳税年度实际发生的下列技术开发费项目，包括新产品设计费，工艺规程制定费，设备调整费，原材料和半成品的试制费，技术图书资料费，未纳入国家计划的中间实验费，研究机构人员的工资，用于研究开发的仪器、设备的折旧，委托其他单位和个人进行科研试制

的费用，与新产品的试制和技术研究直接相关的其他费用，在按规定实行100%扣除基础上，允许再按当年实际发生额的50%在企业所得税税前加计扣除。

企业年度实际发生的技术开发费当年不足抵扣的部分，可在以后年度企业所得税应纳税所得额中结转抵扣，抵扣的期限最长不得超过五年。

二、关于职工教育经费

对企业当年提取并实际使用的职工教育经费，在不超过计税工资总额2.5%以内的部分，可在企业所得税前扣除。

三、关于加速折旧

企业用于研究开发的仪器和设备，单位价值在30万元以下的，可一次或分次计入成本费用，在企业所得税税前扣除，其中达到固定资产标准的应单独管理，不再提取折旧。

企业用于研究开发的仪器和设备，单位价值在30万元以上的，允许其采取双倍余额递减法或年数总和法实行加速折旧，具体折旧方法一经确定，不得随意变更。

前两款所述仪器和设备，是指2006年1月1日以后企业新购进的用于研究开发的仪器和设备。

四、关于高新技术企业税收优惠政策

自2006年1月1日起，国家高新技术产业开发区内新创办的高新技术企业，自获利年度起两年内免征企业所得税，免税期满后减按15%的税率征收企业所得税。

上述企业在投产经营后，其获利年度以第一个获得利润的纳税年度开始计算；企业开办初期有亏损的，可以依照税法规定逐年结转弥补，其获利年度以弥补后有利润的纳税年度开始计算。

按照现行规定享受新办高新技术企业自投产年度起两年免征企业所得税优惠政策的内资企业，应继续执行原优惠政策至期满，不再享受自获利年度起两年免征企业所得税的优惠政策。

本通知自2006年1月1日起执行，此前有关规定与本通知不一致的，按本通知规定执行。国家今后对税收制度进行改革，有关税收优惠政策按新的税收规定执行。

请遵照执行。

财政部

国家税务总局

二〇〇六年九月八日

上海市财政局关于印发《上海市政府采购支持自主创新产品暂行规定》的通知

沪财库 [2006]39 号

各区县财政局、政府采购管理办公室：

根据国家《政府采购法》、国务院《关于实施〈国家中长期科学和技术发展规划纲要（2006-2020年）〉若干配套政策的通知》（国发 [2006]6 号）和市人民政府《关于实施〈上海中长期科学和技术发展规划纲要（2006-2020年）〉若干配套政策的通知》（沪府发 [2006]12 号）精神，结合本市实际情况，我局制定了《上海市政府采购支持自主创新产品暂行规定》。现印发给你们，请按照执行。在执行中如发现问题，请及时与我局联系。

特此通知。

上海市财政局

二〇〇六年十二月十一日

上海市政府采购支持自主创新产品暂行规定

第一条 为有效推进政府采购促进自主创新产品的政策效用，推动经济和科技发展的有效结合，规范自主创新产品政府采购的运行机制，根据国家《政府采购法》、国务院《关于实施〈国家中长期科学和技术发展规划纲要（2006-2020年）〉若干配套政策的通知》（国发 [2006]6 号）和市人民政府《关于实施〈上海中长期科学和技术发展规划纲要（2006-2020年）〉若干配套政策的通知》（沪府发 [2006]12 号）精神，制定本规定。

第二条 本市各级国家机关、事业单位和社会团体（以下简称“采购人”）使用财政性资金采购纳入政府采购自主创新产品目录的项目，适用本规定。

第三条 财政性资金包括财政预算安排的预算内资金和纳入财政专户管理的预算外资金。

第四条 政府采购代理机构是指依法接受采购人委托，从事政府采购货物、工程和服务的招标、竞争性谈判、询价、单一来源采购等采购代理业务的机构。包括：政府采购集中采购机构以及经财政部门认定具有从事政府采购代理资格的社会中介机构。

第五条 自主创新产品是指经科技部门会同有关部门按照公开、公正的程序进行认定，并向全社会公告的自主创新产品（本市自主创新产品认定办法由市科委另行制定）。

第六条 政府采购自主创新产品目录是指国家财政部会同有关部门在获得认定的自主创新产品范围内，确定并向社会公布的政府采购自主创新产品目录。

第七条 政府采购预算是年度政府采购执行的依据，采购人应对照每年集中采购目录及政府采购自主创新产品目录，编制政府采购预算，并按预算实施政府采购。

第八条 采购人、政府采购代理机构应按照《政府采购法》的规定，确定采购方式，组织采购活动。

第九条 自主创新产品企业在参加本市政府采购招标采购方式时，除按招标规定提交有关材料外，还应向采购代理机构或采购人提供自主创新产品认定证书，采购代理机构或采购人审核确属政府采购自主创新产品目录内的产品，按照规定的优先采购办法实施优先采购。

1. 凡以价格为主的招标项目，根据技术含量等级，按国家规定标准给予自主创新产品一定幅度的价格扣除率；

2. 凡以综合评标为主的招标项目，根据技术含量等级，按国家规定标准给予自主创新产品一定的加分比值。

第十条　采购人需采购自主创新技术含量高、技术规格和价格难以确定的服务项目，按照《政府采购法》规定，经财政部门审核同意后，可采取竞争性谈判方式进行采购。在采购中，企业应向采购人或采购代理机构提供自主创新产品认定证书，并经采购人或采购代理机构审核确属政府采购自主创新产品目录的产品，可将合同授予自主创新产品企业。

第十一条　凡纳入政府采购自主创新产品目录内的国内企业、高校或科研机构生产或开发的试制品和首次投向市场的自主创新产品，且符合国民经济发展要求和先进技术发展方向，具有较大市场潜力并需要重点扶持的产品，由单位提出申请，经科技部门认定，开具政府首购和订购证书。凡符合采购人采购需求和条件的，经审核确认后，采购人可直接购买或政府出资购买。

第十二条　国家和地方政府投资的重大建设项目（指列入国家和地方重大建设项目投资计划的项目），采购人应在可行性研究报告中承诺采购自主创新产品，明确采购自主创新产品的具体要求（国产设备采购比例一般不得低于60%），并纳入项目竣工审计的范围之内。审计后如不符合承诺要求的，审计部门应及时通知财政部门，由财政部门停止拨付建设项目余款。

第十三条　财政部门应加强政府财政预算控制，优先安排自主创新项目，采购人在编制年度部门预算时，必须优先购买列入政府采购自主创新产品目录的产品。财政部门在预算审批过程中，优先安排采购自主创新产品预算。

第十四条　政府采购活动特别是自主创新产品的采购应主动接受监察部门和审计部门的监督。

第十五条　政府采购当事人如违反本规定，财政部门应停止拨付政府采购资金或扣除预算资金。

第十六条　市、区县政府采购活动按本规定执行。

第十七条　本规定由上海市财政局会同有关职能部门负责解释。

第十八条　本规定下发后，如国务院、财政部有新规定出台，按新规定执行。

第十九条　本规定自发布之日起执行。

天津市

批转市滨海委市财政局拟定的天津滨海新区开发建设专项资金管理暂行办法的通知

津政发（2006）83号　2006年9月14日

各区、县人民政府，各委、局，各直属单位：

市人民政府同意市滨海委、市财政局拟定的《天津滨海新区开发建设专项资金管理暂行办法》，现转发给你们，望遵照执行。

总　则

第一条　为了更好地推进天津滨海新区开发开放，充分发挥滨海新区开发建设专项资金的引导作用，增强科技创新和自主创新能力，带动和促进区域经济发展，根据《国务院关于推进天津滨海新区开发开放有关问题的意见》（国发〔2006〕20号）和财政部有关通知要求，制定本办法。

第二条　滨海新区开发建设专项资金（以下简称“开发建设资金”）由市政府设立，主要用于滨海新区科技创新体系建设、公共基础设施和生态环境建设，以及招商引资等方面，相应建立科技创新基金、公共基础设施和生态环境建设基金、招商引资基金。

第三条　开发建设资金来源：

（一）中央财政专项补助资金。

（二）滨海新区各区政府和管委会安排的配套资金。

（三）投资收益和存款利息。

（四）其他资金。

第四条　开发建设资金使用管理的指导思想。按照国务院确定的推进滨海新区开发开放的主要任务，充分利用并整合现有的机构和资金，建立治理结构科学、管理功能完善的资金管理体制，科学界定并合理安排专项资金，集中支持数量有限但水平很高的项目，打造国内领先、世界一流的设施和条件，为实现滨海新区的功能定位服务。

第五条　开发建设资金使用管理，应坚持统筹规划、突出重点、规范管理、安全有效的原则，充分发挥开发建设资金的引导作用，广泛吸纳社会资金投入，放大资金规模和效应。

第六条　成立滨海新区开发建设专项资金领导小组（以下简称“领导小组”），由市领导任组长和副组长，市滨海委、市财政局、市发展改革委、市经委、市科委等有关部门负责同志参加。领导小组负责审定资金使用计划，确定重点支持项目。市滨海委、市财政局负责资金管理，市审计局负责监督检查。

第一章　科技创新基金

第七条　科技创新基金由科技风险投资创业基金、科技研发和成果转化基金、科技基础条件平台建设基金三部分组成。

第八条　科技风险投资创业基金。以中央专项补助资金为基础，以滨海新区各行政区和管委会以及市科委的配套资金为补充，努力争取国家创业投资引导基金、渤海产业投资基金和国家开发性金融的广泛参与和支持，吸引国内外最优秀的创业投资机构及团队进入新区，建立各类创业投资子基金，形成海内外的资金、项目、技术、人才向滨海新区聚集的机制和效应，重点支持高新技术领域的风险投资，使滨海新区成为我国科技创新源头和创业投资活动的核心区域。科技风险投资创业基金，要按照国际惯例进行运作和管理，积极整合现有的机构和人员，以充分发挥项目、资金和人才的集成效应。

第九条　科技研发和成果转化基金。加快滨海新区高新技术产业园区等国家级高新技术产业化基地建设，充分利用国家的科技优势和我市的产业优势，建设国家级、市级的科技研发转化中心和企业技术中心，重点开展国家中长期科技发展规划确定的重大科技攻关项目和面向优势产业的关键、共性技术的研究开发。

专项资金主要用于购置和装备国际一流水平的大型科研设备，基础设施和配套设施建设资金主要由地方筹措解决。

第十条　科技基础条件平台建设基金。采取直接投资、贷款贴息等方式，加快科技基础条件平台建设，通过科技资源有效配置和共享，构建服务全社会的科技创新支撑体系。重点支持国家级开放型研究实验基地和工程中心建设，构建科学数据与信息平台等网络科研环境，建立国家级标准、计量和检测技术体系等。以上项目建成后，由市滨海委委托专门机构通过市场化运作方式进行管理。

第二章　公共基础设施和生态环境建设基金

第十一条　公共基础设施和生态环境建设基金，主要采取直接投资和贷款贴息等方式，重点用于公益性基础设施建设和生态环境保护项目。

第十二条　公益性基础设施是指符合滨海新区功能定位和“十一五”发展规划要求，难以通过市场化运作方式筹措建设资金，必须由市滨海委统一组织实施的跨区域重大公共基础设施项目。

第十三条　生态环境保护项目主要是指符合建设宜居生态城区要求，由市滨海委统一组织实施的环境综合整治和生态保护项目，主要包括大面积园林绿化工程、垃圾污水处理设施，以及重点发展的循环经济项目。

第十四条　公益性基础设施建设和生态环境保护项目，由有关区政府、管委会组织实施并负责管理和维护。

第三章　招商引资基金

第十五条　招商引资基金主要用于鼓励和支持国内外大型企业集团、跨国公司、金融机构、物流和航运企业在滨海新区设立总部或地区总部、研发机构和研发中心。

第十六条　招商引资基金采取一次性补助的方式。对符合规定条件的企业总部、研发机构和研发中心的基地建设及其公共配套设施，按照注册资本金规模大小，给予不同数额的补助。

第十七条　招商引资基金的补助标准参照市财政局、市发展改革委、市地税局制定的《天津市促进企业总部和金融业发展优惠政策》（津财金〔2006〕6号）执行。

第四章 项目申报、审批和资金拨付

第十八条 根据滨海新区国民经济和社会发展“十一五”规划纲要，每年由市滨海委编制科技创新、公共基础设施和生态环境保护以及重点招商引资项目计划，由滨海新区各行政区、管委会组织项目申报。

第十九条 所有投资项目必须经过专家论证和中介机构评估。市滨海委根据论证和评估结果，会同有关部门提出审核意见，报领导小组审定。

第二十条 开发建设资金投资的所有建设项目，其涉及的规划、设计、施工、监理等程序，一律实行招投标制度。商品购置和服务项目实行政府采购制度。

第二十一条 开发建设资金拨付实行集中支付制度，由市滨海委财务中心根据项目招投标和政府采购确定的预算，按照项目资金使用计划，视工程进度，通过规范、安全的资金拨付程序，将资金直接拨付给施工企业和商品服务供应商等相关单位。

第二十二条 建立开发建设资金定期报告制度，由市滨海委按季向领导小组报告资金拨付和使用情况，每年年终向市政府报告资金使用情况。由市财政局在每个年度终了后，向财政部报告资金使用情况。

第五章 绩效评价和监督检查

第二十三条 建立开发建设资金绩效评价制度。由市滨海委聘请具有相应资质的专家和中介机构组织实施，对绩效目标完成程度、预算执行情况、财务管理状况、经济社会效益和资产配置等进行全面评估，并将绩效评价结果及时报告领导小组。

第二十四条 市滨海委应根据项目绩效评价结果，调整和优化开发建设资金的使用方向和结构，合理配置资源，加强财务管理，提高资金使用效益。对绩效评价中发现的问题，要及时提出整改措施。绩效评价结果要作为以后年度开发建设资金立项审批和预算安排的重要参考依据。

第二十五条 建立开发建设资金监督检查制度。市审计局要依法加强对开发建设资金分配使用情况的监督检查，对开发建设资金进行适时跟踪审计，每年年度终了，要向市政府报告审计结果。

第二十六条 对于监督检查过程中发现的违规行为和问题，市审计局有权提出撤销或终止项目的建议，经领导小组审定后，可采取相应的处理措施，并追究有关单位和人员的责任。

第六章 附 则

第二十七条 本办法自公布之日起执行。

河北省

石家庄市人民政府办公厅关于下达2006年度中小企业创业辅导基地及新增担保资本金任务的通知

2006年3月15日

各县（市）、区人民政府，市政府有关部门：

抓好创业辅导基地建设，壮大担保机构资本实力，是加快民营经济和中小企业发展的重要途径，也是促进规模以下工业发展的关键。省委、省政府对做好创业辅导基地和担保机构建设工作高度重视，明确要求我市2006年要新增创业辅导基地13家，新增担保资金2.4亿元。为确保省下达给我市目标任务的完成，结合我市实际，提出以下要求：

一、切实加快创业辅导基地建设

各县（市）、区政府要把中小企业创业辅导基地建设作为促进民营经济发展和催生小企业的重要载体，通过政府出资新建、政府与企业合建、企业独资、利用破产企业的废旧场地、厂房改（扩）建等形式，加快创业辅导基地建设步伐。今年，各县（市）、区都要建成一个中小企业创业辅导基地，年底严格按创业辅导基地七条标准进行考核。创业辅导基地建设不达标的，不得进入民营经济发展综合奖一等奖序列。

二、进一步壮大担保机构担保实力

各县（市）、区要采取得力措施，学习借鉴外地的先进经验，在加大财政引导力度的同时，积极鼓励吸引社会资金、工商资本和省内外、境外资本，大力发展公司制担保机构，确保增资扩股任务的完成，逐步缓解中小企业融资难问题。

三、强化财政支持体系建设

要认真贯彻落实国务院和省政府的有关规定，建立和完善发展中小企业的财政支持体系。各县（市）、区要本着起点高、动作快的要求，抓紧建立中小企业发展专项资金，规模起点不低于300万元，今后逐年扩大规模。专项资金要重点用于扶持创业辅导基地建设和中小企业发展优势项目及前景广阔的潜力项目。列入市级中小企业发展专项资金所支持的项目，省级专项资金将配套支持。

四、加强领导，狠抓落实

加快中小企业创业辅导基地建设和壮大担保机构资金实力是一项系统工程，必须协调联动，强力推进。各县（市）、区政府的主要领导要亲自抓、经常过问，解决好工作中遇到的困难和问题；分管领导要具体抓，加大工作协调落实力度。市中小企业局要会同有关部门，建立联席会制度，加强工作督导，及时掌握工作进展情况，一月一调度，一季一通报，确保省下达我市目标任务的圆满完成。

山西省

关于促进银行业支持小企业发展推动两区项目建设的意见

2006年7月16日

各县市区人民政府，各有关单位：

为了加大对“两区”项目建设的信贷支持力度，促进和引导我市银行业金融机构有效改善对小企业的金融服务，解决小企业“融资难、贷款难”的问题，实现银行和小企业发展的互利共赢，现就促进银行业支持小企业发展推动“两区”项目建设提出意见如下：

一、充分认识开展小企业贷款的必要性

当前，以个体私营等中小企业为主的非公有制经济不断发展壮大，已成为社会主义大力发展小企业，有利于繁荣城乡经济、扩大社会就业、改善人民生活；开展小企业贷款，有利于银行业规避信贷集中度风险、寻求新的利润增长点、实现自身良性发展。各级各有关部门要高度重视，积极配合金融系统推动此项工作，力争为小企业贷款营造良好的外部环境。

二、大力加强企业信用体系建设

一是人民银行要加快小企业征信信息体系建设，建立由金融、工商、税务、司法等部门共享的公共信息平台，努力形成面向企业和个人、覆盖全社会经济生活各个方面的社会诚信体系；二是加强金融意识的宣传教育力度，由地方政府和金融部门联合对小企业组织信贷知识培训，切实增强小企业的金融意识，强化信用观念，培植信用小企业，使其发挥信用载体示范效应；三是各级政府要采取措施，组织各方力量惩罚打击失信行为，集中清收盘活一些不良贷款，金融部门要加强同业联合制裁，强化开户、结算等管理，打击恶意逃废债务行为，要采取新闻媒体曝光，列入黑名单等措施，督促企业自觉守信履约。

三、搞好政府、银行和企业的沟通联系

各级政府要把促进银行业支持小企业发展列入重要议事日程，一要建立政府、银行、企业信息互换制度，做到信息资源共享，有效形成相互理解、相互信任的新型银企关系；二要建立和完善经济金融分析会议制度，定期召开会议，通报情况，分析问题，研究对策，共谋发展。三要积极创造条件，适时举办各类银企座谈会、金融服务推进会等，提供交流沟通的平台，增强企业贷款的主动性和银行放贷的积极性。

四、积极推进信用服务体系建设

各县市区要借鉴发达地区的成功经验，积极探索建立信用服务中介机构，在经济、技术等条件还不成熟的情况下，可考虑前期由政府大部分出资或引进资金，组建小企业信用担保中介公司，逐步接收指定的信用管理机构职能，并逐渐吸引社会资本注入和购买政府出资，使信用服务

中介机构完全市场化，达到以市场化的运作来保障信用信息的科学价值。如目前由于财力有限，难以组建担保公司等信用风险分担机构，应列入政府规划，实行预算积累资金，同时鼓励本地企业也进行这方面的资金积累，还可以引进资金，在资金累积到一定规模后组建中介公司，进行信用风险担保。

五、加大对“两区”项目的支持力度

当前，我市作为“两区”建设的重点市，正在紧紧抓住国家启动实施中部崛起战略和省委、省政府加快晋西北、太行山区开发建设的机遇，加快组织上一批产业开发新项目，力争通过三到五年时间，带动全市经济社会事业和生态环境的全面发展和改善。各级各有关部门和项目单位要积极向金融部门推介，寻求信贷支持。各级金融部门一定要抓住这次机遇，转变经营策略，提高服务水平，发挥好信贷杠杆作用，为招商引资营造良好的金融环境，以最大努力支持“两区”建设，实现金融机构、企业和地方经济的互利共赢。

山西省人民政府办公厅关于转发山西银监局推动小企业贷款总体实施方案的通知

晋政办发〔2006〕61号　2006年9月13日

各市人民政府，省人民政府有关部门：

山西银监局制订的《山西银监局推动小企业贷款总体实施方案》已经省人民政府同意，现转发给你们，请认真组织实施。

为促进和引导山西各银行业金融机构改善对小企业的金融服务，解决小企业“融资难、贷款难”的问题，逐步调整和优化银行信贷资产结构，提高资产质量，实现银行自身发展和支持小企业发展的互利共赢，根据银监会《银行开展小企业贷款业务指导意见》(银监发〔2005〕54号)(以下简称《指导意见》)和《中国银行业监督管理委员会办公厅关于进一步做好小企业金融服务工作的通知》(银监办发〔2006〕96号)精神，结合山西实际，制订本实施方案。

一、指导思想及原则

树立和落实科学发展观，遵照银监会“鼓励、促进、指导、协调”的指导思想，大力推进小企业贷款各项工作，积极引导和督促银行业贯彻落实《指导意见》，进一步建立和完善小企业贷款的“六项机制”(即利率的风险定价机制、独立核算机制、高效的贷款审批机制、激励约束机制、专业化的人员培训机制、违约信息通报机制)，按照“商业市场化、有效控制风险和优先扶持”的可持续发展原则，推进小企业贷款工作稳步、健康发展。

(一)商业市场化原则。银行在开展小企业贷款业务时，应遵循自主经营、自负盈亏、自担风险和市场运作原则，确保小企业贷款业务的健康可持续发展。

(二)优先扶持原则。银行要紧密结合自身实际，深入分析小企业经营特点和规律，择优选定小企业金融服务对象。重点支持有市场发展前景、信誉良好、有还本付息能力、有利于增加就业的小企业，优先给予信贷支持。

(三)有效控制风险原则。开办小企业贷款，应严格贷款的准入标准，确立贷款运行的风险控制及制衡机制，通过多种渠道和途径对贷款企业和贷款资金进行监控，严防新增小企业贷款风险。

二、总体工作思路

根据地方法人机构和银行分支机构的不同特点，按照“总体推进、分层指导、重点突破、鼓励创新”的工作思路，不断改善小企业贷款金融服务，营造良好的信贷政策和外部环境的目标。

“总体推进”是指银监局将全力推进山西辖内小企业贷款的制度和产品创新，使小企业贷款真正成为银行一项稳定的、可持续的业务。2006年各银行要在小企业贷款工作中取得一定的成果。

“分层指导”是指按照政策性银行、商业银行和农村信用联社不同类别，对法人机构和非法人机构分层实施推进工作，加强分类指导。

“重点突破”是指确定国家开发银行山西省分行、工商银行山西省分行、农业银行山西省分行、山西省农村信用联社、浦东发展银行太原分行、民生银生太原分行为重点联系行，重点推进。

“鼓励创新”是指银监局鼓励各银行业金融机构勇于探索新机制、新制度，全面落实银监会提出的“六项机制”，大胆创新业务，提高服务水平，构建全新的小企业信贷管理理念和机制。

三、推动工作重点打造“四个平台”

建立和完善小企业贷款工作应积极争取地方政府的支持，加强与相关职能部门的沟通协调，紧紧围绕银监会“六条机制”并结合山西实际情况，为有效推动小企业贷款工作重点打造“四个平台”。

（一）沟通协调平台。加强向山西省委、省人民政府的汇报，取得对推进小企业贷款工作的支持。同时，加强与省经委、省发展改革委、省商务厅、省金融办、省统计局、省中小企业局等政府职能部门及人民银行太原支行的沟通协调，每半年召开一次由以上各部门参加的联席会议，通报小企业贷款情况和实际困难，为银行开展小企业贷款工作争取有利的政策环境。

（二）信息共享平台。建立起小企业贷款信息查询、法律事务咨询等共享机制，解决小企业贷款过程中信息不对称问题。一是建立地区性的小企业贷款及违约信息通报制度，向开展小企业贷款的银行业金融机构定期通报贷款及违约信息，并根据授权提供具体的适时查询事宜。二是提供法律支持及相关法律事务服务。

（三）信用征集平台。支持、配合政府相关部门研究适合小企业贷款特点的信用征集体系，对小企业综合信息进行分析评价，设定适合山西特点的专门的小企业贷款准入门槛，引导各银行业金融机构对符合准入的小企业进行筛选并决定是否贷款；对不符合条件的加以严格控制，减少信贷风险。

（四）经验交流平台。一是举办一年一度的“山西省小企业发展论坛”，由山西银监局牵头组织，邀请省人民政府领导、相关部门，各银行业金融机构，有关专家和企业家等共同商讨小企业发展的重大问题。二是指导银行业金融机构采取多种形式加强培训，推介国内外及本地区有益经验和成功做法。三是加强与新闻媒体联系，为小企业贷款工作营造良好的舆论氛围。

四、组织体系及职责分工

山西银监局成立完善小企业金融服务领导小组（以下简称领导小组），主要职责是：负责研究制定总体实施方案，安排部署小企业贷款以推动各项工作，鼓励银行小企业贷款制度和产品的创新，促进小企业贷款业务健康发展，指导银行不断改善对小企业的金融服务，协调处理小企业贷款推动工作中的重大问题，为小企业贷款创造良好外部环境。

领导小组下设完善小企业金融服务办公室（以下简称小企业办公室，设在统计信息处），小企业办公室按照领导小组的要求，负责总体方案具体措施的制定和组织实施工作并实行专人负责，主要职责是：负责组织、协调内外相关部门推动小企业贷款的整体工作，组织召开各类相关工作会议，向银监会完善小企业金融服务领导小组办公室汇报工作；负责每季度收集各银行业金融机构和各分局在建立和完善“六项机制”方面进展情况，向银监会完善小企业金融服务领导小组办公室报送山西在建立和完善“六项机制”方面进展情况；负责每季度收集各银行业金融机构和各分局报送的小企业贷款违约信息，并向各银行业金融机构按季进行小企业贷款违约信息通报。

五、监管推动措施

（一）加强引导，督促各银行贯彻落实《指导意见》和建立“六项机制”

《指导意见》和“六项机制”具有实际指导性和可操作性，为银行开展制度创新提供了广阔的空间，山西各银行业金融机构应根据小企业的特点进行信贷制度和产品的创新，建立适合小企业贷款业务特点的信用评级、业务流程、风险控制、人力资源管理和内部控制，推出符合不同小企业需求的贷款产品和金融服务，构建与小企业贷款业务相适应的信贷文化。

(二) 建立重点联系行、联系地区制度，开展对重点行小企业贷款业务的检查、督促和指导

确定国家开发银行山西省分行、工商银行山西省分行、农业银行山西省分行、山西省农村信用联社、浦东发展银行太原分行、民生银行太原分行为重点联系行；确定长治、吕梁、运城、忻州为重点联系地区，以点带面，逐步推进小企业金融服务。

1. 引导重点联系行积极构建科学合理的小企业贷款体系。通过体制和机制的变革探索适合自身特点的小企业贷款模式，鼓励其大力进行小企业贷款机制、产品和服务创新，开发适应不同类型小企业需要与选择的金融产品及服务，建立包括组织架构、业务流程、核算体系、考核机制、风险控制等全方位的小企业贷款体系。

2. 密切跟踪重点联系行开展小企业贷款情况。按照“六项机制”要求，通过现场检查和非现场监测等手段，关注各行开展小企业贷款业务中出现的新情况、新问题，为重点行小企业贷款发展中的政策性障碍提供政策支持及建议，促进小企业贷款业务稳健发展。

(三) 进一步改进监管服务，采取切实可行的监管支持措施

继续加强对贷款集中度和关联企业贷款的监测与考核，引导银行走出垒大户的经营误区，同时又要认真研究小企业贷款与银行传统贷款业务在监管方法上的区别，及时提出改进小企业贷款监管政策的意见与建议，制定符合小企业贷款性质的监管框架和要求，不断提高监管工作水平，对各银行小企业贷款发展过程中开发和引进新产品、新业务应给予充分支持，鼓励实施符合市场和各行实际的风险定价机制。要进一步加强指导，深入开展调查研究，改进监管服务，积极支持银行小企业贷款业务创新，及时总结交流各银行的成功经验。

(四) 进一步争取政策支持，优化外部环境

1. 加强与银监会、省委、省人民政府及有关部门的汇报沟通，积极取得支持。向银监会及有关部门提出小企业贷款在风险分类、准备金计提、不良贷款问责考核、坏账核销、税收激励以及资本充足率计算等方面的差别政策建议；注重培育合理的中介组织与行业自律组织，建立有效的小企业信用征集体系，完善并制定有关支持小企业贷款的配套政策。

2. 创造良好的社会信用环境。呼吁有关部门加快小企业征信体系的建设，积极推动地方政府参与社会信用体系建设；推动地方政府开展针对小企业的宣传教育活动，引导企业强化信用意识，规范 改制。

3. 鼓励加大社会宣传力度。借助信息刊物、新闻媒体等，大力宣传有关小企业贷款的监管政策和要求、业务知识、银企合作方式等，引导全社会转变观念，争取政府及社会各界的理解和支持。

重庆市

重庆市人民政府办公厅转发市科委等部门关于重庆市科技型中小企业技术创新资金项目管理暂行办法的通知

渝办发〔2006〕271号　2006年11月14日

各区县（自治县、市）人民政府，市政府各部门：

市科委、市中小企业局、市财政局拟定的《重庆市科技型中小企业技术创新资金项目管理暂行办法》已经市政府同意，现转发给你们，请认真贯彻执行。

第一章　总　则

第一条　为贯彻全国和重庆市科技大会精神，加大对我市中小企业技术创新的引导投入，推动科技型中小企业技术创新能力提升，促进科技成果产业化，培育新的经济增长点，特设立重庆市科技型中小企业技术创新资金（以下简称“创新资金”）。

第二条　为加强创新资金管理，提高资金使用效益，结合《国务院办公厅转发科学技术部财政部关于科技型中小企业技术创新基金的暂行规定的通知》（国办发〔1999〕47号），从我市实际出发，制定本办法。

第三条　创新资金用于获得国家科技型中小企业技术创新基金（以下简称“创新基金”）立项项目的配套，资助方式为无偿投入、贷款贴息或资本金注入。

第二章　管理机构与职责

第四条　市科委、市中小企业局负责创新资金项目的归口管理，包括制定项目管理实施细则、负责向科技部创新基金管理中心推荐申报“创新基金”项目。

第五条　市财政局及相关区县（自治县、市）财政局负责创新资金的预算安排、拨付，并对资金使用情况进行监督检查。

第六条　渝中区、大渡口区、江北区、沙坪坝区、九龙坡区、南岸区、北碚区、渝北区、巴南区、万州区、涪陵区、黔江区、江津市、合川市、永川市科委、财政局，以及高新区管委会、经开区管委会，负责本区域内创新资金项目的组织管理。

第七条　上述区域以外地区的创新资金项目由重庆市中小企业局和当地财政部门负责组织管理。

第八条　项目组织管理部门负责管理本行政区域内项目的申报、监管和验收，负责向市科委推荐申报国家“创新基金”项目。

第三章　资金来源与拨付

第九条　创新资金由市、区两级财政资金构成，市级资金占资金总额的30%，区县（市）级资金占资金总额的70%。市级资金来源为中小企业发展专项资金和应用技术研究开发资金；各区县（市）应参照设立区县（市）级创新资金，来源为各区县（市）科技三项费用等。

第十条 市财政局在市级资金安排确定后将资金一次性下达区县（市）财政，各区县（市）财政局在国家资助资金首次资金到位时拨付创新资金的70%，项目验收合格后拨付创新资金的30%。

第四章 申请与审批

第十一条 申请创新资金的企业应在我市境内注册，具有企业法人资格，项目已经启动实施并符合国家“创新基金”申报的相关条件。同时，企业需在国家“创新基金”工作系统上进行网络登记。

第十二条 申请创新资金的项目应符合国家“创新基金”年度《科技型中小企业技术创新基金若干重点项目指南》及年度重点支持范围。

第十三条 项目申报材料应按国家《创新基金项目申请须知》的要求撰写。

第十四条 项目申请由本办法第六条、第七条确定的项目组织管理部门负责受理；项目受理时间应与国家“创新基金”项目的申报时间衔接。

第十五条 项目组织管理部门按照国家“创新基金”管理的有关要求，对申报项目进行筛选，并推荐到市科委。

第十六条 市科委会同市中小企业局、市财政局按照国家“创新基金”管理的有关要求组织专家对项目进行评审，根据评审结果下达创新资金项目计划，并推荐申报国家“创新基金”项目。

山东省

潍坊市人民政府关于进一步加快潍坊高新技术产业开发区发展的决定

2006年3月10日

各县市区人民政府，市属各开发区管委会，市政府各部门，上属驻潍有关单位：

为强化潍坊高新技术产业开发区（以下简称高新区）科技、体制、机制三个创新，进一步加快发展步伐，充分发挥引领全市高新技术产业发展的龙头带动作用，特作如下决定：

一、高新区要按照“一年大突破、三年成规模、五年创一流”的目标，确保2006年实现高新技术产业产值80亿元，占全市高新技术产业产值的10%以上；2008年实现高新技术产业产值400亿元，占全市高新技术产业产值的20%以上；2010年实现高新技术产业产值突破1000亿元，占全市高新技术产业产值的30%以上。高新技术产业产值年均增幅达到100%以上，高新技术产业产值占规模以上工业产值的比重分别达到65%、75%和85%。

二、按照潍发〔2000〕22号、23号文件精神，高新区党工委、管委会作为市委、市政府的派出机构，享有市级经济社会事务管理权限，实行“特区特管”政策，以市管县模式为基础，努力争创国家一流高新区。辖区内的一切经济社会事务，由高新区党工委、管委会实行统一领导、统一规划、统一管理，市政府分管高新区的领导全面负责。

三、在辖区内，高新区职能部门独立行使或代为行使市直部门的职能，同时承担相应的法律、经济、行政责任，接受市直部门的业务指导和监督。市政府职能工作涉及高新区的，由分管高新区的市政府领导全面负责；涉及高新区发展的重大事项，如总体规划和重要详控规划等，提交市长或市长办公会研究确定；高新区需报市、省及省以上的事项，由高新区管委会或职能部门负责具体办理，市政府或市直部门提供文头、文号，市政府分管高新区的领导或主要领导签批。

四、“一票否决”类的市级检查评比，将高新区视同县对待。市级其他检查评比，由高新区自行决定是否参加，一律不准自行到高新区检查评比；有的可由高新区按照要求自行组织检查，并向市政府及市直部门汇报或通报涉及检查评比的有关工作情况。

五、为加快潍坊出口加工区的发展，将其从高新区划出，由市政府参照对高新区的管理模式直接管理，并由分管高新区的市政府领导分管。潍坊出口加工区的统计数据，纳入高新区统计上报范畴。同时，将高新区行政辖区内缘由市里负责规划建设的南部25平方公里区域，纳入高新区全面管理范围。

六、“十一五”期间，市政府通过国有股权出售、置换等方法，从市属国有及国有控股企业中退出10亿元资金，专项用于支持高新区高新技术研发平台建设。高新区要确保建成10个国家级企业研发中心。

七、高新区要搞好用人机制的创新，所需各类人才全部面向国内外公开招聘、选拔。除市管干部外，市直有关部门不再向高新区指令性安置人员。

八、将市直部门和单位落实高新区“特区特管”政策情况，列入市年度重点督查事项，定期通报。

九、本决定自下发之日起施行，凡与本决定不一致的，按本决定执行。市直有关部门、单位要根据本决定与高新区搞好有关业务工作的交接和衔接，并确保于3月底前结束。

对潍坊经济开发区、潍坊滨海经济开发区、潍坊滨海项目区和潍城经济开发区同样实行“特区特管”的政策，具体内容和操作办法，仿照对高新区的模式执行。

山东省科学技术奖励办法

山东省人民政府令　第187号

《山东省科学技术奖励办法》已经2006年6月12日省政府第69次常务会议通过，现予发布，自2006年8月1日起施行。

省长　韩寓群

二〇〇六年六月三十日

第一条　为了奖励在科学技术进步活动中做出突出贡献的个人、组织，调动科学技术工作者的积极性和创造性，推动科教兴鲁战略的实施，增强自主创新能力，建设创新型省份，根据《国家科学技术奖励条例》的规定，结合我省实际，制定本办法。

第二条　省人民政府设立省科学技术奖，每年度评审一次。省科学技术奖分为省科学技术最高奖、省自然科学奖、省技术发明奖、省科学技术进步奖和山东省国际科学技术合作奖。

省科学技术最高奖和山东省国际科学技术合作奖不分等级。省自然科学奖、省技术发明奖和省科学技术进步奖设一等奖、二等奖和三等奖三个等级。

省科学技术最高奖每年授奖人数不超过2名。山东省国际科学技术合作奖每年授奖数量不限。省自然科学奖、省技术发明奖和省科学技术进步奖每年授奖项目总数不超过500项。

第三条　省科学技术奖励贯彻自主创新、重点跨越、支撑发展、引领未来的方针；坚持尊重知识，尊重人才；鼓励自主创新以及产学研结合、科技成果推广应用；注重科学技术水平和取得自主知识产权状况；注重科学技术对解决我省经济社会发展重大问题做出的贡献和取得的效益。

省科学技术奖的推荐、评审和授奖，坚持公开、公平、公正的原则，依法管理，求真务实，注重实效，严格评审标准，不受任何组织或者个人的非法干涉，坚决防止弄虚作假。

第四条　省科学技术行政部门负责省科学技术奖评审的组织管理工作。

第五条　省人民政府设立省科学技术奖励委员会，其组成人员由省科学技术行政部门提出，报省人民政府批准。省科学技术奖励委员会依据本办法的规定负责省科学技术奖评审工作。

省科学技术奖励委员会下设省科学技术奖励委员会办公室(以下简称省奖励办)。省奖励办设在省科学技术行政部门，负责省科学技术奖励委员会的日常工作。

第六条　省科学技术奖励委员会聘请高等院校、科研单位、企业等有关方面的专家、学者组成省科学技术奖评审委员会。省科学技术奖评审委员会下设若干个省科学技术奖学科(专业)评审组，按照本办法的规定开展评审工作。

第七条　评审专家及工作人员在评审工作中不得与申报单位、申报人单独接触，不得透露参评项目的技术内容及评审情况。

与被评审的个人、项目或者组织有近亲属关系或者利害关系的专家应当回避。

第八条　省科学技术最高奖授予下列个人：

(一)在当代科学技术前沿取得重大突破或者在促进科学技术发展中有重大贡献的；

(二)在科学技术创新、科学技术成果转化和高新技术产业化中，取得重大技术发明、技术创新，创造了巨大经济效益、生态效益或者社会效益的。

第九条 省自然科学奖授予在基础研究和应用基础研究中阐明自然现象、特征和规律，做出重大科学发现的个人。

前款所称重大科学发现，应当具备下列条件：

（一）前人尚未发现或者尚未阐明；

（二）具有重大科学价值；

（三）得到国内外自然科学界公认。

第十条 省技术发明奖授予运用科学技术知识做出产品、工艺、材料及其系统等重大技术发明的个人。

前款所称重大技术发明，应当具备下列条件：

（一）取得发明专利；

（二）实施后取得了显著经济效益、生态效益或者社会效益。

第十一条 省科学技术进步奖授予在实施技术开发与推广、社会公益、重大工程、管理科学等项目中，做出突出贡献的组织、个人：

（一）在实施技术开发与推广项目中，完成重大科学技术创新、科学技术成果转化与推广，实现科学技术成果引进消化吸收再创新，创造显著经济效益的；

（二）在实施社会公益项目中，长期从事科学技术基础性工作和社会公益性科学技术事业，获得重大科技成果，创造显著社会效益的；

（三）在实施重大工程项目中，在技术和系统管理方面有重大创新，达到国内先进水平的；

（四）在实施管理科学项目中，明显提高了决策科学化和管理现代化，已获显著社会效益或者经济效益的。

前款第三项重大工程类项目的省科学技术进步奖仅授予组织。

第十二条 山东省国际科学技术合作奖授予对我省科学技术事业做出重要贡献的外国人或者外国组织：

（一）在与我省个人或者组织进行合作研究、开发等方面取得重大科技成果，对我省科技、经济发展有重要推动作用，并取得显著的经济效益、生态效益或者社会效益的；

（二）在向我省个人或者组织传授先进科学技术，提出重要科技发展建议与对策，培养科技或者管理人才等方面成效特别显著，推进我省科技事业发展的；

（三）在促进我省与其他国家或者国际组织的科技交流与合作方面做出重要贡献的；

（四）在我省的独资、合资企业以及其他组织中开展科技成果转化与推广应用活动，并取得显著经济效益、生态效益或者社会效益的。

第十三条 省科学技术奖由下列单位或者个人推荐：

（一）省人民政府有关部门和直属机构；

（二）设区的市人民政府科学技术行政部门；

（三）经省科学技术行政部门认定的符合规定资格条件的其他单位或者个人。

第十四条 申报省科学技术奖的科技成果有下列情形之一的，不得推荐：

（一）对知识产权有争议的；

（二）对科技成果的完成单位或者完成人有争议的；

（三）同一技术内容的项目在同一年度同时申报省自然科学奖、省技术发明奖和省科学技术进步奖的；

（四）已经获得国家或者省部级科学技术奖励的。

第十五条　省科学技术奖的申报、推荐、评审和授奖等活动，应当逐步采用计算机网络技术进行管理。

第十六条　申报省科学技术奖的，应当按照行政隶属关系向具有推荐资格的单位（个人）提交《山东省科学技术奖推荐书》，并提供真实、可靠的材料。

申报省自然科学奖、省技术发明奖、省科学技术进步奖的科技成果应当经过省科学技术行政部门组织的科学技术成果评价。单位申报的，应当在申报前在本单位公示。

第十七条　推荐单位（个人）应当对省科学技术奖申报材料进行审查，并将符合条件的报送省奖励办。

省奖励办应当对推荐上报的材料进行审查，按照学科（专业）分组，并在省级媒体上公告。

第十八条　省科学技术奖评审组负责对本学科（专业）范围内推荐的项目、个人或者组织进行初评，将初评结果报省科学技术奖评审委员会。

第十九条　省科学技术奖评审委员会负责对初评结果进行审查，提出拟授奖人选、项目、组织的奖励建议。

第二十条　省奖励办应当将省科学技术奖评审委员会提出的奖励建议在省级媒体上公示，公示期为30日。任何单位或者个人对公示的项目、个人或者组织有异议的，自公示之日起30日内，可以向省奖励办提出。省奖励办应当将公示情况及异议处理结果向省科学技术奖励委员会报告。

第二十一条　省科学技术奖励委员会负责对奖励建议进行审议，对异议处理结果作出最终裁定，提出奖励意见。省科学技术行政部门对奖励意见进行审核，报省人民政府批准。

第二十二条　省科学技术最高奖报请省长签署并颁发荣誉证书和奖金。

省自然科学奖、省技术发明奖、省科学技术进步奖由省人民政府颁发荣誉证书和奖金。

山东省国际科学技术合作奖报请省长签署并颁发荣誉证书和奖牌。

第二十三条　省科学技术最高奖的奖金为每人100万元。

省自然科学奖、省技术发明奖和省科学技术进步奖一等奖、二等奖、三等奖的奖金分别为10万元、5万元、2万元。

省人民政府将根据科技、经济发展的需要，适时提高省科学技术奖的奖励经费和奖金数额。

省科学技术奖的奖励经费列入省级财政预算。

第二十四条　省科学技术奖奖金应当按照完成人的贡献大小分配，任何单位和个人不得截留、挪用。

第二十五条　获得省科学技术最高奖人员和获得国家科学技术奖首位人员，按照规定报经省人民政府批准，授予省劳动模范或者省先进工作者荣誉称号。

第二十六条　省政府有关部门根据国防、国家安全的特殊情况，可以设立部门科学技术奖，奖励范围仅限于涉及国防、国家安全等保密的科技成果。具体办法由省有关部门制定，报省科学技术行政部门备案。省政府其他组成部门和直属机构不得设立部门科学技术奖。

设区的市、县（市、区）人民政府应当设立科学技术奖。具体办法由设区的市、县（市、区）人民政府规定，奖励经费列入本级财政预算。

第二十七条　鼓励社会力量设立面向社会的科学技术奖。社会力量设立面向社会的科学技术奖，应当在省科学技术行政部门办理登记手续，并不得在奖励活动中收取任何费用。

社会力量设立面向社会的科学技术奖的管理办法，由省科学技术行政部门制定，报省人民政府批准后实施。

第二十八条 剽窃、侵夺他人科学技术成果或者以其他不正当手段骗取省科学技术奖的，由省科学技术行政部门报省人民政府批准后撤销奖励，追回荣誉证书、奖金和奖牌。对负有直接责任的人员，由所在单位依法给予处分；构成犯罪的，依法追究刑事责任。

第二十九条 推荐单位(个人)提供虚假材料，协助他人骗取省科学技术奖励的，由省科学技术行政部门给予通报批评，暂停或者取消其推荐资格。对负有直接责任的主管人员和其他直接责任人员，由所在单位依法给予处分；构成犯罪的，依法追究刑事责任。

第三十条 参与省科学技术奖评审活动的专家和有关工作人员，在评审活动中有弄虚作假或者与申报单位、申报人单独接触，透露参评项目的技术内容及评审情况等徇私舞弊行为的，由省科学技术行政部门暂停或者取消其评审资格，对有关工作人员，由所在单位依法给予处分；构成犯罪的，依法追究刑事责任。

第三十一条 社会力量未经登记，擅自设立面向社会的科学技术奖，由省科学技术行政部门予以取缔。

社会力量经登记设立面向社会的科学技术奖，在科学技术奖励活动中收取费用的，由科学技术行政部门没收所收取的费用，可以并处所收取费用的1倍以上3倍以下的罚款；情节严重的，撤销登记。

第三十二条 本办法自2006年8月1日起施行。2002年4月5日省人民政府发布的《山东省科学技术奖励办法》同时废止。

东营市人民政府办公室关于实施促进中小企业成长计划的意见

2006年6月23日

各县区人民政府，市政府各部门、单位：

为加快我市中小企业特别是成长型中小企业持续快速健康发展，根据《中华人民共和国中小企业促进法》和《国务院关于鼓励支持和引导个体私营等非公有制经济发展的若干意见》(国发〔2005〕3号）及《山东省人民政府办公厅转发省经贸委等部门关于实施促进中小企业成长计划的意见的通知》(鲁政办发〔2005〕64号)精神，结合我市实际，市政府确定组织实施促进中小企业成长计划。

一、指导思想和基本目标

(一)指导思想。以邓小平理论和“三个代表”重要思想为指导，认真贯彻党的十六大和十六届三中、四中、五中全会精神，树立和落实科学发展观，围绕建设黄河三角洲高效生态经济区，选择一批最具成长性的中小企业，集中扶持，优先服务，促进成长，培育一批支柱产业、一批大型企业集团和一批知名品牌，为促进我市经济全面协调可持续发展作出贡献。

(二)基本目标。运用东营市成长型中小企业评价方法，从全市中小工业企业(包括科技型企业和农业龙头企业)中，选择一批最具成长性的中小工业企业作为金融、财政、中介服务机构等重点扶持服务的对象，通过整合利用财政、金融、担保、培训、人才、政策等优势资源，力争用5年时间，促其做专、做大、做强。

二、列入成长计划企业的评定方法及标准

(一)评定方法

1. 市经贸委、统计局征集近四年连续进入市统计局数据库的中小工业企业成长性评价指标信息，确定列入成长计划初选名单；

2. 市经贸委会同人民银行全面征求各商业银行、省农村信用社联合社东营办事处等金融机构的意见，从初选企业中筛选出列入中小企业成长计划企业；

3. 市经贸委进一步征求各县区和东营经济开发区经贸部门的意见，确定我市成长型中小企业。

(二)定量标准

根据中小企业发展状况、营运能力、创新能力、行业成长性等七个方面十项指标的综合指标体系，对2002～2005年连续四年进入市统计局统计数据库的中小工业企业样本，在国家鼓励发展的行业企业中测算出企业成长性指标。

(三)定性标准

1. 企业制度建设和管理完善，具有中长期发展规划；

2. 企业信用良好，银行A级以上或者连续三年是重合同守信用单位；

3. 产品市场认知度高；

4. 技术创新能力强，有自己的研发机构；

5. 近三年内无重大安全生产事故；

6. 企业污染物达标排放。

三、扶持措施

(一)中小企业资金扶持计划。金融部门对入选的企业优先提供贷款和金融服务。国有商业银行在计划实施期间每年按不低于当年新增信贷30%的额度用于支持列入成长计划、符合信贷条件的中小企业发展，省农村信用社联合社东营办事处、市商业银行等地方金融机构在此基础上要进一步增加对中小企业的资金投放力度，充分发挥其支持中小企业发展的作用。在此基础上，金融机构要为入选企业提供全方位优质金融服务，主要包括根据资金市场形势和企业信用等级，给予贷款利息优惠；优先提供新的金融产品、融资服务；提供节省财务成本或提高理财收益的金融创新产品；提供国际结算业务支持，促进成长型中小工业企业外向型经济发展。

市财政安排专项资金，对列入成长计划的中小工业企业有重点地给予贴息补助，县区也要给予配套贴息补助。对列入成长计划的中小工业企业参与市政府组织的开拓国际市场活动的费用，财政部门按现行政策给予补助。建立健全担保体系，鼓励支持信用担保机构为成长型中小企业提供信用担保服务。对参与实施促进中小企业成长计划的担保机构，市经贸、财政部门要利用专项资金给予扶持，同时会同有关部门落实好其他方面的扶持政策。

(二)中小企业经营者素质培训计划。充分利用国家发改委中小企业“银河培训工程”、农业部乡镇企业“蓝色证书培训工程”和国家、省、市的有关创业、就业扶持政策，为入选企业提供专业培训，对企业经营管理者和员工进行分层次培训，尤其要重视培养高级技工，提高中小工业企业从业人员的业务素质。市财政部门要加强对入选企业会计、财务工作的培训，促进有关财税扶持政策的落实；金融机构要为入选企业提供财务管理、国际业务等方面的培训，以提高企业经营管理、理财水平和国际市场拓展能力。

(三)中小企业上市融资辅导计划。充分发挥律师、审计、评估等社会中介服务组织的作用，为成长型中小工业企业提供上市咨询、辅导和投融资服务，鼓励和支持成长型中小工业企业直接融资，拓展融资渠道。

(四)中小企业信用建设计划。组织建立中小工业企业信用服务平台，对企业进行信用等级评定，建立企业信用档案，提升列入成长计划中小企业的信用等级，促进中小工业企业的信用建设。

(五)中小企业信息化推进计划。以“数字化东营”城域网为基础，初步建立起连接重点中小企业的信息收集、整理、分析、发布的交互式网络信息系统，逐步实现市、县区、乡镇、重点企业四级联网，形成覆盖市、县区和主要乡镇，面向中小企业服务的电子商务平台，提供政策、管理、技术和招商等全方位的信息服务。

四、组织领导

围绕实施促进中小企业成长计划，各级政府要给予有力指导，抓好政策的督导落实。财政部门要制定出配套政策，保障扶持资金足额到位。统计部门要制定出与之相适应的调度、认定和考核办法，加强对计划实施过程中动态信息的采集、汇总和披露。金融部门要对列入成长型中小企业计划的企业制定出持续的信贷供给计划，市人民银行负责对各商业银行及其他金融机构与企业所签贷款意向、协议、合同项目的协调和履约情况进行调度。市、县区经贸部门要抓好组织协调工作，对计划执行情况进行总结和督导。各有关部门要统一思想，明确责任，密切合作，积极推进中小企业成长计划的实施。

青岛市转发市科技局关于实施重大科技创新专项计划意见的通知

青政办发〔2006〕73号　2006年8月17日

各区、市人民政府，市政府各部门，市直各单位：

市科技局《关于实施重大科技创新专项计划的意见》已经市政府同意，现转发给你们，望认真组织实施。

为认真贯彻落实市委、市政府《关于增强自主创新能力推进创新型城市建设的意见》（青发〔2006〕9号）和市政府《关于印发青岛市中长期科学和技术发展规划纲要的通知》（青政发〔2006〕14号）（以下简称《意见》和《纲要》）精神，鼓励和支持企业自主创新，集中力量在应用技术领域实现重点突破，推进高新技术的产业化，增强我市重点产业核心竞争力，设立青岛市重大科技创新专项计划（以下简称专项计划），并制定本意见。

一、总体要求

（一）目的意义

按照《意见》和《纲要》提出的科技创新总体目标和任务，通过实施专项计划，引导激发企业创新活力，引进新产业领域创新项目及研究机构，完善创新体系建设，增强优势企业掌握自主核心技术的能力，加快培育高新技术产业新增长点，带动相关产业实现跨越发展。力求实现企业创新主体地位进一步提升、重点产业核心竞争力进一步加强、产学研结合的创新机制进一步完善、参与国家重大科技项目的研发能力进一步提高、科技对经济社会发展的引领支撑作用进一步增强。

（二）实施原则

1. 自主创新的原则：专项计划旨在快速增强我市企业的自主创新能力，所支持的项目应为通过原始性创新、集成创新或引进消化吸收再创新所形成的拥有自主知识产权的重大科技创新成果。

2. 产业化的原则：专项计划是以推进重大核心技术突破和重大创新成果实现产业化为目标，快速提升我市重点产业的核心竞争力。

3. 政府主导的原则：专项计划是由政府主导实施的一项推进创新型城市建设、促进经济快速发展的重点工程，在支持领域和优先方向的确定、项目遴选等环节由政府主导组织。

4. 管理规范的原则：专项计划的运作和管理，应建立健全完备的工作程序和有效的监督约束机制，实现“公开、公平、公正、规范”。

（三）实施标准

1. 我市优势产业和预期重点产业中，拥有自主知识产权、重大自主创新技术的产业化开发项目。

2. 项目单位应是具备相应技术研发能力的企业，或是以企业为主体、产学研结合的实体。

3. 实施主体应具有较强的资本放大能力，项目单位自筹经费一般应为专项资助经费的五倍以上。

4. 项目应具有良好的产业化条件和市场前景，要在2～3年内形成生产能力，“十一五”期间形成较大产业规模。

5. 引进创新项目或机构，应是新技术领域具有自主知识产权的产业化项目或以应用技术研发开发为主的科研机构。

产业化项目应同时符合前四条标准要求。

二、专项管理

（一）组织管理

建立“公开、公平、公正、规范”的专项计划评审制度。从信息发布、项目初审、咨询论证、审核批准等各个环节，实现规范化、制度化管理。

1. 专项计划初审制度：由市科技局组织同行专家对受理的申报项目或招标项目进行技术评审，做出技术评价。

2. 专业机构咨询制度：委托专业咨询机构对项目的先进性、可行性、市场前景、经费预算及申报企业的经营管理和财务状况进行评估论证。

3. 联席会议制度：实行专项计划联席会议制度，负责确定专项计划支持的重点领域和产业方向、审核拟支持的项目。联席会议由市政府分管副市长主持召集，市科技局、发改委、经贸委、财政局等部门参加。

4. 专项审议批准制度：通过初审、论证、审核的项目，须提报市长办公会审议批准。

（二）审批程序

专项计划项目按照“成熟一个，实施一个”的方式，通过政府招标或企业申报等形式组织项目，经专家评审论证、联席会议审核、市长办公会审议通过等程序，批准项目立项实施。

1. 信息发布：市科技局向社会发布项目征集信息或对重点产业领域的重点项目发布招标公告。

2. 项目申报：申报企业提交《青岛市重大科技创新项目基本信息表》和《青岛市重大科技创新项目建议书》。招标项目按招标公告要求投标。

3. 项目初审：市科技局会同市发改委、经贸委、财政局等部门组织专家对申报项目进行技术初审。通过初审的项目，委托专业咨询机构进行可行性论证和评估，做出《项目可行性报告》及《财务分析报告》。

4. 项目复审：项目通过初审后提交联席会议审核，确定立项及经费额度。

5. 项目批准：项目经联席会议审核通过后，报市长办公会审议批准。

（三）实施与验收

市科技局、财政局按照部门职责组织项目实施和项目完成后的验收评估。

1. 项目实施：经市长办公会审议批准的项目，由市科技局会同市财政局下达计划，与实施单位签订项目任务合同。

2. 项目监管：委托专业机构对项目实施进行监管，并按期对项目阶段进度进行评估，提出后续工作意见。

3. 项目验收：项目完成后，由市科技局会同市财政局组织专家进行验收和绩效评价。对项目执行中的资金使用情况，委托有资质的专业咨询机构进行财务审计，出具财务审计报告。

三、资金管理

（一）资金安排

专项资金由市财政从年度预算增收部分中安排，专项用于资助本专项确定的重大科技创新项目。

（二）扶持方式

专项资金对产业化项目的扶持方式为政府投资、无偿资助或贷款贴息。政府投资是指专项资金作为国有资本投入项目单位；以自有资金为主投资的项目，一般采取无偿资助的方式；以银行贷款为主投资的项目，一般采取贷款贴息的方式。

（三）资金用途

根据财政部、科技部《应用技术研究与开发资金管理暂行办法》的有关规定，无偿资助资金主要用于项目单位在重大科技创新活动中，开展的科技攻关、技术引进、关键部件、工艺及标准研制，试验材料、生产装备、仪器设备以及相关软件购置等费用支出；贷款贴息资金用于支付项目单位为实施专项发生的银行贷款利息。

对使用专项资金对外采购的，须采取政府招标采购的形式组织实施。采购国外产品时要优先购买转让技术的产品。

（四）资金拨付

专项资金采取一次预算、分期拨付的方式。在项目完成验收前拨付总资助额的90%，其余10%在验收合格后的20个工作日内拨付。首期拨付额度一般不超过总资助额的30%，后续资金根据计划合同确定的项目进展阶段、自筹资金到位情况，在对项目进度及资金情况进行阶段评估的基础上分期拨付。

（五）专户管理

专项计划项目资金实行专户储存、分别建账、分账核算、专款专用。项目实施单位须在基本结算开户银行设立“重大科技创新资金专户”，将专项资金和项目单位自筹资金存入该专户。项目承担单位要建立健全财务管理制度，确保资金使用效益。

（六）财务处理

根据财政部有关规定，项目单位收到的无偿资助资金，在项目完成前，暂计入专项应付款。项目完成并验收合格后，属于按规定准予核销的部分，报经批准后冲销拨款；其余部分应作为国家投资，在资本公积金中单独反映。收到的项目银行贷款财政贴息资金，冲减财务费用。

项目单位收到作为国家投资的专项资金，国有企业直接转作国家资本金；其他企业在资本公积金中单独反映。

（七）绩效评价

按照财政部对财政性资金实行绩效评价的有关规定，市财政局、科技局等部门组织专家或委托中介机构对专项资金的使用情况进行绩效评价。绩效评价的结果作为专项资金拨付的重要依据。

四、监督检查

监察、审计、财政、科技等部门对项目审批、资金分配拨付及实施情况，要加强监督检查。相关部门要在项目受理、论证、评审、评估及考核验收过程中建立健全内部制约机制和社会监督机制。因相关部门、机构和有关人员严重失职造成损失的，其相关部门、机构和有关人员应依法承担责任。

引入第三方审计（受聘机构由市财政局、科技局在市政府国资委招标确定的中介机构中随机选择），对项目承担单位专项资金的使用情况由市财政局、科技局委托中介机构进行审计并出具审计报告。对因项目承担单位组织不力，造成项目无法实施和其他损失的，应依据任务合同规定追回已拨付资金，并追究承担单位及责任人的责任。

凡违反规定，弄虚作假，截留、挪用专项资金或其他违法行为的，按照《财政违法行为处罚处分条例》的有关规定处理。

五、本意见由市科技局、市财政局负责解释

威海市人民政府关于印发《威海市工业园鼓励投资暂行办法》的通知

威政发〔2006〕75号　2006年10月11日

各市、区人民政府，高技术产业开发区、经济技术开发区管委会，市政府各部门、单位：

《威海市工业园鼓励投资暂行办法》已经市政府同意，现印发给你们，望认真贯彻执行。

第一条　为进一步优化投资环境，突出威海市工业园（以下简称工业园）发展制造业的比较优势，鼓励投资者到工业园投资兴业，根据《威海市人民政府关于促进市工业园加快发展的意见》（威政发〔2005〕82号）等文件精神，结合我市实际，制定本办法。

第二条　进驻工业园的企业或项目依照本办法享受有关优惠政策。

第三条　市政府对工业园建设用地给予重点保障，对经批准进园的项目实行优先供地。

第四条　对进驻工业园的制造业项目，工业园管委根据项目投资规模、投资强度、建设期限、科技含量等给予不同程度的扶持。

第五条　对进驻工业园的制造业项目，免收建设工程城市基础设施配套费、生产厂房建设工程防空地下室易地建设费、墙体节能费（采用新型节能材料的项目）；减半收取规划技术服务费；工程质量监督费、工程定额测定费以及政府核定价格的其他收费项目一律按最低限收取。

第六条　进驻工业园的内、外资企业和高新技术项目，除享受国家和省现行各项优惠政策外，由受益财政采取适当的方式予以扶持，其综合优惠水平，原则上与国家级开发区持平。

第七条　对年销售收入10亿元以上或年纳税1000万元以上的企业，由市财政局参照《威海市骨干企业奖励办法》的有关规定，予以适当奖励。

第八条　市级财政每年安排的技术进步、市场开拓等扶持企业发展的专项资金，优先安排给工业园内符合条件的企业。

第九条　对重大项目（外资项目注册资本不低于1000万美元，内资项目固定资产投资不低于2亿元人民币）引进做出贡献的单位和个人，在引荐项目建设完工并达产后，按实际形成固定资产的1‰～5‰给予奖励，每个项目最高奖励不超过50万元人民币。对拟奖励的项目及引荐人，由工业园管委提出意见，报工业园建设领导小组审定，待项目完成投资计划后兑现。奖励资金由市财政负担。

第十条　对进驻工业园的项目，由工业园管委会同市行政审批中心为投资者提供从项目立项到投产经营全过程的服务，负责办理所有行政许可手续。

第十一条　本办法由工业园建设领导小组组织协调实施。

第十二条　本办法自发布之日起实施。

江苏省

南通市政府关于鼓励和促进科技创新创业若干政策的通知

2006年6月28日

各县（市）、区人民政府，市各委、办、局，市各直属单位：

为贯彻《市委市政府关于增强自主创新能力建设创新型城市的决定》，实施《南通市科技发展“十一五”规划纲要》，促进科技创新创业，根据《省政府关于鼓励和促进科技创新创业若干政策的通知》（苏政发〔2006〕53号）以及国家和省有关规定，结合我市实际，制定以下政策：

一、加大科技投入，改善金融服务

（一）各级政府要把财政科技投入作为预算保障的重点，年初预算编制和预算执行中的超收分配，都要体现法定增长的要求。在产业结构调整中，政府资源配置、资本金安排优先向科技项目、科技企业倾斜。“十一五”期间，各县（市）区财政科技项目经费占财政一般性支出的比例均应高于2%。市本级2007年筹措安排科技项目经费6000万元，之后每年递增2000万元，到2010年达到1.2亿元。确保预算内安排额高于一般预算支出的增长幅度。预算内安排不足部分，由财政通过预算外筹措解决。市本级筹措2亿元用于孵化器建设。对获得国家、省重大科技专项和高技术产业发展专项等科技创新项目立项、并能有效推动我市经济社会发展的重点项目，各级财政应按一定比例给予匹配支持。

优化财政科技投入结构。市本级筹措的科技资金，以2006年预算安排为基数，今后几年增量部分用于中小企业技术创新、科技成果转化、创新创业平台建设等。科技型中小企业技术创新资金，主要用于国家科技型中小企业技术创新基金的匹配，支持中小企业采取联合出资、共同委托等方式进行合作研究开发，对加快创新成果转化给予政策扶持。重大科技成果转化资金，主要用于省重大科技成果转化项目的配套支持。创新创业平台建设资金，主要用于支持创新创业平台的建设和吸引高校、科研院所的合作共建。创业风险投资引导资金，主要用于支持高新技术风险投资公司的资本金投入和对市政府认定的创投企业开展业务的奖励补贴。中小企业担保体系建设引导资金，主要为中小企业的融资提供担保服务。各级财政科技投入，应安排一定比例用于农业科技创新。

改革和完善科技经费使用管理，政府筹措安排科技项目资金要从事后补助转向事先引导。制定科技专项资金管理办法，建立严格规范的监管制度，加强科技资金使用的绩效考评。

（二）改善对中小企业科技创新的金融服务，支持商业银行与科技型中小企业建立稳定的银企关系。加快建设企业和个人征信体系，促进各类征信机构发展。

鼓励社会资金建立中小企业信用担保机构，建立担保机构资本金补充和多层次风险分担机制。担保机构可按当年担保费的50%提取偿债准备金，按不超过年末担保责任余额1%的比例提取风险准备金，用于担保赔付。推进政策性银行、商业银行和其他金融机构开展知识产权权利质押业务试点。支持保险公司开展高新技术企业财产保险、产品责任保险、出口信用保险、业务中断保险等险种，为高新技术企业提供保险服务。

（三）鼓励社会资金捐赠创新活动。企事业单位、社会团体和个人，通过公益性社会团体和国家机关，捐赠非关联的科研机构和高校（指不是资助企业所属或投资的，并且其科技成果不是惟一提供给资助企业的科研机构和高等学校）的研究开发经费，按规定在当年度应纳税所得额中扣除。

二、引导企业增强自主创新能力

（四）允许企业按当年实际发生技术开发费用的150% 抵扣当年应纳税所得额；实际发生技术开发费用当年抵扣不足部分，可按税法规定在5年内结转抵扣。技术开发费是指纳税人在一个纳税年度生产经营中发生的用于研究开发新产品、新技术、新工艺的各项费用，包括新产品设计费、工艺规程制定费、设备调试费、原材料和半成品试制费、技术图书资料费、中间试验费、研究机构人员工资、研究设备的折旧、委托其他单位进行科研试制的费用以及与新产品的试制和技术研究有关的其他费用。企业研究开发新产品、新技术、新工艺发生的技术开发费按规定加计扣除时，需报送经县（市）及以上科技主管部门备案确认的技术项目开发立项书。

企业应足额提取职工教育经费，并按规定实施职工教育和培训，提高职工创新创业技能，所提取职工教育经费在计税工资总额2.5% 以内，可在企业所得税前扣除。对研究开发实际支出占当年销售收入比例超过5% 的企业，可由企业纳税关系所在地政府从企业贡献中拿出部分资金给予奖励。

（五）企业用于研究开发的仪器设备，单位价值在30万元以下的，可一次或分次摊入管理费，达到固定资产标准的单独管理，不提取折旧；单位价值在30万元以上的，可适当缩短固定资产折旧年限或加速折旧。企业为研究开发新产品、新技术、新工艺而购置的达到固定资产标准或形成无形资产的软件，经主管税务机关核准，其折旧或摊销年限可适当缩短，最短可为2年；集成电路生产企业的生产性设备，经主管税务机关核准，其折旧年限最短可为3年。

（六）经认定的国家级、省级高新技术企业，从认定当年起，分别在3年、2年内，企业对地方财政贡献的新增部分，由同级财政将其中的50% ～ 80% 对其新投入的科技开发项目给予补贴。补贴额的10% 可直接奖励其主要有功人员。

（七）引导企业建立创新激励机制，鼓励企业以期股、期权等形式进行分配和奖励科技人员、经营管理人员。科技成果作为非货币财产参与入股和增资扩股，其在注册资本中所占比例最高可达到70%。

（八）软件生产企业、集成电路设计企业的工资和培训费用，可按实际发生额在计算应纳税所得额时扣除；企业建立的省级以上技术中心、工程中心、工程技术研究中心的科技人员实际发放的工资，经税务部门审定后，在计算应纳税所得额时据实扣除。企业所属的作为独立纳税人的研究开发单位（机构），经有权部门批准实行工资总额与经济效益挂钩办法的，报经主管税务机关审核备案，按照工效挂钩工资扣除标准税前列支。

2010年底前新办的软件生产企业销售其自行开发生产的软件产品，按17% 的法定税率征收增值税后，对其增值税实际税负超过3% 的部分按规定实行即征即退。所退税款由企业用于研究开发软件产品和扩大再生产，不作为企业所得税应税收入，不予征收企业所得税。

新办软件生产企业自开始获利年度起，第一年和第二年免征企业所得税，第三年至第五年减半征收企业所得税。

（九）开展创新型企业的认定工作，制定创新型企业的认定管理办法。创新型企业依法享受政策规定的财税优惠。积极引导社会资源向创新型企业倾斜，优先推荐申报国家、省科技资金项目和获取银行信贷，优先安排市应用技术研发、创新计划与产业化项目资金，优先保障供地并可实行土地低价租赁。鼓励创新型企业设立管理股和技术股，管理股和技术股的比例由企业股东在法律法规范围内自主约定。

三、支持创新创业载体与科技基础设施建设

（十）依法设立的高新园区要纳入土地利用总体规划和城市总体规划实行统一管理，符合规划的高新技术产业建设项目用地，应及时办理用地手续，未经依法批准，不得擅自改变土地用途。高新园区新增建设用地的土地有偿使用费地方留成部分全额返还园区，优先用于土地开发整理和基础设施建设。耕地占补可在园区所在县（市）范围内平衡，所在县（市）不能平衡的，可在全市范围内通过协商调剂解决。鼓励各地通过城镇建设用地增加与农村建设用地减少相挂钩工作，优先解决高新园区用地问题。

对省重点科技创新载体以及重大技术创新和科技成果转化项目的建设用地，予以重点保障并优先安排，其中科技创新载体项目用地实行工业项目用地供地方式。

（十一）国家及省认定的高新技术创业服务中心、大学科技园、软件园、留学生创业园等科技企业孵化器，自认定之日起，暂免征营业税、所得税、房产税和城镇土地使用税。经有权部门批准的孵化基地，由同级财政按其孵化项目对地方财政贡献的新增额在第二年度专项给予补贴。对被批准为国家级、省级、市级的科技企业孵化器，分别按300万元、200万元、100万元的标准给予科技经费资助，资助经费主要用于高层次人才引进、公共平台建设、提高服务功能和正常运行的经费补助等。资助经费由市、县级财政共同承担，市财政根据各县（市）、区财政资助情况予以补助。补贴、资助经费在“科技三项费用”中列支。

南通高新技术创业中心及其市区分园，按照《南通高新技术创业中心及其各专业园区扶持性政策实施意见》享受相应的优惠政策；对南通高新技术创业中心及其市区分园内经认定的在孵科技创业企业，在孵期内（原则上不超过3年）享受相应优惠政策的扶持。

南通软件园及入园软件企业按照《市政府关于扶持南通软件园加快发展的若干意见（试行）》（通政发〔2006〕4号）享受相应专项扶持政策。

国家级创业中心内在孵企业经认定为省级以上高新技术企业的，按规定享受国家相应给予的税收优惠政策。

（十二）重点支持新建的国家级、省级公共技术服务平台、工程技术研究中心和重点实验室，并给予一次性资助；鼓励市级以上高新技术企业和大中型企业建立研发机构。鼓励中小企业采取联合出资、共同委托等方式联合高校、科研院所共建研发机构，建立产学研技术依托。对经认定的市级研发机构，给予一定的资助。

（十三）鼓励国内科研院所、高等院校在南通建立创新载体，在土地等方面给予优先优惠供应。对国家级科研院所、重点高等院校在南通建立独立研发中心、重点实验室给予一事一议的重点扶持。

（十四）鼓励和支持国外及港澳台地区的组织和个人在我市设立研发机构。凡设在国家级创业中心内并经省有关部门确认属于高新技术企业的，按规定享受国家相应给予的税收优惠政策。

经依法审批设立的外商及港澳台商研发机构，其从事技术开发、技术转让以及与之相关的技术咨询、技术服务业务，经省技术市场管理机构认定，可向当地税务机关申请暂免营业税；上述机构向国外境外购买专利权、专有技术等，其中技术先进、条件优惠的，所取得的特许权使用费可

向有权国税部门申请减征、免征企业所得税。上述机构的境外投资者将该机构取得的利润用于增加注册资本，或投资举办其他研究机构，可享受全部退还其再投资已交纳的企业所得税。

四、加速科技成果转化，加强自主知识产权保护

（十五）鼓励科技成果产业化。支持具有产业前景的共性技术研究、产学研合作关键技术攻关、重大科技成果的转化。对由企业主导的产学研重大成果产业化项目、国内外高校和科研院所等在我市进行转化的重大合作项目、市内企业与国内外高校和科研机构共建的产学研联合体，市相关计划给予优先支持。

以股权投入方式进行成果转化的，其成果完成人可享有不低于该成果所占股份20%的股权；以技术转让方式将成果提供给他人转化的，其成果完成人可享有不低于转让所得的税后净收入20%的收益；自行实施转化或以合作方式实施转化的，在项目盈利后3～5年内，每年可从实施该项成果的税后净利润中提取不低于5%的比例，用于奖励成果完成人。

（十六）对科研单位和大专院校服务于各业的技术成果转让、技术培训、技术咨询、技术服务、技术承包所取得的技术性服务收入，技术交易合同经登记后，暂免征收企业所得税。

企业、事业单位进行技术转让，以及在技术转让过程中发生的与技术转让有关的技术咨询、技术服务、技术培训的所得，年净收入在30万元以下的，暂免征收所得税；超过30万元的部分，依法交纳所得税。

科技中介机构从事技术转让、技术开发和与之相关的技术咨询、技术服务业务取得的收入，技术交易合同经技术市场管理机构认定登记后，可免征营业税、城市维护建设税和教育费附加。科技中介机构为完成特定服务项目，聘请属于海外留学人员和国内享受政府特殊津贴的专家，所支付的咨询费、劳务费可直接进入成本。

（十七）加强社会化知识产权服务，积极支持和鼓励知识产权中介服务机构的建立，鼓励专家、学者及知识产权专业人员来我市从事知识产权工作。知识产权中介服务机构代收代缴的各类国家规费，可在计算营业税基数时予以扣除。

（十八）对市级科技计划项目和科技进步奖申报项目等，必须进行知识产权审查论证，将自主知识产权产出的数量、质量、实施效益和知识产权管理制度建设状况，纳入项目评价指标体系，并进行专项监督、管理和保护。

（十九）积极鼓励专利申请。对企事业单位和个人申请外观设计专利、实用新型专利和发明专利，取得受理通知书后，由所在县（市）区财政分别给予300元、500元、800元的资助；获得授权并领取专利证书后，分别给予600元、1200元、3000元的资助；企事业单位年专利申请量外观设计专利达到40件或实用新型专利达到20件或发明专利达到10件以上的，奖励1万元；对授权量达到申请量的50%或发明专利达到10件以上并占全年申请量15%以上的，再奖励1万元。

五、鼓励科技人才创业与引进培育高层次创新人才

（二十）科技人员离开原单位从事科技创业的，其档案由人才交流服务机构代行管理，人才交流服务机构免收人事档案代理服务管理费用，其管理成本由各级财政列入预算。探索有条件企业自行管理的办法。

科技人员和管理人员经批准整体或部分成建制脱离高等学校、科研院所等事业单位，进入企业或直接创办企业的，经当地劳动保障部门商财政、科技、人事部门审批，可按转制事业单位养老

金保险有关政策执行。

在校大学生休学创办的科技型企业或科技咨询类中介机构，可按规定免征企业所得税两年。

（二十一）支持科技人员、科技成果和高新技术拥有者在南通创新创业，对在科技创业园内进行高新技术创业的，科技投资公司给予优先孵化投资的支持；企业孵化毕业后在南通投资建厂的，优先提供土地，所在地政府对企业投入自主创新项目进行扶持奖励。

（二十二）重点引进国家级学科学术带头人、获得国家科学技术奖项目的主要完成人、拥有自主知识产权科技成果的研发人员等高层次创新人才，政府视情给予10～100万元的资助。

加大赴海外招聘高层次创新人才的力度，鼓励留学人员特别是在海外获得硕士以上学位并具有2年以上涉外相关专业工作经历的人员来我市创新创业。鼓励用人单位引进高层次创新人才，对在引进过程中的住房货币补贴、安家费、科研启动经费等费用，可依法列入成本核算。

支持企业吸引高层次创新人才，自主创新企业在企业用地内可按相关比例要求建造专家公寓。支持企业为高等院校和职业技术院校建立学生实习、实训基地。推进企业博士后科研工作，吸引优秀博士到我市企业从事科技创新。

鼓励各县（市）区建造人才公寓，为各类创新人才提供高品质低租金的公寓。

（二十三）培育创新人才，实施南通市紧缺高层次创新人才培养工程，建立高层次创新人才继续教育和知识更新服务平台，每年资助一批我市紧缺专业高层次创新人才出国（境）培训，每年资助一批具有创新思想、创新能力的复合型企业家在国内外著名高校或培训机构进行培训。

（二十四）设立南通市科技兴市功臣特别奖，对我市从事科技创新活动并为经济社会发展作出突出贡献的有关人员进行重奖，获奖者享受市级劳模待遇。

六、营造自主创新环境

（二十五）着力提升全民科学素养。制定并实施我市科学素质行动计划。加强科普场馆建设，规划建设南通科技馆新馆。加大科普投入力度，对国家级、省级科普示范基地和星火学校给予一定的奖励。经省科技行政管理部门批准的科普基地开展科普活动的门票收入，税务机关批准后，可免征营业税。

推进素质教育，全面提升学生自主创新能力，鼓励中小学生积极开展小发明、小创造、小制作等创新活动，对中小学生在创新活动中取得的成果给予奖励。

（二十六）建立财政性资金采购自主创新产品制度。由科技部门会同综合经济部门按照公开、公正的程序对自主创新产品进行认定，并向全社会公告。财政部门会同有关部门在获得认定的自主创新产品范围内，确定政府采购目录。各级政府机关、事业单位和团体组织用财政性资金进行采购的，必须优先购买列入目录的产品。政府重大建设项目以及其他使用财政性资金采购重大装备和产品的项目，有关部门应将承诺采购自主创新产品作为申报立项的条件，并明确采购自主创新产品的具体要求。在政府投资的重点工程中，国产设备采购比例一般不得低于总价值的60%。

建立激励自主创新的政府首购和订购制度。市内企业或科研机构生产或开发的试制品和首次投向市场的产品，且符合国民经济发展要求和先进技术发展方向，具有较大市场潜力并需要重点扶持的，经认定，政府进行首购，由采购单位直接购买或政府出资购买。市内企业研发和生产的一类新药和二类中药，优先进入医保目录。政府对于需要研究开发的重大创新产品或技术，应当通过政府采购招标方式，面向社会确定研发机构，签订政府订购合同，并建立相应的考核验收和研究开发成果推广机制。

在国家规定的范围内，政府定价的自主创新产品价格由生产经营企业自主确定。以价格为主的招标项目评标，在满足采购需求的条件下，优先采购自主创新产品。其中，自主创新产品价格高于一般产品的，要根据科技含量和市场竞争程度等因素，给予一定幅度的价格扣除；自主创新产品企业报价不高于排序第一的一般产品企业报价一定比例的，将优先获得采购合同。以综合评价为主的招标项目，要增加自主创新评分因素并合理设置分值比重。

经认定的自主创新技术含量高、技术规格和价格难以确定的服务项目采购，报经财政部门同意后采用竞争性谈判采购方式，将采购合同授予具有自主创新能力的企业。

（二十七）市各有关部门应依据本文件制定具体的操作办法或实施细则。各县（市）、区要结合本地实际，制定相应的实施措施。以上各项涉及财政支出的，按现行财政体制实行分级负担。

（二十八）本文件规定的政策自2006年7月1日起执行。

南通市政府办公室转发市经贸委市财政局《关于加强南通市市区中小企业融资环境建设的意见（试行）》的通知

南通市经贸委 财政局　2006年7月18日

崇川区、港闸区人民政府，市经济技术开发区管委会，市各有关部门和单位：

市经贸委、市财政局《关于加强南通市市区中小企业融资环境建设的意见（试行）》已经市政府同意，现转发给你们，请认真贯彻执行。

为贯彻落实《中华人民共和国中小企业促进法》、《国务院关于鼓励支持和引导个体私营等非公有制经济发展的若干意见》和《银行开展小企业贷款业务指导意见》，充分发挥地方财政资金的导向、激励作用和放大效应，进一步鼓励金融机构加大对市区中小企业的贷款发放力度，切实缓解中小企业的融资难问题，扶持中小企业做强做大，促进市区经济的快速发展，现就加强市区中小企业融资环境建设提出如下意见：

一、各商业银行要转变信贷管理模式，适应中小企业贷款业务特点，构建新的信贷管理机制，建立符合中小企业贷款业务特点的信用评级、业务流程、风险控制、人力资源管理和内部控制等制度，建立高效的贷款审批机制，简化审批程序，加大对中小企业融资服务力度，支持中小企业做强做大，促进对中小企业融资业务的较快发展。

二、创新金融产品，提高金融服务水平。各商业银行要满足中小企业不同需求的贷款产品和金融服务，包括固定资产贷款和周转金贷款。根据中小企业贷款短平快的特点，提供可循环使用贷款、封闭贷款、抵押质押贷款、融资租赁贷款等多层次的金融产品，并不断扩大抵押贷款范围，在法律法规允许范围内试行在动产和权利方面设置抵押或质押，包括保单质押、应收货款质押、产成品和原材料质押及其他权益抵押等多种贷款方式。各商业银行要积极创立中小企业贷款信贷业务品牌，创新服务手段，实现银企互利共赢。

三、各商业银行要加强与中小企业信用担保机构的合作，努力开展各项业务。各商业银行尽可能直接为中小企业办理各类贷款，确需担保机构担保的，应当积极放大信用担保机构担保规模。各中小企业信用担保机构要严格按照规定范围开展经营活动，进一步建立健全风险控制、财务、信用评估、反担保、担保跟踪及代偿追索制度，与合作银行共同努力拓展利用信用担保增加中小企业信贷发放的业务。

四、加大融资担保服务平台建设。继续支持建立以政府投入为引导、企业投入为主体、社会投入为补充的多层次、多渠道的中小企业担保机构或担保基金，如企业集资联合建立、政府拨款引导民资设立、专业协会集资建立互保基金、再担保机构建立等等。支持担保机构扩大充实担保基金，放大担保规模，使其更多更好地为中小企业融资提供担保服务。

五、免收企业金融贷款和信用担保抵押物登记管理和服务收费。包括土地抵押登记收费及土地抵押交易服务收费，房屋（含城镇集体房屋）、机动车、船舶、机器设备、产成品、原材料等动产、不动产抵押登记及服务收费。市财政对抵押物登记服务单位，按各单位前三年该项收费收入的平均数，每年给予定额补助，其中属市级部门预算单位的列入部门预算供给范围。

六、规范企业金融贷款和信用担保抵押物价值评估。除依法需要提供有效评估报告外，抵押物价值是否评估由银企双方确定，抵押物登记单位不得硬性要求评估。抵押物需要评估的，抵押物登记单位不得指定评估机构，应由银企双方协商确定评估机构。抵押物评估结果使用期由银企双方确定，在银企双方均认可的使用期内，抵押物价值评估结果可连续登记使用。以降低企业融资成本，简化办事程序，提高工作效率。抵押物登记单位在法律法规允许范围内，应放宽抵押权人及抵押物的限制。对担保机构接受的反担保的抵押物应当允许登记。评估机构要按照有关法律法规，提高评估质量，客观公正地反映抵押物评估价值，不得出具虚假评估报告，一经查实，将严格依法予以处理。

七、加强企业财务信息采集工作。企业要按照《会计法》的规定，建立健全各项财务制度，规范会计核算，及时向财政部门、发放贷款的金融部门及相关信用担保机构报送财务会计报告，单位负责人对会计报表的真实性、完整性负责。会计师事务所等社会中介机构要严格按照法律法规规定，按照独立、客观、公正原则，提高审计评估质量，确保审计评估结果的真实性、准确性、完整性。市财政继续出资为部分初创民营企业提供代理记账服务，为发放贷款的金融部门提供相关会计信息查询，进一步防范由于信息不对称带来的信贷风险。

八、组织开展市区中小企业和担保机构信用评价工作。评价工作由中国人民银行南通市中心支行牵头组织实施。各企业要“视信用为生命”，自觉遵守市场规范，成为对公共利益和社会责任诚实守信的市场主体。

九、选择推介地方定向扶持企业名单，实行重点培育。定向扶持企业包括：由市科技局提供的国家、省、市级高新技术企业和民营科技企业；由市中小企业局牵头，联合市财政局、人民银行南通市中心支行，选拔提出重点培育的符合产业政策的成长性中小企业和微小企业。市发改委提供的农业产业化龙头企业。各商业银行对定向扶持企业所需求的固定资产贷款和周转金贷款实行倾斜，及时了解定向扶持企业信息，积极挖掘定向扶持企业贷款客户，简化审批程序，创新金融产品，增加贷款额，支持定向扶持企业加快发展。

十、建立和完善市区放大中小企业信贷考核激励机制。市中小企业局、财政局、人民银行南通市中心支行和南通银监分局等部门，对各商业银行定向扶持企业贷款发放等情况进行综合考评。对定向扶持企业信贷发放有显著增长、金融产品和服务创新活动成果显著、与担保公司合作开展业务等做出贡献的各商业银行给予表彰；同时，对各商业银行的有功人员进行奖励（具体考核纳入市金融业目标考核办法一并实施）。

十一、加大市区中小企业信用担保奖励力度。市财政局和中小企业局，对不断充实资本金，放大担保规模，积极提供信贷需求信息情况，协同相关金融部门进行贷前审核和贷款跟踪管理，增进企业融资能力和金融部门放贷信心，符合《关于进一步扶持市区中小企业信用担保机构的意见》（通财企〔2005〕117号）规定条件的市区中小企业信用担保机构，继续给予担保风险补偿资助和奖励，并不断加大扶持和奖励力度。

十二、本意见第五、六条适用于市区各类企业（不限于中小企业）。

十三、本意见自二〇〇六年起施行。

中共扬州市委扬州市人民政府关于增强自主创新能力建设创新型城市的意见

扬发〔2006〕54号

各县（市、区）委、人民政府，市经济开发区、化工园区、新城西区、蜀冈—瘦西湖风景名胜区工委、管委会，市委各部委办，市各委办局（公司），市各人民团体，驻扬各单位：

为贯彻落实党的十六届五中全会、全国科技大会和全省科技创新大会精神，全面落实科学发展观，提高自主创新能力，推动创新型城市建设，争创扬州未来发展的新优势，实现“全面达小康、建设新扬州”目标，现作出如下决定。

一、大力推进自主创新，努力建设创新型城市

1. 充分认识建设创新型城市的重要意义。当今世界，科学技术革命日新月异，自主创新能力成为科技竞争的核心和产业竞争的决定性因素。党中央、国务院把握全局、放眼世界、面向未来，作出了提高自主创新能力、建设创新型国家的重大战略决策。市第五次党代会已提出了“全面达小康、建设新扬州”的宏伟目标，经济发展面临着日益严峻的资源、环境、市场等因素制约，迫切需要提高自主创新能力，推进经济增长从要素驱动向创新驱动转变，从粗放型向集约型转变。全市上下必须从全局和战略的高度出发，充分认识提高自主创新能力，建设创新型城市的重大意义，将其作为贯彻落实科学发展观的具体行动，作为引领和支撑未来发展的重大战略抉择，作为“两个率先”和实现“全面达小康、建设新扬州”目标的重要内涵，全面提升核心竞争力，为跨越发展、科学发展、和谐发展提供强大动力和有力支撑。

2. 准确把握建设创新型城市的内涵。建设创新型城市，就是要把提高自主创新能力作为经济社会与科技发展的战略基点，着力推进原始创新、集成创新和引进消化吸收再创新，推动生产方式的根本转变和科学技术的跨越式发展；就是要把提高自主创新能力作为调整产业结构、转变经济增长方式的中心环节，建设节约型城市、环境友好型社会，推动经济社会更好更快发展；就是要把提高自主创新能力作为城市发展的主导战略，贯穿于现代化建设的各个方面，使创新成为城市的灵魂。

3. 建设创新型城市的总体要求和目标。以“自主创新、重点跨越、支撑发展、引领未来”的方针为指导，全面实施《扬州市“十一五”科技事业发展规划纲要》，培育创新主体，完善创新体系，打造创新品牌，培养创新人才，增强创新活力，优化创新环境，全力打造创新型城市。力争到2010年，全社会 R & D 投入占 GDP 的比重达到2% 以上，新建工程技术（研究）中心200个，培育高新技术企业400家、高新技术产品1200个，专利授权量达3300件，高新技术产业产值占规模以上工业总产值的比重达到25%，高新技术产品出口额占全市出口额的比重达到30%，基本建立适应社会主义市场经济体制、符合科技和产业发展规律的区域自主创新体系，科技综合实力和自主创新能力显著提高，加快“扬州制造”向“扬州创造”转变。

二、依靠科技创新加快推进产业结构优化升级

4. 大力发展高新技术产业。重点发展电子信息、先进制造、新能源、新光源、新材料、生物技

术和节能环保产业，加快培育高新技术企业，努力在优势领域掌握一批核心技术，拥有一批自主知识产权，造就一批具有自主创新能力的企业和较强竞争力的自主品牌，形成完善的产业链和创新能力较强的产业群。加快实施沿江开发战略，继续推进工业技术创新、企业二次创业，集聚重要产业、实施重大项目、培植重点企业，加大产业集群创新力度，抢占产业制高点，积极参与国际竞争。加快高新技术产业聚集步伐，引导各类创新要素向园区和基地集中，构筑高新技术产业发展的新高地。

5. 积极改造提升传统产业。围绕机械制造、石油化工、化纤纺织及服装加工等优势传统产业，加大投入力度，加快技术改造步伐。充分利用信息技术、新型节能环保技术改造提升传统产业技术和装备水平，切实解决产业发展中的技术瓶颈问题，实现传统产业的升级换代。针对传统产业发展中的薄弱环节，高起点、有重点地引进国内外先进技术及装备。支持企业加强对引进技术的消化吸收再创新，促进外源技术的内源化。大力实施“科技兴贸”战略，提升出口企业自主创新能力，提高高新技术产品出口比重。

6. 努力提升企业信息化水平。继续实施信息化带动工业化战略，走新型工业化道路。加快利用集成电路和嵌入式软件技术改造传统工业产品，提高产品智能化水平和附加值。积极推广应用信息化辅助设计、辅助制造，推进企业生产过程的自动化和生产装备的数字化，提高产品设计制造水平。积极发展电子商务，实行网上交易、网上供应商管理，拓宽营销渠道，降低交易成本。积极推进管理信息化，促进信息技术和管理技术的有机结合，优化组织结构和业务流程，提高市场应变能力。加强高消耗、高污染行业信息化改造，推进节能、节材、节水等方面信息技术的应用，加快建立资源节约型的生产和生活模式。积极推进重点行业、特色支柱产业和园区、基地的信息化服务平台建设，提高产业竞争力。

7. 加快农业科技创新。不断深化农业科技体制改革，加强农业技术创新和集成，突出抓好生物技术、优质高产新品种选育、农产品安全生产及精深加工、农业信息化等技术的研究开发和转化应用，围绕提高农产品市场竞争力、培育特色优势产业、促进高效农业产业化和规模化，进一步提高农业综合生产能力和农产品市场竞争力。强化农业科技服务体系建设，加强农民科技培训，促进农业适用技术的推广与应用。深入实施科技富民工程，加快科技先导型支柱产业建设，为社会主义新农村建设提供有力支撑。

三、强化企业在技术创新中的主体地位

8. 鼓励企业建立研发机构。支持有条件的企业建立工程技术研究中心、企业技术中心，使之成为产业核心技术和共性技术研发的重要平台。对知识产权管理制度完善、科技成果转化成效显著的国家级、省级研发机构在项目、资金等方面予以重点支持。鼓励有条件的重点企业集团建立博士后工作站等研发合作组织，对博士后项目予以资助。鼓励企业研发机构向社会开放，增强创新资源的外溢效应。

9. 引导企业加大创新投入。优先满足自主创新型企业对土地、资金等各类生产要素的需求。充分发挥科技计划对企业自主创新的导向作用，加大对企业创新活动的支持力度。根据国家税收政策，推进税收扶持由生产型优惠向创新型优惠转变，切实落实企业技术开发费加计扣除、研究开发仪器设备加速折旧以及“四技服务”等方面的优惠政策。充分发挥金融对自主创新的支持作用。引导金融机构降低信贷门槛，扩大信贷规模，增加信贷品种，简化信贷手续，为企业自主创新提供宽松的融资环境。加快建立和完善风险投资机制，大力发展创业风险投资基金。积极创造条

件，推动高新技术企业通过证券市场融资。

10. 扶持民营科技企业发展。建立和完善民营科技企业的服务体系，降低民营科技企业在各方面的准入门槛，切实保证民营科技企业平等参与市场竞争。大力支持科技人员创办民营科技企业，鼓励留学回国人员在扬创办科技型企业。积极推动民营科技机构由单纯研发向集研发、生产与销售为一体的转型，放大科技成果的产出效应。对成长快、效益好的民营科技创业企业，在项目申报、企业融资、政府采购等方面给予政策倾斜。

四、大力推进产学研合作

11. 引导和鼓励多种形式的产学研合作。推动全社会科技力量参与创新创业，把企业的产业优势与高校和科研院所的技术、人才优势紧密结合起来，全面提高自主创新和高新技术产业化水平，增强经济综合竞争力和发展后劲。加大政府引导扶持力度，鼓励和支持企业主动与高校、科研院所开展多种形式的产学研合作，联合建立研发机构和其他技术创新机构。进一步拓展产学研合作的领域，创新合作模式，建立良性互动的运行机制，加快科技成果的创造和转化，提高科技成果的产出效益。

12. 发挥驻扬高校、科研院所对提升全市自主创新能力的带动作用。以扬州大学、扬州职大、里下河农科所、家禽所、723所等高校、科研单位和国家、部省级重点实验室为依托，针对我市支柱产业和优先发展领域，开展前瞻性和关键共性技术研究，抢占产业技术制高点，为我市产业的持续、快速发展提供技术支撑；鼓励和支持江苏油田、曙光仪器厂等驻扬单位利用自身科研优势，开展科研攻关，服务地方科技创新和经济发展。

13. 开放配置科技创新资源。进一步整合科技资源，健全和完善科研仪器设备共享机制，努力构建功能齐全、开放高效的创新活动保障体系，提高创新效益。积极参与长三角区域的科技创新协作，建立与国内知名高校、科研院所和国防科研系统的稳定科技合作关系，不断扩大国际科技交流与合作，在更大范围内优化配置科技创新资源，建设开放式的区域创新体系。

五、加强知识产权创造和保护，提高产品核心竞争力

14. 实施知识产权战略。加强各级知识产权管理机构建设，在人员、经费、工作手段上给予保证，强化知识产权宣传与培训，大力发展知识产权服务机构，加大知识产权管理和服务人才的培养力度。鼓励企业、高校和科研机构开发具有自主知识产权的关键技术和重大产品。加大对发明专利、实用新型专利的扶持力度。推进知识产权试点示范和产业化工程，培育和壮大一批知识产权优势企业，支持和鼓励发明专利产业化。有效建立知识产权联合执法和知识产权预警、涉外应对以及维权援助机制，加大知识产权保护力度。

15. 实施技术标准战略。加快建立优势产业技术标准体系。引导扶持企业积极参与国际标准、国家标准和行业标准的制定，鼓励企业结成技术标准联盟，形成优势产业事实标准。大力实施标准提升工程，鼓励企业积极采用国际标准和国外先进标准组织生产，促进企业核心技术和专利技术向标准转化。建立和完善技术性贸易壁垒预警体系和防范机制。

16. 实施自主品牌战略。完善有利于企业品牌培育发展的政策环境和市场环境，引导企业强化品牌和商标意识，争创名牌产品。加大对中国驰名商标、中国名牌产品、江苏省著名商标、江苏省名牌产品以及国家重点支持和发展的名牌出口商品的培育与保护力度。鼓励企业在境外注册商标，开展自主品牌经营，打造具有自主知识产权的国际品牌。促进集体品牌或集体商标、地理标

志产品、原产地注册商标等地区品牌的发展。

六、加强科技创新公共服务平台建设

17. 加强科技创新公共服务平台建设。进一步整合各类科技创新资源，加快科技文献、科技信息、大型科学实验和检测仪器设备等公共服务平台的建设步伐。依托数控金属板材加工设备、汽车及关键零部件、“三药”及医疗器械、LED等特色产业基地，重点建设一批直接服务于区域特色产业和支柱产业的专业化的科技创新服务中心（平台），提高行业技术水平。建立创新平台共享制度，实现创新服务的社会化、专业化，努力构建布局合理、功能齐全、开放高效、体系完备的创新活动物质和信息保障系统。

18. 加强各类孵化器建设。加强对各级各类科技孵化器发展的规划和引导，健全完善孵化服务体系，延伸孵化链条，明确各类科技孵化器的主导方向，推动孵化器专业化发展、市场化运作，使之真正成为高新技术创新和高层次人才培养基地。积极引导社会资金创办综合性或专业性的科技孵化器。鼓励科技孵化器与高校、科研机构开展合作，增强对在孵企业的服务功能。

七、大力推动科技创业，促进科技创新成果转化为现实生产力

19. 优化创新创业环境。减少和规范行政审批，推进公共服务创新，提高公共服务效率。加快培育行业协会、技术咨询、技术转让、无形资产评估、知识产权代理等市场中介组织，创造公平竞争的市场环境。加快制定鼓励科技中介组织发展的相关政策措施，支持社会力量创办科技中介服务机构，加强科技创新的供求对接，畅通产学研信息渠道，促进科技成果转化。

20. 建立健全合理配置政府创新资源的统筹机制。积极参与区域间科技创新协作。打破部门利益分割和多头管理，完善科技研发、技术标准、对外贸易、政府采购等方面的创新激励政策，优化资源配置，提高创新效益。建立创新资源配置的信息交流制度，不断扩大科技交流与合作，在更大范围内优化配置科技创新资源，建设开放式的区域创新体系。

八、发挥人才第一资源作用，加快建设科技人才高地

21. 加大创新人才培养力度。深入实施人才强市战略，针对经济社会发展实际需要，健全和完善以企业为主体、院校为基础、学校教育与企业培养紧密联系、政府推动与社会支持相互结合的创新人才培养体系。加强人力资源开发和自主创新人才队伍建设，实施创新型人才培养计划，大力推进“333”工程，加强中青年高级人才和行业技术、学科带头人的选拔和培养。依托重大科技项目、重点学科和重点实验室，在重点产业和重点领域培育一批创新团队和科技领军人才。鼓励企业与科研院所、高等院校合作培养研究型人才和复合型人才。充分发挥高等教育在建设创新型城市中的基础性和先导性作用，优化高等教育学科和专业结构，整合全市职业教育资源，提高办学层次和质量，加快培养创新型高级人才和高技能人才。开展先进制造业、现代服务业以及软件设计等产业发展紧缺人才的培训，支持高水平的民办培训机构参与人才培训。

22. 加快创新人才引进步伐。实行创新型人才柔性引进政策，开设人才引进“绿色通道”，不拘一格引进符合扬州经济结构调整与产业发展方向的人才。加快扬州留学生创业园等创业平台建设，突出创新团队引进、核心人才引进和高新项目引进，大力吸引海外留学人员来扬创业。建立和完善人才资源市场配置机制，鼓励科技人才的合理流动。

23. 优化创新人才发展环境。建立以业绩和能力为重点的自主创新人才评价体系，坚持在创

新实践和竞争中选拔人才。完善收入分配制度，促进各类技术要素参与收益分配，充分调动投智者和投资者的创新积极性。进一步加大对科技创新人才、科技创新创业领军人物和优秀创新团队的科技奖励力度。继续加大政策扶持力度，切实解决各类创新人才的后顾之忧，努力提高科技创新创业人才"净所得"。

九、大力营造创新型城市建设的社会氛围

24. 提高全民科技素质和创新能力。深入开展科普宣传，大力弘扬科学精神，宣传科学思想，推广科学方法，普及科学知识。加强农村科普工作，建立健全提高农民技术和职业技能的培训体系。大力实施素质教育，鼓励青少年参加丰富多彩的科普活动和社会实践，培养创新意识、创新素质和动手能力。

25. 大力培育创新文化。广泛宣传创新创业先进典型，大力弘扬"诚信、务实、开放、创新"的精神，大力倡导"敢为人先、敢冒风险、勇于创造、鼓励成功、宽容失败"的创业风尚，大力营造"勇于创新、尊重创新、激励创新"的文化氛围，大力开展科技人员学术交流、青少年发明创造、职工技能竞赛等创新实践活动，使一切有利于社会进步的创造愿望得到尊重，创造活动得到鼓励，创造才能得到发挥，创造成果得到肯定。繁荣发展哲学社会科学，促进哲学社会科学与自然科学相互渗透，为建设创新型城市提供科学的理论指导和良好的文化氛围。

十、加强领导，为建设创新型城市提供坚实保障

26. 加强组织领导。建立党委统一领导、政府统筹实施、部门各司其职、社会共同参与的工作机制，切实加强对科技创新工作的组织领导，全面实施《扬州市科技发展"十一五"规划纲要》。完善考核评价体系，把自主创新能力建设的目标任务作为党政主要领导政绩考核的重要内容，纳入重点目标责任制考核，加快推进县（市、区）科技进步目标责任制。加大督查和考核力度，确保各项工作落到实处。

27. 加大政府投入。把对科技事业发展特别是提高自主创新能力的投入作为重要的战略投资，切实落实国家和省有关大幅度增加科技投入的规定，确保财政科技投入增幅明显高于财政经常性收入增幅，到2010年，市和县（市、区）每年新增财政支出中科技支出的比例分别不低于3%、2%。进一步完善财政科技资金使用办法，加大对省级以上重点项目、产学研合作、公共服务平台和关键共性技术开发的扶持力度。

28. 强化政策支持。用足用好国家推进自主创新的各项政策，结合我市实际，从财政、税收、金融、政府采购等方面有针对性地制定具体政策措施，形成富有扬州特色的激励自主创新的政策体系。各地、各部门要切实履行职能，切实把各项政策措施落到实处。

中共扬州市委
扬州市人民政府
2006年11月20日

浙江省

浙江省促进中小企业发展条例

（2006年7月28日浙江省第十届人民代表大会常务委员会第二十六次会议通过）

第一章 总则

第一条 为改善中小企业经营环境，维护中小企业合法权益，引导中小企业以科学发展观为指导，自主创新，健康发展，根据《中华人民共和国中小企业促进法》等有关法律、行政法规，结合本省实际，制定本条例。

第二条 本条例所称中小企业，是指在本省行政区域内依法设立的符合国家有关中小企业划分标准的各种所有制和各种形式的企业。

第三条 县级以上人民政府应当坚持国家实行的积极扶持、加强引导、完善服务、依法规范、保障权益的方针，将促进中小企业的发展纳入国民经济和社会发展规划，确定扶持的重点行业和领域，制定相应政策措施，为促进中小企业的创立和发展创造有利环境。

乡（镇）人民政府应当依法为中小企业提供指导和服务。

第四条 县级以上人民政府负责中小企业工作的部门（以下简称中小企业工作部门）应当结合本行政区域发展状况，确定扶持重点，做好对中小企业的综合协调和指导服务工作。

县级以上人民政府其他有关部门应当在各自的职责范围内，对中小企业进行指导和服务，落实有关政策措施。

第五条 省统计部门会同省中小企业工作部门建立健全中小企业统计指标体系，制定中小企业统计制度，准确反映中小企业发展运行状况。

第六条 中小企业享有法律、法规规定的各项权利，任何单位和个人不得侵犯中小企业的合法权益。

中小企业应当依法承担相应义务，坚持合法经营、照章纳税、诚实守信、公平竞争，遵守国家有关劳动用工、安全生产、职业卫生、社会保障、资源利用、环境保护、产品质量、财政金融等法律、法规，不得损害国家利益和社会公共利益，不得侵犯职工合法权益。

第二章 创业扶持

第七条 保护中小企业依法参与市场公平竞争的权利，不得限制中小企业进入国家法律、行政法规没有明确禁止的行业和领域经营。

第八条 引导创办科技型、资源综合利用型、环保节能型、农产品加工型等中小企业，重点扶持初创的、具有成长性的中小企业。

第九条 支持利用民间资本和境外资本依法创办中小企业。

创业人员可以用货币出资，也可以依法用劳务或者实物、知识产权、土地使用权等非货币财产作价出资创办中小企业。

第十条 中小企业工作部门应当加强创业辅导工作，为中小企业提供创业培训、管理咨询、融资指导、技术创新、风险防范、企业诊断等方面的信息和服务。

第十一条 县级以上人民政府应当在城乡建设规划中安排必要的中小企业建设用地，采取利用原有存量建设用地、闲置厂房和引导中小企业进入工业园区等多种形式，为中小企业提供生产、经营场所。

第十二条 支持小企业创业基地建设，引导小企业集聚发展，扶持小企业创业。

引导各类社会资本投资建设多层标准厂房，出租或者转让给中小企业使用。

建设小企业创业基地和多层标准厂房以及承租多层标准厂房的，可以享受相关优惠政策。

第十三条 县级以上人民政府有关部门（以下简称有关部门）应当为中小企业创业人员提供工商、财税、融资、人才档案、户籍管理、子女入学、住房、社会保障等方面的政策咨询和便利措施，提高服务质量。

第十四条 县级以上人民政府应当根据法律、行政法规及国家有关政策，在税收上对中小企业给予扶持。符合条件的中小企业，可以按照国家规定适用相关税收政策。

第三章 创新推动

第十五条 根据国家产业政策和市场需要，鼓励中小企业发挥自主创新主体作用，增加技术创新投入，采用先进技术、工艺和设备，提高产品质量，推进技术进步。

第十六条 县级以上人民政府及其有关部门应当推动公共科技基础条件平台、行业专业创新平台和区域创新平台建设，为科研开发和科技成果转化提供基础条件和公共服务，增强中小企业自主创新的综合能力。

第十七条 鼓励中小企业积极引进人才，依法设立企业技术中心、科研实验基地、博士后科研工作站或者与国内外高等院校、科研机构、大企业合作建立产、学、研相结合的研发机构。

行业协会或者自主研发能力强的企业可以建立或者带动中小企业建立共性技术研发机构。

各级人民政府及有关部门应当对中小企业建立的各类研发机构在建设资金、建设用地、人才引进、科技项目和有关规费等方面予以优先支持。

第十八条 鼓励境内外企业、科研机构和科技人员创办各类科技企业孵化器和科技型中小企业。

科技企业孵化器和科技型中小企业可以适用高新技术企业的相关政策。

第十九条 中小企业的技术研发费用以及用于研发的仪器和设备，按照国家和省的规定在税收和固定资产折旧等方面适用相关政策。

中小企业采用国际标准、国外先进标准和新技术、新工艺、新材料开发新产品的，可以适用国家和省规定的相关政策。

第二十条 支持中小企业通过技术研发和创新形成自主知识产权。

工商、专利等有关部门应当为中小企业申请注册商标或者国内外专利提供咨询辅导和资金支持，为中小企业保护知识产权提供服务。

第二十一条 引导中小企业制度创新，优化资本结构，逐步建立现代企业制度，完善法人治理结构，提高经营管理水平，增强自我发展能力。

第四章 市场开拓

第二十二条 县级以上人民政府及其有关部门应当加强信息、物流等公共服务平台的建设，引导中小企业与国内外大企业协作配套，促进中小企业的产品进入国内外大企业的产业链或者采购系统。

第二十三条　加强对中小企业自主品牌保护。有关部门应当完善品牌建设激励机制。

中小企业应当树立品牌意识，提高产品质量，创造自主品牌，增强品牌产品在国内外市场上的竞争力。

第二十四条　引导中小企业积极采用国际标准、国外先进标准，提高产品质量，增强应对技术性贸易壁垒的能力。

县级以上标准化管理部门及其他有关部门应当跟踪研究国际标准、国外先进标准以及本省主要出口国家和地区的技术性贸易措施，及时为中小企业提供信息和服务。

第二十五条　引导中小企业运用现代信息技术，开展网上交易和电子商务等活动，开拓国内外市场，降低交易成本。

第二十六条　县级以上人民政府采购人应当及时在政府采购监督管理部门指定的媒体上公布采购信息，为中小企业获得采购合同提供指导和服务。

政府采购应当按照公开、公平、同等优先的原则，购买中小企业的优质产品和列入自主创新产品目录的产品。自主创新产品目录由省财政部门会同其他有关部门在国家认定的自主创新产品范围内确定。

同级财政部门应当会同中小企业工作部门加强指导和监督。

第二十七条　有关部门和机构应当在市场信息、展览展销、税务、海关、检验检疫、进出口信贷等方面提供指导和帮助，促进中小企业拓展货物进出口、技术进出口和国际服务贸易，支持有条件的中小企业到境外投资、开办企业或者设立经营销售和研发服务网点，帮助中小企业参加国际国内各种产品、技术的展销展览活动。

第二十八条　建立和完善产业损害预警机制，监测分析进出口异常情况，为中小企业及时运用贸易救济措施提供服务，保护产业安全。

第五章　资金支持

第二十九条　省级财政预算应当安排扶持中小企业发展专项资金，并根据年度财政收入情况适当增长。

市、县、区人民政府应当安排扶持中小企业发展专项资金。

有条件的乡（镇）人民政府应当根据实际情况，安排扶持中小企业发展专项资金或者以其他方式为中小企业发展提供支持。

扶持中小企业发展专项资金的具体管理使用办法，由同级财政部门会同中小企业工作部门制定。乡（镇）人民政府安排扶持中小企业发展专项资金的，应当制定具体管理使用办法。

第三十条　各级扶持中小企业发展专项资金重点用于支持中小企业创业、专业化发展及与大企业协作配套、信用担保体系建设、支持小企业融资贷款、社会化服务体系建设、培训和信息咨询等服务。

省级财政用于扶持企业发展的其他各项资金应当向中小企业倾斜，并逐步加大对中小企业的扶持力度。

第三十一条　中国人民银行在本省的分支机构和国家银行业监督管理机构在本省的派出机构应当按照各自职能推进和完善金融服务体系建设，增加和延伸中小企业信贷渠道，加强信贷政策指导，综合运用货币政策工具和窗口指导等措施，引导信贷投向，推动信贷制度改革和信贷产品创新，改善中小企业融资环境。

第三十二条 金融机构应当根据国家信贷政策，调整信贷结构，建立符合中小企业贷款业务特点的体制机制，创新信贷产品，提高服务质量，加大对中小企业的信贷支持。

第三十三条 中小企业工作部门可以向金融机构推荐财务制度健全、发展状况和信用记录良好的中小企业，帮助中小企业与金融机构加强融资合作。

第三十四条 中小企业贷款需要进行抵押登记的，有关登记部门应当为中小企业提供服务，不得强行要求对抵押物进行评估，也不得指定评估机构。

第三十五条 加快发展资本市场，引导有条件的中小企业，通过股权融资、项目融资、债券融资、租赁融资、境内外上市等途径，依法开展直接融资。

第三十六条 鼓励民间资本和境外资本依法设立创业风险投资企业。省人民政府和有条件的市、县、区人民政府应当依法建立创业风险投资引导基金，通过参股和提供融资担保等方式扶持设立创业风险投资企业。

创业风险投资企业对中小企业进行投资的，按照国家和省的规定适用相关的税收政策。

第六章 信用担保

第三十七条 县级以上人民政府及其有关部门应当推进中小企业信用制度建设，建立和完善中小企业信用信息征集、信用评价、信用风险防范和失信追究等信用制度。鼓励信用中介机构开展中小企业信用信息征集、信用评价、信用信息查询等服务。

加强电子政务建设，逐步建立部门之间联合的数据共享体系，依法为信用中介机构提供中小企业有关信用信息。

第三十八条 鼓励企业资本、民间资本和境外资本多元投资建立多种形式的中小企业信用担保机构。

县级以上人民政府应当在扶持中小企业发展专项资金中安排一定比例，用于支持中小企业信用担保体系建设的下列事项：

（一）政府出资或者参股设立中小企业信用担保机构或者再担保机构；

（二）对商业性和互助性信用担保机构的创业资助；

（三）对中小企业信用担保机构的风险补助。

第三十九条 中小企业信用担保机构应当实行市场化运作、企业化管理，建立健全担保业务的事前评估、事中监控、事后追偿与处置机制，有效防范与控制担保风险。

中小企业信用担保机构依法对中小企业向金融机构贷款、票据贴现、融资租赁等融资方式提供担保或者再担保；不得从事存、贷款金融业务及财政信用业务。

第四十条 鼓励信用担保机构加大对科技型中小企业技术创新活动的支持力度。信用担保机构向高新技术企业和科技型中小企业提供的信用担保额超过其担保总额70%的，可以按照规定适用高新技术企业的相关政策。

第四十一条 符合国家规定的中小企业信用担保、再担保机构，经依法批准，其从事中小企业信用担保经营业务的收入，按照国家规定适用相关税收政策。

第四十二条 中小企业工作部门应当加强对中小企业信用担保机构的指导和服务，完善绩效评价机制，促进中小企业信用担保体系规范、有序、健康发展。

第七章　员工培训

第四十三条　加强中小企业教育培训体系建设，为中小企业提供政策法规、经营管理、安全生产、质量管理、职业技能等方面的培训服务。

第四十四条　中小企业应当合理安排经营管理人员和专业技术人员参加继续教育或者深造，提高经营管理和技术研发能力。

中小企业应当开展形式多样的自主培训。鼓励有条件的中小企业建立职业培训机构，对在职员工、新录用员工的职业技能进行培训，不断提高员工的从业素质。

第四十五条　中小企业应当按照国家和省规定的比例足额提取职工教育经费，专项用于职工的教育和培训，不得挪用。提取职工教育经费可以按照规定在企业所得税前列支。

第八章　社会服务

第四十六条　政府扶持建立的中小企业服务机构，应当向中小企业提供免费或者低收费的公益性服务，联系和引导各类社会中介机构为中小企业提供服务。

第四十七条　中小企业服务机构应当建立和完善中小企业信息网，依法公开政策法规、市场动态、中小企业信用等级等各类信息，为中小企业提供信息服务和形象宣传的网络平台。

第四十八条　各类社会中介机构应当依照法律、法规的规定和行业准则，为中小企业提供创业辅导、信息咨询、技术支持、人才引进、员工培训、风险投资、融资担保、产权交易、产品开发、质量认证、申请专利、市场开拓、展览展销、财务代理和权益维护等方面的服务。

第四十九条　鼓励科研机构、高等院校开展面向中小企业的科技服务、项目研发，培训中小企业经营管理及生产技术等方面的人员，提高中小企业营销、管理和技术水平。

第五十条　中小企业可以自主建立或者自愿参加行业协会组织，加强自我约束、自我管理、自我服务、自我发展。

行业协会应当反映中小企业的建议和要求，积极应对国际贸易争端，维护中小企业合法权益。

第九章　权益保护

第五十一条　中小企业及其出资人的合法投资和合法收益受法律保护，任何单位或者个人不得非法改变企业的产权关系，不得非法占有或者无偿使用企业财产。

第五十二条　任何机关或者单位不得在法律、法规规定和权限部门批准的收费标准之外，向中小企业收取费用。

第五十三条　任何单位和个人不得强制中小企业提供赞助、订购报刊杂志、加入协会、购买产品或者接受有偿服务，不得违反法律、法规规定强制要求中小企业参加培训、评比、考核等活动。

第五十四条　有关部门在履行管理职责时，不得为中小企业指定环境影响评价、安全评价、产品质量认证等服务的中介机构。

第五十五条　县级以上人民政府应当组织中小企业工作部门、财政、价格和其他有关部门，建立健全中小企业负担监测制度，对维护中小企业合法权益情况予以监测督促。

第五十六条　中小企业对侵犯其合法权益的行为，有权拒绝，并可以向有关部门或者中小企业工作部门投诉或者举报。

有关部门或者中小企业工作部门应当在收到投诉或者举报之日起20个工作日内办结并予答复。

第五十七条　政府及有关部门有下列行为之一的，由上级行政机关责令改正，情节严重的，对直接主管人员和其他直接责任人员依法给予行政处分；构成犯罪的，依法追究刑事责任：

（一）违法改变中小企业财产所有权的；

（二）违法对中小企业实施监督检查的；

（三）违法向中小企业收费的；

（四）截留、挪用扶持中小企业发展专项资金或者其他扶持资金的；

（五）强制要求中小企业提供赞助、订购报刊杂志、加入协会、购买产品或者接受有偿服务的；

（六）违法要求中小企业参加培训、评比、考核等活动的；

（七）其他损害中小企业合法权益的违法行为。

因前款行为给中小企业造成经济损失的，应当依法予以赔偿。

第十章　附　则

第五十八条　本条例自2006年11月1日起施行。

杭州市人民政府办公厅关于印发进一步加快科技企业孵化器发展实施办法的通知

杭政办〔2006〕26号　2006年8月25日

各区、县（市）人民政府，市政府各部门、各直属单位：

《关于进一步加快科技企业孵化器发展的实施办法》已经市政府同意，现印发给你们，请认真遵照实施。

为贯彻落实《中共杭州市委杭州市人民政府关于进一步打造“天堂硅谷”推进创新型城市建设的决定》（市委〔2006〕11号）精神，进一步加快我市科技企业孵化器建设和发展，特制定本办法。

一、科技企业孵化器及孵化企业的认定

（一）科技企业孵化器（包括创业服务中心、大学科技园、留学生创业园、农业科技企业孵化器等，以下简称“孵化器”），是以企业孵化工作场地和配套设施为依托，为科技人员和处于初创阶段的科技型中小企业提供必要的资源和服务，以降低创业成本，提高创业成功率，培育科技型企业和企业家的一种经济实体，具有集聚创业要素、转化科技成果、培育科技型企业等功能。

（二）杭州市科技企业孵化器的认定遵循自愿申请原则。认定市级孵化器需具备下列条件：

1. 以孵化和转化培育处于初创阶段的科技型中小企业及高新技术成果为宗旨，具有独立法人资格，注册资本在100万元人民币以上。孵化器按现代企业制度经营管理，独立核算，组织机构健全，有专职的创业服务人员。

2. 具有建筑面积1000平方米以上的孵化场地和为孵化企业孵化服务配套的公共设施和设备，其中直接用于孵化企业用房和为孵化企业提供公共科技配套服务的面积原则上占70%以上，孵化企业数（含场外）原则上在10家以上。

3. 以转化农业科技成果为主，以农业科技园区、现代农业示范区或特色农业产业基地为载体的农业科技企业孵化器，孵化场地面积不少于100亩；以农业科研院所或农业龙头企业为载体的，其孵化场地建筑面积不少于1000平方米；在孵农业科技企业和农业专业大户10家以上，农业科技成果项目在10个以上。

4. 具有较完善的培育孵化企业的管理制度和服务内容，按照孵化企业的入孵条件、毕业标准，有严格的退出机制，可为孵化企业提供所需的商务、信息、咨询、培训、市场、投融资、技术开发与合作交流等服务，孵化器实际运营时间在1年以上。

5. 孵化器所在地政府或主管部门设立用于引导资助孵化企业完成科技项目的创业种子资金。

（三）孵化企业是指由科技人员创办，处在初创阶段、具有一定发展前景，且受指定孵化器指导管理和提供服务的科技型中小企业。孵化企业需具备下列条件：

1. 在杭州市行政区域内工商、税务部门注册登记，企业产权明晰，自主经营，自主创新能力较强。

2. 从事科技部、财政部、税务总局编制的《中国高新技术产品目录》所列产品的研究、开发、生产和经营（纯经营性企业除外），项目的产业化前景较好。

3. 企业注册时间原则上未超过3年（生物医药、集成电路设计等企业最长不超过5年），注册资本150万元以下。企业与孵化器主体签订的培育合同不超过3年（生物医药、集成电路设计等企业最长不超过5年）。培育期满不能“毕业”的孵化企业即退出孵化器。

二、科技企业孵化器的建设与管理

（四）全市孵化器建设与发展的目标：到2010年，全市投入运行的孵化器达到50家以上，孵化器场地面积200万平方米以上，在孵科技企业2000家以上，为全市高新技术产业发展集聚一批创新创业的科技人才，培育一批有市场竞争力的科技型企业。

（五）提倡“民办官助”，积极引导各类非政府组织、企业和自然人利用社会资金和闲置房屋等，参与孵化器建设特别是专业性孵化器建设。支持高等院校、科研院所和企业联合共建孵化器。市区工业企业“优二进三”搬迁后，鼓励有条件的企业将一部分腾退土地用于孵化器建设。

（六）各区和有条件的县（市）政府要将孵化器建设纳入经济和社会发展规划，制定具体方案，坚持盘活存量与新添增量相结合，加大投入力度，以集聚创业人才和发展高新技术产业为目标，因地制宜建设有特色的孵化器。各国家级、省级高新区、经济开发区要将孵化器建设作为工作重点，明确孵化器建设发展目标，加快建设综合性、专业性孵化器，为增强区域创新能力服务。

（七）市科技局负责全市孵化器建设与发展的指导和管理工作，会同市有关部门对市级孵化器进行认定和年度考核，对考核优秀的孵化器予以奖励，对连续两年考核不合格的孵化器予以摘牌。支持符合条件的市级孵化器创建国家级、省级孵化器。各区、县（市）科技行政部门负责本地孵化器的建设与发展管理工作。

（八）发挥市科技企业孵化器协会及其他科技中介服务机构的作用，推进孵化器之间的合作交流、资源共享和行业规范。科技中介服务机构受各级科技行政部门委托，可承担全市孵化器和孵化企业的咨询、评估等事务性工作。

三、扶持科技企业孵化器和孵化企业发展的若干措施

（九）贯彻落实国务院关于实施《国家中长期科学和技术发展规划纲要（2006～2020年）》若干配套政策，符合条件的孵化器依照国家规定享受免征营业税、所得税、房产税和城镇土地使用税等优惠政策。

（十）贯彻落实省人民政府《关于加快科技企业孵化器建设与发展的若干意见》（浙政发〔2005〕38号）精神，对符合土地利用总体规划和城市总体规划的科技企业孵化器新建和扩建项目用地，优先安排农用地转用计划指标。由财政资金为主投资的科技企业孵化器新建、扩建和改建项目，涉及城建等有关规费，报经相应权限机关批准后予以减免。

（十一）市级孵化器经认定为市级高新技术企业的，可按照有关规定享受扶持政策。市级孵化器经年度考核合格的，孵化器为孵化企业培育服务所产生收益和孵化企业生产经营（含毕业企业第一年）当年对财政的贡献，由同级财政部门全额用于该孵化器的建设与发展，重点用于为在孵企业提供专业性公共科技服务和对在孵企业的考核奖励，其中用于对在孵企业的奖励不低于50%。

（十二）支持孵化器建设发展资金从市科技创新发展专项资金中列支，重点用于支持专业孵化器公共科技服务平台建设、孵化器运行和奖励、在孵企业的科研项目。其中：

对经认定的市级孵化器为在孵企业投资购置专业性仪器设备（含软件）及提供服务，投资额

在100万元以上的，给予投资额10%～30%的经费补贴（最高不超过300万元）；

对新建投资规模在5000万元以上且孵化面积在1万平方米以上的大型孵化器，按投资额的3%～5%给予补贴（最高不超过500万元）；

对被国家科技部、省科技厅等新认定为国家级、省级科技企业孵化器的，分别奖励100万元、50万元；

对年度考核成绩优秀的市级孵化器每家给予不超过10万元的奖励；

孵化企业在孵期间或毕业后1年内被认定为国家级、省级、市级高新技术企业的，每家分别奖励相关孵化器15万元、10万元和5万元（以最高标准奖励一次）。

（十三）加大力度，择优扶持经认定的市级及市级以上孵化器内孵化企业的创业种子资金项目。

四、附则

（十四）原有政策文件与此相抵触的，以此件为准。

（十五）本办法由市科技局、财政局共同负责解释。

（十六）本办法自2006年9月1日起施行。

杭州市人民政府关于提升企业自主创新能力的意见

杭政〔2006〕5号　2006年8月25日

各区、县（市）人民政府，市政府各部门、各直属单位：

为贯彻落实《中共杭州市委 杭州市人民政府关于进一步打造“天堂硅谷”推进创新型城市建设的决定》（市委〔2006〕11号）精神，进一步确立企业自主创新主体地位，提升我市企业自主创新能力，特提出如下意见。

一、增强自主创新意识，充分调动企业自主创新积极性

（一）充分认识企业自主创新的重大战略意义

自主创新能力是国家竞争力的核心，提升企业自主创新能力是实施城市创新战略的着力点和突破口。切实增强企业自主创新能力，不断强化企业在技术创新体系中的主体地位，有利于杭州造就一批具有国际竞争力的企业。推进企业自主创新是杭州经济结构调整、经济增长方式从资源依赖型向创新驱动型转变的重大战略任务。我市要站在建设创新型城市和全面建设小康社会的战略高度，充分认识企业自主创新的重要性和战略意义，不断推进企业原始创新、集成创新和引进消化吸收再创新，提升企业的自主创新能力。

（二）充分调动企业自主创新的积极性

通过有效的政策引导与扶持，支持和鼓励企业成为自主创新主体。通过带动企业自身体制创新和机制创新，鼓励企业积极开展自主创新活动。企业要把坚持自主创新作为提升自身核心竞争力的主要任务，加大对科技创新的投入，稳步提高研发经费占销售收入的比重；组织新产品开发、科研攻关和技术改造等创新活动，掌握拥有自主知识产权的核心技术；加快企业研发机构以及产学研创新载体建设，积极参与国际合作；加快引进和培育创新人才；实施企业知识产权战略，包括专利战略、标准战略和品牌战略；建设适应自主创新的企业文化和激励创新的分配机制，调动和激发科技人员和经营管理者的积极性和创造性。

（三）加大政策扶持力度、提供体制保障

成立杭州市自主创新工作领导小组，负责制定和协调全市重大科技政策，配置重大公共科技资源。各级政府部门要进一步创造条件、优化环境、深化改革、创新服务，采取切实有效的政策措施，综合运用财税金融、资助奖励、政府采购等手段，构建以企业为主体、市场为导向、产学研结合的技术创新体系，突出企业在自主创新中的主体地位，使企业成为研发投入的主体、技术创新活动的主体、创新成果转化的主体。

（四）完善企业自主创新能力考核体系

贯彻落实国家和省有关科技政策方针和考核措施，进一步完善科技进步考核指标体系，将企业技术开发支出占销售收入比重、每万人口专利授权量(项)、高技术产业增加值占工业增加值比重、工业新产品产值率、孵化器建设与发展业绩等列入科技强区县(市)、开发区考核内容。完善区、县（市）党政领导科技进步目标责任制考核内容。将企业自主创新能力指标纳入国有控股企业及其领导的考核体系。

（五）开展“创新型企业”的试点示范工作

积极开展市级创新型企业试点工作，建设一批拥有自主知识产权、知名品牌和持续创新能力的创新型企业，鼓励和支持企业创建国家级、省级创新型企业。引导创新资源向创新型企业倾斜，优先推荐其申报国家、省各类科技项目。鼓励国有控股创新型企业设立管理股和技术股，管理股和技术股的比例由企业股东在法律法规范围内自主约定。

二、加快企业创新载体建设，提高企业创新能力

（六）鼓励支持企业建立和引进研发机构

鼓励企业建立和引进研发机构，建立完善研发机构认定、评价、激励机制，确立企业研发机构自主创新主要载体的地位。增加企业研发机构种类，将国家级科研院所在杭设立的分支机构、企业中央研究院、设在企业的国家实验室、企业与国内外著名高等院校、科研院所、跨国公司合作建立的研发机构纳入企业研发机构范畴。加大公共财政对企业研发机构资助奖励的力度。

（七）鼓励企业加强与高校院所的全面合作

充分利用省会城市的优势和资源，鼓励我市企业与高校、科研机构开展科技合作，建立以企业为主体、市场为导向、高校和科研机构参与的产学研联合体。鼓励实施以企业为主的重大产学研合作项目。将在杭高校和科研机构纳入杭州自主创新体系，鼓励市属高校和科研机构发挥作用，形成科技创新的合力。对承担军用装备科研生产任务的民用企事业单位依照国家政策给予支持。鼓励企业和高校、科研机构建立企业经营管理人才、专业技术人才和中高级技能人才合作培养机制。

（八）加快建设公共科技创新平台

政府引导、鼓励企业联合高校、科研机构、行业组织建设面向社会、资源共享的科技创新服务平台体系。建立和完善创新合作共享机制，整合、优化我市现有大型科学仪器、科技文献、科技信息、专利和标准数据库等科技基础资源，运用信息网络等现代技术，建设能向企业提供技术测试、信息等服务，具有公益性、基础性的科技基础平台。逐步建设一批面向专业（行业）的科技服务平台，开展产业新技术、新产品的引进、消化、研发、中试、示范、推广等科技创新活动，为提升产业技术水平、增强区域创新能力服务。

（九）加强对科技企业孵化器和孵化企业的支持

加大投入，进一步加快科技企业孵化器建设。鼓励以企业为主，发展多种经济成分、多种形式的科技企业孵化器特别是专业孵化器。支持孵化器建设面向孵化企业的科技研发平台。扩大市科技创业种子资金额度和资助范围。对经认定考核优秀的科技企业孵化器给予一定的奖励。孵化企业在孵化期或毕业一年内被认定为国家、省、市高新技术企业的，给予相应孵化器一定的奖励。加快实施杭州市科技型初创企业培育工程，重点培育有科技含量、成长性较好的科技型初创企业。

（十）大力发展科技中介服务机构

按照政事分开、政企分开、事企分开的原则，推进科技中介服务机构的市场化步伐，大力发展技术、产权交易市场，沟通科技成果的供求关系，开展科技咨询、评估、培训和监理等方面的服务，力求在技术转移、技术产权交易等方面取得新的突破，为企业创新提供良好服务，对绩效显著的项目和发挥重大作用的中介服务机构进行奖励。

三、实施知识产权、技术标准和品牌战略，增强企业核心竞争力

（十一）鼓励企业加强知识产权的创造管理保护运用

鼓励企业开发具有自主知识产权的关键技术和重大产品。统筹安排补助资金，对企业的国内外专利申请费、软件著作权登记费、集成电路布图设计申请费、动植物新品种审定费以及购买专利费给予适当补助，企业可提取一定比例作为对发明人和设计人的奖励。加强对知识产权保护工作的指导与服务，进一步加大知识产权行政执法力度，努力提高企业和个人创造管理保护运用知识产权的能力，为自主创新创造良好的环境。支持和推进专利实施和产业化，对专利实施产业化项目根据应用前景和实施效益给予资助。对大院大所在杭转化自主知识产权成果的予以奖励。

（十二）推进企业技术标准的研制和实施

建立杭州市技术标准信息服务平台、技术标准检测验证平台，技术性贸易壁垒应对和防范体系。引导、扶持企业积极参与国际标准、国家标准的制定，并给予补助和奖励。推动行业和企业采用国际标准，贯彻和落实国家标准。鼓励企业承担国际、国内标准化组织秘书处的工作，对积极应对国外标准纠纷和技术贸易壁垒评议的企业和行业协会给予必要的资助和奖励。

（十三）打造具有自主知识产权的品牌

以自主品牌创新为着眼点，大力实施品牌战略，加快发展信息业、制造业、特色农业、现代服务业及出口品牌，打造更多具有自主知识产权和国际竞争力的名牌，提高名牌产品的国内外市场占有率。加强品牌基础工作，完善要素保障机制。切实加大对名牌产品、品牌企业的扶持与奖励力度。

四、聚焦创新关键领域，推进自主创新重点跨越

（十四）加快高新技术产业的研发、攻关和产业化

围绕“两港五区”建设目标和国家中长期科技发展规划纲要，组织企业实施一批重大科技项目。重点支持以“两大、两优、两新”（通信和软件、集成电路设计和数字电视、动漫和网游）为代表的电子信息产业、生物医药产业、光电子产业、新材料产业、先进装备制造业。支持具有自主知识产权、具有独创性技术和市场前景良好的科技项目产业化，鼓励和资助企业引进高新技术项目并实现产业化。

（十五）推进以信息化为重点的传统产业改造

支持企业加强对引进技术的消化吸收再创新，促进外源技术的内源化。坚持走新型工业化道路，推进信息化带动工业化。深入实施制造业信息化工程，运用高新技术和先进适用技术改造提升机械设备、电子仪表、纺织丝绸、食品饮料等传统优势产业，解决产业发展中的技术瓶颈，提升产业层次。鼓励和支持以企业为主体开展信息化应用，推进重点行业、产业集群和工业园区的信息化服务平台建设。针对传统产业发展中的薄弱环节，高起点、有重点地引进国内外先进技术及设备。

（十六）大力培育高新技术企业

支持民营企业家和科技人员创办高新技术企业，支持科技型中小企业和其他大中型企业发展成为高新技术企业。国家高新技术产业开发区内新创办的省级高新技术企业经严格认定后，自获利年度起两年内免征企业所得税，两年后减按15%的税率征收企业所得税。对研发资金占销售收入比例达到规定比例且经认定的区外省级高新技术企业，从其对当地财政所作贡献中拿出一部分资金，奖励该企业从事的研究开发。经认定的市级高新技术企业等同区外省级高新技术企业享受

政策。积极开展外资企业“双密”（知识密集型、技术密集型）企业认定工作，经认定的企业享受国家规定的税收政策。

（十七）支持企业积极研制新产品

鼓励企业积极研发新产品。对列入省级以上新产品试制计划的产品和技术含量高、市场前景广、经济效益好的新产品给予奖励。将省级以上新产品开发列为对企业申报各类政府资助类试点（示范）企业的评价指标。

五、加大企业创新投入，改善科技创新环境

（十八）优化配置公共科技资金支持企业自主创新

创新投入机制，加大支持力度，发挥财政资金对企业自主创新的引导作用，形成职责明确、管理科学、鼓励创新的财政科技资金运行机制。进一步统筹增加科技投入，确保稳定增长。优化配置“两港”资金、信息化资金、技术改造资金、成果转化资金以及新增的财政科技投入，重点支持创新体系建设和重大科技攻关与产业化。攻克一批具有全局性、带动性的关键共性技术，培育一批具有自主知识产权的高技术产业群，抢占未来竞争制高点，带动产业结构整体优化升级。加大对企业研发活动的扶持力度，完善政府、企业、社会良性互动的服务机制及信息网络。对本市企业列入国家及省科技计划、创新基（资）金专项和国家高技术产业化专项并得到经费支持的项目，市财政给予配套支持。

（十九）引导和鼓励企业加大科技创新投入

鼓励企业加大科技创新投入，提高研发投入占企业销售额的比例。高新技术企业、创新型企业的研发经费占销售收入比例要达到5%以上，科技型初创企业研发经费占销售收入比例要达到3%以上。企业研究开发新产品、新技术、新工艺所发生的各项费用，依据国家规定享受税前抵扣等相关优惠政策。落实国家和省关于高新技术产品、企业技改国产设备投资等方面的税收优惠政策。允许企业按规定加快研究开发仪器设备的折旧。

（二十）建立支持企业自主创新的多层次投融资机制

加快发展创业风险投资，支持引导社会资金投资创办创业风险投资企业，鼓励创业风险投资企业投资处于初创期的科技型中小企业。加快发展多层次资本市场，拓宽科技型企业融资渠道，探索科技风险投资资金进入和退出机制。引导商业金融机构支持企业自主创新与科技成果产业化，积极给予信贷支持。建立和完善支持创新型企业发展的信用担保体系，进一步完善有关政策。鼓励各类担保机构支持科技型企业的发展，确定财政科技经费补助创新型企业的融资担保补助条款，降低政策门槛，提高融资担保代偿损失补助比例。健全发展担保市场。对担保覆盖面广、社会贡献大、风险防范效果好的担保机构给予奖励。

（二十一）建立财政性资金优先采购自主创新产品制度

积极推动我市企业进行自主创新产品备案登记。各级政府机关、事业单位和团体组织用财政性资金进行采购以及市财政投资的重大工程，应优先购买或首购列入目录的自主创新产品。完善采购运行机制，优化评标方法，优先采购自主创新产品。

六、重视创新人才资源开发，构筑创新人才高地

（二十二）加大创新人才引进和培养力度

加快载体建设，搭建企业创新人才培养平台。大力吸引具有跨学科知识、跨行业经验和广阔

视野的自主创新领军型人才和海外留学人员来杭创业，对获得国家承认的国外硕士以上学位或中级以上专业技术职称任职条件的留学人员，带高新技术成果、项目来杭实施转化或从事高新技术项目研究开发的，给予一次性创业资金资助。对新批准设立的博士后科研工作站和进入博士后科研工作站工作的博士后，市政府分别给予建站资助和科研补助。鼓励企业引进高层次人才，完善人才柔性流动机制，开辟高层次人才引进的绿色通道。整合和优化职业技能教育资源，加强企业紧缺人才的培养，加强企业经营管理人才和高技能人才的培养，为企业高层次人才创造良好的工作和生活环境。企业引进人才所需的住房货币补贴、安家费、科研启动经费等，可依法列入成本核算。加大对优秀科技创新人员的奖励力度。

（二十三）完善企业高层次紧缺人才住房多元解困政策

完善人才住房政策，进一步营造创新人才安居乐业的良好环境。加快建设人才创业公寓，为外地大学毕业生及以上学历人才来杭创业提供政策性租赁用房。符合规定的有突出贡献的高层次人才住房扶持政策按《杭州市有突出贡献人才住房申购办法（试行）》执行。在符合城市及相关规划及国家有关政策的前提下，经批准5城区政府及高新区、开发区、科技园管委会可以兴建人才公寓。根据有关规定并经市政府批准，对杭州经济社会发展作出突出贡献的企业可以建造人才公寓，用于解决引进的急需、紧缺和有突出贡献的高层次人才的住房问题。

杭州市人民政府办公厅关于印发促进创新型企业融资担保试行办法的通知

杭政办〔2006〕27号　2006年8月28日

各区、县（市）人民政府，市政府各部门、各直属单位：

《关于促进创新型企业融资担保的试行办法》已经市政府同意，现印发给你们，请认真遵照实施。

为贯彻落实《中共杭州市委 杭州市人民政府关于进一步打造“天堂硅谷”推进创新型城市建设的决定》（市委〔2006〕11号）精神，鼓励担保机构为创新型企业融资提供担保，缓解企业融资难问题，加快我市创新型企业的技术创新，推进高新技术企业发展，特制定本办法。

一、创新型企业与融资担保的定义

（一）创新型企业是指以科技人员为主体，以科技创新为重要特征，从事科学研究开发、科技成果产业化，其产品符合国家、省、市产业发展导向的经济实体。

（二）联合担保是指由市级担保机构与本市其他担保机构或科技企业孵化器等联合为我市创新型企业提供的融资担保方式。

（三）独立担保是指市级担保机构单独为我市创新型企业提供的融资担保方式。

二、融资担保专项资金的用途

（四）为鼓励我市担保机构为创新型企业融资开展担保业务，促进高新技术成果产业化，统筹安排创新型企业融资担保资金，其具体分为担保费补助资金和再担保补助资金：

1. 担保费补助资金。主要用于担保机构为创新型企业独立担保和联合担保的担保费补助。

2. 再担保补助资金。主要用于担保机构为创新型企业独立担保和联合担保时发生代偿损失的补助。财政收入级次为区级（不含财政体制与省直接结算的区）担保机构，按本级标准的50%予以补助，其余50%由各区或开发区配套补助。

（五）融资担保专项资金重点支持：

1. 在杭州市国税、地税登记纳税［不含财政体制与省直接结算的区、县（市）］，年销售收入在5000万元以下的市级以上专利试点（示范）企业、高新技术企业、科技型初创企业、经国家或授权机构认定的软件企业、“双密企业”；经有关部门认定并经市科技局、财政局认同的科技创新能力强的企业。

2. 发明专利、实施实用新型专利技术、市科技进步二等奖以上和经市规范化产权交易平台交易的科技成果转化项目，并在杭州市国税、地税登记纳税［不含财政体制与省直接结算的区、县（市）］的科技型企业。

三、融资担保的组织管理

（六）由市科技局、财政局负责本项工作的管理，并委托杭州市民营科技企业再担保服务中心（以下简称服务中心）负责申请补助的受理和形式审查工作。

四、担保费补助

（七）申请担保费补助的条件：

1. 具有独立法人资格的专业担保机构，注册资本不低于500万元，信用等级在A级以上，无违规违法记录，联合担保业务的年担保费率不高于2%。

2. 孵化器等提供担保的机构，应具有独立法人资格，无违规违法记录，联合担保业务的年担保费率不高于2%。

3. 独立担保或联合担保期限在3个月以上（含3个月）。

（八）担保费补助标准：

根据担保性质和年日均担保额的不同给予补助：

1. 年日均担保额在2000万元以上5000万元以内（含5000万元）的，担保补助经费为年日均担保额的1.5%。

2. 年日均担保额在5000万元以上的，担保补助经费为年日均担保额的2%。

（九）担保机构所得担保费补助资金总额的80%作为风险准备金。

（十）担保费补助申请程序：

1. 独立担保或联合担保业务发生时，由担保机构将相关材料报送服务中心，由服务中心对材料进行形式审查、登记备案。

2. 每笔担保业务解除担保责任后，担保机构应将贷款银行出具的解除担保责任的文件报送服务中心，由服务中心复核。

3. 担保费补助每年结算一次。服务中心对上年度各担保机构年日均担保额及担保费补助额度进行核算，上报市科技局和市财政局审批。

4. 市科技局和市财政局对上报材料进行审核后，拨付担保费补助经费。

五、再担保资金补助

融资担保机构为创新型企业提供担保发生代偿净损失时，政府用再担保资金给予补助。代偿净损失是指当创新型企业未按合同约定向银行偿还贷款本息时，担保机构依担保合同为其代偿的金额减去反担保变现金额后的余额。

（十一）再担保资金补助的标准：

独立担保或联合担保为我市创新型企业提供担保业务发生代偿净损失时，补助经费为代偿净损失的30%。

（十二）再担保资金补助申请程序：

1. 担保机构在发生代偿时（应有明确的追偿责任、措施和期限），待追偿期满后向服务中心提出申请并提交相关资料；

2. 非市本级担保机构申请时还应提供同级财政部门同意配套补助的审查意见；

3. 服务中心对补偿申请进行形式审查；

4. 由市科技局、财政局对上报材料审核后，拨付再担保补助经费。

六、附则

（十三）为便于对担保对象及额度进行审查，本办法在杭州高科技担保有限公司试行一年后，再由市财政局、科技局确定扩大范围。

（十四）原有政策文件与此相抵触的，以此件为准。

（十五）本办法由市科技局、财政局共同负责解释。

（十六）本办法自2006年9月1日起施行。

安徽省

关于印发合肥科技创新型企业培育计划的通知

各县、区人民政府，市政府各部门、各直属机构：

现将《合肥科技创新型企业培育计划》印发给你们，请认真组织实施。

合肥市人民政府

2006年6月30日

为全力推进合肥国家科技创新型试点市建设，发挥合肥现有的科技资源优势，加快建立以企业为主体、市场为导向、产学研相结合的技术创新体系，培育科技创新型企业，实现关键技术、核心领域、战略产业的突破，推进产业集聚，增强我市自主创新能力，扩大高新技术产业规模，实现跨越式发展，特制定《合肥科技创新型企业培育计划》。

一、总体思路和目标任务

（一）总体思路

紧紧围绕“工业立市”和“合肥国家科技创新型试点市建设”的战略部署，以创新为动力，以企业为主体，以应用为导向，以体制机制创新为突破，构建产学研相结合的技术创新体系。加快科技成果的转化和产业化，充分发挥企业作为创新投入主体和创新成果应用主体作用，增强企业自主创新的内在动力，着力打造一大批在海内外有影响的科技创新型企业，突破一批重点领域和关键技术，造就一大批高水平的创新型人才，培养一大批高层次的创新型企业家，创造一大批拥有自主知识产权的名牌产品。

（二）主要目标

到2010年，企业创新精神、自主创新能力和吸纳国内外科技资源能力显著提升，企业研发经费和研发人员占全市比重分别达到70%以上，建成科技创新型企业150户，其中形成年销售收入超过1亿元的100户（超10亿元50户，超100亿元10户，超500亿元1户）。构筑企业创新平台，建立和完善省级工程研究中心20家，工程技术研究中心40家，其中1家进入国家级工程研究中心，2家进入国家级工程技术研究中心；建立和完善省级企业技术中心60家，其中国家级企业技术中心6家以上。把合肥建设成为全国最具科技创新活力的区域之一，成为科技创新型企业孵化园地和高新技术产业化基地。

（三）重点任务

根据合肥产业发展的基础、优势和市场前景，集聚创新资源，重点发展汽车与工程机械制造业等8大支柱产业，集中力量实施一批重点科技产业化项目，培育完善产业链和创新能力较强的企业群，在核心领域、关键技术上取得突破，争取进入全国乃至世界产业前沿。同时在语音技术等国内具有比较优势的技术领域中选择一批有核心技术、有优势产品、有发展潜力的企业，加大科技投入，打造4大新兴产业集群，推进区域经济发展。

1. 做大做强八大支柱产业

（1）汽车与工程机械制造业。以汽车及总成的制造装配工艺及总成关键生产装备及生产线的开发、机器人联线技术、汽车试验装备开发、燃料电池及混合式节能环保城市客车关键技术与产业化、乘用车用节能环保型动力总成研发、新型齿轮及系列产品的研究开发、无级变速电液控制阀的研发、工程机械关键技术的研究等关键技术的突破为重点，着力构建具有自主知识产权和核心技术研发能力、整车与零部件协调配套、龙头企业与配套企业共同发展的现代汽车研发制造体系。

（2）装备制造业。大力提高装备国产化水平，巩固合力叉车、日立挖掘机等工程机械产品在全国领先地位，开发生产装载机、煤矿挖掘机、起重机等系列工程机械。加快发展输变电设备、大型液压机、大型潜水泵、大型水泥专用设备和石化成套设备等特色优势产品，支持企业建设大型装备加工中心。开发太阳能发电、大型风力发电机组等新能源发电及节能设备，数控机床、智能仪表、模具等精密设备，激光加工技术与设备等。

（3）化工及橡胶轮胎制造业。以全钢子午胎及上游配套产品、日用化工产品、合成氨、离子膜烧碱、复合肥、草甘膦、吡咯烷酮、有机硅等优势产品的技术升级和新型化工产品的关键技术开发为突破口，延长加工产业链，壮大产业集群。

（4）新材料制造业。以木塑复合新材料制备技术的研究及产业化、纳米碳酸钙改性大口径聚乙烯管材关键技术研究与产业化、高性能金属基复合材料关键技术研究与应用，高性能纳米陶瓷粉体规模化生产控制技术研究、新型橡塑功能材料制品研制技术、高档磁性材料的研究与产业化、高性能稀土功能材料研究与产业化。

（5）家用电器制造业。以嵌入式技术在家电产品中应用研究、智能信息家电关键技术研究、超级节能冰箱的研发、新型混合工质节流制冷技术及产品的研发等关键技术的突破为重点，重点发展合肥海尔、美的、美菱、荣事达、华凌、三洋等骨干企业和名牌产品。争取早日建成国内外重要的家电制造基地。

（6）电子信息与软件产业。以下一代互联网络关键技术研究、应用电子产品研发、新型电子元器件及 IC 设计、基于 SOA 架构的 ERP 软件、3G 移动网络规划及集中监控系统、道边机动车尾气监测仪、嵌入式操作系统、信息安全产品的开发等关键技术的突破为重点，加快产业化进程，尽快形成规模化生产。

（7）生物技术与新医药产业。推进现代生物技术成果集中应用于医药行业，开发具有自主知识产权的特色生物技术新药；运用创新中医中药理论，研制开发具有自主知识产权的现代中药创新药；开发化学性质稳定、生产工艺易于推广的创新型小分子化学药；开发具有市场前景及自主知识产权的轻、化工生物技术和产品；提高药物制剂技术，开发新型释药系统。

（8）农副产品加工业。以名优绿茶清洁化加工关键技术研究及产业化示范、生物质能源和材料专用玉米产业化技术研究、万吨级仁果类休闲食品原料多元复合保鲜贮藏技术及产业化、生鲜冷加工技术等关键技术的突破为重点，引进国内外先进设备，完善产品规格标准和质量控制体系，提升食品及农副产品加工水平，构建产业链相对完善的区域性食品及农副产品加工中心。

2. 打造四大新兴产业集群

（1）语音技术产业集群。重点围绕语音合成技术研究、语音识别技术研究、口语评测及语言学习技术研究、语言文本处理技术研究、音色转化技术研究、语音及语言的数据挖掘算法及数据挖掘技术、语音平台及芯片产品开发、口语评测及语言学习产品开发、语音行业应用系统开发与产业化等。

（2）公共安全产业集群。重点围绕城市内工业社区火灾安全关键技术研究与应用、食品安全检测重大装备研究与开发、污泥厌氧处理技术开发及城市生活垃圾焚烧发电成套设备开发与产业化、大面积非水溶性有机污染物应急处理技术与新材料研究、开放式数字城市公共安全综合信息管理平台研究等。

（3）智能交通产业集群。重点围绕城市道路与公路交通信息采集与诱导系统、新型交通信号控制系统开发与产业化、嵌入式道路交通信息装备开发与产业化、系列化车载智能信息终端开发与产业化、交通信息增值服务研发、复合路网型驾驶自动考评系统开发与产业化、企业铁路运输管理、监控与调度综合系统开发与产业化等。

（4）新能源与高效节能产业集群。重点围绕燃料敏化太阳能电池的中试开发、太阳能热气流发电站研发、大型光伏发电并网控制系统、MW级双馈式风力发电机组变流及控制技术、小型风力发电机并网变流器、电网中压系统过电压及过电流防护技术开发和应用、电动车辆先进铅蓄动力电池、环境污染物能源化研究、生物质发电关键技术研究及装备制造等。

二、保障措施

（一）创造良好的企业创新条件与环境

1. 搭建平台，提高企业的创新能力。引导企业建立健全技术开发机构，鼓励企业与国内外高校院所共建多种形式的产学研战略联盟，推进创新链上、中、下游的对接与整合。加强工程（技术）研究中心建设，围绕优势产业，加强企业公共技术平台建设，建立软件技术服务平台、汽车及工程机械技术服务平台、新材料研发与服务平台、集成电路设计与服务平台、农产品深加工中试与孵化平台、制造业信息化服务平台等。

2. 强化服务，完善科技中介体系。围绕合肥优势产业和技术领域，推进民营科技企业园等各类科技园区建设，建立和完善一批科技企业孵化器，促进优势互补和资源共享，形成满足创新创业需求的孵化器网络。建设生物医药、电子信息和软件、光机电一体化、新材料与新能源等一批专业性孵化器。加强科技成果转化、技术产权交易、信息交流、人才流动和中小型科技企业融资等中介服务机构建设，壮大经纪人队伍。采取政府引导、市场化运作的方式，加快建设面向社会开放、服务企业的科学仪器设备共享服务平台、科技文献检索平台和科技数据信息平台等，把合肥建设成为国家重要的科技服务示范基地。

3. 激活源头，培养和引进创新人才。引导高校院所针对地方经济发展需求开展前瞻性基础研究，调整办学思路和专业设置，加强面向企业的应用研究和技术开发。以各类高校院所及创新基地、产业化基地等为依托，以重大科技项目为支撑，加快创新人才队伍的培养。推进高校院所与企业之间的互动，推动跨学科跨领域的合作与交流，重点培育形成一批高水平的研究基地、优势学科领域和创新人才。采取团队整体引进、核心人才带动引进、高新技术项目开发引进等多种方式大力引进各类创新人才。推进引资引智，进一步完善人才、智力、项目相结合的柔性引进机制。在社会、行业和企业的不同层面，形成良好的人才结构体系，构筑一流的人才培养高地。

4. 深化改革，建设一流的城市创新生态。围绕企业创新需求，推进管理创新，灵活运用政策杠杆弥补企业创新过程中市场机制的不足，降低创新成本。深化科技体制改革，完善技术转移机制，促进企业之间、企业与高校院所之间的知识流动和技术转移。改革科技计划支持方式，支持企业承担国家科技计划研发任务。加强区域互动和国际合作，促进科技创新交流合作。全方位、多层次支持各类企业、各类创新要素的发展，构建完整的创新链，营造有利于企业家创业和企业发展的创新生态、产业生态、人文生态、环境生态。

5. 营造氛围，大力培育创新文化。在全社会培植竞争、择优、公平的价值观，形成敢于冒险、善待失败、乐于合作的创新理念，塑造“合肥创新精神”。推进企业管理创新，创建符合现代企业管理制度和促进技术创新的组织体制。引导和激励企业家和广大职工加强技术创新和技术改造，为企业技术创新建功立业。深入开展科技宣传和科普工作，全面提升广大职工科学素养。广泛宣传党和国家的科技方针政策，倡导科学思想、科学精神、科学知识和科学方法，弘扬先进文化。

（二）分类服务引导创新型企业的发展

1. 针对初创型企业，实施创新源泉整合行动。发挥政府引导作用，建立面向初创企业的全方位、多元化、专业化支持服务体系，加强各类创新资源的整合和输入机制，加快初创型企业的孵化、培育。尝试委托具有企业管理经验的专业团队托管政府孵化器，引导和推进孵化器管理与风险投资相结合，为初创型企业提供智力支持服务和个性化的管理服务。

2. 针对成长型企业，实施创新优势提升行动。加强科技“小巨人”的培育。发挥民营科技企业园优势，推进科技成果转化、创新人才集聚和培育、高新技术企业的孵化和成长。对拥有自主知识产权、发展潜力强的民营科技企业进行重点支持，不断壮大中小型科技企业发展规模。鼓励行业自行组建或科研机构转制建立行业技术开发中心，作为中小企业新技术新产品研究开发的技术依托。实施科技创新型企业集聚战略，通过联合、参股等多种形式，推动资产集聚，加快成长型企业发展步伐，培育若干个有国际竞争力的高新技术企业集团。

3. 针对成熟型企业，实施创新产业聚集行动。引导和促进各类生产要素向具备一定产业优势的领域和区域流动，通过重点产业带动周边区域和相关产业发展，加快形成产业集群。以重点产业和主导产品延伸产业链，大力进行配套招商，促使向上下游延伸，推动上下游配套产业的形成和发展，完善产业供需和协作链，形成新的产业集聚。

（三）用足用活促进创新型企业发展的政策

1. 全面落实各类促进创新的政策。认真贯彻落实国务院《关于实施〈国家中长期科学和技术发展规划纲要2006～2020年〉若干配套政策》、合肥市政府《关于加快新型工业化发展的若干政策》等国家、省、市激励自主创新的各项政策，促进企业加强自主创新。各县（区）、各部门要全面细化和落实科技发展规划，把已有的优惠政策全面落实到位，对培育创新型企业倾斜支持，充分激活社会各方面创新、创业的活力，推动本计划实施。

2. 鼓励企业从资本市场上融资。通过提供财政担保、补贴等形式，鼓励银行、证券、保险等金融机构，加强对科技创新型企业的金融服务支持。发展支持自主创新的多层次资本市场，扩大合肥高新技术产权交易市场功能，探索建立区域性柜台交易市场。健全发展担保市场，设立再担保资金，吸引社会资金和外资参与担保市场，逐步建立多种资金来源、多种担保形式、多层次结构的担保体系。争取在高新区进行高新技术企业股份报价转让系统建设试点，积极引进证券、期货、银行等各类金融机构聚集发展。支持组建合肥科技发展银行。大力支持科技型企业在国际、国内资本市场融资、上市。充分发挥国家开发银行给予合肥国家科技创新型试点市建设专项软贷款作用，扶持企业科技创新项目。引导社会资金流向各类创新风险投资公司，引导创新风险资本投向列入本计划的初创型企业。

3. 加强财税支持引导。加大政府对自主创新的投入。设立市科技创新专项基金、走新型工业化道路专项资金、科技三项经费等，用于支持科技创新。加大对行业共性技术研究开发的投入，对支持企业创新的公共服务平台给予补贴。鼓励企业与高校院所合作，支持企业购买科技成果实现产业化。设立知识产权专项经费，重点支持企业能形成自主知识产权的重大项目。发挥政府采购政策对自主创新产品的扶持作用，给予自主创新产品优先待遇。建立财政性资金采购自主创新产品制度，实行自主创新产品认证制度，建立认定标准和评价体系。支持高新技术产业发展，高新区内高新技术企业享受的优惠政策逐步扩大到区外。

4. 强化评估和考核。加强对创新型企业的考核评估工作，有效运用“考核”杠杆促进各方面推进创新型企业建设。建立有效的奖惩制度，对为我市经济发展做出突出贡献的科技创新型企业和创新人才给予表彰奖励和倾斜支持。建立以合肥市为主体、中央省市三级联动的工作机制。依托“部际协调小组”协调机制和“省部会商”工作机制，加强科技创新型企业的引导和培育，形成长效推进机制。把培育科技创新型企业工作纳入市各有关部门领导班子的年度考核内容中，建立激励机制，严格考核奖惩，真正做到责任到位、措施到位。市科技行政管理部门负责组织实施该计划，市直各有关部门应将此计划纳入本部门的重要工作，各部门要协调联动，统筹安排，确保科技创新型企业培育计划的实施。

福建省

厦门市海沧区人民政府关于印发《鼓励高新技术产业化项目入驻海沧科技创业中心暂行办法》的通知

区直各办、局，各镇、农（林）场，各有关单位：

《鼓励高新技术产业化项目入驻海沧科技创业中心的暂行办法》已经区委、区政府研究通过，现印发给你们，请遵照执行。

厦门市海沧区人民政府

2006年1月13日

第一条　为鼓励高新技术产业化项目入驻厦门知识产权转化中心产业化基地暨海沧科技创业中心（以下简称科创中心），根据国家、省、市有关规定，结合海沧区实际，制定本办法。

第二条　海沧区政府鼓励以下项目入驻科创中心：

（一）拥有自主知识产权进行孵化和产业化的项目；

（二）拥有核心技术进行孵化和产业化的项目。

以上统称鼓励类项目。

第三条　对入驻科创中心的鼓励类项目给予场地租金补贴。

（一）对租用科创中心孵化大楼场地进行研发、孵化的项目给予场地租金补贴，入驻前三年分别按当年场租价的100%、50%和20%补贴，每家企业享受租金补贴的面积最多不超过200平方米；

（二）对租用科创中心内厂房进行中间试验和生产的项目，入驻前两年分别按当年场租价的70%和50%补贴，每家企业享受租金补贴的面积最多不超过500平方米。

第四条　入驻科创中心，拥有自主知识产权或核心技术，且构成企业主营业务的产业化项目，可以享受海沧区政府10万元～50万元的一次性资助。

第五条　入驻科创中心且取得国家科技项目资金资助的项目，海沧区政府安排配套资金进行资助，单个项目配套资金额最高不超过100万元。

第六条　鼓励入驻科创中心企业对自主研究开发的各类新产品、新技术申请专利。

（一）海沧区政府对企业所支付的国内发明专利申请费、审查费、登记费和授权当年的年费，给予不低于全额50%的资助。

（二）按照专利合作条约（即PCT）取得国际发明专利授权的，在取得专利证明当年，由海沧区政府对每项专利一次性给予2万元的奖励。

第七条　鼓励入驻科创中心企业进行自主创新。对经国家科技主管部门认定的国家级企业技术（工程）中心一次性给予100万元奖励；对经省、市科技主管部门认定的企业技术（工程）中心一次性给予20万元奖励。

第八条　本办法第六条、第七条同时适用于科创中心外企业。

第九条　享受海沧区政府租金补贴、资助和奖励的企业，必须在海沧区进行工商、税务登记，税收在海沧区缴纳。

第十条　入驻科创中心企业申请本规定中的各项优惠，须向海沧区科学技术局提出申请并按要求提交相关材料，由海沧区科学技术局组织认定后，报海沧区政府批准。

享受海沧区政府租金补贴、资助和奖励的企业须与海沧区科学技术局签订相关合同，并履行相应的责任。

第十一条　本办法自发布之日起执行。本办法由厦门市海沧区科学技术局负责解释。

厦门市人民政府办公厅关于做好厦门软件园二期招商引资和企业入园管理工作的通知

厦门市人民政府办公厅　2006年8月2日

各相关单位：

软件产业是我市优先发展的重要产业。根据市委工作会议的要求，厦门软件园二期要建设成为精品工程，要建立入园资格审核和退园机制，使之充分发挥产业集聚效应，推动我市软件产业快速发展。因此，为进一步做好厦门软件园二期招商引资和企业入园管理工作，特通知如下：

一、加大招商引资力度

要继续抓好重点软件企业的招商引资工作。当前主要是跟踪落实国内外重点软件企业，尽快吸引同类企业、机构入驻园区。同时加强与境内外动漫游戏企业，特别是台湾知名动漫游戏企业的联系，争取利用台湾产业转移的有利时机吸引大批台湾知名动漫游戏企业落户厦门。

二、加强入园审核工作

（一）要严格按照《厦门软件园二期入园企业资格审核暂行规定》、《厦门软件园二期研发楼销售管理办法》、《厦门软件园二期入园审核作业指导意见》等有关规定对企业的入园资格进行审核。具体工作由市信息产业局会同相关部门负责。

（二）要严格执行《厦门市计委关于厦门软件园二期工程项目的批复》（厦计高技〔2005〕33号）文件精神，以软件研发企业为主要销售对象，并以此建立完善专家评审委员会和审核委员会二级审核制度。专家评审委员会由市软件行业协会牵头组建，审核委员会由市信息产业局牵头组建。市软件行业协会会同厦门软件园二期管理机构厦门创新软件园管理公司（以下简称创新公司）等单位对申请入园的企业进行现场考察；专家评审委员会结合企业提交的相关材料及现场考察报告对企业进行评审，提出评审意见；审核委员会根据专家的评审意见确定是否允许企业入园以及入驻方式（驻／售）、入驻区域、面积等，并由市信息产业局正式函告厦门软件园二期指挥部办公室（以下简称指挥部办公室）；指挥部办公室根据审核委员会的审核结果安排入驻企业房号并发文通知市土地开发总公司（以下简称市土总）；市土总根据指挥部办公室的发文，并在入园企业的装修方案经创新公司审核通过后与入园企业签订购房合同。市土总不得在发文后与未获得审核委员会审核通过的企业签订购房合同。

（三）根据园区产业功能规划以及面积的限制进行销售，原则上禁止企业跨区或超面积购房。对于违反园区规划或面积限制进行销售的，指挥部办公室应发文予以纠正。

三、建立企业退出机制

（一）针对首批入园企业装修过程中发现的一些问题，创新公司和园区物业公司要严格把关。

（二）根据厦门软件园二期指挥部会议第34次专题会议纪要精神，要对6月25日之前已审核入园并签订《订购协议》的企业开展重新评审工作。对不提供材料或提供虚假材料或重新评审后不符合入园条件的企业，由指挥部办公室通知市土总和各相关招商单位审核结果，并由各招商单位与相关企业解除《订购协议》，退出园区。对于虽符合入园条件但类别、购房面积等需要调整的企业，由指挥部办公室按照专家评审意见进行调整。若企业不同意调整的，由指挥部办公室发文通知市土总和各招商单位，由各招商单位与相关企业解除《订购协议》，改为租用研发楼。

（三）企业入驻园区后，创新公司要加强跟踪管理，建立退出机制。凡发现企业擅自改变用途或擅自出租（出售）给非软件企业的，必须清退出园区。具体管理办法由创新公司制定并颁布实施。

河南省

河南省人民政府批转省信息产业厅中小企业服务局关于大力支持中小企业信息化服务平台建设意见的通知

豫政〔2006〕67号

各省辖市人民政府，省人民政府有关部门：

省政府同意省信息产业厅、中小企业服务局制定的《关于大力支持中小企业信息化服务平台建设的意见》，现批转给你们，请认真贯彻执行。

河南省人民政府

二〇〇六年九月十八日

关于大力支持河南省中小企业信息化服务平台建设的意见

省信息产业厅 省中小企业服务局　2006年9月1日

截至2005年底，我省中小企业占全省企业总数的99.6%，增加值占全省生产总值的52%，税收占全省税收总量的34.3%，提供就业岗位达到731.9万个（不包括第三产业），中小企业已经成为我省经济发展中的一支生力军。但我省大部分中小企业的生产、经营管理仍是依靠传统的方式获取和传播信息，这种方式严重制约了企业的发展，影响了企业整体竞争力的提高。为此，必须按照党的十六大提出的“以信息化带动工业化、以工业化促进信息化”走新型工业化道路的发展战略，尽快建设面向中小企业的公共信息化服务平台，帮助中小企业降低成本、降低风险、务实有序地推进信息化，提高中小企业市场竞争力。这不仅是党中央和国务院《2006-2020年国家信息化发展战略》的要求，也是我省信息化“十一五“规划的重要内容和落实科学发展观、推进我省经济社会可持续发展的需要。

近年来，我省中小企业信息化建设取得了一定成就，但与大型企业相比，特别是与发达地区的企业相比差距很大，其中很重要的原因是缺乏统一的信息化服务平台，从而导致了中小企业信息化建设步伐缓慢，并出现了重复建设、应用不佳等问题。因此要加快中小企业信息化步伐，必须建立一个统一的信息化服务平台，解决普遍困扰中小企业信息化建设面临的资金、技术、人才力量不足以及运营和维护成本偏高等问题，充分满足企业上网、自助式网站建设以及内部办公自动化等需求，并能充分整合各种社会资源为中小企业提供经济、方便、快捷、稳定的“一站式”信息化服务，从而有效缓解制约我省中小企业信息化建设的瓶颈，大大加快我省中小企业信息化建设步伐，提高中小企业的市场竞争力，推进中小企业健康持续发展。

一、指导思想、建设原则与建设目标

（一）指导思想。以提高中小企业经济效益为目的，以服务中小企业为宗旨，以完善服务体系

为目标，以先进的信息技术为手段，提高信息服务水平，拓宽服务领域，增强服务内容，推动中小企业信息化的发展，提升中小企业竞争力，加速中小企业经济方式转变和结构调整，增加就业，促进经济社会协调发展。

(二)建设原则。政府引导，公益服务；网上交流，网下服务；联合资源，优势互补；统筹规划，量力而行；求真务实，创立品牌；以人为本，协调发展。

(三)建设目标。建成覆盖全省的以省信息化平台为龙头、以市和县(市、区)信息化平台为基础、以企业信息化平台为支撑的上下互动的大型信息网络和服务平台，各平台之间通过技术手段实现信息互动和资源共享，形成上下一致、统一的信息服务网。提升中心企业网络服务水平、信息资源开发利用和自主创新能力。

二、主要任务

中小企业信息化服务平台要建成面向我省中小企业服务的宽带商务平台。主要任务：

(一)加快信息基础平台建设，提高企业沟通能力。信息基础平台是中小企业实现更高效的内外信息沟通、分析的基础。重点建设企业及用户管理系统、内容管理系统、咨询系统等，使中小企业通过基础平台的运作，及时了解国内外信息，进一步提高企业自身竞争力。

(二)加快电子商务平台建设，实现企业网上交易。电子商务平台依托网络技术、高新技术、专业人才等构建中小企业与市场的桥梁。充分发挥电子商务平台的作用，一方面使中小企业通过互联网络把企业的业务系统和客户、供应商紧密连接起来，高效率管理企业与客户、供应商之间的关系，获得更强大的业务处理能力；另一方面，使企业能够优化业务处理流程，不断完善企业信息资源的整合管理，获得更大的管理效益。

(三)加快管理服务平台建设，提高企业内部管理。管理服务平台依托互联网络展示全省百强中小企业，并对中小企业在质量管理、经营管理等方面提供在线咨询，提高企业的管理水平，促进中小企业管理创新。

(四)加快信用平台建设，提高企业的诚信度。加强与信用评估机构的合作，充分利用网络平台，建立企业信用信息库，进行资源整合，实现信用信息共享管理，对中小企业信用信息进行管理和发布，进一步提高企业的诚信度。

(五)加快技术创新平台建设，实现企业持续发展。按照政府指导扶持与市场导向企业运作相结合、公益性服务与有偿服务相结合、开放服务与资源共享相结合原则，依托技术创新服务平台，发布新技术、新成果、新产品信息，并为中小企业提供科技成果、技术供需、专家人才、技术诊断等信息服务，推动产业优化升级，提升中小企业的市场竞争力，促进中小企业健康持续发展。

(六)加快培训服务平台建设，提高企业人才素质。中小企业人才培训是一项长期而又迫切的工作，培训工作的好坏直接关系到企业的进一步发展和企业竞争力的提升。依托培训服务平台，建立网络教育培训的信息管理系统，实现培训项目管理的自动化、网络化和公开化，完成中小企业网络教育平台建设和一批优秀中小企业课程网络多媒体培训教程的开发，实现大规模、大范围现代化的网上培训，进一步提高中小企业人才的信息知识水平。

三、工作措施

(一)加强领导，建立健全工作机制。中小企业信息化服务平台建设是一项长期的任务。全省各级信息主管、中小企业工作部门要根据国家发展改革委、信息产业部要求，建立联合协调的工作机制，结合各自特点，积极务实地推进工作。信息化服务平台建设既是工作平台又是媒体建设，牵涉到很多方面，需要社会各界的支持和帮助。各级、各有关部门要加强协调，相互支持，积极配合，努力形成工作合力，确保信息化服务平台建设工作顺利进行。

(二)统筹规划，分步实施。中小企业信息化服务平台建设是一项复杂的系统工程。省信息产业厅、中小企业服务局要按照各自的职能分工，认真研究制定全省中小企业信息化推进工程的规划和实施方案。要做好调查研究，分析当前中小企业信息化工作中存在的主要问题，做好推进中小企业信息化的专项规划。规划要结合实际，明确目标，突出重点，分步实施。

(三)加强中小企业信息化人才培养，建设高素质的人才队伍。加快中小企业信息化人才培养，建设高素质的信息化人才队伍，是提升中小企业信息化水平的关键。要充分利用学校教育、继续教育、社会教育等多种途径和手段，形成不同层次、结构合理的中小企业信息化技术人才培养教育体系，培养企业信息化技术应用专门人才。要组织好万户企业信息化培训工作，重点解决其观念和操作技术问题。通过数万人次的面对面培训，使中小企业尽快了解利用网络资源的好处，普及网络技术知识，掌握开展电子商务的基本技能，推动中小企业电子商务的发展。

(四)整合社会资源，建立社会化中小企业信息化服务平台支撑体系。中小企业信息化服务平台建设过程中，需要大量的企业信息化技术、管理人才和先进适用的新技术，以及硬件、软件、宽带接入，要有各种层次、形式多样的信息化解决方案。各级政府要引导现有大型IT企业、教育、科研机构和行业中介向中小企业提供咨询、诊断、指导等服务，发挥信息技术在企业生产、经营、决策中的作用。积极引导IT企业、行业中介服务机构等共同成立中小企业信息化联盟，形成社会化中小企业信息化服务平台支撑体系。

(五)加强分类指导，抓好试点示范。根据我省实际，中小企业信息化服务平台建设要分阶段循序渐进地稳步进行。支持有条件的电信运营公司、软件公司、系统集成公司发挥各自优势，为中小企业提供适用的信息技术和信息服务。中国网通河南分公司、河南移动通信公司、河南联通公司等已围绕这一工作开展了大量工作，各地、各有关部门、各企业要继续给予足够重视，帮助他们解决一些实际问题，尽快取得经验。各有关部门要进一步因地制宜，分类指导，抓好试点，宣传推广中小企业信息化成功案例，要及时总结经验和成功做法，发挥典型引路作用，扎实有效地抓好中小企业信息化建设。

(六)拓宽融资渠道，加大资金投入力度。各级政府要加大对中小企业信息化服务平台建设的投资力度，广泛吸纳各种资金参与中小企业信息化服务平台建设。要进一步拓宽融资渠道，加快形成多元化的投入机制。对列入省重点的项目给予积极支持；对申请国家有关部门支持的项目，协助承担单位积极向国家有关部门汇报，争取更多的项目资金和技术支持。

(七)加大宣传力度，营造良好氛围。加强推进中小企业信息化发展的宣传引导工作，采取新闻报道、信息交流、经验介绍等方式，宣传信息化在企业生产、经营、管理过程中的重要作用，展示信息化成功企业的成果，总结推广好的做法、经验，形成全社会共同关心支持中小企业信息化的浓厚氛围。

湖北省

湖北省人民政府关于进一步加强知识产权工作的若干意见

湖北省人民政府　2006年3月16日

各市、州、县人民政府，省政府各部门：

知识产权制度是推动技术创新和保护智力成果的重要法律制度，是技术创新体系建设的重要组成部分。为全面提升我省自主创新能力，充分发挥知识产权制度在促进技术创新和智力创作中的重要作用，特提出如下意见。

一、推进自主创新，加快创新成果的产权化和产业化

1. 增强企业自主创新能力。企业是技术创新的主体，是知识产权工作的基础。企业要根据自身实际，制订相应的知识产权战略，把知识产权的创造、占有、运用、保护纳入企业新技术及新产品开发、生产经营、市场运作和资产管理等各个环节；要自觉遵守知识产权保护的法律法规，建立健全知识产权管理制度，不断加大创新投入力度，积极培育具有自主知识产权的核心技术；要以知识产权的创造和运用为主要内容，促进知识产权导向机制的形成，提高自主创新能力；要大力提高创造、保护、管理和运用自主知识产权的能力和水平，熟练掌握和运用知识产权规则，促进专利、商标、版权的融合使用，不断增强核心竞争力。建立知识产权示范企业制度，推广示范企业在知识产权管理和运用等方面的经验，提高企业的知识产权运用能力。省知识产权管理部门要围绕本省支柱产业、重点领域、重大工程，优先支持发明专利申报和产业化工作，以发明专利带动产业发展。

2. 加强高校和科研院所知识产权工作。高校和科研院所是知识创新的主要基地。高校、科研院所要将知识产权战略作为重要的发展战略，完善知识产权管理体系，将其纳入高校和科研院所科技管理的全过程。要提高知识产权在高校和科研院所中的地位，完善知识产权激励机制，促进成果转化，提高高校和科研院所对社会的贡献率。鼓励高校和科研院所配备专职或兼职工作人员，安排专项资金，用于本单位知识产权的申请、注册、登记和维护。鼓励高校和科研院所以专利参股方式向企业转移专利技术，发明人可占有一定的股份，与所在单位共同参与专利技术产业化项目的投资。

3. 推进高新技术产业开发区知识产权工作。高新技术开发区和高新技术企业要通过实施知识产权战略、标准战略、人才战略和品牌战略，建立起一批以重大专利为基础，以拥有知识产权保护的标准为技术壁垒，具备国际竞争力的高新技术企业和产业。国家级和省级高新技术产业开发区在抓好中小企业技术创新工作的同时，要注意培育一批拥有自主知识产权、主业突出、核心能力强的大公司和企业集团，进一步增强竞争优势，使高新技术产业开发区成为具有知识产权意识、技术密集、知识密集的高新技术产业化基地，成为富有活力的新的经济增长点。

4. 大力实施名牌战略。重点培育和扶持一批现代服务业、支柱产业、高新技术产业领域的驰名、著名商标，打造一批具有自主知识产权的精品名牌。有关部门在推进企业资产重组、兼并收购和合资合作工作中，要注重对传统商标的维护，妥善解决历史遗留的商标冲突问题，积极推进

民族商标复兴计划。

5. 积极发展版权产业。大力发展出版业、新闻传媒业、广播电视业、广告业、影视制作业、音像制品业、计算机软件业等核心版权产业，鼓励发展关联版权产业。知识产权管理部门要建立和规范软件著作权登记制度，并依据国家法律对已经登记的软件予以重点保护。对一般纳税人销售其自行开发生产的软件产品，按国家规定对其增值税实际税赋超过3%的部分，实行即征即退。

6. 建立健全技术秘密和商业秘密保护制度。企事业单位应加强对技术秘密和商业秘密的保护，与涉及技术秘密和商业秘密的技术、经营、管理人员签订书面保密协议，约定使用范围、期限、方式、条件等具体事宜。凡在知识产权管理、中介服务中知悉当事人有关技术秘密和商业秘密的机构及其他涉密人员，负有保守技术秘密和商业秘密的义务。

二、完善激励机制，强化知识产权导向作用

7. 增加对知识产权工作的投入。逐步建立以政府资金为引导，以企业投资为主体，以风险投资和吸引外资、社会闲散资金为补充的多层次、多渠道知识产权事业发展筹资体系。省级专利专项发展资金主要用于专利宣传、人才培训、专利行政执法以及有重点地支持单位和个人的发明专利申请。各市、州、直管市及神农架林区要设立专利专项资金，列入财政年度预算，有条件的县（市、区）也应安排一定的专利专项资金。

8. 强化知识产权的导向作用。各级科技、产业管理等部门在制订政策时，要充分体现对拥有自主知识产权的企业和产品的扶持。要将知识产权拥有量，特别是发明专利拥有量以及专利的实施效益作为科技资金资助、科技奖励评审和科技型中小企业技术创新基金申请的衡量指标和条件，作为企业技术中心、高新技术企业、高新技术产业园区认定、评审和复审的必要条件之一。要将知识产权的拥有量和实施效益列为科研人员和大学教师绩效考核、职称评定、职级晋升的重要依据。对重要发明专利的发明人，可破格评聘相应的专业技术职务，在推荐申报授予国家有突出贡献的中青年专家等荣誉称号时，同等条件下予以优先。对在专利、商标、版权等工作中作出突出贡献的单位和个人，各级政府应予以嘉奖；对获得中国专利奖的项目，地方政府应给予适当的奖励。

9. 调动科技人员发明创造的积极性。专利权人的职务发明在专利技术转让或许可他人实施后，可以在收益纳税后提取不低于30%作为发明人或设计人的报酬。在专利有效期内，专利权人每年可以从实施发明专利或者实用新型专利所得的税后收益中提取不低于5%，或者从实施外观设计专利所得的税后收益中提取不低于1%，作为发明人或者设计人的报酬；或者参照上述比例，给予发明人或者设计人一次性报酬。采用股份制形式的企业，可以将报酬折算为相应的股份份额或出资比例分享利益。

10. 推进专利产业化进程。各级政府的科技开发和引导资金应向具有自主知识产权的项目和产品倾斜，扶持具有自主知识产权的高新技术产业的形成和发展，支持专利技术的转化、应用和产业化。对具有自主知识产权、符合国家和本省产业导向、通过省部级新产品鉴定、具有良好的市场前景、能取得较大的经济效益和社会效益的专利新产品，可安排专利实施专项资金给予研发补贴。

三、健全服务体系，拓展知识产权服务市场

11. 建设知识产权信息服务平台。按照“政府主导、企业参与、市场运作”的原则，加快建设

知识产权信息公共服务平台，鼓励支柱行业、重点领域和企事业单位知识产权信息的采集和加工。针对本省的重大科研领域、重大工程及重点产业，建立一批共享的知识产权信息数据库并开发专用软件，为企事业单位特别是中小企业制订和实施知识产权战略提供全面、快捷、便利的服务。充分利用知识产权信息联网、检索工具、文献数据库，整合资源，创造具有国际水平的检索环境，开通知识产权信息高速公路，为研发决策和科技成果的知识产权保护提供支撑。

12. 大力发展知识产权中介服务机构。加强对知识产权中介服务机构的市场规范和政策引导，大力发展合伙制、有限责任制等多种形式的知识产权咨询代理、许可贸易、信息服务、资产评估等中介服务机构，加快培养知识产权代理人才。鼓励知识产权中介服务机构以多种形式引进国内外先进经营方式和管理模式，提高专业服务水平，增强公信度，促进知识产权中介服务向市场化、规模化、国际化发展。加强行业自律，规范执业行为，使其为社会公众，特别是科技创新主体提供优质的公共服务。

13. 建立知识产权预警机制。各级知识产权管理部门要指导各行业协会密切关注国内外知识产权领域发展的新动向，预测发展趋势，向相关企事业单位发布知识产权保护预警信息，指导企事业单位有效运用知识产权国际规则，及时制定和调整知识产权保护战略，积极参与国际市场竞争。要加强知识产权领域的国际交流与合作，积极开展与国外大学、研究机构及企业知识产权的项目合作，妥善处理国际贸易中的知识产权关系，公平合理地解决涉外知识产权纠纷，有效地保护我省知识产权。

四、加强宣传培训，提高知识产权保护水平

14. 加大知识产权宣传力度。各级知识产权管理部门要制订专项计划，开展知识产权的宣传和法制教育，各新闻机构要积极支持与配合。要通过工作报道、案例分析、公益广告等多种形式，做好知识产权的宣传工作，增强社会公众，特别是企事业单位和有关部门领导的知识产权意识，进一步激发全省人民群众发明创造积极性，努力营造尊重知识、尊重人才和保护知识产权的良好氛围。

15. 普及知识产权知识教育。采取多种方式，推行知识产权知识普及教育。要将知识产权法律和知识列入普法内容，将相关知识产权知识列入公务员培训和专业技术人员继续教育内容。在高校开设知识产权课程和讲座，使高校学生掌握知识产权方面的基本知识。在中小学开展鼓励创造发明、尊重他人知识产权的教育，培养中小学生自主创造意识。

16. 构筑知识产权人才高地。鼓励有条件的高校创办知识产权学院或知识产权培训中心，招收有技术背景的本科生、硕士生攻读知识产权硕士学位、博士学位，培养懂技术、懂经济、懂法律的复合型知识产权人才。要积极创造条件，选送人才到国外进行知识产权方面的培训深造，加快培养一批有技术背景和熟悉国际规则的高级实务型管理人才、涉外知识产权代理人才和学科带头人。

五、严格行政执法，加大知识产权保护力度

17. 加大行政执法力度，有效保护知识产权。各级知识产权行政执法部门要加大执法力度，加强综合治理，重点抓好生产、科学研究、商品流通、技术贸易等方面的知识产权保护，要形成全省协同有效的知识产权保护工作机制，建立完善跨区域、跨部门知识产权保护协作机制，从严查处冒充专利和假冒他人专利行为，制裁各种知识产权侵权行为，严厉打击知识产权诈骗行为，切实保护知识产权权利人、当事人和社会公众的合法权益。有关知识产权执法部门要加强信息通报，

相互协作，密切配合，定期组织全省性知识产权执法专项行动，加强产品进出口中知识产权保护，严厉打击扰乱市场秩序的知识产权违法行为，建立保护知识产权、鼓励自主创新的良好市场环境和法制环境。

18. 加强对知识产权保护工作的统筹协调。各市、州、县人民政府要切实加强对知识产权工作的组织领导，把知识产权工作列入议事日程，纳入领导干部科技进步目标考核内容。各市、州、直管市及神农架林区要加强知识产权管理机构建设，设立或明确主管知识产权工作的部门或机构，精干配备专职人员，确保这项工作落到实处；有条件的县（市、区）应明确相应的知识产权管理机构。为加强对知识产权工作的统筹协调，省政府已成立保护知识产权领导小组，由常务副省长担任组长，分管副省长任副组长，负责对涉及全省知识产权工作的重大问题进行协调督办。各地也要建立保护知识产权工作领导小组，成立相应的工作专班，保证必备的工作条件，在建立举报、公告、统计通报制度上进行探索，促进知识产权保护工作的有效开展。

广东省

关于加强科技创业孵化体系建设支持中小科技企业创新创业的意见

广东江门市人民政府办公室　2006年7月22日

各市、区人民政府，市直有关单位：

为了切实贯彻市委、市政府关于实施科教兴市战略，加强自主创新能力建设的一系列文件精神，加强我市科技创业服务平台建设，大力支持中小科技企业创新创业，促进科技成果产业化，经市人民政府研究，现提出如下意见：

一、加强科技创业孵化体系建设

各市、区，高新技术开发区以及有条件的高校和科技工业园区，要在2007年年底前基本建立面向中小型科技企业的科技创业孵化器。孵化器可以依托生产力促进中心、科研机构、高校科技园、留学人员创业园、软件园等多种载体，积极创新发展模式，逐渐从政府主导型向企业主导型发展。鼓励企业以及大专院校、科研机构、其他社会组织和个人，利用各自的资源优势，采取多方筹资、资源折股等形式创办多种经济成分、多种形式的专业孵化器。

二、明确孵化器的目标和任务

孵化器要以为当地持续培育有市场竞争力的高新技术企业为目标，促进高新技术成果商品化、产业化，孵化中小型科技企业，培育科技型企业家。其主要任务是为处于初创期的中小型科技企业技术创新和科技成果产业化提供孵化服务。要积极为企业提供孵化场地、信息、中介、培训、人事代理、资金、市场等综合服务，并对在孵企业进行宏观指导和管理。

三、积极支持各类孵化器加快发展，提高孵化服务能力

（一）市直设立的孵化器由市科技局按有关条件和标准认定，各市、区的孵化器由所在地科技行政管理部门认定，并报市科技局备案。

（二）按照《实施〈国家中长期科学和技术发展规划纲要〉若干配套政策的通知》（国发[2006]6号）的有关规定，对符合条件的科技企业孵化器自认定之日起，一定期限内免征营业税、所得税、房产税和城镇土地使用税。对政府主导型的孵化器，应投入一定的启动资金或资产，其服务收入不足维持正常经费支出的，经财政部门审核批准，可给予适当的差额补贴。

（三）孵化器可通过为在孵企业提供优惠的有偿服务，向在孵企业进行风险投资，以技术、管理等要素作价入股，参与在孵企业运作等形式增加自我积累，加快自身的发展。符合条件被认定为国家级高新技术创业服务中心的孵化器，由所在市政府按技术研发中心的标准给予50万元的一次性资助。其中，江门市区范围内的资助资金由市本级与各区按税收分享比例承担。

（四）对符合条件并经认定的企业主导型孵化器，如果其投资主要来自金融机构贷款的，有条件的市、区可从有关科技专项资金中给予期限不超过3年、总额30万元以内的贷款贴息。

四、大力扶持在孵企业快速成长

（一）在孵企业是指由科技人员领衔创办、入驻孵化器并处于初创阶段的小企业。进入孵化器的企业必须编制项目可行性研究报告并在科技行政管理部门备案、经过工商登记注册，产权明晰，具有较强的开发创新能力，主要从事高新技术产品的研究、开发、生产和经营，项目的产业化前景较好。在孵企业应与孵化器主体签订培育合同，确定双方的权利和义务，明确违约方应承担的责任。企业的孵化期原则上不超过3年，完成培育合同要求的可优先认定为高新技术企业，不能“毕业”的按一般企业处理。在孵企业“毕业”后应在当地生产经营5年以上。

（二）向进入孵化器的企业提供40平方米以内、3年免租的孵化场地；40平方米以上至80平方米以下的孵化场地，租金可给予适当优惠。

（三）进入孵化器的在孵企业，从进入当年起，按3年内所缴纳的增值税、营业税和企业所得税入市、区库部分比进入孵化器前的所增量，由市与区每年按税收共享比例全额奖励给企业。

（四）各类孵化器应积极与税务部门协调，切实落实国家、省和市对高新技术企业、新产品研发、技术创新等相关税收优惠政策，帮助财务管理健全的小企业落实增值税发票的使用。在孵企业“毕业”后经申请并被认定为高新技术企业的，自认定年度起，按新办高新技术企业享受有关优惠政策。

（五）在孵企业的水电费，按不高于当地物价部门批准的行政事业单位水电价格计收。

（六）在孵企业的科技项目可优先列入各项科技计划和享受专项资助，择优推荐列入省或国家的各项科技计划。符合条件的新产品试制或技改等项目，相关部门要在立项和经费资助等方面给予优先支持。

（七）有条件的市、区应设立科技创业发展专项资金，为在孵企业提供孵化性质的种子资金。

广西壮族自治区

玉林市人民政府关于印发玉林市工业园区投资优惠办法的通知

玉政发〔2006〕37号

各县（市）区人民政府（管委），市经济开发区、玉柴工业园、海峡两岸（广西玉林）农业合作试验区管委，市政府各委办局：

《玉林市工业园区投资优惠办法》已经市第二届人民政府第50次常务会讨论通过，现印发给你们，请认真组织实施。

2006年10月31日

玉林市工业园区投资优惠办法

为抢抓泛珠三角经济区、泛北部湾经济区和海峡两岸农业合作试验区等多区域合作的新兴机遇，进一步改善我市投资环境，促进扩大开放，增强招商引资吸引力，加快工业园区经济发展，全面推进工业化进程，特制定本投资优惠办法。

一、凡经批准进入我市工业园区（含经济开发区、集中区）兴办的各种生产经营性企业，除享受国家和自治区有关西部大开发优惠政策外，并可享受本优惠办法。

二、土地优惠

第一条　工业用地依法依规按不低于成本价挂牌出让。符合下列条件的，经有关工业园区管委会同意，在园区总体平衡条件下，可给予特殊优惠供地：

（1）跨国公司的投资项目及国内上市公司、大型企业集团公司总部或其他知名企业落户工业园区，且固定资产投资超过1亿元以上的；

（2）投资者到工业园区创办科研院所、技术开发咨询中介机构及所属的新产品新工艺试验基地，或自治区科技主管部门确认所办的企业属高新技术或高新技术产业化项目的；

（3）本办法第二条开发模式的。

第二条　采用BOOT模式（建设—拥有—经营—转让），鼓励开发商参与园区连片开发建设，即在工业园区内划出一大片土地，按8：2规划好工业用地和商业用地，然后招标选择开发商。有关园区管委会与开发商签订特许协议，赋予开发商对园区土地的连片开发建设权。在开发商依法取得园区土地使用权后，按照园区总体规划的布局要求，由开发商负责投资园区基础设施建设，连片开发工业用地和商业用地，负责招商引项目入园投资建设。开发商投资建设好的园区基础设施的产权，无偿移交给园区管委会所有和管理。开发商开发出的工业用地或标准厂房，可以自主投资办企业，也可以依法出租、出让给入园企业主办项目；规划内的商业用地，由开发商自主投资建设、经营和转让。开发商投资连片开发园区土地的税费，按本办法第五条规定给予优惠。

第三条　土地使用权可采取租赁或折价入股等灵活方式解决。兴办工业的土地使用权租赁期不少于十年的，土地使用权租金可给予优惠。土地租赁期中或期满后，原租赁者如需购买该土地使用权的，可优先购买。当地农村集体组织在按有关政策完善用地手续后，可以土地使用权折价入股与外来投资者合资或合作兴办工业企业。属国家鼓励类产业项目的，租金从优。

三、税费优惠

第四条　对新办及技改扩建的高新技术企业，经自治区科技主管部门认定后，从取得第一笔收入之日起，五年免征三年减半征收企业所得税。对销售自产高新产品所缴纳的增值税地方留成部分，三年内由同级财政按实收额奖励扶持企业发展。

第五条　对区内外企业、单位和个人到我市工业园区独资或联营新办符合国家产业政策的内资企业，从取得第一笔收入之日起，其生产经营所得，五年免征企业所得税。

第六条　对新办的其他内资企业，除国家明令禁止和淘汰的企业外，从取得第一笔收入之日起，三年免征企业所得税。

第七条　对新设在工业园区的上市内资公司，减按15%的税率征收企业所得税。

第八条　对新办交通、电力、水利、邮政、广播电视企业，其主营业务收入占企业总收入70%以上的企业，给予减免企业所得税。其中，内资企业自生产经营之日起，第一年至第二年免征所得税，第三年至第五年减半征收企业所得税。外商投资企业生产经营期在10年以上的，自获利年度起，第一至第二年免征企业所得税，第三至第五年减半征收企业所得税。

第九条　外商（境外投资商）投资企业报经税务机关审核同意后，免征地方所得税。

第十条　对获得认定的国家鼓励类的内资企业和外商投资企业，在2006年～2010年期间，减按15%的税率征收企业所得税。

第十一条　对国家鼓励类企业以及自治区确定的有色金属、汽车、高新技术等重点产业的内资企业，自治区支持用高新技术改造提升的机械、建材、钢铁锰业、化工、日用品等传统产业的企业和农产品加工企业，减按15%的税率征收企业所得税。

第十二条　对增值税一般纳税人在2010年底以前销售其一切自行开发生产的软件产品，按17%的税率征收增值税后，经税务部门批准，对其增值税实际税负超过3%的部分实行即征即退政策。集成电路设计企业视同软件企业，享受软件企业的有关优惠政策，但企业自营出口或委托、销售给出口企业出口的软件产品不适用增值税即征即退的办法。

第十三条　产品全部直接出口的允许类外商投资项目，视为鼓励类外商投资项目；产品出口销售额占其产品销售总额70%以上的限制类外商投资项目，经自治区人民政府或者国务院主管部门批准，可以视为允许类外商投资项目。

第十四条　外资企业的外国投资者，从企业取得的税后利润汇出境外，免征汇出额的所得税。

第十五条　对产品出口型的外商投资企业依照税法规定免征、减征企业所得税期满后，凡当年出口产品产值达当年企业产品产值70%以上的，经税务部门批准，按照现行税率减半征收企业所得税。对已经按15%的税率征的产品出口企业，符合上述条件的，按10%的税率征收企业所得税。

第十六条　上述减半征收企业所得税是指享受15%优惠税率的企业，按15%税率减半计算。在执行企业所得税优惠政策过程中出现交叉时，可执行其中最优惠的一项政策，享受优惠政策的时间连续计算。

第十七条　对西部地区内资鼓励类产业、外商投资鼓励类产业的项目在投资总额进口自用设备，除《国家投资项目不予免税的进口商品目录》所列商品外，免征关税和进口环节增值税。符合《中西部地区外商投资优势产业目录》的外商投资项目，在投资总额进口自用设备，免征关税和进口环节增值税，其审批程序按照《国务院关于调整进口设备税收政策的通知》(国发〔1997〕37号）的规定执行。

第十八条 对进入工业园区的高新技术企业自行开发的技术成果转让其转让过程中所发生的技术咨询、技术服务和技术培训所得，经认定，对其所缴纳的营业税属本级财政所得部分，3年内由本级财政全额奖励扶持企业发展。

第十九条 企业自投产之日起3年内，根据年度上缴税收数额，从同级工业发展资金中给予不同的扶持比例，年度缴纳税金属本级部分在50万元～300万元（含300万元）的，给予30%的扶持基金；年度缴纳税金属本级部分在300万元以上的，给予20%的扶持基金。对投资额已完成5亿元以上，或获得国家驰名商标、中国名牌产品或获得国家评定的高新技术企业，经同级政府批准，财政奖励优惠可延长5年。

第二十条 外商投资企业或高新技术项投资额在3000万元以上的，经批准，可享受同级工业发展资金按一年期银行贷款利率50%～100%贴息。

第二十一条 外商投资企业以“来料加工”的贸易方式进口货物的，免征进口环节的增值税；加工货物出口后，免征加工或委托加工货物及工缴费的增值税。一般贸易及“进料加工”货物出口的实行“免、抵、退”税政策。

第二十二条 对在工业园区内投资新办非生产性企业及原有非生产性企业增资项目，办理有关证照时，除代国家和自治区收取的行政事业性收费按最低标准收取外，属本级应收部分：收费部门属财政全额拨款的，一律免收；属财政差额拨款的，只按标准的15%收取；属自收自支的，按标准的30%收取。

四、其他

第二十三条 科技人员发明专利和高新技术成果，经评估或按评估价入股或充抵其创办公司（技术开发机构）35%以内的注册资金。

第二十四条 博士、硕士、高级职称或有重大发明专利的人才、有特殊技能的人才，在工业园区领办、创办企业或到工业园区企业工作，优先审批办理调入手续，免收全部有关规费。

第二十五条 在工业园区工作的投资者、专业技术人才和管理人才，其家属子女在入学、就业等方面，与本地市民享有同等待遇，受理服务从优。

第二十六条 对引荐国内外知名企业、上市公司、大型企业集团入园投资的中介组织或个人，经所属工业园区管委会核实，在项目建成纳税后，由该工业园区管委会按有关文件精神给予重奖。

第二十七条 鼓励银行、保险、商业、服务业、律师事务所、会计师事务、公证、市场营销、知识产权、证券、劳动仲裁等支撑服务和中介组织入园建设和设立分支机构。

第二十八条 建立投资企业服务中心，代企业办理所有证照，实施投资企业与部门“零接触”。对每一个入园投资项目，由市、县招商局、工业园区管委会和引资单位指定专人负责协调处理投资项目的政策咨询、初步选址、项目谈判等前期工作，协调办理投资项目的立项、审批、发证、登记和年审和通关报关等业务。凡是符合产业政策、材料齐全、属本市可审批的项目，在行政许可规定的期限内尽快办完有关手续。

第二十九条 建立工业园区环境责任追究制度，监察部门对违反规定入园乱检查、乱收费、乱罚款的当事人和部门主要负责人追究责任。有关部门确需进入工业园区企业开展检查工作的，须经当地政府同意。

第三十条　本优惠办法由玉林市人民政府办公室负责解释。

第三十一条　本优惠办法从印发之日起执行。

辽宁省

辽宁省人民政府关于印发提高科技创新能力加速老工业基地振兴若干规定的通知

各市人民政府，省政府各厅委、各直属机构：

现将《关于提高科技创新能力加速老工业基地振兴的若干规定》印发给你们，请认真贯彻执行。

2006年3月15日

为全面贯彻落实全国科技大会和《中共辽宁省委 辽宁省人民政府关于提高科技创新能力加速老工业基地振兴的决定》精神，实施《辽宁省中长期科技发展规划纲要》，加强科技创新能力建设，全面提升产业技术水平，推动产业结构调整和经济增长方式转变，增强我省经济核心竞争力，促进老工业基地振兴，特制定本规定。

一、激励企业成为技术创新主体

1. 强化企业技术开发投入的主体地位。鼓励企业大幅度增加技术开发经费的投入。一般企业用于技术开发经费占当年销售收入不得少于1%，大中型企业要达到2%，高新技术企业不得少于5%。按国家政策规定，允许企业按当年实际发生的技术开发经费的150%抵扣当年应纳税所得额。实际发生的技术开发费用当年抵扣不足部分，可按税法规定在5年内结转抵扣。企业提取的职工教育经费在计税工资总额的2.5%以内的，可在企业所得税前扣除。

2. 鼓励支持企业建立创新平台和研发机构。省、市设立科技创新平台建设专项资金，重点支持支柱产业和重点行业中的大型企业建立研发中心。

按国家政策规定，对符合国家规定条件的企业技术中心、国家工程(技术研究)中心等，进口规定范围内的科学研究和技术开发用品，免征进口关税和进口环节增值税。

3. 允许企业加速研究开发仪器折旧。按国家政策规定，企业用于研究开发的仪器和设备，单位价值在30万元以下的，可一次或分次摊入管理费，其中达到固定资产标准的应单独管理，但不提取折旧；单位价值在30万元以上的，可采取适当缩短固定资产折旧年限或加速折旧的政策。

4. 加强产业关键技术攻关。省科技主管部门、综合经济部门会同有关部门定期制定发布提升传统产业关键技术攻关目录，鼓励、支持高等院校、科研机构与企业联合攻关，解决产业发展的关键技术和企业在技术装备改造、工艺改进创新、产品水平提高和减少能耗及环境污染等方面技术问题。对解决企业生产和研发中的重大技术问题的项目以及企业建立博士后科研工作站，政府各类计划及省风险投资资金和贷款担保资金要给予优先支持。

充分发挥技改贴息资金引导作用，支持大中型企业运用高新技术和先进适用技术改造传统工艺、提高传统产业技术水平。

5. 加快推进企业信息化。以推动制造业信息化为重点，突出主导产业和主导产品，选择重点企业进行示范，提高传统产业管理水平和产品档次，增强竞争力，对企业应用信息化技术过程中的贷款，优先给予贴息支持。

6. 支持中小企业技术创新。增加省科技型中小企业技术创新资金投入，用于支持中小企业技术创新活动和为承担国家科技型中小企业创新基金项目提供一定比例的资金匹配。各市也可根据实际情况设立科技型中小企业技术创新资金。

7. 支持民营科技企业发展。省科技主管部门会同相关部门组织认定民营科技企业。民营科技企业自认定之日起，在申请各类计划时，与其他所有制企业享有同等待遇；以出让方式取得土地使用权的，土地出让金按协议出让国有土地使用权最低价标准缴纳，一次性支付有困难的，经县级以上政府批准，可在3～5年内分期缴纳。

支持民营科技企业通过法律、法规允许的各种方式直接融资。在民营科技企业融资、贷款等方面，政府给予一定的扶持。

8. 鼓励企业开发名牌产品。对已获国家驰名商标、省著名商标和国家、省名牌产品称号的企业产品，优先列入技术改造、新产品开发等计划。对新创国家驰名商标和国家名牌产品称号的企业，按照有关规定予以奖励。

9. 支持企业扩大对外开放，获得先进技术。鼓励企业“走出去”，在最接近技术源头的境外城市建立研发机构，对其开展的符合产业政策的应用技术研究给予资金支持。对企业在境外设立研究开发机构聘用的国外高级专业技术人才，经省科技和人事主管部门认定，可以享受在国内工作的外国专家待遇。

10. 积极吸引跨国公司和境内外研究机构、高等院校等在我省建立研发机构或与我省高等院校、科研机构和企业等联合建立研究机构，其取得的技术培训、技术咨询、技术服务和技术承包等技术性服务收入免征企业所得税。

支持国家驻辽科研机构、高等院校与我省企业联合创办工程(技术研究)中心、研发中心、重点实验室等创新平台，各级政府在资金投入、土地供应等方面要给予优先安排、重点保障。经省科技主管部门会同相关部门认定的独立的省级以上工程(技术研究)中心和重点实验室取得的技术培训、技术咨询、技术服务和技术承包等技术性服务收入免征企业所得税。

11. 加强对引进技术工作的咨询和评估。按国家政策规定，在企业重大技术和重大技术装备的引进方案中，应制定消化吸收与再创新计划、目标和进度；引进方案须由有关部门联合组织的专家委员会论证，并将是否通过消化吸收形成科技创新能力，作为对项目验收和评估的重要内容。

12. 对企业消化吸收再创新给予政策支持。按国家政策规定，对关键技术和重大装备的消化吸收和再创新，政府给予引导性资金支持。对消化吸收再创新形成的先进装备和产品，纳入政府优先采购的范围。对订购和使用国产首台(套)重大装备的国家和省重点工程，省优先予以安排。建立由项目业主、装备制造企业和保险公司风险共担、利益共享的重大装备保险机制，引导项目业主和装备制造企业对国产首台(套)重大装备投保。

13. 支持产学研联合开展消化吸收和再创新。按国家政策规定，对重大装备的引进，用户单位应吸收制造企业、科研院所和高等院校参与，共同跟踪国际先进技术的发展，并在消化吸收的基础上，实现国产化。在国家、省科技基础设施建设中，优先支持在重点产业中由产学研合作组建的技术平台，承担重大引进技术消化吸收再创新任务。

二、促进科技成果转化

14. 实行科技成果转化项目认定和奖励制度。科技主管部门会同相关部门负责科技成果转化的认定工作。省本级设立科技成果转化专项资金，用于对科技成果转化项目给予一定的资助或贷款贴息；对成果所有者和转化实施者给予奖励。市和有条件的县（市、区）政府也应设立科技成果转化专项资金。

15. 经认定的科技成果转化项目，作为知识产权或无形资产投资组建公司制企业的，按《公司法》规定，其作价金额最高可达到公司注册资本总额的70%。

16. 经认定的科技成果转化项目所组建的企业，不受工资总额限制，企业可参照人才市场和劳动力市场价格以及当地政府当年颁布的工资增长指导线自行决定其职工的工资发放水平，并可全额列支成本。

17. 经认定的科技成果转化项目，自认定之日起3年内，经科技成果转化认定机构认定的实现生产或试生产的，市、县政府返还科技成果转化部分项目用地土地出让金。购置用于科技成果转化的生产经营用房，可免收交易手续费和产权登记费。改变土地使用性质或用于非科技成果转化项目的，所享受的优惠须全额退还。

18. 经认定的科技成果转化项目所需进口设备及其关键零部件，按国家有关规定，可减免关税和进口环节增值税。

19. 鼓励科技人员实施科技成果转化。科研机构、高等院校以及其他国有企事业单位转化职务科技成果，可根据不同转化方式对成果完成人和为成果转化做出重要贡献的其他人员予以奖励。以股权投入方式进行转化的，成果完成人可享有不低于该成果所占股份30%的股权；以技术转让方式将成果提供给他人实施转化的，成果完成人可享有不低于转化所得的税后净收入20%的收益；自行实施转化或以合作方式实施转化的，自项目盈利之日起5年内，每年可从税后利润中提取不低于5%的比例，奖励成果完成人。科技人员转化职务科技成果做出的贡献在职称评定、政府奖励中予以承认。

20. 科研机构、高等院校承担政府科研项目所形成的职务科技成果，在1年内，单位可以无偿方式许可成果完成人离岗实施成果产业化，使用期为两年，在该期间内，科技成果完成人享有优先购买权，或期满后与单位另签协议。成果完成人离岗期间工龄连续计算。

21. 鼓励高等院校、科研机构向创办企业实施人转让职务科技成果产权。科研机构、高等院校承担政府科研项目所形成的职务科技成果，1年内未实施转化的，在不变更职务成果权属的前提下，由成果完成人创办企业转化的，创办企业实施人可拥有该成果在企业中享有股权收益的70%；非成果完成人创办企业转化本单位他人职务成果的，可拥有该成果在企业中享有股权收益的40%。两年以后仍未转化的，其权属不变，成果完成人自办企业实施转化的，可拥有该成果在企业中享有股权收益的80%；非成果完成人创办企业转化的，可拥有该成果在企业中享有股权收益的60%。上述创办企业实施人享有的股权收益年限一般为5～10年，具体年限和比例由高等院校、科研机构与创办企业实施人约定。

22. 支持科研机构、高等院校的科技人员兼职从事科技成果转化和产业化工作。其兼职完成的科技成果及在成果转化中做出的贡献在职称评定、政府奖励中予以承认。科技人员兼职从事科技成果转化工作，应遵守与本单位的约定，保守本单位的商业秘密，尊重本单位的知识产权；使用本单位或他人知识产权的，应与本单位或他人签订许可或转让协议。

23. 对外省市和中央各部委所属单位的科技人员带科技成果来辽宁实施转化的，可享受本省有关科技成果转化的优惠政策。对其中要求来辽宁落户者及其配偶和未成年子女，有关市应准予调入并妥善安排。

24. 鼓励发展科技中介机构。经认定的科技成果转化、转移、咨询和科技信息及生产力促进中心等中介机构，可以享受非营利科研机构的优惠政策；对其从事公益性科技成果的转化、转移活动，政府可给予一定的资助。

三、加快高新技术及产业发展

25. 实施具有自主知识产权的创新产品和高新技术产品认定制度。省科技主管部门会同有关部门根据我省的经济社会发展的需要共同编制并定期发布科技需求、高新技术产品目录、对自主创新产品和高新技术产品进行认定，并将认定合格的自主创新产品和高新技术产品向全社会公告。省科技、技改等各类专项资金对经认定的自主创新产品和高新技术产品及关键技术的研发予以重点支持，并对生产企业在专利申请、标准制定、国际贸易和合作等方面予以支持，形成一批拥有自主知识产权、知名品牌和较强国际竞争力的优势企业。

26. 支持重点领域高新技术产业发展。对先进制造、新材料、电子与信息、生物与医药、新能源与高效节能、资源与环境、现代农业和民用航空等领域的高新技术攻关项目，省、市科技资金给予重点支持，并通过成果转化和产业化政策扶持，使其尽快成长为新兴产业。

27. 完善促进高新技术企业发展的税收政策。国家和省级高新技术产业开发区内新创办的高新技术企业经严格认定后，按国家规定，自获利年度起两年内免征所得税，两年后减按15%的税率征收企业所得税。高新技术企业职工工资比照软件企业政策，在企业所得税前全额扣除。

省内高新技术企业承担国家和省重大科技专项、高技术产业化项目、科技计划重点项目、重大技术装备研究开发项目和重大引进技术消化吸收再创新项目，且符合《当前国家产业政策鼓励发展的产业、产品和技术目录》、《外商投资产业指导目录》及《中西部地区外商投资优势产业目录》，除《外商投资项目不予免税的进口商品目录》和《国内投资项目不予免税的进口商品目录》所列商品外，所需进口自用设备以及按合同随设备进口的技术及配套件、备件，可免征进口关税和进口环节增值税。

高新技术产业开发区内的高新技术企业为生产出口产品所需的进口原材料和零部件，按照国家有关规定，享受关税等方面的优惠，海关按照加工贸易管理办法实行银行保证金台账管理。

28. 鼓励银行对国家和省重大科技产业化项目、高技术产业化项目、科技成果转化项目、现代装备制造业和信息核心技术产业化等项目给予优惠贷款支持。政府对符合条件的贷款给予贴息。

对列入国家高技术产业发展计划的重点项目，按国家投入的一定比例给予资金匹配。

29. 鼓励科研机构、高等院校和企业承担对我省老工业基地振兴有重要推动作用的国家应用基础研究和集成创新项目。对列入国家重大科技专项计划的项目，给予资金匹配。

30. 加强高新技术产业开发区建设。鼓励高新技术企业向省级以上高新技术园区集中。市、县政府可将高新技术园区收取的土地出让金，扣除按照有关规定用于农业土地开发部分后，返还给高新技术园区，用于科技孵化器及园区基础设施建设。

31. 扶持科技中介服务机构。按国家规定，对符合条件的科技企业孵化器、创业服务中心、技术市场和国家大学科技园自认定之日起，在一定期限内免征营业税、所得税、房产税和城镇土地使用税。对其他符合条件的科技中介机构开展的技术咨询、技术服务，研究制定必要的税收扶持政策。

32. 充实和完善高新技术产业化风险投资资金。根据我省高新技术发展的重点领域，加速建立若干个以各级政府资金为引导，企业和民间资本为主的专业风险投资公司，按国家规定，对主要投资于中小高新技术企业的创业风险投资企业，实行投资收益税收减免或投资额按比例抵扣应纳税所得额等税收优惠政策。

积极引进国际资本和国际大财团到我省设立分支机构，开展风险投资业务和融资担保业务。经认定的高新技术风险投资机构其投资额可按一定比例抵扣其应纳税所得额并给予专项资金支持。

33. 进一步完善贷款担保机制。政府引导和激励社会资金建立中小企业信用担保机构，建立担保机构的资本金补充和多层次风险分担机制。加强和完善省科技企业贷款担保资金管理。对高新技术产业化项目，可适当放大抵押、质押的担保倍数或通过账户托管方式发放贷款。符合国家《担保法》规定的知识产权可作为质押获得贷款。政府出资的中小企业信用担保机构发生的代偿损失，经主管财政部门审核后，可给予一定补偿。

34. 鼓励和支持高新技术企业境内外融资、招商。通过合作开发、合资经营、参股和控股等方式扩大融资渠道。按国家规定，支持高新技术企业申请发行企业债券融资；支持符合条件的高新技术企业，特别是科技型中小企业在国内主板或中小企业板上市。努力为高新技术企业在海外上市创造条件。

35. 按国家规定，商业银行对符合贷款条件的科技产品出口企业所需的流动资金贷款要根据信贷原则优先安排、重点支持，对资信好的科技产品出口企业可核定一定的授信额度，在授信额度内，根据信贷、结算管理要求，及时提供多种金融服务。

四、建立人才激励机制

36. 支持企业培养和吸引创新人才。改革和完善企业分配和激励机制。鼓励技术、管理等生产要素参与收益分配。经认定的高新技术企业（国有独资）在实施股份制改造时，经国有资产监督管理机构批准，可在前3年国有净资产经营性增值中拿出一定比例作为股份，奖励给有贡献的职工特别是科技人员和经营管理人员。

37. 鼓励企业试行“期权期股”的办法，激励企业经营者和骨干科技人员。高新技术企业可以期权、期股或技术分红等形式，激励科技人员和经营管理者。技术分红享受者可将技术分红作为出资，按照规定的价格购买公司股权，并依法办理股权登记手续。

明确国有企业负责人对企业科技创新的领导职责。将企业技术创新投入和创新能力建设作为国有企业负责人业绩考核的重要内容。

38. 鼓励科研机构、高等院校的科技人员离岗创办或进入科技企业工作，经批准可保留公职两年。重新进入国有单位的，工龄可以连续计算。

39. 加快培养一批高层次创新人才。以科技项目为载体，以培养重要领域和行业的科学家、领军人物、企业创新人才和创新团队为目标，选择一批具有较强创新能力和发展潜力的人员，重点支持其开展创新性研究工作，支持其承担国家、省重大工程和重大科技计划项目。对列入国家、省百千万人才计划的科技人员承担的重大科技计划项目，省科技资金优先给予重点支持。

40. 来我省企业工作的外籍人员的工资和薪金所得在缴纳个人所得税时，在扣除1600元的基础上，还可扣除3200元的附加费用。

41. 建立有利于激励科技创新的人才评价和奖励制度。建立符合科技人才规律的多元化考核评价体系。改革和完善科技奖励制度，把在实施科技成果转化和推动企业技术创新工作中作出突出贡献的科技人员作为奖励的重要内容。

其他方面人才政策按照辽委发〔2004〕18号文件执行。

五、政府引导，统筹协调

42. 大幅度增加科技投入。我省的科技投入要达到沿海地区发达省份水平，到2010年全社会研究开发（R&D）投入占生产总值的比重达到2% 以上。

43. 依法保障政府科技投入的稳定增长。各级政府要把科技投入作为预算保障的重点，在编制年初预算和预算执行中的超收分配，都要体现法定增长的要求。2006年省财政科技投入要大幅度增长，在此基础上，“十一五”期间财政科技投入增幅明显高于财政经常性收入增幅。要创新财政科技投入管理体制，财政科技投入重点支持应用研究、社会公益研究和成果转化项目，使财政科技投入效益最大化。

44. 发挥财政资金对全面提升我省科技创新能力的引导作用。整合原各类科技专项，增加科技投入。主要用于扶持科技成果转化；推动企业创新平台和研发机构建设；加强科技基础设施平台建设；支持科技型中小企业发展；引导和支持大型骨干企业开展竞争前沿的战略性关键技术和重大装备的研究开发；激励企业开展技术创新和加速先进技术引进消化、吸收和再创新。

45. 建立多元化、多渠道科技投入体系。强化企业科技投入主体地位，同时发挥政府科技投入的引导作用，综合运用财政补助、贴息、担保、风险投资和税收优惠等多种扶持方式，有效利用市场机制，增强政府投入调动全社会科技资源配置的能力，扩散和放大财政资金功能，充分调动企业及各类投资者的积极性，吸引金融机构、社会资金和外资等不断加大对科技项目的投入，建立多元化、多渠道和具有内在活力与动力的支持科技发展的良性投入机制。

46. 建立和健全合理配置科技资源的统筹机制。完善财政部门与科技等部门科技资源配置的协调机制。改革和强化科技专项资金管理，提高财政资金使用的规范性、安全性和有效性。对科技项目及补助资金申报、评审、立项、执行和结果的全过程，建立严格规范的监督制度。进一步建立和完善财政科技资金的绩效评价体系，明确设立科技计划和应用型科技项目的绩效目标，建立面向结果的追踪问效机制，不断提高科技资金的使用效益。

47. 加大对科技基础设施建设的投入。各级政府要将科技基础设施建设纳入本级基本建设投资计划，形成稳定的财政资金投入渠道，确保科技基础设施建设和重大科技基础设施的良好运行。

48. 政府直接投入计划项目的经费不征企业所得税。但拨款项目完成后，拨款结余未上缴财政的，计入应纳税所得额，计征企业所得税。

49. 加强实验基地、基础设施和条件平台建设。围绕我省经济社会发展和重大战略需求，重点建设一批科研基础设施和大型科学仪器、设备共享平台，自然科技资源共享平台，科学数据共享平台，科技文献共享平台，成果转化公共服务平台，网络科技环境平台等，全面加强对科技创新的支撑。

有效利用大型高端科学仪器。省内各科研机构、重点实验室、工程(技术研究)中心的科研仪器设备要对外开放，允许其他科研机构有偿使用。各级政府对于公共科研平台、大型设备购置给予适当补助。

50. 推进转制科研机构发展。按国家规定，对整体或部分企业化转制科研机构免征企业所得税、科研开发自用土地、房产的城镇土地使用税、房产税的政策到期后，根据实际需要加以完善，以增强其科技创新能力。

在转制科研机构中建设一批面向行业开展技术信息服务、技术转移、标准检测等服务平台和省级工业化试验中心，通过省科技计划予以支持。

51. 加大对公益类及农业科研机构的投入。在实行分类改革的基础上，提高人均科学事业费基本支出标准，对重新界定的公益类科研机构的财政投入，要达到与其承担的公益科研服务相适应的水平。加大公益类科研院所基础设施投入，支持省级重点公益科研机构改善基础设施和购置更新科研装备。

52. 建立政府采购自主创新产品的协调机制。由财政部门牵头，科技、发展改革等相关部门参加组成协调机构，制定政府采购自主创新产品的具体办法，审查实施情况，协调和解决实施中遇到的困难和问题。省财政部门会同有关部门在获得认定的自主创新产品范围内，确定政府采购自主创新产品目录(简称“目录”)，实行动态管理。

各级政府机关、事业单位和团体组织(通称“采购人”)用财政性资金进行采购的，必须优先购买列入目录的产品。发挥财政、审计与监察部门的监督作用，督促采购人自觉采购自主创新产品。

按国家规定，国家重大建设项目以及其他使用财政性资金采购重大装备和产品的项目，有关部门应将承诺采购自主创新产品作为申报立项的条件，并明确采购自主创新产品的具体要求。在国家和地方政府投资的重点工程中，国产设备采购比例一般不得低于总价值的60%。不按要求采购自主创新产品，财政部门不予支付资金。

53. 建立激励科技创新的政府首购和订购制度。国内企业或科研机构生产或开发的试制品和首次投向市场的产品，且符合国民经济发展要求和先进技术发展方向，具有较大市场潜力并需要重点扶持的，经认定，政府进行首购，由采购人直接购买或政府出资购买。

政府对于需要研究开发的重大创新产品或技术，应当通过政府采购招标方式，面向全社会确定研究开发机构，签订政府订购合同，并建立相应的考核验收和研究开发成果推广机制。

54. 建立引进技术消化吸收和再创新的协调机制。由省综合经济部门牵头，科技、教育、财政、商务、税务、海关、质检、知识产权等相关部门参加组成协调机构，制定重大产业技术和装备引进政策，组织协调并监督重大引进技术的消化吸收再创新工作。

55. 掌握关键技术和重要产品的自主知识产权。省科技主管部门会同有关部门共同编制并定期发布掌握自主知识产权的关键技术和重要产品目录，对列入目录的技术和产品，予以重点支持，对列入目录中技术和产品的企业在专利申请、标准制定、国际贸易和合作等方面予以支持。

支持企业、社团自主制定和参与制定国际技术标准。鼓励和推动企业、行业组织和科研单位等研制自主知识产权国际标准、国家标准和行业标准。支持和扶持企业发明专利的申请与实施。

56. 实施知识产权战略。加强知识产权保护，健全知识产权保护体系，依法严厉打击侵犯知识产权行为。企业、科研机构、高等院校和政府有关部门要加强从事知识产权保护和管理工作的力量，并将知识产权管理纳入科技管理全过程，充分利用知识产权制度提高我省科技创新水平。

57. 加强科普工作，提高全民科技素质。确保科普经费列入同级财政预算，逐步提高科普投入比例。围绕社会主义新农村建设，大力开展农民技术和职业技能培训，加快培养有文化、懂技术、会经营的农村实用人才。落实国家扶持科普基地的有关政策，加强科普场馆和科普基地建设。开放高等院校和科研院所的实验室，鼓励科普作品创作，策划有影响的科普系列活动，普及科学知识，形成创新文化氛围。

58. 省直各有关部门和各市政府可根据国家政策和本规定制定具体措施。

大连市人民政府关于印发提高自主创新能力若干规定的通知

各区、市、县人民政府，市政府各委办局、各直属机构，有关单位：

现将《关于提高自主创新能力的若干规定》印发给你们，请认真贯彻落实。

2006年6月27日

为贯彻国家、省科技大会精神，落实《中共大连市委、大连市人民政府关于提高自主创新能力加快推进创新型城市建设的意见》（大委发［2006］12号），依据国家和省有关自主创新政策，结合我市实际，制定本规定。

一、科技投入

1. 建立以政府投入为引导、企业投入为主体、直接和间接融资为支撑的多元化、多渠道的全社会科技投入体系。到2010年，全社会研究开发投入占国内生产总值的比例达到2.5%。

2. 确保财政科技投入稳定增长。各级政府要把科技投入作为财政预算保障的重点，在年初编制预算和预算执行中的超收分配，都要体现法定增长的要求。2006年，市财政科技投入要大幅度增长，在此基础上，“十一五”期间财政科技投入增幅明显高于财政经常性收入增幅。

3.2006年～2008年，设立市自主创新专项资金（以下简称“市创新专项”），每年6亿元。其中：市本级财政安排3亿元，主要用于重点产业技术创新、引进消化吸收再创新、重大科技成果转化、科技创新平台及科技企业孵化器建设、科技型中小企业技术创新、知识产权创造与保护以及科技投融资引导（贷款贴息、担保补偿、风险投资补贴）等。

大连开发区财政安排1.5亿元，大连高新园区财政安排1.5亿元。主要用于开发区和高新园区内涉及优化全市产业布局的重大科技创新项目、创新孵化平台建设和科技招商引资等。

各区市县财政也要设立相应的专项资金。

财政部门会同相关部门制定资金使用管理办法，保证专项资金的落实和有效使用。

二、企业创新主体

4. 强化企业技术开发投入的主体地位。允许企业按当年实际发生的技术开发费用的150%抵扣当年应纳税所得额。实际发生的技术开发费用当年抵扣不足部分，可按税法规定在5年内结转抵扣。企业提取的职工教育经费在计税工资总额2.5%以内的，可在企业所得税前扣除。

允许企业加速研究开发仪器设备折旧。企业用于研究开发的仪器和设备，单位价值在30万元以下的，可一次或分次摊入管理费，其中达到固定资产标准的应单独管理，但不提取折旧；单位价值在30万元以上的，可采取适当缩短固定资产折旧年限或加速折旧的政策。

5. 鼓励企业建立研发机构。我市企业被认定为国家、省、市级企业技术中心的；跨国公司和国内知名企业单独或与我市相关机构联合在我市设立研发中心、研发总部的；我市有实力的企业在海外新建或合资设立研发机构并达到一定投资规模的，经认定，从“市创新专项”中给予一定的扶持。

对符合国家规定条件的企业技术中心、国家工程（技术）研究中心等，进口规定范围内的科学研究和技术开发用品，免征进口关税和进口环节增值税。

6. 建立企业自主创新统计和评价体系。一般工业企业研究开发投入占销售收入的比例最低要达到1%，大中型企业要达到2%以上。其中，高新技术企业必须达到5%以上。将企业的研究开发投入、研发机构建设、知识产权创造与保护及新产品开发等自主创新能力指标列为考核、评价企业的重要指标和政府支持的重要依据。

实行国有企业自主创新问责制。由国有资产管理等部门对国有企业经营者完成企业自主创新能力指标情况进行严格考核。

7. 实行高新技术企业认定优惠政策。国家高新区内新创办的高新技术企业认定后，自获利年度起2年内免征企业所得税，2年后减按15%的税率征收企业所得税。经认定的国家高新区外的高新技术企业比照园区内高新技术企业的待遇，由市和区市县两级财政予以资金扶持。

对高新技术企业和高新技术项目用地，其技术水平、投资规模和投资强度等达到一定要求的，经市有关部门批准，收取的土地出让金按20%～80%的比例予以返还；对在规定区域内生产具有国内外先进水平软件产品的高新技术企业，经市有关部门批准，收缴的土地使用权出让金中的纯收益全额返还企业。

8. 高新技术企业承担的符合国家有关管理目录规定的市级以上政府各类科技计划重点项目，其所需进口自用设备以及按合同随设备进口的技术及配套件、备件，可免征进口关税和进口环节增值税。

经市外汇管理部门批准，我市高新技术企业经常项目外汇结算账户限额可按上一年度进出口额的50%核定。市商业银行对资信好的科技产品出口企业可核定一定的授信额度。鼓励高新技术产品和现代装备制造类产品一般贸易出口，对以上出口产品报关至货款到账期间的短期贷款给予贴息。

9. 对于非高新技术企业生产的高新技术产品和利用高新技术改造的项目，从投产之日起5年内；列入国家级重点新产品计划的产品，自产品销售之日起3年内；列入大连市重点新产品计划的产品，自产品销售之日起2年内；对处于中试、工业性试验阶段的高新技术产品，经认定，由市和区市县两级财政通过专项资金予以扶持。

10. 扶持科技型中小企业和民营科技企业发展。在“市创新专项”中设立市科技型中小企业技术创新资金，推进科技型中小企业开展自主创新。

新创办的科技型中小企业以出让方式取得土地使用权的，经有关部门批准，土地出让金可按协议出让国有土地使用权的最低价标准缴纳；一次性支付有困难的，可在3～5年内分期缴纳。

单位和个人从事技术转让、技术开发和与之相关的技术咨询、技术服务取得的收入，免征营业税。企事业单位进行技术转让，以及在技术转让过程中发生的与技术转让有关的技术咨询、技术服务、技术培训所得，年净收入在30万元以下的，暂免征收所得税。经认定的民营科技企业享受国家、省、市规定的有关政策。

三、科技成果转化

11. 实行重大科技成果转化项目认定制。对于国家科技计划、国家知识创新工程产生的科技成果、国家重点工程攻关取得的科技成果在本市实施转化的项目，或科技水平高、市场前景好、符合我市产业发展重点的科技成果转化项目，由市有关部门认定为我市重大科技成果转化项目。在“市创新专项”中设市重大科技成果转化专项资金，对经认定的重大科技成果转化项目择优予以支持。

12. 重大科技成果转化项目实现一定规模生产的，经认定，政府对收取的项目用地土地使用权出让金中的纯收益予以返还。购置用于重大科技成果转化的生产经营用房，可免收交易手续费和房产登记费。改变土地使用性质或用于非科技成果转化项目的，所享受的优惠须全额退还。

13. 经认定的软件与集成电路、光电子、中高档数控系统、清洁能源、精细化工、海洋与生物工程等高新技术产品以及重大国产化装备，自投产之日起3年内，由同级财政部门按其实现的产品销售额分别给予一定的资金扶持。

14. 以股权投入方式转化科技成果和职务发明的，成果完成人可享有不低于该成果所占股份30%的股权；以技术转让方式进行转化的，成果完成人可享有不低于转让所得税后利润30%的权益；企业自行实施转化或以合作方式实施转化的，在项目赢利后5年内，成果完成人每年可从税后利润中提取不低于10%的收益。其中，主要完成人所得的收益要占50%以上。

经认定的高新技术企业（国有独资）实施公司改制，经出资人许可，可将前3年国有净资产增值中（不包括房地产增值部分）不高于35%的部分作为股份，奖励有贡献的员工特别是科技人员和经营管理人员。

四、创造和保护知识产权

15. 在“市创新专项”中设市知识产权专项资金，对我市重点产业核心技术领域取得的自主知识产权尤其是发明专利予以资助。鼓励申请国外专利，提高对发明专利、国外专利申请和维持费用补贴的标准。对专利示范企业予以重点支持。

16. 支持我市企业、行业组织、研究机构自主制定或参与制定重大技术标准。自主研制并被批准为国家标准的，市知识产权专项资金择优给予不低于30万元的研发经费支持；自主研制并被批准为国际标准的，市知识产权专项资金给予不低于50万元的研发经费支持。参与制定重大技术标准的给予一定支持。

17. 鼓励企业打造知名品牌。对获得国家驰名商标、省和市著名商标、国家和省名牌产品称号的产品，按照《大连市名牌产品管理办法》等规定予以奖励；对新获得国家免检产品称号的企业和成功注册并使用大连地区地理标志商标的给予重点奖励。对其中具有较高科技含量的自主创新名牌产品，优先列入技术改造、新产品开发等计划。

18. 建立自主创新产品政府采购制度。市有关部门按照公开、公正程序对本市自主创新产品进行认定，并向社会公告。市财政部门会同有关部门，综合国家、省相关产品目录及本市自主创新产品，制定《大连市政府采购自主创新产品目录》，向社会发布并实行动态管理。

财政部门在预算审批过程中，在采购项目已确定的情况下，优先安排采购自主创新产品的预算。对中小企业开发的具有自主知识产权的高新技术产品，政府实行首购政策。以价格为主的招标项目评标，要根据自主创新产品科技含量和市场竞争程度等因素，给予其一定幅度的价格扣除；以综合评标为主的招标项目，要增加自主创新评分因素并合理设置分值比重。研究制定促进本地自主创新产品参与市场竞争的有效办法。

19. 加强企业商业秘密保护。建立企业商业秘密保护事前防范和事后救济机制，严格规范管理。建立各类法人和个人知识产权信用档案及信用披露制度，强化行政和司法救济，依法严厉打击知识产权犯罪，营造知识产权保护的信用和法制环境。

五、引进消化吸收再创新

20. 推动引进技术消化吸收再创新。鼓励引进国外先进技术。市综合经济部门牵头建立技术引进及消化吸收再创新的协调机制，制定市引进技术消化吸收再创新实施办法。凡属市政府核准或使用政府投资的重点工程项目，项目业主要联合供应商制定引进消化再创新方案，作为工程项目审批和核准的重要内容，并按管理权限报政府投资主管部门（审批）核准后实施。有引进技术的企业，每年要将消化吸收的投入等情况报市有关主管部门。对本市的重点工程项目建设中需引进的重大技术和重大装备，鼓励外资企业通过与本市企业开展合作设计和制造进行联合投标。

21. 发挥在连科研院所、高等院校的科技优势，建立消化吸收再创新技术支撑平台，对消化吸收再创新项目提供知识产权法律状况咨询、技术水平和市场前景评估，并提供技术服务。

22. "市创新专项"中设市引进消化吸收再创新专项资金，对关键技术和重大装备的消化吸收和再创新给予经费资助。优先支持我市企业联合研究机构和高等院校共同参与的消化吸收和再创新。对消化吸收再创新形成的先进装备和产品，享受政府优先采购政策。

六、创新基地与平台

23. 加大对大连高新园区的扶持力度。鼓励科技资源向高新园区聚集，增强其区域科技资源统筹能力和创新能力。加大对高新园区的科技投入和政策支持。"十一五"期间，市财政设立高新园区科技创新专项资金，主要用于园区内创新孵化基地及技术创新平台建设等。

拓展高新园区发展空间。以旅顺南路软件产业带为基础，规划建设大连高新技术产业走廊。比照大连经济技术开发区，对涉及村、镇采取行政托管方式封闭管理。把大连高新技术产业走廊建设纳入城市建设总体规划和土地利用总体规划，统一安排基础设施配套建设。对高新技术产业基本建设项目，减免城市基础设施配套费。

24. 鼓励在连高等院校、科研院所开展科技创新。对于面向本市重点产业发展的产学研合作项目，市科技计划优先予以支持。

支持在连高校、科研院所组建市级工程技术研究中心和重点实验室，在此基础上争取组建国家级、省级工程（技术）研究中心和重点实验室，从"市创新专项"中给予一定的组建经费支持。

25. 大力发展科技企业孵化器。符合条件的科技企业孵化器、国家大学科技园自认定之日起，享受国家规定的免征营业税、所得税、房产税和城镇土地使用税优惠政策。

经认定的从事科技企业孵化、科技成果转化、咨询和科技信息服务等的科技中介机构，由同级财政通过专项资金予以扶持。

在"市创新专项"中设市科技企业孵化器专项资金，重点支持各类综合孵化器和专业孵化器建设，发展二次孵化基地，培育创新孵化集团。鼓励孵化器通过吸纳各类资金和提供服务参股被孵企业。

大连开发区、高新园区、保税区和农业、工业园区对孵化毕业企业进区建厂，可在使用土地、租赁办公用房和标准厂房等方面给予相关费用返还政策。

26. 依靠科技创新推进社会主义新农村建设。加大对国家农业科技园区的支持力度，建设农业科技孵化器和农业创新示范基地，引进、推广农业新品种、新技术，市政府通过农业新品种引进专项资金予以支持；建立农业新技术、新品种风险补偿机制，对在农业新品种选育、引种和新技术引进推广过程中发生的风险损失通过农业推广资金给予一定补偿。

27. 推进公益类科研机构改革。在实行分类改革的基础上，对重新界定的公益类科研机构，逐年增加人均科学事业费。对公益类科研机构加强科研条件和科技基础设施建设给予支持。对于已转为企业的市属开发类科研机构，可享受国家规定的延长2年税收优惠政策。

七、科技投融资

28. 鼓励银行对科技型企业提供贷款，争取信贷规模每年达到50亿元以上。银行对市重大科技专项、重大科技产业化项目提供优惠贷款，“市创新专项”中设市科技投融资引导专项资金给予一定的贴息补助。

鼓励各类担保机构支持科技型中小企业发展。通过市科技投融资引导专项资金设立信用再担保资金。建立贷款风险由企业、银行、担保机构、政府逐级分担和适当补偿机制。对高新技术产业化项目，探索适当放大抵押、质押的担保倍数或通过账户托管方式发放贷款的办法。专项资金发挥信用再担保作用，对担保机构为科技型中小企业担保发生的损失给予一定补偿。

29. 培育科技创业风险投资市场。通过市科技投融资引导专项资金，吸引国内外有实力的风险投资基金、风险投资机构在大连创办风险投资基金和股份公司，支持其投资我市的高新技术企业，对投资我市高新技术企业和高新技术项目发生的风险损失给予适当补偿。

经认定，风险投资机构可以按总收益中不高于10%的比例提取风险准备金，用于补偿投资性亏损。

30. 试行专利质押制。拥有专利的本市企业或个人，可向市知识产权管理部门申报知识产权质押认定。经认定，市商业银行可给予一定额度的专利质押贷款。“市创新专项”每年安排一定资金建立专利质押贷款风险准备金。

31. 组建大连市高新技术产权交易中心及专业化技术产权交易市场，拓宽创业风险投资退出渠道。鼓励民间资本投资技术产权市场，市财政给予一定补贴；土地出让按协议出让国有土地使用权的最低价标准缴纳，并免收配套设施费。

八、创新人才

32. 大力引进高层次人才和海内外优秀人才。来连工作并与用人单位签订5年以上合同的高层次人才，市政府为其一次性发放一定标准的安家补贴。其中，两院院士30万元；依据《大连市引进人才若干规定》认定的高层次人才15万元；境内外全日制学习获得博士学位的毕业研究生6万元。用人单位以1:1的比例予以匹配补贴。

用人单位引进高级人才的住房货币补贴、安家费、科研启动经费等费用，可依法列入成本核算。来连工作海外优秀人才的医疗保险、配偶就业、未成年子女就学等问题优先予以妥善解决。

33. 支持企业培养和吸引人才。支持企业推进博士后科研工作站、民营企业博士后科研基地和大学生见习基地建设。对于进入工作站或基地的博士后研究人员，市政府给予一定的项目启动经费补贴；建立工作站或基地的企业应以不低于1.5倍的比例匹配资金。建立职业经理人培训考试制度。

实施高技能人才培养工程。对有突出贡献的高技能创新人才，可破格参加技师、高级技师考评。实行高技能创新人才政策津贴、企业津贴制度，提高高技能人才的待遇水平和社会地位。

34. 实施“农村实用人才培训工程”。在涉农区市县建立市级农村实用人才培训基地，市政府依照国家、省规定精神提供资金支持，保证基地每年培训量达到15万人次。大力推进“一村一名大学生计划”。对于列入计划的毕业生，可通过法定程序担任村委会等组织的相应职务，其人事关系由服务所在地毕业生就业指导中心免费代理。同时在保证其工资待遇不变的情况下，市政府对每位列入计划的大学生按国家、省规定给予一定补贴。

35. 完善国民教育体系，新增就业者的平均受教育年限达到13.5年以上。全面推进素质教育，注重从青少年入手培养创新意识和实践能力。加强科普工作和科普基地建设，启动建设大连市科技馆，提升自然博物馆等科普基地功能，支持科普作品创作，并充分发挥各级各类科学技术协会和学会的重要作用。市财政科普经费预算要逐年增加，到2010年达到人均2元。

36. 完善政府科技奖励制度。设立大连市科学技术功勋奖、自主创新企业奖、创新型企业家奖、科技进步奖等，奖励在我市科技进步和自主创新中做出突出贡献的个人和集体。

九、加强统筹协调

37. 加强对自主创新工作的组织领导。建立健全科技资源统筹配置与分工协作管理的体制和机制。成立市推进自主创新工作协调机构，由市长负责，市有关部门为成员单位。下设办公室，主任由主管副市长兼任。协调机构实行工作例会制度，主要负责审定全市自主创新专项规划，统筹资源配置，研究、决定全市自主创新工作的重大事项，明确各相关部门的职责，协调自主创新工作的实施，并监督考核自主创新工作的绩效。

38. 建立科技创新指标考核制度。把提高自主创新能力作为重要指标，纳入各相关部门和区市县领导政绩考核体系。

39. 市各有关部门和各区市县人民政府要根据国家、省相关政策和规定及本规定要求，制定具体实施细则。

吉林省

吉林省人民政府关于印发激励增强自主创新能力若干政策的通知

各市(州)、县(市)人民政府，省政府各厅委、各直属机构：

现将《关于激励增强自主创新能力的若干政策》印发给你们，请认真贯彻执行。

2006年6月27日

为贯彻落实全国科技大会精神，进一步发挥科学技术对振兴吉林老工业基地的促进作用，实现我省经济社会更快更好地发展，特制定如下政策：

一、科技投入

(一)大幅度增加科技投入。建立多元化、多渠道的科技投入体系。全社会研究开发投入占地区生产总值的比例逐年提高，使地方科技投入水平与增强我省产业技术自主创新能力和建设创新型吉林目标的要求相适应。到2010年，R&D经费占地区生产总值比重达到2%；到2020年，R&D经费占地区生产总值比重达3%以上。

(二)确保财政科技投入的稳定增长。各级政府把科技投入作为财政预算保障的重点，年初预算编制和预算执行中的超收分配，都要体现《吉林省科技进步条例》法定增长的要求。发挥财政资金对全面提升我省自主创新能力的导向作用。“十一五”期间，财政科技投入增幅明显高于财政经常性收入增幅。增加省级自主创新资金的投入：在保证应用技术研究与开发资金(原科技三项费)按法定比例增长和每年安排5000万元科技创新及科研成果转化补助费的基础上，从2007年起，每年再安排重大科技专项资金3200万元，科技基础条件平台建设资金2000万元。

(三)优化财政科技投入结构。以解决我省经济社会发展中的重大科技问题为重点，加强对增效增量作用大的高技术产品开发和具有优势的前沿技术研究。对重点实验室和公益型研发机构保持稳定的财政投入机制。

二、税收激励

(四)加大对企业自主创新投入的所得税前抵扣力度。允许企业按当年实际发生的技术开发费用的150%抵扣当年应纳税所得额。实际发生的技术开发费用当年抵扣不足部分，可按税法规定在5年内结转抵扣。企业提取的职工教育经费在计税工资总额2.5%以内的，可在企业所得税前扣除。

(五)允许企业加速研究开发仪器设备折旧。企业用于研究开发的仪器和设备，单位价值在30万元以下的，可一次或分次摊入管理费，其中达到固定资产标准的应单独管理，但不提取折旧。单位价值在30万元以上的，可采取适当缩短固定资产折旧年限或加速折旧的政策。

(六)完善促进高新技术企业发展的税收政策。国家高新技术产业开发区内经科技行政管理部门认定的新办高新技术企业，自获利年度起两年内免征所得税，两年后，减按15%的税率征收企业所得税。落实高新技术企业计税工资所得税前扣除政策。高新技术产业开发区(园)内的高新技术企业为生产出口产品所需的进口原材料和零部件，按照国家有关规定，享受关税等方面的优惠，海关按照加工贸易管理办法实行保税监管。

（七）支持企业加强自主创新能力建设。对国家企业技术中心、工程（技术研究）中心，进口规定范围内的科学研究、技术开发用品和原材料及零部件，免征进口关税和进口环节增值税。凡在我国境内投资符合国家产业政策的技术改造项目的企业，其项目所需国产设备投资的40%可从企业技术改造项目设备购置当年比前一年新增的企业所得税中抵免。如果当年新增的企业所得税额不足抵免，未予抵免的投资额，可用以后年度企业比设备购置前一年新增的企业所得税税额延续抵免，但抵免的期限最长不得超过5年。对承担国家和省重大科技专项、科技计划项目和重大引进技术消化吸收再创新项目的企业进口国内不能生产的关键设备、原材料及零部件免征进口关税和进口环节增值税。

（八）推进转制科研机构发展。对整体或部分企业化转制科研机构免征企业所得税，免征科研开发自用土地、房产的城镇土地使用税、房产税的政策到期后，可按照国家有关规定，根据实际需要加以完善，以增强其自主创新能力。对率先实行企业转制的省属开发型科研机构，在政府科技计划项目安排方面实行倾斜政策。

（九）建立支持自主创新的多层次资本市场。支持有条件的高新技术企业在国内主板和中小企业板上市。支持符合条件的高新技术企业发行公司债券。努力为高新技术企业在海外上市创造条件。通过政府财政支持等方式，扶持发展全省性的产权交易市场。

（十）支持创业风险投资企业的发展。2006年设立省级创业投资引导基金1亿元，以后年度视业务开展情况和财力可能，逐步增加基金规模。对投资于中小高新技术企业的创业风险投资企业，实行投资收益税收减免或投资额按比例抵扣应纳税所得额等税收优惠政策。

（十一）扶持科技中介服务机构。对符合条件的科技企业孵化器、国家大学科技园自认定之日起，一定期限内免征营业税、所得税、房产税和城镇土地使用税。鼓励大学、科研院所建立科技中介机构。经认定的大学、科研院所建立成立的科技成果转化、咨询信息等中介机构和知识产权服务机构可以享受非营利科研机构的优惠政策（不含企业所得税）。技术合同经科技行政管理部门认定登记后，可按核定比例提取技术交易奖酬金用来奖励相关人员。

（十二）促进科技企业快速发展。对从事技术开发、技术转让和与之相关的技术咨询、技术服务的收入，免征营业税。

科技企业自认定之日起，以协议出让方式取得土地使用权的（商业用途除外），可按土地出让金低限标准缴纳。

经认定的科技企业，除国家和省政府规定的收费外，其他行政事业性收费等一律免收。

（十三）鼓励社会资金捐赠创新活动。企事业单位、社会团体和个人，通过公益性的社会团体和国家机关向省科技型中小企业技术创新资金进行捐赠，属于公益性捐赠行为，可按国家有关规定，在缴纳企业所得税和个人所得税时予以扣除。

三、奖励

（十四）加强知识产权保护。通过原始创新、集成创新所形成的新产品、新技术、新材料、新工艺等形态的职务发明知识产权在本省转化成功后，所在单位应对科技成果完成人和为成果转化做出重要贡献的人员给予奖励和报酬。

以技术成果出资入股的科技成果转化项目，技术含量特别高的技术成果出资入股可突破35%，并可按不低于该成果入股作价金额50%的股份作为奖励和报酬，持股人享受相应的股份权益；以技术转让方式实施转化的，可按不低于技术转让费用50%的比例用于一次性奖励和报酬；单位自行实施转化或与他人合作实施转化的，可连续5年从实施该项成果销售收入中按0.5%～1.0%的比例提取奖励和报酬，经同级财政部门批准，进入管理费用。

以上奖励中，在研究开发和成果转化中做出主要贡献的人员，所得奖励和报酬份额不低于奖励和报酬总额的50%。

对在科技成果转化中取得显著经济、社会效益，贡献突出的人员，可不受学历、资历和岗位职数等条件的限制，予以破格评定相应的专业技术职务任职资格。

（十五）积极鼓励引进消化吸收再创新。凡由政府核准或使用政府投资的重点工程项目确需引进的重大技术装备，项目业主联合制造企业必须制定引进消化吸收再创新方案。方案须经政府管理部门组织专家组进行咨询和评估，坚决限制盲目、重复引进。

（十六）鼓励企业开发名牌产品。对已获得国家驰名商标、省著名商标和国家、省名牌产品称号的企业产品，优先列入技术改造、技术创新和新产品开发计划。对新创国家、省级驰名、著名商标和国家、省名牌产品称号的企业，按有关规定予以奖励。

（十七）改革和完善科技奖励制度。加大科技奖励资金的投入，建立政府奖励为导向、社会力量奖励和用人单位奖励相结合的激励自主创新的科技奖励制度。把发现、培养和凝聚科技人才，特别是领军人才作为科技奖励的主要目标。

对我省自主创新做出重大贡献者给予奖励；对提升我省支柱产业、优势产业竞争力的研究机构和主要贡献者给予重奖；对引进重大共性技术、关键技术，并产生显著经济效益的主要贡献者给予重奖。允许国有企业对技术骨干和管理骨干实施期权方面激励政策，技术享有者可将技术权益作为出资，按照规定的价格购买公司股权。鼓励高校和科研机构科技人员到企业兼职，鼓励企业科技人员到高校或科研机构兼职。

（十八）建立财政性资金采购自主创新产品制度。由政府科技行政管理部门会同有关部门对自主创新产品进行认定，财政部门将自主创新产品列入政府采购目录。政府投资的重点项目中，有关部门应将承诺采购自主创新产品作为申报立项的条件，并明确采购自主创新产品的具体要求。国产设备采购比例不得低于总价值的60%。

（十九）支持产学研形成战略联盟。对企业、科研单位和大学联合开发新产品、开展科技攻关、建立研发机构、创业投资公司等，各级政府要优先给予资金支持。省科技行政管理部门、综合经济管理部门要编制并定期发布有自主知识产权的关键技术和产品目录。

四、统筹协调

（二十）建立和健全合理配置科技资源的统筹机制。完善财政部门与科技等部门科技资源配置的协调机制。完善统计方法，提高研究与开发统计数据质量。强化科技预算的执行监督，确保财政科技投入目标的实现。建立创新资源配置的信息交流制度，防止重复立项和资源分散。

（二十一）政府各有关部门要依据《国务院关于实施〈国家中长期科学和技术发展规划纲要（2006-2020年）〉若干配套政策的通知》（国发〔2006〕6号）制定实施细则，并根据本通知要求制定必要的实施细则。

（二十二）本通知发布前制定的有关政策措施与本通知的规定不一致的，以本通知为准。

（二十三）本通知自发布之日起实行。

长春市人民政府关于印发提高自主创新能力的若干政策的通知

各县（市）、区人民政府，市政府各委办局、各直属机构：

现将《关于提高自主创新能力的若干政策》印发给你们，请认真贯彻执行。

长春市人民政府

2006年7月26日

为贯彻落实全国科技大会和吉林省科技大会精神，实施《长春市中长期科学和技术发展规划纲要（2006-2020年）》，营造激励自主创新的环境，增强自主创新能力，促进企业成为自主创新主体，加快科技成果转化，推动长春经济社会更快更好发展，制定如下政策：

一、加大对科技的投入

（一）加大政府科技投入。各级政府要把科技投入作为预算保障的重点，年初预算编制和预算执行中的超收分配，都要体现法定增长的要求，保证财政科技投入增幅明显高于财政经常性收入增幅。

2007年，市本级科技行政部门专项归口管理的应用技术研究与开发投入要从2005年的3910万元增加到6000万元，在此基础上，确保财政科技投入实现逐年增长。到“十一五”末期，市本级、区、双阳区由科技行政部门专项归口管理的应用技术研究与开发投入占同级财政预算支出的比例分别达到2%、1.5%、1.3%，四县（市）按照国家、省有关要求执行。

“十一五”期间，市本级每年安排4000万元设立科技风险投资专项引导资金。主要用于实施“科技创业风险投资促进百户企业快速发展工程”。各区、开发区也要设立科技风险投资专项引导资金。

逐年增加科普活动经费，到“十一五”末期，全市人均科普经费达到0.5元。

（二）加强对政府科技投入的管理。改革和优化政府科技计划设立体系，对科技项目及经费的申报、评审、立项、执行和结果的全过程进行严格的规范和监督。建立财政科技经费的绩效评价体系、项目承担单位实力与信誉评价机制及评审专家信誉评价制度，使财政科技投入效益最大化。

（三）建立多元化、多渠道的科技投入体系。积极引导和推动各级政府、企业、金融、社会对科技的投入，充分发挥市场在资源配置中的基础性作用。到2010年，高新技术企业研发投入占销售收入的比例达到5%以上，一般大中型企业研发投入占销售收入的比例达到1.5%以上，全社会R&D投入占国内生产总值的比例达到2%以上。

二、促进科技成果转化

（四）实施一批重大科技专项。“十一五”期间重点实施自主品牌汽车及关键零部件的开发与制造、玉米生化关键技术及产业化、应用生物技术创制动植物新种质及培育新品种、新型显示技术及产品等重大科技专项。对市级重大科技专项及我市企业列入国家和省重大科技专项的项目给予重点支持。

（五）实施重大科技成果转化百亿增值工程。“十一五”期间，在自主品牌汽车及关键零部件、现代装备制造、农产品深加工、光电信息、生物与医药、新材料、新能源等领域择优支持一批重大科技成果转化项目，推动企业掌握一批核心技术，实现新增产值超百亿元。实行重大科技成果转化项目认定制。对具备自主知识产权、有一定产业基础、有广阔市场前景、有高素质的经营管理团队和建立了现代企业制度企业的转化项目择优列入“百亿增值工程”，给予用地、融资、财税等方面的集中支持。项目投产之日起3年内，上缴的企业所得税地方留用部分由同级财政予以返还。

（六）鼓励科技成果以股权投入和技术转让方式实施转化。科技成果以股权方式投入的，其出资比例最高可占注册资本总额的70%，成果完成人可享有不低于该成果所占股份30%的股权。双方另有约定的从其约定。

科技成果以技术转让方式进行转化的，可以从税后收益中提取不低于30%作为科技成果完成人的报酬。科技成果所有权属于高校或科研院所的，知识产权所有单位可从收益中提取不低于50%作为成果完成人的报酬。

企业自行实施或以合作方式实施转化的，自获利之日起3年～5年内，每年可从税后利润中提取不低于5%的比例奖励成果完成人。

（七）鼓励企业与高校、院所建立产学研合作机制。对企业以委托、合作、购买等方式取得在长高校院所的科研成果且转化后成效显著的，经科技行政管理部门认定，自项目投产之日3年内，对所得税地方留用部分由同级财政给予50%返还，当年返还金额不足的，可在5年内逐年返还。

三、推动企业成为自主创新主体

（八）加强企业创新能力建设。企业设立的研发机构进行研发并开展生产经营活动的可注册为独立法人，经认定可享受高新技术企业的相关政策。

自2006年起，经国家有关部门新认定的驻长国家级企业技术中心、工程技术研究中心，一次性给予相应的项目资金支持。筛选一批有望晋级的企业技术中心和工程研究中心给予重点扶持。

（九）支持高新技术企业发展。国家高新技术产业开发区内新创办的高新技术企业，可从获利年度起两年内免征企业所得税，两年后按15%的税率征收企业所得税。落实高新技术企业实际发放的工资总额可在企业所得税前全额扣除的政策。国家高新区外的高新技术企业的企业所得税地方收入高于上年增量部分，由同级财政给予返还。

（十）鼓励发展科技型中小企业。设立科技型中小企业创新专项资金，主要用于我市申报国家中小企业创新基金项目提供地方资金匹配。

科技企业自认定之日起，以协议出让方式取得土地使用权的(商业用途除外)，可按土地出让金低限标准缴纳。

（十一）加大对企业自主创新投入的所得税前抵扣力度。允许企业按当年实际发生的技术开发费用的150%抵扣当年应纳税所得额。实际发生的技术开发费用当年抵扣不足部分，可在5年内结转抵扣。企业提取的职工教育经费在计税工资总额2.5%以内的，可在企业所得税前扣除。

（十二）允许企业加速研究开发仪器设备折旧。企业用于研究开发的仪器和设备，单位价值在30万元以下的，可一次或分次摊入管理费，其中达到固定资产标准的应单独管理，但不提取折旧；单位价值在30万元以上的，可采取适当缩短固定资产折旧年限或加速折旧的政策。

（十三）实施自主创新产品的政府采购政策。由政府科技行政管理部门会同有关部门对自主创新产品进行认定，制定政府采购自主创新产品目录并定期向社会公布，建立财政性资金采购自主创新产品制度。对本市企业开发的符合政府采购技术标准和目录的具有自主知识产权的产品，实施政府首购和订购制度。

（十四）实施专利战略、标准战略、名牌战略。提高对国内发明专利的补助标准，对新获得国外授权的发明专利补助1.5万元。对企业购买国内外发明专利并实施转化的给予一定的补贴。企业制定或作为主要承担者制定的标准，经国际有关组织、国家质量监督检验检疫总局发布为国际标准、国家标准的，企业新获得认定的中国名牌产品和中国驰名商标、吉林省名牌产品和吉林省著名商标的，加大奖励力度并继续完善相关奖励政策。

四、加强科技创新基地与平台建设

（十五）推进国家级产业基地建设。"十一五"期间重点推进长春国家光电子产业基地、长春国家生物产业基地、长春中俄暨独联体国际科技合作基地、长春国家汽车及零部件出口基地等国家级基地建设。设立基地发展专项资金，对国家产业基地的公共平台和产业发展的项目给予扶持。在高新技术企业认定、科研开发、成果转化、重大项目产业化等方面给予优先支持。

（十六）促进科技基础平台建设。设立科技基础平台建设专项资金。重点支持科技企业孵化器、科技信息网络、大型仪器与科技文献资源共享等方面的基础平台建设。

对符合条件的科技企业孵化器、国家大学科技园，可按规定免征营业税、所得税、房产税和城镇土地使用税。

五、大力发展科技投融资

（十七）实施科技创业风险投资促进百户企业快速发展工程。"十一五"期间，科技风险投资专项引导资金以股权投资方式支持重点企业和科技创业风险投资机构。到"十一五"末期，重点扶持百户以上高新技术企业，扶持10户以上科技风险投资机构和科技风险投资管理顾问机构。各区、开发区至少建立1户风险投资机构，实行规范化管理运作。

（十八）加大金融支持力度。市商业银行应优先给予高新技术企业信贷支持。鼓励各政策性银行、商业银行和其他金融机构开展知识产权质押业务试点工作。

（十九）为科技成果转化项目提供贷款担保。"十一五"期间，设立科技成果转化贷款担保资金5亿元。重点为"百亿增值工程"和重大科技专项的项目提供贷款担保服务。适时成立专门服务自主创新的科技贷款担保机构。

（二十）改革风险准备金制度。经认定，科技风险投资机构、担保机构可以按总收益中不高于10%比例提取风险准备金，风险准备金不计入经营成本。

（二十一）健全资本退出机制。支持高新技术企业通过技术产权交易、代办系统、资本市场上市等方式实现投资的变现退出。

六、支持科技人才创新创业

（二十二）提高科技人才"净所得"。科技人员以股份或出资比例等股权形式获得奖励的，暂缓征收个人所得税。

从事科技成果转化的留学回国人员在长取得的工资收入，可视同境外收入，在计算个人应纳税所得税额时，除减除规定费用外，并可适用附加减除费用的规定。

（二十三）为创新型人才提供服务。设立科技人才创业专项资金，支持包括海外学人在内的科技人才创办、合办高新技术企业，促进具有自主知识产权的科技成果产业化。

鼓励科技人员从事兼职活动，建立促进科技人才柔性流动的平台，创新柔性流动机制，支持优秀人才通过短期聘用、技术合作、技术服务等形式开展创新活动。由所在单位组织的兼职活动，可从兼职收入中提取50%作为技术服务人工费；由科技人才中介服务机构组织的兼职活动，可从兼职净收入中提取85%作为技术服务人工费；由个人自行联系的，兼职收入除依法纳税外全部归己。

加大对引进科技领军人才的补助力度。引进领军人才的住房补贴、安家费、科研启动经费等费用可依法列入用人单位成本核算。

对从事农业科技成果转化和新技术开发、推广及应用的科技人员给予一定的补贴和扶持。

（二十四）加大市级科学技术奖励力度。继续做好科学技术特殊贡献奖和科学技术进步奖评选工作，适当提高奖金额度；增设自主创新科学技术成果转化奖，重奖自主创新企业和企业领导人。

七、完善推进落实机制

（二十五）保证自主创新政策的贯彻和落实。要建立和完善领导责任制。加强对科技投入、政府采购、引进消化吸收再创新的统筹协调。加强对各区、开发区科技投入和科技创新活动的考核监督与分类指导，确保各项政策和措施的落实。市直相关部门要依据本政策制定必要的实施细则，各区、开发区要结合实际，制定相应的具体政策措施。

（二十六）本政策发布之前制定的有关政策措施与本政策的规定不一致的，以本政策为准。

本政策自发布之日起实行。

新疆维吾尔自治区

转发自治区科技厅等部门关于自治区十一五科技基础条件平台建设意见的通知

新政办发〔2006〕190　2006年11月27日

伊犁哈萨克自治州，各州、市人民政府，各行政公署，自治区人民政府各部门、各直属机构：

自治区科技厅、发展和改革委员会、教育厅、财政厅共同制定的《新疆维吾尔自治区“十一五”科技基础条件平台建设意见》已经自治区人民政府同意，现转发你们，请结合实际，认真贯彻执行。新疆维吾尔自治区科技基础条件平台建设是充分运用现代技术，通过制度创新，对科技基础条件资源进行的战略重组和系统优化，以促进科技资源高效配置和综合利用，提高科技创新能力。为指导我区科技基础条件平台建设，根据《2004－2010年国家科技基础条件平台建设纲要》精神，结合我区实际，制定本意见。

一、充分认识科技基础条件平台建设的必要性

（一）科技基础条件平台建设是国家针对世界科技发展趋势而采取的一项重大战略举措，将对提升我国科技整体实力和科技创新能力产生重大影响。加强科技基础条件平台建设是适应我区经济发展和科技进步的必然要求。

中共中央、国务院最近提出建设创新型国家战略，计划用15年时间使我国进入创新型国家行列；国务院在发布的中长期科技发展规划《纲要》中提出，今后15年科技发展的指导方针是：自主创新、重点跨越、支撑发展、引领未来。国家这些重大战略方针的贯彻落实，很重要的一项工作就是要加快科技基础条件平台的建设。此项工作也将成为各级政府的一项重要而迫切的任务。

（二）自治区科技基础条件平台的现状已不适应当前经济发展和科技发展的需求。总体看，自治区现有的科技基础条件还十分薄弱，用于科技基础设施的投入严重不足；科学仪器设备数量少、档次低、更新慢、协作共用程度低；科技文献信息规模小且分散，数据库数量少、利用效率低，数据信息化加工能力低，信息服务手段单一，信息技术基础设施不完善，网络科技环境和信息系统还不能满足科技进步与技术创新的需要，科技文献信息资源共享程度差，部门所有、条块分割问题突出；重点实验室、工程技术研究中心以及中试基地数量少、基础差，研发能力较弱；自然科技资源亟须加以保护、储藏和利用，目前清洁级实验动物的生产刚刚起步，实物标本和种质资源的收集保藏工作进展缓慢；科技基础设施和科技成果转化服务基地还不完善、不配套；分散、重复、封闭的科技资源亟须加以整合，实现共享。这种现状在一定程度上制约了我区科技进步和技术创新的进程，已成为重大关键技术突破、原始性创新工作开展、科技人才作用发挥、科技竞争力提高的瓶颈。

（三）科技基础条件平台已成为自治区创新体系的重要组成部分，成为服务于全社会科技与创新的基础性支撑体系。实施优势资源转换战略、全方位开放战略、科教兴新和人才强区战略、可持续发展战略，加强技术创新、加快科技成果转化、发展高新技术实现产业化，走新型工业化道

路，建设社会主义新农村，都离不开相应的科技基础条件。稳定和吸引科技人才，提高科技竞争力，开展国际科技合作与交流，需要提供必要的科技基础设施和科技条件平台。缩小差距，实现跨越式发展都必须加快科技基础条件平台的建设。

二、指导思想和原则

（一）指导思想

在邓小平理论、“三个代表”重要思想和科学发展观的指导下，以全面提高我区科技创新能力和增强区域竞争力为目标，以改革为动力，以建立共享机制为核心，以系统资源整合为主线，坚持以人为本，遵循市场经济规律，充分运用现代信息技术，利用国际和国内两种资源，统筹规划，突出重点，搭建具有公益性、基础性、战略性的科技基础条件平台，有效改善我区科技创新环境，增强持续发展能力，为我区科技长远发展与重点突破提供强有力的支撑。

（二）建设原则

1. 突出共享，制度先行。自治区科技基础条件平台建设以资源共享为核心，打破部门之间、地区之间、行业之间、产学研之间资源分散、封闭和垄断的状况，加大改革力度，积极探索符合我区实际情况的管理体制和运行机制。加快清理、修改、制定有关法规和标准，为资源共享提供法律保证。

2. 统筹规划，分步实施。根据自治区科技基础条件资源的特点，结合科技、经济和社会发展需求，强化顶层设计和统一规划，把握重点，突出特色，分步骤、分阶段积极稳妥地推进我区科技基础条件平台建设。

3. 综合集成，优化配置。按照整合、共享、完善、提高的要求，有效调控增量资源，激活区内存量资源，最大限度发挥现有资源的潜能。

4. 政府主导，多方共建。政府在公共科技资源供给中发挥主导作用的同时，充分调动区内各高等院校、科研院所、中介机构、行业协会、企业等各方面的积极性，参与资源整合与建设。

三、目标任务和重点

（一）总体目标

到2010年，对现有的科技基础设施、科学仪器设备、科技文献信息、自然科技资源、网络科技环境等进行整合、重组和优化，在最大限度利用现有资源的基础上，有效调控增量资源建设，完善、提高具有新疆特色和优势的研究开发平台、资源共享平台、科技成果转化服务平台，为最终形成一个布局合理、装备先进、流动开放、共建共享、高效运行的科技基础条件平台奠定基础。

通过制定符合我区实际的政策和法规，建立以共享机制为核心的管理制度；建立与平台建设和发展相适应的专业化人才队伍；按照新的管理运行机制装备和建设一批重点实验室、中试基地和工程技术研究中心；建立实验动物生产和使用基地；建成基本满足科技创新和科技发展需求的科技信息网络服务平台，建成和充实部分科技基础数据库；生物种质资源和标本得到有效的保护和利用；充实和加强科技成果、供需信息、转化设施、人才、中介机构和技术市场服务体系的建设。

（二）主要任务

到2010年构筑起自治区三大科技基础条件平台：

1. 研究开发平台。在重点实验室建设方面，自治区级重点实验室要达到20个（包括已建的

11个）。积极创造条件，力争“新疆生物资源基因工程实验室”、“新疆包虫病基础医学实验室”进入国家级重点实验室，“新疆动物生物技术实验室”、“新疆草地资源与生态实验室”、“新疆特殊环境微生物实验室”、“新疆维吾尔药实验室”进入省部共建实验室。

在工程技术研究中心建设方面，自治区级工程技术研究中心要达到20个（包括已建的11个）。除“棉花工程技术研究中心”、“瓜类工程技术研究中心”、“风力发电工程技术研究中心”已进入国家级工程技术研究中心外，积极创造条件，力争“特殊环境微生物工程技术研究中心”、“荒漠－绿洲生态建设工程技术研究中心”、“动物胚胎工程技术研究中心”、“加工蕃茄工程技术研究中心”进入国家级工程技术研究中心。

在科学仪器设备方面，全面提升科学仪器设备的档次，使科学研究、分析测试、实验数据的取得，基本上都能在新疆进行和完成。组建以科研机构、高等学校、重点实验室为主的科学仪器设备协作共用网。

在基础设施建设方面，统筹规划重大科学基础设施建设，重点对具有新疆特色的、在全国有一定优势的研究领域，建设若干个重大科学基础设施基地，明显改善科研基础条件，提高科技研发和创新能力。

2. 资源共享平台。在自然科技资源建设方面，加强对有区域特色的植物、动物、微生物、人类遗传、生物标本、矿石化石标本、活体实验材料等资源进行搜集、整理、保藏和保护，建成若干个标准化的、有一定储藏和保存能力的基础设施。

在科技文献信息网络建设方面，充分发挥我区科技情报机构、高校以及中科院新疆分院的科技信息资源优势，加强对现有科技文献信息资源的集成，建立科技信息资源共享中心和科技信息资源数据库，建立管理与服务快速、高效、共享的网络支撑服务平台，实现科技信息资源共享，全面提升科技文献信息网络的开发水平，形成布局合理、功能齐备的科技文献信息网络服务体系。

3. 科技成果转化服务平台。在科技成果转化服务平台方面，根据科技、经济发展的需要，发展和建立若干个科技成果转化培训基地、科技中介服务机构、中试基地、企业孵化器基地、生产力促进中心，积极推进风险投资机构和技术产权交易市场的发展。

（三）建设重点

1. 在现有基础上重点对科研机构和高等学校的科学仪器设备进行更新，重点装备已建成的自治区级重点实验室、分析测试中心和工程技术研究中心，选择具有地方特色和优势的重点实验室和工程技术研究中心进入国家级行列；大力加强中试基地的建设，重点建设农产品加工与农牧机械研发、新药与少数民族药研制、风能利用、太阳能光伏发电、新型建材开发、煤炭转化、有色及稀有金属材料开发、节水灌溉设备研制等中试基地。加强现有的野外观测台站（网）的建设，重点是疾病观测、地震观测、环境观测站点（网）的建设。在现已建立的自治区属科研机构科学仪器设备协作共用网的基础上，组建跨部门、跨行业的科学仪器设备协作共用网，实现科学仪器的协作共用。

2. 建立实验动物集中生产供应基地和实验动物标准化引种、饲养、供应、质检一体化的服务体系。加强和改善岩矿化石标本、生物种质资源标本的保藏条件。加强各类标本库的数字化建设，重点建设维吾尔药材标本库、医学动物昆虫标本库、牧草种质资源库和繁殖圃、特色经济林资源汇集圃、农作物品种资源库、人类遗传基因库、植物资源抗逆基因库、优良畜牧品种功能基因库、数字地质矿产馆。

3. 建立科技文献信息支撑系统。以“新疆科技信息网络”为依托，建立科技文献信息网络服务平台和科技基础数据库。扩充、集成科技文献资源，加强信息化建设，做好与国家科技信息网络的对接和共享，最大限度地利用国家提供的信息网络资源。建设数字化的科技文献资源库，加强镜像站点数据库及镜像站点开发，建立“新疆科技文献信息资源共享中心”，实行科技文献信息集中采购制，以我区科技情报机构和高校为重点，集成科技文献、科技期刊、科技数据库和科技信息网，以乌鲁木齐为中心建立新疆科技信息网络专用通道和地州市县的网络。

4. 加强区域资源与环境空间数据基地的建设。在水资源、土地资源、地质资源、矿产资源、药物资源、生态环境等方面，分领域建立信息库，对有关的地理空间数据和信息进行收集、存储、维护和传播。

5. 加强科技成果转化公共服务平台建设。加快科技成果转化基地、科技中介服务机构的建设。以新疆常设技术市场为依托，构建技术信息交流平台与技术产权交易信息平台，提高技术市场的信息化服务水平，强化相关科技中介服务机构的服务功能。完善高新区和其他各类科技园区的服务功能，建设具有地方特色的产业化培育基地。

四、保障措施

（一）加强科技基础条件平台建设的组织领导

建立新疆维吾尔自治区科技基础条件平台建设组织、协调和咨询机构，负责平台建设的研究、规划和指导，协调跨部门、跨行业、跨地区的重大问题，形成在规划、布局、投入、建设、共享、运行、监管等方面的领导和协调机制。

政府部门要加强对自治区科技基础条件平台建设工作的领导，按照统筹规划、合理布局、政府主导、社会共建、分步实施的原则，采取措施积极推动自治区科技基础条件平台建设，把科技基础条件平台建设纳入到各级政府的中长期规划，作为政府促进科技创新的一项重要任务，承担起科技条件平台与基础设施建设的责任。

（二）建立科技基础条件平台建设资金保障体系

加速自治区科技基础条件平台建设进程，缩小与全国在科技基础条件方面的差距，必须尽快建立自治区科技基础条件平台建设资金保障体系。一是以科学发展观为指导，尽快调整科技投入结构，逐步加大各级财政科技经费支出中用于公益性、基础性、战略性科技基础条件建设的比重。二是政府要加大对科技基础条件平台建设的投入。“十一五”期间，对现有科技资金进行调整、整合，设立自治区科技基础条件平台建设专项资金，用于科技基础条件平台建设。三是利用政府资金的引导和推动作用，充分调动高等学校、科研机构、中介机构、行业协会、企业等各方面的积极性，参与资源整合与建设，运用市场力量吸引国外资金、民间资金和社会团体资金，使政府投入、企业投入、银行信贷、社会资金，通过相关政策真正形成多渠道、多层次的科技基础条件平台建设资金保障体系和共建共享的投入新格局。

（三）建立和完善科技基础条件平台建设的政策法规体系

科技基础条件平台建设是一项政策性强、投资大、管理强度高的系统工程，涉及到方方面面，因此，需要建立健全有利于科技基础条件平台建设及资源共享的法律法规和政策体系。对以前分散的、不完整的或没有政策规定的，应进行整合、补充、完善或修改。通过法律法规体系的建立，促使以政府投资为主形成的科技资源得到高效利用，并带动国有和非国有、增量和存量科技资源在全社会范围的共享。

（四）建立科技基础条件平台建设的监控体系

建立和完善科技基础条件平台建设与运行经费使用的监督评估制度，严格按照规定的立项程序，对建设项目进行论证评估，对建设项目和运行经费实时进行监控。通过建立项目管理招投标制度、科学公正的科技评估制度和财务监管体系，确保科技基础条件平台建设资金发挥最大的作用。

（五）培育和造就精干高效的专业化人才队伍

在加强科技基础条件平台建设工作的同时，要高度重视与之相适应的科技管理与技术人才队伍建设，要采取措施加大对科技专业化人才的培养和引进，通过人才评价制度、分配制度、激励制度，凝聚一支精干高效的专业化人才队伍，全面提升支撑科技基础条件平台专业化人才队伍的素质，提高科技基础条件共享的服务效率与水平。

（六）加强对外交流与合作

要加强与国内各省区在科技基础条件平台建设方面的交流与合作，充分利用国内现有的科技信息、基础数据、科技设施等可共享资源，采取措施争取国家对地方的支持，鼓励各省市区参与自治区的科技基础条件平台建设。

要充分利用国际基础数据、科技信息和科技设施等资源，积极吸引其他国家及相关国际组织参与自治区的科技基础条件平台建设，积极开展国际间的科技合作，采取共建共享机制吸引国外的投资。

四川省

阿坝州人民政府关于印发阿坝藏族羌族自治州科技型中小企业技术创新资金项目管理暂行办法的通知

阿府发〔2006〕37号　2006年10月9日

各县人民政府，州级各部门，卧龙管理局：

《阿坝藏族羌族自治州科技型中小企业技术创新资金项目管理暂行办法》已经九届州人民政府第46次常务会议审议通过，现予印发，请遵照执行。

第一章　总　则

第一条　根据《中共阿坝州委 阿坝州人民政府关于加快科技进步建设创新型阿坝的决定》(阿委发〔2006〕13号)，参照《四川省科技型中小企业技术创新资金项目管理办法（暂行)》(川科高〔2006〕6号)，结合阿坝州实际，制定本暂行办法。

第二条　阿坝州科技型中小企业技术创新资金（以下简称阿坝州创新资金）来源由州财政预算拨款，并设立专户管理。创新资金作为阿坝州人民政府的专项资金按照市场经济的客观规律进行运作，扶持各种所有制类型中小企业，并有效吸引企业风险投资机构对科技型中小企业进行投资。

第三条　阿坝州创新资金的使用和管理遵循国家、省有关法律、行政法规和相关规章制度，遵循诚实申请、公正受理、科学管理、择优支持、公开透明、专款专用的原则。

第二章　管理职能

第四条　阿坝州科技局是创新资金项目的主管部门。负责创新资金项目年度计划安排、立项审批、实施监督、结题验收等创新资金项目的日常管理，分析总结项目执行情况。

第五条　阿坝州财政局是创新资金的主管部门，负责创新资金的年度预算安排，使用和监管，并参与项目的审查与验收工作。

第三章　支持条件、范围和方式

第六条　申请创新资金项目的条件

（一）符合国家、省和阿坝州的产业技术政策；

（二）技术含量较高，技术创新性较强；

（三）项目产品有较大的市场容量、较强的市场竞争能力；

（四）无知识产权纠纷。

第七条　承担创新资金项目企业的条件

（一）在阿坝州内注册，在阿坝州缴税，具有独立企业法人资格；

（二）主要从事技术含量较高的产品研制、开发、生产和服务业务；

（三）企业管理层有较高经营管理水平，有较高的市场开拓能力；

（四）职工人数不超过500人，具有大专以上学历的科技人员占职工总数的比例不低于20%，直接从事研究开发的科技人员占职工总数的比例不低于10%；

（五）有良好的经营业绩，资产负债率合理；每年用于新技术产品研究开发的经费不低于销售额的5%；

（六）有健全的财务管理机构，有严格的财务管理制度和合格的财务人员。

第八条　阿坝州创新资金采取贷款贴息为主、无偿资助为辅的方式支持科技型中小企业的技术创新活动。

（一）贴息贷款

1. 主要用于支持产品具有一定水平、规模和效益，银行已经贷款或有贷款意向的项目；

2. 项目新增投资在2000万元以下，资金来源基本确定，投资结构合理，项目实施周期不超过2年；

3. 阿坝州创新资金贴息总额一般不超过20万元，个别重大项目不超过30万元。

（二）无偿资助

1. 企业、事业单位的职务发明补助5000元，社会自然人的个人发明创造补助3000元；向国家申请并获得授权的专利：适用新型专利补助1000元，外观设计专利补助500元；

2. 获得国家、省创新资金 资助的需州配套的项目；

3. 符合本州产业技术政策和行业发展方向，技术含量较高，创新性较强能形成自主知识产权的项目，一般不超过20万元，个别重大项目的资助数额不超过30万元。

凡符合下列条件之一者，均应给予立项支持：

（1）促进高产、优质、高效的农牧业科技成果转化的再创新；

（2）支持围绕特色产业开展新技术与专利引进、新产品开发、知识产权保护的技术创新；

（3）产品有较大的市场容量和较强的市场竞争力，有较好的潜在经济效益和社会效益，并有望形成新兴产业。

第九条　项目的成熟性要求

（一）申报单位须在阿坝州辖区内注册、具有独立的法人资格；

（二）技术力量雄厚，有必要的专业技术人员；

（三）有必要的研发基础条件或生产设备；

（四）有可靠的技术基础或依托，在研究开发领域已取得相关科研成果，形成产业化开发项目；

（五）拥有自主知识产权的科技成果。

第十条　申请创新资金应当提交下列材料：

（一）项目申请报告并填写《阿坝州科技型中小企业技术创新资金申报表》及相应附件一式四份，在规定时间内报送阿坝州科技局、阿坝州财政局；

（二）申请单位的法人登记证书和营业执照；

（三）项目可行性报告，主要内容包括：

1. 项目技术可行性分析。包括项目技术创新性、先进性、技术成熟性和项目产品可靠性论述等；

2. 项目产品市场调查和需求预测。包括本项目产品的市场容量、生产能力及本产品的市场竞争能力等；

3. 项目实施方案；

4. 经济、社会效益分析；

5. 风险及防范。包括技术、市场风险及防范措施。

（四）申请材料附件，包括：

1. 企业法人营业执照原件；

2. 经会计师事务所或审计师事务所审计的企业上两年度的会计报表复印件和相应的审计报告原件，以及本年度最近一个月的企业会计报表原件；会计报表包括资产负债表、损益表、现金流量表以及报表附注等。经过审计的财务报表应加盖审计单位印章。当年注册的新办企业，须报送企业注册时的验资报告原件和本年度最近一个月的企业会计报表原件；

3. 可以说明项目情况的证明文件（技术报告、查新报告、鉴定证书、检测报告、用户使用报告等的原件）；

4. 科技型企业认定证书原件；

5. 国家专卖、专控及特殊行业的产品，须附相关主管机构出具的批准证明原件；

6. 能说明项目知识产权归属及授权使用的证明文件（如：专利证书，产权使用授权书，产权使用认可书、技术合同等的原件）；

7. 项目和企业有关的其他参考材料（环保证明、奖励证明、用户订单等的复印件及产品照片）。

（五）技术依托和接产单位的情况；

（六）自筹资金和其他资金的落实情况；

（七）其他资料。

第十一条　企业提供的材料必须真实可靠。如发现弄虚作假，在三年内将不再受理该企业的申请。

第四章　申请及受理

第十二条　申请原则

（一）在同一年度内，创新资金对同一个企业只支持一个项目和一种支持方式；

（二）申请单位和所申请的项目应该具备第八条和第九条所规定的条件。

第五章　立项审查

第十三条　阿坝州科技局、阿坝州财政局会同有关部门组织专家对受理审查合格的项目进行立项评审，经专家组三分之二以上多数同意的项目方可立项。

第十四条　项目视专业进行分组评审，专家组应当由相关技术专家、管理专家、财务专家等组成。

第十五条　创新资金立项评审原则上每年集中进行两次，即4月和10月各进行一次。个别重要的项目，可视情况临时组织评审。

第十六条　立项评审的主要内容包括：项目的技术创新性、先进性、可行性、成熟性、风险性以及市场容量、市场前景，企业的管理水平和财务状况、投资是否合理等内容。

第十七条　经立项审查合格的项目，由阿坝州科技局会同阿坝州财政局审定批准后，在阿坝日报、阿坝州电视台、“中国阿坝州“政府门户网和九寨科技信息网站公示15天，公示期满后无异议的项目，由阿坝州科技局与企业签合同。

第十八条　阿坝州创新资金项目合同签订后分两次拨付，5万元以下的项目先拨付50% 项目经费，其余经费待验收合格后再拨付；5万元以上的项目先拨付1/3项目经费，其余经费待验收合格后再拨付。

第六章　项目监督管理

第十九条　为了保证创新资金项目规范、有效地实施，阿坝州科技局、阿坝州财政局应当对已签订创新资金项目合同书的资金项目进行跟踪和监督管理。监管主要内容包括：项目资金到位与使用情况，项目执行进度与执行情况以及项目存在的主要问题和解决措施。

第二十条　项目监管方式

（一）定期报表：企业在每一年度须报送半年报和年报两个报表及项目执行情况的材料报送州科技局、州财政局；

（二）根据项目合同书的有关条款，监管部门应当定期了解和检查项目的执行情况，督促企业认真履行合同，保证项目如期完成；

（三）实地抽查：阿坝州科技局、阿坝州财政局应当根据需要，将组织专家对部分项目进行实地抽查。

第二十一条　阿坝州科技局根据定期报表、实地抽查等综合监管情况，做出对项目合同继续执行、调整执行或中止执行的处理意见。因客观原因，企业需对资金项目的实现目标、进度进行调整时，应向阿坝州科技局、阿坝州财政局提出书面申请，经审批后方可执行。如发现企业有违约行为，将依据项目合同书的有关条款撤销或中止合同。对撤销或中止合同的资金项目，承担资金项目的企业应立即进行项目财务清算，并由州科技局负责追缴项目经费。

第七章　项目验收

第二十二条　凡与阿坝州科技局签订合同的项目，在合同到期后的6个月内进行项目验收都可视为按期验收。如需推迟验收，企业应提出申请、说明理由。但推迟验收时间不得超过6个月。

第二十三条　项目验收的主要内容包括：合同计划进度执行情况；项目技术、经济指标完成情况；项目研究开发取得的成果情况；资金落实与使用情况；项目实施前后企业的整体发展变化情况。

第二十四条　阿坝州科技局组织项目验收后，应做出验收合格与不合格的意见，并送阿坝州财政局备案。

第二十五条　验收结论

（一）验收合格：项目完成合同目标，全额拨付合同经费余额并核发验收证书；

（二）验收基本合格：项目基本完成合同目标，视具体情况拨付合同经费余额及核发验收证书；

（三）验收不合格：项目执行情况与合同目标差距较大，停拨合同经费余额。视情况予以警告、通报批评、中止合同追缴已拨资金并列入黑名单，在阿坝日报、阿坝州电视台、“中国阿坝州”政府门户网和九寨科技信息网上予以通报，三年内不得申请阿坝州创新资金。

第八章　资金及财务管理

第二十六条　阿坝州创新资金的财务管理参照《四川省科技型中小企业技术创新资金财务管理暂行办法》（川财企〔2006〕32号）执行。

第二十七条　阿坝创新资金的使用按项目单独核算，专款专用，任何单位和个人无权挤占、截留、挪用。

第二十八条　项目承担单位必须执行国家有关财务与会计制度，严格执行项目合同预算，对弄虚作假、截留、挪用创新资金等违反财经纪律的行为，除按照国家有关法律法规对有关项目单位和责任人进行处罚外，对项目承担单位还应当给予以下处理：终止项目合同、并由阿坝州科技局追回已拨资金；取消项目申请资格。

第九章　附　则

第二十九条　本办法由阿坝州科技局会同阿坝州财政局负责解释。

第三十条　本办法自发布之日起施行。

阿坝州人民政府关于印发阿坝藏族羌族自治州中小企业信用担保资金管理暂行办法的通知

阿府发〔2006〕36号　2006年11月29日

各县人民政府，州级各部门，卧龙管理局：

《阿坝藏族羌族自治州中小企业信用担保资金管理暂行办法》已经九届州人民政府第46次常务会议审议通过，现予印发，请遵照执行。

第一章　总　则

第一条　根据《中华人民共和国担保法》和财政部《中小企业融资担保机构风险管理暂行办法》（财金〔2001〕77号）、《四川省人民政府办公厅关于加快推进全省中小企业信用担保体系建设的意见（试行）》（川办函〔2006〕182号）等有关法律、法规和文件精神，结合阿坝州实际，制定本暂行办法。

第二条　中小企业信用担保资金管理遵循平等、自愿、公平、诚实、信用的原则。坚持政府引导，服务中小企业，提高中小企业融资成功率。

本暂行办法所指中小企业信用担保是中小企业的流动资金贷款担保。阿坝州农牧业产业化企业和基地建设贷款担保适用本暂行办法。

第三条　在中小企业信用担保资金管理中应当充分发挥企业和银行的市场主体作用、政府的调控作用、政策的导向作用和法律的规范作用。开展业务与防范风险相结合，运作规范与快捷高效相结合，先期辅导与担保后监管相结合。

第二章　中小企业信用担保资金的来源与规模

第四条　州级财政负责一次性筹措3500万元资金作为阿坝州中小企业信贷担保公司资本金，其中，500万元用于农牧业产业化及其基地建设贷款。

第五条　中小企业信用担保资金可以吸收优秀企业和县参加，作为阿坝州中小企业信贷担保公司股东。也以接收海内外社会各界的各种捐赠。

第六条　中小企业信用担保资金所担保项目总余额，应不低于“中小企业信用担保资金”的五倍。

第三章　中小企业信用担保资金的管理机构

第七条　由阿坝州财政局、阿坝州经济委员会、阿坝州监察局、阿坝州国有资产管理委员会、阿坝州人民银行阿坝州中心支行组成阿坝州中心企业信贷担保资金监督管理委员会（以下简称监管会）。阿坝州中小企业信贷担保公司（以下简称州担保公司）为日常管理机构，挂靠阿坝州投资发展公司，实行独立核算。

第八条　监管会在其监管资金范围内履行以下主要职责：

（一）根据国家有关法律、法规的规定审核、批准日常管理机构的业务管理制度；

（二）审议和批准年度工作计划及工作报告；

（三）审议和批准年度财务预算方案及决算方案；

（四）审议和批准核销坏账及变更资金规模；

（五）每年定期召开监管工作会议，研究解决有关重大问题；

（六）审议批准担保项目；

（七）其他需要审议和批准的事项。

第九条　州担保公司作为中小企业信用担保资金日常管理机构，其工作职责是：

（一）执行监管会批准的年度工作计划，组织实施监管会的决议；

（二）定期向监管会报告上年度工作执行情况和本年度工作计划；

（三）提请监管会审议、核销坏账和提请增资及补充资本方案；

（四）负责中小企业信用担保资金的日常管理和运作；

（五）具体审查担保项目和实施信用担保，出具相关担保文件；

（六）监管会规定的其他职责。

第十条　州担保公司应为受托运作的担保资金设立专门账户，并将担保资金业务与州担保公司自身业务分开管理、核算。

第四章　中小企业信用担保资金的担保服务对象和条件

第十一条　服务对象：阿坝州行政区域内符合国家产业政策的中小企业。重点支持科技创新型；名、优、新产品项目；出口创汇型、农牧业产业化型、环保型、就业型、社区服务型项目的融资 担保。

第十二条　担保条件

（一）在阿坝州工商行政管理部门登记注册，具有独立法人资格；

（二）年营业收入在5000万元以下（重点在1000万元以下）；

（三）增加值年均增长在10% 以上；

（四）入库税金年均增长在12% 以上；

（五）两年内无重大质量事故；

（六）在金融机构无不良信用记录；

（七）资产负债率原则上不高于60%；

（八）年技术改造、技术创新或扩大再生产的投入不低于上年营业收入的10%；

（九）提供反担保或自愿缴纳风险保证金；

（十）农牧业产业化基地建设对农牧民的提供条例另行规定。

第五章　担保金额、担保期限和收费

第十三条　参照原国家经贸委和国家财政部的规定，结合我州实际，严格按照单笔担保金额不超过100万元，同一企业累计担保金额不超过500万元。

第十四条　担保期限与贷款一致。

第十五条　州担保公司对单个企业提供的担保责任金额最高不得超过州担保公司实收资本的3%。

第十六条　州担保公司按一定费率向受保企业收取担保费，但控制在同期银行贷款利率的50% 以内。

第六章 担保申办程序

第十七条 凡有贷款需求且符合担保条件的企业，可以向州担保公司申报，州担保公司应当依据相关要求办理担保手续。

第十八条 按以下程序申办中小企业融资担保：

（一）中小企业按银行的要求，提出贷款申请；

（二）经银行审查，符合贷款条件，需要担保的，由银行推荐给州担保公司；

（三）州担保公司按本办法第十二条规定条件就申请担保企业进行审查，以固定表格形式在10个工作日内提出具体意见，并提交监管会审核；

（四）监管会对州担保公司提交的具体意见进行审批意见；

（五）州担保公司在5个工作日内向银行出具担保函，企业获得州担保公司的担保；

（六）州担保公司对担保企业的经营进行跟踪和辅导，建立中小企业融资担保信用档案；

（七）借款人按期归还贷款本息后，担保责任解除。

第十九条 州担保公司与银行办理相关担保法律手续。

第七章 中小企业信用担保资金的管理

第二十条 中小企业信用担保资金经批准设立后，由州担保公司统一存入专门开立的银行账户，进行专户管理。

第二十一条 州担保公司要按照“利益共享、风险共担”的原则与金融机构建立合作关系，对贷款风险实行比例分担，一事一议。并及时与贷款金融机构交换和通报投保企业的有关信息，加强对投保企业的监督，共同维护双方的利益。

第二十二条 州担保公司应积极采取反担保措施，可要求投保企业以其合法的财产（包括股权）抵押或质押，提供反担保。

第二十三条 每发生一笔担保业务，从担保资金中提取10%的资金作为风险准备金，用于代偿和核销坏账；该笔担保项目按时履约解除担保责任时，将预提的风险准备金的80%返还，并入担保资金总额。当风险准备金提取到一定数额时，停止或相应降低提取比例。

州担保公司应按当年担保费的50%提取未到期责任准备金；按不超过当年年末担保责任余额1%的比例以及所得税后利润的一定比例提取风险准备金，用于担保赔付。

第二十四条 州担保公司为企业进行贷款担保发生代偿时，代偿损失在年末担保责任余额的5%以内，州担保公司提取的风险准备金不足以弥补的，经财政部门审核后报州人民政府审批，可给予一定的补偿。

第二十五条 相关部门应当从严把好推荐和审查关，实行“谁推荐、谁审查、谁负责”的原则。对于出现重大失误和虚假行为的，州担保公司不再受理推荐的担保企业和项目。

第二十六条 受保企业应在贷款银行进行结算，银行应通过结算对受保企业的现金流量进行监控，州担保公司就受保企业每月现金流量情况应当与贷款银行及时沟通，对贷款企业的财务恶化情况做出早期预警，一旦发现企业怠于支付利息并有转移资产现象，州担保公司可请求监管会和贷款银行采取法律措施。

第二十七条 确认坏账的条件

（一）被保证人破产或死亡，其破产财产处置收入或遗产收入清偿后仍无法收回；

（二）经执行法律程序后仍无法收回；

（三）因被保人逾期未履行偿债义务超过三年仍然不能收回的。

第二十八条　坏账损失由监管会确认、审核同意后核销，冲减风险准备金。

第二十九条　担保资金的利息和运作收益，在扣除运营管理成本、费用后，统一并入担保资金总额。

第三十条　担保资金按年度核算，由州担保公司于次年一季度向监管会报告担保资金财务情况，提出盈余或亏损处置方案，由监管会批准执行。

第八章　附　则

第三十一条　本办法如与国家的法律、法规不一致时，应做相应修改和调整。

第三十二条　本办法在担保业务实际运作过程中，根据需要和情况的变更，可进行补充和调整。

第三十三条　本办法由阿坝州中小企业信贷担保资金监督管理委员会负责解释。

第三十四条　本办法自发布之日起施行。

海南省

三亚市中小企业担保基金管理办法

第一条　为解决中小企业融资担保问题，支持中小企业改革和发展，特设立三亚市中小企业担保基金并制订本办法。

第二条　本办法所指中小企业信用担保，是指经政府及政府指定部门审核批准设立并依法登记注册的中小企业信用担保专门机构与债权人（包括银行等金融机构）约定，当被担保人不履行或不能履行主合同约定债务时，担保机构承担约定的责任或履行债务的行为。

本担保基金的管理机构为三亚市中小企业信用担保中心（以下简称担保中心），经三亚市人民政府批准后设立为事业法人，享有独立的经营权与民事权。

第三条　本办法所称的担保，遵循中华人民共和国《担保法》的规定，实行平等、自愿、公平、诚实、信用的原则，通过科学的风险管理机制，在合理分担风险的前提下，讲究经济效益，保障合同当事人各方的合法权益。

第四条　担保基金由各级政府投入、国内外机构、团体的资助以及专业担保机构投资等形成，其来源渠道有：

1. 政府的投入；
2. 以出让方式取得的土地使用权、其他经营性和非经营性国有不动产；
3. 国内有关机构、组织提供的资助；
4. 受保企业缴纳的风险保证金；
5. 基金收益补充；
6. 其他。

基金总额设定不少于1000万元人民币。

第五条　中小企业担保基金在适当时候可以吸收本地区有实力的优秀企业参加，也可以接收海内外社会各界的各种捐赠。

第六条　担保机构对单个企业提供的担保责任金额最高不得超过担保机构自身实收资本的10%；担保机构担保责任余额不得超过担保机构自身实收资本的5倍。

第七条　为加强对中小企业信用担保行为的监督管理，防范担保风险，市政府设立由市财政局、市发展和改革局、市科技工业发展委员会、人民银行、工商行政管理部门及合作银行等部门组成的中小企业信用担保监管委员会（以下简称监管会），作为三亚市中小企业信用担保中心的监督管理机构。

第八条　监管会履行以下职责：

1. 决定担保中心的年度经营、投资、财务预决算、利润分配、弥补亏损等方案；
2. 决定担保中心的机构设置；
3. 审批担保中心章程；
4. 提请任命并聘任担保中心主要负责人；
5. 审批担保运作的基本管理制度；
6. 审批担保中心变更形式和解散方案；

7. 审议和决定担保中心其他重大事项。

第九条　担保中心为中小企业担保基金日常管理机构。其职责为：

1. 执行监管会批准的年度工作计划，组织实施监管会决议；
2. 对监管会负责，于每年一季度报告上年度工作执行情况及本年度工作计划；
3. 负责中小企业担保基金日常管理和运作；
4. 提请监管会审议、核销坏账；
5. 提请监管会审议增资或补充资本方案；
6. 负责中小企业担保基金的财务分类核算。

第十条　中小企业担保基金的使用原则是：优先支持符合国家产业政策和三亚市产业发展方向及环境保护标准的项目；节约能源、降低物耗、提高产品质量、发展市场短缺的名优新产品项目；扩大出口创汇、引进技术消化吸收及创新替代进口的项目；市场和经济效益前景好的，企业具有良好信誉并有较强还贷能力的项目；吸纳劳动力多，增加就业机会和税收收入的项目等。

第十一条　需要提供融资担保的国有中小企业由市国资主管部门推荐，其他企业可自行申请，担保中心按照项目评估体系及有关协议，独立进行评估或与社会中介机构联合评估，报监管会批准后，由担保中心统一出具相关法律文件。

第十二条　担保中心必须要求受保企业提供反担保。反担保包括提供反担保人和抵押（质押）两种方式。担保中心应与受保企业签订反担保合同。反担保合同须经公证机关公证。

第十三条　中小企业担保基金，要在确保各方利益的前提下，遵循市场法则运作，定向设立，分类定向使用，统一管理，分别核算，安全运营，确保增值，透明监督。

第十四条　中小企业担保基金，经监管会批准后，由担保中心统一存入特别开立的账户，进行专户管理。担保基金严禁向企业或项目直接投资。

第十五条　每发生一笔担保业务，从担保基金中提取该笔担保额5%的资金作为风险准备金，用于代偿和核销坏账。该笔担保项目按时履约解除担保责任时，将预提的风险准备金的80%返还，并入担保基金总额。当风险准备金提取到一定数额时，停止或相应降低提取比例。

第十六条　担保项目发生代偿时，由贷款银行通知担保中心，经审核无误后从风险准备金中支付代偿，不足部分从担保基金本金中同比例支付。项目代偿后，由项目推荐人负责协助担保中心处置反担保抵押或质押物，收回的资金用于弥补担保基金。

第十七条　确认坏账的条件

1. 被保证人破产或死亡，其破产财产处置收入或遗产收入清偿后仍无法收回；
2. 经执行法律程序后仍无法收回。
3. 因被保证人逾期末履行偿债义务超过三年仍然不能收回的。

第十八条　坏账由监管会确认、审核同意后核销，冲减风险准备金。

第十九条　项目担保费在交纳营业税后的净收益及担保基金的利息和运作收益，在扣除运营管理成本、费用后，统一并入担保基金总额。

第二十条　担保基金按年度核算，由担保中心于次年一季度向监管会报告担保基金财务情况，并提出盈余分配或亏损处置方案，由监管会批准执行。

第二十一条　本办法如与国家的法律、法规不一致时，应做相应修改和调整。

第二十二条　本办法在担保业务实际运作过程中，根据需要和情况的变更，作出修改。

第二十三条　本办法由市人民政府负责解释。

第二十四条　本办法自2006年9月19日 起实施。

陕西省

陕西省人民政府关于实施科技规划纲要增强自主创新能力建设创新型陕西若干政策规定的通知

陕政发〔2006〕53号 2006年11月17日

各市、县、区人民政府，省人民政府各工作部门、各直属机构：

为认真落实《中共陕西省委陕西省人民政府关于增强自主创新能力提高经济竞争力的决定》（陕发〔2006〕16号），组织实施《陕西省中长期科学和技术发展规划纲要（2006－2020年）》和《陕西省“十一五”科学和技术发展规划（2006－2010年）》，充分发挥我省科教资源优势，进一步增强自主创新能力，全面提升产业技术水平，促进经济增长方式转变，建设创新型陕西，特作出如下规定。

一、大幅度增加财政科技投入

（一）认真落实国家和我省有关增加科技投入的各项规定，确保财政科技投入的稳定增长。全省各级政府要把科技投入作为预算保障的重点，预算编制和预算执行中的超收分配，要体现法定增长的要求。省本级财政应用技术研究与开发资金（科技三项费）投入要高于当年财政预算支出的2%，设区市和县（市、区）级财政的投入要分别高于当年财政预算支出的1.5%和1%。

（二）建立多元化、多渠道的科技投入体系。到2010年全社会科技投入占全省生产总值的比重达到3.5%左右。鼓励企业大幅度增加技术开发经费的投入。企业每年用于研究开发（R&D）的经费应达到销售收入的2%以上，其中高新技术企业每年用于研究开发（R&D）的经费不得低于销售收入的5%。加强面向企业技术创新的服务体系建设，省上设立高新技术产业发展资金和科技型中小企业发展专项资金，支持科技成果转化及其产业化，鼓励中小企业自主创新。

加强与国家有关部门的合作，争取更多的国家创新资源投向陕西，吸引国家863和973计划、重大科技攻关计划、高技术产业化示范、重大技术改造等重大项目落户陕西并产业化。积极支持国家部属高等学校和科研机构与我省开展合作研究开发产业化项目。

（三）优化财政科技投入结构。重点支持促进我省优势特色产业发展的重大关键共性技术研究开发，着力解决我省经济和社会发展中的重大科技问题。重点加强具有自主知识产权和产业化前景好的重大科技成果在省内转化。加强社会公益研究、前沿技术研究、应用开发技术研究和基础条件平台建设。向“三农”倾斜，支持科技富民强县专项行动，支持农业科技成果转化服务平台建设。重视公益性科研机构能力建设，稳定支持公益类科研机构发展。合理安排科研机构正常运转、政府科技计划和科研条件建设等资金。

（四）加强财政科技投入管理，完善部门科技资源配置的协调机制。改革和强化科技预算的执行监督，加强科研经费管理，建立财政科技经费的绩效评价体系和面向结果的追踪问效机制。

二、切实落实国家有关税收激励政策

（五）加大对企业自主创新投入的所得税前抵扣力度。允许企业按当年实际发生的技术开发费用的150%抵扣当年应纳税所得额。实际发生的技术开发费用当年抵扣不足部分，可按税法规定在5年内结转抵扣。企业提取的职工教育经费在计税工资总额2.5%以内的，可在企业所得税前扣除。

技术开发费是指纳税人在一个纳税年度生产经营中发生的用于研究开发新产品、新技术、新工艺的各项费用，包括新产品设计费、工艺规程制定费、设备调整费、原材料和半成品的试制费，技术图书资料费、未纳入规划国家计划的中间实验费、研究机构人员的工资、研究设备的折旧、与新产品的试制和技术研究有关的其他经费及委托其他单位进行科研试制的费用。

（六）允许企业加速研究开发仪器设备折旧。企业用于研究开发的仪器和设备，单位价值在30万元以下的，可一次或分次摊入管理费，其中达到固定资产标准的应单独管理，不再提取折旧；单位价值在30万元以上的，可采取适当缩短固定资产折旧年限或加速折旧的政策。企业在申报纳税时可自主选择是否加速折旧，同时报主管税务机关备案。

（七）完善促进高新技术企业发展的税收政策。国家高新技术产业开发区内新创办的高新技术企业经严格认定后，按国家规定，自获利年度起两年内免征所得税，两年后减按15%的税率征收企业所得税。

（八）落实西部大开发优惠政策。对从事国家鼓励类产业的内资企业和外商投资企业，即以《产业结构调整指导目录（2005年本）》中“鼓励类”规定的产业项目为主营业务，其主营业务收入占企业总收入70%以上的企业，经税务机关审核后，到2010年前减按15%税率缴纳企业所得税。

（九）支持企业加强自主创新能力建设。对符合国家规定条件的企业技术中心、国家工程（技术研究）中心等，进口规定范围内的科学研究和技术开发用品，免征进口关税和进口环节增值税；对承担国家重大科技专项、国家科技计划重点项目、国家重大技术装备研究开发项目和重大引进技术消化吸收再创新项目的企业进口国内不能生产的关键设备、原材料及零部件，免征进口关税和进口环节增值税。

（十）对西部地区内资鼓励类产业、外商投资鼓励类产业及优势产业的项目在投资总额内进口的自用设备，除《国内投资项目不予免税的进口商品目录(2000年修订)》和《外商投资项目不予免税的进口商品目录》所列商品外，免征关税和进口环节增值税。

凡在我省投资与符合国家产业政策的技术改造项目的企业，其项目所需国产设备（指国内企业生产制造的生产经营包括生产必需的测试、检验设备）投资的40%可从企业技术改造项目设备购置当年比前一年新增的企业所得税中抵免。

（十一）鼓励和促进技术转移。经省科技厅认定登记的技术转让合同、技术开发合同取得的收入免征营业税；经省科技厅认定登记的技术咨询合同和技术服务合同取得的收入，年净收入在30万元以下的，暂免征所得税。

企事业单位或个人从事技术转让、技术开发业务和与之相关的技术咨询、技术服务业务取得的收入，免征营业税；企事业单位进行技术转让以及在技术转让过程中发生的与技术转让有关的技术咨询、技术服务、技术培训所得，年净收入在30万元以下的免征收所得税，超过30万元的部分依法征收所得税；对科研单位和高等院校从事技术成果转让、技术培训、技术咨询、技术服务、技术承包所取得的技术性服务收入免征收所得税。

（十二）促进转制科研机构发展。依据国家税收政策规定，省属转制科研机构以及省属转制科研机构与企业联合组建的有限公司或股份有限公司，且其股权比例达到50%以上的，自实际转制注册之日起连续7年内免征科研开发自用土地、房产的城镇土地使用税、房产税和企业所得税。

省属转制科研机构产权制度改革后，继续保留省财政每年预算安排的科学事业费，建立科研机构转制改革专项资金，重点支持应用开发项目。

（十三）鼓励和支持创业风险投资企业发展。对于主要投资于中小高新技术企业的创业风险投资企业，实行投资收益税收减免或投资额按比例抵扣应纳税所得额等税收优惠政策。

创业风险投资企业向本省行政区域内的高新技术企业、科技型中小企业或者科技成果转化项目的累计投资总额，超过本公司总投资额50%的，经省科技厅认定，可以比照高新技术企业享受国家和本省的有关优惠政策。创业投资企业每年度可按其向本省行政区域内高新技术企业、科技型中小企业或者科技成果转化项目的投资总额的3%提取风险准备金。风险准备金可以计入经营成本。鼓励具备条件的风险投资机构上市或经批准发行企业债券。

（十四）落实扶持科技中介服务机构的税收政策。经认定的科技企业孵化器、大学科技园，三年内免征营业税、房产税和城镇土地使用税。如确有困难的，经有关部门批准，可在一定期限内继续免征房产税。科技企业孵化组织经省科技厅认定，可以比照高新技术企业享受国家和本省有关优惠政策。

（十五）鼓励社会资金捐赠创新活动。企事业单位、社会团体和个人，通过公益性的社会团体和国家机关向科技型中小企业技术创新基金和经国务院批准设立的其他激励企业自主创新的基金的捐赠，属于公益性捐赠，可按国家有关规定，在缴纳企业所得税和个人所得税时予以扣除。

三、完善促进自主创新的多元化投融资体系

（十六）加强政策性金融对自主创新的支持。国家开发银行陕西省分行应当根据国家和我省产业政策，增加对科技成果转化及产业化项目和科技型中小企业的贷款额度，对重大科技成果转化及其产业化项目、科技基础条件平台和科技中介服务平台建设给予重点支持和优先安排贷款。中国农业发展银行陕西省分行对杨凌农业高新技术产业示范区内的农业科技成果转化和产业化实施倾斜支持政策。中国进出口银行西安代表处在条件成熟时，设立特别融资账户，在政策允许范围内，对高新技术企业发展所需的核心技术和关键设备的进出口提供融资支持。积极争取设立西部发展银行，加大对中小企业的金融支持。

（十七）引导商业银行支持自主创新。全省各级政府要利用基金、贴息、担保等方式，引导各类商业金融机构支持自主创新与科技产业化。商业银行对国家和省级立项的高新技术项目，应根据国家投资政策及信贷政策规定，积极给予信贷支持。商业银行对有效益、有还贷能力的自主创新产品出口所需的流动资金贷款要根据信贷原则优先安排、重点支持，对资信好的自主创新产品出口企业可核定一定的授信额度，在授信额度内根据信贷、结算管理要求及时提供多种融资服务。特别是股份制商业银行应积极发挥经营机制灵活的特点，加大对中小企业的信贷支持力度。

金融机构在支持自主创新方面要突出重点，要将支持高科技发展和企业自主创新与陕西省及各地区优先发展的产业和产品结合起来，利用信贷手段培育和支持企业发展，鼓励企业向“专、精、特、新”方向发展，形成与其他企业和大集团分工协作、专业互补的关联产业群体。

推进开展银银联合、政府协调、联合担保、财政风险有限补偿的支持高新技术企业融资的联合贷款试点工作。推动开展知识产权权利质押业务试点。商标权、专利权等无形资产经法定评估机构评估后，依法可以作为贷款质押。支持保险公司发展企业财产保险、产品责任保险、出口信

用保险、业务中断保险等险种，为高新技术企业提供保险服务。

（十八）发展多元化的创业风险投资事业。省上建立创业投资引导资金，通过参股、奖励和风险补偿等方式鼓励机构和个人设立风险投资企业。进一步改善创业投资事业的发展环境，大力吸引海内外创业投资机构，引导其增加对中小企业特别是科技型中小企业的投资。办好陕西省能源化工产业投资公司、装备制造产业投资公司、高新技术产业投资公司，投资公司应加大对自主创新项目的支持。

（十九）建立和完善支持企业发展的信用担保体系。鼓励行业协会、企业群体和其他社会团体设立市场化的融资担保机构，支持各高新区（园）、投资机构与商业银行联合设立融资担保机构。省上研究设立政府再担保引导资金。吸引社会资金和外资参与担保市场，逐步建立多资金来源、多组织形式、多层次结构的担保体系。

（二十）充分利用和发展多层次资本市场。积极推动未上市高新技术企业进入股份代办转让系统进行股份转让试点工作。办好西部产权交易所，使之成为服务我省和西部地区产权交易的平台；支持其与上交所和深交所建立合作机制，创新交易模式和运作机制，共享市场信息和市场资源，畅通非上市中小股份制企业产权流通渠道，拓宽技术产权交易和创业风险投资的退出渠道。支持有条件的高新技术企业在国内主板和中小企业板上市，加快科技型中小企业上市进程。

四、积极运用政府采购政策

（二十一）建立财政性资金采购自主创新产品的制度。由省科技厅会同省发展改革委等有关部门对省内自主创新产品进行认定，积极申报进入国家政府采购自主创新产品目录。省财政厅会同有关部门在获得认定的自主创新产品范围内，确定政府采购自主创新产品目录，实行动态管理。

加强预算控制，优先安排自主创新项目。全省各级政府机关、事业单位和团体组织（以下统称采购人）用财政性资金进行采购的，必须优先购买列入目录的本地自主创新产品。采购人在编制年度部门预算时，应当标明自主创新产品。财政部门在预算审批过程中，在采购支出项目已确定的情况下，优先安排采购自主创新产品的预算，并会同审计与监察部门，督促采购人自觉采购自主创新产品。

本省重大建设项目以及其他使用财政性资金采购重大装备和产品的项目，有关部门应将承诺采购自主创新产品作为申报立项的条件，并明确采购自主创新产品的具体要求。在国家和地方政府投资的重点工程中，国产设备采购比例一般不得低于总价值的60%。不按要求采购自主创新产品，财政部门不予支付资金。

（二十二）完善政府采购评审方法，给予自主创新产品优先待遇。在政府采购评审方法中，须考虑自主创新因素。以价格为主的招标项目评标，在满足采购需求的条件下，优先采购自主创新产品。其中，自主创新产品价格高于一般产品的，要根据科技含量和市场竞争程度等因素，对自主创新产品给予一定幅度的价格扣除。自主创新产品企业报价不高于排序第一的一般产品企业报价一定比例的，将优先获得采购合同。以综合评标为主的招标项目，要增加自主创新评分因素并合理设置分值比重。

经认定的自主创新技术含量高、技术规格和价格难以确定的服务项目采购，在报经财政部门同意后，采用竞争性谈判采购方式，将合同授予具有自主创新能力的企业。

完善自主创新产品政府采购合同管理，拒绝接受或提供合同约定自主创新产品的，财政部门应责令其纠正，否则不予支付采购资金。

（二十三）建立激励自主创新的政府首购和订购制度。省内企业或科研机构生产或开发的试制品和首次投向市场的产品，且符合国民经济发展要求和先进技术发展方向，具有较大市场潜力并需要重点扶持的，经省科技厅会同行业主管部门认定后，由政府出资进行首购或实施部门集中采购，由采购人按一定程序自行采购。

对于需要研究开发的重大创新产品或技术，通过政府采购招标方式，面向全社会确定研究开发机构，签订政府订购合同，并建立相应的考核验收和研究开发成果推广机制。

五、大力推进产学研合作

（二十四）研究建立有利于产学研合作的组织协调机制。各类科技计划要向产学研合作项目倾斜。鼓励企业与高等学校、科研院所合作建立研发机构、中试实验基地。推动企业以资金、设备为要素，高等学校和科研机构以人才、智力和技术为要素，通过联营、参股等多种合作方式，整合优化现有资源，组建技术开发联合体或建立战略联盟，支持支柱产业和重点行业的大中型企业建立研发中心。激励企业开展技术创新和引进先进技术的消化吸收与再创新，开展创新型企业试点工作，增强企业的自主创新能力。

（二十五）办好陕西工业技术研究院和西北工业技术研究院，自2005年起省财政连续三年，每年分别安排1000万元作为发起人出资；省发展改革委、省科技厅、省教育厅、工业交通等部门也要结合工研院的项目，在相应的专项资金中予以支持。

加快建立以大学为依托的农业技术推广服务新模式，推行农业科技入户示范工程、农业专家大院、科技特派员等产学研结合的机制，建立“科技人员直接到户、良种良法直接到田、技术要领直接到人”的科技成果转化与传播的便捷通道，丰富农业科技成果推广和服务模式。

（二十六）促进“军民结合、寓军于民”。建立由省发展改革委、省科技厅、省国防科工委、省教育厅、省信息产业厅等部门参加的军民结合工作联席会议制度，定期研究军民结合中的重大问题，加强军民科技计划的衔接与协调，建立军用、民用自主创新信息共享平台，促进军用、民用技术研究开发需求的互通交流及创新成果的双向转移。

加大对军民两用高新技术的投入，重点扶持军民急需的关键技术和共性技术研究与开发。选择省内重点科研机构或大型企业，建立军民两用技术重点实验室或中试基地，加快军民兼容的基础能力和发展平台建设。鼓励和支持省内民口企事业单位积极参与军工科研生产任务。

（二十七）支持产学研联合开展消化吸收和再创新。按照国家政策规定，对重大装备的引进，用户单位应吸收制造企业、科研院所和高等院校参与，共同跟踪国际先进技术的发展，并在消化吸收的基础上，实现国产化。

支持军工企业、地方企业、科研机构、高等学校发挥技术优势和人才优势，参与重大设备国产化项目的联合攻关。在国家和省科技基础设施建设中，优先支持在重点产业中由产学研合作组建的技术平台，承担重大引进技术消化吸收再创新任务。

（二十八）建立引进技术消化吸收和再创新的咨询评估协调机制。在企业重大技术和重大技术装备的引进方案中，应制定消化吸收与再创新计划、目标和进度；引进方案须由省综合经济部门牵头，省科技厅、省教育厅、省财政厅、省商务厅、省国税局、省质监局、陕西进出口检验检疫局、省知识产权局、西安海关等相关部门联合组织的专家委员会论证，并将是否通过消化吸收形成科技创新能力，作为对项目立项、验收和评估的重要内容。

（二十九）实施科技兴贸战略。多渠道筹集资金，用足用好国家有关的技改贴息资金和研发资金，优先支持列入《中国高新技术产品出口目录》的高新技术产品出口，鼓励出口企业技术创新。充分发挥出口信用保险对扩大我省高新技术产品出口的积极作用。

西安海关对高新技术产品进出口年出口额在100万美元以上、信誉好的生产企业，给予便捷通关服务。出入境检验检疫部门对高新技术产品出口额大、出口批次多、信誉好的企业，实施“绿色通道”制度和电子快速核放。省外办对高新技术产品出口企业因公出境销售及维修服务的商务和技术人员，实行全年一次审批制度，简化审批手续。

六、创造和保护知识产权

（三十）推进知识产权的创造和运用。引导和支持专利申请，鼓励创新成果知识产权化。加大对发明专利申请的资助力度，对核心技术申请国外专利给予特别支持，掌握一批自主知识产权，培育一批知识产权优势企业。增加省专利产业化孵化专项资金投入，推进专利技术的转化实施，引导和推进市场前景好的高端专利技术的转化。进一步完善专利技术转移机制，搭建专利技术转移平台，促进本省专利技术就地转化。

建立知识产权信息服务平台，并逐步向各市（区）及有条件的县扩展。为重点行业和企业建立专题专利数据库，开展知识产权信息加工和战略分析，提高专利信息利用水平。支持西安市开展国家知识产权试点城市建设。加强知识产权宣传培训。

（三十一）加强技术标准建设。支持企业、科研机构、高等学校和行业协会参与行业标准、国家标准、国际标准的研制，并通过消化吸收再创新，形成有自主知识产权的技术和标准。鼓励企业结成技术标准联盟，推动自主知识产权与技术标准的结合，形成优势产业事实标准。积极开展技术标准企业试点，鼓励企业采用国际标准和国外先进标准组织生产。

（三十二）加大知识产权保护力度。提高保护知识产权行政执法部门的工作力度和效率，加强对自主创新成果的专利保护，切实保障发明人的知识产权收益。依法打击软件盗版，切实保护软件版权。各级政府必须使用正版软件，优先采购国产软件。

加强商业秘密保护，指导权利人建立商业秘密保护措施，重点加强对人才流动中技术秘密的保护，以行政、民事、刑事并用方式严厉打击侵犯企业技术秘密的行为。

（三十三）加快发展自主品牌。大力扶持企业创建名牌产品和驰名商标，加大对中国名牌产品、驰名商标和出口名牌的保护力度。有计划、有重点地推进区域品牌建设。引导和支持产业集群和重点城市创立区域品牌。促进集体品牌或集体商标、原产地注册商标等地区品牌的发展。

（三十四）加强知识产权管理。省知识产权局会同有关部门建立各主导产业的知识产权信息服务网络和预警机制。对出口可能遭遇的技术性贸易措施进行实时监测和发布预警，及时为企业投资经营、对外贸易、科技经济交流等提供知识产权服务。建立重大经济活动的知识产权特别审查机制，对涉及国家利益并具有重要自主知识产权的企业并购、技术出口等活动进行监督或调查，避免自主知识产权流失和危害国家安全。建立健全有利于知识产权创造和保护的从业资格制度和社会信用制度。

规范科技评价体系。把获取知识产权作为业绩考核、科技项目立项、科技奖励以及重点实验室、企业技术中心、高新技术企业认定的重要条件之一。

七、培养和吸引创新型科技人才

（三十五）培养引进一批创新能力强的高水平学科带头人。实施“创新型科技人才培养引进计划”，重点在信息科学、航空航天、能源化工、生物医药与中药现代化、农业科技等专业领域培养引进一批具有国际、国内领先水平的领军人物。对入选国家“百千万人才工程”和省“三五人才工程”的科技人员承担的重大科技计划项目，省科技资金优先给予重点支持。省人事厅要抓紧研究建立创新型人才带薪培训和学术休假制度。

（三十六）支持企业培养和吸引创新型人才。在陕西省科技进步奖中研究设立“自主创新优秀人才奖”，对做出突出贡献的创新型人才给予奖励。实施“三秦专家学者”工程，设立特聘岗位及津贴，吸引国内外知名专家学者来陕工作。加强博士后流动站、工作站建设，实施“陕西博士后科技创新项目资助计划”，积极争取增加博士后流动站、工作站点，不断扩大进站人员规模，努力提高研发水平。加强企业家队伍能力素质建设，将企业技术创新投入和创新能力建设作为国企或者国家控股企业负责人业绩考核的重要内容之一。

（三十七）积极引进海外优秀人才。制订和实施吸引优秀留学人才和海外科技人才来陕工作服务计划，引进我省支柱产业、高新技术产业等领域急需的高层次人才，特别是带技术、带项目、带资金的优秀创新人才。引进高层次人才可不受单位性质、编制和职务结构比例的限制，并提供生活居住、配偶工作和子女入学等方面优惠待遇。对已经加入外国国籍的留学人员，凡来陕创业、投资的，颁发3～5年的多次往返签证。对携带高新技术项目落户我省的和已经授权的发明专利项目在我省实施的，经省科技厅审核认定后，给予一定额度的项目资助。来我省企业工作的外籍人员的工资和薪金所得在缴纳个人所得税时，在扣除1600元的基础上，还可扣除3200元的附加费用。

（三十八）完善各类科技创新型人才培养体系。引导高等学校针对经济社会发展需要，优化学科专业布局，抓紧培养电子信息、生物技术、现代医药、汽车、物流、新材料、环境能源、管理、法律、营销类紧缺人才。

大力发展职业教育，着力培养高技能人才。积极实施“国家技能型人才培养培训工程”、“国家农村劳动力转移培训工程”、“农村实用人才培训工程”、“成人继续教育和再就业培训工程”等四大工程，重点支持承担技能型紧缺人才培养培训任务的职业院校和专业发展。在“十一五”期间，积极开展职业高中义务教育试点工作。

稳步推进农村基层人才振兴计划。按照试点先行、分类指导的原则，稳步实施乡镇农技队伍、农村教师队伍、乡镇医疗卫生队伍、农村实用人才队伍建设等人才振兴工程。省、市、县要建立农村基层人才队伍建设专项资金，并制订吸引、稳定、鼓励人才扎根基层的各项优惠政策，积极引导大专院校毕业生和各类专业人员投身农村基层建功立业。

大力培养军民两用创新型人才。充分发挥我省国防科技优势，建设军民两大研发体系协同配合与资源共享的军地产学研合作技术创新平台，以创新平台为依托，以军民两用重大战略产品和项目为突破口，培育军民两用创新型人才队伍。

（三十九）建立有利于激励自主创新的人才评价和奖励制度。深化职称制度改革，对科研成果和工作成绩突出的优秀自主创新型人才，可优先破格晋升专业技术职务；深化人才以技术占有股份、期权参加分配制度；稳步推进大型国有及股份制企业管理人才的年薪制；设立高层次创新人才特殊津贴，增加创新人才的工资性收入；以公开、平等、竞争、择优为原则，建立起有利于优秀自主创新人才脱颖而出的选拔任用机制；建立完善激励自主创新的科技奖励制度；建立和完善科技信用制度，对承担国家和本省科技计划项目和从事相关管理的人员、机构进行信用监督，增强道德规范，促进学风建设。

（四十）大力发展科普事业，形成尊重科学、崇尚创新的浓厚社会氛围。全省各级人民政府要依法加强科普工作，将科普经费列入同级财政预算，并随着经济发展逐年有所增加。“十一五”期间，省级列支的科普经费在现有基础上每年增加不少于100万元。市、县（市、区）财政列支的科普经费要达到人均0.2元。对于国家部委有配套经费资助的大型科普项目，省级财政适当予以资助。发挥科普联席会议制度作用，加强对全省科普事业发展的规划指导、政策协调。制订《陕西省贯彻〈全民科学素质行动计划纲要〉实施方案》，全面实施科学教育与培训基础工程、科普资源开发与共享工程、大众科技传媒能力建设工程、科普基础设施工程。加强科普能力建设，切实加强科普场馆建设，在“十一五”期间，启动并建成陕西科技馆二期工程，在有条件的市县建设科技馆、科普类博物馆、科普长廊、青少年科技活动中心等科普场馆和设施，在农村开展“一站（科普活动站）、一栏（科普宣传栏）、一员（科普员）建设”。建立科普事业的良性运行机制。建立科研机构、大学定期向社会公众开放制度。鼓励著名科学家和其他专家学者参与科普创作。

八、加强科技创新基地与平台建设

（四十一）充分发挥国家和省级重点实验室、工程（技术研究）中心科技创新基地的重要作用，根据我省经济社会发展需求，在装备制造、能源化工、电子信息、航空航天、生物医药、新材料、现代农业等优势学科领域新建一批国家和省级重点实验室、工程（技术研究）中心、大中型骨干企业技术研发中心，组织实施重大自主创新项目，吸引和凝聚高水平人才，推进开放共享，为我省高新技术产业和支柱产业发展提供有力的技术支撑。

（四十二）加强科技基础条件平台和科技中介服务平台建设。完善和拓展陕西省大型科学仪器设备共享平台、科技文献共享平台的服务能力。加快推进科学数据共享平台、自然科技资源共享平台、科技成果转化平台的建设运行试点工作。加大财政资金对科技基础条件平台的扶持力度，鼓励和吸引社会资金参与平台建设，建立完善以开放共享为核心的科技基础条件平台绩效考评体系。

围绕增强科技成果转化和企业孵化能力，重点扶持一批国家大学科技园、创业服务中心、专业孵化器、生产力促进中心等专业化程度高、组织服务能力强的骨干科技中介机构。

（四十三）加强国家高新技术产业开发区建设。继续推进以自主创新为主线的高新区“二次创业”，深化管理体制改革，加快特色产业基地建设，重点支持软件、集成电路、光电子、新材料等国家级产业孵化基地建设，培育高新技术产业集群。

（四十四）加快公益类科研机构分类改革，适度增加对改革后非营利性科研机构的财政投入，达到与其承担的公益科研服务相适应的水平。

（四十五）省政府各有关部门要依据本文件要求尽快制订实施细则。

陕西省人民政府关于印发“13115”科技创新工程实施方案的通知

陕政发〔2006〕52号　2006年11月17日

各市、县、区人民政府，省人民政府各工作部门、各直属机构：

为提高我省自主创新能力，建设创新型陕西，实现科技大省向科技强省和西部经济强省的跨越，省政府制订了《关于“13115”科技创新工程实施方案》，现印发给你们，请结合实际，认真贯彻执行。

为落实《中共陕西省委陕西省人民政府关于增强自主创新能力提高经济竞争力的决定》（陕发〔2006〕16号），全面实施“13115”科技创新工程，提高我省自主创新能力，建设创新型陕西，实现科技大省向科技强省和西部经济强省的跨越，特制订本实施方案。

一、指导思想和总体目标

“13115”科技创新工程是省委、省政府贯彻落实党中央提出的建立创新型国家战略，结合我省实际建设创新型陕西的一项重大举措，是我省“十一五”时期促进经济社会全面、快速、健康和可持续发展的一个重要手段。通过实施“13115”科技创新工程，发挥优势，扬长避短，整合资源，重点突破，明确目标，落实任务，确立企业在自主创新中的主体地位，充分发挥科研院所在自主创新中的骨干作用和大专院校在自主创新中的基础引领作用，把我省的科技优势转化为经济优势和持续发展优势。

实施“13115”科技创新工程的指导思想是：坚持“自主创新、重点跨越、支撑发展、引领未来”的指导方针，深入实施“科教兴陕”和“人才强省”战略，把增强自主创新能力作为调整经济结构、转变增长方式的中心环节，深化科技体制改革，整合集成科教资源，集中力量重点突破，科技园区带动辐射，科技成果规模转化，把科技优势转变为现实生产力，努力建设创新型陕西。

“13115”科技创新工程的总体目标是：“十一五”期间，在10个重点领域，组织30个重大科技专项，攻克一批关键技术，开发一批名牌产品；在重点行业和企业支持建设100个产学研相结合的工程技术研究中心，提升重点企业的科技创新能力和核心竞争力；重点扶持100个重大科技产业化项目，形成我省一批新的经济增长亮点；重点支持建好50个科技产业园区，充分发挥科技产业园区产业集聚作用和辐射带动作用。到“十一五”末，高新技术产业产值达到3000亿元。

二、重点任务和组织实施

（一）在10个重点领域，组织实施30个重大科技专项

1. 围绕解决制约我省经济社会发展的瓶颈问题和重点产业发展需求，在我省具有学科优势和产业发展基础较好的领域，即在装备制造业、能源化工、新材料、电子信息、航空航天、现代农业、生物技术、现代医药、水资源和环境保护、城镇化与城市发展等10个重点领域，组织实施精密数控机床、汽车与工程机械、特高压输变电设备、专用设备、提高石油和煤炭采收率、煤油气转化及综合利用、可再生能源开发、高性能有色金属材料、复合材料、节能材料与技术、软件开发、集成电路、通信设备、民用飞机关键技术、航空航天关键部件及装备、主要农作物新品种选育、高效畜牧业养殖、优果工程、主要农副产品深加工、特色生物资源开发、主要动植物重大疫病防治、新

型生物农药和肥料、重大疾病防治、重大新药及生物医药材料创制、中药材规范化栽培及中药新药研发、水资源开发利用和节水技术、废弃物处理及资源化、清洁生产、安全生产、建筑节能和绿色建筑等30个重大科技专项。通过重大关键和共性技术攻关，突破一批关键技术，开发一批名牌产品，培育一批创新型企业，以科技创新的突破带动产业的跨越发展。

2. 实施重大科技专项的原则：一是要紧密结合我省经济社会发展的重大需求，研究开发具有核心自主知识产权、对企业自主创新能力和竞争力提高具有重大推动作用的技术和产品；二是要突出对于我省支柱产业竞争力整体提升具有重大影响的关键、共性技术；三是要培育一大批可实现产业化的高新技术项目和产品；四是要突破我省经济社会发展中的技术瓶颈问题。

3. 重大科技专项采取政府组织推动，企业、高等院校和科研机构参与，市场运作的方式组织实施。对于全省经济社会发展中瓶颈问题的研究和重点行业的共性技术攻关，以公共财政投入为主；对于企业需求的新技术和新产品的研发，以企业投入为主，政府进行资助。省科技厅在应用技术研究与开发资金（科技三项费）中列出专项资金，支持30个重大科技专项实施。

4. 重大科技专项由省科技厅牵头组织，省级有关部门配合，高校、科研院所、企业共同参与实施。省科技厅牵头制定《陕西省重大科技专项管理办法》。

（二）组建100个产学研相结合的省级工程技术研究中心

1.“十一五”期间，以我省有比较优势的行业、骨干企业、高校或科研院所为依托，在装备制造业、能源化工、新材料、电子信息、航空航天、现代农业、生物技术、现代医药、水资源和环境保护、城镇化与城市发展等重点领域，支持建设100个产学研相结合的省级工程技术研究中心，大幅度提升骨干企业的核心竞争力。

2. 建设工程技术研究中心的原则：

（1）满足产业发展和企业新技术及新产品开发需求原则，集成企业、高等院校、科研机构等各类科技资源，推进科技成果的产品化、工程化和产业化。

（2）组建的工程技术研究中心必须是企业、高等院校或科研院所共同参与的、产学研相结合的研发机构，可以建在企业，也可以建在高等院校或科研院所。

（3）工程技术研究中心的主要任务是满足企业的新技术和新产品需求，主要研究方向要与企业产品和技术进步发展方向一致，科研团队由高等院校或科研院所科技人员与企业科技人员共同组成。

（4）建设和研发经费以企业投入为主，政府资助。

3. 拟承担工程技术研究中心组建任务的单位，应具备以下基本条件：

（1）科研机构或高等院校，应在该技术领域具有雄厚的科研实力，曾承担并出色完成了国家或省上重点科技任务，学术水平在省内同行业中得到公认；有较好的工程技术研究设计基础和较丰富的成果转化背景及经验；具有技术水平高、工程化实践经验丰富的工程技术带头人；有必要的检测、分析、测试手段、工艺设备和场地；密切联系一批企业，并与之有良好的伙伴关系，有向企业辐射工程技术成果的成功经验。

（2）企业应具有较强的新技术和新产品研发需求，研发活动活跃；有较雄厚的科技资源和经济实力，有筹措资金的能力和信誉，每年用于研究开发的经费达到销售收入的2%以上，其中高新技术企业每年用于研究开发的经费不得低于销售收入的5%，能够成为工程技术研究中心的投入主体；具备工程技术试验手段和基础设施，能够为工程技术研究中心的运行提供必要的保障条件；有一定数量的工程技术研究与工程设计人员组成的技术开发团队，有一批能够承担工程试验任务的熟练技术工人；有较好的科技成果转化业绩和具有市场前景的重大科技项目，具备承担综合性工程技术试验任务的能力。

4. 组织实施与具体措施：

（1）省科技厅根据全省经济社会发展的总体部署，制定工程技术研究中心管理办法，报省科教领导小组批准后实施。

（2）列入100个产学研相结合的工程技术研究中心名单由省科教领导小组会议审议通过，省科技厅负责编制工程技术研究中心建设年度计划并牵头组织实施。

（3）各工程技术研究中心依托单位的上级主管部门，根据省科技厅发布的组建指南，组织本部门的工程技术研究中心组建项目的申报工作；具体负责各自归口管理的工程技术研究中心的组建实施，提供必要的人、财、物等保障条件；检查工程技术研究中心的建设计划执行情况，监督有关组建经费的使用，协调解决组建及运行期间存在的相关问题，协助做好验收和评估工作。

（4）省上设立省级工程技术研究中心专项资金，按照成熟一个、组建一个的原则，分期分批支持，“十一五”期间完成100个工程技术研究中心组建任务。对符合条件的省级工程技术研究中心，给予专项建设经费资助，用于中心的组建并作为组建后的首批研发项目的经费补助。及时向国家科技部推荐创新业绩突出且条件成熟的省级工程技术研究中心，争取建成国家级工程技术研究中心。通过政府引导、市场推动，突破条块分割、部门分割的体制性障碍，采取多种合作形式整合资源，推动企业以资金、设备为要素，高等院校和科研院所以人才、智力和技术为要素，建设一批符合我省产业发展需要并具有开放性、社会化特点的产业技术创新基地，建设一批为骨干企业专门研究新技术和开发新产品的研发机构，把中央在陕科技资源和我省科技资源汇聚一起，为我省产业发展服务，形成充满活力、高效实用的创新格局。

（三）组织实施100项重大科技产业化项目

1.“十一五”期间，集中人力、物力、财力，重点组织实施100项重大科技产业化项目，促进其尽快转化为现实生产力，显著提高重点产业及产品的技术竞争力，形成一批新的经济增长亮点。到2010年，100个项目基本建成并达产达效，销售收入力争达到或超过1000亿元。

2. 重大科技产业化项目的遴选原则：

（1）符合国家产业、技术政策，对全省经济结构调整，产业结构优化，产品结构升级换代具有重大影响，辐射带动作用强的项目。

（2）项目技术含量高，创新性强，拥有自主知识产权或核心技术。

（3）产品必须具有较大的市场容量和良好的市场前景、较强的技术竞争力和市场竞争潜力，能够产生较大的经济和社会效益，有望形成新兴产业。

（4）项目实施单位必须具备独立法人资格，技术及产业基础好，持续创新能力强，经营业绩良好，管理规范科学。

（5）项目实施单位法人代表必须具有较好的科技素养和较强的经营管理能力，信誉好、个人素质高、开拓进取、爱岗敬业、工作业绩良好。

（6）优先支持在重点科技产业园区实施的项目；优先支持100个产学研相结合的省级工程技术研究中心研发的项目；优先支持产学研相结合的项目；优先支持国家863计划、科技支撑计划和我省重大科技专项取得的科技成果的转化项目。

3. 支持的重点产业技术领域：重点支持我省的优势特色产业和主导产业，特别是高新技术产业领域：电子信息、先进制造、新材料、航空航天、生物技术、能源化工、节能与环保、现代农业等。

4. 重大科技产业化项目的资金投入。按照政府引导，企业投入为主，多元化投融资的原则，努力为重大科技产业化项目提供资金支持与保障。省上设立重大科技产业发展专项资金，用于支持全省重大科技成果转化和产业化。

5. 重大科技产业化项目的组织实施与管理：

（1）成立陕西省重大科技产业发展专项资金管理领导小组，主管省长任组长，省科技厅、发改委、财政厅、国防科工委、知识产权局、陕西省投资集团公司、陕西省产业投资公司、陕西省高新技术产业投资有限公司、陕西工业技术研究院、西北工业技术研究院和西安高新技术产业开发区为成员单位，负责审定重大科技产业化项目及政府资助额度。省科技厅负责项目的申报受理、初选和实施管理。

（2）严格规范，制订《陕西省100项重大科技产业化项目管理办法》。按照“一流项目，一流管理”的要求，建立科学完善的资金及项目管理制度，实现立项前项目科学评估论证与决策，实施过程中责任明确的执行监督与分层管理，以及后期的严格绩效考核与验收。

（3）对全省的科技项目和科技成果定期进行调研分类，对已具备产业化条件的科技项目，千方百计做大做强；对已经成熟的科技成果，促进其尽快实现产业化；对发展前景良好但尚未完成的科技项目，加快工程化研发速度，使其早日实现转化。

（四）重点支持建好50个科技产业园区

1. 坚持总体规划、市场运作、因地制宜、突出特色、错位发展的原则，大力推进高新技术产业开发区、大学科技产业园、农业科技示范园、星火技术密集区、专业科技产业园区等50个科技产业园区建设。到2010年，累积孵化企业3000家，开发新产品20 000个，获得专利4000件。

2. 设立科技产业园区建设专项资金，用于科技产业园区建设的资助和项目支持。整合现有科技产业园区，对已经建成的科技产业园区，重点以提高区内企业自主创新能力为核心，支持其完善服务平台，增强服务功能，培育区域特色优势产业和产业集群，提高产业集聚能力和技术扩散能力。同时，根据区域经济发展布局，积极支持新建一批科技产业园区，使其成为区域经济发展新的增长极。支持国家“863”项目成果到科技产业园区实施转化。

3. 着力抓好国家级、省级开发区，引导企业向园区集聚，加强关联产业链接，培育发展专业分工突出，协作配套紧密，规模效应显著的产业集群。加强科技产业园区投资环境建设和社会化、市场化中介服务体系建设，强化对企业创新创业的服务支持。积极实施“一区多园”战略，依靠园区发展，推动开发区的规模扩张、空间扩散、实力增强和辐射带动功能的发挥，增强产业集聚能力。

4. 强化农业科技园区的孵化功能、示范功能、辐射带动功能、培训教育功能、观光休闲功能，以科技开发、示范、辐射和推广为主要内容，以体制创新和机制创新为动力，着力调整农业结构，促进区域产业升级。到2010年，建设一批具有区域特色和引导、示范、带动作用强的农业科技园区和星火技术密集区；实现50项农业技术的组装集成；转化和推广100项农业科技成果；培育和孵化20个在国际国内具有竞争力的科技型农业企业集团。

5. 建设科技产业园区，重责在市县，不能一哄而起。全省地方各级政府结合本地实际情况，制定园区发展总体规划、实施方案、管理办法及相应的规章制度，使园区建设有章可循，形成有利于园区体制创新和科技创新的机制与环境；科学决策，避免在园区建设上的盲目性，务必建设一个，建好一个，使园区真正发挥聚集产业和辐射带动作用，促进区域经济发展。省上制定《陕西省科技产业园区规划及管理办法》，对列为50个重点建设的科技产业园区给予政策和资金支持，享受省级开发区的管理权限和优惠政策。

三、加强领导，营造良好环境

（一）建立健全党政领导科技进步目标责任考核制度

“13115”科技创新工程的实施和目标任务的顺利实现，关键在领导。全省各级政府应该高度重视，把“13115”科技创新工程作为建设创新型陕西和西部经济强省的重要措施，把支持创新工程建设作为党政领导班子工作考核的重要内容，切实抓好抓实。省上进一步完善党政领导科技进步目标责任制考核工作，强化对各市、县（区）实施“13115”科技创新工程工作的考核。省科教领导小组定期召开会议，检查和指导“13115”科技创新工程工作进展情况，协调解决有关问题。省级各部门结合实际，制定实施“13115”科技创新工程的具体措施，加大在人力、物力、财力和工作方面给予“13115”科技创新工程的支持力度。

（二）加快体制机制创新，建立“13115”科技创新工程的新型运行机制

加快体制机制创新，激发企业、科研院所、高等院校和科技园区的创新活力，调动社会各方面力量，推动“13115”科技创新工程实施。

突出一个主体。坚持以企业为主体，使企业既成为科技创新活动的领军力量，又成为实施“13115”科技创新工程的骨干力量。

深化两项改革。一是继续深化科研体制改革，支持应用开发类科研机构以产权制度改革为重点，加快企业化转制步伐，建立健全现代企业制度；支持公益类科研机构实行分类改革，建立健全现代科研院所制度，鼓励各类科研机构参与“13115”科技创新工程。二是推进科技管理体制改革，把政府管理科技工作的重心从直接管理项目和资金，转到研究发展战略、完善科技规划、制定政策法规、引导社会力量、创造环境条件、优化公共服务上来，转到切实组织好“13115”科技创新工程上来。

完善三个机制。一是完善创新合作机制，通过市场引导、政府推动，打破部门壁垒与条块分割，整合盘活各类科技资源；通过政府主导和重大科技专项攻关、重大科技成果转化、工程技术研究中心建设，引导和促进产学研有效结合，军民结合，组建行业技术联盟，形成广泛的、多层次的长效创新合作机制。二是完善科技创新评价激励机制，激励更多的优秀人才脱颖而出，激励更多的科技人员投身于自主创新和“13115”科技创新工程；按照公开公正、科学规范、精简高效的原则，完善和建立分类指导、科学有效的评价体系；对在自主创新能力建设和“13115”科技创新工程实施中做出突出成绩的单位和个人给予重奖。三是完善科技创新投融资机制，引导各类投资机构和社会资金投向“13115”科技创新工程。

（三）进一步加大资金投入力度

充分利用经济杠杆和政策手段，引导企业、金融机构、风险投资机构增加科技投入，形成政府、企业、社会多元化、多渠道的科技投入格局。一是省财政保证省本级应用技术与开发资金（科技三项费）投入稳定增长；二是“十一五”期间省财政每年安排1亿元专项资金（2006年安排1.5亿元），支持“13115”科技创新工程的实施；三是各金融及投资机构，特别是各大银行和陕西省投资集团公司、陕西省产业投资公司、陕西省高新技术产业投资有限公司，加大对“13115”科技创新工程的投入力度；四是建立创业投资引导资金和科技风险投资基金，通过参股、奖励和风险补偿等方式鼓励机构和个人设立风险投资企业，加大对自主创新项目和重大科技产业化项目的支持。

（四）加强科技人才队伍建设

坚持用产业集聚科技人才，用项目吸引科技人才，用事业留住科技人才。进一步落实技术、

管理等生产要素参与收入分配的政策。建立充满生机和活力的科技人才工作体制和机制，加快培养造就一批在各个领域具有世界前沿水平的高级专家和学科带头人，不断培养壮大科技企业家、科技创业者和技术转移、中介、推广队伍，建设高素质科技管理队伍。

（五）加强科技基础条件平台建设

发挥政府的推动作用和市场配置资源的基础性作用，充分利用科技、教育、军工资源集聚的优势，重点构建的知识创新平台、科技成果转化平台、科技条件共享平台、科技中介服务平台、科技投融资服务平台等五大社会创新创业平台，形成布局合理、运转高效、资源共享的科技基础条件支撑体系。

附录三　国内外风险投资协会名录

一、国内风险投资协会

北京创业投资协会

理事长：胡昭广

北京控股（集团）有限责任公司董事局主席

秘书长：王松奇

中国社会科学院金融研究中心副主任

电话：010-62572150

传真：010-62572151

联系地址：北京市海淀区知春路128号泛亚大厦15层1595室

邮编：100086

网址：www.vcab.org

上海市创业投资行业协会

会长：华裕达

秘书长：顾文兴 陈建平（常务副秘书长）

电话：021-64389130

传真：021-64387157

联系地址：上海市南丹东路60号502-504室

邮编：200030

网址：www.shvca.org

天津市创业投资协会

理事长：杨旭才

天津市创业投资发展中心主任

秘书长：王建国

天津创业投资有限公司总经理

电话：022-58792790/58792792

传真：022-58792791

联系地址：天津市河西区琼州道103-1号2楼A区222室

邮编：300203

网址：www.tjvc.org

广东省风险投资促进会

理事长：何国杰

广东省风险投资集团董事长

秘书长：彭星国

广东省科技风险投资有限公司总经理

电话：020-87681798

传真：020-87685559

联系地址：广州市先烈中路100号科学院大院58栋生物科技大厦1011室

邮编：510070

网址：www.gdvca.com

广州市风险投资促进会

会长：郑德珵

广州证券有限责任公司副总裁

秘书长：冯梦觉

广州科技风险投资公司董事长

电话：020-85529888-3803

传真：020-85520823

联系地址：广州天河软件园建中路50号佳都大厦3楼

邮编：510665

网址：www.gzvc.com

深圳市创业投资同业公会

会长：靳海涛

深圳市创新投资集团有限公司董事长

秘书长：王守仁

深圳市创新投资集团有限公司风险控制委员会秘书长

电话：0755-82912573

传真：0755-82909418

联系地址：深圳市福田中心区深南大道4009号投资大厦23层
邮编：518026
网址：www.szvca.com

珠海市风险投资促进会

会长：陈洪斌
珠海市投资顾问有限公司董事长、总经理
秘书长：刘峰
电话：0756-8158833
传真：0756-8158061
联系地址：珠海市拱北桂花北路桂花中心大厦10E室
邮编：519020
网址：www.zhicc.com

河南省创业投资同业公会

会长：黄布毅
河南省科技厅副厅长
秘书长：白奕雄
河南省科技投资总公司经理
电话：0371-65930166
传真：0371-65936938
联系地址：郑州市黄河路121号科苑大厦
邮编：450003
网址：www.hnvca.com

湖北省创业投资同业公会

会长：岳勇
省科技厅副厅长
秘书长：郭胜伟
东湖新技术开发区管委会企业处处长
电话：027-87657927
传真：027-87655876
联系地址：武汉市武昌武珞路586号江天大厦14楼
邮编：430070
网址：www.hbvca.com

襄樊高新区民营科技企业风险投资协会

会长：金乾生
秘书长：刘明
电话：0710-3241707
传真：0710-3224310
联系地址：湖北省襄樊市春园西路8号
邮编：441003

湖南省高科技创业投资有限公司（协会）

秘书长：汤跃
电话：0731-5167219-806
传真：0731-5167227
联系地址：长沙市芙蓉中路二段279号金源大酒店南座10楼
邮编：410007

江苏省创业投资协会

会长：李中和
江苏省政府办公厅巡视员
秘书长：郭顺根
江苏省创业投资有限公司副总经理
电话：025-83303470
传真：025-83303470
联系地址：南京市西康路23号408室
邮编：210024
网址：www.js-vc.com

辽宁省科技创业投资协会

会长：魏文铎
秘书长：鲁英君
电话：024-23245337/23220656/23243946
传真：024-23220607/23243957
联系地址：沈阳市和平区和平南大街39号嘉环大厦4009室
邮编：110003

哈尔滨市创业投资协会

电话：0451-84686551
传真：0451-84686552
联系地址：哈尔滨市道里区友谊路86号

山东省创业投资协会

会长：赵奎

山东省高新技术投资公司董事长

秘书长：刘理勇

电话：0531-86566789

传真：0531-86969598

联系地址：山东省济南市解放路166号

邮编：250013

陕西省创业投资协会

秘书长：陈凯

电话：029-87999016

传真：029-87999015

联系地址：西安市高新区科技路48号创业广场B座901C室

邮编：710054

网址：www.sxvc.com

浙江省风险投资协会

会长：俞志华

浙江省科技厅副厅长

秘书长：周伟强

电话：0571-88869543

传真：0571-88869550

联系地址：杭州市文二路212号高新大厦16层

邮编：310012

网址：www.fxtz.zjinfo.gov.cn

台湾创业投资商业同业公会

理事长：陈仕信

华鸿创投公司董事长

电话：886-2-25450075

传真：886-2-25452752

联系地址：台北市民权东路三段142号301室

网址：www.tvca.org.tw

香港创业及私募投资协会

主席：Jamie Paton

3i Asia Pacific Plc

电话：852-28456100

传真：852-25262713

联系地址：香港中环康乐广场一号怡和大厦4010室

网址：www.hkvca.com.hk

中华创业投资协会

理事长：孙强

华平创业投资有限公司董事总经理

秘书长：林莉

美国国际数据集团高级副总裁

电话：010-85150828/85150829（北京办公室）
852-25366183（香港办公室）

传真：010-85150835（北京办公室）
852-25213869（香港办公室）

北京代表处地址：北京长安街1号东方广场C1座10层1002室

邮编：100738

香港办公室地址：香港金融街8号国际金融中心2期6703室

网址：www.cvca.com.hk

二、海外风险投资协会

奥地利风险投资协会

Austrian Equity and Venture Capital Organisation

AUSTRIA

奥地利

电话：43 1 526 38 050

传真：43 1 526 38 051-0

Email：office@avco.at

联系地址：Mr. Thomas Jud
Chief Executive
Austrian Equity and Venture Capital Organisation
Mariahilfe Strasse 54-56 A-1070
Vienna Austria

网址：www.avco.at

比利时风险投资协会

Belgian Venturing Association (BVA)

BELGIUM

比利时

电话：32 3 297 10 21

传真：32 3 297 10 23

Email：peter@bva.be

联系地址：Mr. Peter van den Brande
General Secretary
Belgian Venturing Association (BVA)
Kleine-Beekstraat 16
B-2990 Wuustwezel

网址：www.bva.be

英国风险投资协会

British Venture Capital Association

UK

英国

电话：0044-020-7025 2950

传真：0044-020-7025 2951

联系地址：3 Clements Inn, London WC2A 2AZ.

Email：bvca@bvca.co.uk

网址：www.bvca.co.uk

捷克风险投资协会

Czech Venture Capital Association

CZECH REPUBLIC

捷克

电话：420 224 235 399

传真：420 224 239 424

Email：kursova@cvca.cz

联系地址：Mrs.Petra Kursová
General Secretary
Czech Venture Capital Association
Kronberg Building
Senovážné náměstí 8 110 00 Praha 1Czech Republic

网址：www.cvca.cz

丹麦风险投资协会

Danish Venture Capital Association

DENMARK

丹麦

电话：45 3395 05 00

传真：45 3391 18 38

Email：jl@itb.dk

联系地址：Mr. Lars Krobaek
Managing Director
Danish Venture Capital Association
C/o IT- Brancheforeningen Borsen
DK – 1217 Copenhagen K
Denmark

网址：www.dvca.dk

欧洲风险投资协会

European Venture Captial Association

BELGIUM

比利时

电话：32 2 715 0020

传真：32 2 725 0704

Email：evca@evca.com

联系地址：Mr. Javier Echarri
Secretary General
Minervastraat 4
B – 1930 Zaventem
Belgium

网址：www.evca.com

芬兰风险投资协会

Finnish Venture Capital Association (FVCA)

FINLAND

芬兰

电话：358 9 6969 33 00

Email：info@fvca.fi

联系地址：Suomen pääomasijoitusyhdistys ry
Helsinki World Trade Center
Aleksanterinkatu 17
FI-00100 Helsinki

网址：www.fvca.fi

法国风险投资协会

France National Association
Association Francaise
Des Investisseurs en Capital (AFIC)
FRANCE
法国
电话：33 1 47 20 99 09
传真：33 1 47 20 97 48
Email：info@afic.asso.fr
联系地址：M.Arnaud de Dinechin
Chief Executive
France National Association
Association Francaise
Des Investisseurs en Capital (AFIC)
76 Avenue Marceau
F – 75008 Paris
France
网址：www.afic.asso.fr

德国风险投资协会

Germany National Association (BVK)
GERMANY
德国
电话：49 30 30 69 82 0
传真：49 30 30 69 82 20
Email：bvk@bvk-ev.de
联系地址：Dr Holger Frommann
Managing Director
Germany National Association (BVK)
Bundesverband Deutscher KBG' S
Residenz am Deutschen Theater
Reinhardtstrasse 27c
10117 Berlin
网址：www.bvk-ev.de

匈牙利风险投资协会

Hungarian Venture Capital and Private Equity
Association
HUNGARY
匈牙利
电话：36 1 475 0924
传真：36 1 475 0925
Email：hvca@hvca.hu
联系地址：Ms Viktoria Zombory
President
Hungarian Venture Capital and Private
Equity Association
H-1051 Budapest
Nador u.32
Hungary
网址：www.hvca.hu

爱尔兰风险投资协会

Irish Venture Capital Association (IVCA)
IRELAND
爱尔兰
电话：353 1 276 46 47
传真：353 1 274 59 15
Email：administrator@ivca.ie
联系地址：Ciara Burrowes
Administrator
IVCA
3 Rectory Slopes,
Bray,
Co. Wicklow.
Ireland
网址：www.ivca.ie

意大利风险投资协会

Italian Private Equity and Venture Capital
Association(A.I.F.I.)
ITALY
意大利
电话：39 2 760 7531
传真：39 2 763 98044
Email：info@aifi.it

联系地址：Mr Marco Vitale
Chief Executive
A.I.F.I. (Italian Private Equity and Venture
Capital Association)
Via Pietro Mascagni,7-20122
Milano
Italy
网址：www.aifi.it

荷兰风险投资协会

Nederlandse Vereniging van Participatiemaatschappijen
电话：31 20 571 2270
传真：31 20 670 8308
E-mail：info@nvp.nl
联系地址：Tjarda D. Molenaar Directeur
Breitnerstraat 3, 1077 BL Amsterdam
Postbus 75129, 1070 AC Amsterdam
Netherlands
网址：www.nvp.nl

挪威风险投资协会

Norwegian Venture Capital Association
NORWAY
挪威
电话：47 22 60 30 40
传真：47 23 08 80 01
Email：anne.worsoe@norskventure.no
联系地址：Anne H. Worsøe Generalsekretær
Norsk Venturekapitalforening
Middelthuns gate 27
Postboks 5250 Majorstuen
0303 Oslo
Norway
网址：www.nvca.no

波兰风险投资协会

Poland Equity Investors Association
POLAND
波兰
电话：48 22 458 85 00
传真：48 22 458 85 55
Email：info@ei.com.pl
联系地址：Mr Jacek Siwicki
Managing Partner
Poland Equity Investors Association
Warszawskie Centrum Finansowe
ul. Emilii Plater 53, 31 pietro
00-113 Warszawa
Poland
网址：www.ei.com.pl

葡萄牙风险投资协会

Associacao Portuguesa
De Capital De Risco (APCRI)
PORTUGAL
葡萄牙
电话：351 21 353 67 49
传真：351 21 353 67 52
Email：pcaetano@mail.pt
联系地址：Mr Meneves Rodregues
President
Associacao Portuguesa
De Capital De Risco (APCRI)
Rua Filipe Folque,2, 7°
1050-113 Lisboa
Portugal
网址：www.apcri.pt

俄罗斯风险投资协会

Russian Venture Capital Association (RVCA)
RUSSIA
俄罗斯
电话：7 812 326 61 80
传真：7 812 326 61 80
Email：gladkih@rfntr.neva.ru
联系地址：Mr Alvina Mikkolen
Chief Executive
Russian Venture Capital

Association (RVCA)
PO Box 33
RU – St Petersburg 194156
Russia

网址：www.rvca.ru

斯洛伐克风险投资协会

Slovak Venture Capital Association
SLOVAKIA
斯洛伐克
电话：421 2 5710 02 00
传真：421 2 5273 13 23
Email：saef@saef.sk
联系地址：Mr Harry P Abplanalp
Slovak Venture Capital Association
Obchodná 58
P.O.Box 100
810 00 Bratislava
SLOVAK REPUBLIC
Slovakia
网址：www.saef.sk

瑞典风险投资协会

Swedish Venture Capital Association (SVCA)
SWEDEN
瑞典
电话：46 8 678 30 90
传真：46 8 678 40 90
Email：info@vencap.se
联系地址：Mr Tom Berggren
General Secretary
Svenska Riskkapitalföreningen (Swedish Private Equity & Venture Capital Association)
Grev Turegatan 18
114 46 Stockholm
Sweden
网址：www.svca.se

瑞士风险投资协会

Swiss Private Equity & Corporate Finance Association (SECA)
SWITZERLAND
瑞士
电话：41 41 724 6575
传真：41 41 724 6550
Email：info@seca.ch
联系地址：Dr Massimo S Lattmann
President
Swiss Private Equity & Corporate Finance Association (SECA)
Postfach 4332
6304 Zug
Switzerland
网址：www.seca.ch

澳大利亚风险投资协会

Australian Venture Capital Association Ltd (AVCAL)
AUSTRALIA
澳大利亚
电话：61 2 92 51 3888
传真：61 2 92 51 3808
Email：andrew.green@avcal.com.au
联系地址：Mr Andrew Green
Chief Executive
Australian Venture Capital Association Ltd (AVCAL)
Level 5
88 Phillip Street
Sydney
NSW 2000
Australia
网址：www.avcal.com.au

巴西风险投资协会

Brazilian Venture Capital Association
BRAZIL
巴西

电话：55 21 3970 2432

传真：55 21 2292 5607

Email：imprensa@abvcap.com.br

联系地址：Mr Robert Binder
Chief Executive
Brazilian Venture Capital Association
Praia de Botafogo 210
Sala 304
Rio de Janeiro
RJ.CEP 2
Brazil

网址：www.abcr-venture.com.br/english

加拿大风险投资协会

Canadian Venture Capital Association (CVCA)

CANADA

加拿大

电话：1 416 487 05 19

传真：1 416 487 58 99

Email：cvca@cvca.ca

联系地址：Mr John Eckert
President
Canadian Venture Capital Association
(CVCA)
234 Eglington Avenue East
Suite 301
Toronto
Ontario M4P1K5
Canada

网址：www.cvca.ca

印度风险投资协会

Indian Venture Capital Association

INDIA

印度

电话：91 79 658 03 30

传真：91 79 658 52 26

Email：vishnu@ad1.vsn1.net.in

联系地址：1st F1oor Premchnad House Annexe
Ashram Road
Ahmedabad 380 009
India

网址：www.indiavca.org/contactus.htm

以色列风险投资协会

Israel Venture Association (IVA)

ISRAEL

以色列

电话：972 3 640 2350

传真：972 3 640 2351

Email：info@ivc-online.com

联系地址：Mr Retan Hillman
General Manager
Israel Venture Association (IVA)
PO Box 58208
Tel Aviv 61580
Israel

网址：www.ivc-online.com

韩国风险投资协会

Korean Venture Capital Association (KVCA)

KOREA

韩国

电话：82 260 00 79 79-82

传真：82 260 00 79 93

Email：kvca00@hananet.net

联系地址：Trade Tower #159
Samsung-Dong
Kangnam-Gu
Seoul Singapore

网址：//www.kvca.or.kr/

马来西亚风险投资协会

Malaysian Venture Capital Association

MALAYSIA

马来西亚

电话：03 214 485 84

传真：03 214 485 51

Email：admin@mvca.org.my

联系地址：c/o Rumah Technologi MTDC

o. 22, Jalan Kia Peng

50450 Kuala Lumpur

Malaysia

网址：www.mvca.org.my

新西兰风险投资协会

New Zealand Venture Capital Association Inc

NEW ZEALAND

新西兰

电话：64 09 302 5218

传真：64 09 309 1090

Email：c.twiss@nzvca.co.nz

联系地址：Christopher Twiss Executive Director

NZ Venture Capital Association

Level 6, Affco House

12-26 Swanson Street

PO Box 106-002

Auckland

New Zealand

网址：www.nzvca.co.nz

菲律宾风险投资协会

Philippine Venture Capital Investment Group

PHILIPPINES

菲律宾

电话：63 2818 56 06

传真：63 2817 71 58

Email：info@philvencap.com

联系地址：G/F Torre de Salcedo Bldg

184 Salcedo St Legas pi Villa

PH – 1229 Makati

Metro Manilla

Philippines

网址：www.philvencap.com

新加坡风险投资协会

Singapore Venture Capital Association

SINGAPORE

新加坡

电话：65 838 95 63

传真：65 838 95 69

联系地址：c/o 3 Temasek Avenue

#30-03

Centennial Tower

Singapore

网址：www.svca.org.sg

南非风险投资协会

Southern African Venture Capital

& Private Equity Association (SAVCA)

SOUTH AFRICA

南非

电话：27 11 786 4366

传真：27 11 786 4367

Email：savca@worldonline.co.za

联系地址：Mrs Betty Furman

Administrator

S A Venture Capital

& Private Equity Association (SAVCA)

P O Box 1140, Houghton,2041

South Africa

网址：www.savca.co.za

泰国风险投资协会

Thai Venture Capital Association

THAILAND

泰国

电话：66 2 655 2052

传真：66 2 655 2055

Email：tvca@venturecapital.or.th

联系地址：Venture Capital Association

11/F.,Vanich Building 2,

1126/2 New Petchburi Road,

Bangkok 10400

Thailand

网址：www.venturecapital.or.th

美国风险投资协会

National Venture Capital Association (NVCA)

USA

美国

电话：1 703 524 25 49

传真：1 703 524 39 40

Email：Iturner@nvca.org

联系地址：Mr Mark Heasen

President

National Venture Capital Association

(NVCA)

1655 N Fort Myer Drive

Suite 850

USA – Arlington VA 22209

USA

网址：www.nvca.org

附录四 中国风险投资机构名录

一、国内风险投资机构

北京市

中国风险投资有限公司
董事长：陈政立
主要负责人：王一军
地址：北京朝阳区朝外大街吉祥里208号
邮编：100020
电话：010-65523163
传真：010-65526390
网址：www.c-vc.com.cn
成立时间：2000年4月
注册资本：5100万元
管理资本：3000万元
最低投资规模：50万元
最高投资规模：1000万元

北京中关村宏和投资咨询有限公司
董事长：段永基
总经理：伍永钢
地址：北京市海淀区海淀大街38号银科大楼808室
邮编：100080
电话：010-82602650
传真：010-82602651
网址：www.bchi_vc.com
成立时间：2001年10月
注册资本：100万美元
管理资本：4000万美元
行业偏好：IT、通讯、软件、生物及医药
最低投资规模：30万元
最高投资规模：1000万元
阶段偏好：种子期、成长期

北京中关村青年科技创业投资有限公司
董事长：段永基
总经理：张金柱
地址：北京市中关村南大街32号中关村科技发展大厦A座801室
邮编：100081
电话：010-62130318
传真：010-62770009
网址：www.bjcvc.com
成立时间：2000年1月
注册资本：8000万元
管理资本：8000万元
行业偏好：生物科技、光电子与光机电一体化、软件、V、W、新材料
最低投资规模：800万元
最高投资规模：2000万元
阶段偏好：种子期、成长期

中关村兴业（北京）投资管理有限公司
董事长：庄海
地址：北京朝阳区安翔北里甲11号创业大厦B座17层
邮编：100000
电话：010-64841365
传真：010-64841396
成立时间：2003年12月
注册资本：12 000万元
管理资本：12 000万元

联想投资有限公司
董事长：柳传志
总经理：朱立南
地址：北京市海淀区中关村科学院南路2号融科咨询中心A座10F
邮编：100080
电话：010-62509106
传真：010-62509128
网址：www.legendcapital.com.cn
成立时间：2001年4月
注册资本：20 000万元

阶段偏好：种子期、成长期

北京清华创业投资管理有限公司

董事长：邓华
总经理：叶东
地址：北京市海淀区清华科技园创新大厦A座1301室
邮编：100084
电话：010-62705938
传真：010-62705920
网址：www.thvc.com&www.cefund.com
成立时间：2001年3月
注册资本：500万元
管理资本：35 000万元
行业偏好：环保、节能、IT
最低投资规模：800万元
最高投资规模：2500万元
阶段偏好：所有阶段

北京掌讯远景数码信息技术有限公司（掌讯集团）

中国区主席：何曙波
地址：北京市海淀区中关村东路18号 财智国际大厦A座17层
电话：010-51196696
传真：010-51196677
网址：www.handson.com;www.china1258.net
成立时间：2001年4月
注册资本：6200万元
行业偏好：互联网、农业
投资区域：北京/河南/河北/山东/山西/东北
阶段偏好：种子期、成长期、扩张期

中金诚信投资有限公司

董事长：唐金龙
地址：北京市海淀区北三环西路43号青云当代大厦1208室
电话：010-62137301
传真：010-62137361
网址：www.sunlakes.cn
成立时间：2000年10月
注册资本：10 000万元
行业偏好：生物医药、环境与生态
投资区域：北京及湖南
阶段偏好：种子期

北京世纪中创国际投资管理有限公司

总经理：马风武
地址：北京朝阳区安翔北里11号创业大厦c座207室
成立时间：2004年3月
注册资本：5000万元
行业偏好：互联网、电子信息
投资区域：北京
阶段偏好：成长期

伟清创新科技（北京）有限公司

总经理：刘劼
地址：中国北京海淀区清华大学科技园学研大厦B座806
电话：010-62797157
传真：010-62771053
网址：www.tsing-tech.com.hk
成立时间：2003年4月
注册资本：200万元
行业偏好：IT、节能与环境保护
投资区域：北京（环渤海带）、长三角区域、珠三角区域
阶段偏好：成长期、扩张期

北京安彩科技风险投资有限公司

董事长：李留恩
总经理：蔡健德
地址：北京海淀区复兴路12号恩菲大厦B区3层321室
邮编：100038
电话：010-63972321/22/23
传真：010-63972281
网址：www.acvc.com.cn
成立时间：2000年8月
注册资本：20 000万元
管理资本：20 000万元
行业偏好：服务业、媒体、环保新材料、软件等电子信息产业、生物科技、医药保健、医疗设备
最低投资规模：500万元
最高投资规模：5000万元
阶段偏好：成长期、扩张期

北京创业板投资顾问有限责任公司

董事长：张晓明
总经理：王学宗

地址：北京海淀区紫竹院路31号华湟中心3号楼21F
邮编：100089
电话：010-68728858
传真：010-68728868
网址：www.newmarket.com.cn
注册资本：300万元
管理资本：1300万元

北京高新技术创业投资股份有限公司

董事长：商和顺
总经理：张力
地址：北京中关村南大街32号中关村科技发展大厦A座12层
邮编：100081
电话：010-62140588
传真：010-62142499
网址：www.bhti.com.cn
成立时间：1998年10月
注册资本：31 000万元
管理资本：31 000万元
行业偏好：网络/通讯、半导体、医疗设备、软件、生物科技、其他医疗设备商业批发零售业产业、医药保健、新材料
最低投资规模：300万元
最高投资规模：1500万元
阶段偏好：扩张期、成熟期、上市筹备期

北京汉世纪创业投资有限公司

董事长：江万龄
总经理：陈佑民
地址：北京建国门内大街7号光华长安大厦1125室
邮编：100732
电话：010-65102818
传真：010-65188788
成立时间：2001年8月
注册资本：500万美元
管理资本：USD4500万元
行业偏好：生物科技、网络/通讯、软件、新材料、房地产、医疗设备、新能源、高新农业
最低投资规模：100万美元
最高投资规模：500万美元
阶段偏好：种子期、成长期、扩张期、上市筹备期、其他（如MBO、MBI、公司周转困境期等）

北京金港创业投资顾问有限公司（中银律师事务所）

董事长：唐金龙
总经理：李燕生
地址：北京市海淀区花园路13号汉太华商务中心204室
邮编：100086
电话：010-62379436/62122288
传真：010-62137361
成立时间：2000年3月
注册资本：100万元
管理资本：3000万元
行业偏好：新能源、环保产业、新材料、生物科技、医药保健、医疗设备、半导体
最低投资规模：50万元
最高投资规模：500万元
阶段偏好：成长期、扩张期、成熟期

北京科技风险投资股份有限公司

董事长：杨实
总经理：王晓龙
地址：北京海淀区中关村南大街3号海淀科技大厦10层
邮编：100081
电话：010-68943798
传真：010-68943779
网址：www.bvcc.com.cn
成立时间：1998年10月
注册资本：50 000万元
管理资本：80 000万元
行业偏好：网络/通讯、传媒业、软件、半导体、新材料、生物科技
最低投资规模：500万元
最高投资规模：5000万元
阶段偏好：成长期、扩张期

北京联办投资管理有限公司

总经理：徐刚
地址：北京市朝阳门外大街22号泛立大厦11层
邮编：100020
电话：010-85650068
传真：010-65885004
网址：www.seecinvest.com.cn
成立时间：1989年
管理资本：20 750万元

最低投资规模：830万元
最高投资规模：4150万元

北京太平洋优联技术创业有限公司

董事长：邹祖烨
总经理：周全
地址：北京市西城区阜外大街1号四川大厦东塔楼25层
邮编：100037
电话：010-88382295
传真：010-68365354
网址：www.bptv.com.cn
成立时间：1993年11月
注册资本：1100万美元
管理资本：1100万美元
行业偏好：其他医疗设备商业批发零售业产业、软件、网络/通讯、医药保健、生物科技、新材料、传媒业、环保产业
最低投资规模：24万元
最高投资规模：900万元
阶段偏好：扩张期、上市筹备期

清华科技创业投资有限公司

董事长：何建坤
总经理：邓华
地址：北京市清华大学华业大厦2608室
邮编：100084
电话：010-62780376
传真：010-62780287
网址：www.tsinghuavc.com
成立时间：2000年4月
注册资本：20 000万元
管理资本：20 000万元
最低投资规模：100万元
最高投资规模：5000万元

清华紫光科技创新投资有限公司

董事长：张本正
总经理：刘宏飞
地址：北京中关村南大街1号友谊宾馆雅园64631室
邮编：100873
电话：010-68949919
传真：010-68947226
网址：www.thuvc.com
成立时间：2000年3月
注册资本：25 000万元
管理资本：25 000万元
行业偏好：网络/通讯、环保产业、新材料、医药保健、生物科技、高新农业、消费品及服务业
最低投资规模：300万元
最高投资规模：3000万元
阶段偏好：成长期、扩张期

三孚创业投资控股有限公司

董事长：盛骏飞
地址：北京海淀区复兴路9号
邮编：100038
电话：010-68574373
传真：010-68574350
网址：www.China.Sunfull.com
成立时间：1997年8月
注册资本：2150万元
最低投资规模：100万元
最高投资规模：1000万元

世纪方舟投资有限公司

董事长：吴军
总经理：宋玉鸣
地址：北京市海淀区中关村南大街乙56号方舟大厦B座
邮编：100044
电话：010-88026547/48/49/50/51/52/53
传真：010-88026546
网址：www.millenniumark.com.cn
成立时间：1999年12月
注册资本：5000万元
管理资本：50 000万元
行业偏好：高新农业、房地产、教育产业、旅游业
最低投资规模：100万元
最高投资规模：2000万元
阶段偏好：成长期

中金高技术资产管理有限公司

董事长：陆步青
总经理：陆步青
地址：北京市东城区王府井大街172号丹耀大厦806室
邮编：100000

电话：010-65242367
传真：010-65242367
网址：www.chinapioneer.com
成立时间：2000年4月
注册资本：3000万元
管理资本：22 000万元
最低投资规模：100万元
最高投资规模：1000万元

优傲龙投资银行集团

董事长：让·尼凯米亚
总经理：宋杰
地址：北京朝阳区南湖南路8号北三302室
邮编：100102
网址：www.Eurorient.com
成立时间：1988年
管理资本：60 000万元

中关村丰台园中成科技创业投资有限公司

董事长：郜卓
总经理：徐根望
地址：北京市东城区安定门西滨河路9号中成集团大厦1301室
邮编：100011
电话：010-64219744
传真：010-64218269
成立时间：2002年1月
注册资本：10 800万元
管理资本：10 800万元
最高投资规模：3000万元

中技经投资顾问股份有限公司

董事长：孟新健
总经理：乔力
地址：北京市海淀区清华东路25号
邮编：100055
电话：010-63437637
传真：010-63395897
网址：www.cteicc.com.cn
成立时间：2001年1月
注册资本：6400万元
管理资本：6400万元
最低投资规模：100万元
最高投资规模：1000万元

中投创业投资有限公司

地址：北京市东城区后圆恩寺7号主楼（友好宾馆）
邮编：100009
电话：010-84016277-8
传真：010-84016282
成立时间：1998年5月
注册资本：16 000万元
管理资本：16 000万元

北京晨光昌盛投资担保有限公司

董事长：孙启
总经理：孙启
地址：北京市昌平区科技园区超前路9号创业大厦505室
邮编：100220
电话：010-69719584
传真：010-69709488
网址：www.chgvc.com
成立时间：2003年8月
注册资本：15 000万元
管理资本：5000万元

盈富泰克创业投资有限公司

董事长：李志明
总经理：刘廷儒
地址：北京市海淀区中关村南大街2号数码大厦B座2003室
邮编：100086
电话：010-82512078/79/80
传真：010-82515186
网址：www.infovc.com
成立时间：2000年4月20日
注册资本：5000万元
管理资本：20 350万元

中软科技创业投资有限公司

董事长：唐敏
总经理：崔辉
地址：北京市海淀区学院南路55号中软大厦
邮编：100081
电话：010-51527815
成立时间：2001年3月
注册资本：5000万元
管理资本：5000万元

北京华尔投资有限公司

总经理：王彦
地址：北京市西城区西直门南大街2号成铭大厦C座27层
邮编：100035
电话：010-66179020-29
传真：010-66139210
网址：www.wall.com.cn
行业偏好：通信、信息产业
阶段偏好：种子期、初创期

北京金昌投资咨询有限公司

地址：北京市东城区朝阳门北大街8号富华大厦F座18层
电话：010-65541306-551
传真：010-65542988
网址：www.jctz.com
成立时间：1994年6月
管理资本：240万元
行业偏好：生物科技、医药
阶段偏好：成长期

北京金诚信投资有限公司

地址：北京市复兴门外大街6号光大大厦1409室
电话：010-68561799
传真：010-68560479
网址：www.goldentrust.com
成立时间：2001年
注册资本：4000万元
行业偏好：教育科研、矿产冶金、电子通讯、生物工程、新材料、信息产业
阶段偏好：所有

北京圣维尔科技投资有限公司

总经理：徐晓曼
地址：北京市后海北沿14号东楼311-316
邮编：100009
电话：010-64077847
传真：010-64012369
网址：www.schanwell.com
行业偏好：医疗设备、环保节能、新兴能源
阶段偏好：中后期、Pre-IPO、其他

北京世纪万通科技投资有限公司

地址：北京市东城区和平里北街6号
邮编：100013
电话：010-84290666/84291004-3101
传真：010-84291049
成立时间：2000年8月
管理资本：5000万元
网址：www.fareastwall.com

北京首都国际投资管理有限责任公司

地址：北京市宣武区广安门内大街338号中经信国际大厦804室
邮编：100053
电话：010-68714612
传真：010-68714612
网址：www.capitalv.com
成立时间：1998年7月
管理资本：4843万元

北京新恒基投资管理有限公司

地址：北京市朝阳区霄云路26号鹏润大厦35号
邮编：100016
电话：010-84584945
传真：010-64609678
成立时间：2000年
行业偏好：IT软件、通讯、互联网及相关设施、生物科技、医药、电子信息、新能源、新材料、半导体、其他

华苑农业高新技术风险投资有限公司

总经理：宋全安
地址：北京市海淀区首体南路22号国兴大厦D.E区
邮编：100044
电话：010-88355756
传真：010-88355761

清华科技园技术资产经营有限公司

地址：北京市清华科技园创新大厦A座15层
电话：010-62776611/62776620
传真：010-62776606
网址：www.thspinno.com.cn
成立时间：2001年3月
管理资本：5000万美元
行业偏好：IT、材料、能源和环境技术领域中高速增长并处于发展期的公司进行股权相关投资

太合投资有限公司
地址：复兴门内大街158号远洋大厦F405室
邮编：100031
电话：010-66412288
传真：010-66413286
网址：www.th-g.com.cn
成立时间：1998年9月

亿阳投资有限公司
地址：北京市海淀南路19号时代网络大厦8008室
邮编：100080
电话：010-82666789-80001
传真：010-82666332
网址：www.boco.com.cn
成立时间：1998年7月
行业偏好：IT/软件、通讯、互联网及相关设施、生物科技、电子信息、信能源、新材料、半导体
阶段偏好：成长期、扩张期、成熟期、上市筹备期

银恒信投资（集团）有限公司
地址：北京市海淀区车道沟8号信弘大厦三楼A座
邮编：100089
电话：010-68419762
传真：010-68484100
行业偏好：防伪技术

中国节能投资公司
地址：北京市西城区阜外大街1号四川大厦东楼
邮编：100037
电话：010-68364910/ 68309135/ 68364930/ 68365511-6371、6465
传真：010-68364915
网址：www.cecic.com.cn
成立时间：1988年
管理资本：520 000万元
行业偏好：环保、其他

中祥投资有限公司
地址：北京市西城区阜外大街2号万通新世界广场A座715
电话：010-68015599/68588125
传真：010-68588126
成立时间：1999年7月
网址：www.chinafortune.net
行业偏好：电子信息、生物工程、环保节能、其他
阶段偏好：种子期、成长期、成熟期

上海市

上海创新投资管理有限公司
董事长：靳海涛
总经理：朱心坤
地址：上海市浦东张杨路707号生命人寿大厦2704室
邮编：200120
电话：021-58360786
传真：021-58366969
网址：www.szvc.com.cn
成立时间：2001年6月
注册资本：500万元
管理资本：11 000万元
行业偏好：新材料、医疗设备、光电子与光机电一体化、半导体、医药保健、软件、新能源、环保产业
最低投资规模：500万元
最高投资规模：3000万元
阶段偏好：成长期、扩张期、成熟期、其他（如MBO、MBI、公司周转困境期等）

上海创业投资管理有限公司
董事长：华裕达
总经理：陈爱国
地址：上海市胶州路397号阳光科技广场18楼
邮编：200041
电话：021-32170262
传真：021-62173685
网址：www.Shvc.Cn
成立时间：2003年
注册资本：100万元
管理资本：22 000万元
行业偏好：信息、生物医药、新材料
最低投资规模：30万元
最高投资规模：1000万元
阶段偏好：种子期、初创期

上海交大创业投资有限公司
董事长：王品高
总经理：陈思根
地址：上海淮海西路55号9楼A座
邮编：200030

电话：021-52989040
传真：021-52989041
网址：www.sjtu-vc.com
成立时间：2000年6月
注册资本：9000万元
管理资本：9000万元
行业偏好：软件、半导体、其他医疗设备商业批发零售业产业、光电子与光机电一体化、计算机设备、网络/通讯、新能源、新材料
最低投资规模：38.5万元
最高投资规模：3000万元
阶段偏好：种子期、成长期、扩张期、成熟期、上市筹备期

上海交大信息投资有限公司

董事长：许晓鸣
总经理：朱玉旭
地址：上海市淮海西路55号6楼A座
邮编：200030
电话：021-52989370
传真：021-52989370
网址：www.sjii.com.cn
成立时间：2001年12月
注册资本：10 000万元
管理资本：20 000万元
行业偏好：软件、集成电路
最低投资规模：100万元
最高投资规模：1000万元
阶段偏好：成长期

上海科技创业有限公司

董事长：王荣
总经理：韩明远
地址：上海市漕滨北路45号航空科技大厦11楼
邮编：200030
电话：021-64810403
传真：021-54590673
成立时间：1999年8月
注册资本：1100万元
最高投资规模：200万元

上海科技投资公司

董事长：曹臻
总经理：陈伟丰
地址：上海淮海中路1634号
邮编：200031
电话：021-64314423
传真：021-64313336
网址：www.shsti.com.cn
成立时间：1992年12月
注册资本：55 000万元
管理资本：90 000万元
行业偏好：信息、生物医药、新材料环保项目
最低投资规模：200万元
最高投资规模：2000万元
阶段偏好：种子期、成长期

上海科技投资股份有限公司

董事长：曹臻
总经理：申学宪
地址：上海建国西路285号
邮编：200031
电话：021-64452322
传真：021-64330776
网址：www.sstic.com.cn
成立时间：1993年6月
注册资本：30 500万元
管理资本：30 500万元
行业偏好：高新技术产业
投资规模：数百万元以上
阶段偏好：成长期

上海联创投资管理有限公司

董事长：严义埙
总经理：冯涛
地址：上海市兴国路78号兴国宾馆3号楼
邮编：200052
电话：021-62138000
传真：021-62137000
网址：www.Newmargin.com
成立时间：1999年7月
注册资本：1000万元
管理资本：95 000万元
最低投资规模：400万元
最高投资规模：16 000万元

上海信虹投资管理有限公司

董事长：赵明
总经理：俞妙根

地址：上海瑞金二路118号瑞金宾馆G座
邮编：200025
电话：021-64154060
传真：021-64670038
成立时间：2000年9月
注册资本：2000万元

上海漕河泾新兴技术开发区科技创业中心

董事长：达孺牛
地址：上海市宜山路900号科技大楼A307室
邮编：200233
电话：021-64951858
传真：021-64951721
网址：www.caohejing-ibi.com
成立时间：1997年
注册资本：6500万元
管理资本：6500万元
行业偏好：软件、生物医药、新材料
最低投资规模：5万元
最高投资规模：1000万元
阶段偏好：早期、发展期

上海中博创业投资有限公司

首席执行官：辛春华
地址：漕宝路400号706
电话：021-51168681
传真：021-51168505
网址：www.chinavc.cn
成立时间：2005年4月
注册资本：3000万元

上海金钧风险投资有限公司

董事长：王慧文
成立时间：2001年1月
注册资本：15 000万元
行业偏好：通信
投资区域：江苏
阶段偏好：扩张期

上海创业投资有限公司

总裁：王品高
副总裁：王培君
地址：上海淮海中路1634号2楼
邮编：200031
电话：021-64311998
传真：021-64336311
网址：www.shvc.com.cn
成立时间：1999年9月
注册资本：40 000万元
管理资本：60 000万元
最低投资规模：24万元
最高投资规模：3000万元

上海交大顶峰科技创业经营管理有限公司

董事长：许晓鸣
总经理：吴天新
地址：上海市番禺路390号3楼B座
邮编：200030
电话：021-62940468
传真：021-32260032
网址：www.Chinapex.com
成立时间：1999年9月
注册资本：3200万元
行业偏好：新能源及节能技术
最低投资规模：50万元
阶段偏好：种子期、扩张期

上海民创投资管理有限公司

董事长：戴晓波
总经理：戴晓波
地址：上海淮海中路1634号102室
邮编：200031
电话：021-64338890
传真：021-34010548
网址：www.Mcvau.com
成立时间：2000年8月
注册资本：100万元
管理资本：2000万元
最低投资规模：30万元
最高投资规模：400万元

上海浦东创业投资有限公司

董事长：戴海波
总经理：何彬
地址：上海张江高科技园区春晓路350号创业中心南3楼
邮编：201203
电话：021-50801211
传真：021-50801728
网址：www.Pdvc.com

成立时间：1997年1月
注册资本：10 000万元
管理资本：10 000万元

上海市科技创业中心

董事长：王荣（主任）
地址：上海市钦州路100号
邮编：200235
电话：021-64839007
传真：021-64833607
网址：www.incubator.sh.cn
成立时间：1988年4月
注册资本：2000万元
管理资本：10 000万元
行业偏好：网络/通讯、软件、其他医疗设备商业批发零售业产业、消费品及服务业
最低投资规模：2万元
最高投资规模：1000万元
阶段偏好：成长期、扩张期

上海复旦创业管理有限公司

董事长：蒋国兴
总经理：朱幼惠
地址：上海国定路335号8003室
邮编：200433
电话：021-65103006
传真：021-65101451
成立时间：2000年9月
注册资本：100万元
管理资本：3000万元
行业偏好：医疗设备、环保产业、新材料、新能源、网络/通讯、其他医疗设备商业批发零售业产业、高新农业、教育产业
最低投资规模：15万元
最高投资规模：50万元
阶段偏好：种子期

上海复旦创业投资有限公司

董事长：华裕达
总经理：蒋国兴
地址：上海市邯郸路220号校内100号楼104室
邮编：200433
电话：021-65642533
传真：021-65642533
成立时间：2000年11月
注册资本：3000万元
管理资本：3000万元
行业偏好：网络/通讯、其他医疗设备商业批发零售业产业
最低投资规模：10万元
最高投资规模：1000万元
阶段偏好：扩张期、成熟期、上市筹备期

上海高科技成果转化有限公司

董事长：蔡敏勇
总经理：张伟
地址：上海市北京东路668号东楼407室
邮编：200001
电话：021-53082143
传真：021-53082143
成立时间：1999年
注册资本：100万元
管理资本：3100万元

上海慧谷创业投资管理有限公司

董事长：许晓鸣
总经理：钱振英
地址：上海市虹桥路333号
邮编：200030
电话：021-64287629
传真：021-64394772
网址：www.withubvc.com.cn
成立时间：2000年5月
注册资本：600万元
管理资本：800万元
行业偏好：生物科技、网络/通讯、软件、教育产业、医疗设备、新能源、新材料、其他医疗设备商业批发零售业产业
最低投资规模：200万元
最高投资规模：350万元
阶段偏好：成长期、成熟期

上海天友高新技术产业投资有限公司

董事长：庄晓天
总经理：施瑾
地址：上海市新闸路1093号东恒大厦6楼
邮编：200041
电话：021-62711508
传真：021-62674236
成立时间：2002年2月

注册资本：5045万元
管理资本：5045万元
行业偏好：网络/通讯、其他医疗设备商业批发零售业产业、新材料、软件、光电子与光机电一体化
最低投资规模：380万元
最高投资规模：920万元
阶段偏好：成长期、扩张期

汇浦科技投资集团公司

董事长：戴卫东
地址：上海宝庆路2号云海大厦19楼
邮编：200031
电话：021-54663939-253
传真：021-54663933
网址：www.wisepool.com.cn
成立时间：1995年
注册资本：35 000万元
管理资本：35 000万元
行业偏好：传统制造业、网络/通讯、教育产业、其他医疗设备商业批发零售业产业、医药保健
最低投资规模：100万元
最高投资规模：10 000万元
阶段偏好：扩张期、成熟期

上海鼎嘉创业投资管理公司

董事长：华裕达
总经理：戴燕玲
地址：上海市南京西路1266号恒隆广场1212室
邮编：200040
电话：021-61201099
传真：021-61201084
网址：www.zj-vc.com
成立时间：2003年10月
注册资本：100万元
管理资本：33 000万元
行业偏好：信息、生物、医疗器械
最低投资规模：30万元
最高投资规模：1500万元

上海中新技术有限公司

董事长：华裕达
总经理：曹根涛
地址：上海市淮海中路1634号420室
邮编：200031
电话：021-64316970
传真：021-64318478
注册资本：1200万元
管理资本：600万元
最低投资规模：26万元
最高投资规模：145万元

上海紫江创业投资有限公司

董事长：郭峰
总经理：李域
地址：上海市虹桥路2272号4楼F座
邮编：200336
电话：021-62376111
传真：021-62376110
网址：www.zjvc.com.cn
成立时间：2000年9月
注册资本：5000万元
管理资本：12 000万元
行业偏好：光电子与光机电一体化、生物科技、传媒业、教育产业、计算机设备、新材料、新能源、传统制造业
最低投资规模：100万元
最高投资规模：1000万元
阶段偏好：种子期、成长期

上海高新技术投资管理有限公司

董事长：蔡敏勇
总经理：王旗
地址：上海市中山西路179号6楼
邮编：200051
电话：021-52724400
成立时间：1998年
注册资本：1000万元
管理资本：1000万元

上海星河数码投资有限公司

董事长：朱万毅
总经理：周军
地址：上海市高邮路8号
邮编：200031
电话：021-64318520
传真：021-64662567
注册资本：8000万元
管理资本：8000万元

上海兴信创业投资管理有限公司

董事长：张惠萍
总经理：陈小平
地址：上海市淮海中路93号大上海时代广场2109单元
邮编：200030
电话：021-63918169
网址：www.helson.com.cn
成立时间：2000年
注册资本：1100万元
管理资本：5000万元

上海邦联投资有限公司

地址：上海南京西路1168号中信泰富广场18楼
电话：021-52985298
传真：021-52984171
网址：www.uni.com.cn
成立时间：1998年
注册资本：20 000万元
管理资本：6000万元
投资行业：软件、通讯、网络技术、信息服务
阶段偏好：种子期、成长期

上海博嵘创业投资管理有限公司

地址：上海黄埔区方斜路525弄1号2302＃
电话：021-53570152
传真：021-53570522
网址：www.boro.cn
成立时间：2003年6月
管理资本：60 000万元

上海复旦量子创业投资管理有限公司

地址：上海市长宁路1027号兆丰广场24楼
邮编：200050
电话：021-65632555
传真：021-65148999
网址：www.fudan-venture.com
成立时间：2000年11月
行业偏好：信息技术、生物医药和新材料

上海龙宇投资有限公司

董事长：刘振光
地址：上海市浦东东方路710号汤臣金融大厦25楼
电话：021-58301681
传真：021-58301682
网址：www.lonyer.com
成立时间：1999年12月
注册资本：5000万元

上海实业联合集团股份有限公司

董事长：吕明方
地址：上海市桃江路8号宝轻大厦5楼
电话：021-53828866
传真：021-53828666
网址：www.siuc.com.cn
成立时间：1997年6月
行业偏好：毛纺业、生物医药

天津市

天津创业投资有限公司

董事长：杨旭才
总经理：魏宏锟
地址：天津市河西区围堤道125号天信大厦1509室
邮编：300074
电话：022-28408282
传真：022-28408686
网址：www.tjvc.com.cn
成立时间：2001年3月
注册资本：26 000万元
管理资本：50 000万元
行业偏好：网络/通讯、软件、半导体、其他医疗设备商业批发零售业产业
最低投资规模：1000万元
最高投资规模：10 000万元
阶段偏好：扩张期、成熟期

天津福沃科技投资有限公司

董事长：卜东梅
总经理：齐海涛
地址：天津南开区华苑产业区榕苑路1号
邮编：300384
电话：022-23080368
传真：022-83710199
成立时间：2000年7月
注册资本：9990万元
管理资本：10 000万元
行业偏好：新材料、V、商业批发零售业、新能源、环保产业、教育产业、软件、高新农业
最低投资规模：500万元

最高投资规模：3000万元
阶段偏好：成长期、扩张期

天津环渤海创业投资管理有限公司
董事长：杨应敏
总经理：张仁亮
地址：天津市河西区友谊北路51号合众大厦B座1702
邮编：300060
电话：022-83281468
传真：022-83281468-8000
网址：www.cvcm.com.cn
成立时间：2000年5月
注册资本：2300万元
管理资本：60 000万元
行业偏好：新材料、医药保健、生物科技、传媒业
最低投资规模：200万元
最高投资规模：1000万元
阶段偏好：成长期、扩张期

天津科技发展投资总公司
董事长：杨应敏
总经理：杨应敏
地址：天津市河西区卫津南路13号体北综合楼4楼
邮编：300060
电话：022-23525876
传真：022-23521775
网址：www.stic.com.cn
成立时间：1997年12月
注册资本：16 653万元
管理资本：16 653万元
行业偏好：生物科技、医药保健、医疗设备、软件、网络/通讯、半导体、高新农业、新材料
最低投资规模：10万元
最高投资规模：7000万元
阶段偏好：扩张期、成熟期、上市筹备期

天津市和平投资发展有限公司
总经理：曹福来
地址：天津市和平区郑州道18号港澳大厦4层
电话：022-27830513
传真：022-27830513
成立时间：2004年1月
注册资本：500万元
行业偏好：能源、IT
投资区域：华北
投资偏好：成长期

天津南大科技投资有限公司
董事长：胡彦明
总经理：刘成义
地址：天津市和平区解放北路50号
邮编：300041
电话：022-23505866
传真：022-23505869
网址：www.Nk809.com.cn
成立时间：2005年1月
注册资本：300万元
管理资本：2000万元
最低投资规模：100万元
最高投资规模：500万元

天津市虹桥创业投资有限公司
董事长：李凤林
总经理：李凤林
地址：天津市虹桥区勤俭道192号
邮编：300131
电话：022-81325560
传真：
成立时间：2004年8月
注册资本：800万元
管理资本：1990万元
最高投资规模：2000万元

天津市津房科技投资发展有限公司
董事长：李光照
总经理：杨旭才
地址：天津市和平区保定道35～37号新华大厦702室
邮编：300050
电话：022-23034555
传真：022-23034556
网址：www.jftech.com.cn
成立时间：2001年1月
注册资本：1000万元
管理资本：3500万元
最低投资规模：10万元

天津泰达科技风险投资股份有限公司
董事长：张锐刚

总经理：赵华
地址：天津开发区第四大街80号天大科技园F1-3
邮编：300457
电话：022-66299990
传真：022-66297288
网址：www.tedavc.com.cn
成立时间：2000年8月
注册资本：41 021万元
管理资本：60 000万元
行业偏好：医药保健、软件、环保产业、医疗设备
最低投资规模：300万元
阶段偏好：成长期、扩张期

天津新技术产业园区海泰科技投资管理有限公司

董事长：任建成
总经理：苗立志
地址：天津华苑产业区物化道2号C座2层
邮编：3003094
电话：022-85685178
传真：022-85685177
网址：www.hitech-investment.com
成立时间：1997年5月
注册资本：10 000万元
管理资本：37 000万元
行业偏好：生物医药、新材料
阶段偏好：成长期、成熟期

天津新技术产业园区新纪元风险投资有限公司

董事长：冯金有
总经理：兰宝石
地址：天津市华苑产业区华天道6号海泰大厦A座2层
邮编：300384
电话：022-23709978
传真：022-23709979
网址：www.Neweravc.com.cn
成立时间：2004年10月
注册资本：400万元
管理资本：17 000万元
行业偏好：高新农业、新能源、新材料、传媒业、娱乐产业、旅游业
最低投资规模：50万元
最高投资规模：3000万元
阶段偏好：种子期、成长期、扩张期

天津市鑫茂科技投资集团

董事长：杜克荣
地址：天津市华苑产业区鑫茂科技园中心大厦2层
邮编：300383
电话：022-83711560
传真：022-83713282
成立时间：2000年
注册资本：7300万元
管理资本：1500万元
最低投资规模：60万元
最高投资规模：300万元

天津纳米创业投资有限公司

董事长：许建中
总经理：李凤林
地址：天津市经济技术开发区第四大街80号A座2层
邮编：300457
电话：022-62002900
传真：022-62002902
网址：www.nibc.com.cn
成立时间：2004年1月
注册资本：1000万元

天津方正投资发展有限公司

董事长：黄健
总经理：黄海
地址：天津市南开区津南路宁发花园别墅8-1
邮编：300381
电话：022-83937788
传真：022-83937799
成立时间：2003年6月
注册资本：500万元

天津恒富创业投资有限公司

董事长：甄学军
总经理：张晓军
地址：天津市武清区富民经济开放区
邮编：301700
电话：022-82125566
传真：022-82125556
成立时间：2003年7月
注册资本：1000万元

天津锟桥创业投资有限公司
董事长：李甫万
总经理：李甫万
地址：天津市南开区科研西路8号411室
邮编：300192
电话：022-87893441
传真：022-87893441
成立时间：2003年8月
注册资本：1980万元
管理资本：1980万元

天津泰达国际创业中心
董事长：孙平
总经理：孙平
地址：天津经济技术开发区第五大街泰华路12号
邮编：300457
电话：022-66211511
传真：022-66211504
成立时间：1996年7月
注册资本：10 000万元

天津天士力生物技术创业投资管理有限公司
董事长：闫希军
总经理：李小强
地址：天津市北辰科技园区平汀路天士力花园4号楼1门501
邮编：300402
电话：022-26736620
传真：022-26736125
网址：www.tasly.com
成立时间：2003年6月
注册资本：12 000万元

天津信托投资有限责任公司
董事长：张玉琦
总经理：李宋
地址：天津市河西区围堤道125号天信大厦
邮编：300074
电话：022-28408280
传真：022-28408279
成立时间：1980年1月
注册资本：142 500万元
管理资本：50 000万元
网址：www.tjtrust.com

重庆市

重庆市科技风险投资有限公司
董事长：邓华
总经理：尤江甫
地址：重庆市石桥西亚商务大厦15楼
邮编：400039
电话：023-68614648
传真：023-68623554
成立时间：1993年4月
注册资本：22 598万元
最低投资规模：13万元
最高投资规模：3000万元

安徽省

安徽省国有资产运营有限公司
董事长：张鲁毅
总经理：张鲁毅
地址：安徽省合肥阜南西路238号
邮编：230061
电话：0551-5100228
传真：0551-5100331
注册资本：110 000万元

安徽省经贸投资集团有限责任公司
董事长：武大安
总经理：丁守模
地址：合肥市长江中路57号省妇联大楼13楼
邮编：230001
电话：0551-2608449
传真：0551-2608443
网址：www.acti.com.cn
成立时间：1999年6月
注册资本：20 000万元
管理资本：35 000万元
行业偏好：房地产、传统制造业、环保产业、新材料、新能源
最低投资规模：100万元
最高投资规模：1000万元
阶段偏好：成长期、扩张期、上市筹备期

安徽省开发投资有限责任公司
联系人：张宏云
地址：安徽省合肥市新鸿安大厦8F

邮编：230061
电话：0551-2840940
传真：0551-2840940
最低投资规模：50万元
最高投资规模：2000万元

安徽省科技产业投资有限公司

董事长：陈兰志
总经理：杨新潮
地址：合肥市芜湖路168号同济大厦7层
邮编：230067
电话：0551-2888432
传真：0551-2885534
网址：www.ahkjtz.com.cn
成立时间：1990年7月
注册资本：15 000万元
管理资本：9000万元
最低投资规模：50万元
最高投资规模：3000万元

安徽中锐投资顾问有限责任公司

董事长：钱建蓉
总经理：林申
地址：合肥市黄山路1460号大学科技园A区209室
邮编：230081
电话：0551-5329095
传真：0551-5329265
成立时间：2000年9月
注册资本：480万元
管理资本：5000万元
最低投资规模：300万元
最高投资规模：1000万元

合肥市创新科技风险投资有限公司

董事长：俞能宏
总经理：夏茂
地址：合肥市花园街安徽科技大厦17楼
邮编：230001
电话：0551-2675471
传真：0551-2675471
成立时间：2000年8月
注册资本：5000万元
管理资本：16 000万元
行业偏好：软件、其他医疗设备商业批发零售业产业
最低投资规模：100万元
最高投资规模：600万元

合肥市科创投资管理有限公司

联系人：史静萍
地址：合肥市黄山路1463号高新开发区民创中心3楼303室
邮编：230088
电话：0551-5324578
传真：0551-5324578

合肥信息投资有限公司

地址：安徽省合肥阜南路166号润安大厦A座25层
邮编：230069
电话：0551-5100929
传真：0551-5100932
网址：www.hii.com.cn
成立时间：2002年12月
注册资本：10 000万元
管理资本：10 000万元
行业偏好：其他医疗设备商业批发零售业产业、生物科技、传统制造业、传媒业、新材料、软件、医药保健、环保产业
阶段偏好：成长期、扩张期

香港恒邦（亚洲）有限公司

联系人：彭先生
地址：安徽六安市金安商城五楼
邮编：237000
电话：0564-3212400

福建省

厦门高新技术风险投资有限公司

董事长：王建军
总经理：潘若谷
地址：福建省厦门湖滨北路31号35Q
邮编：361012
电话：0592-5318633
传真：0592-5318632
网址：www.amoivc.com
成立时间：1998年12月
注册资本：3000万元
管理资本：3000万元
行业偏好：高新农业、生物科技、新材料、环保产业
阶段偏好：成长期、扩张期

厦门松涛风险投资股份投资有限公司
董事长：江金福
总经理：李笃
地址：厦门市集美区灌口镇涌泉工业区
邮编：361004
电话：0592-5167262
传真：0592-6385560
网址：www.songtao.com.cn
成立时间：2000年4月
注册资本：2600万元
管理资本：3500万元
行业偏好：生物科技、网络/通讯、软件、医疗设备、传媒业、房地产、半导体、教育产业
最低投资规模：40万元
最高投资规模：1300万元
阶段偏好：种子期、成熟期、上市筹备期、其他（如MBO、MBI、公司周转困境期等）

厦门火炬集团创业投资有限公司
董事长：余红胜
总经理：刘建军
地址：厦门火炬高新区火炬大厦南5楼
邮编：361006
电话：0592-5719937
传真：0592-5711818
成立时间：2004年
注册资本：10 000万元
管理资本：10 000万元
网址：www.xmhjtz.com

厦门东方伟业资本管理有限公司
联系人：罗经理
地址：厦门市厦禾路189号银行中心30楼
电话：0592-3118636
传真：0592-2680819
网址：www.orientalcapital.com
成立时间：2000年3月
注册资本：1000万元
管理资本：8000万元
行业偏好：生物工程、信息技术、新材料、新能源和环保

福建华兴创业投资有限公司
董事长：梁永新
总经理：黄清良
地址：福建省福州市华林路137号担保大厦8楼
邮编：350003
电话：0591-87857096
传真：0591-87858275
网址：www.fjhxvc.com
成立时间：2000年12月
注册资本：10 100万元
管理资本：11 700万元
行业偏好：新材料、生物医药工程、电子通讯
最低投资规模：100万元
最高投资规模：2000万元
阶段偏好：成长期、扩张期

甘肃省

甘肃金巨龙投资发展有限公司
董事长：包锐
总经理：包锐
地址：甘肃省兰州市庆阳路161号（民安大厦B座10层）
邮编：730030
电话：0931-8469818
传真：0931-8477871
成立时间：2001年8月
注册资本：6600万元
管理资本：12 000万元
最高投资规模：12 000万元

甘肃省科技风险投资有限公司
董事长：刘长缨
总经理：冯治库
地址：甘肃省兰州市酒泉路403号中匈友好大厦A座16楼
邮编：730030
电话：0931-8537882
网址：www.gssvc.com
成立时间：2001年8月
注册资本：10 000万元
管理资本：50万元
最低投资规模：50万元
最高投资规模：2000万元

兰州高科创业投资担保有限公司
董事长：马福才

地址：甘肃省兰州市张苏滩800号（高科大厦7楼）
电话：0931-8538143
传真：0931-8538142
成立时间：2003年10月
注册资本：8350万元
行业偏好：房地产、信息技术
投资区域：甘肃
投资偏好：成长期、扩张期

广东省

广东省风险投资集团

董事长：何国杰
总经理：何荣
地址：广州市先烈中路100号大院60号13楼
邮编：510070
电话：020-87683662
传真：020-87684955
网址：www.gtvc.com
成立时间：1998年
注册资本：25 000万元
管理资本：118 000万元
行业偏好：网络/通讯、软件、计算机设备、其他医疗设备商业批发零售业产业
阶段偏好：种子期、成长期

广东省粤科风险投资集团有限公司

董事长：何国杰
总经理：何荣
地址：广州市东山区先烈中路100号大院高科技中心14-15楼
邮编：510070
电话：020-87687728
传真：020-87686584
网址：www.gvcgc.com
成立时间：2000年9月
注册资本：80 000万元
管理资本：80 000万元
最低投资规模：1000万元
最高投资规模：3000万元

广东太平洋技术创业有限公司

董事长：熊晓鸽
总经理：王树
地址：广东省广州市寺右新马路111-115号五羊新城广场2815室
邮编：510600
电话：020-87377435
传真：020-87007035
网址：www.idgvc.com.cn
成立时间：1994年9月1日
注册资本：1000万美元
管理资本：1000万美元
行业偏好：房地产
最低投资规模：400万元
最高投资规模：4000万元

广州科技创业投资有限公司

董事长：张永德
总经理：李明智
地址：广州市天河区龙口东路天诚广场4楼405房
邮编：510630
电话：020-87588188
传真：020-87593099
网址：www.gzvc.cn
成立时间：2002年4月
注册资本：16 300万元
管理资本：17 500万元

广州融科创业投资管理有限公司

董事长：王鸿茂
总经理：张冬弟
地址：广州天河东路242号303-304
邮编：510620
电话：020-85513685
传真：020-87502946
网址：www.runco-venture.com.cn
成立时间：2001年5月
注册资本：300万元
行业偏好：新材料、医疗设备、光电子与光机电一体化、生物科技、网络/通讯、半导体、医药保健
最高投资规模：190万元
阶段偏好：成长期、扩张期、上市筹备期

广州市冠通创业投资管理有限公司

董事长：何荣
总经理：周正男
地址：广州市东风东路753号天誉商务大厦东塔1107

邮编：510080
电话：020-87600180
传真：020-87619096
网址：www.gtvcm.com
成立时间：2002年8月
注册资本：300万元
管理资本：10 000万元
行业偏好：生物科技、医药保健、环保产业、新材料、新能源、高新农业、光电子与光机电一体化、软件
最低投资规模：500万元
最高投资规模：2000万元
阶段偏好：种子期、成长期

广州科技风险投资有限公司

总经理：王鸿茂
地址：广州市天河北路183号大都会广场11层
邮编：510620
电话：020-87556996
传真：020-87556023
成立时间：1999年12月
管理资本：100 000万元
网址：www.c-vcc.com
行业偏好：IT、软件、通讯、生物科技、医药、电子信息、新能源材料、节能环保
阶段偏好：种子期、成长期、扩张期、成熟期、上市筹备期

豪威科技创业投资（深圳）有限公司

董事长：许生
总经理：许生
地址：深圳市南山区深南大道科技园南区 W1A 一楼
邮编：518057
电话：0755-26635800
传真：0755-26635900
成立时间：2001年10月
最低投资规模：100万元
最高投资规模：2000万元

佛山市科海创业投资有限公司

董事长：何焯辉
总经理：龙涛
地址：广东省佛山市南海软件科技园创业中心 B302室
邮编：528222
电话：0757-86683139
传真：0757-86683130
网址：www.KHVC.com.cn
成立时间：2003年5月
注册资本：2000万元
管理资本：2000万元
最低投资规模：200万元
最高投资规模：1000万元

深圳市创新投资集团有限公司

董事长：靳海涛
地址：深圳市福田区深南大道4009号投资大厦11层
邮编：518026
电话：0755-82912888
传真：0755-82912880
网址：www.szvc.com.cn
成立时间：1999年8月
注册资本：160 000万元
管理资本：300 000万元
行业偏好：传统制造业、其他医疗设备商业批发零售业产业、传媒业、医疗设备、新材料、光电子与光机电一体化、教育产业、房地产
最低投资规模：500万元
最高投资规模：5000万元
阶段偏好：成长期、扩张期

深圳清华力合创业投资有限公司

董事长：冯冠平
总经理：朱方
地址：深圳市高新技术产业园深圳清华大学研究院B区3楼56号信箱
邮编：518057
电话：0755-26712611
传真：0755-26551372
网址：www.leaguer.com.cn
成立时间：1999年8月
注册资本：30 000万元
管理资本：50 000万元
行业偏好：新能源、生物科技、光电子与光机电一体化、房地产、网络/通讯、传媒业、软件、教育产业
最低投资规模：20万元
最高投资规模：10 000万元
阶段偏好：上市筹备期

深圳市高特佳投资集团有限公司

董事长：蔡达建
地址：深圳市蛇口太子路一号新时代广场21楼
邮编：518067
电话：0755-26889926
传真：0755-26889904
网址：www.szgig.com
成立时间：2001年3月
注册资本：23 600万元
管理资本：23 600万元
行业偏好：信息产业、传媒产业、生物医药产业、新材料产业、新能源和环保产业
最低投资规模：1000万元
最高投资规模：20 000万元
阶段偏好：成长期、扩张期

招商局科技集团有限公司

董事长：顾立基
总经理：卢振威
地址：深圳蛇口工业大道27号北科创业大厦5楼
邮编：5180067
电话：0755-26888613
传真：0755-26892899
网址：www.cmtech.net
成立时间：1999年10月
注册资本：20 000万元
管理资本：120 000万元
最低投资规模：100万元
最高投资规模：1500万元

深圳市中科招商创业投资管理有限公司

董事长：袁义祥
总经理：单祥双
地址：深圳福田中心区深南大道4009号投资大厦13楼
邮编：518026
电话：0755-82913293
传真：0755-82913291
网址：www.zkzs.com/www.leadvc.com
成立时间：2000年12月
注册资本：2000万元
管理资本：80 000万元
行业偏好：制造业（汽车）、农业、IT、其他
投资规模：5000万元以下
阶段偏好：种子期、成长期、扩张期、成熟期

深圳市达晨创业投资有限公司

董事长：刘昼
总经理：刘昼
地址：深圳市深南大道特区报业大厦23层东区D座
邮编：518034
电话：0755-83515065
传真：0755-83515115
网址：www.fortunevc.com
成立时间：2000年4月
注册资本：10 000万元
管理资本：43 000万元
行业偏好：医疗设备、医药保健、环保产业、生物科技、新材料、光电子与光机电一体化、新能源、传媒业
最低投资规模：300万元
最高投资规模：3000万元
阶段偏好：成熟期、上市筹备期、其他（如MBO、MBI、公司周转困境期等）

深港产学研创业投资有限公司

董事长：陈章良
总经理：厉伟
地址：深圳市深南中路3039号国际文化大厦2805室
邮编：518033
电话：0755-83290633
传真：0755-83290622
网址：www.iervc.com.cn
成立时间：2000年8月
注册资本：15 000万元
管理资本：15 000万元
行业偏好：软件、生物科技、网络/通讯、环保产业、新材料
最高投资规模：1500万元
阶段偏好：扩张期、成熟期、上市筹备期

深圳创新科技园有限公司

董事长：姜卫平
总经理：刘波
地址：广东省深圳市高新区南区威新软件园2号楼5楼
邮编：518057
电话：0755-26716399
传真：0755-26716998
网址：www.sicvc.com
成立时间：2001年6月
注册资本：8000万元

管理资本：8000万元
最低投资规模：50万元
最高投资规模：500万元

深圳高新区名孵化器有限公司

董事长：李镇平
总经理：邱宣
地址：深圳高新区南区虚拟大学园 A311
邮编：518057
电话：0755-26551503
传真：0755-26551544
网址：www.szvup.com
成立时间：2001年7月
注册资本：500万元

深圳贵明创业投资有限公司

董事长：黄振汉
总经理：黄振汉
地址：深圳市罗湖区怡景路11号峰景台大厦135号
邮编：518003
电话：0755-25525945
传真：0755-25525903
成立时间：2001年8月
注册资本：3000万元
最低投资规模：6000万元
最高投资规模：20 000万元

深圳世纪愿景创业投资有限公司

董事长：向源
总经理：向源
地址：深圳市福田区深南中路东冈大厦12楼
邮编：518031
电话：0755-83785188
传真：0755-83786800
网址： www.ccvc.com.cn
成立时间：2002年8月
注册资本：8000万元
管理资本：3000万元
最高投资规模：1000万元

深圳市百利宏科技投资有限公司

董事长：黄少康
总经理：黄少康
地址：深圳市深南大道6008号特区报业大厦23层 BC区
邮编：518009
电话：0755-83516828
传真：0755-83516953
网址：www.bestgrand.com.cn
成立时间：2000年4月
注册资本：10 000万元
管理资本：100 000（不固定）万元
行业偏好：医疗设备、生物科技、网络 / 通讯、IT 服务、传统制造业
最低投资规模：500万元
最高投资规模：10 000万元
阶段偏好：种子期、成长期

深圳市百山创业投资有限公司

董事长：韩雷星
总经理：郑先生
地址：深圳市福田区振兴路建艺大厦15楼
邮编：518031
电话：0755-83785357
传真：0755-83788457
成立时间：1992年11月
注册资本：3000万元
管理资本：3000万元
行业偏好：新材料、新能源、光电子与光机电一体化
最低投资规模：100万元
最高投资规模：2000万元
阶段偏好：成长期、扩张期、上市筹备期

深圳市长园盈佳投资有限公司

董事长：许晓文
总经理：许晓文
地址：深圳市南山区科技园科苑中路长园新材料港 F 栋5楼证券部
邮编：518057
电话：0755-26739867
传真：0755-26739900
网址：www.changyuan.com
成立时间：2000年4月
注册资本：3000万元
管理资本：4971万元
行业偏好：网络 / 通讯、其他医疗设备商业批发零售业产业、软件、生物科技、光电子与光机电一体化、医疗设备、半导体、新能源

最低投资规模：15万元
最高投资规模：1210万元
阶段偏好：成长期、扩张期、上市筹备期

深圳市东盛创业投资有限公司

董事长：杨敬强
总经理：杨敬强
地址：深圳市罗湖区罗芳路68号中震大厦1017房
邮编：518033
电话：0755-25116466
传真：0755-25116466
成立时间：2000年9月
注册资本：3000万元
管理资本：3000万元
最低投资规模：200万元
最高投资规模：600万元

深圳市高新技术投资担保有限公司

董事长：陈虹
总经理：陶军
地址：深圳市深南中路2号新闻大厦22层
邮编：518027
电话：0755-82081211
传真：0755-82091877
网址：www.szhti.com.cn
成立时间：1994年12月
注册资本：40 000万元
管理资本：40 000万元
行业偏好：高新技术
最低投资规模：200万元
最高投资规模：2000万元
阶段偏好：成长期

深圳市天成投资有限公司

董事长：孙明高
总经理：孙明高
地址：深圳市福田区金田路4018号安联大厦23层A03
邮编：518031
电话：0755-88285526
传真：0755-88285501
网址：www.tctz.com
成立时间：2001年5月
注册资本：7025万元
行业偏好：新能源、其他医疗设备商业批发零售业产业
阶段偏好：种子期、成长期

深圳国成世纪创业投资有限公司

董事长：卢永逸
总经理：丁宝玉
地址：深圳市深南大道6008号特区报业大厦21C
邮编：518009
电话：0755-83515449
传真：0755-83516944
网址：www.szgcvc.com
成立时间：2002年12月
注册资本：6000万元
最低投资规模：75万元

深圳市维西创业投资管理有限公司

董事长：余荣根
总经理：余荣根
地址：深圳市福田区松岭路1号福田高新技术创业中心301室
邮编：518031
电话：0755-83650996
传真：0755-83652940
网址：www.vcmc.cn
成立时间：2001年3月
注册资本：1000万元
管理资本：5000万元

深圳市新产业创业投资有限公司

董事长：翁先定
总经理：刘杰
地址：深圳市振兴路3号建艺大厦17楼
邮编：518031
电话：0755-83787668
传真：0755-83786417
网址：www.nii-china.com
成立时间：1996年11月
注册资本：40 000万元
管理资本：75 000万元
行业偏好：信息与通讯技术、生物与医药新技术、新材料与新能源、光电
最低投资规模：1000万元
最高投资规模：10 000万元
阶段偏好：成熟期、上市筹备期

深圳市中关村创业投资管理有限公司
董事长：段永基
总经理：邓大凯
地址：深圳市福田区商报路奥林匹克大厦8楼
邮编：518034
电话：0755-83522204
传真：0755-83522204
网址：www.scvc.com
成立时间：2001年6月
注册资本：1000万元
管理资本：1000万元
最低投资规模：50万元
最高投资规模：300万元

深圳市光瑞风险投资有限公司
总经理：林敏雄
地址：深圳市福田区深南大道7088号招商银行大厦2502室
邮编：518040
电话：0755-83196323
传真：0755-83196329
成立时间：2003年6月
注册资本：3300万元
管理资本：10 000万元
行业偏好：生物科技、环保产业、新能源、医药保健
最低投资规模：500万元
最高投资规模：1500万元
阶段偏好：扩张期、成熟期、上市筹备期

深圳市和君创业投资有限公司
董事长：王明富
总经理：李隶
地址：深圳市福田区江苏大厦A座24楼2404-2406
邮编：518026
电话：0755-82960063
传真：0755-82960444
成立时间：1999年10月
注册资本：11 073万元
管理资本：18 440万元
最低投资规模：500万元
最高投资规模：5000万元

深圳市建恒信投资管理有限公司
董事长：张国福
总经理：张国福
地址：深圳市华强北路赛格科技园4栋6楼
邮编：5180028
电话：0755-83766188
传真：0755-83762057
成立时间：1998年1月
注册资本：1000万元
管理资本：2000万元
行业偏好：网络/通讯、生物科技、半导体、光电子与光机电一体化、医药保健、新材料、新能源、环保产业
最低投资规模：50万元
最高投资规模：500万元
阶段偏好：扩张期

深圳市天富锦创业投资有限责任公司
董事长：黄绍文
总经理：严四清
地址：深圳市福田区深南中路2号新闻大厦32楼3202室
邮编：518027
电话：0755-82096316
传真：0755-82091348
成立时间：2001年11月
注册资本：5000万元
管理资本：5000万元

深圳市天图创业投资有限公司
董事长：王永华
地址：深南大道特发高尔夫俱乐部别墅1路5号
邮编：518034
电话：0755-83874078
传真：0755-83586102
网址：www.tiantu.com.cn
成立时间：2002年4月
注册资本：3600万元
行业偏好：网络/通讯、软件、其他医疗设备商业批发零售业产业、医药保健、生物科技
阶段偏好：扩张期、成熟期、上市筹备期

深圳市同创伟业创业投资有限公司
董事长：丁香琴
总经理：郑伟鹤
地址：深圳市燕南路东风大厦2104室
邮编：518031
电话：0755-83243139-58

传真：0755-83244692
成立时间：2000年6月
注册资本：3000万元
最低投资规模：17.6万元
最高投资规模：348.66万元

深圳市中申创业投资管理有限公司

董事长：赵显峰
总经理：何造中
地址：深圳市福田区福明路40号雷圳大厦四楼3098室
邮编：518033
电话：0755-83995619
传真：0755-83995586
成立时间：2002年12月
注册资本：150万元

深圳信科创业投资管理有限公司

董事长：郑海滨
总经理：郑海滨
地址：深圳市福田区益田路卓越时代广场807
邮编：518034
电话：0755-83921849
传真：0755-83187067
网址：www.sivc.com.cn
成立时间：1994年11月
注册资本：500万港元
管理资本：5500万港元
最低投资规模：500万元
最高投资规模：1000万元

谊威科技创业投资（深圳）有限公司

董事长：许生
总经理：胡元定
地址：深圳市科技园汇景花园海典阁23A
邮编：518057
电话：0755-26635800
传真：0755-26635900
网址：www.hivncgroup.com
成立时间：2001年10月
注册资本：3320万元
管理资本：3320万元

深圳中小企业创业投资有限公司

地址：深圳市福田区天安数码城数码时代大厦A座806室
电话：0755-83476421
传真：0755-83476420
网址：www.smevc.com
成立时间：1997年11月
注册资本：1.5亿元

中国高新技术产业投资管理有限公司

董事长：孙聚义
总经理：高晓兵
地址：深圳深南东路5045号深业中心大厦3002室
邮编：518010
电话：0755-82032656
传真：0755-82031392
网址：www.chtim.com
成立时间：1998年
注册资本：500万港币
管理资本：2200万美元
最低投资规模：300万元
最高投资规模：1000万港币

深圳市金雨投资有限公司

董事长：吴宇
地址：深圳市福田区福天路知本大厦25楼C
邮编：518048
电话：0755-82998788
传真：0755-82998212
成立时间：1997年4月
注册资本：2100万元
管理资本：1000万元

深圳市数码港投资有限公司

董事长：张跃
总经理：李智
地址：深圳市人民南路深房广场10层B座06室
邮编：518001
电话：0755-82171751
传真：0755-82293991
成立时间：2000年5月
注册资本：200万元
管理资本：2000万元

深圳市财富投资管理公司

董事长：王文清
地址：深圳市宝安南路振业大厦A栋12B层C1座
邮编：518008

电话：0755-25862395
传真：0755-25862396

深圳市德尊科技创业投资有限公司

地址：深圳市高新技术产业园物业管理楼210
电话：0755-82486660
传真：0755-83683121
注册资本：7600万元

深圳市富通创业投资有限公司

电话：0755-27934000
传真：0755-27934205

深圳市金航程投资有限公司

总经理：付继锋
地址：深圳市福田区滨河路证券大厦1902室
邮编：518026
电话：0755-82890519

深圳市特发投资有限公司

总经理：周波
地址：深圳市振华路海外装饰大厦A-1205
电话：0755-26634488

深圳市贤泽投资有限公司

董事长：张明亮
总经理：张明亮
地址：深圳市人民南路国贸大厦29层
邮编：518002
电话：0755-89805588
传真：0755-82213698
网址：www.tz888.net
成立时间：1997年12月
注册资本：1000万元
管理资本：86 500万元

深圳市中新创业投资管理有限公司

地址：深圳市福田中心区投资大厦11层
邮编：518026
电话：0755-82912397
传真：0755-82904093
网址：www.szvc.com.cn
成立时间：2001年
管理资本：5000万元

深圳中电投资股份有限公司

地址：深圳市深南中路2070号电子科技大厦A座36
邮编：518031
电话：0755-83783159
传真：0755-83350221
网址：www.ceiecsz.com.cn
行业偏好：电子、物业

光大控股创业投资（深圳）有限公司

董事长：周立群
总经理：贺玲
地址：深圳市福田区深南大道1013号兴业银行大厦8层
邮编：518000
电话：0755-83026769
传真：0755-83026761
成立时间：2001年7月
注册资本：5000万港币
管理资本：5000万港币
行业偏好：新材料、光电子与光机电一体化
阶段偏好：成长期

贵州省

贵阳市科技风险投资有限公司

董事长：莫莉萍
总经理：莫莉萍
地址：贵州省贵阳市神奇路8号经协大厦18楼
邮编：550002
电话：0851-5806600
传真：0851-5806514
网址：www.gystvc.com
成立时间：1998年12月
注册资本：3000万元
管理资本：4600万元
行业偏好：其他医疗设备商业批发零售业产业、网络/通讯、半导体、新材料、新能源、光电子与光机电一体化、传媒业、环保产业
最低投资规模：30万元
最高投资规模：1000万元
阶段偏好：成长期、扩张期、成熟期、上市筹备期、其他（如MBO、MBI、公司周转困境期等）

河北省

石家庄科技创业投资有限公司
联系人：高明
地址：石家庄新石北路263号石家庄科技创业投资有限公司
电话：0311-83815606
成立时间：2004年9月
注册资本：1080万元
行业偏好：环保、生物材料
投资区域：河北石家庄
投资偏好：成长期

秦皇岛市科技投资公司
董事长：童保林
总经理：周晓冬
地址：河北省秦皇岛市海港区文化路349号
邮编：066000
电话：0335-3639741
传真：0335-3060998
成立时间：2000年2月
注册资本：10 000万元
管理资本：1200万元
网址：www.qhdkj.com
阶段偏好：扩张期
行业偏好：IT、软件、通讯、互联网及相关设施、生物科技、医药、电子信息、新能源、新材料、半导体、节能环保、高效生态农业

河北省科技风险投资公司
董事长：胡满
总经理：周淑珍
地址：河北省石家庄市昆仑大街55号
邮编：050035
电话：0311-5961611
传真：0311-5961613
成立时间：2001年2月
注册资本：13 000万元
管理资本：18 000万元
行业偏好：新材料、高新农业、医药保健
最高投资规模：1500万元
阶段偏好：成长期

河南省

河南创业投资股份有限公司
董事长：赵志勇
总经理：时运福
地址：河南省郑州市经七路15号中亨大厦6楼
邮编：450002
电话：0371-67897006
传真：0371-63925763
网址：www.hnvc.com.cn
成立时间：2002年9月
注册资本：10 000万元
管理资本：10 000万元
行业偏好：生物科技、高新农业、新材料、新能源
最高投资规模：2000万元
阶段偏好：种子期、成长期、上市筹备期

河南省科技投资总公司
总经理：靳敏
地址：河南省郑州市黄河路121号
电话：0371-5930166
传真：0371-6593938
网址：www.nstvc.com
成立时间：1992年7月
注册资本：5400万元

河南联创投资股份有限公司
董事长：郑献锋
总经理：刘向东
地址：郑州市农业路33号英特大厦807
邮编：450003
电话：0371-65718835
传真：0371-65718835
网址：www.lcvc.net
成立时间：2003年9月
注册资本：9000万元
管理资本：15 000万元

河南金犁风险投资管理有限公司
董事长：王源海
地址：河南省郑州市郑州经济技术开发区航海东路1009号
邮编：450047
电话：0371-66781683
传真：0371-66781683

网址：www.hnjlvc.com.cn
成立时间：2000年2月
注册资本：2000万元
投资偏好：成长期

河南高科技创业投资股份有限公司

董事长：李留恩
总经理：陈建业
地址：郑州市未来大道69号未来大厦12层
邮编：450008
电话：0371-5611731
传真：0371-5611935
网址：www.hnvc.com.cn
成立时间：2001年4月
注册资本：16 100万元
管理资本：21 000万元
行业偏好：高新农业、生物医药、食品及相关产业、其他
最低投资规模：500万元
阶段偏好：成长期、扩张期

河南豫新投资有限公司

董事长：徐争游
总经理：徐争游
地址：郑州市红专路84号
邮编：450008
电话：0371-65511106
传真：0371-65959055
成立时间：2001年1月
注册资本：2000万元
最低投资规模：50万元
最高投资规模：1000万元

洛阳炬星创业投资有限公司

董事长：贺民
总经理：李蓉莉
地址：河南省洛阳市高新区河洛大道05号
邮编：471003
电话：0379-64317197
传真：0379-64321118
网址：www.juxing.lygx.com.cn
成立时间：2001年3月
注册资本：1000万元
管理资本：2000万元
行业偏好：生物科技、高新农业、新材料、新能源、旅游业、传媒业、医药保健
最低投资规模：50万元
最高投资规模：800万元
阶段偏好：种子期、成长期、其他（如MBO、MBI、公司周转困境期等）

郑州高新创业投资管理有限公司

董事长：刘盘光
总经理：闫永生
地址：郑州市未来大道69号未来大厦1201室
邮编：450003
电话：0371-65610259
传真：0371-65610518
成立时间：2000年5月
注册资本：3000万元
最低投资规模：308万元
最高投资规模：1120万元

河南省科技投资总公司

总经理：靳敏
地址：河南郑州黄河路121号
邮编：450003
电话：0371-65930166
传真：0371-65936938
网址：www.hnstvc.com
成立时间：1992年7月
注册资本：5400万元
管理资本：5400万元

黑龙江省

黑龙江辰能哈工大高科技风险投资有限公司

董事长：高世民
总经理：刘国超
地址：哈尔滨市南岗区玉山路22号
邮编：150090
电话：0451-82876458
传真：0451-82285700
网址：www.hlj-cvc.com
成立时间：2001年8月
注册资本：63 000万元
管理资本：100 000万元
行业偏好：新能源、新材料、生物科技、光电子与光机电一体化、环保产业、软件
最高投资规模：6300万元

阶段偏好：成长期、成熟期

哈尔滨市科技风险投资中心

总经理：王树勋
地址：黑龙江省哈尔滨市道里区友谊路88号
邮编：150010
电话：0451-84686551
传真：0451-84686561
成立时间：1998年5月
注册资本：1052万元
管理资本：19 000万元
行业偏好：医药、网络/通讯、软件、新材料、环保工程
最低投资规模：20万元
最高投资规模：3000万元
阶段偏好：成长期、扩张期

哈尔滨创新投资管理有限公司

董事长：李万寿
总经理：孟繁荣
地址：哈尔滨市道里区友谊路86号2楼
邮编：150010
电话：0451-87654302
网址：www.szvc.com.cn
成立时间：2001年7月
注册资本：5000万元
管理资本：5000万元
最低投资规模：300～500万元
最高投资规模：2000万元

黑龙江省奇晟投资管理有限公司

董事长：张永滨
地址：哈尔滨市南岗赣水路41号
电话：0451-82287889
传真：0451-82287777
成立时间：2002年11月
注册资本：5000万元
管理资本：5000万元

大庆开发区高科技风险投资有限公司

董事长：王崇胤
总经理：黄总
地址：黑龙江省大庆开发区创新大厦
邮编：163316
电话：0459-6292690
传真：0459-6292690
网址：www.dq_vc.com
成立时间：1999年12月
注册资本：3796万元
管理资本：3796万元
最低投资规模：100万元
最高投资规模：1000万元

黑龙江省科力高科技产业投资有限公司

总经理：薄金锋
地址：哈尔滨市南岗开发区嵩山路19号
邮编：150090
电话：0451-82262602
传真：0451-82262690

湖北省

武汉光谷创业投资有限公司

董事长兼CEO：张海澎
地址：武汉市武珞路628号亚贸广场B座23楼
电话：027-87640935
传真：027-87640836
成立时间：2000年7月
注册资本：10 100万元

武汉武大创新投资有限公司

董事长：丁辉
总经理：杜永建
地址：湖北省武昌珞瑜路129号武汉测绘科技大厦901室
邮编：430072
电话：027-87642077
传真：027-87196107
网址：www.wusp.com.cn
成立时间：2002年2月
注册资本：3850万元
管理资本：3850万元
行业偏好：环保产业、医疗设备、生物科技、高新农业、网络/通讯、传统制造业、房地产
最低投资规模：10万元
最高投资规模：1000万元
阶段偏好：成长期、其他（如MBO、MBI、公司周转困境期等）

武汉华工创业投资有限责任公司

董事长：李作清

总经理：李娟
地址：武汉市洪山区珞瑜路243号华工科技产业大厦13层
邮编：430074
电话：027-87522818
传真：027-87522800
网址：www.hustvc.com.cn
成立时间：2000年9月
注册资本：6000万元
管理资本：4.88亿元
行业偏好：网络/通讯、光电子与光机电一体化、医药保健、计算机设备、其他医疗设备商业批发零售业产业、生物科技、医药保健；高新农业
最低投资规模：50万元
最高投资规模：4000万元
阶段偏好：成长期、上市筹备期

武汉东湖创新科技投资有限公司

董事长：李勇
总经理：钟建勤
地址：武汉市武昌区武珞路586号江天大厦1407室
邮编：430070
电话：027-87655827
传真：027-87655876
网址：www.whvcc.com
成立时间：1999年12月
注册资本：13 351万元
管理资本：30 000万元
行业偏好：电子信息、医药保健、新材料、其他医疗设备商业批发零售业产业、环保产业、教育产业、传媒业、医疗设备
最低投资规模：100万元
最高投资规模：1000万元
阶段偏好：种子期、成长期、扩张期

湖北省襄樊市高新区民营科技企业风险投资基金管理中心

总经理：康仕易
地址：湖北省襄樊市春园西路高新区孵化园
邮编：441003
电话：0710-3241707
传真：0710-3226547
成立时间：2001年9月
注册资本：800万元
管理资本：3000万元
行业偏好：医疗设备、新能源、光电子与光机电一体化、高新农业、生物科技、环保产业、传统制造业、网络/通讯
最低投资规模：10万元
最高投资规模：500万元
阶段偏好：成长期、扩张期、成熟期、上市筹备期

武汉富华科技风险投资有限公司

董事长：张弘
总经理：蒋金中
地址：武汉市武昌区武珞路543-2号
邮编：430070
电话：027-87885039-8098
传真：027-87870890
成立时间：2000年7月
注册资本：6000万元
管理资本：6000万元

武汉华汉投资管理有限公司

董事长：郝健
总经理：杨乐意
地址：武汉市香港路183号
邮编：430014
电话：027-85790069
传真：027-85790069
成立时间：1998年4月
注册资本：2010万元
管理资本：10 000万元

武汉火炬科技投资有限公司

董事长：唐杰
总经理：周乘风
地址：武汉市发展大道164号武汉科技大厦8楼
邮编：430014
电话：027-65692020
传真：027-65692048
成立时间：2000年12月
注册资本：6000万元
管理资本：10 000万元
行业偏好：医疗设备、医药保健、网络/通讯
最低投资规模：50万元
最高投资规模：10 000万元
阶段偏好：成长期、扩张期

武汉开元科技创业投资有限公司

董事长：李先德
总经理：孙志翔
地址：武汉市江岸区香港路145号远洋大厦1606室
邮编：430015
电话：027-82240940
传真：027-82441130
网址：www.keywin.com.cn
成立时间：2000年5月
注册资本：29 600万元
管理资本：29 600万元
行业偏好：房地产、光电子与光机电一体化
最低投资规模：100万元
最高投资规模：3000万元
阶段偏好：种子期、成长期、扩张期、成熟期

中国宝安集团创新科技园有限公司

董事长：郭强
总经理：熊经理
地址：湖北省武汉市红山区武汉科技会展中心15楼
邮编：430079
电话：027-67880392
传真：027-67880365
成立时间：2001年8月
注册资本：7500万元
管理资本：10 000万元

十堰世纪东方投资发展有限公司

总经理：陆兴贵
地址：湖北十堰市朝阳路2号科器大厦
邮编：442000
电话：0719-8680429
传真：0719-8662763

湖南省

湖南高科技创业投资有限公司

董事长：程鑫
总经理：蔡神元
地址：长沙市芙蓉路二段279号金源大酒店南座10楼
邮编：410007
电话：0731-5167219
传真：0731-5167227
网址：www.hnhvc.com
成立时间：2000年2月
注册资本：30 000万元
管理资本：30 000万元
行业偏好：新材料、软件、高新农业、教育产业、消费品及服务业
最低投资规模：500万元
最高投资规模：3000万元
阶段偏好：成长期、扩张期、成熟期

湖南省宏升创业投资有限责任公司

董事长：胡军
总经理：雷晟
地址：湖南省长沙市城南西路1号省财政厅办公楼
邮编：410012
电话：0731-5165002
传真：0731-5165035
成立时间：2001年12月
注册资本：5000万元
管理资本：30 000万元
行业偏好：高新技术项目投资、股权投资、基础设施投资等
最低投资规模：100万元
最高投资规模：3000万元
阶段偏好：成长期、上市筹备期

长沙高新技术创业投资管理有限公司

董事长：陈春芳
总经理：贺树云
地址：长沙市银盆南街289号万利大厦10F
邮编：410013
电话：0731-8910138
传真：0731-8900185
网址：www.hncvc.com
成立时间：2000年9月
注册资本：10 000万元
管理资本：10 000万元
最低投资规模：10万元
最高投资规模：2000万元

吉林省

长春经开科技风险投资有限公司
董事长：李维彬
总经理：李维彬
地址：长春市自由大路5118号开发大厦1101室
邮编：130031

电话：0431-84644034
传真：0431-84644034
成立时间：2000年11月
注册资本：5000万元
管理资本：5500万元
最低投资规模：50万元
最高投资规模：2000万元

长春科技风险投资有限公司
董事长：吴德华
总经理：吴德华
地址：长春市前进大街2955号高科技大厦A座503室
邮编：130012
电话：0431-5198020
传真：0431-5188007
网址：www.chinavc.com
成立时间：2000年4月
注册资本：8050万元
管理资本：10 000万元
行业偏好：电子信息、生物科技、新材料
最低投资规模：50万元
最高投资规模：400万元
阶段偏好：成长期、上市筹备期

江苏省

江苏高达投资管理有限公司
总经理：卜炜
地址：南京市洪武路359号福鑫国际大厦1505室
邮编：210000
电话：025-84650690
传真：025-84650612
网址：www.goodvc.cn
成立时间：1998年8月
注册资本：500万元

江苏弘瑞科技创业投资有限公司
董事长：徐锦荣
总经理：姜琳
地址：南京市中华路50号弘业大厦601室
邮编：210001
电话：025-52304428
传真：025-52308148
网址：www.hollyinvest.com
成立时间：2002年9月
注册资本：5000万元
管理资本：3300万元
行业偏好：房地产、生物科技、环保产业、网络/通讯、传媒业、娱乐产业、新材料、计算机设备
最低投资规模：30万元
最高投资规模：1000万元
阶段偏好：上市筹备期

江苏省高科技产业投资有限公司
总经理：左松林
地址：南京市云南路31-1号苏建大厦801室
邮编：210008
电话：025-83308009
传真：025-83317551
网址：www.jsvc.com.cn
成立时间：1997年4月
注册资本：3000万元

江苏省高新技术创业服务中心
董事长：夏太寿
总经理：夏太寿
地址：江苏省南京市广州路37号
邮编：210006
电话：025-8330948
传真：025-8330948
网址：www.jsbi.cn
成立时间：1998年12月
注册资本：3500万元
管理资本：3500万元
行业偏好：新材料、医药保健、环保产业
最低投资规模：20万元
最高投资规模：500万元
阶段偏好：种子期、成长期、扩张期

无锡高新技术风险投资股份有限公司
董事长：桂涛
总经理：周子强
地址：江苏省无锡新区旺庄路138-5号4楼
邮编：214028
电话：0510-85226986
传真：0510-85226431
网址：www.wxvc.com.cn
成立时间：2000年8月
注册资本：8000万元

管理资本：8000万元

行业偏好：医药保健、生物科技、光电子与光机电一体化、网络/通讯

投资规模：4200万元

阶段偏好：成长期、扩张期、上市筹备期、其他（如MBO、MBI、公司周转困境期等）

中新苏州工业园区创业投资有限公司

董事长：林向红

总经理：林向红

地址：苏州工业园区旺墩路158号置业广场9楼

邮编：215021/215123

电话：0512-66606919

传真：0512-66606111

网址：www.csvc.com.cn

成立时间：2001年11月

注册资本：173 000万元

管理资本：136 000万元

苏州高新区创业科技投资管理有限公司

董事长：徐六庆

地址：江苏省苏州市高新区竹园路209号

电话：0512-68247028

传真：0512-68256218

成立时间：2003年3月

注册资本：3900万元

江苏南大高科技风险投资有限公司

董事长：戴小景

总经理：陈卫中

地址：南京市集庆路198号江苏通信大厦5楼8522A

邮编：210006

电话：025-52204504

传真：025-52204600

网址：www.svt.com

成立时间：2000年5月

注册资本：5000万元

管理资本：5000万元

行业偏好：医药保健、生物科技、医疗设备、网络/通讯

阶段偏好：种子期、成长期

江苏省高新风险投资股份有限公司

董事长：钮跃鸣

总经理：殷卫东

地址：江苏省苏州高新区师山路2号新创大厦7楼

邮编：215000

电话：0512-68242192

传真：0512-68243439

网址：www.sz-vc.com

成立时间：2000年4月

注册资本：10 000万元

管理资本：10 000万元

行业偏好：光电子与光机电一体化、网络/通讯、新材料、新能源、房地产、教育产业、传媒业、软件

最低投资规模：100万元

最高投资规模：1000万元

阶段偏好：成长期、扩张期、上市筹备期

江苏现代科技风险投资公司

董事长：吉晶

总经理：丁伯康

地址：南京市汉中路180号星汉大厦7楼

邮编：210029

电话：025-86799451/86915337

网址：www.cfacn.com

成立时间：1997年12月

注册资本：3000万元

管理资本：3000万元

行业偏好：基础设施、药业

投资规模：10 000万元

江苏鑫苏创业投资有限公司

董事长：张琉

总经理：石明春

地址：南京市汉中路185号鸿运大厦8层

邮编：210029

电话：025-86526528

传真：025-86523614

成立时间：2001年10月

注册资本：3300万元

管理资本：3300万元

最低投资规模：100万元

最高投资规模：3000万元

南大科技园股份有限公司

董事长：谭仁群

总经理：毛义

地址：南京市广州路228号8F

邮编：210024

电话：025-83315840
传真：025-83315841
网址：www.nandainvestinent.com
成立时间：2001年9月
注册资本：11 800万元
管理资本：30 000万元
行业偏好：环保产业、医药保健、新材料
最低投资规模：20万元
最高投资规模：8000万元
阶段偏好：成长期

南京市高新技术风险投资股份有限公司

董事长：董主新
总经理：李华飞
地址：江苏省南京市汉中路268号汉中华夏大楼7楼
邮编：210029
电话：025-86579671
传真：025-86579660
网址：www.nj-vc.com
成立时间：2001年2月
注册资本：10 000万元
管理资本：10 000万元
行业偏好：医药保健、生物科技、能源、环保
最低投资规模：100万元
最高投资规模：300万元
阶段偏好：成长期、扩张期、上市筹备期

江苏省创业投资有限公司

董事长：沈捷尔
总经理：郭顺根
地址：江苏南京汉中路185号鸿运大厦8层
邮编：210029
电话：025-86526528
传真：025-86523614
成立时间：1992年7月
注册资本：18 000万元
管理资本：65 000万元

昆山市风险投资有限公司

董事长：沈黎明
总经理：唐烨
地址：昆山市开发区前进中路269号
邮编：215300
电话：0520-57312065
传真：0520-57305458
成立时间：2003年8月
注册资本：1000万元
管理资本：1000万元

江苏弘业国际集团投资管理有限公司

地址：江苏省南京市中华路50号
电话：025-52304428
传真：025-52308148
成立时间：1999年
注册资本：3000万元
行业偏好：生物科技、医药、其他

江西省

江西高技术产业投资股份有限公司

董事长：姚迪明
总经理：李天晓
地址：南昌高新开发区火炬大道199号6楼
邮编：330029
电话：0791-8112096
传真：0791-8110252
电子邮箱：investment@jxvc.com.cn
成立时间：2002年3月
注册资本：6900万元
管理资本：4830万元
行业偏好：光电子、新材料、新能源、IT、网络传媒、教育等高技术产业
阶段偏好：成长期、扩张期

南昌高新科技创业投资有限公司

董事长：李华
地址：江西省南昌高新开发区泰豪大厦A座5楼
邮编：330029
电话：0791-8105383
传真：0791-8102690
成立时间：2001年9月
注册资本：3000万元
管理资本：3000万元
最低投资规模：500万元
最高投资规模：5000万元

辽宁省

辽宁东软创业投资有限公司

董事长：刘积仁

总经理：王齐
地址：沈阳市浑南高新技术产业开发区东大软件园东路2号
邮编：116023
电话：0411-84835929
传真：0411-84768811
网址：www.neusoft.com
成立时间：2000年4月
注册资本：10 500万元
管理资本：10 000万元

辽宁科技创业投资有限责任公司

董事长：魏文锋
总经理：崔沂涛
地址：辽宁沈阳市和平南大街39号嘉环大厦1404室
邮编：110003
电话：024-23244922
传真：024-23244922
网址：www.lnvc.com.cn
成立时间：2000年2月
注册资本：10 000万元
管理资本：20 000万元
行业偏好：新材料、环保产业、光电子与光机电一体化、传统制造业
最低投资规模：50万元
最高投资规模：500万元
阶段偏好：种子期、成长期

大连德泰投资有限公司

总经理：王瑛琦
地址：大连市经济技术开发区发展大厦413房间
电话：0411-87611549
传真：0411-87612476
成立时间：2004年3月
注册资本：19 000万元
行业偏好：传统行业、软件
投资区域：辽宁
投资偏好：成长期

沈阳科技风险投资有限公司

董事长：王俊山
地址：沈阳市沈河区市府大路262甲新基火炬大厦2005
邮编：110013
电话：024-22791835
传真：024-22790244
成立时间：1998年11月
注册资本：5100万元
管理资本：5100万元
行业偏好：医药保健、生物科技、高新农业、网络/通讯、软件
最低投资规模：100万元
最高投资规模：300万美元
阶段偏好：成长期

辽宁省鞍山市科技创业投资有限责任公司

董事长：张生灿
总经理：张生灿
地址：辽宁省鞍山市千山路280号
邮编：114044
电话：0412-5211203
成立时间：2001年3月
注册资本：1000万元
管理资本：1000万元

大连科技风险投资有限公司

董事长：励振羽
总经理：范云波
地址：大连市高新园区火炬路1号A座403室
邮编：116023
电话：0411-84754598
网址：www.dstvc.com.cn
成立时间：2002年2月
注册资本：10 000万元
管理资本：10 000万元

沈阳科技风险开发事业中心

董事长：张文涛
总经理：董晶
地址：沈阳市沈河区市府大路262甲火炬大厦16楼
邮编：110013
电话：024-22790038
传真：024-22791108
成立时间：1992年12月
注册资本：444万元
管理资本：12 025万元

内蒙古

内蒙古科技风险基金管理办公室

主任：汪立勤

副主任：锡林塔娜
地址：呼和浩特市新城西街141号科技厅605室
电话：0471-6280864
传真：0471-6961849
网址：www.fengxianjijin.com
成立时间：1998年

山东省

潍坊创业投资有限公司

董事长：马鸣棠
总经理：张汝建
地址：潍坊市高新区东风东街181号东方大酒店1305房间
邮编：261031
电话：0536-8865276
传真：0536-8865276
网址：www.whvcc.com.cn
成立时间：2001年11月
注册资本：5118万元
管理资本：6000万元
行业偏好：新材料、生物技术、精密仪器
最低投资规模：200万元
最高投资规模：2000万元
阶段偏好：成长期、扩张期

济南科技风险投资有限公司

董事长：王长欣
总经理：齐恩辉
地址：济南市开发区新宇路747号（济南科技服务中心）4楼
邮编：250101
电话：0531-88879287
传真：0531-88879277
网址：www.jnvc.com.cn
成立时间：2001年4月
注册资本：12 600万元
管理资本：12 600万元
最低投资规模：300万元
最高投资规模：800万元

淄博高新技术风险投资股份有限公司

董事长：翟祥厚
总经理：翟祥厚
地址：山东省淄博高新区政通路135号高科技创业园D座416室
电话：0533-3586969
传真：0533-3586969
成立时间：2003年7月
注册资本：5000万元
行业偏好：新材料
投资区域：山东省
投资偏好：种子期、成长期

济南方腾兴业投资顾问有限公司

总经理：任子荣
地址：济南市榜棚街1号华鲁大厦517A
电话：0531-86118860
传真：0531-86118859
网址：www.ftvc.com.cn
成立时间：2004年8月
注册资本：100万元
行业偏好：制造业、环保
投资区域：山东
投资偏好：成长期

青岛厚土创业投资有限公司

总经理：刘永胜
地址：青岛市香港中路7号8316
电话：0532-83881337
传真：0532-83880959
成立时间：2005月8月
注册资本：3000万元
行业偏好：传统行业、生物医药
投资区域：山东
投资偏好：种子期

将军投资管理有限公司

董事长：安郁厚
总经理：邢乐成
地址：济南市泺源大街6号
邮编：250063
电话：0531-86460732
网址：www.gimc.com.cn/docc/gsjj.htm
成立时间：2001年1月8日
注册资本：16 800万元
行业偏好：半导体、网络/通讯、其他医疗设备商业批发零售业产业、医药保健、医疗设备、光电子与光机电一体化、教育产业
阶段偏好：扩张期、成熟期

青岛市科技风险投资有限责任公司
董事长：马论业
总经理：张建博
地址：青岛市东海中路2号环海大厦22层
邮编：266071
电话：0532-85063780
传真：0532-85063780
网址：www.qdstvc.com
成立时间：2000年8月
注册资本：10 000万元
管理资本：10 000万元
最低投资规模：200万元
最高投资规模：1000万元

山东省高新技术投资有限公司
董事长：赵奎
总经理：郭鲁伟
地址：山东省济南市解放路166号
邮编：250013
电话：0531-86566786
传真：0531-86969598
网址：www.sdvc.com.cn
成立时间：2000年6月
注册资本：120 000万元
管理资本：120 000万元
最低投资规模：300万元
最高投资规模：9600万元

泰山创业投资公司
董事长：张宝卫
总经理：赵衍进
地址：泰安高新区泰山创业投资公司
邮编：271000
电话：0538-8938528
传真：0538-8938528
成立时间：2000年7月
注册资本：10 000万元
管理资本：100 000万元
行业偏好：软件、网络/通讯、半导体、生物科技、环保产业、新材料、新能源、计算机设备
最高投资规模：10 000万元
阶段偏好：种子期、成长期、扩张期

山西省

山西省科技基金发展总公司
总经理：郭江明
地址：山西省太原市滨河东路小区1号楼
邮编：030002
电话：0351-4157806
传真：0351-2026370
成立时间：1993年6月
注册资本：8000万元
管理资本：19 000万元
行业偏好：医药保健、生物科技、环保产业、房地产
最低投资规模：50万元
最高投资规模：1000万元
阶段偏好：种子期、成长期

陕西省

陕西华夏资产经营有限公司
董事长：王中楼
总经理：王中楼
地址：西安市电子一路249号紫薇大厦4151室
电话：029-88256458
传真：029-88262199
成立时间：1998年3月
注册资本：100万元
管理资本：7000万元

陕西省产业投资管理有限公司
董事长：郭庆国
总经理：杜磊
地址：陕西省西安市青年路92号6层
邮编：710003
电话：029-87311641
传真：029-87311747
网址：www.sxiif.com
成立时间：2002年11月
注册资本：10 000万元
管理资本：20 000万元
行业偏好：生物科技、软件、网络/通讯、高新农业、光电子与光机电一体化、新材料、新能源
最低投资规模：1000万元
最高投资规模：20 000万元
阶段偏好：成长期、扩张期

陕西省高新技术产业投资有限公司

董事长：王定成
总经理：马陆霞
地址：陕西省西安市高新技术开发区科技二路65号清扬国际大厦B座
邮编：710075
电话：029-88335621
传真：029-88335636
网址：www.china-hics.com
成立时间：1999年9月
注册资本：50 000万元
管理资本：50 000万元
行业偏好：高新技术
最低投资规模：30万元
最高投资规模：4000万元
阶段偏好：成长期、扩张期

西安保德信投资发展有限公司

董事长：屈向军
总经理：王彦博
地址：陕西省西安市和平路108号佳腾大厦11层F座
邮编：710001
电话：029-87525943
传真：029-87521513
网址：www.prutention.com
成立时间：1998年1月
注册资本：5000万元
管理资本：20 000万元
行业偏好：高新农业、生物科技、环保产业、新材料、新能源、医药保健、光电子与光机电一体化、房地产
最低投资规模：100万元
最高投资规模：2000万元（房地产行业除外）
阶段偏好：成长期、扩张期、上市筹备期

西安海星科技投资控股（集团）有限公司

董事长：荣海
地址：西安高新开发区科技二路62号西安海星集团
邮编：710075
电话：029-82307530
传真：029-82307501
网址：www.seastar.com.cn
成立时间：1988年6月
注册资本：10 000万元
行业偏好：新能源、高新农业、新材料、旅游业、传媒业、生物科技、环保产业、教育产业
阶段偏好：种子期、扩张期、上市筹备期、其他（如MBO、MBI、公司周转困境期等）

陕西创业投资管理有限公司

地址：陕西省西安市高新区科技路48号创业广场B座901c室
电话：029-87999018
传真：029-87999017
网址：www.westfvc.com
成立时间：2002年2月
注册资本：600万元
行业偏好：IT、生物医药
投资区域：陕西
投资偏好：种子期、成长期

西安创新投资管理有限公司

董事长：李万寿
总经理：施安平
地址：西安市环城南路西段100号御城大厦9楼A2
邮编：710068
电话：029-82092870
传真：029-82092885
成立时间：2001年7月
注册资本：500万元
管理资本：5000万元

西安高新技术产业风险投资有限公司

董事长：章东凡
总经理：梁海兵
地址：西安市高新二路12号协同大厦5F A座
邮编：710075
电话：029-88386086
传真：029-88386086
网址：www.capitech.com.cn
成立时间：1999年5月
注册资本：15 000万元
管理资本：35 000万元
行业偏好：科技制造业、软件、IC设计、教育、环保、新能源、高新农业
最低投资规模：117万元
最高投资规模：4600万元
阶段偏好：成长期、其他（如MBO、MBI、公司周转困境期等）

陕西国投实业投资有限公司

董事长：赵东
总经理：赵东
地址：陕西省西安高新区高新二路协同大厦同馨阁4A座
邮编：710075
电话：029-88386223
传真：029-88386223
成立时间：2000年5月
注册资本：17 539.4万元
管理资本：10 000万元
行业偏好：光电子与光机电一体化、网络/通讯、软件、半导体、新能源、新材料
最高投资规模：7000万元
阶段偏好：成长期

西安华安投资管理有限公司

董事长：茅笛
总经理：茅永生
地址：陕西省西安市雁塔路南段11号
邮编：710054
电话：029-85511850/85537319
传真：029-85516319
成立时间：2000年8月
注册资本：100万元
管理资本：25 000万元
行业偏好：新能源、新材料、软件、医药保健
最低投资规模：1000万元
最高投资规模：20 000万元
阶段偏好：种子期、成长期

西安汇海投资有限公司

董事长：李岚
地址：西安高新区融鑫路6号3楼
邮编：710075
电话：029-88325593
网址：www.huihaiinvest.com
成立时间：2003年4月
注册资本：500万元
管理资本：500万元
行业偏好：新能源、生物科技、高新农业、教育产业、新材料、环保产业、网络/通讯、传媒业
阶段偏好：种子期

西安交通大学国家技术转移中心

董事长：王建华
总经理：席保锋
地址：陕西省西安市雁翔路99号博源大厦B座410
邮编：710054
电话：029-83399389-8012
传真：029-83399288
网址：www.xjtlo.com
成立时间：1999年9月
注册资本：200万元
行业偏好：医疗设备、高新农业、生物科技、环保产业、新能源、医药保健、其他医疗设备商业批发零售业产业、软件
阶段偏好：种子期、成长期、上市筹备期

西安金茂投资管理有限公司

董事长：张长丰
总经理：张长丰
地址：西安市朱雀大街78号C座C1002号
邮编：710000
电话：029-88324596
传真：029-82091569
成立时间：2000年11月
注册资本：3000万元
管理资本：3000万元
行业偏好：新能源、教育产业、高新农业、环保产业、网络/通讯、新材料、生物科技、消费品及服务业
最低投资规模：9万元
最高投资规模：500万元
阶段偏好：成长期、上市筹备期

先锋投资集团

董事长：陆步青
总经理：陆步青
地址：中国西安高新开发区科技二路68号国家级软件园西安软件园示范区D区5层
邮编：710075
电话：029-87669569
传真：029-87669578
网址：www.chinapioneer.com
成立时间：1996年2月
注册资本：100万元
管理资本：500万元
行业偏好：生物科技、网络/通讯、软件、医疗设备、

传媒业、房地产、半导体、教育产业
最低投资规模：50万元
最高投资规模：100万元
阶段偏好：种子期、成熟期、上市筹备期、其他（如MBO、MBI、公司周转困境期等）

四川省

成都创新风险投资有限公司

董事长：赵尔珉
总经理：肖建
地址：成都市顺城大街308号冠城广场22楼G
邮编：610017
电话：028-86528368/86528368
传真：028-86528268
网址：www.cd-vc.com
成立时间：2001年6月
注册资本：32 000万元
管理资本：32 000万元
行业偏好：软件、生物科技、光电子与光机电一体化、新材料、新能源
最低投资规模：100万元
最高投资规模：2500万元
阶段偏好：成长期

成都科技创业投资有限公司

董事长：张景文
总经理：冉学军
地址：成都市高新区创业路16号火炬大厦B座4楼
邮编：610041
电话：028-85120852
传真：028-85120852
成立时间：2001年6月
注册资本：2300万元
行业偏好：医药保健、新材料、教育产业、消费品及服务业、商业批发零售业、传统制造业、传媒业、娱乐产业
阶段偏好：成长期、扩张期

成都创新投资管理有限公司

总经理：任小强
地址：成都市提督街88号
邮编：610016
电话：028-86766878
传真：028-86766879

绵阳久盛科技创业投资有限公司

总经理：李凤明
地址：四川省绵阳市涪城区临园路中段78号综合大楼6楼
邮编：621000
电话：0816-2306106
传真：0816-2306106
网址：www.myvicc.com
成立时间：2004年3月
注册资本：16 000万元

新疆

乌鲁木齐科源创业投资有限公司

董事长：刘建甫
总经理：张俊敏
地址：乌鲁木齐市新民路88号
邮编：830002
电话：0991-2657780
传真：0991-2657780
成立时间：2001年5月
注册资本：3550万元
管理资本：3550万元
行业偏好：网络/通讯、传统制造业、新能源、新材料、光电子与光机电一体化、半导体、其他医疗设备商业批发零售业产业、医药保健
最低投资规模：200万元
最高投资规模：1000万元
阶段偏好：扩张期、成熟期

新疆国达投资有限公司

董事长：周敏
总经理：周敏
地址：新疆乌鲁木齐市人民路19号
邮编：830002
电话：0991-8863270
成立时间：2001年5月
注册资本：8000万元
管理资本：3000万元
最高投资规模：3000万元

新疆恒合投资股份有限公司

董事长：张澄
总经理：康敬成

地址：乌鲁木齐新华南路9号江源酒店14楼
邮编：830002
电话：0991-2314337
传真：0991-2314337
成立时间：2000年12月
注册资本：11 000万元
最低投资规模：500万元
最高投资规模：1152万元

新疆华顺投资（集团）有限公司
董事长：马俊英
总经理：马俊英
地址：乌鲁木齐天山区中山路141号百花村软件园D座
邮编：830002
电话：0991-7791888
传真：0991-7792188
成立时间：2002年7月
注册资本：3000万元
管理资本：5000万元

新疆吉瑞祥投资（集团）有限公司
董事长：吉多年
总经理：吉锐
地址：新疆昌吉市乌伊东路1号
邮编：831100
电话：0994-2355618
传真：0994-2344980
成立时间：1999年1月
注册资本：6500万元
管理资本：2600万元
最低投资规模：200万元
最高投资规模：600万元

新疆融盛投资有限公司
总经理：魏斌
地址：乌鲁木齐市中山路116号
邮编：830002
电话：0991-2313136
传真：0991-2310087
成立时间：2002年8月
注册资本：2000万元

新疆首德投资有限公司
董事长：郭春娟
地址：乌市新华北路47号汇丰大厦23楼
邮编：830002
电话：0991-2326363
传真：0991-2308238
网址：www.xjshoude.com
成立时间：1995年9月
注册资本：1000万元
管理资本：33 211 931元
行业偏好：旅游产业
阶段偏好：创新

新疆西贵投资有限责任公司
董事长：田建荣
总经理：李德永
地址：新疆乌鲁木齐市解放北路17号
邮编：830000
电话：0991-2819233
传真：0991-2818155
网址：www.xjxg.com
成立时间：2001年12月
注册资本：3765万元
最高投资规模：3000万元

新疆创新投资有限公司
董事长：王松琦
总经理：王松琦
地址：乌鲁木齐市经二路2号金牧大厦6层
邮编：830002
电话：0991-5848247
传真：0991-5819757
网址：www.fjhxvc.com
成立时间：2002年6月
注册资本：900万元
管理资本：3000万元

云南省

云南高新创业投资有限公司
董事长：张亚东
总经理：吴兴昆
地址：昆明市东风西路280号文贸大厦10楼
邮编：650031
电话：0871-5384116/5375145
传真：0871-5384153
网址：www.yntz.com
成立时间：2000年8月

注册资本：5600万元
管理资本：5600万元
行业偏好：生物医药、新材料、能源
投资规模：单项最高投资额1200万元
阶段偏好：初期

浙江省

浙江天堂硅谷创业集团有限公司

董事长：王林江
总经理：包纯田
地址：杭州市孙泉山路76号3号楼
邮编：310000
电话：0571-87083018
传真：0571-87089718
网址：www.ttgg.com.cn
成立时间：2000年11月
注册资本：15 618万元
管理资本：20 000万元
最低投资规模：200万元
最高投资规模：2000万元

宁波凯建投资管理有限公司

董事长：丁凯
总经理：王凌云
地址：浙江省宁波市广仁街141号
邮编：315010
电话：0574-87240162
传真：0574-87284998
网址：www.kaijian.com
成立时间：1999年10月
注册资本：2000万元
管理资本：20 000万元
行业偏好：新材料
最低投资规模：50万元
最高投资规模：2000万元
阶段偏好：种子期

通联创业投资股份有限公司

董事长：管大源
总经理：凌金良
地址：浙江省杭州市庆春路296号西湖铭楼210室
邮编：310006
电话：0571-87153696
传真：0571-87153792
网址：www.tonglianvc.com
成立时间：2000年12月
注册资本：30 000万元

浙江大学创业投资有限公司

董事长：程家安
总经理：朱国英
地址：浙江省杭州市谷翠路8号新亚科技大楼6楼
邮编：310013
电话：0571-85027875
传真：0571-85025663
成立时间：2001年1月
注册资本：5000万元

养生堂创业投资有限公司

总经理：钟睒睒
地址：杭州市曙光路148号
邮编：310007
电话：0571-86669085
传真：0571-87631182
成立时间：2003年4月
注册资本：5000万元
管理资本：5000万元

广厦控股创业投资有限公司

董事长：楼忠福
总经理：楼明
地址：浙江省杭州玉古路166号
邮编：310013
电话：0571-87969988
传真：0571-87963858
网址：www.guangsha.com
成立时间：2002年9月
注册资本：15 000万元
最低投资规模：100万元
最高投资规模：2000万元

杭州高新投资担保有限公司

董事长：章智源
总经理：陈卫东
地址：杭州文三路199号创业大楼707
邮编：310012
电话：0571-88217803
传真：0571-88060687
成立时间：2000年3月

注册资本：1500万元
最低投资规模：50万元
最高投资规模：300万元

杭州江干科技风险投资公司

董事长：王水福
总经理：王水福
地址：杭州市风起路420号西京电梯集团有限公司5楼
邮编：310003
电话：0571-85166111
传真：0571-85069729
成立时间：2000年10月
注册资本：3000万元
管理资本：4000万元
行业偏好：医药保健、生物科技、高新农业、环保产业、高新农业、光电子与光机电一体化、半导体、软件
最低投资规模：50万元
最高投资规模：1000万元
阶段偏好：成长期

杭州天松创业投资有限公司

董事长：施永强
总经理：王斌
地址：杭州市文三路昌地火炬大厦19楼
邮编：310012
电话：0571-88994594
传真：0571-88994034
网址：www.tiansong.com/inner.html
成立时间：2000年11月
注册资本：3000万元
管理资本：3000万元
行业偏好：光电子与光机电一体化、新材料、其他医疗设备商业批发零售业产业、生物科技
阶段偏好：扩张期、成熟期、上市筹备期

金华市高新技术投资有限公司

董事长：李安华
总经理：李安华
地址：金华市金华市八南街588号14楼
邮编：321017
电话：0579-2065673
传真：0579-2065674
成立时间：1998年7月
注册资本：3550万元
最高投资规模：900万元

宁波市科技园区开发有限公司

董事长：陈刚
总经理：刘纯权
地址：宁波市江南路599号五环大厦
邮编：315040
电话：0574-87284580
传真：0574-87907707
成立时间：1998年
注册资本：16 400万元
管理资本：79 680万元
行业偏好：生物医药、电信、新材料、医药保健、网络/通讯、新材料
最低投资规模：15万元
最高投资规模：1800万元
阶段偏好：成长期、成熟期

宁波市立德科技投资有限公司

董事长：林波平
总经理：傅伟杰
地址：宁波科技园区创业中心5-13
邮编：315040
电话：0574-87909368
传真：0574-87904783
成立时间：2002年
注册资本：1000万元
管理资本：900万元
最低投资规模：900万元

浙江大学科技园发展有限公司

董事长：程家安
总经理：韩高荣
地址：杭州市西溪路525号浙江大学科技园发展有限公司
邮编：310013
电话：0571-87658100
传真：0571-87658101
网址：www.zgvc.com
成立时间：2000年12月
注册资本：10 000万元
管理资本：11 000万元
最低投资规模：5万元
最高投资规模：1800万元

浙江金科创业投资有限公司

董事长：马强
总经理：马强
地址：杭州市曙光路15号世贸中心写字楼D座542室
邮编：310007
电话：0571-87989016
传真：0571-87989052
网址：www.kingke.com
成立时间：2000年10月
注册资本：10 000万元
管理资本：20 000万元
最低投资规模：1000万元
最高投资规模：8000万元

浙江省创业投资集团有限公司

董事长：于强
总经理：冯金龙
地址：浙江省杭州市西湖区文二路207号文欣大厦16楼
邮编：310009
电话：0571-88259216
传真：0571-88259222
网址：www.vconline.com.cn
成立时间：2000年9月
注册资本：10 000万元
行业偏好：新材料
最低投资规模：300万元
最高投资规模：2000万元

浙江省杭嘉湖技术开发有限公司

董事长：潘云鹤
总经理：王炜喆
地址：杭州市玉古路147号 浙大黄鸿年科技楼
邮编：310013
电话：0571-87963065
传真：0571-87993178
网址：www.uec.com
成立时间：1998年8月
注册资本：1000万元
管理资本：10 000万元
最低投资规模：100万元
最高投资规模：500万元

浙江省科技风险投资有限公司

董事长：俞志华
总经理：刘海宁
地址：浙江省杭州市文二路22号高新大厦16楼
邮编：310012
电话：0571-88210484
传真：0571-88869550
网址：www.zvc-zj.com
成立时间：1993年6月
注册资本：8000万元
管理资本：17 000万元
行业偏好：生物医药、精细化工、新材料等
最低投资规模：100万元
最高投资规模：1200万元

成路集团有限公司

总经理：姜飞
地址：宁波市小港经济技术开发区振兴路G1-1
邮编：315040
电话：0574-86783335
传真：0574-86783339
网址：www.chenglu.com
成立时间：1997年
注册资本：5000万元
管理资本：12 000万元

慈溪市科技风险投资有限公司

董事长：毛加强
总经理：毛加强
地址：浙江省慈溪市担山北路145号
邮编：315300
电话：0574-63029702
传真：0574-63027715
成立时间：2002年8月
注册资本：1900万元
管理资本：1900万元

杭州海可实业投资有限公司

董事长：李保荣
总经理：李保荣
地址：杭州密渡桥路2号白马大厦23楼H座
邮编：310005
电话：0571-85812608
传真：0571-85812609

杭州万事利科技投资有限公司

董事长：李保荣

总经理：李保荣
地址：杭州密渡桥路2号白马大厦23楼
邮编：310005
电话：0571-85812608
传真：0571-85812609
成立时间：2000年12月
注册资本：2000万元
管理资本：2000万元

通和置业投资有限公司

总经理：闵健
地址：杭州市曙光路122号浙江世贸中心写字楼B座8楼
邮编：310007
电话：0571-87989016
传真：0571-87989051

浙江国信创业投资有限公司

董事长：黄金明
总经理：黄金明
地址：杭州延安路515号浙信大厦7楼
邮编：310006
电话：0571-85069207
传真：0571-85069171
网址：www.hzvc.com
成立时间：2003年3月
注册资本：13 500万元
管理资本：13 500万元

浙江日升昌科技风险投资有限公司

董事长：赵建
总经理：赵建
地址：杭州市曙光路122号世贸写字楼A座505
邮编：310007
电话：0571-87971666
传真：0571-87965700
成立时间：2003年12月
注册资本：5000万元
管理资本：5000万元

杭州市投资控股有限公司

总经理：郑向炜
地址：杭州市中山中路271号
邮编：310001
电话：0571-87248858
传真：0571-87215866
成立时间：1997年
管理资本：8400万元

二、海外背景风险投资机构

北京市

IDG技术创业投资基金

董事长：Patrick J McGovern
经理：周全
地址：北京建国门内大街8号中粮广场
邮编：100005
电话：010-65262400
传真：010-65260700
网址：www.idgvc.com.cn
成立时间：1993年
管理资本：100 000万美元
行业偏好：国际互联网、信息服务、软件、通讯、网络技术、生物工程以及生命科学等领域
最低投资规模：400万元
最高投资规模：8000万元
阶段偏好：初创期、成长期、成熟期

霸菱亚洲投资有限公司

总经理：关博仁
地址：北京市东三环北路8号亮马大厦1座1501室
邮编：100004
电话：010-65906606
传真：010-65906936
网址：www.baringcapitalpatners.com
成立时间：1994年
管理资本：83 000万元
行业偏好：工业及房地产
最低投资规模：2490万元
最高投资规模：9130万元
阶段偏好：Pre-IPO

北京信中利投资有限公司

董事长：汪潮涌
总经理：邱岩
地址：北京市建国门外大街1号国贸西楼516室

邮编：100004
电话：010-65056280
传真：010-65056110
网址：www.chinaequity.net
成立时间：1999年5月
注册资本：2000万元
管理资本：2000万元
最低投资规模：830万元
最高投资规模：1300万元

鼎晖创业投资管理有限公司

董事长：吴尚志
总经理：焦树阁
地址：北京朝阳区光华路甲2号和乔大厦B座318室
邮编：100026
电话：010-65810889
传真：010-65815730
网址：www.cdhfund.com
成立时间：2002年5月
注册资本：100万元
管理资本：23 000万元
最低投资规模：30万元
最高投资规模：750万元

汇亚资金管理有限公司

董事长：梁家锵
首席代表：王谦
地址：北京市建外大街1号国贸大厦1座620室
邮编：100004
电话：010-65055208
传真：010-65055219
成立时间：1989年
管理资本：82 000万美元
行业偏好：网络/通讯、半导体、软件、其他医疗设备商业批发零售业产业、光电子与光机电一体化、传媒业、生物科技
最低投资规模：50万美元
最高投资规模：5000万美元
阶段偏好：成长期、扩张期、成熟期、上市筹备期

集富创业投资（香港）有限公司

董事长：陈镇洪
总经理：周政宁
地址：京市海淀区中关村科学园南路2号融科咨询中心A座6层3室
邮编：100080
电话：010-62508500
传真：010-62508509
网址：www.jafcoasia.com
成立时间：1992年10月
管理资本：82 000万美元
行业偏好：医药保健、医疗设备、高科技、有出口前景的企业
最低投资规模：100万美元
最高投资规模：500万美元
阶段偏好：种子期、成长期

美商中经合集团北京代表处

董事长：刘宇环
董事总经理：张颖
地址：北京市朝阳区工体北路甲2号盈科中心IBM大厦806室
邮编：100027
电话：010-65391366
传真：010-65391367
网址：www.wiharper.com
成立时间：1999年6月
管理资本：25 000万美元
行业偏好：环保产业、教育产业、传统制造业、高新农业、旅游业、新材料、新能源、消费品及服务业
最低投资规模：50万美元
最高投资规模：500万美元
阶段偏好：其他（如MBO、MBI、公司周转困境期等）

启峰资金管理有限公司

总经理：王钧
地址：北京建国门大街118号招商大厦1830室
邮编：100022
电话：010-65672299/5899
传真：010-65662732
网址：www.asiatechgroup.com
成立时间：1997年11月
注册资本：4000万元
管理资本：19 000万元
最低投资规模：500万元
最高投资规模：3000万元

软银亚洲信息基础投资基金

董事长：孙正义
总经理：阎焱
地址：北京华润大厦10楼
邮编：100005
电话：010-85192022
传真：010-85192048
网址：www.sbaif.com
成立时间：2001年
注册资本：40 000万美元
管理资本：20 000万美元
最低投资规模：300万美元
最高投资规模：4000万美元

美国多尔资本管理公司北京代表处

电话：010-85151181
传真：010-85151179
网址：www.dcm.om
成立时间：1996年
注册资本：1600万美元

华璞毅恒资本有限公司 – 旗舰基金

CEO：萧永强
地址：朝阳区北四环中路6号C座15D
电话：010-82845805
传真：010-82848468
网址：www.hupomone.com
成立时间：2000年
注册资本：12 000万美元

德国西门子创业投资股份有限公司北京代表处

中国区公司基金董事总经理：宋沐华
电话：010-64768890
传真：010-64764984
网址：www.siemensventurecapital.com
成立时间：2006年3月
行业偏好：TMT、Clean Tech
投资区域：N/A
阶段偏好：成长期、扩张期

美国喜多（国际）金融控股集团

首席执行官：徐星凯
地址：北京市朝阳区东三环中路7号财富中心A座316
电话：010-65308764
传真：010-65308744
网址：www.sito.com.cn
成立时间：1962年
注册资本：220亿元

高能资本有限公司

董事长：王晓滨
地址：北京市朝阳区朝外大街乙12号昆泰国际大厦2603室
邮编：100020
电话：010-58797196
传真：010-58797175
网址：www.0101go.com
成立时间：2002年11月
行业偏好：信息（电信）、新能源
投资区域：中部/河南

金沙江创业投资管理有限公司

董事总经理：伍伸俊
地址：北京海淀区清华科技大厦A座9楼
网址：www.gsrventures.com

北极光投资顾问（北京）有限公司

创始合伙人：邓锋
地址：北京市海淀区清华科技园科技大厦A座2301室
电话：010-82150680
传真：010-58722680
网址：www.nlightvc.com
成立时间：2005年
注册资本：91万美元

北京信达风险投资有限公司

董事长：刘明
地址：北京市朝阳区
邮编：100022
成立时间：2002年8月
注册资本：10 000万元
行业偏好：通信、软件
投资区域：西安、武汉
阶段偏好：扩张期

东门投资基金

Managing Partner：Koh Siak Kiaw
地址：北京朝阳区东三环中路39号建外SOHO小区13号楼1805，100022

电话：010-58698175
成立时间：2005年9月
注册资本：1500万美元
行业偏好：新媒体及Content Provider、餐饮等传统消费产业
投资区域：无特别偏好
阶段偏好：扩张期

美国亿腾投资集团

地址：北京朝阳区齐家园外交公寓10－102
邮编：100600
阶段偏好：成长期、扩张期、成熟期

香港龙科创业投资管理有限公司

董事长：韶俊
总经理：王强
地址：北京市建国门内大街8号中粮广场A座611室
邮编：100005
电话：010-65244083
传真：010-65137941
网址：www.dragontechventures.com
成立时间：2000年4月
注册资本：100万元
管理资本：72 000万元
最低投资规模：800万元
最高投资规模：4200万元

英属开曼岛中国华登管理有限公司

联系人：黄俊
地址：北京市建国门北大街8号北京华润大厦1206室
邮编：100000
电话：010-85192522
传真：010-85192520
网址：www.waldenintl.com

元成基业风险投资公司

董事长：李国麟
总经理：何志雄
地址：北京海淀区北三环西路11号高德写字楼315室
邮编：100088
电话：010-82090915
传真：010-82090446
网址：www.VcDaddvo.com
成立时间：1998年
注册资本：100 000万元
管理资本：20 000万元
最低投资规模：500万元
最高投资规模：8000万元

汉能投资集团

董事长：陈宏
地址：北京朝阳区工体北路甲2号盈科中心IBM大厦A座802-803室
邮编：100027
电话：010-65391372/65391371
传真：010-65393907
网址：www.hinagroup.com
成立时间：2003年4月
行业偏好：高科技、媒体和通讯

英联投资有限公司北京代表处

亚太地区总裁：陈柏松
地址：北京市朝阳区建国门外大街1号国贸大厦2座2401室
邮编：100004
电话：010-65056655
传真：010-65058111

德丰杰全球创业投资基金

执行董事：孙文海
地址：北京建国门外大街1号国贸1座2113室
邮编：100004
电话：010-65059396
传真：010-65059395
网址：www.eplanetventures.com
成立时间：1999年
注册资本：65 000万美元

维欣中国发展有限公司

总经理：赵文耀
地址：北京朝阳门外大街乙12号昆泰国际大厦811室
邮编：100020
电话：010-58797706
传真：010-58797705
网址：www.vcchina.com

美国泰山国际投资公司

董事长兼首席执行官：黄孟度
地址：北京东三环北路霞光里18号佳程广场A座11层1167室

电话：010-59231114
传真：010-59231085
网址：www.taishancapital.com
注册资本：1000万美元

启峰资金管理有限公司
总经理：王均
地址：北京市建国门外大街1号国贸2座2916室
邮编：100004
电话：010-65052368
传真：010-65052365

英特尔投资（中国）北京分公司
高级经理：赵慕杰
地址：北京市朝阳区光华路1号嘉里中心北楼601室
邮编：100020
电话：010-85298800
传真：010-85298712

亚盛投资
董事经理：周峻名
地址：北京朝阳区万豪国际公寓A座7A
邮编：100022
电话：010-65699882/3-103
传真：010-65699853
网址：www.chinaue.com

GLOBAL CATALYST PARTNERS 北京代表处
副总裁：郭明仁
电话：010-85298955
传真：010-85298866

IBM中国有限公司
风险投资总监：黎世彤
电话：010-65391188
传真：010-65391688

花旗投资基金
地址：中国北京建国门内大街7号光华长安大厦16楼
邮编：100005
电话：010-65102933
传真：010-65102932

技孵全球投资公司
总经理：麦健陆
地址：北京市建国门外大街1号国贸大厦B座1915
网址：www.givventurepartners.com

郎氏创业投资基金
地址：北京9799-2信箱30分箱
邮编：100101
电话：010-64943541

乐通投资集团
经理：盛刚
地址：北京市东城区东直门外大街48号东方银座广场写字楼11J
邮编：100027
电话：010-84477398
传真：010-84477396
网址：www.latitudecapitalgroup.com

美国华平投资集团北京代表处
董事总经理：孙强
地址：北京市建国门外大街1号国贸2座2501室
邮编：100005
电话：010-65056033
传真：010-65056683
网址：www.warburgpincus.com

美国基泰集团国际投资北京代表处
财务总监：裴作钧
地址：北京建国门外大街1号国贸大厦1座525室
邮编：100004
电话：010-58669808/09
传真：010-58669810
网址：www.usajitai.com
注册时间：2004年1月
注册资本：500万元

美国凯雷投资集团北京代表处
董事总经理：祖文萃
地址：北京市朝阳区光华路1号嘉里中心南楼
邮编：100020
电话：010-85298823
传真：010-85299877
网址：www.carlyle.com

新加坡政府直接投资有限公司

副总裁：许尚威
地址：北京建国门外大街1号国贸大厦1座12层1215室
邮编：100004
电话：010-65055920
传真：010-65055914
网址：www.gic.com.sg

亚洲战略投资管理公司

地址：北京市朝阳区将台路2号南侧丽园中心4层
邮编：100016
电话：010-64382750
传真：010-64382735
网址：www.asimco.com

中国创业投资有限公司北京代表处

地址：北京市朝阳区建国门北路8号北京财富中心707室
邮编：100005
电话：010-85191535
传真：010-85191530
网址：www.chinavest.com

华威国际投资集团北京代表处

地址：北京建国门外大街1号国贸大厦2座710
邮编：100004
电话：010-65058669
传真：010-65058667
网址：www.cidvc.com

上海

寰慧投资（GGV）

MD：Jenny Lee（李宏玮）
地址：上海市淮海中路嘉华中心3503室
电话：021-54670266
传真：021-54047667
网址：www.ggvc.com
成立时间：2000年
注册资本：800万美元

汉鼎亚太公司上海办事处

高级副总裁：徐平
地址：上海花园石桥路33号花旗集团大厦2011
邮编：200120
电话：021-68878080
传真：021-68878011

智基创投

董事长：卢宏镒
总经理：陈友忠
地址：上海市淮海中路398号世纪巴士大厦11楼E室
邮编：200020
电话：021-63868708
传真：021-63868709
网址：www.idtechventures.com.cn
成立时间：2000年
管理资本：IP FUND ONE：2.6亿美元（其中：3000万美元用于中国内地投资）；IP F III全部用于中国项目，3000万美元
行业偏好：移动增值服务设计、互联网内容服务、芯片设计、TFT显示器及家用数码产品的零件设计等
最低投资规模：100万美元
最高投资规模：500万美元
阶段偏好：早期及成长期

上海华盈创业投资基金管理有限公司（TDF）

执行总裁：钟晓林
地址：上海市徐汇区淮海中路1010号嘉华中心2505室
邮编：200031
电话：021-54670500
传真：021-54047557
网址：www.venturetdf.com
成立时间：2001年
注册资本：90万元
行业偏好：软件、网络/通讯、其他医疗设备商业批发零售业产业、环保产业、新材料、医疗设备、光电子与光机电一体化、新能源
最低投资规模：75万元
最高投资规模：100万元

普凯投资基金

董事总经理：姚继平
地址：上海市淮海中路333号瑞安广场1701室
邮编：200021
电话：021-63850606
传真：021-62376709

网址：www.praxcapital.com
成立时间：2003年8月

软银中国创业投资基金
总裁：薛村禾
地址：延安西路728号15层A-C座
邮编：200050
电话：021-52534888
传真：021-52400366
网址：www.sbcvc.com
成立时间：2000年

上海太平洋技术创业有限公司
董事长：刘振元
总经理：章苏阳
地址：上海遵义路107号安泰大楼1105室
邮编：200051
电话：021-62375408
传真：021-62375899
网址：shsptv@sh163b.sta.net.cn
成立时间：1993年5月
注册资本：500万元
管理资本：1000万元
行业偏好：医药保健、房地产、教育产业、娱乐产业、高新农业、网络/通讯、医疗设备、环保产业
最高投资规模：100万美元
阶段偏好：种子期、成长期

时代创新投资管理（上海）公司
董事长：马启元
总经理：马启元
地址：上海市浦东新区松涛路563号B406室
邮编：201203
电话：021-50803283
传真：021-50803291
网址：www.time-ic.com
成立时间：2000年
注册资本：100万美元
管理资本：1000万美元
行业偏好：软件、医药保健、医疗设备、新能源、房地产、高新农业、光电子与光机电一体化、其他医疗设备商业批发零售业产业
最高投资规模：1000万美元
阶段偏好：成长期、上市筹备期、其他（如MBO、MBI、公司周转困境期等）

华登国际上海代表处
董事长：陈立武
总经理：江善颂
地址：上海市南京西路1376号上海商城320室
邮编：200041
电话：021-62798200
传真：021-62798203
网址：www.waldenintl.com
成立时间：2002年
管理资本：166 000万元
最低投资规模：2490万元

启峰资金管理有限公司上海办事处
总经理：王均
地址：上海浦东银城东路101号汇丰大厦21楼
邮编：200120
电话：021-28903433
传真：021-28903434
网址：www.asiatechgroup.com
成立时间：1999年
管理资本：20 000万美元

祥峰中国投资有限公司
地址：上海市南京西路1168号中信泰富广场4103、4104室
邮编：200041
电话：021-52925050
传真：021-52928900
网址：www.vertexmgt.com
成立时间：2002年7月
注册资本：3000万元
管理资本：10 000万美元
行业偏好：其他医疗设备商业批发零售业产业、环保产业、医药保健、高新农业、新材料、新能源、医疗设备、生物科技
阶段偏好：成长期、上市筹备期、其他（如MBO、MBI、公司周转困境期等）

橡子园创业投资管理（上海）有限公司
董事长：陈五福
总经理：黄天来
地址：上海市郭守敬路498号浦东软件园9号楼2层

邮编：201203
电话：021-50806686
传真：021-50803862
网址：http：//shanghai.acorncampus.com
成立时间：2002年
注册资本：14万美元
管理资本：2400万美元
最低投资规模：2万美元

招商局富鑫资产管理有限公司
董事长：邱罗火
总经理：陆耀中
地址：上海市淮海中路222号力宝广场
邮编：200010
电话：021-53965589
传真：021-53965530
网址：www.cmfve.com
成立时间：2001年2月
注册资本：50万美元
管理资本：4300万美元
最低投资规模：200万美元
最高投资规模：400万美元

中国创业投资公司上海分公司
董事长：白德能
总经理：白德能
地址：上海市中山东路12号336室
邮编：200002
电话：021-63293610
传真：021-63293951
网址：www.chinavest.com
成立时间：1983年
注册资本：250000万元
管理资本：166670万元
最低投资规模：300万美元
最高投资规模：1500万美元

戈壁合伙人有限公司
董事长：刘伟杰
总经理：曹嘉泰
地址：上海市南京西路1168号中信泰富广场3708室
邮编：200041
电话：021-52929729
传真：021-52929730
成立时间：2002年10月
管理资本：30 000万元
网址：www.gobivc.com.cn

凯雷投资集团有限公司上海代表处
地址：Plaza 66 1266 Nan Jing Xi Road Shanghai
邮编：200040
电话：021-61033200
传真：021-61033210

兰馨亚洲投资集团上海代表处
执行董事：李基培
地址：上海市延安东路222号外滩中心1816室/1853室
邮编：200002
电话：021-61323853
传真：021-63352840

麦顿投资管理有限公司（上海）
合伙人：楼云立
地址：上海市北京西路1701号静安中华大厦2109-2110室
邮编：200040
电话：021-62884247
传真：021-62884844
网址：www.mcmchina.com

美国华平投资集团上海办事处
总经理：孙强
地址：上海市延安东路222号外滩中心2201室
邮编：200002
电话：021-63350308
传真：021-63350802

3i Asia Pacific plc 上海代表处
首席代表：许晓峰
地址：上海市长乐路989号世纪商贸广场39楼3908室
邮编：200031
电话：021-54076188
传真：021-54076088

美国国际集团（亚洲）投资有限公司上海办事处
地址：上海市上海商城748室
邮编：200040
电话：021-62797222

传真：021-62797333
网址：www.aig.com

上海鼎辉投资管理有限公司
地址：上海市浦东新区浦东大道2123号龙珠广场1005室
邮编：200135
电话：021-68625000
传真：021-68620578
网址：www.d-hui.com

沪光国际上海发展投资有限公司
副总经理：薛万祥
地址：上海市遵义路107号安泰大楼1204室
电话：021-62197669
传真：021-62197674
成立时间：1993年
注册资本：2600万美元
行业偏好：互联网媒体、通信
投资区域：江浙沪
投资偏好：扩张期

立源亚洲投资控股有限公司
Chip Represatative：Rong Rong Liu
上海市思南路35号北二楼
电话：021-53062299
传真：021-63860166
网址：www.crimsoninvest.com
成立时间：1993年

永威投资有限公司
总经理：严伟翠
地址：上海市浦东新区花园石桥路花旗大厦28层
邮编：200120
电话：021-58403179
传真：021-58403169
网址：www.asiavest.com
成立时间：1995年

BlueRun Ventures 上海代表处
联系人：陈维广
地址：上海市碧波路690号2号楼401-402
邮编：201203
电话：021-61042266
传真：021-61042269

JVP-Jerusalem Venture Partners
总经理：Leenong Li
地址：Unit 1901, Building 21，333 Fang Dian Rd.Pudong, Shanghai
邮编：200135
电话：021-28909020
传真：021-68566978

MVC Corporation MITSUI VENTURES
地址：上海市南京西路1515号嘉里中心3101室
邮编：200040
电话：021-52985959
传真：021-52985177

Pacific Venture Partners
地址：上海市南京西路1168号中信泰富广场3705#
邮编：200041
电话：021-52925811
传真：021-52925822

阿尔卡特中国投资有限公司
地址：上海市浦东张杨路500号上海时代广场20楼
邮编：200122
电话：021-58368800
传真：021-58368801

晨兴亚洲
地址：上海市五原路320号
邮编：200031
电话：021-54036789
传真：021-54047999

成为基金
联系人：蒋邵清
地址：上海市长乐路672弄33号C栋
邮编：200040
电话：021-54048566
传真：021-54048766

德国远东投资有限公司
地址：上海浦东新区张杨路828-838号华都大厦21A-B座
邮编：200122
电话：021-58204484
传真：021-58204412

富国集团

联系人：严慈亮
地址：Richina House
56 Jian Xie Zhong Lu, The Bund
Shanghai
邮编：200031
电话：021-64739077
传真：021-64739353

高盛中国上海办事处

亚太区董事总经理：胡祖六
地址：上海市长乐路989号世纪商贸广场43楼
邮编：200031
电话：021-24018600

华力创投管理（上海）有限公司

联系人：陈勤
地址：上海市浦东新区张江高科技园区松涛路489号B座2楼
邮编：201203
电话：021-50802327
传真：021-50803030

加拿大美康投资有限公司

地址：上海市黄陂北路227号中区广场1109-1110室
邮编：200003
电话：021-63758499
传真：021-33110251

美国寰通投资公司上海代表处

地址：上海市静安区南京西路1168号中信泰富广场35楼13室
邮编：200041
电话：021-51119012
传真：021-51119012

美国梧桐投资公司

董事长：林谷峻
地址：上海浦东大道1号中国船舶大厦1903A
电话：021-68861561
传真：021-68861562
网址：www.sycamorevc.com
成立时间：1995年8月
行业偏好：网络产业、软件产业、IT服务、半导体芯片、信息电子、电信通讯、工业、生物科技
阶段偏好：中后期、Pre-IPO

美国新桥投资有限公司上海代表处

Chief Representative：W.K. Zhang
地址：上海市中山东一路12号外滩12号大楼3楼332室
邮编：200002
电话：021-33130203
传真：021-63299100

上海汉世纪创业投资管理有限公司

总经理：田辉栋
地址：上海市淮海中路93号1801
邮编：200021
电话：021-63918181
传真：021-63918200

维众投资公司

地址：上海市江苏路369号兆丰世贸大厦28层
邮编：200050
电话：021-32124668
传真：021-32124668
网址：www.ucigroup.cn

新加坡科技发展基金上海公司

地址：上海市浦东区陆家嘴东路161号中国招商大厦2102室
邮编：200120
电话：021-58883185
传真：021-58400078

英特尔（中国）有限公司上海分公司

联系人：黄炎
地址：上海市延安西路2299号上海世贸商城22层
邮编：200336
电话：021-52574545-1761
传真：021-62364545

新扬管理顾问股份有限公司

Managing Partner：李聖婉
地址：上海市兴义路8号上海万都商务中心20楼
电话：021-52082929
传真：021-52081369
成立时间：1998年

基金规模：9个基金合计3.8亿美元
行业偏好：汽车、机械、光电、通讯和生物技术
最低投资规模：500万美元
最高投资规模：1500万美元

深圳

英特尔（中国）有限公司深圳分公司

地址：深圳市深南东路5002号信兴广场地王商业
　　　大厦5502-5515单元
邮编：518008
电话：0755-25830868

美中投资集团公司

首席执行官：刘忠柱
地址：深圳市深南东路2002号南方联合大酒店703室
邮编：518000
电话：0755-82317385/22009004
传真：0755-82317385

天津

美国高通公司投资部

地址：天津市嘉里中心北楼23层
电话：022-85296529
成立时间：2004年2月
注册资本：1000万元
行业偏好：能源、IT
投资区域：华北
阶段偏好：成长期

津联创业投资有限公司

地址：天津市和平区新华路182号
邮编：300048
电话：022-23315983
传真：022-23316122

浙江

浙江天桥国际投资有限公司

总经理：仇建峰
地址：杭州市庆春路远洋大厦12楼
邮编：310004
电话：0571-86928183

附录五　国家高新技术开发园区名录

一、中国高新技术开发区

序号	地区	单位	电话	传真	地址	邮编
1	北京	北京中关村科技园区	010-82690406	010-82690506	北京市海淀区倒座庙9（乙）	100080
2	上海	上海高新技术产业开发区	021-38953268	021-50801044	上海浦东春晓路350号南楼209室	201203
3	天津	天津高新技术产业园区	022-83715771	022-83715770	天津华苑产业区梅苑路6号海泰大厦	300384
4	重庆	重庆高新技术产业开发区	023-68601972	023-68606272	重庆石桥铺科园一路166号	400039
5	安徽	合肥高新技术产业开发区	0551-5313264	0551-5312961	合肥市长江西路669号	230088
6	福建	福州高新技术产业开发区	0591-83973933	0591-83975668	福州市工业路北段548号创业厦5楼	350002
7	福建	厦门火炬高新技术产业开发区	0592-6035175	0592-6035174	厦门火炬高新技术产业开发区火炬大厦南2楼	361006
8	甘肃	兰州高新技术产业开发区	0931-8552460	0931-8552497	兰州市张苏滩555号	730010
9	广东	广州高新技术产业开发区	020-87037897	020-87037897	广州市开发区志诚大道303号	510730
10	广东	深圳高新技术产业开发区	0755-26551647	0755-26551526	深圳高新技术产业园区南区虚拟大学园3楼	518057
11	广东	珠海高新技术产业开发区	0756-2616299	0756-2616099	广东珠海市红山路230号科技中心	519001
12	广东	佛山高新技术产业开发区	0757-82100103	0757-82100101	佛山市长城区东鄱南路20号	528000
13	广东	惠州仲恺高新技术产业开发区	0752-2600059	0752-2609789	广东惠州仲恺高新技术产业开发区75号小区	516006
14	广东	中山火炬高新技术开发区	0760-5597902 0760-5597906	0760-5597917	广东省中山火炬高技术产业开发区康乐大道行政中心	528437
15	广西	南宁高新技术产业开发区	0771-3836393	0771-3827201	南宁市火炬路1号创业大厦9楼B座	530003
16	广西	桂林高新技术产业开发区	0773-5811341	0773-5819185	桂林市骖鸾路高新开发大厦	541004
17	贵州	贵阳高新技术产业开发区	0851-4701272	0851-4701095	贵阳国家高新技术产业开发区金阳科技产业园	550022
18	海南	海口高新技术产业开发区	0898-68635828	0898-68635212	海口秀英海口国家高新区	570316

序号	地区	单位	电话	传真	地址	邮编
19	河北	石家庄高新技术产业开发区	0311-85962248	0311-85963266	石家庄高新区黄河大道151号	050035
20	河北	保定高新技术产业开发区	0312-3108801	0312-3108830	保定市复兴西路118号	071051
21	河南	郑州高新技术产业开发区	0371-67981811	0371-67981800	郑州高新区国槐街6号	450000
22	河南	洛阳高新技术产业开发区	0379-64902448	0379-64902654	河南洛阳南昌路2号牡丹城918室	471000
23	黑龙江	哈尔滨高新技术产业开发区	0451-82294322	0451-82310931	哈尔滨市南岗区长江路368号	150090
24	黑龙江	大庆高新技术产业开发区	0459-6280019	0459-6282082	黑龙江省大庆高新技术产业开发区	163316
25	湖北	武汉东湖新技术开发区	027-87804115	027-67880086	湖北武汉珞瑜路540号	430079
26	湖北	襄樊高新技术产业开发区	0710-3311854	0710-3312445	湖北省襄樊市东风汽车大道	441004
27	湖南	长沙高新技术产业开发区	0731-8806541	0731-8806540	湖南长沙市河西桐梓坡（高新区管委会大楼3楼）	410013
28	湖南	株州高新技术产业开发区	0733-8818549	0733-8818549	株州市河西黄河北路火炬大厦	412007
29	吉林	长春高新技术产业开发区	0431-85530623	0431-85530635	吉林省长春市硅谷大街3333号创业大厦	130012
30	吉林	吉林高新技术产业开发区	0432-4798186	0432-4798000	吉林市深圳街6号火炬大厦	132013
31	江苏	南京高新技术产业开发区	025-58843666	025-58843843	南京浦口3209信箱	210061
32	江苏	苏州高新技术产业开发区	0512-68251888	0512-68251579	苏州市运河路8号	215011
33	江苏	常州高新技术产业开发区	0519-5100668	0519-5105661	中国江苏常州衡山路8号	213022
34	江苏	无锡高新技术产业开发区	0510-85217777	0510-85219390	无锡市天山路5号	214028
35	江西	南昌高新技术产业开发区	0791-8161043	0791-8161055	南昌市火炬大道998号	330029
36	辽宁	沈阳高新技术产业开发区	024-23745004	024-23745002	沈阳浑南产业区世纪路1号	110004
37	辽宁	大连高新技术产业园区	0411-84793699	0411-84793639	大连高新技术产业区七贤岭产业化基地高新街1号	116023
38	辽宁	鞍山高新技术产业开发区	0412-5212000	0412-5211056	鞍山市千山路288号	114011
39	内蒙古	包头稀土高新技术产业开发区	0472-5118888	0472-5159784	内蒙古包头市青山区青工南路高新区管委会综合楼	014030

序号	地区	单位	电话	传真	地址	邮编
40	山东	济南高新技术产业开发区	0531-88871617 0531-88871187	0531-88871648	济南市工业南路28号	250101
41	山东	青岛高新技术产业开发区	0532-8997797	0532-8997719	青岛市崂山区海尔路南端凯旋商务中心624室	266101
42	山东	淄博高新技术产业开发区	0533-3580065	0533-3584107	淄博张店柳泉路北首	255086
43	山东	潍坊高新技术产业开发区	0536-8786600	0536-8882507	潍坊市北宫东街火炬大厦	261041
44	山东	威海火炬高新技术产业开发区	0631-5629100	0631-5680205	威海市高新区火炬大厦25楼	264209
45	山西	太原高新技术产业开发区	0351-7033713	0351-7033788	太原市学府西街高科技园区	030006
46	陕西	西安高新技术产业开发区	029-88333601	029-88333602	西安高新路火炬大厦	710075
47	陕西	宝鸡高新技术产业开发区	0917-3388085	0917-3388050	宝鸡市高新大道69号	721013
48	陕西	杨凌农业高新技术产业示范区	029-87036900	029-87036882	陕西杨凌新桥北路1号	712100
49	四川	成都高新技术产业开发区	028-85184155	028-85184066	成都市武侯区神仙树城乡结合部	610000
50	四川	绵阳高新技术产业开发区	0816-2532610	0816-2532610	四川省绵阳市高新区管委会	621000
51	新疆	乌鲁木齐高新技术产业开发区	0991-3678061	0991-3830834	新疆乌鲁木齐北京南路钻石城5号	830011
52	云南	昆明高新技术产业开发区	0871-8355108	0871-8188752	昆明高新区管委会办公楼421室	650000
53	浙江	杭州高新技术产业开发区	0571-88060686	0571-88060687	杭州市文三路199号杭州高新技术开发区	310012

二、软件产业基地

序号	地区	单位	电话	传真	地址	邮编
1	北京	北京科技委员会	010-66153423	010-66153425	北京西直门南大街16号	100035
2	上海	浦东软件园	021-38954510	021-38954511	浦东新区郭守敬路498号	201230
3	天津	天津华苑软件园	022-23613218	022-23613218	天津市南开区科研西路8号	300192
4	河南	国家863中部软件园	0371-65318863	0371-7980188	郑州市高新区翠竹路银屏路交叉口	450000
5	湖北	湖北软件产业基地	027-87425114	027-87401911	湖北省武汉市珞瑜路546号	430079

序号	地区	单位	电话	传真	地址	邮编
6	江苏	常州软件园	0519-5119807	0519-5158100	常州创新科技园创新北楼305室	213022
7	江苏	南京软件园	025-58841788	025-58641290	南京3209信箱	210061
8	江苏	苏州软件园	0512-65158620 0512-65156915	0512-65158620	苏州市人民路979号苏州科技大楼101室	215002
9	江苏	无锡软件园	0510-85223399 0510-85225336	0510-85227472	江苏省无锡市长江路16号无锡软件园	214028
10	江西	江西金庐软件园	0791-8161069	0791-8161717	江西省南昌高新路火炬大街	330029
11	辽宁	大连软件园	0411-84760030 0411-84760031 0411-84760025	0411-84761107	大连市五一路数码广场1号	116023
12	辽宁	东北软件园	024-83667788	024-23782700	中国辽宁省沈阳市浑南高新技术产业开发区 东软软件园(沈阳园区)	110179
13	山东	济南齐鲁软件园	0531-86519999	0531-88871002	山东省济南市高新区舜华路1号	250000
14	陕西	西安软件园	029-87669506	029-87669418	陕西省西安市高新开发区科技二路68号	710075
15	浙江	宁波国际软件园	0574-86820115 0574-86820177	0574-86820115	宁波保税区发展大厦1101	315800
16	沈阳	东大软件园	024-23782700	024-23782700	辽宁省沈阳市东北大学	110006
17	浙江	杭州高新软件园	0571-8060767	0571-8060687	浙江杭州高新区之江区块北环路1号(杭州市文三路27号高新区管委会)	310053 (310012)
18	四川	西部软件园	028-87955211	028-87955211	四川省成都市红光科技工业园区	611743
19	湖南	长沙软件园	0731-8992788 0731-8992700	0731-8992666	湖南长沙市河西岳麓山高科技园	410080
20	吉林	长春软件园	0431-85542520 0431-85171602	0431-85542520	长春市硅谷大街4000号创业大厦1108室	130012
21	山东	青岛软件园	0532-5712652	0532-5712652	青岛市闽江路172号	266071
22	福建	福州软件园	0591-87273025	0591-87273025	福州市软件大道89号管理服务中心	350003
23	福建	厦门软件园	0592-2512525	0592-2513132	厦门曾厝安厦门软件园综合楼1楼	361005
24	安徽	合肥软件园	0551-5325326	0551-5324016	合肥市长江西路669号	230088
25	甘肃	兰州软件园	0931-8555739	0931-8554631	兰州张苏滩575号(兰州大学科技园1号楼4楼))	730010
26	云南	昆明高新软件园	0871-8310300 0871-8310336	0871-8310300	云南昆明高新技术产业开发区光明电脑电信城F座	650106

三、大学科技园

序号	地区	单位	电话	传真	地址	邮编
1	北京	北京大学国家大学科技园	010-82667842	010-82667840	北京市海淀区海淀路52号北大太平洋科技大厦17层	100080
2	北京	清华大学国家大学科技园	010-62785888	010-62772777	北京清华大学东门创新大厦A座16层	100084
3	北京	北京航空航天大学国家大学科技园	010-82316216 010-82332860	010-82338231	北京市海淀区学院路35号世宁大厦402A	100083
4	上海	复旦大学国家大学科技园	021-65643881	021-65651122	上海市邯郸路220号	200433
5	上海	上海交通大学国家科技园	021-64394772	021-64394772	上海市徐汇区红桥路333号	200030
6	天津	南开大学国家大学科技园	022-83712333	022-83711817	天津市华苑产业区工华道南开大学科技园C座	300000
7	天津	天津大学国家大学科技园	022-27406936	022-27891118	天津市南开区卫津路92号	300072
8	重庆	重庆大学国家大学科技园	023-65111780	023-65111780	重庆市沙坪坝区沙中路	400044
9	安徽	合肥大学国家大学科技园	0551-5323950	0551-5325781	安徽省合肥市黄山路（临）602号	230088
10	甘肃	兰州大学国家大学科技园	0931-8910955	0931-8910918	兰州大学科技园东岗西路249号	730000
11	广东	华南理工大学国家大学科技园	020-87111098	020-87112133	广州省广州市天河区五山路华南理工大学3号楼1层	510640
12	黑龙江	哈尔滨工程大学国家科技园	0451-82518338	0451-87529952	哈尔滨市南通大街258号船舶大厦十五层	150001
13	湖南	岳麓山大学国家大学科技园	0731-8711847	0731-8713541	长沙市岳麓区消相大道创业大厦	410002
14	江苏	东南大学国家大学科技园	025-84500023	025-84526963	南京市长江后街6号	210018
15	江苏	南京-鼓楼高校国家大学科技园	025-83321625 025-83329782 025-83329716	025-83329572	南京市广州路228号易发科技大厦304室	210024
16	江苏	南京理工大学国家大学科技园	025-84315332	025-84318054	南京市白下区光华路1号	210014
17	江西	南昌大学国家大学科技园	0791- 8100252	0791-8115815	南昌高新开发区高新大道589号	330029
18	陕西	西安交通大学科技园有限公司	029-83399995	029-83398008	陕西省西安雁翔路99号	710054
19	陕西	西北工业大学国家大学科技园	029-88315572	029-88315512	西安高新区沣惠南路34号	710065
20	陕西	西北农林科技大学科技园产业集团	029-87091271	029-87091272	陕西杨凌邰城路3号	702100

序号	地区	单位	电话	传真	地址	邮编
21	四川	电子科技大学国家大学科技园	028-83201401	028-83207286	四川省成都市建设北路二段	610054
22	四川	四川大学国家大学科技园	028-85407368	028-85401898	四川成都科华北路 99 号	610065
23	云南	云南大学省国家大学科技园	0871-5031309	0871-5031309	云南省昆明市翠湖北路 2 号云南大学科技处	650091
24	河南	中国科学技术大学科技园	0395-2695056	0395-2695036	河南漯河湘江东路 19 号	462000
25	山东	山东大学国家大学科技园	0531-88369618	0531-88565968	济南市山大南路 27 号鲁能科技大厦	250000
26	浙江	浙江大学国家大学科技园	0571-87658118 0571-87658119	0571-87658133	浙江杭州浙大路 38 号	310027

四、创业中心

序号	地区	单位	电话	传真	地址	邮编
1	北京	北京高技术创业服务中心	010-64853169	010-64853169	北京朝阳区安翔北里 11 号创业大厦	100101
2	北京	北京望京科技园创业服务中心	010-64392299	010-64392411	北京市朝阳区望京利泽中园 106 号	100102
3	北京	中关村科技园区丰台园科技创业服务中心	010-63747737	010-63728448	北京丰台科学城科兴路 9 号	100070
4	北京	清华创业园	010-62772742/43/44/62776611	010-62780883	北京清华科技园学研大厦 A308	100084
5	北京	中关村科技园海淀园创业服务中心	010-82898748	010-62984933	海淀区上地信息中路 32 号中关村创业大厦	100085
6	上海	上海市科技创业中心	021-64839009	021-64833567	上海市钦州路 100 号	200235
7	上海	上海杨浦高新技术创业服务中心	021-65118148	021-65116218	杨浦区国定路 335 号 7001 室	200000
8	上海	上海张江高新技术创业服务中心	021-50800150	021-50801044	上海春晓路 350 号北 3 楼	201203
9	天津	天津市科技创业服务中心	022-87891084	022-87890535	天津市南开区科研西路 12 号	300192
10	天津	天津泰达国际创业中心	022-66211500	022-66211504	天津开发区第四大街 80 号天大科技园内 A1 座 4 层	300457
11	天津	天津新技术产业园区国际创业中心	022-83710085	022-83710936	天津市华苑产业区华天道 2 号火炬大厦	300384
12	重庆	重庆高新技术产业开发区创新服务中心	023-86062246 023-88802266	023-68694994	中国重庆高新区石桥铺科园一路 5 号	400039
13	安徽	芜湖高新技术创业服务中心	0553-5846617	0553-5848005	芜湖银湖北路	241000

序号	地区	单位	电话	传真	地址	邮编
14	福建	泉州市高新技术创业服务中心	0595-22492466	0595-22490101	泉州经济技术开发区德泰路51号A101	362000
15	福建	厦门高新技术创业中心	0592-3923888	0592-3923999	厦门留学人员创业园创业大厦	361006
16	甘肃	兰州高新技术产业开发区创业服务中心	0931-2160660	0931-2160667	兰州城关区575号高新技术产业开发区创1号楼	730010
17	广东	广州市高新技术创业服务中心	020-87578719	020-85513896	广州市天河东路242号306	510620
18	广东	深圳市科技创业服务中心	0755-83699801	0755-3233776	深圳市上步中路科学馆4楼	518031
19	广西	南宁新技术创业者中心	0771-3213368	0771-3213233	南宁市科园东4路5号3楼B01	530003
20	广西	桂林科技创业服务中心	0773-5815692 0773-5817229	0773-5819274	桂林市空明西路高新创业大厦	541000
21	河北	石家庄高新技术创业服务中心	0311-83811546	0311-83825920	石家庄市新石北路368号创业大楼4楼409室	050091
22	河北	唐山高新技术创业中心	0315-3855847	0315-3855847	唐山市高新技术开发区西昌路北口创新大厦	063020
23	河南	洛阳高技术创业服务中心	0379-64323381	0379-64311036	洛阳高新技术开发区丰华路6号	471003
24	河南	郑州高新技术产业开发区创业中心	0371-7981230 0371-7896789 0371-7896798 0371-7896799 0371-7896800	0371-7981233	郑州高新技术产业开发区瑞达路96号	450001
25	河南	安阳高新技术产业开发区管理委员会	0372-2997507	0372-2961067	安阳高新区安阳开发区管委会	455000
26	黑龙江	大庆高新技术创业服务中心	0459-6282539	0459-6282536	大庆高新区高新路12号	163000
27	黑龙江	哈尔滨高新技术创业服务中心	0451-82323005	0451-82321334	哈尔滨嵩山路哈尔滨高科技创业中心	150090
28	湖北	湖北黄石磁湖科技创业服务中心	0714-6355058	0714-6355058	湖北省黄石市杭州西路89号磁湖创业中心B栋6楼	435003
29	湖北	武汉东湖新技术创业服务中心	027-59715239	027-59715238	武汉东湖新技术开发区光谷创业街七号楼二楼	430074
30	湖北	襄樊高新技术创业服务中心	0710-3278169	0710-3226587	湖北省襄樊市春园西路8号高新孵化园	441003
31	湖南	株洲高新技术产业开发区创业服务中心	0733-8836881	0733-8836881	湖南株洲市河西泰山路标准厂房A1栋	412007
32	吉林	长春科技创业服务中心	0431-85542433	0431-85528550	长春硅谷大街4000号	130012
33	吉林	吉林高新技术创业服务中心	0432-4648201	0432-4648207	吉林省吉林市高新区深圳街86号	132013

序号	地区	单位	电话	传真	地址	邮编
34	江苏	常州市科技创业服务中心	0519-5105746	0519-5106846	常州市新北区高新科技园305室	213000
35	江苏	南京科技创业服务中心	025-58843277	025-58841993	南京高新区15楼	210061
36	江苏	苏州高新技术创业服务中心	0512-68252537	0512-68256218	苏州高新区竹园路209号	215011
37	江苏	苏州工业园科技企业孵化器	0512-62529888	0512-62529777	苏州工业园区国际科技园管理中心	215021
38	江苏	无锡高新技术创业服务中心	0510-88084043	0510-85213590	无锡市长江路7号	214000
39	江苏	扬州高新技术创业服务中心	0514-7963837	0514-5126567	扬州市邗江中路119号	225009
40	辽宁	鞍山高新技术创业服务中心	0412-5211326	0412-5212221	中国辽宁省鞍山市千山路288号	114044
41	辽宁	大连市高新技术创业服务中心	0411-84791773	0411-84792713	大连市高新园区七贤岭产业化基地火炬路1号	116023
42	辽宁	沈阳高新技术创业服务中心	024-23745004	024-23745002	沈阳高新技术产业开发区浑南产业区世纪路1号A座4楼	110179
43	山东	济南高新技术创业服务中心科技创业服务中心	0531-88037851 0531-88037855 0531-88037852	0531-88912544	济南市花园路40号火炬大厦	250100
44	山东	济南腊山高新技术创业服务中心	0531-87502766	0531-87502766	济南市腊山路断店南路18号	250022
45	山东	临沂高新技术创业服务中心	0539-8288037	0539-7109096	山东省临沂高新技术产业开发区工业北路西段创业大厦	276017
46	山东	威海高技术创业服务中心	0631-5817920	0631-5817413	威海市文化中路80号-1	264200
47	山东	威海火炬高技术产业开发区高新技术创业服务中心	0631-5687755	0631-5680418	山东省威海市高技区沈阳路108号创业大厦702室创业服务中心	264209
48	山东	烟台高新技术创业服务中心	0535-6719500	0535-6719565	烟台市迎存大街133号	264000
49	山西	山西省高新技术创业中心	0351-2209903	0351-2209904	太原市长治路249号	030006
50	陕西	宝鸡高科技创业服务中心	0917-3322901	0917-3322911	陕西省宝鸡市火炬路6号创业大厦	721006
51	陕西	杨凌农业高新技术产业示范区创业服务中心	029-87035538	029-87035398	陕西杨神农路16号	712100
52	四川	成都高新技术创业服务中心	028-85184340	028-85184196	成都高新区科园2路1号	610041
53	四川	成都高新区技术创新服务中心	028-85177978 028-85335555	028-87859028 028-85312171	成都天府大道南延县高新孵化园创新服务中心	610000
54	四川	绵阳高新技术产业开发区创业服务中心	0816-2546170	0816-2546170	绵阳市迎宾大道中段孵化大楼C区201	621000

序号	地区	单位	电话	传真	地址	邮编
55	云南	昆明高新技术创业服务中心	0871-8181219	0871-8181219	昆明高新区二环路220号	650018
56	浙江	杭州高新技术产业开发区科技创业服务中心	0571-88218885	0571-88073859	浙江省杭州市文三路199号	310012
57	浙江	宁波市科技创业中心	0574-87907875 0574-87907074	0574-87907875	宁波市科技园区院士路1号	315000
58	宁夏	宁夏高新技术创业服务中心	0951-5032946	0951-5034668	银川开发区1号厂房4层	750001
59	贵州	贵阳高新技术产业开发区创业服务中心	0851-6317726	0851-6317069	贵阳市高新开发区火炬大厦	550018

五、留学生创业园

序号	地区	单位	电话	传真	地址	邮编
1	北京	北京市留学人员海淀创业园	010-82898748	010-62984933	北京市海淀区上地信息路26号	100085
2	上海	上海留学人员创业园张江高科技园区	021-50801818	021-50800686	上海市浦东新区龙东大道200号	201203
3	天津	天津新技术产业园区留学生创业园	022-83710085	022-83710936	天津市华苑产业区华天道2号火炬大厦	300384
4	福建	福建留学人员创业园	0591-87676733	0591-87677833	福州东大路36福建人才大厦6层	350000
5	福建	厦门留学人员创业园	0592-3923888	0592-3923999	厦门留学人员创业园创业大厦1层	361009
6	广东	留学人员广州创业园	020-82111956	020- 82111926	广州经济技术开发区宝石路11号	510730
7	广西	桂林留学人员创业园	0773-5815692	0773-5819274	桂林市施家园路6号	541000
8	湖北	武汉留学人员创业园	027-87617337	027-87617342	武汉东湖开发区华光大道18号高科大厦6018室	430074
9	吉林	长春海外学人创业园	0431-85542433	0431-85528550	长春市高新开发区硅谷大街4000号创业大厦916A	130012
10	江苏	江苏昆山留学人员创业园	0512-57320198	0512-57375605	昆山长江南路留学人员创业园	215300
11	江苏	苏州留学人员创业园	0512-8250515 0512-8251021 0512-8252537	0512-8256218	苏州新区滨河路258号	215000
12	辽宁	大连留学人员创业园	0411-84790268 0411-84791773	0411-84792713	大连高新园区七贤岭产业化基地高新街3号	116023
13	辽宁	沈阳海外学子创业园	024-23745006	024-23745002	沈阳浑南产业区世纪路1号A座4楼	110179
14	山东	济南留学人员创业园	0531-88037851	0531-88037860	济南市花园路40号火炬大厦	250100

序号	地区	单位	电话	传真	地址	邮编
15	山东	烟台留学人员创业园	0535-6385289	0535-6379571	烟台经济技术开发区珠江路28号科技大厦10楼	264006
16	四川	成都留学人员创业园	028-85184614	028-85177578	成都市高新技术产业开发区起步区	610000
17	浙江	宁波保税区留学人员创业园	0574-86861310	0574-86869112	宁波北仑保税区东区创业大楼3楼	315800
18	浙江	杭州市留学人员创业园	0571-8061990 0571-8217847	0571-8060687	浙江省杭州市文三路199号	310012
19	陕西	西安留学人员创业园	029-88210064 029-88225981	029-88236567	西安高新区高新一路25号创新大厦2层	710075
20	黑龙江	哈尔滨海外人员创业园	0451-2320052	0451-82344005	哈尔滨高新技术产业开发区南岗集中区红旗大街162号	150090
21	安徽	合肥留学人员创业园	0551-5311479 0551-5311218	0551-5312330	合肥长江西路669号	230088

六、特色产业基地

序号	地区	单位	电话	传真	地址	邮编
1	河北	保定高新区天威英力新能源有限公司	0312-3100500	0312-3151881	保定市高新技术产业开发区	071051
2	河南	河南超硬材料产业基地	0371-67985957 0371-67992235	0371-67985019	郑州高新技术产业开发区银屏路9号	450001
3	河南	濮阳生物化工产业基地	0393-4616453	0393-4616457	河南省濮阳市黄河西路濮高新区官委会	457000
4	湖北	谷城县信息管理中心	0710-7241220	0710-7232388	湖北省谷城县县府街52号	441700
5	湖南	浏阳生物医药产业基地	0731-3219688	0731-3280666	湖南省浏阳生物医药园	410329
6	吉林	通化生物医药产业基地	0435-3259332	0435-3212977	通化市建设大街499号	134000
7	江苏	海门新材料产业基地	0513-2212248	0513- 2225150	江苏海门市解放东路66号	226100

附录六　中国风险投资相关中介机构名录

一、会计师事务所

地区	单位名称	电话	传真	地址	邮编
北京	岳华会计师事务所	010-84584405-09	010-84584428	北京市朝阳霄云路26号鹏润大厦1201-1203	100016
北京	中审会计师事务所	010-88415996	010-88415997	北京市海淀区阜石路67号银都大厦6层	100036
北京	中科华会计师事务所	010-62536723	010-62536723	北京市海淀区苏州街78号	100080
北京	中喜会计师事务所	010-83915232	010-83913756	北京市西长安街88号首都时代广场422室	100052
北京	北京中天华正会计师事务所	010-68051737	010-88067057	北京市西城区阜外大街2号万通新世界广场B座1806号	100037
北京	中瑞华恒信会计师事务所	010-88091188	010-88091199	北京市西城区金融大街35号国企大厦A座8层	100032
北京	天一会计师事务所	010-66212115	010-66212115	北京市西城区金融街27号投资广场A座1804	100032
北京	中磊会计师事务所	010-88067057	010-88067057	北京市西城区西单中水大厦218	100032
北京	中华财务会计咨询公司	010-68081472	010-68081470	北京市西城区月坛北街2号月坛大厦709	100045
北京	北京中兴宇会计师事务所	010-83915599	010-83915077	北京市西长安街88号首都新时代广场818号	100031
北京	北京兴华会计师事务所	010-68587588	010-68587589	北京市西城区阜成门外大街2号万通新世界广场708室	100037
北京	长城会计师事务所	010-68768472	010-68768476	北京市海淀区紫竹院路车道沟甲8号	100089
北京	安永华明会计师事务所	010-65246688	010-85188298	北京东长安街1号东方广场东方经贸城东三办公楼16层	100738
北京	北京永拓会计师事务所	010-65950511	010-65955570	北京市朝阳区东大桥路关东店北街1号国安大厦13层	100020
北京	中和正信会计师事务所	010-65030063	010-65050061	北京市朝阳区东三环路25号住总大厦E层	100020
北京	北京京都会计师事务所	010-65264838	010-65227521	北京市朝阳区建外大街22号赛特广场5层	100004
北京	天职孜信会计师事务所	010-88018766	010-88018737	北京市海淀区车公庄西路乙19号华通大厦B座	100044

地区	单位名称	电话	传真	地址	邮编
北京	天华会计师事务所	010-68569800	010-68569590	北京市西城区复兴门外大街A2号中化大厦17层	100045
北京	天健会计师事务所	010-66212130	010-66212110	北京市西城区金融街27号投资广场A座17层	100032
北京	毕马威振华会计师事务所（北京）	010-85185000	010-85185111	北京市东长安街1号东方广场东2座8层	100738
上海	上海众华会计师事务所	021-58204469	021-54580058	上海市徐汇区虹桥路313号403室	200122
上海	大华会计师事务所	021-63070766	021-63243522	上海市昆山路146号	200080
上海	上海上会会计师事务所	021-63070566	021-63070565	上海市四川北路1318号福海商业中心9楼	200080
上海	上海立信长江会计师事务所	021-63606600	021-63501004	上海市南京东路61号新黄浦金融大厦4楼	200002
上海	上海众华沪银会计师事务所	021-58799970	021-58872507	上海市浦东大道288号东信大厦7楼	200120
上海	上海东华会计师事务所	021-64458590	021-64663920	上海市太原路87号（甲）	200031
上海	普华永道中天会计师事务所	021-63863388	021-63863300	上海市淮海中路333号瑞安广场12楼	200020
上海	上海万隆众天会计师事务所	021-63788398	021-63787200-2316	上海市黄浦区迎勋路168号17楼	200011
上海	德勤华永会计师事务所有限公司	021-63350202	021-63350003	上海市延安东路222号外滩中心30楼	200002
上海	毕马威振华会计师事务所（上海）	021-53594666	021-62881889	上海市南京路西路1266	200040
天津	天津市津评协通会计师事务所	022-23201488	022-23201488	天津市河西区解放南路256号泰达大厦6层	300042
天津	天津华夏松德有限责任会计师事务所	022-88238268	022-88238776	天津市河西区围堤道146号	300201
天津	天津中联会计师事务所	022-23685688	022-23201482	天津市南开区水上公园路水之花园C区7号	300191
重庆	重庆康华会计师事务所	023-63620933	023-63625914	重庆市渝中区中山三路168号中安国际大厦22层	400015
重庆	重庆天健会计师事务所	023-63651196	023-63651161	重庆市渝中区人和街201号5楼	400015
安徽	安徽华普会计师事务所	0551-2646805	0551-2652879	合肥市荣事达大道100号振信大厦B座8-9楼	230001
福建	福州闽都会计师事务所	0591-83312779	0591-3323577	福建福州南门古田路双福楼东4层	350005
福建	福建华兴会计师事务所	0591-87827990	0591-7840354	福州市湖东路152号中山大厦B座7-9层	350003

地区	单位名称	电话	传真	地址	邮编
福建	厦门天健华天会计师事务所	0592-2218833	0592-2217555	厦门湖滨南路57号金源大厦17、18层	361004
深圳	深圳鹏城会计师事务所	0755-82203222	0755-82237549	深圳市东门南路2006号宝丰大厦5楼	518002
深圳	深圳天健信德会计师事务所	0755-82903666	0755-82890751	深圳市福田区滨河大道5020号证券大厦16层	518026
深圳	深圳大华天诚会计师事务所	0755-82900952	0755-82900965	深圳市福田区滨河大道5022号联合广场B座11层	518026
深圳	深圳南方民和会计师事务所	0755-83781709	0755-83259828	深圳市深南中路电子大厦8层	518042
湖南	湖南天职孜信会计师事务所	0731-2183800	0731-2183808	湖南省长沙市车站北路329号证券大厦	410001
湖南	湖南开元会计师事务所	0731-5179800	0731-5179801	湖南省长沙市侯家塘北芙蓉中路692号新世纪城19-20层	410015
湖南	湖南湘资会计师事务所	0731-5165300	0731-5165300	湖南省长沙市芙蓉中路486号	410015
江苏	江苏公证会计师事务所	0510-5888988	0510-5885275	江苏省无锡市梁溪路28号	210461
江苏	江苏天华大彭会计师事务所	025-83734348	025-83716000	南京市武夷路5号	210024
江苏	江苏苏亚金诚会计师事务所	025-83235002	025-83235046	南京市云南路31-1号苏建大厦21-22层	210008
江苏	江苏天衡会计师事务所	025-84711188	025-84724882	江苏南京市新街口正洪街18号东宇大厦8楼	210005
江苏	南京永华会计师事务所	025-83305054	025-83309809	江苏省南京市中山北路26号8-10楼	210008
湖北	武汉众环会计师事务所	027-85426261	027-85424329	武汉市解放大道单洞路口武汉国际大厦B座16楼	430022
湖北	湖北中正会计师事务所	027-87277821	027-87896566	武汉市中南路中南大厦A座4-5楼	430071
湖北	湖北大信会计师事务所	027-82833521	027-82816985	武汉市中山大道1056号金源世界中心AB座7-8楼	430013
四川	四川君和会计师事务所	028-86698855	028-86698635	成都市八宝街88号国信广场22、23楼	610016
四川	四川华信（集团）会计师事务所	028-85560449	028-85592480	四川成都洗面桥街8号	610041
浙江	浙江东方会计师事务所	0571-87178818	0571-87178818	浙江省杭州市清泰街563号	310009
浙江	浙江天健会计师事务所	0571-88216888	0571-88216999	浙江省杭州市文三路388号钱江科技大厦15-20层	310012
甘肃	五联联合会计师事务所	0931-8897262	0931-8897088	甘肃省兰州市城关区民主东路249号移动通信大厦4楼	730000

地区	单位名称	电话	传真	地址	邮编
甘肃	甘肃弘信会计师事务所	0931-8721112	0931-8721112	甘肃省兰州市城关区民主东路249号移动通讯大厦5楼	730000
云南	云南亚太会计师事务所	0871-3121203	0871-3184386	云南省昆明市拓东路23号	650011
河南	亚太（集团）会计师事务所	0371-65336666	0371-65336363	郑州市红专路84号	450008
河南	河南联华会计师事务所	0371-65648112	0317-65648112	河南省郑州市纬二路27号	450003

二、资产评估机构

地区	单位名称	电话	传真	地址	邮编
北京	北京中企华资产评估公司	010-65881818	010-65882651	北京市朝外大街22号泛利大厦910	100020
北京	北京德祥资产评估有限公司	010-65955310	010-65955310	北京市朝阳区东大桥路关东北街1号国安大厦12层	100020
北京	中通诚资产评估有限公司	010-64414576	010-64418970	北京市朝阳区樱花西街胜古北里27号楼1层	100029
北京	北京北方亚事资产评估有限责任公司	010-83549216	010-83549215	北京市宣武区广内大街6号丰桦豪景大厦A座7单元5层	100053
北京	北京龙源智博资产评估有限责任公司	010-65263760	010-85866877	北京市东城区王府井大街138号新东安写字楼2座8层813A	100006
北京	北京六合正旭资产评估公司	010-63950272	010-63950272	北京市复兴路12号恩菲科技大厦B309	100038
北京	北京市世纪智源资产评估公司	010-63960702	010-63960702	北京市复兴路丙12号	100038
北京	中商资产评估公司	010-88026164	010-88026272	北京市海淀区白石桥路方圆大厦B座1303室	100044
北京	中宇资产评估有限责任公司	010-62072228	010-62136906	北京市西城区安德路67号	100011
北京	中联资产评估公司	010-68365066	010-68365038	北京市西城区阜外大街1号四川大厦东路22层	100037
北京	中天华资产评估事务所	010-68041920	010-68365038	北京市西城区阜外大行甲28号京润大厦6层	100037
北京	北京中证评估公司	010-66211199	010-66211196	北京市西城区金融街27号投资广场A座12层	100032
北京	北京天健兴业资产评估公司	010-66212130	010-66212110	北京市西城区金融街27号投资广场A座17层	100032
北京	北京国有大正资产评估公司	010-67160741	010-67161412	北京市崇文区广渠门南小街领行国际中心3楼1座2505	100061
北京	中元国际资产评估有限责任公司	010-66417407	010-66410448	北京市西城区宣武门西大街甲129号	100031

地区	单位名称	电话	传真	地址	邮编
北京	中水资产评估有限公司	010-88118892	010-88118890	北京市海淀区阜成路42号中裕商务花园33号B座4层	100036
上海	上海东洲资产评估公司	021-62251997	021-62252086	上海市长宁区定西路1279号2楼	200050
上海	上海万隆资产评估有限公司	021-63768528	021-63766556	上海市嘉定区南翔镇真南路4980号	200011
上海	上海银信汇业资产评估公司	021-63068770	021-63069771	上海海宁路358号国际商务商厦18楼	200032
上海	上海长信资产评估公司	021-62741920	021-62287537	上海市武夷路729-733号长信大楼	200051
上海	上海大华资产评估公司	021-63391508	021-63391116	上海市南京东路61号15层	200001
上海	上海财瑞资产评估公司	021-62261357	021-62257892	上海市延安西路1357号	200050
上海	上海上会资产评估公司	021-52920000	021-52921369	上海市威海路755号文新报业大厦20楼	200083
上海	上海立信资产评估公司	021-64871125	021-64871128	上海市肇嘉浜路301号23楼	200232
安徽	安徽国信资产评估公司	0551-2623369	0551-2623369	安徽省合肥市益民街28号文采大厦7楼	230061
福建	福州联合资产评估公司	0591-83323575	0591-3323575	福建省福州市古田路双福东楼4层、5层	350005
福建	福建中兴资产评估公司	0591-87275883	0591-7275883	福建省福州市湖东路152号中山大厦B座11层	350003
福建	厦门大学资产评估事务所	0592-5804752	0592-2180646	福建省厦门市演武路	361005
海南	海南普诚华通资产评估事务所	0898-68541982	0898-66254868	海南省海口市金贸区德派斯大厦C座402室	570125
湖北	湖北大信资产评估有限公司	027-82783507	027-82771642	湖北省武汉市江岸区南京路135号金宝大厦6层C-G座	430014
湖北	湖北众联咨询评估公司	027-87326962	027-87236748	湖北省武汉市武昌中北路津津花园B座12层	430071
江苏	江苏仁合资产评估公司	0512-65194850	0512-65194850	江苏省苏州市竹辉路301-1号	215007
江苏	江苏中天资产评估公司	0519-8157878	0519-8157878	江苏省常州市博爱路72号	213002
四川	四川华衡资产评估公司	028-86654455	028-84332924	四川省成都锦江区天仙桥南路3号汇江楼5楼	610021
浙江	浙江天健资产评估公司	0571-88216888	0571-88216999	浙江省杭州市西湖区文三路388号	310006
广东	深圳市中勤信资产评估公司	0755-83683607	0755-83683090	深圳市深南中路2070号电子科技大厦C座23层AB室	518031

三、律师事务所构

地区	单位名称	电话	传真	地址	邮编	联系人	职务	邮箱
北京	凯源律师事务所	010-66001587		北京西城区成铭大厦E座	100000			info@anlilaw.com
	北京同达律师事务所	010-65185559	010-65185057	北京东城区建国门内贡院西街6号E座7层	100005			lawyerweb@vip.163.com
	北京市汇佳律师事务所	010-88586076	010-68905743	北京海淀区阜成路北三街8号中国消费者报大厦8层	100037			guantao@guantao.com
	北京中盛律师事务所	010-85262730	010-85262739	北京建国门外大街19号国际大厦15层	100000	杨 乐	主 任	mail@eastcapital.com.cn
	惠诚律师事务所	010-65801713	010-65801713-215	北京市朝外大街19号华普国际大厦515室	100020	张晓维	主 任	hanhua@hanhualaw.com
	北京市立方律师事务所	010-65885450	010-65885462	北京市朝阳门外大街18号丰联广场A座写字楼2512室	100020	徐 蓬	主 任	hd@hdlawfirm.com
	安理律师事务所	010-65882050	010-65882052	北京市朝阳门外大街18号丰联广场A座2312室	100020	魏启学	总经理	ip.patent@kingandwood.com
	北京市奕明律师事务所	010-64787178	010-6478728	北京市朝阳区望京西路48号金隅国际C座105	100102	任继圣	主 任	king@king-capital.com
	天路律师事务所	010-58773618	010-58773618	北京市朝阳区北辰西路69号峻峰华庭C座208	100129	赵晓华		jdcsc@china.com
	中咨律师事务所	010-66091188		北京市西城区阜成门北大街6~9号国际投资大厦C座16~17层	100034	华 雷 金 明		jzj@junzejun.com
	同创律师事务所	010-65950183	010-65949762	北京市朝阳区朝外大街延静西里2号华商大厦1105室	100025	童明友	主 任	kangda@sh163.net
	北京亿中律师事务所	010-84837581	010-84838938	北京市朝阳区安立路101号名人广场32层	100101	赵维光		bestsj@263.net
	北京市亿中律师事务所	010-65884023	010-65884030	北京市朝阳区朝阳门外大街20号联合大厦3层	100020	蓝 雄		borong@boronglaw.com
	北京汉华律师事务所	010-64107060	010-64107161	北京市朝阳区东三环北路2号南银大厦601室	100027	李梦福	主 任	fada@beijinglawyer.org
	北京市中润律师事务所	010-84471800	010-84471810	北京市朝阳区东三环北路戊2号国际港C座10层	100027	龚雁梓		office@ghpartners.com.cn
	北京市合川律师事务所	010-65686310	010-65686551	北京市朝阳区东三环南路2号艾维克大厦1503-1504	100020	许 涛	主 任	gl-lawyer@sohu.com

地区	单位名称	电话	传真	地址	邮编	联系人	职务	邮箱
北京	嘉浩律师事务所	010-85271910	010-85271920	北京市朝阳区东土城路14号建达大厦21层	100022	曾　斌		laawyer@guotao.com.cn
	北京金杜律师事务所	010-58785588	010-58785566	北京市朝阳区建外SOHO A座31层	100022	栾建平		lawyer@haituo.com
	华一律师事务所	010-85271736	010-85271604	北京市朝阳区和平里东土城路14号建达大厦23层	100013	余谈阵		office@oceanlawfirm.com
	天睿律师事务所	010-84541888	010-65974149	北京市朝阳区呼家楼京广商务中心楼411室	100020	邱宝昌	主　任	hj@hjlawyer.com
	中兆律师事务所	010-64988368	010-64988366	北京市朝阳区惠新东街23号元立大厦7层	100029	王汉坡		
	中伦金通律师事务所	010-65681188	010-65687317	北京市朝阳区建国路118号招商局中心01楼12层	100022	王　峥	主　任	ltlaw@sohu.com
	嘉润律师事务所	010-65142061	010-65142070	北京市朝阳区建国门外大街22号赛特大厦601室	100004			yzlaw@yzlaw.com.cn
	大地律师事务所海外部	010-58695195	010-58695197	北京市朝阳区建外SOHO A座1907	100022			root@bjls.net
	金平律师事务所	010-64606504	010-64606496	北京市朝阳区亮马桥路32号高斓大厦202-205室	100016	刘　勇		zhengpinglawfirm@sohu.com
	北京市高朋天达律师事务所	010-65906639	010-65906650	北京市朝阳区亮马河大厦写字楼2座19层	100004	李世亮		ssc@law-ssc.com
	北京市国韬律师事务所	010-65083250	010-65929962	北京市朝阳区六里屯北里10号国韬律师楼	100026	刘红宇		tongda@tongdalawyer.com
	环球律师事务所北京总部	010-65973232	010-64672012	北京市朝阳区呼家楼京广商务中心楼3709	100020	赵　湘		xiwang@lawyer.org.cn
	北京恒德律师事务所	010-64465211	010-64465211	北京市朝阳区西坝河南路甲1号新天第家园A座706室	100028	赵秀峰		nslawyer@public.bta.net.cn
	天波律师事务所	010-84643018	010-84649785	北京市朝阳区小营路10号阳明广场3号楼北座11E	100101	王明哲		yzlaw@yzlaw.com.cn
	北京市国联律师事务所	010-62532155	010-62536183	北京市海淀区知春路113号银网中心B座1110	100086	刘会利	主　任	mail@zhongshenglawfirm.com
	怡丰律师事务所	010-58220250	010-58220290	北京市朝阳区曙光西里甲1号东域大厦第三置业B座3003	100028	苏永海	经　理	eddie.so@kpmg.com.cn
	京颐律师事务所	010-67086888	010-67086886	北京市崇文区崇文门外大街3号新世界中心北办公楼1116号	100062			stephen.yiu@kpmg.com.cn

地区	单位名称	电话	传真	地址	邮编	联系人	职务	邮箱
北京	尚公律师事务所	010-65288888	010-65226989	北京市东长安街长安大厦3层	100006	熊　琳	律　师	xionglin@dadilaw.com
	天同律师事务所	010-51669666	010-51669666	北京市东城区东交民巷28号红都商务会馆B座3层	100006	栾建平		derui@deruilaw.com
	北京市博融律师事务所	010-64073379	010-64073380	北京市东城区东直门内草原胡同76号聚才大厦417-419室	100027	冯　江		Feng jlaeyer@163.net
	劳赛德律师事务所	010-84511075	010-84511299	北京市东城区东直门外大街35号东湖别墅写字楼C座4层	100027	林昌炽		Feng jlaeyer@163.net
	怡文律师事务所	010-65543435	010-65546035	北京市东城区东中街58号美惠大厦D座604室	100027	张敬前		Bh-lawyer@china.com
	北京希望律师事务所	010-84210102	010-84215384	北京市东城区和平里五区甲19号楼	100013	刘闻生		szjsx@sohu.com
	四海通程律师事务所	010-65102530	010-65180218	北京市东城区建国门内大街7号光华长安大厦1座607室	100005	甘勇明		lawyer@cg-lawyer.com
	颐合律师事务所	010-65178866	010-65180276	北京市东城区建国门内大街7号光华长安大厦2座1910室	100005	钟　敏		cflawyer@sohu.net
	北京君泽君律师事务所	010-64268870	010-64217708	北京市东城区西滨河路9号中成大厦11层	100011	陈　忆	主　任	shenzhen@victorlaw.com
	六合金证律师事务所	010-65975009	010-65975308	北京市东三环北路19号华鹏大厦北楼607/608室	100020			
	北京市立天律师事务所	010-84094991	010-84094997	北京市东直门南大街9号华普花园A座201	100007	金永泉		email@jininfo.com
	金台律师事务所	010-63288571	010-63288570	北京市广安门外南滨河路1号高新大厦3层	100055			
	北京世纪律师事务所	010-82609961	010-82609965	北京市海淀区苏州街长远天地A2座12A07	100030	孙智峰		
	力行律师事务所	010-68536451	010-68536452	北京市海淀区复兴路乙9号(军博院内)	100038			
	普华律师事务所	010-88131230	010-88131239	北京市海淀区阜成路58号新洲商务大厦5层	100036	黄雄坤		szjindi@szonline.net
	北京国达律师事务所	010-88203195	010-88203691	北京市海淀区复兴路甲38号嘉德公寓1123房间	100039			
	北京市正平律师事务所	010-82028866	010-82028947	北京市海淀区马甸冠城北园6号楼1单元10层	100088	罗长森		julonglawfirm@hotmail.com

地区	单位名称	电话	传真	地址	邮编	联系人	职务	邮箱
北京	首创律师事务所	010-88355571	010-88354211	北京市海淀区首体南路20号国兴家园7楼708室	100044	洪　氢		Hong Qing666@Hotmail.com
	新元律师事务所	010-88515152	010-88515153	北京市海淀区西三环北路16号新元律师楼二层	100081	崔　军 陈　达		cj64@163.net
	北京市法大律师事务所	010-62228810	010-82228493	北京市海淀区西土城路25号(中国政法大学院内	100088	黄明根		banking@pubilc.szptt.net.cn
	恒泰信和律师事务所	010-82609538	010-82609539	北京市海淀区苏州街长远天地C座2单元602室	100080			
	德润律师事务所	010-51668278	010-62112050	北京市海淀区中关村南大街48号九龙商务C座5层	100081			
	广盛律师事务所	010-65813529	010-65816534	北京市建国路99号中服大厦25层	100000			
	君合律师事务所	010-85191300	010-85191350	北京市建国门北大街8号华润大厦20层	100005	刘小跃	律师，合伙人	liuxiaoyue@fm365. com liuxiaoyue@msn.com
	国浩律师集团事务所	010-65171188	010-65176800	北京市建国门内大街贡院西街6号贡院6号E座9层	100005	黄伟民		cus3008@21cn.com
	众意达律师事务所	010-66503183	010-66503778	北京市西城区后广平胡同38号国英公寓6B室	100035	吴　军		Office@ gslaw.com.cn
	建元律师事务所	010-66212828	010-66210767	北京市西城区金融大街23号平安大厦5层	100032		律师	weimin_huang@lawer.org.cn grandall@public2.bta.net.cn
	北京观韬律师事务所	010-88086638	010-88086645	北京市西城区金融大街33号通泰大厦B座6层	100032	王自力	主任	mail@hengtaixinhe.com.cn
	北京新世达律师事务所	010-84517608	010-84517613	北京市朝阳区左家庄1号国门大厦C座406	100028	李　鸿		honghe@lawyers.com.cn
	北京京都律师事务所	010-85253399	010-85251268	北京市朝外大街中国人寿大厦805	100020	徐申民		mail@watson-band.com.cn
	北京市海拓律师事务所	010-65389491	010-82031014	北京市朝阳区农展馆南里12号通广大厦3层301	100026	秦文莉		sino-com@lawyers.com.cn
	李晓光律师事务所	010-66132643	010-66132643	北京市西直门南大街6号国二招B座5222室	100035	魏振瀛		mail@huayilawyers.com
	北京宝华德律师事务所	010-83131381	010-83131382	北京市宣武区广安门内大街319号广信嘉园C座-13C室	100053	高移风		cglo@globallawoffice.com.cn
	岳成律师事务所	010-64906677	010-64906622	北京市亚运村安立路66号安立花园写字楼A座5层	100101	高红秀		h-hlaw@online.sh.cn.

地区	单位名称	电话	传真	地址	邮编	联系人	职务	邮箱
上海	上海星韵律师事务所	021-53081988	021-53081989	上海市北京东路668号科技京城西楼24层D2	200001	邱剑新	律　师	
	上海虹桥正瀚律师事务所	021-68825164	021-50470900	上海浦东南路528号证券大厦北塔18F	200120	范世汶		hclawyer@vip.sina.com
	上海市沪南律师事务所	021-63052920	021-63058907	上海市打浦路90弄2号锦城公寓内	200023	张赤军		daihongkun@justhopelaw.com
	上海市汇英达律师事务所	021-63757886	021-63757886	上海市福建中路188号中外运大厦30楼（福州路口）	200001	安念念		jjlawfirm@jiarun.com.cn
	上海市汇理律师事务所	021-24028277	021-24028278	上海市复兴中路593号民防大厦1504室汇理律师事务所	200020	鲁哈达		genesis@genesislawfirm.com.cn
	上海市华联律师事务所	021-65434270	021-65181433	上海市黄兴路122号 光大信成大厦	200090	金莲淑		goldbalance@goldbalance.com
	上海市弘安律师事务所	021-63457472	021-63450306	上海市方斜路525弄（明华大厦）2幢602室	200011	林章龙		jintai@ktlawyer.com
	上海浩英律师事务所	021-58766699	021-58871810	上海市陆家嘴东路161号招商局大厦25楼	200120	尹　艳		jy@winsonlawfirm.com
	上海市恒业律师事务所	021-62279595	021-62775723	上海市洛川东路360号（东方公寓）904室	200072	陈学明		mailto：chxmlaw@public.szptt.net.cn
	上海浩信律师事务所	021-63213399	021-53500057	上海市南京东路61号(新黄浦金融大厦)4楼	200002	巩　军		junhebj@junhe.com
	上海市联合律师事务所	021-68419377	021-68419499	上海市浦东新区陆家嘴东路166号	200120	徐　猛		lauseed@china.com
	上海浩华律师事务所	021-68879696	021-68878766	中国上海浦东陆家嘴东路161号招商局大厦2415室	200120	李晓光		lawyerxiaoguang@yahoo.com
	黄河律师事务所	021-63831766	021-63830969	上海市四川北路1318号福海商厦1918室	200080	朱寿全		
	上海海燕律师事务所	021-63640856	021-63577340	上海市四川北路1666号高宝新时代广场22层	200080	廖　靖		postmaster@commerciallawyer.com.cn
	上海市海之纯律师事务所	021-56961124	021-55600245	上海市四川北路2115号14楼A、B座	200081	刘守豹		phfirm@yahoo.com.cn
	上海市华荣律师事务所	021-56663737	021-56666940	上海市欧阳路568号庐迅大厦16楼	200081	曹海燕		huarong@lawyer.org.cn
	华诚律师事务所	021-52921111	021-52921001	上海市威海路755号文新报业大厦26楼	200041	袁季雨		hl@hllawyers.com
	鸿和律师事务所	021-62175515	021-62675388	上海市武定路1102号505-506室	200040	欧阳润		xhlaw@online.sh.cn

地区	单位名称	电话	传真	地址	邮编	联系人	职务	邮箱
上海	上海市华天平律师事务所	021-62178728	021-62189769	上海市新闸路1716号宝城公寓403室	200040	徐　捷		hy@handylawfirm.com
	北京康达律师事务所上海分所	021-63901100	021-63901010	上海市徐家汇路555号广东发展银行大厦11A/D	200023	孙加锋		Hengtaic@online.sh.cn
	上海恒泰律师事务所	021-62262625	021-32200273	上海市延安西路1088号长峰中心1001室	200052	韩长照		chinalight@citiz.net
	上海市华源律师事务所	021-62254788	021-52550315	上海市延安西路1355弄1号1F/B座	200050	翟崇林		haizhichun@online.sh.cn
	上海华晔律师事务所	021-50905725	021-68640799	上海市浦东新区东方路1363号海富花园12楼C座	200122	张慧卿		hengye@online.sh.cn
	华通律师事务所	021-64669892	021-64669893	上海市肇家浜路446弄2号楼401室	200031	穆世明		h-an-law@lawyers.com.cn
	上海市华夏律师事务所	021-64649480	021-64649480	上海市中山西路1538号	200235	崔惠平		webmaster@rainbowlawfirm.com
深圳	广东敏于行律师事务所	0755-83068330（24线）	0755-83065812	深圳深南大道6002号人民大厦15楼	518026	张盈东		
	广东淳锋律师事务所	0755-27875369	0755-27875269	深圳市宝安4区龙井路科技大厦11楼	518000	王晨波		
	广东宝城律师事务所	0755-27875691	0755-27786891	深圳市宝安区建安一路7号岭南宾馆3楼	518000	朱文杰	主任	
	广东深宝律师事务所	0755-27782006	0755-27780979	深圳市保安区四区龙井路粮食总公司大厦2楼	518101	肖建平	主任	
	广东金地律师事务所	0755-82990622	0755-82990625	深圳市滨河大5020号特区证券大厦12B楼	518000	缪林凤	主任	
	经天律师事务所	0755-82910800	0755-82910422	深圳市滨河大道5022号联合广场A座25楼	518026	刘　斌	主任	
	广东融关律师事务所	0755-82901300	0755-82901311	深圳市滨河大道联合广场A座47楼	518026	成建平	主任	
	广东海埠律师事务所	0755-82990380	0755-82990246	深圳市滨河路5020号证券大厦17楼1702室	518026	程惠瑛	主　任	
	广东巨龙律师事务所	0755-82949856（办公室）	0755-82949860	深圳市彩田南路海鹰大厦14楼D、E室	518000	朱洪超		
	广东广和律师事务所	0755-83679909	0755-83674205	深圳市福田区福虹路世界贸易广场A座20层	519000	李尚公	主　任	
	广东金卓越律师事务所深圳分所	0755-83460088 0755-83461188	0755-82931848	深圳市福田区福华一路深圳国际商会大厦A座1510-1513室	518000	张峰华		

地区	单位名称	电话	传真	地址	邮编	联系人	职务	邮箱
深圳	广东长昊律师事务所	0755-83829681	0755-83800481	深圳市福田区福民路博伦花园1栋203室	518000	徐 扬		
	广东明根律师事务所	0755-83673251	0755-83673251	深圳市福田区红荔路2001号四川大厦主楼505-507室	518000	张天莉	主 任	
	广东大圳律师事务所		0755-7820959	深圳市福田区深南中路国际科技大厦2603室	518000	高 强		
	广东新振昌律师事务所	0755-83353313	0755-83263868	深圳市福田区振华路海外装饰大厦A栋13楼1338号	518000	杨圣华	主 任	
	广东国欣律师事务所	0755-82113366 0755-82117577	0755-25564216	深圳市红岭中路1010号国际信托大厦六楼	510008	蒋 勇 首席合伙人		
	广东晟典律师事务所	0755-83789590	0755-82075163	深圳市华强北路4002号圣廷苑酒店B座19-20层	518101	黎永绿	专业律师	
	广东大公威德律师事务所	0755-82193030	0755-82286006	深圳市嘉宾路1号阳光酒店B座701-703室	518010	王 锐	主 任	
	广东诚公律师事务所	0755-26330758（市） 0755-82094558（直）	0755-25500420	深圳市上步中路1002号大院2栋2楼	518027	双 军		
	广东博合律师事务所	0755-2705881 0755-3303041	0755-83515090	深圳市深南大道6008号特区报业大厦24D、E	518009	刘玉明		
	北京京都律师事务所深圳分所	0755-25132482	0755-25132480	深圳市深南东路2019号东乐大厦1502-1504室	518002	陈守诚	主 任	
	广东东方金源律师事务所	0755-82461575 0755-82125259 0755-82125567	0755-82461373	深圳市深南东路地王大厦6305-6306	518000	岳 成		
	广东立国律师事务所		0755-83696719	深圳市红岭中路2118号建设集团大厦A座12	518008	陈 文	主 任	
	广东国浩律师集团事务所	0755-83781073	0755-83781395	深圳市深南中路2070号电子科技大厦A座17楼	518031	陶万岭		
	广东百利孚律师事务所		0755-83752460	深圳市深南中路3024号航空大厦22层	518000	吴建峰		
	广东众诚律师事务所		0755-83289711	深圳市深南中路3027号嘉汇新城汇商中心3008室	518003	宋彦禄	主 任	

四、主要证券公司

地区	单位名称	电话	传真	地址	邮编
北京	北京证券有限责任公司	010-68581166	010-68587832	北京海淀区车公庄西路乙19号华通大厦B座10	100044
北京	华夏证券公司	010-65178899	010-65186598	北京市朝内大街188号	100010
北京	中国国际金融有限公司	010-65051166	010-65051156	北京市复兴门外大街6号光大大厦23层	100045
北京	中国银河证券有限责任公司	010-66568888	010-66568532	北京市西城区金融大街35号国际大厦C座	100032
上海	申银万国证券股份有限公司	021-54033888	021-64678588	上海常熟路171号	200031
上海	上海证券有限责任公司	021-62521186	021-62529104	上海九江路111号	200002
上海	海通证券有限公司	021-53594566	021-53858549	上海市淮海中路98号	200021
上海	东方证券有限责任公司	021-62568800	021-62566000	上海市巨鹿路756号	200040
上海	北方证券公司	021-58887333	021-58889111	上海市浦东南路500号	200120
上海	光大证券有限责任公司	021-68816000	021-68817271	上海市浦东新区浦东南路528号上海证券大厦	200120
上海	国泰君安证券股份有限公司	021-62580818	021-62581911	上海市延平路135号	200042
天津	天津证券有限责任公司	022-27111141	022-27119890	天津市和平区劝业场街赤峰道	300041
安徽	华安证券有限责任公司	0551-5161666	0551-5161600	合肥市阜南路166号	230061
广西	广西证券有限责任公司	0771-5539010（投行部）	0771-5321254	南宁市教育路7-1号	530022
贵州	贵州证券有限责任公司	0851-5818577	0851-5830900	贵阳市中华中路111号	550001
甘肃	甘肃证券有限责任公司	0931-8440228	0931-8440269	兰州市庆阳路285号民安大厦B塔楼25层	730030
河南	洛阳市证券公司	0379-4326964	0379-4326964	河南省洛阳市涧西区南昌路98号	471003
河南	黄河证券有限责任公司	0371-67637668	0371-67637668	河南省郑州市纬四路东段19号广发大厦9楼	450008
河南	开封证券公司	0378-2934653	0378-2934653	开封市迎宾路6号楼	475000
湖北	武汉证券有限责任公司	027-82814462	027-82814462	武汉市汉口沿江大道130号	430014

地区	单位名称	电话	传真	地址	邮编
湖北	长江证券有限责任公司	027-65799980	027-85481900	武汉市新华下路特8号	430015
四川	成都证券有限责任公司	028-86655777	028-86690365	四川省成都市东城根上街95号	610015
四川	华西证券有限责任公司	028-86150004	028-86150615	四川省成都市陕西街239号	610041
浙江	浙江证券有限责任公司	0571-87782038	0571-87782138	杭州市平海路1号	310006
浙江	天一证券有限责任公司	021-68556677	021-68536451	宁波市开明街417号-427号	200135
云南	云南证券有限责任公司	0871-3165456	0871-3165456	云南省昆明市青年路400号	650021
深圳	招商证券有限责任公司	0755-26951111	0755-83796500	深圳市福田区深南中路34号华强佳和大厦A座8-11楼	518035
深圳	蔚深证券有限责任公司	0755-83323010	0755-83241584	深圳市福田区振华路飞亚达大厦902楼	518041
深圳	南方证券公司	0755-82138888	0755-82138274	深圳市嘉宾路4028号太平洋商贸大厦	518001
深圳	国信证券有限责任公司	0755-82130806	0755-82130620	深圳市罗湖区红岭中路1012号国信证券大厦	518001
深圳	长城证券有限责任公司	0755-83516222	0755-83516200	深圳市深南大道6008号特区报业大厦	518034
深圳	联合证券有限责任公司	0755-25125666	0755-82493000	深圳市深南东路5047号发展银行大厦24层	518010
深圳	华鑫证券有限责任公司	0755-25889222	0755-82081518	深圳市深南东路5047号深圳发展银行大厦	518010
深圳	中信证券股份有限公司	0755-83478806	0755-84865567	深圳市笋岗路12号中民时代广场B座32层	100004
湖南	长沙证券公司	0731-4111277	0731-4111277	长沙通程国际大酒店	410011
湖南	湘财证券有限责任公司	0731-4451488	0731-4413288	湖南省长沙市黄兴中路63号中山国际大厦12楼	410005
湖南	泰阳证券有限责任公司	0731-2240280	0731-5382230	湖南省长沙市新建西路1号	410000
吉林	新华证券有限责任公司	0431-88923155	0431-88968155	长春市东风大街30号	130061
吉林	东北证券有限责任公司	0431-85687888	0431-85604083	长春市人民大街138-1号长春紫荆花饭店19-21	130022
江苏	常州市证券公司	0519-8121445	0519-8121446	常州市延陵西路59号常信大厦18、19楼	213003
江苏	华泰证券有限责任公司	025-84457777	025-84579778	江苏省南京市中山东路90号华泰证券大厦	210002

地区	单位名称	电话	传真	地址	邮编
江苏	南京证券有限责任公司	025-83359425	025-83367377	南京市大钟亭8号	210008
江苏	苏州证券有限责任公司	0512-5587591	0512-5589906	苏州市金阊区爱河桥路28号	215008
江西	江西省证券公司	0791-6805184	0791-6816354	南昌市胜利路287号	330006

五、产权交易中心

地区	单位名称	电话	传真	地址	邮编
北京	北京产权交易所	010-82358800	010-82357372	中国北京市海淀区知春路23号大运村量子银座2层	100083
上海	上海联合产权交易所	021-63410000	021-63617798	上海市广东路689号海通证券大厦3楼	200001
重庆	重庆创新技术产权交易所	023-68609994	023-68030565	重庆市高新区科园一路5号创新大厦7楼	400039
重庆	重庆联合产权交易所	023-63650321	023-68903918	重庆市渝中区青年路77号万豪酒店国贸中心6楼	400010
安徽	合肥技术产权交易所(中心)	0551-5329373	0551-5329373	合肥市黄山路605号民创中心401室	230000
福建	福建省产权交易中心	0591-87855200	0591-87854516	福建省福州市湖东路152号中山大厦B座10层、12层	350003
福建	厦门产权交易中心	0592-5321801	0592-5321801	厦门市长青路191号劳动力大厦11楼	361012
深圳	深圳市产权交易中心	0755-83799050		中国深圳市福田区滨河路海安中心大厦1楼、2楼	518032
深圳	深圳国际高新技术产权交易所	0755-83671352	0755-83671354	深圳市上步中路科技大厦2楼	518031
湖北	武汉产权交易所	027-85757668	027-85757668	湖北省武汉市江岸区香港路183号	430015
湖北	湖北产权交易所	027-87321203	027-87321693	湖北省武汉市武昌区中南路80号中南大厦3门14楼	430071
湖南	长沙技术产权交易所	0731-8927400	0731-8921499	长沙国家高新技术产业开发区火炬城M6-3C	410013
湖南	湖南产权交易所有限责任公司	0731-4178600	0731-4178611	长沙市韶山北路216号维一星城国际大厦18楼	410011
江苏	常州市产权交易所	0519-6621928	0519-6609148	常州市广化街247号2楼	213001
江苏	江苏省产权交易所	025-86609811	025-86601138	南京市汉中路180号星汉大厦12楼	210029
江苏	南京市产权交易中心	025-52443726	025-52424098	南京市雨花区共青团路66号长城宾馆办公楼3楼	210012

地区	单位名称	电话	传真	地址	邮编
江苏	苏州市产权交易所	0512-68228393	0512-68221604	苏州市胥江路431号	215002
江苏	徐州产权交易所	0516-85885081	0516-85330691	徐州市彭城路1号	221005
江西	江西省产权交易所	0791-8526621	0791-8523082	南昌市南京西路555号永溪大厦10楼	330077
陕西	西安技术产权交易中心	029-88332278 029-88332482	029-88330387	西安高新技术产业开发区高新六路38号	710075
陕西	西部产权交易所	029-85226278		西安市长安北路14号陕西省政务大厅	710061
四川	成都联合产权交易所	028-85122068	028-85122801	中国成都市高新区创业路16号火炬大厦一二层	610016
云南	云南技术产权交易中心	0871-8318707	0871-8318716	昆明二环西路398号高新科技广场21楼	650118
云南	云南省产权交易中心	0871-6062014	0871-5162028	昆明市圆通街38号	650031
浙江	杭州产权交易中心	0571-85085073	0571-85085075	杭州市东新路155号和平家私城四楼杭州市公共资源交易中心	310000
浙江	宁波市产权交易中心	0574-87195383	0574-87195400	杭州市药行街31号灵桥广场9楼	315000

附录七　主管高科技风险投资的政府部门名录

地区	单位	电话	传真	地址	邮编
中央	中国国家科技部	010-58881826 010-58881763	010-58881766	北京市海淀区复兴路乙15号	100862
北京	北京市科学技术委员会	010-66153395	010-66153395	北京市西直门南大街16号	100035
天津	天津市科学技术委员会	022-27121292	022-27127681	天津市和平区和平路287路	300041
上海	上海市科学技术委员会	021-23119289	021-63584453	上海市人民大道200号	200003
重庆	重庆市科学技术委员会	023-67611506	023-67605932	重庆市渝北区龙溪镇华莹路380号	401147
安徽	安徽省科学技术厅	0551-2654383	0551-2673587	合肥市巢湖路287号	230001
	合肥市科技局	0551-2652300	0551-2611497	合肥市霍邱路6号	230061
	淮南市科技局	0554-6644158	0554-6645218	淮南市朝阳中路91号	232001
	芜湖市科技局	0553-3834167	0553-3836575	芜湖市中山北路47号	241000
	马鞍山市科技局	0555-2408555	0555-2360333	马鞍山市花雨路11号	243011
福建	福建省科学技术厅	0591-7883633 0591-7883833	0591-7846611	福州市湖东路7号	350003
	福州市科技局	0591-83350561	0591-83365394	福州市乌商路69号	350000
	厦门市科技局	0592-2021817	0592-2024555	厦门市虎园路2号	361003
	泉州市科技局	0595-22579359 0595-22579326	0595-22579372	泉州市津淮街科技局大厦	362000
甘肃	甘肃省科学技术厅	0931-8417662	0931-8833100	兰州市庆阳路166号	730030
	兰州市科技局	0931-8849310	0931-8849223	兰州市金昌路	730000
广东	广东省科学技术厅	020-83545100	020-83549393	广州连新路171号科技信息大楼12楼	510033
	广州市科技局	020-83124709	020-83332382	广州市府前路1号市府大院5号楼	510032

地区	单位	电话	传真	地址	邮编
广东	汕头市科技局	0754-8426671	0754-8426674	海滨路科技馆5楼	515000
	深圳市科技局	0755-83699663	0755-83699670	深圳福田上步中路深圳科技大厦1315室	518031
	珠海市科技局	0756-2113863 0756-2222653	0756-2213427	广东省珠海市香洲东风路2号市府大院五号楼11楼	519000
	湛江市科技局	0759-3313462	0759-3335564	赤坎区南桥南路6号	524000
	佛山市科技局	0757-83385761	0757-83355500	佛山市季华5路18号经华大厦	528000
	东莞市科技局	0769-22831301	0769-22235080	鸿福行政中心主楼13楼	523007
广西	广西科学技术厅	0771-2618700	0771-2803615	南宁市新民路55号	530012
	南宁市科技局	0771-5533809	0771-5533822	南宁市嘉宾路1号	530000
	桂林市科技局	0773-2814731	0773-2823464	桂林市文明路16号	541002
	百色市科技局	0776-2824810	0776-2824218	百色市中山一路	533000
	柳州市科技局	0772-2825508	0772-2623550	柳州市高新大厦阿科技大楼4楼	545000
	玉林市科技局	0775-2825121	0775-2807606	玉林市人民东路449号	537000
	河池市科技局	0778-2585236	0778-2105338	广西壮族自治区河池市西环路889号	547000
贵州	贵州省科学技术厅	0851-5815719	0851-5827452	贵阳市醒狮路11号	550002
	贵阳市科技局	0851-7989259	0851-7989266	贵阳市金阳行政中心	550000
海南	海南省科学技术厅	0898-65343876	0898-65303887	海口市海府路89号	570203
	海口市科技局	0898-66118382	0898-66118385	海口市新华南路5号	570102
	三亚市科技局	0898-88275527 0898-88255167	0898-88272677	三亚市市政府第二办公大楼11楼	572000
河北	河北省科学技术厅	0311-85891885	0311-85804874	河北省石家庄市东风路159号	050021
	石家庄市科技局	0311-85053384	0311-85660134	石家庄市中山东路452号	050031
	邯郸市科技局	0310-3118868	0310-3118868	邯郸市光明北大街72号	056002

地区	单位	电话	传真	地址	邮编
河北	沧州市科技局	0317-2129108	0317-2637974	沧州市迎宾路2号	061000
	唐山市科技局	0315-2823645	0315-2823645	唐山市路北区西山道市政府主楼5楼	063000
河南	河南省科学技术厅	0371-65956924	0371-65952825	郑州市政三街4号	450003
	郑州市科技局	0371-67180459	0371-67186596	郑州市忆河路22号	450000
	新乡市科技局	0373-3052928	0373-3055842	新乡市南干道79号	453000
	安阳市科技局	0372-5923623	0372-5113364	安阳市洹滨南路5号楼	455000
	洛阳市科技局	0379-63926668	0379-63926668	洛阳市王城路8号	471000
黑龙江	黑龙江省科学技术厅	0451-82628293 0451-82628529	0451-82628355	哈尔滨市中山路202号	150001
	哈尔滨科技局	0451-82363421	0451-82363423	哈尔滨市香坊区红旗大街251号	150090
	大庆市科技局	0459-6396051	0459-6396077	大庆市政府办公大楼4123房间	166000
湖北	湖北省科学技术厅	027-87135893	027-87135895	武汉市武昌南苑村52号	430071
	武汉市科技局	027-65692122	027-65692124	武汉市发展大道	430014
	宜昌市科技局	0717-6736847	0717-6736847	宜昌市西宁二路20号	443000
湖南	湖南省科学技术厅	0731-4461413 0731-4586666	0731-4586848	长沙市八一路59号	410001
	长沙市科技局	0731-8666159	0731-8666160	长沙市河西市政府大楼11楼	410013
	张家界市科技局	0744-8322047	0744-8322047	张家界市崇文路27号	427000
吉林	吉林省科学技术厅	0431-88974091	0431-88972129	吉林省长春市民康路14号	130000
	长春市科技局	0431-88988277	0431-88948011	长春市人民大街75号	130056
江苏	江苏省科学技术厅	025-83357078	025-57715440	南京市北京东路39号	210008
	南京市科技局	025-83639267	025-83639270	南京市北京东路43-2号11楼	210008
	常州市科技局	0519-8101477	0519-8104753	常州市局前街76号	213000

地区	单位	电话	传真	地址	邮编
江苏	无锡市科技局	0510-2706211	0510-2710840	无锡市学前街168号	214001
	苏州市科技局	0512-65241084	0512-65223409	苏州市人民路979号	215006
	连云港市科技局	0518-5805496	0518-5802125	连云港市郝连东路28号	222000
	扬州市科技局	0514-7347583	0514-7036114	扬州市文昌中路145号	225000
	南通市科技局	0513-5128866	0513-5128888	南通市环城南路122号	226001
江西	江西省科学技术厅	0791-6266630	0791-6255132	南昌市省政府大院北一路	330046
	南昌市科技局	0791-3884235	0791-3884238	南昌市鸿谷滩市政府大楼4楼	330038
	赣州市科技局	0797-8391580	0797-8391581	赣州市市政中心1号楼9楼	341000
辽宁	辽宁省科学技术厅	024-23983533	024-23983458	沈阳市和平区三好街24号	110004
	沈阳市科技局	024-22722784	024-22722794	沈阳市沈河区市府大路260号	110013
	大连市科技局	0411-83635517	0411-83684522	大连市人民广场1号	116012
	朝阳市科技局	0421-2625634	0421-2629374	朝阳市长安大街3段7号	122000
	锦州市科技局	0416-3880144	0416-3880144	锦州市市府路69号市科学技术局	121000
	鞍山市科技局	0412-5217006	0412-5215803	鞍山市天山路280号	114044
	阜新市科技局	0418-3999908	0418-3999909	阜新市海州区人民街46号	123000
内蒙古	内蒙古科学技术厅	0471-6282132 0471-6621301	0471-6282133	内蒙古呼和浩特市新城西街141号科技大厦	010010
	呼和浩特市科技局	0471-6980244	0471-6963576	新朝区中山西路原市政府大楼3楼307室	010000
	赤峰市科技局	0476-8336318	0476-8390180	朝乌达路二段市政府大楼8楼	024000
	乌海市科技局	0473-2049050	0473-2036414	鄂尔多斯东街科技大楼5楼	016000
宁夏	宁夏科学技术厅	0951-5032974	0951-5047265	宁夏银川公园街8号	750001
	银川市科技局	0951-6032160	0951-6032160	银川市解放东街30号	750001

地区	单位	电话	传真	地址	邮编
青海	青海省科学技术厅	0971-8244514	0971-8239442	青海省西宁市西大街12号	810000
	西宁市科技局	0971-8230525	0971-8230519	西宁市南关街43号	810000
山东	山东省科学技术厅	0531-86041647	0531-86915074	济南市省府前街1号	250011
	济南市科技局	0531-86056553	0531-86055010	济南市经二路193号市政府6楼	250001
	烟台市科技局	0535-6241954	0535-6256470	烟台市御西路17号	264000
	泰安市科技局	0538-6991120	0538-6991120	泰安市东岳大街市政府大楼	271000
	临沂市科学技术局	0539-8313641	0539-8313641	山东省临沂市启阳路3号	276000
	青岛市科技局	0532-85911079	0532-85911333	青岛市香港中路11号	266071
山西	山西省科学技术厅	0351-4041479	0351-4068009	太原市迎泽大街366号	030001
	长治市科技局	0355-2023028	0355-2046321	山西长治市大庆路	046000
	晋城市科学技术局	0356-2198874	0356-2198874	晋城市市政府大楼	048000
	太原市科技局	0351-4225825	0351-4227139	太原市新建路155号	030000
	忻州市科技局	0350-3036914	0350-3035560	忻州市长征西路13号	034000
陕西	陕西省科学技术厅	029-87294235	029-87298893	西安市雁塔路南段11号	710000
	西安市科技局	029-88405296	029-88402955	西安市振兴路137号	710068
	宝鸡市科技局	0917-3215718	0917-3214278	宝鸡市新建路西段付1号	721000
四川	四川省科学技术厅	028-86663911	028-86663961	成都市学道街39号	610016
	成都市科技局	028-86266802 028-86260701	028-86636101	成都市人民西路4号	610012
	乐山市科技局	0833-2446971	0833-2446971	乐山市市中区柏阳东路176号	614000
	德阳市科技局	0838-2201266	0838-2204399	德阳市岷江路一段256号	618000
	绵阳市科技局	0816-2332900	0816-2316086	绵阳市临园路东段76号	621000

地区	单位	电话	传真	地址	邮编
四川	阿坝州科技局	0837-2822138	0837-2822138	马尔康县茸勒街9号	624000
	攀枝花市科技局	0812-3324635	0812-3350527	攀枝花市东区新华街2号	617000
	甘孜州科技局	0836-2835550	0836-2835553	甘孜州康定县	626000
	广安市科技局	0826-2332505	0826-2351860	广安市广安开发区利民北街113号	638000
	广元市科技局	0839-3263090	0839-3222090	广元市利州东路一段	628017
	雅安市科技局	0835-2361402	0835-2222294	雅安市政府大院	625000
	遂宁市科技局	0825-2231876	0825-2239607	遂宁市凯旋中路21号	629000
	南充市科技局	0817-2224929	0817-2236280	南充市文化路259号	637000
	内江市科技局	0832-2022816	0832-2022816	内江市新华路西一巷43号	641000
	自贡市科技局	0813-8103247	0813-8109135	自贡市汇东新区丹桂大街科技大厦	643000
	宜宾市科技局	0831-8225519	0831-8225519	宜宾市中山街市委大院内	644000
	泸州市科技局	0830-3193991	0830-3112931	泸州市江阳区江阳南路37号	646000
西藏	西藏科学技术厅	0891-6825676	0891-6833579	拉萨市北京中路93号	850001
	拉萨市科技局	0891-6323130	0891-6333305	拉萨市夺底路11号	850000
新疆	新疆科学技术厅	0991-3835353	0991-3835442	乌鲁木齐市北京南路40号附7号	830011
	乌鲁木齐市科技局	0991-2819259 0991-2816877	0991-2819259	乌鲁木齐市新华南路	830000
云南	云南省科学技术厅	0871-3136484	0871-3136907	云南省昆明市北京路542号	650051
	昆明市科技局	0871-3172751	0871-3135842	昆明市东风东路17号	650011
	玉溪市科技局	0877-2023369	0877-2024005	玉溪市东方路109号	653100
浙江	浙江省科学技术厅	0571-85058946	0571-87044058	杭州市环城西路33号	310007
	杭州市科技局	0571-87060263 0571-87023807	0571-8803355	杭州市惠兴路2号杭州科技大厦	310001

地区	单位	电话	传真	地址	邮编
浙江	宁波市科技局	0574-87282537	0574-87283033	宁波市解放北路91号	315010
	温州市科技局	0577-88225396	0577-88225396	温州市九山河通桥6号	325005
	绍兴市科技局	0575-5144217	0575-5133307	绍兴市胜利西路53号	312000
	湖州市科技局	0572-2024326	0572-2037942	湖州市红旗路188号	313000
	嘉兴市科技局	0573-2159807 0573-2159806	0573-2159810	嘉兴市中山路216号	314001
	丽水市科技局	0578-2134635	0578-2159471	丽水市灯塔街157号	323000
	金华市科技局	0579-2469789	0579-2469793 0579-2469789	金华市市政府办公大楼	321017

附录八 风险投资词汇

字母顺序	专业词汇	对应中文	释义
A	Acceleration Clause	加速条款	一个允许债权人在特定情况下，如债务人无力偿债、破产或违约时，要求偿还全部余额的条款。风险投资中常用于雇佣协议中的条款，允许雇员提前于分期到位安排的进度执行部分和所有的股票期权，一般在企业被收购的时候可以采用这一条款
	Accredited Investor	可信投资者	根据美国证管会 Regulation D 规定，私募购买者之人数不可超过35人，但满足以下条件的购买者不计入人数限制内。该购买者的身价至少需达美元100万元或年收入达20万美元，或者至少15万美元的投资，而且该项金额不得超过他资产净值的20%。当有限私有合伙公司(private limited partnership)在做私募(private placement)时，因无力通过只有较少资金的35名投资者筹足资金而利用这种方式让投资大户参与投资，这项规定并没有对外国投资者加以设限
	Adjusted present value, APV	经调整的现值	净现值法中的一个变量，适用于公司债务发生变化或公司过去有损失因而可以冲减应税收入的情况
	Advisory board	顾问委员会	由有限合作伙伴或外部人士组成的、向私人权益投资机构提供建议的委员会。例如，该委员会可以在每个财务年度末就基金总体发展战略或为私营企业估值提供指导意见
	Agency problem	代理问题	代理人和投资者之间的冲突，或者更一般的说，是指代理人不愿意服从雇佣他的委托人的意愿的情况
	Angel/Angel Investor	天使投资者	投资于创业企业的富有个人。他们所用于投资的是自己的资本而不是机构或是其他个人投资者的资本，通常投资于高风险高回报的项目
	Angels Financing	天使融资	从富有的个人投资者取得的融资，一般用于种子期融资
	Anti-dilution provision	反稀释条款	用于优先股协议中的一个条款，如果公司在后期融资中的价值评估低于优先股投资者的股份购买价格，这一条款将向上调整优先股股东的股份数量(或在公司中的股份比例)
	Asset allocation	资产分配	机构或个人投资者将其投资组合在不同种类的投资类型之间进行分配的过程
	Asset class	资产类型	机构或个人投资者在进行资产分配过程中所考虑的许多投资类型中的一种——例如债券、房地产和私人权益
	Associate	助理	私人权益资本中的非合作人的专业雇员

字母顺序	专业词汇	对应中文	释义
	Asymmetric information problem	信息不对称问题	由于创业者负责企业的日常经营活动，所以他对企业前景的了解要多于投资者、供应商或者战略伙伴
B	Balanced Portfolio	均衡投资组合	在风险投资中特指包含各阶段投资项目的投资组合
	Best effort	尽力而为	投资银行为公司安排发行证券集资时，答应尽全力经销的承诺形式，但销售的风险由发行机构自行承担，与包销(underwriting)形式不同
	Beta	贝塔	用以衡量某个公司的市场价值与总体市场指数价值的偏离程度变量。例如，贝塔系数为0的公司与市场没有相关性，贝塔系数为1的公司与市场运动方向完全一致，而贝塔系数大于1的公司则比市场指数变动更为剧烈
	Bogey	标准杆	用以衡量投资组合或基金回报水平的参照指标，如S&P 500
	Book-to-market ratio	账面价值-市场价值比率	公司股票的会计（账面）价值与市场价值（即流通股数量乘以每股的价格）之比
	Bridge Financing	过渡融资	在下一轮融资之前，为创业者提供的短期债务融资。一般是在公开招股和私募之前，为不使业务停顿而由包销商等提供给创业者的。时间短至数月，长达年余
C	Call option	买入期权	在一个给定的期限内以某一给定价格（或在某一价格范围内）购买某种证券的权利（但无此义务）
	Callable	可回购	一种证券的特征，该证券的发行者拥有从证券持有人购回该证券的选择权
	Capital structure	资本结构	某一企业股本和债务资本的比例结构
	Carried interest	附带收益	一只风险投资合伙基金中普通合伙人所分得的利润份额，通常在20%左右
	Catch up	跟上	私人权益合作协议中的条款，通常与优先回报一起使用。该条款允许普通合伙人在有限合伙人收回全部投资资本加上一定优先回报后可以得到后续分配中的全部或大部分，这一过程一直会持续到普通合伙人已得到协议中规定的比例的回报（如20%）时为止
	Certification	认证	某一著名私人权益投资者或者其他金融中介机构向公司和个人提供的“批准图章”
	Claw back	弥补性收入	有限合伙协议中的条款之一。如果普通合伙人得到了超过协议规定的分配，在基金期限结束时他们必须将超出部分归还给有限合伙人
	Closed-end fund	封闭式基金	具有固定投资额度的公开交易的基金，其股份只能出售给其他投资者（而不是由发行公司赎回，与开放式基金不同）。许多早期的风险投资基金都采用了这种组织形式
	Coinvestment	共同投资	一次私人权益资本融资过程中的辛迪加，或在一次融资过程中由普通合伙人或有限合伙人与私人权益基金共同进行的投资
	Collar	上下限	两个金额相同、执行价格稍有差别的买入与卖出期权的组合

字母顺序	专业词汇	对应中文	释义
	Committed capital	承诺资本	承诺向一只风险投资基金提供的资本。该资本一般不是一次性提供完毕，而是从基金建立的年份起，在3～5年内陆续投入
	Common stock	普通股	一般由管理者和创立人所持有的权利。在首次公开发行的时候，所有者权益一般都转换为普通股
	Community development venture capital	社区发展风险投资	由非盈利机构发起的风险投资基金，通常具有鼓励经济发展和追求财务回报的双重目标
	Companion fund	伴随基金	该基金通常与某个传统的私人权益基金同时发起，但只面向特定的投资者。这种基金通常比传统基金有着更优惠的条件（如较低的管理费、没有附带收益等）
	Consolidation	合并	一种私人权益资本投资策略，把几个小企业合并，以实现规模经济或范围经济
	Conversion ratio	转换比率	一单位可转换的债券或可交换的股票数
	Convertible equity or debt	可转换权益或债务	一种在某种条件下可被转换成另一种证券（通常为普通股）的证券。可转换的股票通常都具有某些普通股所没有的权利
	Cooperative research and development agreement, CRADA	合作研发协议	一种在联邦研究机构与私人公司之间的合作安排，最先在20世纪80年代初由国会授权
	Corporate venture capital	公司风险投资	有明确主营业务的非金融企业在其内部或外部进行的风险投资。在组织方式上通常是公司的附属机构，而不是有限合作制
	Credit crunch	信用收缩	由于监管行动和经济条件的变化而导致的银行贷款或者其他债务融资规模的急剧缩减。20世纪90年代初美国就经历了这样一个时期
	Cumulative redeemable preferred stock	可积累可赎回优先股	参见可赎回优先股
D	Deposit－oriented lease	存款抵押租赁	在风险租赁中，有一种租赁形式要求承租方以现金存款抵押，其金额大约为租赁总额度的30%～50%
	Dilution	稀释	由于新一轮融资而导致企业创始人和以前投资者股份比例的缩减
	Direct investment	直接投资	有限合作人或基金之基金向创业企业或重组企业的投资
	Disbursement	支付	风险投资家对公司的一笔投资
	Distressed debt	廉价债务	一种购买陷入财务困难的公司的折价债券的私人权益资本投资策略。陷入困难的公司债券的投资者通常把他们持有的债券转为股权，然后积极参与陷入困境公司的经营管理
	Distribution	分配	风险投资家把持有的（一般公开交易的）所投资公司的股票或现金转移给每位有限合伙人以及（经常）他们自己
	Down round	贬值轮次	指企业价值比上次低的融资轮次
	Draw down	入资	参见注资（Take down）

字母顺序	专业词汇	对应中文	释义
	Due Diligence	尽职调查	由潜在投资者（个人或机构）对投资项目所做的调查。目的是分析和评估项目的价值、资金需求和投资潜质，降低投资风险
E	Early Stage	初创期	在风险投资业中指新办企业发展的第二个阶段，即种子期之后、成长期之前
	Earning before interest and taxes, EBIT	息税前收益	一种衡量企业盈利能力的指标，计算企业在利息支出和税负调整前的利润。这种方法通常用来比较具有不同负债水平的公司
	Elasticity	弹性	一个变量发生在1%的变化而引起另一个变量变化的百分比
	Elevator Pitch	电梯推介	指创业投资者用最精炼的语言对创业构思、商业模型、公司组织方案、市场战略和对投资方的要求进行的概括说明。一般要求在几分钟之内完成。因推介时间短，甚至可以在电梯上下途中完成一次对潜在投资者的推介而得名
	Employee retirement income security act, ERISA	《雇员退休收入安全法案》	于1974年通过，修改了对公司养老基金计划的监督。参见谨慎人规则（Prudent man rule)
	Endowment	捐赠	由许多大学、医院、基金会和其他非盈利组织拥有的长期金融资产
	Equipment takedown schedule	设备到位进度	指风险租赁合同中规定的承租人提取资金购买预先批准的设备的时间安排
	Equity kicker	股权附带	指在以债务为主的融资中加上少量股份或认股权证
	Exercise price	执行价格	指期权或认股权执行所用的价格
	Exit	退出	在风险投资业中指风险投资方将其所持有的公司股份转让或交换的过程，是风险投资家获利变现的重要步骤
	Exit Strategy	退出策略	指基金退出所投资企业以变现并取得最大收益的具体方式。具体方式的选取取决于当时的退出环境（包括市场状况、行业发展趋势等）。可选择的方式有出售所投资公司、再融资、公开招股后将所持股份出售等
	Expansion Stage	扩张期	在风险投资业中，扩张期是企业成长的重要阶段之一，在这个阶段，企业融资的主要目的是扩大生产、运输和销售规模，以抢占市场，降低成本。是风险基金投资取向之一
	External corporate venture capital	外部公司风险投资	投资于本公司之外的创业企业的公司风险投资计划。这些投资通常与其他风险投资家的投资一起进行
F	Financing round	融资轮次	私人权益资本投资机构向企业提供资本时所用的术语。由于风险投资机构通常只向某一阶段的企业提供资本，典型的风险企业通常在几年中要进行几轮融资
	Firm commitment	稳固承诺	指承销商通过从企业购买所有的证券然后再出售，从而对企业提供购买价格的保证。实际上，这样的交易往往在交易发生前的一夜才会达成，所以，承销商承担的风险通常很小
	First closing	第一次关闭	一只基金的首次关闭

字母顺序	专业词汇	对应中文	释义
	First dollar carry	第一元附带收益	有限合伙协议中的条款之一。允许普通合伙人在有限合伙人收回已投资资本后可以立即得到附带收益分配。更通常的替代性的做法是普通合伙人只有在有限合伙人收回所有已投资资本与管理费之后可以得到附带收益分配
	First fund	第一只基金	一个风险投资机构筹集的最初一只基金
	Float	流通股数	公司流通在外可供交易的股票数量，与公司内部持有部分相对
	Follow-on fund	后续基金	一个风险投资机构在第一只基金之后所筹集的基金
	Follow-on offering	后续发行	参见经验股票发行（Secondary equity offering)
	Form 10-k	10-k 表格	所有公开交易的企业和特定的私人企业根据美国证券交易委员会要求每年上报的。这一表格提供了广泛的企业数据摘要
	Found Focus	基金的投资取向	指风险投资基金主要的投资方式。包括B（均衡投资）、S/E（种子期和初创期投资）LS（后期投资）或LBO（杠杆收购）等
	Founder's Shares	创始人持股	指在一轮或几轮融资后，企业创始人持有公司股份的数目或比例
	Free cash-flow problem	自由现金流问题	指在正常的经营和投资之外进行浪费性支出的诱惑
	"Friend and family" fund	“朋友与家庭”基金	参见伴随基金（Companion fund)
	Fund	基金	由私人权益资本投资机构定期投机的资金池。通常采取有限合作的形式，私人权益基金一般有着10年的期限，但是通常可以拖长几年
	Fund of funds	基金之基金	主要投资于其他私人权益基金而不是经营性企业的基金，通常由投资顾问机构或投资银行发起
G	Gatekeeper	看门人	即投资顾问（Ivestment adviser)
	General Partner	普通合伙人	在有限合伙制风险投资企业中，指对企业所有管理决策负责的合伙人。普通合伙人承担为企业谋取最大利益的受托责任，并为其行为负全责
	Glass — Steagall act	《格拉斯—斯蒂格尔法案》	于1933年通过，限制美国商业拥有企业股权和从事承销业务
	Grandstanding problem	逐名问题	新成立的风险投资机构有时采用的策略，即通过匆忙把公司推向上市来证明自己的成功业绩，尽管这些公司并未做好公开上市的准备
	Green shoe option	绿鞋选择权	承销协议中的条款之一，允许承销商在发行时超额出售股份(通常超额15%）
H	Hedging	套期保值/对冲	可以使投资者限制由于现有资产或金融债务价值变化而带来的损失的证券交易。例如，农场主可以通过在收割前锁定部分谷物的销售价格而避免由于谷物价格波动带来的风险

字母顺序	专业词汇	对应中文	释义
	Herding problem	羊群问题	投资者，尤其是机构投资者所作的投资相互之间过于类似而没有适应各自的特点
	Hot issue market	热点发行市场	对新证券发行，尤其是首次公开发行
	Hurdle rate	最低预期资本回报率	(1)在普通合伙人参与任何分配之前，有限合伙人必须得到的固定回报率；(2)在普通合伙人开始参与任何分配之前基金的净资产价值必须达到的水平
I	Implicit rate	绝对回报率	也称为绝对收益(implicit yield)，在风险租赁中，绝对回报率是指在不考虑作为交易一部分的认股权价值情况下的年回报率水平
	In the money	增值(期权)	在立即执行的情况下具有正价值的期权或认股权
	Inadvertent investment company	无意投资公司	碰巧符合《1940年投资公司法案》对投资公司的定义的生产经营性公司
	Initial public offering ,IPO	首次公开发行	以前从未在任何公共股票交易所交易过的公司首次向公众投资发行的股份。一般由投资银行承销这些发行的股票
	Insider	内部人	至少拥有一定比率(通常是10%)公司股份的董事、官员或股东
	Intangible asset	无形资产	专利、贸易秘密、非正式专有技术、品牌资本或是其他非物理资产
	Internal corporate venture capital program	内部公司风险投资计划	投资于产生自本公司内部的商业构想的公司风险投资计划
	Intrapreneuring	内部创业	投资于产生自本公司内部的商业构想的公司风险投资计划。这一术语通常特指公司有意将所投资的新企业收购的情况
	Investment adviser	投资顾问	一种投资中介，帮助投资者特别是机构投资者投资于私人权益资本和其他金融资产。投资顾问为其客户评估其潜在的新基金，同时监督现有投资的进展。有时候他们将投资者的资本组成基金之基金
	Investment bank	投资银行	一种金融中介，提供证券发行承销，便利兼并和收购，从事自营业务，并提供其他服务
	Investment committee	投资委员会	通常由私人权益基金的普通合伙人组成的委员会，审查潜在的和/或过去的投资项目
	Investment Company Act of 1940	《1940年投资公司法案》	该法案要求共同披露详细信息，并对其经营活动施加限制。公开交易的风险投资基金需要考虑的一个主要问题就是如何避免成为该法案中定义的投资公司
	Investment Letter	投资函	特指(美国)按照"D规则"购买未备案长期证券时，投资者出具的证明其长期投资行为的函件。所指长期投资必须持有1年以上方可出售
	Investment trust	投资信托	参见封闭式基金(Closed-end fund)，这一术语在英国比较普遍
	Investor buyout, IBO	投资者并购	参见管理层购入(Management buy-in)
L	Lease line	租赁额度	类似于银行的信贷额度，在租赁额度内，风险租赁；承租方可以根据事先商定的时间提取资金购买所需设备

字母顺序	专业词汇	对应中文	释义
	Lemons problem	次品问题/逆向选择问题	参见信息不对称问题
	Lessee	承租方	租赁协议的一方，在租赁期内可以使用设备，有义务按月支付租金
	Lessor	出租方	租赁协议的一方，拥有设备的所有权，在租赁期内将设备使用权出让给承租方，并收取租金
	Leveraged buyout fund	杠杆购并基金	一种基金，一般与风险投资基金具有类似组织结构，但专业从事杠杆购并投资。一些杠杆并购基金也从事风险投资业务
	Leveraged Buyout（LBO）	杠杠收购	通过借贷资本获得另外一个公司的+D122产权的收购行为。在风险投资企业中，常见的是企业合伙人或现有管理人员利用风险企业的资产进行贷款担保，以购买现有企业或其资产。杠杆收购投资风险较高
	Leveraged recapitalization	杠杆性重组	管理团队（而不像杠杆购并中由新的投资者）借钱收购其他投资者的利益，与杠杆购并一样，债务以后由企业的现金归还
	Licensee	获许可方	许可协议中的一方，通过交许可费获许可使用某项技术、产品或品牌
	Licensor	许可方	许可协议中的一方，将自己拥有的某项技术、产品或品牌提供给获许可方使用，并收取费用
	Limit order	限价指令	在已获承销的首次公开发行中，由私人或机构投资者作出的决定于价格的指令。例如，投资者购买1万股股票，条件是发行价低于12美分
	Limited Partner	有限合伙人	在有限合伙制企业中以出资对企业承担有限责任的合伙人，可以监督企业运行但不能参与日常管理，否则不能免除无限责任。参见Limited Partnership
	Limited Partnership	有限合伙制企业	是美国多数风险投资机构和私募基金的组织方式。在有限合伙制下，有限合伙人只对其出资承担有限责任，一般合伙人（或称普通合伙人）或管理团队在合伙协议条款约束下管理企业，对其管理决策承担责任。有限合伙制通常是有固定期限的
	Liquidation preference provision	优先清偿条款	优先股协议中的条款之一，禁止公司的内部人和私人权益投资者在发行时出售股票
	Lock up	锁定	投资银行与现有的股东之间签署的承销协议中的条款之一，禁止公司内部人和私人权益投资者在发行时出售股票
M	Mandatory conversion provision	强制转换条款	优先股协议中的条款之一，要求优先股持有人将其股份转换成普通股。一般来说，优先股持有人通常在公司首次公开发行的情况下至少将一定规模和一定价值的优先股转换成普通股
	Management buy-in ,MBI	管理层购入	欧洲常用术语，外部投资者购买对公司有控制权数量的股票并保留现有的管理层不变
	Management buyout，MBO	管理层购出	欧洲常用术语，公司管理层将公司流通在外的股票全数购回，并将公司私有化
	Management Fee	管理费	在风险投资中特指一般合伙人或投资顾问因管理风险基金而取得的报酬

字母顺序	专业词汇	对应中文	释义
	Managing general partner	执行普通合伙人	一个或多个最终为基金管理负责人的普通合伙人
	Mandatory redemption provision	强制赎回条款	优先股协议中的条款之一，要求企业按照一定的安排将股份从私人权益投资者处赎回。通常在可赎回优先股投资中使用
	Market maker	做市商	在证券市场通过自己的户口调控某一证券在市场上的买价和卖价以确保证券交易流动性的投资银行或经纪人。作为其责任的一部分，市场创造者需要持有公司大量的股票作为存货
	Market-to-book ratio	市场价值－账面价值比率	账面价值－市场价值比率的倒数
	Mega-fund	巨型基金	最大的风险投资或私人权益基金，根据承诺资本的规模衡量
	Mezzanine	麦则恩	在首次公开发行前不久进行的一轮私人权益融资，或者利用次级债务进行的投资，该次级债务拥有的优先权比银行贷款少，但比权益资本多，并且通常附有认股权
	Mezzanine Finance	夹层投资；麦则恩投资	也可直译作“麦特恩投资”。Mezzanine的英文原意是底楼与二楼之间的半层楼，在风险投资业中，特指对成长到扩张阶段，尚未盈利，但仍然需要大量资金进行扩张的风险企业进行投资。就投资的风险和回报水平来说，夹层投资是界于传统风险投资和一般债权、股权投资之间的投资行为。常见于（1）对不久即进行公开招股的风险企业的短期投资；（2）比银行贷款条件宽松但又比股权投资附加更多偿还条件的投资，一般可取得购股权
	Milestone payments	进度付款	根据许可协议，由获许可方在特定的时间向许可方支付的款项
	Mutual Fund	共同基金	即开放式基金，指规模不设上限的投资基金
N	Naked short	敞口卖空	在证券承销中，指承销销售了超过协议中规定的数量（以及根据绿鞋选择权超卖的部分）的股份。在这种情况下，承销商必须发行结束后从公开市场买回这些超出的股份以弥补其空头头寸
	Net asset value, NAV	净资产价值	一只基金持有的股票的价值，可以采用各种估价规则来计算
	Net Financing Cost	净融资成本	即资产的购入成本与其带来的现金流入之间的差额
	Net income	净收入	某一企业税后的利润
	Net operating losses, NOLs	净经营损失	给予蒙受财务损失的企业的税收优惠。这些优惠一般只能在企业有了盈利之后才能使用
	Net present value, NPV	净现值	一种价值评估方法，计算一个或多个时期的未来期望现金流量并将他们以一定的贴现率进行贴现以体现资本成本（结果将因现金流量的风险程度流量不同而变化）
O	Offering Memorandum	募股说明书	指为募集股份而发布的说明募股条款的文件。其内容和结构都类似商业计划书。同Private Placement Memorandum

字母顺序	专业词汇	对应中文	释义
	Open-end Fund	开放式基金	见 Mutual Fund
	Operating lease	经营租赁	风险租赁中的短期租赁，客户只使用设备有用年限中的一部分。与所有权相关的义务由出租方承担，包括维护、保险和税收
	Option	期权	在一个给定的期限内以某一给定的价格（或在某一价格范围内）购买或者出售某种证券的权利（但无此义务）
	Option Pool	期权储备	非上市公司储备一部分股权用于未来作为期权发出
	Out of money	失值（期权）	在立即执行的情况下具有负价值的期权或认股权
P	Participating convertible preferred stock	参与可转换优先股	参见参与优先股
	Participating preferred stock	参与优先股	可转换优先股的一种，在特定的条件下，持有人可以既收回他的初始投资资本，也能享有公司的股份
	Partnership agreement	合伙协议	明确界定在私人权益基金存续期内约束投资人（有限合作伙伴）和风险投资家（普通合伙人）之间的报酬和条件的合同。有时也指普通合伙人之间签署的关于基金内部运作（例如，附带收益的分配）的协议
	Patent	专利	由政府根据一定的条件在一定期限内授予一个或多个发明人特殊的权利
	Phantom stock	虚拟股票	一种报酬形式，有时用于内部公司风险投资计划，是模仿股票的雇员报酬方案，但雇员并不实际拥有股权。这样的报酬计划往往有着负面的税收和会计效果
	Piggyback Registration	连带登记	证券包销商允许公司现有股份随同新发行股份一起销售时向证券交易委员会（SEC）的登记
	Placement Agent	融资代理	指风险企业为筹集风险投资聘请的代理商
	Point	点	私人权益基金利润的1%。私人权益基金的普通合伙人通常可以分得20个点，即基金利润的20%，然后再在各个普通合伙人个人之间进行分配
	Post Venture Capital Index（PVCI）	后风险投资指数	1995 年 Thomson Financial Venture Economics 和 Warburg Pincus Counselors 推出的反映风险企业上市后的表现的指数。以1986年1月31日为100点基准按市场比例加权计算。上市超过10年的风险企业将从指数中剔除
	Post-money Valuation	融资后估价	即融资后企业的市值。若为非上市公司，则相当于融资前估价与获得投资的和
	Preemptive Right	优先购股权	现有股东在新发行股票时以当时价格购入一定股份以保持其持股份额的权利
	Preferred return	优先回报	有限合伙协议中的条款之一，规定有限合伙人在普通合伙人参与任何附带收益分配前不仅可以全部收回他们的投资资本，而且可以得到按合同规定的某一百分比计算的基金回报
	Preferred stock	优先股	在企业清算的情况下对与此相关的任何股利或其他支付比普通股有优先请求权的股份。优先股股东还可能有一些其他权利，例如否决公司合并或替换管理层

字母顺序	专业词汇	对应中文	释义
	Preliminary Prospectus	初步招股书	发行新股前的第一个说明书，发布的目的是要看市场对该拟发股票的反应，其中并不提供新股票的价格，但一般给出一个价格范围。参见“Red Herring”
	Pre-money Valuation	投资前估价	即融资前企业的市值。若是非上市公司，常用市盈率和预计盈利水平等指标来推算得出
	Price-earning ratio, P-E ratio	市盈率	企业每股价格与企业每股盈余（净利润除以发行在外股份数）的比率
	Primary investment	初次投资	由有限合作人或基金之基金向正在进行融资的私人权益合作进行的投资
	Private Equity	私有权益资本	包括对风险投资、杠杆收购、购并、半层投资和不良资产进行投资的民间组织。风险租赁（Venture Leasing）和风险分销（Venture Factoring）也是其衍生的投资品种。在美国以外，这个概念常与风险投资混用
	Private Placement	私募	向机构投资者直接出售证券以募集资金。比起公开发行来，私募可规避在（美国）证券交易委员会（SEC）的注册程序并节省发行费用。投资者要签署一份投资函，以声明购买该股份的目的是投资而不是为了再次出售（见 Investment Letter）
	Private Placement Memorandum	募股说明书	见 Offering Memorandum
	Pro forma	试算表	预测某一企业未来损益表或资产负债表的财务报表，通常被作为对企业进行价值评估的依据
	Prospectus	招股说明书	向美国证券交易委员会提交的注册表格的广泛流传的精简版本。招股说明书提供了有关企业各方面的摘要信息
	Proxy statement	股东签署的委托书	向美国证券交易委员会提交的报表之一，经股东授权在股东大会上采取行动或投票的代理人向股东征求代理权的资讯披露文件，一般需要提供董事会人员名单，内部人薪酬等信息
	Prudent man rule	谨慎人规则	在1979年之前，《雇员退休收入安全法案》（ERISA）中的一款，该条款禁止养老基金大量投资于私人权益或其他高风险的资产类型。1979年美国劳工部对该条款进行了重新诠释，允许养老基金经理投资于高风险资产，包括私人权益
	Public venture capital	公共风险投资	由政府部门发起的风险投资基金，或其他从事风险投资业务的公共基金，例如小企业投资公司和小企业创新研究计划
	Put option	卖出期权	在一个给定的期限里以某一给定的价格（或在某一价格范围内）卖出某种证券的权利（但无此义务）
	Putable	可出售	一种证券，该证券持有人拥有将该证券卖给发行人的选择权
R	Re-capitalization	资本调整	即公司资本结构的重组。也是风险投资退出机制的一种
	Red Herring	初步招股书	同 Preliminary Prospectus。Red Herring 的原意是熏制成红色的鲱鱼。用在此处一方面是因为初步招股书通常将封面左侧印成红色以引起投资者对潜在风险的重视，另一方面也是借鲱鱼在经过“熏制”后变色的道理暗喻初步招股书是经过包装的文件，内容可能过于乐观

字母顺序	专业词汇	对应中文	释义
	Redeemable preferred stock	可赎回优先股	优先股的一种，持有人没有权利还换成普通股。对投资者的回报与投资者的回报类似，包括一系列的股利以及在合同规定的公司必须赎回股份的时间将股票的面值支付投资者
	Registration right provision	注册权条款	优先股协议上的条款之一，允许私人权益投资者强制公司上市，或者在企业上市时将投资者的股份作为公开发行的股份的一部分
	Registration Statement	有价证券申请上市登记表	美国企业公开发售股份前必须向证券交易委员会（SEC）提交的报告。内容包括企业的主要经营数据和一些重要的法律文件
	Residual value	残值	在风险租赁中，租赁设备在租赁期满时的公平市场价值
	Restricted Shares	受限股份	在美国，在私募中购得的股份被视为受限股份，除非在交易所登记或者过一定期限，否则不能公开发售。非关联人可在购入一年后每季度卖出所持股份1%以内的股票，关联人的受限期限是2年
	Restricted stock	限制股票	美国证券交易委员会规定不能出售或只能有限数量出售的股票
	Reverse claw back	逆向弥补性收入	有限合伙协议中的条款之一，如果有限合伙人得到了比协议规定的水平更多的分配，该条款要求有限合伙人在基金期限结束时将多分配的部分退回给普通合伙人
	Right of first refusal	第一拒绝权	一种合同条款，给予某一公司或私人权益基金比其他公司或基金优先获得与另一个机构相关的购买、许可或投资权利。另一个效力稍弱的条款叫做第一注视权
	Road　show	路演	向潜在投资者推销风险基金或者公开发行证券的行为
	Round	轮次	参见融资轮次
	Royalty	特许权使用费	根据许可协议，获许可方向许可方支付的一定的百分比的销售额或利润
	Rule　10(b)-5	10(b)-5 规则	美国证券交易委员会的规定，主要禁止证券买卖中的欺诈行为
	Rule　144	144 规则	美国证券交易委员会的监督规则，规定在购买限制股票（restricted stock）后一年内（原先规定是两年内）不得出售该股票，同时限制了在购买该股票第二年到第三年（原先规定为第三年到第四年）之间出售该股票的速度
	Rule　16(a)	16(a) 规则	美国证券交易委员会的规定，要求内部人按月披露任何有关公司股票交易的情况
	Rule of 99	99 规则	《1940年投资公司法案》中的一个条款，规定不将可信投资者人数在99人内的公司做为投资公司对待。该规定在1996年对《1940年投资公司法案》的一次修订中进一步放松
S	Secondary equity offering	经验股票发行	已完成了首次公开发行并且其股票已经公开交易的企业再次发行股票
	Secondary investment	二次投资	有限合伙人或基金之基金从其他有限合伙人处购买已经存在的有限合伙人的权益

字母顺序	专业词汇	对应中文	释义
	Secondary offering	二级发行	不是由企业而是由现有股东进行的股份发行，因此，企业得不到出售这些股份的收入
	Secondary Sale	二手交易	风险投资业中特指风险投资家将所持有的私募股份或受限股份出售给其他投资者的过程
	Seed Money	种子投资	即风险企业种子期取得的风险投资。通常以贷款、优先股或者可转换债券的形式取得，有时也用普通股方式
	Seed Stage	种子期	风险投资基金投资策略的一种。主要对尚未开展，处于萌芽状态的业务进行投资
	Shares outstanding	流通股	公司已经对外发行的股份
	Small Business Administration（SBA）	小企业管理局	美国政府机构，1953年正式设立。成立宗旨是为小企业提供贷款、担保、合同、咨询等多方面支援
	Small Business Investment Company（SBIC）program	小企业投资公司计划	美国联邦政府担保的，专门用于支持小企业发展的风险基金。于1958年由议会批准，由小企业管理局（SBA）管理，此基金于60年代大幅增值，但后来因大量企业遇到管理和激励问题而萎缩
	Social venture capital	社会风险投资	社区发展风险投资或公共风险投资（见各自定义）
	Special limited partner	特殊有限合伙人	参与分配部分附带收益的有限合伙人。在许多情况下，新基金的第一个投资者往往被给予特殊有限合伙人的地位
	Staging	分阶段（投资）	投资机构向创业者投资时将资金分期投入，每一阶段均分别设定特定的业务目标为投资条件的投资策略。这种投资策略有助于避免资金被浪费在不盈利的项目上
	Stapled fund	钉住基金	与另一只私人权益基金同时发起的基金，按一定比例投资于另一基金选定的（事先确定好的）某一类项目。有时，这一术语用来指那些投资于另一基金选定的所有项目、但面向不同种类的投资者（例如，国外有限合伙人）而发起的基金
	Stock appreciation right	股票溢价权	一种虚拟股票报酬安排
	Straight preferred stock	直接优先股	参见可赎回优先股
	Strategic Investors	战略投资者	能以行业或个人关系为创业者在资金之外提供市场、管理、销售等帮助的机构或个人投资者
	Startup	初创期	创业者建立了核心创业，创业团队拥有技术、产品和概念，还没建立企业或者刚刚建立企业，致力于技术和产品的商业化开发，没有进入正式的销售阶段，融资数额较小，主要用于技术产品的开发和市场开发调研
	Super majority voting provision	绝大多数投票权条款	优先股协议中的条款之一，要求某一特定的决策需要得到绝大多数优先股股东的投票同意
	Syndicate	辛迪加	两个或两个以上的私人权益投资机构共同购买某一企业的股份，或者两个或两个以上的投资银行共同承销某一企业的股份发行
T	Takedown	注资	部分或全部资本从有限合伙人向有限合伙制企业（基金）投入的过程

字母顺序	专业词汇	对应中文	释义
	Takedown Schedule	注资进度	在风险投资企业中，指招股说明书中列明的有限合伙人为企业（基金）注资的具体时间安排
	Tangible assert	有形资产	机器、建筑物、土地、存货或者其他物理资产
	Term of lease	租赁期	在风险投资中指租赁的有效期，通常具体到月，并且在一开始就确定
	Term sheet	投资条款清单	某一私人权益合伙或股份购买协议结构的初步框架，通常在正式成为合同语言前就已获得各方的同意
	Tombstone	墓碑	指承销商通常在主流商业出版物上为其承销的股份发行所做的广告宣传
	Trade sale	交易出售	欧洲常用术语，指私人权益资本投资机构通过出售给一家公司而退出对某一企业的投资
	Triple-net full-payout lease	三净全付租赁	一种长期风险租赁，承租方支付的租金中包括承租设备的所有成本，且承租方承担与设备所有权相关的所有责任，包括维护、保险和税收
U	Uncertainty problem	不确定性问题	某一公司或项目潜在产出的多种可能性。潜在产出的可能分布越广泛，不确定性越大
	Underpricing	低价策略	对计划交易价格的折价，在首次公开发行中投资银行通常按这一折价出售证券。第一个交易日较高的回报通常被金融经济学家视为偏低定价的证据
	Underwriter	承销商	承销股票发行的投资银行
	Underwriting	承销	投资银行从发行证券的公司购入证券然后（通常是立即）再出售给投资者
	Unrelated Business Taxable Income（UBIT）	非主营应税业务收入	指获得税收优惠的企业从其从事的非主营应税业务中取得的收入。如果风险投资企业从债务投资中取得收益比重较大时，免税的有限合伙人将可能面临为非主营业务收入纳税的问题
	Unseasoned equity offering	无经验股票发行	参见首次公开发行
	Up-front fees	前期费用	在许可协议中，由被许可方在协议签定时向许可方支付的不可赎回的费用
V	Valuation rule	价值评估规则	私人权益基金为其投资组合中的公共和私人企业的定价规则
	Venture Capital	风险投资	也作创业投资。指独立运作的，专对新兴的，迅速发展的，有巨大竞争潜力的私营企业提供的资本，通常是权益性资本
	Venture capital method	风险投资方法	一种价值评估方法，假设企业未来是成功的，计算企业在未来某个时点的价值，然后将该预测价值按一个较高的贴现率进行贴现
	Venture Capitalist	风险投资家	风险投资机构中的一般合伙人或其集体
	Venture Leasing	风险租赁	私人资本投资策略之一，指向成长初期的高风险企业租出设备或其他资产进行投资。通常投资者可得到被投资风险企业的购股权

字母顺序	专业词汇	对应中文	释义
	Venture-backed Company	接受过风险投资的企业	指风险投资资助过的企业
	Vesting	分期到位	雇佣协议中的条款之一，限制雇员立即执行其股份期权的部分或全部。这一条款通常确定一个雇员在不同时间被允许执行股份期权的百分比的进度表，这也被称作分期到位进度安排(Vesting schedule)
	Vintage	创始时间	Vintage一词的原意是葡萄酒的生产年份，在风险投资业中指风险投资基金的设立时间，即资本首次投入基金的时间
	Vintage year	收获年	如果一组基金的第一次封闭时间都在同一年，则这一年被称为收获年
W	Warrant-based lease	附认股权租赁	在风险租赁中，指那些要求承租方让出租方以权益性质参与的租赁，通常采用认股权的形式
	Warrants	认股权	购买某一公司发行的股份的选择权
	Window dressing problem	粉饰门面问题	指基金经理在季度末调整其投资组合，买入股票已上涨的企业，卖出股票下跌的企业以便设置表现优秀的投资组合的行为。这种现象是由于机构投资者不仅检查整个季度的回报，也检查周期末的持股情况
	Withdraw offering	撤回的发行	指注册表已提交给美国证券交易委员会，但随后该企业在发行生效前又写信给证券交易委员会撤回此次发行，或者在9个月内发行仍未完成的情况
	40 act	1940年法案	参见《1940年投资公司 法案》(Investment company Act of 1940)